Luise Hartwig | Gerald Mennen | Christian Schrapper (Hrsg.)
Handbuch Soziale Arbeit mit geflüchteten Kindern und Familien

Luise Hartwig | Gerald Mennen |
Christian Schrapper (Hrsg.)

Handbuch
Soziale Arbeit mit geflüchteten Kindern und Familien

Dieses Buchprojekt wurde ermöglicht mit
Unterstützung von

Das Werk einschließlich aller seiner Teile ist urheberrechtlich geschützt. Jede Verwertung ist ohne Zustimmung des Verlags unzulässig. Das gilt insbesondere für Vervielfältigungen, Übersetzungen, Mikroverfilmungen und die Einspeicherung und Verarbeitung in elektronische Systeme.

Dieses Buch ist erhältlich als:
ISBN 978-3-7799-3133-1 Print
ISBN 978-3-7799-4735-6 E-Book (PDF)

1. Auflage 2018

© 2018 Beltz Juventa
in der Verlagsgruppe Beltz · Weinheim Basel
Werderstraße 10, 69469 Weinheim
Alle Rechte vorbehalten

Herstellung: Ulrike Poppel
Satz: Magdalena Megler, Münster
Druck nach Typoskript
Druck und Bindung: Beltz Bad Langensalza GmbH, Bad Langensalza
Printed in Germany

Weitere Informationen zu unseren Autor_innen und Titeln finden Sie unter: www.beltz.de

Inhalt

Einleitung 13

Teil 1: Flucht – grundlegende Aspekte

Aladin El-Mafaalani
Flucht in die Migrationsgesellschaft 20

Stefan Keßler
Asyl- und Flüchtlingspolitik in der Bundesrepublik Deutschland 35

Albert Scherr
Flüchtlingsschutz im Spannungsfeld von Menschenrechten
und nationaler Souveränität 45

Jörg Maywald
Geflüchtete Kinder als Träger eigener Rechte 52

Sandra de Vries
Familien aus den Herkunftsländern Pakistan und Afghanistan 61

Lebenslagen in den Herkunftsländern

Gerald Mennen
Länderspezifische Besonderheiten als Ursache für Flucht und Migration 84

Amnesty International
Länderberichte 86
Afghanistan *86* · Ägypten *90* · Albanien *95* · Äthiopien *98* ·
Eritrea *102* · Irak *106* · Marokko und Westsahara *111* ·
Pakistan *115* · Serbien (einschließlich Kosovo) *119* · Syrien *123* ·
Tunesien *128*

Katharina Ebel
Sichere Lebensorte – SOS-Kinderdörfer in Syrien 132

Sophia Wirsching
Fluchtursachen 135

Teil 2: Flucht

Timon Marszalek
Fluchtrouten – wie flüchten Menschen nach Europa? 144

Sophia Wirsching
Transitländer Nordafrikas: Marokko 159

Katharina Gerarts und Sabine Andresen
Erfahrungen auf der Flucht und die Bedeutung der Flucht
für Kinder und Familien   162

Teil 3: Ankommen in Europa/Deutschland

David Werdermann
Gesetzliche Grundlagen   176

Christine Rehklau
Erstaufnahmeeinrichtungen   184

Bianca Pergande
Child Friendly Spaces: Kinderfreundliche Schutz- und
Spielräume in Sammelunterkünften   193

Iris Engelhardt
Ambulante Hilfen in Gemeinschaftsunterkünften   201

Thorsten Gumbrecht
Unbegleitete minderjährige Flüchtlinge   209

Bundesfachverband umF e.V.
Die Alterseinschätzung nach SGB VIII   212

Dominik Bär
Minderjährigen-Ehen unter Flüchtlingen in Deutschland   216

Tanja Funkenberg
Wenn Kinder auf der Flucht verschwinden   221

Dominik Bär
Geburtenregistrierung von in Deutschland geborenen
Kindern Geflüchteter   228

Hendrik Cremer
Kein Recht auf Familie?   233

Susanne Achterfeld
Aufenthaltstitel für Kinder und Familien in Deutschland und ihre
Bedeutung für die Soziale Arbeit   237

Gisela Nuguid
Kirchenasyl   245

Julia Reez
Rückführung   255

Teil 4: Behörden und Akteure

Behörden

Aleksandra Koluvija
Das Bundesamt für Migration und Flüchtlinge (BAMF) — 264

Reinhard Langer
Agentur für Arbeit und Jobcenter – Integration Points in NRW — 269

Anja Tewes
Die kommunale Ausländerbehörde — 275

Wolfgang Rüting
Das Jugendamt: Fachbehörde im Spannungsfeld sozialpädagogischer Dienstleistungen und Aufsichtsfunktion — 284

Christa Müller-Neumann
Kommunale Integrationszentren in NRW — 293

Akteure

Nidha Kochukandathil
Dolmetscher — 298

Nicola Fischer
(Laien-)Dolmetschen in der Sozialen Arbeit — 304

Julia Reez
Communities und Selbsthilfe von Geflüchteten — 310

Gabi Gaschina
Über den Erfolg einer kommunalen Strategie — 315

Vera Birtsch
Kooperation von bürgerschaftlichem Engagement und professioneller Arbeit — 319

Sabrina Naber
Multikulturelle Teamarbeit — 327

Alina Quasinowski und Andrea Reckfort
Rassismuskritische Sensibilisierung von Ehrenamtlichen – alle anders, alle gleich?! — 330

Stefan Gesmann
Anforderungen an eine systematische Fort- und Weiterbildung in der Flüchtlingssozialarbeit — 338

Joachim Merchel
Personalplanung/Personalentwicklung — 345

Teil 5: Sozialpädagogische Zugänge und Themen

Norbert Wieland
Minderjährige Flüchtlinge und ihre Familien: Identität und
Identitätsentwicklung 354

Josef Freise
Religionssensibilität in der Arbeit mit geflüchteten Menschen 370

Reinhold Gravelmann
Geflüchtete Kinder in der Bundesrepublik Deutschland 377

Luise Hartwig
Geflüchtete Frauen und Mädchen 388

Sabrina Brinks und Eva Dittmann
Ich bin männlich – Geschlecht als (letzte) Konstante der Identität? 394

Christina S. Plaßky
Lebenswelten von Familien mit Fluchthintergrund 405

Kadir Özdemir
„Bist du schwul oder bist du Flüchtling?" 414

Gesundheit

Hugo Mennemann und Hanns Rüdiger Röttgers
Der Beitrag Sozialer Arbeit zur Gesundheitsversorgung Geflüchteter 421

Antje Krueger
Gesundheit und Krankheit 432

Antje Krueger
Psychische Erkrankungen 441

Antje Krueger
Traumatisierung 450

Antje Krueger
Sucht 459

Antje Krueger
Ressourcen/Resilienz 468

Teil 6: Bildung und Arbeit

Ibrahim Ismail
Bildung: Keine Integration ohne (informelle) Bildung 478

Christiane Meiner-Teubner
Kindertagesbetreuung für Geflüchtete – Chancen und Hindernisse 491

Frank Braun und Tilly Lex
Berufliche Qualifizierung von Flüchtlingen 500

INHALT 9

Adolf Bartz
Schule und Flüchtlinge – Handlungs- und Spannungsfelder 515

Martina Kriener
Studium 527

Markus Reissen
Interkulturelles Wissen und interkulturelle Sensibilität im Umgang
mit geflüchteten Kindern und Jugendlichen und mit deren Familien 537

Antonia Veramendi
Schule ist mehr – Multiprofessionalität an Schulen mit geflüchteten
Schülerinnen und Schülern 547

Aleksandra Koluvija
Integration durch Spracherwerb 557

Julia Rösmann
Integration von geflüchteten Menschen in den Arbeits- und
Ausbildungsmarkt 563

Teil 7: Jugendhilfe

Eva Dittmann und Heinz Müller
Die Kinder- und Jugendhilfe im Kontext von Flucht und Migration –
aktuelle Herausforderungen und Perspektiven 570

Jens Pothmann
Veränderungen in der Kinder- und Jugendhilfe durch geflüchtete
junge Menschen – Einblicke in statistische Daten 589

Daniel Kemp und Berit Mühl
Arbeit mit Kindern mit Fluchterfahrungen in der Kita 593

Angela Kühner und Mareike Paulus
Frühe Hilfen für geflüchtete Familien: Unterstützung zwischen
Hoffnungen und Ohnmacht in einer doppelten Übergangsphase 597

Frank Sibom und Susanne Wolff
Kinderschutz in Einrichtungen der Kinder- und Jugendhilfe 607

Margareta Müller
Ombudschaftliche Beratung und Unterstützung junger
(geflüchteter) Menschen in der Kinder- und Jugendhilfe 610

Ursula Enders
Kinderrechte und Beschwerdemanagement in Flüchtlingsunterkünften 616

Christina S. Plaßky
Kinderschutz in Flüchtlingsunterkünften 622

Felix Braun
Erziehungsberatung 629

Lale Kaisen und Hanna Böhm
Integration von Kindern aus Flüchtlingsfamilien in die
Offene Kinder- und Jugendarbeit – Erfahrungen aus der Praxis 635

Carsten Bluhm
Jugendsozialarbeit – Arbeit mit geflüchteten jungen Menschen 640

Franz-Josef Lensker
Jugendhilfe und Berufsbildung 647

Friedhelm Höfener
Flüchtlinge als besondere Zielgruppe der Hilfen zur Erziehung!? 651

Klaus Wolf
Pflegefamilien für Kinder und Jugendliche im Exil 655

Irmela Wiesinger
Inobhutnahme 666

Hubert Wimber
Migration und Kriminalität 675

Peter Hansbauer
Vormundschaft 684

Felix Heinemann
Familiengericht und Migration – unbegleitete minderjährige
Flüchtlinge 692

Joachim Merchel
Jugendhilfeplanung 703

Teil 8: Ressourcen in Kultur und Sport

Irma Jansen
Ressourcenorientierte Projektarbeit mit geflüchteten Kindern
und Jugendlichen 712

Bernward Hoffmann
Medien- und Kulturarbeit 720

Frishta Ahmadi und Marco Matthes
Die interkulturelle Öffnung von Angeboten und Einrichtungen
am Beispiel eines betrieblichen Projektes 734

Nadia Kutscher und Lisa-Marie Kreß
Digitale Medien bei Geflüchteten 739

Philipp Harpain, Susanne Lipp und Ellen Uhrhan
GRIPS Kampagnen-Theater mit geflüchteten Jugendlichen –
auch zum Selbermachen! 745

Ibrahim Ismail
Sport und seine Möglichkeiten für Integration 749

Ib Ivar Dahl und Knud Andersen
Das Kulturprojekt Flüchtlingsboot M/S Anton 762

Anhang

Stichwortverzeichnis 768
Staatliche Stellen – Organisationen – Verbände 772
Die Autorinnen und Autoren 775

Einleitung

Soziale Arbeit mit geflüchteten Kinder und Familien:
Soziale Arbeit zwischen Welten
Soziale Arbeit in Widersprüchen
Soziale Arbeit als Chance

Kinder und Jugendliche, die nach Deutschland geflohen sind, ob mit Familienangehörigen oder alleine und unbegleitet, waren immer schon eine bedeutsame Zielgruppe Sozialer Arbeit; erinnert sei nur an Flucht und Vertreibung nach dem Zweiten Weltkrieg, an Arbeitsmigration seit den 1960er Jahren, an Flucht aus den Krisen- und Kriegsregionen Südamerikas, Asiens oder Afrikas in den 1970er und 1980er Jahren und auch an sogenannte Spätaussiedler in den 1990er und 2000er Jahren.

Anlässe und Gründe für Flucht und Vertreibung sind grundsätzlich ähnlich – Not und Krieg, Perspektivlosigkeit und Gewalt – und ändern doch immer wieder ihr konkretes Gesicht: Fluchtursachen, Fluchtrouten und Fluchterfahrungen. Sich durch Flucht von existenzieller Bedrohung in Sicherheit bringen, dabei große Belastungen ertragen und oft schwer verletzt werden, und dann in neuen, unbekannten und nicht selten erneut zutiefst bedrohlichen Bedingungen leben müssen, dies prägt das Leben auch von Mädchen und Jungen, von Müttern und Vätern, die nach Deutschland geflohen sind. Zugleich sind solche Lebenserfahrungen und Lebensverhältnisse Herausforderung und Aufgabe Sozialer Arbeit, die mit Flüchtlingen und Geflohenen „arbeitet": z. B. mit Kindern in der Erstaufnahme, mit Eltern in Sozialbehörden oder mit Jugendlichen in Wohngruppen, in Kita, Schule und Jugendzentrum, in Ausbildung oder Theatergruppe und Sportverein.

Kinder, Jugendliche und Familien, die nach Deutschland geflohen sind, sind existenziell geprägt von Lebenserfahrungen mit Not und Krieg, Perspektivlosigkeit und Gewalt. Dies ist eine große Herausforderung und eine bedeutsame Aufgabe Sozialer Arbeit in Deutschland. Und zugleich konfrontiert die Arbeit mit und für geflüchtete Kinder und ihre Familien wie kaum ein anderes Arbeitsfeld Sozialer Arbeit mit den grundsätzlichen aber auch sehr konkreten Widersprüchen jeglicher Sozialen Arbeit:

- Flucht, Vertreibung und Verfolgung reißen Menschen aus ihrer Normalität, meist brutal, gefährlich und dauerhaft. Wohnung, Arbeit, Schule und soziales Umfeld verlassen zu müssen ist ein radikaler Bruch mit gewohnter und vertrauter sozialer Normalität. Nichts ist mehr so, wie es war, auch wenn zu Hause nicht alles gut war, Not, Unterdrückung oder Verfolgung schon das bisherige Leben erheblich belastet haben, so war es doch wenigstens vertraut. Im Unterschied zu Prozessen geplanter Migration – fast immer auch eine existenziell verunsichernde Erfahrung

und oft auch eine Bedrohung – ist eine Flucht erzwungen, unplanbar und meist erheblich gefährlicher.
- Vertreibung und Flucht von Menschen konfrontieren elementar mit einer von Menschen gegen Menschen durchgesetzten Gewaltherrschaft, meist verbunden mit wirtschaftlicher Ausbeutung, politischer Unterdrückung und brutaler Durchsetzung von Machtinteressen.
Zustände in Herkunftsländern, die Menschen zur Flucht zwingen, konfrontieren darüber hinaus mit der Frage nach einer eigenen Verantwortung deutscher Gesellschaft und Politik für Fluchtursachen: Kolonialgeschichte, ungerechter Welthandel und Globalisierung sowie politische und/oder ökonomische Interessen an Konflikten in Herkunftsländern sind die Stichworte hierzu.
- Flucht ist keine Reise, sondern regelmäßig eine lebensgefährliche Bewegung mit großen Risiken, die tiefe Spuren hinterlassen, manchmal auch ungeahnte Kräfte freisetzen. Und Ankommen ist kein konkretes und schon gar nicht planbares Ziel, sondern meist ein nicht vorzubereitender und selbst wiederum höchst unsicherer und nicht selten auch gefährlicher (Übergangs-)Zustand. Und im Ankunftsland werden geflüchtete Menschen nicht selbstverständlich als Flüchtling gesehen und bezeichnet, denn als Flüchtling zu gelten ist voraussetzungsvoll und folgenreich – eröffnet ggf. Ansprüche auf wohlfahrtsstaatliche Leistungen – und grenzt ab von anderen Definitionen für Migration und Zuwanderung. Flucht und Vertreibung konfrontieren also auch im Ankunftsland mit „ungerechten Strukturen", nicht nur von unmittelbarer Herrschaft, sondern auch mit undurchsichtigen und unzugänglichen Strukturen der Zugänge zu materieller Absicherung und des Schutzes, der Zugänge zu Arbeit, Gesundheit und Bildung etc.
- Soziale Arbeit ist immer schon direkt und mittelbar dafür zustän-dig gemacht worden, Auswirkungen und Folgen von Flucht und Vertreibung zu bearbeiten: von der „Ausländerpädagogik" in den 1970er und 1980er Jahren über die „Interkulturelle Pädagogik" und Ansätze einer Migrations- und Integrationsarbeit bis zu modernen Konzepten, die sich an Leitvorstellungen von Diversität und Inklusion orientieren. Und Erfahrungen mit Flucht und Vertreibung waren und sind also tief eingeschrieben in das individuelle, familiäre und meist auch kollektive Gedächtnis der folgenden Generationen – so wie die heute noch in Europa vielfach gegenwärtigen Fluchten und Vertreibungen als Folge des von Deutschland ausgehenden Zweiten Weltkriegs deutlich zeigen können.
- Dabei war und ist Soziale Arbeit immer beides: zum einen *auch* ein Instrument der Absicherung einer Aufnahmegesellschaft vor den vermeintlichen oder tatsächlichen Gefährdungen durch Fremde. In der Perspektive dieser Fremden wurden und werden damit die Verweigerung

von Zugang und Teilhabe durchgesetzt. Zentrale Argumentationen hierfür sind vor allem Abwertung – was die Fremden alles nicht können – und Unterstellung – was sie hier an Leistungen „erschleichen" wollen. So wird immer wieder Ausschluss hergestellt statt wie behauptet Integration. Wenn überhaupt wird diese als Forderung nach Anpassung verstanden, an Sprache, Gewohnheiten und gerne auch pauschal an eine deutsche „Leitkultur".

- Und gleichzeitig eröffnet Soziale Arbeit reale Chancen zu situativer Linderung unmittelbarer Not, zur Kompensation konkreter Beeinträchtigung sowie manchmal auch zu Unterstützung für Perspektiventwicklung. Gerade in der Sozialen Arbeit mit geflüchteten Kindern, Jugendlichen und ihren Familien ist dabei oft eine komplizierte Mischung aus universellen Themen, Anliegen und Bedürfnissen prägend, wie die Versorgung und Erziehung des Nachwuchses oder das Zusammenleben und der Schutz der Familie. Und gleichzeitig geht es immer um eine kritische Balance von mindestens drei zum Teil auch gegensätzlichen Anforderungen:
(1) um Respekt für Eigenheiten und Erfahrungen der Bedeutung von Herkunft oder Flucht, (2) um ein Bemühen um Verstehen und Verständigung mit anderen zu den Herausforderungen für ein Leben in der Fremde und mit Fremden auf beiden Seiten sowie (3) um eindeutige Positionen, hier vor allem für universelle Rechte und Ansprüche von Kindern auf Versorgung, Bildung und Schutz, aber auch gegen die Verletzung grundlegender Rechte im Ankunftsland.

Soziale Arbeit mit geflüchteten Kindern und ihren Familien ist durchzogen von den skizzierten Widersprüchen. So notwendig Hilfe und Unterstützung, Schutz und Beistand sind, es bleibt das Dilemma, die grundlegenden Verursachungen dieser individuellen Nöte nicht durch Soziale Arbeit beseitigen zu können – hier ist und bleibt politische Einflussnahme gefordert. Jede Fachkraft der Sozialen Arbeit ist auch als Bürgerin und Bürger eines politischen Gemeinwesens gefragt, in das sie sich mit allen zu Gebote stehenden Mitteln einmischen muss. „Was muss eine Sozialpädagogin oder ein Sozialarbeiter in diesen Handlungsfeldern der Sozialen Arbeit mit geflohenen Kindern, Jugendlichen und Familien über Fluchtgründe und Fluchtwege, über Herkunft und Kultur, über rechtliche und administrative Bedingungen für Einreise und Bleiben in Deutschland, über die Akteure in diesem Handlungsfeld wissen und was über eine gelingende Praxis, über sozialpädagogische Konzepte und Methoden in den Bereichen Jugendhilfe, Schule, Gesundheit und Arbeit?" – so die Leitfragen für die Beiträge zu diesem Handbuch. Geordnet haben wir die Stichworte also in acht großen Abteilungen, zuerst der „inneren Logik" einer Flucht und Vertreibung folgend, dann den Akteurinnen/Akteuren und Aktivitäten Sozialer Arbeit im Ankunftsland:

1. *Flucht – grundlegende Aspekte*; grundlegende politische Einordnungen und Information zu Ursachen und Hintergründen für weltweite Flucht und Vertreibung
2. Fluchtrouten, Erfahrungen auf der *Flucht* und Bedeutung der Flucht für Kinder und Familien
3. *Ankommen in Europa/Deutschland*, z. B. Aufnahme in Erstversorgungseinrichtungen, gesetzliche Grundlagen, soziale Leistungen, Familiennachzug bis hin zu „Rückführung" und Kirchenasyl
4. *Behörden und Akteure* in Deutschland, von z. B. dem Bundesamt für Migration und Flüchtlinge über Ausländerbehörden in den Kommunalverwaltungen bis zum Jugendamt, aber auch Dolmetscher, Integrationszentren oder Communitys/Selbsthilfe, Weiterbildung und Personalplanung
5. *Sozialpädagogische Zugänge und Themen* wie Entwicklung und Identität, Frauen, Männer und Kinder als Geflüchtete, geschlechtliche Identität und sexuelle Orientierung als Flucht- und Asylgrund, Gesundheitsversorgung, Ressourcen und Resilienz
6. *Bildung und Arbeit*; Informelle Bildung – eine Voraussetzung für Teilhabe in Kindertagesbetreuung, Schule, beruflicher Qualifizierung junger Menschen und Studium sowie der Integration in den Arbeitsmarkt
7. Aktuelle Herausforderungen und Perspektiven der *Jugendhilfe* von den Frühen Hilfen und Kinderschutz in Familien, Erziehungsberatung und Jugendarbeit über die Hilfen zur Erziehung, Pflegefamilien und die Bedeutung der Familiengerichte, die Ombudschaften und das Beschwerdemanagement bis hin zu Fragen der Jugendhilfeplanung
8. *Ressourcen in Kultur und Sport*; von der Projektarbeit über die Bedeutung von Internet und sozialen Medien bei Geflüchteten bis zur Arbeit in Sportvereinen oder von Theaterpädagogik und der interkulturellen Öffnung von Einrichtungen.

Das Handbuch soll also einerseits relevantes Grundlagenwissen bündeln und aufbereiten, über Hintergründe und Kontexte von Flucht und Migration sachkundig informieren, und andererseits aktuelles Konzept- und Handlungswissen erschließen für eine ebenso problembewusste wie engagierte Soziale Arbeit mit geflüchteten Kindern, Jugendlichen und Familien.

Ein Blick in den Stand der Forschung zeigt, dass aktuell nur ein Handbuch mit Bezug zur Sozialen Arbeit mit dem Schwerpunkt Kinderflüchtlinge im deutschsprachigen Raum vorliegt und bereits knapp 20 Jahre alt ist (Woge e.V./ISA 1999). Aktuellere Werke behandeln vorrangig den Schwerpunkt „Unbegleitete minderjährige Flüchtlinge" (vgl. Brinks/Dittmann/Müller 2017; Gravelmann 2016) und berücksichtigen damit eine spezifische, wenn auch bedeutsame Teilgruppe der geflüchteten Menschen. Diese Lücke soll mit dem vorliegenden Handbuch geschlossen werden.

Ein Stichwortverzeichnis im Anhang des Handbuchs soll der schnellen und artikelübergreifenden Orientierung für spezielle Themen dienen. Der Serviceteil mit Internet-Adressen und Kontaktdaten von staatlichen Stellen, Organisationen und Verbänden ist der Erkenntnis geschuldet, dass fachliche und politische Entwicklungen sowie gesetzliche Bestimmungen in kürzeren Abständen einer Aktualisierung bedürfen als, dies die (Neu-)Auflage eines Handbuchs bieten kann.

An dem Handbuch haben viele mitgewirkt, denen wir an dieser Stelle herzlich danken möchten. Ihr Praxiswissen, ihre Vielfalt der Ideen und Anregungen, die wir diskutieren und häufig aufnehmen konnten, haben das Buch „wachsen" lassen. Namentlich genannt werden sollen die Menschen im Hintergrund, ohne die das Werk heute nicht vorliegen könnte: Katrin Solejewski aus der Geschäftsstelle von *OUTLAW.die Stiftung* für die perfekte Organisation, Magdalena Megler für die akribische Durchsicht der Texte sowie für Satz und Layout sowie Adolf Bartz für sachkundige und kritische Anregungen für die Redaktion von Texten. Die Verantwortung als Herausgebende bleibt aber alleine bei uns.

Münster und Hamm im August 2017
Luise Hartwig, Gerald Mennen, Christian Schrapper

Literatur

Brinks, Sabrina/Dittmann, Eva/Müller, Heinz (Hrsg.) (2017): Handbuch unbegleitete minderjährige Flüchtlinge. Frankfurt am Main.
Gravelmann; Reinhold (2016): Unbegleitete minderjährige Flüchtlinge in der Kinder- und Jugendhilfe. Orientierung für die praktische Arbeit. München.
Woge e.V./ISA (Hrsg.) (1999): Handbuch der Sozialen Arbeit mit Kinderflüchtlingen. Münster.

Teil 1:
Flucht – grundlegende Aspekte

Aladin El-Mafaalani

Flucht in die Migrationsgesellschaft

Allgemeine Zusammenhänge und politische
Herausforderungen

Einleitung

Ein wesentliches Merkmal politischer Entscheidungen ist der Umgang mit Komplexität und – wenn man es zuspitzen möchte – mit Problemen, für die es keine klare Lösung gibt. Dies liegt nicht zuletzt auch daran, dass im Rahmen solcher Entscheidungen einerseits politische Grundsätze und Strategien sowie andererseits die Reichweite der Verantwortung und des Einflussbereichs grundlegend sind. Eine Politik aus einem Guss erscheint auf den ersten Blick attraktiv, weil sie klaren Grundsätzen und langfristigen Strategien folgt, ebnet aber (tendenziell) den Weg zu autoritären und ideologischen Regimes, die dann in der internationalen Kooperation kaum anschlussfähig bleiben. Ein situatives Politik-Management kann flexibler auf Herausforderungen eingehen und eine internationale Kompromissbildung forcieren, bleibt aber tendenziell im Modus des Reagierens und bewegt sich auf einem kurzfristigen Zeithorizont. Globale Probleme erfordern nun langfristig angelegte Strategien und internationale Kooperationen. Die durch den Menschen herbeigeführte Klimaveränderung und die durch diesen Klimawandel erzwungene zunehmende Fluchtmigration bilden zwei der größten globalen Herausforderungen, die sich dem Wirkungsbereich nationalstaatlich gefasster politischer Strukturen und Prozesse weitgehend entziehen. Um hier langfristige Lösungsansätze zu entwickeln, müssen Leidensdruck und Problembewusstsein insbesondere in den wohlhabenden Staaten vorhanden sein. Dies scheint heute zunehmend der Fall zu sein. Jedoch werden in öffentlichen und politischen Diskursen eine ganze Reihe von Zusammenhängen missverständlich bzw. unterkomplex dargestellt oder gänzlich ignoriert, insbesondere wenn es um Fluchtmigration, den allgemeinen Zustand der Migrationsgesellschaft insgesamt sowie den konkreten Integrationserfordernissen in Deutschland geht.

Daher werden in diesem Beitrag ein Perspektivwechsel vorgenommen und ausgewählte Aspekte dieser drei Themenfelder „gegen den Strich" gelesen. Dabei soll es nicht darum gehen, Lösungsansätze zu diskutieren, sondern verschiedene Problemfelder zu skizzieren. Zunächst werden einige Befunde und Entwicklungen zu Migration und Flucht in einer globalen Perspektive diskutiert. Im Schwerpunkt geht es hierbei um Zusammenhänge, die im öffentlichen Diskurs kaum Berücksichtigung finden. Dabei werden die Migrations- und Fluchtursachen sowie die eingeschränkten Möglichkeiten ihrer „Bekämpfung" dargelegt. Anschließend werden die Rahmenbedingungen in der Migrationsgesellschaft diskutiert, wobei auch hier die insgesamt positiven Entwicklungen dem öffentlichen Diskurs, der auf ein sich verschlechterndes Integrationsklima hindeutet, gegenübergestellt werden. Aus dieser nationalen Perspektive werden dann verschiedene politische Herausforderungen der Integration in den Regionen, Städten und Gemeinden Deutschlands dargestellt. Da die konkreten Herausforderungen vor Ort bewältigt werden müssen, werden die lokalen und regionalen Unterschiede und Erfordernisse besonders hervorgehoben. Die allgemeinen Rahmenbedingungen, die auf nationaler und föderaler Ebene gesetzt werden, werden im Ausblick aufgegriffen, wobei Dilemmata und Herausforderung der Entwicklung von strategischen Grundsätzen einer nationalen und europäischen Migrations- und Integrationspolitik skizziert werden.

Internationale Entwicklungen und Perspektiven

Die globale Situation ist nicht nur außerordentlich komplex, sondern insbesondere geprägt durch zum Teil paradoxale, zum Teil kontraintuitive Zusammenhänge. Die meisten Wechselwirkungen werden auch deshalb nicht erkannt, weil eine ganze Reihe positiver globaler Entwicklungen nicht ins öffentliche Bewusstsein aufgenommen wurde, sich dafür aber einige Mythen nachhaltig im öffentlichen Diskurs halten.

Entgegen der öffentlichen Wahrnehmung steigen Durchschnittseinkommen und durchschnittliche Lebenserwartung in nahezu allen Staaten weltweit (Roser 2017; Ortiz/Roser 2017). Dies hängt auch mit einer deutlichen Verringerung von Anzahl und insbesondere Anteil der von Hunger bedrohten bzw. absolut armen Menschen zusammen (Brüntrup 2015). Auch die Anzahl von Kriegen und kriegerischen Konflikten sowie von Kriegsopfern liegt unterhalb des durchschnittlichen Niveaus der zweiten Hälfte des vergangenen Jahrhunderts.

Der signifikante Anstieg der Anzahl an Flüchtlingen weltweit – mit dem derzeit Höchstwert seit dem Zweiten Weltkrieg – hängt mit dem syrischen Bürgerkrieg zusammen. Allerdings stieg das Flüchtlingsaufkommen etwa seit Ende der 1990er Jahre – damals bei unter 35 Millionen. Menschen – kontinuierlich an. Bei den weltweit über 65 Millionen Flüchtlingen 2015 und 2016 handelt es sich überwiegend um Binnenflüchtlinge (ca. 40,8 Millionen), also um Menschen, die sich innerhalb des eigenen Landes auf der Flucht befinden. Während sich die Anzahl der Binnenflüchtlinge im Laufe der letzten 20 Jahre etwa verdoppelt hat, erhöhte sich die Anzahl der internationalen Flüchtlinge weniger stark. Etwa 24,5 Millionen flüchteten ins Ausland, meist in Nachbarländer. Lediglich 6 Prozent der Geflüchteten insgesamt befinden sich in Europa, fast 70 Prozent in Afrika und dem Nahen Osten (UNHCR 2016).

Zunächst lässt sich festhalten, dass sich die Anzahl der Flüchtlinge kontinuierlich erhöht. Dies gilt im Übrigen auch für Migration im Allgemeinen (inklusive Flüchtlingen): Während im Jahr 1965 ca. 75 Millionen Menschen außerhalb ihres Herkunftslandes (nach Geburtsort) lebten, waren es im Jahr 2000 bereits 173 Millionen Bis 2015 stieg der Wert auf 244 Millionen weiter deutlich an (UN 2016). Etwa ein Drittel (76 Millionen) von diesen internationalen Migranten leben derzeit in Europa, allein in Deutschland ca. zwölf Millionen. Damit belegt Deutschland hinter den USA (47 Millionen) Platz zwei weltweit – dicht gefolgt von Russland und Saudi-Arabien.

In den vergangenen Jahrzehnten haben sich also einige zentrale Indikatoren weltweit tendenziell positiv entwickelt (Armut/Hunger, Lebenserwartung, Durchschnittseinkommen), aber gleichzeitig steigt die Anzahl an Migranten im Allgemeinen und Flüchtlingen im Speziellen. Dieser irritierende Befund lässt sich in drei Schritten auflösen:

1. Die absolute Zahl an Migranten und Flüchtlingen ist enorm gestiegen, aber nicht die *relativen Anteile*: Im Jahr 1965 waren etwa 2,5 Prozent der Weltbevölkerung Migranten, also Menschen, die selbst im Laufe ihres Lebens dauerhaft international migriert sind. Bis Ende des Jahres 2015 stieg dieser Wert auf etwa 3,5 Prozent. Es handelt sich also um einen Anstieg um einen Prozentpunkt in Relation zur Weltbevölkerung, die sich im Laufe dieser 50 Jahre mehr als verdoppelt hat. Im Verhältnis zur Weltbevölkerung hat sich der Anteil der Menschen, die auf der Flucht sind, deutlicher erhöht (von 0,6 auf 0,9 Prozent). Aus einer globalen und zugleich relationalen Perspektive erscheinen diese Daten keineswegs derart dramatisch und überwältigend, wie dies häufig suggeriert wird. Vielmehr lassen sich Migration im Allgemeinen und Flucht im Speziellen als relativ *stabile Phänomene mit moderaten Zuwächsen* beschreiben – im Hinblick auf Flucht mit zum Teil erheblichen Ausreißern durch gewaltsame Konflikte bzw. sich verschärfende politische Instabilität, die zu akuten humanitären Krisen führen.
2. Demgegenüber hat die unmittelbare und zunehmende *Betroffenheit Deutschlands* deutlich zugenommen. Anders als in vergangenen Jahrzehnten haben sich mehrere Krisenherde an der Peripherie Europas etabliert, die zum einen Elend und Not erzeugen und zum anderen der europäischen Abschottungspolitik die Grundlage entziehen. Die nun entstandene extrem erhöhte Aufmerksamkeit begünstigt eine *verzerrte Wahrnehmung*. Zudem werden durch das sich verstetigende Bewusst-

sein, ein Einwanderungsland zu sein, bestimmte Problemstellungen und Herausforderungen, die sehr lange ignoriert wurden, heute eher überbetont.
3. Am bedeutsamsten erscheint jedoch ein allgemeiner Zusammenhang: Verbessern sich Lebensniveau und Lebenserwartung in einem Entwicklungsland, steigert das (zumindest zwischenzeitlich) die Auswanderung aus diesem Land – und die Zuwanderung nach Deutschland. Derzeit verzeichnen wir praktisch *keine Zuwanderung aus den ärmsten Ländern der Welt*. Dies hängt damit zusammen, dass die Migration – insbesondere nach Europa – eine große Herausforderung für die Migrierenden darstellt. Migration über weite Strecken erfordert ein vergleichsweise hohes Maß an Ressourcen und Netzwerken. Menschen, die krank, unter- oder mangelernährt sind, sind den Strapazen der Migration in aller Regel nicht gewachsen. Dies gilt für alle Formen der Migration und führt etwa im Bereich der Fluchtmigration dazu, dass besonders schutzbedürftige bzw. vulnerable Personengruppen wie etwa Mädchen, Schwangere, alte Menschen und Menschen mit Behinderungen oder schweren Kriegsverletzungen (etwa Amputationen) praktisch kaum eine Möglichkeit haben, nach Europa einzureisen und entsprechend in Deutschland (enorm) unterrepräsentiert sind. Das europäische Grenzregime stellt weitere Anforderungen an die geistige und körperliche Fitness von Flüchtlingen und verschärft diesen ohnehin bestehenden Zusammenhang deutlich. Es kommen nicht die Ärmsten und Schwächsten, und die meisten kommen nicht aus den ärmsten Ländern, sondern überwiegend aus *Schwellenländern* (ausführlich zu diesen Zusammenhängen vgl. Haas 2008; Oltmer 2015).

Es lässt sich also zum einen plausibel erklären, dass nicht trotz, sondern zum Teil aufgrund positiver Trends Migrationsbewegungen moderat zunehmen. Zum anderen lässt sich eine zunehmende Bedeutung von Flucht innerhalb des Feldes Migration verzeichnen, was auch mit der Verstetigung von Krisen in der geografischen Nähe zu Europa zusammenhängt.

Vor diesem Hintergrund ist die vielfach geforderte Bekämpfung von Migrationsursachen und insbesondere von Fluchtursachen kritisch zu bewerten. Als *Push-Faktoren* gelten ökonomische, politische und ökologische Gründe, insbesondere Arbeits- und Perspektivlosigkeit, Krieg, Verfolgung und Diskriminierung sowie Naturkatastrophen und Klimaveränderungen (vgl. Lee 1966). Ob und inwieweit Europa bzw. Deutschland die Einhaltung von Menschenrechten in verschiedenen Weltregionen umsetzen oder gar der Ausbruch von Kriegen verhindern kann, kann durchaus bezweifelt werden. Hierfür wären umfassend veränderte und langfristig ausgerichtete Strategien der internationalen Beziehungen notwendig. Zudem erscheint die weitverbreitete und intuitiv plausible Vorstellung, man könne durch eine Ausweitung der derzeitigen Entwicklungshilfe und Wirtschaftsförderung die Zuwanderung nach Deutschland und Europa kurz- oder mittelfristig wirksam reduzieren, eher als Mythos. Die empirische Migrationsforschung deutet – wie oben dargestellt – auf einen entgegengesetzten Zusammenhang hin. Aus einer wissenschaftlichen Perspektive lässt sich Migration selbst als wirksame Entwicklungshilfe beschreiben: Durch die Migration entfliehen Menschen der Perspektivlosigkeit und verbessern ihre ökonomische Situation; und sie überweisen Geld an ihre im Herkunftsland verbliebenen Familienmitglieder, wodurch die Kaufkraft steigt, aber – anders als durch klassische Entwicklungshilfe – nicht die Regierung gestützt wird (vgl. Deaton 2013).

Die Diskussion über die langfristige Bekämpfung von Migrationsursachen hat ihre Berechtigung, darf sich dabei aber nicht auf die klassischen Formen der Entwicklungshilfepolitik, die nicht selten interessengeleitet ist, beschränken. Hier muss ein breit angelegtes Infragestellen der etablierten Strukturen und Methoden der Entwicklungszusammenarbeit stattfinden, das auch danach fragt, inwieweit die europäische Politik zu den Ursachen für Migration selbst beiträgt (u. a. durch Handelsabkommen, Subventionspolitik, Waffenlieferungen). Zudem darf eine solche Diskussion nicht von den akuten Problemstellungen ablenken, etwa der chronischen Unterfinanzierung des Flüchtlingshilfswerks der Vereinten Nationen (UNHCR), dem Sterben auf Fluchtrouten im Mittelmeer und der Sahara usw.

Ähnlich wie bei den Push-, lassen sich auch die *Pull-Faktoren*, also die „Auswahl" eines bestimmten Ziellands (etwa Deutschland), nur sehr bedingt beeinflussen. Pull-Faktoren sind im Prinzip die Antonyme der Migrationsursachen, im Wesentlichen: eine starke Wirtschaft und Arbeitsplätze sowie Grundrechte, physische und rechtliche Sicherheit. Von besonderer Bedeutung sind zudem Netzwerke, da Menschen insbesondere dorthin migrieren, wo bereits Kontakte und Anknüpfungspunkte bestehen sowie das Image des Ziellandes (Scholz 2013). In jeder Hinsicht erfüllt Deutschland alle Kriterien in einem Maße wie kaum ein anderer Staat. Als eines der wirtschaftlich stärksten Länder mit einem dynamischen Arbeitsmarkt, einem hohen Maß an Sicherheit, vielfältigen ethnischen Communities und stabilen Netzwerken ins Herkunftsland sowie einem der besten Images weltweit – Deutschland belegt seit längerem regelmäßig einen der ersten drei Plätze in den vielen Image-Rankings der Nationen – wird Deutschland dauerhaft ein Zielland für Migration bleiben. Die deutsche Sprache, die kaum jemand bereits vor der Einreise nach Deutschland beherrscht, könnte im Prinzip das einzige Hemmnis für Migration nach Deutschland sein, insbesondere gegenüber englisch- oder französischsprachigen Ziellländern, allerdings ist dies offensichtlich ein Faktor mit weniger Relevanz.

Zwischen den Push- und Pull-Faktoren steht der Migrationsprozess, also die Wanderung selbst, die häufig nicht auf legalem Wege möglich ist. Entsprechend etablieren sich Migrationsrouten und Schleusungskriminalität. Das gewerbsmäßige Schleusen von Menschen wurde allerdings in der Vergangenheit höchst unterschiedlich bewertet. Während westdeutsche gewerbsmäßige Schleuser, die vielen Ostdeutschen die Flucht aus der DDR ermöglichten, als Fluchthelfer bezeichnet und weder verachtet noch kriminalisiert wurden – im Gegenteil: Sie konnten vor westdeutschen Gerichten die vereinbarten Geldbeträge einklagen –, spricht man heute von kriminellen Schlepperbanden (vgl. ausführlich Aslan/Fereidooni 2017). Die Ambivalenz der illegalen Schleusungen lässt sich nicht ohne weiteres auflösen, da nicht zuletzt durch das europäische Grenzregime viele schutzbedürftige Menschen auf diese Schleuser angewiesen sind und überhaupt erst ein lukrativer Schleusungsmarkt entstanden ist.

Konflikte in der Migrationsgesellschaft

Migration ist und bleibt auf absehbare Zeit eine zentrale politische Herausforderung. Dies wird nicht zuletzt durch eine nüchterne Betrachtung der Zuwanderungszahlen deutlich: Zusätzlich zu den ca. 900.000 Flüchtlingen sind im Jahr 2015 mehr als eine Million weitere ausländische Staatsangehörige nach Deutschland eingereist – zu großen Teilen aus europäischen Staaten. Insgesamt haben also allein im Jahr 2015 etwas mehr als zwei Millionen Menschen ihren Lebensmittelpunkt nach Deutschland verlegt. Auch wenn 2016 die Zuwanderungszahlen deutlich zurückgegangen sind, lässt sich vor diesem Hintergrund die zunehmende Skepsis in weiten Teilen der Bevölkerung nachvollziehen. Gleichzeitig halten Hilfsbereitschaft und ehrenamtliches Engagement weiter an. Die Bevölkerung scheint zunehmend gespalten: Während die einen Flüchtlinge als bedroht ansehen, sind sie für die anderen bedrohlich. Entsprechend lässt sich der Diskurs nachzeichnen: Im Jahr 2015 dominierte die Willkommenskultur, 2016 die Abwehrreaktion – jeweils mit entsprechenden politischen Maßnahmen (ausführlich hierzu Scherr 2017). Nach und nach setzt die Konsolidierungsphase ein und es werden zunehmend Fragen bezüglich der Integration gestellt. Aufnahmebereitschaft und Stimmung in der Bevölkerung hängen maßgeblich davon ab, wie die Situation im Einwanderungsland insgesamt bewertet wird. Auch hier lassen sich Wahrnehmungsverzerrungen und Missverständnisse rekonstruieren, die den weitgehend pessimistischen Integrationsdiskurs, der entkoppelt von messbarer Entwicklung zu sein scheint, erklären.

In den vergangenen Jahrzehnten haben sich die Lebensverhältnisse von Migranten und ihren Nachkommen deutlich verbessert. Wohnverhältnisse, Bildungsbeteiligung, Arbeitsmarktchancen, Sprachkenntnisse und Möglichkeiten politischer Partizipation – also die Integration – von Menschen mit Migrationshintergrund sind heute deutlich besser als in der Vergangenheit. Die Probleme, die es zweifelsohne gibt, lassen sich als Nachwehen politischer Fehler aus den 1960ern bis 1990ern verstehen (ausführlich hierzu El-Mafaalani 2017; El-Mafaalani/Toprak 2017).

Das heißt nicht, dass Gleichstellung schon realisiert wäre, sondern lediglich, dass alle Daten eine positive Entwicklung anzeigen (u. a. Integrationsindikatorenberichte der Bundesregierung; Studien des Berlin-Instituts für Bevölkerung und Entwicklung; Migrant Integration Policy Index). Dass sich im öffentlichen Diskurs diese empirischen Verbesserungen nicht widerspiegeln, hängt auch damit zusammen, dass eine romantisch-naive Vorstellung von Integration den Diskurs dominiert.

Nachdem sich erst mit der Jahrtausendwende in der deutschen Öffentlichkeit die Erkenntnis durchgesetzt hat, dass Deutschland ein Einwanderungsland ist und eine aktive Integrationspolitik benötigt, wurden zunehmend Veränderungen in Bevölkerung und Gesellschaft wahrgenommen. In den meisten westdeutschen Großstädten bilden die Kinder mit Migrationshintergrund heute die Mehrheit in den Klassenzimmern; in einigen Städten wird in den nächsten zehn bis 15 Jahren die Gesamtbevölkerung etwa je zur Hälfte „biodeutsch" und „international" sein. Dazu zählen u. a. Städte wie Frankfurt am Main, Stuttgart, München, Augsburg und einige weitere süddeutsche Städte. Zugleich gibt es großflächige Regionen, die mit Migration bisher kaum Erfahrungen haben und in denen die Ängste (deshalb) besonders groß sind. Durch Migration beschleunigt sich sozialer Wandel, wodurch die Gesellschaft vielseitiger, unübersichtlicher und insgesamt komplexer wird. Diese Veränderungen überfordern einen großen Teil der Bevölkerung.

Der Wandel geht einher mit zunehmenden Kontroversen und Konflikten. Während allgemein an der Idee festgehalten wird, dass erfolgreiche Integrationspolitik zu einer harmonischeren Gesellschaft führe, lässt sich vielmehr das Gegenteil rekonstruieren. Denn eine Verbesserung der Teilhabechancen in Bildungswesen und Arbeitsmarkt und der politischen Partizipation führt nicht zu Homogenisierung von Lebensweisen und zu gesellschaftlicher Harmonie. Vielmehr ist davon auszugehen, dass gerade durch gelungene Integration viel häufiger Differenz- und Fremdheitserfahrungen gemacht werden, u. a. dadurch, dass sich Minderheiten insgesamt selbstbewusst zu Wort melden, ihre Interessen vertreten und eigene Ansprüche erheben. Verteilungs- und Interessenkonflikte können entsprechend zunehmen. Ein markantes Beispiel: Den Anlass für den sogenannten Kopftuchstreit bildete nicht ein Fall von Desintegration, sondern der Fall einer Frau mit Kopftuch, die als deutsche Beamtin ein Lehramt ausüben wollte. Es gab offensichtlich kein wahrgenommenes Problem, solange lediglich Reinigungskräfte mit Kopftuch, die kaum Deutschkenntnisse hatten, an deutschen Schulen arbeiteten. Der Auslöser dieses Konflikts war gelungene Integration (für weitere Beispiele vgl. El-Mafaalani 2017).

Intergenerationale Integrationsprozesse können bildhaft folgendermaßen gefasst werden: Die erste Generation der Einwandernden ist noch bescheiden und fleißig, beansprucht nicht volle Zugehörigkeit und Teilhabe. Sie sitzen überwiegend auf dem Boden. Die ersten Nachkommen beginnen sich an den Tisch zu setzen und beanspruchen einen guten Platz und ein Stück des Kuchens. Die dritte Generation will nicht mehr nur ein Stück vom Kuchen, sondern mitentscheiden, welcher Kuchen auf den Tisch kommt. Was ist da über die Generationenfolge passiert: Integration im eigentlichen Wortsinn. Integration bedeutet, dass der Anteil der Menschen, die teilhaben können und wollen, wächst. Das bedeutet dann aber auch, dass der Anteil der Menschen, die ihre Bedürfnisse und Interessen selbstbewusst artikulieren, wächst – dies gilt u. a. auch für Frauen, Menschen mit Behinderung, Nicht-Heterosexuelle und zunehmend auch für Menschen mit Migrationshintergrund. Gelungene Integration steigert also das Konfliktpotenzial in einer Gesellschaft. Zunächst sind es Konflikte um soziale Positionen und Ressourcen, im Zeitverlauf werden soziale Privilegien und kulturelle Dominanzverhältnisse infrage gestellt und neu ausgehandelt. Es handelt sich also um grundlegende, die Gesellschaft verändernde Konflikte. „Integration ist keine Einbahnstraße" (Bade 2001, S. 7) – weder im Hinblick auf Voraussetzungen, Bereitschaft und Rahmenbedingungen, noch bezüglich der Wirkungen und Effekte.

Einerseits hatten die größten sozialen Innovationen gesellschaftliche Konflikte als Ausgangspunkt – man denke an Demokratie, Sozialstaat, Bürger- und Menschenrechte. Konstruktive Konfliktbewältigung ist ein Synonym für sozialen Fortschritt, weshalb Einwanderungsländer ein Erfolgsmodell darstellen. Andererseits sind durch die Steigerung des Konfliktpotenzials und die Neuaushandlung von Dominanzverhältnissen zum Teil massive Spannungen zu erwarten, die sich derzeit als „Rechtsruck" oder – wie es in Nordamerika bezeichnet wird – als *backlash* ausdrücken. Daher wäre es naiv zu glauben, dass gelungene Integration rassistischen und extremistischen Tendenzen automatisch entgegenwirkt oder diese gar auflöst. (Warum sollte es weniger Rassismus geben, wenn mehr Menschen am Tisch sitzen?) Vielmehr sind soziale Schließungstendenzen in den meisten Einwanderungsländern deutlich erkennbar. Ebenso naiv wäre es, in den sozialen Konflikten ein Problem zu sehen und diese etwa durch die Konstruktion einer gemeinsamen Leitkultur zu bearbeiten. Vielmehr sollte erkannt werden, dass in modernen Migrationsgesellschaften der spezifische konstruktive Umgang mit Konflikten den Kitt, der die Gesellschaft zusammenhält, bildet (vgl. Dubiel 1997).

Der öffentliche Diskurs hat sich bereits vor der Fluchtbewegung 2015 verschärft, auch aufgrund zunehmend gelingender Integrationsprozesse. Im gleichen Zeitraum haben religiös-fundamentalistische Bewegungen, der internationale Terrorismus sowie sich verstärkende nationalistische Tendenzen zu einer dramatischen Polarisierung geführt, die insbesondere entlang der religiösen Zugehörigkeit (Muslime) verläuft. Während die anhaltenden Migrationsprozesse – zu großen Teilen aus islamisch geprägten Ländern – komplexe innenpolitische Herausforderungen darstellen, besteht die Gefahr, dass sich das Integrationsklima verschlechtert.

Integration von Geflüchteten als politische Herausforderung

Geflohene Menschen, die in Deutschland Zuflucht und Sicherheit suchen, stellen die Aufnahmegesellschaft vor zahlreiche Herausforderungen. In den ersten Wochen nach deren Ankunft geht es im Wesentlichen um Organisation und Verwaltung, hier insbesondere um die Versorgung, Unterbringung, Registrierung sowie die Einleitung des Asylverfahrens. Diese Aufgaben haben in den Monaten zwischen Herbst 2015 und Frühjahr 2016 an vielen Stellen zu Reibungen geführt, die zum Teil durch kurzzeitige Überforderungen verursacht wurden, die zum anderen Teil durch ohnehin vorliegende Probleme, die lediglich sichtbarer wurden, begründbar sind. Entsprechend hat sich die Situation in den verschiedenen Bundesländern, aber insbesondere in den Kommunen ganz unterschiedlich dargestellt. Dennoch ist davon auszugehen, dass es kaum einem anderen Staat in vergleichbarer Weise gelungen wäre, Obdachlosigkeit zu vermeiden und gleichzeitig auf derart hohem Niveau die Versorgung sicherzustellen – zumal sich Bundesländer und Kommunen unvorbereitet der Situation stellen mussten. Daneben hat das Engagement weiter Teile der Bevölkerung, das in dem Begriff der deutschen „Willkommenskultur" weltweit gefasst wurde, die meisten Beobachter überrascht (Schiffauer/Eilert/Rudloff 2017). Nun stellen sich mittel- und langfristige Herausforderungen im Hinblick auf die nachhaltige Integration der Neuzugewanderten.

(Wohn-)Raumkapazitäten sind in Deutschland unterschiedlich verteilt. Vielerorts wurden in den vergangenen Jahren – auch vor dem Hintergrund wissenschaftlicher Expertise – Entwicklungspläne unter der Annahme von Bevölkerungsrückgang oder bestenfalls -stagnation erstellt. Man denke an viele ländliche Regionen, an das Ruhrgebiet oder auch viele Kommunen in Ostdeutschland. Spätestens seit den jüngsten Fluchtbewegungen hat sich die Erkenntnis durchgesetzt, dass die Bevölkerung zwar weiterhin älter wird, aber nicht (mehr) davon auszugehen ist, dass sie schrumpft.

Auch vor dem Hintergrund vorliegender räumlicher Kapazitäten zur Unterbringung von Flüchtlingen, insbesondere in ländlichen Regionen und kleineren Kommunen, wurde entschieden, die Menschen gleichmäßig zu verteilen und in der Wohnortwahl einzuschränken (Wohnsitzauflage). Eine aufgrund der Zugangszahlen und -frequenz intuitiv und aus verwaltungstechnischer Perspektive durchaus plausible und übergangsweise auch notwendige Lösung. Allerding gilt es hierbei einige Aspekte im Hinblick auf die ungleich verteilten Rahmenbedingungen und Potenziale zur Integration zu beachten, die bisher kaum reflektiert zu sein scheinen:

Für eine Unterbringung in ländlichen Regionen und kleinen Kommunen sprechen neben der guten Verfügbarkeit von Wohnraum auch die leichtere Umsetzung von dezentraler Unterbringung (sowie ggf. notwendig werdende Baumaßnahmen). Andererseits sind die notwendigen Rahmenbedingungen für die Integration der Neuzugewanderten häufig nicht in der Form gegeben. Denn für die Integration von Flüchtlingen sind die technische und soziale Infrastruktur sowie der Arbeitsmarktzugang und das Schulangebot von zentraler Bedeutung.

Flüchtlinge sind in besonderer Weise auf die *öffentliche Infrastruktur* angewiesen. Beispielsweise ist Mobilität nur über öffentliche Verkehrsmittel möglich. Mobilität ist gerade im ländlichen Raum von besonderer Bedeutung, weil in der näheren Umgebung in der Regel weder die medizinische und psychologische Versorgung noch die notwendige juristische Beratung adäquat gewährleistet werden kann. Zudem fehlt es insbesondere in den Regionen, die bisher wenig Erfahrung mit Migration gemacht haben, an Dolmetschern und Sprachlehrern für die notwendigen Sprachkurse. Während also die Abhängigkeit vom öffentlichen Personennahverkehr besonders groß ist, weil viele Angebote nicht vor Ort zur Verfügung stehen, ist genau dieser in vielen Regionen schwach ausgeprägt.

Dort, wo bisher kaum Migration stattgefunden hat, ist die Expertise im Umgang mit Migration kaum vorhanden. Den *Fachkräften* im öffentlichen Dienst und in sozialen Einrichtungen fehlen entsprechend Wissen und Erfahrung im Hinblick auf die besonderen Bedürfnisse von Flüchtlingen und auf die spezifischen Herausforderungen bei der Integration. Da derzeit Fachkräfte allerorts gesucht werden, fällt es in ländlichen Regionen besonders schwer, geeignete Fachkräfte zu finden. Zugleich muss vor Ort die Koordination sowie die strukturelle und konzeptionelle Einbettung von professioneller Flüchtlingshilfe und den vielen zivilgesellschaftlichen Initiativen entwickelt und umgesetzt werden – eine nach wie vor große Herausforderung (vgl. Karakayali/Kleist 2015; Schiffauer/Eilert/Rudloff 2017).

Der *Zugang zum Arbeitsmarkt* ist zwar den bisher genannten Aspekten nachgeschaltet, aber gleichzeitig der wohl wichtigste. Die Arbeitsmarktintegration hängt im Wesentlichen einerseits von Qualifikation bzw. Qualifizierung der Geflüchteten, andererseits vom lokalen und regionalen Arbeitsmarkt ab. Für ländliche Regionen kann dies ganz Unterschiedliches bedeuten. In Falle eines schwachen regionalen Arbeitsmarkts vergrößern sich die Herausforderungen für die betreffenden Kommunen (ganz unabhängig von der Größe).

Eine andere für den langfristigen Integrationserfolg besonders wichtige Ebene ist der *Bereich Bildung* und hier insbesondere das lokale Schulangebot. Bei der Analyse der Bildungsbeteiligung fällt auf, dass – gegen die Intuition – die Bildungsteilhabe von ausländischen Kindern sich dort stärker jener der deutschen Kinder annähert, wo der Anteil ausländischer Kinder hoch ist. Und andersherum sind die relativen Bildungschancen ausländischer Kinder in den Kommunen besonders schlecht, wo es relativ wenige gibt (ausführlich hierzu El-Mafaalani/Kemper 2017). Auch dieser Zusammenhang lässt sich auf die Erfahrungen und Expertise im Kontext von Migration sowie den Aufbau förderlicher Strukturen (u. a. Selbstorganisationen von Minderheiten) zurückführen, kann u. a. aber zum Teil mit Diskriminierungseffekten begründet werden (im Sinne von Gomolla/Radtke 2002). Da der Ausländeranteil in ländlichen Gebieten tendenziell geringer ist als in urbanen Räumen, lässt sich gleichsam ein deutlicher Stadt-Land-Unterschied der Bildungschancen erkennen. Weitere wesentliche Aspekte sind die Art der Beschulung von geflüchteten Kindern und Jugendlichen (vgl. Massumi u. a. 2015; Massumi 2013) sowie Bildungs- und Qualifikationsangebote für nicht mehr schulpflichtige junge Erwachsene.

Es ist also offensichtlich zu kurz gedacht, davon auszugehen, dass die Integration von Migranten und ihren Nachkommen dann gut funktioniert, wenn ihr Anteil in einer Kommune besonders niedrig ist. Viel entscheidender als Anzahl und Anteil scheinen das Vorliegen von relevanten Strukturen und Expertise zu sein – und genau diese ist ungleich verteilt.

Die Verteilung von Geflüchteten in die Fläche wurde mit der Überlastung in Großstädten und insbesondere mit der Gefahr von sich verschärfenden innerstädtischen Segregationstendenzen begründet. Aber während in den Ballungsgebieten Strukturen und Expertise vorliegen und ggf. kurzfristig ausgebaut werden müssen, gilt es in ländlichen Regionen Strukturen und Expertise überhaupt erst aufzubauen. Während also eine geeignete und dezentrale Unterbringung leichter möglich ist, muss kritisch beobachtet werden, inwieweit die Integration von Geflüchteten auf dem Lande ggf. ein Mehr an (monetärem) Aufwand bedeutet. Dieser regionale und kommunale Fokus auf Integrationsprozesse hat sich bisher noch nicht systematisch durchgesetzt.

Es handelt sich also um eine äußerst komplexe Problemstellung, für die es kaum Erfahrungswerte und entsprechend keine einfachen, klaren Lösungsansätze gibt. Eine gleichmäßige Verteilung muss durch strukturelle

Veränderungen begleitet werden, weil – wie dargestellt – das Integrationspotenzial keineswegs gleichmäßig verteilt ist, zum anderen deshalb, weil – nach einer Übergangszeit – die Geflüchteten den Weg in die größeren Städte suchen werden. Das liegt neben den beschriebenen Rahmenbedingungen an den zentralen Unterschieden zwischen Stadt und Land. Urbane und ländliche Räume unterscheiden sich insbesondere im systematischen Umgang mit Fremdheit: Während in ländlichen Räumen der (mir) unbekannte bzw. fremde Mensch auffällt, überrascht es in Ballungsräumen, einem (mir) bekannten zu begegnen (vgl. Siebel 2015). Großstädte und Metropolen sind Orte, die überhaupt nur aufgrund von Zuzug und Migration existieren und fortbestehen. Daher sind Überraschungen, Wandel und Fremdheit, aber auch Dynamik und Stressresistenz integrale Bestandteile dieser Ballungsräume, was für Neuzugewanderte in vielerlei Hinsicht positive Effekte haben kann.

Da sich derzeit keine systematischen Bemühungen erkennen lassen, das Integrationspotenzial des ländlichen Raums sowie kleinerer Kommunen zu fördern und diese Orte für Flüchtlinge attraktiv und perspektivreich zu machen, wird man die Neuzugewanderten nicht dauerhaft dort halten können. Aber man hat durch die Wohnsitzauflage, die für die Geflüchteten zahlreiche negative Effekte hat, zumindest Zeit gewonnen (ausführlich hierzu SVR 2016).

Zudem scheint der *soziale Wohnungsbau* eine neue Renaissance zu erleben. Allerdings gilt es kritisch zu beobachten, inwiefern sich dieser auf segregierte Stadtteile oder Außenbezirke konzentriert. Die Flexibilisierung der Regelungen für den Neubau in Städten ist nach wie vor eine große Herausforderung. Die Konzentration von Flüchtlingen in bestimmten Stadtteilen ist zumindest mittelfristig zu erwarten. Daher müssen genau diese Stadtteile lebenswerter werden und bleiben. Zentrale Herausforderungen bestehen darin, Maßnahmen zu ergreifen, dass diese Orte keine Sackgassen werden – es müssten attraktive Ankunftsgebiete bzw. Integrationsschleusen sein (vgl. Kurtenbach 2015; El-Mafaalani/Strohmeier 2015). Für eine systematische und soziale Wohnungspolitik für alle Menschen wäre eine umfassende Strategie notwendig, bei der eine realistische Perspektive auf die mittelfristige Entwicklung der Zuwanderung integraler Bestandteil sein muss. Und die Bekämpfung dauerhafter sozialer Probleme (insbesondere Armut und Perspektivlosigkeit) muss stärker forciert werden, damit sich keine Opferkonkurrenz entwickelt, in der Flüchtlinge die Projektionsfläche für politische Versäumnisse darstellen. Im Umgang mit Flüchtlingen innerhalb von Kommunen gibt es mittlerweile eine Vielzahl von innovativen Konzepten, die zwar nicht ohne Weiteres auf die strukturellen Bedingungen in Deutschland übertragbar sind, aber dennoch zunehmend wahrgenom-

men und diskutiert werden, etwa das Konzept der *Sanctuary City* (vgl. Scherr/Hoffmann 2016).
Integration findet in den Städten und Gemeinden statt. Die meisten genannten Herausforderungen bestehen ohnehin und werden durch Migration lediglich verstärkt. Bedauerlicherweise spiegelt sich dies noch nicht in einem Bedeutungszuwachs der Kommunalpolitik wider.

Ausblick

Die politischen Zuständigkeiten und Kompetenzen für die Integration von Migranten sind in Deutschland relativ unübersichtlich auf verschiedenen Ebenen (Bund, Länder, Kommunen) verteilt. Während vor Ort die Integration im eigentlichen Sinne stattfindet, werden auf Bundes- und Landesebene die Rahmenbedingungen vorgegeben. Auch wenn seit 2015 eine deutliche Flexibilisierung der Verwaltungsprozesse erkennbar ist und sich darüber hinaus kooperative Strukturen etabliert haben, wurde bereits vielfach gefordert, dass die Herausforderungen der Gegenwart und Zukunft ein Bundesministerium für Migration und Integration (ggf. gekoppelt mit internationaler Entwicklungszusammenarbeit) erfordern (u. a. El-Mafaalani/ Terkessidis 2015). Innenpolitisch gilt es darüber hinaus die demografische Entwicklung in Deutschland neu zu bewerten. Ein realistisches und bisher politisch kaum berücksichtigtes Szenario ist das einer alternden und zugleich wachsenden Bevölkerung. Dieses Szenario hat unmittelbare und umfassende Implikationen für eine strategische Neuausrichtung politischen Handelns.

Ein generelles Problem der Migrations- und Integrationspolitik ist die Orientierung an Grundsätzen, die sich durch verschiedene binäre Logiken ausdrücken: Soll die politische Ausrichtung offensiv oder defensiv sein? Soll es um die Abwehr oder die Ermöglichung von Migration gehen? Werden Ideale wie Freiheit, Sicherheit und Gerechtigkeit nur nationalstaatlich bzw. europäisch gedacht oder reicht die internationale Verantwortung über Europa hinaus? Wird die soziale Zugehörigkeit aller Bürger anerkannt oder in Abhängigkeit von Abstammung und Herkunft? Kurz: Es geht immer um Menschenrechte, gesellschaftliche Offenheit nach innen und außen sowie um Grenzen. Zugleich geht es um hochkomplexe Themen und Fragen, für die es keine einfachen und kurzfristig umsetzbaren Lösungen gibt. Dies gilt sowohl für die politische Ausrichtung im Umgang mit den Herkunftsländern als auch für das Grenzregime sowie für die innenpolitischen Strategien der Integrationspolitik. Gerade diese komplexen Herausforderungen in ganz unterschiedlichen Politikfeldern erfordern einen offenen Diskurs und die Entwicklung neuer Ansätze. Das Verdrängen hat bisher in fast allen westlichen Staaten die Schließungstendenz und die Attraktivität von populistischen Lösungen verstärkt, die dann in der Regel von bürgerlichen politischen Parteien umgesetzt wurden.

Literatur

Aslan, Emine/Fereidooni, Karim (i. E.): „Same same but different?!" Von Fluchthelfer_innen und Schleuser_innenbanden. In: Dimbath, Oliver/Kinzler, Anja/Meyer, Katinka (Hrsg.): Vergangene Vertrautheit? Soziale Gedächtnisse des Ankommens, Aufnehmens und Abweisens.

Bade, Klaus J. (2001): Einleitung: Integration und Illegalität. In: Bade, Klaus J. (Hrsg.): Integration und Illegalität in Deutschland. Osnabrück.

Brüntrup, Michael (2015): Welthunger und Welternährung. In: Aus Politik und Zeitgeschichte 49.

Deaton, Angus (2013): The Great Escape. Princeton University Press.

Dubiel, Helmut (1997): Unversöhnlichkeit und Demokratie. In: Heitmeyer, Wilhelm (Hrsg.): Was hält die Gesellschaft zusammen? Frankfurt am Main, S. 425–444.

El-Mafaalani, Aladin (i. E.): Migrationssensibilität. Zum Umgang mit Globalität vor Ort. Weinheim und Basel.

El-Mafaalani, Aladin/Kemper, Thomas (2017): Bildungsteilhabe geflüchteter Kinder und Jugendlicher. Eine Analyse ungleicher Bildungsbeteiligung auf den Ebenen der Bundesländer sowie der Kreise und kreisfreien Städte am Beispiel NRW. In: Zeitschrift für Flüchtlingsforschung 1/2017.

El-Mafaalani, Aladin/Terkessidis, Mark (2015): Genug gefrickelt – Die Herausforderungen der Einwanderung lassen sich nicht nebenbei erledigen. In: Süddeutsche Zeitung 20.10.2015.

El-Mafaalani, Aladin/Toprak, Ahmet (2017): Muslimische Kinder und Jugendliche in Deutschland. Lebenswelten, Denkmuster, Herausforderungen. 3., überarbeitete Auflage. Berlin. (1. Auflage 2011, 2. Auflage 2014).

El-Mafaalani, Aladin/Strohmeier, Klaus Peter (2015): Segregation und Lebenswelt – Die räumliche Dimension sozialer Ungleichheit. In: El-Mafaalani, Aladin/Kurtenbach, Sebastian/Strohmeier, Klaus Peter (Hrsg.): Auf die Adresse kommt es an … Segregierte Stadtteile als Problem- und Möglichkeitsräume begreifen. Weinheim und Basel.

Gomolla, Mechtild/Radtke, Frank-Olaf (2002): Institutionelle Diskriminierung. Opladen.

Haas, Hein de (2008): The Myth of Invasion. The inconvenient realities of African migration to Europe. In: Third World Quarterly 29 (7), S. 1305–1322.

Karakayali, Serhat/Kleist, Olaf (2015): Strukturen und Motive der ehrenamtlichen Flüchtlingsarbeit in Deutschland. Berlin.

Kurtenbach, Sebastian (2015), Ankunftsgebiete – Segregation als Potenzial nutzen. In: El-Mafaalani, Aladin/Kurtenbach, Sebastian/Strohmeier, Klaus Peter (Hrsg.). Auf die Adresse kommt es an … Segregierte Stadtteile als Problem- und Möglichkeitsräume begreifen. Weinheim und Basel.

Lee, Everett S. (1966): A Theory of Migration. In: Demography, 1/1966, S. 47–57.

Massumi, Mona (2013): Professionalisierung von Lehramtsstudierenden in der Arbeit mit geflüchteten Kindern und Jugendlichen. In: Haushalt in Bildung & Forschung, Heft 1.

Massumi, Mona/von Dewitz, Nora/Grießbach, Johanna/Terhart, Henrike/Wagner, Katharina/Hippmann, Kathrin/Altinay, Lale (2015): Neu zugewanderte Kinder und Jugendliche im deutschen Schulsystem. Bestandsaufnahme und Empfehlungen. Köln: Mercator-Institut für Sprachförderung und Deutsch als Zweitsprache, Zentrum für LehrerInnenbildung, Arbeitsbereich Interkulturelle Bildungsforschung an der Universität zu Köln.

Oltmer, Jochen (2015): Zusammenhänge zwischen Migration und Entwicklung. Bonn.
Ortiz-Ospina, Esteban/Roser, Max (2017): Global Health. Our World in Data. https://ourworldindata.org/health-meta/
Roser, Max (2017): Global Economic Inequality. Our World in Data. https://ourworldindata.org/global-economic-inequality
Sachverständigenrat für Migration und Integration (SVR) (2016): Ankommen und Bleiben – Wohnsitzauflagen als integrationsfördernde Maßnahme? Berlin.
Scherr, Albert (i. E.): Die Abschwächung moralischer Empörung. Eine Analyse politischer Reaktionen auf zivilgesellschaftliche Proteste gegen Gesetzesverschärfungen und Abschiebungen. In: Zeitschrift für Flüchtlingsforschung, 1 (1).
Scherr, Albert/Hoffmann, Rebecca (2016): Sanctuary Cities: Eine Perspektive für deutsche Kommunalpolitik? In: Kritische Justiz, Heft 1, S. 86–97.
Schiffauer, Werner/Eilert, Anne/Rudloff, Marlene (2017) (Hrsg.): So schaffen wir das. Eine Zivilgesellschaft im Aufbruch. Bielefeld.
Scholz, Antonia (2013): Warum Deutschland? Einflussfaktoren bei der Zielstaatssuche von Asylbewerbern – Ergebnisse einer Expertenbefragung. Forschungsbericht 19 BMBF. Nürnberg.
Siebel, Walter (2015): Die Kultur der Stadt. Frankfurt am Main.
UN – Department of Economic and Social Affairs (2018): International Migration Report 2015. New York.
UNHCR (2016): Global Trends – Forced Displacement in 2015. Genf.

Stefan Keßler

Asyl- und Flüchtlingspolitik in der Bundesrepublik Deutschland

Einleitung

Das zwanzigste Jahrhundert wurde immer wieder das „Jahrhundert der Flüchtlinge" genannt. Aus keiner früheren Epoche ist bekannt, dass so viele Menschen durch Krieg und Bürgerkrieg, politische Unterdrückung, Hunger und Not aus ihrer Heimat vertrieben worden sind wie in unserer Zeit. Und auch das einundzwanzigste Jahrhundert scheint diese traurige „Tradition" fortzusetzen. So schätzt der Hohe Flüchtlingskommissar der Vereinten Nationen (UNHCR) die Gesamtzahl aller Flüchtlinge und „Menschen in flüchtlingsähnlichen Situationen" derzeit weltweit auf über 65 Millionen.[1]

Die Bundesrepublik Deutschland ist das einzige Land, dessen Verfassung über vierzig Jahre lang (von 1949 bis 1993) einen – wenigstens im Wortlaut – uneingeschränkten, vorbehaltlosen und einklagbaren Anspruch eines Verfolgten auf Schutz enthalten hat. Dieses in dem schlichten Satz „Politisch Verfolgte genießen Asylrecht" (Art. 16 Abs. 2 Satz 2 GG bzw. seit 1993 in Art. 16a Abs. 1 GG) verankerte Grundrecht auf Asyl ist außergewöhnlich, weil es einen Rechtsanspruch dem ansonsten Recht- und Schutzlosen bietet – niemand ist in einer Welt der Nationalstaaten so aus allen Rechtsgemeinschaften ausgeschlossen wie derjenige, dem der Schutz seines Heimatstaates nicht mehr zur Verfügung steht. Außerdem ist das Asylgrundrecht das einzige ausdrücklich Nicht-Deutschen vorbehaltene Recht. Zugleich ist es eines der wenigen Grundrechte (gewesen), das tagespolitisch motivierten Eingriffen des einfachen Gesetzgebers entzogen bleiben sollte und dessen volle Rechtswirkung allein unter Kontrolle der Justiz unmittelbar aus dem Verfassungstext herrührt.

Andererseits ist das Asylrecht ein verfahrensabhängiges Grundrecht. Es bedarf eines rechtlich geregelten Prüfungsverfahrens, um festzustellen, wer die Voraussetzungen für den Genuss des Asylrechts erfüllt. Dies macht ein faires Asylverfahren so wichtig.

Dieses Asylrecht ist, wenn man die frühesten Anfänge 1946 mit einrechnet, rund 71 Jahre alt. Dennoch ist es im Laufe seines „Lebens" so vielen einschneidenden Veränderungen unterworfen worden, dass eine vollständige Beschreibung seiner „Biografie" den beschränkten Rahmen des

---

1   Zahlen vom 20.06.2016, siehe http://www.unhcr.org/figures-at-a-glance.html (Abfrage: 13.04.2017).

vorliegenden Beitrages sprengen würde. Die Darstellung kann daher die Entwicklung nur grob skizzieren und muss sich auf den politischen Diskussionsverlauf konzentrieren, weshalb die Entwicklung in der Rechtsprechung ausgeklammert wird.

Die Entstehung des Asylrechts im Grundgesetz

Die Grundentscheidung für die Aufnahme des Grundrechts auf Asyl in das Grundgesetz fiel bereits 1946 in den Bundesländern: In den Landesverfassungen für Bayern, Hessen und Rheinland-Pfalz finden sich Bestimmungen, die im Wesentlichen gleichlautend verheißen:

> „Fremde genießen den Schutz vor Auslieferung und Ausweisung, wenn sie unter Verletzung der in dieser Verfassung niedergelegten Grundrechte im Auslande verfolgt werden und nach Hessen/Bayern/Rheinland-Pfalz geflohen sind."

Der Parlamentarische Rat, der das Grundgesetz formulierte, hat das Asylrecht zunächst als Grundsatz der Nichtauslieferung und Nichtausweisung verfolgter Ausländer aus dem „Material" der Landesverfassungen übernommen. Zumindest in dieser Form galt den Abgeordneten das Asylrecht als „klassisches Grundrecht" und erst in der späteren Ausgestaltung als etwas „Neuartiges". Es war in ihren Augen eines jener Rechte der einzelnen Persönlichkeit, die dieser von Geburt an zu eigen sind und einen untrennbaren Bestandteil der menschlichen Würde darstellen.

Aufgrund dieser Entscheidungen heißt es seit 1949 im Grundgesetz für die Bundesrepublik Deutschland: „Politisch Verfolgte genießen Asylrecht."

Der Parlamentarische Rat hat bewusst den Kreis der vom Asylrecht Begünstigten sehr weit gezogen und es vermieden, eingrenzende Definitionen zu formulieren. Als „politisch verfolgt" sollte zuallermindest gelten, wer als Ausländer Opfer von Menschenrechtsverletzungen und/oder Opfer einer Verfolgung wegen einer politischen Straftat (ausgeschlossen reine kriminelle Gewaltverbrechen) ist.

Von Anfang an war unbestritten: Das Asylrecht ist ein Grundrecht, das heißt kein Programmsatz oder Staatsziel, sondern als integraler Bestandteil der Würde eines jeden Menschen ein „nüchterner", konkreter, unmittelbar geltender (und damit an keine außerhalb des reinen Tatbestandes der politischen Verfolgung liegende Voraussetzungen oder Bedingungen geknüpfter), vor den Gerichten einklagbarer Rechtsanspruch.

Dieses Grundrecht umfasst neben dem Schutz vor Auslieferung und Ausweisung die soziale Gleichstellung mit den Einheimischen, auch in Bezug auf staatliche Leistungsverpflichtungen (etwa öffentliche Wohlfahrtsunterstützung) sowie über das Recht auf freie Entfaltung der Persönlichkeit auch das Recht auf Arbeit.

Von der Asylverordnung zum Ausländergesetz

Aus Platzgründen wird hier die Zeit unter dem Besatzungsstatut ausgeklammert, als der Umgang mit den sogenannten *Displaced Persons* noch nicht in der vollständigen Verantwortung der deutschen Behörden lag.

Nach der Ablösung des Besatzungsstatuts wurde 1953 als bundesweite Einrichtung in Nürnberg die *Bundesdienststelle für die Anerkennung ausländischer Flüchtlinge* errichtet, die später ihren Namen in *Bundesamt für die Anerkennung ausländischer Flüchtlinge* und noch später in *Bundesamt für Migration und Flüchtlinge* änderte. Aufgabe dieser Behörde ist unter anderem die bundeseinheitliche Entscheidung über Asylanträge.

Materiell-rechtliche Grundlage war dabei neben Artikel 16 Abs. 2 Satz 2 des Grundgesetzes auch die 1951 verabschiedete und 1953 von der Bundesrepublik Deutschland unterschriebene *Genfer Flüchtlingskonvention*. Nur regeln weder das Grundgesetz noch die Genfer Flüchtlingskonvention die Einzelheiten des Anerkennungsverfahrens.

Zu diesem Zweck erließ die Bundesregierung 1953 unter Beteiligung des Bundesrates die *Asylverordnung*, die die wichtigsten Verfahrensregelungen enthielt. Daneben wurden die allgemeinen fremdenrechtlichen Bestimmungen der noch aus dem Jahre 1938 stammenden *Ausländerpolizeiverordnung* angewandt.

Im Verfahren nach der Asylverordnung nahmen zunächst die jeweiligen lokalen Ausländerbehörden Asylanträge entgegen. Stuften sie die Anträge als beachtlich an, reichten sie die entsprechenden Akten an die Bundesdienststelle bzw. das Bundesamt weiter. Dort wurden die Flüchtlinge angehört, bevor ein Anerkennungsausschuss über ihren Antrag entschied. Gegen eine Ablehnungsentscheidung konnten die Betroffenen zunächst Widerspruch einlegen, über den ein Widerspruchsausschuss beim Bundesamt entschied. Lehnte auch dieser den Antrag ab, waren die Klage zum Verwaltungsgericht sowie der weitere Rechtsweg zum Verwaltungsgerichtshof und zum Bundesverwaltungsgericht eröffnet.

Die Regelungen der Asylverordnung wurden im Wesentlichen inhaltlich in das erste Ausländergesetz von 1965 übernommen. In § 28 des Ausländergesetzes wurden allerdings nunmehr sowohl Art. 16 Abs. 2 Satz 2 des Grundgesetzes als auch die Genfer Flüchtlingskonvention zur inhaltlichen Grundlage des Anerkennungsverfahrens gemacht.

In dieser ersten Zeit stellte das Asylrecht kein größeres innenpolitisches Thema in der Bundesrepublik Deutschland dar. Zum größten Teil kamen die Flüchtlinge aus den Ländern jenseits des „Eisernen Vorhangs". Zugleich schaffte das „Wirtschaftswunder" einen dringenden Bedarf an ausländischen Arbeitskräften. Zunächst ist das Grundrecht auf Asyl somit als ideologische „Waffe" im „Kalten Krieg" eingesetzt worden – solange die

Flüchtlinge vornehmlich aus dem „Ostblock" kamen und solange es einen deutschen Bedarf an ausländischen Arbeitskräften gab, war das Asylrecht nicht umstritten. Ausfluss dieser Einstellung ist die noch 1985 bestätigte Entscheidung der Innenministerkonferenz von 1966, dass Asylsuchende aus dem „Ostblock" auch nach einer rechtskräftigen Ablehnung ihres Asylantrages nicht abgeschoben werden sollten.

Der Umschwung:
Vom Anwerbestopp zum Wahlkampfthema

Erst als die Flüchtlinge in größeren Zahlen und in größerem Maße aus anderen Ländern kamen, ist das Asylrecht zum innenpolitischen Streitpunkt geworden. Die erste zeitliche Marke hierfür ist der in der Wirtschaftskrise nach dem „Ölschock" erlassene Anwerbestopp für ausländische Arbeitskräfte. In den Folgejahren stieg die Zahl der Asylanträge parallel zu den weltweiten Kriegs- und Krisenentwicklungen stark an. Hauptherkunftsländer waren auch nicht mehr die ideologisch so einfach einzusortierenden Länder des „Ostblocks", sondern die Staaten der „Dritten Welt".

In den innenpolitischen Debatten wurde nunmehr das Asylrecht zum Thema. Besonders im Bundestagswahlkampf des Jahres 1980 wurde die „Ausländer- und Asylfrage" instrumentalisiert. Das schon in den frühen 1970er Jahren benutzte Wort vom „Wirtschaftsflüchtling" fand zusammen mit anderen Schlagworten wie „Asylantenschwemme", „Asylmissbrauch" und „Belastungsgrenzen" Verwendung.

Die Kritik richtete sich vor allem gegen die lange Verfahrensdauer, der man eine „Sogwirkung" zuschrieb. Deshalb wurden bereits 1978 erste Maßnahmen zur Verfahrensbeschleunigung getroffen, die jedoch die an sie von der Politik gestellten Erwartungen nicht erfüllten. 1980 folgte daher die Ablösung der Anerkennungsausschüsse beim Bundesamt durch die weisungsunabhängigen Einzelentscheider. Parallel dazu wurde der Visumszwang für die legale Einreise in die Bundesrepublik auf zusätzliche Staaten erweitert, darunter Hauptherkunftsländer von Flüchtlingen wie Äthiopien, Afghanistan, Indien und die Türkei. Außerdem wurden ein Arbeitsverbot für Asylsuchende im ersten Jahr des Verfahrens sowie die Umstellung der Sozialhilfe auf Sachleistungen beschlossen.

1982 wurde das erste *Asylverfahrensgesetz* verabschiedet. Damit wurden eigenständige Regelungen zur Durchführung des Asylverfahrens erlassen und eine besondere Qualifizierungsmöglichkeit abzulehnender Asylanträge als „offensichtlich unbegründet" bzw. als „unbeachtlich" geschaffen, was zur Folge hat, dass die betroffenen Antragsteller nur dann den Ausgang des Asylverfahrens in Deutschland abwarten können, wenn ein Verwaltungsgericht die aufschiebende Wirkung ihrer Klage wieder herstellt.

Außerdem sind seither die Rechtswegmöglichkeiten in einigen Fällen eingeschränkt und die gesondert für Asylsuchende auszustellende Aufenthaltsgestattung eingeführt worden. Asylsuchende werden zumindest in der ersten Zeit in Sammelunterkünften untergebracht, und ihre sozialhilferechtlichen Ansprüche wurden Ende 1981 weiter gekürzt.

Die Grundgesetzänderung 1992/93

Die 1982 an die Regierung gekommene christliberale Koalition konnte zunächst noch die „Erfolge" ihrer Vorgängerin in Gestalt sinkender Asylantragszahlen für sich verbuchen. Nur kurze Zeit später führten jedoch zahlreiche neue Krisenentwicklungen – beispielsweise die massive Verfolgung der Tamilen auf Sri Lanka – zu einem erneuten Anstieg der Asylantragszahlen. Auch umgingen Antragsteller den Visumszwang dadurch, dass sie über Ost-Berlin nach Westdeutschland einreisten.

In der Folge wurde der Ton in der innenpolitischen Debatte härter: Selbst Krisen und Bürgerkriege als Fluchtursachen wurden nunmehr in einem Satz zusammen mit kriminellen Aktivitäten von „Schleppern" aufgeführt: Der Bundesrat äußerte, es könne

> „nicht angehen, dass der Bundesrepublik Deutschland bei jeder Krise in einem Staat der Dritten Welt oder durch neue Erfindungen von Schleuser-Organisationen die Gefahr droht, von Asylbewerbern überflutet zu werden, die der schlechten wirtschaftlichen Lage oder einer Bürgerkriegssituation in ihrem Heimatland entkommen wollen."[2]

Dieser „Gefahr" wurde zunächst mit neuen Einzelmaßnahmen begegnet, beispielsweise der Ausdehnung der Visumspflicht auf weitere Herkunftsländer von Flüchtlingen und dem Verbot für Fluggesellschaften, Personen ohne Visum in die Bundesrepublik zu befördern. Mit der DDR wurde vereinbart, dass ausländische Staatsangehörige für den Transit durch die DDR ein „Anschlussvisum" für den Zielstaat ihrer Reise benötigten. Damit war das „Schlupfloch" Ost-Berlin, mit dem früher der Visumszwang umgangen worden war, geschlossen.

Dennoch stiegen nach einem anfänglichen Rückgang die Antragszahlen ab 1988 wieder erneut an. Hauptursache hierfür war nun die Krisenentwicklung in Osteuropa, besonders in Jugoslawien. Parallel zu dieser Entwicklung manifestierte sich die von interessierter Seite angeheizte Fremdenfeindlichkeit zum einen in Aufsehen erregenden Wahlerfolgen rechts-

---

2 Bundesratsdrucksache 100/85 (Beschluss), S. 9.

extremer Parteien, zum anderen in einer Reihe mörderischer Anschläge, für die die Ortsnamen „Solingen", „Hoyerswerda" und „Mölln" als Chiffren stehen.
Vor diesem Hintergrund kam es am 6. Dezember 1992 zu einer Vereinbarung zwischen CDU/CSU, FDP und SPD über eine Änderung des Grundgesetzes und des einfachen Asylrechts („Asylkompromiss"). Das trotz lebhafter Proteste aus einem breiten gesellschaftlichen Spektrum im Sommer 1993 verabschiedete Gesetzespaket änderte das Grundgesetz dergestalt, dass der Satz „Politisch Verfolgte genießen Asylrecht" aus Artikel 16 Abs. 2 herausgelöst und als Absatz 1 in einen neuen Artikel 16a eingefügt wurde. Es verankerte die *Drittstaatenregelung* im Grundgesetz (Artikel 16a Abs. 2) mit der Folge, dass Menschen, die über einen „sicheren Drittstaat" in das Bundesgebiet einzureisen versuchen, sich nicht auf das Asylrecht berufen können, sondern in den Drittstaat zurückgeschoben werden (alle Nachbarstaaten Deutschlands wurden zu solchen „sicheren Drittstaaten" erklärt). Außerdem schuf das Gesetzespaket die Grundlage für das Erstellen einer Liste von „sicheren Herkunftsstaaten", in denen es angeblich grundsätzlich keine politische Verfolgung gibt (die einzelnen Flüchtlinge können allerdings diese „Regelvermutung" für ihren jeweiligen Fall widerlegen). Weitere Verschärfungen im Asylverfahren wurden eingeführt, und mit dem *Asylbewerberleistungsgesetz* entstand eine Regelung, die eine sozialhilferechtliche Ausgrenzung schutzsuchender Menschen endgültig zum System machte.

Das Zuwanderungsgesetz – die verpasste Zäsur

In die erstarrte Asylrechtsdiskussion schien um die Jahrtausendwende mit der Einsetzung der Unabhängigen Kommission Zuwanderung unter Leitung der früheren Bundestagspräsidentin Rita Süßmuth Bewegung zu kommen und damit endlich ein Entrümpeln des alten polizeirechtlich geprägten Ausländerrechts in Sicht.

In der zähen Auseinandersetzung zwischen der „rot-grünen" Koalition und der „schwarzen" Mehrheit im Bundesrat über das Zuwanderungsgesetz wurden diese Hoffnungen jedoch wieder weitgehend enttäuscht. Das zum 01.01.2005 in Kraft getretene Gesetz führte zweifellos zu einigen Verbesserungen für Flüchtlinge, die auch heute noch relevant sind: So gilt seither, dass auch Opfer nichtstaatlicher und geschlechtsspezifischer Verfolgung als Flüchtlinge anerkannt werden und damit einen sicheren Schutz erhalten.

Neben solchen und anderen Verbesserungen standen jedoch zahlreiche Verschlechterungen. Sie betreffen im Wesentlichen die Lebensumstände vor allem von Asylsuchenden und von Menschen, die keinen Aufenthaltstitel besitzen (bisher „Geduldete" oder gar vollständig „Illegalisierte"). Außerdem wurden Änderungen des Asylverfahrens beschlossen, so z. B. die Abschaffung der Unabhängigkeit von Einzelentscheidern beim Bundesamt. Damit kann der Bundesinnenminister durch generelle Weisungen Einfluss auf die Entscheidungen über Asylanträge nehmen.

Europäisierung des Flüchtlingsrechts?

Die 1957 gegründete Europäische Gemeinschaft (EG) kannte keine gemeinsamen Rechtsinstrumente für Einwanderung und Asyl; sie überließ diese Themen den Mitgliedstaaten. Erst der gemeinsame Binnenmarkt, zu dem auch die Reisefreiheit der EG-Staatsangehörigen gehört, machte die Notwendigkeit gegenseitiger Absprachen zwischen den Regierungen deutlich:

In den 1990er Jahren begannen die EG-Mitgliedstaaten deshalb eine informelle Zusammenarbeit auch im Bereich der Einwanderung aus außereuropäischen Staaten und des Asylrechts. Alle Entschlüsse blieben aber unverbindliche Empfehlungen. Verbindlich wurde die Zusammenarbeit erst, als in Europa die Grenzen fielen – in Schengen.

Dort unterschrieben am 14. Juni 1985 die Vertreter von fünf EU-Staaten – Belgien, Deutschland, Frankreich, Luxemburg und die Niederlande – das „Schengener Abkommen". Darin vereinbarten die Regierungen, auf Kontrollen an den Binnengrenzen zwischen ihren Staaten zu verzichten. Visa, die von den Behörden eines der Vertragsstaaten ausgestellt werden, sind seitdem meistens für den gesamten „Schengen-Raum" gültig. Der ist inzwischen längst nicht mehr auf fünf Länder begrenzt; in fast allen Ländern der EU sind Grenzkontrollen abgeschafft.

Mit dem Wegfall der Binnengrenzen kann jeder, das heißt auch Staatsangehörige von Nicht-EU-Ländern unkontrolliert innerhalb der Europäischen Union umherreisen. In den Hauptstädten legte man daher großen Wert darauf, die Außengrenzen möglichst streng und umfassend zu sichern. Verhindern wollten die Regierungen aber auch, dass Asylsuchende von einem EU-Mitgliedstaat „wandern", und nacheinander mehrere Asylanträge stellen. Deshalb wurden Regelungen darüber getroffen, wann welcher Staat für ein Asylverfahren zuständig ist.

Die Regelungen mündeten in einen Vertrag, unter dessen Folgen Flüchtlinge in Europa bis heute leiden: Das am 15.06.1990 in der irischen Hauptstadt Dublin unterzeichnete „Übereinkommen über die Bestimmung des zuständigen Staates für die Prüfung eines in einem Mitgliedsstaat (...) gestellten Asylantrages" war wie das Schengener Abkommen zunächst ein Instrument der zwischenstaatlichen Zusammenarbeit außerhalb des EG/EU-

Systems und zugleich ein weiteres „Pilotprojekt" für gesamteuropäische Regelungen. 2003 wurde das Dubliner Abkommen zu einer europäischen Verordnung: Diese Verordnung, häufig auch „Dublin-II" genannt, wurde 2013 durch eine Neufassung abgelöst – Dublin III. In allen Rechtsakten blieben die Grundzüge des Systems erhalten: Jeder Asylantrag, der innerhalb der Europäischen Union gestellt wird, soll auch geprüft werden. Innerhalb der Europäischen Union wird jeder Asylantrag aber nur *einmal* geprüft („one chance only"). Wenn der Antrag abgelehnt wird, soll man nicht in einem anderen Mitgliedstaat einen neuen Antrag stellen können. Und: Zuständig für ein Asylverfahren ist häufig der Staat, der einen Flüchtling über seine Außengrenze hat einreisen lassen.

Das Konzept, jeweils nur einen EU-Staat als für ein Asylverfahren zuständig zu erklären, führt dazu, dass Asylsuchende, die ihren Antrag in einem für sie „unzuständigen" Staat gestellt haben, quer durch Europa in den zuständigen Staat befördert werden; gleiches gilt, wenn sie diesen Staat während des Asylverfahrens – auch nur kurzzeitig – verlassen.

Das durch „Dublin" geschaffene System wäre nicht besonders schlimm, wenn seine Prämissen stimmen würden. Der Verordnung liegt die Fiktion zugrunde, innerhalb der EU hätten Asylanträge überall die gleichen Erfolgsaussichten und Flüchtlinge während und nach dem Asylverfahren die gleichen Rechte. Diese Vermutung trifft jedoch nicht zu. In verschiedenen europäischen Staaten bestehen gravierende Defizite beim Umgang mit Asylsuchenden. Sie reichen von der Verweigerung des Zugangs zu einem fairen Asylverfahren über Obdachlosigkeit zu Haft.

Trotz dieser massiven Probleme ist die „Dublin-Verordnung" über Jahre hinweg rücksichtslos ausgeführt worden. In Deutschland war es lange nicht möglich, gerichtlichen Schutz gegen die Abschiebung in den zuständigen Dublin-Staat zu erhalten. Grundgesetz und Asylverfahrensgesetz schlossen dies seit dem „Asylkompromiss" 1993 faktisch aus. 2011 haben allerdings zwei europäische Gerichte eine Wende erzwungen: Der Europäische Gerichtshof für Menschenrechte und der Gerichtshof der Europäischen Union untersagten vor dem Hintergrund der dortigen katastrophalen Verhältnisse Dublin-Überstellungen nach Griechenland.

Die wichtigste Konsequenz aus diesen Entscheidungen für die deutsche Praxis ist, dass ein Asylsuchender inzwischen gegen eine Dublin-Überstellung Klage erheben und einen Antrag auf einstweiligen Rechtsschutz stellen kann. Dies hat dazu geführt, dass sich die Gerichte teilweise sehr intensiv mit der Lage in verschiedenen Mitgliedstaaten auseinandersetzen.

Bis 1990 ist die EG als Organisation in der Flüchtlingspolitik nicht in Erscheinung getreten. Die Regierungen aber hatten bereits wichtige Eckpunkte vereinbart, die später auch die Flüchtlingspolitik der EU kennzeichnen würden. Dazu kam es 1997, als auf einem Gipfeltreffen in Amsterdam die Regierungen die EG-Gründungsverträge änderten. Von nun an wurde „Schengen" eine EU-Regelung. Gleichzeitig wurde die EU erstmals auch für die Migrations- und Flüchtlingspolitik zuständig: Sie kann Regelungen zum Flüchtlingsrecht, aber ebenso zum Grenzschutz und zur Rückführung von Menschen ohne Aufenthaltsstatus treffen. Mit dem Europäischen Gerichtshof kann nunmehr ein EU-Gericht über die Migrations- und Flüchtlingspolitik urteilen.

Gleichwohl versuchen die Mitgliedstaaten weiterhin, Souveränität und Entscheidungsspielraum bei Einwanderung und Flüchtlingsschutz zu behalten. Das erzeugt Reibungen – selten allerdings zum Wohl der Flüchtlinge. Deutlich wird das am „Gemeinsamen Europäischen Asylsystem".

Dieses System umfasst neben der bereits genannten Dublin-Verordnung mehrere Richtlinien. Von großer praktischer Bedeutung ist die *Richtlinie über den Flüchtlingsbegriff („Qualifikationsrichtlinie")*. Sie regelt, wer in der EU entweder als Flüchtling im Sinne der Genfer Flüchtlingskonvention anerkannt werden oder wegen der Gefahr von Menschenrechtsverletzungen im Falle der Rückkehr ins Herkunftsland sonstigen („subsidiären") Schutz genießen soll. Die *Aufnahmerichtlinie* regelt die Normen für die Unterbringung und Versorgung von Asylsuchenden. Die *Asylverfahrensrichtlinie* regelt EU-weit, welche Standards für Asylverfahren in den Mitgliedstaaten gelten sollen. Und schließlich ist noch die *Rückführungsrichtlinie* zu nennen. Sie regelt vor allem die Abschiebung von Menschen, die kein Aufenthaltsrecht in der EU haben.

Die Regierungen konnten in den Verhandlungen aber so viele Sonderregelungen durchsetzen, dass trotz dieser Richtlinien weiterhin die Anerkennungschancen, die konkreten Verfahrensregelungen und die Lebensverhältnisse für Schutzsuchende in den einzelnen EU-Mitgliedstaaten extrem unterschiedlich sind.

Schnappatmung des Gesetzgebers

Die – zum Teil sehr späte – Übernahme der europäischen Richtlinien in deutsches Recht hat immer wieder Änderungen der einschlägigen Gesetze erforderlich gemacht. Seit Herbst 2015 dreht sich das Rad im Asylrecht aber immer schneller. In Reaktion auf die zwischenzeitlich sehr hohen Zahlen von Asylsuchenden, aber auch aus Angst vor dem Terrorismus jagt seitdem ein Asylpaket das andere. Manche der neuen Vorschriften sind nicht richtig durchdacht und widersprechen einander, was der Hektik des Gesetzgebungsprozesses zuzuschreiben ist.

Ein letzter Gesetzentwurf wird wohl am Ende der jetzigen Legislaturperiode noch verabschiedet werden: Zur „besseren Durchsetzung der Ausreisepflicht" sind Maßnahmen vorgesehen, die eher Schaden als Nutzen anrichten. Dazu gehört, dass „Gefährder" leichter und länger in Abschiebungshaft genommen werden können, obwohl nicht einmal klar ist, wer als „Gefährder" gilt. Der Ausreisegewahrsam – gleichsam eine Abschiebungshaft light – wird zeitlich ausgedehnt, was wegen der Folgen eines Freiheitsentzugs für die psychische Gesundheit der Betroffenen bedenklich ist. Smartphones und andere Geräte von Asylsuchenden sollen von den Behörden ausgelesen werden dürfen, was selbst die Datenschutzbeauftragte der Bundesregierung als Verletzung der Privatsphäre verurteilt hat.

Ergebnis

Diese Entwicklung in der Asylpolitik hat viel mit dem Selbstverständnis der Bundesrepublik und den ihr politisches Leben tragenden Werten zu tun: Je blasser die Erinnerung an das „Dritte Reich" wird, umso größer ist die Bereitschaft, „pragmatischen" Gesichtspunkten und dem eigenen Wohlstand demokratische Werte zu opfern. Die Geschichte des Asylrechts ist somit auch ein Exempel für die Entwicklung des Verhältnisses zwischen dem Recht des einzelnen Menschen auf der einen und der Staatsräson auf der anderen Seite. Hatten sich ursprünglich nach allgemeinem Verständnis staatliche Interessen im Zweifelsfall individuellen Menschenrechten unterzuordnen, so hat im Laufe der Zeit sich die Gewichtung entscheidend zugunsten der staatlichen Belange und eines Abwehrdenkens verschoben.

Bezeichnend ist, dass seit 1993 das grundgesetzliche Asylrecht in der Praxis kaum noch eine Rolle spielt und der Flüchtlingsbegriff der Genfer Flüchtlingskonvention immer wichtiger geworden ist. Völker- und auch europarechtliche Vorgaben haben immer wieder bremsend auf Verschlechterungen im Flüchtlingsschutz eingewirkt. Bei der EU gibt es jedoch starke Tendenzen, von einheitlichen Regelungen wieder Abstand zu nehmen und den Mitgliedstaaten mehr Spielraum zu lassen.

Albert Scherr

Flüchtlingsschutz im Spannungsfeld von Menschenrechten und nationaler Souveränität

Einleitung

Die Fragen, wie der Zugang von Flüchtenden in die Staaten der Europäischen Union ermöglicht oder verhindert werden soll, wer einen Anspruch darauf hat, als Flüchtling anerkannt zu werden und wer nicht sowie wie die gesellschaftliche Integration anerkannter Flüchtlinge ermöglicht werden kann, werden anhaltend kontrovers diskutiert. Umstritten ist auch, wie mit denjenigen umgegangen werden soll, denen ein Bleiberecht verweigert wird, nicht zuletzt ob, wie und unter welchen Bedingungen aufenthaltsbeendende Maßnahmen durchgesetzt werden sollen. Eine voraussehbare Folge der neueren Entwicklung des Flüchtlingsrechts ist auch, dass die Zahl derjenigen steigen wird, die sich als Undokumentierte in Deutschland aufhalten. Damit wird die Frage nach deren Zugang zu Gesundheitsversorgung, schulischer Bildung und auch zur Sozialen Arbeit an Bedeutung gewinnen.

In Bezug auf diese Fragen kann sich professionelle Soziale Arbeit nicht auf eine affirmative Haltung zu staatlicher Politik sowie eine rechtspositivistische Position zurückziehen. Soziale Arbeit kann sich nicht damit begnügen, sich kritiklos in dem Rahmen zu bewegen, der durch politische Festlegungen und gerichtliche Entscheidungen gegeben ist. Denn Soziale Arbeit beansprucht, Hilfe für Hilfsbedürftige bereitzustellen und sich diesbezüglich an ethischen Grundsätzen zu orientieren. Folglich ist es klärungsbedürftig, was für die Soziale Arbeit relevante ethische Prinzipien sind sowie ob bzw. in welchen Hinsichten diese in einem Spannungsverhältnis zum geltenden Ausländer- und Flüchtlingsrecht stehen.

Zweifel daran, dass staatliche Politik und die vorherrschende Rechtsprechung in einer ethisch vertretbaren Weise auf die Situation von Geflüchteten reagieren, sind sozialphilosophisch wiederkehrend begründet worden (s. etwa Ott 2016). Und von zivilgesellschaftlichen Initiativen (wie etwa Pro Asyl) wurde und wird wiederkehrend eine menschenrechtlich fundierte Kritik an der etablierten Flüchtlingspolitik und an der Rechtsprechung formuliert. Auch seitens der Sozialen Arbeit sind inzwischen zu einigen Aspekten kritische Positionen formuliert und fachlich begründet worden (s. dazu etwa

Autorengruppe 2016 und Outlaw 2016 sowie die Beiträge in Scherr/Yüksel 2016).

Für Positionen, die darauf ausgerichtet sind, Fluchtmöglichkeiten nach Europa zu verbessern, Geflüchtete aufzunehmen und ihnen einen angemessenen Schutz zu gewähren, ist der Bezug auf die Menschenrechte von zentraler Bedeutung: Die Menschenrechte werden als basale Werte und Normen beansprucht, von denen angenommen wird, dass sich aus ihnen Forderungen für einen Flüchtlingsschutz ableiten lassen, der erheblich über das geltende Recht und die politische Praxis hinausgeht. Im Folgenden wird aufgezeigt, dass diese Annahme durchaus diskussionsbedürftig ist sowie dass zwischen der Idee der Menschenrechte im Sinne moralischer Ansprüche einerseits und Menschenrechten im Sinne internationaler Vereinbarungen und in Gesetzen kodifizierter Rechtsansprüche andererseits zu unterscheiden ist.

Die Achtung der Menschenwürde als radikaler Kern der Menschenrechte

Der Grundsatz, dass jeder und jede Einzelne allein schon deshalb, weil er/sie ein Mensch ist, bestimmte Rechte haben soll, die ein Leben in Würde gewährleisten, stellt den entscheidenden Kern der Menschenrechte dar (s. Förster 2009; Joas 2011; Margalit 1997). Die in den einschlägigen Deklarationen niedergelegten Menschenrechte können entsprechend als Einforderung solche Rechte verstanden werden, die Verletzungen dessen verhindern sollen, was als ein menschenwürdiges Leben gilt. Der menschenrechtliche Grundsatz einer unbedingten Achtung der Würde jedes Menschen ist Ausdruck eines unabgeschlossenen historischen Lernprozesses, dem zunächst zentral die Erfahrungen von Sklaverei, Kolonialismus, nationalsozialistischer Gewaltherrschaft und Holocaust zugrunde lagen (s. dazu u. a. Bielefeldt 2007; Scherr 2016). Von einem unabgeschlossenen Lernprozess ist diesbezüglich deshalb zu reden, weil gesellschaftliche Entwicklungen immer wieder ein Anlass dafür waren, die Frage nach einem zeitgemäßen Verständnis der Menschenrechte zu stellen, was zu Weiterentwicklungen und Konkretisierungen des Menschenrechtsverständnisses in zahlreichen Deklarationen und Konventionen geführt hat (s. Bundeszentrale 2004).

Der menschenrechtliche Zentralbegriff der Würde kann in Anlehnung an Immanuel Kant zunächst negativ bestimmt werden: als Instrumentalisierungsverbot, das heißt als Forderung, dass Menschen sich gegenseitig als Wesen anerkennen sollen, die – im Unterschied zu Sachen – nicht beliebig für die Zwecke Anderer benutzt werden können, sondern Zwecke für sich selbst sind und das Recht haben, über sich selbst zu verfügen. Aus dem so gefassten Würdegrundsatz können elementare Menschenrechte wie das

Recht auf Leben, auf Freiheit und Sicherheit der Person, das Folterverbot, das Verbot der Sklaverei und der Zwangsarbeit, von willkürlicher Inhaftierung usw. abgeleitet werden. Darüber hinaus sind auch wirtschaftliche und soziale Menschenrechte Bestandteil des modernen Verständnisses der Menschenrechte.

Zentrales Dokument des modernen Menschenrechtsverständnisses, in dem diese und weitere Prinzipien dargelegt sind, ist die 1948 beschlossene Allgemeine Erklärung der Menschenrechte[1]. Bei dieser handelt es sich um eine zwischenstaatliche Vereinbarung, die keine rechtlich bindende Wirkung für die Unterzeichnerstaaten hat, sondern eine Verständigung über gemeinsame Ziele, ein „von allen Völkern und Nationen zu erreichende[s] gemeinsame[s] Ideal" (AEDM, Präambel) darstellt, an dem sich staatliche Politik orientieren soll. Dies ist auch im Hinblick auf das Asylrecht und die Flüchtlingspolitik folgenreich: Die AEDM stellt die Souveränität von Staaten – und damit auch das Recht von Staaten, über den Zugang und den Aufenthalt auf ihrem Territorium zu entscheiden – keineswegs infrage. Vielmehr werden die unterzeichnenden Staaten als souveräne Akteure vorausgesetzt. Zwar beinhaltet die AEDM auch ein Menschenrecht auf Asyl. Dieses umfasst jedoch nur das Recht „in anderen Ländern vor Verfolgung Asyl zu suchen und zu genießen" (AEDM, § 14), aber keine Verpflichtung der Staaten, Asyl zu gewähren. Entsprechend ist im Völkerrecht zwar das unbedingte Recht jeder und jedes Einzelnen anerkannt, das eigene Herkunftsland zu verlassen („exit right"), aber kein korrespondierender Rechtsanspruch, zu einem bestimmten Land Zugang zu finden („entry right"). Beides ist nachweisbar Ausdruck des staatlich-politischen Kalküls, keine weitreichenden Einschränkungen des Rechts von Staaten zuzulassen, Migrations- und Fluchtbewegungen auf der Basis staatlich definierter Eigeninteressen zu regulieren. Darin wird ein fundamentales Spannungsverhältnis zwischen der Idee der Menschenrechte und nationalstaatlichen Eigeninteressen deutlich.

Das deklarierte Ziel der AEDM, die Würde jeder und jedes Einzelnen zu gewährleisten, führt in der Konsequenz nicht zur Infragestellung der Legitimität staatlicher Grenzen und dezidiert nicht zu einem umfassenden Recht auf Bewegungsfreiheit. Zentrale Gewährleistungsinstanz für die Menschenrechte bleiben die Staaten, in deren Zuständigkeit jedoch primär die Rechte ihrer Staatsbürger/innen fallen. Eine verbindliche rechtliche Absicherung von Menschenrechten, die nicht an den Staatsbürger/innen/status gebunden sind, also einklagbare Rechte auch für Nicht-Staatsbürger/innen garantieren, findet nach wie nur in sehr engen Grenzen statt.[2] Der damit einherge-

---

1 AEDM; www.un.org/depts/german/menschenrechte/aemr.pdf
2 Relevant sind dafür v. a. die Europäische Menschenrechtskonvention und der Europäische Gerichtshof für Menschenrechte (EGMR) sowie der Internationale Strafgerichtshof.

hende Widerspruch zwischen der deklarierten Anerkennung der Würde und der Rechte jedes Menschen und der weitgehenden Beschränkung staatlicher Verpflichtungen auf die eigenen Staatsbürger/innen wird in der AEDM (§ 27) programmatisch durch die Forderung nach einer „soziale[n] und internationale[n] Ordnung" aufgelöst, „in der die in dieser Erklärung verkündeten Rechte und Freiheiten voll verwirklicht werden können". Das heißt: Wären die Prinzipien der Allgemeinen Erklärung der Menschenrechte Realität, würden also alle Staaten international die Menschenrechte gewährleisten, dann hätte niemand Grund zu fliehen – und insofern kann in der AEDM auf ein weiter gefasstes Asyl- und Flüchtlingsrecht verzichtet werden.

Menschenrechte, Flüchtlingsrecht und Nationalstaatlichkeit

Die Realität spricht aber offenkundig eine völlig andere Sprache. Faktisch ist das, was die AEDM als Bedingungen eines menschenwürdigen Lebens fasst – und dies betrifft auch die dort dargelegten sozialen und wirtschaftlichen Menschenrechte – global keineswegs überall gewährleistet. Insofern kann Flucht als eine Möglichkeit verstanden werden, sich Zuständen zu entziehen, in denen grundlegende Menschenrechte nicht gewährleistet sind. Vor diesem Hintergrund ist die Frage nach den Erfordernissen eines menschenrechtlichen Flüchtlingsschutzes immer wieder neu diskutiert worden und hat dazu geführt, dass das gegenwärtige Menschenrechtverständnis diesbezüglich erheblich über die AEDM hinausgeht (s. Tiedemann 2014): Die politische und rechtliche bedeutsame Kategorie Flüchtling bleibt nicht auf das Asylrecht – verstanden als Recht auf Schutz vor Unterdrückung durch diktatorische Staaten – beschränkt. Das hierfür entscheidende völkerrechtliche Dokument ist die Genfer Flüchtlingskonvention (GFK), die seit 1967 all denjenigen einen Schutzanspruch zuspricht, die ihr Herkunftsland „aus begründeter Furcht vor Verfolgung" verlassen haben. Durch die Charta der Grundrechte der Europäischen Union ist die Genfer Konvention im europäischen Recht verankert; die sogenannte Qualifikationsrichtlinie der EU (2011/95/EU) präzisiert menschenrechtliche Standards, die für den Umgang mit Flüchtlingen gelten sollen.

Aber auch mit der GFK und ihrer Übersetzung in europäisches und nationales deutsches Recht ist noch keine unstrittige und abschließende Antwort auf die Frage gefunden, wer einen Anspruch darauf haben soll, als Flüchtling Aufnahme und Schutz zu finden und welche Verpflichtungen für Staaten daraus resultieren. Hinzuweisen ist diesbezüglich vor allem auf folgende Aspekte (s. dazu ausführlicher Gatrell 2015; Scherr 2015; Tiedemann 2014; UNHCR 2003):

- Zustände, in denen soziale und wirtschaftliche Menschenrechte nicht gewährleistet sind, und das heißt vor allem absolute Armut und Verelendung, berechtigen nicht zu einer Anerkennung als Flüchtling.
- Auf der Grundlage des Diskriminierungsverbots der Menschenrechte können Formen der kumulativen Diskriminierung, die faktisch zu schwerwiegenden Menschenrechtsverletzungen führen, zwar als verfolgungsähnliche Tatbestände anerkannt werden; faktisch wird die Möglichkeit einer solchen offensiven menschenrechtlichen Interpretation des Flüchtlingsschutzes jedoch kaum praktiziert.
- Die Genfer Konvention fasst nur diejenigen als Flüchtlinge, denen es gelungen ist, ihren Herkunftsstaat zu verlassen, und sie verpflichtet keinen Staat dazu, Zugangswege zu seinem Territorium zu eröffnen.
- Jedoch gilt das Verbot, Flüchtlinge an den Außengrenzen in Länder zurückzuweisen, in denen ihnen Verfolgung droht. Dieses wird faktisch jedoch zunehmend durch Formen einer vorverlagerten Flüchtlingsabwehr ausgehöhlt, durch die Menschen daran gehindert werden sollen, sich an den Grenzen der europäischen Staaten auf den Status des Flüchtlings zu berufen (s. dazu etwa www.bordermonitoring.eu/).

Das heißt: Das radikale menschenrechtliche Prinzip, dass die Würde jeder und jedes Einzelnen, unabhängig von seiner/ihrer Staatsangehörigkeit, geachtet werden soll, findet keine angemessene Übersetzung in ein Flüchtlingsrecht und eine Flüchtlingspolitik, die jede Form der Verletzung von Menschenrechten als Fluchtgrund anerkennt und darauf ausgerichtet ist, Flüchtenden tatsächlich Zugangsmöglichkeiten zu Staaten zu verschaffen, in denen sie mit einer Gewährleistung ihrer Menschenrechte rechnen können. Deshalb bieten die kodifizierten, durch Staaten anerkannten Menschenrechte, keine zureichende Grundlage für eine kritische Auseinandersetzung mit Flüchtlingspolitik und Flüchtlingsrecht. Und die Frage, was in Bezug auf Flüchtende und Geflüchtete zwingende Konsequenzen aus dem Konzept der Menschenwürde sind, führt zu politischen und ethischen Kontroversen. Als sichere Grundlage, aus der eindeutige und unbestreitbare Konsequenzen für den Flüchtlingsschutz abgeleitet werden können, können die Menschenrechte also nicht verstanden werden.

Menschenrechte und Soziale Arbeit

Die Forderung nach einem Schutz der Menschenrechte von Flüchtlingen stellt zweifellos einen wichtigen Bezugspunkt für die Klärung der Aufgabenstellungen Sozialer Arbeit dar. Faktisch aber ist Soziale Arbeit keine Profession, die sich wirksam auf die Prinzipien der Menschenrechte berufen kann, sofern diese nicht in geltendes nationales bzw. europäisches

Recht übersetzt sind. Denn der verbindliche rechtliche Rahmen Sozialer Arbeit ist auch im Bereich der Flüchtlingssozialarbeit das nationale Recht (s. dazu ausführlicher Scherr 2017). Dessen Vorgaben kann die Soziale Arbeit zweifellos kritisch hinterfragen, aber nicht folgenlos ignorieren. Insofern sind Organisationen und Professionelle der Sozialen Arbeit aufgefordert, auf Politik und Gesetzgebung in einer Weise einzuwirken, die zu einer besseren Umsetzung menschenrechtlicher Prinzipien in geltendes Recht führt sowie die unter den gegebenen Rahmenbedingungen erreichbaren Möglichkeiten einer solidarischen Unterstützung von Flüchtlingen maximal auszunutzen – gegebenenfalls auch durch Formen des zivilen Ungehorsams.

Literatur

Autorengruppe (2016): Positionspapier: Soziale Arbeit mit Geflüchteten in Gemeinschaftsunterkünften – Professionelle Standards und sozialpolitische Basis.
http://www.fluechtlingssozialarbeit.de/.
Betts, Alexander (2013): Survival Migration: Failed Governance and the Crisis of Displacement. Ithaca.
Bielefeldt, Heiner (2007): Menschenrechte in der Einwanderungsgesellschaft. Bielefeld.
Bröse, Johanna/Faas, Stefan/Stauber, Barbara (2017): Flüchtlinge, nationaler Wohlfahrtsstaat und die Aufgaben Sozialer Arbeit. In: Bröse, Johanna/Faas, Stefan/Stauber, Barbara (Hrsg.): Flucht. Herausforderungen für die Soziale Arbeit. Wiesbaden.
Bundeszentrale für politische Bildung (Hrsg.) (2004): Menschenrechte. Dokumente und Deklarationen. Bonn.
Förster, Jürgen (2009): Das Recht auf Rechte und das Engagement für eine gemeinsame Welt. Hannah Arendts Reflexionen über die Menschenrechte.
http://www.hannaharendt.net/index.php/han/article/view/146/258.
Gatrell, Peter (2015). The Making of The Modern Refugee. Oxford University Press.
Joas, Hans (2011): Die Sakralität der Person: Eine neue Genealogie der Menschenrechte. Frankfurt am Main.
Margalit, Avishai (1997): Politik der Würde. Über Achtung und Verachtung. Berlin.
Offe, Claus (2011): From Migration in Geographic Space to Migration in Biographic Time: Views from Europe. The Journal of Political Philosophy 19, S. 5–19.
Ott, Konrad (2016): Zuwanderung und Moral. Stuttgart.
Outlaw (2016): Norderneyer Erklärung zu Positionen und Aufgaben der Kinder- und Jugendhilfe in Deutschland in Auseinandersetzung mit Flucht und Migration.
www.outlaw-diestiftung.de/.../user.../2016-03-14_Norderneyer_Erklaerung_Endf.pdf.
Pogge, Thomas (2011): Weltarmut und Menschenrechte. Berlin und New York.
Radtke, Frank-Olaf (2016): Zwischen Solidarität und Souveränität. In: Scherr, Albert/Yüksel, Gökcen (Hrsg.): Flucht, Sozialstaat und Soziale Arbeit. Neue Praxis, Sonderheft 13. Neuwied, S. 36–49.
Rorty, Richard (2003): Menschenrechte, Rationalität und Empfindsamkeit. Frankfurt am Main. S. 241–268.
Scherr, Albert (2017): Flüchtlinge, nationaler Wohlfahrtsstaat und die Aufgaben Sozialer Arbeit. In: Johanna Bröse u. a. (Hrsg.): Flüchtlinge, nationaler Wohlfahrtsstaat und die Aufgaben Sozialer Arbeit. Wiesbaden. S. 37–60.

Scherr, Albert (2016): Menschenrechte. In: Paul Mecheril (Hrsg.): Handbuch Migrationspädagogik. Weinheim und Basel, S. 508–521.

Scherr, Albert (2015): Wer soll deportiert werden? Wie die folgenreiche Unterscheidung zwischen den „wirklichen" Flüchtlingen, den zu Duldenden und den Abzuschiebenden hergestellt wird. In: Soziale Probleme. Zeitschrift für soziale Probleme und soziale Kontrolle, Heft 2, S. 151–170.

Scherr, Albert/Yüksel, Gökcen (Hrsg.) (2016): Flucht, Sozialstaat und Soziale Arbeit. Neue Praxis, Sonderheft 13. Neuwied.

Tiedemann, Paul (2014): Flüchtlingsrecht. Heidelberg.

UNHCR (2003): Handbuch über Verfahren und Kriterien zur Feststellung der Flüchtlingseigenschaft. 2. Auflage Genf. (1. Auflage: 1979).

Zetter, Roger (2014): Schutz für Vertriebene. Konzepte, Herausforderungen und neue Wege. Bern. (www.bundespublikationen.admin.ch).

Jörg Maywald

Geflüchtete Kinder als Träger eigener Rechte

Schutz – Förderung – Beteiligung

Nach Angaben des Flüchtlingshilfswerks der Vereinten Nationen (UNHCR) war die Zahl der Menschen, die vor Krieg, Konflikten und Verfolgung fliehen, noch nie so hoch wie heute. Im Jahr 2015 mussten weltweit erstmals mehr als 60 Millionen Menschen ihre Heimat verlassen. Unter den insgesamt 65,3 Millionen Menschen auf der Flucht waren 3,2 Millionen, die Ende 2015 auf die Entscheidung ihres Asylantrages warteten, 21,3 Millionen Flüchtlinge und 40,8 Millionen sogenannte Binnenvertriebene, also Menschen, die gezwungen waren, ihr Zuhause zu verlassen und die innerhalb ihres Heimatlands auf der Flucht sind. Statistisch ist jeder 113. der insgesamt 7,3 Milliarden Menschen entweder asylsuchend, binnenvertrieben oder Flüchtling. Gemäß Angaben des UNHCR waren im Jahr 2015 weltweit mehr als die Hälfte der Flüchtlinge (51 Prozent) jünger als 18 Jahre. Sie gelten daher nach der UN-Kinderrechtskonvention als Kinder[1]. Besonders beunruhigend ist die hohe Zahl an Kindern, die allein reisen oder von ihren Eltern getrennt waren.

Geflüchtete Kinder in Deutschland

Nach Deutschland sind allein im Zeitraum Anfang 2015 bis Mitte 2016 rund 1,5 Millionen Flüchtlinge gekommen. Bei etwa 30 Prozent der Asylerstantragstellenden in diesem Zeitraum handelt es sich um Kinder und bei weiteren rund 25 Prozent um junge Volljährige zwischen 18 und 25 Jahren (vgl. Pothmann/Kopp 2016, S. 8 f.). Hauptherkunftsländer der nach Deutschland geflüchteten Kinder sind Syrien, Afghanistan und der Irak.

Bei den unter 18-Jährigen, für die zwischen Anfang 2015 und Mitte 2016 ein Asylerstantrag gestellt wurde, zeigen sich deutliche Unterschiede nach einzelnen Altersjahren. Mit Abstand die meisten Asylerstanträge wur-

---

1 Gemäß Art. 1 der UN-Kinderrechtskonvention ist ein Kind jeder Mensch, der das achtzehnte Lebensjahr noch nicht vollendet hat, soweit die Volljährigkeit nach dem auf das Kind anzuwendenden Recht nicht früher eintritt. Wenn im Folgenden von Kindern die Rede ist, sind daher Jugendliche immer mit gemeint.

den für unter einjährige Kinder gestellt, gefolgt von Anträgen für 16- und 17-Jährige (vgl. Kopp/Meiner-Teubner/Pothmann 2016, S. 20). Dies bedeutet, dass sehr viele Kinder auf der Flucht oder aber kurz nach der Ankunft der Mutter in Deutschland geboren wurden.

Gleiche Rechte für jedes Kind – die UN-Kinderrechtskonvention

Jedes Kind hat eine eigene Würde und ist als Subjekt von Beginn an Träger eigener Rechte. Im Unterschied zu Erwachsenen haben Kinder besondere Bedürfnisse nach Schutz, Förderung und Beteiligung. Sie benötigen deshalb einen eigenen, auf ihre spezielle Situation zugeschnittenen Menschenrechtsschutz. Deshalb haben die Vereinten Nationen 1989 rund 40 Jahre nach Verabschiedung der Allgemeinen Erklärung der Menschenrechte die UN-Kinderrechtskonvention verabschiedet, in der die jedem Kind zustehenden Kindermenschenrechte normiert sind.

Ausgangspunkt der UN-Kinderrechtskonvention ist die Stellung des Kindes als Rechtsträger. Den Rechten der Kinder stehen Verpflichtungen der Erwachsenen gegenüber. Sowohl die Eltern als auch der Staat übernehmen Verantwortung für die Verwirklichung der Kinderrechte. Das Übereinkommen ist im Kontext des internationalen Menschenrechtssystems insofern einmalig, als es die bisher größte Bandbreite fundamentaler Menschenrechte – ökonomische, soziale, kulturelle, zivile und politische – in einem einzigen Vertragswerk zusammenbindet. Die in den Artikeln 1 bis 41 dargelegten völkerrechtlich verbindlichen Mindeststandards haben zum Ziel, weltweit die Würde, das Überleben und die Entwicklung von Kindern und damit von mehr als der Hälfte der Weltbevölkerung sicherzustellen.

Die in dem „Gebäude der Kinderrechte" wichtigsten und vom UN-Ausschuss für die Rechte des Kindes als Allgemeine Prinzipien (General Principles) definierten Rechte finden sich in den Artikeln 2, 3, 6 und 12. Artikel 2 enthält ein umfassendes Diskriminierungsverbot. Kein Kind darf aufgrund irgendeines Merkmals wie z. B. Geschlecht, Hautfarbe, Herkunft, Religion oder Behinderung benachteiligt werden. In Artikel 3 Abs. 1 ist der Vorrang des Kindeswohls festgeschrieben, demzufolge das Wohl des Kindes bei allen Gesetzgebungs-, Verwaltungs- und sonstigen Maßnahmen vorrangig zu berücksichtigen ist. Artikel 6 sichert das grundlegende Recht jedes Kindes auf Leben, Überleben und bestmögliche Entwicklung. Gemäß Artikel 12 hat jedes Kind das Recht, in allen Angelegenheiten, die es betreffen, unmittelbar oder durch einen Vertreter gehört zu werden. Die Meinung des Kindes muss angemessen und entsprechend seinem Alter und seiner Reife berücksichtigt werden.

In der UN-Kinderrechtskonvention wird eine große Zahl weiterer Rechte von Kindern formuliert, die sich auf unterschiedliche Lebenssituationen und Lebensbereiche beziehen und nach Schutzrechten, Förderrechten und Beteiligungsrechten unterschieden werden können. Zu den Schutzrechten gehören u. a. das Recht auf Schutz der Identität, das Recht auf Schutz vor unberechtigter Trennung von den Eltern, das Recht auf Schutz der Privatsphäre, das Recht auf Schutz vor schädigenden Einflüssen durch Medien und das Recht auf Schutz vor jeder Form körperlicher oder geistiger Gewaltanwendung, Misshandlung oder Vernachlässigung einschließlich des sexuellen Missbrauchs. Wichtige Förderrechte sind u. a. das Recht auf Gedanken, Gewissens- und Religionsfreiheit, das Recht auf Förderung von Kindern mit Behinderung, das Recht auf Gesundheitsfürsorge und auf einen angemessenen Lebensstandard, das Recht auf Bildung und das Recht auf Ruhe, Freizeit, Spiel und Erholung. Schließlich gehören zu den Beteiligungsrechten insbesondere das Recht auf Berücksichtigung der Meinung des Kindes, das Recht auf freie Meinungsäußerung sowie auf Informationsbeschaffung und Informationsweitergabe und das Recht auf Nutzung der Medien.

Neben den materiellen Rechten enthält die UN-Kinderrechtskonvention eine Reihe von Regelungen zur Umsetzung. Hierzu gehört auch, die Kinderrechte durch geeignete Maßnahmen bei Erwachsenen und auch bei Kindern und Jugendlichen allgemein bekannt zu machen (Artikel 42). Mit dieser Verpflichtung bekennen sich die Staaten zu einer umfassenden Kinder- und Menschenrechtsbildung auf allen Ebenen, sowohl gegenüber Eltern und Fachkräften als auch gegenüber Kindern jeder Altersstufe.

Deutschland hat die UN-Kinderrechtskonvention 1992 ratifiziert, zunächst allerdings mit Vorbehalten. Besonders einschränkend war der sogenannte Ausländervorbehalt, demzufolge sich Deutschland vorbehielt, „Unterschiede zwischen Inländern und Ausländern zu machen" (BMFSFJ 2000, S. 90). Die Rechte nach der Konvention sollten demnach nicht in gleicher Weise für Kinder ohne deutschen Pass gelten, eine Diskriminierung, die Geist und Wortlaut der Kinderrechtskonvention diametral entgegenstand.

Erst 2010 hat die damalige Bundesregierung die Vorbehaltserklärung zurückgenommen. Seitdem gilt die Konvention als geltendes Recht uneingeschränkt für jedes in Deutschland lebende Kind, somit auch für jedes geflüchtete Kind. Sie schafft subjektive Rechtspositionen und begründet innerstaatlich unmittelbar anwendbare Normen. Gerichte wie auch Regierungen und Behörden sind in vollem Umfang an sie gebunden. Gemäß Artikel 25 des Grundgesetzes nimmt die Konvention den Rang eines einfachen Bundesgesetzes ein. Sie steht folglich nicht über der Verfassung. Im Falle einer Konkurrenz zwischen Grundgesetz und UN-Kinderrechtskonvention kommt dem Grundgesetz eine Vorrangstellung zu. Allerdings sind Rechtsanwender wie z. B. die Gerichte aufgefordert, das Grundgesetz so auszulegen, dass ein völkerrechtswidriges Resultat vermieden wird. Außerdem enthält die UN-Kinderrechtskonvention unmittelbar anwendbare Bestimmungen (self executing rights) – darunter besonders der in Artikel 3 Abs. 1 UN-Kinderrechtskonvention niedergelegte Vorrang des Kindeswohls – der auch ohne ein entsprechendes Umsetzungsgesetz Gültigkeit beanspruchen kann (vgl. Lorz 2010).

Artikel 22 der UN-Kinderrechtskonvention behandelt die Rechte von Flüchtlingskindern. Die Vertragsstaaten verpflichten sich, jedem Kind,

„das die Rechtsstellung eines Flüchtlings begehrt oder nach Maßgabe der anzuwendenden Regeln und Verfahren des Völkerrechts oder des innerstaatlichen Rechts als Flüchtling angesehen wird, angemessenen Schutz und humanitäre Hilfe bei der Wahrnehmung der Rechte"

zu gewährleisten. Dies gilt „unabhängig davon, ob es sich in Begleitung seiner Eltern oder einer anderen Person befindet oder nicht".

Tatsächlich aber genießen geflüchtete Kinder in Deutschland nicht die gleichen Rechte wie deutsche Kinder. Beispielsweise ist ihr Recht auf bestmögliche Gesundheitsversorgung nicht gewährleistet, da ihnen in vielen Fällen lediglich eine Erst- und Notversorgung zusteht. Dies liegt daran, dass das Ausländerrecht und insbesondere das Asylbewerberleistungsgesetz keinen Vorrang des Kindeswohls enthalten und die deutsche Verfassung (Grundgesetz) bisher keinen bereichsübergreifenden Kindeswohlvorrang kennt.

Der Kinderrechtsansatz in der Arbeit mit geflüchteten Kindern

Alle Einrichtungen und Dienste, die mit geflüchteten Kindern tätig sind, sollten sich dem Kinderrechtsansatz verpflichten. Kennzeichnend für diesen Ansatz ist, dass nicht nur nach den Bedürfnissen, sondern gleichermaßen nach den Rechten gefragt wird. Während Bedürfnisse subjektiv und situationsabhängig sind, handelt es sich bei den Rechten der Kinder um objektive, von einzelnen Situationen unabhängige Ansprüche. Der Kinderrechtsansatz bildet den Rahmen zur Ausrichtung des Handelns von Personen und Organisationen an den Prinzipien der UN-Kinderrechtskonvention. Damit ist er ein auf die besonderen Bedürfnisse und spezifischen Rechte von Kindern ausgerichteter Menschenrechtsansatz (vgl. International Save the Children Alliance 2002). Er beruht vor allem auf vier Prinzipien: Universalität, Unteilbarkeit, Kinder als Träger eigener Rechte sowie Erwachsene als Verantwortungsträger.

Das Prinzip der Universalität der Kinderrechte: Die Kinderrechte gelten weltweit in gleicher Weise für alle Kinder, unabhängig davon, in welcher Kultur oder Tradition sie leben, unabhängig auch davon, unter welchen Lebensumständen die Kinder aufwachsen. Alle Kinder sind hinsichtlich ihrer Rechte gleich.

Das Prinzip der Unteilbarkeit der Kinderrechte: Alle Rechte, die Kindern zustehen, sind gleich wichtig und untrennbar miteinander verbunden. Das „Gebäude der Kinderrechte" ist als ganzheitliche Einheit zu verstehen. Keine Gruppe von Rechten ist wichtiger als eine andere. Quer zu allen Bereichen können Schutz-, Förder- und Beteiligungsrechte gleiche Geltung beanspruchen. So sind Kinder beispielsweise besser vor Gefahren geschützt, wenn sie ihre Rechte kennen und an den sie betreffenden Entscheidungen beteiligt werden. Auch junge, noch nicht sprachfähige Kinder haben das Recht auf Beteiligung. Bei ihnen geht es darum, die körpersprachlichen, mimisch-gestischen Signale wahrzunehmen, diese richtig zu interpretieren und dem darin zum Ausdruck kommenden kindlichen Willen angemessenes Gewicht zu verleihen.

Das Prinzip der Kinder als Träger eigener Rechte: Kinder sind Träger eigener Rechte (rights holders). Diese Rechte müssen von ihnen nicht erworben oder verdient und sie können von ihnen auch nicht abgelegt oder veräußert werden. Sie stehen ihnen allein deshalb zu, weil sie Kind sind.

Das Prinzip der Erwachsenen als Verantwortungsträger: Dem Prinzip der Kinder als Träger eigener Rechte korrespondiert die Pflicht der Erwachsenen, Verantwortung für die Umsetzung der Kinderrechte zu übernehmen. Erwachsene sind Pflichtenträger (duty bearers), von denen die Kinder die Umsetzung ihrer Rechte erwarten können. Für das Wohl des einzelnen Kindes sind in erster Linie die Eltern verantwortlich. Aber auch Staat, Wirtschaft, Kultur, Sport und Medien, Verbände und Religionsgemeinschaften sowie die verschiedenen mit Kindern tätigen Institutionen und darüber hinaus alle in einer Gesellschaft lebenden Erwachsenen tragen Verantwortung für die Beachtung und Verwirklichung der Kinderrechte.

Besondere Belastungen geflüchteter Kinder

Um dies für geflüchtet Kinder zu gewährleisten, müssen deren besondere Belastungen berücksichtigt werden. Sie wirken sich auf die gesundheitliche Situation der nach Deutschland geflüchteten Kinder aus. In Ermangelung repräsentativer Daten sei auf die Untersuchung in einer großen bayerischen Erstaufnahmeeinrichtung verwiesen, die von Ärzten aus zwei Münchener Krankenhäusern (Klinikum rechts der Isar und Technische Universität München) Ende 2015 durchgeführt wurde. Hier ergibt sich folgendes Bild:

63 Prozent der untersuchten Kinder und Jugendlichen hatten Karies, 25 Prozent Erkrankungen der Atemwege. Bei 42 Prozent fehlten Impfungen. Jedes zehnte Kind musste akut behandelt werden. Besonders gravierend ist, dass 22 Prozent der Kinder unter einer Posttraumatischen Belastungsstörung (PTBS) leiden, 16 Prozent unter einer Anpassungsstörung. In einer die Untersuchung kommentierenden Pressemitteilung heißt es:

> „Die Deutsche Gesellschaft für Sozialpädiatrie und Jugendmedizin (DGSPJ) sieht ein hohes Risiko, dass viele der psychischen Gesundheitsprobleme zu einer langfristigen Beeinträchtigung der Kinder und Jugendlichen führen. Sowohl Kriegserfahrungen und Flucht gelten als erhebliche Risikofaktoren, wobei es auch auf deren Umstände ankommt (...). Hier wiegt es besonders schwer, dass 60 Prozent der Untersuchten länger als zehn Monate auf der Flucht waren. Diese lange Dauer stellt einen Risikofaktor zur Entwicklung einer Belastungsstörung dar (...). Rund 59 Prozent der Kinder und Jugendlichen fühlen sich im Erstaufnahmelager isoliert. Neben Gewalterfahrung und Diskriminierung erhöhen insbesondere ein unklarer Aufenthaltsstatus sowie die Trennung von Bezugspersonen das Risiko der Flüchtlingskinder, anhaltend psychosozialen Belastungen ausgesetzt zu sein" (DGSPJ 2015).

Wie hoch der Prozentsatz der im Herkunftsland, auf der Flucht oder im Aufnahmeland traumatisierten Flüchtlingskinder ausfällt, ist schwer abzuschätzen. Belastende Lebensereignisse können sehr unterschiedliche Folgen haben und die Wirkung hängt im Einzelfall vom individuellen Zusammenspiel zwischen Ereignis-, Risiko- und Schutzfaktoren ab. Form und Intensität der Überwältigung und der Stand der körperlichen und seelischen Entwicklung spielen ebenso eine Rolle wie das Vorhandensein protektiver Faktoren (z. B. positives Selbstbild, Reflexionsfähigkeit) und eventuell vorhergehende traumatische Erfahrungen. Auch die Konstellation der traumatischen Situation – z. B. ob die Traumatisierung durch fremde oder vertraute Personen erfolgte – und postexpositionelle Einflüsse wie das Vorhandensein tröstender Personen sind von großer Bedeutung. Vor dem Hintergrund von Forschungsergebnissen in ähnlichen Kontexten ist damit zu rechnen, dass Kinder häufig weniger durch unmittelbare Kriegs- und Fluchteinwirkungen, sondern durch den plötzlichen Verlust vertrauter Bezugspersonen traumatisiert wurden.

Kinder mit Fluchterfahrungen: Erforderliche Hilfen

Zur bestmöglichen Versorgung und Sicherung der Schutz-, Förder- und Beteiligungsrechte geflüchteter Kinder braucht es ein Bündel aufeinander bezogener Maßnahmen, die in den folgenden Punkten zusammengefasst werden können (vgl. Kinderkommission des Bundestages 2017; National Coalition Deutschland 2016):

Für den Bereich Flüchtlingsunterkünfte

- Erstellung von Schutzkonzepten (einschließlich Beschwerdeverfahren) und Etablierung von kinderfreundlichen Bereichen in Flüchtlingsunterkünften;
- Betriebserlaubnis für Gemeinschaftsunterkünfte entsprechend § 45 SGB VIII;
- Zusammenarbeit der Kinder- und Jugendhilfe mit Notunterkünften, Erstaufnahmen und Gemeinschaftsunterkünften (u. a. im Rahmen sogenannter Brückenangebote);
- Einführung von Beratungsangeboten in den Einrichtungen;
- Sensibilisierung der Mitarbeiterinnen und Mitarbeiter in den Unterkünften für den Kinderschutz (u. a. mit dem Ziel der Nutzung des Beratungsanspruchs zur Einschätzung einer Kindeswohlgefährdung gemäß § 8b Absatz 1 SGB VIII).

Für den Bereich Asylverfahren

- Vorrangige Berücksichtigung des Kindeswohls im Sinne der UN-Kinderrechtskonvention in allen aufenthalts- und asylrechtlichen Verfahrensschritten;
- Anerkennung kinderspezifischer Verfolgungsgründe im Asylverfahren;
- Anstellung pädagogischen und psychologischen Fachpersonals im Bundesamt für Migration und Flüchtlinge;
- Einführung bundesweit einheitlicher Standards zur Qualifizierung von Vormündern;
- Zugang zu Rechtsberatung für unbegleitete Kinder und Jugendliche;
- Prioritäre Behandlung der Asylanträge von unbegleiteten minderjährigen Flüchtlingen;
- Verzicht auf Abschiebung von unbegleiteten minderjährigen Flüchtlingen.

Für den Bereich Kinder- und Jugendhilfe

- Klarstellung der Zuständigkeit der Kinder- und Jugendhilfe für begleitete und unbegleitete Flüchtlingskinder von Anbeginn ihres Aufenthalts in Deutschland (u. a. Recht auf einen Kita-Platz ab Erstregistrierung);
- Vorrangige Berücksichtigung des Kindeswohls im Sinne der UN-Kinderrechtskonvention in allen Fragen der Verteilung unbegleiteter minderjähriger Flüchtlinge;
- Prioritäre Behandlung von Familienzusammenführungen;
- Gesetzliche Einführung und Umsetzung bundesweit einheitlicher Mindeststandards einer am Kindeswohl orientierten Alterseinschätzung einschließlich einer entsprechenden Dokumentationspflicht;

- Uneingeschränkter Anspruch für junge volljährige Flüchtlinge auf Leistungen gemäß § 41 SGB VIII.

Weitere Maßnahmen

- Uneingeschränkter Zugang zu Gesundheitsleistungen für geflüchtete Kinder;
- Einrichtung spezialisierter psychosozialer Zentren für Flüchtlinge (u. a. zur Behandlung von Traumafolgestörungen);
- Aufnahme einer Menschen- und Kinderrechtsbildung in die Curricula der Aus- und Fortbildungen;
- Verankerung der Schutz-, Förder- und Beteiligungsrechte von Kindern einschließlich des Vorrangs des Kindeswohls im Grundgesetz.

Fazit

Die großen Fluchtbewegungen der letzten Jahre zeigen uns eine neue Form der Globalisierung. Nicht mehr nur Daten und Waren werden weltweit ausgetauscht. Auch Menschen machen sich über Grenzen und Kontinente hinweg auf den Weg. Dies hat zur Folge, dass einige führende Politikerinnen und Politiker in Europa und darüber hinaus die universelle Geltung der Menschenrechte infrage stellen. Vor die Wahl gestellt, zwischen nationaler Souveränität und Menschenrechten zu entscheiden, wenden sie sich gegen die Menschenrechte. Dies wirft wichtige Fragen auf: Wie kann es gelingen, die fortschreitende Globalisierung der Wirtschaft und teilweise der Politik durch eine Globalisierung des Rechts und des Humanen zu ergänzen? Wie halten wir es in unruhigen Zeiten mit der Universalität der Menschenrechte? Anders ausgedrückt: Wie weit reicht unsere Empathie? Die Geschichte „Das Ende der Nacht" beantwortet diese Frage wie folgt:

> „Ein jüdischer Weiser fragt seine Schüler: ‚Wie kann man den Augenblick bestimmen, wo die Nacht zu Ende ist und der Tag anbricht?' Der erste Schüler fragt: ‚Ist es, wenn man in der Ferne einen Feigenbaum von einer Palme unterscheiden kann?' Der Rabbi antwortet: ‚Nein, das ist es nicht.' Der zweite Schüler meint: ‚Wenn man ein Schaf von einer Ziege unterscheiden kann, dann wechselt die Nacht zum Tag.' ‚Auch das ist es nicht', ist die Antwort des Weisen. ‚Aber wann ist denn der Augenblick gekommen?', fragen die Schüler. Der Rabbi antwortet: ‚Wenn du in das Gesicht eines Menschen schaust und darin den Bruder oder die Schwester erkennst, dann ist die Nacht zu Ende, dann bricht der Tag an'" (Bleeser 1996).

Literatur

Bleeser, Peter (Hrsg.) (1996): Neue Geschichten für Sinndeuter. Schwelm.
Bundesministerium für Familie, Senioren, Frauen und Jugend (BMFSFJ) (2000): Übereinkommen über die Rechte des Kindes. UN-Kinderrechtskonvention im Wortlaut mit Materialien. Berlin.
Deutsche Gesellschaft für Sozialpädiatrie und Jugendmedizin (DGSPJ) (2015): Erschreckende Befunde aus Erstaufnahmeeinrichtung: Viele Kinder sind krank. Pressemitteilung vom 09.12.2015. http://www.dgspj.de/wp-content/uploads/service-pressemitteilungen-kampagne-4-2015.pdf (Abfrage: 15.05.2016).
Freud, Anna/Burlingham, Dorothy (1982): Heimatlose Kinder. Frankfurt am Main.
International Save the Children Alliance (2002): Child Rights Programming. London.
Kommission zur Wahrnehmung der Belange der Kinder (Kinderkommission) (2017): Stellungnahme der Kinderkommission des Deutschen Bundestages zum Thema „Kinderrechte für Flüchtlingskinder in der Unterkunft, dem Asylverfahren und der Kinder- und Jugendhilfe". Berlin.
Kopp, Katharina/Meiner-Teubner, Christiane/Pothmann, Jens (2016): Datenlage zu minderjährigen Flüchtlingen – viele Fragen bleiben offen. In: Forum Jugendhilfe Heft 1, S. 18–21.
Krastev, Ivan (2016): Die Utopie vom Leben jenseits der Grenze. Frankfurter Allgemeine Zeitung Nr. 44 vom 22.02.2016, S. 6.
Lorz, Ralph Alexander (2010): Nach der Rücknahme der Deutschen Vorbehaltserklärung: Was bedeutet die uneingeschränkte Verwirklichung des Kindeswohlvorrangs nach der UN-Kinderrechtskonvention im deutschen Recht? National Coalition für die Umsetzung der UN-Kinderrechtskonvention in Deutschland. Berlin.
National Coalition Deutschland – Netzwerk zur Umsetzung der UN-Kinderrechtskonvention (2016): SGB VIII-Reform: Geflüchtete Kinder, Jugendliche und junge Volljährige unterstützen. Berlin.
Pothmann, Jens/Kopp, Katharina (2016): Junge Flüchtlinge im Spiegel der Statistik. In: DJI impulse, Heft 3, S. 7–10.
United Nations High Commissioner for Refugees (UNHCR) (2016): Global Trends Report 2015. http://www.unhcr.org/5748413a2d9 (Abfrage: 09.04.2017).

Sandra de Vries

Familien aus den Herkunftsländern Pakistan und Afghanistan

Vorstellungen von Familie

In diesem Kapitel geht es um Familien aus islamischen Gesellschaften am Beispiel der Länder Pakistan und Afghanistan. Dabei ist klarzustellen, dass die Formen und Vorstellungen von Familie in der Welt wohl so mannigfaltig sind wie ihre Anzahl selbst. Zudem unterliegen sie in ihrer Bewertung einem permanenten Wandel. Schon die Definition von Familie nach unserem eigenen gesellschaftlichen Verständnis zeigt die Vielfalt auf und weist auf die Herausforderungen hin, sich mit dem Thema zu beschäftigen. Galt die Vorstellung von *Kernfamilie*, bestehend aus Eltern und Kindern, jahrzehntelang als Grundlage des gesellschaftlichen Zusammenlebens in Deutschland, so haben sich mittlerweile unterschiedliche Lebensmodelle im Rahmen des kulturellen Wandels entwickelt. Heute spricht man daher bei Familie von einer Einheit, bestehend aus mindestens zwei Generationen, was Eltern und Kinder umfasst, aber auch Alleinerziehende mit Kindern sowie Großeltern, die ihre Enkelkinder bei sich aufgenommen haben (vgl. Huinink 2009). Daneben gibt es neue Formen, wie z. B. die der sogenannten Patchwork- oder Regenbogenfamilien. Dennoch wird in vielen Bereichen des täglichen Lebens nach wie vor mit dem *Bild* der *Kernfamilie* gearbeitet. Hierzu wird die *Kernfamilie* oft noch geschlechtlich unterschieden, indem man den soziologischen *Prototypen* mit Vater, Mutter sowie zwei Kindern, ein männliches und ein weibliches, belegt. *Kernfamilien* sind dabei nicht mit *Kleinfamilien* zu verwechseln, wie es in der Praxis öfter passiert. Auch eine Familie mit vielen Kindern wird als Kernfamilie angesehen, wenn zwei Generationen vertreten sind. Es handelt sich dann um eine *große Familie*. Werden drei Generationen benannt, Eltern, Kinder und Großeltern, sprechen wir in Deutschland von *Großfamilie*. Dies ist besonders wichtig für die Unterscheidung von der sogenannten *Großfamilie*, die *mehrere* Generationen umfasst und die auch als erweiterte Familie bezeichnet wird (vgl. Pries 2011, S. 25 ff.). Diese Form des Zusammenlebens finden wir in weiten Teilen der Welt – unter anderem in vielen islamischen Gesellschaften, darunter in Pakistan, Afghanistan, Syrien, dem Irak oder Iran sowie in den Ländern West- und Nordafrikas. Trotz des weltweiten Kulturwandels, der großen Unterschiede in Bildung, Religiosität oder aber des Stadt-Land-Gefälles, kann man einige Aussagen zum Thema Familie treffen, die für das Zusammenleben relevant sind und die eine Integrationshilfe in eine neue Gesellschaft darstellen können (Nauck/Schönpflug 1997, S. 5 f.). Dabei ist entscheidend, dass Menschen das *Bild* von *Kernfamilie* genauso im Kopf tragen, wie das *Bild* von *Großfamilie*, auch wenn in den jeweiligen Gesellschaften längst andere Familienformen existieren. Die Verankerung neuer Vorstellungen im Bewusstsein der Menschen, wie z. B. das veränderte Bild von Familie und der damit verbundene Wertewandel, stellen innerhalb der Gesellschaften einen Prozess dar, der zwar permanent im Gange ist, jedoch seine Zeit braucht. Durch die *digitale Revolution* erleben wir momentan allerdings eine starke Beschleunigung dieser Prozesse.

Die Großfamilie

Die meisten Flüchtlinge, die bisher nach Deutschland eingereist sind, kommen aus Gesellschaften, in denen die Großfamilie/erweiterte Familie eine bedeutende Rolle spielt. Dabei ist es wichtig, auf die Unterscheidung der sozialen, kulturellen und religiösen Aspekte zu verweisen. Großfamilien sind zuallererst als eine gesellschaftliche Form des sozialen Zusammenlebens zu verstehen, die dann, je nach Wohnort, kulturell in ihren Werten und Umgangsformen geprägt wird (vgl. Pries 2011, S. 25 ff.). *Eine* der kulturellen Werte wiederum stellt die Religion dar. Dabei beeinflussen und verstärken sich die genannten Aspekte wechselseitig. In den folgenden Abschnitten wird daher näher auf diese eingegangen.

Im Unterschied zu unserer gesellschaftlichen Vorstellung versteht man unter einer *Großfamilie* in vielen Ländern der Welt, so auch in Pakistan und Afghanistan, *alle* Mitglieder, die benannt werden können. Hierzu gehören neben den Eltern, Kindern, Großeltern auch Tanten, Onkel, Cousinen und Cousins etc. mehreren Grades. Oft zählen zudem die verstorbenen Mitglieder weiterhin zur Großfamilie. Entscheidend für den Lebensalltag ist, dass alle Familienmitglieder die gleichen Rechte und Pflichten haben, ausgehend von ihrer sozialen Positionierung innerhalb der Familie. Dies bedeutet z. B., dass ein Cousin oder eine Cousine dritten Grades die gleichen Rechte und Pflichten wie die eines Bruders oder einer Schwester ersten Grades hat. Benötigt er/sie Unterstützung oder Hilfe, so muss sie innerhalb der Großfamilie gewährt werden, sofern dies möglich ist. Daher benennen viele der Flüchtlinge Verwandte in Deutschland, zu denen sie ziehen möchten oder aber auf deren Unterstützung sie hoffen. Manchmal führt dies im Migrationskontext zu innerfamiliären Konflikten und Spannungen, da die Familien hierzulande durch den Kulturwandel möglicherweise andere Werte übernommen haben bzw. mittlerweile einen anderen Lebenswandel führen als in den ursprünglichen Heimatländern. Welche Auswirkungen das hat, hängt meist davon ab, wie viel Kontakt man untereinander pflegt bzw. pflegen konnte.

Großfamilien dieser Art sind oft in *Wir-Gesellschaften* zu finden, die also *kollektivistisch* geprägt sind. Dies gilt für große Teile der Welt, wie für Pakistan und Afghanistan (Thiel 2013, S. 109). In fast allen Bereichen des Zusammenlebens entscheidet die Großfamilie, also das *Wir*. Wird ein Baby in einer *kollektivistischen* Gesellschaft geboren, so wird es, wenn es weint, von Mitgliedern der Familie herumgetragen. Es lernt dabei sehr früh: Ich bin nicht allein! Das *Wir* entscheidet u. a. über den Wohnort, die Ausbildung, wen man heiratet oder welchen Beruf man wählt. Auch Krisen werden meist im *Wir* verhandelt. Einer für alle, alle für einen. Oft spiegelt sich dieses Verständnis ebenso in der Sprache wider. Man würde z. B. nicht sagen „ich möchte gerne", sondern „wir möchten gerne". Im Unterschied dazu sprechen wir in unserer Gesellschaft von einer *individualistischen*, einer *Ich-Gesellschaft* (ebd.). Das Individuum wird in den Mittelpunkt der Betrachtung gestellt. Ein Baby, das in dieser Gesellschaftsform geboren wird, liegt schnell in einem separaten Bettchen, in einem eigenen Raum. Weint es, versuchen die Familienmitglieder nicht direkt auf es einzugehen. Das Kind erfährt seine erste Prägung in einer *Ich-Gesellschaft*. Pädagogisch soll es zu einem autonomen, selbstständigen Wesen erzogen werden, das sich *alleine* in der Welt behaupten kann. In den meisten Fällen entscheidet das *Ich*, wo es wohnt, welchen Beruf es wählt und wen es heiratet. Entstehen Krisen, ist das *Ich* (mit-)verantwortlich.

Natürlich gibt es aufgrund des weltweiten Wandels nicht nur diese beiden Ausprägungen, sondern fließende Übergänge zwischen den Gesellschaftsformen und damit verbunden viel Veränderung. Doch egal in welcher Form sie auftreten, sie beeinflussen das Leben nachhaltig und stellen einen Wert für die betreffenden Personen dar. Je nachdem wo ein Mensch geprägt wird, wie stark das *Wir* oder *Ich* in der Familie bzw. Gesellschaft ausgelebt werden, kann das zu Irritationen oder Spannungen führen. Im Migrationsalltag in Deutschland ist dies zu beobachten. So werden allein reisende Flüchtlinge z. B. aufgefordert, eigene Entscheidungen für ihren Lebens- und Berufsalltag zu treffen, was bei einigen zu Verunsicherungen führt. Viele haben in dieser Situation das Bedürfnis, sich erst mit dem *Wir*, der (Groß-)Familie, abzusprechen oder aber sich rückzuversichern. Dem Handy kommt in diesem Zusammenhang eine große Bedeutung zu, da es den Kontakt zum *Wir* ermöglicht und aufrechterhält. Dies kann eine entscheidende Hilfe für den Alltag sein, manchmal aber auch Prozesse behindern. Gleichzeitig führt die Fülle an Entscheidungen, die in einer *Ich*-Gesellschaft getroffen werden müssen, bei einigen Personen zur Überforderung, da dies bisher in ihrem Leben vielleicht nicht trainiert wurde und keine größere Relevanz für das Zusammenleben in der Familie hatte. Entscheidungen wurden von anderen oder vom *Wir* getroffen (vgl. Huinink 2009). Der Umgang mit dem *Ich* muss also im Rahmen der Migration möglicherweise erst erlernt werden, je nachdem aus welchen sozialen und kulturellen Kontexten die Menschen kommen. In diesem Zusammenhang ist ebenfalls darauf hinzuweisen, dass die meisten therapeutischen Ansätze, Mediationen etc., die wir im Alltag nutzen (mit Ausnahme vielleicht der familiensystemischen Therapien), für unsere *Ich-Gesellschaft* konzipiert sind und bei vielen der Menschen aus *Wir-Systemen* nicht zwangsläufig greifen. Großfamilien in einer *Ich-Gesellschaft* stehen vor weiteren Herausforderungen, da Kriege und Flucht die Familien teilweise auseinandergerissen und die Mitglieder über verschiedene Länder verteilt haben. Die meisten Familien sind damit fragmentiert angekommen, was bedeutet, dass ein Großteil des sozialen Netzwerkes fehlt. Funktionen und Aufgaben, die vorher von anderen Familienmitgliedern übernommen wurden, sind nicht mehr abgedeckt. Der normale Alltag kann damit zur großen Belastung werden. Neben den Einzelentscheidungen müssen viele Aufgaben alleine übernommen werden. Der Versuch, die ganze Familie wieder zusammenzubringen, kostet Flüchtlinge zusätzlich viel Kraft. In diesem Zusammenhang sind die Ansätze der Patenschaften, Lotsen- und Rucksackprogramme, die in der Flüchtlingshilfe angeboten werden, von großer Hilfe.

Kinder wiederum, die mit ihren Familienangehörigen einreisen, erleben die Konfrontation mit einer *Ich-Gesellschaft* noch direkter. Je nach Alter und schulischer Vorerfahrung kommen sie durch die Aufnahme in unser Bildungssystem schnell mit einer anderen Welt- bzw. Wertevorstellung in Berührung. Sicherlich sind hier die Unterschiede im Bildungsgrad, der Religiosität und der Herkunft der Familien (Stadt/Land/Ethnie) von Bedeutung und entscheiden manchmal über den Grad des *Fremdheitsgefühls* bei den Kindern. Dennoch gilt es genauer hinzusehen. Wurden die Kinder zuvor auf eine *Wir-Gesellschaft* vorbereitet, treffen sie jetzt auf das *Ich-System*. Wird dieses Thema nicht aufgegriffen, läuft man Gefahr, die Kinder von ihren Familien zu entfremden, so wie es in der Vergangenheit teilweise aus dem Nichtwissen heraus, passiert ist. Ein *Ich* kann schlecht in einem *Wir* überleben und umgekehrt. Und auch ein Blick in die Zukunft muss gestattet sein. Was passiert, wenn die Flüchtlingsfamilien in ihre Heimat zurückkehren möchten oder müssen? Könnten die Kinder sich in einer *Wir*-geprägten Gesellschaft wieder zurechtfinden oder würde möglicherweise einen *Konflikt* exportiert? Dies sind Fragen, die sich in einer multikulturellen Gesellschaft und internationaler werdenden Welt stellen. Wir müssen lernen, mit einem *Kippschalterprinzip* zu arbeiten, das es Menschen ermöglicht, in verschiedenen sozialen Kontexten zu überleben, indem sie in den unterschiedlichen Bereichen den Alltag trainieren. Diese Form der *plurilokalen Integration* erscheint zukunftsweisend.

Dabei sollte jedoch beachtet werden, dass Großfamilien nicht nur positiv bewertet werden. Je nach Situation wird der eine oder andere Flüchtling, die eine oder andere Familie vielleicht auch froh sein, ein anderes Leben aufbauen zu können.

Islamische Gesellschaften

Pakistan und Afghanistan gehören zu den islamisch geprägten Gesellschaften, ebenso wie viele andere des arabischen und persischen Raums. Dabei handelt es sich bei dem Islam nicht um eine einheitliche Religion. Vielmehr besteht sie, wie in den vorherigen Kapiteln geschildert, aus einer Vielzahl unterschiedlicher Ausprägungen und Rechtsschulen. Da der Religionsstifter des Islams, der Prophet *Mohammed*, sich als weltlicher Mensch und Verkünder des Glaubens verstand, benannte er keinen Nachfolger. So brach nach seinem Tod ein Streit um das legitime Erbe zwischen seinen Anhängern aus. Zwei große, rivalisierende Fraktionen entstanden, die der *Sunniten* unter der Führung des Schwiegervaters von Mohammed, *Abu Bakr,* und die der *Schiiten* unter der Führung des Schwiegersohnes und Neffen von Mohammed, *Ali*. In den ersten Jahrzehnten setzten sich die *Sunniten* politisch durch, bis Ali an die Macht kam und seine Partei (*Shi'at Ali*, später benannt als *Schiiten*) zur ersten Spaltung des Islams führte (vgl. Schimmel 1990, S. 20 ff.; Sautter 2005, S. 100 ff.). Heute sind ca. neunzig Prozent der Muslime *Sunniten* und ca. zehn Prozent *Schiiten*. Beide islamischen Ausrichtungen unterteilen sich jedoch in viele weitere kleinere und größere Rechtsschulen, mit teilweise sehr unterschiedlichen Auslegungen des *Korans*, des *Heiligen Buches* der Muslime (vgl. Breuer 1998, S. 9 ff.; vgl. Heine 2007, S. 57). Zum *Koran* hinzugezogen werden, je nach religiöser Ausrichtung, die *Sunna*, das Werk, in dem das Handeln und Wirken (die Tradition) von Mohammed zu Lebzeiten beschrieben werden sowie die *Hadith*e, die Aussagen des Propheten selbst. Die Werke gelten bei den jeweiligen religiösen Anhängern als wichtige Quellen für das islamische Recht, die *Scharia*, das in etlichen Ländern als gesellschaftliche Grundlage gilt (vgl. Schimmel 1990, S. 46 ff.; vgl. Heine 2007, S. 110 ff.). Neben dem Spektrum von liberaler bis ultraorthodoxer Auslegung des Islams in der Hochreligion finden wir in der Volksreligion eine große Vielfalt an Umsetzungen und Interpretationen, darunter auch mystische wie den *Sufismus* (vgl. Thiel 1997, S. 127 ff.). Manchmal werden auch Elemente früherer religiöser Vorstellungen eingefügt, sodass synkretistische Varianten entstehen (ebd.). In Pakistan gehört die größte Zahl der Bevölkerung der sunnitischen Richtung des Islams und da eher der *hanafiten* Rechtsschule (einer der vier sunnitischen Rechtsschulen) (vgl. Heine 2007, S. 192 ff.) an. Daneben gibt es *Zwölfer-Schiiten/Schia* (auch *Imamiten* genannt und die größte religiöse Ausrichtung der *Schiiten*). Überwiegend im Norden des Landes leben *Is-

maeliten (Siebener-*Schiiten*) und die Sonderform der *Nurbakhshia* (vgl. Heine 2007, S. 270 f.). Wegen der Gründung Pakistans als islamischer Staat im Jahre 1947 gibt es nur noch eine kleine Minderheit an Hindus, Christen und Juden, die meist in den Städten leben. Seit einigen Jahren führen entwicklungspolitische, ländliche Projekte aus Saudi Arabien dazu, dass sich der orthodoxe, *wahabitische* Islam (*hanbalitische* Rechtsschule) (ebd.) in Pakistan ausbreitet.

Auch in Afghanistan bekennen sich weit über 90 Prozent der Menschen zum Islam. Mehrheitlich zu den konservativen sunnitischen Richtungen, die jedoch ethnisch noch einmal sehr unterschiedlich interpretiert und gelebt werden. Neben den *Zwölfer-Schiiten*, zu denen sich z. B. viele Mitglieder der Ethnie der *Hazara* zählen, gibt es in dem Land noch einige *Hindus, Sikhs*, und *Juden*. Erwähnen sollte man noch die *Zoroastrier*, die in Pakistan und Indien oft *Parsen* genannt werden und die sich auf die Lehren des Religionsstifters Zarathustra beziehen. Viele vorislamische Bräuche dieser alten Religion, die im persischen und zentralasiatischen Raum beheimatet ist, beeinflussen bis heute die Gesellschaft in Afghanistan und teilweise in Pakistan. Auch werden Heilige verehrt und ihre zahlreichen Schreine besucht. Da den Heiligen Kraft zugesprochen wird, sie heilen, segnen oder auch Wunder bewirken können, sind ihre Grabstätten Orte, zu denen viele Menschen pilgern und die eine große Bedeutung für die Familien haben (vgl. Heine 2007, S. 260 ff.; Thiel 2013, S. 85 ff.). Eine genauere Aufschlüsselung der verschiedenen Religionszugehörigkeiten in beiden Ländern ist aufgrund der schwierigen Datenerhebung nicht möglich. Für die Arbeit mit Flüchtlingsfamilien aus diesen Regionen ist es daher sinnvoll herauszufinden, welcher Glaubensausrichtung sie angehören. Dabei ist zu beachten, dass nicht jeder Mensch gläubig ist und Familienmitglieder durchaus verschiedenen religiösen Richtungen angehören können. Die Erfahrungen, die mitgebracht werden, sind oftmals sehr unterschiedlich, auch was den Umgang mit anderen Religionen betrifft.

Die Großfamilie wird als ein wichtiges, gesellschaftliches Fundament im Islam gesehen, ebenso wie die *Umma*, die Gemeinschaft der Gläubigen (vgl. Breuer 1998, S. 7 f.). Jeder sollte nach Möglichkeit ein gottesfürchtiges Leben führen und *Allah* (Gott) ehren. In der religiösen Auslegung des Korans sind die Gläubigen Brüder und Schwestern. Starke Hierarchien, wie sie z. B. im Katholizismus existieren, sind nicht vorgesehen, wohl aber gibt es Unterschiede in der Bewertung von Geistlichen. Ihr Rang ist abhängig von ihrer Fähigkeit zur selbstständigen Rechtsfindung. Je nach Rechtsschule gibt es unterschiedliche Titel. Aus der Gemeinde kann derjenige, der den *Koran* kennt und in arabischer Sprache rezitieren kann, Vorbeter in einer Moschee werden (Dies gilt allerdings nur für Männer). Wichtige Personen, die als besondere Gelehrte gelten und in einigen Ländern auch verehrt werden, beanspruchen für sich, in direkter Blutsverwandtschaft von *Mohammed* abzustammen. Heute werden oft islamische Rechtsgelehrte der verschiedenen Richtungen des Islams zur Auslegung des *Korans* hinzugezogen.

Im Alltag entscheidet die jeweilige Glaubenszugehörigkeit über viele Aspekte des Handelns: welche Regeln gelten, wann und wo gebetet wird oder wie man mit bestimmten Situationen im Leben, in der Familie umgeht etc. Die wohl bekanntesten Regeln sind die sogenannten *Fünf Säulen des Islams* (vgl. Heine 2007, S. 115). Nach ihnen sollen gläubige Muslime das *Glaubensbekenntnis* sprechen. Es wird vielen Babys bei der Geburt das erste Mal ins Ohr geflüstert, wodurch man der Glaubensgemeinschaft der Muslime angehört. Man sollte *fünf Mal am Tag beten*, *Almosen* an die Armen geben, im Monat *Ramadan* fasten und einmal in seinem Leben nach *Mekka*, der Geburtsstadt Mohammeds, reisen/pilgern (vgl. Schimmel 1990, S. 32 ff.; Thiel 2013, S. 75). Die *Fünf Säulen* gelten aber längst nicht für alle Muslime. So beanspruchen z. B. die schiitischen Richtungen der *Ismaeliten*, der *Alewiten* oder aber der syrischen *Alawiten* eine andere Auslegung der Regeln (vgl. Schweizer 2015, S. 143 ff.). Entscheidend sind daher die Informationen der jeweiligen Personen, der Familien selbst, möchte man im Alltag entsprechende Angebote machen.

In der Vorstellung vieler gläubiger Muslime schenkt *Allah* den Menschen das Leben und er allein entscheidet auch über den Zeitpunkt des Todes. Der Glaube ist somit eine Lebenseinstellung, die alles ummantelt. Der Ablauf des Tages und des Lebens ist durch die islamischen Regeln festgelegt und liegt in *Allahs* Hand, nicht in der des Einzelnen. Alles ist eingebettet in den Glauben. So hört man im Alltag oft den Ausspruch *Inshallah*, so Gott/*Allah* will! Werden Tätigkeiten des alltäglichen Lebens vorgenommen, so leitet man sie z. B. mit den Worten *Bismillah* ein, wodurch der Segen Gottes erbeten wird. Benötigt eine Familie religiösen Beistand, laden viele Muslime Gelehrte in ihr Haus ein, die in der Lage sind den Koran in original arabischer Sprache zu rezitieren. Diese lesen dann über einen festgelegten Zeitraum aus der *heiligen Schrift* und unterstützen dadurch das Vorhaben der Familie. Obwohl der *Koran* in viele Sprachen übersetzt wurde, gilt er gläubigen Muslimen nur in arabischer Sprache als rein und gültig (Heine 2007, S. 57). Dies ist auch ein Grund, warum viele Familien ihre Kinder (zusätzlich) auf eine *Koranschule* schicken, wo sie, durch Anleitung, den Inhalt des *Korans* kennenlernen, um ihn später rezitieren zu können (vgl. Thiel 2013, S. 81). In welcher Weise bestimmte Handlungen im Alltag durchgeführt und mit welcher Bedeutung sie hinterlegt werden, ist dabei meist durch die ethnische Zugehörigkeit der Menschen definiert. In Pakistan findet sich eine große Anzahl ethnischer Gruppen, darunter die der *Punjabi, Paschtunen, Sindhi, Belutschen* sowie viele kleinere wie die der

Hunzakuts oder *Balti*, die vorwiegend im Norden des Landes beheimatet sind (vgl. www.laenderdaten.de/bevoelkerung/ethnien.aspx). Jede der ethnischen Gruppen unterscheidet sich in ihrem Alltagshandeln und ihren Wertvorstellungen sowie oft auch in der Sprache. Gleiches gilt für Afghanistan, wo die Mehrheit der Bevölkerung aus den ethnischen Gruppen der *Paschtunen, Tadschiken, Hazara* und *Usbeken* besteht. Daneben gibt es Gruppen von *Aimak, Belutschen, Turkmenen, Kirgisen* und noch zahlreichen anderen Ethnien (ebd.). Die Aufzählung macht deutlich, dass die Beschreibung des Familienlebens in Pakistan und Afghanistan immer nur exemplarisch zu verstehen ist. Eine detaillierte Beschreibung jeder einzelnen Ethnie wäre in diesem Beitrag nicht zu leisten. Daher muss sich die Betrachtung auf die wichtigsten Merkmale beschränken, wissend, dass es immer auch Unterschiede und andere Auslegungen gibt.

Familienleben in Pakistan und Afghanistan

Neben der Religion nimmt in Pakistan und Afghanistan die erweiterte Familie die wichtigste Rolle im Leben der Menschen ein. Das Familiensystem ist dabei *patriarchal* organisiert (vgl. Breuer 1998, S. 62 ff.). Idealerweise leben in einem Haushalt die (alten) Eltern, die Söhne und ihre Frauen sowie die Enkelkinder zusammen. Die Töchter ziehen durch Heirat in die Familien ihrer Schwiegereltern bzw. ihrer Ehemänner. Im ländlichen Kontext ist diese Form der Lebensgemeinschaft oft prägend. In Städten und dort, wo aus platztechnischen Gründen ein Zusammenleben schwierig ist, versuchen die Mitglieder zumindest nah beieinander zu wohnen, um sich ggf. gegenseitig zu unterstützen. Dabei sollte der älteste Sohn ganz in der Nähe seiner Eltern bleiben, um diesen im Alter zur Seite zu stehen und sie zu versorgen. Aber auch von den anderen Söhnen wird Unterstützung erwartet. Das Erbrecht verläuft über die Väterlinie (*patrilinear*), so wie es über Jahrzehnte in Deutschland der Fall war. Dabei sind die Aufgaben und Funktionen von Familie mannigfaltig und gehen weit über die wirtschaftliche Absicherung, die biologische Weitergabe von Genen oder aber auch die identitätsstiftende soziale Zuordnung hinaus. Großfamilie, so wie sie in Pakistan und Afghanistan, aber auch in anderen Gesellschaften der Welt verstanden wird, bedeutet *alles*. Sie definiert das Eigene im Unterschied zum Fremden und gibt den Mitgliedern ein Maß an Unabhängigkeit vom Rest der Gesellschaft. Egal ob es eine Krise innerhalb der Familie gibt, jemand krank wird, Geld benötigt oder einen Rat: die Großfamilie, sofern sie intakt ist und funktioniert, kann all dies liefern. Dabei bedeutet Familie z. B. Schule, in der die Mitglieder die Werte und die Geschichte der Familie vermittelt bekommen, um sie weiter zu tradieren. Diese Funktion und Aufgabe führt bei einigen Familien in der Migrationsgesellschaft dazu, dass sie erst mal keinen Bedarf haben, ihre Kinder in eine Kita oder Schule zu schicken. (Es sei denn, die Familie ist nicht intakt oder die Kita wird bereits als Ausbildungsplatz verstanden). Eine weitere Erwartung an Familienmitglieder ist, dass kranke, schwache und alte Menschen gepflegt und versorgt werden, was gerade in einer Fluchtsituation schwierig ist und bei einigen Flüchtlingen zu großem Stress führen kann. Auch gestaltet sich ein solcher Anspruch in einer Migrationsgesellschaft schwierig, wenn durch Kulturwandel nicht mehr genügend Familienmitglieder zur Verfügung stehen, um eine Versorgung von Alten und Kranken zu gewährleisten. Hier kann es zu innerfamiliären Spannungen kommen. Familie übernimmt ebenso religiöse, spirituelle Funktionen. Sterben z. B. Familienmitglieder, so sollten ihre Namen memoriert und ihrer Person gedacht werden. Erst wenn der Name stirbt, so die Vorstellung, gehört das Mitglied nicht mehr zur Familie, stirbt es endgültig. Dabei finden sich hier möglicherweise Vorstellungen aus der buddhistischen und hinduistischen Glaubenslehre, die in eine synkretistische Interpretation des Islams in dieser Region der Welt eingeflossen sind. Letztendlich steht Familie für die Sicherung der Zukunft. Durch die Gründung einer Familie und die Geburt von Kindern trägt der Einzelne zum Erhalt der Familie und damit der Menschheit bei (vgl. Breuer 1998, S. 15 ff.). Daher sind homosexuelle Beziehungen in den meisten Ethnien und Religionen, so auch im Islam, verboten. Künstlich Nachkommen zu zeugen ist in der Menschheitsgeschichte erst seit sehr kurzer Zeit möglich und wird sich im weltweiten Bewusstsein erst langsam durchsetzen. Heiraten und eine Familie gründen sind daher Menschenrechte (ebd.). Ein bewusst gewähltes *Single-Dasein* oder eine gewollte Kinderlosigkeit können somit bei einigen Flüchtlingen auf Unverständnis stoßen oder irritierend wirken.

Familienhierarchien

Jedes Kind hat ein Recht auf eindeutige und legitime Abstammung innerhalb einer Ehe, wobei die Zeugung ausschlaggebend ist. So werden Kinder von einer Familie anerkannt, wenn sie sechs Monate nach der Eheschließung oder neun Monate nach der Scheidung zur Welt kommen (vgl. Breuer 1998, S. 65). Entscheidend für die Aufgaben und den Status innerhalb der Großfamilie ist der Platz, in den man hineingeboren wird. Er prägt das ganze soziale Leben und ist stark altershierarchisch angelegt (vgl. Thiel 2013, S. 108). Es ist also entscheidend, ob ich als ältester Sohn, zweitältester oder fünfter auf die Welt komme. Ähnliches gilt für die Töchter. Der älteste Mann in der Familie gilt als Familienoberhaupt. Er entscheidet über alle Belange, die die Familie im großen Ganzen betreffen, so z. B. wenn eine Hochzeit geplant wird, es einen Streitfall gibt oder wirtschaftliche Anschaffungen anstehen. Er ist auch der Repräsentant der Familie nach außen hin und vertritt die Rechte der Familie. Hierdurch sorgt der Älteste für ihren gesellschaftlichen Status (vgl. de Vries 1998, S. 514 ff.). Sein Wort hat das höchste Gewicht, seine Anweisungen gelten für die Frauen wie für die Kinder gleichermaßen (vgl. Göhlen 1998, S. 464 f.). In der Hierarchie folgt dem ältesten Mann sein ältester Sohn, dann der zweitälteste usw. Dem ältesten Sohn kommt in einer patriarchalen Familienstruktur eine besondere Bedeutung zu, da er später einmal die Rolle des Familienoberhauptes übernimmt. Daher erfahren viele der ältesten Söhne eine strengere Erziehung im Sinne der Familienwerte, um später, wenn die Zeit gekommen ist, die Familie entsprechend lenken zu können. In unserer alltäglichen gesellschaftlichen Wahrnehmung werden diese Söhne oft als *Pascha* oder *kleiner König* bezeichnet, was aber erzieherisch gewollt ist. Der älteste Sohn erfährt eine anerkennende Behandlung, um ihn für seine repräsentativen Aufgaben vorzubereiten. Nur wenn innerhalb der Familie erkennbar ist, dass er den Anforderungen nicht genügen kann (z. B. wenn der Sohn behindert ist), wird der zweite Sohn – quasi geschäftsführend – mittrainiert. Ansonsten aber sind die weiteren Söhne wichtig für die wirtschaftliche Unterstützung der Großfamilie, weshalb man bei ihnen oft Wert auf eine gute Ausbildung legt. Das Geld, was sie erwirtschaften, sollte im Idealfall dem Ältesten übergeben werden, der es im Sinne der ganzen Großfamilie wieder verteilt. Dies hat zur Folge, dass einige der Familien in Deutschland einen beträchtlichen Anteil ihres Einkommens an die Großfamilie in den ursprünglichen Heimatländern transferieren. Dort werden dann Grundstücke gekauft, Häuser für Familienmitglieder gebaut oder aber Cousinen und Cousins zur Schule geschickt. Auch von den jungen, allein reisenden Flüchtlingen (Männern) und Familien wird oft erwartet, dass sie, sobald sie eine Arbeit gefunden haben, Geld überweisen, um anderen Familienmitgliedern ein Überleben zu sichern. Dadurch wachsen ihr Status und ihr Ansehen in der Großfamilie. Anderseits kann ein enormer Erwartungsdruck entstehen, der viele belastet, sollten sie den Vorstellungen nicht gerecht werden. Durch Migration und gesellschaftlichen Wandel können weitere innerfamiliäre Konflikte entstehen, wenn z. B. einer der Söhne sein Geld nicht abgeben möchte oder aber den Status des Ältesten nicht anerkennt. Letztendlich jedoch entscheidet jede Familie mit ihrem Oberhaupt, wie es geregelt wird, wodurch es eine Vielzahl an Praktiken gibt. Und auch die Zusammensetzung der Familien wandelt sich durch die weltweiten Einflüsse.

Die Frau des ältesten Mannes ist in der Regel der Haushaltsvorstand. In den ländlichen Gebieten in Pakistan und Afghanistan ist sie zuständig für die Vorratshaltung und damit für die Versorgung der Familie mit Nahrung. Alles was im und um das Haus anfällt, Kleinvieh und Garten, ist ihr Arbeitsbereich. Zudem ist sie für die Erziehung und das soziale Netzwerken zuständig. Stehen besondere Ereignisse wie eine Geburt oder ein Krankenbesuch in der Familie an, fällt es in ihren Zuständigkeitsbereich. Damit ist sie oft der *Motor/das Herz* der Familie. Wenngleich ihr Ehemann die Entscheidungsgewalt hat, kann der Einfluss der Frauen sehr groß sein. Die älteste Tochter bleibt die rechte Hand ihrer Mutter und unterstützt sie bei der Arbeit, bis sie heiratet. Alles, was im Haushalt anfällt, kann an die jeweils jüngeren Töchter weiterdelegiert werden. An die Stelle der Töchter treten nach der Hochzeit die Schwiegertöchter. Wobei diejenige, die den ältesten Sohn heiratet, später die Rolle der ältesten Frau übernimmt, wenn die Schwiegermutter verstorben ist. Für die einzelnen Familienmitglieder bedeutet es, dass ihr Status und ihr Mitspracherecht von der Altershierarchie abhängig sind. Je älter man ist, desto mehr Einfluss hat man. Damit verbunden sind jedoch bestimmte Pflichten und eine höhere Verantwortung. Je jünger man ist, desto weniger Einfluss hat man auf Entscheidungen. Gleichzeitig trägt man weniger Verantwortung und hat die Gewissheit, dass alle anderen einen mittragen. Schwierig wird es im Alltag dann, wenn es z. B. um die Mitspracherechte von Kindern geht, da dies in einigen Familien bei Anwesenheit von älteren Menschen nicht vorgesehen ist. Oder aber, wenn die jeweiligen hierarchischen Positionen unglücklich besetzt sind. Der älteste Sohn z. B. kein *Alpha-Mensch*, sondern eher zurückhaltend und introvertiert ist. Für ihn könnten die Erwartungen der Familie dann zur Belastung werden. Hierarchien sind innerhalb der verschiedenen Ethnien/ Gesellschaften oft noch einmal den jeweiligen Geschlechtern zugeordnet. Hierauf wird im Abschnitt Geschlechterrollen näher eingegangen. Viele der angesprochenen Strukturen verändern sich in der heutigen Globalisierung schneller denn je. In den Städten und in der Migration leben viele Familien mittlerweile in kleineren Verbünden. Dennoch existieren die sozialen Hierarchien oftmals in den Köpfen weiter und beeinflussen das Verhalten der einzelnen Familienmitglieder.

Heiraten

Aufgrund der Bedeutung von Familie sind Eheschließungen oft eine politische und hochkomplexe Angelegenheit. Meist geht es dabei nicht um die Verheiratung von zwei Individuen, sondern um den Zusammenschluss zweier Familien. Kommt ein Sohn in das heiratsfähige Alter, so hat die Mutter meist schon einen Überblick über die heiratsfähigen Töchter in ihrem Umfeld und der weiteren Familie. Da die Schwiegertöchter in ihren Haushalt einheiraten, ist es für viele Frauen wichtig, dass die zukünftige Schwiegertochter nicht nur zu ihrem Sohn passt, sondern auch zu ihr und den anderen, möglicherweise schon vorhandenen, Schwiegertöchtern (vgl. Thiel 2013, S. 117 f.). Daher wird sie nach einem informellen Besuch bei einer infrage kommenden Familie und potenziellen Braut ihrem Mann einen Vorschlag machen. Er wird seinerseits überprüfen, welchen Ruf, welche Religionszugehörigkeit und welchen wirtschaftlichen Hintergrund die vorgeschlagene Familie hat. Passen die Familien aus seiner Sicht zusammen, wird oft der Bruder der Mutter (*Mutterbruder*) gebeten, bei der Familie der Braut anzufragen, ob eine Verbindung in Betracht kommt. Da sowohl in Pakistan als auch in Afghanistan der Ehrbegriff eine wichtige Bedeutung hat und man leicht sein Gesicht, seine Ehre verlieren kann, übernimmt der *Mutterbruder* oder ein enger Vertrauter eine Vermittlerrolle. Da der *Mutterbruder* zwar mit der Mutter verwandt ist (also nah genug an der Familie dran ist), nicht aber mit der Familie des Bräutigams oder der potenziellen Braut, kann er die Aufgabe übernehmen. Sollte die Anfrage abgelehnt werden, verliert keiner der Beteiligten das Gesicht. Wird einer Hochzeit und damit dem Zusammenschluss der Familien zugestimmt, kommt es zu weiteren Absprachen der jeweiligen Repräsentanten der beteiligten Familien. Es ist durchaus üblich, auch Bräutigam und Braut zu fragen, doch gilt ihre Antwort zu diesem Zeitpunkt als Formalie. In den meisten Volksgruppen (Ethnien) gibt es Möglichkeiten, indirekt Einfluss auf die Entscheidung zu nehmen. Eine direkte Einmischung wird jedoch in den meisten Fällen als Respektlosigkeit den Eltern gegenüber gewertet. Idealerweise wird die älteste Tochter zuerst verheiratet und dann die Jüngeren. Heiratet sie den ältesten Sohn einer Familie, so erhält sie ebenfalls einen hohen Status und wird einmal die wichtigste Frau im Haushalt sein. Heiratet sie den Zweitältesten, Drittältesten etc., wird sich ihr Status an den ihres Mannes angleichen. Daher sind viele Familien darauf bedacht, ihre Töchter möglichst gut zu verheiraten. Ist eine Familie jedoch arm und die Aussichten auf eine *gute Partie* klein oder gibt es viele Töchter, kann es vorkommen, dass sie mit wesentlich älteren Männern verheiratet werden, um sie wirtschaftlich abzusichern. Dabei kommt es auch vor, dass mehrere Söhne/Töchter aus Kostengründen gleichzeitig verheiratet werden. Vor allem in den ländlichen Gebieten sind diese durch Familien arrangierten Ehen nach wie vor gängige Praxis. Das Heiratsalter bei Mädchen liegt oft bei ca. zwölf bis vierzehn Jahren, die Jungen sind meist älter. Allerdings gibt es große Stadt-Land-Unterschiede (vgl. Thiel 2013, S. 116 ff.). In Deutschland wird diese Form der Ehe häufig als *Zwangsheirat* bezeichnet, was zu kontroversen Diskussionen führt. Im eigentlichen Sinne ist hier eine stärkere Differenzierung nötig, da nicht alle der arrangierten Ehen unter Zwang stattfinden. Gleichzeitig gibt es heutzutage eine Fülle von anderen Hochzeitsverbindungen, teilweise vermittelt durch Freunde oder aber direkte Ansprache der Frauen. Vor allem in den Städten und im Ausland lösen sogenannte *Liebeshochzeiten* die *arrangieren Ehen* ab. Wobei eine Liebenshochzeit bedeuten kann, dass man sich mit dem jeweiligen Partner am Telefon unterhalten oder ein Foto voneinander gesehen hat (s. o.). Im digitalen Zeitalter nimmt die Suche nach geeigneten Partnern im Internet zu. Hier lässt sich ein großer Bedarf erkennen, vor allem bei Männern, die alleine fern der ehemaligen Heimat leben. Durch den Lebenswandel, die Migration und das teilweise auflösen der familiären Strukturen ist es für viele heute schwieriger geworden zu heiraten. Auch sind die Ansprüche, was die Ausstattung einer Hochzeit betrifft, gestiegen, wodurch sie für viele Familien und Männer unerschwinglich werden.

Kinder und Erziehung

Frauen bleiben nach ihrer Hochzeit immer Mitglied ihrer eigenen Familie. Sie werden sozial nicht zu der Familie ihres Ehemannes gezählt. Die Kinder, die in der Ehe geboren werden, gehören jedoch automatisch zur *patrilinearen* Familie des Mannes (vgl. Thiel 2013, S. 113 f.). Durch die Geburt ihrer Kinder erhält die Frau einen weiteren Statusgewinn und hat möglicherweise Söhne, die sie später in der eingeheirateten Familie vertreten können. Bleibt sie kinderlos, hat sie diese Chance nicht. Ihr Ehemann hätte dann die Möglichkeit, eine weitere Frau zu heiraten. Nach islamischem Recht kann ein Mann bis zu vier Frauen heiraten, was aber im Alltag selten vorkommt. Nur wenn ein Mann es sich wirtschaftlich leisten kann oder aber es zwingende sozialen Gründe gibt (z. B. Tod des Bruders und Versorgung der Witwe, Krankheit der Frau, Kinderlosigkeit), nehmen die Männer sich weitere Frauen. Auch die Arbeitslast im Haushalt kann ein Grund sein (vgl. Breuer 1998, S. 37 ff.; vgl. Sautter 2005, S. 166 ff.). Da die *polygame* Ehe für soziale Unruhe in der Familie sorgen kann, wenn kein erkennbarer Grund für eine solche Ehe vorliegt, wird sie zunehmend seltener. Heiratet ein Mann dennoch eine zweite Frau, ist zwar in Pakistan und Afghanistan vorgesehen, dass die erste Frau ihre Einwilligung geben muss, doch bleibt ihr im Falle einer Kinderlosigkeit keine große Wahl. Sie ist dann auf die Kinder der zweiten Frau angewiesen, um im Alter versorgt zu sein. Kommt es zu einer Scheidung, kehren die Frauen in der Regel wieder in ihre eigene Familie zurück. Manchmal heiraten sie erneut, womöglich einen Mann, der Witwer ist und Kinder zu versorgen hat. Gibt es jedoch Kinder und die Ehe wird geschieden, bleiben diese nach geltendem islamischen Recht in der Familie des Mannes (es sei denn, die Großfamilien entscheiden anders) (vgl. Heine 2007, S. 299). Eine Tatsache, die rechtlich in Deutschland zu Konflikten führen kann, wenn es um das Sorgerecht für Kinder geht. Der *Mutterbruder* übernimmt daher nach der Heirat oft eine wichtige Rolle. Er vertritt die Bedarfe und Rechte seiner Schwester innerhalb der eingeheirateten Familie. So wird er z. B. als Mediator im Fall einer (Ehe-)Krise eingesetzt. Falls sie nach einer Scheidung zurück in die Familie kehrt, wird er, nach dem Tod seines Vaters, für sie zuständig sein. In diesem Fall würde die Schwester als unverheiratete Tante Aufgaben innerhalb der Familie übernehmen. Gibt es keinen unmittelbaren Mutterbruder, übernimmt ein

Cousin oder enger Vertrauter diese Aufgabe. Werden Familien aufgrund von Flucht oder z. B. Arbeitsmigration auseinandergerissen, kann es passieren, dass die Ehefrauen keinen mittelbaren Sprecher mehr haben und das soziale Machtgefüge der Familien sich verändert. Für die Kinder seiner Schwester ist der *Mutterbruder* meist der „emotionale" Onkel, während die männlichen Verwandten des Vaters, aufgrund der *patrilinearen* Struktur der Familie, eher strengere Respektspersonen darstellen. Der *Mutterbruder* kann bestimmte Interessen seiner eigenen Familie vertreten und damit Einfluss auf die Erziehung der Kinder ausüben. Oft vertritt er auch ihre Interessen gegenüber deren eigener Familie, indem er wieder zum Mittler wird. Durch seinen Status genießt er hohen Respekt und kann in der Integrationsarbeit eine wichtige Hilfe sein, wenn es um familiäre Angelegenheiten geht. In den meisten islamischen Gesellschaften gilt die direkte Konfrontation mit schwierigen Themen oder Konflikten als respektlos und unhöflich. Ein Vermittler als Dritter wird daher oft eingesetzt. Es bedeutet, man lässt jemanden in seinem Namen sprechen und wahrt so sein Gesicht.

Kinder gelten in Pakistan und auch Afghanistan als gottgewollt und sind sehr willkommen. So ist es nicht selten, dass die Familien viele Kinder haben. Je nach Bildungsgrad und wirtschaftlicher Kraft kann dies leichter oder schwieriger zu bewältigen sein. Auch lässt sich in Pakistan und Afghanistan ein Stadt-Land-Gefälle feststellen. In der Migration sind Kinder zwar oft gewünscht, aber aufgrund der Kosten nicht leistbar, sodass die Zahl der Kinder eher abnimmt. Werden Kinder geboren, wünschen sich die meisten Familien aufgrund der *patrilinearen* Gesellschaft zuerst einen Sohn, der das Erbe der Familie sichert. Söhne garantieren den Fortbestand der Linie und gelten als *Außenrepräsentanten* ihrer Familie. Dort wo diese Vorstellung keine Funktion mehr hat, ist das Geschlecht nicht mehr so entscheidend. Im ländlichen Alltag und in traditionelleren Gesellschaften benötigt man allerdings beide Geschlechter, um eine intakte Funktion von Familie zu gewährleisten. Gibt es nur Söhne, hat die Familie wohlmöglich eine gute Außendarstellung, aber das *Innenleben* gestaltet sich schwieriger. Haben die Familien nur Mädchen, gibt es ein funktionierendes Innenleben, aber keine *Außendarstellung*. Hinzu kommt, dass die Töchter irgendwann ausheiraten und dann die Versorgung der alten Eltern nicht mehr gewährleistet ist. In so einem Fall würde ein Mann in die Familie seiner Ehefrau einheiraten und dort auch leben, wodurch die Schwiegereltern versorgt sind und ein *Außenrepräsentant* anwesend wäre. Nach dem Tod der Alten fällt der Besitz dann oft an die Familie des eingeheirateten Mannes. Aus diesem Grund und vor dem Hintergrund der geltenden gesellschaftlichen Ordnung wird erkennbar, warum viele Paare zuerst einen Sohn haben möchten.

Kinder werden dabei so erzogen, dass sie gehorsam sind, ihre Eltern und die Alten der Familie ehren und achten (vgl. Breuer 1998, S. 62 ff.). Gibt es innerhalb der Großfamilie Arbeit oder aber Krisen, sind Kinder angehalten zu Hause zu bleiben und zu helfen. Dabei werden Kinder in den ländlichen Gebieten Pakistans und Afghanistans auch an andere Teile der Großfamilie „ausgeliehen". Einige der Kinder wachsen ab einem gewissen Alter permanent bei Verwandten auf. Vor allem wenn es reichere und ärmere Verwandte gibt oder aber die Infrastruktur den Gang zur Schule nur in Städten ermöglicht. So kommt es durchaus vor, dass einige der Kinder im Haushalt Neffen und Nichten, Cousinen oder Cousins sind. Im Alltag in Deutschland führt diese Art der Betreuung und auch das Wegblieben von Kindern aus der Schule immer wieder zu Konflikten. Zwar herrscht in Pakistan und in Afghanistan offiziell Schulpflicht, doch kann sie nicht immer durchgesetzt werden. Viele Kinder kommen in ihrer Bildung nach wie vor nicht über die Grundschule hinaus. Während sich die Situation in Pakistan durch den Bau vieler ländlicher Schulen verbessert und die Wege für die Kinder kürzer werden, haben die kriegerischen Auseinandersetzungen in Afghanistan viel zerstört und phasenweise den Mädchen und auch Jungen den Zugang zur Schule ganz verwehrt.

In der Geschwisterfolge kann der jeweils Älterer dem Jüngeren Anweisungen geben und erzieht ihn dadurch mit. So ist es auch die Aufgabe der älteren Geschwister auf die jüngeren aufzupassen, sie zu begleiten oder z. B. von der Schule abzuholen. Welche Aufgaben der Einzelne in der Familie übernehmen kann oder muss, hängt von der Definition Kind oder Erwachsener ab. Anders als bei uns unterscheidet man drei zentrale Kategorien im Leben eines Menschen: die des Kindes, des Erwachsenen und des alten Menschen. Die soziale Kategorie der *Jugend* ist in vielen Ländern erst eine Erscheinung der Moderne und in den ethnischen Gruppen nicht zwangsläufig mit einer gesellschaftlichen Bedeutung hinterlegt. Somit hört Kindheit in Pakistan und Afghanistan bei Mädchen mit dem Einsetzen der Zeugungsfähigkeit (ca. neun bis elf Jahren) auf und bei Jungen mit der religiösen, gesellschaftlichen Reife (ca. zehn bis 15 Jahren). Dabei werden die Jungen häufig offiziell in ihre Gesellschaft eingeführt, indem sie das erste Mal mit zur Moschee oder ggf. Gemeindeversammlung mitgehen. Ab diesem Alter werden die Jungen und Mädchen nicht mehr wie Kinder, sondern wie junge Erwachsene gesehen. Dabei wünschen sich die meisten Familien einen *echten Jungen* und ein *echtes Mädchen*, mit all den Eigenschaften und Tugenden, die das Profil des jeweiligen Geschlechts ausmachen.

„Echte Jungen" und „echte Mädchen":
Geschlechterrollen und Erziehung innerhalb der Familie

Wird man in Pakistan und Afghanistan in die Gesellschaft hineingeboren, so wird man nicht nur in eine bestimmte soziale, sondern auch in die geschlechtliche Position eingeordnet. *Männer und Frauen sind gleich, aber anders*, lautet eine Aussage, die man häufiger zu hören bekommt (Sure 4,2) (vgl. Sautter 2005, S. 105 ff.). Es bedeutet, die Gesellschaft, die Familie braucht beide Geschlechter, aber sie werden mit unterschiedlichen Bedarfen und Fähigkeiten belegt. So geht man in vielen der Volksgruppen davon aus, dass Frauen eher häuslich und soziale Netzwerkerinnen sind, Männer hingegen eher kämpferisch. Sie behalten gerne den Überblick, die Kontrolle. Diese Vorstellungen der Genderrollen werden belegt, indem bestimmte Auslegungen des *Korans* hinzugezogen werden, wodurch deutlich wird, dass sich kulturelle und religiöse Aspekte gegenseitig beeinflussen können. Damit verknüpft werden bestimmte Verhaltensweisen und Tugenden der jeweiligen Geschlechter. Bis zum Alter von ca. sechs bis acht Jahren spielen die Mädchen und Jungen gemeinsam draußen. In diesem Zeitraum sind die Unterschiede im Umgang noch nicht besonders stark ausgeprägt, wenngleich die jüngeren Mädchen und Jungen angehalten werden, schon einige kleinere geschlechterspezifische Aufgaben zu übernehmen. Danach aber findet meist die *Geschlechterseklusion* (Geschlechtertrennung) statt, bei der Mädchen und Jungen oft räumlich getrennt werden und unterschiedliche Geschlechterrollen einüben (Heine 2007, S. 319 f.). Die Mädchen werden dabei langsam von den weiblichen Mitgliedern der Familie in die Rolle der Frau eingeführt, während die Jungen ab jetzt mehr Zeit mit den Männern ihrer Gesellschaft verbringen. Je nach ethnischer Gruppe werden dabei sehr unterschiedliche Anforderungen an die Mädchen und Jungen gestellt (vgl. Breuer 1998, S. 64 f.). Auch der Verhaltenskodex für die Geschlechter verändert sich. Mädchen sollten ab dem Zeitpunkt eher zurückhaltend, bescheiden und scheu auftreten, Jungen ihre Männlichkeit und damit ihre Aufgaben in der Gesellschaft entdecken und darstellen. Statussymbole werden in dieser Zeit wichtig. Oft fangen junge Männer an, sich nach dem Vorbild von Mohammed einen Bart stehen zu lassen, der sowohl als männlich als auch heilig gilt. Während die Mädchen die Aufgaben im Haushalt kennenlernen, entfernen sich die Jungen nun von zu Hause, üben ihre Rolle im Außenleben ein.

Ab der ersten Menstruation werden Mädchen als Frauen angesehen, mit all den Rechten und Pflichten, die damit gesellschaftliche verbunden sind. Bei den Jungen fängt das Erwachsenenalter meist mit der Einführung in die religiösen und/oder sozialen Gemeinschaften an. Dadurch werden sie zum offiziellen Vertreter ihrer (Groß-)Familie. Ihr positives soziales Verhalten, aber auch ihr Fehlverhalten fallen ab jetzt auf die Familienmitglieder der *Wir-Gruppe* zurück und haben ggf. Konsequenzen für alle Beteiligten. Im Negativen nimmt die Ehre, das Ansehen der Familie Schaden bzw. Personen verlieren ihre Anerkennung, ihr Gesicht. Ab diesem Alter können die ältesten Söhne ihre Väter oder Großväter im Sinne der ganzen Familie repräsentieren. Ihr Wort zählt, wodurch sie eine große Verantwortung übernehmen. Um innerhalb der Gesellschaft als Mann anerkannt zu sein, sollten Jungen nach islamischer Vorstellung bis zum Alter von spätestens neun Jahren beschnitten sein. Meist wird die Beschneidung jedoch schon im Säuglingsalter vorgenommen, ca. 40 Tage nach der Geburt. Als religiöses Ritual symbolisiert die Beschneidung einen erneuten Bund mit *Allah* und festigt die Zugehörigkeit zur muslimischen Glaubensgemeinschaft (vgl. Thiel 2013, S. 150 f.). Sozial gesehen ist es ein entscheidender Schritt zum *Mann-Werden*. Für einige der allein reisenden jungen Flüchtlinge, aber auch für jugendliche Männer mit Migrationsvorgeschichte, die schon länger in Deutschland leben, bedeutet es, dass sie oftmals in ihrer Familie als Erwachsene angesehen werden. Und zwar mit all den Rechten und Pflichten, die ihre soziale Position innerhalb der Familien ausmacht. So werden sie z. B. angehalten, Funktionen und Arbeiten von Männern zu übernehmen. Ihr sozialer Status muss dabei nicht zwangsläufig ihrem Reifegrad entsprechen, doch hat er großen Einfluss auf die Selbstwahrnehmung der jungen Männer und die Erwartungshaltung ihrer Familien. Die soziale Kategorie der *Jugend*, wie sie in unserer Gesellschaft verwendet wird, ist in Pakistan und Afghanistan nicht vorhanden. Vielmehr wird ein Kind in der nächsten sozialen Lebensphase sofort zu einem jungen Erwachsenen. Auch wenn der Begriff des *Jugendlichen* mittlerweile durch soziale Medien bekannt ist, ist er kulturell meist nicht mit Bedeutung hinterlegt. Etliche der jungen Männer fühlen sich dadurch in Deutschland als Mann nicht ernstgenommen oder aber in ihrer Rolle degradiert. Ihnen fehlen die Anerkennung ihrer sozialen Funktionen sowie der Respekt gegenüber ihrer Person, was durch die Gesetzeslage in Deutschland begründet ist. Hier werden viele der jungen Männer aufgrund ihres Alters als minderjährige Kinder betrachtet und dem Kinder-/Jugendschutz unterstellt. Als allein reisender *Jugendlicher* bedeutet dies z. B., einen gesetzlichen Vormund gestellt zu bekommen und in Erziehungshilfeprogramme eingebunden zu werden. Dies kollidiert nicht selten mit der Erwartungshaltung der Familien und jungen Männer, gleich arbeiten oder aber eine Ausbildung anfangen zu können. Oft wird erwartet, dass die *Jugendlichen/jungen Männer* Geld verdienen, um ihre Familien in der ursprünglichen Heimat zu unterstützen bzw. ein Überleben zu garantieren. Oder es besteht der Auftrag, ggf. Familienmitglieder nachzuholen, sollte die Situation sich kriegs-/krisenbedingt verschlechtern. Wurde innerhalb der (Groß-)Familie/erweiterten Familie Geld für die Flucht gesammelt, so erwartet man eine Rückzahlung oder vergleichbare Leistung, sobald dies möglich ist. Für einige der jungen Männer können diese Erwartungen zur großen Belastung werden, sollten sie nicht in der Lage sein, den Vorstellungen ihrer Familien gerecht zu werden.

Junge Mädchen und Frauen kommen seltener alleine als Flüchtlinge nach Deutschland. In der Mehrheit sind sie in Begleitung von anderen Familienmitgliedern, da dies dem *Ehr- und Benimmkodex* ihrer Gesellschaften entspricht. Um eine Schwangerschaft vor der Ehe zu vermeiden, sind Mädchen angehalten, nicht mehr alleine unterwegs zu sein. Auch sollten sie sich nicht mit jungen Männern treffen oder privat mit ihnen reden. Für die Mädchen in Afghanistan und Pakistan verkleinert sich mit dem *Frau-Werden* dadurch oft der Bewegungsradius. Männer- und Frauenräume werden definiert und das *purdah* (*Farsi*-Wort für Vorhang, Schleier) greift. Mit *purdah* ist ein Regelwerk gemeint, das das Verhalten der Frauen und auch den Umgang zwischen Männern und Frauen im gesellschaftlichen Raum reguliert und sanktioniert (vgl. Thiel 1997, S. 82 ff.). Ab dem zeugungsfähigen Alter sollten Männer und Frauen sich nicht mehr oder nur unter Aufsicht treffen (vgl. Gratz 1998, S. 489 f.). In den größeren Städten und bildungshöheren Schichten begegnen sich junge Männer und Frauen dann im öffentlichen Raum, wie z. B. in einem Café. Damit sind sie für die Gesellschaft sichtbar und schützen ihr Ansehen, ihren Ruf (vgl. Schweizer 2015, S. 157 ff.). Mit der *purdah*, die vor allem in Pakistan eine große Bedeutung hat, werden auch moralische Werte für die Geschlechter festgelegt. Würde ein Mädchen/eine junge Frau z. B. vor der Ehe schwanger, hätte dies gravierende Auswirkungen für die betroffenen Familien. Aufgrund der *patrilinearen* Gesellschaftsordnung würden uneheliche Kinder nicht zur Familie der Frau gehören, aber, da man nicht verheiratet ist, auch nicht zu der des Mannes. Das Kind würde also in keine legitime soziale Ordnung hineingeboren, wodurch ihm kein gesellschaftlicher Status zugesichert wird. Auch wenn sich die gesellschaftlichen Wertvorstellungen innerhalb der Länder zunehmend verändern, achten viele Familien bis zur Hochzeit streng auf den sozialen Umgang ihre Töchter. Erst wenn die jungen Frauen heiraten und Kinder bekommen, erweitert sich ihr Bewegungsradius wieder. Obwohl die Unterschiede von Stadt und Land groß sind, gelten diese moralischen, geschlechtlichen Vorstellungen in vielen Familien bis zum heutigen Tag. Meist fangen Mädchen im Übergang zum *Frau-Sein* an, ein Kopftuch zu tragen, sofern dies in ihren Familien religiöse Praxis ist. Die spielerische Übung aus Kindertagen, in denen man die Mutter oder andere Frauen imitierte, wird nun mit Ernst betrieben. Das *richtige* Anlegen des Kopftuches zeigt der Gesellschaft eine Veränderung des sozialen Status vom *Kind-Sein* zu Frau an. Dabei ist die Form der Verhüllung sehr stark abhängig von der religiösen Zugehörigkeit und Ausrichtung der Familie. Ob eine Frau in Pakistan den *Tschador* (Kopftuch), eine *Nikab* (Verschleierung bis auf die Augen) oder aber eine *Burka* (Komplettverschleierung) trägt, hängt von den liberaleren oder orthodoxeren Auslegungen des Korans ab, im Falle der *Burka* in Afghanistan zudem von der politischen Macht im Land. Zu Zeiten des *Taliban*-Regimes in den 1990er Jahren waren Frauen gezwungen, dieses Gewand im öffentlichen Raum zu tragen. Damit verbunden waren viele weitere Verbote und Verhaltensvorgaben für Männer und für Frauen (vgl. Stumberger 2016, S. 83 ff.). In der *Islamischen Republik Pakistan* hingegen finden sich alle Formen der Verschleierung, je nach religiöser Ausrichtung, Familie, Bildungsgrad und Region (z. B. Stadt/Land). Eine Verschleierung, so wie sie heute zu sehen ist, unterliegt der Interpretation einer Sure im Koran (Sure 33, Vers 59), die unter Muslimen sehr unterschiedlich ausgelegt wird. Auch wenn die afghanische Verfassung Männern und Frauen theoretisch gleiche Rechte zusteht, sieht der Alltag doch anders aus. In vielen Bereichen des gesellschaftlichen Lebens ist die rechtliche Stellung der Frauen schwach, ihr Zugang zu Bildung und Ressourcen begrenzt – in den traditionelleren, ländlichen Gebieten meist stärker, als in den Städten. Zudem sind viele Frauen nach wie vor der Gewalt innerhalb der Familien ausgesetzt (vgl. Stumberger 2016, S. 91). Vergleichbares gilt für Pakistan. Vor allem in den ländlichen Regionen sind das Mitspracherecht und die Stellung von Frauen gering. Als Mütter und Vertreterinnen der Ehre ihrer Männer genießen etliche Frauen aber auch hohes Ansehen, was in gewisser Weise ein Paradoxon darstellt. Die Innen- und Außenwahrnehmung unterscheiden sich.

Geschlecht und Raum

Mit dem gesellschaftlichen Wandel zu Mann und Frau erfolgt in Pakistan und Afghanistan die Zuschreibung der Geschlechterräume. Dabei wird den Frauen der innere, häusliche und familiäre Raum zugesprochen, den Männern der äußere Raum. Die Zuordnung der Lebensräume wird dabei an die sozialen und geschlechtlichen Rollen in der Gesellschaft angepasst. Frauen sind in dem Zusammenhang für die sozialen Belange zuständig, Männer für die repräsentativen Aufgaben. Durch die Aufteilung ergeben sich parallele Handlungswelten, in denen sich die jeweiligen Geschlechter bewegen. Beim Betreten und Durchqueren der Räume gelten für beide Geschlechter Verhaltens- und Benimmregeln (vgl. Gratz 1998, S. 489 ff.). Während Frauen sich im häuslichen, dörflichen Umfeld oder aber in der Nachbarschaft im Stadtteil frei bewegen können, benötigen sie bei weiteren Strecken eine Begleitung. Dies können, je nach Entfernung, eine andere Frau, Kinder oder aber ein höherer Statusträger ihrer Familie sein. Besuchen sie einen Nachbarort, würden sie z. B. in Begleitung eines Kindes gehen. Treten sie eine weitere Reise an, benötigen sie ihren Ehemann, Schwiegervater, Mutterbruder oder auch ältesten Sohn. Je weiter die Entfernung desto mehr kommt es auf den Status der Begleiter an. Aber auch für Männer gelten Anstandsregeln in den weiblichen Räumen. Ein familienfremder Mann würde sich anmelden müssen. Oft wird er in einen Gästeraum gebracht, während die Frauen des Hauses sich zurückziehen. Sollte ein Mann ungebeten den Frauenraum betreten, kann dies Konsequenzen für sein Ansehen und das seiner Familie haben. Anstandsregeln, die verletzt werden, können gesellschaftlich Sanktionen nach sich ziehen. Benimmt sich ein Mädchen, eine junge Frau nicht entsprechend der erwarteten gesellschaftlichen Norm, droht sie Ansehen und Ehre zu verlieren. Dabei gilt die Vorstellung, dass Frauen mit Ehre geboren werden, Männer sich ihre Ehre erwerben müssen. Die Ehre der Frau beruht auf der biologischen Grundlage, dass sie Kinder bekommen kann, was für eine Familie ein sehr hohes und wichtiges Gut darstellt. Da es aber in einer *patrilinearen* Gesellschaft/Familie auf die männliche Weitervererbung ankommt, ist es wichtig, dass die Vaterschaft eindeutig ist. So wird von den Frauen erwartet, dass sie tugendhaft sind und sich nicht mit fremden Männern einlassen. Ihr Verhalten macht somit ihre Ehre aus. Männer hingegen müssen ihre Ehre durch Taten und Verhalten erwerben. So sollten sie ihre Familien ausreichend wirtschaftlich versorgen und z. B. gute Gastgeber, also gute Repräsentanten sein. Zudem sind sie dafür zuständig, die Ehre der Frauen in ihrer Familie zu schützen, indem sie weibliche Mitglieder begleiten, sodass sie nicht belästigt werden. Diese Aufgaben werden für viele Männer und Frauen in der globalisierten Welt schwieriger und können Familien vor große Herausforderungen stellen. In der Migrationsgesellschaft treffen Männer und Frauen zunehmend aufeinander. Geschlechterrollen werden neu definiert. Obwohl sich viel verändert hat, legen viele Familien nach wie vor Wert darauf, dass Männer und Frauen sich im sichtbaren, öffentlichen Raum treffen und nicht privat. So unterliegen sie letztendlich immer noch der gesellschaftlichen Kontrolle, was ihr Verhalten angeht.

Für viele junge Flüchtlinge, aber auch für Familien im Migrationsalltag kann der Geschlechterumgang in Deutschland daher moralisch bedenklich erscheinen. Vor allem, wenn die Menschen aus traditionelleren, konservativen Regionen Afghanistans und Pakistans stammen. Hinzukommt, dass viele Männer und Frauen aufgrund des geltenden moralischen Regelwerks in ihrer Gesellschaft oft keine großen Erfahrungen im Umgang mit dem jeweils anderen Geschlecht (außerhalb ihrer Familie) mitbringen. Durch die gelebte Geschlechtertrennung/*Geschlechterseklusion,* fehlt einigen die Praxis, weshalb sie dies in der Migration erst erlernen bzw. erproben müssen. Dabei sollte auch auf die medialen Darstellungen und die damit verbunden Bilder der Geschlechter in Deutschland und anderen westlichen Ländern eingegangen werden.

Das Paschtunwali (Afghanyat, Afghanentum)

Für die ethnische Gruppe der *Paschtunen*, die in den nordwestlichen Grenzregionen von Afghanistan und Pakistan lebt, gilt das *Paschtunwali,* ein Rechts-, Moral- und Ehrenkodex der Stammesgesellschaft. Die *Paschtunen* begreifen sich als erste Bewohner Afghanistans und damit als die *echten* Afghanen, im Unterschied zu vielen anderen Ethnien, wie z. B. den *Hazara*.

Das *Paschtunwali* stammt aus der vorislamischen Zeit und schreibt den Mitgliedern innerhalb der Gesellschaft und Familie genaue Verhaltensregeln vor. Es versteht sich dabei als ein Schutzkonzept für die Familie, die Ethnie, den Stamm und das Gebiet, in dem man lebt. Als höchste Regeln gelten die Gastfreundschaft und das Gewähren von Asyl. Jedem, der Hilfe einfordert, muss diese gewährt werden (s. o.). Das Normsystem setzt sich besonders mit den Begriffen der *Ehre (Nang)* und der *Scham (Scham)*, verstanden als Anstand, sowie der *Ehrbarkeit der Frau (Namus)* auseinander. Da die Gesellschaft *patriarchal* und *patrilinear* organisiert ist, wird erwartet, dass die Frau auf ihre Ehre achtet, indem sie sich nicht mit anderen Männern einlässt und jungfräulich in die Ehe geht. Die Keuschheit und Reinheit der Frauen gilt dabei als höchstes Gut. Ein Mann hingegen wird nicht mit Ehre geboren, er erwirbt sie sich. Als *Ehrenmann (Gheyratman)* ist er ein guter Versorger seiner Familie und ein guter Gastgeber. Seine Aufgabe ist es, *aktiv* die Ehre der Frauen in seiner Familie im öffentlichen Raum zu schützen und zu verteidigen (vgl. Thiel 2013, S. 91). Wird die Ehre dennoch verletzt, so gilt dies als schweres Verbrechen und hat Auswirkungen für alle Beteiligten (vgl. Stumberger 2013, S. 89 ff.). Oft werden Vergehen, wie z. B. Ehebruch, dann mit dem Tod bestraft (ebd.). Ein *Ehrenmann* setzt sich nicht nur für die eigene Familie, sondern auch für die Gemeinschaft aller *Paschtunen* ein. Der Ehrenkodex verbindet dabei die verschiedenen Stämme (Thiel 2013, S. 101). Jeder Verstoß gegen das *Paschtunwali* gilt als Schande und ist schambehaftet.

Die Stammesgesellschaft der *Paschtunen* wird als egalitär betrachtet, in der jeder Mann durch seinen Charakter und sein Verhalten sich immer wieder um Ansehen bemühen und seine Ehre beweisen muss, ggf. auch kämpferisch und mit Gewalt. Dabei ist das *Paschtunwali* in allen Bereichen des täglichen Lebens, von der Rolle der Geschlechter bis hin zu den rechtlichen Auslegungen, traditionell konservativer und strikter als die Auslegungen des Korans und die Ausübung des islamischen Rechtes, der *Scharia* (Kreile 2002, S. 37 ff.). Heute verändert sich der Stellenwert des *Paschtunwali* innerhalb der Gesellschaft, doch gelten in vielen Familien nach wie vor die damit verbundenen Werte.

Fazit und Ausblick

Familien in Afghanistan und Pakistan durchlaufen heutzutage einen rasanten Kulturwandel, der, ähnlich wie in anderen Gesellschaften, eine einheitliche Beschreibung nicht zulässt. Auch sind die Unterschiede durch die verschiedenen ethnischen Gruppen, deren hierarchischen Zuordnung innerhalb der Gesellschaftsordnung sowie den Differenzen zwischen Stadt und Land sehr groß. Zudem spielen vorislamische Praktiken nach wie vor eine Rolle. Viele der traditionellen Werte und Vorstellungen aber überleben in den Köpfen der Menschen und werden, in Fragmenten, im Alltag gelebt. In der Arbeit mit Flüchtlingen/Migrant/inn/en ist es daher wichtig, die Familiengeschichte und Bedeutung für die einzelnen Mitglieder kennenzulernen, um Konzepte für die Integration und Teilhabe in unserer Gesellschaft zu schaffen. Nur in der gemeinsamen Entwicklung von Ideen ist ein erfolgreiches Zusammenleben möglich.

Anmerkung der Autorin

Die in diesem Kapitel geschilderten Informationen zu Familien in Pakistan und Afghanistan stammen zum großen Teil aus eigenen ethnologischen Feldforschungen in den Regionen (Projekt CAK Culture Area Karakorum) und durch beruflichen Erfahrungen als Interkulturelle Trainerin in Deutschland, weshalb passagenweise Quellenangaben fehlen. Die hinzugezogenen Literaturvergleiche dienen dem Leser/der Leserin als Hinweise auf vergleichbare Forschungen und Informationen.

Literatur

Breuer, Rita (1998): Familienleben im Islam. 2. Auflage. Freiburg.
Göhlen, Ruth (1998): Mobility and Freedom of Decision – Making of Women in Astor Valles (Pakistan-Himalaya). In: Stellrecht, Irmtraut (Ed.): Karakorum-Hindukusch-Himalaya: Dynamics of Change. Part II. Köln. S. 463–489.
Gratz, Kathrin (1998): Walking on Women´s Path in Gilgit: Gendered Space, Boundaries, and Boundary Crossing. In: Stellrecht, Irmtraut (Ed.): Karakorum-Hindukusch-Himalaya: Dynamics of Change. Part II. Köln. S. 489–509.
Heine, Peter (2007): Der Islam. Düsseldorf.
Huinink, Johannes (2009): Familie: Konzeption und Realität. Familie und Familienpolitik. Informationen zur politischen Bildung, Nr. 301. http://www.bpb.de/izpb/8017/familie-konzeption-und-realitaet?p=all. (Abfrage: 13.01.2017).
Kreile, Renate (2002): Sharia oder Paschtunwali? In: Terre des Femmes (Hrsg.): Frauen in Afghanistan – Hoffnung auf Wandel. Tübingen. S. 37–44.
Nauck, Bernhard/Schönpflug, Ute (1997): Familien in verschiedenen Kulturen. Stuttgart.
Pries, Ludger (2011): Familiäre Migration in Zeiten der Globalisierung. In: Fischer, Veronika/Springer, Monika (Hrsg.): Handbuch Migration und Familie. Schwalbach/Ts. S. 23–36.
Sautter, Christiane (2005): Was uns verbindet und was uns unterscheidet. Die Familie im Konzept der großen Religionen. Wolfegge.
Schimmel, Annemarie (1990): Der Islam. Eine Einführung. Stuttgart.
Schweizer, Gerhard (2015): Syrien verstehen. 2. Auflage. Stuttgart.
Stumberger, Rudolf (2016): Flüchtlinge verstehen. München.
Thiel, Susanne (2013): Kulturschock Afghanistan. 2. Auflage. Bielefeld.
Thiel, Susanne (1997): Kulturschock Pakistan. Bielefeld.

Vries, Sandra de (1998): Old People and Modern Life in the Shigar Valley of Balistan (North Pakistan). In: Stellrecht, Irmtraut (Hrsg.): Karakorum-Hindukusch-Himalaya: Dynamics of Change. Part II. 1. Auflage. Köln. S. 509–526.
www.laenderdaten.de/bevoelkerung/ethnien.aspx. (Abfrage: 29.12.2016).
https://www.orientdienst.de/muslime/minikurs/rechtsschulen/ (Abfrage: 24.01.2017).

Gerald Mennen

Länderspezifische Besonderheiten als Ursache für Flucht und Migration

Durch Flucht und Migration kommen Menschen zu uns, über deren Herkunftsländer wir zum Teil nur wenig wissen. Wenn wir verstehen wollen, warum sie ihre Heimat verlassen und sich auf einen manchmal gefährlichen Weg mit einem ungewissen Ausgang gemacht haben, sollten wir über die Lebensbedingungen in den Herkunftsländern mehr erfahren.

Aber es geht nicht nur darum, Fluchtursachen zu verstehen. Auch die uns zum Teil fremden Verhaltensweisen und Reaktionen der geflüchteten Personen lassen sich eher erklären, wenn wir die ethnischen und kulturellen Besonderheiten in den Regionen kennen, aus denen diese Mitmenschen stammen.

Natürlich kann dieses Handbuch keinen umfassenden Einblick in die länderspezifischen Besonderheiten aller Staaten bieten, aus denen die Menschen aktuell zu uns kommen. Aber es soll zumindest ein erster Einblick in die politischen, kulturellen und wirtschaftlichen Verhältnisse der Länder angeboten werden, aus denen die meisten Flüchtlinge und Migranten zurzeit kommen. Und dieses Handbuch will Hinweise geben, wie der interessierte Leser und die interessierte Leserin weitere Informationen erhalten können.

Für einen ersten und vor allem auch aktuellen Einblick in die Verhältnisse eines Landes, insbesondere im Hinblick auf das Thema Menschenrechte, bietet der jährlich erscheinende Länderreport von Amnesty International. Diese Länderberichte beruhen auf fundierten Recherchen und auf Erfahrungswissen, die aus der Arbeit von internationalen und unabhängigen Menschenrechtsgruppen gewonnen werden. Daher sind sie auch für dieses Handbuch ideal geeignet. Mit der freundlichen Genehmigung von Amnesty International haben wir daher die weiter unten folgenden Kapitel zu den einzelnen Ländern aus dem Länderreport in zum Teil gekürzter Form übernommen.

Will man sich eingehender mit den Herkunftsländern beschäftigen, bietet das Internet eine schier unüberschaubare Menge an Quellen an. Allen voran stellt Wikipedia erste Informationen zu jedem einzelnen Land dieser Erde zur Verfügung.

Für eher menschenrechtsorientierte Informationen von Ländern die den Aspekt Flucht- und Migrationsursachen eher im Fokus haben, eignen sich insbesondere die folgenden Seiten:

- Das Bundesamt für Migration und Flüchtlinge (BAMF) bietet auf seiner Seite mit MILo (Migrations-InfoLogistik) ein Informationssystem zu den Themen Herkunftsländerinformationen, Asyl und Flüchtlingsschutz, Rückkehrförderung und Zuwanderung/Migration an. Einen Schwerpunkt der Sammlung bilden Länderinformationen, die die Lage von Flüchtlingen und Migranten in den Herkunftsländern und in anderen Aufnahme- und Zielstaaten beschreiben. Die enthaltenen Informationen stammen aus einer Vielzahl von Quellen und beinhalten nach BAMF unter anderem Erkenntnisse im Zusammenhang mit Asylverfahren, Gerichtsentscheidungen, Amtliche Auskünfte und Analysen, Gutachten, Ausarbeitungen von Partnerbehörden und Berichte humanitärer Organisationen (vgl. https://milo.bamf.de).
- Für Informationen zu allen Ländern dieser Erde gilt die Seite des Auswärtigen Amtes von jeher als Klassiker. Hier liegt der Schwerpunkt auf Informationen zur politischen und wirtschaftlichen Situa-tion der einzelnen Länder und vor allem auf Reise- und Sicher-heitshinweise, die laufend aktualisiert werden (vgl. http://www. auswaertiges-amt.de).
- Und nicht zuletzt die Homepage von Amnesty International selbst: https://www.amnesty.de. Das interessante an dieser Quelle ist, dass neben den obligatorischen Länderberichten auch über eine Suchmaschine ein nach Themen sortierter Zugriff auf Informationen möglich ist (z. B. Armut und Menschenrechte, Frauen, Meinungsfreiheit, Polizeigewalt, Kinder, Verschwindenlassen).

Literatur

Amnesty International Report (2016/17): Zur weltweiten Lage der Menschenrechte. Frankfurt am Main.

Amnesty International

Afghanistan

Berichtszeitraum: 1. Januar bis 31. Dezember 2016
(Amnesty International Report 2017)

Die Verschärfung des bewaffneten Konflikts führte 2016 zu zahlreichen Menschenrechtsverletzungen und -verstößen. Tausende von Zivilpersonen wurden im Zuge der Auseinandersetzungen getötet, verletzt oder vertrieben. Der Zugang zu Bildung, Gesundheitsfürsorge und anderen grundsätzlichen Versorgungsleistungen war wegen der anhaltenden Unsicherheit im Land eingeschränkt. Bewaffnete Gruppen trugen zwar die Verantwortung für die Mehrzahl der getöteten und verletzten Zivilpersonen, aber regierungstreue Kräfte waren ebenfalls für Tote und Verletzte verantwortlich. Beide Konfliktparteien rekrutierten weiterhin Minderjährige. 1,2 Millionen Menschen waren Binnenvertriebene; ihre Zahl hatte sich damit seit 2013 mehr als verdoppelt.

Etwa 2,6 Millionen Afghanen lebten als Flüchtlinge im Ausland, oft unter erbärmlichen Bedingungen. Die Gewalt gegen Frauen und Mädchen nahm nicht ab. Es gab immer mehr Berichte darüber, dass bewaffnete Gruppen Frauen öffentlich hinrichteten, auspeitschten oder in anderer Form bestraften. Menschenrechtsverteidiger wurden weiterhin von staatlichen wie nichtstaatlichen Akteuren bedroht und in ihrer Arbeit behindert: Journalisten waren Gewalt und Zensurmaßnahmen ausgesetzt. Die Regierung ließ weiterhin Todesurteile vollstrecken, die oft nach unfairen Gerichtsverfahren ergangen waren.

Hintergrund

Im Januar 2016 berieten Vertreter Afghanistans, Pakistans, Chinas und der USA über einen Fahrplan für Friedensgespräche mit den Taliban. Bei einer Konferenz von 55 hochrangigen internationalen Vertretern im selben Monat in Doha (Katar), dem Sitz des Verbindungsbüros der Taliban, erklärten diese jedoch, ein formaler Friedensprozess könne erst nach dem Abzug der ausländischen Truppen beginnen. Außerdem stellten sie weitere Vorbedingungen, darunter die Streichung der Namen aller Taliban-Führer von der UN-Sanktionsliste.

Im Februar 2016 ernannte Präsident Ashraf Ghani den bekannten Menschenrechtsanwalt Farid Hamidi zum Generalstaatsanwalt und General Taj Mohammad Jahid zum Innenminister. Zur Unterstützung von Frauen, die

Opfer geschlechtsspezifischer Gewalt geworden waren, richtete der Präsident einen Fonds ein, in den alle Kabinettsmitglieder 15 Prozent eines Monatsgehalts einzahlten.

Im März 2016 verlängerte der UN-Sicherheitsrat das Mandat der Hilfsmission der Vereinten Nationen in Afghanistan (United Nations Assistance Mission in Afghanistan – UNAMA) um ein weiteres Jahr. (…)

Die politische Situation war von Unsicherheit geprägt, da sich innerhalb der Einheitsregierung zunehmend Risse zwischen Anhängern von Präsident Ghani und dem Regierungsvorsitzenden Abdullah Abdullah auftaten.

Anfang Oktober 2016 richtete die EU eine internationale Geberkonferenz aus, um Hilfszahlungen für Afghanistan in den kommenden vier Jahren zu vereinbaren. Mehr als 70 Länder versprachen etwa 13,6 Milliarden Euro an Unterstützung in Bereichen wie Sicherheit und nachhaltige Entwicklung. Außerdem unterzeichneten die EU und Afghanistan eine Vereinbarung, die trotz der sich verschlechternden Sicherheitslage die Abschiebung einer unbegrenzten Zahl abgelehnter afghanischer Asylsuchender ermöglicht. Es bestand die ernste Sorge, dass es zu einer Finanzkrise kommen könnte, da die internationale Präsenz im Land zurückging und die Arbeitslosigkeit zunahm.

(…)

Bewaffneter Konflikt

In den ersten neun Monaten des Jahres 2016 meldete UNAMA im Zusammenhang mit dem bewaffneten Konflikt 8.379 zivile Opfer (2.562 Tote und 5.835 Verletzte). Laut UNAMA waren regierungstreue Kräfte, darunter afghanische Sicherheitskräfte, die örtliche afghanische Polizei, aufseiten der Regierung stehende bewaffnete Gruppen und die internationalen Streitkräfte, für fast 23 Prozent der Opfer verantwortlich. (…).

Die überwiegende Zahl der zivilen Opfer wurde bei Angriffen der Taliban und anderer bewaffneter Gruppen getötet oder verletzt. Nach Angaben von UNAMA waren im ersten Halbjahr 2016 bewaffnete Gruppen für 60 Prozent der Toten und Verletzten verantwortlich.

(…)

Gewalt gegen Frauen und Mädchen

(…) Die Unabhängige Menschenrechtskommission Afghanistans (Afghanistan Independent Human Rights Commission) meldete im ersten Halbjahr 2016 Tausende Fälle von Gewalt gegen Frauen und Mädchen, u. a. Prügelattacken, Tötungen und Säureanschläge. (…).

Bewaffnete Gruppen griffen gezielt Frauen an, die beruflich in der Öffentlichkeit auftraten, wie z. B. Polizistinnen. In Gebieten, die von bewaffneten Gruppen kontrolliert wurden, waren die Bewegungsfreiheit von Frauen und Mädchen und ihr Zugang zu Bildung und Gesundheitsversorgung stark eingeschränkt.

Nach Angaben von UNAMA gab es immer mehr Fälle von Frauen, die von den Taliban oder anderen bewaffneten Gruppen nach Scharia-Recht öffentlich bestraft wurden. (…)

Flüchtlinge und Binnenvertriebene

(…) Nach Angaben des Amts des Hohen Flüchtlingskommissars der UN (UNHCR) lebten 2016 etwa 2,6 Millionen afghanische Flüchtlinge in mehr als 70 Ländern. Die Gruppe der afghanischen Flüchtlinge war weltweit die zweitgrößte nach den syrischen Flüchtlingen. Etwa 95 Prozent der afghanischen Flüchtlinge lebten in nur zwei Ländern: im Iran und in Pakistan. Sie litten dort unter Diskriminierung, rassistischen Übergriffen und einem Mangel an Grundversorgungsleistungen. Außerdem drohten ihnen Massenabschiebungen. (…)

Die Anfang Oktober 2016 zwischen der Regierung und der EU getroffene Vereinbarung zur Rücknahme einer unbegrenzten Zahl afghanischer Flüchtlinge aus den EU-Mitgliedstaaten trug zur Verschärfung der Lage bei.

(…)

Bis April 2016 stieg die Zahl der Binnenvertriebenen auf etwa 1,4 Millionen Viele von ihnen lebten unter armseligen Bedingungen, ohne angemessenen Wohnraum und ausreichende Versorgung mit Lebensmitteln und Wasser sowie ohne Zugang zu Gesundheitsversorgung, Bildungseinrichtungen und zum Arbeitsmarkt. (…).

Die Lage der afghanischen Binnenflüchtlinge hat sich in den vergangenen Jahren erheblich verschlechtert. Die Umsetzung des von der Regierung im Jahr 2014 veröffentlichten Strategiepapiers zur Lösung der Vertriebenenproblematik wurde durch Korruption, fehlende personelle Kapazitäten und mangelndes Interesse der internationalen Gemeinschaft behindert. (…)

Menschenrechtsverteidiger

Wie in den Vorjahren wurden Menschenrechtsverteidiger auch 2016 von bewaffneten Gruppen bedroht und gezielt angegriffen. Insbesondere Menschenrechtsverteidigerinnen mussten mit Todesdrohungen gegen sich und ihre Familien rechnen. (…).

Rechte auf Meinungs- und Versammlungsfreiheit

Das Recht auf freie Meinungsäußerung, das nach dem Sturz des Taliban-Regimes 2001 zunächst gewährt worden war, wurde immer weiter eingeschränkt. Besonders deutlich wurde dies angesichts gewaltsamer Angriffe, systematischer Einschüchterungen und Tötungen von Journalisten.

Die afghanische Organisation zur Unterstützung der Medien Nai dokumentierte zwischen Januar und November 2016 insgesamt 114 Attacken auf Journalisten, Medienschaffende und Redaktionen, die von staatlichen und nichtstaatlichen Akteuren begangen wurden. Dazu zählten Drohungen, Prügelattacken, Festnahmen, Tötungen, Brandstiftungen und andere Formen von Gewalt. (...).

In mehreren Provinzen außerhalb der Hauptstadt Kabul erklärten Aktivisten, aus Furcht vor Repressalien der Behörden würden sie zunehmend weniger Demonstrationen organisieren.

Folter und andere Misshandlungen

Auch 2016 verübten die Taliban und andere bewaffnete Gruppen Tötungen, Folterungen und andere Menschenrechtsverstöße, um Menschen für Verhaltensweisen zu bestrafen, die ihrer Ansicht nach Verbrechen oder Delikte darstellten, obwohl diese Form der Paralleljustiz in Afghanistan verboten ist.

Im ersten Halbjahr 2016 dokumentierte UNAMA 26 solcher Fälle, darunter Auspeitschungen, Misshandlungen mit Schlägen, rechtswidrige Inhaftierungen und summarische Tötungen. Die Strafen wurden für mutmaßliche Verstöße gegen Scharia-Vorschriften, wegen Spionage oder wegen Verbindungen zu den Sicherheitskräften verhängt. (...)

Todesstrafe

Am 8. Mai 2016 wurden im Pol-e-Charkhi-Gefängnis in Kabul sechs zum Tode verurteilte Gefangene durch den Strang hingerichtet. (...) Es wurde befürchtet, dass weitere Hinrichtungen folgen würden. Von den etwa 600 Gefangenen, die weiter im Todestrakt einsaßen, waren viele wegen Straftaten wie Mord schuldig gesprochen worden, oft nach Prozessen, die nicht den Standards für ein faires Gerichtsverfahren genügten. 2016 wurden etwa 100 Personen für Mord, Vergewaltigung und Mord sowie Massentötungen durch einen terroristischen Anschlag sowie andere Verbrechen zum Tode verurteilt.

Amnesty International

Ägypten

Berichtszeitraum: 1. Januar bis 31. Dezember 2016
(Amnesty International Report 2017)

Die Behörden gingen 2016 mit willkürlichen Massenfestnahmen gegen Demonstrationen und Kritik an der Regierung vor. Sie inhaftierten Journalisten, Menschenrechtsverteidiger und Protestierende und beschnitten die Arbeit von Menschenrechtsorganisationen. Hunderte Gefangene, die sich in Gewahrsam des nationalen Geheimdienstes befanden, wurden Opfer des Verschwindenlassens. Angehörige des nationalen Geheimdienstes und andere Sicherheitskräfte folterten und misshandelten Häftlinge. Sicherheitskräfte setzten bei regulären Polizeieinsätzen unverhältnismäßige tödliche Gewalt ein, in einigen Fällen könnte es sich dabei um außergerichtliche Hinrichtungen gehandelt haben.

Es gab weiterhin grob unfaire Massenprozesse vor Zivil- und Militärgerichten. Die Behörden leiteten weder angemessene Untersuchungen von Menschenrechtsverletzungen ein, noch zogen sie die Täter zur Verantwortung. Frauen wurden weiterhin Opfer von sexualisierter und geschlechtsspezifischer Gewalt. Die Regierung unterdrückte nach wie vor religiöse Minderheiten und verfolgte Personen wegen „Diffamierung der Religion". Die Behörden nahmen Personen aufgrund ihrer tatsächlichen oder vermeintlichen sexuellen Orientierung fest und stellten sie wegen „Ausschweifung" vor Gericht. Tausende Flüchtlinge, Asylsuchende und Migranten, die das Mittelmeer überqueren wollten, wurden festgenommen. Gerichte verhängten nach wie vor Todesurteile, und es wurden Hinrichtungen vollstreckt.

(…)

Antiterrormaßnahmen und Sicherheit

Die Armee ging 2016 weiterhin mit gepanzerten Fahrzeugen, Artillerie und Luftangriffen gegen bewaffnete Gruppen im Norden der Sinai-Halbinsel vor. Nach Angaben des Verteidigungsministeriums wurden bei jedem Einsatz zahlreiche „Terroristen" getötet. Für einen Großteil des Gebietes galt weiterhin der Ausnahmezustand. Unabhängige Menschenrechtsbeobachter und Journalisten hatten faktisch keinen Zugang.

Bewaffnete Gruppen verübten mehrfach tödliche Anschläge auf Sicherheitskräfte sowie auf Regierungsbedienstete, Justizpersonal und andere Zivilpersonen. Die meisten Angriffe gab es im Norden des Sinai, aber auch aus anderen Landesteilen wurden Bombenanschläge und Schießereien bewaffneter Gruppen gemeldet. Zu vielen Anschlägen bekannte sich ein Ableger der bewaffneten Gruppe Islamischer Staat (IS), der sich „Provinz Sinai" nannte. (…)

Rechte auf Meinungs-, Vereinigungs- und Versammlungsfreiheit

Die Behörden schränkten die Rechte auf Meinungs-, Vereinigungs- und Versammlungsfreiheit 2016 drastisch ein, sowohl durch Gesetze als auch in der täglichen Praxis.

Journalisten, Aktivisten und andere Personen mussten mit Festnahmen, strafrechtlicher Verfolgung und Gefängnisstrafen rechnen. (…)

Exzessive Gewaltanwendung

Polizisten setzten 2016 nach wie vor unverhältnismäßige tödliche Gewalt ein, um verbale Auseinandersetzungen zu beenden. Dabei wurden mindestens elf Menschen getötet und mehr als 40 verletzt. Gerichte verurteilten zwei Polizisten zu je 25 Jahren Gefängnis, weil sie tödliche Schüsse abgefeuert hatten, die in den jeweiligen Stadtvierteln zu Protesten geführt hatten.

Das Innenministerium gab immer wieder bekannt, Sicherheitskräfte hätten bei Wohnungsdurchsuchungen Verdächtige erschossen, darunter auch Mitglieder der Muslimbruderschaft und mutmaßliche Mitglieder bewaffneter Gruppen. Es gab keine offiziellen Ermittlungen gegen Polizisten, was die Befürchtung nahelegt, dass die Sicherheitskräfte unverhältnismäßige Gewalt anwandten und in einigen Fällen außergerichtliche Hinrichtungen verübten.

Willkürliche Festnahmen und Inhaftierungen

Kritiker und Regierungsgegner mussten 2016 weiterhin mit willkürlicher Festnahme und Haft rechnen, u. a. wegen Anstiftung zu Protesten, „Terrorismus" und Mitgliedschaft in einer verbotenen Gruppe wie z. B. der Muslimbruderschaft oder der Jugendbewegung 6. April. Auch mehrere Menschenrechtsverteidiger wurden willkürlich festgenommen.
(…)

Verschwindenlassen

Der nationale Geheimdienst verschleppte 2016 Hunderte Personen ohne richterliche Anordnung und hielt sie über lange Zeiträume hinweg ohne

Kontakt zur Außenwelt in Gewahrsam. Die Häftlinge waren jeglicher gerichtlichen Kontrolle entzogen und hatten weder Zugang zu ihren Familien noch zu Rechtsbeiständen. Die Behörden bestritten nach wie vor, dass es Fälle von Verschwindenlassen gab. Die Sicherheitskräfte hatten insbesondere mutmaßliche Anhänger der Muslimbruderschaft und andere politische Aktivisten im Visier. Mitarbeiter des militärischen Geheimdienstes ließen ebenfalls Personen „verschwinden".
(...)

Folter und andere Misshandlungen

Gefangene in Gewahrsam der Sicherheitskräfte wurden verprügelt und anderweitig misshandelt. Verhörbedienstete des nationalen Geheimdienstes folterten und misshandelten zahlreiche Personen, die Opfer des Verschwindenlassens geworden waren, um „Geständnisse" zu erpressen, die später vor Gericht als Beweismittel verwendet wurden.
(...)

Unfaire Gerichtsverfahren

Vor den Strafgerichten gingen 2016 die unfairen Massenprozesse gegen Dutzende, zum Teil auch Hunderte Angeklagte weiter, denen vorgeworfen wurde, an Protestaktionen und politisch motivierter Gewalt nach der Absetzung von Präsident Mohamed Mursi im Juli 2013 beteiligt gewesen zu sein.
(...)

Rechte von Frauen und Mädchen

Frauen und Mädchen waren weiterhin nicht ausreichend gegen sexualisierte und geschlechtsspezifische Gewalt geschützt und wurden durch Gesetze und im täglichen Leben diskriminiert. Dies galt insbesondere für gesetzliche Regelungen zur Scheidung.
(...)
Am 25. September 2016 unterzeichnete Präsident al-Sisi ein Gesetz, das die Strafe für weibliche Genitalverstümmelung anhebt. Die Mindeststrafe beträgt statt drei Monaten künftig fünf Jahre. Die Maximalstrafe wurde von drei auf 15 Jahre erhöht. Außerdem sollen auch Personen bestraft werden, die Mädchen zur Genitalverstümmelung zwingen.

Diskriminierung religiöser Minderheiten

Religiöse Minderheiten wie koptische Christen, Schiiten und Baha'i wurden weiterhin durch Gesetze diskriminiert und bei der Ausübung ihrer Religion eingeschränkt. Außerdem waren sie nicht ausreichend gegen Gewalt geschützt.

Es kam erneut zu gewaltsamen Angriffen auf Gemeinden koptischer Christen. Am 11. Dezember 2016 starben 27 Menschen bei einem Bombenattentat auf eine Kirche in Kairo. Die bewaffnete Gruppe Islamischer Staat (IS) reklamierte den Angriff für sich, während die Behörden eine „Terrorzelle" mit mutmaßlichen Verbindungen zur Muslimbruderschaft dafür verantwortlich machten.

Ein neues Gesetz über Kirchen, das Präsident al-Sisi am 28. September unterzeichnete, enthielt willkürliche Beschränkungen, was die Errichtung, Sanierung und Erweiterung von Kirchen betraf.

Rechte von Lesben, Schwulen, Bisexuellen, Transgeschlechtlichen und Intersexuellen

Die Behörden nahmen 2016 weiterhin Personen aufgrund ihrer tatsächlichen oder vermeintlichen sexuellen Orientierung oder geschlechtlichen Identität fest, inhaftierten sie und stellten sie wegen „Ausschweifung" vor Gericht. (…)

Rechte von Flüchtlingen und Migranten

Das Amt des Hohen Flüchtlingskommissars der Vereinten Nationen (UNHCR) teilte im September 2016 mit, dass die ägyptischen Sicherheitskräfte seit Jahresbeginn mehr als 4.600 Flüchtlinge, Asylsuchende und Migranten festgenommen hätten, die über das Mittelmeer nach Europa gelangen wollten.

Am 8. November 2016 unterzeichnete Präsident al-Sisi ein Gesetz, das für den rechtswidrigen Transport von Menschen aus einem Land in ein anderes Geldbußen von bis zu 500.000 Ägyptischen Pfund (etwa 25.000 Euro) und bis zu 25 Jahren Haft vorsieht. Das Gesetz unterscheidet nicht zwischen Schleusern und Menschenhändlern. Für die Opfer von Menschenhandel und Migranten ohne regulären Aufenthaltsstatus sieht das Gesetz zwar keine Geldbußen und Gefängnisstrafen vor, doch ist die Regierung angehalten, sie – auch gegen ihren Willen – in ihre Heimatländer zurückzuführen. Das Gesetz enthält keine näheren Angaben dazu, wie mit Opfern von Menschenhandel sowie Flüchtlingen und Asylsuchenden zu verfahren ist und ob sie gegen Abschiebungen in Länder geschützt sind, in denen ihnen schwere Menschenrechtsverletzungen drohen (Non-Refoulement-Grundsatz).

(…)

Todesstrafe

Strafgerichte verhängten 2016 weiterhin die Todesstrafe für Mord, Vergewaltigung, Drogenhandel, bewaffneten Raubüberfall und „Terrorismus". Es gab Hinrichtungen wegen Mordes und anderer Straftaten.
  (…)

Amnesty International

Albanien

Berichtszeitraum: 1. Januar bis 31. Dezember 2015
(Amnesty International Report 2016)

Roma und Balkan-Ägypter erhielten keinen Zugang zu angemessenem Wohnraum und wurden Opfer von rechtswidrigen Zwangsräumungen. Tausende von Albanern beantragten aus Armutsgründen in der EU Asyl. Die Maßnahmen zum Schutz vor häuslicher Gewalt waren nach wie vor unzureichend.

Hintergrund

Im November 2015 erklärte die Europäische Kommission, dass Albanien vor der Aufnahme von Gesprächen zur EU-Mitgliedschaft des Landes Maßnahmen zum Schutz der Grundrechte, zur Reform des Justizwesens sowie gegen Korruption und das organisierte Verbrechen ergreifen müsse. Im Juni 2015 berichtete ein Parlamentsausschuss über weitverbreitete Korruption bei der Polizei, der Staatsanwaltschaft und im Gerichtswesen. Im Dezember 2015 nahmen etwa 50.000 Menschen an Demonstrationen der Opposition gegen Korruption innerhalb der Regierung und gegen die zunehmende Armut teil.

Ein im Mai 2015 in Kraft getretenes Gesetz gewährte Personen, die in der Zeit der kommunistischen Regierung in Albanien vom Geheimdienst (*Sigurimi*) überwacht worden waren, Zugang zu ihren Akten.

Verschwindenlassen

Nach wie vor war keiner der Verantwortlichen für das Verschwindenlassen von Remzi Hoxha, einem ethnischen Albaner aus Mazedonien, im Jahr 1995 inhaftiert worden. Auch der Verbleib seines Leichnams blieb ungeklärt. Ilir Kumbaro, ein ehemaliger Beamter des Geheimdienstes, der 2012 wegen der Folter und des anschließenden Todes von Remzi Hoxha in Abwesenheit zu 15 Jahren Haft verurteilt worden war, befand sich weiterhin auf freiem Fuß. Er hatte sich dem Auslieferungsverfahren in Großbritannien durch Flucht entzogen.

Im März 2015 wurde eine Vermisstenstelle eingerichtet, um den Verbleib der Albaner zu klären, die unter der kommunistischen Regierung zwischen 1944 und 1991 Opfer des Verschwindenlassens geworden waren.

Meinungs- und Versammlungsfreiheit

Die Unabhängigkeit der Medien war durch Selbstzensur, staatlichen Druck und Drohungen gegen Journalisten beeinträchtigt. Die Journalistin Aurora Koromani wurde im Juni 2015 unter Polizeischutz gestellt. Sie hatte infolge ihrer Recherchen über Rekrutierungen in Albanien durch die bewaffnete Gruppe Islamischer Staat (IS) Drohungen erhalten, die dem IS zugeschrieben wurden. Einige andere Journalisten beantragten jedoch in der EU und in Norwegen mit der Begründung Asyl, die Behörden seien nicht in der Lage, sie zu schützen.

Der zivilgesellschaftliche Aktivist Nderim Lushi wurde im Dezember 2015 im Zusammenhang mit einer friedlichen Demonstration, die im Mai 2015 in Kukës stattgefunden hatte, wegen der Organisation einer illegalen Versammlung und der Anstiftung zur Gewalt „gegen die Verfassungsordnung" schuldig gesprochen. Bei der Demonstration wurde die Regierung aufgefordert, Stromschulden zu erlassen, und die Bürger wurden ermutigt, in Albanien zu bleiben. Die Polizei setzte gegen die Demonstrierenden exzessive Gewalt ein.

Gewalt gegen Frauen und Mädchen

Die Polizei verzeichnete im ersten Halbjahr 2015 insgesamt 1.696 Fälle häuslicher Gewalt, die zu 993 zivilrechtlich beantragten Schutzanordnungen führten. Von den 406 Anträgen, die zwischen Januar und August 2015 bei zuständigen Gerichten in der Hauptstadt Tirana eingingen, wurde nur 118 stattgegeben. 251 Betroffene zogen ihren Antrag zurück oder erschienen nicht vor Gericht, weil sie von den Beschuldigten oder Familienmitgliedern unter Druck gesetzt wurden. Zwischen Januar und Juni 2015 kam es in Tirana in 185 von 190 Fällen häuslicher Gewalt zu einer Verurteilung der Angeklagten. Die meisten von ihnen hatten sich schuldig bekannt.

Recht auf Wohnen

Zahlreiche Roma und Balkan-Ägypter sowie junge Menschen, die die Obhut der staatlichen Fürsorgeeinrichtungen verlassen hatten, verdienten so wenig, dass für sie nicht einmal das Anmieten von Sozialwohnungen möglich war. Vielen Roma gelang es nicht, ihre Häuser auf der Grundlage des Gesetzes zur Legalisierung illegaler Gebäude von 2014, das den Abriss „illegaler Bauten" ermöglicht, zu legalisieren. Im Juli 2015 wurden im Stadtteil Selita in Tirana 70 Häuser, in denen überwiegend Roma-Familien wohnten, wegen eines geplanten Straßenbaus bei einer rechtswidrigen Zwangsräumung abgerissen.

Straflosigkeit

Im Juni 2015 befand die Staatsanwaltschaft, dass das Versäumnis des ehemaligen Polizeidirektors Hysni Burgaj und seines Stellvertreters Agron Kuliçaj, Haftbefehle gegen Angehörige der Republikanischen Garde zu vollstrecken, die bei einer regierungskritischen Demonstration im Januar 2011 vier Protestierende erschossen haben sollen, keine Straftat darstelle. Im Zusammenhang mit drei der vier Todesfälle kam es zu Verurteilungen, die Tötung von Aleks Nika blieb jedoch weiterhin ungeahndet.

Folter und andere Misshandlungen

Misshandlungen Straftatverdächtiger auf Polizeiwachen waren weit verbreitet. Polizei und Angehörige medizinischer Berufe kamen ihrer Pflicht, derartige Zwischenfälle zu melden, nicht nach.

Im Juli 2015 berichtete die Ombudsperson, dass in den Hafteinrichtungen chronische Überfüllung, mangelhafte Bedingungen und unzureichende medizinische Versorgung herrschten.

Flüchtlinge und Asylsuchende

Albanien war auch weiterhin Transitland für Migranten und Flüchtlinge. Tausende Albaner beantragten Asyl in EU-Ländern, darunter allein 54.762 in Deutschland. 99 Prozent aller Anträge wurden jedoch abgelehnt und Tausende Albaner aus Deutschland und Schweden nach Albanien abgeschoben.

Amnesty International

Äthiopien

Berichtszeitraum: 1. Januar bis 31. Dezember 2016
(Amnesty International Report 2017)

Die Polizei reagierte auf die anhaltenden Proteste gegen politische, wirtschaftliche, soziale und kulturelle Missstände mit exzessiver und tödlicher Gewalt. Das harte Vorgehen gegen die politische Opposition war von massenhaften willkürlichen Festnahmen, Folter und anderen Misshandlungen, unfairen Gerichtsverfahren sowie Verletzungen der Rechte auf freie Meinungsäußerung und Vereinigungsfreiheit geprägt. Der von der Regierung am 9. Oktober 2016 ausgerufene Notstand hatte weitere Menschenrechtsverletzungen zur Folge.

Hintergrund

Als Reaktion auf die nicht abreißenden Protestaktionen in den Regionen Oromia und Amhara führten die Behörden Reformen durch. Mit diesen wurden jedoch die von den Protestierenden angeprangerten Missstände nicht behoben. Bei den Protesten wurden u. a. Verbesserungen im Hinblick auf wirtschaftliche, soziale und kulturelle Rechte, die Achtung der Rechtsstaatlichkeit sowie die Freilassung von gewaltlosen politischen Gefangenen gefordert.

In der Region Oromia wurden die Proteste gegen den Masterplan zur Entwicklung von Addis Abeba, die im November 2015 begonnen hatten, fortgesetzt, obwohl die Regierung den Plan im Januar 2016 zurückgezogen hatte. Der Masterplan hatte die Ausdehnung der Hauptstadt auf Ländereien vorgesehen, die Bauern in der Region Oromia gehörten.

Ende Juli 2016 protestierten in der Region Amhara Menschen gegen die willkürliche Festnahme von Mitgliedern des Komitees zur Identität und Selbstbestimmung der Amharen in Wolkait und forderten in Übereinstimmung mit der Verfassung mehr Autonomie für die Region. Auch die Gemeinschaft der Konso in der Region der südlichen Nationen, Nationalitäten und Völker forderte mit einer Reihe von Protestaktionen mehr Verwaltungsautonomie ein.

Bei einer Massenpanik während der Feierlichkeiten anlässlich des religiösen Irreechaa-Festes der Oromo wurden am 2. Oktober 2016 mindestens 55 Menschen getötet. Die Panik soll durch das unverhältnismäßig harte Vorgehen der Polizei ausgelöst worden sein. Aktivisten riefen nach dem Vorfall zu einer „Woche der Wut" auf. Bei einigen Demonstrationen, die in

Gewalt umschlugen, wurden Geschäfts- und Regierungsgebäude angezündet und zerstört.

Nachdem im Oktober 2016 der Notstand ausgerufen worden war, gingen die Proteste zurück, die Menschenrechtsverletzungen nahmen jedoch zu.

Exzessive Gewaltanwendung

Die Sicherheitskräfte gingen mit exzessiver und tödlicher Gewalt gegen Demonstrierende vor. Seit dem Ausbruch der Proteste im November 2015 bis Ende 2016 töteten sie mindestens 800 Menschen.

Nachdem es am 6. und am 7. August 2016 in Addis Abeba offene Aufrufe zu Demonstrationen gegeben hatte, töteten Regierungskräfte mindestens 100 Menschen. Mehr als 1.000 Demonstrierende wurden festgenommen und auf den Militärstützpunkt Awash Arba gebracht. Dort schlug man sie und zwang sie, bei hohen Temperaturen anstrengende Tätigkeiten zu verrichten.

Rechte auf Meinungs- und Versammlungsfreiheit

Das harte Vorgehen gegen Menschenrechtsverteidiger, unabhängige Medien, Journalisten, Blogger, friedliche Demonstrierende sowie gegen Mitglieder und Sprecher der politischen Opposition nahm im Jahresverlauf zu. Dabei wurde häufig auf Bestimmungen des Antiterrorgesetzes von 2009 zurückgegriffen. Durch das Ausrufen des Notstandes traten weitere Einschränkungen der Meinungsfreiheit in Kraft, darunter die zeitweise Sperrung des Internets.

Während des Notstands wurden mehr als 11.000 Menschen festgenommen und inhaftiert, ohne Zugang zu einem Rechtsbeistand oder ihren Familien zu erhalten oder einem Richter vorgeführt zu werden. Unter den willkürlich festgenommen Personen waren auch Befeqadu Hailu, Mitglied des Blogger-Kollektivs Zone 9; Merera Gudina, Vorsitzender der Oppositionspartei Oromo Federalist Congress (OFC); Anania Sorri und Daniel Shibeshi, Mitglieder der ehemaligen Partei Unity for Democracy and Justice Party (Andinet), und der Journalist Elias Gebru. Addisu Teferi, Feqadu Negeri, Roman Waqweya und Bulti Tessema, vier Mitglieder der NGO Äthiopischer Menschenrechtsrat (Ethiopian Human Rights Council), wurden in Nekemte in der Region Oromia festgenommen.

Unfaire Gerichtsverfahren

Politisch engagierten Personen drohten unfaire Gerichtsverfahren aufgrund von Anklagen unter dem Antiterrorgesetz. Das Gesetz enthält sehr weit gefasste und allgemein gehaltene Definitionen terroristischer Handlungen, die mit Freiheitsstrafen von bis zu 20 Jahren geahndet werden können.

Wegen ihrer Rolle bei der Organisation der Proteste in der Region Oromia im November 2015 wurden der Oppositionsführer Gurmesa Ayano, der stellvertretende Vorsitzende der OFC, Beqele Gerba, sowie 20 weitere Angeklagte in einem unfairen Verfahren vor Gericht gestellt. Gegen sie wurde Anklage auf der Grundlage des Antiterrorgesetzes erhoben. Als die Angeklagten am 11. Mai 2016 vor Gericht erscheinen sollten, weigerten sich die Behörden sie dorthin zu bringen, weil sie zum Zeichen der Trauer um die Menschen, die während der Proteste zu Tode gekommen waren, schwarze Anzüge trugen. Beim darauffolgenden Gerichtstermin am 3. Juni führten Gefängnisbedienstete sie in Unterhosen vor. Die Angeklagten beschwerten sich in der Verhandlung darüber, dass sie in der Haft geschlagen wurden und die Gefängnisbediensteten ihnen ihre Kleidung weggenommen hatten. Das Gericht ordnete jedoch keine Untersuchung der Vorwürfe über Folter und anderweitige Misshandlung an.

(…)

Außergerichtliche Hinrichtungen

Die Liyu-Polizei, eine Sondereinheit in der Region Somali im Osten Äthiopiens, richtete am 5. Juni 2016 in der Ortschaft Jamaa Dhuubed 21 Menschen außergerichtlich hin. 14 wurden in der Moschee des Dorfes, sieben an anderen Stellen in Jamaa Dhuubed erschossen. Als Angehörige die Toten betrauern und bestatten wollten, drohte die Liyu-Polizei damit, sie zu töten.

Recht auf Wohnen – rechtwidrige Zwangsräumungen

Ende Juni 2016 ließ die Regierung in Lafto, einem Stadtteil von Addis Abeba, mindestens 3.000 Menschen, bei denen es sich um „Hausbesetzer" gehandelt haben soll, mit Gewalt aus ihren Wohnungen vertreiben. Offenbar wurden die Bewohner vor der Räumung weder konsultiert noch wurden Ersatzunterkünfte für sie bereitgestellt. Sie hatten erst drei Tage vorher von der bevorstehenden Räumung erfahren. Noch während eines Treffens mit der Kommunalverwaltung, bei der sich die Bewohner beschweren wollten, begann die Einsatzgruppe der Regierung mit dem Abriss der Häuser. Daraufhin kam es zu gewaltsamen Auseinandersetzungen, bei denen der Leiter der Bezirksverwaltung und zwei Polizisten getötet wurden. Die Polizei nahm alle männlichen Bewohner fest und riss in den darauffolgenden Tagen alle betroffenen Häuser ab.

Entführungen von Kindern

Die Behörden trafen keine Maßnahmen, um Menschen in der Region Gambella wirksam vor wiederholten Überfällen durch bewaffnete Angehörige der Murle aus dem angrenzenden Südsudan zu schützen. Bei diesen Überfällen wurden Hunderte Kinder verschleppt. Im Februar und im März 2016 verschleppten Kämpfer der Murle insgesamt 26 Kinder der Gemeinschaft der Anywaa. Bei einem Überfall in der Nacht vom 15. April auf 13 Dörfer der Gemeinschaft der Nuer in den Bezirken Jikaw und Lare töteten Angehörige der Murle 208 Personen und entführten 159 Kinder. Bis Ende Juni gelang es äthiopischen Streitkräften, 91 entführte Kinder zu befreien.

Amnesty International

Eritrea

Berichtszeitraum: 1. Januar bis 31. Dezember 2016
(Amnesty International Report 2017)

Auch 2016 verließen Tausende Menschen das Land, viele von ihnen, um sich dem zeitlich nicht begrenzten Militärdienst zu entziehen. Das Recht, Eritrea zu verlassen, war nach wie vor eingeschränkt. Die Einschränkungen der Rechte auf Meinungs- und Religionsfreiheit bestanden fort. Die Sicherheitskräfte verübten rechtswidrige Tötungen. Nach wie vor befanden sich Tausende gewaltlose politische Gefangene, die willkürlich inhaftiert worden waren, ohne Anklageerhebung oder Gerichtsverfahren in Haft.

Hintergrund

Die Umstellung auf neue Geldscheine hatte negative Auswirkungen auf die Einkommenssituation eritreischer Familien. Aufgrund staatlicher Bestimmungen konnten Einzelpersonen monatlich maximal 5.000 Nakfa (etwa 317 Euro) von ihrem Bankkonto abheben.

Im Zeitraum vom 12. bis 14. Juni 2016 kam es zwischen eritreischen und äthiopischen Truppen zu bewaffneten Auseinandersetzungen. Dabei sollen Hunderte Soldaten getötet worden sein. Die Regierungen beider Länder beschuldigen einander, den Konflikt provoziert zu haben. Zwischen den beiden Staaten herrschen Spannungen, seit Äthiopien vor der Umsetzung der Entscheidung der Grenzkommission für Eritrea und Äthiopien neue Verhandlungen gefordert hatte.

Zwangsarbeit – Militärdienst

Der obligatorische Militärdienst konnte nach wie vor auf unbestimmte Zeit verlängert werden, obwohl die Regierung bereits 2014 angekündigt hatte, das System abzuschaffen. Ein großer Teil der Bevölkerung war auf unbestimmte Zeit – in einigen Fällen bis zu 20 Jahre lang – zum Militärdienst eingezogen. Obwohl das Mindestalter für die Einberufung bei 18 Jahren lag, mussten auch weiterhin alle Schüler das letzte Schuljahr im militärischen Ausbildungslager Sawa verbringen. Damit wurden de facto auch Minderjährige zum Militärdienst eingezogen. Die Lebensumstände in dem Ausbildungslager waren hart. Die Schüler unterlagen militärischer Disziplin und erhielten ein Waffentraining. Von den etwa 14.000 Personen, deren Ausbildung in Sawa im Juli 2016 endete, waren 48 Prozent Frauen. Für diese waren die Bedingungen besonders hart: Sie waren u. a. sexueller Versklavung und Folter sowie anderen Formen sexueller Übergriffe ausgesetzt. Die Militärdienstleistenden erhielten nur eine geringe Besoldung. Zudem gewährte man ihnen nur selten und willkürlich Urlaub, was in vielen Fällen dazu führte, dass ihnen kein geregeltes Familienleben möglich war. Die Wehrpflichtigen dienten in den Streitkräften und wurden zu Arbeiten in der Landwirtschaft, der Bauindustrie, im Schul- und öffentlichen Dienst sowie in anderen Bereichen verpflichtet. Es gab nach wie vor keine rechtliche Regelung für eine Verweigerung des Militärdienstes aus Gewissensgründen.

Auch ältere Frauen und Männer wurden weiterhin zur „Volksarmee" eingezogen, wo man ihnen eine Waffe gab und ihnen Aufgaben zuwies, die sie unter Androhung von Strafen verrichten mussten. Männer konnten bis zum Alter von 67 Jahren zum Militärdienst verpflichtet werden.

Recht auf Freizügigkeit

Das Recht der Bewohner Eritreas, das Land zu verlassen, wurde eingeschränkt. Die Behörden ließen Menschen im Alter von fünf bis 50 Jahren nach wie vor nicht ins Ausland reisen. Jeder, der bei einem Ausreiseversuch aufgegriffen wurde, kam in willkürliche Haft. Menschen, die das Land verlassen wollten, um mit ihren im Ausland lebenden Familien zusammenzuleben, mussten auf dem Landweg ausreisen und Flüge von anderen Ländern aus nehmen. Fing das Militär sie auf dem Weg ab, wurden sie ohne Anklageerhebung so lange in Haft gehalten, bis sie exorbitant hohe Geldstrafen bezahlt hatten. Die Höhe der Geldstrafen hing u. a. davon ab, von welchem befehlshabenden Offizier und zu welcher Zeit im Jahr die Betroffenen festgenommen wurden. Personen, die während der nationalen Feiertage zum Gedenken an die Erlangung der Unabhängigkeit aufgegriffen wurden, mussten höhere Strafen zahlen.

Auch Menschen, die versuchten, die Grenze zu Äthiopien zu überschreiten, mussten eine höhere Strafe zahlen als andere. Nach wie vor gab es einen Schießbefehl gegen jeden, der versuchte, sich der Gefangennahme zu entziehen und die Grenze nach Äthiopien zu überqueren. Wurden Minderjährige kurz vor Erreichen des für den Militärdienst erforderlichen Mindestalters bei einem Ausreiseversuch aufgegriffen, schickte man sie in das militärische Ausbildungslager Sawa.

Rechtswidrige Tötungen

Im April 2016 erschossen Angehörige der Sicherheitskräfte in der eritreischen Hauptstadt Asmara mindestens elf Menschen, als mehrere Militärdienstpflichtige in einem Lkw der Armee zu fliehen versuchten. Dabei sollen auch Unbeteiligte getötet worden sein. Eine Untersuchung des Vorfalls hatte bis zum Jahresende noch nicht stattgefunden.

Gewaltlose politische Gefangene

In Eritrea waren nach wie vor Tausende gewaltlose und andere politische Gefangene ohne Anklageerhebung oder Gerichtsverfahren inhaftiert. Unter ihnen befanden sich ehemalige Politiker, Journalisten und Menschen, die ihren Glauben praktizierten und deren Religionsgemeinschaft nicht anerkannt war. Sie hatten weder Zugang zu einem Rechtsbeistand noch durften sie Besuch von Angehörigen erhalten. Viele befanden sich bereits seit weit über einem Jahrzehnt in Haft.

Der Außenminister gab im Juni 2016 bekannt, dass 21 Politiker und Journalisten, die im September 2001 festgenommen worden waren, am Leben seien und vor Gericht gestellt würden, „wenn die Regierung die entsprechende Entscheidung treffe". Er weigerte sich, die Angehörigen über den Aufenthaltsort und den Gesundheitszustand der Gefangenen zu informieren. Die 21 Gefangenen – unter ihnen eine Frau – waren in Haft genommen worden, nachdem sie die Regierung und Präsident Afewerki in einem offenen Brief zu Reformen und einem „demokratischen Dialog" aufgefordert hatten. Bei elf von ihnen handelt es sich um ehemalige Mitglieder des Zentralrats der regierenden Volksfront für Demokratie und Gerechtigkeit. Sie befanden sich zum Jahresende weiterhin ohne Verfahren im Gefängnis.

Rechte von Flüchtlingen und Migranten

Nach wie vor suchten Tausende Eritreer im Ausland Zuflucht. Allein zwischen Januar und Juli 2016 wurden beim Amt des Hohen Flüchtlingskommissars der Vereinten Nationen (UNHCR) 17.147 eritreische Asylsuchende in 44 Staaten registriert. Auf den Routen nach Europa und nach Ankunft in den Zielländern waren sie schwerwiegenden Menschenrechtsverletzungen ausgesetzt. Im Mai 2016 schob der Sudan auf einen Schlag Hunderte Migranten nach Eritrea ab, die auf dem Weg zur Grenze nach Libyen festgenommen worden waren. Eritreer liefen auf der Flucht nach Europa außerdem Gefahr, willkürlich inhaftiert, verschleppt, sexuell missbraucht und misshandelt zu werden.

Internationale Kontrolle

Die von den Vereinten Nationen beauftragte Kommission zur Untersuchung der Menschenrechtssituation in Eritrea legte dem UN-Menschenrechtsrat im Juni 2016 ihren zweiten Bericht vor. Die Kommission gelangte zu dem Schluss, dass die eritreischen Behörden die Verantwortung für Verbrechen gegen die Menschlichkeit wie Versklavung, Verschwindenlassen, willkürliche Inhaftierung, Folter, Vergewaltigung und Mord trage, die seit Erlangung der Unabhängigkeit 1991 begangen wurden.

Amnesty International

Irak

Berichtszeitraum: 1. Januar bis 31. Dezember 2016
(Amnesty International Report 2017)

Im Zuge des internen bewaffneten Konflikts begingen Regierungskräfte, paramilitärische Milizen und die bewaffnete Gruppe Islamischer Staat (IS) 2016 Kriegsverbrechen, Verstöße gegen das humanitäre Völkerrecht und schwere Menschenrechtsverletzungen. Angehörige des IS richteten Kritiker und Zivilpersonen, die vom IS kontrollierte Gebiete verlassen wollten, regelrecht hin und vergewaltigten und folterten Menschen, die sie gefangen genommen hatten. Der IS benutzte Zivilpersonen als menschliche Schutzschilde und setzte Kindersoldaten ein. Milizen verübten außergerichtliche Hinrichtungen, ließen Gefangene „verschwinden", folterten Zivilpersonen, die dem Konflikt zu entkommen suchten, und zerstörten Wohnhäuser und anderes Privateigentum. Die Regierungsbehörden hielten Tausende Gefangene, denen Verbindungen zum IS nachgesagt wurden, ohne Anklageerhebung fest. Folter und andere Misshandlungen von Häftlingen waren an der Tagesordnung. Gerichte verhängten nach häufig unfairen Prozessen Todesurteile gegen Personen, die im Verdacht standen, terroristische Straftaten begangen zu haben. Es wurden weiterhin zahlreiche Hinrichtungen vollstreckt.

Hintergrund

Der bewaffnete Konflikt ging 2016 unvermindert weiter. Dabei standen sich IS-Kämpfer auf der einen Seite und eine Koalition aus irakischer Armee, paramilitärischen Milizen und kurdischen Peschmerga-Kämpfern auf der anderen Seite gegenüber, die von einer US-geführten internationalen Koalition mit Luftschlägen unterstützt wurden. Der IS kontrollierte vor allem Gebiete im Nordwesten und Westen des Landes, verlor im Laufe des Jahres jedoch erheblich an Boden. Im Juni 2016 eroberten die irakischen Truppen und ihre Verbündeten Falludscha vom IS zurück, im August al-Qayyara und im September Shirqat. Ende 2016 war die Offensive zur Rückeroberung Mossuls, der größten verbliebenen Hochburg des IS, noch im Gange.

Nach UN-Angaben wurden 2016 im Zuge des bewaffneten Konflikts sowie durch Autobomben und andere Gewalttaten 6.878 Zivilpersonen getötet und weitere 12.388 verletzt.

(...)
Im August 2016 verabschiedete das Parlament ein Allgemeines Amnestiegesetz, das jedoch bestimmte Straftaten ausschloss, wie z. B. Terroranschläge, bei denen Menschen getötet wurden oder lebenslange Beeinträchtigungen erlitten. Das Gesetz sieht allerdings vor, dass Personen, die auf der Grundlage des Antiterrorgesetzes und anderer Gesetze schuldig gesprochen wurden und deren Schuldspruch auf „Geständnissen" basierte, die unter Zwang zustande gekommen waren, ein Recht haben, diese Urteile gerichtlich prüfen zu lassen.

Regierungskritiker, die grundlegende Reformen und ein Ende der Korruption forderten, drangen in der Hauptstadt Bagdad zweimal in die stark gesicherte Grüne Zone vor, in der sich auch der Regierungssitz befindet. Bei den zweiten Protesten am 20. Mai 2016 feuerten Regierungskräfte mit Tränengas, Gummigeschossen und Blendgranaten, um die Demonstration aufzulösen. Dabei wurden vier Menschen getötet. Die Behörden kündigten eine Untersuchung des Vorfalls an, gaben aber keine Einzelheiten über deren Ergebnis oder strafrechtliche Konsequenzen bekannt. Im Juli 2016 diskutierte das Parlament einen Gesetzentwurf, der eine Einschränkung des Rechts auf Versammlungsfreiheit vorsah; nach massivem gesellschaftlichem Protest wurde der Vorschlag jedoch wieder zurückgezogen.
(...)

Bewaffnete Konflikte – Verstöße durch Milizen und Regierungstruppen

Paramilitärische Milizen und Regierungstruppen verübten 2016 Kriegsverbrechen und andere Verstöße gegen das humanitäre Völkerrecht sowie Menschenrechtsverletzungen, die sich vor allem gegen sunnitische Araber richteten. Sie waren für außergerichtliche Hinrichtungen, andere rechtswidrige Tötungen und Folter verantwortlich, ließen Hunderte Männer und Jungen „verschwinden" und zerstörten gezielt Häuser und Privateigentum.
(...)

Verstöße bewaffneter Gruppen

Die bewaffnete Gruppe IS verübte 2016 im gesamten Land Selbstmordattentate und andere Anschläge, bei denen Zivilpersonen verletzt oder getötet wurden. Die Anschläge richteten sich wahllos und teils gezielt gegen Zivilpersonen auf belebten Märkten und öffentlichen Plätzen oder beim Besuch schiitischer Schreine. Viele der IS-Anschläge erfolgten in Bagdad.
(...)
In Gebieten unter seiner Kontrolle verübte der IS regelrechte Hinrichtungen. Die Opfer waren mutmaßliche Gegner oder Personen, die im Ver-

dacht standen, mit den Regierungstruppen zusammenzuarbeiten. IS-Kämpfer entführten Menschen, darunter Zivilpersonen, und folterten gefangen genommene Personen systematisch. Den Bewohnern von Gebieten unter IS-Kontrolle wurden drakonische Verhaltensregeln auferlegt und Verstöße dagegen wurden hart bestraft. Selbsternannte „Gerichte" verurteilten Personen zu Steinigung wegen „Ehebruchs" und zu Peitschenhieben und anderen Körperstrafen, weil sie gegen das Rauchverbot, Bekleidungsvorschriften oder andere IS-Regeln verstoßen hatten. Die Nutzung von Telefonen und Internet wurde ebenso massiv beschnitten wie das Recht von Frauen auf Bewegungsfreiheit. Der IS hinderte Zivilpersonen daran, Gebiete unter seiner Kontrolle zu verlassen, und missbrauchte Zivilpersonen als menschliche Schutzschilde. IS-Kämpfer schossen auf Personen, die fliehen wollten, zerstörten ihr Eigentum und verübten Racheakte an Familienangehörigen, die zurückgeblieben waren. Männliche Jugendliche, darunter auch gefangen genommene Jesiden, wurden vom IS einer Gehirnwäsche unterzogen und bei Kampfhandlungen und Selbstmordanschlägen eingesetzt. Bei einem Angriff auf die von irakischen Regierungstruppen zurückeroberte Stadt al-Qayyara im Oktober 2016 verwendete der IS chemische Kampfmittel, die bei der Zivilbevölkerung zu Verbrennungen und anderen Verletzungen führten.

Gewalt gegen Frauen und Mädchen

Frauen und Mädchen wurden durch Gesetze und im täglichen Leben diskriminiert und waren nicht ausreichend gegen sexualisierte und andere geschlechtsspezifische Gewalt geschützt. Etwa 3.500 jesidische Frauen und Kinder, die der IS im Irak gefangen genommen hatte, befanden sich noch immer in der Hand des IS im Irak und in Syrien und wurden Opfer von Vergewaltigungen und anderer Folter, tätlichen Angriffen und Versklavung. Diejenigen Frauen, denen die Flucht gelang oder die von Verwandten durch Zahlung eines Lösegeldes freigekauft wurden, erhielten weder angemessene psychologische Hilfe noch ausreichende materielle Unterstützung. Mehrere Frauen verübten Suizid oder unternahmen Suizidversuche.
(...)

Folter und andere Misshandlungen

In den Gefängnissen und Hafteinrichtungen, die vom Innen- und Verteidigungsministerium betrieben oder von Milizen kontrolliert wurden, waren Folter und andere Misshandlungen von Gefangenen weiterhin an der Tagesordnung.
(...).

Unfaire Gerichtsverfahren

Das Strafjustizwesen wies weiterhin gravierende Mängel auf, Verfahren waren systematisch unfair. Angeklagten wurde ihr Recht auf angemessene Verteidigung, Aussageverweigerung und die Vernehmung von Zeugen im Kreuzverhör vorenthalten. (…)

Flüchtlinge und Binnenvertriebene

Mehr als 3,1 Millionen Menschen waren 2016 weiterhin innerhalb des Landes vertrieben und suchten Zuflucht an anderen Orten, in Lagern für Binnenvertriebene, in informellen Siedlungen oder in Rohbauten. Viele von ihnen waren verarmt und lebten unter erbärmlichen Bedingungen. Gleichzeitig beklagten humanitäre Hilfsorganisationen einen starken Rückgang internationaler Finanzhilfen. Tausende Menschen flohen über die Grenze nach Syrien.

Die Behörden des Irak sowie der teilautonomen Region Kurdistan schränkten die Bewegungsfreiheit vertriebener arabischer Sunniten willkürlich und in diskriminierender Weise ein. Zehntausende mussten in Lagern ausharren und hatten keinen Zugang zum Arbeitsmarkt oder zu grundlegenden Versorgungsleistungen, weil sie vor Ort keine Bürgen hatten, die ihnen die notwendigen offiziellen Aufenthaltsgenehmigungen für die Städte besorgen konnten.

Nachdem die Regierung und ihre Verbündeten Gebiete vom IS zurückerobert hatten, darunter die Städte Ramadi und Falludscha, konnten Zehntausende Binnenvertriebene nach langwierigen Sicherheitsüberprüfungen wieder in ihre Heimat zurückkehren. Zehntausenden arabischen Sunniten, die aus zurückeroberten Gebieten in den Provinzen Babil, Diyala und Salah al-Din stammten, wurde die Rückkehr jedoch unmöglich gemacht, einerseits durch aufwändige bürokratische Prozeduren und andererseits durch eine Einschüchterungstaktik von Milizen, die Rückkehrern mit Entführung, willkürlicher Inhaftierung und außergerichtlicher Hinrichtung drohten. Familienangehörige mutmaßlicher IS-Kämpfer durften nicht mehr nach Hause zurück, ihre Häuser wurden gezielt zerstört oder enteignet. Peschmerga-Kämpfer und andere kurdische Sicherheitskräfte verwehrten Zehntausenden arabischen Bewohnern der teilautonomen Region Kurdistan, die im Zuge des Konflikts vertrieben worden waren, ebenfalls eine Rückkehr in ihre Heimat.

Meinungsfreiheit – Medienschaffende

Die Arbeitsbedingungen für Journalisten waren 2016 äußerst schwierig und teilweise lebensgefährlich. Journalisten, die über heikle Themen wie Kor-

ruption oder Menschenrechtsverstöße von Milizen berichteten, mussten damit rechnen, tätlich angegriffen, entführt, eingeschüchtert, schikaniert und mit dem Tode bedroht zu werden.
(...)

Region Kurdistan

Journalisten, Aktivisten und Politiker, die der regierenden Demokratischen Partei Kurdistans kritisch gegenüberstanden, wurden schikaniert und bedroht und einige von ihnen wurden aus der Provinz Erbil vertrieben. Fälle von getöteten Journalisten und Kritikern oder Gegnern der kurdischen Behörden aus den vergangenen Jahren waren immer noch nicht untersucht worden.
(...)

Todesstrafe

Die Gerichte verurteilten Dutzende Menschen zum Tod durch den Strang und richteten zahlreiche Menschen hin.
(...)

Amnesty International

Marokko und Westsahara

Berichtszeitraum: 1. Januar bis 31. Dezember 2016
(Amnesty International Report 2017)

Die Behörden schränkten die Rechte auf freie Meinungsäußerung, Vereinigungs- und Versammlungsfreiheit ein. Journalisten wurden strafrechtlich verfolgt und Protestaktionen gewaltsam aufgelöst. Frauen waren vor dem Gesetz und im täglichen Leben Diskriminierung ausgesetzt. Einvernehmliche sexuelle Beziehungen zwischen gleichgeschlechtlichen Paaren blieben strafbar. Gerichte verhängten Todesurteile, es gab jedoch keine Hinrichtungen.

Hintergrund

Nachdem der Generalsekretär der Vereinten Nationen, Ban Ki-moon, von der „Besetzung" der West-Sahara durch Marokko gesprochen hatte, zwang die marokkanische Regierung die Vereinten Nationen im März 2016, ein militärisches Verbindungsbüro der UN-Mission für das Referendum in Westsahara (UN Mission for the Referendum in Western Sahara – MINURSO) zu schließen und das Zivilpersonal abzuziehen. Im April verlängerte der UN-Sicherheitsrat das Mandat von MINURSO um ein weiteres Jahr. Das Mandat enthält jedoch keine Bestimmungen zur Beobachtung der Menschenrechtslage. Bis zum Ende des Jahres hatte MINURSO noch nicht ihre vorherige Leistungsstärke wiedererlangt.

Im September 2016 beantragte Marokko die Aufnahme in die Afrikanische Union.

Im Oktober 2016 flammten in verschiedenen Landesteilen Proteste gegen soziale und wirtschaftliche Missstände auf. (…)
(…)

Recht auf freie Meinungsäußerung

Die Behörden gingen weiterhin strafrechtlich gegen Journalisten und Kritiker vor, die von ihrem Recht auf friedliche Meinungsäußerung Gebrauch gemacht hatten. (…)

Rechte auf Vereinigungs- und Versammlungsfreiheit

Die Behörden sorgten weiterhin dafür, dass mehrere Menschenrechtsorganisationen nicht die notwendige gesetzliche Registrierung erhielten. Dies betraf u. a. örtliche Zweigstellen der marokkanischen Menschenrechtsvereinigung (Association Marocaine des Droits Humains), Freedom Now und die Koordinationsstelle der Menschenrechtsorganisationen im Maghreb.

Menschenrechtsorganisationen und andere Vereinigungen wurden daran gehindert, öffentliche Treffen und andere Versammlungen abzuhalten. Ausländische Journalisten, Aktivisten und Menschenrechtsverteidiger wurden weiterhin ausgewiesen oder durften nicht nach Marokko einreisen. (…).

Die Behörden schränkten weiterhin das Recht auf friedliche Versammlung ein. (…)

Unterdrückung Andersdenkender – sahrauische Aktivisten

Die Behörden unterdrückten weiterhin friedliche Kritik Andersdenkender in der Westsahara. Friedliche Proteste wurden aufgelöst und sahrauische Aktivisten in ihren Rechten eingeschränkt und strafrechtlich verfolgt, wenn sie sich für die Selbstbestimmung der Region einsetzten oder Menschenrechtsverletzungen meldeten. Einige Menschenrechtsverteidiger, die von Auslandsreisen zurückkamen, wurden verhört. Sahrauische Vereine, wie das Kollektiv der sahrauischen Menschenrechtsverteidiger (Collectif des Défenseurs Sahraouis des Droits de l'Homme), erhielten nach wie vor keine offizielle Registrierung.
(…)

Folter und andere Misshandlungen

Im April 2016 nahmen Sicherheitskräfte den Aktivisten Brahim Saika fest, der sich in der Koordinationsgruppe arbeitsloser Sahrauis engagiert. Er hatte gerade sein Haus verlassen, um sich einer friedlichen Protestaktion für mehr Beschäftigung anzuschließen. Brahim Saika wurde beschuldigt, Polizisten beleidigt und angegriffen sowie eine öffentliche Einrichtung diffamiert zu haben. Nachdem er der Polizei vorgeworfen hatte, ihn in Gewahrsam misshandelt zu haben, trat er in einen Hungerstreik. Bald darauf starb er in einem Krankenhaus im Gewahrsam der Polizei. Medienberichten zufolge ergab eine amtliche Autopsie, dass er an den Folgen einer Virusinfektion gestorben war. Die Behörden kamen dem Antrag der Familie auf eine unabhängige Untersuchung der Todesursache nicht nach. Brahim Saikas sterbliche Überreste wurden gegen den Willen seiner Familie bestattet.

Ali Aarrass, der die belgische und die marokkanische Staatsbürgerschaft besitzt, blieb weiterhin in Haft. Drei Jahre zuvor hatte die UN-Arbeitsgruppe für willkürliche Inhaftierungen bereits festgestellt, dass er nach einem unfairen Gerichtsverfahren auf der Grundlage eines unter Folter erzwungenen „Geständnisses" verurteilt worden war.

Im Juni 2016 gab er in einem offenen Brief an, er und andere Gefangene seien misshandelt worden. Im Oktober verlegte man ihn in das Gefängnis Nr. 2 in Tiflet in Einzelhaft, wo er sich Ende des Jahres weiterhin befand. Die Entscheidung des Kassationsgerichts über das Rechtsmittel, das Ali Aarrass vor vier Jahren gegen seine Verurteilung eingelegt hat, war weiter anhängig.

(…)

Frauenrechte

Im Juli 2016 verabschiedete das Abgeordnetenhaus des Parlaments den lange erwarteten Gesetzentwurf zur Verhinderung von Gewalt gegen Frauen. Zum Ende des Jahres 2016 lag der Entwurf jedoch noch der zweiten Kammer des Parlaments zur Beratung vor. Er beinhaltet einige positive Elemente, darunter Maßnahmen zum besseren Schutz von Gewaltopfern während und nach Gerichtsverfahren. Dennoch wies der Entwurf deutliche Schwachstellen auf, die bei seiner Umsetzung einen wirksamen Schutz von Frauen vor Gewalt und Diskriminierung verhindern würden.

Laut Strafgesetzbuch blieben Abtreibungen strafbar. Die Behörden schlugen Änderungen vor, wonach Frauen eine Schwangerschaft dann abbrechen dürfen, wenn diese eine Folge von Inzest oder Vergewaltigung ist oder bestimmte medizinische Gründe vorliegen. Die vorgeschlagenen Gesetzesänderungen schreiben allerdings vor, dass der Abbruch einer dritten Instanz gemeldet und von dieser genehmigt werden muss. Dies könnte zu Verzögerungen beim Zugang zu legalen Abtreibungen führen und somit die Gesundheit der Schwangeren gefährden. Ende des Jahres 2016 waren die Gesetzesänderungen noch nicht in Kraft getreten.

(…)

Rechte von Lesben, Schwulen, Bisexuellen, Transgeschlechtlichen und Intersexuellen (LGBTI)

Die Behörden setzten weiter § 489 des Strafgesetzbuchs ein, um LGBTI strafrechtlich zu verfolgen und zu inhaftieren. Der Paragraf stellt einvernehmliche sexuelle Beziehungen zwischen gleichgeschlechtlichen Paaren unter Strafe. (…)

Rechte von Flüchtlingen und Migranten

Menschen aus den Ländern südlich der Sahara wurden weiterhin daran gehindert, ohne Erlaubnis in die spanischen Enklaven Ceuta und Melilla im Norden Marokkos einzureisen. Berichten zufolge wandten die marokkanischen und spanischen Behörden dabei exzessive Gewalt an. Nach Angaben von Menschenrechtsorganisationen wurden behelfsmäßige Lager rund um die Stadt Nador im Nordosten Marokkos mehrfach zerstört. Dutzende Menschen wurden dabei vertrieben und mussten in Städte im Süden des Landes fliehen.

Im Juli 2016 wurde ein Gesetz verabschiedet, mit dem die Ratifizierung des Abkommens 143 der Internationalen Arbeitsorganisation zu Arbeitsmigranten angenommen wurde. Im August erließ die Regierung ein neues Gesetz gegen Menschenhandel. Im Dezember gab König Mohammed VI. eine Initiative bekannt, die es Migranten ohne gültige Papiere ermöglicht, unter bestimmten Bedingungen einen regulären Aufenthaltsstatus zu erhalten. Es gab zwar nach wie vor kein nationales Asylsystem, die Behörden gewährten Flüchtlingen jedoch grundlegende Rechte und den Zugang zu staatlichen Leistungen, wie dem Bildungssystem. Sie statteten Syrer, die vom Amt des Hohen Flüchtlingskommissars der Vereinten Nationen (UNHCR) registriert worden waren, mit Dokumenten aus, die sie vor der Abschiebung (Refoulement) schützten, ohne eine Entscheidung über ihren endgültigen Status zu treffen.

(…)

Amnesty International

Pakistan

Berichtszeitraum: 1. Januar bis 31. Dezember 2015
(Amnesty International Report 2016)

Nachdem pakistanische Taliban im Dezember 2014 einen Anschlag auf eine von der Armee betriebene Schule in Peshawar verübt hatten, wurde ein Hinrichtungsmoratorium aufgehoben. Bereits bestehende Zweifel an der Fairness von Gerichtsverfahren verstärkten sich, nachdem neue Militärgerichte eingerichtet wurden, die für alle Prozesse wegen terroristischer Straftaten zuständig sind, auch gegen zivile Angeklagte. Eine neu eingerichtete nationale Menschenrechtskommission, die für die Förderung und den Schutz der Menschenrechte zuständig ist, durfte mutmaßliche Menschenrechtsverletzungen durch die Geheimdienste nicht untersuchen. Religiöse Minderheiten wurden weiterhin diskriminiert, verfolgt und gezielt angegriffen. Menschenrechtsverteidiger mussten damit rechnen, drangsaliert und Menschenrechtsverstößen ausgesetzt zu werden. (...)

Hintergrund

Nach dem Anschlag auf eine Schule in Peshawar am 16. Dezember 2014, bei dem 149 Menschen getötet wurden, darunter 132 Minderjährige, stellte die politische und militärische Führung einen Nationalen Aktionsplan gegen Terrorismus vor. Der 20 Punkte umfassende Plan wurde unverzüglich umgesetzt, indem Häftlinge hingerichtet wurden, die wegen terroristischer Straftaten zum Tode verurteilt worden waren. Zwei vom Präsidenten im Januar 2015 unterzeichnete Gesetze zur Änderung der Verfassung und zur Änderung des Militärgesetzes übertrugen den Militärgerichten für zwei Jahre die Zuständigkeit für Prozesse gegen Zivilpersonen, denen terroristische Straftaten zur Last gelegt werden. Des Weiteren sicherte die Regierung im Nationalen Aktionsplan zu, Hass in Wort und Schrift zu bekämpfen, Minderheiten zu schützen und Terrorismus vorzubeugen. Bis Oktober 2015 wurden nach Regierungsangaben bis zu 9.400 Personen festgenommen, denen vorgeworfen wurde, Hass zwischen religiösen Gruppen geschürt zu haben. Einige Buchhändler und Verleger erklärten, sie seien zu Unrecht ins Visier der Polizei geraten, weil diese unter großem Druck stehe, Festnahmen vorzuweisen. (...)
(...)

Diskriminierung religiöser Minderheiten

Noch immer wurden muslimische wie nichtmuslimische religiöse Minderheiten durch die Gesetzgebung und im Alltag diskriminiert und verfolgt. Im Februar 2015 bekannten sich die pakistanischen Taliban (Tehreek-e-Taliban Pakistan – TTP) zu einem Anschlag auf eine schiitische Moschee in Peshawar, bei dem mindestens 20 Gläubige getötet und 60 verletzt wurden. Im März 2015 bekannte sich Jamaat-ul-Ahrar, eine Abspaltung der pakistanischen Taliban, zu einem Selbstmordattentat auf zwei Kirchen in Lahore, bei dem mindestens 22 Menschen getötet wurden. Daraufhin tötete eine Gruppe von Christen im selben Stadtviertel zwei Muslime. Im Mai 2015 wurden bei einem Überfall auf einen Bus in Karatschi 45 Angehörige der schiitischen Ismailiten-Gemeinde getötet. Zu dem Angriff bekannten sich mehrere bewaffnete Gruppen, darunter TTP, Jundullah und der Islamische Staat (IS). In der Provinz Sindh wurden mindestens drei hinduistische Tempel angegriffen; Zahlen zu Toten oder Verletzten lagen nicht vor.

Die Blasphemiegesetze wurden weiterhin angewendet, vor allem in der Provinz Punjab. Sie bezogen sich zwar auf alle Religionen, wurden jedoch vorwiegend gegen religiöse Minderheiten eingesetzt. Der Oberste Gerichtshof ließ ein Rechtsmittel zu, das Asia Noreen (auch bekannt als Asia Bibi) im Oktober 2014 gegen ihr Todesurteil eingelegt hatte. Ende 2015 war jedoch noch kein Verhandlungstermin bekannt. Die Christin war 2010 wegen Blasphemie zum Tode verurteilt worden. Über das von Savan Masih eingelegte Rechtsmittel gegen sein Todesurteil hatte das Obere Gericht von Lahore 2015 noch nicht entschieden. Der Christ war wegen mutmaßlicher gotteslästerlicher Äußerungen schuldig gesprochen worden, die 2013 in seinem Wohnviertel in Lahore zu gewaltsamen Angriffen auf von Christen bewohnte Häuser geführt hatten. In seinem Urteil gegen Mumtaz Qadri, der 2011 den Gouverneur von Punjab wegen dessen Kritik an den Blasphemiegesetzen erschossen hatte, stellte der Oberste Gerichtshof fest, dass diese Kritik keine Blasphemie darstelle.

Angehörigen der religiösen Minderheit der Ahmadi war es weiterhin unter Strafe verboten, ihren Glauben offen auszuüben oder zu verbreiten.

Insbesondere in der Provinz Sindh war die Zwangsverheiratung hinduistischer Mädchen mit muslimischen Männern weiterhin gängige Praxis.

Menschenrechtsverstöße durch bewaffnete Gruppen

Bewaffnete Gruppen verübten 2015 weiterhin gezielte Anschläge auf Zivilpersonen, u. a. auf Beschäftigte im Gesundheitswesen und Personen, die als regierungsnah angesehen wurden.

In den Provinzen Khyber Pakhtunkhwa und Belutschistan sowie in den Stammesgebieten im Nordwesten des Landes töteten bewaffnete Gruppen mindestens acht Männer und zwei Frauen, die an Impfkampagnen gegen Kinderlähmung beteiligt waren. Auch Zivilpersonen, die mit der Regierung oder Regierungsprojekten in Zusammenhang gebracht wurden, standen im Visier bewaffneter Gruppen. (...)

Polizei und Sicherheitskräfte

2015 fielen erneut zahlreiche Menschen dem Verschwindenlassen zum Opfer, ohne dass jemand dafür zur Rechenschaft gezogen wurde, vor allem in den Provinzen Belutschistan, Khyber Pakhtunkhwa und Sindh. Leichname, die später gefunden wurden, wiesen häufig Schussverletzungen und Folterspuren auf.
(...)

Interner bewaffneter Konflikt

In den Stammesgebieten im Nordwesten des Landes litt die Zivilbevölkerung 2015 weiterhin unter dem bewaffneten Konflikt. Die pakistanische Armee setzte ihren 2014 begonnenen Einsatz gegen bewaffnete Gruppen in Nord-Waziristan und Khyber fort. Nach Angaben der Armee wurden dabei mehr als 3.400 Kämpfer getötet und mindestens 21.193 festgenommen. Mangelnde Transparenz bezüglich des militärischen Vorgehens, eine fehlende unabhängige Berichterstattung und Erfahrungen mit vergleichbaren Einsätzen in der Vergangenheit, bei denen exzessive Gewalt angewendet wurde, boten Anlass zu großer Sorge, was die Umstände der Tötungen, die Behandlung der Gefangenen und die Fairness ihrer Gerichtsverfahren anging.

Es gab weiterhin mehr als 1 Mio. Menschen, die im Zuge aktueller oder früherer bewaffneter Auseinandersetzungen im Nordwesten Pakistans vertrieben worden waren.

Die Zahl der Drohnenangriffe durch die USA ging 2015 zurück, die meisten Angriffe erfolgten in Nord-Waziristan. Es gab kaum Informationen darüber, welche Auswirkungen diese Angriffe auf die Zivilbevölkerung hatten. (...)

In Nord-Waziristan waren weiterhin verschiedene Gebiete von bewaffneten Auseinandersetzungen betroffen. Menschenrechtsgruppen warfen der Armee vor, bei wahllosen Angriffen Zivilpersonen getötet oder verletzt zu haben.
(...)

Gewalt gegen Frauen und Mädchen

Frauen und Mädchen wurden 2015 weiterhin Opfer von Gewalt und Drohungen. Allein im ersten Halbjahr wurden mindestens 4.308 Fälle von Gewalt gegen Frauen und Mädchen gemeldet, darunter 709 Morde, 596 Vergewaltigungen und Massenvergewaltigungen, 36 sexuelle Übergriffe, 186 sogenannte Ehrenmorde und 1.020 Entführungen. Ungeachtet eines 2011 verabschiedeten Gesetzes, das den Verkauf konzentrierter Säuren einschränkte und das Strafmaß für Säureangriffe drastisch erhöhte, wurden zwischen Januar und Juni 2015 mindestens 40 Säureanschläge angezeigt.

In Sahiwal wurden Berichten zufolge mehrere Frauen mit Messern angegriffen, weil sie ohne männlichen Begleiter das Haus verlassen hatten. In einer einzigen Woche im September 2015 wurden bis zu sechs derartige Fälle gemeldet.

(...)

Ungeachtet gewisser Bemühungen in den vergangenen Jahren, Gesetze zum Schutz von Frauen vor Gewalt auf den Weg zu bringen, waren weiterhin Gesetze in Kraft, die es ermöglichten, ein Vergewaltigungsopfer wegen Ehebruchs zu verurteilen. Auch 2015 wurde Frauen das Recht auf Gleichheit und Schutz vor dem Gesetz verwehrt. Zahlreiche Faktoren verschärften die Situation zusätzlich, so z. B. die Tatsache, dass Inzest nicht strafbar war und das Strafjustizwesen Frauen diskriminierte.

Amnesty International

Serbien (einschließlich Kosovo)

Berichtszeitraum: 1. Januar bis 31. Dezember 2015
(Amnesty International Report 2016)

Mehr als 600.000 Flüchtlinge und Migranten durchquerten 2015 Serbien auf ihrem Weg in die Europäische Union. Die strafrechtliche Verfolgung von Kriegsverbrechen kam weiterhin nur schleppend voran. Im Kosovo verzögerten die Oppositionsparteien die Einsetzung eines Sondergerichts für Kriegsverbrechen und die Umsetzung eines unter Vermittlung der EU geschlossenen Abkommens mit Serbien.

(…)

Flüchtlinge, Asylsuchende und Migranten

Mehr als 600.000 Flüchtlinge und Migranten durchquerten 2015 Serbien, die meisten von ihnen in der Absicht, Asyl in der EU zu beantragen. Trotz einiger Verbesserungen bei der Anwendung des Asylgesetzes gelang es den Behörden nicht, wirksam internationalen Schutz zu gewährleisten. Von den 485.169 registrierten Personen stellten nur 656 einen Asylantrag, der jedoch in den meisten Fällen nicht weiter verfolgt wurde. Von den 81 Personen, die bis Ende November ihre Anhörung hatten, erhielten 16 den Flüchtlingsstatus, 14 weiteren Personen wurde subsidiärer Schutz gewährt. Im Juli 2015, als täglich Tausende Flüchtlinge ins Land kamen, wurde in Preševo, in der Nähe der Grenze zu Mazedonien, ein Registrierungszentrum eröffnet. Die Aufnahmebedingungen waren jedoch unzureichend für die Vielzahl der ankommenden Menschen, und schutzbedürftige Personen erhielten keine ausreichende Hilfe. Bis September 2015 reisten die meisten Flüchtlinge direkt weiter an die ungarische Grenze. Dann verschärfte Ungarn jedoch die Bedingungen für Asylsuchende, die über Serbien einreisten, da Ungarn Serbien als „sicheren Transitdrittstaat" betrachtete. In der Folge suchten sich die Flüchtlinge ihren Weg in die EU über Kroatien. Die serbische Polizei misshandelte Flüchtlinge und Migranten weiterhin und beutete sie finanziell aus. Ab November 2015 erlaubten die Behörden nur noch Afghanen, Irakern und Syrern die Einreise. Flüchtlinge aus anderen Herkunftsländern wurden willkürlich als Wirtschaftsmigranten eingestuft und erhielten keine Einreiseerlaubnis.

(…)

Diskriminierung von Roma

Die rechtswidrige Zwangsräumung der informellen Roma-Siedlung Grmec in Belgrad wurde im Juli 2015 gestoppt, nachdem beim Europäischen Gerichtshof für Menschenrechte ein Antrag auf vorläufigen Rechtsschutz eingegangen war. Im November 2015 wurde ein Gesetzentwurf vorgelegt, der rechtswidrige Zwangsräumungen informeller Siedlungen verbietet und im Wesentlichen internationalen Menschenrechtsstandards entspricht.

Roma, die im Jahr 2012 rechtswidrig aus der Belgrader Siedlung Belvil und anderen informellen Siedlungen vertrieben worden waren, konnten im Januar, Juli und September 2015 in Neubauwohnungen umziehen. 27 der Wohnungen wurden von der Europäischen Kommission finanziert, 50 weitere von der Europäischen Investitionsbank. Eine der Anlagen zur Neuansiedlung war strikt getrennt von anderen Bevölkerungsgruppen. Zwei Familien wurden in Häusern auf dem Land untergebracht. Es gab nach wie vor Befürchtungen, dass sie kaum Erwerbsmöglichkeiten hatten. Für 51 Familien, die weiterhin überwiegend in Containern lebten, war jedoch noch keine Alternative gefunden worden.

Im Juli 2015 kündigte die deutsche Regierung an, 90.000 serbische Staatsbürger abzuschieben, deren Asylanträge abgelehnt worden waren oder die keinen regulären Aufenthaltsstatus besaßen. 90 Prozent von ihnen waren Roma.

Rechte von Lesben, Schwulen, Bisexuellen, Transgeschlechtlichen und Intersexuellen

Im September 2015 fand die *Belgrade Pride Parade* ohne Zwischenfälle statt. Am selben Tag gab es in der serbischen Hauptstadt erstmals auch eine Trans-Pride-Veranstaltung. Eine Woche später wurden drei Mitglieder eines lesbischen Fußballteams und ein Aktivist, der sich gegen Homophobie im Sport engagiert, von mehreren Männern tätlich angegriffen. Bei den Angreifern handelte es sich vermutlich um Fußballfans. Hassverbrechen gegen Lesben, Schwule, Bisexuelle, Transgeschlechtliche und Intersexuelle wurden nur selten wirksam untersucht. Bestehende Gesetze zu Hassverbrechen fanden keine Anwendung.

Kosovo

Die von der EU moderierten Gespräche zwischen dem Ministerpräsidenten des Kosovo, Isa Mustafa, und dem serbischen Ministerpräsidenten führten im August 2015 zu mehreren Abkommen. Sie sahen u. a. einen Verband serbischer Gemeinden im Kosovo vor, der den Kosovo-Serben eine gewisse Autonomie gewähren würde. Nachdem die Opposition, angeführt von der

Partei *Vetëvendosje* (Selbstbestimmung), lautstark gegen die Bildung des Gemeindeverbands protestiert und Tränengas im Parlament eingesetzt hatte, setzte die Regierung im Oktober 2015 das Abkommen aus. Nachdem Präsidentin Atifete Jahjaga das Verfassungsgericht um eine Prüfung gebeten hatte, entschied das Gericht im Dezember 2015, die Vereinbarung sei verfassungskonform. Oppositionsabgeordnete legten das Parlament jedoch weiterhin mit Störmanövern lahm. Nach der ersten Verhaftung einer Abgeordneten wegen Tränengaseinsatzes im Parlament kam es zu Massenprotesten. Im November 2015 wurden mindestens 50 Aktivisten verletzt, als die Polizei mit exzessiver Gewalt in das Büro der Partei *Vetëvendosje* eindrang, um das führende Parteimitglied Albin Kurti festzunehmen. Für Spannungen zwischen den ethnischen Gruppen sorgte auch der Antrag des Kosovo auf Aufnahme in die UNESCO, der allerdings erfolglos war. Im Falle einer Aufnahme wäre die Regierung auch für den Schutz serbischer Kulturdenkmäler auf kosovarischem Gebiet verantwortlich gewesen.

Im Oktober 2015 wurde ein Stabilisierungs- und Assoziierungsabkommen zwischen der EU und dem Kosovo unterzeichnet. Es bedeutete einen weiteren Schritt in Richtung EU-Mitgliedschaft des Landes, enthielt jedoch keine Visa-Erleichterungen.

(...)

Gewalt zwischen ethnischen Gruppen

Im Januar 2015 wurden bei Demonstrationen, auf denen der Rücktritt von Minister Aleksandar Jablanović gefordert wurde, 80 Personen verletzt, unter ihnen 50 Polizisten. Der Minister hatte ethnische Albaner als „Wilde" bezeichnet, weil sie einen Bus aufgehalten hatten, der Kosovo-Serben am orthodoxen Weihnachtstag zu einem Kloster brachte.

Kosovo-Serben wurden im Mai und Juli 2015 in Goraždevac/Gorazhdec und in Klina/Klinë Opfer von Drohungen, Diebstahl, tätlichen Angriffen sowie versuchter Brandstiftung, als Fahrzeuge serbischer Familien beschossen wurden. Im Dezember 2015 wurde das Eigentum von zwei Familien in Goraždevac/Gorazhdec durch Schüsse beschädigt.

Flüchtlinge und Binnenvertriebene

Zwischen Januar und März 2015 beantragten mindestens 48.900 kosovarische Staatsangehörige Asyl in der EU. In Ungarn wurden mehr als 99 Prozent dieser Anträge in beschleunigten Verfahren abgelehnt und die Betroffenen abgeschoben. Deutschland betrachtete den Kosovo als sicheres Herkunftsland und entschied in nur 0,4 Prozent der 29.801 Fälle, dass der Antragsteller asylberechtigt war. Die Maßnahmen zur Wiedereingliederung der Abgeschobenen im Kosovo waren völlig unzureichend.

Die Zahl der Personen, die seit dem bewaffneten Konflikt vertrieben waren, lag Ende November 2015 bei 16.867, die meisten von ihnen waren Kosovo-Albaner und Kosovo-Serben. Lediglich 741 Angehörige von Minderheiten kehrten 2015 freiwillig in den Kosovo zurück.

Diskriminierung

Roma, Aschkali und Balkan-Ägypter litten weiterhin unter institutionalisierter Diskriminierung, insbesondere im Hinblick auf ihre sozialen und wirtschaftlichen Rechte. Von den Personen, die den Kosovo verließen, um in der EU Asyl zu beantragen, kamen schätzungsweise 7.500 bis 10.000 aus ihren Reihen. Damit waren sie unter den kosovarischen Asylbewerbern überproportional vertreten. Tätliche Angriffe auf Lesben, Schwule, Bisexuelle, Transgeschlechtliche und Intersexuelle sowie andere Hassverbrechen wurden von den Behörden nicht untersucht.

(...)

Amnesty International

Syrien

Berichtszeitraum: 1. Januar bis 31. Dezember 2016
(Amnesty International Report 2017)

(...)

Die am bewaffneten Konflikt in Syrien beteiligten Parteien verübten 2016 Kriegsverbrechen, schwere Verstöße gegen das humanitäre Völkerrecht und grobe Menschenrechtsverstöße, die nicht geahndet wurden. Regierungskräfte und die mit ihnen verbündeten russischen Streitkräfte führten 2016 wahllose Angriffe durch und griffen Zivilpersonen und zivile Einrichtungen mit Bomben und Artillerie an. Dabei wurden Tausende Zivilpersonen getötet oder verletzt. Berichten zufolge setzten Regierungstruppen auch chemische Kampfstoffe ein. Die Regierungskräfte hielten langandauernde Belagerungen aufrecht, was dazu führte, dass die eingeschlossene Zivilbevölkerung keinen Zugang zu Lebensmitteln und anderen lebenswichtigen Versorgungsleistungen hatte. Sicherheitskräfte nahmen weiterhin Tausende Menschen willkürlich fest und inhaftierten sie. Viele von ihnen fielen dem Verschwindenlassen zum Opfer, andere wurden über lange Zeiträume hinweg in Gewahrsam gehalten oder in unfairen Gerichtsverfahren verurteilt. Sicherheitskräfte folterten und misshandelten Gefangene systematisch, was zu Todesfällen führte. Darüber hinaus begingen sie rechtswidrige Tötungen wie außergerichtliche Hinrichtungen. Die bewaffnete Gruppe Islamischer Staat (IS) belagerte zivile Wohngebiete, verübte gezielte und wahllose Angriffe auf Zivilpersonen, setzte Berichten zufolge in einigen Fällen chemische Kampfstoffe ein und beging zahlreiche rechtswidrige Tötungen. Tausende Frauen und Mädchen wurden vom IS zum Zwecke der sexuellen Ausbeutung versklavt und anderweitig misshandelt. Andere nichtstaatliche bewaffnete Gruppen belagerten und beschossen wahllos Gebiete, in denen überwiegend Zivilpersonen lebten. Von den USA geführte Streitkräfte flogen Luftangriffe auf IS-Stellungen und andere Ziele, bei denen Hunderte Zivilpersonen getötet wurden. Bis Ende 2016 hatte der Konflikt mehr als 300.000 Todesopfer gefordert, 6,6 Millionen Menschen wurden zu Binnenvertriebenen, und 4,8 Millionen Menschen flohen ins Ausland.

Hintergrund

Syriens interner bewaffneter Konflikt ging das gesamte Jahr 2016 unter internationaler Beteiligung weiter. Regierungskräfte und ihre Verbündeten, darunter die libanesische Hisbollah und andere nichtsyrische bewaffnete Gruppen und Milizen, kontrollierten weite Teile Westsyriens und rückten in andere umkämpfte Gebiete vor. Unterstützung erhielten sie dabei von russischen Streitkräften, die in ganz Syrien in großem Umfang Luftangriffe flogen, bei denen nach Angaben von Menschenrechtsorganisationen Tausende Zivilpersonen getötet oder verletzt wurden. Einige der russischen Luftangriffe waren offenbar wahllos oder kamen gezielten Angriffen auf Zivilpersonen und zivile Ziele gleich, was Kriegsverbrechen darstellen würde.

Nichtstaatliche bewaffnete Gruppen, die hauptsächlich gegen Regierungskräfte kämpften, hatten den Nordwesten Syriens und weitere Gebiete unter ihrer Kontrolle. Sicherheitskräfte der Autonomiebehörde, die sich in den überwiegend kurdischen Enklaven gebildet hatte, kontrollierten den größten Teil der kurdischen Grenzgebiete im Norden. Der IS hielt Teile von Ost- und Zentralsyrien, verlor aber im Laufe des Jahres an Boden.

Die Aussichten auf ein Friedensabkommen waren 2016 nach wie vor gering, weil im UN-Sicherheitsrat weiterhin Uneinigkeit herrschte. Die Bemühungen des UN-Sondergesandten für Syrien, Friedensgespräche voranzubringen, blieben weitestgehend erfolglos. Eine im Februar 2016 vom UN-Sicherheitsrat beschlossene Resolution zur Einstellung der Kampfhandlungen, der auch Russland und die USA zustimmten, führte nur zu einer vorübergehenden Feuerpause. (...)

Am 31. Dezember 2016 verabschiedete der UN-Sicherheitsrat einstimmig eine Resolution, mit der Unterstützung für die Anstrengungen um Frieden in Syrien seitens Russland und der Türkei zugesagt wurde. In der Resolution forderte der Sicherheitsrat zudem „schnelle, sichere und ungehinderte" humanitäre Hilfe in allen Landesteilen Syriens.

Die 2011 vom UN-Menschenrechtsrat eingesetzte Unabhängige Internationale Untersuchungskommission für Syrien (*Independent International Commission of Inquiry on the Syrian Arab Republic*) setzte ihre Arbeit 2016 fort und berichtete über Verstöße der Konfliktparteien gegen das Völkerrecht in Syrien. Die syrische Regierung verweigerte der Kommission allerdings weiterhin die Einreise in das Land.

Im Dezember 2016 stimmte die UN-Generalversammlung der Gründung eines unabhängigen internationalen Mechanismus zu, der sicherstellen soll, dass die Verantwortlichen für seit März 2011 in Syrien begangene Kriegsverbrechen und Verbrechen gegen die Menschlichkeit zur Rechenschaft gezogen werden.

Interner bewaffneter Konflikt (...)

Regierungskräfte und ihre Verbündeten begingen 2016 weiterhin Kriegsverbrechen und schwere Verstöße gegen das Völkerrecht. Sie verübten sowohl gezielte als auch wahllose Angriffe auf Zivilpersonen. Regierungskräfte griffen wiederholt umkämpfte oder von gegnerischen bewaffneten Gruppen kontrollierte Gebiete an, sie töteten und verletzten bei rechtswidrigen Angriffen Zivilisten und verursachten Schäden an zivilen Gebäuden. Die Truppen nahmen regelmäßig wahllos Wohngebiete unter Artilleriebeschuss und griffen sie aus der Luft mit Bomben an, die großflächig wirkten.

Häufig kamen auch nicht lenkbare, hochexplosive Fassbomben zum Einsatz, die aus Hubschraubern abgeworfen wurden. Bei den Angriffen wurden zahlreiche Zivilpersonen getötet oder verletzt, darunter auch Kinder. Regierungskräfte und die mit ihnen verbündete russische Luftwaffe flogen mehrere offenbar gezielte Angriffe auf Krankenhäuser, Gesundheitseinrichtungen und humanitäre Hilfskonvois. Dabei wurden Zivilpersonen und Angehörige des medizinischen Personals getötet oder verletzt. (…)

Regierungskräfte belagerten auch 2016 über lange Zeit hinweg Wohngebiete, die umkämpft waren oder von bewaffneten Gruppen kontrolliert wurden (…). Die in den belagerten Gebieten eingeschlossenen Bewohner litten Hunger, waren von medizinischer Hilfe und anderen lebenswichtigen Versorgungsleistungen abgeschnitten und wurden wiederholt aus der Luft bombardiert, von Artillerie beschossen oder anderweitig angegriffen. Aufgrund der Belagerung war es Zivilpersonen nicht möglich, ein Gebiet zu verlassen, um medizinische Hilfe in Anspruch zu nehmen. (…)

Regierungskräfte griffen 2016 weiterhin gezielt Gesundheitseinrichtungen und medizinisches Personal in Gebieten an, die unter der Kontrolle bewaffneter gegnerischer Gruppen standen. Sie bombardierten mehrfach Krankenhäuser und andere Gesundheitseinrichtungen und verhinderten, dass humanitäre Hilfslieferungen mit Medikamenten und medizinischer Ausrüstung in belagerte oder schwer zugängliche Gebiete gelangten. Medizinisches Personal und freiwillige Helfer wurden festgenommen und inhaftiert, um auf diese Weise die medizinische Grundversorgung in diesen Gebieten zu beeinträchtigen oder zum Erliegen zu bringen. (…)

Nichtstaatliche bewaffnete Gruppen begingen 2016 Kriegsverbrechen, Verstöße gegen das humanitäre Völkerrecht und schwere Menschenrechtsverletzungen. (…) Mehrere nichtstaatliche bewaffnete Gruppen, darunter auch der IS, waren für Entführungen von Zivilpersonen und Geiselnahmen verantwortlich. (…)

Die von den USA geführte internationale Koalition setzte ihre im September 2014 begonnenen Luftschläge gegen Stellungen bewaffneter Gruppen im Norden und Osten Syriens fort. Sie galten vor allem dem IS, aber auch anderen bewaffneten Gruppen (…). Offenbar wahllose und unverhältnismäßige Luftangriffe führten zu Hunderten von Toten und Verletzten unter der Zivilbevölkerung. (…)

Flüchtlinge und Binnenvertriebene

Millionen Menschen lebten aufgrund des bewaffneten Konflikts 2016 weiterhin als Flüchtlinge im Ausland oder waren Binnenvertriebene. Nach Angaben des UN-Hochkommissars für Flüchtlinge wurden zwischen 2011 und Ende 2016 schätzungsweise 4,8 Millionen Menschen aus Syrien als Flüchtlinge in den Nachbarländern und Nordafrika registriert, davon 200.000 im Jahr 2016. Das UN-Büro für die Koordinierung humanitärer Angelegenheiten gab die Zahl der Binnenvertriebenen seit 2011 mit 6,6 Millionen an, von denen die Hälfte Minderjährige waren.

Die Nachbarstaaten Türkei, Libanon und Jordanien, die den Großteil der Flüchtlinge beherbergten, darunter auch aus Syrien geflohene Palästinenser, beschränkten 2016 die Aufnahme neuer Flüchtlinge und setzten sie dadurch weiteren Angriffen und Entbehrungen in Syrien aus. Mehr als 75.000 Flüchtlinge aus Syrien versuchten, auf dem See- oder Landweg Europa zu erreichen. Viele Staaten innerhalb und außerhalb Europas waren jedoch nicht bereit, sich angemessen an der Aufnahme von syrischen Flüchtlingen zu beteiligen, z. B. durch Programme zur Neuansiedlung oder andere Maßnahmen, die sichere und legale Reiserouten gewährleisteten.

Verschwindenlassen

Die Sicherheitskräfte hielten 2016 nach wie vor Tausende Menschen ohne Anklageerhebung über lange Zeit in Untersuchungshaft. Viele von ihnen waren unter Bedingungen inhaftiert, die den Tatbestand des Verschwindenlassens erfüllten. Es gab weiterhin keine Informationen über das Schicksal und den Aufenthaltsort Zehntausender Menschen, die seit Ausbruch des Konflikts im Jahr 2011 von Regierungskräften inhaftiert worden waren und seitdem „verschwunden" sind. Unter ihnen befanden sich friedliche Regierungskritiker und -gegner sowie Familienangehörige, die anstelle ihrer von den Behörden gesuchten Angehörigen inhaftiert worden waren. (…)

Folter und andere Misshandlungen

Folter und andere Misshandlungen von Inhaftierten in Gefängnissen sowie durch den staatlichen Sicherheitsdienst und die Geheimdienste waren auch 2016 weit verbreitet und wurden systematisch angewendet, was erneut zu vielen Todesfällen in Gewahrsam führte. Seit 2011 starben Tausende Menschen in Gewahrsam. (…)

Die Behörden stellten 2016 einige mutmaßliche Regierungsgegner vor das Antiterrorgericht oder das militärische Feldgericht, die für ihre grob unfairen Gerichtsverfahren bekannt sind. Die Richter gingen Vorwürfen der Angeklagten, sie seien gefoltert oder anderweitig misshandelt worden, nicht nach und ließen erzwungene „Geständnisse" als Beweismittel zu. Die Regierungskräfte und ihre Verbündeten verübten rechtswidrige Tötungen wie außergerichtliche Hinrichtungen. (…)

Todesstrafe

Die Todesstrafe blieb für eine große Zahl von Straftaten in Kraft. Es war jedoch nicht möglich, Informationen über Todesurteile oder Hinrichtungen im Jahr 2016 zu erhalten.

Amnesty International

Tunesien

Berichtszeitraum: 1. Januar bis 31. Dezember 2016
(Amnesty International Report 2017)

Die Behörden schränkten die Rechte auf freie Meinungsäußerung und Versammlungsfreiheit 2016 weiterhin ein. Unter dem Ausnahmezustand und auf Grundlage der Antiterrorgesetze wurden die persönliche Freiheit und das Recht auf Freizügigkeit willkürlich eingeschränkt. Es gingen erneut Berichte über Folter und andere Misshandlungen von Gefangenen ein. Frauen wurden nach wie vor durch Gesetze und im täglichen Leben diskriminiert und waren nur unzureichend vor geschlechtsspezifischer Gewalt geschützt. Gleichgeschlechtliche sexuelle Beziehungen blieben strafbar. Lesben, Schwule, Bisexuelle, Transgeschlechtliche und Intersexuelle mussten mit Festnahme und Inhaftierung rechnen. Gerichte sprachen 2016 erneut Todesurteile aus, es gab jedoch keine Hinrichtungen.

Hintergrund

Die Regierung verlängerte den seit November 2015 geltenden landesweiten Ausnahmezustand. Im Februar 2016 teilte die Regierung mit, die Sperranlage an der Grenze zu Libyen sei fertiggestellt. Dennoch gab es im Grenzgebiet immer wieder bewaffnete Auseinandersetzungen zwischen tunesischen Regierungstruppen und Mitgliedern der bewaffneten Gruppe Islamischer Staat (IS) aus Libyen. Am 7. März 2016 wurden mindestens 68 Menschen, darunter sieben Zivilpersonen, bei gewaltsamen Zusammenstößen getötet, zu denen es gekommen war, als Mitglieder des IS in der Grenzstadt Ben Guerdane im Südosten des Landes Militärposten und eine Polizeistation angriffen und von Regierungstruppen zurückgeschlagen wurden.

Auch an der Grenze zu Algerien kam es weiterhin zu Auseinandersetzungen zwischen bewaffneten Gruppen und Sicherheitskräften mit Todesopfern auf beiden Seiten.

(…)

Das Parlament verabschiedete 2016 ein Gesetz, das Diskriminierung aus rassistischen und anderen Gründen unter Strafe stellt. Zum Jahresende war es noch nicht in Kraft getreten.

(…)

Willkürliche Festnahmen und Inhaftierungen, Recht auf Freizügigkeit

Die Behörden nutzten im Jahr 2016 ihre Befugnisse unter dem Ausnahmezustand, um Tausende von Festnahmen und Hausdurchsuchungen vorzunehmen, die in vielen Fällen ohne richterlichen Beschluss erfolgten. Hunderte Personen wurden unter behördlichen Hausarrest gestellt, durften den ihnen zugewiesenen Wohnort oder das Land nicht verlassen oder erhielten andere Auflagen, die ihre Bewegungsfreiheit und damit auch ihre sozialen und wirtschaftlichen Rechte, wie z. B. das Recht auf Arbeit, einschränkten.
(...)

Folter und andere Misshandlungen

2016 gingen erneut Berichte über Folter und andere Misshandlungen von Gefangenen, zumeist während der Festnahme und in der Untersuchungshaft, ein,. Mehrere der Personen, die nach dem Angriff in Ben Guerdane im März festgenommen worden waren, gaben an, Polizisten und Angehörige der Terrorbekämpfungseinheiten hätten sie während Verhören in Ben Guerdane und in der Hauptstadt Tunis gefoltert. Ihren Angaben zufolge wandten die Staatsbediensteten die sogenannte Grillhähnchen-Foltermethode an und drehten sie an einer Stange, die zwischen ihren mit Handschellen gefesselten Händen und Füßen hindurchgeschoben worden war. Außerdem berichteten sie über Prügel, sexuelle Übergriffe und lang anhaltende Einzelhaft. Einige der Gefangenen kamen frei, andere befanden sich Ende 2016 noch immer in Haft.

Das Parlament verabschiedete im Februar 2016 Änderungen der Strafprozessordnung, die einen besseren Schutz vor Folter und anderen Misshandlungen gewährleisten sollen. Sie traten im Juni in Kraft. Nach den neuen Bestimmungen darf ein Häftling nicht mehr sechs, sondern nur noch maximal vier Tage ohne Anklage festgehalten werden. Außerdem hat er nun das Recht auf sofortigen Zugang zu seiner Familie und zu einem Rechtsbeistand sowie das Recht auf Anwesenheit des Anwalts bei den Verhören. Außerdem müssen Festnahmen von der Staatsanwaltschaft genehmigt werden. Staatsanwälte und Justizangehörige müssen Gefangenen Zugang zu medizinischer Versorgung und einem Arzt gewähren, wenn die Betroffenen, ihr Rechtsanwalt oder ihre Familie dies fordern. Die Reform betrifft jedoch nicht die Befugnis der Behörden, Personen, die wegen Terrorismusverdachts festgenommen wurden, ohne Anklageerhebung bis zu 15 Tage festzuhalten. Die Behörden dürfen diesem Personenkreis den Zugang zu einem Rechtsbeistand 48 Stunden lang verweigern und Verhöre in Abwesenheit eines Anwalts durchführen. (...)

Rechte auf freie Meinungsäußerung und Versammlungsfreiheit

Unter dem Ausnahmezustand konnten die Behörden 2016 Streiks und Demonstrationen verbieten, Versammlungen, die sie als Störung der öffentlichen Ordnung betrachteten, gewaltsam auflösen und Zeitungen, Radio sowie andere Medien und Publikationen kontrollieren und zensieren. Dennoch gab es erneut Proteste gegen die Arbeitslosigkeit, die wirtschaftliche Unterentwicklung vor allem im Landesinneren und die schlechten Lebensbedingungen. Die Polizei löste die Protestaktionen auf und wandte dabei Berichten zufolge in einigen Fällen unverhältnismäßige Gewalt an.

(…)

Rechte von Frauen und Mädchen

Frauen und Mädchen wurden weiterhin durch Gesetze und im täglichen Leben diskriminiert und waren nur unzureichend gegen sexualisierte und geschlechtsspezifische Gewalt geschützt. Das Strafgesetzbuch stellte Vergewaltigung in der Ehe weiterhin nicht explizit unter Strafe. Männer, die beschuldigt wurden, ein Mädchen oder eine Frau zwischen 15 und 20 Jahren vergewaltigt oder ein Mädchen unter 18 Jahren entführt zu haben, konnten weiterhin straffrei ausgehen, wenn sie ihr Opfer heirateten.

Es gab weiterhin zu wenige soziale Einrichtungen und Gesundheitsdienste, an die sich Opfer von sexuellen Übergriffen und geschlechtsspezifischer Gewalt wenden konnten. Die Angebote, die es gab, waren häufig unzureichend. Abgesehen von anderen wichtigen Aspekten der Fürsorge, war es für Vergewaltigungsopfer besonders schwierig, Verhütungsmittel und psychologische Hilfe zu bekommen. Da es an Schutzmaßnahmen wie Zufluchtsorten für von Gewalt betroffenen Frauen und Mädchen mangelte, waren sie der Gefahr weiterer Misshandlungen ausgesetzt.

Im Juli 2016 stimmte der Ministerrat einem Gesetzentwurf zur Bekämpfung von Gewalt gegen Frauen und Mädchen zu und legte ihn dem Parlament zur Beratung vor. Der Entwurf soll Unzulänglichkeiten der bestehenden Gesetzgebung und ihrer praktischen Anwendung beheben und dafür sorgen, dass Opfer mehr Schutz und Hilfe erhalten. Ende des Jahres war das Gesetz noch nicht erlassen worden.

Rechte von Lesben, Schwulen, Bisexuellen, Transgeschlechtlichen und Intersexuellen

Lesben, Schwulen, Bisexuellen, Transgeschlechtlichen und Intersexuellen (LGBTI) drohte weiterhin die Festnahme nach Paragraph 230 des Strafgesetzbuchs, der einvernehmliche gleichgeschlechtliche sexuelle Beziehungen unter Strafe stellt. Sie waren zudem Gewalt, Ausbeutung sowie sexuellen und anderen Misshandlungen durch die Polizei ausgesetzt. Im Fall von transgeschlechtlichen Personen erfolgten die Festnahme und strafrechtliche Verfolgung auf der Grundlage von Gesetzen, die „sittenwidriges Verhalten" und Handlungen, die als moralisch anstößig empfunden werden könnten, unter Strafe stellen.

Die Behörden ordneten für Männer, denen man gleichgeschlechtliche sexuelle Beziehungen vorwarf, Analuntersuchungen gegen ihren Willen an, was einen Verstoß gegen das Verbot von Folter und anderen Misshandlungen darstellt.

(…)

Aktivisten, die sich für die Rechte von LGBTI einsetzten, wurden ebenfalls schikaniert und misshandelt. (…)

Quellen

Amnesty International Report 2015/16 (2016): Zur weltweiten Lage der Menschenrechte. Frankfurt am Main.
https://www.amnesty.de/jahresbericht/2016/albanien
https://www.amnesty.de/jahresbericht/2016/pakistan
https://www.amnesty.de/jahresbericht/2016/serbien-einschliesslich-kosovo)
Amnesty International Report 2016/17 (2017): Zur weltweiten Lage der Menschenrechte. Frankfurt am Main.
https://www.amnesty.de/jahresbericht/2017/aegpten
https://www.amnesty.de/jahresbericht/2017/aethiopien)
https://www.amnesty.de/jahresbericht/2017/eritrea)
https://www.amnesty.de/jahresbericht/2017/marokko-und-westsahara)
https://www.amnesty.de/jahresbericht/2017/tunesien)

Katharina Ebel

Sichere Lebensorte – SOS-Kinderdörfer in Syrien

Um unsere Arbeit in Syrien zu verstehen, muss erst klar werden, wie wir arbeiten. Die SOS-Kinderdörfer arbeiten normalerweise als eigenständige lokale Organisation vor Ort, die vom internationalen Dachverein finanziell und mit Know-how unterstützt wird. Im Grundsatz ähnlich wie das Rote Kreuz. Wir sind den Werten der Unabhängigkeit, der Unparteilichkeit und Neutralität verpflichtet.

Unsere nationalen Vereine arbeiten ohne Expats. Die jahrelang aufgebauten Netzwerke zu Behörden ermöglichen uns im Katastrophen- und Krisenfall Zugänge, die viele andere im Zweifel nicht haben. Auf diese Weise ist es uns möglich, in Syrien, aber auch in anderen Ländern, in Gegenden zu arbeiten, die häufig nur noch schwer zugänglich sind. Klar muss an dieser Stelle aber auch sein, dass man sich in Syrien entscheiden muss: Arbeitet man in von der Regierung kontrollierten Gebieten, dann arbeitet man aus dem Land heraus. Arbeitet man als Internationale Organisation in Oppositionsgebieten, wird man in den meisten Fällen von außerhalb des Landes arbeiten und versuchen, seine Operationen von der Grenze zu koordinieren. In beiden Fällen heißt das nicht, dass die Organisationen sich für eine Partei entscheiden. Der Neutralität verpflichtet, helfen wir jedem, der im Projektgebiet bedürftig ist. Einziges Kriterium: Vulnerabilität.

Die SOS-Kinderdörfer betreiben in Aleppo und Damaskus seit Mitte der 1970er Jahre Kinderdörfer. Durch diese Beständigkeit ist es uns bislang möglich – zugegeben, mit erheblichen Auf und Ab – trotz des Krieges in Syrien zu arbeiten.

Wir mussten während der Angriffe auf Damaskus bleiben, denn wir hatten ein ganzes Kinderdorf voll mit Kindern zu versorgen. Zu allem Übel kam dazu, dass sich unser sonst so idyllisch auf einem Hügel bei Damaskus gelegenes Kinderdorf plötzlich direkt auf einer Frontlinie befand. Die Kinder und Mütter waren über Tage nächtlichem Beschuss und dem metallischen Donnergrollen der Bomben ausgesetzt. Kurz zuvor hatten wir schon das Dorf in Aleppo evakuieren müssen, nachdem die Kämpfe zu nahe gerückt waren und ein Panzer mitten ins Dorf einfuhr. Einige Tage, nachdem wir in Aleppo evakuiert hatten, traf eine Bombe das Dorf.

Solche Geschichten können unsere Mitarbeiter in Syrien zuhauf erzählen. Denn Gleiches erlebten wir mit einem gerade eröffneten Übergangsheim für unbegleitete Kinder in Aleppo und auch mit dem Kinderdorf in Damaskus. Wer in Syrien arbeitet, ist ständig auf dem Sprung, muss die

Flexibilität haben, innerhalb kürzester Zeit eine Ausweichunterkunft für mehr als 150 Kinder zu organisieren und muss leider auch in vielen Gegenden ein hohes persönliches Risiko in Kauf nehmen. Als Hilfsorganisation werden wir selten direkt angegriffen, aber Bomben machen nun einmal keine Unterschiede und mit Kollateralschäden bei Angriffen müssen wir, trotz Sicherheitskonzepts, leider jederzeit rechnen.

Als der Krieg begann und immer mehr Familien innerhalb des Landes fliehen mussten und innerhalb kurzer Zeit alles verloren, weiteten die SOS-Kinderdörfer die Langzeit-Programme aus.

Seit Beginn des Krieges wächst der Bereich Not- und Übergangshilfe stetig an, denn die vor allem ökonomischen Probleme der Familien nehmen zu und führen zu vermehrter Kinderarbeit, Frühverheiratung von Mädchen und häufig auch Vernachlässigung sowie medizinischen Problemen. Des Weiteren haben viele Kinder durch den andauernden Konflikt und die Flucht traumatische Erfahrungen gemacht, die sich zu dauerhaften Störungen ausweiten können, je länger ernsthafte Traumata unbehandelt bleiben. Save the Children hat dazu kürzlich eine Studie veröffentlicht[1].

Unsere Teams in den Übergangsunterkünften in Damaskus, Tartus und künftig auch wieder Aleppo haben täglich mit Kindern zu tun, die von ihren Eltern getrennt wurden, die sahen, wie Angehörige oder Freunde starben, die den Verlust und die Zerstörung des Zuhauses erleben mussten oder selbst verletzt wurden.

Diese Kinder zeigen häufig Symptome wie Traurigkeit, Depression, Ängstlichkeit, Aggressivität, Gewalttätigkeit, Vermeidung, Rückzug, Unruhe, Konzentrationslosigkeit, Schlafstörung und Bettnässen. Sie haben Alpträume, sich aufdrängende Gedanken oder regelmäßige Flashbacks, ausgelöst durch einfache Trigger wie Geräusche, Farben oder Gerüche. Viele der Kinder, die zu uns kommen, sprechen anfangs wenig oder gar nicht. Sie vertrauen niemandem. Einige verletzen sich selbst oder gehen so weit, dass sie Selbstmordversuche unternehmen.

Die Kinder, die zu uns kommen, zeigen natürlich nicht alle Symptome von Traumatisierungen. Einige Kinder haben gute Coping-Mechanismen und eine hohe Resilienz (psychische Widerstandfähigkeit). Hier heilt häufig sprichwörtlich die Zeit die Wunden.

Allerdings treten Traumafolgen auch erst sechs Wochen bis mehrere Monate nach dem traumatisierenden Ereignis auf. Häufig in dem Moment, in dem ein Sicherheitsgefühl wieder hergestellt werden konnte. Kleinkinder können sich an traumatische Erfahrungen häufig nicht erinnern, bei ihnen können sich Symptome sogar erst im Alter von sieben oder acht Jahren zeigen.

---

1 http://www.savethechildren.org.uk/2017-03/syrian-children-face-growing-mental-health-crisis-new-report-reveals

Um diesen Kindern zu helfen, hat jede unserer Einrichtungen Psychologen und kooperiert natürlich auch mit psychiatrischen Kliniken. Doch die Kinder werden zunehmend mehr und vor allem immer jünger. Ein Grund dafür: Der neue Ehemann der Mutter akzeptiert die Kinder nicht. Folglich setzen verzweifelte Mütter teilweise ihre eigenen Kinder aus, um nach dem Tod des Ehemannes wieder zu heiraten und sozial abgesichert zu sein. Diese Trennungen sind extreme traumatische Erfahrungen für die Kinder. Ein weiterer Grund ist natürlich der mittlerweile sechs Jahre andauernde Krieg und die desaströsen ökonomischen Folgen für die Familien.

Die Priorität unserer Betreuer und Mütter ist es, das Vertrauen der Kinder zu gewinnen und ihnen das Gefühl von Geborgenheit und Sicherheit zurückzugeben. Dann versuchen wir herauszufinden, welche Talente die Kinder haben und bestärken sie in ihrem Bestreben, um ihr Selbstbewusstsein zu fördern. Erst ganz zum Schluss können wir uns um die schulischen Leistungen der Kinder kümmern – selbst wenn es Kinder sind, die weder lesen noch schreiben können.

Immer mehr Kinder in Syrien haben im Alter von zwölf Jahren noch nie eine Schule von innen gesehen oder mussten aufgrund von Flucht und Krieg die Schule verlassen. Wir sind künftig also mit einer Generation konfrontiert, die extreme akademische Schwächen aufweisen wird. Dazu kommt, dass Traumata die Konzentrationsfähigkeit und das Erinnerungsvermögen stark beeinträchtigen können. Doch bevor die Kinder nicht wieder mental gestärkt sind, ist es sehr schwierig, schulischen Leistungen eine Priorität beizumessen.

Eines ist bereits jetzt klar: In Syrien braucht es künftig nicht nur die Reparatur von Gebäuden und Infrastruktur, sondern auch ein Heer von Trauma-Psychologen und massive Investitionen für die Ausbildung lokaler Ressourcen, um die Seelen der Kinder zu „reparieren".

> Die SOS Kinderdörfer betreiben in Syrien aktuell zwei Übergangsheime für mehr als 200 unbegleitete Kinder, ein Kinderdorf mit über 160 Kindern, ein Programm gegen Kinderarbeit für 500 Kinder in Damaskus sowie eine Schule, ein Child Friendly Space, eine Suppenküche und medizinische Behandlung in Aleppo. Zusätzlich unterstützt das SOS Team mit 100.000 Litern Trinkwasser täglich die Wasserversorgung für die notleidende Bevölkerung in Aleppo.

Sophia Wirsching

Fluchtursachen

Kein Mensch begibt sich ohne Not freiwillig auf die Flucht. Für diese Not kann es viele Ursachen geben. Frauen, Männer und Kinder, die wegen ihrer Zugehörigkeit zu einer bestimmten ethnischen oder einer sozialen Gruppe, ihrer Religion, Nationalität oder politischen Überzeugung verfolgt werden und deswegen ins Ausland fliehen, sind nach der Genfer Flüchtlingskonvention als Flüchtlinge anerkannt und haben völkerrechtlichen Anspruch auf besonderen Schutz. Ursache für Migration sind oft Armut und Perspektivlosigkeit. Migranten unterliegen jedoch anderen völkerrechtlichen Bestimmungen als Flüchtlinge.

Laut Angaben des UN-Flüchtlingswerk UNHCR mussten 2015 etwa 65 Millionen Menschen aufgrund von Krieg, Gewalt, Verfolgung und Menschenrechtsverletzungen ihr Zuhause verlassen (vgl. UNHCR 2016). 21,3 Millionen von ihnen sind Flüchtlinge, die über die Grenzen ihres Heimatlandes flohen. Nur ein kleiner Teil macht sich dabei auf den Weg nach Europa. Neun von zehn Menschen, die außerhalb ihres Landes auf der Flucht sind, suchen Schutz in ihren Nachbarländern. Diese sind häufig Entwicklungsländer. 2015 gab es fast 41 Millionen Binnenvertriebene, die innerhalb ihres Heimatlands auf der Flucht waren (vgl. UNHCR 2016). Die ärmsten der Armen haben oft gar keine Chance den schlimmen Umständen, in denen sie leben, zu entkommen. Ihnen fehlen die nötigen finanziellen Mittel oder schlichtweg die Kraft, um sich auf den Weg zu machen.

Dieser Artikel befasst sich mit den Hauptursachen, die weltweit Menschen dazu zwingen, ihre Heimat zu verlassen. Es sei angemerkt, dass es sich nicht bei allen genannten Ursachen um Fluchtgründe handelt, die unter die Genfer Flüchtlingskonvention fallen. Flucht, Vertreibung und Migration sind globale Phänomene, die verschiedene Ursachen haben, eng miteinander verwoben sind und nicht klar voneinander getrennt betrachtet werden können. Der Text soll dazu beitragen einen Überblick über die aktuellen Fluchtursachen zu geben und durch Beispiele aus einzelnen Herkunftsländern auf die Lebenslagen der Menschen vor Ort aufmerksam zu machen.

Krieg und Gewalt

Im Jahre 2015 hat es weltweit 43 Konflikte mit „Gewalt hoher Intensität" gegeben. 19 davon werden als Kriege kategorisiert. Einige dieser Konflikte dauern bereits seit Jahren an und sind Grund dafür, dass Menschen keine Perspektive für sich sehen und Schutz in der Fremde suchen.

Syrien, Afghanistan, Irak, Iran und Eritrea waren im Dezember 2016 die Hauptherkunftsstaaten der Menschen, die beim Bundesamt für Migration und Flüchtlinge (BAMF) einen Asylantrag stellten (vgl. BAMF 2016, S. 2). In mehr als der Hälfte dieser Hauptherkunftsstaaten herrschten im Jahr 2015 Kriege (vgl. Frieden Fragen o. J.).

Auch Deutschland hat durch seine Entscheidungen in der Rohstoff-, Klima-, Wirtschafts-, Rüstungs-, Sicherheits-, Innen- und Handelspolitik zu Konflikten beigetragen.

Ein Beispiel ist der Krieg in Syrien. Vor dem Ausbruch des Bürgerkrieges im Jahr 2011 lebten dort 23 Millionen Menschen. 12,2 Millionen Syrerinnen und Syrer sind aufgrund der Auseinandersetzungen auf humanitäre Hilfe angewiesen. Bis Januar 2016 flohen rund 4,6 Millionen Personen über die Landesgrenze. Fast doppelt so viele Menschen haben innerhalb des Landes Zuflucht gesucht. Viele syrische Gemeinden nehmen trotz der eigenen schwierigen Lage ihre Landsleute auf. Doch die Situation verschlechtert sich ständig: Durch den starken Wertverlust der Währung sowie die beschränkten Arbeitsmöglichkeiten, vor allem für junge Leute, sind viele Menschen von extremer Armut bedroht. Mehr als vier Millionen Syrer/innen flüchteten nach Jordanien, in den Libanon, die Türkei, den Irak und Nordafrika. Diese Nachbarländer sind mit der großen Zahl der Geflüchteten oft überfordert. 90 Prozent der über 1,1 Millionen syrischen Flüchtlinge im Libanon halten sich zum Beispiel in den ärmsten Regionen des Landes auf. Sie leben in provisorischen Camps oder Mietwohnung, offizielle Flüchtlingslager gibt es im Libanon nicht. In Jordanien gibt es diese zwar, wie das Camp *Za'atari*, in dem mehr als 82.000 Syrer untergekommen sind; doch die Situation im Lager ist angespannt. Es fehlt an Nahrungsmitteln, Öfen und vielem mehr. Die Vereinten Nationen beschrieben die Lage der syrischen Flüchtlinge als eine der schlimmsten humanitären Krisen seit Ende des Zweiten Weltkrieges. Die schlechte Versorgung ist Grund dafür, dass Menschen die Camps verlassen und woanders erneut nach Schutz suchen.

Diskriminierung und Verfolgung

Laut der UN-Menschenrechtscharta hat jeder Mensch Anspruch auf alle in der Erklärung verkündeten Rechte und Freiheiten, egal welcher

> „Rasse, Hautfarbe, Geschlecht, Sprache, Religion, politischer oder sonstiger Anschauung, nationaler oder sozialer Herkunft, Vermögen, Geburt oder sonstigem Stand" (Vereinte Nationen 1948).

Werden jene genannten Eigenschaften dazu verwendet um Ungleichbehandlung mit der Folge gesellschaftlicher Benachteiligung herzustellen, zu begründen oder zu rechtfertigen, spricht man von Diskriminierung (vgl. Scherr 2016, S. 3).

In den meisten Fällen sind es die schlechten Lebensbedingungen, die es den Menschen unmöglich machen, ein Leben in Würde, Freiheit und Sicherheit zu führen. Wo es keinen Zugang zu sauberem Trinkwasser, genug Nahrung, einer Unterkunft, Bildung oder Gesundheitsversorgung gibt, werden die Menschenrechte missachtet. Auch staatliches Handeln führt dazu, dass in die Rechte der Menschen durch Gesetze eingegriffen wird. Dies geschieht durch Einschränkung der Meinungsfreiheit, Folter, Misshandlung oder der Bestrafung von sexuellen Beziehungen zwischen gleichgeschlechtlichen Erwachsenen. Verfolgung aufgrund abweichender politischer Einstellungen und Lebensweisen ist in vielen Ländern keine Ausnahme. Es führt dazu, dass Menschen ihre Heimatländer verlassen. Eritrea ist so ein Land, dem Menschenrechtsverletzungen vorgeworfen werden und aus dem Menschen zum Beispiel aufgrund des unbefristeten Militärdienstes fliehen.

Weltweit werden etwa 900 Millionen Menschen aus den Gesellschaften in denen sie leben ausgegrenzt, benachteiligt oder verfolgt. In den meisten dieser Fälle geschieht dies aufgrund ihrer Angehörigkeit zu einer ethnischen oder religiösen Minderheit. So wie im Fall der Roma. Als größte ethnische Minderheit in Europa werden sie häufig strukturell benachteiligt und diskriminiert. Im Kosovo sind sie am stärksten von Armut und Arbeitslosigkeit betroffen, die im ganzen Land herrscht. In Rumänien werden Roma-Kinder durch bürokratische Hürden daran gehindert, die Schule zu besuchen. Neben dem Zugang zur Bildung, zu Arbeitsplätzen und Wohnungen, wird vielen Roma auch der Zugang zu guten Gesundheitsdienstleistungen verwehrt (vgl. Dorsch u. a. 2016, S. 17 f.).

Glaube

Seit Jahrhunderten werden Menschen aufgrund ihrer Religionszugehörigkeit verfolgt, vertrieben oder getötet. Das betrifft Angehörige fast aller Religionen. Ausgehen kann diese Gewalt aus vorgeblich religiösen Gründen von Andersgläubigen genauso wie von atheistisch geprägten Akteuren.

Ein Beispiel dafür ist Nigeria, das bevölkerungsreichste Land Afrikas. Islam und Christentum bilden die beiden größten Religionsgemeinschaften, wobei jeweils viele verschiedene Strömungen und Gruppen dazu zählen. Das Land wurde seit Beginn der 1980er Jahre und bis 1999 von Militärdiktatoren regiert und entwickelt sich seither als junge Demokratie. Nigeria ist aufgrund seines Ölreichtums in den letzten Jahren zwar zur stärksten Wirtschaftsmacht Afrikas aufgestiegen, die Armut im ländlichen Raum und die ungleiche Verteilung des Wohlstands sind jedoch immer noch sehr ausgeprägt.

In einigen Teilen des Landes gilt die Scharia, das religiöse Gesetz des Islams. Urteile der Scharia-Gerichte werden oft in Prozessen geführt, die teils im Widerspruch mit der Verfassung des Landes stehen. Es kommt vor, dass den Angeklagten kein Rechtsbeistand gewährt wird oder Urteile aufgrund von Geständnissen gefällt werden, die unter Folter erpresst wurden. Frauen werden von der Scharia-Rechtsprechung besonders diskriminiert.

Terrorgruppen wie Boko Haram setzen sich für die Einführung der Scharia in ganz Nigeria und das Verbot westlicher Bildung ein. Dies führt immer wieder zu gewalttätigen Auseinandersetzungen mit Christen oder Muslimen. Die Gewalt entzündet sich oft an der religiösen Zugehörigkeit von Bevölkerungsgruppen, wenngleich die Ursachen der Konflikte in der Regel sozioökonomischer oder ethnischer Natur sind. Sie liegen in der klimabedingten Verknappung von Wasser- und Landressourcen, die eine friedliche Koexistenz von Ackerbauern und Viehhirten immer schwieriger werden lassen. Hinzu kommen die Vernachlässigung der Region durch die Zentralregierung und die leichte Verfügbarkeit von Waffen. Vor dem Hintergrund zunehmender Perspektivlosigkeit mobilisieren sich radikalisierte muslimische Gruppierungen unter Nutzung religiös-traditioneller Werte. Zielscheibe des Hasses sind christliche Gemeinden genauso wie muslimische Gemeinschaften und Imame. Bei der Bekämpfung radikaler Gruppen nehmen das Militär und die öffentliche Verwaltung massive Menschenrechtsverletzungen in Kauf.

Landraub und Rohstoffhandel

Weltweit wachsender Konsum, Energiehunger und damit wachsender Flächenverbrauch steigern den ökonomischen Wert von Land im globalen Maßstab und lassen es zur Handels- und Spekulationsware des 21. Jahrhunderts werden. Das Phänomen der Landvergabe an Investoren ohne Berücksichtigung menschenrechtlicher Standards und Verfahren ist als *Landgrabbing* bekannt.

Mittlerweile sind offiziell mehr als 65 Millionen Hektar fruchtbare Ackerfläche weltweit an Investoren vergeben oder in Aussicht gestellt (vgl. Land Matrix 2017). Die Dunkelziffer ist jedoch höher, sodass sich vermutlich noch Millionen Hektar mehr in Investorenhand befinden. Rund 70 Prozent der Landvergaben spielen sich in Subsahara-Afrika ab, in Ländern wie Äthiopien, Mosambik und Sudan. Die Investoren sind ganz unterschiedlich: Staaten auf der Suche nach Ackerfläche in anderen Ländern, europäische und US-amerikanische Banken mit ihren Investmentfonds sowie multinationale Unternehmen, Agrarkonzerne und Handelsfirmen. Es gehören aber auch nationale Eliten und Privatunternehmer dazu, die sich große Landflächen mit Unterstützung der Regierungen aneignen. Die dort angebauten Agrarprodukte werden vor Ort nicht gebraucht, sondern in die ganze Welt exportiert. Die lokale Bevölkerung verliert den Zugang zu Land und Wasser, der für die Ernährungsgrundlage von großer Wichtigkeit ist. Folgen dieser Landnahme sind soziale Umbrüche, die ein hohes Konfliktpotenzial bergen und die auf diesem Land lebende Bevölkerung vielfach zu Migration und Flucht zwingt.

Nicht nur die Spekulation mit fruchtbaren Böden, sondern auch der Abbau der sich darin befindenden Rohstoffe führt dazu, dass Menschen enteignet, vertrieben oder zur Flucht aus ihrer Heimat gezwungen werden. Vom Vorkommen der Bodenschätze profitieren die Länder des Nordens, die im großen Maße die Kontrolle über den Abbau und die Handelsbedingungen besitzen und nicht die rohstoffreichen Länder selbst, die sich vor allem in Afrika befinden und in denen die Mehrzahl der Bevölkerung in Armut lebt. In Ländern, wie zum Beispiel in Sierra Leone, hat der Abbau von Rohstoffen Konflikte und Kriege ausgelöst. Viele Menschen wurden dabei getötet oder vertrieben. Kinderarbeit in den Minen und die Verseuchung von Böden und Wasser stellen eine weitere Gefahr dar und führen dazu, dass Menschen die Gebiete verlassen (vgl. Dorsch u. a. 2016, S. 21).

Klimawandel und Naturkatastrophen

Immer mehr Menschen weltweit sind von der zunehmenden Wüstenbildung, dem Anstieg des Meeresspiegels, von Überschwemmungen oder Dürre betroffen. Auch die Zahl extremer Wetterereignisse nimmt zu. Insbesondere in den Ländern des südlichen Afrikas, in Asien oder Mittel- und Südamerika ereignen sich Naturkatastrophen häufiger und mit zunehmender Heftigkeit. Überschwemmungen, Sturmfluten oder anhaltende Dürren treffen hier oft auf besonders arme und verwundbare Regionen und Menschen, denen es an Möglichkeiten und Mitteln fehlt, sich vor den Gefahren angemessen zu schützen oder sich an sie anzupassen. Zwischen 2008 und 2015 wurden etwa 203 Millionen Menschen weltweit aufgrund von umweltbedingten Katastrophen aus ihrer Heimat vertrieben (vgl. IDMC 2016, S. 14).

Klimawandel und Wetterextreme sind wichtige Triebkräfte für Migration und Flucht. Wenn Hitzewellen ganze Regionen austrocknen und der Regen ausbleibt oder zu heftig auftritt, ist das Überleben vieler Menschen gefährdet. Ganze Inselstaaten sind durch den steigenden Meeresspiegel vom Verschwinden bedroht, Küstenregionen leiden unter häufigeren und heftigeren Überschwemmungen. Besonders von Klimaveränderungen betroffen ist Bangladesch. Hunderte Flüsse fließen durch das Tiefland und verursachen aufgrund immer stärker werdender Monsunregenfälle häufigere Überflutungen und Erosion. In den Küstenregionen zeigen sich die Klimaveränderungen durch einen Anstieg des Meeresspiegels, Versalzung und Wirbelstürme. Zukünftig wird eine Verstärkung solcher Klimaextreme vorausgesagt. Diese Veränderungen wirken sich auf die Bevölkerung aus, von der ein großer Teil zur Migration in andere Landesteile gezwungen wird. Neben der Abwanderung in Städte und aus den Küstengebieten steigt auch die Zahl derjenigen, die nach Indien gehen, um dort nach Arbeit zu suchen. Dadurch, dass klimabedingte Vertreibung in den meisten Fällen nicht geplant ist, sind die Bedingungen der Migration meist schlecht. Dies wirkt sich stark negativ auf Bildung, Gesundheit, Beschäftigung, Einkommen, Vermögen, den Zugang zu sozialen Einrichtungen und das Auftreten von Krankheiten aus (vgl. Anderson/Shamsuddoha/Dixit 2016, S. 11). Klima- und Umweltveränderungen sind selten der einzige Grund, warum Menschen ihr Lebensumfeld verlassen. Ursachen dafür können zum Beispiel auch der fehlende Zugang zu Land und zu Bildungs- oder Gesundheitsdienstleistungen oder mangelnde Einkommensmöglichkeiten sein. Der Klimawandel verstärkt all diese Gründe.

Die Ursachen, warum Menschen ihre Heimat verlassen und in anderen Landesteilen oder Staaten nach einem besseren Leben suchen, sind vielfältig und nicht klar voneinander trennbar. Krieg und Gewalt, Diskriminierung und Verfolgung, ein bestimmter Glaube sowie Landraub, Rohstoffhandel, der Klimawandel oder Naturkatastrophen sind Faktoren, die oft miteinander in Verbindung stehen und sich gegenseitig beeinflussen. Nicht jeder Mensch ist auf die gleiche Art von bestimmten Fluchtursachen betroffen. Wie und ob eine Person migriert oder flieht, wird von verschiedenen Faktoren beeinflusst und hängt immer von der individuellen Lage eines Menschen ab.

Literatur

Anderson, Teresa/Shamsuddoha, Md/Dixit, Ajaya (2016): Climate Chance Knows No Borders. An analysis of climate induced migration, protection gaps and need for solidarity in South Asia. Climate Action Network – South Asia, Dhaka/Brot für die Welt. Berlin/ActionAid. Johannesburg.

Bundesamt für Migration und Flüchtlinge (BAMF) (2016): „Asylgeschäftsstatistik für den Monat Dezember 2016". http://www.bamf.de/SharedDocs/Anlagen/DE/Downloads/ Infothek/ Statistik/Asyl/201612-statistik-anlage-asyl-geschaeftsbericht.pdf?__blob=publicationFile (Abfrage: 03.02.2017).

Brot für die Welt (2015): „Menschen auf der Flucht". https://www.brot-fuer-die-welt.de/ fileadmin/mediapool/20_Unsere-Themen/Fluechtlingsdossier/Hilfe_fuer_Fluechtlinge_ Juli_2016.pdf. (Abfrage: 13.02.2017).

Dorsch, Timo u. a. (2016): Warum Menschen fliehen. Ursachen von Flucht und Migration – Ein Thema für Bildung und Gesellschaft. Gewerkschaft Erziehung und Wissenschaft (GEW). Frankfurt am Main/medico international. Frankfurt am Main.

Frieden Fragen (o. J): „Kriege weltweit 2015". https://www.frieden-fragen.de/entdecken/weltkarten/kriege-weltweit-2015.html (Abfrage: 03.02.2017).

Internal Displacement Monitoring Centre (IDMC) (2016): „GRID 2016. Global Report on Internal Displacement". http://www.internal-displacement.org/global report2016/?utm_source=IRIN+-+the+inside+story+on+emergencies&utm_campaign=fbd29b9fbf-RSS_EMAIL_CAMPAIGN_ENGLISH_MIGRATION&utm_medium=email&utm_term=0_d842d98289-fbd29b9fbf-75424969 (Abfrage: 09.02.2017).

Landmatrix (2017): http://www.landmatrix.org/en/ (Abfrage: 14.02.2017).

Scherr, Albert (2016): Diskriminierung/Antidiskriminierung – Begriffe und Grundlagen. In: Aus Politik und Zeitgeschichte 66, Heft 9, S. 3–10.

UNHCR (United Nations High Commissioner for Refugees) (2016): „Flucht und Vertreibung 2015 drastisch gestiegen". http://www.unhcr.de/home/artikel/276e4e75b3c815528feb15b5876448b0/flucht-und-vertreibung-2015-drastisch-gestiegen.html (Abfrage: 03.02.2017).

Vereinte Nationen (1948): „Allgemeine Erklärung der Menschenrechte". http://www.un.org/depts/german/menschenrechte/aemr.pdf. (Abfrage: 13.02.2017).

Teil 2:
Flucht

Timon Marszalek

Fluchtrouten – wie flüchten Menschen nach Europa?

Einleitung, Statistiken und Begriffe

Geflohen wird weltweit nicht erst seit dem Jahr 2015 – auch wenn es in Medienberichten manchmal so klingt, als sei *Flucht* ein neuartiges, bedrohliches Phänomen der Menschheitsgeschichte. Vor allem in Anbetracht der Medienberichterstattung lohnt es sich, einen kritischen Blick auf einige Statistiken zu werfen und häufig verwendete zentrale Begriffe zu entschlüsseln.

In vielen Teilen der Welt verlassen Menschen dauerhaft ihr Zuhause in der Hoffnung, anderswo ein Leben in Würde – zugegeben ein weiter Begriff – zu leben. Das Flüchtlingshilfswerk der Vereinten Nationen UNHCR zählt mit über 65 Millionen Personen weltweit die höchste von ihm jemals verzeichnete Zahl von Menschen auf der Flucht (vgl. UNHCR 2017). Etwa ein Drittel davon sind gemäß UNHCR-Syntax Flüchtlinge und Asylsuchende, während zwei Drittel der Flüchtenden sogenannte Binnenvertriebene, also Vertriebene im eigenen Staat sind.

In seiner Statistik zählt das UNHCR nur diejenigen, die vor bewaffneten Konflikten und Verfolgung fliehen, nicht jedoch solche, die ihre Lebensgrundlage wegen ökologischer Krisen verloren haben. Durch Dürreperioden, Überschwemmungen und andere Folgen von Umweltzerstörung und Klimawandel sowie durch Rohstoffhandel und Landraub verdrängte Menschen tauchen in der Statistik des UNHCR nicht auf (vgl. Dorsch u. a. 2016, S. 4 ff.). Entscheidend ist die vielfältige Überschneidung der Wanderungsmotive mit unterschiedlicher Prioritätenfolge:

> „Den größten Anteil an der gegenwärtigen globalen Migration haben Menschen, die eine Mischung aus Armut, Ausbeutung, Gewalt, Umweltkatastrophen und Chancenlosigkeit zur Flucht bewegt. Sie sind auf der Suche nach einem besseren Leben und wollen sich nicht damit abfinden, keine Perspektive zu haben und sozial ausgeschlossen zu sein" (vgl. Dorsch u. a. 2016, S. 4).

Tatsächlich nimmt die globale soziale Ungleichheit zwischen reich und arm rasant zu und hat längst groteske Formen angenommen. Ein Prozent der Weltbevölkerung besitzt heute fast die Hälfte des weltweiten Vermögens, während 1,2 Milliarden Menschen mit weniger als einem Euro pro Tag einen schier aussichtslosen Kampf ums Überleben führen (vgl. Dorsch u. a. 2016, S. 4). Acht Männer der Welt besitzen so viel Vermögen wie die Hälfte der Menschheit (vgl. Oxfam 2017, S. 1).

Wir betrachten hier drei Personengruppen: *Migranten, Asylsuchende und Flüchtlinge*. Diese Begriffe werden immer wieder durcheinandergebracht und teils uneinheitlich verwendet. Die humanitäre Organisation *Ärzte ohne Grenzen* verwendet diese Begriffe wie folgt (Übersetzung aus dem Englischen durch den Autor; vgl. MSF 2016, S. 2).

Ein *Migrant* ist eine Person, welche sich außerhalb des Territoriums des Staates aufhält, dessen Staatsangehörigkeit sie trägt oder deren Bürger sie ist, und die sich mehr als ein Jahr in einem fremden Land aufhält, unabhängig von den Ursachen der Migration, ob freiwillig oder unfreiwillig, und unabhängig von der Art der Migration, ob regulär oder irregulär.

Ein *Asylsuchender* ist eine Person, die in einem anderen Land als ihrem Heimatland Sicherheit vor Verfolgung und ernsthafter Schädigung sucht, und die eine Entscheidung über ihren Antrag auf Flüchtlingsstatus im Rahmen der geltenden internationalen und nationalen Instrumente erwartet.

Ein *Flüchtling* ist entweder (a) eine Person, die sich aufgrund begründeter Angst vor Verfolgung wegen ihrer Abstammung, Religion, Nationalität, politischen Meinung oder Zugehörigkeit zu einer bestimmten sozialen Gruppe außerhalb des Landes, dessen Staatsangehörigkeit sie besitzt, aufhält, und welche nicht in der Lage oder – aufgrund einer solchen begründeten Angst – nicht gewillt ist, vom in dem betreffenden Land angebotenen Schutz Gebrauch zu machen, oder (b) ein Staatenloser, der sich aufgrund der oben genannten fundierten Angst außerhalb des Landes aufhält, in dem er sich zuvor üblicherweise aufgehalten hat, und der nicht in der Lage oder – aufgrund einer solchen begründeten Angst – nicht gewillt ist, dorthin zurückzukehren.

Die Organisationen der Vereinten Nationen (VN), die sich hauptsächlich mit Migration, Flucht und Vertreibung beschäftigen, sind das Flüchtlingshilfswerk UNHCR und die Internationale Organisation für Migration IOM (International Organization for Migration). UNHCR und IOM erstellen häufig zitierte Statistiken, die sowohl Regierungen als auch weiteren VN-Organisationen als Grundlage für politische bzw. strategische Entscheidungen dienen.

Eine aufschlussreiche Analyse lieferte das Overseas Development Institute (ODI) in einem Bericht vom September 2016, welches die Mobilität von Menschen in Europa anhand der Anzahl von Asylanträgen errechnet statt nur registrierte Ankömmlinge in einem Land zu zählen. Als Ankömmlinge in einem Land werden bei UNHCR und IOM Migranten und Flüchtlinge gezählt, die nach einem Grenzübertritt an einem besetzten Grenzposten (oder einer dafür vorgesehenen Behörde) Asyl beantragen. Die VN-Organisationen zählen hierbei jedoch lediglich die Fälle *offener Migration* (engl. *overt migration*). Die Fälle *verdeckter Migration* (engl. *covert migration*) bleiben dabei unberücksichtigt. Ebenfalls auffällig ist, dass sich

UNHCR, IOM und Frontex bei ihren Statistiken vielfach widersprechen (vgl. ODI 2016, S. 18 ff.).

Besonders die jüngsten Zahlen der Asylanträge in Deutschland sind in diesem Zusammenhang irreführend. 2015 wurde etwa eine halbe Million in Deutschland angekommener Menschen in Unterkünfte (sogenannte Erstaufnahmeeinrichtungen) gebracht, bevor sie einen Antrag auf Asyl stellen konnten. Möchte man den Anteil verdeckter Migration nach dem ODI-Prinzip errechnen, muss man beispielsweise beim Vergleich von „Ankömmlingen in einem Land" zu „gestellten Asylanträgen in einem Land" die Anzahl der in die Erstaufnahmeeinrichtungen gebrachten Menschen, die noch kein Asyl beantragen konnten, hinzurechnen – rund eine halbe Million Menschen Ende 2015. Die um diesen und andere Effekte (wie z. B. Mehrfachregistrierung) bei der Zählung von Ankömmlingen und Registrierung von Asylanträgen bereinigten Zahlen weisen für das Jahr 2015 eine Diskrepanz von 660.000 Menschen auf. Mit anderen Worten: Es wurden 1,1 Millionen Ankömmlinge registriert, aber 1,7 Millionen Asylanträge (inkl. der wartenden Personen) gestellt. Dieser immense Unterschied (1,1 zu 1,7 Millionen), dem in der Regel wenig bis keine Beachtung geschenkt wird, wird vom ODI als Anteil verdeckter Migration bezeichnet. Diese Beobachtung ist im Zusammenhang mit den Fluchtrouten ungemein wichtig, denn die Statistiken zu Fluchtrouten erfassen bis zu 60 Prozent der Asylbewerber nicht. Mehr wissenschaftlicher Mut und ein kritischerer Umgang mit Zahlen wären vielerorts wünschenswert, um das Phänomen der Flucht nach Europa besser zu verstehen.

In der sozialen Arbeit mit geflüchteten Kindern und Familien in Deutschland sollte es nicht in erster Linie darauf ankommen, ob es sich um Flüchtlinge, Migranten oder Asylsuchende handelt, und auch die Statistiken und Maßzahlen sollten eine eher untergeordnete Rolle spielen. Es geht vielmehr um Menschen, die nicht selten ihr Leben und ihre Gesundheit riskiert haben, um nach Europa zu gelangen – unabhängig von der Motivation für die Flucht und unabhängig von ihrem legalen Status.

Eine entscheidende Rolle in diesem Zusammenhang spielen in diesem Handbuch hingegen folgende Betrachtungen. Im Jahr 2015 war mehr als die Hälfte der Flüchtlinge weltweit unter 18 Jahren alt (vgl. UNICEF 2016, S. 17). Im Jahr 2016 waren 91 Prozent der in Italien geflüchteten Kinder sogenannte unbegleitete minderjährige Flüchtlinge (UmF); im Vergleich dazu lag der Anteil an UmF in Griechenland im selben Zeitraum bei nur 17 Prozent (vgl. UNICEF 2017). Was es bedeuten muss, als unbegleitetes Kind die Reise nach Europa anzutreten, kann man höchstens vage erahnen, wenn Mädchen und Jungen von sexueller Ausbeutung, dem willkürlichen Einsperren in Internierungslagern, dem Entzug von Nahrung und Wasser oder der Sklaverei ähnlichen Arbeitsbedingungen während ihrer Reise berichten (vgl. UNICEF 2016b, S. 2 ff.) und das deutsche Auswärtige Amt dem Land Libyen „allerschwerste systematische Menschenrechtsverletzungen" und „KZ-ähnliche Bedingungen" selbst in den zugänglichen Internierungslagern attestiert (vgl. SPON 2017). Die Torturen, die Menschen auf der Flucht nach Europa erlitten haben, werden sich in vielen Formen auf die praktische soziale Arbeit mit Geflüchteten auswirken.

Fluchtrouten und -formen

Prinzipiell können Menschen auf drei Wegen Europa erreichen: auf dem Luftweg, dem Landweg und dem Seeweg. Eine Unterteilung in eine bestimmte Anzahl von Routen ist allerdings irreführend, impliziert sie doch zweierlei: erstens, dass wir wissen, wie Menschen nach Europa fliehen (siehe oben: verdeckte Migration), und zweitens, dass das Verschließen einer übersichtlichen Anzahl von Wegen Migration verhindern kann (siehe unten: Verschließen von Fluchtrouten). Beide Annahmen sind falsch und bergen die Gefahr, gravierende politische Fehlentscheidungen zu treffen, gibt es doch nicht z. B. acht Fluchtrouten nach Europa, wie Frontex erklärt (vgl. Frontex 2017), sondern ein Vielfaches davon.

Nach Europa zu flüchten könnte sicherer und für mehr Menschen zugänglich sein als dies heute der Fall ist: in einem Flugzeug mit einem Flugziel innerhalb der EU. Ein Flugticket von einem internationalen Flughafen außerhalb Europas kostet mit vielleicht 1.000 Euro einen Bruchteil dessen, was Flüchtende auf ihrer lebensgefährlichen Reise übers Mittelmeer an verschiedene Nutznießer ihres Elends bezahlen müssen. Warum also flüchten Menschen nicht auf dem Luftweg?

Die EU-Richtlinie 2001/51/EG sorgt seit über 15 Jahren dafür, dass nunmehr Fluggesellschaften de facto die eigentlich hoheitliche Aufgabe von EU-Grenzkontrollen weit ab von Europas Grenzen übernehmen. Befördert eine Fluggesellschaft einen Fluggast ohne gültige Papiere, drohen nicht nur die Rückführung auf eigene Kosten, sondern auch Strafen von mindestens 3.000 Euro, im Wiederholungsfall von bis zu 500.000 Euro. Das Personal von Fluggesellschaften an internationalen Flughäfen kontrolliert nur Gültigkeit und Vollständigkeit von Einreisepapieren – und lehnt dabei wegen Androhung der oben genannten Strafen all diejenigen ab, die keine gültigen Dokumente besitzen. Darin eingeschlossen sind also auch Menschen, welche nach international geltendem Recht Schutz als Flüchtlinge genießen müssten. Auf einen Rechtsstreit und die Prüfung durch den Europäischen Gerichtshof, ob diese Richtlinie gegen Menschenrechte verstößt, hat es bislang keine Fluglinie ankommen lassen. Die reguläre Nutzung von Flugzeugen, um in die EU zu gelangen, ist für Flüchtlinge damit fast ausgeschlossen. Ausnahmen sind das Reisen mit falschen Papieren oder, im Regelfalle, die legale Einreise (z. B. mit einem Besucher- oder Touristenvisum) und das Überschreiten der im Visum festgelegten Aufenthaltszeit. Botschaften von EU-Ländern in Krisenländern sind oft monate- oder jahrelang geschlossen, sodass die Beantragung eines Visums gar nicht möglich ist. Humanitäre EU-Visa in Form der Beantragung eines Visums in Botschaften oder anderen Auslandsvertretungen außerhalb Europas könnten menschliches Leiden verringern. Dennoch urteilte der Europäische Gerichtshof, dass EU-Staaten nicht zu dieser Maßnahme verpflichtet sind.

Über den Landweg und/oder den Seeweg in die EU zu kommen ist damit derzeit deutlich aussichtsreicher. Fluchtrouten über Land und Meer sind je nach Quelle unterschiedlich klassifiziert und benannt. Bekannte Routen der letzten Jahre auf dem Weg nach Europa wurden typischerweise wie folgt klassifiziert (vgl. ODI 2016, S. 20 ff.; taz 2017; Frontex 2017):

1. *Westafrikaroute*: auf dem Seeweg von Mauretanien, Westsahara oder Marokko auf die Kanarischen Inseln;
2. *westliche Mittelmeerroute*: auf dem Seeweg von Marokko oder Algerien nach Spanien;
3. *zentrale Mittelmeerroute*: auf dem Seeweg von Tunesien oder Libyen nach Italien oder Malta;
4. *östliche Mittelmeerroute*: auf dem Seeweg und/oder Landweg über die Türkei (und über die viel beachteten und drastisch Veränderungen unterworfenen *Balkanrouten*) nach Griechenland und/oder Albanien und/ oder Bulgarien;
5. auf dem Landweg über die einzigen Festlandsgrenzen zwischen Afrika und Europa von Marokko in die spanischen Besitzungen Ceuta und Melilla;
6. *Adriaroute*: auf dem Seeweg vom Balkan nach Italien;
7. *Polarroute*: auf dem Landweg von Russland nach Finnland und Norwegen;
8. *zentrale Osteuroparoute*: über die Ukraine nach Rumänien, Slowakei, Ungarn oder Polen;
9. *nördliche Osteuroparoute*: über Belarus nach Polen, Lettland oder Litauen.

Schematische Darstellung einiger Fluchtrouten nach Europa (u. a. basierend auf folgenden Quellen: IOM 2017, o. S.; taz 2017, o. S.; The Economist 2016, o. S.)

Eine Reihe von Faktoren kann dabei die Fluchtroute bestimmen, unter anderem:

	Faktor	Beispiele und wichtige Aspekte
1	Ursprungsland oder Ursprungsregion, aus der geflohen wird	• zahlenmäßig stärkste Ursprungsländer: Syrien, Afghanistan, Eritrea, Somalia, Irak • Wanderarbeiter aus beispielsweise Bangladesch oder Senegal werden gekidnappt oder fliehen nach mehreren Jahren Aufenthalt aus Libyen (vgl. SOS Méditerranée 2017)
2	Zielland oder Zielregion, in die geflohen wird	• Dublin-III-Verordnung und Solidaritätsmechanismus • Familienzusammenführung, soziale Netzwerke, Landessprache und beherrschte Sprachen der Flüchtenden

3	Möglichkeiten der Fortbewegung	• physische Mobilität/Gesundheit/Fitness: – lange Fußmärsche notwendig – Fähigkeit zu schwimmen – oft schlechte oder nur sporadische Versorgung mit Wasser und Lebensmitteln – kaum medizinische Versorgung und schlechte hygienische Bedingungen
4	Zugang zu Transportmitteln	• Flugzeug, Boot/Schiff/Fähre, Pkw/Lkw, Zug, Fahrrad, zu Fuß oder getragen durch Personen
5	Zugänglichkeit zu und Passierbarkeit von Strecken an Land und auf See	
5a	nationalstaatliche Grenzen	• Kontrollen, Patrouillen, Zäune/Mauern/Grenzanlagen: 14.000 Kilometer (Land) und 68.000 Kilometer (Küste) EU-Außengrenzen-Länge; 8.000 Kilometer EU-Binnengrenzlänge • Schengener Abkommen • Frontex, die Europäische Agentur für die Grenz- und Küstenwache (siehe unten) • Push-Back-Operationen • andere Abkommen zwischen EU(-Mitgliedsstaaten) und anderen Staaten, zwischen Institutionen • Herkunft und Vulnerabilität: z. B. Syrer vs. Afghanen; UmF, Schwangere, Kranke
5b	natürliche Grenzen	• Mittelmeer: große Distanz, lebensgefährliche Überfahrt, kaum systematische Seenotrettung, nicht seetüchtige Boote, Winter (Wind, Kälte, Seegang) auf dem Mittelmeer • die Beendigung der italienischen Operation zur Seenotrettung „Mare Nostrum" und die Einführung der EU/Frontex-Operation „Triton" • die militärische Operation „EUNAVFOR MED" bzw. Operation „Sophia"
5c	Witterungsbedingungen	• Kälte und Niederschlag • Wind und Seegang
6	finanzielle Mittel	• Schmuggler, Bestechungen, Reisedokumente und Tickets

Im Jahr 2015 kamen laut IOM 97 Prozent der Migranten und Flüchtlinge auf dem Seeweg in Europa an. Warum kamen und kommen die meisten Asylsuchenden übers Meer nach Europa?
Europas Grenzen werden bewacht und technisch immer stärker aufge-

rüstet. Asylsuchende und Migranten werden an Europas Grenzen vielfach systematisch abgewiesen, je nach Land droht ihnen, dass sie ohne Rechtsschutz in Internierungslagern eingesperrt werden, ohne ein Asylverfahren durchlaufen zu können.

Die EU-Grenzschutzagentur Frontex (frz. frontières extérieurs) begann ihren Dienst 2005 und hat sich von einer kleinen Agentur mit einigen Dutzend Mitarbeitern zu einer Personenabwehrmaschine mit über 250 Millionen Euro Jahresbudget, ständig erweiterten und kaum kontrollierbaren Kompetenzen gemausert – Tendenz stark steigend. Frontex-Chef Leggeri warf kürzlich den im Mittelmeer tätigen Nichtregierungsorganisationen wie SOS Mediterranee vor, das Schmugglergeschäft und illegale Netzwerke in Nordafrika zu fördern. Er verwies bei seinen Anschuldigungen weder auf die Zusammenhänge zwischen dem Verschließen von Fluchtrouten und den größeren Risiken, denen sich Menschen auf der Flucht aussetzen müssen (vgl. ODI 2016, S. 11 ff.), noch darauf, dass im Sinne einer Reihe internationaler Abkommen die Rettung aus Seenot eine gesetzliche Pflicht und nicht etwa ein Verbrechen ist (vgl. Pro Asyl 2015, S. 4 f.). Dass solche perfiden, diffamierenden und vereinfachenden Unterstellungen mit der Verkehrung von Tatsachen und Umkehrungen von Ursache und Wirkung zunehmen werden, darf angenommen werden, denn es geht offenbar darum, die humanitären Interventionen von NGOs öffentlich zu delegitimieren und damit ihre Behinderung oder gar Blockierung vorzubereiten.

Die sogenannte Dublin-III-Verordnung der EU bestimmt, welcher EU-Mitgliedsstaat für die Durchführung des Asylverfahrens zuständig ist. In fast allen Fällen ist dies der EU-Staat, den die Flüchtenden zuerst betreten haben. Die Anwendung dieser Verordnung hat eine Reihe gravierender Konsequenzen. Erstens führt dies zu einer extrem ungleichen Verteilung von Asylverfahren in der EU. Ein Solidaritätsmechanismus zur gerechteren Verteilung von Flüchtlingen wurde bis heute nicht eingeführt. Außerdem dürfen Flüchtende den ersten EU-Staat, den sie betreten, nicht mehr verlassen, bis das Asylverfahren abgeschlossen ist, was sich jedoch Monate oder Jahre hinziehen kann. Damit bleibt es vielen Flüchtenden verwehrt, Familienangehörige und soziale Netzwerke anderswo in der EU aufzusuchen. Dies hat dramatische Folgen für die Betroffenen und ihre Integration. Darüber hinaus müssen Flüchtende vielfach in einem Staat Asyl beantragen, dessen Sprache sie nicht sprechen, z. B. in Griechenland; sie dürfen dann nicht nach Frankreich oder Belgien reisen, obwohl sie Französisch sprechen. Während in den meisten europäischen Staaten durch die Schengener Abkommen und die damit einhergehenden Freiheiten und Erleichterungen Freizügigkeit für die meisten Europäer gilt, so verhindert die Dublin-III-Verordnung eine Bewegungsfreiheit für Asylsuchende in Europa.

Die Zurückweisung von Schutzsuchenden an einer Grenze zurück ins

Meer oder zurück hinter den Zaun sind völkerrechtswidrige Push-Back-Operationen und wurden in Europa von einer Reihe Organisationen beobachtet und scharf kritisiert. Die Missachtung des Nichtzurückweisungsprinzips ist, vorliegenden Berichten zufolge, in der EU keine Seltenheit mehr.

Verschließen von Fluchtrouten und die Konsequenzen

Die EU stützt sich bis jetzt auf zwei Gegenmittel, um mit der „Flüchtlingskrise" – leicht zu verstehen als „die Flüchtlinge bringen uns die Krise" anstatt „die EU steckt in einer ideellen und politischen Krise, was jetzt an ihrem Umgang mit Flüchtlingen sichtbar wird" – umzugehen: *das punktuelle Verschließen von Grenzen und das Auslagern von Grenzkontrollen*. Die Reaktionen der EU-Politik auf Flucht nach Europa sind deutlich und ein Merkmal ist ihnen stets gemeinsam: Es ist die kontinuierliche, an Verzweiflung grenzende Bekämpfung von *Symptomen* anstelle einer durchdachten, humanen Linderung der *Ursachen* unfreiwilliger Wanderungen. Nicht die einst viel beschworenen Fluchtursachen werden angegangen, sondern Menschen auf ihrer Flucht bekämpft. Dies können diejenigen, die an Menschenrechte und humane Werte glauben, nur als Versagen der internationalen Politik und als immensen kulturellen Rückschritt werten.

Dabei wissen wir, dass die Schließung einzelner Grenzen Flüchtlinge nur in benachbarte Länder umleitet oder sie zwingt, auf gefährlichere Wege in dasselbe Land auszuweichen. Wir beobachten zudem einen „Domino-Effekt" von Grenzaufrüstung und -abwehr mit gigantischen Kosten für alle Beteiligten in einem Wettlauf, den kein Land dauerhaft gewinnen kann (vgl. ODI 2016, S. 21 ff.). Das krisengeschüttelte Griechenland beherbergte im Winter 2016/17 über 60.000 Geflüchtete, die nach dem Schließen der Balkanroute und dank des Dublin-Reglements bei Eis und Schnee in Zelten festsaßen. Das Asylsystem ist überfordert, die EU-Minimalstandards für die Unterbringung und Versorgung von Flüchtlingen werden in den Grenzräumen vermutlich nirgendwo erfüllt.

Die Konsequenzen dieser Entscheidungen sind gleichermaßen fatal: Verletzungen mit teils tödlichen Folgen an den Grenzzäunen in Ceuta, jährlich tausende Ertrunkene im Mittelmeer, Ersticken in Kofferräumen und Lastkraftwagen, Erfrieren in Booten oder auf Zügen, ganz zu schweigen von den Toten auf dem Weg durch die Wüsten zum Mittelmeer, deren Zahl möglicherweise noch höher liegt als die der registrierten Toten und Vermissten im Meer. Menschen auf der Flucht müssen sich in Lebensgefahr begeben, vielerorts droht der politisch verschämt, aber de facto billigend in Kauf genommene Tod tausender Männer, Frauen und Kinder. Im Januar

2017 war die Todesrate mit 222 Toten und Vermissten auf dem Weg von Libyen nach Italien mit 4,5 Prozent so hoch wie nie zuvor (vgl. UNHCR 2017b). Bereits zuvor war die zentrale Mittelmeerroute mit einer Todesrate von 1,9 bis 3,6 Prozent besonders verheerend (vgl. IOM 2016b; ODI 2016, S. 20). Im weltweiten Vergleich ist die Route übers Mittelmeer diejenige, bei der mit Abstand die meisten Menschen ums Leben kommen oder als dauerhaft vermisst gelten (vgl. IOM 2016, S. 1). Die Todesrate auf dem Seeweg von der Türkei auf die vergleichsweise nahe gelegenen griechischen Inseln lag 2015 bei unter 0,1 Prozent (vgl. ODI 2016, S. 20).

Das Mittelmeer und seine Küsten stehen in den vergangenen Jahren zunehmend unter der Beobachtung einer breiten Öffentlichkeit. Etliche Berichte von Bootsunglücken auf der lebensgefährlichen Überfahrt in nicht seetüchtigen Booten prägen die Nachrichten, mittlerweile werden jährlich tausende Tote vor den Grenzen der EU gezählt. Die Dunkelziffer dürfte weitaus höher liegen. Selbst im Winter bei eisigem Wind und hohem Wellengang wagen Menschen die Überfahrt nach Europa.

Im Jahre 2015 wurde die italienische Operation zur Seenotrettung im Mittelmeer „Mare Nostrum" aus Mangel an EU-Finanzierung und politischem Willen, besonders auf deutscher Seite (vgl. Bade 2016, S. 101 ff.), beendet und durch die EU/Frontex-Operation „Triton" ersetzt. Triton hat nur einen Bruchteil der finanziellen und technischen Ressourcen von Mare Nostrum zur Verfügung und ist im Gegensatz zu Mare Nostrum kein vorrangiges Programm zur Seenotrettung, sondern zum Grenzschutz.

Die EUNAVFOR MED Operation „Sophia" soll Schlepper im südlichen zentralen Mittelmeer und damit illegale Netzwerke bekämpfen. Vom Meer aus die Schlepper zu bekämpfen, die vorrangig an Land agieren und deren Netzwerke weit in den Kontinent Afrika hineinreichen, klingt ambitioniert, ist aber a priori aussichtslos und geht am Kern der Sache vorbei: an den Gründen, *warum* Menschen fliehen. Stattdessen baut die EU nun mit der Operation „Sophia" vor den Augen der EU die Libysche Küstenwache auf. Libyen versinkt seit dem Sturz Gaddafis, der selber ein Flüchtlingshändler war (vgl. Bade 2016, S. 125), immer weiter im politischen Chaos, die durch die EU akzeptierte Regierung kontrolliert nur einen kleinen Teil des Landes. Wer mit denjenigen, die sich „Libysche Küstenwache" nennen, Geschäfte macht, kann nicht wissen, wem das gerade nützt.

Frontex hat mit dem europäischen Überwachungssystem „Eurosur" prinzipiell die besten Voraussetzungen, um Zählungen von Todesopfern an europäischen Grenzen durchzuführen. Die Grenzschutzagentur mit Sitz in Warschau gibt sich in dieser Frage allerdings auffällig bedeckt und eine Sprecherin beharrte kürzlich darauf, dass Frontex nicht die richtige Ausstattung für eine Zählung habe – aus Furcht, moralisch unangenehme Fakten aufdecken zu müssen (vgl. Eliassen 2017)?

Eine weitere Folge ist, dass Flüchtende an Grenzen außerhalb der Schengen-Staaten oder gar innerhalb der EU gegen ihren Willen und oftmals unter verheerenden Bedingungen in Internierungslagern festgehalten werden (vgl. SPON 2017; HRW 2017; AI 2016). Die Voraussetzungen, um als Flüchtende an den EU-Außengrenzen durchgelassen zu werden, entsprachen in den vergangenen beiden Jahren oft nicht dem Grundsatz der Gleichbehandlung: Einreise nur für Menschen aus einem bestimmten Land (z. B. Syrien) oder Einreise nur für Menschen mit einem bestimmten Glauben (z. B. Christen), Einreise nur für bestimmte Gruppen (z. B. UmF) – all das geschieht vor aller Augen im Europa des 21. Jahrhunderts.

Die Anzahl derer, die weit vor den Grenzen Europas in über 160 EU-finanzierten Internierungslagern (vgl. taz 2017) festgehalten werden, ohne Verurteilung und ohne Asylverfahren, ist unbekannt. Dabei schloss die EU mit zwei Dutzend afrikanischen und asiatischen Staaten Abkommen und gab zwischen 2015 und 2016 15,3 Milliarden Euro an sogenannten „Entwicklungsgeldern" aus, um Flüchtlinge und Migranten zu stoppen, nicht zuletzt in Kooperation mit fluchttreibenden Regimen (vgl. ODI 2016; taz 2017).

Die Umstände in libyschen Lagern sind nicht nur dem Auswärtigen Amt bekannt, sondern auch den Nichtregierungsorganisationen, die in Libyen oder angrenzenden Staaten arbeiten. Menschen, die es geschafft haben aus Libyen zu entkommen, berichten immer wieder von Missbrauch und Vergewaltigung, Folter und Demütigung, Krankheit und Tod von Mitinsassen. Menschen werden gehandelt wie Vieh, Familien werden zerrissen. Ein Teil eines Menschenschmugglerrings zu werden ist in Libyen ein wirtschaftlicher Ausweg in einem im politischen Chaos versunkenen Land (vgl. SOS Mediterranee 2017b, o. S.).

Flüchtende, die zurückgeschickt werden

Die EU geht noch einige Schritte weiter, wenn es darum geht, Flüchtende nicht in die Nähe kommen zu lassen oder sie wieder loszuwerden. Ein ebenso perfides wie erfolgreiches Mittel zur Zurückhaltung und Verdrängung von Flüchtenden war der im März 2016 in Kraft getretene milliardenschwere *EU-Türkei-Deal*. Die Türkei lässt sich von der EU dafür bezahlen, dass sie asylsuchende Flüchtlinge in Internierungslagern festhält bzw. ihnen die Ausreise verweigert. Die Türkei wird somit zu einem europäischen Dienstleister gegen Menschenrechte und Flüchtlingskonvention. Erneut greift der fatale EU-Mechanismus „tausche Verantwortung für Menschenrechte gegen Milliarden Euro". Erneut werden Menschen auf immer gefährlichere Wege gezwungen. Erneut profitieren genau davon die Schmuggler, die den Flüchtenden auf neuen Wegen weiterhelfen, und alles dreht sich in einem immer menschenfeindlicher werdenden Kreis. Aktuell drohen Abschiebungen von Syrern aus Griechenland in die Türkei, wenn das entsprechende Urteil des „Greek Supreme Administrative Court" nicht noch durch die „Grand Chamber of the Court" gekippt wird. Dies würde bedeuten, dass Abschiebungen ohne Asylverfahren aus Griechenland (EU) in das Nicht-EU-Land Türkei (nicht EU) möglich würden.

Seit Ende 2016 schiebt die EU auch abgelehnte Asylbewerber aus Afghanistan in ihr Heimatland ab. In Afghanistan, wir erinnern uns, beherrscht bewaffneter Konflikt das Land. Das Auswärtige Amt schreibt Anfang 2017 auf seiner Seite:

> „In ganz Afghanistan besteht ein hohes Risiko, Opfer einer Entführung oder eines Gewaltverbrechens zu werden. Landesweit kann es zu Attentaten, Überfällen, Entführungen und andere Gewaltverbrechen kommen" (AA 2017).

Sogenannte „freiwillige Rückkehrer" werden von der Bundesregierung zu zigtausenden „motiviert", in Kriegsgebiete und an Orte, an denen Menschenrechte schwer verletzt werden, zurückzukehren. Auch Länder wie Afghanistan fallen unter die EU-eigene Erfindung der „sicheren Drittstaaten" oder „sicheren Herkunftsländer". Anstatt auf die wahrscheinliche Ablehnung ihres Asylantrags zu warten, ziehen die Betroffenen ihren Antrag zurück, bekommen ein paar hundert bis höchstens 3.000 Euro, wenn sie „freiwillig" in das Herkunftsland zurückkehren. „Freiwillige Rückkehr" ist ein migrations- und asylpolitisches Steuerungsinstrument und hat mit Freiwilligkeit nur bedingt zu tun.

Schlussfolgerungen

An den Fluchtwegen und Fluchtformen von Menschen, die nach Europa streben, kann man erstaunlich viel politische und gesellschaftliche Realität ablesen. Wir Europäer sollten uns schleunigst und sehr gründlich einige grundsätzliche Gedanken machen.

Konsequenz der EU-Strategie einer Minimierung der Anzahl von Flüchtlingen sind deren Abwehr und die Auslagerung von EU-Grenzpolitik („Externalisierung"). Während Menschenschmuggler mit unzulänglichen Mitteln bekämpft werden sollen (z. B. mit der militärischen Operation „Sophia"), betreibt die EU selbst einen schmutzigen Handel, indem sie die Abwehr von flüchtenden Menschen vor den Grenzen Europas mit Milliarden von Euro finanziert.

Es gibt quasi kein Abwehrsystem auf der Welt, das so zuverlässig ist, dass es nicht umgangen werden könnte – daran werden langfristig auch Milliardenzahlungen nichts ändern. Die Stacheldrahtzäune von Melilla sind in mehreren Ringen sechs Meter hoch, umgeben von Stolperfallen und einer Vielzahl von Detektionssystemen und Grenzschützern auf kleinstem Gebiet. Immer wieder gelingt Menschen dennoch das Überwinden dieser Systeme.

Menschen sind extrem anpassungsfähig, sie sind einfallsreich und haben einen starken Überlebenswillen. Eine versuchte Schließung einer zigtausend Kilometer langen Grenze ändert nichts an den Fluchtursachen, bringt das Leben von Schutzsuchenden in Gefahr und lässt sie nach anderen, immer riskanteren Wegen suchen. Dem Einfallsreichtum sind keine Grenzen gesetzt: im Koffer, durch die Kanalisation, im Motorraum und versteckten Räumen von Lkw, auf Zügen und anderswie – oft mit der Hilfe von Schleppern, die von der Schließung von Grenzabschnitten profitieren – wird weiterhin geflüchtet werden, solange Ursachen der Flucht nicht mit einer starken Allianz bekämpft werden.

Jede Flüchtlingsabwehrmaßnahme stärkt also irgendwo die Schmugglernetzwerke. Abwehrstrategien an Grenzen verlagern die „offene Migration" in Richtung der „verdeckten Migration". Das Kräfteverhältnis zwischen verdeckter und offener Migration verändert sich und Staaten haben mithin eine schlechtere Kontrolle über Ankünfte in ihren Ländern (vgl. ODI 2016, S. 12).

Wie kommt es, dass die Politik so wenig Mut im Hinblick auf das Benennen und Bekämpfen der *Ursachen* von Flucht hat? Von wirtschaftlicher Ausbeutung in krisengeschüttelten Regionen profitieren vor allem extrem Reiche, nicht selten mit Vermögen innerhalb der EU. Warum boomt die Waffenindustrie, warum nehmen Flüchtlingszahlen zu? Haben europäische Konzerne tatsächlich ein Interesse daran, bewaffnete Konflikte in Afrika zu beenden? Oder wird ein neokoloniales Plündern von Rohstoffen durch multinationale Konzerne aufseiten von Regierungen in Europa und Afrika gebilligt und unterstützt?

Gemessen an der Bevölkerungszahl nimmt mit Abstand Libanon die meisten Flüchtlinge und Migranten auf, gemessen am Bruttoinlandsprodukt ist es Äthiopien (vgl. Caryl 2016). Die sechs reichsten Länder USA, China, Japan, Deutschland, Frankreich und das Vereinte Königreich, welche über 50 Prozent der weltweiten Wirtschaftsleistung erbringen, beherbergen nicht einmal 9 Prozent der Flüchtlinge der Erde (vgl. Oxfam 2016). Was genau meinen Europäer, wenn sie von „Flüchtlingskrise" sprechen?

Der erste Schritt erscheint schwer: Wer möchte schon freiwillig Privilegien aufgeben und Wohlstand abgeben? Dass dieser Wohlstand in manchmal schwer zu durchschauender Weise an die Zustände geknüpft ist, die Menschen anderswo auf der Welt dazu treiben, ihr Zuhause zu verlassen, ist ein unbequemer Gedanke. Solange sich aber an den Mustern der systematischen Ausbeutung und der Ungleichverteilung von Vermögen auf der Welt

– auch innerhalb der EU – nichts fundamental ändert, werden Menschen weiterhin, nötigenfalls auf immer neuen Routen, auf der Suche nach einem würdevollen Leben für sich und ihre Familien die Flucht ergreifen.

Literatur

Amnesty International (AI) (2016): „Europa muss Verantwortung für Flüchtlinge in Griechenland übernehmen". https://www.amnesty.de/2016/4/18/europa-muss-verantwortung-fuer-fluechtlinge-griechenland-uebernehmen?destination=startseite (Abfrage: 26.03.2017).

Auswärtiges Amt (AA) (2017): „Reise- und Sicherheitshinweise: Afghanistan". https://www.auswaertiges-amt.de/DE/Laenderinformationen/00-SiHi/Afghan istanSicherheit.html?nn=555292?nnm=555292 (Abfrage: 19.02.2017; Stand der Informationen: 11.11.2016).

Bade, Klaus J. (2016): Von Unworten zu Untaten. Kulturängste, Populismus und politische Feindbilder in der deutschen Migrations- und Asyldiskussion zwischen „Gastarbeiterfrage" und „Flüchtlingskrise". In: IMIS-Beiträge, Heft 48, S. 35–171.

Caryl, Christian (2016): „If You Think Europe Has a Refugee Crisis, You're Not Looking Hard Enough". http://foreignpolicy.com/2016/02/02/the-weakest-links-syria-refugees-migrants-crisis-data-visualization/ (Abfrage: 12.03.2017).

Dorsch, Timo/Dünnwald, Stephan/Gebauer, Thomas/Glasenapp, Martin/Jung, Anne/Lenz, Ramona/Mappes-Niediek, Norbert/Maurer, Katja/Sälzer, Christian/Wagner, Sven (2016): Warum Menschen fliehen. Gewerkschaft für Erziehung und Wissenschaft (GEW) und medico international (Hrsg.).

The Economist (2016): „The dangerous migrant road to Europe". http://www.economist.com/blogs/graphicdetail/2016/10/daily-chart-13 (Abfrage: 18.02.2017)

Eliassen, Ingeborg (2017): „Uncounted: Invisible Deaths on Europe's Borders". http://www.investigate-europe.eu/en/the-uncounted-invisible-deaths-on-europes-borders/

Frontex (2017): „Migratory routes map". http://frontex.europa.eu/trends-and-routes/migratory-routes-map/ (Abfrage: 12.03.2017).

Human Rights Watch (HRW) (2017): „Greece: Dire Refugee Conditions on Islands". https://www.hrw.org/news/2017/01/23/greece-dire-refugee-conditions-islands (Abfrage: 26.03.2017).

International Organization for Migration (IOM) (2016): „Dangerous journeys – International migration increasingly unsafe in 2016".https://publications.iom.int/system/files/gmdac_ data_briefing_series_issue4.pdf (Abfrage: 18.02.2017).

International Organization for Migration (IOM) (2016b): „IOM Counts 3,771 Migrant Fatalities in the Mediterranean in 2015". http://www.iom.int/news/iom-counts-3771-migrant-fatalities-mediterranean-2015 (Abgerufen: 18.02.2017).

International Organization for Migration (IOM) (2017): „Migration Flows – Europe" http://migration.iom.int/europe/ (Abfrage: 18.02.2017).

Médecins Sans Frontières (MSF) (2016): Obstacle Course to Europe – A Policy-made Humanitarian Crisis at EU Borders.

Overseas Development Institute (ODI) (2016): Europe's refugees and migrants – Hidden flows, tightened borders and spiralling costs.

Oxfam (2016): „Six richest countries host less than 9 % of refugees". https://www.oxfam.org/en/pressroom/pressreleases/2016-07-18/six-richest-countries-host-less-9-refugees (Abfrage: 18.02.2017)

Oxfam (2017): An Economy for the 99 % – It's time to build a human economy that benefits everyone, not just the privileged few.

Pro Asyl e.V. (2015): Flüchtlinge in Seenot: handeln und helfen. Frankfurt am Main.

SOS Mediterranee/René Schulthoff (2017): In eigenen Worten #23: „Wir wollten gar nicht nach Europa". http://sosmediterranee.org/in-eigenen-worten-23-wir-wollten-gar-nicht-nach- europa/ (Abfrage: 18.02.2017).

SOS Mediterranee (2017b): „Testimonies". http://sosmediterranee.org/testimonies/ (Abfrage: 12.03.2017).

Spiegel Online (SPON)/Deutsche Presseagentur (2017): Bericht aus Libyen – Auswärtiges Amt sieht „KZ-ähnliche Verhältnisse". http://www.spiegel.de/politik/ausland/libyen-kz-aehnliche-verhaeltnisse-fuer-fl uechtlinge-laut-bericht-beklagt-a-1132184.html (Abfrage: 18.02.2017).

taz – Die Tageszeitung (2017): So verändern sich die Fluchtrouten in Europa. https://www.taz.de/fluchtrouten (Abfrage: 18.02.2017).

United Nations High Commissioner for Refugees (UNHCR) (2017): „Figures at a Glance". http://www.unhcr.org/figures-at-a-glance.html (Abfrage: 18.02.2017).

United Nations High Commissioner for Refugees (UNHCR) (2017b): „Mediterranean: Dead and Missing at sea". https://data2.unhcr.org/en/documents/download/53699 (Abfrage: 18.02.2017).

United Nations International Children's Fund (UNICEF) (2016): Uprooted – A Growing Crisis for Refugee and Migrant Children.

United Nations International Children's Fund (UNICEF) (2016b): Danger every step of the way – A harrowing journey to Europe for refugee and migrant children.

United Nations International Children's Fund (UNICEF) (2017): „Number of unaccompanied or separated children arriving by sea to Italy doubles in 2016". https://www.unicef.org/media/media_94399.html (Abfrage: 18.02.2017).

Sophia Wirsching

Transitländer Nordafrikas: Marokko

Durch die Nähe zu Spanien ist Marokko ein wichtiges Transitland für Migranten und Migrantinnen aus Afrika. Diese versuchen immer wieder über die marokkanischen Grenzzäune auf europäischen Boden zu gelangen. Wie zuletzt im Februar dieses Jahres, als innerhalb weniger Tage ungefähr 800 Menschen die Stacheldrahtzäune zur spanischen Exklave Ceuta überwanden. Mit acht Kilometern Grenzzaun gehört diese Grenzanlage zu einer der aufwendigsten weltweit. Ebenso gesichert ist auch der zwölf Kilometer lange Zaun, der zwischen Marokko und der zweiten zu Spanien gehörenden Stadt Melilla an der nordafrikanischen Küste verläuft. Ceuta und Melilla haben die einzigen EU-Außengrenzen auf dem afrikanischen Kontinent und sind dadurch im wahrsten Sinne Anlaufpunkt für Flüchtlinge, Schutzsuchende und jene, die auf Perspektiven und Chancen in Europa hoffen. Sie kommen vor allem aus Ländern des südlichen Afrika. Beim Versuch, über die sechs Meter hohen und mit Stacheldraht versehenen Zäune zu klettern oder mithilfe von Werkzeug Löcher in den scharfen Draht zu schneiden, riskieren viele von ihnen ihr Leben und ziehen sich teils schwere Verletzungen zu. Doch eine reale Chance, durch die Türen des Zauns zu gelangen, um etwa Asyl innerhalb der EU zu suchen, bleibt ihnen verwehrt.

Als Reaktion auf jene Menschen, denen es gelingt, unerlaubt nach Europa einzureisen, forderte die EU bereits seit den 2000er Jahren eine Kontrolle der irregulären Migration und setzte dabei auf Abkommen mit dem marokkanischen Staat. Im Juni 2013 unterzeichnete Marokko als erster Mittelmeerstaat eine sogenannte Mobilitätspartnerschaft mit der EU und neun Mitgliedsländern; damit sollte die Kooperation auf dem Gebiet des Migrationsmanagement und der Steuerung von Migrationsbewegungen gestärkt werden. Im Gegenzug für europäische Wirtschaftshilfe und Visa-Erleichterungen für marokkanische Bürger/innen wurde Marokko die Aufgabe zuteil, die Grenzen zur EU besser vor Migrationswilligen aus anderen afrikanischen Staaten zu schützen (vgl. de Bel-Air 2016, S. 1 ff.).

In den letzten Monaten wurde Marokko häufig als jenes Land herangezogen, in dem eine beispielgebende Zusammenarbeit zu den Themen Flucht und Migration Richtung Europa bereits erfolgreich greife. Eine Zusammenarbeit, an der sich zukünftige europäische Abkommen mit anderen Transit- und Herkunftsstaaten von Migrantinnen orientieren sollten.

Tatsächlich ist es heute zumindest medial relativ ruhig geworden um das Transitland, das geografisch durch die Straße von Gibraltar gerade mal vierzehn Kilometer von Spanien, von Europa getrennt ist. Noch vor zehn

Jahren gab es zahlreiche Meldungen, die von hunderten Migrantinnen berichteten, die irregulär, schwimmend, kletternd oder versteckt in Lieferwagen flüchteten, auf der Suche nach Sicherheit, Arbeit, Perspektiven. Mit der militärischen Aufrüstung der Grenzanlagen nahm die Zahl derjenigen zu, die elend im NATO-Stacheldraht verbluteten oder unter Beschuss im Meer ertranken. Brutal gehen Polizei und Militär gegen die meist jungen Männer vor, die aus unterschiedlichsten Ländern West- und Zentralafrikas über Marokko den Weg nach Europa suchen. Inhaftierungen, Deportationen und Razzien gegen irreguläre Migrant/inn/en sind immer noch an der Tagesordnung, auch wenn es gleichzeitig ernsthafte Bemühungen gibt, die menschenrechtliche Situation zu verbessern. So hat der marokkanische König erst im Jahr 2014 ein erstes Programm durchführen lassen, durch das knapp 20.000 Personen legalisiert werden konnten.

Über Abkommen mit der Europäischen Union und einzelnen ihrer Mitgliedsländer, insbesondere Spanien, wird Marokko zusehends in die Pflicht genommen, als strenger Grenzwächter durchzugreifen, und die zumeist jungen Männer spätestens hier von einer Weiterreise gen Europa abzuhalten. Heute heben die europäischen Politiker stolz hervor, wie gut ihnen dies geglückt sei. Dies liegt vor allem an den verstärkten Kontrollen an der Grenze zu Algerien, über die jetzt weniger Menschen in die marokkanische Stadt Oudja kommen. Über Marokko versuchten es nur noch wenige – zu aussichtslos sei das Unterfangen mittlerweile. Doch die International Organisation for Migration (IOM) berichtet, dass allein im Jahr 2016 mindestens 69 Migrant/inn/en vor den Küsten Spaniens zu Tode kamen. Und im Jahr davor mindestens 195 Personen. Andere Quellen gehen von wesentlich mehr Todesfällen aus. Auch über die Zahl der irregulär in Marokko lebenden Migrantinnen und Migranten gibt es unterschiedlichste Schätzungen. In informellen Lagern in der Nähe der spanischen Enklaven warten sie zu Hunderten auf eine günstige Gelegenheit, die lebensgefährlichen Zäune zu überwinden – oder sie leben in einer der größeren Städte, wenn sie den Traum von Europa aufgegeben haben. Dann gehen sie oft schlecht bezahlter, informeller Arbeit nach oder sind auf Almosen anderer angewiesen. In der nördlichen Stadt Fes sammeln sich glücklose Migranten direkt neben dem Bahnhof. Hier ist ein informelles Lager entstanden, in dem mehrere hundert Menschen versuchen Kraft zu sammeln, sich von gescheiterten Versuchen erholen, die europäischen Grenzen zu überwinden. Wenige Habseligkeiten sind in dürftigen Holz-, Müll- und Plastikverschlägen vor dem winterlichen Regen versteckt. Es gibt kein fließendes Wasser hier, die hygienischen Bedingungen sind katastrophal. Doch die jungen Männer sind froh, dass sie hier sein können. In der Nähe der Grenzstädte Melilla und Ceuta werden sie regelmäßig vertrieben, ihre Lagerstätten mutwillig von Polizeikräften zerstört. „In Fes kann ich mich erholen", berichtet Zari, ein junger Mann, der vor vier Jahren aus Sierra Leone über Mali und Algerien nach Marokko kam und sich mehrfach schwer verletzt hat, als er die Zäune um das spanische Melilla bezwingen wollte. Seine Hände und Füße weisen tiefe Narben auf. „Ich möchte nach Deutschland, denn dort kann ich glücklich sein", sagt er, der in Sierra Leone nur eine Grundschule besuchen und danach von der Arbeit auf dem Feld nicht leben konnte. Er habe gesehen, wie andere junge Männer die Gegend verlassen haben, er sei ihnen gefolgt. Bekannte haben ihm die Schlepper vorgestellt, die ihn nach Mali brachten. Wenn er von Deutschland spricht, leuchten die Augen des jungen Mannes.

> „Hier gibt es keine Hoffnung, in Algerien werden wir ausgebeutet, in Sierra Leone herrscht überall Armut und Korruption. Auch in Marokko sind wir nicht gern gesehen. Wenn ich wieder bei Kräften bin, werde ich es wieder versuchen. Eines Tages werde ich von der anderen Seite des Zauns nach Marokko winken."

Mit dieser Zuversicht ist er nicht alleine. Etwa vierzig junge Männer, teilweise noch Kinder, sitzen auf Plastikstühlen neben der Küche des Gemeindehauses der evangelischen Kirche in Marokko in Fes. Hier, in Marrakesch, Rabat und Casablanca bieten die Gemeinden den Migrant/inn/en eine Anlaufstelle. Zweimal in der Woche können sie eine warme Mahlzeit, medizinische Versorgung und manchmal auch Kleiderspenden erwarten. Zum Gottesdienst am Sonntag sind auch die undokumentierten Migranten willkommen. Sie kommen aus Mali, Nigeria, der Elfenbeinküste, manche aus Zentralafrika. Viele berichten von großer Unsicherheit, Kriegen und Perspektivlosigkeit, die sie aus der Heimat vertrieben haben. Sie wünschen sich nicht viel vom Leben: Arbeit, ein Dach über dem Kopf, Gesundheit und, dass sie mit dem Geld, das sie in Europa verdienen werden, ihren Familien in den Herkunftsländern helfen können, das Elend zu lindern. Viele von ihnen haben keine berufliche Ausbildung, geschweige denn eine Schule besucht. Sie haben nur diesen einen Traum von einem Leben in Europa, und auch den dürfen sie nicht haben, wenn es nach der Europäischen Union geht.

Quellen

Bel-Air, Françoise de (2016): Migration Profile: Morocco. In: Migration Policy Centre, Policy Briefs 2016/05, S. 1–15.
Wirsching, Sophia (2016): „Wenn nur noch ein Traum vom Leben bleibt". https://info.brotfuer-die-welt.de/blog/wenn-nur-noch-ein-traum-vom-leben-bleibt.

Katharina Gerarts und Sabine Andresen

Erfahrungen auf der Flucht und die Bedeutung der Flucht für Kinder und Familien

Ergebnisse aus einer qualitativen Studie

Einführung

Der vorliegende Artikel beruht auf der im März 2016 veröffentlichten Studie „Angekommen in Deutschland. Wenn geflüchtete Kinder erzählen". Diese Studie wurde vom World Vision Institut, einer Forschungseinheit des internationalen Kinderhilfswerkes World Vision, durchgeführt. Eine wissenschaftliche Begleitung erhielt die Studie durch die interdisziplinäre Zusammenarbeit mit der Goethe-Universität in Frankfurt sowie dem Universitätsklinikum Hamburg-Eppendorf. Über die Hoffnungsträger Stiftung in Ludwigsburg sowie die Stiftung „Children for Tomorrow" in Hamburg konnte Zugang zu geflüchteten Kindern erlangt werden, die sich zu einem Interview mit uns bereit erklärten. Wir halten es für evident, dass Kinder, die Fluchterfahrungen mit sich bringen, von diesen erzählen dürfen, dass sie erklären können, wie es um ihr Wohlbefinden bestellt ist, und welche Hoffnungen und Träume sie für die Zukunft hegen. Geflüchtete Kinder benötigen Räume und in diesen Menschen, die ihnen zuhören. In diesem Sinne geht es darum, dass sie eine *Stimme* erhalten. Damit kann ein Beitrag geleistet werden, dass vorhandene Ressourcen wiederentdeckt, hervorgeholt und aufgebaut werden. Denn geflüchtete Kinder in Begleitung von Sorgeberechtigten sind bislang kaum im Blick, sie werden subsummiert unter die gesamte geflüchtete Familie. Darum liegt hier die Herausforderung, für diese subjektive Perspektive von Kindern wachsam zu sein und ihr zu einer eigenen Sprache zu verhelfen. Deshalb wurden für diese Studie nur begleitete minderjährige geflüchtete Kinder ausgewählt.

Theoretischer Hintergrund

Die Studie zielt auf das Sichtbarmachen der Erlebnisse, Eindrücke und der Einzelschicksale von geflüchteten Kindern. Die Komplexität dieser Zielsetzung wird auch durch den interdisziplinären Zugang und das interdisziplinär zusammengesetzte Forschungsteam ermöglicht. Ausgangspunkt der

Studie ist die Beobachtung, wie selten Kinder als Kinder in die Diskussionen und Analysen zur Situation von Menschen auf der Flucht, den Ursachen von Fluchtbewegungen und den Herausforderungen bei der Organisation von Zuwanderung beachtet werden. In den allgemeinen Zuschreibungen über nationale, ethnische oder religiöse Zugehörigkeit als Subjekt nicht wahrgenommen zu werden, trifft – das hat die Kindheitsforschung stets kritisiert – Kinder im besonderen Maße (vgl. Andresen/Gerarts 2016a).

Kinder verfügen in der Regel noch weniger als Erwachsene über Eingriffsmöglichkeiten und können jene individuellen Gründe, die Heimat zu verlassen, kaum thematisieren und nach wie vor wird ihnen auch das Recht auf Rechte (Arendt 1943) trotz der Anerkennung der UN-Kinderrechtskonvention vielfach abgesprochen. Insofern trifft die Ausblendung individueller Geschichten im besonderen Maße auf Heranwachsende zu. Hier bietet die Kindheitsforschung das Potenzial, zumindest in der Forschung Abhilfe zu schaffen. Vor dem Hintergrund der theoretischen Ausrichtung und der methodischen Erfahrungen mit der Befragung von Kindern besteht die Möglichkeit, die subjektiven Perspektiven von Kindern zu beschreiben und zu analysieren und Kindern und ihren Erlebnissen zu einer Sprache zu verhelfen.

Die vorliegende Untersuchung kombiniert dafür zwei kindheitstheoretisch orientierte Konzepte, nämlich das des Wohlbefindens von Kindern einerseits und das der Vulnerabilität in der Kindheit und der Verletzlichkeit von Kindern andererseits. Während das mehrdimensional angelegte Konzept des Wohlbefindens, das nach Sicherheit, Bildung, Beziehungsqualität und Netzwerken ebenso fragt wie nach psychosozialer Gesundheit, die Ressourcen von Kindern fokussiert (World Vision 2013; Ravens-Sieberer u. a. 2015; 2016), geht die Orientierung an Vulnerabilität davon aus, dass die Lebensphase Kindheit von vielfältigen Abhängigkeiten und Risiken, die Integrität von Kindern zu verletzen, geprägt ist (Andresen/Koch/König 2015).

Kindheitstheoretisch geht es folglich grundlegend um die Entfaltung des Verhältnisses zwischen *Ressourcen* von Kindern, ihren *Fähigkeiten* zu handeln und Entscheidungen zu treffen, also auch autonom zu sein, und ihrer *Verletzlichkeit*, weil sie im besonderen Maße von fürsorglichen und kompetenten Erwachsenen und angemessenen Rahmenbedingungen abhängig sind. Kinder gehören vermutlich überall in der Welt aufgrund ihrer „Rangordnung" im Generationenverhältnis, aber besonders in Krisenzeiten und Krisengebieten zu den besonders vulnerablen Gruppen, weil sie aufgrund ihrer Abhängigkeit von Versorgung, Fürsorge, Pflege, Schutz und der Gewährung von Bildung und Teilhabe auf willige Erwachsene und geeignete soziale Rahmenbedingungen angewiesen sind. Dies gilt ganz besonders für Kinder auf der Flucht und im Anschluss an ihre Fluchtgeschichte.

Durchführung der Studie

Mit der Auswahl der interviewten Kinder sollte die große Heterogenität der Gruppe von geflüchteten Kindern in Deutschland ansatzweise abgebildet werden. Dafür wurden qualitative Interviews mit insgesamt neun Kindern geführt und in Fallbeispiele umgewandelt. Die Studie erhebt keinen Anspruch auf Repräsentativität, fängt aber deutlich die Besonderheiten der einzelnen Schicksale der Kinder sowie deren Sicht auf die gesammelten Fluchterfahrungen, aber auch auf Hoffnungen und Zukunftsträume ein. Wir entschieden uns, Kinder im Alter zwischen zehn und 13 zu befragen, da Erfahrungen aus der Kindheitsforschung zeigen, dass Kinder dieses Alters es leichter haben, ihre Lebensgeschichte zu erzählen, über einen Reflexionsgrad verfügen und zurückblicken können. Neben dem Alter waren folgende Kriterien entscheidend: der Begleitstatus der Kinder, das Herkunftsland und das Geschlecht, die Familien- und Unterbringungssituation sowie der Aufenthaltsstatus bzw. der Stand des Asylverfahrens der Familie (vgl. Gerarts/ Andresen 2016b).

Die Intention der Interviews war, die Kinder zu ihrer Vergangenheit, ihrer Gegenwart und ihrer Zukunft zu befragen. Besondere Rücksicht wurde auf die mögliche Sensibilität der Kinder in Bezug auf ihre vergangenen Erfahrungen und Erlebnisse während der Flucht genommen. Dabei wurde auch auf eine mögliche Traumatisierung der Kinder geachtet; so wurden beispielsweise in Hamburg die Interviews in einer Ambulanz durchgeführt, in der erfahrene Trauma-Therapeuten nach den Gesprächen zur Verfügung standen. Die Interviews wurden von Forschungstandems durchgeführt: Eine promovierte Erziehungswissenschaftlerin/Kindheitsforscherin führte das Interview zusammen mit Master-Studierenden der Empirischen Bildungsforschung oder Erziehungswissenschaft durch. Die Sorgeberechtigten und auch die Kinder selber waren vor der Durchführung der Interviews eingehend informiert worden und hatten ihr schriftliches Einverständnis abgegeben. In der Regel waren jedoch die Eltern der Kinder bei den Interviews nicht dabei. Der Großteil der Interviews konnte auf Deutsch geführt werden, eines wurde von der Interviewerin auf Serbokroatisch gehalten.

Für die Interviews wurde den Kindern unterschiedliches erzählgenerierendes Material angeboten. Von allen Kindern wurden alle Methoden ausgewählt und bis zum Schluss verwendet; kein Interview musste abgebrochen werden. Das angebotene Material hatte die „Netzwerk-Methode", die „Life-Line-Methode" sowie die „Memory-Methode" als Grundlage. Die Methoden werden folgend kurz erläutert.

Netzwerk-Methode
(vgl. World Vision Kinderstudie 2007, 2010 und 2013)

Bei der Netzwerke-Methode haben die Kinder Bausteine und Spielfiguren zur Verfügung, um ihre sozialräumlichen Netzwerke dreidimensional aufzubauen. Fragen, die die Kinder leiten sollen, sind: Wo halten sich Kinder in ihrem Alltag auf? Was machen sie dort? Wie und mit wem verbringen sie ihre Zeit? Welche Personen sind ihnen wichtig? Was und wie erzählen sie darüber? Welche Unterschiede gibt es zu ihrem Herkunftsland?

Der spielerische Aufbau des Netzwerkes übernimmt mehrere wichtige Funktionen im Verlauf des Interviews. Zum einen ermöglicht er den Kindern einen entspannten Einstieg. Sie können anstelle des häufig als prüfend empfundenen „Frage-Antwort-Spiels" mit ihnen bekannten Materialien umgehen und wie nebenbei etwas erzählen. Zum anderen ermöglicht die Visualisierung des Netzwerks mithilfe von Bauklötzen und Figuren, laufend Änderungen und Anpassungen vorzunehmen. Die Sichtbarkeit und Materialität machen es den Kindern leichter, zu entscheiden, ob sie noch etwas vergessen haben oder Korrekturen für nötig halten. Sehr häufig stellt sich erst im Verlauf des Aufbaus heraus, welche Kontakte tatsächlich relevant sind, welche Orte es noch gibt und welchen Aktivitäten die Kinder nachgehen.

Life-Line-Methode

Die Life-Line-Methode (vgl. Schauer u. a. 2011) ist ursprünglich eine klinisch-therapeutische und traumafokussierte Methode, mit der Kinder, die bereits mit Gewalterfahrungen konfrontiert wurden, befragt werden können. Die Kinder wurden gebeten, anhand ihrer Lebenslinie, die von der Geburt bis in die Zukunft hineinreicht, mit Smileys von freudvollen, schönen Erlebnissen und mit Steinen von schmerzhaften und traurigen Erlebnissen ihres Lebens zu berichten (vgl. Klasen/Bayer 2009).

Memory-Methode (vgl. Bertelsmann Studie „Kinder.Armut.Familie")

Am Ende des Interviews wurde den Kindern angeboten, sich Karten aus einem Memoryspiel auszusuchen. Die Fragestellung zur Auswahl der Karten lautete: *Was wünschst du dir für ein gutes Leben in der Zukunft?*. Die einfache Bildsprache und die oft schematische Darstellung überfordert Kinder nicht, sie sind zudem oft vertraut mit dieser Art des Spiels und die Karten bieten einen Denkanstoß und Erzählanlass. Die Karten wurden vor dem Kind ausgebreitet und es hatte genügend Zeit, sie anzuschauen und eine Auswahl zu treffen.

Kinder auf der Flucht – Erlebnisse und Erzählungen

Die Hintergründe und Geschichten der interviewten Kinder sind sehr unterschiedlich. Die Gründe für die Flucht mit der Familie reichen von Erkrankungen einzelner Familienmitglieder und fehlender gesundheitlicher Versorgung über Ausgrenzungserfahrungen, Armut und materielle Not bis hin zu Krieg, Gewalt und Verfolgung. Über die Gründe für die Flucht sprechen Kinder aus ihrer Sicht, und die ist einerseits sehr individuell, andererseits aber werden in ihren Berichten Wünsche und Hoffnungen sowie Bedürfnisse sichtbar, die von den interviewten Kindern ähnlich formuliert werden. Wie einleitend bereits aufgezeigt, hat die Kindheitsforschung dafür sensibilisiert, Kinder nicht unter die Entscheidungen, Interessen und Zugänge der gesamten Familie zu subsummieren, sondern sich für ihre spezifischen Lesarten zu sensibilisieren.

Was heißt das? Für eine Auswertung der Erzählungen der Kinder zu ihren *Erlebnissen auf der Flucht* soll hier beispielhaft auf die Dimension des gesundheitlichen und psychischen Wohlbefindens eingegangen werden. Damit werden auch die besonderen Bedürfnisse der gewählten Gruppe von Kindern verdeutlicht;

Die Analyse der Interviews verweist auf die für geflüchtete Kinder so zentrale Dimension von gesundheitlicher, sozialer und materieller Versorgung. Besonders bedrohlich für die psychosoziale Gesundheit ist erlebte Todesangst, wie sie Kinder auch auf der Flucht erfahren. Hier ist die psychotherapeutische Versorgung besonders wichtig.

> „Als wir mit dem kleinen Schiff über das Meer gefahren sind, hat es total geschaukelt und langsam ist alles voll Wasser gelaufen. Ich hatte große Angst. Irgendwann kam dann ein riesiges Schiff, das uns aufgesammelt hat, da mussten wir hoch und immer höher klettern"

erzählt die zehnjährige Kabira aus Syrien im Interview. Beim Kennenlern-Tag vor den Interviews wies sie immer wieder auf vorbeifahrende Schiffe im Rhein und erklärte: „Mit so einem Schiff sind wir auch über das Meer gefahren. Ich hatte lange Zeit Alpträume, aber nun werden sie langsam weniger."

Die Erzählungen von Kabira zeigen, dass die psychische Gesundheit von geflüchteten Kindern verletzlich ist. Auch Farid und Samir, die afghanischen Geschwisterkinder aus Hamburg, gehen regelmäßig in die Flüchtlingsambulanz, in der *traumatische Störungen* behandelt werden. Viele der von uns interviewten Kinder haben Erfahrungen gemacht, die die Seele verletzen können und einer Aufarbeitung durch Fachpersonal bedürfen. Kriegerische Konflikte, das Miterleben von Tod und Gewalt sowie die Gefahr, nicht zu überleben, sind Erfahrungen einiger der interviewten Kinder.

Aber auch die erwähnte *permanente Unsicherheit und Angst*, keine Bleibeperspektive zu haben, unerwartet geholt und in das Herkunftsland zurückgeschickt zu werden, kann *seelische Schäden* bei den geflüchteten Kindern hervorrufen ebenso die Sorge um Eltern und deren Stabilität. Edgars Erzählung geht in diese Richtung, denn er berichtet, dass seine Mutter durch die Erlebnisse des Kosovo-Krieges eine schwere psychische Krankheit bekommen hat.

> „Meiner Mutter ging es im Kosovo sehr schlecht, sie hatte Angst um mich und meine Geschwister und musste immer an die Bomben denken. Aber im Kosovo hatten wir kein Geld, wir konnten keinen Arzt bezahlen. Hier in Deutschland bekommt meine Mutter Tabletten und es geht ihr viel besser."

Der Zugang zum Gesundheitssystem, die allgemeine gesundheitliche Versorgung, spielt für die Kinder und die geflüchteten Familien eine essenzielle Rolle. Das für die Kindheitsforschung Zentrale dabei ist, wie genau Kinder hier über ein Wissen verfügen und wie sie versuchen, die Beobachtungen, das Gehörte und die erfahrene medizinische Versorgung etwa der Mutter zu sortieren und diesem Sinn zu verleihen. Mit der medizinischen Versorgung der Mutter geht es auch Edgar besser, weil er sich nicht mehr so viele Sorgen um seine Mutter machen muss. Diese Formen der Entlastung sind wichtig für Kinder und sie sind Teil einer umfassenden und auf die Familien zielenden Versorgung.

Doch zeigt sich gerade im Fall von Edgar auch, dass geflüchtete Kinder allzu oft auch eine große Verantwortung für ihre Eltern übernehmen und sich in die Rolle eines versorgenden Elternteils begeben (Parentifizierung). Dies ist besonders auch dann der Fall, wenn sie schneller und besser die neue Sprache erlernen, denn dann werden sie zu Dolmetschertätigkeiten herangezogen. Ist wie in Edgars Fall der Vater verstorben, so werden den Kindern manchmal Verantwortungen zugeordnet, die das verbliebene Elternteil alleine nicht schafft:

> „Als meine Mutter mehrere Wochen lang im Krankenhaus war, hat sich mein älterer Bruder um mich und meine Schwester gekümmert. Ich habe dann immer eingekauft, weil meine Mama ja nicht da war. Das mache ich auch, wenn Mama zu müde ist, um die Einkäufe zu erledigen",

erzählt Edgar. Hier zeigt sich, dass für eine *gesunde körperliche und psychische Entwicklung* von Kindern mit Fluchterfahrungen nicht nur traumatherapeutische Behandlungen vonnöten sind, sondern dass Familien teilweise auch engmaschige Unterstützung von Sozialarbeiterinnen und Sozialarbeitern brauchen, damit Kinder Kinder bleiben können und nicht mit Aufgaben, die eigentlich für Erwachsene ausgerichtet sind, überfordert werden.

Neben der gesundheitlichen Versorgung kommen auch die materielle Versorgung und die vorhandenen materiellen Ressourcen eines Kindes und seiner Familie hinzu. Flucht bedeutet meistens auch hohe materielle Verluste, auch darüber sind sich viele Kinder im Klaren:

> „Im Kosovo gab es Krieg. Da ist eine Bombe auf unser Haus gefallen, es war total zerstört. Danach hatten wir kein Haus mehr und haben oft auf der Straße übernachtet."

Edgar berichtet hier von einem sehr *einschneidenden materiellen Mangel für das tägliche Leben*. Aber auch Marlon, Jakob und Bojan erzählen, dass es ihnen in ihren Herkunftsländern an materieller Ausstattung gemangelt hat, sei es an Brennholz, an Heften und Stiften für die Schule oder Kleidung. Alle interviewten Kinder fallen in Deutschland unter die Armutsgrenze, und an dieser materiellen Situation wird sich auch über einen längeren Zeitraum wenig ändern.

Kabira und ihre Familie konnten auf ihrer Flucht von Syrien nach Deutschland über das Mittelmeer nur wenig von ihrem Gepäck retten. Wenige Geflohene verfügen über Besitz, sie sind dadurch in einem hohen Maße *abhängig von materieller Zuwendung*; das hat auch für die Kinder eine große Bedeutung. Marlon berichtet, dass er und seine Familie keinen Tisch in der Unterkunft besitzen, an dem er seine Hausaufgaben erledigen kann:

> „Ich mache meine Aufgaben halt auf dem Boden, das geht auch. Aber hier in Deutschland kann mein Vater mir wenigstens das Material kaufen, das ich für die Schule brauche."

Ganz einschneidend sind für die meisten der interviewten Kinder auch die Erlebnisse, die sie rund um das *Essen* gemacht haben.

> „Als wir endlich mit dem Schiff in Italien angekommen waren, hatten meine Geschwister, meine Mutter und ich solchen Hunger! Wir haben dort meinen Papa wieder getroffen und er hat uns erst mal Hühnchen gekauft, das haben wir uns mit dem Händen in den Mund rein geschaufelt, solchen Hunger hatten wir",

berichtet Kabira. Josephina hat noch ganz deutlich in Erinnerung, wie ungewohnt sie das Essen in der Erstaufnahmeeinrichtung in Gießen fand, jeden Tag Kartoffelbrei, so hat sie es in Erinnerung. Ganz ähnlich empfindet es Shirin aus dem Iran:

> „Wir waren sehr froh, als wir wieder eine eigene Küche hatten, meine Mutter kocht seitdem wieder iranisches Essen, das schmeckt mir einfach am besten."

Der Zugang zu Essen und den Zubereitungsmöglichkeiten bekannter Speisen ist für die *Identität der geflüchteten Kinder* und ihrer Familien entscheidend. Das Festhalten am gewohnten Essen, am bekannten Zubereiten der Speisen, scheint den Kindern und ihren Eltern zu helfen, den Geschehnissen, dort, wo sie bislang gelebt haben und während der Situationen auf der Flucht, den gemeinsamen Erlebnissen mit ihren vertrauten Bezugspersonen, ihren Beobachtungen, Ängsten und schließlich der Situation nach der Ankunft in Deutschland Sinn zu verleihen. Die mit der Möglichkeit verbundene *Autonomie*, selbstbestimmt bekanntes Essen zubereiten zu können, gibt Sicherheit.

Die materielle und soziale Versorgung manifestiert sich für Kinder auch in der Frage, wo und wie sie wohnen. Die häusliche Umgebung auch auf den Stationen der Flucht nimmt in den Interviews viel Raum ein. Auch aus anderen Studien ist bekannt, wie sehr die Wohnumgebung das Sicherheitsgefühl, die Entfaltungsmöglichkeiten und den Aktivitätsradius von Kindern mitbestimmt.

Flucht und ihre Bedeutung für Kinder und Familien

Welche Bedeutung die Flucht für Kinder und ihre Familien hat, soll im Folgenden beispielhaft an einer weiteren Dimension des kindlichen Wohlbefindens gezeigt werden: der Dimension der Beziehungen zu anderen Menschen. Denn Familie und Freunde bilden eine zentrale Dimension im Alltag von Kindern. Gute Beziehungen tragen erheblich zum Wohlbefinden bei, ebenso wie der Mangel daran Kinder besonders verletzlich macht. In den Interviews berichten Kinder ausführlich und meist gern über ihre Familie oder über einzelne Angehörige, zum Beispiel über diejenigen, die sie seit der Flucht nicht mehr gesehen haben. Es wird schnell deutlich, dass auch für die begleiteten geflüchteten Kinder die Familie der erste und wichtigste Ort ist. Sie bietet den Kindern *Halt und Sicherheit* sowie bekannte Strukturen mit verlässlichen Bezugspersonen. Doch die Kinder unterscheiden zwischen der Familie, die sie vor der Flucht erlebt haben und der Familie, mit der sie in Deutschland aufwachsen. Das hat vielfältige Ursachen; teilweise ist die Familie in Deutschland nicht mehr vollständig, es fehlt der Vater oder aber es gibt kaum noch Kontakt zu den Großeltern im Herkunftsland.

Wie bei Kindern, die keine Fluchterfahrung haben, werden Feste oder besondere Ereignisse auch über Fotografien erinnert. Sind Fotos auch nach der Flucht noch vorhanden, so bieten sie Kindern Anknüpfungspunkte an ihre Erinnerungen, aber sie öffnen auch den Raum, Verluste zu thematisieren. So erzählt etwa der zwölfjährige Edgar:

> „Zu meinem Geburtstag hat meine Mutter im Kosovo eine große Torte gekauft und alle meine Freunde eingeladen. Ich habe davon noch ein Foto als Erinnerung."

Die schönen Erinnerungen an große Feste im Familienkreis im Herkunftsland werden folglich auch von *Verlusten von Familienmitgliedern und Beziehungsunterbrechungen* überschattet: Viele der Kinder haben den Kontakt zu Familienangehörigen wegen oder während der Flucht verloren: Marlons Onkel und Opa zum Beispiel sind im Kosovo geblieben, als er und seine

Familie sich auf den Weg in eine bessere Zukunft machten. Auch Josephina vermisst ihre Oma, die noch in Eritrea lebt, sehr:

> „Ich würde meine Oma gerne öfter sehen und ich wünsche mir, dass sie bald einmal nach Deutschland kommen kann. Immerhin können wir ab und zu mal telefonieren."

Diese wenigen Zitate deuten die Dimension an, eine geografisch weit zerstreute Familie zu sein, deren Familienmitglieder nur geringe Handlungsspielräume haben, daran etwas zu ändern. So korrespondiert die Sehnsucht von Josephina nach der Großmutter und einem stabilen Kontakt zu ihr mit den grundlegenden gesellschaftspolitischen Fragen nach dem Stellenwert des Familiennachzugs für eine gelingende Integration.

Verluste und Beziehungsabbrüche gehören in den Interviews folglich zu den Themen der Kinder und dies ist besonders dann gravierend, wenn nicht klar ist, wo sich ein nahes Familienmitglied befindet. Vielleicht umgehen so manche Kinder die Thematisierung eines endgültigen Verlustes. Shirin aus dem Iran lebt alleine mit ihrer Mutter in Deutschland und sie beide scheinen auch allein die Flucht hinter sich gebracht zu haben. Sie möchte aber nicht erzählen, wo ihr Vater ist bzw. was aus ihm geworden ist. Ob er noch am Leben ist, ob er der Verfolgung der Christen im Iran zum Opfer gefallen ist oder ob sich die Eltern getrennt haben und das Kind darüber nicht sprechen möchte, bleibt unklar.

Oft werden Familien durch die Flucht getrennt und später wieder zusammengeführt. Edgar erzählt genau von diesem Erlebnis:

> „Meine älteren Brüder sind zuerst alleine weggegangen aus dem Kosovo. Als sie Deutschland erreicht hatten, haben sie uns angerufen, und dann hat sich auch der Rest der Familie auf den Weg gemacht. Wir haben alle geweint, als wir uns wieder gesehen haben, denn zwischenzeitlich sah es so aus, als könnten wir meine Brüder nicht wieder finden. Das hat meine Mutter, meine Schwester und mich sehr traurig gemacht."

Auch Kabiras Vater hatte sich aus Syrien zuerst allein auf den Weg gemacht. Erst später reiste die Mutter mit den Kindern hinterher, um dem Vater zu folgen. In Italien trafen sie alle wieder zusammen und waren glücklich darüber – doch die Flucht mit ihren Erfahrungen hat Kabiras Eltern verändert und mittlerweile haben sie sich getrennt.

Die *Erinnerungen an die Familienangehörigen* im Herkunftsland, die mit der Familie unternommene Flucht, die später folgende Ankunft in Deutschland – all das sind Erinnerungen, die die Kinder unweigerlich mit ihrer Familie verbinden, die sich als kollektive Familienerinnerungen fortsetzen und die in Gesprächen mit der Familie verhandelt werden. Erinnerungen können dabei einerseits das „Gute" der vertrauten Heimat, der lieben Verwandten repräsentieren, sie zeigen aber auch die Ursachen für Flucht und Vertreibung auf. Wie die Situation im Herkunftsland erlebt wurde, auf wen Kinder die Initiative zur Flucht in der Familie zurückführen, ob sie gemeinsam oder in getrennten Konstellationen, zuerst der Vater und später die Mutter mit den Kindern, die Flucht organisiert, welche Unsicherheiten sie unterwegs empfunden haben, all das trägt für Kinder zu ihrem Bild von Familie bei und gehört zu ihrem Erleben in Deutschland.

Neben der Familie sind die Freundschaften zu anderen Kindern wichtig in den Erzählungen. Dazu gehört auch die Erfahrung des Verlustes von *Freunden und Freundschaften* durch die oder im Zuge der Flucht. So erzählt Josephina:

> „Als wir in das Flugzeug nach Deutschland gestiegen sind, war es am schlimmsten für mich, dass ich meine Freundin in Eritrea zurücklassen musste. Ich hatte sie so lieb, wir haben jeden Tag zusammen gespielt. Jetzt habe ich keinen Kontakt mehr zu ihr, das finde ich so schade!"

Solche Erlebnisse haben auch Kinder, die innerhalb eines Landes umziehen und auch sie werden unter dem drohenden Verlust einer engen Freundschaft leiden. Insofern muss dies nicht per se als besondere Belastung von geflüchteten Kindern gewichtet werden. Gleichwohl bleibt die Frage, auf welche Ressourcen Kinder zurückgreifen können, ob sie traurige Gefühle bewältigen können und wie der Gefahr begegnet werden kann, dass sie keinen Weg finden, ihre Erfahrungen und die signifikanten Menschen in ihrem Herkunftsland in ihr Selbst zu integrieren.

Durch die Flucht entstehen aber auch neue Freundschaften. Shirin hat im Erstaufnahmelager in Karlsruhe ein Mädchen kennengelernt, mit dem sie immer noch befreundet ist.

> „Wir schreiben uns immer mal hin und her, weil meine Freundin jetzt in Köln wohnt, da können wir uns nicht so oft sehen."

Jakob betont, wie wichtig seine neu gewonnenen Freunde für sein Leben in Deutschland sind:

> „Wenn ich mal was nicht richtig sage, zum Beispiel ‚Blaum' anstatt ‚Baum', dann helfen mir meine Freunde, dann sagen sie mir, wie das Wort richtig heißt. Das ist echt super! Ich spiele mit meinen Freunden auch gerne Fußball, meine Freunde sind sehr wichtig für mich!"

So sehr also Verluste, seien es der Verlust von Menschen, vertrauten Routinen im Alltag, von der vertrauten Landschaft und der Sprache, zum Erleben von geflüchteten Kindern gehören, so sehr kann ihr Alltag nach der Ankunft in Deutschland, nach den ersten Phasen der Unsicherheit durch produktive und unterstützende neue Beziehungserfahrungen geprägt sein. In den Erzählungen der Kinder werden die Chancen für *neue Freundschaften* ausführlich und lebhaft geschildert. Das Ankommen in der neuen Umgebung, das Eingewöhnen, letztlich die Integration von hinzugekommenen Kindern in Deutschland, wird durch neue Bündnisse mit Gleichaltrigen, durch neue wachsende Freundschaften erleichtert und gefördert. Diese Beziehungen lassen sich aus der Sicht von Kindern als erste Gesten des Ankommens, der Fürsorge, des damit verbundenen Aufatmens deuten. Diese Gesten von Kindern, aber auch von fürsorglichen und zugewandten Erwachsenen sind zentral, für Kinder ebenso wie für Erwachsene. Durch den Zugang zur Gesellschaft und nicht das Abgeschiedensein in separierten Unterkünften erhalten Kinder und ihre Eltern die Chance, soziale Netzwerke aufzubauen und damit in einem Wechsel von Geben und Nehmen zu ihrer Teilhabe beizutragen. Die Einrichtungen, in denen Kinder mit ihren Familien aufgenommen werden, sind im Prinzip auch diejenigen Räume, die entweder dazu beitragen oder behindernd wirken können, wie Kinder Familie leben und welche guten Gelegenheiten sie haben, Bündnisse und Freundschaften zu schließen.

Fazit

Anhand zweier Dimensionen, der Dimension des gesundheitlichen und psychischen Wohlbefindens sowie der Dimension von Beziehungen zu anderen Menschen, wurde in diesem Artikel beispielhaft erklärt, was Kinder auf ihrem Fluchtweg nach Deutschland erlebt haben und was die Flucht für sie und ihre Familien bedeutet.

Die geflüchteten Kinder und ihre Familien haben Erlebnisse großer Unsicherheit durchlebt. Die mit den geflüchteten Kindern geführten Interviews konnten zeigen: Autonomie und Selbstbestimmung geben eine Perspektive, sie geben *Sicherheit im Handeln, Fühlen und Denken*. Kinder, die mit ihren Familien vor Gewalt und Terror, vor Krieg, Armut und Diskriminierung geflüchtet sind, brauchen die Perspektive auf ein Zuhause, auf Sicherheit, brauchen das Gefühl, dass sie beschützt werden, dass ihnen geholfen wird, dass die vorhandenen Ressourcen und Kompetenzen aufgebaut und ihren ihre bestmögliche Entwicklung ermöglicht wird.

Literatur

Andresen, Sabine/Galic, Danijela (2015): Kinder. Armut. Familie. Alltagsbewältigung und Wege zu wirksamer Unterstützung. 2. Auflage. Gütersloh.
Andresen, Sabine/Koch, Claus/König Julia (Hrsg.) (2015): Vulnerable Kinder. Interdisziplinäre Annäherungen. Wiesbaden.
Arendt, Hannah (1943): We refugees. Menorah Journal 31. S. 69–77.
Gerarts, Katharina/Andresen, Sabine (2016a): Kindheitsforschung und ihre Zugangsmöglichkeiten zu geflüchteten Kindern. In: Unbegleitete minderjährige Flüchtlinge. „In erster Linie Kinder und Jugendliche!", Sozialmagazin, Sonderheft.
Gerarts, Katharina/Andresen, Sabine (2016b): Was uns geflüchtete Kinder in Deutschland berichten. Eindrücke aus einer qualitativen Studie. In: Kinder- und Jugendschutz in Wissenschaft und Praxis. KJug Heft 3, S. 83–87.

Korczak, Janusz (1967): Wie man ein Kind lieben soll. Göttingen.

Ravens-Sieberer, Ulrike/Klasen, Fionna/Petermann, Franz (2016): Psychische Kindergesundheit – Ergebnisse der BELLA-Kohortenstudie. (Mental Health in Children and Adolescents: Results of the BELLA Cohort Study). Kindheit und Entwicklung 25 (1), S. 4–9.

Ravens-Sieberer, Ulrike/Otto, Christiane/Kriston, Levente/Rothenberger, Aribert/Döpfner, Manfred/Herpertz-Dahlmann, Beate/Klasen, Fionna (2015): The longitudinal BELLA study: Design, methods and first results on the course of mental health problems. European Child and Adolescent Psychiatry, 24 (6), S. 651–663.

Schauer, Margarete/Neuner, Frank/Elbert, Thomas (2011): Narrative exposure therapy: A short-term treatment for traumatic stress disorder (2nd revised and expanded ed.). Cambridge.

World Vision Deutschland e.V. (Hrsg.) (2013): „Wie gerecht ist unsere Welt?" Kinder in Deutschland 2013. 3. World Vision Kinderstudie. Weinheim und Basel.

World Vision Deutschland e.V. (Hrsg.) (2010): Kinder in Deutschland 2010. 2. World Vision Kinderstudie. Frankfurt am Main.

Teil 3:
Ankommen in Europa/Deutschland

David Werdermann

Gesetzliche Grundlagen

Der Beitrag stellt die zentralen aufenthalts-, asyl- und sozialrechtlichen Regelungen für Flüchtlinge vor[1]. Zunächst erfolgt ein Überblick über das Asylverfahren und alternative Möglichkeiten zur Legalisierung des Aufenthalts. Anschließend sollen die gesetzlichen Regelungen hinsichtlich ausgewählter Lebensbereiche erläutert werden. Schließlich werden die Ergebnisse systematisiert.

Das Asylverfahren und Alternativen

Flüchtlinge, die nach Deutschland einreisen, stellen in der Regel früher oder später einen *Asylantrag*. Nach dem formlosen Asylgesuch (§ 13 AsylG), das bei jeder Grenz-, Ausländer- oder Polizeibehörde geäußert werden kann, muss sich der/die Asylsuchende bei der nächsten Aufnahmeeinrichtung einfinden, wo er/sie registriert wird. Es kann sein, dass er/sie von dort einem anderen Bundesland zugewiesen wird, das nach einer bestimmten Quote für das Asylverfahren zuständig ist (§ 46 AsylG). Wenn die zuständige Aufnahmeeinrichtung festgestellt ist, erhält die Person einen Ankunftsnachweis (§ 63a AsylG). Nach der förmlichen Antragstellung (§ 14 AsylG) bei der Außenstelle des Bundesamtes für Migration und Flüchtlinge (BAMF) wird dieser durch eine Bescheinigung über die Aufenthaltsgestattung (§ 63 AsylG) ersetzt. Die Rechtswirkungen der *Aufenthaltsgestattung* treten jedoch bereits mit Ausstellung des Ankunftsnachweises ein (§ 55 Abs. 1 AsylG).

Kernstück des Asylverfahrens ist die *Anhörung*, die je nach Außenstelle und Auslastung kurz nach der Antragstellung, manchmal aber auch erst Monate später stattfindet. Auf Grundlage des Anhörungsprotokolls und anderer zur Verfügung stehenden Quellen entscheidet das BAMF über den Asylantrag.

Dabei prüft das BAMF zunächst, ob ein anderer europäischer Staat für die Prüfung des Asylantrags zuständig ist und leitet gegebenenfalls die Überstellung nach der *Dublin-III-Verordnung* in die Wege. Nach der Dublin-III-Verordnung ist grundsätzlich der Staat zuständig, über den der Flüchtling in das Schengen-Gebiet eingereist ist oder der einen Aufenthalts-

---

1 Es handelt sich um eine gekürzte und überarbeitete Fassung des Beitrags „Rechtliche Grundlagen der Teilhabe und Ausgrenzung von Flüchtlingen" (Werdermann 2016).

titel ausgestellt hat. Hiervon gibt es jedoch zahlreiche Ausnahmen, etwa für unbegleitete Minderjährige (Art. 8 Dublin-III-Verordnung) und zum Schutz der Familieneinheit (Art. 9 bis 11 Dublin-III-Verordnung). Zudem darf nicht in Länder abgeschoben werden, in denen Asylbewerber/innen der Gefahr einer unmenschlichen oder entwürdigenden Behandlung ausgesetzt sind.

Ist Deutschland zuständig, so ergeht eine *Entscheidung* darüber, ob die Voraussetzungen für Asyl (politische Verfolgung, Art. 16a GG), für die Anerkennung als Flüchtling nach der Genfer Flüchtlingskonvention (begründete Furcht vor Verfolgung wegen seiner Rasse, Religion, Nationalität, politischen Überzeugung oder Zugehörigkeit zu einer bestimmten sozialen Gruppe, § 3 AsylG), für subsidiären Schutz (Todesstrafe, Folter oder unmenschliche oder erniedrigende Behandlung oder Bestrafung, ernsthafte individuelle Bedrohung des Lebens oder der Unversehrtheit einer Zivilperson infolge willkürlicher Gewalt im Rahmen eines internationalen oder innerstaatlichen bewaffneten Konflikts, § 4 AsylG) oder für ein sonstiges Abschiebungsverbot (Verstoß gegen die Europäische Menschenrechtskonvention, erhebliche konkrete Gefahr für Leib, Leben oder Freiheit, § 60 Abs. 5 und 7 AufenthG) vorliegen. Bei einer positiven Entscheidung erhält der Flüchtling in der Regel eine Aufenthaltserlaubnis (§ 25 Abs. 1 bis 3 AufenthG).

Gegen eine ablehnende Entscheidung kann innerhalb von zwei Wochen *Klage* eingereicht werden, bei Ablehnungen des Antrags als offensichtlich unbegründet (§ 30 AsylG) innerhalb von einer Woche.

Unabhängig davon ist die *Abschiebung* in vielen Fällen auch aus rechtlichen oder tatsächlichen Gründen unmöglich. Das ist etwa der Fall, wenn die erforderlichen Papiere des Herkunftsstaates fehlen oder wenn die abzuschiebende Person reiseunfähig ist. In diesen Fällen erhalten die Flüchtlinge eine *Duldung* (§ 60a Abs. 2 AufenthG). Dabei handelt es sich nicht um einen Aufenthaltstitel, sondern nur um die vorübergehende Aussetzung der Abschiebung, die jederzeit widerrufen werden kann.

Alternativ zum Asylantrag oder nach einer Ablehnung gibt es verschiedene Möglichkeiten, eine *Aufenthaltserlaubnis* zu erhalten. Neben den Regelungen über den Aufenthalt zum Zwecke der Ausbildung und Erwerbstätigkeit (§§ 16 ff. AufenthG) sowie aus familiären Gründen (§§ 27 ff. AufenthG) sind vor allem die Aufenthaltsgewährung bei gut integrierten Jugendlichen und Heranwachsenden (§ 25a AufenthG), bei nachhaltiger Integration (§ 25b AufenthG) sowie bei der sogenannten Verwurzelung (§ 25 Abs. 5 AufenthG in Verbindung mit Art 8 EMRK) zu nennen. Außerdem besteht die Möglichkeit, einen Härtefallantrag bei einer nach Landesrecht eingerichteten Härtefallkommission zu stellen (§ 23a AufenthG).

Insbesondere bei Minderjährigen sollte sorgfältig überlegt werden, ob und wann ein Asylantrag sinnvoll ist (vgl. Müller 2011). Bei Familien sind im Asylverfahren §§ 14a und 26 AsylG zu beachten. Im Wesentlichen ist also zwischen drei Gruppen zu unterscheiden:

1. Asylsuchende, deren Asylverfahren noch läuft und die eine Aufenthaltsgestattung haben,
2. anerkannte Flüchtlinge oder andere Personen mit Aufenthaltserlaubnis,
3. abgelehnte Asylbewerber/innen, die geduldet werden, wenn sie nicht abgeschoben werden können.

Rechtliche Regelungen ausgewählter Lebensbereiche von Flüchtlingen

Im Folgenden werden wichtige rechtliche Regelungen, die Grundlage für die Teilhabe und Ausgrenzung von Flüchtlingen sind, anhand von ausgewählten Lebensbereichen dargestellt.

Einschränkungen der Freizügigkeit

Die Freizügigkeit von Flüchtlingen ist zahlreichen Einschränkungen unterworfen. Nach § 45 f. AsylG werden Asylbewerber/innen nach einer bestimmten Quote (Königsteiner Schlüssel) auf die Bundesländer verteilt. Anschließend erfolgt gemäß § 50 AsylG eine landesinterne *Verteilung*. Dabei sollen nach § 50 Abs. 4 AsylG die Haushaltsgemeinschaft von Familienangehörigen oder sonstige humanitäre Gründe von vergleichbarem Gewicht berücksichtigt werden.

Die einmal getroffene Zuweisung wird im Anschluss durch *Wohnsitzauflagen* verfestigt. Durch sie werden Flüchtlinge dazu verpflichtet, an dem ihnen zugewiesenen Ort ihren Wohnsitz zu nehmen (§ 60 Abs. 1 AsylG, § 61 Abs. 1d AufenthG). Auch anerkannten Flüchtlinge sind gemäß § 12a Abs. 1 AufenthG für eine Dauer von drei Jahren verpflichtet, im ihnen zugewiesenen Bundesland den Wohnsitz zu nehmen, es sei denn, dass durch sozialversicherungspflichtige Beschäftigung das Einkommen gesichert ist. Nach den Absätzen 2 bis 4 kann die Wohnsitzwahl weiter eingeschränkt werden.

Von der Wohnsitzauflage zu unterscheiden ist die *Residenzpflicht*. Diese verbietet es Flüchtlingen, einen bestimmten Bereich auch nur vorübergehend zu verlassen. Flüchtlinge mit Aufenthaltsgestattung sind auf den Bezirk beschränkt, in dem sich die für sie zuständige Ausländerbehörde befindet (§ 56 Abs. 1 AsylG). Geduldete dürfen nach § 61 Abs. 1 AufenthG nicht das Bundesland verlassen. Die Residenzpflicht erlischt nach § 59a

Abs. 1 AsylG und § 61 Abs. 1b AufenthG, wenn sich die Person seit drei Monaten ununterbrochen erlaubt, geduldet oder gestattet im Bundesgebiet aufhält, es sei denn, sie ist noch verpflichtet in einer Erstaufnahmeeinrichtung zu wohnen. Für bestimmte Personengruppen können nach den gleich lautenden § 59b Abs. 1 AsylG und § 61 Abs. 1c AufenthG weitergehende Beschränkungen behördlich angeordnet werden. Personen mit Aufenthaltserlaubnis unterliegen keiner Residenzpflicht.

Die Unterbringung von Flüchtlingen

Asylbewerber/innen sind nach § 47 Abs. 1 AsylG verpflichtet, bis zu sechs Wochen, längstens jedoch bis zu sechs Monate in *Erstaufnahmeeinrichtungen* zu wohnen. Menschen aus sogenannten sicheren Herkunftsstaaten verbleiben nach § 47 Abs. 1a AsylG in der Regel bis zur Abschiebung in den Erstaufnahmeeinrichtungen.

Die Unterbringung nach der landesinternen Verteilung ist vom Recht und der Verwaltungspraxis der jeweils zuständigen Länder abhängig (vgl. Wendel 2014). Zwar legt § 53 Abs. 1 AsylG fest, dass Flüchtlinge auch nach der landesinternen Verteilung in der Regel in *Gemeinschaftsunterkünften* untergebracht werden sollen. Die Länder und Kommunen können jedoch auch für eine dezentrale Unterbringung in Wohnungen sorgen. Von dieser Möglichkeit machen jedoch nur wenige Bundesländer umfassend Gebrauch (vgl. Wendel 2014, S. 68 ff.). Wann Flüchtlinge aus der ihnen zugewiesenen Gemeinschaftsunterkunft ausziehen können, ist ebenfalls vom Landesrecht abhängig. In jedem Fall erlischt die Pflicht, in einer Gemeinschaftsunterkunft zu leben, wenn der Asylantrag positiv beschieden oder aus anderen Gründen eine Aufenthaltserlaubnis erteilt wird.

Der Zugang zum Arbeitsmarkt

Nach § 4 Abs. 3 AufenthG dürfen Ausländer/innen eine Erwerbstätigkeit nur ausüben, wenn der Aufenthaltstitel sie dazu berechtigt. Asylbewerber/innen, die noch verpflichtet sind, in einer Erstaufnahmeeinrichtung zu wohnen (s. o.), wird keine *Beschäftigungserlaubnis* erteilt (§ 61 Abs. 1 AsylG). Asylbewerber/inne/n und Geduldeten, die nicht mehr in einer Erstaufnahmestelle wohnen müssen und die seit drei Monaten gestattet, geduldet oder erlaubt in Deutschland leben, kann nach § 61 Abs. 2 AsylG und § 32 Abs. 1 BeschV die Beschäftigung erlaubt werden. Über die Erlaubnis entscheidet die Ausländerbehörde, jedoch bedarf es in der Regel einer Zustimmung durch die Bundesagentur für Arbeit. Die sogenannte Vorrangprüfung, bei der geprüft wird, ob Deutsche, EU-Ausländer/innen oder andere bevorzugte Ausländer/innen für die konkrete Beschäftigung zur Verfügung stehen (§ 39 Abs. 2 S. 1 Nr. 1 lit. b AufenthG), ist inzwischen weitgehend ausgesetzt (§ 32 Abs. 5 Nr. 3 BeschV). Nach vier Jahren entfällt die Zustimmung der Bundesagentur für Arbeit komplett (§ 32 Abs. 2 Nr. 5 BeschV). Bei manchen Erwerbstätigkeiten (insbesondere Praktikum, Berufsausbildung, Hochqualifizierte, Mangelberufe) entfällt das Zustimmungserfordernis schon früher (§ 32 Abs. 2 BeschV).

Personen aus sicheren Herkunftsstaaten haben gar keine Möglichkeit eine Beschäftigungserlaubnis zu erhalten (§§ 47 Abs. 1a, 61 Abs. 1, Abs. 2 S. 4 AsylG, § 60a Abs. 6 S. 1 Nr. 3 AufenthG). Geduldete unterliegen nach § 60a Abs. 6 S. 1 Nr. 2 AufenthG einem Beschäftigungsverbot, wenn aufenthaltsbeendende Maßnahmen aus Gründen, die sie selbst zu vertreten haben, nicht vollzogen werden können. Das wird insbesondere dann angenommen, wenn Geduldete nicht bei der Passbeschaffung mitwirken und aus diesen Gründen nicht abgeschoben werden können.

Anerkannte Asylberechtigte, Flüchtlinge oder subsidiär Geschützte sind nach § 25 Abs. 1 und 2 AufenthG berechtigt eine Erwerbstätigkeit auszuüben. Personen mit einer Aufenthaltserlaubnis nach § 25 Abs. 3 bis 5 AufenthG bedürfen einer Beschäftigungserlaubnis. Diese ist jedoch gemäß § 31 BeschV nicht von der Zustimmung der Bundesagentur für Arbeit abhängig und daher in der Regel zu erteilen.

Der Zugang zu Bildung

Kinder und Jugendliche unterliegen nach den Landesschulgesetzen der *Schulpflicht*. Das gilt grundsätzlich auch für Flüchtlinge. Jedoch machen die landesrechtlichen Bestimmungen das Entstehen der Schulpflicht teilweise von bestimmten Wartefristen sowie von der Zuweisung an die Gemeinden abhängig. Aus höherrangigem Völker- und Unionsrecht wird dann zumindest ein Schulbesuchsrecht abgeleitet (vgl. Weiser 2016, S. 9 ff.). Geflüchtete Schüler/innen haben nach § 28 SGB II oder § 34 SGB XII ggf. in Verbindung mit § 2 oder § 3 Abs. 3 AsylbLG Anspruch auf Leistungen nach dem Bildungs- und Teilhabepaket. Dies gilt jedoch nicht, wenn die Leistungen nach § 1a AsylbLG gekürzt werden (dazu unten).

Grundsätzlich enthält das Aufenthaltsgesetz keine Einschränkungen des *Hochschulzugangs*. Probleme ergeben sich jedoch aus den bereits erläuterten Beschränkungen der Freizügigkeit (s. o.) sowie beim Nachweis der Hochschulzugangsberechtigung und ausreichender Deutschkenntnisse.

Zudem sind Flüchtlinge mit Finanzierungsproblemen konfrontiert. Während anerkannte Flüchtlinge grundsätzlich nach den allgemeinen Voraussetzungen Anspruch auf Leistungen nach dem BAföG haben (§ 8 Abs. 2 Nr. 1 BAföG), ist dies bei Personen mit einer Aufenthaltserlaubnis nach § 25 Abs. 3 bis 5 AufenthG oder mit einer Duldung erst nach 15 Monaten der Fall (§ 8 Abs. 2 Nr. 2, Abs. 2a BAföG). Flüchtlinge, die sich noch im

Asylverfahren befinden, sind nahezu vollständig vom BAföG ausgeschlossen (vgl. Weizsäcker 2016, S. 67 f.; v. Harbou 2016, S. 421).

Betriebliche *Ausbildungen* fallen unter den Begriff der „Beschäftigung", sodass die Regelungen über den Zugang zum Arbeitsmarkt anzuwenden sind. Die Erteilung einer Beschäftigungserlaubnis bedarf jedoch nach § 32 Abs. 2 Nr. 2 BeschV nicht der Zustimmung der Bundesagentur für Arbeit. Zu berücksichtigen ist ferner, dass die Aufnahme einer qualifizierten Berufsausbildung vor Vollendung des 21. Lebensjahres nach § 60a Abs. 2 S. 4 AufenthG einen Duldungsgrund darstellt. Das gilt jedoch nicht für Personen aus sicheren Herkunftsstaaten, die nach dem 31. August 2015 einen Asylantrag gestellt haben. Für schulische Ausbildungen gilt im Wesentlichen das Gleiche wie für den Hochschulzugang.

Anerkannte Flüchtlinge mit einer Aufenthaltserlaubnis nach § 25 Abs. 1 oder 2 haben nach § 44 AufenthG einen Anspruch auf Teilnahme an einem *Integrationskurs*. Andere Flüchtlinge können unter gewissen Voraussetzungen und im Rahmen verfügbarer Kursplätze zur Teilnahme zugelassen werden. Hierzu hat der Gesetzgeber die Untergruppe der Asylbewerber/innen mit „guter Bleibeperspektive" geschaffen, bei denen „ein rechtmäßiger und dauerhafter Aufenthalt zu erwarten ist" (§ 44 Abs. 4 S. 2 Nr. 1 AufenthG). Das wird bisher nur bei Flüchtlingen aus Iran, Irak, Syrien, Eritrea und Somalia angenommen. Ähnliches gilt für berufsbezogene Sprachförderung (§ 45a AufenthG) sowie Maßnahmen zur Arbeitsmarktintegration (§ 131 SGB III).

Sozialleistungen

Während Flüchtlinge mit einer Aufenthaltserlaubnis deutschen Staatsbürger/inne/n sozialrechtlich weitgehend gleichgestellt sind, erhalten Asylbewerber/innen und Geduldete Leistungen nach dem Asylbewerberleistungsgesetz (§ 1 AsylbLG). Jedoch können sie nach 15 Monaten Aufenthalt Leistungen in entsprechender Anwendung des SGB XII erhalten. Hier wird jedoch wiederum bei Personen eine Ausnahme gemacht, welche die Dauer des Aufenthalts „rechtsmissbräuchlich selbst beeinflusst haben", also insbesondere bei Geduldeten, die nicht ausreichend bei der Passbeschaffung mitwirken.

Die Grundleistungen nach § 3 AsylbLG wurden nach dem Urteil des Bundesverfassungsgerichts vom 18. Juli 2012 weitgehend den Regelbedarfen des SGB II angeglichen. Abweichungen ergeben sich jedoch insbesondere durch das Sachleistungsprinzip sowie die in letzter Zeit ausgeweiteten Leistungskürzungen. Außerdem ist die Gesundheitsversorgung nach § 4 AsylbLG stark eingeschränkt.

Nach dem *Sachleistungsprinzip* (§ 3 Abs. 1 AsylbLG) werden während der Unterbringung in einer Erstaufnahmeeinrichtung Leistungen zur Deckung des Bedarfs an Ernährung, Unterkunft, Heizung, Kleidung, Gesundheitspflege und Gebrauchs- und Verbrauchsgütern des Haushalts (notwendiger Bedarf) zwingend als Sachleistungen erbracht. Leistungen zur Deckung persönlicher Bedürfnisse des täglichen Lebens (notwendiger persönlicher Bedarf) „sollen" als Sachleistungen erbracht werden. Erst nach der landesinternen Verteilung gilt gemäß § 3 Abs. 2 AsylbLG der Vorrang von Geldleistungen.

Bei asyl- oder aufenthaltsrechtlichen Fehlverhalten (§ 1a und § 11 Abs. 2a AsylbLG), bei Ablehnung von Arbeitsgelegenheiten (§ 5 Abs. 4 und § 5a Abs. 3 AsylbLG) sowie bei Weigerung, an einem Integrationskurs teilzunehmen (§ 5b Abs. 2 AsylbLG), erfolgen weitergehende *Leistungskürzungen*. Von besonderer Relevanz sind die Kürzungen für Geduldete, „bei denen aus von ihnen selbst zu vertretenden Gründen aufenthaltsbeendende Maßnahmen nicht vollzogen werden können" (§ 1a Abs. 3 AsylbLG), also insbesondere bei unterlassener Mitwirkung bei der Passbeschaffung. Werden die Leistungen gekürzt, so entfallen die Leistungen zur Deckung des persönlichen Bedarfs, der im Wesentlichen das soziokulturelle Existenzminimum abdeckt, in der Regel komplett. Die Leistungskürzungen lagern den Grenzschutz auf die Sozialbehörden aus und sind mit dem Recht eines jeden Menschen auf ein menschenwürdiges Existenzminimum nicht vereinbar (vgl. Voigt 2016; Brings/Oehl 2016, S. 22 ff.; Pelzer/Pichl 2016, S. 213).

Zusammenfassung

Die genannten Regelungen bilden ein *abgestuftes System*:
Anerkannte Flüchtlinge und andere Personen mit Aufenthaltserlaubnis sind deutschen Staatsbürger/inne/n in zahlreichen Lebensbereichen gleichgestellt. Sie unterliegen weder Residenzpflicht noch Lagerzwang, haben Zugang in der Regel zum Arbeitsmarkt und Bildungsangeboten und erhalten ggf. Sozialleistungen nach SGB II oder SGB XII.
Personen mit einer Aufenthaltsgestattung und Geduldete erlangen mit zunehmender Aufenthaltsdauer mehr Rechte. Nach Ablauf bestimmter Fristen entfällt die Residenzpflicht, sie können sich eine eigene Wohnung suchen, unter Schwierigkeiten eine Erwerbstätigkeit aufnehmen und erhalten Sozialleistungen analog SGB XII. Asylbewerber/inne/n aus Iran, Irak, Syrien und Eritrea, denen eine „gute Bleibeperspektive" zugesprochen wird, werden zudem hinsichtlich des Zugangs zu Integrationskursen privilegiert.
Negative Abweichungen gelten hingegen für *Asylsuchende und Geduldete aus sicheren Herkunftsstaaten*. Sie müssen in der Regel bis zu ihrer Abschiebung in (besonderen) Erstaufnahmeeinrichtungen bleiben. Daran

anknüpfend unterliegen sie dauerhaft der Residenzpflicht und einem Arbeitsverbot, sind teilweise von der Schulpflicht ausgenommen und erhalten Sachleistungen. Ähnlichen Einschränkungen sind Geduldete ausgesetzt, denen vorgeworfen wird, nicht ausreichend bei der eigenen Abschiebung mitzuwirken. Sie verharren oft jahrelang in Kettenduldung und dürfen nicht arbeiten. Sozialrechtlich sind sie nicht nur von Leistungen nach dem SGB XII ausgeschlossen, sondern darüber hinaus von Leistungskürzungen betroffen.

Literatur

Brings, Tobias/Oehl, Maximilian (2016): Verfassungswidrige Kürzungen und nachgeschobene Berechnungen. In: Zeitschrift für Ausländerrecht und Ausländerpolitik, Heft 1, S. 22–31.
von Harbou, Frederik (2016): Der Zugang Asylsuchender und Geduldeter zu Erwerbstätigkeit und Bildung. In: Neue Zeitschrift für Verwaltungsrecht Heft 7, S. 421–426.
Müller, Kerstin (2011): Unbegleitete minderjährige Flüchtlinge – Alternativen zum Asylantrag. In: Asylmagazin, Heft 11, S. 358–363.
Pelzer, Marei/Pichl, Maximilian (2016): Die Asylpakete I und II: Verfassungs-, europa- und völkerrechtliche Probleme. In: Kritische Justiz Heft 2, S. 207–219.
Voigt, Claudius (2016): Asylbewerberleistungsgesetz: Feindliche Übernahme durch das Ausländerrecht. In: Informationen zum Arbeitslosenrecht und Sozialhilferecht Heft 3, S. 99–107.
Weiser, Barbara (2016): Recht auf Bildung für Flüchtlinge. Rahmenbedingungen des Zugangs zu Bildungsangeboten für Asylsuchende, Schutzberechtigte und Migranten mit Duldung (schulische oder berufliche Aus- und Weiterbildung). 2. Auflage. Berlin.
Weizsäcker, Esther (2016): Hochschulzugang für Asylsuchende. Rechtliche Rahmenbedingungen und Hürden. In: Asylmagazin, Heft 3, S. 65–72.
Wendel, Kay (2014): Unterbringung von Flüchtlingen in Deutschland. Regelungen und Praxis der Bundesländer im Vergleich. Frankfurt am Main.
Werdermann, David (2016): Rechtliche Grundlagen der Teilhabe und Ausgrenzung von Flüchtlingen. In: Neue Praxis Sonderheft „Flucht, Sozialstaat und Soziale Arbeit". S. 86–95.

Christine Rehklau

Erstaufnahmeeinrichtungen

Die Länder sind verpflichtet, Aufnahmeeinrichtungen zur Unterbringung Asylbegehrender zu schaffen und zu unterhalten (§ 44 AsylG). Die Zuweisung eines Flüchtlings oder Migranten in eine bestimmte Erstaufnahmeeinrichtung erfolgt unter Berücksichtigung der für ein bestimmtes Bundesland vom IT-System EASY (Erstverteilung der Asylbegehrenden) errechneten Aufnahmequote und des Herkunftslandes des Asylbewerbers. Diese sind gemäß § 14 AsylG verpflichtet, in derjenigen Außenstelle des BAMF ihren Asylantrag zu stellen, die der ihnen von EASY zugewiesenen Einrichtung zugeordnet ist.

Während sich im bundesdeutschen Gesetzestext der Begriff Aufnahmeeinrichtungen wiederfindet, gibt es in den Ländern unterschiedliche Sprachregelungen. So verwenden beispielsweise die Länder Bayern, Nordrhein-Westfalen und Sachsen den Begriff Erstaufnahmeeinrichtung (EAE), während Thüringen und das Saarland von einer Landesaufnahmestelle (LAST) sprechen oder in Brandenburg und Bremen der Begriff Zentrale Aufnahmestelle (ZAST) in Gebrauch ist.

Rahmenbedingungen

Die Unterbringung in der zugewiesenen Erstaufnahmeeinrichtung erfolgt für längstens sechs Monate (§ 47 AsylG). Während dieser Zeit darf der Bezirk der Ausländerbehörde, in dem die für die Aufnahme zuständige Aufnahmeeinrichtung liegt, nicht verlassen werden (§ 56 AsylG). Es gilt damit die sogenannte Residenzpflicht. Wird das Verfahren nicht durch Rückkehr oder Abschiebung beendet, reichen die Bundesländer spätestens nach sechs Monaten den Auftrag der längerfristigen Unterbringung nach einer jeweils länderspezifischen Verteilungspraxis und eigenen Verteilungsschlüsseln an die Kommunen weiter.

Bis auf wenige Ausnahmen gibt es in den Erstaufnahmeeinrichtungen keine Unterbringung mit Wohnungscharakter. Aufgrund der hohen Belegungszahlen ist es zudem oft notwendig, alle Zimmer voll zu belegen, sodass die Familien noch nicht einmal in einem Raum über Privatsphäre verfügen. Im Erleben der Flüchtlingskinder bedeutet dies, dass sie nach ihrer Ankunft in Deutschland mit gänzlich unbekannten Personen auf engstem Raum untergebracht werden (Berthold 2014, S. 37).

Da Menschen auf engstem Raum zwangsweise zusammenleben, gibt es Auseinandersetzungen und Konflikte unter den Erwachsenen, die sich auch am Verhalten der Kinder entzünden, etwa wenn diese in den Fluren und Wohnräumen spielen. Bedürfnisse von Einzelpersonen oder Familien nach Wohnraum, Privatsphäre und Gemeinschaftsräumen werden nicht berücksichtigt. Verzweiflung über die gegenwärtige Situation und Ungewissheit über die Zukunft können die Probleme in der drangvollen Enge verschärfen. Auch die Sicherheit der Menschen ist oft nicht gewährleistet. Besonders Frauen sind in solchen Unterkünften erhöhter Gefahr von Belästigungen und sexuellen Übergriffen ausgesetzt. Kindern und Jugendlichen fehlen Spiel- und Bewegungsmöglichkeiten, Lernlust und Lernerfolg der Minderjährigen leiden durch diese Form des zwanghaften Zusammenlebens.

In den Einrichtungen erfolgt eine Versorgung vorrangig durch Sachleistungen (§ 3 Abs. 1 AsylbLG). In der Folge gibt es unter anderem nicht die Möglichkeit, Essen selbst zuzubereiten, da die Essensversorgung zentral geregelt ist. Eine bedarfsgerechte Versorgung, die sich an den individuellen Bedürfnissen (etwa Unverträglichkeiten) der Menschen orientiert, wird hierdurch erheblich erschwert und birgt gesundheitliche Risiken aufgrund von Unverträglichkeiten oder Nahrungsverweigerung mit sich. Grundsätzlich ist der Zugang zu Essen und den Zubereitungsmöglichkeiten bekannter Speisen für die Identität der geflüchteten Kinder und ihrer Familien entscheidend. Ein Gefühl von Sicherheit, auch durch die Autonomie in der Essenszubereitung (World Vision 2016, S. 52), ist den Kindern und Jugendlichen in der Erstaufnahmeeinrichtung nicht möglich.

Die Pflicht zur Wohnsitznahme in der Aufnahmeeinrichtung bedeutet in der Folge einen erheblichen Einschnitt in das Recht auf gesellschaftliche Teilhabe und eine kindgerechte Entwicklung: Für Kinder, Jugendliche und Erwachsene, die der Pflicht in der Aufnahmeeinrichtung zu leben unterliegen, wird das Verlassen der Gebietskörperschaft nur erlaubt, wenn „zwingende Gründe" vorliegen (§ 57 AsylG). So steht die Frage, ob Kinder an Freizeitangeboten und Bildungsangeboten teilnehmen können oder soziale Kontakte, die außerhalb des zugewiesenen Bereichs liegen, pflegen dürfen, regelmäßig im Ermessen der zuständigen Behörde.

Erstaufnahmeeinrichtungen, in denen geflüchtete Kinder und Jugendliche leben, müssen nicht gesondert nachweisen, dass sie geeignete Lebensorte für Kinder sind und über entsprechende Beteiligungsmechanismen verfügen. Anders als im Kinder- und Jugendhilferecht verankert, gibt es keine gesonderten Betriebserlaubnisse. In § 45 (2) SGB VIII sind verschiedene Erteilungsvoraussetzungen für eine Einrichtung, „in der Kinder oder Jugendliche ganztägig oder für einen Teil des Tages betreut werden oder Unterkunft erhalten" (§ 45 SGB VIII) für eine Betriebserlaubnis vorgesehen: eine geeignete Ausstattung, Unterstützung der gesellschaftlichen Integration, keine Einschränkung der medizinischen Versorgung und die Schaffung geeigneter Beteiligungsverfahren für Kinder und Jugendliche. Viele der gegenwärtig belegten Aufnahmeeinrichtungen werden diesen Anforderungen nicht gerecht. Beteiligung und Partizipation stellen im Alltag begleiteter geflüchteter Kinder und Jugendlicher eine „absolute Leerstelle" im Alltag dar (Lewek 2016, S. 39). Insbesondere in den Erstaufnahmeeinrichtungen und Notunterkünften fällt die Abwesenheit der Jugendhilfe auf. Die dortigen Initiativen mit und für Kinder und Jugendliche werden häufig von ehrenamtlich Engagierten aus der lokalen Bevölkerung und örtlichen Vereinen initiiert (ebd., S. 40).

In Bezug auf Gemeinschaftsunterkünfte ist bekannt, dass sie von Kommunen, gemeinnützigen Organisationen oder privaten Firmen betrieben werden. Es ist zu beobachten, dass in letzter Zeit zunehmend private Betreiber in den Markt eingestiegen sind (Robert-Bosch-Stiftung 2015, S. 47). Die Preisverhandlungen bei der öffentlichen Auftragsvergabe können sich auch auf die Bezahlung der Fachkräfte niederschlagen. Gerade bei den privaten Betreibern ist die Diskrepanz zwischen den eigenen Geschäftsinteressen und dem professionellen Verständnis der Sozialarbeiter/innen groß (ebd., S. 49). Bei den Erstaufnahmeeinrichtungen sind die Länder und nicht die Kommunen Träger, jedoch kann der Betrieb ebenfalls an gemeinnützige Organisationen oder private Firmen vergeben werden.

Tätigkeit der Sozialen Arbeit

Die hauptamtliche Sozialbetreuung und -beratung ist wesentlich für eine Stabilisierung und bedarfsgerechte Begleitung Geflüchteter im Aufnahmeland. Zur Ausgestaltung der Arbeit in den Unterkünften gibt es weder eine verbindliche Verpflichtung noch bundesweite Standards. Sie hängt wesentlich von den Verordnungen der einzelnen Bundesländer, den Betreibern und den einzelnen Fachkräften vor Ort ab.

Innerhalb der Erstaufnahmeeinrichtungen fällt in der Betreuung von besonders Schutzbedürftigen den Sozialdiensten und den dortigen Sozialarbeiter/inne/n eine herausragende Rolle zu. Die von Wohlfahrtsverbänden und Kirchen geforderte Zielvorgabe von einem Sozialarbeiter für 50 bis 80 Asylbewerber wird in den Erstaufnahmeeinrichtungen in der Regel nicht erreicht (Robert-Bosch-Stiftung 2016, S. 8). In Hessen wurde Ende 2015 im Rahmen eines Erlasses ein „Konzept für die Festlegung von Mindeststandards der Sozialbetreuung an den HEAE[1]-Standorten" veröffentlicht. Währenddessen hat die Liga der Freien Wohlfahrtspflege in Hessen e.V. ge-

---

1 HEAE = Hessische Erstaufnahmeeinrichtung

meinsam mit dem Hessischen Flüchtlingsrat ein Positionspapier im Jahr 2016 vorgelegt. In diesem wird unter anderem gefordert, dass für besonders schutzbedürftige Personen – zu denen auch Kinder und Jugendliche zählen – spezifische Betreuungs-, Beschäftigungs- und Freizeitangebote vorgehalten werden (Liga Hessen e.V. 2016, S. 9). Alle Bewohner/innen sollen Beratung und Hilfe in persönlichen Lebenslagen (z. B. Familienzusammenführung innerhalb Deutschlands, bei Schwangerschaft und Geburt, bei familialer Gewalt) erhalten (ebd.). Die Liga Hessen e.V. hält es zudem für äußerst notwendig, dass dem Betreiber ein Budget für Personalfortbildungen und Supervision zur Verfügung gestellt wird. Für die Mitarbeiter/innen der Sozialbetreuung sollen regelmäßig Fortbildungen gemäß Art. 25 EU-Aufnahmerichtlinie insbesondere zu Themen der Traumafolgestörungen angeboten werden (ebd.).

In der Asylverfahrensberatung wird über das Verfahren selbst sowie die Rechte und Pflichten von Asylsuchenden und ihre Möglichkeiten und Grenzen aufgeklärt. Asylsuchende werden in ihrem Verfahren gegebenenfalls durch die Vermittlung zu Fachanwälten unterstützt. Aus der Beratungspraxis ist bekannt, dass Asylsuchende oftmals Ablauf und Anforderungen des Asylverfahrens nicht verstehen. So wissen sie oftmals nicht, dass die Anhörung der Zeitpunkt ist, an dem sie ihre Fluchtgründe detailliert vorlegen müssen, damit in voller Kenntnis ihrer Fluchtgründe über ihren Asylantrag entschieden werden kann. Eine gute Vorbereitung und Information über das Asylverfahren hilft Asylsuchenden ihre Rechte geltend machen zu können, aber auch Asylverfahren zu verkürzen, indem im erstinstanzlichen Verfahren alle Fluchtgründe vorgebracht werden können und sich ein gerichtliches Verfahren erübrigt.

Bis dato wird in den Erstaufnahmeeinrichtungen der Länder eine Asylverfahrensberatung nicht flächendeckend angeboten. Gefordert wird dies jedoch unter anderem von der Liga Hessen (2016, S. 15):

„In jeder Erstaufnahmeeinrichtung wird eine unabhängige Verfahrensberatung implementiert. Alle Flüchtlinge ungeachtet ihrer sogenannten Bleibeperspektive bzw. ihres Herkunftslandes müssen die Möglichkeit haben, sich vor der Asylantragsstellung beraten zu lassen."

Auch auf politischer Ebene ist man sich der Wichtigkeit dieser Beratung durchaus bewusst. So hat der Thüringer Landtag 2016 (Drucksache 6/2082) beschlossen, dass er die Landesregierung auffordert, eine Asylverfahrensberatungsstruktur zu installieren, die in allen Landeserstaufnahmeeinrichtungen Sprechzeiten anbietet mit dem Ziel der Information und der Beratung der Flüchtlinge über das Asylverfahren und die rechtsstaatlichen Verfahrensmöglichkeiten.

Besonders hervorgehoben wird in dem oben genannten Forderungspapier der Liga Hessen der Schutzauftrag zum Kindeswohl insbesondere auch in den Erstaufnahmeeinrichtungen. Dabei gehen die Autor/inn/en von einem explizit breiten Verständnis von Kindeswohl aus. Dies gelte nicht nur durch eine vermeidungsorientierte bzw. interventionistische Gefährdungsabwehr – bezogen auf Vernachlässigung, Machtmissbrauch oder unterschiedliche Formen der Gewalt – als ausreichend sichergestellt. Auf das geistige, seelische und körperliche Kindeswohl sei gleichsam durch entwicklungs- und anregungsorientiere Strukturen und Maßnahmen hinzuwirken, um die kindliche Persönlichkeitsentwicklung und die Zukunftschancen von Kindern und Jugendlichen bestmöglich zu fördern. Sie fordern dahingehend:

> „Dieses umfassende Verständnis des Kindeswohls – inkl. des expliziten Rechtsanspruchs von Kindern und Jugendlichen auf Bildung, Betreuung und Erziehung – ist auch in HEAE für alle untergebrachten Kinder- und Jugendlichen anzulegen" (Liga Hessen 2016, S. 11).

Durch die kurze Aufenthaltsdauer ist es faktisch unmöglich, längerfristige Bindungen und Kontakte zu den Kindern und Jugendlichen aufzubauen.

Besondere Herausforderungen

Vor oder kurz nach der Aufnahme in den Erstaufnahmeeinrichtungen sind bundesrechtlich vorgeschriebene Gesundheitsuntersuchungen durchzuführen (§ 62 AsylG, § 36 IfSG). Es werden ärztliche Untersuchungen auf übertragbare Krankheiten (z. B. Tuberkulose, Ruhr, Hepatitis), Impfschutz und auf Schwangerschaft durchgeführt. Je nach Bundesland bzw. Einrichtung findet außerdem eine weitergehende Diagnostik statt (z. B. Untersuchung auf Allergien oder chronische Erkrankungen). Die Landesgesundheitsbehörden oder die zuständigen Gesundheitsämter bestimmen im Einzelnen den Umfang der Untersuchung und den Arzt.

Die psychosoziale Versorgung von Geflüchteten stellt auch in der Erstaufnahmeeinrichtung eine große Herausforderung dar. Die vorherrschenden Rahmenbedingungen und die erheblichen Zugangsbarrieren zum Gesundheitssystem verstärken die soziale Unsicherheit der Menschen und erhöhen damit ihre Vulnerabilität. Die Rate der Posttraumatischen Belastungsstörung ist bei Flüchtlingen und Asylbewerben im Vergleich zur Allgemeinbevölkerung um das bis zu zehnfache erhöht (DGPPN 2016, S. 1). Kinder und Jugendliche können nicht nur durch Kriegserlebnisse und Flucht zum Teil schwere seelische Verletzungen erleiden, sondern auch dadurch traumatisiert sein, dass ihre Eltern oder erwachsene Begleiter/innen sie nicht vor diesen Ereignissen schützen konnten. Insbesondere in Bezug auf Kinder und Jugendliche bedarf es eines auf Traumafolgen sensibilisierten pädagogischen Umfelds sowie der Zusammenarbeit pädagogischer und therapeutischer Fachkräfte. Die fehlende Gesundheitskompetenz, gemeint sind damit Unkenntnisse bei Mitarbeitenden (Sozialarbeiter/innen, Allgemeinärzt/e/innen) von versorgenden Einrichtungen für Flüchtlinge über einfache Basissymptome, z. B. einer Depression oder Posttraumatischen Belastungsstörung, verhindert jedoch oftmals das frühzeitige Erkennen von psychischen Problemen (ebd., S. 5). Eine Expertenkommission unter Federführung der Robert-Bosch-Stiftung empfiehlt den Ausbau der Versorgung in den Erstaufnahmeeinrichtungen unter anderem durch die Gewinnung und Reaktivierung von qualifiziertem medizinischen und psychologischen Personal für eine dortige Tätigkeit sowie den Einsatz von mobilen Versorgungszentren und Ärzteeinheiten (Robert-Bosch-Stiftung 2016, S. 4). Durch eine Erhöhung der Mittel für Sozialdienste und die Zahl der Sozialarbeiter/innen in den Einrichtungen könnten die Behandlungsmöglichkeiten für traumatisierte Flüchtlinge ebenfalls verbessert werden (ebd., S. 15).

Fehlende Bildungsangebote sind ein weiteres Hemmnis für die kindliche Entwicklung in den Einrichtungen. In einigen Bundesländern sind die Kinder und Jugendlichen, die in (Erst-)Aufnahmeeinrichtungen leben, von der Schulpflicht ausgenommen (u. a. Hessen, Mecklenburg-Vorpommern, Niedersachsen, Nordrhein-Westfalen, Rheinland-Pfalz, Sachsen-Anhalt) (UNICEF 2017, S. 1). Im Jahr 2016 wurde die Höchstgrenze des Aufenthalts in Erstaufnahmeeinrichtungen von drei auf sechs Monate (vgl. § 47 Abs. 1 AsylG) ausgeweitet. In vielen Bundesländern greift eine Schulpflicht daher erst nach sechs Monaten Aufenthalt in Deutschland. Dies steht in Kontrast zu Artikel 14 der EU-Aufnahmerichtlinie 2013/33/EU, wonach allen geflüchteten Kindern spätestens nach drei Monaten eine Beschulung zusteht. Darin heißt es:

„Der Zugang zum Bildungssystem darf nicht um mehr als drei Monate, nachdem ein Antrag auf internationalen Schutz von einem Minderjährigen oder in seinem Namen gestellt wurde, verzögert werden."

Die Durchsetzung des Schulbesuchs ist entscheidend für eine gleichberechtigte gesellschaftliche Teilhabe. Ob den Kindern und Jugendlichen ein Schulbesuch ermöglicht wird oder nicht, scheint nicht zuletzt in vielen Fällen von dem Standing, der Fachlichkeit und Personalkapazität der hauptamtlichen Mitarbeiter/innen einer Unterkunft abzuhängen (Zartbitter e.V. 2016, S. 25). In der Regel werden in den Erstaufnahmeeinrichtungen Deutschkurse angeboten, die auch von den Kindern und Jugendlichen genutzt werden können. Diese werden sowohl von privaten als auch staatlichen Akteuren angeboten, z. T. sind auch ehrenamtliche Personen hier tätig. Doch sind diese nicht auf Kinder ausgerichtet und nicht mit einem regulären Schulangebot zu vergleichen (Berthold 2014, S. 37). Bildung ist zudem auch für Kinder unter sechs Jahren vor dem Schuleintrittsalter von Bedeutung. Die Einbeziehung von pädagogisch qualifizierten Geflüchteten in Förderangebote für sehr junge Kinder kann ebenso zu deren Niedrigschwelligkeit beitragen wie das Angebot von regelmäßigen Eltern-Kind-Gruppen durch Fachkräfte (Zartbitter e.V. 2016, S. 26).

Das Recht auf menschenwürdige Unterbringung und Schutz vor Gewalt folgen aus dem Grundgesetz, nationalen Gesetzen und internationalen Abkommen wie der UN-Kinderrechtskonvention und der EU-Aufnahmerichtlinie. Im Jahr 2016 veröffentlichten das Bundesministerium für Familie, Senioren, Frauen und Jugend gemeinsam mit UNICEF Deutschland Mindeststandards zum Schutz von Kindern, Jugendlichen und Frauen in Flüchtlingsunterkünften. Ziel ist es,

> „dass in den Unterkünften Informationen über die Rechte und Ansprüche von Kindern, Jugendlichen und Frauen verfügbar sein müssen und funktionierende Beratungs- und Beschwerdemechanismen etabliert sind. (…) Für Kinder und Jugendliche muss neben dem Schutz vor Gewalt auch der Zugang zu Bildung, Spiel- und Freizeitangeboten und für Kinder, Jugendliche und Frauen gleichermaßen der Zugang zu medizinischer Versorgung und psychosozialer Unterstützung von Beginn garantiert sein" (BMFSFJ/UNICEF 2016, S. 2).

Die Standards beziehen sich auf sechs verschiedenen Themenkomplexe, darunter ein einrichtungsinternes Schutzkonzept, Personal und Personalmanagement, aber auch menschenwürdige, schützende und fördernde Rahmenbedingungen. In diesem Papier wurde gefordert, dass die Mindeststandards in allen Einrichtungen umgesetzt werden sollen. Allerdings lassen sich darin keine Angaben zu Fristen der Umsetzung oder den Konsequenzen bei Nichteinhaltung der Standards finden.

Auch der gemeinnützige Verein Zartbitter e.V. veröffentlichte im Jahr 2016 eine Arbeitshilfe mit dem Titel: „Flüchtlingskinder vor Gewalt schützen". Zwar liegt der Fokus auf Gemeinschaftsunterkünften und nicht auf Erstaufnahmeeinrichtungen, jedoch lassen sich viele der Bausteine für ein Kinder- und Gewaltschutzkonzept auch auf letztere übertragen. In eine ähnliche Richtung ging eine sogenannte Checkliste zu Mindeststandards zum Schutz von Kindern vor sexueller Gewalt in Flüchtlingsunterkünften. Sie wurde durch den Unabhängigen Beauftragten der Bundesregierung für Fragen des sexuellen Kindesmissbrauchs im September 2015 veröffentlicht und zielt auf die Bereiche personelle und räumliche Standards sowie Informations- und Hilfsangebote ab. Doch auch hier hapert es an der Implementierung.

> „Kind- und genderspezifische Standards, wie sie z. B. der Unabhängige Beauftragte der Bundesregierung für Fragen des sexuellen Kindesmissbrauchs 2016 gefordert hatte, sind nach wie vor nicht flächendeckend vorhanden" (BumF 2017, S. 4).

Zusammenfassend stellt UNICEF (2017, S. 3) fest:

> „(Erst-)Aufnahmeeinrichtungen stellen kein kindgerechtes Umfeld dar, insbesondere durch die Enge in den Zimmern, den Lärm, die fehlende Privatsphäre und fehlende Rückzugsmöglichkeiten für Spiel und Freizeit. Ein Aufenthalt für Kinder ist daher so kurz wie möglich zu gestalten."

Diese Forderung ist angesichts der derzeitigen Entwicklung auf bundespolitischer Ebene wichtiger denn je.

Ausblick

Gegenwärtig gibt es Planungen der Bundesregierung, die Bedingungen bezüglich des Aufenthalts in den Erstaufnahmeeinrichtungen weiter zu verschärfen. Der neu gefasste § 47Abs 1b AsylG soll die Länder zur Regelung ermächtigen, dass Ausländer (…) verpflichtet sind, bis zur Entscheidung des Bundesamtes über den Asylantrag und im Falle der Ablehnung des Asylantrages bis zur Ausreise oder bis zum Vollzug der Abschiebungsandrohung oder -anordnung in der Erstaufnahmeeinrichtung zu wohnen. Bei dieser extrem offenen Formulierung ist keine zeitliche Beschränkung zu entnehmen. Kinder und Jugendliche wären von dieser Regelung ebenso betroffen.

In Bezug auf die Praxis wurde von der „Initiative Hochschullehrender zu Sozialer Arbeit in Gemeinschaftsunterkünften" mit der Veröffentlichung des „Positionspapiers Soziale Arbeit mit Geflüchteten in Gemeinschaftsunterkünften" im Jahr 2016 eine erste Grundlage für eine fachliche Auseinandersetzung geschaffen. Die dort beschriebene Herausforderung für Sozialarbeitende lässt sich auch auf die Situation in den Erstaufnahmeeinrichtungen übertragen. Da Sozialarbeiter/innen in Unterkünften für Geflüchtete meist in schlecht ausgestatteten, unklar geregelten und konzeptionell kaum entwickelten Settings agieren, besteht in der Folge zwischen dem, was fachlich und professionsethisch geboten ist, und dem, was rechtlich sowie praktisch nahegelegt wird, eine große Diskrepanz.

> „Die Soziale Arbeit sieht sich entsprechend aufgefordert, rechtliche Festlegungen, auf deren Grundlage Menschen das Recht auf Aufnahme, Schutz und Unterstützung verwehrt wird, kritisch zu hinterfragen" (Initiative Hochschullehrender 2016, 2).

Die derzeitige Entwicklung der Flüchtlingspolitik lässt erahnen, dass auch in Zukunft ein kritisches Hinterfragen der Sozialarbeiter/innen nötig sein wird.

Literatur

Berthold, Thomas (2014): In erster Linie Kinder. Flüchtlingskinder in Deutschland. Studie im Auftrag von UNICEF Deutschland. Köln.

Bundesministerium für Familie, Senioren, Frauen und Jugend (BMFSFJ)/UNICEF (2016): Mindeststandards zum Schutz von Kindern, Jugendlichen und Frauen in Flüchtlingsunterkünften. https://www.bmfsfj.de/blob/107848/5040664f4f627cac1f2be32f5e2ba3ab/schutzkonzept-mindeststandards-unterkuenfte-data.pdf. (Abfrage: 03.01.2017).

Bundesfachverband unbegleitete minderjährige Flüchtlinge (BumF) (2017): Stellungnahme des Bundesfachverbands unbegleitete minderjährige Flüchtlinge (BumF) zum Entwurf eines Gesetzes zur besseren Durchsetzung der Ausreisepflicht. http://www.b-umf.de/images/20170217_Stellungnahme_des_Bundesfachverband_umF_zum_Entwurf_eines_Gesetzes_zur_besseren_Durchsetzung_der_Ausreisepflicht.pdf. (Abfrage: 23.03.2017).

Deutsche Gesellschaft für Psychiatrie und Psychotherapie, Psychosomatik und Nervenheilkunde (DGPPN) (2016): Psychosoziale Versorgung von Flüchtlingen verbessern. https://www.dgppn.de/fileadmin/user_upload/_medien/download/pdf/stellungnahmen/2016/201 6_03_22_DGPPN-Positionspapier_psychosoziale_Versorgung_Fluechtlinge.pdf. (Abfrage: 23.02.2017).

Initiative Hochschullehrender zu Sozialer Arbeit in Gemeinschaftsunterkünften (2016): Positionspapier: Soziale Arbeit mit Geflüchteten in Gemeinschaftsunterkünften. Professionelle Standards und sozialpolitische Basis. Berlin. http://fluechtlingssozialarbeit.de. (Abfrage: 15.04.2016).

Lewek, Mirjam (2016): Auf der Suche nach Beteiligung von geflüchteten Kindern und Jugendlichen. In: Sozial Extra 4. S. 39–42.

Liga der Freien Wohlfahrtspflege in Hessen e.V. (2016): Standards zur Unterbringung, Versorgung und Betreuung Asylsuchender in Hessischen Erstaufnahmeeinrichtungen. https://www.liga-hessen.de/index.php?eID=tx_nawsecuredl&u=0&g=0&t=1488358453&hash=3520f4b06b69f3ea09aaddabf8d05a17a1513124&file=/uploads/media/2016-09-20_HEAE-Standards_End.pdf. (Abfrage: 27.02.2017).

Robert-Bosch-Stiftung (Hrsg.) (2015): Die Aufnahme von Flüchtlingen in den Bundesländern und Kommunen. Stuttgart.

Robert-Bosch-Stiftung (2016): Themendossier. Zugang zu Gesundheitsleistungen und Gesundheitsversorgung für Flüchtlinge und Asylbewerber: Von der Erstversorgung bis zur psychosozialen Behandlung. http://www.bosch-stiftung.de/content/language1/downloads/RBS_Kommissionsbericht_Fluechtlingspolitik_Gesundheit_ES.pdf. (Abfrage: 23.02.2017).

Unabhängiger Beauftragter für Fragen des sexuellen Kindesmissbrauchs (2015): Checkliste. Mindeststandards zum Schutz von Kindern vor sexueller Gewalt in Flüchtlingsunterkünften. https://beauftragter-missbrauch.de/fileadmin/Content/pdf/Pressemitteilungen/September/Checkliste_Missbrauchsbeauftragter_Mindeststandards_Fl%C3%BCchtlings unterk%C3%BCnfte.pdf. (Abfrage: 03.01.2017).

World Vision (2016). Angekommen in Deutschland. Wenn geflüchtete Kinder erzählen. https://www.worldvision-institut.de/_downloads/allgemein/WorldVision_Fluchtstudie 2016_web.pdf. (Abfrage: 27.02.2017).

UNICEF (2017): Stellungnahme UNICEF zum Referentenentwurf des BMI „Entwurf eines Gesetzes zur besseren Durchsetzung der Ausreisepflicht". https://www.unicef.de/blob/135620/6afb80d2eba7c2c06aa81706738fe1f5/stellungnahme-unicef-zum-re-ausreise pflicht-22-02-2017-data.pdf.(Abfrage: 23.02.2017).

Zartbitter e.V. (2016): Flüchtlingskinder vor Gewalt schützen. Köln.

Bianca Pergande

Child Friendly Spaces: Kinderfreundliche Schutz- und Spielräume in Sammelunterkünften

Die meisten Kinder, die mit ihren Sorgeberechtigten nach Deutschland fliehen, werden zusammen mit anderen Geflüchteten zunächst in Sammelunterkünften untergebracht: zuerst in Ankunfts- und Transitstellen, in Not- und Erstaufnahmeeinrichtungen, später dann in kommunalen Gemeinschaftsunterkünften, die alle je nach Bundesland bzw. Kommune, nach Betreiber, Aufnahmekapazität und Ausstattung sehr unterschiedlich sind. Kennzeichnend für die Unterkünfte ist, dass Kinder gemeinsam mit (fremden) Erwachsenen meist unter oft sehr schwierigen räumlichen Bedingungen für mehrere Tage, Wochen oder Monate zusammen wohnen. Zum Zeitpunkt der Entstehung dieses Beitrags existiert für Flüchtlingsunterkünfte, in denen begleitete Kinder untergebracht sind, weder eine Betriebserlaubnispflicht nach SGB VIII § 45 noch eine andere bundesweit gültige Regelung zum Schutz von Frauen und Kindern.

Im Rahmen der Bundesinitiative zum Schutz von Frauen und Kindern in Flüchtlingsunterkünften wurden vom Bundesfamilienministerium, UNICEF und anderen Partnern Minimumstandards zum Gewaltschutz in Sammelunterkünften für Geflüchtete herausgegeben, an deren Erarbeitung auch Save the Children beteiligt war. Zu den darin benannten Standards gehört unter anderem die Einrichtung von kinderfreundlichen Räumen.[1]

Seit Ende 2015 hat Save the Children gemeinsam mit den Betreibern mehrere Schutz- und Spielräume in den größten Not- bzw. Erstaufnahmeeinrichtungen der Bundesländer Berlin, Brandenburg und Sachsen-Anhalt eingerichtet (darunter auch in den Hangars des ehemaligen Flughafens Berlin-Tempelhof), Schulungen und Trainings für das Betreiberpersonal durchgeführt und Kinder zusammen mit den Betreibern in gemischten Teams betreut.

„(...) Ich weiß nicht, was die Leute mir antun könnten, wenn sie gerade mal wieder Lust auf Streit haben. Dann wäre ich ihnen schutzlos ausgeliefert. Aber seit zehn Tagen fühle ich mich allmählich ein bisschen sicherer. Seit es den Kinderfreundlichen Raum gibt, gehe ich bestimmte Wege ja immer, und auf denen fühle ich mich sicher, weil ich sie jetzt kenne. Ansonsten habe ich keine große Neugier, die Unterkunft zu erkunden, ich glaube nicht, dass es hier viel Schönes für Kinder zu entde-

---

1 https://www.unicef.de/blob/117340/5040664f4f627cac1f2be32f5e2ba3ab/mindeststandards-fluechtlingsunterkuenfte-data.pdf. (Abfrage: 19.04.2017).

cken gibt" (Teilnehmerin eines Schutz- und Spielraums. Save the Children 2016, S. 9).[2]

Schutz- und Spielräume: Was ist das und wozu werden sie benötigt?

Schutz- und Spielräume für Kinder (Child Friendly Spaces) sind ein internationales Konzept zum Schutz und zur Unterstützung von Kindern während oder nach einer Krisensituation. Sie sind ein weltweit anerkannter Standard für Humanitäre Hilfe in Krisensituationen und Teil der „Minimum Standards for Child Protection in Humanitarian Action".[3]

Schutz- und Spielräume finden Anwendung, wenn reguläre Betreuungs- und Bildungseinrichtungen (noch) nicht ausreichend dem Bedarf von Kindern entsprechen. Ein Schutz- und Spielraum hat in der Regel unterschiedliche Funktionen, u. a.:

- Er bietet Kindern unmittelbar physischen Schutz.
- Er ist für Kinder ein Raum, in dem sie in kindgerechter und geschützter Atmosphäre mit anderen Kindern spielen und eine geregelte Tagesstruktur erleben können.
- Er schafft Gelegenheiten zum Dialog mit Eltern bzw. Sorgeberechtigten zur Unterstützung von Kindern, zu ihrem Schutz sowie zur Wahrung ihrer Rechte.
- Er hat eine stabilisierende Wirkung auf Kinder, stärkt ihr Wohlbefinden und ihre Entwicklung. Der Schutz- und Spielraum ist innerhalb einer großen Bandbreite *psychosozialer Unterstützungsangebote* eine niedrigschwellige, *nichttherapeutische Komponente*.
- Er schlägt im deutschen Kontext eine Brücke von temporärer Notfallhilfe zu den Regelstrukturen und soll helfen, Kinder und ihre Familien auf Kindertagesstätten und Schulen vorzubereiten.
- Er ist kein Ersatz für reguläre Betreuungs-, Bildungs- und Erziehungsangebote von Schulen und Jugendhilfe.

Unter den oft problematischen räumlichen Bedingungen von Sammelunterkünften sind Schutz- und Spielräume – als Teil eines umfassenden Schutzkonzepts – eine wichtige Voraussetzung, um mit Kindern, Eltern und Betreuern einen strukturierten Alltag zu schaffen. Ein Schutz- und Spielraum muss dafür selbst ein sicherer Ort für Kinder sein und soll den Kinderschutz in der gesamten Unterkunft stärken.

---

2 Save the Children e.V. (2016): Kinderflüchtlinge brauchen Schutz. https://www.savethechildren.de/fileadmin/Berichte_Reports/Report_KinderfluechtlingeBrauchenSchutz.pdf.
3 Standard 17, http://cpwg.net/minimum-standards/. (Abfrage: 26.02.2017).

Die konkrete Praxis in einem Schutz- und Spielraum steht vor zahlreichen Herausforderungen, z. B.:

- fehlende oder unzureichende Schutzkonzepte und Verfahren zum Kinderschutz,
- zu wenig Platz zum Spielen und Lernen,
- große Spannbreite an Alters- und Sprachmischung unter den Kindern,
- hohe Fluktuation von Kindern, Eltern und auch von Betreuern sowie Sprachbarrieren.

Für strukturelle Qualitätsmerkmale wie angemessene Gruppengröße, Betreuungsschlüssel und Qualifikation von Fachkräften, Quereinsteigern und Ehrenamtlichen stehen aufgrund unzulänglicher gesetzlicher Vorgaben meist zu geringe Ressourcen zur Verfügung. Vielerorts herrscht zudem Fachkräftemangel.

Weil die Unterbringung in Sammelunterkünften und die Arbeit mit Kindern in Schutz- und Spielräumen nur für eine kurze Übergangszeit gedacht ist, kommt es auf das richtige (das heißt auch: nicht zu intensive) Maß an Bindung zwischen Kindern und Betreuern an. Die Betreuer brauchen Handlungssicherheit im Umgang mit psychologischen Belastungen und in der Zusammenarbeit mit den Eltern. Die Sorgeberechtigten haben in Sammelunterkünften übrigens durchgängig die Aufsichtspflicht für ihre Kinder.

Die Prinzipien von Schutz- und Spielräumen: Fun, Safe, Inclusive!

Ein Schutz- und Spielraum für Kinder muss so beschaffen sein, dass alle Kinder, die ihn nutzen wollen,

1. Spaß und Freude haben,
2. sicher und geschützt sind,
3. sich willkommen fühlen und niedrigschwelligen Zugang haben.

1. *Spaß und Spielfreude*: Jeder Tagesablauf folgt strukturierten Aktivitäten. Spielen, positive Gemeinschaftserlebnisse, sprachliche sowie nichtsprachliche Kommunikation und Spaß fördern Stressabbau und Wohlbefinden.
2. Ein Schutz- und Spielraum muss *sicher für Kinder* sein. Dazu gehört:
    - *physische Sicherheit*: z. B. keine Gefahrenquellen im Raum oder auf dem Weg dorthin sowie zu den sanitären Einrichtungen.
    - *strukturelle Sicherheit*: z. B. ein zu unterschreibender Verhaltenskodex für alle Mitarbeitenden, Ehrenamtlichen und Besucher; klare Regeln für Kinder, Eltern, Betreuer und andere Personen u. a. zum gewaltfreien Umgang mit und zwischen den Kindern; strikte Zu-

gangsbeschränkungen zum Schutz- und Spielraum für Dritte; Klarheit über die Aufsichtspflicht der Eltern; Ablaufregeln für das Registrieren der Kinder beim Betreten und Verlassen des Schutz- und Spielraums; Anlaufstelle für Fragen oder Beschwerden; standardisiertes Verfahren sowie klare Verantwortlichkeiten zum Umgang mit Verdachts- und Kinderschutzfällen als Teil eines Gesamt-Schutzkonzepts.
- *soziale und emotionale Sicherheit*: Schutz muss sich am individuellen Empfinden der Kinder und Eltern messen lassen. Kein Kind soll Sorge haben müssen, dass es von Erwachsenen oder anderen Kindern im Schutz- und Spielraum herabgesetzt, belästigt oder gefährdet wird.
3. *Zugänglichkeit und Inklusion:* Der Schutz- und Spielraum ist für alle Kinder, die von ihm profitieren können, prinzipiell zugänglich – ohne physische oder strukturelle Barrieren. Es ist bei eingeschränkten Ressourcen manchmal nicht möglich, allen Kindern gleichzeitig Zugang zu gewähren. Dann ist es sinnvoll, abwechselnde Nutzungszeiten für unterschiedliche Altersgruppen einzurichten. Kinder mit besonderen Bedürfnissen oder Belastungen benötigen zusätzliche Unterstützung.

Es sehr wichtig, dass die Betreuer im Schutz- und Spielraum in der Lage sind, alle Auffälligkeiten aufmerksam zu beobachten, nach einem klaren Verfahren zu dokumentieren und im Rahmen eines Kinderschutzkonzepts an eine vom Betreiber benannte Kinderschutzfachkraft weitervermitteln zu können. Die oder der Kinderschutzbeauftragte ist verantwortlich für die Prüfung, ob eine Gefährdung vorliegt, sowie für die Planung und Einleitung ggf. nötiger weiterer Schritte:

Das Raumkonzept von Schutz- und Spielräumen

Ein Schutz- und Spielraum muss mehrere Funktionen bei begrenzten räumlichen Kapazitäten erfüllen, deshalb empfiehlt sich ein Raumkonzept mit unterschiedlichen Funktionszonen. Beispiel aus Hangar 4 im ehemaligen Flughafen Berlin-Tempelhof:

- Check-In zum Registrieren der Kinder bei Betreten und Verlassen des Raumes
- Eltern-Baby-Zone
- Bereich für physische Aktivitäten und Bewegungsspiele
- Tische für Malen, Basteln, Hausaufgaben
- Bereich für ruhige und Konstruktionsspiele
- Multifunktionsbereich
- Lagerbereich für wegzuschließende Gegenstände

Foto: Anna Sophie Blässer, Save the children

Folgende Erfahrungen hat Save the Children in anderthalb Pilotjahren zur Einrichtung von Schutz- und Spielräumen gesammelt:

1. Ein gut eingerichteter Schutz- und Spielraum hat ein klar strukturiertes Raumkonzept, das veränderlich und an die Bedarfe von schnell wechselnden Gruppen anpassbar sein sollte.
2. Der Raum muss sicher sein: physische Abgrenzung zu Nachbarräumen, *ein* Eingangsbereich für die Registrierung, ebener rutschhemmender Boden, standfeste Möbel, hygienische Oberflächen, kindersichere Steckdo-

sen, keine scharfen Kanten, sichere Wege (z. B. zu den Toiletten etc.) und gekennzeichnete Fluchtwege.
3. Der Raum ist sparsam möbliert; die Möbel werden nicht nur in ihrer Primärfunktion (z. B. als Sofa, Regal usw.) genutzt, sondern sind auch Raumteiler zwischen Funktionsbereichen. Die Möbel sollten so niedrig (ca. 100–120 cm) sein, dass sie aus Kinderperspektive zwar kleinere Spielbereiche umgrenzen, aus Betreuerperspektive jedoch einen Überblick über den gesamten Raum ermöglichen.
4. Eine Handyladestation z. B. im Multifunktionsbereich ist für Eltern nützlich und schafft praktische Gelegenheiten, mit ihnen in Kontakt zu kommen.

Wichtige Informationen sollten in einfacher Sprache und mit Piktogrammen sichtbar aufgehängt sein, z. B. Liste mit Öffnungszeiten, Regeln im Schutz- und Spielraum, Notfallnummern, Tagesaktivitäten, Wochenplan.

Die Anzahl der Schutz- und Spielräume in einer Sammelunterkunft hängt von der Anzahl der Kinder in der Unterkunft ab, also vom Bedarf. Die Anzahl der Kinder in einem Schutz- und Spielraum hängt von der Kapazität des Raums und der Anzahl der zur Verfügung stehenden Betreuerinnen und Betreuer ab (Betreuungsschlüssel).

Das Team in den Schutz- und Spielräumen: Betreuungsschlüssel, Rollen und Qualifikationen

Das Team besteht meist aus pädagogischen Fachkräften, Quereinsteigern und Ehrenamtlichen. Es müssen zu jedem Zeitpunkt mindestens zwei geschulte erwachsene Betreuerinnen bzw. Betreuer anwesend sein, davon möglichst mindestens eine pädagogische Fachkraft. Betreuer in Schutz- und Spielräumen übernehmen keine pflegerischen Aufgaben (füttern, Windeln wechseln etc.). Je nach Alter der Kinder hat sich folgender *Betreuungsschlüssel* bewährt:

Alter der Kinder	Anzahl Kinder je Betreuer
0 bis 3 Jahre	Kinder bis drei Jahre nur mit ihren Sorgeberechtigten
3 bis 5 Jahre	fünf Kinder je ein Betreuer
5 bis 9 Jahre	zehn Kinder je ein Betreuer
10 bis 12 Jahre	12–13 Kinder je ein Betreuer
12 bis 18 Jahre	15 Kinder je ein Betreuer. Für über 12-jährige Kinder sollten jedoch Youth Friendly Spaces eingerichtet werden.

Zu den *Eignungsvoraussetzungen* für haupt- und ehrenamtliche Mitarbeitende im Schutz- und Spielraum gehören neben dem einwandfreien erweiterten polizeilichen Führungszeugnis eine positive und zugewandte pädagogische Haltung, Spaß am Spielen und möglichst Praxiserfahrung in der Bildung, Betreuung und Erziehung von Kindern. Wichtig sind Selbstreflexion und Resilienz, um auch in belastenden Situationen Überblick, Wertschätzung und gute Laune zu behalten.

Folgende *Basis-Trainings* sollten haupt- und ehrenamtliche Kinderbetreuer für Schutz- und Spielräume absolvieren:

- Einführung in die Kinderrechte
- Basistraining Kinderschutz
- Basistraining zum How-to im Schutz- und Spielraum (Child Friendly Spaces)
- Erste-Hilfe-Training am Kind
- Basistraining Psychologische Erste Hilfe für Kinder

Das Training in *Psychologischer Erster Hilfe* (*PFA* – *P*sychological *F*irst *A*id) ist ein international anerkannter Ansatz zur Vermittlung von Basiswissen für den Umgang mit Kindern in bzw. nach Krisensituationen. Erwachsene werden dafür sensibilisiert, Merkmale von psychosozialem Stress von Kindern zu erkennen, auf ihre unmittelbaren Bedürfnisse zu reagieren, ihre Resilienz zu stärken sowie ggf. auf geeignete weiterführende Hilfsangebote zu verweisen. PFA ersetzt keine Beratung oder Therapie, welche immer professionell durchgeführt werden muss.

Im Team eines Schutz- und Spielraums sind folgende *Rollen und Aufgaben* zu übernehmen: Eine *pädagogische Fachkraft mit Leitungserfahrung* sollte die Fachaufsicht für das gesamte Team führen. Eine *Tagesleitung* ist in der Lage, bei auftretenden Fragen, Unsicherheiten oder Zwischenfällen Entscheidungen zu fällen und die Eltern einzubeziehen. Sie verantwortet die Tagesdokumentationen sowie die Weiterleitung von Kinderschutzfragen nach einem zu vereinbarenden Meldesystem in Zusammenarbeit mit der oder dem Kinderschutzbeauftragten der Unterkunft. Täglich muss eine Person verantwortlich sein für die *Registrierung*, also den dokumentierten Check-In und Check-Out der Kinder, die den Raum betreten oder verlassen. Weitere Aufgaben sind die Koordination und Einarbeitung von (neuen) Ehrenamtlichen, die Personal- und Schichtkoordination, Logistik/Inventur/Beschaffung/Hygiene und sowie die Organisation der Team- (und Tele-) Kommunikation insbesondere bei einem gleichzeitigen Betrieb von mehreren Schutz- und Spielräumen in größeren Unterkünften. Hinzu kommt noch die Koordinierung mit etwaigen externen Angeboten im Sozialraum, ggf. die Koordination von Besuchen und Unterstützungsangeboten Dritter sowie das Organisieren regelmäßiger Schulungen aller Mitarbeitenden.

„Wir haben zusammen mit einigen Bewohnern den Schutz- und Spielraum eingerichtet. Nach einigen Wochen haben die Kinder von selbst damit begonnen, den Raum langsam zu verändern: Eine kleine Spielküche ‚wanderte' von Woche zu Woche immer mehr in eine Ecke des Raumes, den die Kinder auch noch mit Hilfe von Matten so abgegrenzt haben, dass sie dort dann richtig ‚Haus' spielen konnten" (Joe Czarnecki, Schutz- und Spielraum Berlin-Tempelhof, unveröffentlicht).

Iris Engelhardt

Ambulante Hilfen in Gemeinschaftsunterkünften

Einleitung

Im Jahr 2016 stellten über 700.000 Menschen einen Asylerstantrag in Deutschland. Davon waren 36 Prozent Kinder oder Jugendliche, die sich in den überwiegenden Fällen in der Begleitung von Familienangehörigen befanden (BAMF 2017).

Trotz der großen Zahl der eingereisten Kinder bleiben in den Diskursen der Kinder- und Jugendhilfe die Kinder, welche in Begleitung ihrer Eltern nach Deutschland geflohen sind, relativ unbeachtet. Denn der Fokus liegt vor allem auf die im SGB VIII verpflichtend verankerte Inobhutnahme und Betreuung der besonders schutzbedürftigen, unbegleiteten minderjährigen Flüchtlinge (vgl. Peucker/Seckinger 2014, S. 13). Offenbar scheint die Annahme vorzuherrschen, geflüchtete Eltern würden sich bereits aufgrund ihrer bloßen Anwesenheit um ihre Kinder sorgen und eine zusätzliche Fürsorge, Unterstützung oder ein besonderer Schutz sei deshalb obsolet. Dass diese Überzeugungen nicht faktenbasiert getroffen wurden, legen beispielsweise diverse UNICEF-Studien dar (vgl. UNICEF 2017; vgl. UNICEF/ Berthold 2014).

Im Folgenden soll aufgezeigt werden, welche Rechtsansprüche geflüchtete Familien auf Leistungen nach dem SGB VIII haben und warum die Sozialpädagogische Familienhilfe die Familien besonders bei der Bewältigung vielfältiger Aufgaben unterstützen kann. Gleichwohl von den kommunalen Jugendämtern die Integration von Geflüchteten in die Regelsysteme forciert wird und vor allem an bestehenden Strukturen und Ressourcen angeknüpft werden soll, wirken sich asyl- und ausländerrechtliche Bestimmungen auf die Handlungsmöglichkeiten und die Hilfebeziehungen aus. Ebenso berücksichtigt werden müssen besondere Belastungen, die sich für Familien im Zuge der Flucht und Auseinandersetzung mit den neuen Lebensbedingungen in Gemeinschaftsunterkünften und Institutionen ergeben. Abschließend soll der Frage nachgegangen werden, welche Anforderungen sich daraus an die Ausgestaltung der HzE für Sozialarbeitende konkret ergeben.

Ambulante Hilfen zur Erziehung: Sozialpädagogische Familienhilfe

Hilfen zur Erziehung (HzE), wie die Sozialpädagogische Familienhilfe (§ 31 SGB VIII), sind freiwillig und werden meistens von den sorgeberechtigten Eltern beantragt und bewilligt

> „(…) wenn eine dem Wohl des Kindes oder des Jugendlichen entsprechende Erziehung nicht gewährleistet ist und die Hilfe für seine Entwicklung geeignet und notwendig ist" (§ 27 (1) SGB VIII).

Der Begriff des „Kindeswohls" ist in diesem Zusammenhang näher zu erörtern, um einer Verengung des Begriffs auf die „Kindeswohlgefährdung", die häufig im Zusammenhang mit elterlichem Verhalten bzw. erzieherischem Versagen gedeutet wird, vorzubeugen. Das Kindeswohl als Leitziel der Kinder- und Jugendhilfe sollte im Kontext der UN-Kinderrechtskonvention interpretiert werden, welche umfassend die Bedingungen formuliert, welche unter 18-Jährige für eine größtmögliche Entwicklung in unterschiedlichen Kontexten benötigen. Bezogen auf den Einzelfall muss das Kindeswohl unter Beteiligung der Kinder anhand weiterer kontextbezogener sowie professioneller Kriterien bestimmt werden (vgl. Engelhardt 2016, S. 54 f.).

Grundsätzlich sind ambulante Hilfen zur Erziehung geeignet, geflüchtete Familien bei den vielfältigen Erziehungs- und Entwicklungsaufgaben zu unterstützen, die unter prekären Lebensbedingungen zu erbringen sind. Welche ambulanten Hilfen zur Erziehung angezeigt sind, hängt u. a. vom Alter der Heranwachsenden, der Familienkonstellation und den sozialen Problemen im Einzelfall, unter Berücksichtigung der inhaltlichen Vorgaben, die in den Paragrafen festgelegt sind, ab. Eine besonders intensive Form der Betreuung und Begleitung von Familien und Bearbeitung von multiplen sozialen Problemen bietet die Sozialpädagogische Familienhilfe, die vor allem von Familien mit jüngeren Kindern wahrgenommen wird (vgl. Fendrich/Pothmann/Tabel 2016, S. 62 ff.). Allgemein wird Sozialpädagogische Familienhilfe nicht nur in Bezug auf die Erfüllung von Erziehungsaufgaben, sondern vor allem als Unterstützungsleistungen für Familien in belastenden Lebenskonstellationen in Anspruch genommen, von denen geflüchtete Familien in hohem Maße betroffen sind. Denn prekäre Lebenslagen wie familiäre Einkommensarmut, Bildungsferne und ein Migrationshintergrund erhöhen erwiesenermaßen das Risiko für soziale Benachteiligungen in unterschiedlichen Bereichen wie Bildung, Gesundheit, Freizeit, soziale und familiäre Beziehungen (ebd., S. 25 f.; vgl. Autorengruppe Bildungsberichterstattung 2016, S. 168 f.). Damit sich belastende Lebenslagen nicht verfestigen, sollte Sozialpädagogische Familienhilfe geflüchtete Familien frühzeitig bei der Bewältigung von Alltagsschwierigkeiten, wie beispielsweise Ämtergängen, Wohnungssuche, Kontakten mit Bildungssystemen wie Kindergärten oder Schulen sowie Fragen zur Erziehung der Kinder unterstützen und begleiten (vgl. Thiele 2016, S. 366).

Obwohl der Bedarf an Unterstützung von geflüchteten Familien hoch ist und Flüchtlingssozialarbeitende in den Unterkünften diesem nicht nachkommen können, werden in der Praxis immer noch selten ambulante HzE installiert (vgl. UNICEF 2017, S. 55). Ein Grund dafür ist sicherlich in der Unsicherheit hinsichtlich der Frage der Leistungsgewährung von HzE und andere Leistungen nach dem Achten Sozialgesetzbuch zu verorten. Eine Rechtsexpertise im Auftrag des Deutschen Jugendinstituts hat bekräftigt, dass der Zugang zu Hilfen nach dem SGB VIII besteht, sofern Geflüchtete ihren „gewöhnlichen Aufenthalt" in Deutschland haben (§ 6 Abs. 2 SGB VIII). Diese Voraussetzung gilt als zutreffend, wenn der räumliche Lebensmittelpunkt in Deutschland ist, ab dem Tag der Ankunft, unabhängig des Aufenthaltstitels; das heißt auch für Familien, die lediglich über eine Duldung verfügen (vgl. Meysen/Beckmann/González Méndez de Vigo 2016, S. 9 ff.). Dementsprechend ergibt sich für Sozialarbeitende, die mit geflüchteten Kindern und deren Familien arbeiten, die Anforderung eines anwaltschaftlichen Einsatzes für die Umsetzung des Anspruchs nach Leistungen des SGB VIII sowie weiterer UN-Kinderrechte.

Kontexte der Erbringungen von ambulanten Hilfen zur Erziehung für Geflüchtete

Unabhängig von der individuellen Situation der geflüchteten Familien dominieren ausländerrechtliche Bestimmungen, denen der kinderrechtlich verbriefte Vorrang des Kindeswohls fremd ist, gravierend die Lebensgestaltungsmöglichkeiten der Geflüchteten. Residenzpflichten und Wohnsitzauflagen, der zunächst vorrangige Bezug von Sachleistungen, eine begrenzte Gesundheitsversorgung, ein beschränkter Zugang zum Arbeitsmarkt, je nach Bleibeperspektiven die Möglichkeiten des Besuchs von Integrations- und Sprachkursen und die Unsicherheit, wie das Asylverfahren oder die Klage gegen einen negativen Bescheid ausgehen wird, stellen nicht nur massive Belastungen für die geflüchtete Familie dar, sondern wirken sich auf die Hilfebeziehung aus (vgl. UNICEF 2017; vgl. BAJ 2016). Sind die Handlungsspielräume der Familien gering, beispielsweise bei Familien, die über keine gesicherte Bleibeperspektive verfügen, kann leicht das Gefühl von Ohnmacht entstehen, das oft nicht an den involvierten Sozialarbeitenden vorübergeht und Verzweiflung, Aktionismus oder gar das Meiden der Flüchtlingsfamilie als Selbstschutz hervorrufen kann. Um nicht in diesen „Kreislauf der Ohnmacht", wie ihn Urbanek beschreibt, hinein zu geraten, benötigen Professionelle einen guten Austausch im Team und eine regelmäßige Supervision (vgl. Urbanek 2016, S. 253).

Gleichwohl die EU-Aufnahmerichtlinie 2013/33 in Artikel 21 Kinder als besonders schutzbedürftige Gruppe bezeichnet, ist eine Unterbringung von Kindern in Gemeinschaftsunterkünften der Regelfall. Diese unterliegen, im Gegensatz zu Einrichtungen, in welchen unbegleitete minderjährige Flüchtlinge betreut werden, keinen einheitlichen Standards. Containerdörfer, Turnhallen, umgebaute Industriegebäude, ehemalige Kasernen, zeichnen sich häufig aus durch eine isolierte, infrastrukturell schlechte Lage, große Enge, Lärm, mangelnde Privatsphäre und Rückzugsräume sowie Räume nur für Kinder, fehlende Freizeitmöglichkeiten in und auf dem Außengelände der Unterkunft, abschließbare Räume und Sanitäranlagen, welche den Hygienestandards entsprechen, fehlende oder zu wenige Kochgelegenheiten und die Versorgung mit wenig kindgerechten Essenspaketen, das Zusammenleben mit vielen unterschiedlichen Nationalitäten sowie mangelnder Schutz vor Gewalt (vgl. BAJ. 2016, S. 1 ff.; vgl. UNICEF 2016, S. 9 ff.). Dass das Aufwachsen unter solchen Lebensbedingungen ein Risiko für die kindliche Entwicklung darstellt und in manchen Fällen als strukturell kindeswohlgefährdend bezeichnet werden kann, liegt auf der Hand (vgl. Soyer 2014, S. 8). Sollen ambulante HzE für Geflüchtete in Gemeinschaftsunterkünfte erbracht werden, so ist es notwendig diesen Kontext mit den familiären Anforderungen an die Erziehung und Entwicklung der Kinder in Verbindung zu setzen und mit zu bearbeiten (vgl. Urbanek 2016, S. 250). An dieser Stelle ist der Auftrag der Jugendhilfe ebenso gefragt, parteiisch Einfluss zu nehmen, um eine Verbesserung der Lebensbedingung von Familien zu erreichen, z. B. in Form der Unterbringung in separaten Wohnungen.

Gute familiäre Beziehungen und Bindungen tragen erheblich zum Wohlbefinden von geflüchteten Kindern bei. Das familiäre Gefüge destabilisiert sich aber häufig durch die Flucht (vgl. World Vision/Hoffnungsträger Stiftung 2016, S. 44). Familien werden getrennt, Kinder reisen in Begleitung von Verwandten oder volljährigen erwachsenen Geschwistern ein, die nicht immer in der Lage sind, sich um diese ohne Unterstützung zu kümmern (vgl. UNICEF 2016, S. 12). Ein Parentifizierungseffekt kann eintreten, wenn Kinder, die oft schneller die neue Sprache erlernen und sich rascher akkulturalisieren, die Rolle der Erwachsenen übernehmen und sich verantwortlich für die Eltern fühlen (vgl. Berthold/UNICEF 2014, S. 33). Deshalb dürfen Kinder keinesfalls als Sprachmittler im Hilfeprozess fungieren, vielmehr müssen muttersprachliche Dolmetscher/innen eingesetzt und finanziert werden. Darüber hinaus ist bei der Wahl sowie Gestaltung der ambulanten HzE ein besonderes Augenmerk auf die Stabilisierung der Eltern in ihrer Rolle als Verantwortliche zu legen (vgl. Robert Bosch Stiftung/Johansson 2016, S. 81).

Auswirkungen auf die Stabilität des Familiensystems haben ebenso Erlebnisse von Gewalt und Gefahren auf der Flucht (vgl. UNICEF 2016, S. 14). Eine Studie der TU München belegt eine Posttraumatische Belastungsstörung (PTBS) für mehr als jedes fünfte geflüchtete Kind; ungefähr die Hälfte der Kinder reagiert mit psychischen Auffälligkeiten auf die Belastungen der Flucht. Da vielfach die Eltern selbst unter psychischen Erkrankungen oder PTBS leiden oder allgemein mit der neuen Lebenssituation beschäftigt sind, können sie ihren Kindern in dieser Situation nicht immer die notwendige Unterstützung bieten (vgl. Bundespsychotherapeutenkammer 2015, S. 3 ff.; vgl. Kindler 2014, S. 10 f.). Um Bindungsstörungen sowie langfristige negative Folgen für die Gesundheit und Entwicklung der Kinder zu vermeiden, ist Familien, deren Mitglieder unter PTBS leiden, eine angemessene, zeitnahe psychotherapeutische Behandlung anzubieten.

Ausgestaltung der ambulanten Hilfen zur Erziehung mit Geflüchteten

Der Zugang zu Angeboten der ambulanten HzE setzt entweder eine genaue Kenntnis dieser voraus oder wird über Dritte vermittelt. Da Geflüchtete meist nur geringe Kenntnisse über staatliche Unterstützungsstrukturen haben und die Hemmschwelle ohnehin hoch sein wird, sich bei familiären Angelegenheiten an Professionelle zu wenden, ist die Frage voran zu stellen, wie Zugänge zu den HzE geschaffen werden können (Ministerium für Bildung, Jugend, Sport des Landes Brandenburg 2016, o. S.).

Als besondere Schlüsselpersonen können Asyl- und Verfahrensberater/innen, die in den Unterkünften tätig sind, fungieren. Diese müssten in familienbezogenen Belangen sowie in Bezug auf Kinderschutzthemen ausreichend geschult sein. Die Stadt München finanziert zu diesem Zweck beispielsweise zusätzlich Sozialdienstmitarbeitende für Flüchtlingsfamilien mit einem Schlüssel von 1:30. Diese unterstützen Familien gezielt bei der Erziehung und Entwicklung der Kinder, aber auch in weiteren familienbezogenen Fragen, z. B. der Gesundheit, und vermitteln gegebenenfalls weitere (ambulante) HzE (vgl. Schön 2016, S. 61).

Aufsuchende Arbeit, z. B. von Mitarbeitenden des Jugendamtes, offene niedrigschwellige Angebote wie Frauencafés, Mutter-Kind-Gruppen, die mancherorts von den Frühen Hilfen in Unterkünften oder von Familienzentren in unmittelbarer Nähe dieser angeboten werden, können Brücken zu hilfesuchenden Familien und weiteren Angeboten der Jugendhilfe herstellen. Ebenso können Mitarbeitende von Kinderbetreuungsangeboten in und außerhalb der Unterkünfte, ehrenamtliche Familienbegleiter oder Pat/inn/en

Vertrauenspersonen werden und so Zugänge zu weiteren Angeboten herstellen (vgl. Apitz-Bimboes 2016, S. 108).

Neben der kreativen Ausgestaltung vielfältiger niedrigschwelliger Zugänge zu geflüchteten Familien bedarf es für eine erfolgreiche Installation von sozialraumorientierten, flexiblen Formen ambulanter HzE Kooperationen zwischen freien und öffentlichen Trägern sowie verbindliche Standards wie beispielsweise in Bezug auf den Kinderschutz in Unterkünften oder der Finanzierung von Dolmetscher/innen. Konkret müssen Flüchtlingssozialarbeitende sowie Betreiber der Unterkünfte, Jugendämter, freie Träger und Ehrenamtliche verbindliche Vernetzungs- und Kooperationsstrukturen vereinbaren. Damit dies gelingt, muss die bestehende Infrastruktur ausgebaut und erweitert werden (vgl. AGJ 2016, S. 3 ff.).

Entscheidend ist auch eine verbindliche Haltung der Städte und Kommunen hinsichtlich der geflüchteten Familien. Beispielgebend vertritt die Stadt München den Grundsatz, dass alle Familien mit Kindern Münchner Familien sind und nicht nach Bleibeperspektiven differenziert wird (vgl. Schön 2016, S. 60).

Von Fachvertreter/inne/n wird seit langem die Notwendigkeit der interkulturellen Öffnung der Jugendhilfe geforderte, um den Zugang von Migrant/inn/en zu Angeboten der Jugendhilfe zu fördern. Dementsprechend sollten Informationen über das hiesige Hilfesystem verständlich vermittelt werden, der Anteil der Professionellen in der Jugendhilfe mit Migrationshintergrund erhöht sowie die Schulung der Mitarbeitenden in interkulturellen Kompetenzen gefördert werden (vgl. AGJ 2011, S. 1 ff.).

Fazit

Jugendämter, denen der Auftrag nach § 1 SGB VIII obliegt, positive Lebensbedingungen für geflüchtete Familien zu schaffen, Eltern zu beraten und zu unterstützen sowie die individuelle Persönlichkeit der geflüchteten Mädchen und Jungen zu fördern und diese auch vor Gefahren zu schützen, sollten beginnen, diesem Auftrag gerecht zu werden.

Neben einer strukturellen Verbesserung der Versorgung und Unterbringung der geflüchteten Familien ist es notwendig, die Möglichkeiten der Unterstützung bei der Bewältigung vielfältiger Aufgaben, welche die Erziehung und Entwicklung der Kinder direkt und indirekt betreffen, zu stärken.

Sozialarbeitende und Ehrenamtliche in den Unterkünften müssen die Situation und Bedarfe von Familien sowie das Wohl von Kindern und Jugendlichen gezielter in den Blick nehmen und entsprechend weitere Hilfen vermitteln. Ferner werden verbindliche Vernetzungsstrukturen der Flüchtlingssozialarbeiter/innen zu den Jugendämtern, denen häufig die Lebenssituation in Flüchtlingsunterkünften fremd ist, benötigt. Jugendämter sind ge-meinsam mit anderen Trägern gefordert, niedrigschwellige Zugänge zu den geflüchteten Familien in den Unterkünften zu suchen, verständliche Informationen über Hilfesysteme zu vermitteln und Vorbehalte gegenüber staatliche Unterstützungsangebote abzubauen.

Um einer einseitigen Individualisierung und Kulturalisierung sozialer Probleme, die ambulante HzE erforderlich machen, keinen Vorschub zu leisten, müssen diese stets im Kontext der Lebensbedingungen in Gemeinschaftsunterkünften, ausländerrechtlicher Bestimmungen unter Berücksichtigung der familiären Belastungen durch die Flucht und des Einlebens in einem fremden Land betrachtet werden.

Zusammenfassend kann gesagt werden, dass das Potenzial von ambulanten Hilfen zur Erziehung bislang noch nicht ausgeschöpft wird. Diese könnten einen wichtigen Beitrag zur individuellen Entwicklung geflüchteter Kinder sowie zur Orientierung und Stabilisierung von geflüchteten Familien leisten.

Literatur

Apitz-Bimboes, Yvonne (2016): Arbeitsgruppe „Niedrigschwellige Angebote in Einrichtungen/Beratung und Frühe Hilfen" am Beispiel des Saarpfalz-Kreises. In: Arbeitsgruppe Fachtagungen Jugendhilfe im Deutschen Institut für Urbanistik. Aktuelle Beiträge zur Kinder- und Jugendhilfe 104. Berlin. S. 101–110.

Arbeitsgemeinschaft für Kinder- und Jugendhilfe (AGJ) (2011): Interkulturalität und Fachlichkeit. Herausforderungen für die Kinder- und Jugendhilfe. Diskussionspapier. https://www.agj.de/fileadmin/files/positionen/2011/Interkulturalitaet.pdf. (Abfrage: 15.10.2016).

Arbeitsgemeinschaft für Kinder- und Jugendhilfe (AGJ) (2016): Qualifizierung und Qualifikation von Fachkräften mit Blick auf die Begleitung, Unterstützung und Integration von geflüchteten Familien und unbegleiteten minderjährigen Geflüchteten. Positionspapier. www.agj.de/fileadmin/files/positionen/2016/Qualifizierung_und_Qualifikation_von_Fachkr%C3%A4ften.pdf. (Abfrage: 06.01.2017).

Autorengruppe Bildungsberichterstattung (2016): Bildung in Deutschland 2016. www.bildungsbericht.de/de/bildungsberichte-seit-2006/bildungsbericht-2016/pdf-bildungsbericht-2016/bildungsbericht-2016 (Abfrage: 28.01.2017).

Bundesamt für Migration und Flüchtlinge (BAMF) (2017): Aktuelle Zahlen zu Asyl 2016. www.bamf.de/SharedDocs/Anlagen/DE/Downloads/Infothek/Statist ik/Asyl/aktuelle-zahlen-zu-asyl-dezember-2016.pdf;jsessionid=BB8F470A16500C3ADCDD68E3B95D07DA.2_cid286?__blob=publicationFile (Abfrage: 22.01.2017).

Bundesarbeitsgemeinschaft Kinder- und Jugendschutz (BAJ) (2016): Dossier geflüchtete Kinder und Jugendliche. www.bag-jugendschutz.de/PDF/Dossier-gefluechtete_Kinder.pdf. (Abfrage: 23.02.2017).

Bundespsychotherapeutenkammer (2015): BPtK-Standpunkt: Psychische Erkrankungen bei Flüchtlingen. www.bptk.de/uploads/media/20150916_BPtK-Standpunkt_psychische_Erkrankungen_bei_Fluechtlingen.pdf. (Abfrage: 15.010.2016).

Engelhardt, Iris (2016): Soziale Arbeit und die Menschenrechte des Kindes. Grundlagen, Handlungsansätze und Alltagspraxis. Opladen.

Europäische Union (2013): Richtlinie 2013/33/EU des Europäischen Parlaments und des Rates zur Festlegung von Normen für die Aufnahme von Personen, die internationalen Schutz beantragen. www.eur-lex.europa.eu. (Abfrage: 01.02.2017).

Fendrich, Sandra/Pothmann, Jens/Tabel, Agathe (2016): Monitor Hilfen zur Erziehung 2016. www.akjstat.tu-dortmund.de/fileadmin/Startseite/Monitor_Hilfen_zur_Erziehung_2016.pdf. (Abfrage: 01.02.2017).

Kindler, Heinz (2014): Flüchtlingskinder: eine vergessene Zielgruppe der Kinder- und Jugendhilfe. In: DJI Impulse, Heft 1, S. 9–12.

Meysen, Thomas/Beckmann, Janna/González Méndez de Vigo, Nerea (2016): Flüchtlingskinder und ihre Förderung in Kindertagespflege. Rechtsexpertise im Auftrag des Deutschen Jugendinstituts. www.dji.de/fileadmin/user_upload/bibs2016/Meysen_et_al_expertise_kitazugang_fluechtlingskinder_2016.pdf. (Abfrage: 08.01.2017).

Ministerium für Bildung, Jugend, Sport des Landes Brandenburg (2016): Jugendhilfe und Kinderschutz in Flüchtlingsunterkünften. www.mbjs.brandenburg.de/sixcms/media.php/bb2.a.5813.de/jugendhilfe_und_kinderschutz_in_fluechtlingsunterkuenften.pdf. (Abfrage: 08.02.2017).

Peucker, Christian/Seckinger, Mike (2014): Flüchtlingskinder: eine vergessene Zielgruppe der Kinder- und Jugendhilfe. In: DJI Impulse, Heft 1, S. 12–15.

Rätz-Heinisch, Regina/Wolfgang Schröer/Mechthild Wolff (2009): Lehrbuch Kinder- und Jugendhilfe: Grundlagen, Handlungsfelder, Strukturen und Perspektiven. Weinheim und Basel.

Robert Bosch Stiftung/Johansson, Susanne (2016): Was wir über Flüchtlinge (nicht) wissen. Der wissenschaftliche Erkenntnisstand zur Lebenssituation von Flüchtlingen in Deutschland. www.bosch-stiftung.de/content/language1/downloads/RBS_SVR_Expertise_Lebenssituation_Fluechtlinge.pdf. (Abfrage: 23.11.2016).

Schön, Markus (2016): Wie lange ist eine Familie eine Flüchtlingsfamilie? Der Aktionsplan des Jugendamtes München In: Arbeitsgruppe Fachtagungen Jugendhilfe im Deutschen Institut für Urbanistik. Aktuelle Beiträge zur Kinder- und Jugendhilfe 104. Berlin. S. 49–63.

Soyer, Jürgen (2014): Kinder zweiter Klasse: Junge Flüchtlinge in Bayern. In: DJI Impulse, Heft 1, S. 7–9.

Thiele, Heiner (2016): Ambulante Hilfen zur Erziehung im Kontext Flucht. In: Migration und Soziale Arbeit, Heft 4, S. 363–369.

UNICEF/Berthold, Thomas (2014): In erster Linie Kinder. Flüchtlingskinder in Deutschland. Köln.

UNICEF (2016): UNICEF-Lagebericht. Zur Situation der Flüchtlingskinder in Deutschland. www.unicef.de/informieren/materialien/lagebericht-zur-situation-der-fluechtlingskinder-in-deutschland-2016/115166 (Abfrage: 23.11.2016).

UNICEF (2017): Kindheit im Wartezustand. Studie zur Situation von Kindern und Jugendlichen in Flüchtlingsunterkünften in Deutschland. www.unicef.de/blob/137704/053ab16048c3f443736c4047694cc5d1/studie-kind heit-im-wartezustand-data.pdf (Abfrage: 24.03.2017).

Urbanek, Felicitas (2016): Flüchtlingsarbeit in der Erziehungsberatung: Anforderungen an Berater/innen und Team. In: Zeitschrift für Kindschaftsrecht und Jugendhilfe, Heft 7, S. 250–254.

World Vision/Hoffnungsträger Stiftung (2016): Angekommen in Deutschland. https://www.worldvision-institut.de/_downloads/allgemein/WorldVision_Fluchtstudie 2016_web.pdf. (Abfrage: 13.11.2016).

Thorsten Gumbrecht

Unbegleitete minderjährige Flüchtlinge

Die erste Frage ergibt sich eventuell schon aus der Überschrift des Beitrags. Warum unbegleitete minderjährige Flüchtlinge? Vielerorts wird doch von UMA, sprich unbegleiteten minderjährigen Ausländern, oder seltener auch UAM, unbegleiteten ausländischen Minderjährigen, gesprochen? Die Bezeichnung UMA wird von Teilen der Fachöffentlichkeit seit Inkrafttreten des Gesetzes zur Verbesserung der Unterbringung, Versorgung und Betreuung ausländischer Kinder und Jugendlicher zum 1. November 2015 verwendet.

> „Das Bundesfamilienministerium begründet die neue Bezeichnung der Zielgruppe unter anderem damit, dass bei Einreise keineswegs erwiesen sei, ob es sich bei den Minderjährigen um anerkannte Flüchtlinge nach der Genfer Flüchtlingskonvention handle oder nicht" (BumF 2015 o. S.).

Auf den ersten Blick scheint dies formal stimmig, es bleibt aber die Frage, aus welchem Interesse der Begriff Flüchtling durch den negativer konnotierten und ausgrenzenden Begriff des Ausländers ersetzt wurde. Mit dieser Form der Bezeichnung wird man der Zielgruppe auch dahingehend nicht mehr gerecht, dass die Minderjährigen Fluchtgründe besitzen und eine Flucht real erlebt haben. Es ist also legitim, die Bezeichnung Flüchtlinge beizubehalten und nicht abzusprechen, indem der Fokus auf den Begriff Ausländer gelegt wird, denn gerade diese von den Minderjährigen gemachten Erfahrungen und deren Aufarbeitung bilden eine der Anforderungen an die Jugendhilfe in der Betreuung von unbegleiteten minderjährigen Flüchtlingen.

Neben den Gründen, die erwachsene Menschen zu einer Flucht zwingen, muss das Augenmerk in der Versorgung und Betreuung von Minderjährigen mit Fluchtbiografie unter anderem auf kinderspezifische Fluchtgründe, wie die Zwangsrekrutierung als Kindersoldat, physische und psychische Gewalt durch Eltern oder Dritte, Sklaverei, Kinderhandel, Kinderarbeit, Genitalverstümmelung oder Zwangsheirat gelegt werden. Ebenso auf die Erfahrungen der Flucht, denn durch die Abschreckungs- und Abschottungsbestrebungen der EU gleicht eine Flucht einem Überlebenskampf. Viele Minderjährige haben auch hierbei massive Gewalt erfahren müssen oder sind erst zu unbegleiteten Minderjährigen durch den Verlust (von Trennung bis Tod) der Eltern geworden. Wer also, wie allzu oft in der aktuellen politischen Diskussion zum Betreuungsbedarf von unbegleiteten minderjährigen Flüchtlingen gefordert, die überstandene Flucht als eine Ressource der Selbstständigkeit beschreibt und den Betreuungsbedarf aufgrund der vermeintlich hohen Selbstständigkeit der Zielgruppe als äußerst gering einstuft, die Schaffung von niedrig betreuten Wohnformen forciert, unterschlägt unter anderem die Erfahrungen an Gewalt und Trennung von der Familie, sprich die zumeist traumatischen Erlebnisse, die diese Minderjährigen machen mussten, und deren etwaige Folgen für die Gesundheit und Entwicklung der Minderjährigen. Natürlich kann nicht davon gesprochen werden, dass grundsätzlich von einer Traumatisierung auszugehen ist, aber empirisch belegt ist ein sehr hoher Grad. So zeigen mehr als 50 Prozent der nach Deutschland geflüchteten Minderjährigen psychische Belastungssymptome, und die vollen Kriterien einer Posttraumatischen Belastungsstörung werden in einer 15-fachen Häufung, gemessen an in Deutschland geborenen Kindern, erfüllt (vgl. BAFF 2016 S. 18). Die spezifischen Bedarfe der Minderjährigen anhand ihrer Ressourcen und Interessen zu ermitteln und passgenaue Angebote bereitzustellen ist Aufgabe der Jugendhilfe.

Hierfür ist die Jugendhilfe mit ihren breit aufgefächerten Angeboten prädestiniert. Allein einschränkend ist die o. g. Gesetzeseinführung zu erwähnen, da hiermit auch eine bundesweite Verteilung der unbegleiteten minderjährigen Flüchtlinge eingeführt wurde und Kommunen, die bis dahin nicht in die Betreuung von unbegleiteten minderjährigen Flüchtlingen involviert waren, nun im Eiltempo Strukturen für die Betreuung und Versorgung der Zielgruppe zu schaffen hatten. Fast anderthalb Jahre nach Einführung des Verteilverfahrens ist aber in weiten Teilen von einer flächendeckenden Versorgung durch überörtliche, örtliche und freie Träger der Jugendhilfe auszugehen. Die Trägerlandschaft umfasst Angebote für vorläufige und reguläre Inobhutnahmen, hiermit verbunden die ambulanten und stationären Clearingangebote, stationäre Regelangebote, Verselbständigungsgruppen, Jugendwohnen, therapeutische und heilpädagogische Wohnformen, ambulante Betreuung und nicht zuletzt die Betreuung in Pflege- bzw. Gastfamilien. Zum jetzigen Zeitpunkt stehen Träger wie Fachkräfte, die mit der Zielgruppe unbegleiteter minderjähriger Flüchtlinge arbeiten, vor der Aufgabe, den Bedürfnissen ihrer Zielgruppe qualitativ gerecht zu werden. Hiermit ist gemeint, dass die Betreuung ein hohes Maß an Wissen bedarf, dies nicht nur bezogen auf den jugendhilferechtlichen Bedarf, sondern ebenso im aufenthalts- und sozialrechtlichen Sinne.

Während die Jugendhilfe in ihrer Existenz auf dem Begriff des Kindeswohls fußt und jedwedes Handeln durch dieses bestimmt ist, sieht sich das Helfersystem konfrontiert mit Rechtsbereichen, die durch den Begriff des Kindeswohls begrenzt werden. Akteure der Jugendhilfe müssen folgerichtig hier Wissen aneignen um, im Sinne der Minderjährigen, ihrem Mandat der Interessensvertretung nachkommen zu können. Neben der Herausforderung, sich dieses Wissen anzueignen, muss dieses sich folgerichtig auch in Haltung und Handeln widerspiegeln (vgl. Espenhorst 2016). Es bedarf eines

Handelns, indem man sich den größtenteils apodiktisch anmutenden Ausführungen zur Zielgruppe entgegenstellt und den gesellschaftlichen Diskurs anregt, um Perspektiven für die Minderjährigen zu schaffen.

Haltung und Handeln beziehen sich auf einer weiteren Ebene nicht nur auf die Akteure eigener und anderer Rechtsbereiche, in deren Kontakt man durch die Betreuung von unbegleiteten minderjährigen Flüchtlingen kommt, sondern auch auf die Minderjährigen selber. Hier gilt es, Transparenz des gewonnenen Wissens zu schaffen und die Minderjährigen so zu befähigen, Hilfeleistungen und Teilhabe an der Gesellschaft aktiv mitzugestalten, denn – und hier schließt sich der Kreis zur Fluchtbiografie – Partizipation zu ermöglichen und den Weg nicht für, sondern gemeinsam gestalten, bedeutet für die Minderjährigen, als aktiv handelndes Wesen wahrgenommen zu werden und bildet, wie eingehend bekannt, nach Antonovsky den zentralen Aspekt für das Kohärenzgefühl zur Entstehung von Gesundheit.

Literatur

Bundesweite Arbeitsgemeinschaft der psychosozialen Zentren für Flüchtlinge und Folteropfer (BAFF) (2016): Versorgungsbericht: Zur psychosozialen Versorgung von Flüchtlingen und Folteropfern in Deutschland. 3. Auflage. Berlin.

Bundesfachverband Unbegleitete minderjährige Flüchtlinge e.V. (BumF) (2015): Publikationen – Stellungnahmen und Positionspapiere – Kritik an der Bezeichnung „unbegleitete minderjährige Ausländer_in". http://www.bumf.de/images/Kritik_Begriff_umA.pdf (Abfrage: 25.02.2017)

Espenhorst, Niels (2016): „Überlegungen zur Arbeit mit unbegleiteten minderjährigen Flüchtlingen". In: 1. Sonderband 2016 Sozialmagazin, S. 13 ff.

Zentrum für Salutogenese (2017): http://www.salutogenese-zentrum.de/cms/main/wissenschaft/a-antonovsky.html (Abfrage: 25.02.2017).

Bundesfachverband umF e.V.

Die Alterseinschätzung nach SGB VIII

„Es ist allgemein anerkannt, dass zurzeit keine Methode zur Verfügung steht, mit der das genaue Alter einer Person bestimmt werden kann" (EASO 2013, S. 24).

Zentraler Baustein bei der Aufnahme von unbegleiteten Minderjährigen ist die Alterseinschätzung. Denn viele Jugendliche kommen ohne gültige Papiere nach Europa und haben auch sonst kaum Möglichkeiten, ihr Alter zu dokumentieren. Seit dem 01.11.2015 (BGBl. 2015 I, S. 1802) gibt es im SGB VIII eine Norm, die bei Unsicherheit über das Alter eine Rangfolge von Prüfungsschritten vorgibt und damit das Verfahren in der Jugendhilfe zumindest in Ansätzen vereinheitlicht (§ 42f SGB VIII).

Zuständigkeit

Die Träger der öffentlichen Jugendhilfe sind primär für die Unterbringung, Versorgung und Betreuung unbegleiteter Minderjähriger Flüchtlinge zuständig (BT-Drs. 18/6392, S. 2 ff.). Das Jugendamt am tatsächlichen Aufenthaltsort hat den/die Minderjährige/n vorläufig in Obhut zu nehmen, sobald die unbegleitete Einreise festgestellt wurde, soweit landesrechtlich nichts Abweichendes geregelt ist (§ 42a, § 88a Abs. 1 SGB VIII). Die (vorläufige und reguläre[1]) Inobhutnahme ist ein Verwaltungsakt (§ 31 S. 1 SGB X). Die Minderjährigkeit ist Voraussetzung für den Erlass dieses Verwaltungsaktes. Es obliegt deshalb dem örtlich zuständigen Jugendamt, diese Voraussetzung zu prüfen, einem Ergebnis zuzuführen und damit darüber zu entscheiden, ob die Person in Obhut genommen wird oder nicht. Weder die Alterseinschätzung der Ausländerbehörden noch Alterseinschätzungen aus anderen europäischen Staaten sind für das Jugendamt bindend oder dürfen einfach ungeprüft übernommen werden.[2]

Verfahren

Das Verfahren zur Prüfung des Alters regelt § 42f SGB VIII. Daneben stellt die Norm noch etwas anderes Entscheidendes klar, nämlich, dass die Altersprüfung integraler Bestandteil der vorläufigen Inobhutnahme ist. Zwei-

---

1 Mit „regulärer Inobhutnahme" ist in der Broschüre die Maßnahme nach § 42 SGB VIII gemeint.
2 OVG Saarlouis 09.12.2014, 2 A 313/13.

fel darüber also, ob Minderjährigkeit vorliegt, sind im Rahmen der Maßnahme zu klären.

Nach § 42f SGB VIII ergibt sich folgende Prüfungsreihenfolge.
1. Primär maßgeblich für die Ermittlung des Alters sind Ausweisdokumente der betroffenen Person (BT-Drs. 18/6392, S. 2).
2. Liegen keine aussagekräftigen Dokumente vor, erfolgt die sogenannte Alterseinschätzung. Diese hat im Rahmen einer *qualifizierten Inaugenscheinnahme* zu erfolgen. Was sich konkret dahinter verbirgt, ist gesetzlich nicht definiert. In der Gesetzesbegründung findet sich hierzu Folgendes:

   „Maßstab zur Festsetzung des Alters ist das Kindeswohl bzw. das Wohl der ausländischen Person – das heißt die Festsetzung muss unter Achtung ihrer Menschenwürde und ihrer körperlichen Integrität erfolgen. Die Altersfeststellung hat auf der Grundlage von Standards zu erfolgen, wie sie beispielsweise die Bundesarbeitsgemeinschaft der Landesjugendämter in ihren ‚Handlungsempfehlungen zum Umgang mit unbegleiteten minderjährigen Flüchtigen' auf ihrer 116. Arbeitstagung beschlossen hat (Mai 2014). Eine qualifizierte Inaugenscheinnahme würdigt den Gesamteindruck, der neben dem äußeren Erscheinungsbild insbesondere die Bewertung der im Gespräch gewonnenen Informationen zum Entwicklungsstand umfasst" (BT-Drs. 18/6392, S. 20).

   Viele Jugendämter haben außerdem Standards zur Durchführung einer dem Kindeswohlentsprechende Inaugenscheinnahme entwickelt, wie bspw. das Vier- bis Sechsaugen-Prinzip, Geschlechtersensibilität/Geschlechterdiversität der zuständigen Fachkräfte sowie Interkulturalität und Mehrsprachigkeit. Zudem muss die Alterseinschätzung mittels qualifizierter Inaugenscheinnahme dokumentiert und einzelfallbezogen begründet werden. Das Ergebnis der Alterseinschätzung muss nämlich im Nachhinein bezogen auf den konkreten Einzelfall nachvollzogen werden können. Vorformulierte ankreuzbare Antworten entsprechen deshalb diesem Erfordernis nicht (BT-Drs. 18/6392, S. 2).
3. Lassen sich die Zweifel über das Alter nicht anders ausräumen, kann von Amts wegen durch das Jugendamt eine medizinische Begutachtung eingeleitet werden (§ 42f Abs. 2 S. 1 SGB VIII). Voraussetzung ist, dass der/die rechtliche Vertreter/in des/der Betroffenen einwilligt und Vertreter/in und Betroffene/r umfassend über Art, Ziel, Zweck und Folgen der Untersuchung aufgeklärt werden. Verweigert der/die Betroffene die Untersuchung, darf dies nicht reflexartig zur Beendigung der Maßnahme führen (Insgesamt hierzu González Méndez de Vigo 2016; Katzenstein/ González Méndez de Vigo/Meysen 2015).

Da jedes Verfahren – also auch das medizinische – nur eine Einschätzung des chronologischen Alters darstellt[3], bleiben bzgl. des Alters immer Restzweifel. Nr. 3 wäre deshalb immer einschlägig, wenn es sich hier lediglich um Zweifel über das Alter handeln würde. Entscheidend muss an dieser Stelle vielmehr sein, ob die Fachkräfte im Rahmen der qualifizierten Inaugenscheinnahme zu einem gemeinsamen Ergebnis gelangen oder zwischen diesen die Zweifel, ob offensichtlich Volljährigkeit vorliegt, so groß sind, dass sie sich ohne medizinische Untersuchung nicht ausräumen lassen.

Auch der/die Betroffene selbst kann zusammen mit dem/der rechtlichen Vertreter/in die Durchführung einer medizinischen Begutachtung zur Einschätzung des Alters zu beantragen (§ 42f Abs. 2 S. 1 SGB VIII).

Wird eine medizinische Untersuchung zur Einschätzung des Alters durchgeführt, so muss sichergestellt sein, dass diese mit den schonendsten und soweit möglich zuverlässigsten Methoden von qualifizierten medizinischen Fachkräften durchgeführt wird. Ausgeschlossen sind Methoden, die mit der Würde des Menschen nicht zu vereinen sind, wie beispielsweise die Genitaluntersuchungen (vgl. BT-Drs. 18/6392, S. 21).

Bei der Festlegung eines konkreten Geburtsdatums ist immer auf das Ende des geschätzten Jahres abzustellen, also auf den 31.12., da nur so ein umfassender Schutz von Minderjährigen gewährleistet werden kann.[4] Die in der Praxis oft vorgenommene Festlegung des Geburtsdatums auf den 01.01. des geschätzten Geburtsjahres ist vor diesem Hintergrund mit dem Minderjährigenschutz und auch der UN Kinderrechtskonvention nicht zu vereinbaren.[5]

Beschwerde- und Klagemöglichkeiten

Um sich gegen das Ergebnis der Alterseinschätzung zu wehren, kann der junge Mensch, der das 15. Lebensjahr vollendet hat, selbst mittels Widerspruch – soweit Landesrecht eine Widerspruchsmöglichkeit vorhält – und Klage zzgl. eines Antrags im einstweiligen Rechtschutz gegen die Versagung oder Beendigung der vorläufigen (bzw. regulären) Inobhutnahme (§ 42f Abs. 3 S. 1 SGB VIII) vorgehen. Gibt der junge Mensch an, jünger zu sein, müssen die Rechtsmittel durch den/die rechtlichen Verteter/in eingelegt werden. Möchte das zuständige Jugendamt seine Alterseinschätzung korrigieren, kann es das jederzeit ohne Einbeziehung des Familiengerichts

---

3 Antwort der Bundesregierung auf die Große Anfrage der Grünen, BT-Drucks. 16/13166, 5, Eisenberg Flüchtlingsrat 06/2013, 10,12; Beschlussprotokoll des 110. Deutschen Ärztetages, 80; EASO 2013, S. 24.
4 BVerwG vom 31.07.1984, AZ: 9 C 156.83; VG Freiburg hält das Eintrag fiktiver Geburtsdaten insgesamt für rechtswidrig VG Freiburg 16.06.2004, 2 K 2075/02.
5 BVerwG EZAR 600 Nr.6 beruft sich in diesem Zusammenhang auf Art. 20 Abs. 1 UN KRK.

durch Rücknahme des hieraus resultierenden Verwaltungsaktes, nämlich beispielsweise der Versagung oder Beendigung der Inobhutnahme (§ 44 SGB I).

Literatur

Bundesarbeitsgemeinschaft der Landesjugendämter (BAGLJÄ) (2014): Handlungsempfehlungen zum Umgang mit unbegleiteten minderjährigen Flüchtlingen. Inobhutnahme, Clearingverfahren und Einleitung von Anschlussmaßnahmen. Mainz.

BT-Drucksache 18/6392 (2015): Beschlussempfehlung und Bericht des Ausschusses für Familie, Senioren, Frauen und Jugend. Berlin.

European Asylum Support Office (EASO) (2013): Praxis der Altersbestimmung in Europa. Luxemburg.

González Méndez de Vigo, Nerea (2016): Gesetzliche Rahmung: Unbegleitete minderjährige Flüchtlinge im SGB VIII. In: Brinks, Sabrina/Dittmann, Eva/Müller, Heinz (Hrsg.): Handbuch unbegleitete minderjährige Flüchtlinge. o. O.

Katzenstein, Henriette/González Méndez de Vigo, Nerea/Meysen, Thomas (2015): Das Gesetz zur Verbesserung der Unterbringung, Versorgung und Betreuung ausländischer Kinder und Jugendlicher. In: Das Jugendamt, Heft 11, S. 530–537.

Münder, Johannes/Meysen, Thomas/Trenczek, Thomas (Hrsg.) (2013): Frankfurter Kommentar SGB VIII. Kinder- und Jugendhilfe. 7. Auflage. Baden-Baden.

Dominik Bär

Minderjährigen-Ehen unter Flüchtlingen in Deutschland

Hintergründe und Rechtslage

Ehen von Minderjährigen werden vielfach als Problem beschrieben und von der Jugendhilfe als Herausforderung wahrgenommen. Das komplexe Thema führt zu Unsicherheiten und muss differenziert betrachtet werden. Aus kinderrechtlicher Sicht ist es das Anliegen, die betroffenen Kinder und Jugendlichen vor einer Zwangsehe zu schützen und das Wohl der Minderjährigen in Deutschland sicherzustellen. Aus Praxisberichten wird deutlich, dass sehr unterschiedliche Fälle und Konstellationen vorliegen: Ganz überwiegend sind Mädchen mit einem volljährigen Partner verheiratet. In vielen Fällen ist der Altersunterschied verhältnismäßig gering, in wenigen beträgt er zwanzig Jahre oder mehr.[1] Welche Motive hinter der Eheschließung stehen, darüber kann nur spekuliert werden: Denkbar sind Fälle von Zwangsverheiratung ebenso wie einvernehmliche Ehen, Liebesehen ebenso wie die Legitimation einer bereits eingetretene Schwangerschaft, oder die Hoffnung, dass die Ehe den Minderjährigen Schutz vor sexuellem Missbrauch auf der Flucht bietet. Die Unterstützungsbedarfe der betroffenen Minderjährigen können unterschiedlich sein, unabhängig davon, ob sie sich in Deutschland aus der Ehe lösen oder diese aufrechterhalten wollen.

Kinderehen als Krisensymptom behandeln

Auffällig ist, dass die Verheiratung von Minderjährigen in den meisten Herkunftsländern der Flüchtlinge lange Zeit rückläufig war. Erst mit dem Beginn einer Krise, wie des Krieges in Syrien, sind die Zahlen von Minderjährigen-Ehen wieder gestiegen. Der Grund für den Anstieg ist also nicht vorrangig in den Werten der Menschen zu suchen. Vielmehr scheinen die Unsicherheit und die prekäre Lage in den Herkunftsländern für die nun wieder steigende Zahl der Frühverheiratungen verantwortlich zu sein. Bei den 25 Ländern mit den höchsten Zahlen von Minderjährigen-Ehen handelt es sich zumeist um fragile Staaten (vgl. Save the Children 2016, S. 5). Min-

---

1 In einem derzeit vor dem Bundesgerichtshof anhängigen Fall des Oberlandesgerichts Bamberg sind die Ehepartner 15 und 21 Jahre alt. Ansonsten fehlen Daten, die valide Aussagen möglich machen. Einen Einblick gibt eine Antwort der Landesregierung Nordrhein-Westfalen auf eine Kleine Anfrage, in der sich zeigt, dass die skandalisierten Altersunterschiede kaum realen Fällen zugrunde liegen (vgl. Landtag Nordrhein-Westfalen, S. 2).

derjährigen-Ehen sind auch keine spezifisch muslimische Tradition, sondern ein Symptom der jeweiligen Krise (vgl. Save the Children 2016, S. 24).

Keine Gleichsetzung mit Zwangsehen

Die Heirat von Minderjährigen wird schnell mit Zwangsehe gleichgesetzt. Ob eine Zwangsehe vorliegt, kann jedoch nicht am Alter der Eheschließenden festgemacht werden. Ehen, die unter Zwang zustande gekommen sind, stellen unabhängig vom Heimatrecht einen Verstoß gegen den deutschen „ordre public" dar und dürfen in Deutschland nicht anerkannt werden. Darüber hinaus bestehen in Deutschland strafrechtliche Regelungen, sobald Hinweise auf eine Zwangsehe bestehen.

Auch nach dem Heimatrecht der minderjährigen Verheirateten bestehen häufig Schutzmechanismen (vgl. Bergmann/Ferid/Henrich 2012). So ist in den meisten Hauptherkunftsländern der Geflüchteten die richterliche Genehmigung für die Ehemündigkeit von Minderjährigen notwendig (vgl. Bayerisches Landesjugendamt 2016).

Rechtslage in Deutschland

In Deutschland liegt das Mindestalter für Ehen nach § 1303 Abs. 1 BGB (Bürgerliches Gesetzbuch) generell bei 18 Jahren. Eine Heirat ist jedoch schon ab 16 Jahren möglich, wenn ein Familiengericht dies genehmigt und eine der beteiligten Personen volljährig ist (§ 1303 Abs. 2 BGB). Maßstab der Entscheidung des Familiengerichts sind nicht öffentliche Interessen oder allgemeine Wertvorstellungen, sondern allein das Wohl des/der Minderjährigen (vgl. Palandt/Burgermüller 2013, S. 1686 ff.). Darüber hinaus sind in Deutschland nur zivile Ehen per Gesetz anerkannt. Damit entspricht die deutsche Rechtslage den Vorgaben der UN-Kinderrechtskonvention (UN-KRK), die keine ausdrückliche Vorgabe zum Ehemündigkeitsalter enthält, aber Ausnahmen mit richterlicher Genehmigung vorsieht (vgl. Committee on the Rights of the Child 2014, Ziffer 19; ausführlicher dazu: Child Rights International Network 2016).

Ausländische Ehen müssen in Deutschland laut Art. 13 Abs. 1 EGBGB (Einführungsgesetz zum BGB) anerkannt werden. Hierfür ist kein förmliches Verfahren vorgesehen. Wenn die Vorschriften im Heimatland eingehalten wurden, steht die Ehe nicht in Frage (vgl. DIJuF 2016a, S. 127–129). Allerdings gibt es Schranken, wenn eine ausländische Rechtsnorm mit wesentlichen Grundsätzen des deutschen Rechts offensichtlich unvereinbar ist (sogenannter Verstoß gegen den „ordre public"). In der Rechtsprechung ist derzeit umstritten, ob die Altersgrenze für einen Verstoß gegen den ordre public bei 14 oder 16 Jahren liegt.

In der Diskussion wird derzeit vielfach gefordert, dass zum einen das Ehemündigkeitsalter in Deutschland ohne Ausnahme bei 18 Jahren festgelegt wird. Zum anderen sollen Ehen, die im Ausland geschlossen worden sind, nach den deutschen Ehemündigkeitsvorgaben geprüft werden. Bei Ehen, in denen ein Ehegatte noch nicht volljährig ist, wird über Ausnahmeregelungen gestritten und darum, ob die Ehen, die keinen Bestand haben, rückwirkend als nichtig behandelt werden sollen oder nur für die Zukunft aufzuheben sind (vgl. BMJV 2017).

Der Kindeswohlmaßstab bei der Betrachtung von Minderjährigen-Ehen

Der Kindeswohlmaßstab ist laut UN-KRK eine der zentralen Vorgaben bei Entscheidungen, die Minderjährige betreffen. Dementsprechend muss das Kindeswohl der Betroffenen das Leitprinzip für die Entscheidung sein, wie mit der einzelnen, bereits bestehenden Ehe umzugehen ist. Die UN-KRK betont die Subjektstellung des Kindes und verpflichtet die Staaten, diese bei der Umsetzung von Schutzmaßnahmen und Leistungen gegenüber Kindern zu respektieren und zu fördern. Das in Art. 3 Abs. 1 UN-KRK umfassend verankerte Kindeswohlprinzip verlangt dabei individuelle Entscheidungen, die jedem Einzelfall gerecht werden (vgl. Committee on the Rights of the Child 2013; ausführlich: Cremer 2012).

Als herausragend wichtiges Charakteristikum der UN-KRK ist der Maßstab des Kindeswohls in Verbindung mit dem Recht des Kindes auf Gehör zu bestimmen. Er enthält die Verpflichtung, das Wohl des Kindes bei sämtlichen Maßnahmen, die Kinder betreffen, als einen vorrangigen Gesichtspunkt zu berücksichtigen. Die Bestimmung des Kindeswohls hat individuell zu erfolgen, wobei die Perspektive des Kindes jeweils mit einzubeziehen ist.

Nichtige Ehen und der Kindeswohlmaßstab

Würden, wie derzeit vielfach mit dem Argument des Kinderschutzes gefordert, Ehen von Minderjährigen als nichtig angesehen, würde dies zu negativen Rechtsfolgen für die Minderjährigen führen. Aus einer Nicht-Ehe können keine rechtlichen Verpflichtungen für den Ehegatten hergeleitet werden. Bei einer aufgehobenen Ehe dagegen entsprechen die Rechtsfolgen denen einer Scheidung. Problematische Folgen sind dabei die Fälle „hinkender Ehen". Dies führt dazu, dass bei einer Rückkehr der Betroffenen in ihre Heimatländer oder einem Wandern in andere Länder ihre Ehen wieder Bestand haben. Das Gleiche gilt, wenn die geflüchteten Minderjährigen mit ihren Ehepartnern in ein anderes Land der EU weiterwandern. Es wird vielfach gewarnt, dass dies nicht zu einem generalpräventiven Schutz des Kindeswohls geeignet ist (vgl. Deutscher Familiengerichtstag 2016; Deutscher Juristinnenbund 2017; Deutscher Anwaltsverein 2017).

Herausforderungen für die Praxis

Darüber hinaus würden besonders die Fachkräfte der Kinder- und Jugendhilfe durch eine Nichtanerkennung von Ehen zwischen Minderjährigen vor Herausforderungen stehen. Ihr Zugang zu den Minderjährigen wäre erschwert, da das geringe Vertrauen zu staatlichen Institutionen, und damit auch Unterstützungsangeboten, weiter geschwächt würde (vgl. Deutscher Verein 2016). Der für sozialpädagogische Hilfen notwendige Vertrauensaufbau zu den verheirateten Minderjährigen wird durch die pauschale Auflösung der ehelichen Verbindung behindert. Dies gefährdet den Schutz der jungen Frauen (vgl. DIJuF 2016b).

Hilfe und Schutz hat die Lebenswelt von den Betroffenen als Ausgangspunkt zu nehmen. Interventionen in ihr Leben können die Minderjährigen nur integrieren, wenn sie sie verstehen und als gewinnbringend begreifen. So berichten Jugendämter, dass eine Trennung gegen den Willen der Betroffenen diese erneut flüchten lasse, in diesem Falle jedoch vor den deutschen Behörden (vgl. ebd.).

Ein Problem in der Praxis besteht vereinzelt beim Schulbesuch von verheirateten Minderjährigen. Zwar erlischt die Schulpflicht nicht, wenn Minderjährige eine Ehe eingehen. Sie gilt in fast allen Bundesländern bis zum 18. Lebensjahr. Allerdings gehen einige Betroffene wegen Druck des Ehegatten oder weil sie kleine Kinder haben nicht zur Schule. In diesen Fällen ist die Schule verpflichtet mit den Sorgeberechtigen bzw. dem Vormund nach Lösungen zu suchen um den Schulbesuch sicherzustellen und nicht mit volljährigen Ehegatten den Kontakt zu suchen.

Viele Jugendämter sind unsicher, ob verheiratete Minderjährige, die mit ihrem Ehegatten einreisen, als unbegleitet gelten oder nicht. Es fehlt derzeit an flächendeckenden Handreichungen, wie sie derzeit nur in Berlin (vgl. Senatsverwaltung für Bildung, Jugend und Wissenschaft 2016) und Bayern (vgl. Bayerisches Landesjugendamt 2016) für die Praxis der Jugendämter vorliegen. In diesen müsste verdeutlicht werden, dass auch in der bestehenden Rechtslage nichts dagegen spricht, von Amts wegen einen Vormund zu bestellen, wenn wegen eines fehlenden Kontakts zu den Eltern gemäß § 1674 BGB das Ruhen der elterlichen Sorge festgestellt ist. Ein Problem stellt allerdings derzeit noch dar, dass die Personensorge bei verheirateten Minderjährigen nur eingeschränkt besteht.

Literatur

Bayrisches Landesjugendamt (2016): Rechtsfragen zum Umgang mit minderjährigen verheirateten Flüchtlingen. http://www.blja.bayern.de/imperia/md/content/blvf/bayerlandesjugendamt/aktuelles/rechtsfragen_umgang_minderj__hrige_verheirateten_fl__chtlingen.pdf (Abfrage: 18.10.2016).

Bergmann, Alexander/Ferid, Murad/Henrich, Dieter (2012): Internationales Ehe- und Kindschaftsrecht. Frankfurt am Main.

Bundesministerium der Justiz und für Verbraucherschutz (BMJV) (2017): Entwurfes eines Gesetzes zur Bekämpfung von Kinderehen, Stand 17.02.2017. http://www.fluechtlingsinfo-berlin.de/fr/pdf/GE_Aufhebung_KInderehen.pdf (Abfrage: 06.03.2017)

Child Rights International Network (2016): Age is arbitrary: Setting minimum Ages. https://www.crin.org/sites/default/files/discussion_paper_-_minimum_ages.pdf (Abfrage: 13.01.2017).

Committee on the Rights of the Child (2014), General Comment No.18 on the Rights of the Child on harmful practices, CRC/GC/18.

Committee on the Rights of the Child (2013): General Comment No. 14 (2013) on the right of the child to have his or her best interests taken as a primary consideration (art. 3, para. 1), UN-Doc. CRC/C/GC/14.

Cremer, Hendrik (2012): Kinderrechte und der Vorrang des Kindeswohls. In: Anwaltsblatt 62, H. 4.

Deutscher Anwaltsverein (2017): Stellungnahme des Deutschen Anwaltsvereins durch den Ausschuss Familienrecht zur Kinderehe. https://anwaltverein.de/de/newsroom/sn-7-17-initiative-zur-kinderehe-diskussion (Abfrage: 22.02.2017).

Deutscher Familiengerichtstag (2016): Stellungnahme zum Thema Kinderehen in Deutschland. http://www.dfgt.de/resources/SN-KiKo_Stellungnahme%20zum%20Thema%20Kinderehen%20in%20Deutschland.pdf (Abfrage: 22.02.2017).

Deutscher Juristinnenbund (2017): Stellungnahme zu Ehen Minderjähriger: djb fordert Schutz ohne Bevormundung. https://www.djb.de/Kom/K2/17-02/ (Abfrage: 22.02.2017).

Deutscher Verein (2016): Es gibt keine Pauschallösung beim Thema Minderjährigen-Ehe. Pressemitteilung vom 18. November 2016. https://www.deutscher-verein.de/de/download.php?file=uploads/presse/pm/2016/pm_minderjaehrigenehe.pdf (Abfrage: 13.01.2017).

Deutsches Institut für Jugendhilfe und Familienrecht (DIJuF) e.V. (2016a): Internationales Familienrecht. Anerkennung der Eheschließung eines nach ausländischem staatlichen bzw. religiösem Recht verheirateten minderjährigen Flüchtlings. In: Das Jugendamt 89, Heft 3, S. 127–129.

Deutsches Institut für Jugendhilfe und Familienrecht (DIJuF) e.V. (2016b): Zur Sicherung des Schutzes Minderjähriger bei gesetzlichen Änderungen beim Ehemündigkeitsalter und bei der Nichtigkeit/Anerkennung im Ausland geschlossener Ehen („Kinderehen"-Debatte). In: Das Jugendamt 89, H. 12, S. 598–600.

Landtag Nordrhein-Westfalen: Antwort der Landesregierung auf die Kleine Anfrage 5087 vom 19. August 2016 des Abgeordneten Gregor Golland CDU Drucksache 16/12786. Kinderehen in NRW: Was unternimmt die Landesregierung zum Schutz minderjähriger Kinder und Jugendlicher? Drs. 16/13137.

Palandt, Otto/Brüdermüller, Gerd (2013): Bürgerliches Gesetzbuch, § 1303, Rn. 5. München.

Save the Children (2016): Every last Girl. London.

Senatsverwaltung für Bildung, Jugend und Wissenschaft (2016): Information zu Fragen in Begleitung sonstiger Erziehungsberechtigter eingereister minderjähriger Flüchtlinge sowie besonderer Festlegung zur Zuständigkeit mit Bezug auf die AV ZustJug/AV JAMA. Internes Rundschreiben vom 29.04.2016.

Tanja Funkenberg

Wenn Kinder auf der Flucht verschwinden

Wie viele Kinder auf der Flucht verschwinden in Europa und Deutschland?

Mit der Flüchtlingswelle 2015 kamen 890.000 Menschen nach Deutschland, 2016 waren es 280.000 Schutzsuchende, davon etwa 30 Prozent Kinder und Jugendliche, die meisten in Begleitung ihrer Eltern oder eines Elternteils. Zwischenzeitlich wuchs jedoch auch die Zahl der *unbegleiteten* Flüchtlingskinder stark an. Laut Bundesinnenministerium waren im Januar 2017 fast 45.000 unbegleitete minderjährige Flüchtlinge in der Zuständigkeit der Kinder- und Jugendhilfe (vgl. BMI 2017, S. 2). Trotzdem fallen immer wieder Kinder durch das Netz des Kinderschutzsystems. Vor allem unbegleitete minderjährige Flüchtlinge sind besonders gefährdet, Opfer von Gewalt und Ausbeutung zu werden.

Terre des hommes ging bereits im Jahr 2010 davon aus, dass jährlich bis zur Hälfte aller unbegleiteten Kinder aus Einrichtungen innerhalb der Europäischen Union verschwinden und in den meisten Fällen ihr Verbleib unklar bleibt (vgl. terre des hommes 2010, S. 11).

Auch die Zahl der Flüchtlingskinder, die 2015 und 2016 verschwanden, stieg mit dem Flüchtlingsstrom im Jahr 2015 enorm an. Eine Meldung der Europäischen Polizeibehörde Europol im Januar 2016 ließ die Behörden in Deutschland aufhorchen. Danach ist der Verbleib von etwa 10.000 Flüchtlingskindern zwischen acht und 17 Jahren in Europa ungeklärt (vgl. Zeitonline 2016). Es handelt sich um eine geschätzte Zahl, da es keine systematisch erfassten und verlässlichen Daten für Europa gibt. Die Vermisstenstelle des Bundeskriminalamts (BKA) gab daraufhin bekannt, dass zum selben Zeitpunkt fast 4.800 unbegleitete minderjährige Flüchtlinge in Deutschland als vermisst gemeldet waren (vgl. BKA 2016). Im Juli 2016 stieg die Zahl auf fast 9.000 Flüchtlingskinder an, davon waren etwa 8.000 im Alter von 14 bis 17 Jahre (vgl. NOZ-online 2016). Die meisten als vermisst geltenden unbegleiteten minderjährigen Flüchtlinge kommen aus Afghanistan, Syrien, Somalia, Eritrea, Marokko und Algerien, so lautet die Antwort der Bundesregierung zu einer Kleinen Anfrage von Abgeordneten der Partei B90/DG (vgl. BT-Drucksache 2016, S. 4).

Aber auch diese Zahlen basieren auf ungenauer Datenerfassung. Denn dasselbe geflüchtete Kind kann entweder mehrfach erfasst worden sein, z. B. aufgrund unterschiedlicher Angaben zur Person an verschiedenen Orten bei fehlenden Papieren oder das Auffinden eines vermisst gemeldeten Kindes wurde der Polizeibehörde nicht mitgeteilt und der Vermissteneintrag nicht gelöscht. Umgekehrt sind auch Jugendliche verschwunden und nicht als vermisst gemeldet worden.

Warum verschwinden Kinder auf der Flucht?

Die Vermisstenstatistik gibt keine Auskunft über die Hintergründe des Verschwindens. Häufig ist es so, dass geflüchtete Kinder und Jugendliche weiterziehen, weil sie zu Verwandten oder Bekannten wollen (vgl. mdr exakt 2016) oder in einem anderen Land bessere Aussichten auf Asyl vermuten.

Seitdem das „Gesetz zur Verbesserung der Unterbringung, Versorgung und Betreuung ausländischer Kinder und Jugendlicher" (sogenanntes Umverteilungsgesetz) in Deutschland im November 2015 in Kraft getreten ist, werden unbegleitete Kinder und Jugendliche nach einer Quote auf alle Bundesländer verteilt. In der Regel wird vor der Verteilung keine rechtliche Vertretung für die Minderjährigen bestellt, sodass eine Überprüfung, ob nahestehende Verwandte bereits in Deutschland oder einem EU Staat sind, nicht durchgeführt werden. Interessen und Wünsche der geflüchteten Kinder und Jugendlichen, z. B. zu ihnen vertrauten Menschen zu ziehen, mit denen sie evtl. sogar die Flucht gemeinsam überstanden haben, werden zu wenig berücksichtigt. Aus diesen Gründen machen sich dann einige Jugendliche alleine auf den Weg, um zu ihren Verwandten oder Bekannten zu kommen. Dabei ziehen Kinder nicht nur innerhalb Deutschlands weiter, sondern auch in andere EU-Länder. Zum Beispiel ist das Bundesland Schleswig-Holstein für einige geflüchtete Jugendliche, die dort in Obhut genommen wurden, nur eine Zwischenstation. Sie hatten bereits seit Beginn der Flucht den Plan, bis nach Schweden oder Norwegen – ggf. zu ihren Verwandten – zu gelangen. So verlassen sie die Einrichtung nach einer kurzen Pause und verfolgen ihren eigenen Plan weiter.

Auf die neue Umverteilungsregelung und den Zuzug von Geflüchteten waren einige Bundesländer nicht vorbereitet, sodass manche Einrichtungen kindgerechte Anforderung nicht erfüllen oder der Standort abseits jeglicher Infrastruktur liegt (vgl. BumF 2016, S. 3). Manche fühlten sich dort nicht wohl oder mussten zu lange auf einen Schulplatz warten. Um dem ohnehin recht langen und öden Alltag zu entkommen, ziehen Jugendliche dann weiter an einen mutmaßlich attraktiveren Ort mit besseren Perspektiven. Sie machen sich über Nacht auf den Weg oder kommen von der Schule nicht zurück und lassen ihre wenigen Sachen zurück.

Der lange Weg der strapaziösen Flucht hinterlässt Spuren von Misstrauen, Angst und Traumatisierung. Manche Flüchtlingskinder kommen in der

Einrichtung nicht zur Ruhe, sie fühlen sich nicht sicher, Ängste und Misstrauen können mitunter wieder verstärkt werden. So ziehen einige lieber alleine weiter und vertrauen eher auf Hilfe und Informationen von gleichaltrigen Flüchtlingen oder Verwandten als in der Einrichtung zu bleiben. Zum Beispiel war ein geflüchtetes Mädchen, das in seinem Herkunftsland beschnitten wurde, aus einer Jugendeinrichtung verschwunden, weil sie sich vor einer angekündigten medizinischen Hautbehandlung fürchtete.

Es sind Fälle bekannt, wo unbegleitete Jugendliche von kriminellen Netzen angeworben werden, um Drogen zu verkaufen oder sich zu prostituieren (vgl. Tillack 2016). Diese Minderjährigen sind leichter zu beeinflussen und hoffen auf das schnelle Geld in der Illegalität. Schlepperbanden sind zudem gut vernetzt, nähern sich geflüchteten Jugendlichen und setzen sie unter Druck, ihre Schulden zu zahlen. Europol berichtete im November 2015 über die Zusammenarbeit von Schleusern, die Menschen auf der Flucht über die Grenze bringen, mit kriminellen Banden, denen unbegleitete Kinder und Jugendliche zum Zwecke der Ausbeutung in die Fänge geraten (vgl. The Guardian 2015). Wenn diese Kinder dann abtauchen, verlieren sie den Zugang zum Kinderschutzsystem.

Kann das Verschwinden verhindert werden?

Das Verschwinden von Flüchtlingen im Kindes- und Jugendalter kann sicher nicht zu hundert Prozent verhindert werden, dennoch gibt es Maßnahmen, die den Schutz von unbegleiteten Kindern erhöhen und die Anzahl der verschwundenen Kinder reduziert.

Da Kinder und Jugendliche häufig in den ersten Tagen nach ihrer Ankunft verschwinden, ist es sinnvoll, direkt nach ihrer Ankunft umfassende Informationen über sie aufzunehmen. Unbegleitete Kinder müssen nach Ankunft zunächst schnell identifiziert und dem Jugendamt gemeldet werden. Neben ihren Personaldaten sollten auch besondere Bedürfnisse und Merkmale des Kindes (z. B. chronische Krankheiten) erfasst werden. Mitteilungen über die Umstände der Flucht und mit wem sie geflüchtet sind, sollten aufgenommen werden. Eine Verbindung zu einem Schlepper muss als mögliche Gefahrenquelle geprüft werden, um so potenzielle Risiken zu erkennen. Zusätzliche Informationen über Verwandte und Bekannte und deren Aufenthaltsorte innerhalb Deutschlands und Europas sollten zu Protokoll genommen werden. Hilfreich für diese erste Abfrage ist ein standardisiertes Formblatt, das aktualisiert und zentral für andere Behörden vertraulich zur Verfügung gestellt werden kann.

Unbegleitete geflüchtete Kinder und Jugendliche über ihre Rechte, die ihnen zustehenden Dienstleistungen sowie die Abläufe im Asylverfahren in verständlicher Weise aufzuklären, wirken der Ohnmacht und der Orientierungslosigkeit entgegen. Gleichzeitig sollten sie über Risiken und über die Konsequenzen für ihren Aufenthalt oder das Asylverfahren aufgeklärt werden, wenn sie beabsichtigen, alleine weiterzuziehen. Der Einsatz von Sprachmittlern sowie kindgerechte Leitfäden und Videos helfen zusätzlich bei der Vermittlung und bauen Vertrauen auf. Wenn Kinder und Jugendliche aktiv einbezogen werden, wie es auch Artikel 12 der UN-Kinderrechtskonvention fordert, schafft es Vertrauen zwischen den Betreuenden und ihnen. Daher wäre es wichtig, dass sie bereits vor der Verteilung auf ein Bundesland eine rechtliche Vertretung erhalten, die sich um ihre Belange kümmert. Denn auch ein zu langes Verweilen im Verteilverfahren, das nicht zielführend ist, kann das Risiko zu verschwinden erhöhen.

Wenn geflüchtete Kinder nicht wissen, wo sich ihre Eltern oder ein Elternteil aufhalten, und demzufolge nur Vermutungen äußern, kann es sinnvoll sein, Suchdienste wie z. B. das Deutsche Rote Kreuz oder die europäische Hotline 116000 einzuschalten. Das kann verhindern, dass sich das Kind allein auf die Suche macht.

Zeichnet sich ein Trend ab, dass Kinder überproportional aus einem bestimmten Land als vermisst gelten, wäre die Herkunft eines Kindes ein Risikoindikator für das Verschwinden (vgl. Missing Children Europe 2016, S. 17). Das könnte auch ein Hinweis für Menschenhändlerringe sein. Dieser mögliche Hintergrund muss bei der Erstbefragung mitgedacht werden, um bei weiteren Indizien entsprechende Schutzmaßnahmen einzuleiten und das Kind rechtzeitig aus den Fängen der Menschenhändler zu befreien. Auch können bestimmte Muster von Flucht- und Migrationswegen Hinweise für ein mögliches Verschwinden geben. Gebiete in Grenznähe zu anderen Ländern befördern in der Regel ein Weiterziehen. Um weitere begünstigende Faktoren zu identifizieren oder Muster des Verschwindens zu erkennen, ist es notwendig, die Erfahrungen von Grenzbeamten, der Polizei und der Suchdienste auszuwerten und Sozialarbeitern zur Verfügung zu stellen.

Bei einer erhöhten Risikoeinschätzung für ein mögliches Verschwinden ist es ratsam einen Hilfe- und Sicherheitsplan unter Beteiligung aller Betreuenden wie Sozialarbeiter, Vormund, Jugendamt zu erstellen. Weitere z. B. zum Thema Menschenhandel spezialisierte Hilfsorganisationen können ebenfalls hinzugezogen werden.

Was tun, wenn unbegleitete Kinder auf der Flucht verschwinden?

Das Verschwinden eines unbegleiteten minderjährigen Flüchtlings in Deutschland muss möglichst schnell der lokalen Polizeibehörde gemeldet werden. Dies kann durch den gesetzlichen Vertreter des Kindes, also dem

Vormund, oder die Betreuenden der Unterkunft, in der sich das Kind zuletzt aufgehalten hat, geschehen. Aber auch Lehrer und Lehrerinnen sollten sich bei Abwesenheit eines Schülers oder einer Schülerin mit Fluchthintergrund zeitnah an den gesetzlichen Vertreter wenden. Bleiben sofortige erste Reaktionen wie telefonischer Kontakt, Befragen der Freunde erfolglos, muss eine offizielle Vermisstenanzeige erfolgen, und zwar unabhängig vom Alter des Kindes, Herkunftsland, Aufenthaltsstatus oder Antrag auf Asyl. Die Suche ist die Aufgabe der Polizei, die in der Regel das Zimmer, die nähere Umgebung und soziale Netzwerke durchsucht, das Kind per Telefon zu kontaktieren versucht und mit Freunden und Verwandten spricht.

Mit dem Verschwinden eines Kindes sollte nicht leichtfertig – nach dem Motto „die wollen sowieso nicht hierbleiben" – umgegangen werden. Egal aus welchen Gründen das Kind verschwunden ist, es hat das Recht auf Schutz und Hilfe. Je mehr gesammelten Daten – wie eingangs erwähnt – über das Kind abrufbar sind, desto schneller und effizienter können erste Schritte zum Auffinden des Kindes eingeleitet werden. Die Suche darf nicht der Willkür und individuellen Motivation einzelner Mitarbeiter überlassen werden und ist in jedem Einzelfall von hoher Priorität – unabhängig von der Herkunft. Denn befindet sich das Kind einmal auf der Straße, muss es sich alleine durchschlagen, um Transportmöglichkeiten, Essen und Schlafstätte zu finden, bis es an seinem Ziel angekommen ist. Nicht selten werden Kinder dann bei einer Zugfahrt ohne Fahrschein oder beim Stehlen aufgegriffen.

Da unbegleitete Kinder schneller Opfer von Gewalt und Ausbeutung werden können, muss ein Hintergrund von Menschenhandel oder krimineller Banden mitgedacht werden. Eine Sensibilisierung und ein entsprechendes Training von Sozialarbeitern, Betreuern, Vormündern, Mitarbeitende der Jugendämter und Polizeibehörden sowie die Stärkung ihrer Zusammenarbeit ist enorm wichtig. Es empfiehlt sich, dass sich diese Akteure gemeinsam mit Vertretern von Suchdiensten und Spezialorganisationen, wie z. B zum Thema Menschenhandel, regelmäßig zu einem Austausch treffen und an der Verbesserung von Abläufen arbeiten.

Suchdienste wie das Deutsche Rote Kreuz oder die europäische Vermissten-Hotline 116000 einzuschalten kann sehr hilfreich für das Auffinden von vermissten Kindern sein. Sie arbeiten in der Regel mit den Polizeibehörden zusammen.

Das Kind taucht wieder auf – und dann?

Bei vielen vermissten Kindern und Jugendlichen wird der Verbleib nicht aufgeklärt. Wenn ein Kind oder Jugendlicher in ein anderes Land weiterzieht, kann es sein, dass bei der Meldung ein anderer Name registriert wurde oder die biometrischen Daten nicht erfasst wurden, sodass ein Abgleich mit gespeicherten Daten nicht möglich ist.

Manche wiederum melden sich „von unterwegs" bei vertrauten Betreuern. Dies wird oft den Behörden nicht gemeldet, es sei denn, das Kind befindet sich in Gefahr. Kommt das Kind wieder in eine Einrichtung, sollte dies der Polizeistelle, die die Vermisstenanzeige entgegengenommen hatte, sowie dem Vormund gemeldet werden. Dabei muss geklärt sein, wer die Verantwortung und die Kosten übernimmt, das Kind wieder in eine Unterkunft zu bringen. Wird die Frage nur mit einem Fahrschein beantwortet, mit dem das Kind alleine zur Einrichtung reist, besteht die Gefahr, dass es nie dort ankommt.

Nicht selten sind diese Kinder physisch und psychisch stärker belastet. Daher müssen bei erneuter Inobhutnahme Bedarfe überprüft und ein entsprechender Hilfeplan erstellt werden. Risiken eines nochmaligen Verschwindens sollten dabei eingeschätzt, die Gründe ernst genommen und gemeinsam Schritte überlegt werden, wie der weitere Aufenthalt für das Kind sicher und zufriedenstellend gestaltet werden kann.

Falls das aufgefundene Kind in kriminelle Aktivitäten verwickelt war, sollte das Jugendstrafverfahren das Kind als Opfer sehen und entsprechende Unterstützungsmaßnahmen anbieten. Unter Wahrung der Vertraulichkeit, sind Informationen über die kriminellen Kreise der Polizeibehörde mitzuteilen.

Fazit

Über verschwundene Flüchtlingskinder in Deutschland fehlt derzeit eine genaue Datenbasis, die Auskunft über die Anzahl der betroffenen Kinder, deren Beweggründe und Verbleib gibt.

Die bisherigen Erfahrungen zeigen auch, innerhalb der Verantwortlichkeiten dass Lücken existieren, die geklärt werden müssen.

Dieses erfordert die Sensibilisierung und die Optimierung der Zusammenarbeit aller beteiligten Akteure der Kinder- und Jugendhilfe, der Polizeibehörden und spezialisierten NROs, um das Risiko einzuschränken und das Auffinden verschwundener Kinder zu erleichtern. Eine stärkere Partizipation und Mitbestimmung von unbegleiteten Kindern und Jugendlichen auf der Flucht ist notwendig, um einen lückenlosen Schutz zu gewährleisten. Dieses muss in der Gesetzgebung verankert und die Umsetzung in der Praxis ermöglicht werden.

Literatur

BKA Vermisstensachbearbeitung (2016): Die polizeiliche Bearbeitung von Vermisstenfällen in Deutschland. https://www.bka.de/DE/UnsereAufgaben/Ermittlungsunterstuetzung/Vermisstensachbearbeitung/vermisstensachbearbeitung_node.html;jsessionid=A4B5B9FB40B518E1057F1E48A58D061B.live2291#doc19618bodyText6 (Abfrage: 13.02.2017).

BT-Drucksache 18/7916 (2016): Antwort der Bundesregierung auf die kleine Anfrage von Abgeordneten B90/DG. Berlin.

Bundesfachverband unbegleitete minderjährige Flüchtlinge (BumF) (2016): Die Aufnahmesituation unbegleiteter minderjähriger Flüchtlinge in Deutschland. Erste Evaluation zur Umsetzung des Umverteilungsgesetzes. Berlin.

Bundesministerium des Innern (BMI 25.01.2017): Antwort der Bundesregierung auf die schriftliche Frage der Abgeordneten Katja Keul B90/DG. Berlin.

Deutsches Rotes Kreuz Suchdienst: https://www.drk-suchdienst.de/de

mdr exakt (13.04.2016): „Verschwundene Flüchtlingskinder". http://www.mdr.de/exakt/verschwundene-fluechtlinge-100.html (Abfrage: 13.02.2017).

Missing Children Europe (2016): Summit Report. Best practices and key challenges on interagency cooperation to safeguard unaccompanied children form going missing.

Neue Osnabrücker Zeitung, NOZ-online (29.08.2016): „Ohne Eltern geflüchtet. Rund 9000 Flüchtlingskinder vermisst-Zahl fast verdoppelt". http://www.noz.de/deutschland-welt/politik/artikel/765913/rund-9000-fluechtlingskinder-vermisst-zahl-fast-verdoppelt (Abfrage: 13.02.2017).

terre des hommes (2010): Disappearing, departing, running away – A surfeit of children in Europe? Bern.

The Guardian (01.11.2015): „Unaccompanied young refugees in Europe ‚at risk from criminal gangs'". https://www.theguardian.com/world/2015/nov/01/unaccompanied-young-refugees-europe-traffickers (Abfrage: 14.02.2017).

Tillack, Anna (2016): „Vermisste unbegleitete Flüchtlinge. Plötzliche sind sie weg". www.tagesschau.de/inland/vermisste-fluechtlingskinder-101.html (Abfrage: 14.02.2017).

Zeit-online (31.01.2016): „Kriminelle Infrastruktur: Tausende minderjährige Flüchtlinge sind verschwunden". http://www.zeit.de/gesellschaft/zeitgeschehen/2016-01/fluechtlingskrise-minderjaehrige-fluechtlinge-europa-europol-verschwunden. (Abfrage: 13.02.2017).

Dominik Bär

Geburtenregistrierung von in Deutschland geborenen Kindern Geflüchteter

Das Menschenrecht auf Identität

Jeder Mensch hat ein Recht auf Identität. Und auch wer andere (Menschen-)Rechte einfordern will, muss häufig die eigene Identität belegen können. Grundlage des Identitätsnachweises ist in Deutschland die Geburtsurkunde. Sie beurkundet, dass eine Person mit bestimmten Merkmalen in das Geburtenregister eingetragen ist. Die Geburtsurkunde wird benötigt, damit Behörden die Personendaten überprüfen können: um ein Kind nach der Geburt bei der Krankenkasse anzumelden, den Rechtsanspruch auf einen Kita-Platz geltend zu machen, Sozialleistungen zu beantragen oder heiraten zu können. Auch bei einem Wechsel von der Erstaufnahmeeinrichtung in eine Gemeinschaftsunterkunft kann es vorkommen, dass eine Flüchtlingsfamilie ihre Zusammengehörigkeit belegen muss (vgl. Stein 2016, S. 603). Auf diese Weise soll Kindesentführung oder Kinderhandel entgegengewirkt werden. Auch Reisedokumente beruhen auf den Angaben im Geburtenregister.

Die Eintragung in ein Register unverzüglich nach der Geburt ist in mehreren Übereinkommen als Menschenrecht normiert. So normiert Artikel 7 der Kinderrechtskonvention und Artikel 24 Abs. 2 des UN-Zivilpaktes, dass jedes Kind „unverzüglich nach seiner Geburt in ein Register einzutragen" (BMFSFJ 2014, S. 13 bzw. Bundesgesetzblatt 1973, S. 9) ist. Der UN-Ausschuss für die Rechte des Kindes hat Deutschland wiederholt drauf hingewiesen, dass es bei der Umsetzung dieses Rechts Probleme gibt (zuletzt: vgl. UN, Committee on the Rights of the Child 2014, S. 6). Die Bundesregierung sieht dagegen keine Probleme (vgl. UN, Committee on the Rights of the Child 2013, S. 6).

Das deutsche Personenstandsrecht

Die Eintragung in das Geburtenregister ist in Deutschland ausführlich im Personenstandsgesetz (PStG) geregelt. Um sicherzustellen, dass jedes Kind dort eingetragen wird, sind mehrere Pflichtenträger benannt. So sind Personen, die von der Geburt Kenntnis haben, verpflichtet, diese dem zuständigen Standesamt binnen einer Woche anzuzeigen. Das betrifft die Eltern oder, wenn diese gehindert sind, andere Personen, die bei der Geburt anwesend oder über sie unterrichtet waren. Außerdem müssen Krankenhäuser und Einrichtungen wie solche der Jugendhilfe die Geburt schriftlich anzeigen. Diese Verpflichtung gilt unabhängig von der Staatsangehörigkeit des Kindes oder der Eltern. Alle in Deutschland geborenen Kinder sind im deutschen Geburtenregister einzutragen.

Im Geburtenregister werden in Deutschland der Vor- und der Geburtsname des Kindes, Datum und Uhrzeit der Geburt, das Geschlecht des Kindes[1] und die Vor- und Familiennamen der Eltern beurkundet. Diese Merkmale müssen für die Ausstellung einer Geburtsurkunde daher bekannt und ausreichend belegt sein. Außerdem wird im Geburtseintrag auf die Staatsangehörigkeit der Eltern, auf die Eheschließung der Eltern, auf die Beurkundung der Geburt von Mutter und Vater, gegebenenfalls auf den Erwerb der deutschen Staatsangehörigkeit des Kindes und auf das Sachrecht hingewiesen, dem die Namensführung des Kindes unterliegt (§§ 18–21 Personenstandsgesetz (PStG), vgl. Deutscher Bundestag 2015b). Das bedeutet: Im deutschen Geburtenregister sind nicht nur deutsche Kinder eingetragen. Und eine Eintragung geht nicht automatisch mit dem Erwerb der deutschen Staatsangehörigkeit einher.

Auch für in Deutschland geborene Kinder von Geflüchteten bestehen also die Notwendigkeit und die Pflicht, sie in das Geburtenregister einzutragen. Dafür müssen die Eltern innerhalb von vier Wochen zum für den Geburtsort des Kindes zuständigen Standesamt. Dort müssen sie einen Identifikationsnachweis (gültigen Pass und Duldung oder Registrierung der Ausländerbehörde, ihre Geburtsurkunde im Original und als beglaubigte Übersetzung mit einer Legalisation oder Apostille[2] und bei einer bestehenden Ehe die Heiratsurkunde oder den Ehevertrag mit den gleichen Zusatzdokumenten) vorlegen.

Probleme der Geburtenregistrierung

Gerade neu angekommene Personen stehen häufig vor dem Problem, dass sie keine ausreichenden Dokumente haben, um ihre Identität nachweisen zu können: Die Ausweise und Urkunden sind entweder im Herkunftsland ver-

---

1 Auf diese Angabe kann bei intersexuellen Kindern verzichtet werden (§ 22 Abs. 3 PStG, vgl. Deutscher Bundestag 2015b).
2 Mittels Legalisation und Apostille müssen die Originaldokumente aus dem Heimatland in ihrer Echtheit bestätigt werden. Dies führen die Deutschen Botschaften in den jeweiligen Ländern durch. Dorthin müssen die Urkunden per Post geschickt werden. Siehe dazu ein Merkblatt der Botschaft der Bundesrepublik Deutschland Beirut (vgl. Botschaft der Bundesrepublik Deutschland 2017).

blieben oder auf der Flucht abhandengekommen. Die Betroffenen können ihre Identität für das Standesamt dann nicht ausreichend belegen. Dies steht einer Beurkundung der Geburt ihrer Kinder im Wege. Um dennoch der menschenrechtlichen Pflicht nachzukommen, jedes Neugeborene in ein Register einzutragen, sieht die Verordnung zur Ausführung des Personenstandsgesetzes (PStV) weitere (Übergangs-)Lösungen vor. So kann ein Standesbeamter ein Kind auch ohne ausreichenden Identitätsnachweis der Eltern in das Geburtenregister eintragen: Er stellt einen Auszug aus dem Geburtenregister aus, der den Eltern ausgehändigt wird. Dieser Auszug ist mit dem einschränkenden Hinweis versehen, dass die Identität der Eltern nicht belegt ist, stellt aber ebenfalls ein offizielles Dokument dar (§ 54 Abs. 2 und § 55 Abs. 1 Nr. 1 PStG, vgl. Deutscher Bundestag 2015b und § 35 Abs. 1 Personenstandsverordnung (PStV), vgl. Deutscher Bundestag 2015a).

Ein Standesamt kann die Beurkundung allerdings auch zurückstellen, wenn Nachweise, beispielsweise über die Identität der Eltern, fehlen. Bei einer Entscheidung über eine Beurkundung hat das Standesamt nach Ansicht der Bundesregierung jedoch immer vorrangig das Wohl des Kindes zu berücksichtigen (vgl. Deutscher Bundestag 2016, S. 2). Im Falle einer solchen sogenannten Zurückstellung ist auf Antrag eine Bescheinigung darüber auszustellen, dass der Personenstandsfall angezeigt wurde[3] (§ 7 PStV). Aus einzelnen Bundesländern wird berichtet, dass eine solche Bescheinigung nicht ausgestellt wird. Der Grund: Standesbeamte möchten verhindern, dass die Eltern die Eintragung ihres Kindes ins Geburtenregister nicht weiterverfolgen. Mit der Bescheinigung kann zwar häufig eine Anmeldung bei der Krankenkasse erfolgen und sie kann auch für die Beantragung von Sozialleistungen genutzt werden. Mittelfristig aber gibt es Probleme, da das Kind nicht im Geburtenregister beurkundet wurde. Daher ist darauf hinzuwirken, dass die für die Beurkundung notwendigen Unterlagen vorliegen, um alle Rechte des Kindes abzusichern[4]. Eine eidesstattliche Erklärung, wie sie im Personenstandsgesetz (§ 9 Abs. 2) eigentlich als Ultima Ratio bei fehlenden Nachweisen vorgesehen ist, spielt in der Praxis keine Rolle, obwohl in der Literatur diese Möglichkeit nicht abgelehnt wird (vgl. Gaaz/ Bornhofen 2014, S. 103) und auch die Bundesregierung dies nicht ausschließt (vgl. Deutscher Bundestag 2016, S. 2).

Es gibt einzelne Standesämter, die von der Ausstellungen eines mit einschränkendem Vermerk versehenen Auszugs aus dem Geburtenregister ab-

---

3 Sobald dem Standesamt die Geburt mitgeteilt wurde, dieses aber eine Beurkundung nicht unverzüglich vornimmt, sollte solche eine Bescheinigung beantragt werden.
4 Praktische Tipps gibt das Infoblatt „So registrieren Sie ihr neugeborenes Kind" des Deutschen Instituts für Menschenrechte, das in vier Sprachen vorliegt (Vgl. Deutsches Institut für Menschenrechte 2016). Darin gibt es auch Hinweise, wie die Anerkennung einer Vaterschaft beim Jugendamt die Eintragung erleichtern kann.

raten, da dieser trotz einer angenommenen Gleichwertigkeit (vgl. Deutscher Bundestag 2016, S. 4) mit einer Geburtsurkunde zu Nachteilen führen kann. So kann die fehlende Klarheit der Abstammung einer Einbürgerung entgegenstehen (vgl. Bundesverwaltungsgericht 2011). Bei der Eintragung ins Geburtenregister ist die Unterstützung von Helfer/inne/n für einen erfolgreichen Abschluss hilfreich. Flüchtlingsunterkünfte, in denen die Eltern von Neugeborenen auf das Standesamt begleitet werden, beherbergen deutlich weniger unregistrierte Babys als solche, in denen dies nicht geschieht. Der UNHCR mahnt zu Recht: Es ist hochproblematisch, wenn Behörden Kindern ihre Rechte vorenthalten, nur weil deren Eltern möglicherweise bestehende Rechtpflichten verletzt haben (vgl. UNHCR 2003, S. 7).

Literatur

Botschaft der Bundesrepublik Deutschland Beirut (2017): Merkblatt zur Legalisation syrischer Dokumente. http://m.beirut.diplo.de/contentblob/3959900/Daten/7284634/Legalisation_SYR_Merkblatt_deutsch.pdf (Abfrage: 23.03.2017)

Bundesministerium für Familie, Senioren, Frauen und Jugend (BMFSFJ) (2014): Übereinkommen über die Rechte des Kindes. Berlin.

Bundesministerium des Innern (BDI) (1973): Bundesgesetzblatt: Internationaler Pakt über bürgerliche und politische Rechte. BGBl. 1973 II 1553.

Bundesverwaltungsgericht (2011): Urteil vom 01.09.2011 – 5 C 27.10. http://www.bverwg.de/entscheidungen/pdf/010911U5C27.10.0.pdf (Abfrage: 17.03.2017).

Deutscher Bundestag (2015a): Personenstandsverordnung vom 22. November 2008 (BGBl. I S. 2263), die zuletzt durch Artikel 14 Nummer 6 des Gesetzes vom 20. Oktober 2015 geändert worden ist. In: Bundesministerium des Innern (BMI) (Hrsg.): Bundesgesetzblatt. Bundesgesetzblatt I S. 1722. Köln.

Deutscher Bundestag (2015b): Personenstandsgesetz vom 19. Februar 2007 (BGBl. I S. 122), das zuletzt durch Artikel 2 des Gesetzes vom 20. November 2015 geändert worden ist. In: Bundesministerium des Innern (BMI) (Hrsg.): Bundesgesetzblatt. Bundesgesetzblatt I S. 2010. Köln.

Deutscher Bundestag (2016): Antwort auf die Kleine Anfrage der Fraktion Bündnis 90/DG Geburtsurkunden von Flüchtlingskindern Drs. Nr. 18/9163.

Deutsches Institut für Menschenrechte (2016): So registrieren Sie ihr neugeborenes Kind. http://www.institut-fuer-menschenrechte.de/fileadmin/user_upload/Publikationen/Weitere_Publikationen/Info_So_registrieren_Sie_Ihr_neugeborenes_Kind.pdf (Abfrage: 17.03.2017).

Gaaz, Berthold/Bornhofen, Heinrich (2014): Personenstandsgesetz: Handkommentar. Frankfurt am Main.

Stein, Jill (2016): The Prevention of Child Statelessness at Birth: The UNCRC Committee's Role and Potential. In: International Journal of Children's Rights 24, S. 599–623.

UN, Committee on the Rights of the Child (2013): Replies of Germany to the list of issues, CRC/C/DEU/Q/3-4/Add.1. http://docstore.ohchr.org/SelfServices/FilesHandler.ashx?enc =6QkG1d%2fPPRiCAqhKb7yhsrVrBGd0Fukf%2fAkab12UC%2fZBqK%2bCoomAy

%2bAEpemCBw2Se05AaGlRtL9aXTyDtqLILZ0nuzLmtHeR7iOHotY0nx7KIWEntsd4
qJYUUTcq8j9jGQ1NoI%2bfmqQvTHaa1C%2bOJg%3d%3d (Abfrage: 23.03.2017).

UN, Committee on the Rights of the Child (2014): Concluding observations on the combined third and fourth periodic reports of Germany. CRC/C/DEU/CO/3-4 http://docstore.ohchr.org/SelfServices/FilesHandler.ashx?enc=6QkG1d%2fPPRiCAqhKb7yhsrVrBGd0Fukf%2fAkab12UC%2fbq2Wr4D4NsvjzuQ6STbGhJFsCwIbP0eboEORuvvOVzFsmaxxE1z7KL34se3Pi3sUH0vBrNRK6fUNVdIMv00RZM (Abfrage: 23.03.2017).

UNHCR (2003): Verpflichtung zur Registrierung von neugeborenen Kindern Asylsuchender und Flüchtlinge. www.unhcr.de/fileadmin/rechtsinfos/staatenlosigkeit/staatenl-Registrierung_Kinder.pdf. (Abfrage: 17.03.2017).

Hendrik Cremer

Kein Recht auf Familie?

Nach der gegenwärtigen Gesetzeslage haben Menschen, die als Flüchtlinge nach der Genfer Flüchtlingskonvention anerkannt sind, das Recht auf Nachzug von Mitgliedern der sogenannten Kernfamilie: Ehepartner/innen dürfen einander nachholen, genauso wie minderjährige Kinder ihre Eltern und Eltern ihre minderjährigen Kinder. Subsidiär Schutzberechtigte, das heißt Menschen, denen im Herkunftsstaat Folter, die Todesstrafe oder ernste Gefahr für Leib oder Leben infolge eines bewaffneten Konflikts droht, können momentan hingegen keinen Antrag auf Familienzusammenführung stellen.

Der Gesetzgeber hat im Rahmen des sogenannten Asylpakets II im Februar 2016 beschlossen, dass der Familiennachzug für Menschen, die etwa aus Syrien nach Deutschland geflohen sind und nach Abschluss des Asylverfahrens einen subsidiären Schutzstatus erhalten, für zwei Jahre pauschal ausgesetzt wird. Demnach können sie ihre Familienmitglieder erst ab März 2018 im Rahmen des gesetzlich geregelten Anspruchs nachholen.

Faktisch bedeutet die Aussetzung des Familiennachzugs für die Betroffenen, dass sie weit mehr als zwei Jahre von ihren Familienmitgliedern getrennt werden: Zu berücksichtigen ist hier insbesondere, dass nachzugsberechtigte Familienangehörige in Ländern wie Jordanien, Ägypten, der Türkei oder Libanon oftmals viele Monate darauf warten, um von der jeweiligen deutschen Auslandsvertretung ein Visum zu erhalten. Für unbegleitete Minderjährige, die zwischenzeitlich volljährig werden, hat die Aussetzung des Familiennachzugs sogar zur Folge, dass sie ihre Eltern gar nicht wiedersehen können.

Aussetzung des Familiennachzugs für subsidiär Schutzberechtigte ist grund- und menschenrechtswidrig

Das Recht auf Familienleben ist im Grundgesetz (Artikel 6 GG), in der Europäischen Menschenrechtskonvention (Artikel 8 EMRK) und zahlreichen weiteren Menschenrechtskonventionen verbrieft. Hierbei ist allgemein anerkannt, dass der Schutz der Familie nicht nur die Kernfamilie, also Eltern und deren minderjährige Kinder umfasst. Je nach Fallkonstellation geht der Schutz des Familienlebens weiter (Frowein 2009, Rn. 20; Antoni 2016, Rn. 6).

Nach der Rechtsprechung des Bundesverfassungsgerichts zu Art. 6 GG und der Rechtsprechung des Europäischen Gerichtshofs für Menschenrechte zu Art. 8 EMRK gibt es zwar kein generelles Recht auf Familiennachzug. Anders verhält es sich hingegen im Fall von subsidiär Schutzberechtigten, bei denen, wie im Fall von Menschen, die den Flüchtlingsschutz nach der Genfer Flüchtlingskonvention erhalten, keine Möglichkeit besteht, Ehe und Familie im Herkunftsstaat zu leben. Ist die Herstellung der familiären Lebensgemeinschaft in einem anderen Staat nicht möglich bzw. nicht zumutbar, so drängt die Pflicht des Staates, die Familie zu schützen, migrationspolitische Belange eines Staates regelmäßig zurück (vgl. BVerfG 1987; EGMR 2001; Deutscher Bundestag 2015, S. 24, S. 46, S. 59). Es verstößt demzufolge gegen Art. 6 GG und Art. 8 EMRK, wenn die bearbeitenden Behörden Anträge auf Familiennachzug von subsidiär Schutzberechtigten unter Bezugnahme auf die Aussetzung des Familiennachzugs ohne Prüfung pauschal ablehnen.

UN-Kinderrechtskonvention: Anträge auf Familienzusammenführung mit Kindern beschleunigt und positiv entscheiden

Die Aussetzung des Familiennachzugs ist überdies nicht mit der UN-Kinderrechtskonvention (KRK) vereinbar. Die Konvention enthält eine eigene Norm zur grenzüberschreitenden Familienzusammenführung (Art. 10 Abs. 1 KRK) und wird damit in besonderem Maße der Tatsache gerecht, dass es Lebenssituationen geben kann, in denen Kinder über Staatsgrenzen hinweg von ihren Eltern getrennt sind, ohne dass regelmäßige persönliche Beziehungen und unmittelbare Kontakte zu beiden Elternteilen möglich sind. Die Vertragsstaaten sind demnach explizit dazu verpflichtet, Anträge zur Familienzusammenführung „beschleunigt" zu bearbeiten. Die Konvention macht damit deutlich, dass die Trennung minderjähriger Kinder von ihren Eltern schon nach kurzer Dauer zu erheblichen Belastungen bei den Betroffenen führen kann. Die Aussetzung des Familiennachzugs läuft einer beschleunigten Bearbeitung indes diametral entgegen. Sie verstößt damit gegen Art. 10 Abs. 1 KRK.

Hinsichtlich der Frage, wie die Anträge jeweils zu entscheiden sind, ist die Querschnittsklausel der Konvention, Art. 3 Abs. 1 KRK (dazu genauer Cremer 2012, S. 327 ff.), von zentraler Bedeutung. Demnach sind die Vertragsstaaten der Konvention dazu verpflichtet, Anträge auf Familiennachzug so zu entscheiden, dass das Kindeswohl dabei als ein vorrangiger Gesichtspunkt Berücksichtigung findet (vgl. Deutscher Bundestag 2016, S. 6 f.).

Gerade die Wahrung der Familieneinheit hat einen überragenden Stellenwert für das Kindeswohl, was auch die KRK selbst sehr deutlich macht

(Walter 2009, S. 43 f.). Die KRK basiert auf der Überzeugung, dass den Mitgliedern der Familie als „Grundeinheit der Gesellschaft" der „erforderliche Schutz und Beistand" gewährt werden soll, „damit sie ihre Aufgaben innerhalb der Gesellschaft voll erfüllen kann" (Präambel der KRK). Dabei stellt die KRK das Familienleben des Kindes in Art. 16 KRK durch einen eigenen Artikel unter besonderen Schutz.

Anträge auf Familiennachzug zu subsidiär Schutzberechtigten, die gegenwärtig etwa Kinder aus Syrien betreffen, sind demzufolge positiv zu entscheiden, damit es für die Betreffenden möglich wird, wieder als Familie zusammenleben zu können. Migrationspolitische Interessen des Staates haben in solchen Konstellationen zurückzutreten, da eine Herstellung der Familieneinheit in einem anderen Staat nicht möglich bzw. nicht zumutbar ist (vgl. Deutscher Bundestag 2016, S. 6 f.) Familienzusammenführungen in diesen Konstellationen abzulehnen, heißt, den Grundsatz der vorrangigen Berücksichtigung des Kindeswohls außer Acht zu lassen.

Geschwisternachzug gewährleisten

Art. 6 GG und Art. 8 EMRK entsprechend (Antoni 2016, Rn. 6; Meyer-Ladewig 2011, Art. 8, Rn. 48 ff.), schützt die KRK (Art. 16) die spezifisch psychologische und soziale Funktion familiärer Bindungen, wobei sich der grund- und menschenrechtlich garantierte Schutz des Familienlebens grundsätzlich auf die Beziehungen beider Elternteile zu ihren minderjährigen Kindern erstreckt. Dem entsprechend haben auch die Kinder ein Recht auf regelmäßige persönliche Beziehungen und unmittelbare Kontakte zu beiden Elternteilen, was in der KRK (Art. 9 Abs. 3 und Art. 10 Abs. 2) und in der EU-Grundrechte-Charta (Art. 24 Abs. 3) ausdrücklich kodifiziert ist.

Aus der Praxis gibt es hingegen Berichte über Entscheidungen deutscher Auslandsvertretungen, die im Rahmen der Beantragung eines Familiennachzugs zu einem unbegleiteten Minderjährigen, der in Deutschland als Flüchtlinge nach der Genfer Flüchtlingskonvention anerkannt worden ist, zwar Visa für die Eltern erteilt haben, nicht aber für die minderjährigen Geschwister. Eine solche Entscheidungspraxis ist mit dem Recht auf Familienleben und dem Grundsatz der vorrangigen Berücksichtigung des Kindeswohls nicht vereinbar (Deutsches Institut für Menschenrechte 2017, S. 11 ff.).

Fazit

Der Rechtsanspruch auf Familiennachzug ist Teil des Grund- und Menschenrechts auf Familienleben. In der KRK werden die staatlichen Verpflichtungen zur Realisierung des Rechts des Kindes auf Familienleben zudem konkretisiert, wobei vorliegend insbesondere Art. 10 Abs. 1 KRK und Art. 3 Abs. 1 KRK von Relevanz sind. Die Aussetzung des Familiennachzugs zu subsidiär Schutzberechtigten wie auch die Entscheidungspraxis, Geschwistern den Nachzug zu unbegleiteten Minderjährigen zu verweigern, ist damit nicht vereinbar. Solange die Bundesregierung hier nicht handelt, ist nicht zuletzt das Engagement von Anwält/inn/en gefragt, damit die Betroffenen möglichst zu ihrem Recht kommen. In der politischen Debatte gibt es zunehmend Stimmen, die sogar fordern, den Familiennachzug noch weiter einzuschränken als bisher.

Literatur

Antoni, Michael (2016): Art. 6. In: Hömig, Dieter/Wolf, Heinrich Amadeus, Grundgesetz. Handkommentar. 11. Auflage. Baden-Baden.
Bundesverfassungsgericht (BVerfG) (1987): Beschluss vom 12.05.1987, 2 BvR 1226/83.
Cremer, Hendrik (2012): Kinderrechte und der Vorrang des Kindeswohls. Anwaltsblatt, H. 4, S. 327–329.
Deutscher Bundestag (2015): Gesetzentwurf der Bundesregierung. Entwurf eines Gesetzes zur Neubestimmung des Bleiberechts und der Aufenthaltsbeendigung. Bundestag-Drucksache 18/4097. 25.02.2015.
Deutscher Bundestag. Wissenschaftliche Dienste (2016): WD 2-3000-026/16, Vereinbarkeit der Regelungen des Asylpakets II betreffend die Aussetzung des Familiennachzugs für unbegleitete minderjährige Flüchtlinge mit der VN-Kinderrechtskonvention (KRK). Ausarbeitung. 19.02.2016.
Deutsches Institut für Menschenrechte (2017): Stellungnahme. Zur öffentlichen Anhörung am Montag, dem 20. März 2017, 13:30 Uhr im Innenausschuss des Deutschen Bundestags. Zum Gesetzentwurf der Fraktion Bündnis 90/DG – Entwurf eines Gesetzes zur Änderung des Aufenthaltsgesetzes (Familiennachzug für subsidiär Geschützte) – BT-Drucksache 18/10044 – und dem Antrag der Fraktion Die Linke – Familiennachzug zu anerkannten Flüchtlingen uneingeschränkt gewährleisten – BT-Drucksache 18/10243, 16.3.2017.
Europäischer Gerichtshof für Menschenrechte (EGMR) (2001): Urteil vom 21.12.2001, Nr. 31465/96, Sen vs. Niederlande.
Frowein, Jochen (2009): Art. 8. In: Frowein, Jochen/Peukert, Wolfgang: EMRK-Kommentar. 3. Auflage. Kehl am Rhein.
Meyer-Ladewig, Jens (2011): EMRK, Handkommentar. 3. Auflage. Baden-Baden.
Walter, Anne (2009): Familienzusammenführung in Europa. Baden-Baden.

Susanne Achterfeld

Aufenthaltstitel für Kinder und Familien in Deutschland und ihre Bedeutung für die Soziale Arbeit

In den vergangenen Jahren mussten sich die Beschäftigten in der sozialen Arbeit zunehmend mit den Lebensbedingungen ausländischer Familien und folglich auch mit den verschiedenen Möglichkeiten, einen Aufenthaltstitel in Deutschland erlangen zu können, befassen. Insbesondere betrifft dies die Betreuung und Unterstützung von Familien und Kindern, die nicht über das Visumsverfahren nach Deutschland gelangt sind, sondern nach langer Flucht ins Land gekommen sind und hier um Asyl nachsuchen. Die Erlangung eines rechtmäßigen Aufenthalts wird oftmals als Voraussetzung für die Teilhabe am gesellschaftlichen Leben empfunden und steht daher im Fokus derjenigen, die nach Deutschland geflüchtet sind. Darüber hinaus ist das Gefühl bzw. die Sicherheit, über den Erhalt eines Aufenthaltstitels eine Perspektive in Deutschland zu haben, von grundlegender Bedeutung für die weitere Integration.

Insofern wächst der Bedarf der „Helfersysteme", sich mit den verschiedenen Aufenthaltstiteln für Geflüchtete auszukennen. Zum einen kann dann sinnvoll beraten, zum anderen sicherer gegenüber den Ordnungsbehörden, maßgeblich gegenüber der Ausländerbehörde, aufgetreten werden. Auch die Kenntnis, welche Folgerechte sich aus einem Aufenthaltstitel ergeben, ist in der Beratung im Hinblick auf die gesellschaftliche Teilhabe von Vorteil. Diese Folgerechte, wie beispielsweise die Möglichkeit eine Beschäftigung aufzunehmen, einen Integrationskurs besuchen zu können, BAföG-Leistungen zu beziehen oder Familiennachzug zu betreiben, hängen stets von der Art des erteilten Aufenthaltstitels ab.

Der Begriff „Aufenthaltstitel" ist in § 4 Abs. 1 AufenthG definiert und umfasst grundsätzlich sämtliche Formen des rechtmäßigen Aufenthalts in Deutschland. Dazu gehören das Visum, die Aufenthaltserlaubnis, die Blaue Karte/EU, die Niederlassungserlaubnis sowie die Erlaubnis zum Daueraufenthalt/EU. Das Visum dient dem lediglich vorübergehenden zweckgebundenen Aufenthalt in Deutschland, die Blaue Karte/EU wird an Hochschulabsolventen mit einem bestimmten Jahreseinkommen erteilt. Niederlassungserlaubnis und Daueraufenthalt/EU sind unbefristete Aufenthaltstitel für die BRD, die nur unter bestimmten Voraussetzungen erteilt werden. Nach einer Zählung von Volker Maria Hügel der GGUA e.V. in Münster kennt das Aufenthaltsgesetz insgesamt 71 verschiedene Aufenthaltstitel.

Wichtigster Aufenthaltstitel ist die Aufenthaltserlaubnis. Die Aufenthaltserlaubnis (§ 7 Abs. 1 AufenthG) ist ein befristeter Aufenthaltstitel, der an den jeweiligen Aufenthaltszweck der Person anknüpft. Vereinfacht formuliert wird zwischen Aufenthaltserlaubnissen zum Zweck der Ausbildung, zum Zweck der Erwerbstätigkeit, aus völkerrechtlichen und humanitären oder politischen Gründen oder Aufenthaltstitel aus familiären Gründen unterschieden, mit jeweils unterschiedlichen Folgerechten. Die gesetzlich vorgesehenen Erteilungszeiträume liegen zwischen sechs Monaten und drei Jahren (§ 26 AufenthG), je nach Art der Aufenthaltserlaubnis.

Nachfolgend sollen nur die wichtigsten Möglichkeiten der Erteilung von Aufenthaltserlaubnissen (§ 7 AufenthG) an geflüchtete Familien dargestellt werden. Für eine intensive Auseinandersetzung mit den Erteilungsvoraussetzungen im Einzelnen sei auf die jeweilige Kommentarliteratur zum Aufenthaltsgesetz verwiesen.

Die für geflüchtete Kinder und Familien relevanten Aufenthaltserlaubnisse sind diejenigen aus humanitären bzw. völkerrechtlichen Gründen und lassen sich in Abschnitt 5 des Aufenthaltsgesetzes finden. Auch hier kann wieder unterschieden werden zwischen denjenigen Aufenthaltserlaubnissen, die man aufgrund einer Entscheidung des Bundesamts für Migration und Flüchtlinge (BAMF) erhält oder denjenigen, die man aus anderweitigen humanitären Gründen, beispielsweise aufgrund erfolgter Integration und langjährigem Aufenthalt erhalten kann. Allen Aufenthaltserlaubnissen aus dem 5. Abschnitt des Aufenthaltsgesetzes ist gemeinsam, dass sie nicht zwingend die Einreise mit einem erforderlichem Visum erfordern, sondern auch im Inland bei der zuständigen Ausländerbehörde beantragt und erteilt werden können (§ 5 Abs. 3 S. 1 und 2 AufenthG). In diesem Zusammenhang gewinnen insbesondere die Aufenthaltserlaubnisse, die aufgrund von Integrationsleistungen erlangt werden können, zunehmend an Bedeutung. Insofern stellen die Akteure in der Sozialen Arbeit einen wichtigen Baustein im Hinblick auf die erforderliche Integration dar und können maßgeblich am Erhalt einer Aufenthaltserlaubnis durch die entsprechende Unterstützung der Familien, insbesondere der Kinder und Jugendlichen, mitwirken.

Aufenthaltserlaubnisse aufgrund einer Entscheidung durch das Bundesamt für Migration und Flüchtlinge (BAMF)

Das Bundesamt für Migration und Flüchtlinge (BAMF) ist zuständig für die Entscheidung über den Asylantrag geflüchteter Familien. Das Prüfprogramm beinhaltet die Entscheidung über die Asylberechtigung (Art. 16a GG), die Flüchtlingsanerkennung (§ 3 AsylG), den subsidiären Schutz (§ 4 AsylG) sowie die Feststellung von Abschiebungsverboten (§ 60 Abs. 5 und

Abs. 7 S. 1 AufenthG). Je nach Art der Entscheidung erhält die betreffende Person eine spezifische Aufenthaltserlaubnis. Zuständig für die Erteilung der jeweiligen Aufenthaltserlaubnis ist die örtliche Ausländerbehörde (§ 71 Abs. 1 AufenthG).

Asylberechtigung und Flüchtlingsschutz

Wird den schutzsuchenden Personen die *Asylberechtigung (Art. 16a GG)* zuerkannt, so erhalten sie eine Aufenthaltserlaubnis nach § 25 Abs. 1 AufenthG sowie einen Reiseausweis für Flüchtlinge (§ 1 Abs. 3 AufenthV). Es handelt sich um einen strikten Rechtsanspruch, es sei denn, gegen die betreffende Person existiert eine bestandskräftige Ausweisungsverfügung. Die Erteilung der Aufenthaltserlaubnis hat von Amts wegen zu erfolgen, sodass bereits ab Feststellung der Asylberechtigung die Aufenthaltserlaubnis „fingiert" wird.

Wird die *Flüchtlingseigenschaft (§ 3 AsylG)* zuerkannt, so erhalten die geflüchteten Familien eine Aufenthaltserlaubnis nach § 25 Abs. 2 1. Alt. AufenthG. Genau wie bei Feststellung der Asylberechtigung erhalten sie von Amts wegen eine Aufenthaltserlaubnis nebst Reiseausweis für Flüchtlinge. Der Reiseausweis für Flüchtlinge besitzt Gültigkeit für alle Länder mit Ausnahme des Heimatstaates der anerkannten Flüchtlinge bzw. Asylberechtigten. (Nachgewiesene) Reisen ins Heimatland können somit zum Verlust der Rechtsstellung als Flüchtling/Asylberechtigter führen (§ 72 Abs. 1 AsylG).

Beide Aufenthaltserlaubnisse werden für einen Zeitraum von drei Jahren erteilt und ermöglichen die Aufnahme einer Erwerbstätigkeit ohne weitere Prüfung durch die Ausländerbehörde oder Bundesagentur für Arbeit. Der Begriff der Erwerbstätigkeit umfasst per Definition sowohl die selbstständige Tätigkeit als auch die abhängige Beschäftigung (§ 2 Abs. 2 AufenthG). Gleichzeitig fallen die betreffenden Personen aus dem Bezug des Asylbewerberleistungsgesetz raus und sind leistungsberechtigt nach SGB II bzw. SGB XII. (§ 7 Abs. 1 SGB II und § 23 SGB XII). Ebenso können dann auch Leistungen für Bildung und Teilhabe für die geflüchteten Kinder und Jugendlichen beantragt und gewährt werden. Auch im Hinblick auf Schulbesuch, Studium und Zugang zu Leistungen nach dem BAföG ergeben sich keine Unterschiede gegenüber deutschen Kindern. Ferner besteht Anspruch auf bzw. ggf. Verpflichtung zur Teilnahme an einem Integrationskurs (§§ 44, 45 AufenthG)

Seit Inkrafttreten des Integrationsgesetzes im August 2016 können jedoch auch anerkannte Flüchtlinge/Asylberechtigte verpflichtet werden, am Ort ihrer bisherigen Zuweisung im Asylverfahren für einen weiteren Zeitraum von drei Jahren ab Anerkennung wohnen zu bleiben (§ 12a AufenthG). Dies gilt nicht, sofern bestimmte Integrationsleistungen erbracht werden wie beispielsweise die Aufnahme einer Ausbildung oder einer sozialversicherungspflichtigen Beschäftigung in einem bestimmten Umfang.

Die sogenannte Kernfamilie der anerkannten Personen hat einen Anspruch auf Familiennachzug aus dem Ausland. Wird der Antrag binnen drei Monaten nach positiver Entscheidung durch das BAMF, nicht nach Erteilung der Aufenthaltserlaubnis, gestellt, besteht der strikte Rechtsanspruch auch ohne den Nachweis ausreichender Lebensunterhaltssicherung und Wohnraum (§ 29 Abs. 2 S. 2 AufenthG).

Den unbefristeten Aufenthalt, die sogenannte Niederlassungserlaubnis, erhalten anerkannte Flüchtlinge/Asylberechtigte nach fünf Jahren, sofern sie gewisse Voraussetzungen erfüllen, wie z. B. Deutschkenntnisse auf dem Niveau A2 nachweisen und den Lebensunterhalt überwiegend sicherstellen (§ 26 Abs. 3 S. 1 AufenthG). Aber auch hier sind sie gegenüber Inhabern von anderen Aufenthaltserlaubnissen privilegiert.

Zuerkennung des subsidiären Schutzes (§ 4 AsylG)

Diejenigen geflüchteten Familien, denen der subsidiäre Schutzstatus (§ 4 AsylG) zuerkannt wurde, erhalten eine Aufenthaltserlaubnis nach § 25 Abs. 2 2. Alt. AufenthG. Auch diese Aufenthaltserlaubnis stellt einen strikten Rechtsanspruch dar und beinhaltet die Erlaubnis der Erwerbstätigkeit.

Im Unterschied zu der Aufenthaltserlaubnis, die aus der Flüchtlingsanerkennung bzw. Asylberechtigung resultiert, erhalten subsidiär Schutzberechtigte die Aufenthaltserlaubnis lediglich für einen Zeitraum von einem Jahr (§ 26 Abs. 1 S. 3 AufenthG). Diese wird jedoch im Anschluss für einen Zeitraum von weiteren zwei Jahren verlängert. Ebenso besteht auch kein Anspruch auf einen Reiseausweis für Flüchtlinge (vgl. zu der Möglichkeit, einen Reiseausweis für Ausländer zu erhalten VGH München 10.02.2016 – 19 ZB 14.2708). Oftmals werden subsidiär Schutzberechtigte aufgefordert, sich ihren Nationalpass als Nachweis der Identität und Ausweisdokument zu besorgen, ansonsten erfolgt die Erteilung eines Ausweisersatzes (§ 48 Abs. 2 AufenthG). Die Crux des Ausweisersatzes besteht darin, dass dieser nur Gültigkeit im Inland besitzt; Reisen ins europäische oder außereuropäische Ausland sind mit diesem Ausweisdokument nicht möglich.

Bezüglich der Leistungsansprüche (SGB II/XII, BAföG, Integrationskurs etc.) ergeben sich keine Unterschiede zu anerkannten Flüchtlingen und Asylberechtigten.

Genauso besteht unter den gleichen Voraussetzungen die Wohnsitznahmeverpflichtung binnen der ersten drei Jahre nach Anerkennung durch das BAMF (§ 12a Abs. 1 AufenthG).

Im Gegensatz zur Flüchtlingsanerkennung/Asylberechtigung hat der Gesetzgeber den Familiennachzug zu subsidiär Schutzberechtigten bis zum

16.03.2018 ausgesetzt (§ 104 Abs. 13 AufenthG). Dies bedeutet, dass Familienangehörige von subsidiär Schutzberechtigten bis März 2018 nicht nach Deutschland nachziehen können (zur Menschenrechtswidrigkeit der Aussetzung des Familiennachzug sowie der Möglichkeit, ein Visum nach § 22 AufenthG zum Familiennachzug zu erteilen vgl. Cremer 2017).

Feststellung eines Abschiebungsverbots

Abschließend befindet das BAMF im Rahmen des vorgegeben Prüfprogramms noch über die Feststellung eines Abschiebungsverbots nach § 60 Abs. 5 oder § 60 Abs. 7 S. 1 AufenthG. Sofern hierzu eine positive Entscheidung getroffen wird, soll der betreffenden Person eine Aufenthaltserlaubnis nach § 25 Abs. 3 AufenthG erteilt werden. Genau wie bei anerkannten Flüchtlingen und subsidiär Schutzberechtigten erfolgt der Bezug öffentlicher Leistungen nach SGB II/XII. Allerdings unterscheidet sich die Aufenthaltserlaubnis nach § 25 Abs. 3 AufenthG ansonsten in wesentlichen Punkten von der Aufenthaltserlaubnis für Asylberechtigte/anerkannte Flüchtlinge und subsidiär Schutzberechtigten.

Der entsprechende Personenkreis erhält die Aufenthaltserlaubnis zunächst für einen Zeitraum von einem Jahr (§ 26 Abs. 1 S. 4 AufenthG). Die Erteilung der Niederlassungserlaubnis, möglich nach fünf Jahren, richtet sich nach den generellen Regelungen des § 9 Abs. 2 S. 1 AufenthG und erfordert u. a. die vollständige Sicherung des Lebensunterhalts, Kenntnisse der deutschen Sprache auf dem Niveau B1, Nachweis von 60 Monaten sozialversicherungspflichtiger Beschäftigung etc.

Der Familiennachzug darf nur aus völkerrechtlichen oder humanitären Gründen oder zur Wahrung der politischen Interessen der BRD erfolgen (§ 29 Abs. 3 S. 1 AufenthG) und ist somit in der Praxis faktisch ausgeschlossen. Auch besteht kein Anspruch auf die Teilnahme am Integrationskurs (§ 44 Abs. 1 AufenthG).

Der Anspruch auf BAföG-Leistungen existiert erst nach 15-monatigem Aufenthalt in Deutschland (§ 8 Abs. 2 Nr. 2 BAföG). Die Erteilung einer Beschäftigungserlaubnis bedarf zwar nicht der Zustimmung der Bundesagentur für Arbeit (§ 31 BeschV), jedoch der Erlaubnis der Ausländerbehörde.

Anderweitige humanitäre Aufenthaltserlaubnisse

Ergeht eine negative Entscheidung im Asylverfahren und wird diese bestandskräftig, so sind die geflüchteten Familien vollziehbar ausreisepflichtig. Sofern sie nicht freiwillig ausreisen oder abgeschoben werden können, werden sie aufenthaltsrechtlich „geduldet". Dies bedeutet, dass sie von der örtlichen Ausländerbehörde eine Bescheinigung über die Aussetzung der Abschiebung erhalten, die sogenannte Duldung (§ 60a Abs. 2 iVm Abs. 4 AufenthG). Der Aufenthaltsstatus ist folglich nicht gesichert. Wichtigstes Ziel für die betroffenen Personen ist daher, aus dem Status der Duldung herauszukommen und einen rechtmäßigen Aufenthalt zu erlangen. In Betracht kommt dann regelmäßig nur eine anderweitige humanitäre Aufenthaltserlaubnis, die nicht auf einer Entscheidung des BAMF beruht.

Diesen anderweitigen humanitären Aufenthaltserlaubnissen ist Folgendes gemein: Sie werden alle nur auf förmlichen Antrag bei der zuständigen Ausländerbehörde erteilt (§ 81 Abs. 1 AufenthG), erfordern einen gültigen Pass und setzen in der überwiegenden Anzahl der Fälle gewisse Integrationsleistungen wie Sicherstellung des Lebensunterhalts, Deutschkenntnisse, regelmäßigen Schulbesuch der Kinder und Straffreiheit voraus.

Aufenthaltserlaubnisse aufgrund von „Integration"

Der Gesetzgeber hat in den vergangenen Jahren grundlegende, insbesondere stichtagsunabhängige Möglichkeiten für geduldete Ausländer/innen geschaffen, Aufenthaltserlaubnisse aufgrund von Integrationsleistungen wie Spracherwerb, Lebensunterhaltssicherung oder Schul- bzw. Ausbildungsbesuch zu erhalten. Zu nennen sind hier insbesondere die Aufenthaltserlaubnisse § 25a und § 25b AufenthG. Diese beinhalten jedoch keinen strikten Rechtsanspruch.

Die Aufenthaltserlaubnis nach *§ 25a Abs. 1 AufenthG* wird an Jugendliche ab dem 14. Lebensjahr erteilt, die sich seit vier Jahren in Deutschland aufgehalten haben. Der Antrag auf Erteilung der Aufenthaltserlaubnis muss vor Vollendung des 21. Lebensjahrs gestellt werden, und eine positive Entscheidung erfordert den regelmäßigen Schulbesuch, eine bereits begonnene oder abgeschlossene Ausbildung und grundsätzlich eine sogenannte positive Integrationsprognose. Sofern sich die Jugendlichen oder Heranwachsenden noch in der (schulischen) Ausbildung befinden, muss der Lebensunterhalt nicht selbstständig sichergestellt werden. Über ihre Kinder können sodann auch die Eltern eine Aufenthaltserlaubnis nach § 25a Abs. 2 AufenthG erlangen, sofern sie nicht über ihre Identität getäuscht haben und selbstständig den Lebensunterhalt für die Familie sicherstellen. Ferner dürfen keine strafrechtlichen Verurteilungen von mehr als 50 TS oder 90 TS bei Straftaten nach dem Asyl- und Aufenthaltsgesetz vorliegen. Erfüllen die Eltern diese Voraussetzungen nicht, erhalten sie keine Aufenthaltserlaubnis, werden aber bis zur Volljährigkeit ihrer Kinder geduldet (§ 60a Abs. 2b AufenthG).

Die Erteilung der Aufenthaltserlaubnis nach *§ 25b AufenthG* setzt bei Familien mit minderjährigen Kindern einen mindestens sechsjährigen Voraufenthalt, bei Alleinstehenden einen achtjährigen Aufenthalt voraus. Es handelt sich dabei um eine sogenannte stichtagsunabhängige Bleiberechtsregelung, die erst im Jahr 2015 eingeführt wurde. Sie dient dazu, denjenigen langjährig Geduldeten eine Aufenthaltsperspektive zu eröffnen, die sich „nachhaltig" in Deutschland integriert haben. Dazu wird unter anderem die überwiegende Sicherung des Lebensunterhalts sowie der Nachweis von Deutschkenntnissen auf dem Niveau A2 und Kenntnisse der Rechts- und Gesellschaftsordnung verlangt. Ebenso ist der Nachweis des tatsächlichen Schulbesuchs der schulpflichtigen Kinder zu erbringen und die betreffenden Personen dürfen nicht in erheblichem Maße strafrechtlich in Erscheinung getreten sein (§ 54 Abs. 1 und Abs. 2 Nr. 1 und 2 AufenthG).

Aufenthaltserlaubnis aufgrund eines inlandsbezogenen Vollstreckungshindernisses nach § 25 Abs. 5 AufenthG

Schließlich ist noch die Aufenthaltserlaubnis nach § 25 Abs. 5 AufenthG in der Praxis von Bedeutung. Diese ist im Wege des Ermessens zu erteilen und setzt voraus, dass die Ausreise aus rechtlichen oder tatsächlichen Umständen auf Dauer unverschuldet unmöglich ist. Stolperstein ist hier in der überwiegenden Anzahl der Fälle die Tatbestandsvoraussetzung, dass die betreffenden Personen unverschuldet an der Ausreise gehindert sein müssen. Denn es geht hier nicht darum, dass der Staat nicht in der Lage ist, die Personen beispielsweise wegen fehlender Ausweispapiere abzuschieben, sondern dass es dem Einzelnen aufgrund von rechtlichen oder tatsächlichen Umständen unmöglich ist, das Land zu verlassen. Der Hauptanwendungsfall des § 25 Abs. 5 AufenthG betrifft daher Personen, die aufgrund von bestehenden Erkrankungen nicht in der Lage sind, freiwillig auszureisen. Daneben können noch rechtliche Gründe, wie z. B. über Art. 6 GG geschützte bestehende familiäre Beziehungen, die keinen unmittelbaren Anspruch auf Aufenthaltserlaubnisse aus familiären Gründen vermitteln, zur unverschuldeten Verhinderung der Ausreise und somit zur Erteilung der Aufenthaltserlaubnis nach § 25 Abs. 5 AufenthG führen.

Sofern die Voraussetzungen erfüllt sind, wird die Aufenthaltserlaubnis erstmalig für einen Zeitraum von sechs Monaten erteilt und erst nach zweimaliger Verlängerung, also nach Ablauf von 18 Monaten, für einen bis zu dreijährigen Zeitraum erteilt. Weiterhin fallen Inhaber von Aufenthaltserlaubnissen nicht automatisch aus dem Bezug von Leistungen nach AsylbLG raus, sondern erst, wenn Erteilung der ersten Duldung länger als 18 Monate zurück liegt (§ 1 Abs. 1 Nr. 3c) AsylbLG). Ebenso besteht die Möglichkeit zur Teilnahme am Integrationskurs nur dann, wenn noch restliche Kursplätze zur Verfügung stehen (§ 44 Abs. 4 S. 2 AufenthG). Auch BAföG-Leistungen können erst nach 15 Monaten Voraufenthalt bezogen werden (§ 8 Abs. Abs. 2 Nr. 2 BAföG).

Fazit

Wie bereits an der kurzen Darstellung einiger relevanter Aufenthaltserlaubnisse für geflüchtete Familien erkenntlich, gibt es eine Vielzahl von Möglichkeiten, einen Aufenthaltstitel zu erlangen. Diese knüpfen jedoch an unterschiedliche Tatbestandsvoraussetzungen an und vermitteln jeweils andere Folgerechte. Der aufenthaltsrechtliche Status einer Person und die sich daraus ergebenden Möglichkeiten können somit nicht allein danach bestimmt werden, dass jemand im Besitz „einer Aufenthaltserlaubnis" ist. Vielmehr sind Kenntnisse dahingehend erforderlich, auf welcher gesetzlichen Grundlage die Aufenthaltserlaubnis erteilt wurde oder erteilt werden kann, um eine sinnvolle unterstützende Beratung anbieten zu können oder auch Familien auf dem Weg in ein Aufenthaltsrecht zu begleiten. Denn die Lebensbedingungen und Sozialleistungen der Geflüchteten knüpfen unmittelbar an den Aufenthaltsstatus an.

Lediglich der Zugang zu den Leistungen der Kinder- und Jugendhilfe (SGB VIII) hingegen hängt nicht vom Besitz eines (besonderen) Aufenthaltstitels für Deutschland ab, sondern wird auch denjenigen eröffnet, die vollziehbar ausreisepflichtig und im Besitz einer aufenthaltsrechtlichen Duldung sind (§ 6 Abs. 2 und Abs. 4 SGB VIII).

Literatur

Cremer, Hendrik (2017): Das Recht auf Familie – kein Recht für alle? In: JAmt, Heft 3, S. 106.

Gisela Nuguid

Kirchenasyl

Einführung

Kirchenasyl hat eine jahrhundertealte Tradition. Viele verbinden damit das Bild von bedrängten Menschen, die sich aus unterschiedlichen Gründen in Gefahr befinden und in eine Kirche flüchten, um dort unter dem Altar Schutz vor ihren Verfolgern zu finden.

In den letzten Jahrzehnten hat sich das Kirchenasyl allerdings zu einer Art Instrument entwickelt, mit dem Geflüchtete vor einer Abschiebung in ihre Herkunftsländer oder Drittländer geschützt werden sollen, wenn ihnen dort Gefahr für Leib und Leben droht oder sie aller Voraussicht nach Menschenrechtsverletzungen ausgesetzt sein werden. Das erste Kirchenasyl dieser Art gab es in Deutschland im Jahr 1983 in Berlin. Seitdem haben sich immer wieder hierzulande Kirchengemeinden gefunden, die sich bereiterklärt haben, Menschen vor einer aus ihrer Sicht unzumutbaren Abschiebung zu bewahren.

In Hamburg bietet der Ev. Luth. Kirchenkreis Hamburg-Ost eine Fachstelle an, die Kirchenasyl gewährende Kirchengemeinden begleitet und unterstützt. Darüber hinaus gewährt der Kirchenkreis auch selbst je nach Verfügbarkeit der Räumlichkeiten mehrere Kirchenasyle und begleitet seit Jahren, unterstützt durch engagierte Ehrenamtliche, Menschen aus verschiedenen Herkunftsländern, Kulturen und Religionen durch die Zeit des Kirchenasyls. Dieser Bericht bezieht sich auf Erfahrungen aus dieser Arbeit.

Was ist Kirchenasyl?

Die Ökumenische Bundesarbeitsgemeinschaft Asyl in der Kirche (BAG) gibt folgende Definition:

> „Kirchenasyl ist die zeitlich befristete Aufnahme von Flüchtlingen ohne legalen Aufenthaltsstatus, denen bei Abschiebung in ihr Herkunftsland Folter und Tod drohen oder für die mit einer Abschiebung nicht hinnehmbare soziale, inhumane Härten verbunden sind" (BAG o. J., www.kirchenasyl.de, Erstinformation Kirchenasyl, S. 3).

Auch Rücküberstellungen in andere EU-Mitgliedstaaten können mit erheblichen Menschenrechtsverletzungen verbunden sein und in einzelnen Fällen ein Kirchenasyl erforderlich machen.

Die Gewährung von Kirchenasyl hat keine rechtliche Grundlage und bietet den Gästen im Kirchenasyl somit auch keinen rechtlichen Status. Wer sich im Kirchenasyl befindet, ist in den Augen des Staates illegal. Inwieweit er selbst und/oder die Gemeinde dabei strafbar handelt, ist strittig. Verurteilungen wegen unerlaubten Aufenthaltes und Beihilfe dazu sind sehr selten. Ermittlungsverfahren sind bisher in der Regel eingestellt worden.

Mit dem Kirchenasyl werden Menschen dem staatlichen Zugriff entzogen, es ist also eine Form des zivilen Ungehorsams, zu dem sich Kirchengemeinden aufgerufen fühlen, wenn staatliche Regelungen und Maßnahmen im Widerspruch zu ihrem christlichen und menschenrechtlichen Verständnis stehen.

> „Kirchenasyl setzt keine anderen Rechtsnormen als die in der Verfassung und im internationalen Recht geltenden. Aber es unterstellt, dass auch staatliches Handeln im Einzelfall fundamentale Rechtsnormen übersehen oder gar missachten kann" (BAG Asyl in der Kirche. Erstinformation Kirchenasyl, S. 5).

Das Kirchenasyl stellt also eher eine moralische Hemmschwelle für staatliche Stellen dar. In der Regel wird die Entscheidung einer Kirchengemeinde respektiert und vom Eindringen in kirchliche Räume abgesehen.

Gewährung von Kirchenasyl

Die Entscheidung, Kirchenasyl zu gewähren, beruht immer auf einer sorgfältigen Einzelfallprüfung durch den Kirchengemeinderat einer Gemeinde. Er wird darin in der Regel unterstützt von Rechtsanwälten und Beratungsstellen. Entscheidend dabei ist, ob die Schutzsuchenden bei einer Abschiebung einer unzumutbaren Härte ausgesetzt sind oder ihnen gar Gefahr für Leib und Leben droht. Weiterhin unerlässlich ist es, einzuschätzen, ob man mithilfe des Kirchenasyls das gewünschte Ziel, nämlich den Verbleib in Deutschland, überhaupt erreichen kann. Dazu muss zwischen zwei Formen des Kirchenasyls unterschieden werden:

„Klassische" Kirchenasyle

Bei den „klassischen" Kirchenasylen geht es darum, jemanden vor einer Abschiebung ins Herkunftsland zu schützen, weil er dort aus Sicht der Kirchengemeinde und der Unterstützer/innen gefährdet wäre.

Nun hat jeder Geflüchtete zwar die Gelegenheit, nach seiner Ankunft bei seiner Anhörung im Rahmen des Asylverfahrens seine Fluchtgründe darzustellen. Diese werden aber vom dafür zuständigen Bundesamt für Migration und Flüchtlinge (BAMF) oftmals nicht so bewertet und anerkannt wie zum Beispiel von Menschenrechtsorganisationen. Gegen die Ablehnung des Asylantrages kann dann Klage beim Verwaltungsgericht eingereicht werden, die nicht in allen Fällen dazu führt, dass aufenthaltsbeendende Maßnahmen seitens der Ausländerbehörde ausgesetzt werden. Es kann also eine Abschiebung durchgeführt werden, auch wenn über die Klage noch nicht entschieden wurde.

Auch kommt es immer wieder vor, dass Menschen nach glücklich überstandener Flucht einige – oftmals für das Asylverfahren äußerst entscheidende – Ereignisse verdrängen und nicht angeben. Die Ursachen dafür sind vielfältig, hängen aber oft mit traumatisierenden Erlebnissen zusammen, über die es schwerfällt zu sprechen. Die Ablehnung des Asylantrags und die Gefahr, wieder an den Ort der schrecklichen Erlebnisse zurückgeschickt zu werden, sind dann aber so groß, dass die bisher verschwiegenen Erlebnisse angegeben werden und der Rechtsanwalt Klage gegen die Ablehnung erhebt. Auch hier wird die Klage nicht in jedem Fall eine Abschiebung verhindern.

In solchen Fällen kann ein Kirchenasyl dafür sorgen, den Beschluss eines Verwaltungsgerichts abzuwarten, welches bei positivem Ausgang des Verfahrens das BAMF anweisen würde, die Ablehnung des Asylantrags aufzuheben.

Mit dem Kirchenasyl wird also immer angestrebt, mit Mitteln unseres Rechtsstaates doch noch ein Bleiberecht für einen von Abschiebung bedrohten Ausländer zu erwirken.

„Dublin-Kirchenasyle"

Seit ca. zwei Jahren hat die sogenannte Dublin-III-Verordnung der Europäischen Union zu einem Anstieg der Kirchenasyle geführt. Bei „Dublin-Kirchenasylen" ist die Ausgangssituation eine andere als bei den sogenannten klassischen Kirchenasylen, da es hier nicht um den Schutz vor einer Abschiebung ins Herkunftsland, sondern vor einer Rücküberstellung in einen anderen EU-Mitgliedstaat geht.

Die Dublin-III-Verordnung besagt, dass ein Geflüchteter nur in *einem* EU-Mitgliedstaat Asyl beantragen darf, und zwar in dem Land, in das er als Erstes eingereist ist. Die Dublin-Verordnung geht davon aus, dass es in den Ländern der EU einheitliche Standards im Asylverfahren gibt. Dies ist jedoch leider nicht der Fall. Für Geflüchtete ist es ein großer Unterschied, ob sie beispielsweise in Italien, Ungarn, Norwegen oder Deutschland um Asyl bitten. In Italien leben viele Flüchtlinge auf der Straße und erhalten keine finanzielle Unterstützung, in Ungarn werden Geflüchtete regelmäßig inhaftiert und Norwegen schiebt zurzeit noch rigoroser, beispielsweise nach Afghanistan oder in den Iran, ab als Deutschland. Ausführliche Informationen hierzu bieten regelmäßig Menschenrechtsorganisationen wie *der Hohe Flüchtlingskommissar der Vereinten Nationen* (UNHCR), *Amnesty International* oder *Pro Asyl*.

Flüchtlinge, die über einen anderen EU-Mitgliedsstaat nach Deutschland gekommen sind und hier Asyl beantragen, bekommen nach einiger Zeit den sogenannten Dublin-Bescheid, der besagt, dass Deutschland für die Durchführung des Asylverfahrens nicht zuständig ist und dass sie in den zuständigen EU-Mitgliedsstaat zurück geschickt werden sollen. Der genaue Zeitpunkt wird nicht angekündigt. Deutschland muss die Rücküberstellung innerhalb einer Frist von sechs Monaten durchgeführt haben, anderenfalls fällt die Zuständigkeit für die Durchführung des Asylverfahrens dann doch an Deutschland. Wann diese Frist begonnen hat bzw. endet kann man meistens dem Dublin-Bescheid entnehmen. Sicherheitshalber sollte jedoch, wenn vorhanden, der Rechtanwalt dazu befragt werden, da ggf. sich diese Frist durch eingelegte Rechtsmittel verzögern kann.

Ein Kirchenasyl kann in solchen Fällen helfen, die „Sechs-Monats-Frist" zu überbrücken, sodass der Betreffende nach Ablauf dieser Frist sein Asylverfahren in Deutschland betreiben kann. Auch hier geht der Gewährung von Kirchenasyl eine sorgfältige Einzelfallprüfung voraus.

Worin besteht die unzumutbare Härte bei einer Überstellung innerhalb Europas? Das können unzumutbare Zustände im anderen Land sein, besonders dann, wenn es sich um besonders schutzbedürftige Personen wie Kinder, Kranke, alleinerziehende Mütter und Väter sowie schwangere Frauen handelt. Die Härte kann aber auch dadurch begründet sein, dass bei einer Überstellung Familien getrennt werden.

Zurzeit wird an der Dublin IV-Verordnung gearbeitet. Es ist noch nicht klar, wann diese in Kraft treten wird und welche Änderungen es geben wird. Es ist aber davon auszugehen, dass es dann keine Überstellungsfristen mehr geben wird und somit auch über das Kirchenasyl in Dublin-Fällen ganz neu nachgedacht werden muss.

Meldung bei Behörden

In jedem Fall wird ein Kirchenasyl den zuständigen Behörden (Ausländerbehörde, BAMF, ggf. Gerichte) mit Angabe der asylgewährenden Kirchengemeinde gemeldet, sodass die Betreffenden – auch wenn sie sich dann illegal in Deutschland aufhalten – nicht als untergetaucht gelten. Das ist wichtig, damit laufende Verfahren nicht eingestellt und ggf. neue rechtliche Schritte eingeleitet werden können.

Aufnahme ins Kirchenasyl

Wir erleben immer wieder, dass Gäste im Kirchenasyl keine Vorstellung davon haben, was das eigentlich ist: Kirchenasyl. Von ihren Anwälten hören sie oftmals: Jetzt kann dich nur noch ein Kirchenasyl vor der Abschiebung schützen. Und so sind viele – oft auf Drängen wohlmeinender Unterstützergruppen – auf der Suche nach einem Kirchenasyl, ohne darüber Genaueres zu wissen. Daher ist es wichtig, vor der Aufnahme ins Kirchenasyl genau darüber zu informieren, dass es sich dabei nicht um eine staatliche Einrichtung handelt, man keinen Anspruch auf bestimmte Leistungen hat, sondern dass alles je – nach Möglichkeiten der jeweiligen Kirchengemeinde – aus Spendengeldern bezahlt wird, und dass der Kirchenasylbeschluss kein Ausweisersatz ist, mit dem man sich gefahrlos im öffentlichen Raum bewegen kann. Dies ist für viele nicht leicht zu verstehen, da in ihren Herkunftsländern oftmals keine Trennung zwischen Kirche und Staat besteht und es vergleichbares, vom Staat unabhängiges Handeln der Kirchen nicht gibt. Nicht nur die Kirchengemeinde muss also dem Kirchenasyl zustimmen, sondern auch die Schutzsuchenden, nachdem sie weitgehend darüber informiert wurden.

Im Kirchenasyl

Gäste im Kirchenasyl haben keinerlei Anspruch auf öffentliche Leistungen. Sie erhalten also weder Asylbewerberleistungen, Sozialhilfe noch Kindergeld. Auch krankenversichert sind sie ab dem Zeitpunkt der Kirchenasylgewährung nicht mehr. Das bedeutet, dass sämtliche anfallenden Kosten durch Spenden oder Kollekten gedeckt werden müssen. Dies sind in der Regel Lebensunterhaltungskosten, Kosten für medizinische Versorgung, Kosten für Schulbesuch und -materialien, ggf. Rechtsanwälte, Gutachter und Dolmetscher und teilweise auch Freizeitgestaltung und Fahrkarten für den Stadt- oder Nahverkehr.

Die allgemein verbreitete Vorstellung, Gäste im Kirchenasyl hielten sich nur in den kirchlichen Räumen auf, entspricht nicht der Realität. Zwar müssen die Gäste deutlich darauf hingewiesen werden, dass der Schutz durch das Kirchenasyl nur auf kirchlichem Gebiet von den Behörden respektiert wird und sie beim Verlassen dieses Gebietes das Risiko eingehen, doch aufgegriffen und schlimmsten Falls abgeschoben zu werden. Dennoch liegt es in der Eigenverantwortung der Gäste, ob sie sich danach richten. Dies ist sehr stark von der psychischen Verfassung der Gäste abhängig. Einige sind derart verängstigt, dass sie keinen Schritt außerhalb der kirchlichen Räume wagen, andere halten gerade das Gefühl des „Eingesperrtseins" nur schlecht aus und suchen sich Angebote außerhalb der Kirche, um die Zeit des Wartens und der Ungewissheit zu nutzen, beispielsweise um Deutsch zu lernen.

In Hamburg gibt es mehrere Anbieter von Deutschkursen für Menschen ohne Teilnahmeberechtigung an den offiziellen Integrationskursen, die von den Gästen gerne genutzt werden. Weiterhin fallen des Öfteren Arztbesuche an. In vielen Städten gibt es Anlaufpraxen für hausärztliche Behandlungen, an die sich Menschen ohne gültige Papiere wenden können. Auch für umfangreichere und teure Behandlungen und Operationen gibt es vielfach sogar finanzielle Unterstützung durch staatliche bzw. städtische Mittel. In Hamburg gibt es dafür eine Clearingstelle, bei der man entsprechende Unterstützung relativ unbürokratisch beantragen kann.

Für die Klärung der weiteren rechtlichen Schritte ist es hin und wieder notwendig, den Rechtsanwalt persönlich aufzusuchen. Auch dafür muss der sichere Schutzraum verlassen werden – am besten natürlich in Begleitung eines Unterstützers/einer Unterstützerin.

Auch für den Schulbesuch der Kinder können Kosten anfallen, zum Beispiel für Ausflüge, Materialien, Bücher. Auch wenn Eltern keine gültigen Aufenthaltspapiere besitzen, sich also illegal in Deutschland aufhalten, sind deren Kinder schulpflichtig. Schulen sind nicht verpflichtet, Kinder nach einer Meldeadresse zu fragen und diese Daten an die Behörden weiterzugeben. Sie brauchen lediglich eine Kontaktadresse.

Was den Lebensunterhalt betrifft, so muss entschieden werden, ob es den Gästen möglich ist, selbst einzukaufen oder ob ihnen Lebensmittel gebracht werden müssen. Auch dies hängt wiederum von der Verfassung der Gäste ab und von den Gegebenheiten im Umfeld der Kirchengemeinde. Oftmals besteht auch die Möglichkeit, Lebensmittel von den sogenannten Tafeln zu bekommen.

Wie fühlen sich Gäste im Kirchenasyl? Was macht die oftmals lange Wartezeit und die Ungewissheit über ihr weiteres Schicksal mit ihnen? Zunächst einmal erlebt man immer wieder eine große Erleichterung. Die Bedrohung durch eine Abschiebung ist erst mal abgewendet, es besteht große Hoffnung, dass doch noch alles gut ausgeht. Aber dann müssen die Gäste sich mit den eingeschränkten Lebensbedingungen im Kirchenasyl arrangieren und sie spüren, was es bedeutet, von der Hilfe anderer abhängig zu sein:

- in der Regel knapp bemessenes Geld für den Lebensunterhalt, das nur für das Nötigste reicht;
- je nach Unterbringung keine Privatsphäre, da Kinder und Eltern möglicherweise gemeinsam in einem Raum leben müssen;
- in vielen Fällen keine Möglichkeit, Besuch von Freunden und Verwandten zu erhalten;
- selbst keine Einladungen anderer annehmen zu können, um beispielsweise ihrer Kultur entsprechende Feiern und Rituale zu begehen;
- Kindern in der Regel keine Sonderwünsche erfüllen zu können, wie sie dies evtl. bei ihren Mitschüler/inne/n erleben;
- alle Schritte mit den Unterstützern abstimmen zu müssen und immer wieder in bestimmten Situationen um Hilfe bitten zu müssen;

- eigene Unzufriedenheit über das Leben im Kirchenasyl nicht ausdrücken zu können, da sie gegenüber der Kirchengemeinde nicht undankbar erscheinen wollen;
- sich an für sie teilweise unverständliche Hausregeln halten zu müssen.

Für Familien, insbesondere mit einem vollkommen anderen kulturellen und auch religiösen Hintergrund – was ja auf die meisten Gäste zutrifft –, kommt eine weitere Schwierigkeit hinzu: Die einzelnen Familienmitglieder können der ihnen zugedachten Rolle nicht mehr gerecht werden. Eltern können nicht mehr alleinverantwortlich für ihre Kinder sorgen. Insbesondere der Vater kann seine Rolle als Ernährer der Familie nicht mehr ausüben und leidet oftmals unter dem Verlust seines Ansehens als Familienoberhaupt. Kinder werden automatisch in verantwortungsvolle Aufgaben gedrängt, die sie eigentlich überfordern. Sie sprechen in der Regel besser Deutsch als ihre Eltern, müssen oftmals für sie Gespräche übersetzen, deren Inhalte nicht für Kinderohren geeignet sind. Sie erleben ihre Eltern als hilflose Menschen, die ihnen in einem fremden Land und einer beängstigenden Situation nicht die Orientierung geben können, die sie eigentlich so dringend brauchen.

Aber am meisten zerrt die Ungewissheit über die Dauer des Kirchenasyls und dessen Ausgang an den Nerven der Gäste. Das kann dazu führen, dass bereits bestehende Krankheitssymptome sich verschlimmern und neue – nicht selten psychische und/oder psychosomatische – Beschwerden hinzukommen.

Begleitung der Gäste im Kirchenasyl

Nach der Aufnahme ins Kirchenasyl sollten die Gäste von haupt- und ehrenamtlichen Unterstützern begleitet werden. Hauptamtliche, z. B. Rechtsanwält/e/innen, Flüchtlingsberater/innen, Sozialarbeiter/innen, sollten dafür sorgen, dass die Gäste stets über den aktuellen Stand ihres Verfahrens informiert sind. Auch wenn nichts über die Dauer des Kirchenasyl gesagt werden kann, ist es für die Gäste hilfreich, zu wissen, auf was sie eigentlich warten: zum Beispiel den Ablauf der Überstellungsfrist, den Beschluss eines Verwaltungsgerichts über eine erhoben Klage oder den Termin bei einem Gutachter zur Erstellung eines neuen psychologischen Gutachtens. Im Verlauf eines längeren Kirchenasyls kann es auch vorkommen, dass sich die Flüchtlingspolitik ändert und neue Gesetze sich auf die Perspektiven des Gastes im Kirchenasyl auswirken – meist zum Negativen. Gerade dann ist es wichtig, die Gäste über veränderte Perspektiven aufzuklären, immer mit dem Ziel, sie in die Lage zu versetzen, selbst über die weiteren Schritte zu entscheiden – auch wenn diese den Erwartungen und Hoffnungen der Unterstützer/innen vielleicht nicht entsprechen.

Beispiel:

Ehepaar B. und ihre fünf Kinder, eine Roma-Familie aus Mazedonien, wurden auf Anraten einer sehr engagierten Rechtsanwältin ins Kirchenasyl aufgenommen. Aufgrund der Gewalt- und Diskriminierungserfahrungen der Familie in Mazedonien sah sie große Chancen für ein Bleiberecht der Familie in Deutschland. Die Klage gegen die Ablehnung des Asylantrags konnte jedoch die drohende Abschiebung nicht verhindern, so wartete die Familie Monat für Monat im Kirchenasyl auf einen Beschluss des Verwaltungsgerichts. Dies ließ jedoch auf sich warten und auch nach zwei Jahren war noch nicht abzusehen, wann er erfolgen würde. Die Perspektiven auf die Anerkennung des Asylverfahrens für Flüchtlinge aus den Balkanländern – insbesondere die für Roma – hatten sich inzwischen erheblich verschlechtert, da die West-Balkanländer kurzerhand zu sogenannten sicheren Herkunftsländern erklärt wurden. Die Aussicht auf Anerkennung von Verfolgungsgründen in diesen Ländern war damit verschwindend gering geworden und somit auch die Hoffnung auf einen positiven Beschluss des Verwaltungsgerichts für Familie B. Nach zwei Jahren Ungewissheit im Kirchenasyl war die Familie der nervlichen Belastung nicht mehr gewachsen und beschloss nach Erläuterung all dieser Fakten, den Gerichtsbeschluss nicht mehr abzuwarten. Sie verließ das Kirchenasyl und kehrte unter finanzieller und personeller Unterstützung der Kirchengemeinde „freiwillig" nach Mazedonien zurück.

Neben der Transparenz bzgl. der aufenthaltsrechtlichen Lage der Gäste ist es sehr wichtig, die Lebensumstände im Kirchenasyl nach Möglichkeit derart zu gestalten, dass die Gäste die außergewöhnliche Situation über einen längeren Zeitraum durchstehen können. Dazu gehören unseres Erachtens folgende Punkte:

- *Gewährleistung der Privatsphäre*: Räume sollten abschließbar sein, Zutritt der Räume durch Dritte (Unterstützer/innen, Gemeindemitglieder, Anwälte, …) nur nach Ankündigung und Zustimmung der Gäste. Im Kirchenasyl ist es oftmals nicht möglich, Eltern und Kinder in separaten Räumen unterzubringen. Sowohl für die Eltern als auch für die Kinder ist dies eine belastende Situation, die oftmals zu Spannungen innerhalb der Familie führen kann. Eltern leiden unter der fehlenden Intimsphäre und Kinder sind wachsenden Spannungen ausgesetzt, bekommen intuitiv die Ängste der Eltern mit, oftmals auch Gesprächsfetzen, die sie nicht richtig einordnen können. Bei problemorientierten Gesprächen mit den Eltern ist es daher besonders wichtig, dass Kinder möglichst nicht dabei sind und schon gar nicht als Dolmetscher missbraucht werden. Das Kindeswohl ist bei Familien im Kirchenasyl ganz besonders im Auge zu behalten und notfalls professionelle Hilfe in Anspruch zu nehmen.

- *Erziehungsmethoden*: Gäste im Kirchenasyl haben oftmals aufgrund ihrer Kultur und eigenen Prägung ganz andere Vorstellungen vom Umgang mit Kindern, deren Erziehung und Ernährung. In der ohnehin angespannten Situation im Kirchenasyl sollte nicht noch versucht werden, hier deutsche Erziehungs- und Ernährungsvorstellungen einzubringen. Insbesondere junge Unterstützer/innen sollten sich hier mit Ratschlägen gegenüber den Eltern zurückhalten, auch wenn manche Verhaltensweisen nicht nachzuvollziehen sind. Dies gilt natürlich nur, solange das Kindeswohl nicht gefährdet ist und im Rollenverhalten zwischen den Eltern keine Gewalt im Spiel ist.
- *Schulbesuch*: Hilfreich wäre die Aufnahme in einer nahegelegenen Schule, sodass die Kinder ohne Begleitung dorthin gehen können. In einigen Fällen ist der Schulleitung nicht bekannt, dass sie Kinder ohne Papiere aufnehmen kann/muss. Ein klärendes Gespräch kann dann hilfreich sein, ggf. mit Unterstützung durch eine/n Ansprechpartner/in der BAG des jeweiligen Bundeslandes. Diese können der Homepage der BAG entnommen werden (www.Kirchenasyl.de). Kinder im Kirchenasyl sollte es dann ermöglicht werden, an Veranstaltungen der Schule teilzunehmen (Feste, Ausflüge etc.). Den Eltern ist es meistens nicht möglich, zu Elternversammlungen und Elternsprechtagen zu gehen. Ehrenamtliche könnten aber diese Aufgabe übernehmen und darüber hinaus auch Nachhilfe in schulischen Fächern anbieten, damit die Kinder die Zeit des Kirchenasyls sinnvoll nutzen können.
- *Kindertagesstätten*: Für Kinder allgemein ist es wichtig, währen der Zeit des Kirchenasyls beschäftigt zu werden. Für Kleinkinder ist dies aber oftmals nicht so einfach, da Kindertagesstätten nicht zur Aufnahme verpflichtet und die Kita-Plätze nicht kostenfrei sind. In Hamburg ist es jedoch möglich, über eine öffentlich geförderte Clearingstelle einen Kitagutschein auch für Kinder, deren Eltern keine Papiere besitzen, zu bekommen. Voraussetzung ist eine freie Stelle in einer Kita.
- *Gesundheit*: Krankheitssymptome sind ernst zu nehmen, auch dann, wenn sie nachweislich keine organischen Ursachen haben. Geflüchtete können aufgrund ihrer Erlebnisse diverse psychosomatische Symptome zeigen oder/und auch Posttraumatische Belastungsstörungen aufweisen. Diese hindern sie oftmals auch daran, im Alltag so zu „funktionieren" wie wir es gewohnt sind, beispielsweise verlässlich Termine einzuhalten, Zusammenhänge zu verstehen oder Deutsch zu lernen. Dies sollte in jedem Fall ärztlich abgeklärt werden und ggf. ein entsprechendes Gutachten zur Vorlage bei den Behörden erstellt werden. Es gibt dazu in deutschen Städten verschieden Modelle für ärztliche Behandlungen von Menschen ohne Papiere. In Hamburg gibt es dafür mehrere Anlaufstellen und auch eine Clearingstelle, die bei Bedarf eine Krankenhausbe-

handlung bezahlt. In sogenannten Eilfällen, wenn also eine Krankenhausbehandlung nicht absehbar war, muss das Krankenhaus sich bzgl. der Kostenübernahmen an das Sozialamt wenden.

- *Freizeit*: Nicht nur für Kinder, auch für erwachsene Gäste ist es wichtig, während der Zeit des Kirchenasyls etwas Sinnvolles zu tun, sei dies der Besuch eines Deutschkurses, ein Ausflug mit Unterstützer/inne/n, Beteiligung an den Aktivitäten in der Kirchengemeinde (Gottesdienst, Basare, Gesprächsrunden etc.). Besonders junge Erwachsene leiden sonst oft an der Vorstellung, die beste Zeit ihres Lebens zu verschwenden. Sie wollen lernen, etwas Neues kennenlernen, eine Vorstellung von einer möglichen Zukunft haben. Hier ist ein großes Betätigungsfeld für ehrenamtliche Unterstützer/innen, welches optimalerweise von Hauptamtlichen der Kirchengemeinde oder anderen Fachkräften koordiniert und begleitet werden sollte.

Fazit

Zusammenfassend lässt sich sagen, dass Unterstützer – ob haupt- oder ehrenamtlich – immer berücksichtigen sollten, dass es sich bei den Gästen im Kirchenasyl um erwachsene Menschen handelt, denen, soweit es die Umstände des Kirchenasyls ermöglichen, Eigenverantwortlichkeit und selbstständiges Handeln erhalten werden sollen. Im Kirchenasyl wird den Menschen Obdach und Schutz gewährt, sie sind aber nicht entmündigt und handlungsunfähig. Respekt und Verständnis sollten Grundlage jedes Handelns sein, ohne auf die Einhaltung eigener Werte zu verzichten.

Dieser Bericht kann nur einen kurzen Überblick über wichtige Aspekte des Kirchenasyls geben. Für weitere Informationen empfehle ich:

Ökumenische Bundesarbeitsgemeinschaft Asyl in der Kirche (BAG). www.kirchenasyl.de
Dethloff, Fanny/Mittermaier, Verena (Hrsg.) (2011): Kirchenasyl – Eine heilsame Bewegung. Karlsruhe.

Julia Reez

Rückführung

Von staatlicher und politischer Seite wird zwischen zwei Arten der Rückführung unterschieden: der zwangsweisen Rückführung, die gemeinhin auch als Abschiebung bezeichnet wird, und der freiwilligen Rückführung, die den abgelehnten Asylbewerbern und Asylbewerberinnen die Möglichkeit bietet, innerhalb einer Frist selbstständig, ohne Ausübung von Zwang aus Deutschland auszureisen. Diese Unterscheidung kann und muss kritisch betrachtet werden: Das Wort *freiwillig* impliziert eine Handlung, die aus freien Stücken, dem Worte nach aus freiem Willen vollzogen wird. Um etwas freiwillig zu tun, benötigt es also eigentlich eine Option, eine Handlungsalternative. Diese Alternative ist im Fall der freiwilligen Rückführung nur theoretisch eine Alternative. In der Realität steht der freiwilligen Rückführung die Abschiebung gegenüber, die oftmals mit Repressalien wie Abschiebungshaft, der Trennung von Familie und Freunden und einer ungewissen Zukunft im Herkunftsland oder in einem anderen Aufnahmeland verbunden ist.

Einschlägige Literatur geht mittlerweile dazu über bzw. empfiehlt, den Begriff der freiwilligen Rückkehr durch den Begriff der selbstständigen oder geförderten Ausreise zu ersetzen. Mit dieser Begrifflichkeit wird der Tatsache Rechnung getragen, dass die meisten Asylbewerber und Asylbewerberinnen nach einer Ablehnung des Asylantrags Deutschland eben nicht aus freiem Willen und innerer Überzeugung verlassen, sondern die Möglichkeit zur selbstständigen Ausreise nutzen, um einer Rückführung mit Zwangsmitteln zu entgehen.

Ungeachtet der Diskussion um die ethisch-moralische Verpflichtung eines Staates gegenüber Menschen, die aus den unterschiedlichsten Gründen um die Gewährung von Asyl bitten – sei es aufgrund von Krieg, politischer und religiöser Verfolgung oder aus wirtschaftlichen Gründen –, soll es im Folgenden darum gehen, wie Soziale Arbeit und ihre Fachkräfte im Falle einer bevorstehenden Rückkehr, ob freiwillig oder erzwungen, agieren können. Aufgezeigt werden sollen die Möglichkeiten und Anlaufstellen für die sogenannte Rückkehrberatung. Daneben sollen verschiedene aktuelle Rückführungsprogramme skizziert werden.

Unterscheidung: zwangsweise und freiwillige Rückführung

Unter dem Oberbegriff Rückführung werden sowohl zwangsweise als auch freiwillige Rückführungen von Menschen, deren Asylanträge in Deutschland abschlägig beschieden wurden, zusammengefasst. In dem Bescheid über die Ablehnung des Asylantrags wird den Antragstellern im Regelfall eine 30-tägige Frist genannt, innerhalb derer die Bundesrepublik verlassen werden muss. Sollte diese Frist überschritten werden, tritt der Fall der zwangsweisen Rückführung ein, das heißt die Personen können in einem nächsten Schritt durch staatliche Behörden in ihr Herkunftsland oder sogenannte Drittstaaten abgeschoben werden. Um einer solchen Abschiebung zuvorzukommen, gibt es für ausreisepflichtige Personen die Möglichkeit, innerhalb der gesetzten Frist freiwillig das Land zu verlassen. Die Möglichkeit der freiwilligen Rückführung kann auch von Menschen, deren Asylverfahren noch nicht beendet ist, wahrgenommen werden. Gründe hierfür könnten beispielsweise in der erwarteten Ablehnung des Antrags oder der veränderten persönlichen Situation liegen, die einen Verbleib in Deutschland nicht mehr als erstrebenswert oder sinnvoll erscheinen lässt (Sachverständigenrat deutscher Stiftungen für Integration und Migration 2017, S. 10.

Menschen, die sich für eine freiwillige Rückführung entscheiden, können den Ausreisetermin innerhalb der durch die Ausländerbehörde gesetzten Frist selbst wählen und entgehen damit einer behördlichen Begleitung. Zudem besteht die Möglichkeit, im Rahmen von Rückführungsprogrammen finanzielle Unterstützung zu erhalten. Die Kosten, die bei einer zwangsweisen Rückführung entstehen, trägt in der Regel die ausreisepflichtige Person (BAMF 2017a).

Daten und Fakten zur Rückführung

Die Datenlage zur freiwilligen Rückführung ist denkbar schlecht. Dies liegt hauptsächlich daran, dass nur diejenigen Ausreisenden statistisch erfasst werden, die vor der Ausreise aus Deutschland eine Unterstützung durch ein Förderprogramm des Bundes zur Rückführung beantragt haben und dies auch bewilligt wurde. Die Zahl der tatsächlich freiwillig ausgereisten Personen, die also nicht zwangsweise abgeschoben wurden, aber auch keine staatliche Unterstützung erhalten haben, liegt demnach vermutlich deutlich höher. Für das Jahr 2016 wurden rund 54.000 geförderte Ausreisen vermerkt. Zwangsweise Rückführungen gab es im selben Zeitraum etwa halb so viele; hier vermerkte das Bundesministerium des Inneren eine Zahl von 26.654 (Sachverständigenrat deutscher Stiftungen für Integration und Migration 2017, S. 6).

Betrachtet man das Verhältnis der beiden Rückführungsarten für das Jahr 2016 auf Länderebene, so zeigt sich, dass lediglich Hamburg, Mecklenburg-Vorpommern und das Saarland eine gegenläufige Verteilung aufweisen. Hier gab es laut Statistik mehr Abschiebungen als freiwillige Ausreisen. Allerdings bleibt zu beachten, dass auch in dieser Statistik nur die durch den Bund geförderten Ausreisen gezählt werden. Rückführungen, die durch Programme der Länder finanziert werden, tauchen in der Statistik nicht auf (ebd., S. 21).

Rückkehrberatung

In Deutschland wird die Beratung zur freiwilligen Rückkehr in institutionalisierter Form von rund 600 Ausländerbehörden sowie rund 1.500 Beratungsstellen von Wohlfahrtsverbänden und Nichtregierungsorganisationen durchgeführt. Im Folgenden werden exemplarisch staatliche sowie nichtstaatliche Beratungsstellen und Informationsangebote für einen an der freiwilligen Rückführung interessierten Personenkreis dargestellt. Der Übersichtlichkeit halber wird dabei zwischen bundesweiter, landesweiter sowie kommunaler Rückkehrberatung unterschieden.

Bundesweite Rückkehrberatung

Als wichtiger Akteur auf Bundesebene in der Informationsübermittlung zur freiwilligen Rückführung ist das Bundesamt für Migration und Flüchtlinge zu nennen. Zusammen mit der Ablehnung des Asylantrags erhalten die Antragsteller ein Merkblatt zur freiwilligen Rückführung. Darüber hinaus erläutert das Bundesamt in seinem Internetauftritt verschiedene Fördermöglichkeiten für freiwillig Ausreisende, informiert über Fristen und Voraussetzungen für eine freiwillige Rückkehr, unterhält eine RückkehrHotline und bietet Links zu Datenbanken, über die Beratungsstellen abgerufen werden können.

Mithilfe der Datenbank der Zentralstelle für Informationsvermittlung zur Ruckkehrförderung (ZIRF) sowie des web-basierten Geoinformationssystems (Web-GIS) lassen sich wohnortnahe Rückkehrberatungsstellen finden (Grote 2015, S. 34).

Landesweite Rückkehrberatung

Auf Landesebene unterhalten karitative Einrichtungen wie beispielsweise die Caritas, die Diakonie, die Arbeiterwohlfahrt oder das Deutsche Rote Kreuz Beratungsstellen, die über die freiwillige Ausreise informieren. Zu deren Beratungsrepertoire und Hilfsangebot zählen insbesondere Informationen zur politischen Situation und wirtschaftlichen Lage im Zielland, Unterstützung bei der Organisation der Rück- oder Weiterreise, Recherche zu Wohn- und Arbeitsmöglichkeiten sowie vieles mehr.

Der gemeinnützige Verein Raphaelswerk, der eine lange Tradition in der Beratung von Flüchtlingen hat, berät im Auftrag der Deutschen Bischofskonferenz in mehreren Bundesländern, darunter Nordrhein-Westfalen, Rheinland-Pfalz, Hessen, Niedersachsen und Hamburg. Zudem gehört eine telefonische Beratung zu Fragen der Rückkehr oder Weiterwanderung in Drittstaaten für alle Ratsuchenden unabhängig von Nationalität, Asylstatus oder Religionszugehörigkeit zum Angebot des Vereins (ebd. S. 35 f.).

Kommunale Rückkehrberatung

Die zuständigen Ausländerbehörden übernehmen auf Ebene der Kommunen die Beratung zur freiwilligen Rückkehr. Im Unterschied zu den nichtstaatlichen Einrichtungen sind diese nicht auf die Eigeninitiative von Beratungssuchenden angewiesen, sondern können bei Terminen, die im Laufe des Asylverfahrens anstehen, über die Möglichkeit der freiwilligen Ausreise und die infrage kommenden Förderangebote informieren (Robert Bosch Stiftung 2016, S. 175).

Bund-Länder-Koordinierungsstelle Integriertes Rückkehrmanagement

Im Jahr 2014 wurde beim Bundesamt für Migration und Flüchtlinge die Bund-Länder-Koordinierungsstelle Integriertes Rückkehrmanagement eingerichtet mit dem Ziel, alle relevanten Akteure im Themenfeld Rückkehr zu vernetzen. Als zentrale Aufgabe der Koordinierungsstelle wird die Schaffung von praxisbezogenen Lösungsansätzen betrachtet. Dazu zählt bisher vor allem die Konzeptionierung der 2015 veröffentlichen Leitlinien für eine bundesweite Rückkehrberatung. Als Grundsätze einer einheitlichen Rückkehrberatung werden darin unter anderem Ergebnisoffenheit, Vertraulichkeit sowie Verlässlichkeit im Hinblick auf getroffene Zusagen proklamiert (BAMF 2015).

Rückführungsprogramme

Eine vollständige Übersicht über alle aktuellen Rückführungsprogramme zu erstellen gestaltet sich schwierig. Es gibt auf Bundes- und Landesebene zahlreiche Projekte, die allerdings durch ihren Projektcharakter, das heißt begrenzte Laufzeiten und Veränderungen unterworfenen Zugangsvoraussetzungen, recht unübersichtlich sind. Eine erste Auskunft über bundesweite Projekte gibt die Internetpräsenz des Bundesamts für Migration und

Flüchtlinge. Dort werden, nach Herkunftsländern geordnet, die infrage kommenden Rückkehr-Förderprogramme aufgelistet. Darüber hinaus gibt es Rückführungsprogramme, die von der Europäischen Union finanziert und organisiert werden.

Drei Projekte, die langfristig auch für einen großen Personenkreis verfügbar sein werden, sollen im Folgenden skizziert werden.

Förderprogramm REAG/GARP

Aus den beiden zunächst unabhängig agierenden Förderprogrammen *Reintegration and Emigration Programme for Asylum-Seekers in Germany* (REAG) und *Government Assisted Repatriation Programme* (GARP) wurde im Jahr 2000 durch einen Zusammenschluss ein gemeinsames Programm, das im Auftrag des Bundesministerium des Inneren und der Länder durchgeführt wird. Die konkrete Ausführung obliegt dabei der Internationalen Organisation für Migration (IOM).

Das Programm richtet sich an Asylbewerber, anerkannte Flüchtlinge, Bürgerkriegsflüchtlinge sowie ausreisepflichtige Ausländer. Dabei werden sowohl Rückreisen in das Herkunftsland als auch Ausreisen in Drittstaaten finanziell gefördert. Im Rahmen des Förderprogramms können neben Kosten für die Reise auch zusätzliche Reisebeihilfen in Höhe von 200 Euro übernommen werden und für sogenannte Staatsangehörige aus migrationspolitisch bedeutsamen Herkunftsländern einmalige Starthilfen in Höhe von bis zu 500 Euro für die Wiedereingliederung geleistet werden. Zu diesen zählen beispielsweise Rückreisende aus Afghanistan, dem Irak und Äthiopien. Menschen aus europäischen Drittstaaten wie zum Beispiel Albanien oder Serbien, die ohne Visum nach Deutschland einreisen können, werden weder durch eine Reisebeihilfe noch durch eine Starthilfe gefördert. Für sie werden lediglich die Reisekosten übernommen.

Ein Rechtsanspruch auf die genannten Leistungen, die nur einmalig gewährt werden, besteht nicht. Bei einer erneuten Einreise müssen die bereits gezahlten Leistungen zurückerstattet werden (BAMF 2017b).

StarthilfePLUS

Seit Beginn des Jahres 2017 gibt es für freiwillig Ausreisende, die durch das REAG/GARP Programm gefördert werden, die Möglichkeit einer weiteren Unterstützung. Personen, die sich vor Abschluss des Asylverfahrens zur freiwilligen Rückkehr entschließen, erhalten durch das vom Bund finanzierte Programm StarthilfePLUS 1.200 Euro; Personen, die nach Ablehnung des Asylantrags innerhalb der genannten Frist ausreisen, erhalten 800 Euro. Ein Familienzuschlag in Höhe von 500 Euro pro Familie kann dann beantragt werden, wenn mehr als vier Familienmitglieder zeitgleich durch StarthilfePLUS gefördert werden.

Die Auszahlung der Fördersumme erfolgt in zwei Schritten: Die erste Zahlung erfolgt zum Termin der Ausreise aus Deutschland, die zweite Hälfte wird nach sechs bis acht Monaten im Herkunftsland ausgezahlt (BAMF 2017).

ERIN-Projekt

Das European Reintegration Network (ERIN) ist ein hauptsächlich von der Europäischen Union finanziertes Reintegrationsprojekt, dem zahlreiche europäische Staaten, darunter auch Deutschland, angehören. Es wird von den Niederlanden geleitet und hat eine fünfjährige Laufzeit bis zum Jahresende 2021. Für zwölf verschiedene Zielländer, darunter Pakistan, Nigeria und Marokko, werden individuelle Reintegrationshilfen angeboten, die einen Existenzaufbau im Rückkehrland zum Ziel haben. Insbesondere werden Hilfestellungen bei der Ankunft, bei der Suche und Vermittlung von Arbeitsstellen, bei der Wohnungssuche sowie in medizinischen, rechtlichen und sozialen Angelegenheiten geleistet.

Das Besondere am ERIN-Projekt ist die Zusammenarbeit des jeweiligen Ausreiselands mit Betreuungsorganisationen im Rückkehrland, den sogenannten ERIN Service Providern. Je nach individuellem Bedarf, der im engen Zusammenwirken mit den Fachkräften vor Ort ermittelt wird, können Sachleistungen in Höhe von bis zu 2.000 Euro finanziert werden (BAMF 2016).

Quellen

Bundesamt für Migration und Flüchtlinge (BAMF) (2017a): Informationsblatt zur freiwilligen Rückkehr. http://www.bamf.de/SharedDocs/Anlagen/DE/Downloads/Infothek/ Rueckkehr/freiwillige-rueckkehr-informationsblatt-rueckkehrende.html (Abfrage: 13.05.2017).

Bundesamt für Migration und Flüchtlinge (BAMF) (2017b): Merkblatt REAG/GARP 2017. http://www.bamf.de/SharedDocs/Anlagen/DE/Downloads/Infothek/Rueckkehr/reaggarp-merkblatt-foerderung.pdf?__blob=publicationFile (Abfrage: 13.05.2017).

Bundesamt für Migration und Flüchtlinge BAMF) (2016): Programmsteckbrief ERIN. http://www.bamf.de/SharedDocs/Anlagen/DE/Downloads/Infothek/Rueckkehr/erin-projektsteckbrief.pdf?__blob=publicationFile (Abfrage: 13.05.2017).

Bundesamt für Migration und Flüchtlinge (BAMF)/Bund-Länder-Koordinierungsstelle Integriertes Rückkehrmanagement (2015): Leitlinien für eine bundesweite Rückkehrberatung. Arbeitsgemeinschaft Freiwillige Rückkehr. https://www.bamf.de/SharedDocs/Anlagen/DE/Downloads/Infothek/Rueckkehr/leitlinien-zur-r%C3%BCckkehrberatung.pdf?__blob=publicationFile (Abfrage: 13.05.2017).

Grote, Janne (2015): Irreguläre Migration und freiwillige Rückkehr – Ansätze und Herausforderungen der Informationsvermittlung. Working Paper 65 des BAMF.

Internationale Organisation für Migration (2017): Merkblatt StarthilfePlus-Pro-gramm 2017. http://germany.iom.int/sites/default/files/StarthilfePlus_Downloads/Merkblatt_StarthilfePlus.pdf (Abfrage: 13.05.2017).

Robert Bosch Stiftung (2016): Chancen erkennen – Perspektiven schaffen – Integration ermöglichen. Bericht der Robert Bosch Expertenkommission zur Neuausrichtung der Flüchtlingspolitik. o. O.

Sachverständigenrat deutscher Stiftungen für Integration und Migration (2017): Rückkehrpolitik in Deutschland. Wege zur Stärkung der geförderten Ausreise. o. O.

Teil 4:
Behörden und Akteure

Aleksandra Koluvija

Das Bundesamt für Migration und Flüchtlinge (BAMF)

Die Jahre 2015 und 2016 waren in der öffentlichen Wahrnehmung besonders von den Themen Zuwanderung und Asyl geprägt. Diese Themen brachten in der Gesellschaft viele Fragen auf. Es erfolgten zahlreiche politische Debatten, Gesetzesänderungen und Veränderungen im Verwaltungsablauf. Viele dieser Veränderungen erfolgten mittelbar und auch unmittelbar im Bundesamt für Migration und Flüchtlinge (BAMF). Vor dem Hintergrund der stark gewachsenen Zahl von Asylsuchenden musste das Bundesamt innerhalb kurzer Zeit in der Lage sein, ein Volumen von Anträgen zu bearbeiten, für das es bis dato nicht ausgerichtet war. Um dies sicherzustellen, wurden ab Herbst 2015 zahlreiche Prozesse einer Analyse unterzogen und verändert. Ziel war es, die Bearbeitung von Anträgen zu optimieren und zu beschleunigen sowie die Kapazitäten des Bundesamtes deutlich zu erweitern. Dabei wurde u. a. ein neues Ablaufmodells des Asylverfahrens – das Integrierte Flüchtlingsmanagement – geschaffen, der Ankunftsnachweis eingeführt und Ankunftszentren eröffnet. Seit Anfang 2015 wurden zahlreiche neue Standorte eröffnet und die Infrastruktur des Bundesamtes somit deutlich erweitert. Auch die zahlreichen Neueinstellungen hatten einen positiven Einfluss auf die Bearbeitungskapazitäten. Über das Asylverfahren hinaus erfolgten zahlreiche neue Maßnahmen zur Verbesserung und Ausweitung der Digitalisierung. Dadurch konnten Prozessabläufe optimiert, die Steuerbarkeit der Prozesse und die Zusammenarbeit aller Akteure stark verbessert werden.

Ziel des Bundesamts ist es, innerhalb von drei Monaten über neue Asylanträge zu entscheiden. Asylantragstellende sollen so schnell wie möglich Gewissheit darüber erhalten, ob sie in Deutschland ein Aufenthaltsrecht und damit eine Perspektive haben.

Die Rolle des BAMF im Asylverfahren

Menschen, die vor Gewalt, Krieg und Terror fliehen, sollen die Möglichkeit haben in Deutschland Schutz zu finden. Artikel 16a GG garantiert politisch Verfolgten ein individuelles Grundrecht auf Asyl. Das Anerkennungsverfahren für Asylsuchende ist im Wesentlichen im Asylverfahrensgesetz (AsylVfG) geregelt. Das Asylverfahren wird vom BAMF durchgeführt. Für die Unterbringung und soziale Betreuung sind die Bundesländer zuständig.

Die Ankunftszentren des Bundesamtes sind der zentrale Zugangspunkt zum Asylverfahren. In den Ankunftszentren werden alle für das Asylverfahren erforderlichen Schritte unter einem Dach durchgeführt. Dies beinhaltet die ärztliche Untersuchung durch die Länder, die Erfassung der persönlichen Daten und die Identitätsprüfung, die Antragstellung, Anhörung und Entscheidung über den Asylantrag durch das Bundesamt sowie eine Erstberatung zum Arbeitsmarktzugang durch die örtliche Arbeitsagentur. Komplexere Fälle werden in den Außenstellen durchgeführt. In den Entscheidungszentren wird über entscheidungsreife Asylanträge von Antragstellenden entschieden, die bereits angehört worden sind. Das betrifft insbesondere Anträge von Personen aus Ländern mit guter Bleibeperspektive, wie beispielsweise Syrien, Irak[1] und Eritrea. Damit entlasten die Entscheidungszentren die Ankunftszentren und Außenstellen.

In den folgenden drei Prozessschritten wird das Asylverfahren beschrieben. Nicht alle Aufgaben werden vom Bundesamt alleine erfüllt. Stattdessen ist das Asylverfahren von einer engen Zusammenarbeit aller Akteure geprägt. Dies ist für eine bessere Steuerbarkeit der Prozesse auf Bundes-, Landes- und kommunaler Ebene sowie für die Antragsteller selbst von Vorteil.

Schritt 1: Meldung bei einer staatlichen Stelle

Nach der Ankunft von Asylsuchenden werden diese in einer nahegelegenen Aufnahmeeinrichtung der Bundesländer untergebracht. In der zuständigen Aufnahmeeinrichtung werden die Asylsuchenden versorgt und erhalten einen Ankunftsnachweis sowie erste Informationen zum Asylverfahren und Leben in Deutschland. Der Ankunftsnachweis weist als erstes offizielles Dokument die Berechtigung zum Aufenthalt in Deutschland nach und berechtigt zum Bezug staatliche Leistungen, wie etwa Unterbringung, medizinische Versorgung und Verpflegung. Existenzsichernde Sachleistungen und ein monatlicher Geldbetrag zur Deckung der persönlichen Bedürfnisse im Alltag werden in Art und Höhe durch das Asylbewerberleistungsgesetz geregelt.[2] Hier ist die Stadt- oder Gemeindeverwaltung zuständig.

---

1 Dies gilt nur für religiöse Minderheiten aus dem Irak.
2 Hierzu zählen: Grundleistungen für Ernährung, Unterkunft, Heizung, Kleidung, Gesundheits- und Körperpflege, Gebrauchs- und Verbrauchsgüter im Haushalt, Leistungen zur Deckung persönlicher Bedürfnisse, Leistungen bei Krankheit, Schwangerschaft und Geburt sowie individuelle Leistungen, die vom Einzelfall abhängen.

Schritt 2: Asylantragsstellung

Der Asylantrag wird von Asylsuchenden persönlich[3] in einem Ankunftszentrum oder einer Außenstelle des Bundesamtes gestellt. Hierbei werden – wenn dies nicht bereits vorher erfolgt ist – persönliche Daten, ein Lichtbild sowie Fingerabdrücke aufgenommen und zentral gespeichert. Kinder unter 14 Jahren sind hiervon ausgenommen. Zugriff auf diese Daten des Ausländerzentralregisters (AZR) haben später auch weitere öffentliche Stellen. Dies sind beispielsweise die über 600 Ausländerbehörden in Deutschland. Im Rahmen der Identitätsprüfung werden Originaldokumente vom Bundesamt mittels physikalisch-technischer Urkundenuntersuchungen (PTU) auf ihre Echtheit hin untersucht. Die ermittelten Daten werden abgeglichen um zu überprüfen, ob es sich um einen Erstantrag, einen Folgeantrag oder möglicherweise einen Mehrfachantrag handelt.

Mithilfe des europaweiten Systems (Eurodac) wird ermittelt, ob ein anderer europäischer Staat für die Durchführung des Asylverfahrens zuständig ist. Diese Zuständigkeitsprüfung auf der Grundlage der sogenannten Dublin-Verordnung ist geltendes Recht und wird durchgeführt, damit jeder Asylantrag innerhalb der EU nur von einem Staat bearbeitet und Doppelprüfungen vermieden werden. Das BAMF klärt daher, wann und wo der Antragsteller in die EU eingereist ist und befragt zu Gründen, die gegen eine Überstellung in den zuständigen Mitgliedstaat sprechen. Da viele Familien auf der Flucht getrennt wurden, bietet die Prüfung auch die Möglichkeit einer koordinierten Familienzusammenführung.

Liegt die Zuständigkeit in Deutschland, so erfolgt eine Befragung zu den Asylgründen durch das BAMF. Während des Verfahrens werden zur Verschwiegenheit verpflichtete Dolmetscher eingesetzt, welche bei der Aufklärung über die Rechte und Pflichten sowie bei der Anhörung unterstützen. Asylsuchende können von einem Rechtsanwalt und einer Vertrauensperson begleitet sowie bei der Durchsicht aller wichtigen Informationen[4] unterstützt werden. Auch der UNHCR kann bei Anhörungen im Asylverfahren anwesend sein.

Das Bundesamt setzt zur Prüfung der Asylanträge von besonders schutzbedürftigen Personen, beispielsweise für geschlechtsspezifisch Verfolgte, unbegleitete Minderjährige, Folteropfer und Traumatisierte sowie für Opfer von Menschenhandel, sogenannte Sonderbeauftragte ein. Diese sind zusätzlich geschult und verfügen über besonderes Wissen im Umgang mit dem jeweiligen Personenkreis. Zudem steht das Bundesamt in regelmäßigem Kontakt mit anerkannten Organisationen auf dem Gebiet des Asyl- und Flüchtlingsschutzes wie dem Hohen Flüchtlingskommissariat der Ver-

---

3 Nur in bestimmten Ausnahmefällen kann sie schriftlich erfolgen, zum Beispiel wenn die betreffende Person sich in einem Krankenhaus befindet oder minderjährig ist.
4 Informationen werden auch schriftlich in ihrer Muttersprache zur Verfügung gestellt.

einten Nationen (UNHCR) und der International Organisation for Migration (IOM).
Nach Asylantragsstellung wird eine Bescheinigung über die Aufenthaltsgestattung ausgestellt.

Schritt 3: Asylentscheidung

Auf Grundlage der persönlichen Anhörung und der eingehenden Überprüfung von Dokumenten und Beweismitteln entscheidet das Bundesamt über den Asylantrag. Bei jedem Asylantrag prüft das BAMF, ob eine der vier Schutzformen – Asylberechtigung, Flüchtlingsschutz, subsidiärer Schutz oder ein Abschiebungsverbot – vorliegt oder ob der Asylantrag ohne Schutzgewährung abgelehnt wird. Die Entscheidung wird schriftlich begründet und den Beteiligten, den Antragstellenden oder Verfahrensbevollmächtigten sowie den zuständigen Ausländerbehörden zugestellt. Für aufenthaltsrechtliche Angelegenheiten sind die jeweiligen Ausländerbehörden zuständig.

Gegen Entscheidungen des Bundesamts ist die Klage vor den Verwaltungsgerichten zulässig. Die Entscheidung über den Vollzug einer eventuellen Rückführung obliegt der jeweils zuständigen Landesbehörde. Das Bundesamt fördert die freiwillige Rückkehr. Dazu stehen verschiedene Förderprogramme zur Verfügung.

Ziel des Bundesamts ist die Verfahrensdauer über neue Asylanträge auf drei Monate zu verkürzen. Die Verfahrensdauer wird gemessen von Antragstellung bis zum Bescheid. Im Jahr 2016 lag die Dauer bei durchschnittlich 7,1 (und damit etwa zwei Monate höher als 2015), bei Antragstellung ab 01.07.2016 bei 2,1 Monaten. Die Gesamtverfahrensdauer ist u. a. stark davon geprägt, welche Verfahren im Erfassungszeitraum entschieden werden. Maßgeblich für die Bearbeitungskomplexität und -dauer sind dabei beispielsweise Herkunftsland, Gesundheitszustand oder Verfügbarkeit und Validität von Ausweisdokumenten. Der Anstieg der statistischen Gesamtverfahrensdauer von 2015 zu 2016 liegt dabei insbesondere daran, dass das BAMF in den letzten Monaten viele Verfahren abgeschlossen hat, die schon sehr lange anhängig waren. Zudem entscheidet das BAMF gegenwärtig vermehrt viele komplexe Verfahren, deren Bearbeitung aufwendiger ist und Recherchen oder auch medizinische Gutachten erfordern. Diese nehmen längere Zeit in Anspruch. Beides führt rein statistisch zu einer deutlichen Steigerung der Gesamtverfahrensdauer, da nun vermehrt diese langen Verfahren mit ihrem Abschluss in die Statistik eingehen. Je mehr Altfälle abgebaut werden, desto höher wird die statistische Bearbeitungsdauer. Für die Antragsteller bringt der Verfahrensabschluss jedoch Gewissheit über ihre Bleibeperspektive.

Quellen

http://www.bam.de/DE/Infothek/Publikationen/publikationen-node.html
http://www.bamf.de/SharedDocs/Anlagen/DE/Publikationen/Flyer/flyer-erstorientierung-asylsuchende.html (Broschüre in Überarbeitung).
https://www.bamf.de/SharedDocs/Anlagen/DE/Publikationen/Flyer/flyer-bundesamt-und-seine-aufgaben.pdf?__blob=publicationFile
https://www.bamf.de/SharedDocs/Anlagen/DE/Publikationen/Broschueren/das-deutsche-asylverfahren.pdf?__blob=publicationFile
http://www.bamf.de/SharedDocs/Anlagen/DE/Publikationen/EMN/Studien/wp30-emn-schutzgewaehrung.pdf?__blob=publicationFile
http://www.bmi.bund.de/DE/Themen/Migration-Integration/Asyl-Fluechtlingsschutz/asyl-fluechtlingsschutz_node.html

Reinhard Langer

Agentur für Arbeit und Jobcenter – „Integration Points" in NRW

Rund 270.000 Menschen haben in der Zeit von 2015 bis Mitte 2016 nach Zahlen des Bundesministeriums des Innern in Nordrhein-Westfalen (NRW) Asyl oder Flüchtlingsschutz beantragt. Nicht jeder dieser Schutzsuchenden wird dauerhaft hier verbleiben. Hochgerechnet anhand der bisherigen Anerkennungsquoten ist aber damit zu rechnen, dass etwa 145.000 dieser Menschen zumindest längerfristig in NRW verbleiben werden. Für diesen Personenkreis gilt es, möglichst schnell Angebote zum Spracherwerb und zur Integration in Schule, Ausbildung und Arbeit zu schaffen.

Eine frühzeitige Integration in den Arbeitsmarkt ist einerseits eine wichtige Voraussetzung zur gesellschaftlichen Integration, andererseits trägt sie dazu bei, die negativen Folgen von Langzeitarbeitslosigkeit zu vermeiden. Mittel- und langfristig ist dies auch ein Beitrag zum Abbau des Fachkräftebedarfs, der in einigen Landesteilen schon sehr deutlich spürbar ist und aus demografischen Gründen weiter wachsen wird. Dabei ist eine breite Unterstützung durch viele Akteure vor Ort gefragt, durch entsprechende rechtliche Rahmenbedingungen der Politik, durch ehrenamtliche Helfer in den Kommunen und Stadtteilen, durch die Kommunen, Wirtschaftsunternehmen, durch Bildungsträger und andere Institutionen.

Zum Höhepunkt der aktuellen humanitären Zuwanderung im Herbst 2015 hat die Bundesagentur für Arbeit ausnahmsweise Mittel für reine Deutsch-Sprachkurse zur Verfügung gestellt, deren Finanzierung ihr aus rechtlichen Gründen ansonsten nicht gestattet ist. Allein in NRW haben rund 47.000 geflüchtete Menschen aus den Ländern Eritrea, Irak, Iran und Syrien davon profitiert und einen Basissprachkurs über 320 Unterrichtsstunden erhalten.

Etwa zeitgleich sind flächendeckend in NRW „Integration Points" für eine gemeinsame ganzheitliche Ansprache, Beratung und Unterstützung von Flüchtlingen eingerichtet worden. Nach dem Start in Düsseldorf zum 1. September 2015 ist bis Januar 2016 in jedem Arbeitsagenturbezirk mindestens ein Integration Point (IP) aufgebaut worden. Ziel ist es dabei, für Asylbewerber rechtskreisübergreifend zu arbeiten, das heißt, die jeweiligen Jobcenter als Träger der Grundsicherung beteiligen sich und binden sich engagiert mit ein. Auf diese Weise soll der spätere Wechsel der Zuständigkeit aus dem Rechtskreis des Sozialgesetzbuchs (SGB) III in das SGB II nach erfolgter Anerkennung als Asylberechtigter für den Flüchtling möglichst nahtlos erfolgen. Eine enge Anbindung an die jeweils örtlich zuständigen Ausländerämter ermöglicht es, die Informations- und Dienstleistungsangebote verschiedener Träger der öffentlichen Verwaltung zu bündeln und dabei Synergien zu nutzen. Abhängig von den Besonderheiten der Region werden die Angebote entweder an einem Ort angeboten oder auch aufsuchend gestaltet, wenn z. B. im ländlichen Raum aufgrund ungünstiger ÖPNV-Verbindungen ein dezentrales Angebot zielführend erscheint. Die Einzelheiten der Zusammenarbeit werden dabei in enger Abstimmung mit den Jobcentern und Kommunen festgelegt und auf bereits bestehenden Kooperationsstrukturen aufgebaut.

Der IP ist für die Kunden eine Anlaufstelle mit Wiedererkennungswert und kurzen Wegen, in der sie abgestimmte Beratung und Unterstützung durch die spezialisierten Fachkräfte erhalten. Die einheitliche Anlaufstelle bietet den geflüchteten Asylbewerbern, die mit dem gegliederten Behörden- und Sozialsystem in Deutschland nicht vertraut sind, eine erste Orientierung. Durch die Unterstützung der Ausländerbehörden können die Vermittlungsfachkräfte zeitnah Transparenz über die Zugangsmöglichkeiten von Geflüchteten in den Ausbildungs- und Arbeitsmarkt herstellen, denn der Aufenthaltsstatus spielt eine zentrale Rolle bei der Entscheidung über arbeitsmarktpolitische Fördermaßnahmen und die Rechtskreiszuordnung eines Kunden.

Die Arbeitsagenturen und Jobcenter bieten ihre Dienstleistungen grundsätzlich allen Geflüchteten unabhängig vom Herkunftsland an. Initiativ sprechen die Mitarbeiter des IP geflüchtete Asylbewerber an, bei denen ein rechtmäßiger und dauerhafter Aufenthalt zu erwarten ist, für die also auf absehbare Zeit ein grundsätzlicher Arbeitsmarktzugang besteht. Derzeit sind es vor allem Geflüchtete aus Eritrea, Irak, Iran, Syrien und Somalia, deren Bleibewahrscheinlichkeit besonders hoch ist. Genutzt werden bei dieser Initiativansprache vor Ort bestehende Strukturen und Netzwerke von ehrenamtlich Tätigen, die nahezu in allen Kommunen und Ortsteilen mit hohem Engagement tätig sind.

Wichtige Aufgaben des IP zur möglichst frühzeitigen Arbeitsmarktintegration sind:

- Berufliche Beratungen, häufig auf Englisch, soweit möglich auch z. B. auf Arabisch oder unter Nutzung von Dolmetscherdienstleistungen;
- Berufsorientierung;
- Vermittlung in Sprachlehrgänge und Integrationskurse;
- Angebote von kombinierten Kursen zur beruflichen und sprachlichen Qualifizierung;
- Kompetenzfeststellung und Unterstützung bei der Anerkennung von im Ausland erworbenen Berufsqualifikationen;
- Organisation von Praktika;
- Vermittlung in Fortbildungsmaßnahmen bei Bildungsträgern;

- Vermittlung in Einstiegsqualifizierungen bei Unternehmen;
- Vermittlungen in sozialversicherungspflichtige Arbeit und Ausbildung, teilweise mit Förderleistungen, unter Beachtung ausländerrechtlicher Rahmenbedingungen.

Durch die schnelle Ansprache von Geflüchteten mit hoher Bleibewahrscheinlichkeit stellen die Agenturen für Arbeit und Jobcenter die Weichen für einen erfolgreichen Berufseinstieg. Als Anlaufstelle für die Beratung und Vermittlung geflüchteter Menschen übernimmt der Integration Point auch eine Lotsenfunktion: Spezialisten von Arbeitsagentur, Jobcenter und Kommune (u. a. Ausländerbehörde, Sozialamt, Schulamt, kommunale Integrationsstellen und Jugendamt) unterstützen hier in enger Abstimmung die Eingliederung in den Arbeits- und Ausbildungsmarkt und initiieren frühzeitig Sprach- und Integrationskurse. Die beteiligten Institutionen können ihre Angebote und Maßnahmen miteinander verzahnen und so den Weg für die erfolgreiche, aktive und wirkungsvolle Integration jedes einzelnen geflüchteten Menschen vorbereiten.

Ein Erfolgsfaktor des IP sind neben fachlichen Kenntnissen die persönlichen Kompetenzen und Erfahrungen, die die Mitarbeiterinnen und Mitarbeiter in die Integration Points einbringen. Mit interkulturellen Kompetenzen und Sprachkenntnissen gelingt es ihnen, die Anliegen der geflüchteten Menschen besser zu verstehen und mit diesen gemeinsam den passenden individuellen Integrationspfad zu finden.

Sowohl die Jobcenter als auch die Agenturen für Arbeit haben zur Betreuung geflüchteter Menschen zusätzliches Personal und zusätzliche Mittel für arbeitsmarktpolitische Unterstützungsangebote erhalten. Dadurch ist gewährleistet, dass die Information, die Beratung und die Unterstützung der geflüchteten Menschen nicht zu Lasten der einheimischen Arbeitslosen und Leistungsbezieher gehen. Kein Langzeitarbeitsloser soll durch die Förderung der Integration von Flüchtlingen Nachteile erleiden.

Die Arbeitsmarktintegration geflüchteter Menschen ist keine Aufgabe, die eine Institution allein bewältigen kann. Aus dieser Einsicht haben sich landesweit stabile Netzwerke aus Arbeitsverwaltung, Kommune, Wirtschaft, Wohlfahrtsverbänden, Ehrenamtlichen, Unternehmensverbänden, Kammern und Gewerkschaften etabliert. Der IP spielt hier in vielen Fällen eine wichtige Rolle als Moderator dieser Partnerschaften, aber auch dadurch, dass wichtige Informationen zu Rechtsänderungen im Zusammenhang mit dem Arbeitsmarktzugang von Asylbewerbern auf diese Weise schnell weitergegeben werden können. Gerade die mehrfach veränderten gesetzlichen Möglichkeiten und Schranken beim Arbeitsmarktzugang und bei der Beschäftigung von Asylbewerbern und Geduldeten haben bei vielen ehrenamtlichen Helfern ein Gefühl der Unsicherheit erzeugt. Umso wichtiger ist eine vollständige und zeitnahe Information, damit Unsicherheit nicht in Frustration umschlägt und Engagement erhalten bleibt.

Grundlage für eine nachhaltige berufliche und gesellschaftliche Integration sind ausreichende deutsche Sprachkenntnisse. Die in der Regel sieben bis acht Monate dauernden Integrationskurse des Bundesamtes für Migration und Flüchtlinge (BAMF) stellen einen systematischen Spracherwerb sicher und haben eine fortgeschrittene Sprachverwendung zum Ziel. Das ermöglicht den Anschluss an den deutschen Ausbildungs- und Arbeitsmarkt, sei es die duale Berufsausbildung, die Hochschule oder der direkten Einstieg in den Arbeitsmarkt. Sie vermitteln darüber hinaus aber auch Werte der deutschen Gesellschaft.

Zur Beschleunigung des Übertritts in den Arbeitsmarkt bieten die Arbeitsagenturen und Jobcenter Asylbewerberinnen und Asylbewerbern sowie anerkannten Flüchtlingen auch kombinierte Maßnahmen aus Integrationskursen und arbeitsmarktpolitischen Förderinstrumenten an. Diese flankieren und fördern das Erlernen von Sprache im beruflichen Kontext. Die Verzahnung erfolgt in aller Regel so, dass es nicht zu Verzögerungen der regulären Sprachkursdauer kommt. Zum Beispiel kann der Vormittag dem Erwerb der Sprache, der Nachmittag der beruflichen Qualifizierung bei einem Maßnahmeträger oder der Praxiserprobung bei einem Arbeitgeber dienen.

Die Zusammenarbeit mit engagierten Unternehmen vor Ort ist ein Schlüssel zur Einbindung der Geflüchteten in den Arbeits- und Ausbildungsmarkt. Die genannten Qualifizierungsbausteine haben viele Unternehmen in der Vergangenheit schon als Grundlage genutzt, um in Einzelinitiative den Einstieg in den Betrieb zu ermöglichen.

Inzwischen ist durch die Bundesagentur für Arbeit gemeinsam mit Sozialpartnern verschiedener Branchen und dem BAMF jeweils ein Modell für einen systematischen Einstieg in den Ausbildungsmarkt für jüngere Flüchtlinge (im Regelfall unter 25-Jährige) und in den Arbeitsmarkt für ältere Flüchtlinge mit begleitender Qualifizierung entwickelt worden. Diese Modelle sind bundesweit und mit gewissen branchenspezifischen Anpassungen für alle Wirtschaftszweige verwendbar. Voraussetzung ist eine enge Zusammenarbeit mit den Unternehmen vor Ort, entweder über konkrete Vermittlungsaufträge an den Arbeitgeber-Service der Agentur für Arbeit oder die Mitwirkung an regionalen Projekten zur beruflichen Qualifikation von Flüchtlingen. Aufgabe des IP bzw. des örtlichen Jobcenters ist dabei die Identifikation geeigneter Teilnehmerinnen und Teilnehmer.

Idealtypisch sind folgende Phasen in der dualen Ausbildung vorgesehen:

1. Konzentriertes Sprachenlernen über den (Jugend-)Integrationskurs des BAMF. Ziel ist dabei Sprachniveau B1.
2. Berufliche Orientierung und Heranführung an den Ausbildungsmarkt. Hier steht eine spezifische Maßnahme „Perspektiven für junge Flücht-

linge" für diejenigen zur Verfügung, die zwar die Schulpflicht erfüllt haben, aufgrund der persönlichen Situation aber für einen direkten Einstieg in den Ausbildungsmarkt noch nicht in Betracht kommen; dazu weiterer Spracherwerb.
3. Unmittelbarer Einstieg in die Berufsausbildung oder in eine Einstiegsqualifizierung, unterstützt durch Förderinstrumente wie assistierte Ausbildung oder ausbildungsbegleitende Hilfen.

In den Phasen 2 und 3 kann berufsbegleitend weiterer Spracherwerb, finanziert durch das BAMF, ermöglicht werden.

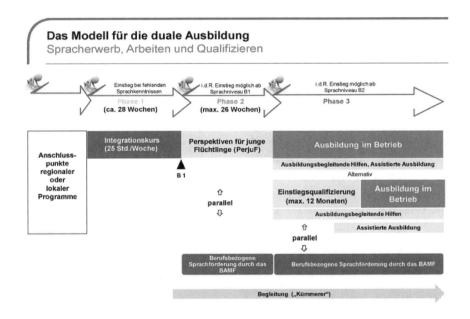

Der idealtypische Weg in Arbeit in Verbindung mit begleitender Qualifizierung beinhaltet folgende Phasen:
1. Konzentriertes Sprachenlernen über den (Vollzeit-)Integrationskurs des BAMF
2. Verzahnung des Integrationskurses mit betrieblichen Praktikumsphasen bei Arbeitgebern
3. Sozialversicherungspflichtiges Arbeitsverhältnis mit Einstieg in eine abschlussorientierte Weiterbildung oder berufsanschlussfähige Teilqualifizierung
4. Stabilisierung des Arbeitsverhältnisses und Fortsetzen der individuellen Qualifizierung.

Phase 1

- Inhalt: Besuch Integrationskurs (BAMF) in Vollzeit (25 Std./Woche); alternativ: Jugendintegrationskurs (BAMF)
- Ziel: Erwerb Sprachniveau B1 nach GER (fortgeschrittene Sprachanwendung)
- Dauer: ca. 28 Wochen
- Förderinstrumente: (Jugend-)Integrationskurs (BAMF)

Phase 2

- Inhalt: Maßnahme „Perspektiven für junge Flüchtlinge" (PerjuF) zur Heranführung an den Arbeitsmarkt; parallel dazu berufsbezogen Sprachförderung
- Ziel: Berufliche Orientierung/Eignungsfeststellung sowie weiterer Spracherwerb bis B2 nach GER (selbstständige Sprachverwendung bis in Phase 3
- Dauer: Maßnahme zur Aktivierung und beruflichen Eingliederung beim Träger (MAT) bis zu max. 27 Wochen
- Förderinstrumente: MAT nach § 45 SGB III, berufsbezogene Sprachförderung durch BAMF
- „Kümmerer"-Funktion

Phase 3 a (direkt in Ausbildung)

- Inhalt: Aufnahme einer dualen Ausbildung in Vollzeit mit Unterstützung für Auszubildende (Förderung von Fachtheorie, Stützunterricht, sozialpädagogische Begleitung) und Betrieb (Begleitung der Ausbildung), „Kümmerer"-Funktion
- Ziel: Abschluss einer dualen Berufsausbildung
- Dauer: ca. drei Jahre (abhängig von Dauer der Ausbildung
- Förderinstrumente: ausbildungsbegleitende Hilfe (abH) und Assistierte Ausbildung (AsA)

Phase 3 b (Übergang in EQ)

- Inhalt: Einstiegsqualifizierung zum Aufbau beruflicher Grundlagen mit begleitender berufsbezogener Deutschsprachförderung – anschließende Aufnahme einer dualen Ausbildung mit Unterstützung für den Auszubildenden (abH während EQ und Ausbildung) und Betrieb (AsA während Ausbildung); „Kümmerer"-Funktion
- Ziel: Abschluss einer dualen Berufsausbildung
- Dauer: max. zwölf Monate EQ, dann ca. drei Jahre
- Förderinstrumente: Einstiegsqualifizierung (EQ), abH, AsA, berufsbezogene Sprachförderung des BAMF

Anja Tewes

Die kommunale Ausländerbehörde

Ein interner Einblick in den organisatorischen Aufbau
und die Arbeitsweise

Ende 2015 befanden sich 63,5 Millionen Menschen aufgrund von Krieg, Verfolgung, gewaltsamen Konflikten, Hunger und Armut auf der Flucht. Bei einem Großteil dieser Menschen handelte es sich um Binnenflüchtlinge, die innerhalb ihres Heimatlandes flüchteten. Die Hälfte der geflohenen Menschen waren Kinder. Insgesamt 1,1 Millionen Menschen kamen im Jahr 2015 nach Deutschland. Davon stammten mehr als die Hälfte aus Afghanistan, dem Irak oder Syrien. 222.000 Flüchtlinge wurden im ersten Halbjahr 2016 registriert (Giebel 2015).

Um den Zuzug von Menschen mit Migrationshintergrund zu steuern und zu begrenzen, ihn auf die Aufnahme- und Integrationsfähigkeit sowie die wirtschaftlichen und arbeitsmarktpolitischen Interessen der Bundesrepublik abzustimmen, bedarf es eines geregelten Ablaufs der Einwanderung (Dieckhoff 2010). Bei der Umsetzung dieses geregelten Ablaufs ist die Ausländerbehörde beteiligt.

Aufbau der Abteilung der Ausländerbehörde

Die Ausländerbehörde ist Teil der Kommunalverwaltung und nimmt im jeweiligen Landkreis oder in einer kreisfreien Stadt ihre Aufgaben im Rahmen der Auftragsverwaltung für den Bund wahr. Die Kommunal- und Kreisverwaltungen sind in verschiedene Dezernate und Ämter bzw. Verwaltungseinheiten untergliedert. Neben zahlreichen anderen Ämtern stellt das Ordnungsamt eine Säule der Verwaltung dar. Diesem Bereich ist das Sachgebiet der Ausländerbehörde zugeordnet. Die Ausländerbehörde ist eine für Ausländer und ihre Belange zuständige Behörde. Sie dient zur Klärung von Einreisen und zur Prüfung des Zwecks des Aufenthalts in Deutschland. Neben der Erteilung und Ablehnung von Aufenthaltserlaubnissen gehört auch die Familienzusammenführung, die Arbeitsaufnahme oder das Ausstellen von Reise- und Ausweisdokumenten zu ihren Aufgaben (Dieckhoff 2010).

Je nach kommunaler Entscheidung ist das Sachgebiet der Ausländerbehörde in einzelne Arbeitsgruppen unterteilt, die thematisch aufeinander abgestimmt sind. Damit Ausländer die richtigen Ansprechpartner/innen finden, ist häufig ein Front-Office vorgeschaltet, das auf die Verwaltung von Terminen und Anfragen fokussiert ist.

Aufgrund der deutlichen Zunahme der Fallzahlen wurde seit 2015 auch der Personalschlüssel in den Ausländerbehörden aufgestockt. Für die Arbeit in der Ausländerbehörde sind Personen qualifiziert, die über eine Verwaltungsausbildung verfügen.

Oftmals wird in Doppelbüros gearbeitet, der Umgang mit schützenswerten Daten und die Gewährleistung von respektvollen und sicheren Gesprächen ist hier ein Balanceakt. Diese Gespräche erfordern ein hohes Maß an Sensibilität und Fingerspitzengefühl, da es immer wieder um emotionale und belastende Themen geht, die unterschiedliche Reaktionen der Menschen hervorrufen. Auch der Umgang mit verbalen oder körperlichen Grenzverletzungen fordert die Mitarbeiter/innen der Ausländerbehörde heraus.

Seit 2015 haben sich die Aufgaben der Ausländerbehörde deutlich gewandelt. Die Mitarbeiter/innen werden in ihrem Arbeitsalltag mit Beratungsgesprächen und Rückfragen konfrontiert, die teilweise geplant und oftmals auch spontan erfolgen.

Im Bereich der allgemeinen Aufenthaltsangelegenheiten ist die Kommunikation in der Regel auf Deutsch möglich. In den anderen Bereichen, u. a. dem Asylbereich, sind Übersetzungsleistungen durch Verwandte oder Freunde erforderlich. Einige Mitarbeiter/innen greifen auf ihre englischen und französischen Sprachkenntnisse zurück.

Rechtliche Grundlagen

Die Arbeit der Ausländerbehörde gründet auf unterschiedliche Gesetze und Gesetzestexte:

- Das *Aufenthaltsgesetz (AufenthG)* ist das Gesetz, das den Aufenthalt, die Erwerbstätigkeit und die Integration von Ausländern im Bundesgebiet regelt. Im Aufenthaltsgesetz tritt die Handlungsfähigkeit erst mit Volljährigkeit ein. Das bedeutet, dass beispielsweise Anträge erst mit Volljährigkeit gestellt werden dürfen, auch wenn im Heimatland ein Jugendlicher mit 16 Jahren als volljährig gilt. Sofern keine sorgeberechtigten Personen mitgereist sind, muss ein Vormund bestellt werden.
- Ergänzend zum Aufenthaltsgesetz besteht in Deutschland die geltende *Aufenthaltsverordnung (AufenthV)*, die zusätzliche Bestimmungen zur Durchführung des Aufenthaltsgesetzes enthält.
- Das *Asylgesetz (AsylG)* dient der Regelung des Asylverfahrens in Deutschland. Es beschreibt das Recht auf Asyl gem. Art. 16a GG.

Gemeinsam mit einigen Bestimmungen des Aufenthaltsgesetzes bildet das Asylgesetz den wesentlichen Teil des Flüchtlingsrechts.
- In der *Beschäftigungsverordnung (BeschV)* sind die Voraussetzungen geregelt, die gewährleistet sein müssen, damit ausländische Personen und ausländische Menschen, die bereits in Deutschland leben, für den deutschen Arbeitsmarkt zugelassen werden können.
- Das *Freizügigkeitsgesetz* regelt die Einreise und den Aufenthalt von Staatsangehörigen anderer Mitgliedstaaten der Europäischen Union (Unionsbürger) und ihrer Familienangehörigen.

Neben diesen Gesetzen und Gesetzestexten müssen weitere Richtlinien berücksichtigt werden. Der sogenannte Visakodex (Verordnung der europäischen Union) regelt das Visumverfahren für Drittstaatsangehörige, die kurzzeitig in den Schengen-Raum einreisen und sich dort aufhalten möchten. Aufgrund der sich stetig verändernden Zuwanderung verändern sich auch die Gesetze kontinuierlich.

Verfahren

Asyl und Zuweisung

Sofern geflüchtete Menschen ohne vorheriges Visumverfahren nach Deutschland kommen, melden sie sich in der Regel bei der Polizei oder werden von der Polizei an den Grenzen oder im Inland aufgegriffen und entsprechend der Anweisungen der Bezirksregierungen Erstaufnahmeeinrichtungen (EAE) zugeleitet. Die Notunterkünfte werden von den zentralen Ausländerbehörden der Bundesländer geleitet und bestehen in der Zuständigkeit unabhängig von den kommunalen Ausländerbehörden. Für die Zuweisungen im Land NRW ist die Bezirksregierung Arnsberg verantwortlich. Die Zuweisungen erfolgen nach dem sogenannten Königssteiner Schlüssel, der sich an der Bevölkerungsstärke einer Kommune orientiert[1]. So entscheidet die Bezirksregierung Arnsberg sowohl über den Verbleib der geflüchteten Personen in Notunterkünften als auch über die Zuweisung in feste Wohnungen oder andere Kommunen. Für die konkrete Vergabe von Wohnraum sind die Kommunen zuständig. Eine Zuweisung beinhaltet eine Beschränkung auf einen festen Wohnsitz. Damit verbunden ist die Verpflichtung der Wohnsitznahme in einer bestimmten Kommune. Ausländer mit derartigen Auflagen können sich aber frei in der Bundesrepublik Deutschland bewegen. Sie unterliegen keiner räumlichen Beschränkung. Auch kurze Besuchs-Aufenthalte mit Übernachtungen in anderen Kommu-

---

1 www.bezreg-arnsberg.nrw.de/themen/xyz/zuweisung_fluechtlinge/index.php

nen, Kreisen oder Bundesländern sind gestattet, sofern eine Kontaktaufnahme über die regelhaft zugewiesene Adresse möglich ist. Im Zweifelsfall ist die Ausländerbehörde zu kontaktieren. Wenn eine zugewiesene Person ihren Wohnsitz dauerhaft verlegen möchte, muss frühzeitig eine entsprechende Umverteilung in der Ausländerbehörde bzw. bei der Bezirksregierung beantragt werden.

Aufenthaltstitel und Visumverfahren

Ausländer benötigen für die Einreise und den Aufenthalt im Bundesgebiet einen Aufenthaltstitel. Gesetzlich sind fünf unterschiedliche Aufenthaltstitel vorgesehen: Die Niederlassungserlaubnis und die Erlaubnis zum Daueraufenthalt werden unbefristet erteilt. Das Visum, die Blaue Karte EU und die Aufenthaltserlaubnis ermöglichen einen befristeten Verbleib in Deutschland[2]. Die Aufenthaltserlaubnis ist ein Aufenthaltstitel, der an konkrete Zwecke gekoppelt ist, die im Aufenthaltsgesetz verankert sind. Dazu zählen der Aufenthalt zum Zweck der Ausbildung (§§ 16–17 AufenthG), der Aufenthalt zum Zweck der Erwerbstätigkeit (§§ 18, 18a, 20, 21 AufenthG) der Aufenthalt aus völkerrechtlichen, humanitären oder politischen Gründen (§§ 22–26, 140a, 104b AufenthG) und der Aufenthalt aus familiären Gründen (§§ 27–36 AufenthG).

Vor dem Ablauf der Aufenthaltserlaubnis erfolgen weitere Prüfungen, inwieweit der Aufenthaltszweck noch verfolgt wird. Wenn während der Prüfung noch keine abschließende Entscheidung zur Weiterbewilligung getroffen werden kann, der Aufenthaltstitel jedoch schon abgelaufen ist, werden Fiktionsbescheinigungen für drei Monate ausgestellt.

Familiennachzug

Für den Familiennachzug in Deutschland hat der Gesetzgeber allgemeine Regelerteilungsvoraussetzungen beschlossen, die von der Ausländerbehörde zu prüfen sind (§ 5 Abs. 1 und 2 AufenthG). Eine grundlegende Voraussetzung ist, dass der hier lebende Mensch, zu dem der Familiennachzug beantragt wird, über einen Aufenthaltstitel oder die deutsche Staatsbürgerschaft verfügt. Zusätzlich muss diese Person den Lebensunterhalt der nachziehenden Familienmitglieder sichern und ausreichend Wohnraum zur Verfügung stellen können. Beim Nachzug eines Ehepartners muss im Vorfeld erwiesen sein, dass die Ehe nach deutschem Recht anerkannt ist. In Einzelfällen sind auch die Sprachkenntnisse entscheidend für einen positiven Entscheid. Im Visumverfahren muss die Einreise nach Deutschland selbstständig organisiert und finanziert werden.

---

2 www.bmi.bund.de

Im Rahmen des laufenden Asylverfahrens kann der Familiennachzug nicht beantragt werden. Der Gesetzgeber macht eine Ausnahme beim Familiennachzug, wenn der Betroffene über eine Flüchtlingsanerkennung gem. Art. 16a GG und § 3 Abs. 1 AsylG verfügt. Der Gruppe der schutzberechtigten Personen in Deutschland angehörig, verfügen diese Betroffenen über das Recht, ihre Familien (Ehegatten und minderjährige, ledige Kinder bzw. ihre Eltern, falls sie ledig und minderjährig sind) nach Deutschland zu bringen. Voraussetzung für dieses vereinfachte Verfahren ist, dass der Betroffene innerhalb von drei Monaten nach seiner Anerkennung als Flüchtling eine fristwahrende Anzeige aufgibt (§ 29 Abs. 2 Nr. 1 AufenthG). Der Familiennachzug wird überwiegend von der Deutschen Botschaft gesteuert und erfolgt im Rahmen eines geregelten Visumverfahrens. Mithilfe eines Onlineportals können entsprechende Anträge gestellt werden: www.familyreunion-syria.diplo.de. Dort werden die Regelerteilungsvoraussetzungen geprüft, die jeden Aufenthaltstitel betreffen.

Bei unbegleiteten minderjährigen Ausländern (kurz: UMAs) erhält dieses vereinfachte Verfahren eine besondere Bedeutung, da sie die herkömmlichen Voraussetzungen in der Regel nicht gewährleisten können. Die Einreise der Familienmitglieder muss vor dem 18. Lebensjahr erfolgen, da mit Vollendung des 18. Lebensjahres davon ausgegangen wird, dass der junge Volljährige nicht mehr auf die Eltern angewiesen ist. Es kommt dabei nicht auf das Datum der Antragsstellung an.

Der Familiennachzug zu subsidiär Schutzberechtigten ist derzeit ausgeschlossen.

Beschäftigung

Die Erlaubnis der Beschäftigung ist vom Aufenthaltsstatus der betroffenen Personen abhängig. Bei der Erteilung von befristeten Aufenthaltserlaubnissen wird in der Regel ein konkreter Zweck verfolgt. So gibt es beispielsweise Aufenthaltserlaubnisse um in Deutschland eine Ausbildung absolvieren zu können (§§ 16, 17 AufenthG) oder arbeiten zu dürfen (§§ 18–21 AufenthG). Diese Titel werden in der Regel nach einem abgeschlossenen Visumverfahren erteilt. Das Visumverfahren erfolgt über die Deutsche Botschaft und mit der Zustimmung der jeweiligen Ausländerbehörde. Das bedeutet, dass sich die Betroffenen in ihrem Herkunftsland bereits um ein Visum bemühen und erst nach der Erteilung des Visums in Deutschland einreisen. Die Aufenthaltserlaubnis wird für ein bis zwei Jahre ausgestellt. Je nach Aufenthaltstitel sind Ausländer zur Ausübung einer Erwerbstätigkeit oder Beschäftigung berechtigt. Die Beschäftigung kann sich auf einen konkreten Arbeitgeber beziehen.

Ausländern mit Besuchsvisum, die für drei Monate nach Deutschland kommen, ist die Beschäftigung bzw. Erwerbstätigkeit nicht gestattet.

Für Ausländer mit einer Aufenthaltsgestattung oder Duldung ist die Erwerbstätigkeit und Beschäftigung nur mit vorheriger Zustimmung der Ausländerbehörde gestattet. In welchem Maße die Beschäftigung erfolgen kann, steht in den individuellen Gestattungen und Duldungen. Die Genehmigung der Beschäftigung muss in der Ausländerbehörde beantragt werden. Die Prüfung derartiger Anträge erfolgt in einem zweistufigen Verfahren. Im ersten Schritt findet die Prüfung durch die örtliche Ausländerbehörde entsprechend der individuellen Gestattungen und Duldungen statt. Im zweiten Schritt wird auch die Bundesagentur für Arbeit beteiligt, um die arbeitsrechtlichen Aspekte zu prüfen. Wenn die Erlaubnis erteilt wird, wird die Beschäftigung im Ausweisdokument niedergeschrieben. Die Beschäftigung bezieht sich auf einen konkreten Arbeitgeber, das vereinbarte Stundenverhältnis und den Arbeitsort. Sofern sich Änderungen in der Beschäftigung ergeben, wird eine erneute Prüfung erforderlich.

Grundsätzliche Beschäftigungsverbote gelten für Menschen aus sicheren Herkunftsstaaten, die nach dem 01.09.2015 ihren Asylantrag gestellt haben. Der Gesetzgeber möchte damit wirtschaftliche Migration über das Asylverfahren vermeiden.

Viele Menschen mit Migrationshintergrund haben im Ausland schulische und berufliche Abschlüsse erworben, mit denen sie auch in Deutschland arbeiten wollen. Das setzt in Deutschland eine Prüfung der Anerkennung voraus. Diese Prüfung erfolgt nicht über die kommunale Ausländerbehörde. Derartige Fragen können unter der Hotline von „Arbeit und Leben in Deutschland" und über die Agentur für Arbeit geklärt werden.

Ausreise/Abschiebung

Das Bundesamt für Migration und Flüchtlinge (kurz: BAMF) trifft die Entscheidung, ob die Voraussetzungen für einen positiven Asylbescheid vorliegen. Das örtliche Ausländeramt wird über diese Entscheidung informiert und mit dem Vollzug beauftragt.

Für die Dauer des Asylverfahrens, von der Antragsstellung bis zum Entscheid durch das BAMF, erhalten Asylbewerber eine Aufenthaltsgestattung.

Sofern dem Antrag stattgegeben wird, wird eine Aufenthaltserlaubnis erteilt und die Ausländerbehörde mit dem weiteren Vollzug beauftragt.

Wenn der Antrag abgelehnt wird, gelten diese Personen in Deutschland als geduldet gem. § 60a AufenthG. Eine Duldung meint im Sinne des deutschen Aufenthaltsrechts eine vorübergehende Aussetzung der Abschiebung von ausreisepflichtigen Ausländern. Sie stellt keinen Aufenthaltstitel dar und begründet daher auch keinen rechtmäßigen Aufenthalt.

Die Aufenthaltsgestattung erlischt, sofern negativ über den Asylantrag entschieden wird. In diesen Fällen erfolgt zunächst ein Ausreisegespräch mit den betroffenen Personen. In diesen Gesprächen werden die Gründe für die Ablehnung und die Möglichkeit der freiwilligen Ausreise sowie die Zwangsmaßnahme der Abschiebung erläutert. Die Mehrheit der Betroffenen entscheidet sich für eine freiwillige Ausreise. In diesen Fällen können die Familien sich bewusst von ihrem Umfeld in Deutschland verabschieden und die Rückkehr in ihre Heimatländer vorbereiten. Einige Ausländerbehörden bieten bei einer freiwilligen Ausreise eine Begleitung zum Flughafen an.

Die Internationale Organisation für Migration (kurz: IOM) unterstützt die Ausreise und bietet eine finanzielle Starthilfe im Heimatland an. Besteht ein Einreiseverbot und kommt es dennoch zu einer Rückkehr nach Deutschland, müssen die erbrachten Leistungen der IOM erstattet werden.

Ausländer mit abgelehnten Asylanträgen haben die Möglichkeit, Klage bzw. einen Antrag auf Wiederherstellung der aufschiebenden Wirkung der Klage zu erheben. Die Rechtsbehelfsbelehrung mit den jeweiligen Möglichkeiten ist Teil des BAMF-Bescheids. In diesen Fällen ist der Einbezug eines Rechtsanwalts von Vorteil, um gegebenenfalls eine Abschiebung zu verhindern oder das Weiterleiten fehlerhafter Informationen zu vermeiden.

Sofern Erkrankungen auftreten, die eine Reiseunfähigkeit verursachen, müssen diese Erkrankungen von einem Fachmediziner nachgewiesen und entsprechende Bescheinigungen unverzüglich (das heißt innerhalb von zwei Wochen nach der Untersuchung) vorlegt werden. Eine ausführliche Diagnose und die Darstellung der Auswirkungen dieser Erkrankungen sind erforderlich. Ebenso muss dargelegt werden, welche Therapiemöglichkeiten bestehen und wann die Person wieder reisefähig ist. Es wird vom Gesundheitsamt in diesen Fällen ein Gutachten zur Reisefähigkeit eingeholt. Für diese Bescheinigungen und Atteste müssen die betroffen Personen selbstständig aufkommen. Hier hat der Betroffene eine gesetzlich verankerte Mitwirkungspflicht gem. § 15 AsylG.

Sofern die Entscheidung des BAMF über die Ablehnung des Asylverfahrens rechtskräftig ist, gehört die Durchsetzung der Ausreisepflicht zum Aufgabenfeld der örtlichen Ausländerbehörde als Ordnungsbehörde gem. § 50 AufenthG.

Sofern Personen die freiwillige Ausreise verweigern, sind die Mitarbeiter/innen der Ausländerbehörde verpflichtet, die Ausreise im Rahmen der Zwangsmaßnahme der Abschiebung (die Vollstreckung der Ausreisepflicht) zu vollziehen. Sofern Ausländer abgeschoben werden, erfolgt eine drei- bis fünfjährige Einreisesperre für den gesamten Schengen-Raum. Bei einer Missachtung dieser Sperre droht eine Abschiebehaft. Die Abschiebehaft besteht sowohl für Personen, die illegal aufgrund einer Einreisesperre einreisen als auch für solche, die sich einer Abschiebung durch Untertauchen zu entziehen versuchen. Die Haft dient der Verwahrung und Betreuung von Ausländern zur Sicherung des Vollzugs der Abschiebung. Die Abschiebung ist eine staatlich hoheitliche Aufgabe der Ausländerbehörde. Der Vollzug dieser Aufgabe erfolgt respektvoll und human. Die betroffenen Ausländer erhalten Unterstützung beim Packen. Die Kinderbetreuung ist in diesen Momenten gewährleistet. In Fällen, in denen jemand selbst- oder fremdgefährdendes Verhalten zeigt, wird die Polizei oder ein Arzt hinzugezogen, um die Gefährdungslage zu beurteilen und abzustellen.

Eine Abschiebung wird dann durchgeführt, wenn alle Rechtsmittel ausgeschöpft sind und der Betroffene hinlänglich darüber informiert ist.

Einbürgerung

Ausländer, die dauerhaft in Deutschland leben, können bei der Ausländerbehörde ihre Einbürgerung beantragen[3]. Die Ausländerbehörde prüft in diesem Fall, ob die gesetzlichen Voraussetzungen für eine Einbürgerung vorliegen. Dazu zählen ein unbefristetes Aufenthaltsrecht oder eine befristete Aufenthaltserlaubnis, die ihrem Zweck nach zu einem dauerhaften Aufenthalt führen kann. Zudem müssen diese Personen den Einbürgerungstest bestehen, seit acht Jahren in Deutschland leben, ihren Lebensunterhalt selbstständig sichern können, ausreichende Sprachkenntnisse besitzen, keine strafrechtlichen Verurteilungen haben und sich zur freiheitlichen demokratischen Grundordnung bekennen.

Strafrechtliche Angelegenheiten

Über strafrechtliche Verfahren wird die Ausländerbehörde von der Staatsanwaltschaft informiert. Seitens der Ausländerbehörde werden Anfragen nach anhängigen Verfahren gestellt. Diese Verfahren haben Einfluss auf die internen Prozesse. So kann es beispielsweise dazu kommen, dass ein Verfahren bezüglich der Aufenthaltserlaubnis bis zur strafrechtlichen Klärung ausgesetzt wird. Wenn eine Freiheitsstrafe droht, kann der Aufenthalt nicht verlängert werden. Sofern es zu einer Haftstrafe kommt, wird diese in Deutschland vollzogen. Je nach Aufenthaltstitel kann eine Ausweisung geprüft werden. In derartig gelagerten Fällen werden das Bleibeinteresse und das Ausweisungsinteresse gegeneinander abgewogen.

Die Ausländerbehörde stellt Strafanzeige, wenn es zu Betrugsfällen wie beispielsweise dem Besitz von gefälschten Ausweisdokumenten oder ungerechtfertigten Leistungsbezügen kommt.

---

3   http://www.bamf.de/DE/Willkommen/Einbuergerung/InDeutschland/indeutschland-node.html

Sofern der Betrug oder das Vortäuschen falscher Tatsachen bekannt wird, kann die Aufenthaltserlaubnis untersagt werden. Ebenso kann die Beschäftigungserlaubnis entzogen oder der Leistungssatz gekürzt werden.

Kooperationspartner

Im Arbeitsfeld der Ausländerbehörde spielen Kooperationspartner an vielen Stellen eine besondere Rolle: So besteht ein enger Kontakt zur Staatsanwaltschaft, der Polizei und dem Hauptzollamt. Durch die enge Zusammenarbeit können der Vollzug von Zwangsmaßnahmen adäquat umgesetzt, Verstöße gegen ein Beschäftigungsverbot leichter aufgedeckt und strafrechtliche Aspekte berücksichtigt werden. Um die gesundheitliche Situation der Ausländer zu beleuchten, findet eine enge Kooperation mit dem Gesundheitsamt und weiteren Fachmedizinern statt. Im Hinblick auf die Erlaubnis der Erwerbstätigkeit oder Beschäftigung gibt es enge Kontakte zum Jobcenter und zur Bundesagentur für Arbeit, ebenso zum Standesamt, Einwohnermeldeamt, Sozialamt oder Jugendamt.

Sozialleistungen und Sicherung des Lebensunterhalts

Die Übernahme der Kosten für Leben und Unterhalt sind vom Status der Ausländer abhängig. Personen, die sich im laufenden Asylverfahren befinden und über eine Aufenthaltsgestattung oder eine Duldung verfügen, werden über Asylbewerberleistungen versorgt.

Wer einen Aufenthaltstitel hat, erhält seine finanziellen Leistungen über SGB II oder SGB XII, je nachdem ob eine Erwerbsfähigkeit besteht.

Literatur

Dieckhoff, Petra (2010): Kinderflüchtlinge. Theoretische Grundlagen und berufliches Handeln. Wiesbaden.
Giebel, Astrid (2016): Geflüchtete in Deutschland. Ansichten – Allianzen – Anstöße. Göttingen.

Wolfgang Rüting

Das Jugendamt: Fachbehörde im Spannungsfeld sozialpädagogischer Dienstleistungen und Aufsichtsfunktion

Jugendhilfe in öffentlicher und freier Trägerschaft

Geflüchtete Familien mit ihren Kindern und Jugendlichen haben spätestens mit Zuweisung in eine Stadt oder Gemeinde als Aufenthaltsort u. a. Anspruch auf die Sozialleistungen der Jugendhilfe (§ 2 Abs. 2 SGB VIII). Dieses gilt unabhängig von ihrem ausländerrechtlichen Status (§ 6 Abs. 2 SGB VIII).

Das Jugendamt stellt mit seiner Verfasstheit durchaus ein besonderes Konstrukt dar. Es besteht aus dem Jugendhilfeausschuss (Ausschuss des Kommunalparlaments mit besonderen Rechten) und der Verwaltung des Jugendamtes (Zweigliedrigkeit). Der Jugendhilfeausschuss befasst sich mit allen Angelegenheiten der Jugendhilfe. Hierzu gehört die Erörterung aktueller Problemlagen, die Jugendhilfeplanung und die Förderung der freien Jugendhilfe (§ 71 Abs. 2 SGB VIII). Aufgabe der Verwaltung der Jugendhilfe ist, die Beschlüsse des Jugendhilfeausschusses umzusetzen und hierüber Bericht zu erstatten. Ferner informiert und berät die Verwaltung der Jugendhilfe den Jugendhilfeausschuss in allen Angelegenheiten der Jugendhilfe und tätigt die sogenannten Geschäfte der „laufenden Verwaltung". Der Umstand, dass neben den gewählten Vertretern der Vertretungskörperschaft (Stadt, Kreis) benannte und stimmberechtigte sachkundige Bürger und Träger der freien Jugendhilfe vertreten sind, eröffnet der Jugendhilfe im lokalen Kontext vielfältige Mitwirkungs- und Gestaltungsmöglichkeiten. Für den Umgang mit geflüchteten Kindern, Jugendlichen und Familien sowie jungen Erwachsenen erschließt das Chancen und Vorteile, zieht gleichzeitig aber auch Konsequenzen nach sich.

Dem öffentlichen Träger der Jugendhilfe – das Jugendamt – obliegt die Gesamtverantwortung für die Erfüllung der Aufgaben der Jugendhilfe einschließlich der Planungsverantwortung sowie der hierauf bezogenen Qualitätssicherung (§§ 79 Abs. 1 und 79a SGB VIII). Bedarfsangemessenheit, Qualität und Aktualität der Leistungen der lokalen Jugendhilfe basieren insofern auf dem aktiven Handeln und den vorausschauenden Planungen des Jugendamtes. Dieses beinhaltet die Bedarfsermittlung und relevante, begründete Angebots/-Maßnahmenplanungen. Andererseits sind die Förderung und der Ausbau der sozialen Infrastruktur zur Leistungserbringung relevant. Hier gilt, dass der öffentliche Träger der Jugendhilfe von eigenen Maßnahmen absieht und diese den freien Trägern der Jugendhilfe zur Ausführung überlässt (Subsidiaritätsprinzip). Diese sind hierfür auskömmlich zu finanzieren und fachlich zu fördern (§§ 4 Abs. 2, 77, 78a ff. SGB VIII).

Das SGB VIII definiert Leistungen und sogenannte andere Aufgaben der Jugendhilfe (§ 2 SGB VIII). Sozialleistungen bedingen einen Rechtsanspruch der Betroffenen hierauf. Dieser ist individuell ausgestaltet (§ 27 SGB VIII) oder als allgemeiner Anspruch hinterlegt (z. B. Leistungen der offenen und verbandlichen Jugendarbeit, Familienbildung etc.). In jedem Fall gilt, dass der Träger der öffentlichen Jugendhilfe für seinen Zuständigkeitsbereich diese Leistungen vorhalten muss. Wie das auf lokaler Ebene zu erfolgen hat, unterliegt der Gesamtverantwortung des öffentlichen Trägers der Jugendhilfe und der im Rahmen der Jugendhilfeplanung (§ 80 SGB VIII) festgestellten Bedarfslage.

Sicherzustellende Leistungen sind Angebote der Jugendarbeit, Jugendsozialarbeit und des erzieherischen Kinder- und Jugendschutzes, Angebote zur Förderung der Erziehung in der Familie (u. a. Familienbildung), Förderung ehrenamtlicher Aktivitäten (Zivilgesellschaft), Angebote zur Betreuung von Kindern in Tageseinrichtungen und Tagespflege, Hilfen zur Erziehung und Hilfen für seelisch behinderte oder hiervon bedrohte Kinder und Jugendliche.

Dem öffentliche Träger der Jugendhilfe sind ferner Aufgaben übertragen, die einen hoheitlichen bzw. aufsichtsrechtlichen Charakter haben (§ 2 Abs. 3 SGB VIII). Diese Aufgaben sind vom öffentlichen Träger der Jugendhilfe pflichtig wahrzunehmen und unterliegen in der Ausübung nur einem bedingten Ermessen. Aufgabenstellungen dieser Art sind z. B. die Mitwirkung im familien- und jugendgerichtlichen Verfahren, das Führen einer Beistandschaft oder Vormundschaft für Minderjährige, die Erteilung und der Widerruf der Pflegeerlaubnis, Beurkundungen etc. Zu diesem Aufgabenbereich gehört auch die Inobhutnahme von Kindern und Jugendlichen in Krisen und Konfliktsituationen. Dieser Tätigkeitsbereich des Jugendamtes korrespondiert eng mit den Bemühungen zur Sicherstellung des Schutzes von Kindern und Jugendlichen zur Abwendung von Gefahren für ihr Wohl (§ 8a SGB VIII).

Die skizzierten Tätigkeitsprofile der sozialpädagogischen Fachbehörde Jugendamt sind als die zwei Seiten einer Medaille zu sehen. Das Spannungsfeld zwischen sozialer Dienstleistung und staatlicher Aufsichts- und Wächterfunktion ist unverkennbar aber nicht widersprüchlich, drückt sich hierdurch doch die gesamte Bandbreite familiärer Lebenswirklichkeit ab.

Geflüchtete Familien mit ihren Kindern, Jugendlichen sowie junge Erwachsene bilden nicht nur eine zusätzliche Gruppe von Leistungsbeziehern im Kontext Jugendhilfe. Es handelt sich in aller Regel um eine (nicht neue) Zielgruppe der Jugendhilfe mit besonderen Anforderungen und Aufmerksamkeitsbedarf im Kontext individueller, sozialer und gesellschaftlicher Bewältigungslagen. Die gesamte Bandbreite jugendhilferechtlicher Leistungen und Aufgabenwahrnehmungen ist hierbei definitiv angesprochen. Mehr noch: Die Jugendhilfe und damit das Jugendamt stellen auf kommunaler Ebene einen relevanten und zentraleren Faktor zur Bewältigung der vielfältigen Anforderungslagen im Kontext Flucht dar. Allemal ein gewichtiger Grund, diese Aufgaben planvoll sowie konzeptionell gesteuert aufzunehmen und auszugestalten.

Der Allgemeine Soziale Dienst

Längst ist deutlich geworden, dass geflüchtete Familien auf die Leistungen und Angebote der Kinder- und Jugendhilfe angewiesen sind. Geflüchtete Familien sind zunächst Familien wie alle anderen auch. Sie tragen Verantwortung für das Wohlergehen der eigenen Kinder und Jugendlichen. Beim Umgang mit den sich hieraus ergebenden Anforderungen benötigen sie Beratung und Förderung, oftmals auch als intensivere Formen der Unterstützung.

Das aktuelle Angebotsportfolio der Jugendhilfe – z. B. im Kontext der frühen Hilfen oder den Hilfen zur Erziehung – ist in der Regel Ausdruck hiesiger *sozio*-kultureller Sicht- und Denkweisen. Wirksame und nachhaltig angelegte Angebotsformen der Jugendhilfe mit Blick auf die Lebenslagen Geflüchteter erfordern eine Konzepterweiterung bzw. Differenzierung der Angebote und Leistungen im Sinne einer kultursensiblen Orientierung. Hiermit ist das Vermögen gemeint, mit Menschen aus unterschiedlichsten kulturellen Zusammenhängen so in Beziehung treten (interagieren) zu können, dass sich alle Beteiligten menschlich akzeptiert fühlen und das Resultat der Begegnung beidseitig positiv bewertet wird. Ein hoher Anspruch an die professionellen Verhaltensweisen und die leistungsorientierten Settings (vgl. Szmidt 2012, S. 12 ff.).

Der Allgemeine Soziale Dienst (ASD) als Fachabteilung des Jugendamtes agiert hierbei an exponierter Stelle. Und das sicherlich in mehrfacher Hinsicht (Merchel 2015, S. 78 ff.).

Unabhängig von spezifischen lokalen und konzeptionellen Ausrichtungen bildet der ASD in den Kommunen den zentralen Beratungs- und Unterstützungsdienst für Familien, Kinder, Jugendliche und auch für junge Erwachsene. Die Bezeichnung „Allgemeiner Sozialer Dienst" oder auch „Kommunaler Sozialdienst" bringt diesen Anspruch zum Ausdruck. Ob dem dann tatsächlich überall gleichmäßig entsprochen wird, bleibt mit

Blick auf die ca. 600 Jugendämter in Deutschland offen. Die Qualitätsdisparitäten dürften vermutlich erheblich sein. Jedenfalls sollte es möglich werden, dass Familien mit ihren individuellen erzieherischen Alltagsangelegenheiten in der Kommune „barrierefrei" und in „angstfreien Settings" Ansprechpartner finden, die Beratungs- und Unterstützungsleistungen anbieten oder diese erschließen können. Relevant ist hierfür der Blick auf den

ASD als kommunale Anlaufstelle für Familien

Dieses setzt natürlich voraus, dass der ASD in der Kommune bei den Familien bekannt ist, seine Angebots- und Wirkmöglichkeiten insofern präsentiert werden und Transparenz erhalten. Das SGB VIII und das KKG (Gesetz zur Kooperation und Information im Kinderschutz) sichern Eltern und anderen Erziehungsverantwortlichen Unterstützung bei er Wahrnehmung ihrer Erziehungsverantwortung durch die staatliche Gemeinschaft zu. Hierfür benötigen sie Information, Beratung und begleitende Unterstützung, die durch die Betroffenen freiwillig genutzt werden kann. Der Fachdienst ASD sondiert dabei zunächst die fallspezifischen Fragestellung und den Hilfebedarf. Erforderliche Hilfen werden dabei in eigener Verantwortung erbracht oder zur Umsetzung an einen freien Träger der Jugendhilfe weitervermittelt (Regelfall).

ASD als Mittler – Hilfen zur Erziehung und Hilfeplanung

Die Hilfen zur Erziehung (§ 27 ff. SGB VIII) stellen eine intensivere, längerfristig angelegte Hilfeform dar. Die Betroffenen können hierauf ihren Rechtsanspruch geltend machen, wenn eine dem Wohl des Kindes oder Jugendlichen entsprechende Erziehung nicht mehr gewährleistet ist. Hilfen zur Erziehung werden in ambulanter, teilstationärer und stationärer Form angeboten. Eine Rangfolge in der Anwendung findet nicht statt. Die Leistungserbringung erfolgt in der Regel durch einen Träger der freien Jugendhilfe. Der ASD wird in diesen Fällen mit den Eltern bzw. Personensorgeberechtigten sorgfältig den Bedarf klären und geeignete Hilfen vorschlagen, vermitteln und in der Umsetzung begleiten. Im Prozess der Hilfeplanung und dessen Fortschreibung wirken ASD, Eltern und die Kinder/Jugendlichen zielorientiert zusammen. Nur so wird es nachhaltig möglich sein, die elterliche Erziehungsautonomie und Eigenverantwortung zu fördern. Junge Erwachsene (18 bis 21 Jahre) treten als eigenständige Antragsteller mit individuellen Rechten und Pflichten auf.

ASD Schutzauftrag/Garantenstellung

Sowohl das SGB VIII als auch das KKG weisen dem Träger der öffentlichen Jugendhilfe den Schutzauftrag für Kinder und Jugendliche vor Gefahren für ihr Wohl zu. Hiermit in Verbindung steht die Ausübung der sogenannten staatlichen Wächterfunktion und der Garantenstellung. Eine hochgradig verantwortliche Aufgabe mit komplexen Anforderungen an alle Beteiligte. Die betroffenen Familien und deren Kinder und Jugendlichen sind dabei nicht Objekte staatlicher Aufsichts- und Eingriffsfunktion. Sie werden als verantwortlich Handelnde betrachtet und voll umfänglich in die Pflicht als erziehungsverantwortliche Eltern genommen. Ob Kinder oder Jugendliche temporär oder dauerhaft ihre Herkunftsfamilien verlassen sollen, entscheidet das Familiengericht im Verlauf eines eigenständigen Prüfverfahrens (§ 155 ff. FamFG). Dabei gilt stets der Grundsatz des geringstmöglichen Eingriffs in die elterliche Verantwortung. Vielmehr hat auch hier das Bemühen Vorrang, die elterliche Eigenverantwortung wieder herzustellen.

ASD – Frühe Hilfen und Netzwerkarbeit/Gemeinwesenorientierung

Über die Einzelfallperspektive hinaus richtet der ASD seinen Blick immer auch auf das Gemeinwesen, respektive den Sozialraum. Mit der Weiterentwicklung der frühen Hilfen und der Netzwerkarbeit (§ 3 KKG) hat dieser fachliche Handlungsstrang im Kontext der ASD-Arbeit eine zunehmende Bedeutung gewonnen.

Frühe Hilfen folgen dem Ziel, als freiwillig in Anspruch zu nehmendes Angebot in allen Lebensphasen des jungen Menschen Beratung, Unterstützung zur Förderung der elterlichen Erziehungskompetenz lokal vorzuhalten. Vor allem sollen diese Angebote niedrigschwellig angelegt sein und dem Bedarf der Kinder und der Eltern entsprechen. Ein Beispiel hierfür ist die Beratung und Unterstützung durch eine Familienhebamme oder Angebote der Familienbildung. Ferner können alle Angebote eines Familienzentrums für viele Familien hilfreich sein. Insbesondere geht es darum, Beratungs- und Unterstützungsangebote zur Bewältigung des Familien- und Erziehungsalltages frühzeitig zugänglich zu machen (Ziegenhein 2011, S. 30).

Frühe Hilfen sind allerdings erst dann realisierbar, wenn diese auch in Anspruch genommen werden. Mit Blick auf die Familien mit einem Flüchtlingshintergrund bedarf es daher an den Lebenslagen Betroffener ausgerichteter Informations- und Motivationsstrategien. Kulturmittler – Fachkräfte sowie Ehrenamtler mit kulturellen Kompetenzen und Kenntnissen unterschiedlicher Art – sind als „Brückenbauer" hierbei unerlässlich.

ASD – strukturelle Aspekte und Qualitätserwartungen

Das, was den ASD/KSD als kommunalen Fachdienst der Jugendhilfe heute ausmacht, ist Ergebnis eines langjährigen Entwicklungsprozesses, der sicherlich auch weiterhin nicht abgeschlossen ist. Tatsache bleibt, dass sich dieser Fachdienst zu einem zentralen Dienstleistungssegment der Jugendhilfe für Familien, Kinder, Jugendliche und junge Erwachsene im Jugendamt etabliert hat und hier einen Kernbereich sozialpädagogischer Dienstleistung generiert. Entsprechend hoch sind die Erwartungen, die an diesen Fachdienst gerichtet werden. Die Allgemeinen Soziale Dienste sind heute überwiegend sozialräumlich ausgerichtet. Das Teamprinzip als Organisationsmerkmal kann nahezu überall vorausgesetzt werden und erfüllt den Grundsatz des Zusammenwirkens mehrerer Fachkräfte in der Fallarbeit. Unerlässlich sind die Mitwirkung der Fachkräfte des ASD in den lokalen Netzwerken sowie die hiermit in Verbindung stehende ressortübergreifende Arbeits- und Kooperationsperspektive (Ärzteschaft, Schule, Jobcenter etc.). Von zentraler Bedeutung ist die personelle Ausstattung des ASD, sowohl quantitativ als auch qualitativ. Die Spannbreite der Aufgabenstellungen im ASD, der ausgewiesene Umfang an Verantwortungszuschreibung, finanziell Maß halten und der gesellschaftliche Erwartungsdruck produzieren eine hochgradige Anforderungslage. Das ziel- und ergebnisorientierte Fallmanagement einschließlich der wichtigen Beteiligungsorientierung mit Blick auf die Betroffenen, steht wesentlich für gelingende Hilfeverläufe. Mit Blick auf die Menschen mit einem Flüchtlingshintergrund ist zudem Kultursensibilität (s. o.) und eine differenzierte Einschätzungskompetenz unerlässlich.

ASD – der besondere Blick auf Familien mit einem Flüchtlingshintergrund

Grundsätzlich haben die einer Kommune zugewiesenen Flüchtlingsfamilien einen Anspruch auf Beratung und Unterstützung durch den ASD, so wie alle anderen auch (Deutscher Verein 2016, S. 16). Dennoch bilden diese Familien eine Zielgruppe des ASD mit besonderen Anforderungen. Das erscheint zunächst unstrittig, hat jedoch für den Arbeitsalltag des ASD eine erheblich Bedeutung.

Beispiel Schutz Minderjähriger: Möglicherweise ist dieser Aspekt im Kontext einer fachlichen Aufmerksamkeit für geflüchtete Kinder, Jugendliche und deren Familien nicht sofort präsent. Dennoch gilt der Schutzauftrag der Jugendhilfe hier in jeder Beziehung gleichermaßen. Dieser richtet sich an den familialen Lebensort der Kinder und Jugendhilfen sowie auch an institutionelle Strukturen außerfamilialer Betreuungssettings. Auch die Alltagsbedingungen geflüchteter Familien in kommunalen (Not-)Unterkünften und in den (Not-)Unterkünften der Länder ist hierbei relevant.

In aller Regel wird es so sein – dies belegen die bis jetzt gewonnenen Erfahrungen – dass gerade Familien mit einem Fluchthintergrund ihre Kinder sehr aufmerksam betreuen und versorgen und diese mit großem Engagement vor Gefahren schützen. Letztlich ist die Entscheidung zur Flucht vor Krieg, Verfolgung und wirtschaftlicher Not schon deshalb erfolgt, um den eigenen Kindern bessere und sicherere Lebensbedingungen zu ermöglichen. Die Auswirkung traumatischer Fluchterfahrungen, unbekannte Anforderung im Aufnahmeland, Sorge um Zurückgebliebene, Bewältigungsstress etc., führen dennoch in nicht wenigen Fällen zur Überforderung im Erziehungsalltag. Die besondere und in der Regel völlig unzureichende Lebenssituation in den Notunterkünften wirkt vielfach zudem destabilisierend auf die Familien ein (Rüting 2016, S. 112).

Hinzu kommt aus Sicht der betroffenen Familien die Auseinandersetzung und Konfrontation mit den sozio-kulturellen Lebensbedingungen im Gastland. Der Umgang mit Kindern und die hierauf bezogenen Verhaltensmodalitäten in Familien mit einem Flüchtlingshintergrund weichen ggf. von den europäischen Vorstellungen und Gepflogenheiten ab. Negativ tangiert sind hiervon in nicht wenigen Fällen die Rechte von Kindern und Jugendlichen im Spiegel der UN-Kinderrechtskonvention sowie die rechtlichen Normierungen zum Schutz von Kindern und Jugendlichen.

Bei aller kritischen Würdigung der besonderen Lebensbedingungen und Lebensumstände der Flüchtlingsfamilien kann das Recht der Kinder und Jugendlichen auf Schutz vor Gefahren für ihr Wohl nicht zur Debatte stehen oder relativiert werden. Hierauf hat sich die Jugendhilfe und die Familiengerichtsbarkeit einzustellen. Die schon bestehenden Schutzkonzepte, Verfahren und Beratungsmöglichkeiten finden hier – kultursensibel konnotiert – gleichermaßen Anwendung.

Das Sozialleistungssystem wird sich weiter qualifizieren müssen, um den besonderen Belangen und Bedarfen der Flüchtlingsfamilien – wie dargelegt – auch entsprechen zu können. Familienleben und Familienorganisation Geflüchteter unterliegen oftmals unterschiedlichen sozialen und kulturellen Vorstellungen. Diese Vielfalt kultureller Identitäten Geflüchteter gilt es zu respektieren. Der erfolgreiche Einsatz von Sozialleistungen (hier die der Jugendhilfe) basiert demgegenüber auf die Mitwirkung der Betroffenen im Rahmen ihrer individuellen Möglichkeiten.

Jugendhilfe als Sozialleistung

Ausgehend von der Feststellung, dass Familien mit einem Flüchtlingshintergrund nach Zuweisung Anspruch auf die Sozialleistungen im Kontext Jugendhilfe geltend machen können, ist hierfür lokal die Zugänglichkeit herzustellen. Ihnen ist das deutsche Sozialleistungssystem und dessen

Handhabung am allerwenigsten bekannt. Diese Anforderung macht einen wesentlichen Aspekt der Arbeit des ASD deutlich, nämlich das Format der zugehenden, aufsuchenden, Menschen aktivierende Arbeitsweise. Dieses ist einerseits Ausdruck einer spezifischen fachlichen Haltung. Andererseits und grundsätzlich markiert dieses aber auch die konsequenten Umsetzung und Orientierung am geltenden Sozialverwaltungsverfahrensrecht (SGB I und insbesondere X). Die Ermöglichung von Sozialleistungen steht hierbei im Fokus.

Das Verwaltungsverfahren beginnt mit dem Antrag, der grundsätzlich an keine Form gebunden ist (§ 17 SGB I und § 9 SGB X). Dieses setzt voraus, dass die Behörde (hier Jugendamt/ASD) die Lebenslagen Betroffener wahrnimmt und bereits hiervon ggf. Bedarfslagen und Unterstützungsnotwendigkeiten ableitet. Gleichwohl unterliegt die Inanspruchnahme einer Sozialleistung der freiwilligen Willensentscheidung durch die Betroffenen (im Kontext des Schutzes von Kindern und Jugendlichen – § 8a SGB VIII) – können dem jedoch Grenzen gesetzt sein).

Da dem örtlichen Jugendamt in aller Regel die besondere Situation vieler Familien mit einem Flüchtlingshintergrund in der Kommune bekannt sein dürfte, reicht es natürlich nicht aus, auf eine vorgetragene Antragstellung durch Betroffene zu warten. Das Wissen um die prekären Lebenslagen Einzelner oder Gruppen fordert die Behörde zum Handeln auf.

Die Planung und Durchführung einer Sozialleistung erfolgt im Wege partnerschaftlichen Aushandelns der Inhalte, Ziele und Bedingungen einer Sozialleistung bzw. Hilfeform (§ 36 SGB VIII). Den Betroffenen steht ein Wunsch- und Wahlrecht mit Blick auf die zu wählende Einrichtung oder einem Fachdienst verschiedener Träger der Jugendhilfe zu (§ 5 SGB VIII). Zudem ist es ihnen freigestellt, in allen Phasen der Leistungserbringung eine Person ihres Vertrauens hinzuzuziehen (§ 13 Abs. 4 SGB X).

Grundsätzlich gilt: Die Betroffenen im Sozialverwaltungsverfahren genießen Vertrauensschutz in jeglicher Hinsicht. Erhobene Sozialdaten über persönliche und sachliche Verhältnisse bestimmter Personen (hier Antragsteller und sonstige Beteiligte) dürfen durch die Behörde weder offenbart noch an Dritte weitergegeben oder übermittelt werden. Die für die Leistungsgewährung erforderlichen Daten sollen in der Regel beim Betroffenen direkt erhoben werden (§ 35 SGB I i.V. m. § 67 ff. SGB X; speziell Jugendamt: §§ 61–68 SGB VIII).

Literatur

Deutscher Verein für öffentliche und private Fürsorge (2016): Empfehlungen des Deutschen Vereins zur Förderung der Integration geflüchteter Menschen. Berlin.
Merchel, Joachim (Hrsg.) (2015): Handbuch Allgemeiner Sozialer Dienst (ASD). München.

Rüting, Wolfgang (2016): Junge Menschen auf der Flucht: Fachlich-strukturelle Herausforderung für die Jugendhilfe – eine Annäherung. In: ISA Jahrbuch zur Sozialen Arbeit. Münster.

Szmidt, Marta (2012): Kultursensible Selbsthilfe. Hamburg.

Ziegenhein, Ute (2011): Guter Start ins Kinderleben – Werkbuch Vernetzung (Modellprojekt), Nationales Zentrum frühe Hilfen u. a. Köln.

Christa Müller-Neumann

Kommunale Integrationszentren in NRW

Ein wesentlicher Schritt in der Weiterentwicklung des Selbstverständnisses als Einwanderungsgesellschaft im Bundesland Nordrhein-Westfalen ist das „Gesetz zur Förderung der gesellschaftlichen Teilhabe und Integration in Nordrhein-Westfalen" (Teilhabe- und Integrationsgesetz) von 2012. Durch dieses Gesetz wird die Selbstverpflichtung des Landes zur Förderung der sozialen, gesellschaftlichen und politischen Teilhabe der Menschen mit Migrationshintergrund zum Ausdruck gebracht.

Als ein Kernelement zur lokalen Umsetzung dieses Prinzips ist im § 7 die Förderung der Kommunalen Integrationszentren benannt. In den inzwischen 53 Kommunalen Integrationszentren verbinden sich zwei inhaltliche Integrationslinien, nämlich „Integration durch Bildung" und „Integration als kommunale Querschnittsaufgabe" zu einer neuen kommunalen Organisationseinheit. Damit verfügt Nordrhein-Westfalen über eine besondere, bundesweit einmalige Struktur.

Spätestens mit der Gründung der Kommunalen Integrationszentren und deren Auftrag, vorrangig durch Koordinierungs-, Beratungs- und Unterstützungsleistungen Einrichtungen des Regelsystems in der Kommune im Hinblick auf die Integration von Menschen mit Migrationshintergrund zu sensibilisieren und zu qualifizieren, hat sich ein Paradigmenwechsel vollzogen. Es geht nicht (mehr) um einen gesonderten Förderbereich und die Entwicklung neuer paralleler Angebote für eine benachteiligte Zielgruppe, in diesem Falle also Migrantinnen und Migranten, sondern vielmehr um die Neuausrichtung der bestehenden Regelsysteme auf die aktuellen und zukünftigen Notwendigkeiten, die sich aus den gesellschaftlichen Veränderungen einer Migrationsgesellschaft ergeben.

Die Grundlage der Arbeit jedes KI bildet das kommunale Integrationskonzept, das durch den jeweiligen Rat der Stadt bzw. Kreistag beschlossen wird. Die Konzepte basieren grundlegend auf den beiden Schwerpunkten „Integration durch Bildung" und „Integration als Querschnittsaufgabe". Zu Letzterem gehören z. B. Handlungsfelder wie die Interkulturelle Öffnung der Verwaltung, Pflege und Alter, Gesundheit, Wirtschaft und Sport. Für das Handlungsfeld im Bereich der Bildung bedeutet es, entlang der Bildungsbiografie von Kindern und Jugendlichen Chancengerechtigkeit, z. B. durch kompetenzorientierte Konzepte interkultureller und sprachlicher Bildung, anzustreben – angefangen in der frühkindlichen Bildung und Erziehung bis hin zum Übergang von der Schule in den Beruf bzw. zur universitären Ausbildung.

Auch wenn die KI, abgesehen von der Bildungsberatung von neuzugewanderten Kindern und Jugendlichen, keine direkte Beratungsarbeit anbieten, sondern vorrangig koordinierend und vernetzend arbeiten, stimmen sie sich intensiv mit anderen Akteuren in der Integrationsarbeit ab oder arbeiten unmittelbar mit ihnen zusammen, um zu erreichen, dass alle Bevölkerungsgruppen adäquate Unterstützungsangebote und Teilhabechancen erhalten. Hier ist es notwendig, mit den relevanten Akteuren gemeinsam Transparenz über die vorhandenen Angebote herzustellen, den Bedarf an ergänzenden Angeboten zu identifizieren und anschließend Absprachen darüber zu treffen, welche Organisationseinheit für die Entwicklung und Umsetzung eines Angebotes verantwortlich ist. Damit soll erreicht werden, dass sich keine Doppelstrukturen entwickeln, aber auch keine Personengruppe vergessen wird.

In der Entwicklung von sozialraumorientierten Konzepten wird besonders deutlich, dass die Behandlung von einzelnen Handlungsfeldern nicht möglich ist, ohne die anderen Systeme mit einzubeziehen. Im Bereich der sozialen Arbeit kooperieren die KI daher besonders mit den freien Trägern der Kinder- und Jugendhilfe, den Integrationsagenturen, Jugendmigrationsdiensten (JMD) und dem Ministerium für Schule und Weiterbildung (MSW).

Im Folgenden werden einige Handlungsfelder herausgestellt, in denen besonderer Handlungsbedarf für die Soziale Arbeit besteht.

Angebote der Frühen Bildung und Familienbildung

In vielen Kreisen und Kommunen zeigt sich zunehmend eine Unterversorgung mit Kita-Plätzen und Betreuungsangeboten, die insbesondere (neu) zugewanderte und/oder geflüchtete Familien betrifft.

Neben dem Ausbau der Kindertageeinrichtungen werden seit 2015 verstärkt Brückenangebote wie Spielgruppen oder mobile Kitas gefördert. Diese leisten wertvolle Arbeit: Kinder und Eltern können erste Erfahrungen mit Bildungsinstitutionen sammeln und spielerisch an die deutsche Sprache herangeführt werden.

Da jedoch nach wie vor eine institutionelle Benachteiligung von Kindern mit Migrationshintergrund entlang der Bildungskette festgestellt wird, ist es wichtig, diese Angebote tatsächlich als das zu sehen was sie sind: eine Brücke in die sozialen Regelstrukturen bzw. in die Integration in das Regelsystem.

Für die Informations- und Fortbildungsbedarfe der Fachkräfte und Bildungseinrichtungen bedeutet dies, mehrsprachige Informations-, Spiel- und Lehrmaterialien, Dolmetscherdienste, Hintergrundwissen zum Themenkomplex Zuwanderung und Flucht sowie zum Umgang mit Traumata zu entwickeln bzw. bereitzustellen.

Familien sollen früh an das Bildungssystem herangeführt werden und die Bildungsinstitution (selbst) erleben und mitgestalten – daher sehen die KI-Programme keine Hausbesuche vor, sondern finden dezidiert in Bildungsinstitutionen statt: Es wird eine Bildungs- und Erziehungspartnerschaft aufgebaut, die auch die migrationsgesellschaftliche Öffnung der Einrichtungen unterstützt.

Wesentliches Ziel ist dabei, eine Veränderung zu einer Gesellschaft, in der die frühe Bildung selbstverständlich diversitätsbewusst und mehrsprachig ist, zu bewirken, sodass eine kultursensible, mehrsprachige und zur Migrationsgesellschaft offene Erziehungs- und Bildungspartnerschaft zwischen Bildungsinstitutionen und Familien etabliert sind.

Wege in Bildung und Ausbildung

In NRW besteht Schulpflicht für geflüchtete Kinder und Jugendliche – unabhängig vom Aufenthaltsstatus – von dem Moment an, in dem die Zuweisung in eine Kommune erfolgt ist.

Bei Jugendlichen, die 15 oder 16 Jahre oder gar älter sind, stellt sich jedoch die Frage des weiteren Bildungsgangs anders als bei jüngeren. Hier sind Wege in berufliche Bildung zu planen, und in diesem Kontext wird für all diejenigen, die über 16 Jahre sind – und besonders für die über 18-Jährigen – das Konstrukt der „sicheren oder unsicheren Bleibeperspektive" ein Ausgrenzungsfaktor.

Für Personen dieser Altersgruppe mit einer sogenannten sicheren Bleibeperspektive lassen sich gemeinsam mit den Bildungs- und Arbeitsmarktakteuren vor Ort verschiedene Zugänge und auch modular angelegte Bildungs- und Ausbildungsmöglichkeiten gestalten. Verschiedene Maßnahmen von Bundesagentur für Arbeit (BA), Bundesamt für Migration und Flüchtlinge (BAMF), Bundesministerium für Bildung und Forschung (BMBF) und Maßnahmen vom Bundesministerium für Familie, Senioren, Frauen und Jugend (BMFSFJ) können hier genutzt und auch teilweise miteinander verbunden werden.

Große Probleme ergeben sich jedoch für all diejenigen, die nicht das Etikett der „sicheren Bleibeperspektive" erhalten. Sie erfahren Ausgrenzung von Bildungszugängen. Oft sind sie mit anderen Jugendlichen in gleichen Einrichtungen untergebracht und erleben, wie diejenigen mit der „sicheren Bleibeperspektive" in schulische wie außerschulische Bildungsgänge oder -maßnahmen vermittelt werden, Sprachkurse erhalten und durch besondere Angebote Bildungs- und Berufsperspektiven eröffnet bekommen. Ihnen selbst sind diese Wege verschlossen.

So finden sie – zumindest auf legalem Weg – keine Möglichkeit, ausreichend Finanzmittel zu erhalten, um zum Beispiel Schlepper zu bezahlen oder an ihre Familien die erwartete Unterstützung zu senden.

Hier nehmen die Träger der Jugendsozialarbeit und der Jugendhilfe eine besondere Rolle ein, mit denen gesonderte Angebote für diese Zielgruppe zu entwickeln sind.

Zugang zu Sprachkursen und anderen Integrationsmaßnahmen

Die Erfahrungen in der Beratung und Begleitung von geflüchteten Menschen zeigen entgegen der Darstellung in den Medien, dass Integrationsangebote und Sprachkurse in der Regel freiwillig und gern wahrgenommen werden. Es mangelt eher an der Möglichkeit der flexiblen Ausgestaltung von Maßnahmen orientiert an dem real vorhandenen Bedarf als Voraussetzung für den Zugang zum Arbeitsmarkt:

- Das Erreichen der Kompetenzstufe B1 oder gar B2 des Europäischen Referenzrahmens für Sprachen, die als Voraussetzung für Berufsausbildung definiert sind, ist innerhalb der klassischen Integrationskurse für viele Teilnehmer/innen kaum zu erreichen.
- Kostenlose Sprachkurse zur Erlangung der Kompetenzstufe C1, die eine Voraussetzung für den Hochschulzugang sind, fehlen.
- Niedrigschwellige Angebote der schnellen Förderung der Alltagssprache, um in der Gesellschaft anzukommen und die Zeit bis zur Aufnahme in einen Integrationskurs zu nutzen, sind nur rudimentär vorhanden.
- Angebote zur Alphabetisierung benötigen ca. 10–15 Prozent derjenigen, die seit Beginn des Jahres 2015 in die Bundesrepublik Deutschland geflüchtet sind.
- Eine ebenfalls größere Gruppe braucht Unterstützung im Zweitschrifterwerb des lateinischen Schriftsystems.
- Viele Frauen können nur an Sprachkursen teilnehmen, wenn die Betreuung der Kinder gewährleistet ist.
- Der Weg zum Sprachkurs ist gerade im ländlichen Raum schwierig, da Fahrtkosten nicht erstattet werden.

Die KI stellen Transparenz über die Angebote her und koordinieren im Einzelfall die Abstimmung der Angebote zwischen den unterschiedlichen Sprachkursträgern.

Unterstützung des ehrenamtlichen Engagements

Viele Menschen engagieren sich ehrenamtlich in der Flüchtlingshilfe. Das ehrenamtliche Engagement war und ist wichtig für eine Vielzahl von Aufgaben, die von Hauptamtlichen nicht zu leisten wäre. Allerdings dürfen zwei Aspekte hierbei nicht übersehen werden.

1. Durch vielfältige Überforderungen und Belastungen bei dieser Arbeit (Abschiebung von betreuten Asylsuchenden; Probleme bei der Vermittlung an hauptamtliche Strukturen) ist die anfängliche Euphorie des „Welcome Refugees" bereits einer gewissen Ernüchterung gewichen.
2. Der Anspruch von Ehrenamtlichen, möglichst für alle Belange der Zuwandernden zuständig zu sein, stößt an die Grenzen der Möglichkeiten. In vielen Fällen ist einfach professionelle Beratung notwendig, z. B. um Asylanträge nicht zu gefährden.

Daraus folgt: Ehrenamtliches Engagement benötigt gerade in diesem emotional schwierigen Themenbereich hauptamtliche Unterstützung und Begleitung. Durch das Landesprogramm KOMM-AN NRW werden ehrenamtliche Strukturen unterstützt. Auch hier ist es perspektivisch sinnvoll, dass Regelstrukturen wie Freiwilligenagenturen diese Arbeit flankieren können.

Abschließende Bemerkung

Die erneute Fokussierung auf die Zielgruppe der Geflüchteten und die damit verbundene Sonderförderungen von Land, Bund und Stiftungen ist zum aktuellen Zeitpunkt notwendig und das Engagement ausdrücklich zu begrüßen. Es darf jedoch nicht dazu führen, dass das Ziel der Veränderung des Regelsystems aus dem Blick gerät. Stattdessen muss die Energie, die in der Bewältigung der aktuellen Herausforderungen liegt, genutzt werden, um die klassische und notwendige Aufgabe der KI der migrationsgesellschaftlichen Öffnung der Institutionen zu unterstützen, die künftig sowohl den Neuzugewanderten, aber auch den schon länger hier Lebenden, und nicht zuletzt den autochthonen Deutschen zugutekommt.

Nidha Kochukandathil

Dolmetscher

Niedrigschwellige Dolmetscherdienste

Für eine gelingende Integrationsarbeit vor Ort ist eine erfolgreiche Kommunikation erforderlich. Mit erfolgreicher Kommunikation ist das *richtige Verstehen und Verstanden-Werden* gemeint. Daher ist es wesentlich, Menschen mit Migrationsvorgeschichte bei fehlenden deutschen Sprachkenntnissen zu unterstützen, um Sprachbarrieren abzubauen und dadurch einen besseren Zugang zu Bereichen wie Gesundheit, Bildung, Wohnen, Arbeit etc. zu gewährleisten. Denn Missverständnisse können auch zu dramatischen Folgen und zu Fehlentscheidungen, wie z. B. einer falschen medizinischen Diagnose oder einer unpassenden Schulempfehlung, führen. Verständigungsprobleme können zudem Verfahren in die Länge ziehen, dadurch steigen der Arbeitsaufwand und auch die Kosten und Integrationsverläufe können blockiert werden.

Um die sprachliche Verständigung zu unterstützen, existieren verschiedene Dienste, wie beispielsweise die professionelle Unterstützung durch vereidigte Dolmetscher/innen. Diese werden meist für gerichtliche und behördliche Zwecke eingebunden. Die Berufsbezeichnungen *Dolmetscher/in und Übersetzer/in* sind in Deutschland nicht geschützt. Daher kann die Qualität der Leistung bei verschiedenen Anbietern stark variieren (BDÜ).

Einsatzorte der Dolmetscher/innen sind beispielsweise Justizbehörden (Gerichte, Staatsanwaltschaften, Polizei etc.), städtische Ämter und Behörden, Kinder- und Jugendhilfeeinrichtungen, Schulen als auch Krankenhäuser und Kliniken.

Dolmetscher/innen werden vor allem dann einbezogen, wenn es sich inhaltlich um rechtsrelevante Angelegenheiten handelt. Im schulischen Kontext kann dies Themen betreffen wie z. B. die Versetzung, das Zeugnis oder Verfahren zur Feststellung des sonderpädagogischen Förderbedarfs (AO-SF-Verfahren) etc. In diesen Fällen ist die Schule verpflichtet eine/n anerkannte/n Dolmetscher/in in die Gespräche mit einzubeziehen.

Innerhalb der Stadtverwaltung Münster werden Aufträge an örtliche Dolmetscher- und Übersetzungsbüros vergeben. Meist haben die Ämter ein eigenes Budget für diese Sprachmittlungsdienste. In einigen Fällen müssen die Klienten jedoch den Einsatz auch privat bezahlen.

Es existiert eine Vielzahl unterschiedlicher Online-Datenbanken, um örtliche Dolmetscherdienste ausfindig zu machen.

Daneben gibt es Sprachmittler/innen, Integrationslots/inn/en, Ehrenamtliche etc., welche oft selbst eine Migrationsvorgeschichte aufweisen und neben dem reinen Dolmetschen auch mit der Lösung kommunikativer und *kultureller* Missverständnisse vertraut sind.

Die Problematik ist, dass es in diesen Tätigkeiten häufig keine einheitlichen Standards gibt. Das SprInt-Zertifikat zur Tätigkeit als Sprach- und Integrationsmittler/in beispielsweise ist derzeit in Deutschland die höchste erreichbare Qualifikation im Bereich des kultursensiblen Dolmetschens. Mit diesem Zertifikat werden erstmals bundesweit Qualitätsstandards in diesem Bereich geschaffen (SprInt).

In dem folgenden Beitrag sollen die Erziehungs- und Bildungspartnerschaften und der Einsatz sowie die Grenzen der ehrenamtlichen Übersetzer/innen des Kommunalen Integrationszentrums vorgestellt werden.

Das Kommunale Integrationszentrum Münster

Das Kommunale Integrationszentrum (KI) Münster ist Teil eines landesweiten und flächendeckenden Netzwerkes für Integration in den Kommunen und im Stabstellendezernat Migration und Interkulturelle Angelegenheiten der Stadt Münster als Fachstelle angesiedelt.

Das Kommunale Integrationszentrum Münster arbeitet u. a. zu den vom Land NRW vorgegebenen Schwerpunkten *Integration durch Bildung* und *Integration als Querschnittsaufgabe*. Das KI Münster hat vorrangig den Auftrag, durch Koordinierungs-, Beratungs- und Unterstützungsleistungen Einrichtungen des Regelsystems in der Kommune im Hinblick auf die Integration von Menschen mit Migrationshintergrund zu sensibilisieren und zu qualifizieren. Im Bildungsbereich benennt das Teilhabe- und Integrationsgesetz NRW hier Angebote im Elementarbereich, in der Schule und beim Übergang von der Schule in den Beruf in Zusammenarbeit mit den unteren Schulaufsichtsbehörden mit dem Ziel, die Bildungschancen von Kindern und Jugendlichen mit Migrationshintergrund zu verbessern (SprInt).

Das Kommunale Integrationszentrum Münster arbeitet hauptsächlich in zwei Schwerpunkten: den *Erziehungs- und Bildungspartnerschaften* und der *rassismuskritischen Arbeit* (s. Quasinowski/Reckfort in diesem Band).

Die Erziehungs- und Bildungspartnerschaften (EBP) haben zum Ziel, die Bildungschancen von Kindern mit Migrationsvorgeschichte zu erhöhen, indem die Eltern in ihrem Erziehungs- und Bildungsauftrag gestärkt und begleitet werden. Dabei soll nicht nur die partnerschaftliche Zusammenarbeit zwischen den Elternhäusern und Bildungseinrichtungen verbessert werden, sondern auch eine Vernetzung zwischen Kitas, Grundschulen, Offenen Ganztagsschulen (OGS) und anderen Bildungsakteuren im Umfeld angestrebt werden. Erziehungs- und Bildungspartnerschaften sind somit ganzheitlich ausgerichtet und verfolgen einen sozialräumlichen Ansatz (vgl. Stange u. a. 2013). Zudem wird der Entwicklungsprozess der interkulturellen Öffnung in den Bildungsinstitutionen vom KI begleitet.

Ehrenamtliche Übersetzer/innen im Bildungsbereich

Ein wesentlicher Punkt für eine gute Zusammenarbeit zwischen Bildungsinstitution und Eltern ist eine erfolgreiche Kommunikation. Missverständnisse in der Kommunikation mit Eltern mit Migrationsvorgeschichte führen Fachkräfte häufig auf die sprachlichen Barrieren zurück (vgl. Boos-Nünning 2011).

Ehrenamtliche Übersetzer/innen können die Eltern unterstützen und dabei helfen, Sprachbarrieren abzubauen. Bis März 2014 war der damalig benannte *Sprachhelfer/innen-Pool* im Rahmen eines Bundesprojektes bei der Freiwilligenagentur Münster angesiedelt und für alle Lebensbereiche wie z. B. Arztbesuche, Behördengänge, Beratungssettings etc. einsetzbar. Die Einsätze in den vielfältigen und oft auch problembelasteten Bereichen waren für viele der damaligen Sprachhelfer/innen eine Überforderung, sodass es selten zu passgenauen Vermittlungen kam. Seither wird er vom Kommunalen Integrationszentrum koordiniert und das Einsatzfeld entsprechend auf den Bildungsbereich reduziert. Im Herbst 2015 wurden die Sprachhelfer/innen umbenannt in ehrenamtliche Übersetzer/innen, da diese Bezeichnung die reale Aufgabe besser beschreibt.

Sie vermitteln sprachlich zwischen Eltern und Bildungseinrichtung und unterstützen damit die Integration von Kindern mit Migrationsvorgeschichte im Bereich Bildung.

Bildungseinrichtungen wie Kitas, Schulen und der Offene Ganztag können bei alltäglichen Gesprächen mit Eltern mit Migrationsvorgeschichte, die geringe oder keine deutschen Sprachkenntnisse aufweisen, die Unterstützung der Ehrenamtlichen kostenfrei beim Kommunalen Integrationszentrum anfragen.

Aufgabe der Ehrenamtlichen ist es, bei Elternabenden, Sprechstunden oder Infoveranstaltungen sprachlich zu unterstützen. Sie müssen neben Deutsch mindestens eine weitere Sprache sicher beherrschen und die Bereitschaft zu einer ehrenamtlichen Tätigkeit mitbringen. Natürlich muss über die Inhalte der Gespräche Stillschweigen bewahrt werden, dazu unterzeichnen sie eine Schweigepflichterklärung. Die Gruppe der Ehrenamtlichen setzt sich vielfältig zusammen. Es handelt sich sowohl um Menschen mit und ohne Migrationsvorgeschichte, die sich als Studierende, Berufstätige, Rentner/innen etc. engagieren. Davon sind mehr als zwei Drittel Frauen. Insgesamt weisen fast 70 Prozent der ehrenamtlichen Übersetzer/innen eine Migrationsvorgeschichte auf.

Derzeit sind 57 ehrenamtliche Übersetzer/innen mit 28 verschiedenen Sprachen beim KI registriert. Aufgrund der seit dem Jahr 2015 hohen Anzahl von geflüchteten Menschen ist der Andrang für bestimmte Sprachen wie Arabisch, Kurdisch und Albanisch gestiegen. Wenn bestimmte Sprachen nicht bedient werden können, lenkt das KI u. a. die Kooperation über eine bestehende Datenbank mit den örtlichen Migrantenselbstorganisationen ein, die über eine große Sprachenvielfalt verfügen und auch häufig bei Übersetzungstätigkeiten unterstützen.

Die Inhalte der Gespräche sind meist erste Kennenlern-Situationen zwischen den Familien und der Einrichtung, Informationen zum Ablauf oder Vereinbarungen zwischen Kind, Familie und Einrichtung etc. Es handelt sich somit überwiegend um *niedrigschwellige* Elterngespräche. In der Regel finden diese einmalig statt, woraus sich allerdings auch Folgetermine entwickeln können.

Der Einsatz der ehrenamtlichen Übersetzer/innen wird von den Lehrkräften, pädagogischen Fachkräften und Erzieher/innen positiv angenommen. Die Unterstützung wird als überaus bereichernd empfunden, da durch die ehrenamtlichen Übersetzer/innen wichtige Angelegenheiten mit den Eltern geklärt werden können. Auch die Eltern berichten, dass diese durch die Übersetzungshilfe die Anliegen der Einrichtung besser nachvollziehen und auch ihre eigenen Bedarfe geklärt werden konnten. Die ehrenamtlichen Übersetzer/innen fühlen sich in ihrer Rolle ernst genommen und in ihrer Kompetenz wertgeschätzt. Bei Bedarf an Unterstützung und Reflexion steht das KI allen Beteiligten beratend zur Seite.

In Münster bieten zudem ausgebildete *Sprach- und Kulturmittler/innen* Unterstützung in der Vermittlung zwischen Bildungseinrichtungen und Eltern mit Migrationsvorgeschichte an. Sie sind mehrsprachig, mit zwei Kulturen und den kulturspezifischen Unterschieden in der Sprache vertraut. Die Vorbereitung ihrer Einsätze erfolgte über eine einjährige Qualifizierung durch eine Familienbildungsstätte.

Die Sprach- und Kulturmittler/innen werden als Honorarkräfte eingesetzt, wenn es um die Erläuterung von Unterschieden in der Schule und der Kindertagesbetreuung in Deutschland und den Heimatländern geht, zur Klärung der familiären Situation, zum Thema des Übergangs ‚Kita – Schule – Beruf' und bei Besonderheiten der Wertvorstellungen und Normen. Ihren Einsatz an Schulen koordiniert und finanziert das Amt für Schule und Weiterbildung und an den Kitas das Amt für Kinder, Jugendliche und Familien der Stadt Münster.

Natürlich gibt es durchaus auch Grenzen im Einsatz von Ehrenamtlichen im Bereich der Sprachmittlung. Beispielsweise die Begrenzung auf einzelne Einsatzfelder (hier Bildung), um die Ehrenamtlichen einerseits nicht zu sehr durch schwierige Einsätze zu belasten und andererseits den

Klienten eine gute Übersetzung zu ermöglichen. Auch die Verfügbarkeit der Personen im Ehrenamt lässt sich schwierig gestalten, da die Einsätze weder regelmäßig stattfinden noch eine Kontinuität im Kontakt mit den Bildungseinrichtungen gibt. Zudem ist auch stets mit einer hohen Fluktuation zu rechnen, wenn aufgrund von veränderten Lebensumständen wie z. B. Wegzug, berufliche Gründe etc. die ehrenamtliche Tätigkeit nicht mehr ausführbar ist. Professionelle Dolmetscherdienste sind hingegen zuverlässiger und eine *Eins-zu-eins-Übersetzung* ist gewährleistet. Diese werden allerdings aufgrund hoher Kosten seltener von Einrichtungen für *alltägliche* Gespräche angefragt. Eine gute Lösung wäre hierfür der Ausbau und die Förderung von mehrsprachigem Fachpersonal in den Einrichtungen selbst (vgl. Tamayo 2010).

Ausblick

Das Kommunale Integrationszentrum erreichen zahlreiche Anfragen im therapeutischen und medizinischen Kontext, die mit dem bestehenden Angebot der ehrenamtlichen Übersetzer/innen derzeit nicht abgedeckt werden können. Daher wäre zukünftig ein Ausbau des Angebots vorzusehen.

So stellt das Ministerium für Arbeit, Integration und Soziales im Jahr 2017 eine Zuwendung in Form einer Sachausgabenpauschale für verschiedene Angebote zur Verfügung. Diese Angebote sind z. B. Aufwandsentschädigungen für nebenberufliche Dolmetscher- oder Übersetzungsdienste, Einsatz von nicht hauptamtlichen Integrationslotsen zur Begleitung von Integrationsprozessen vor Ort oder der Aufbau von geeigneten mehrsprachigen Übersetzerpools.

Wünschenswert wäre es jedoch, einheitliche und standardisierte Dienste des kultursensiblen Dolmetschens und der Integrationsmittlung zu etablieren. So bildet die Diakonie Wuppertal seit 2002 Menschen zu Sprach- und Integrationsmittlern (SprInt) aus. Die Qualifizierung dauert in der Regel 18 Monate und wird nach bundesweit einheitlichen Qualitätsstandards durchgeführt. Die zukünftigen Sprach- und Integrationsmittler/innen erwerben Kenntnisse über Grundlagen und Strukturen im Bildungs-, Gesundheits- und Sozialwesen. Die Absolvent/inn/en der Qualifizierung erhalten ein SprInt-Zertifikat, dieses ist derzeit in Deutschland die höchste erreichbare Qualifikation in der beruflichen Fort- und Weiterbildung im Bereich kultursensibles Dolmetschen und Integrationsassistenz. Die Initiator/inn/en setzen sich dafür ein, die Tätigkeit als Sprach- und Integrationsmittler/in zu etablieren und als Berufsbild staatlich anzuerkennen (SprInt).

Die Dienste von professionellen Dolmetscher/inne/n sollten zudem auch stärker in Anspruch genommen werden. Vielen Organisationen wie z. B. Beratungsstellen fehlen jedoch die entsprechenden finanziellen Ressourcen für den Einsatz von professionellen Dolmetscher/inne/n. Es sollte daher in Einrichtungen mit hohem Bedarf an Sprachmittlungsdiensten immer auch ein entsprechendes Budget zur Verfügung gestellt werden.

Zudem sollten die Leistungen der Dolmetscher/innen einheitlichen Qualitätskriterien entsprechen. So setzt sich auch der *Bundesverband der Dolmetscher und Übersetzer e.V.* für hohe Qualitätsstandards und die Einhaltung fachlicher und ethischer Normen der Berufsausübung ein (BDÜ).

Literatur

Boos-Nünning, Ursula (2011): Migrationsfamilien als Partner von Erziehung und Bildung. Expertise im Auftrag der Abteilung Wirtschafts- und Sozialpolitik der Friedrich-Ebert-Stiftung. Bonn. Abrufbar unter www.fes.de/wiso.

Bundesverband der Dolmetscher und Übersetzer e.V. (BDÜ). www.bdue.de/der-bdue/. (Abfrage: 27.03.2017).

SprInt gemeinnützige eG. www.sprint-wuppertal.de. (Abfrage: 08.02.2017).

Stange, Waldemar/Krüger, Rolf/Hentschel, Angelika/Schmitt, Christof (Hrsg.) (2013): Erziehungs- und Bildungspartnerschaften. Praxisbuch zur Elternarbeit. Wiesbaden.

Tamayo, Miguel (2010): Sprach- und Integrationsmittler, Gemeindedolmetscher, Community Interpreter: Eine professionelle Strategie zum Abbau von Ungleichbehandlung. In: Migration und Soziale Arbeit, 3-4, S. 283–289.

Nicola Fischer

(Laien-)Dolmetschen in der Sozialen Arbeit

Seit Beginn der verstärkten Zuwanderung von Flüchtenden 2015 ist die Zahl der Menschen in Deutschland ohne Deutschkenntnisse höher, sind ihre Herkunftssprachen und -kulturen heterogener und die sozialen Betreuungsaufgaben auch infolge der besonderen Altersstrukturen vielfältiger geworden als bei früheren Zuwanderungsschüben. Entsprechend ist auch der Bedarf an Sprachmittler/inne/n gestiegen – und die Tätigkeit des Dolmetschens wird breiter wahrgenommen.[1] Doch was ist Dolmetschen genau und was ist es nicht? Was unterscheidet professionelle, ausgebildete Dolmetscher von Laiendolmetschern? Was kann ein Profi, was kann ein Laie (lernen)? Und wie lässt sich die Zusammenarbeit mit Dolmetscher/inne/n in der Sozialen Arbeit so gestalten, dass die Kommunikation mit den Klient/inn/en gelingt?

Begriffsabgrenzung Dolmetschen vs. Übersetzen

Dolmetschen ist die *mündliche* Übertragung von Kommunikation aus einer Sprache in eine andere. Fachlich gesehen muss es also heißen: „Für das Gespräch mit dem jungen Mann brauchen wir noch eine/n Dolmetscher/in" oder „Wer wird das Gespräch denn dolmetschen?". Als Übersetzen wird nämlich die *schriftliche* Übertragung von Texten bezeichnet. Beide Berufsbezeichnungen sind nicht geschützt, sodass sich als Dolmetscher/innen und/oder Übersetzer/innen alle bezeichnen dürfen, die sich dazu berufen fühlen. Übersehen wird dabei jedoch, dass Dolmetschen und Übersetzen hochkomplexe Tätigkeiten sind, für die Qualifikationen auf verschiedenen Ausbildungswegen bis hin zu Hochschulstudiengängen erlangt werden.

Beeidigte Dolmetscher bzw. Übersetzer

Für die besonderen Aufgaben bei Gerichten, Behörden und Polizei sowie für Schriftstücke von Anwälten und Notaren müssen Dolmetscher bzw.

---

1 Eine nachhaltige Finanzierung von Schulung und Arbeit der Dolmetschenden in diesem Bereich steht noch aus. Immerhin beginnt die Tätigkeit der Dolmetschenden im Flüchtlingskontext und die damit verbundenen Herausforderungen mittlerweile auch mediale Beachtung zu finden, von überregionalen Tageszeitungen bis hin zum Titelbericht im Gratismagazin einer Drogeriekette.

Übersetzer in der Regel beeidigt sein.[2] Dazu müssen sie eine besondere fachliche Befähigung und persönliche Eignung nachweisen. Neben Kenntnissen der deutschen Rechtssprache umfasst dies zumeist einen Hochschulabschluss im Bereich Dolmetschen oder Übersetzen oder eine entsprechende staatliche Prüfung in der jeweiligen Sprache. Allgemein beeidigte Übersetzer und Dolmetscher tragen mit der Gewissenhaftigkeit ihrer Arbeit und mit ihrer gesetzlich vorgeschriebenen Verschwiegenheit in erheblichem Maße zur Wahrung der Rechte aller (Prozess-)Beteiligten bei. Rechtlich relevante Schriftstücke müssen von allgemein beeidigten Übersetzern angefertigt werden, die die Richtigkeit und Vollständigkeit der Übersetzung gem. § 142 Abs. 3 ZPO mit Angabe von Ort und Datum sowie ggf. auch mit einem Stempel (nicht in jedem Bundesland vorgeschrieben) bescheinigen.

Community Interpreting/Dolmetschen im Gesundheits- und Gemeinwesen

Neben den bestehenden Formen des professionellen Dolmetschens[3] hat sich in den letzten rund 20 Jahren das international als „Community Interpreting" bezeichnete Dolmetschen im sozialen Bereich auch im deutschsprachigen Raum etabliert. Dabei variieren nicht nur die Benennungen[4]: Während das Community Interpreting im anglo-amerikanischen Sprachraum und das Kommunaldolmetschen in Österreich die Arbeit bei Gerichten etc. mit einschließt, ist dieser Bereich in Deutschland aus dem Dolmetschen im Gesundheits- und Gemeinwesen ausgeklammert.

Beim Dolmetschen im Gesundheits- und Gemeinwesen werden jedoch häufig auch Entscheidungen mit juristischen oder medizinischen Auswirkungen gedolmetscht (Altersfeststellung, Diagnose und dergleichen). Dies sollten nur professionelle und/oder erfahrene Kräfte tun: Die medizinische Aufklärungspflicht beispielsweise obliegt zwar dem Arzt oder der Ärztin, doch ein/e Dolmetscher/in kann durchaus für Schäden infolge falscher Verdolmetschung haftbar gemacht werden. Eine Ausbildung oder intensive

---

2 Dolmetscher sind in der Regel allgemein beeidigt, Übersetzer ermächtigt, letztere ggf. auch beeidigt, beide ggf. auch öffentlich bestellt.
3 Die häufigsten Formen sind: Simultan-/Konferenzdolmetschen: in der Kabine nahezu zeitgleiches Dolmetschen über Mikrofon und Kopfhörer für ein größeres Publikum; Konsekutivdolmetschen: Dolmetschen längerer, mit spezieller Notizentechnik festgehaltene Redeabschnitte oft über Mikrofon vor einem größeren Publikum; Gesprächs- bzw. Verhandlungsdolmetschen: kürzere Gesprächsabschnitte mit hohem Fachlichkeitsgrad für zwei oder mehr Gesprächspartner/innen – Ausbildung (mit unterschiedlichen Sprachenangeboten) über Hochschulstudiengänge „(Master) (Konferenz-)Dolmetschen" derzeit z. B. in Heidelberg, Leipzig, Mainz-Germersheim, München sowie (Österreich) Graz und Innsbruck.
4 Dolmetschen im Gesundheits- und Gemeinwesen (Deutschland), Kommunaldolmetschen (insbesondere Österreich), Gemeindedolmetschen, Fachdolmetschen ...

Schulung ist daher allein zum Schutz der Dolmetschenden auch dann unbedingt geboten, wenn es um Sprachen geht, die bei uns als exotisch oder selten gelten.

Grundsätzlich gilt: Je fachlicher ein Gespräch und je weitreichender seine Konsequenzen, desto wichtiger ist eine professionelle Verdolmetschung.

Beratungsdolmetschen mit Laiendolmetscher/inne/n

Aber auch in Beratungs- oder Begleitungssituationen[5] – in Betreuungszentren, sozialen Einrichtungen, Kindergärten, Schulen etc. – brauchen Flüchtende, Asylsuchende, anerkannte Flüchtlinge, Migrant/inn/en, kurz: alle Menschen, die (noch) kein oder nicht gut genug Deutsch sprechen, sprachliche Unterstützung. Hier wird häufig mit ehrenamtlichen Laiendolmetscher/inne/n gearbeitet, die z. B. als „Sprachmittler"[6], „Sprachhelfer", „Sprach- und Kultur(ver)mittler" oder „Kulturdolmetscher" für ihre Tätigkeit eine Aufwandsentschädigung erhalten. Diese Laiendolmetscher/innen stammen meist aus dem Kulturkreis der Dolmetschsprache, sprechen Deutsch als Zweit- (Dritt-, Viert-)Sprache und haben nicht selten eine eigene Fluchtbiografie, was ebenso Chancen wie Gefahren birgt. Immer aber sind Laiendolmetscher besser als unvorbereitete und ungeschulte Ad-hoc-Sprachkräfte: Diese „Zufallsdolmetscher" sind oft Kinder, die Zusammenhänge und Fachbegriffe nicht verstehen (müssen!) und dennoch nicht nachfragen und die in einem gefährlichen Rollentausch Gesprächsinhalte glätten, um ihre Eltern zu schützen – ohne dass die beratende Seite dies immer merken würde.

Was können Laiendolmetscher/innen? Was nicht?

Auch ehrenamtliche Laiendolmetscher brauchen zunächst einmal natürlich sehr gute Kenntnisse in beiden Sprachen und Kulturen. Sprache aber kann auch Dialekt, Stil, Gruppenjargon oder Fachsprache bedeuten, und Kulturkompetenz umfasst auch, die jeweiligen (und die eigenen!) Konventionen und Tabus zu kennen und bewusst damit umzugehen. Das setzt einen gewissen Grad an (Selbst-)Reflexion voraus. Wer Gespräche dolmetscht, sollte zudem grundsätzlich wissbegierig sein und Freude oder Interesse an der direkten Kommunikation haben. Zuverlässigkeit und Verschwiegenheit sind unerlässlich, Konzentrationsfähigkeit und ein gutes Gedächtnis wichtig.

---

5   Unter „Beratung" ist hier ein (oft einzelnes) Gespräch zu verstehen, in dem es weder um eine (juristisch relevante) Entscheidung(sfindung) seitens der Beratenden geht noch um ein (psycho-)therapeutisches Gespräch.
6   „Sprachmittler" meint hier nur (in der Regel Laien-)Dolmetscher. In der Fachsprache wird „Sprachmittlung" teilweise noch als Oberbegriff für (professionelles) Übersetzen und Dolmetschen verwendet (häufiger: Translation).

Ganz zentral für die gelingende Verdolmetschung einer Beratung aber ist, sich der eigenen Rolle bewusst zu sein: Dolmetschende stehen als sprachlicher Dreh- und Angelpunkt im Zentrum des Geschehens, aber hier sprechen nicht sie mit jemandem, sondern Berater/in mit Klient/in, und nicht sie leiten und lenken das Gespräch, sondern die oder der Beratende. Voll verantwortlich dagegen sind sie für die Verdolmetschung: Sie müssen ggf. dafür sorgen, dass die einzelnen Redesequenzen nicht zu lang werden, dass immer nur eine/r zur Zeit redet und dass beide Gesprächspartner stets wissen, was „die/der Übersetzer/in da so lange redet". Dieser Spagat zwischen Zurückhaltung und aktiver Verantwortlichkeit ist ungeübt nicht zu leisten.

Dolmetschen in der Beratung heißt außerdem, nicht (bzw. für alle Beteiligten gleichermaßen) Partei zu ergreifen. Doch wie ist Klienten aus kollektivistisch geprägten Kulturen eine solche Distanz zu vermitteln, ohne dass sie sich – von ihren eigenen Landsleuten! – zurückgewiesen fühlen oder misstrauisch werden? Und wie können die Dolmetschenden ihrerseits Distanz wahren, wenn sie Ähnliches erlebt haben wie ein/e Klient/in? Nicht zuletzt ist daher auch für Laiendolmetschende Selbstfürsorge oder Psychohygiene sowie die Möglichkeit wichtig, ein Gespräch abzubrechen oder auch einen Termin abzulehnen.

Was können Berater/innen zum Gelingen eines gedolmetschten Gesprächs beitragen?

1. Doppelte Zeit einplanen: Ein Gespräch mit Verdolmetschung dauert naturgemäß länger!
2. Vorgespräch führen: Thema und ggf. Vorgehen im Gespräch ankündigen, (nochmals) Regeln absprechen
3. Schweigepflicht und Rahmenbedingungen erklären: Zu Beginn jedes (auch des zweiten, dritten …!) Gesprächs und im Beisein der Klienten auf die Schweigepflicht hinweisen und Rollenverteilung klären („*Ich* möchte mit Ihnen sprechen, und der/die Dolmetscher/in hilft uns dabei.")
4. Gesprächsführung in der Hand behalten: Die Dolmetscher können sich dann besser auf ihre schwierige Aufgabe konzentrieren, und die Klienten haben Klarheit, wer wer ist.
5. Während des Termins Klienten und Dolmetscher nicht allein lassen: Das trägt zur Wahrung der nötigen Distanz bei.
6. Nachgespräch führen: Feedback geben, kulturelle Nuancen erfragen bzw. klären, schwierige Begriffe erläutern.

Insgesamt gilt: Beratende, die „ihre" (Laien-)Dolmetschenden schützen und entlasten, erhalten eine bessere Verdolmetschung und können so ihre eigene Arbeit besser machen.

Deutschsprachige Angebote zur Professionalisierung im Bereich Community Interpreting

Studium

- Studienschwerpunkt „Fachdolmetschen in kommunalen, medizinischen und sozialen Bereichen" im Master-Studiengang Translation am Fachbereich Translations-, Sprach- und Kulturwissenschaft (FTSK) der Universität Mainz in Germersheim
- Universitätslehrgang „Kommunaldolmetschen" an der Universität Graz

Sonstige Angebote (Auswahl)

- Basissensibilisierungskurse des Bundesverbands der Dolmetscher und Übersetzer (BDÜ e.V.) für Behörden, Gemeinden und sonstige Organisationen: Inhalte und Dauer nach Absprache.[7]
  www.bdue.deKochukandathil Dolmetscher.docx
- Qualifizierung „Sprach- und Integrationsmittler" im SprInt-Netzwerk (SprInt g. e. Genossenschaft): 18-monatige Qualifizierung nach dem „Wuppertaler Modell" sowie Vermittlung.
  www.sprint-wuppertal.deKochukandathil Dolmetscher.docx
- Sprachmittlerpool NRW (Internationale Gesellschaft für Bildung, Kultur & Partizipation bikup gGmbH): einjährige Qualifizierung sowie Vermittlung.
  http://www.bikup.de/sprachmittlerpool-nrw/Kochukandathil Dolmetscher.docx
- Regionales Netzwerk SpuK Sprach- und Kommunikationsmittlung SpuK (Caritasverband für die Diözese Osnabrück e.V.): Kompetenzfeststellung und gezielte Fortbildungsangebote sowie Vermittlung.
  www.spuk.info
- Gemeindedolmetschdienst Berlin (GDD; Arbeitsgemeinschaft für Gesundheitsförderung „Gesundheit Berlin-Brandenburg e.V."): 18-monatige Qualifizierung u. a. mit Dolmetschprofis und medizinisch/sozialem Fachpersonal, drei Praktika, schriftliche, mündliche und praktische Prüfungen).
  www.gemeindedolmetschdienst-berlin.de

---

[7] Der BDÜ betont, dass diese Kurse „ausdrücklich keine Aus- oder Fortbildung sind, sondern lediglich die Grundvoraussetzung für eine Dolmetschtätigkeit deutlich machen sollen". http://bdue.de/newsletter-bdue-september-2016/ (Abfrage: 01.05.2017).

Weiterführende Literatur

Beauftragte der Bundesregierung für Migration, Flüchtlinge und Integration (Hrsg.) (2015): Sprachmittlung im Gesundheitswesen. (zu bestellen bei: Beauftragte der Bundesregierung für Migration, Flüchtlinge und Integration, 11012 Berlin).

Fischer, Nicola (2016): „Realität und Chance für Profidolmetscher – Laiendolmetscher im Beratungssetting". In: MDÜ, Fachzeitschrift für Dolmetscher und Übersetzer, Heft 6, S. 10–16.

Kalina, Sylvia/Best, Joanna (Hrsg.) (2002): Übersetzen und Dolmetschen. Eine Orientierungshilfe. Tübingen.

Pöllabauer, Sonja/Prunč, Erich (Hrsg.) (2003): Brücken bauen statt Barrieren. Institut für Translationswissenschaft der Karl-Franzens-Universität Graz; darin: Arbeitskreis Migrantinnen Graz: „Anforderungen an Dolmetscherinnen bei Beratung, Begleitung und Betreuung", S. 179–187; Stöcklmair, Daniela: „Beratung und Betreuung mit DolmetscherIn", S. 151–159.

UNHCR Österreich (Hrsg.) (2015): Trainingshandbuch für DolmetscherInnen im Asylverfahren. (Im Handel erhältlich sowie online abrufbar unter: http://www.unhcr.at/fileadmin/user_upload/dokumente/07_presse/material/Trainingshandbuch_fuer_Dolmetscher Innen_im_Asylverfahren.pdf. (Abfrage: 01.05.2017).

Julia Reez

Communities und Selbsthilfe von Geflüchteten

Im Jahr 2016 stellten insgesamt 722.370 Menschen erstmals einen Asylantrag in Deutschland (BAMF 2016, S. 2). Bedingt durch die im Vergleich zu den Vorjahren immense Zunahme der Zahl der Asylsuchenden und die mediale Berichterstattung, die es nur selten vermag, Einzelschicksale und individuelle Fluchtmotivationen zu beleuchten, verschwinden diese Menschen hinter Begriffen wie *die Flüchtlinge, die Asylbewerber* und bilden eine scheinbar homogene Masse, repräsentiert durch Fallzahlen, Statistiken und Quoten. Bei näherer Betrachtung wird allerdings klar, dass Menschen, die in der Hoffnung auf eine bessere oder andere Zukunft ihre Heimat verlassen, in einer Vielzahl der Fälle durchaus bereits soziale Kontakte in Deutschland haben, über erste Anlaufstellen verfügen oder eine genaue Vorstellung über ihr zukünftiges Leben und Wohnen haben.

Wenn also in der Sozialen Arbeit von Akteuren in der Flüchtlingsarbeit gesprochen wird, dann zählen dazu auch die zahlreichen Communities; Vereinigungen von Migrantinnen und Migranten, ehemaligen Flüchtlingen oder Zuwanderern, die im Zielland Deutschland in Form von Selbstorganisation gegründet wurden und ständig neu ins Leben gerufen werden. Dabei sind die Funktionen und Handlungsfelder dieser informellen Zusammenschlüsse ebenso vielfältig wie ihre verschiedenen Ausprägungsformen: Communities stellen für Neuzugewanderte ein umfangreiches Informationsnetz dar, helfen beispielsweise bei der Organisation des Alltags und unterstützen bei der Anpassung an die neuen Lebensumstände.

Im Folgenden soll skizziert werden welche Funktionen den Communities im Leben von Geflüchteten in Deutschland zukommen, exemplarisch aufgezeigt werden, welche verschiedenen Arten von Communities existieren sowie insbesondere die Bedeutung für die Soziale Arbeit beleuchtet werden.

Welche Funktionen haben Communities?

Funktionen und Organisationsgrade der Communities, die auch als ethnische Communities oder Kolonien bezeichnet werden, sind vielfältig und teilweise unüberschaubar. Sie reichen von Kleinstzusammenschlüssen einzelner Geflüchteter, die verzögert einwandernden Familienmitgliedern, Freunden oder Bekannten bei der Vorbereitung der Flucht helfen und erste

Anlaufstelle in Deutschland sind, bis hin zu organisierten Vereinigungen und Vereinen, die Beratungs- und Bildungsangebote für Ankommende anbieten, unterstützend bei der Asylbeantragung tätig werden und auch über die Anfangszeit hinaus Begegnungsorte für Menschen gleicher Herkunft bleiben. Eine besondere Rolle kommt in diesem Prozess den neuen Medien zu. Die Nutzung von sozialen Medien und Kurznachrichtendiensten macht es möglich, dass schon vor oder während der Flucht Kontakt zur muttersprachlichen Community in Deutschland aufgenommen werden kann und Erfahrungen sowie Empfehlungen ausgetauscht werden können.

Dass sich im Zuge von Flucht und Auswanderung Communities und Selbsthilfegruppierungen im Einwanderungsland herausbilden, kann als Selbstverständlichkeit und normaler Prozess betrachtet werden. Verschiedene Faktoren, wie wenig ausgeprägte oder gar nicht vorhandene Deutschkenntnisse, Unsicherheit in Bezug auf die Normen des gesellschaftlichen Zusammenleben in Deutschland und der Bedarf nach Unterstützung beim Neustart in einem fremden Land führen dazu, dass Menschen ähnlicher Herkunft sich zusammenschließen. Insofern können Flüchtlings-Commu-nities für Neuzugewanderte eine Schutzfunktion erfüllen, Informationen ohne Sprachbarriere vermitteln sowie bei lebens- und alltagspraktischen Herausforderungen wie Behördengängen, insbesondere bei der Kommunikation mit der Ausländerbehörde, Wohnungssuche oder beim Zurechtfinden im hiesigen Gesundheitssystem unterstützen. Nicht zuletzt verbinden auch das ähnliche Schicksal, die möglicherweise geteilte Fluchterfahrung sowie die Solidarität in der schwierigen Lebenslage. Für Menschen, die Familie und Freunde in ihrem Herkunftsland zurücklassen mussten, kann der Anschluss an die Community unter anderem einen Familienersatz darstellen, der das Ankommen in Deutschland leichter gestaltet. Gemeinsam verbrachte Freizeit und die Möglichkeit, die eigene Kultur zu pflegen oder die Muttersprache zu sprechen, können bei der Eingewöhnung hilfreich sein.

Viele der genannten Unterstützungsleistungen werden durchaus auch von Behörden und Wohlfahrtsverbänden in Willkommensprogrammen und Integrationsinitiativen angeboten, wobei sie niemals in einer so niedrigschwelligen Art und Weise wie die Communities agieren können. Hinzu kommt, dass auch für Menschen, deren Asylantrag bereits abgelehnt wurde oder die sich nicht bzw. nicht mehr legal in Deutschland aufhalten, Communities und Selbsthilfegruppierungen ein unverzichtbares Netzwerk darstellen. Eine nicht zu unterschätzende Funktion der Communities kann unter anderem darin liegen, dass Migrantinnen und Migranten, die schon länger in Deutschland leben, als Vorbilder fungieren und ihren Erfahrungsvorsprung im Sinne von Multiplikatoren mit den Neuzugewanderten teilen können. Dazu gehört auch die Möglichkeit, über das Potenzial, das in den Communities steckt, Brücken zur Mehrheitsgesellschaft zu schlagen.

Communities – zwischen Segregation und Integration?

Eine Frage, die unter Experten nach wie vor strittig ist und in gegensätzlichen Positionen manifestiert scheint, ist die nach der integrierenden oder segregierenden Wirkung von Communities. Auf der einen Seite stehen diejenigen Vertreter, die davon ausgehen, dass die Zugehörigkeit zu einer Gruppe von Menschen, die aus demselben Herkunftsland stammen, auf Flüchtlinge stabilisierend wirkt und die Integration in die Mehrheitsgesellschaft erleichtert. Demgegenüber stehen Experten, die konstatieren, dass der Kontakt zu solchen ethnischen Communities exkludierend wirkt, weil beispielsweise nicht die Notwendigkeit besteht die deutsche Sprache zu lernen oder sich gegenüber der Kultur der Aufnahmegesellschaft zu öffnen (BAMF 2010, S. 9).

Für das konkrete Handlungsfeld der Sozialen Arbeit sind sicherlich beide Positionen von Bedeutung. Bei allen positiven Aspekten, die bisher genannt wurden, gilt es im Einzelfall kritisch abzuwägen, ob eine Zugehörigkeit zu einer Community für die Integration förderlich oder hinderlich ist. Ein pauschales Urteil kann jedenfalls nicht gefällt werden.

Welche Arten von Communities gibt es?

Einen umfassenden sowie aktuellen Überblick über die aktiven Flüchtlings-Communities zu geben ist schier unmöglich. Dies liegt in unterschiedlichen Ursachen begründet: Zum einen gibt es eine Vielzahl von Communities, jedoch verfügen nicht alle über eine Internetpräsenz oder sind über anderweitige Medien zu identifizieren, sondern organisieren sich über Mundpropaganda und persönliche Ansprachen. Zum anderen handelt es sich um ein flüchtiges, schnelllebiges und diffuses Feld, in dem Communities sich teilweise nur vorübergehend zusammenfinden oder durch die durch das Asylverfahren bedingten Aufenthaltswechsel ihren Wirkungsort verlagern. Darüber hinaus sind die Zusammenschlüsse meist multifunktional angelegt und agieren in diversen Handlungsfeldern, sodass sich hinter einer religiös motivierten Vereinigung oder einem Sportverein zusätzlich eine Community verbergen kann, die Landsleute bei der Organisation des Neustarts unterstützt.

An dieser Stelle sollen daher lediglich exemplarisch Selbsthilfegruppierungen von Migrantinnen und Migranten sowie Flüchtlings-Communities aufgezeigt werden, die schon seit geraumer Zeit aktiv sind und zu denen Informationen über das Internet abgerufen werden können.

Eine rege Szene der afrikanischen Community gibt es beispielsweise in Köln. Organisiert über das Internetportal *africologne* können Interessierte sich über Vereinsaktivitäten, religiöse Gemeinschaften und die zur Verfügung stehenden Beratungsangebote informieren.

Im Jahr 2016 bildeten Menschen aus Afghanistan die zweitgrößte Gruppe Asylsuchender in Deutschland. Eine besonders aktive afghanische Community gibt es in Hamburg, die zugleich die größte ihrer Art in ganz Europa ist. Darüber hinaus gibt es in den einschlägigen Sozialen Medien Gruppen für und von Afghanen mit Angeboten für unterschiedlichste Zielgruppen wie beispielsweise Frauen, Jugendliche, Akademiker oder Studierende.

Die größte Gruppe der Asylsuchenden stellten im vergangenen Jahr Menschen syrischer Herkunft dar. Geflüchtet vor den verheerenden Folgen des Bürgerkriegs treffen sie in Deutschland in fast allen größeren Städten auf Vereinigungen, die in Form von Selbstorganisation Unterstützung beim Integrationsprozess leisten, gemeinsame Freizeitaktivitäten planen oder sich über die Situation in der Heimat austauschen. Auch bei der Gruppe der Syrer scheint hauptsächlich die Vernetzung über Soziale Medien neben lokalen Vereinen und Angeboten die Community zusammenzuhalten.

Welche Bedeutung haben Communities für die Soziale Arbeit?

Für die Soziale Arbeit sind Communities und Selbsthilfegruppierungen von Flüchtlingen in vielerlei Hinsicht von Bedeutung. Zunächst einmal gilt es, über die informellen Zusammenschlüsse vor Ort informiert zu sein sowie den Mitgliedern der Communities als Akteuren im Feld der Flüchtlingsarbeit auf Augenhöhe und mit einer wertschätzenden Haltung zu begegnen. In der Anerkennung der Tatsache, dass geflüchtete Menschen häufig nicht völlig isoliert und ohne soziale Kontakte dastehen, sondern oftmals auf ein Netzwerk von Selbsthilfegruppierungen zurückgreifen können, steckt die Chance von Kooperation und weitergehender Vernetzung.

Wenn es den in der Sozialen Arbeit Tätigen gelingt, die Szene der Communities im Zuständigkeitsbereich zu kennen, das Vertrauen der Mitglieder zu gewinnen und bestenfalls einen Austausch zu pflegen, ergeben sich daraus Anknüpfungspunkte für die Zusammenarbeit, wie beispielsweise die Information über bestehende Angebote oder die bedarfsgerechte Planung neuer Unterstützungsformate. Aus Multiplikatoren, die Eindrücke von und Erfahrungen mit dem Feld der Sozialen Arbeit weitergeben, können so Sachverständige werden, deren Expertise zur Weiterentwicklung der Angebote und Strukturen der Integrationsarbeit herangezogen wird und zu einer interkulturellen Öffnung beitragen kann.

Mithilfe der Kontakte zu den im Handlungsfeld aktiven Communities kann darüber hinaus der Zugang zu Menschen erreicht werden, die aufgrund ihrer Lebenssituation oder ihres Aufenthaltsstatus von professionell organisierten Unterstützungsangeboten unversorgt bleiben.

In der Zusammenarbeit mit Gruppierungen der Selbsthilfe muss bei den

Akteuren der Sozialen Arbeit zudem ein Bewusstsein dafür geschaffen werden, dass es nicht die eine Community gibt. Nach außen homogen scheinend, zeichnen sich die Communities doch durch eine immense Vielfalt aus. Als Abbild der Bevölkerungsstruktur im Herkunftsland stammen die Mitglieder der verschiedenen Communities beispielsweise aus unterschiedlichen sozialen, religiösen oder beruflichen Milieus (BAMF 2012, S. 11). Dass aus diesen unterschiedlichen Voraussetzungen und Einstellungen ein Konfliktpotenzial entstehen kann, sollte bei der Planung von Integrationsprojekten und -programmen berücksichtigt werden.

Welche Entwicklungschancen haben Communities? Ein Blick auf etablierte Migrantenselbstorganisationen

Ein Beispiel dafür, wie aus informellen Netzwerken formelle Strukturen entstehen können, lässt sich anhand der Migrantenselbstorganisationen aufzeigen, die sich ab den 1960er Jahren aus Arbeiter- und Begegnungsvereinen der sogenannten Gastarbeiter entwickelt haben. Zunächst als Interessenvertretungen für die Belange der Arbeiter konzipiert und als Ort gemeinsam verbrachter Freizeit, als Ersatz für die in der Heimat zurückgelassenen Familien und Freunde, organisiert, entstanden Kulturvereine, die sich bis heute für die Pflege heimischen Brauchtums einsetzen, religiöse Vereine und Sportvereine bis hin zur Gründung von Wirtschafts- und Berufsverbänden. In Form von Dachverbänden, Beiräten und gut ausgebauten Netzwerken konnten sich so Migrantenselbstorganisationen etablieren, die als Interessenvertretung gegenüber der Mehrheitsgesellschaft politisch und gesellschaftlich Einfluss nehmen sowie partizipativ an der Gestaltung der pluralistischen Gesellschaft teilhaben.

Ob eine solche Entwicklung auch im Bereich der derzeit aktiven Flüchtlings-Communities zu verzeichnen sein wird, ist eng mit den zukünftigen politischen Entscheidungen und Weichenstellungen sowie den anstehenden Herausforderungen, die beispielsweise der Familiennachzug in den kommenden Jahren mit sich bringen wird, verbunden.

Quellen

Bundesamt für Migration und Flüchtlinge (BAMF) (2016): Asylgeschäftsstatistik für den Monat Dezember 2016.
Bundesamt für Migration und Flüchtlinge (BAMF) (2012): Modellprojekte des Bundesamts für Migration und Flüchtlinge zur verstärkten Partizipation von Migrantenorganisationen. Abschlussbericht.
Bundesamt für Migration und Flüchtlinge (BAMF) (2010): Forschungsstudie Migrantinnenorganisationen in Deutschland. Abschlussbericht.

Gabi Gaschina

Über den Erfolg einer kommunalen Strategie

Die Koordinierungsstelle Flüchtlingsarbeit in Osnabrück

Herbst 2013 in Osnabrück: Politik und Verwaltung sind sich einig. Das kommunale Konzept zur „Wohnraumversorgung und Integration von Flüchtlingen" und dessen Umsetzung durch die neu zu implementierende „Koordinierungsstelle Flüchtlingsarbeit" werden parteiübergreifend verabschiedet. Der Beschluss gründet auf dem Anspruch, nicht nur auf den vermehrten Zuzug von Menschen mit Fluchthintergrund reagieren zu wollen, sondern die Unterbringung und die Integration inhaltlich zu gestalten und so weit wie möglich zu steuern. Das Konzept setzt auf dezentrale Wohnraumversorgung, kleine Wohneinheiten und auf die Öffnung der vorhandenen Regelangebote statt auf den Aufbau von neuen zielgruppenspezifischen Parallelstrukturen. Und es wird noch ein zweiter bedeutsamer Unterschied gemacht: Sozialarbeit statt Zäune und Sicherheitspersonal bilden das Kernstück des Konzeptes. Die Aufgaben der neu zu bildenden Koordinierungsstelle Flüchtlingsarbeit werden klar beschrieben:

1. Aufsuchende Sozialarbeit/Erstberatung
2. Kooperation und Vernetzung
3. Öffentlichkeitsarbeit und nachbarschaftliche Kommunikation

Die Koordinierungsstelle Flüchtlingsarbeit nimmt Anfang 2014 mit zwei Vollzeitkräften ihre Arbeit auf, aufgrund des vermehrten Zuzugs von Menschen mit Fluchthintergrund werden die Kapazitäten bereits im Oktober desselben Jahres auf 6,75 Stellen erhöht.

Neben der Herausforderung, das Aufgabenfeld der Koordinierungsstelle inhaltlich von Grund auf gut „anzulegen", gibt es eine weitere Herausforderung: Die Koordinierungsstelle besteht aus drei „Trägern" – Stadt, Caritas, Outlaw –, die ein Team bilden. Die kooperative, kollegiale Haltung aller „Teammitglieder" ist erfreulicherweise so stark, dass eine effektive, partnerschaftliche Zusammenarbeit auf Augenhöhe entsteht. Reibungsverluste werden so vermieden und Synergieeffekte genutzt. Die Synergieeffekte werden im Arbeitsalltag deutlich, wenn in Bezug auf Einzelfälle z. B. Outlaw seine spezielle Fachkompetenz der Kinder- und Jugendhilfe und des Kinderschutzes einbringt, die Caritas ihr Know-how in der Asylverfahrens- und Migrationsberatung sowie der Suchtkrankenhilfe beisteuert und die

Stadt ihr Netzwerk zu allen Verwaltungsbereichen und Arbeitsgruppen der Stadt für die gemeinsame Arbeit nutzt.

Neben dem fachlich starken Konzept und dem trägerübergreifenden Team kommt eine dritte Komponente ins Spiel, die Osnabrück von vielen Kommunen positiv unterscheidet: Integration wird nicht ausschließlich als „Spezial-Aufgabe" des zuständigen Fachteams „Soziales, Integration und Bürgerengagement" verstanden, sondern als Querschnittsaufgabe aller Bereiche der Stadtverwaltung gesehen. Von Beginn an kommen die Fachbereiche zu anlass- und themenbezogenen Runden zusammen und sind in der Verantwortung, die auftretenden Herausforderungen gemeinsam zu bewältigen und sich inhaltlich abzustimmen. Von Beginn an befasst sich der Vorstand des Fachbereiches über den direkten Austausch mit der Koordinierungsstelle Flüchtlingsarbeit mit den wichtigsten Themen und Stolpersteinen in der täglichen Arbeit. Überall dort, wo Probleme auftreten, wird festgelegt, wie und auf welcher Ebene Klärungen herbeigeführt werden sollen. In diesen Strukturen werden Hemmnisse, wie z. B. bei der Kontoeröffnung für Flüchtlinge oder der Eindämmung von ansteckenden Krankheiten in den Gemeinschaftsunterkünften, aufgelöst. Gleichzeitig ermöglichen diese Strukturen, dass Erkenntnisse der Koordinierungsstelle Flüchtlingsarbeit direkt in die Fachbereiche der Verwaltung und deren Steuerungen einfließen können. So meldet z. B. die Koordinierungsstelle Flüchtlingsarbeit der Verwaltung Kinder aus Familien mit Fluchthintergrund, die noch nicht mit einem Krippen- oder Kindergartenplatz versorgt sind, um einen bedarfsgerechten Ausbau im jeweiligen Stadtteil zu unterstützen.

Da die Koordinierungsstelle Flüchtlingsarbeit im Rahmen ihrer wöchentlich stattfindenden Sprechstunden in den 14 Gemeinschaftsunterkünften, in denen ca. 900 Menschen mit Fluchthintergrund leben, die Bedarfe, Fragen und Schwierigkeiten der Menschen hautnah erlebt, ist sie in der Lage, wichtige Impulse für den bedarfsgerechten Um- bzw. Ausbau von Angeboten zu geben, wie z. B. fehlende Sprachangebote für bestimmte Niveaus, fehlende berufliche Qualifizierungsmaßnahmen, Bedarfe im Bereich der Hilfen zur Erziehung oder der Eingliederungshilfe etc.

Regelmäßig lädt die Koordinierungsstelle in ihre Teamsitzung Gäste ein, die für die gemeinsame Integrationsarbeit eine Rolle spielen. Sie kennt somit alle relevanten Akteure und hat jederzeit die Übersicht über alle städtischen Angebote. Das persönliche Kennenlernen, die wechselseitige Kenntnis über den Aufgabenbereich/die Strukturen des jeweils Anderen und Absprachen bzgl. der Kooperation ermöglichen eine optimale alltagstaugliche Zusammenarbeit. In diesem Zuge erhält die Koordinierungsstelle Flüchtlingsarbeit auch einen aktuellen Stand über das Angebot aller Behörden/Institutionen und Vereine (Ausländerbehörde, Agentur für Arbeit, Freiwilligenagentur, Stadtsportbund, Migrationsberatungsstellen etc.), der ihr maßgeblich hilft, zum einen die Menschen mit Fluchthintergrund gut beraten zu können und zum anderen geflüchtete Menschen und Projekte so früh wie möglich zusammenzubringen (Matching). Dies kommt – wie konzeptionell gewollt – den geflüchteten Menschen zugute, weil sie mit ihrem Bedarf nicht von einer Stelle zur Nächsten geschickt werden, sondern durch die Beratung sofort zur richtigen Stelle geleitet werden, und weil sie frühzeitig die Regelangebote für ihre Integration oder auch für spezifische Bedarfe nutzen können.

Die starke Vernetzungsarbeit der Koordinierungsstelle fordert die Regelangebote heraus, sofern sie hier noch nicht selbst auf dem Weg sind, ihr Angebot für Menschen mit Fluchthintergrund zu öffnen, die Zugangswege für diese Zielgruppe zu erleichtern und sich sprachlich/inhaltlich auf diese Gruppe einzustellen. An dieser Stelle gibt es immer wieder Versuche einzelner Institutionen, bestimmte eigene Arbeitsaufträge an die Koordinierungsstelle Flüchtlingsarbeit zu delegieren, da hier sowohl sprachliche wie auch interkulturelle Kompetenzen vorhanden sind. Hier gilt es immer wieder, wachsam zu sein und die Regelinstitutionen in ihrer Weiterentwicklung herauszufordern und der Entwicklung von Spezialangeboten entgegenzuwirken.

Ein kleiner Schwenk zum zweiten Herzstück der Koordinierungsstelle Flüchtlingsarbeit und seinen Auswirkungen: Die konzeptionell verankerte aufsuchende Arbeit beinhaltet, dass die Koordinierungsstelle über neu ankommende geflüchtete Menschen informiert wird und diese schnellstmöglich aufsucht, den Kontakt herstellt und ihr Hilfsangebot erläutert. Die Menschen werden im direkten Kontakt über die in den Gemeinschaftsunterkünften wöchentlich stattfindenden Sprechstunden informiert. In diesen Sprechstunden werden die Menschen mit all ihren Anliegen beraten und unterstützt (Bearbeitung von Anträgen, Erläuterungen zu behördlichem Schriftverkehr, Kindergarten- und Schulplatzsuche, Vermittlung von Arztterminen und Hebammenversorgung, Sprach- und Freizeitangeboten etc.). Bei den meisten Menschen reicht eine Kurzberatung zum jeweiligen Thema völlig aus (Hilfe zur Selbsthilfe), einige Menschen bedürfen aber auch der direkten Begleitung durch die Mitarbeiter/innen der Koordinierungsstelle, da die Sachlage zu kompliziert oder aber die Ressourcen zur eigenständigen Bewältigung zu gering sind. Diese direkte Unterstützungsarbeit findet zwischen den offiziellen Sprechstunden statt.

Gerade die aufsuchende Arbeit führt dazu, dass die Menschen gut in der Kommune ankommen können und sich bei diesem Ankommen gut aufgehoben, stark unterstützt und abgesichert fühlen. Diese Eindrücke der ersten Phase des Ankommens sind prägend für den weiteren Integrationsprozess und die Auseinandersetzung mit der fremden (deutschen) Kultur. Toleranz, Vielfalt und Solidarität sind kulturelle Werte, die von Beginn an durch das

Erleben der Arbeit der Koordinierungsstelle Flüchtlingsarbeit vermittelt werden und von ihr von den Menschen untereinander eingefordert werden. So gibt es auch in den Osnabrücker Gemeinschaftsunterkünften von Zeit zu Zeit Auseinandersetzungen zwischen Menschen unterschiedlicher Kulturen und Religionen. Hier nützt die gute Position und Beziehung zu den Menschen der Koordinierungsstelle, um schlichtend und (Werte) fordernd einzugreifen.

Die aufsuchende Arbeit führt ebenso dazu, dass Probleme und Missstände, wie z. B. Drogenproblematiken oder häusliche Gewalt, viel frühzeitiger erkannt und bearbeitet werden können. Zudem zeigt sich, dass sich die Menschen in der aufsuchenden Arbeit viel eher öffnen und Probleme bzw. schwierige Themen ansprechen. Durch die Erstunterstützung existiert oft ein Vertrauensverhältnis zur Koordinierungsstelle Flüchtlingsarbeit, das den Menschen hilft, schwierige Themen anzusprechen und Hilfe anzunehmen (Erziehungsschwierigkeiten, Suizidversuche etc.). Obwohl in den konzeptionellen Anfängen nicht intendiert, kommt der Arbeit der Koordinierungsstelle somit auch eine präventive Bedeutung zu.

Leben wir nun in Osnabrück auf einer rosaroten Wolke? Nein, sicher nicht, denn auch wir stoßen zurzeit noch an Grenzen, wenn es z. B. um zeitnahe Termine in der Ausländerbehörde oder um Schaffung von bezahlbarem Wohnraum geht. Auch wir rennen vor Mauern, wenn der Name eines Menschen im Ausweis der Ausländerbehörde mit dem in den Unterlagen des BAMF nicht übereinstimmt und beide Ämter eine Korrektur ablehnen, was dazu führt, dass andere bürokratische Verfahrensabläufe ins Stocken geraten. Aber die Erfahrung zeigt: Kommunale Strukturen können im Sinne der Menschen positiv in Bewegung gesetzt bzw. gesteuert werden, wenn Politik und Verwaltung an einem Strang ziehen und das Thema nicht zum Spielball verschiedener Interessenslagen wird. Zudem braucht es Menschen, die sich trauen, der Integrationsarbeit einen anderen Stellenwert zu geben, Integrationsprozesse inhaltlich zu gestalten und infolgedessen neue Strukturen aufzubauen oder auch alte Verfahrensweisen in Frage zu stellen. Dies ist in Osnabrück gelungen und kommt den Menschen mit Fluchthintergrund und der weiteren Entwicklung der Stadtgesellschaft zu Gute.

Vera Birtsch

Kooperation von bürgerschaftlichem Engagement und professioneller Arbeit

Bürgerschaftliches Engagement in der Kinder-, Jugend- und Familienhilfe

Bürgerschaftliches Engagement und professionelle Kinder-, Jugend- und Familienhilfe arbeiten eng benachbart, und doch sind sie bis heute eher selten wirklich kooperativ verknüpft. Das erstaunt insofern, als frühe Formen des Engagements die historischen Ursprünge und Vorläufer der Sozialen Arbeit waren, die sich schwerpunktmäßig auf arme Familien und Waisenkinder richtete. Im Zusammenhang mit der Entstehung des Wohlfahrtsstaats und der später einsetzenden Professionalisierung kam es zu einer Trennung von Ehrenamt und professioneller Arbeit. Es entstand ein umfangreicher Katalog differenzierter Arbeitskonzepte und Vorgehensweisen in der Kinder-, Jugend- und Familienhilfe, der die Formen des bürgerschaftlichen Engagements in der Folge bis heute marginalisiert hat.

Auf der anderen Seite hat sich das Bürgerschaftliche Engagement selbst auch stark ausdifferenziert und leistet in seinen freiwilligen, überwiegend unentgeltlichen und gemeinwohlorientierten Formen in den Bereichen Sport, Freizeit, Kultur, Bildung und Betreuung umfänglich Hilfe und Unterstützung. Neben dem herkömmlichen Ehrenamt haben dabei auch zeitlich weniger verbindlich organisierte Formen des Engagements größere Bedeutung erlangt. Kleinkinder und ihre Familien profitieren vom Freiwilligenengagement genauso wie Schulkinder aus sozial randständigen und/oder aus migrantischen Milieus. Das gilt auch für den Übergang von der Schule in die Ausbildung (vgl. Birtsch/Behn/Bindel-Kögel 2014). Und doch ist es weiterhin so, dass Bürgerschaftliches Engagement nur an den Rändern und in den Nischen des bestehenden Institutionensystems der Kinder- und Jugendhilfe einen Platz gefunden hat (vgl. Olk 2017).

Eine bessere Zusammenarbeit wird vielfach angemahnt, denn seit Jahren mehren sich die Hinweise darauf, dass professionelle Ansätze trotz ihrer methodischen Qualifizierung an ihre Grenzen stoßen. So werden mit der professionellen Kinder- und Familienhilfe Menschen in prekären Lebensverhältnissen, in Überlastungs- und Überforderungssituationen oft schwer erreicht, das gilt auch für Familien mit Zuwanderungsgeschichte. Hier könnte die bessere Zusammenarbeit helfen, denn Zugangshürden kennen freiwillig engagierte Bürgerinnen und Bürgern wenig. Sie treten als privat motivierte Personen auf und sind kaum mit evtl. negativen Voreinstellungen gegen Institutionen konfrontiert. Freiwillige können mit ihrer Bereitschaft, überschaubare Aufgaben zu übernehmen, bei denen sie ihre persönlichen Qualitäten einbringen können und die zeitlich und inhaltlich klar begrenzt und beschrieben sind, das Programm der Institutionen wie Kindertagesstätten, Schulen, Jugendfreizeiteinrichtungen oder Familienbildungsstätten erweitern und auch qualifizieren.

Einige gute Beispiele bürgerschaftlichen Engagements mit Kindern, Jugendlichen und Familien, die mit professionellen Institutionen vernetzt arbeiten, gibt es aber. Es sind Beispiele, an denen man lernen kann, dass sich die Bereiche mit ihren jeweiligen Stärken ergänzen und dass sie auf diese Weise auch sehr voneinander profitieren können. Ein Beispiel ist das Projekt *wellcome*, das „Nachbarschaftshilfe für Familien nach der Geburt" an 250 Standorten in Deutschland, Österreich und der Schweiz anbietet. Diese Hilfen werden von ehrenamtlichen Kräften (von *wellcome* bewusst als ehrenamtlich benannt) angeboten, die an Einrichtungen der Kinder- und Jugendhilfe (z. B. in der Familienbildung, bei Mehrgenerationenhäusern oder Beratungsstellen) angebunden sind. Sie werden von einer eigens für diese Aufgabe beim Träger angestellten Fachkraft, beispielsweise Sozialpädagogin, Hebamme oder Erzieherin koordiniert und betreut. Eine Koordinatorin und ca. 15 ehrenamtliche Kräfte bilden ein *wellcome*-Team (vgl. Wagenblast 2014, S. 46–59).

Die praktischen Hilfen werden für junge Familien angeboten, die nach der Geburt ihres Kindes kein Netzwerk zur Unterstützung haben. Die jeweils in den Einrichtungen arbeitenden Fachkräfte mit Koordinationsaufgaben nehmen die Anfragen der Familien entgegen und organisieren den Kontakt der Ehrenamtlichen zur Familie. Für diese bleibt sie auch als Kontaktperson im Hintergrund. Das *wellcome*-Team pflegt einen regelmäßigen Austausch. Sowohl werden die Koordinatorinnen für ihre Aufgabe fortgebildet, als auch erhalten die Ehrenamtlichen Fortbildungsangebote (z. B. in Säuglingspflege, postpartaler Depression, Stillen etc.). Ein Teil der von *wellcome* betreuten Familien hat einen Migrationshintergrund. Die hier tätigen Teams sind bei Trägern eingebunden, die bereits vertrauensstiftende Kontakte zur jeweiligen community herstellen konnten.

Bürgerschaftliches Engagement in der Flüchtlingsbewegung

Nach dem Freiwilligensurvey 2014 sind in Deutschland heute 43,6 Prozent der Menschen freiwillig engagiert (vgl. Simonson/Vogel/Tesch-Römer 2016). Diese Bewegung machte es möglich, dass sich mit Beginn der Flüchtlingsbewegung ungezählte ehrenamtliche Helferinnen und Helfer zur Verfügung stellten, um in ihren Kommunen die Geflüchteten zu versorgen und sie bei ihrem mühsamen Weg der Neuorientierung zu unterstützen. Auf diese Weise konnten Erstversorgung und Nothilfe in den Kommunen spontan und annähernd im erforderlichen Umfang geleistet werden. Die Unterstützung reicht(e) für die Zielgruppe der Kinder und Familien von Hilfen bei der Erstaufnahme (Ankunft, Ernährung, Unterbringung, Kleidung, Gesundheit usw.) über die Begleitung bei Behördengängen bis zu Übersetzungshilfen und Mentoring bei der Bewältigung des Alltags in Deutschland usw. (vgl. Wilmes 2016, S. 25 f.).

Geht es um Kinder und Jugendliche, stehen Aktivitäten zur Förderung von Bildung und Ausbildung im Vordergrund. 2015 waren rund 25 Prozent der Asylbewerber im Vorschulalter bzw. im Alter der frühkindlichen Erziehung oder im schulpflichtigen Alter. Hinzu kam ein hoher Anteil an Personen über 18 Jahre, die entweder keine Schule besucht hatten oder ihre Schulbildung ohne Abschluss unterbrechen mussten (vgl. Hauptmann 2016, S. 49 ff.). Unbegleitete minderjährige Flüchtlinge werden nach dem SGB VIII über die professionelle Kinder- und Jugendhilfe versorgt (vgl. Gravelmann 2016). Die mit ihren Familien geflüchteten Minderjährigen jedoch sind auf systematische Weise professionell nicht im Blick, mit Ausnahme der Kinder, deren Eltern die Kita-Angebote in Anspruch nehmen. Aus einer Fragebogenerhebung des DJI im Jahr 2016 ergab sich, dass etwa jede dritte der befragten Kitas Flüchtlingskinder aufgenommen hat, in der Regel im Alter zwischen drei und sechs Jahren. Die Zahl geflüchteter Kinder unter sechs Jahren in Kitas ist also vermutlich noch gering, die Anforderungen für die Einrichtungen dagegen hoch. Für die Betreuung benötigen die Kitas Sprachmittler, die den Kontakt zu den Eltern erleichtern. 36 Prozent der befragten Kitas gaben an, die Unterstützung von ehrenamtlich Engagierten zu erhalten. Es sind z. T. sogar die Ehrenamtlichen, welche die Eltern darauf aufmerksam gemacht haben, dass ihr Kind Anspruch auf einen Kita-Platz hat und kommen mit ihnen zur Anmeldung (vgl. Riedel 2016). Welche Aufgaben sich insgesamt in der Arbeit mit Flüchtlingskindern in Kitas stellen, hat Hendrich (2016) detailliert mit alltagsnahen Beispielen beschrieben, ohne allerdings den Einsatz von Ehrenamtlichen zu berücksichtigen.

Modell für eine konzeptionelle Zusammenarbeit von Bürgerschaftlichem Engagement und professioneller Arbeit, die für die Arbeit mit geflüchteten Familien infrage kommen, sind auch die Mütterzentren (vgl. Keupp 2014, S. 36 f.). Für Familien mit Säuglingen kommen besonders die *wellcome*-Angebote infrage, die konzeptionell Verbindungen zum Gesundheitssystem haben. Kinder im Schulalter und im Übergang von der Schule in die Ausbildung profitieren von Paten- oder Mentoring-Projekten (vgl. Bindel-Kögel 2014, S. 191 f.), in denen es häufig Eins-zu-eins-Betreuungen gibt.

Management der Freiwilligenarbeit und der Kooperation von Freiwilligen und Professionellen

Aus den Erfahrungen der Kooperationsansätze lassen sich Standards für ein Management der Freiwilligenarbeit und der Zusammenarbeit von Freiwilligen und Professionellen beschreiben (vgl. Behn/Bindel-Kögel/Birtsch 2014).

- Die Anforderungen an Freiwillige sollten einerseits bewusst von professionellen Leistungen abgegrenzt werden, andererseits aber auch in vorbereitenden Qualifizierungen geschult werden. Beim Kriseneinsatz in Familien oder beim Übergang von der Schule in die Ausbildung sind beispielsweise spezielle Kompetenzen erforderlich, um die gestellte Aufgabe abschließend bewältigen zu können. Viele Freiwillige bringen grundlegende Voraussetzungen wie Kontaktfreudigkeit und Toleranz mit, die als Schlüsselkompetenzen gelten und an denen es anzusetzen gilt. Im intergenerativen oder interkulturellen Kontakt können sich aber schnell Situationen ergeben, auf die sie vorbereitet sein sollten.
- Für die Zusammenarbeit zwischen Freiwilligen und Professionellen müssen klare Regelungen gelten, die unter Beteiligung beider Seiten festgelegt werden sollten. Darin ist z. B. zu benennen, welche Entscheidungen von den Freiwilligen allein getroffen werden können und welche vorgegeben sind. Rechte und Pflichten sind anschaulich darzustellen. Außerdem sollte bei der Werbung von Freiwilligen darauf geachtet werden, dass die Rahmenbedingungen transparent dargestellt werden.
- Es sollte ein kontinuierliches Beratungsangebot bestehen, das vor allem in krisenhaften Entwicklungen kurzfristig abrufbar ist. Auch Gruppensupervisionen sind denkbar. Gelegentlich sollte es Teamsitzungen geben, an denen die Freiwilligen teilnehmen, damit sie über Ziele und Vorgehen der jeweiligen Organisation informiert sind und ggf. strittige Punkte geklärt werden können.
- Freiwillige, die z. B. in eine regelmäßige Arbeit mit Familien in deren eigenen Milieus eingebunden sind, erfahren viel über tatsächliche Problemlagen und Lebenssituationen. Sie werden damit für die Professionellen zu wichtigen Informationsträgern. Auch der Umgang mit Informationen muss deshalb gemanagt werden. Dabei ist die Sicherung der Vertraulichkeit genauso wichtig wie die Vereinbarung, wie Hilfe zeitnah erfolgen kann, wenn ein Hilfebedarf von der freiwilligen Kraft festgestellt wird.
- In der Zusammenarbeit bei der Flüchtlingsbetreuung ist – wie in der Arbeit mit Migranten bisher auch schon – die Zusammenarbeit mit Migrantenorganisationen besonders hilfreich. Sie können für Projektträger den Zugang zu kulturellen Gemeinschaften verschaffen, aus denen Pa-

tenkinder/Familien stammen. Sie können Projektteams bilden, in die Personen aus den kulturellen Gemeinschaften als Projektbegleiter eingebunden sind. Damit sind Sprachmittler an der Arbeit beteiligt, die auch auf kulturell bedingte Missverständnisse und Konflikte achten können. Empfehlenswert sind die weiterführenden Hinweise des Programms „Aktion zusammen wachsen", das beim Bundesamt für Familie und zivilgesellschaftliche Aufgaben angebunden ist. Sie enthalten eine umfangreiche Projektdatenbank sowie zahlreiche Leitfäden, Handreichungen und Orientierungshilfen für Menschen, die sich z. B. als Paten bewerben möchten und für Träger, die solche Projekte realisieren wollen.

- Paten- und Mentoring-Projekte können mit ihrem Empowerment-Ansatz die Entwicklungs- und Lernmöglichkeiten für Mädchen und Jungen erweitern und zur Stärkung des Selbstvertrauens beitragen. Aus einer gelingenden Zusammenarbeit der Professionellen mit den Freiwilligen ist also auch eine Stärkung der institutionellen Arbeit insgesamt zu erwarten.
- Professionelle können somit eine Entlastung durch Freiwillige erfahren, es können sich aber auch Spannungen und Konkurrenzprobleme entwickeln. Die Herausforderung in der Zusammenarbeit liegt für die Professionellen darin, sich auf die Freiwilligen offen einzulassen und die bisherigen Zuständigkeiten, unter Umständen auch die vertrauten Rollen infrage zu stellen. Das Management der Zusammenarbeit sollte im Einrichtungskonzept verankert und von allen Beschäftigten getragen werden. Es sollte von Einsparmotiven frei sein und Qualitätsmerkmale in den Mittelpunkt stellen. Um den Erfolg dieses Ansatzes überprüfen zu können, sollte die Umsetzung im Rahmen einer Selbstevaluation fortlaufend beobachtet werden.
- Die Aufgabe des Freiwilligenmanagements sollte als eigenständige Aufgabe beschrieben sein. Sie muss Koordination, Begleitung, Qualifizierung und ggf. Werbung beinhalten und mit diesen Bestandteilen auch finanziert werden. Nach den bisherigen Erfahrungen können hierfür neben Spenden und Stiftungsgeldern (z. B. von lokalen Bürgerstiftungen) oft auch Förderprogramme (s. u.) in Anspruch genommen werden.

Flüchtlingsbetreuung als Gesamtaufgabe

Das produktive Zusammenwachsen von Freiwilligen und Professionellen in der Flüchtlingsarbeit bedarf auch einer hochrangigen Unterstützung durch die politisch Verantwortlichen. Die Stadt Leipzig hat z. B. für die Integration der Geflüchteten Aufgaben in allen Lebensbereichen definiert, welche das Zusammenwirken aller Akteure der Stadtgesellschaft fordern und unterstützen: Bundes-, Landes- und Kommunalbehörden sind dabei genauso angesprochen wie Migrantenorganisationen und bürgerschaftlich engagierte Menschen (vgl. Kador-Probst 2016, S. 82 ff.). Die Arbeit in den Gemeinschaftsunterkünften wird durch sozialarbeiterische Fachkräfte unterstützt (eine Fachkraft auf 50 Bewohner und Bewohnerinnen), sie koordinieren auch die ehrenamtlichen Helfer. Bei der Wohnungssuche und dem Umzug in eigene Wohnungen unterstützen Beratungsstellen freier Träger. Kinder können ab dem ersten Lebensjahr eine Kindertagesbetreuung in Anspruch nehmen, genutzt werden hierfür vor allem Kitas, die zu Kinder- und Familienzentren ausgebaut sind. Außerdem werden 44 Leipziger Kitas im Rahmen des Bundesprogramms „Bildung durch Sprache und Schrift" und „Schwerpunkt-Kitas Sprache und Integration" gefördert. Für Schule und Arbeitsvermittlung greifen weitere Fördermaßnahmen. Über das Patenschaftsprogramm „Ankommen in Leipzig. Paten für Flüchtlinge" werden Bürgerinnen und Bürger im Familienverband oder als Einzelperson zu Geflüchteten vermittelt. Sie werden von zwei Mitarbeiterinnen vom Sozialamt bei Flüchtlingsrat Leipzig e.V. finanziert und helfen beim Einleben in die Stadtgesellschaft. Auf Vorbereitung und Begleitung der Patenschaften wird in Leipzig sehr viel Wert gelegt. So werden die Interessierten vor der Vermittlung einer Patenschaft in einer Veranstaltungsreihe geschult, in ihrer Arbeit begleitet und bei Bedarf unterstützt. Sprachkurse und spezielle Gesprächsreihen der Volkshochschule, Aktivitäten von Bibliotheken und Museen, Sport- und Kulturangebote von Migrantenvereinen, Koch- und Musikkurse soziokultureller Zentren, auch Kontakte zu den Kammern von Industrie und Handwerk sind ebenfalls einbezogen. Wichtig für diesen positiven Verlauf ist nach Auskunft der Berichterstatter eine frühzeitige offensive Kommunikation mit der Öffentlichkeit. Als hilfreich haben sich auch zahlreiche Informationsveranstaltungen und ein Runder Tisch Asyl erwiesen, zu dem der Oberbürgermeister regelmäßig einlädt (vgl. Kador-Probst 2016, S. 91).

Weitere Beispiele für ein so angebundenes Management bieten die Stadt Wolfsburg, welche bereits in 2014 eine Förderstrategie für das Bürgerengagement beschlossen hat (vgl. Borcherding u. a. 2017) und die kommunalen Integrationszentren in Nordrhein-Westfalen (vgl. Klute 2017). Wenn also gesagt wird, dass Bedarfe an nachhaltigen engagementbegleitenden Infrastrukturen und an engagementförderlichen Rahmenbedingungen des bürgerschaftlichen Engagements bestehen, die gedeckt werden müssen, um dem Engagement dauerhaft auch in Fragen der Integration von Flüchtlingen eine tragende Rolle zu sichern (vgl. Klein 2017, S. 122–129), so lässt sich auch feststellen, dass die Anfänge dafür bereits erkennbar gemacht sind.

Literatur

Behn, Vera/Bindel-Kögel, Gabriele/Birtsch, Vera (2014): Die Gestaltung der Freiwilligenarbeit als gemeinsame Aufgabe. In: Birtsch, Vera/Behn, Sabine/Bindel-Kögel, Gabriele (Hrsg.): Freiwilligenarbeit gestalten. Anregungen für die ehrenamtliche Arbeit mit Kindern, Jugendlichen und ihren Familien. München und Basel. S. 196–216.

Bindel-Kögel, Gabriele (2014): Mentoringprojekte am Übergang von der Schule in die Ausbildung. In: Birtsch, Vera/Behn, Sabine/Bindel-Kögel, Gabriele (Hrsg.): Freiwilligenarbeit gestalten. München und Basel. S. 191–193.

Borcherding, Werner/Dieter Schöffmann/Hans Oliva/Rüdiger Hartmann (2017): Wirksame Förderung des Bürgerengagements in der Kommune. In: Nachrichtendienst des Deutschen Vereins für öffentliche und private Fürsorge e.V., Heft 1, S. 35–40.

Gravelmann, Reinhold (2016): Unbegleitete minderjährige Flüchtlinge in der Kinder- und Jugendhilfe. Orientierung für die praktische Arbeit. München und Basel.

Hartwig, Jürgen/Kroneberg, Dirk Willem (Hrsg.) (2016): Flucht und Migration: Herausforderungen und Chancen für die Kommunen. Deutscher Verein für öffentliche und private Fürsorge e.V., Hand- und Arbeitsbücher 23.

Hauptmann, Andreas (2016): Asyl- und Flüchtlingsmigration: Potentiale für den deutschen Arbeitsmarkt. In: Hartwig, Jürgen/Kroneberg, Dirk Willem (Hrsg.), S. 39–54.

Hendrich, Andrea (2016): Kinder mit Migrations- und Fluchterfahrung in der Kita. München und Basel.

Kador-Probst, Martina (2016): Das Leipziger Wohn- und Unterbringungskonzept für Geflüchtete. In: Hartwig, Jürgen/Kroneberg, Dirk Willem (Hrsg.): Flucht und Migration: Herausforderungen und Chancen für Kommunen. Berlin. S. 82–92.

Keupp, Heiner (2014): Freiwilliges Engagement für Kleinkinder und ihre Familien. In: Birtsch, Vera/Behn, Sabine/Bindel-Kögel, Gabriele (Hrsg.): Freiwilligenarbeit gestalten. München und Basel. S. 32–45.

Klein, Ansgar (2017): Bedarfe der Engagementförderung in der Flüchtlingshilfe. In: Klein, Ansgar/Sprengel, Rainer/Neuling, Johanna (Hrsg.): Jahrbuch Engagementpolitik. Schwalbach/Ts.

Klute, Thorsten (2017): Erfolgreiche Teilhabe und Integration von Zugewanderten bedürfen der Koordination und Steuerung vor Ort. Das NRW-Modell der Kommunalen Integrationszentren. In: Nachrichtendienst des Deutschen Vereins für öffentliche und private Fürsorge e.V., Heft 1, S. 32–34.

Olk, Thomas (2017): Bürgerschaftliches Engagement. In: Kreft, Dieter/Mielenz, Ingrid (Hrsg.): Wörterbuch Soziale Arbeit. 8., akt. Auflage. Weinheim und Basel. S. 218–222.

Riedel, Birgit (2016): Betreuung von Flüchtlingskindern in Kitas. Ergebnisse der DJI-Kitabefragung. www.dji.de/fileadmin/user_upload/dasdji/tagungen/2016_Jahrestagung/riedel.pdf (Abfrage: 30.01.2017).

Simonson, Julia/Vogel, Claudia/Tesch-Römer, Clemens (Hrsg.) (2016): Freiwilliges Engagement in Deutschland. Der Deutsche Freiwilligensurvey 2014. Deutsches Zentrum für Altersfragen.

Wagenblast, Regine (2014): *wellcome* – Hilfen nach der Geburt. In: Birtsch, Vera/Behn, Sabine/Bindel-Kögel, Gabriele (Hrsg.): Freiwilligenarbeit gestalten. Anregungen für die ehrenamtliche Arbeit mit Kindern, Jugendlichen und ihren Familien. München und Basel. S. 46–59.

Wilmes, Maren (2016): Gemeinsam engagiert? Ehrenamtliches Engagement von Migrantinnen und Migranten. In: Stadler, Wolfgang (Hrsg.): Mehr vom Miteinander. Wie Bürgerschaftliches Engagement sozialen Zusammenhalt stärken kann. Theorie und Praxis der Sozialen Arbeit (TUP), Sonderband. S. 21–29.

Internet-Empfehlungen

Bundesnetzwerk Bürgerschaftliches Engagement: www.b-b-e.de
Bundesservicestelle „Aktion zusammen wachsen": www.aktion-zusammen-wachsen.de
Kommunale Integrationszentren – Landesweite Koordinierungsstelle: www.kommunale-integrationszentren-nrw.de
wellcome gGmbH: www.wellcome-online.de

Sabrina Naber

Multikulturelle Teamarbeit

Das Thema „Multikulturelle Teamarbeit" ist in der Literatur bisher wenig vertreten, am ehesten im wirtschaftlichen Kontext. Nach Cramer (2015) sind Unternehmen sehr häufig mit einer externen und internen Vielfalt konfrontiert. Im 21. Jahrhundert sind die Globalisierung sowie die Gestaltung von Arbeitsprozessen in Teams zwei bestimmende Trends. Das Herzstück des Globalisierungsprozesses bilden kulturübergreifende Teams (vgl. ebd.). In der Sozialen Arbeit und speziell in der Kinder- und Jugendhilfe sind empirische Erkenntnisse zum Thema derzeit Mangelware.

Ende Oktober 2016 wurden knapp 64.000 unbegleitete minderjährige Flüchtlinge von den deutschen Jugendämtern betreut. Über drei Viertel der betreuten Minderjährigen (78 Prozent) sind 16 oder 17 Jahre alt, fast jeder fünfte Minderjährige ist zwischen 11 und 15 Jahren alt (18 Prozent) und nur vier Prozent sind zehn Jahre alt oder jünger (vgl. Steinbüchel 2017).

Für die Kinder- und Jugendhilfe bedeutet dies, Betreuung und Begleitung vor allem für Jugendliche anzubieten, die kurz vor ihrem Schulabschluss stehen und in die Berufswelt wechseln. Die Mitarbeiter/innen begleiten die Jugendlichen in dieser besonderen Lebenslage „von der Schule zum Beruf" in der Vermittlung von Ausbildung bzw. Arbeit oder bereiten sie auf den Arbeitsmarkt vor.

Im Zeitraum Herbst 2015 bis Herbst 2017 untersucht die Landesarbeitsgemeinschaft der KJS in Zusammenarbeit mit dem Institut für Sozialpolitik und Arbeitsmarktforschung (ISAM, Hochschule Koblenz) mit dem Projekt „Wir sind auf dem Weg – Jugendliche in besonderen Lebenslagen" Beispiele guter Praxis. Mithilfe der Ergebnisse aus den Expert/inn/en-Interviews wurden zentrale Bausteine für die Praxis herausgearbeitet, die Jugendlichen in besonderen Lebenslagen bei der Entwicklung einer eigenständigen Lebensperspektive unterstützen, wie beispielsweise Beziehungsgestaltung, Partizipation, Teamkultur etc. (vgl. Obermeier/Dunsche 2016; Warnking 2016).

Nach Obermeier und Dunsche (2016) ist eine positive, arbeitsfähige und heterogene Teamkultur ein bedeutsames Merkmal für eine gelingende Jugendsozialarbeit. Unter dem Begriff Teamkultur verstehen die Autor/inn/en ein Team, in dem verschiedene Professionen, Kulturen, Nationalitäten sowie Geschlechter miteinander arbeiten. Dabei ermöglicht ein multidisziplinäres und multikulturelles Team, auf die vielfältigen Lebenssituationen der Jugendlichen und ihrer Bezugspersonen authentisch und wertschätzend einzugehen. So vielfältig die Jugendlichen in ihrer jeweiligen Lebenssituation sind, so unterschiedlich sind auch die optimalen Beratungs-, Begleitungs- und Betreuungsangebote. Jugendliche mit Migrationshintergrund können durch das multikulturelle Team in ihrer Muttersprache angesprochen werden, wodurch zusätzlich die Eltern mit einbezogen werden können, die häufig über geringe Deutschkenntnisse verfügen. Hinzu kommt die Tatsache, dass es in der Regel einfacher ist über die eigene Geschichte zu berichten und damit eine Vorbildfunktion für die Jugendlichen zu erfüllen, wenn sie einen individuellen Bezug zu den Fachkräften herstellen können, weil sie beispielsweise ebenfalls einen Migrationshintergrund haben (vgl. ebd.).

Nach Balz/Herwig-Lempp (2012) bilden die multiprofessionelle Kooperation und Teamarbeit in der Kinder- und Jugendhilfe ein integrales Arbeitsprinzip. Eine gelungene Teamarbeit passiert nicht einfach, sondern sie ist das Ergebnis des Teams selbst. Somit ist jedes Team dafür verantwortlich, wie gut die gemeinsame Zusammenarbeit gelingt. Gelingende Teamarbeit in der Kinder- und Jugendhilfe ist kein zusätzlicher Anforderungs- und Aufgabenbereich, sondern ist im besten Fall eine gelebte Kooperation und pädagogische Arbeit. Daher ist es wichtig, den Teamgedanken strukturell und im Selbstverständnis der Organisation als integralen Bestandteil zu etablieren. Jedoch sind hierfür Ressourcen wie ein Budget für Fort- und Weiterbildung, Maßnahmen zur Teamentwicklung etc. unverzichtbar (vgl. ebd.).

Auch die Haltung des Arbeitgebers gegenüber der multikulturellen Teamarbeit ist wichtig und es müssen Ressourcen dafür bereitgestellt werden. Zum einen verhelfen den Arbeitgebern spezielle Einstellungskriterien bei der Suche nach neuen Mitarbeiter/inne/n und zum anderen ist es wichtig, Mitarbeiter/innen einzustellen, die der multikulturellen Teamarbeit offen gegenüber stehen. Im Rahmen von Personalentwicklung liegt es in der Verantwortung des Arbeitgebers, die Mitarbeiter/innen mithilfe von Fort- und Weiterbildungen speziell in diesem Kontext zu schulen.

Ein Anspruch der Outlaw gGmbH ist die Betreuung durch multiprofessionelle Teams, wodurch passgenaue Hilfen für Kinder und Jugendliche angeboten werden können. Die Teams so aufzustellen und zu strukturieren ist ein Qualitätsmerkmal u. a. im Bereich Hilfen zur Erziehung (HzE). Durch die Begleitung aus multiprofessionellen Teams heraus müssen keine speziellen Angebote entwickelt werden, sondern die Hilfen werden innerhalb der Regelangebote flexibel und passgenau auf die Bedürfnisse der Kinder und Jugendlichen abgestimmt. Dieser Ansatz wird vor allem durch die Arbeit mit unbegleiteten minderjährigen Flüchtlingen aufgewertet, wo ein multiprofessionelles Team vor allem durch die Mitarbeiter/innen mit Migrationshintergrund und verschiedenen Sprachkenntnissen unerlässlich ist.

Es werden bereits seit mehreren Jahren im Bereich HzE mithilfe eines solchen Teams unbegleitete minderjährige Flüchtlinge in verschiedenen Wohngemeinschaften betreut. Die Mitarbeiter/innen sprechen unterschiedliche Sprachen und haben zum Teil eigene Erfahrungen als Flüchtling in Deutschland gemacht. Durch die gemeinsame Flucht-Erfahrung und den kulturellen Hintergrund zwischen den Mitarbeiter/inne/n und den unbegleiteten minderjährigen Flüchtlingen besteht in der Regel sofort eine gewisse Nähe und Akzeptanz seitens der Jugendlichen. Aber auch die Kolleg/innen profitieren von diesen Gemeinsamkeiten, indem durch die kulturelle Sozialisation beispielsweise das Wissen über die Rechtslage, das Verständnis über mögliche Probleme bei der Ankunft in Deutschland, aber auch über die kulturell spezifischen „Gepflogenheiten" im Team untereinander verständlich gemacht werden können.

Zudem liegen die Stärken eines multikulturellen Teams vor allem in der Kommunikation sowie in der Betreuung und Begleitung, die mit den Jugendlichen in der Muttersprache stattfindet. Wie bereits in der oben genannten Studie beschrieben, lassen sich die Jugendlichen schnell auf die Fachkräfte mit Migrationshintergrund ein. Jedoch kann hieraus auch eine emotionale Erwartungshaltung der minderjährigen Flüchtlinge entstehen, da sie möglicherweise durch die kulturelle Gemeinsamkeit mit dem Mitarbeiter bzw. der Mitarbeiterin eine 24-Stunden-Betreuung und nicht eine „Betreuung nach Dienstzeiten" erwarten. Um dieses Problem zu umgehen, ist eine Wahrung von Nähe und Distanz sehr wichtig. Eine multikulturelle Teamarbeit funktioniert nicht sofort reibungslos und bringt Herausforderungen mit sich. Es benötigt eine gewisse Zeit, in der sich die Teammitglieder mit deren unterschiedlichen kulturell geprägten Verschiedenheiten kennenlernen und sich annähern. Hierfür benötigt es eine grundsätzliche Offenheit und Verständnis gegenüber anderen Kulturen. Eine Toleranz und Flexibilität, kulturelle Besonderheiten zu verstehen, diese zu respektieren und in die praktische Arbeit umsetzen zu wollen, muss bei allen Teammitgliedern vorhanden sein.

Literatur

Balz Hans-Jürgen/Herwig-Lempp Johannes (2012): Gestaltungsfragen gelingender Teamarbeit in der Kinder- und Jugendhilfe. In: Evangelische Jugendhilfe 89, Heft 4, S. 237–249.
Cramer Tobias (2015): Multikulturelle Teamarbeit. Hamburg.
Obermeier Tim/Dunsche Francesca (2016): „Wir sind auf dem Weg" – Jugendliche in besonderen Lebenslagen. Neun Bausteine guter Praxis. (Hrsg.): Katholische Jugendsozialarbeit Hessen/Rheinland-Pfalz/Saarland. http://www.bagkjs.de/media/rawArbeitsheft_Neun_Bausteine_Freigabe.pdf (Abfrage: 23.01.2017).
Steinbüchel Antje (2017): Ein Jahr Verteilung von unbegleiteten minderjährigen Flüchtlingen. Eine Auswertung. In: jugendhilfereport Heft 1, S. 42–45.
Warnking Anna (2016): „Wir sind auf dem Weg – Jugendliche in besonderen Lebenslagen. Neun Bausteine guter Praxis – Ergebnisse aus dem Projekt". In: dreizehn. Zeitschrift für Jugendsozialarbeit Heft 16, S. 38–41.

Alina Quasinowski und Andrea Reckfort

Rassismuskritische Sensibilisierung von Ehrenamtlichen – alle anders, alle gleich?!

Das hohe ehrenamtliche Engagement für Geflüchtete zeigt sich in vielfältigen Handlungsfeldern. Die Ehrenamtlichen wünschen sich, zur Integration der *neuen Nachbar/inne/n* beizutragen und die Geflüchteten erfolgreich zu unterstützen. Gleichzeitig sind sie mit divergierenden Bedürfnissen und Erwartungen an die Hilfsangebote konfrontiert. Zudem findet das ehrenamtliche Engagement unter den Voraussetzungen unsicherer oder ungeklärter Aufenthaltsstatus und einer hohen Fluktuationsquote der Geflüchteten statt. Dabei stehen sie im Spannungsverhältnis zwischen dem Helfen-Wollen einerseits und der ungleichen Beziehung zu den Geflüchteten sowie der unbeabsichtigten Reproduktion dessen andererseits. Ziel der Qualifizierungen ist es, einen Raum zu eröffnen, in dem sich die Ehrenamtlichen kritisch mit ihrer eigenen Arbeitshaltung auseinandersetzen, damit sie die Geflüchteten bedarfsgerecht und adressatenorientiert unterstützen können. Der vorliegende Artikel möchte aufzeigen, welche theoretischen und konzeptionellen Grundlagen der rassismuskritischen Qualifizierungen von Ehrenamtlichen zugrunde liegen und welche Wirkung diese haben können.

Welche Perspektiven ermöglicht die rassismuskritische Reflexion der eigenen Haltung?

Angesichts der Irritationen und Schwierigkeiten, die in der Arbeit für und mit Geflüchteten entstehen, stellt sich oft die Frage nach einem „richtigen" angemessenen Umgang mit „den Anderen". Zur Bearbeitung dieser Frage stehen sich zwei Konzepte gegenüber. Auf der einen Seite der spezifisch kulturalistische Ansatz „Interkultureller Pädagogik" mit dem Konzept der „interkulturellen Kompetenz", der maßgeblich auf Wolfgang Hinz-Rommel (1994) und Georg Auernheimer (2007) zurückgeht. Auf der anderen Seite der allgemein reflexive Ansatz der „Migrationspädagogik", der gesellschaftliche Zusammenhänge unter einer rassismuskritischen Perspektive betrachtet. Unter anderem Paul Mecheril, Wiebke Scharathow, Claus Melter und Rudolf Leiprecht streben mit dieser Perspektive einen Paradigmenwechsel an (vgl. Mecheril/Melter 2009; Leiprecht/Scharathow 2009). Im Folgenden soll dargestellt werden, worin der Gewinn eines allgemein reflexiven Ansatzes für die Auseinandersetzung mit der Frage nach dem „richtigen" Verhalten besteht, um so zu einer tragfähigen Theorie als Grundlage für die Qualifizierung von Ehrenamtlichen zu kommen.

Das Kernelement kulturalistischer Konzepte ist die „Interkulturelle Kompetenz". Hinz-Rommel bezeichnet diese als die „notwendigen persönlichen Voraussetzungen für angemessene, erfolgreiche oder gelingende Kommunikation in einer fremdkulturellen Umgebung, mit Angehörigen anderer Kulturen" (Hinz-Rommel 1994, S. 56). Dieser Überlegung liegt die These zugrunde, dass die Zugehörigkeit zu einer Kultur maßgeblich für das Verhalten der Menschen verantwortlich sei. Damit Kommunikation gelingen könne, müssten Angehörige anderer Kulturen erst entsprechende Kompetenzen zum Umgang mit Fremdheit erwerben. Für Qualifizierung von Ehrenamtlichen würde dies bedeuten, im Rahmen eines „Interkulturellen Trainings" unter anderem Wissen über „richtige" und „falsche" Verhaltensweisen zu erlernen und einzuüben. Darüber hinaus sollten Fähigkeiten wie Empathie oder Toleranz gestärkt werden. Diese Herangehensweise bringt den Vorteil mit, dass sich die Ehrenamtlichen mit der eigenen Zugehörigkeit zu einer Kultur und ihren Erwartungen auseinanderzusetzen, statt Interaktionsschwierigkeiten defizitorientiert und einseitig in den Geflüchteten zu begründen (vgl. Mecheril/Kalpaka 2010, S. 77). Zugleich birgt diese Herangehensweise aber auch drei wesentliche Gefahren, wie Mecheril und Kalpaka betonen (vgl. ebd., S. 79–88). Zunächst kritisieren sie, dass Migrant/inn/en aus entsprechenden Angeboten ausgeschlossen und allein aufgrund ihrer kulturellen Andersartigkeit als „interkulturell kompetent" eingeschätzt werden (vgl. ebd., S. 80 f.). Auch wenn das Konzept selbst offen für alle ist, impliziert es in der Ausgestaltung, „dass eine professionelle Person, die Repräsentant/in der kulturellen Mehrheit ist, es mit Klient/innen zu tun hat, die kulturellen Minderheiten angehören" (ebd., S. 80). Eine zweite Gefahr besteht darin, dass bereits durch die Begrifflichkeiten („Kompetenz", „Training") der Eindruck entstehen kann, die interkulturelle Kompetenz gewährleiste als „Werkzeug" gelingende Kommunikation. Hier ist wieder auf das bereits oben genannte Technologiedefizit zu verweisen, dem pädagogisches Handeln unterliegt (vgl. ebd., S. 83). Zuletzt geht mit dem Verständnis kultureller Verschiedenheit die Gefahr einher, Handlungen auf die „Kultur" des Individuums zu reduzieren, was Mecheril und Kalpaka als „Kulturalisierung" bezeichnen (vgl. ebd., S. 84). Problematisch ist dies zum einen, da bei der Rede von „kultureller Differenz" andere Identitätsmarker wie soziale und ökonomische Lebenssituation, Erfahrungen als „Migrant/in" in der Mehrheitsgesellschaft oder persönliche Erfahrungen und Ressourcen vernachlässigt werden (vgl. Foitzik 2013, S. 2). Ebenso wird das Zusammenwirken unterschiedlicher Zugehörigkeits- und Nichtzugehörigkeitserfahrungen nicht als möglicher Grund für das Handeln einbezogen.

Dies vereinfacht komplexe Zusammenhänge und wird diesen nicht gerecht. Für die Ehrenamtlichen bedeutet dies, dass sie die Geflüchteten in ihren Kursen trotz vermeintlicher interkultureller Kompetenz missverstehen können. Vermeintliches Wissen über die Kultur des Gegenübers kann dazu führen, vorschnell über eine Situation urteilen. Statt nach der individuellen Bedeutung der Kultur für den Einzelnen oder die Einzelne zu fragen, wird ihre hohe Relevanz vorausgesetzt. Problematisch ist die Kulturalisierung zum anderen, da dem Alltagswissen von Kultur oft ein Verständnis dieser zugrunde liegt, die diese als „unveränderliche, wesenhafte Eigenschaft von Menschen und im Zusammenhang größerer sozialer Einheiten, etwa als Nationalkultur" (vgl. Mecheril/Kalpaka 2010, S. 87) begreift. Die Verwendung eines solchen Kulturbegriffs funktioniert wie die Konstruktion des Rassebegriffs, wie bereits Étienne Balibar in seinen Ausarbeitungen zum „Rassismus ohne Rassen" (Balibar 1992, S. 28) betonte. Rassismuskonstruktionen liegt die Unterscheidung von Menschen aufgrund äußerlicher Merkmale, wie ethnischer oder kultureller Herkunft, zugrunde.[1] Diese Merkmale werden als „natürlich" interpretiert und mit Charaktereigenschaften verknüpft, die unterschiedlich bewertet werden. Ausgehend davon werden die entstandenen Gruppen in ein hierarchisches Verhältnis gestellt, wobei die eine gegenüber der anderen dazu privilegiert, ist an materiellen, sozialen und kulturellen Gütern der Gesellschaft teilzuhaben. Diese differierenden Zugänge zu Ressourcen der Gesellschaft führen dadurch auch zu einer durch die äußerlichen Merkmale bedingten Möglichkeit zur eigenen Selbstentfaltung. Rassismus wird also als soziale Praxis und komplexes System verstanden, das Ungleichbehandlungen, hegemoniale Machtverhältnisse und eine etablierte soziale Ordnung legitimiert (vgl. Hall 2012). Dieses Verständnis von Rassismus grenzt sich stark von einer Definition ab, die diesen als individuelle Verfehlung betrachtet, die nur ausgewählten Zielgruppen („die Rechten") betrifft.

Wenn die Ehrenamtlichen im Rahmen der Qualifizierungsreihe die Möglichkeit haben sollen, sich mit der Frage nach „richtigem" Verhalten in der Arbeit mit Geflüchteten auseinanderzusetzen, gehört dazu auch die bewusste Reflexion der eigenen Person als Lehrkraft, als Ehrenamtliche/r und als Träger/in von Privilegien. Pädagogisches Handeln ist eingebunden in übergeordnete gesellschaftliche Zusammenhänge und Strukturen. Auch ohne es zu beabsichtigen, reproduziert pädagogisches Handeln die Strukturen, die von den Rahmenbedingungen geprägt werden. Für kompetentes pädagogisches Handeln ist die Reflexion dieser Verwobenheit konstitutiv. Auf diesen Aspekt lenkt die rassismuskritische Perspektive den Blick. Sie regt dazu an, Handlungen im Kontext ihrer rassistischen und diskriminierenden

---

1   Vgl. zum folgenden Abschnitt: Scharathow 2009, S. 13 f.

Zusammenhänge wahrzunehmen, kritisch zu hinterfragen und sie entsprechend zu modifizieren (vgl. Scharathow 2009, S. 13). Rassismuskritische Bildungsarbeit hat in diesem Zusammenhang das übergeordnete Ziel, gleichberechtige Teilhabe am gesellschaftlichen Leben und soziale Gerechtigkeit zu realisieren (vgl. ebd.). Zudem ermöglicht die rassismuskritische Perspektive eine grundlegend „suchende" Haltung statt einer vermeintlich „bereits wissenden". Herausfordernden Situationen kann auf diese Weise angemessen oder „richtig" begegnet werden, da sie Raum lässt für unterschiedliche Deutungs- und Erfahrungsmöglichkeiten. Irritierende Situationen werden auf diese Weise nicht vereinfacht und können so als das wahrgenommen werden, was sie für den Wahrnehmenden in diesem Moment sind: irritierend. Andreas Foitzik spricht dabei von der Kompetenz, „diese Verunsicherung auszuhalten und trotzdem handlungsfähig zu sein" (Foitzik 2013, S. 2). Die Komplexität, Undurchschaubarkeit und Widersprüchlichkeit der Situationen, in denen die Ehrenamtlichen tätig sind, kann überfordernd sein. Gleichzeitig birgt die Anerkennung der „Unsicherheit pädagogischen Handelns", des „Nicht-Wissens" und „Nicht-Verstehens" auch die Chance, gelassener mit Herausforderungen und den vermeintlich „Anderen" umzugehen, da auf diese Weise gar nicht der unrealistische Anspruch entsteht, eine Situation oder einen Menschen gänzlich zu verstehen (vgl. Mecheril/Kalpaka 2010, S. 97).

Wie kann die rassismuskritische Perspektive in die Qualifizierung von Ehrenamtlichen einfließen?

Vor dem theoretischen Hintergrund stellt sich nun die Frage, wie die rassismuskritische Perspektive in die Qualifizierung Ehrenamtlicher einfließen kann. Zur Veranschaulichung dessen soll im Folgenden auf die Qualifizierungsreihen für ehrenamtliche Sprachlehrkräfte, die das Kommunale Integrationszentrum und die Freiwilligenagentur der Stadt Münster seit März 2016 in Kooperation mit der Volkshochschule und dem Sozialamt kostenfrei anbietet, Bezug genommen werden. In sechs zusammenhängenden Modulen erlangen Ehrenamtliche jeweils einmal wöchentlich einen Überblick über mögliche Unterstützungsmaßnahmen in der Kommune, didaktische Methoden zur Gestaltung eines lebendigen Sprachunterrichts und Lehr- und Lernmaterialien für den Unterricht in Deutsch als Zweitsprache und Deutsch als Fremdsprache. Zuletzt werden auch Möglichkeiten zur Planung und Struktur von Unterrichtseinheiten thematisiert. Durch alle Module zieht sich der Anspruch die eigene pädagogische Arbeit zu reflektieren und darüber in Austausch zu treten. Im zweiten Modul „Migrationsgesellschaftlicher Kontext" und im sechsten Modul „Fallbearbeitung" üben die Ehrenamtlichen, die rassismuskritische Analyseperspektive einzunehmen.

Zur Auseinandersetzung mit und praktischen Umsetzung der rassismuskritischen Perspektive wurden Methoden der vorurteilsbewussten Pädagogik („Anti-Bias-Arbeit") eingesetzt. Grundlage des Ansatzes ist die Annahme, dass Differenzlinien wie Hautfarbe, Geschlecht oder Kultur miteinander in Beziehung stehen und in gesellschaftlichen Strukturen verwoben sind (vgl. Dietrich/Herdel/Schmidt 2009, S. 155). Durch die Mehrfachzugehörigkeit zu unterschiedlichen Differenzlinien machen alle Menschen Zugehörigkeits- und Nichtzugehörigkeitserfahrungen. In den Seminareinheiten der Qualifizierung hat sich dieser Ansatz als hilfreich erwiesen, da es so möglich ist, sensibel und praxisnah über eigene Privilegien sowie diskriminierende Handlungen ins Gespräch zu kommen. Voraussetzung dafür ist die grundsätzlich wertschätzende Haltung der Referent-/inn/en und eine fehlerfreundliche, emphatische und beschuldigungsfreie Atmosphäre (vgl. ebd., S. 157). Um biografieorientiert (vgl. ebd., S. 156) und niedrigschwellig an die Reflexion der eigenen Arbeitshaltung und -motivation heranzuführen, sind Impulsfragen zur Selbsteinschätzung direkt zu Beginn hilfreich. (Zum Beispiel: „Was wissen Sie über die Ehrenamtlichen, die Sprachkurse und andere Angebote für Geflüchtete organisieren? Aus welcher Motivation sind Sie ehrenamtlich in der Flüchtlingsarbeit tätig? Was wissen Sie über die Menschen, die Ihre Sprachkurse besuchen? Als wie ausreichend bewerten Sie dieses Wissen?") Um auf die Verwobenheit des eigenen Handelns in Machtstrukturen aufmerksam zu machen, kann der Vortrag „The danger of a single story" von Chimamanda Ngozi Adichie als Impuls dienen. Adichie ist eine nigerianische Schriftstellerin, die in dem Vortrag u. a. von einer Erfahrung an der Universität in USA berichtet, als ihre Mitbewohnerin sie mit Vorurteilen gegenüber „dem Land Afrika" konfrontiert. Mithilfe des Vortrags können die Ehrenamtlichen für unterschiedliche Perspektiven auf die Wirklichkeit und die Gefahren, die mit einseitigen Sichtweisen einhergehen, sensibilisiert werden.

Im Rahmen der Qualifizierungsreihe wurden zudem ein niedrigschwelliges Reflexionsvideo und die Materialien „Unterstützungsarbeit – auf Augenhöhe mit Geflüchteten?!" des Netzwerks Rassismuskritische Migrationspädagogik BW verwendet. Mithilfe dessen bietet sich die Behandlung von Themen wie der Umgang mit Vielfalt und Machtverhältnissen und den eigenen Normalitätserwartungen an. Konkret ist dies entlang dreier Fragen möglich:

1. „Kennen Sie aus Ihrer Arbeit konkrete Beispiele, in denen Irritationen zwischen Ehrenamtlichen und Geflüchteten aufgetreten sind?",
2. „Wie schätzen Sie diese Situationen ein? Aus welchen Gründen ist es zu einer Irritation gekommen?" und
3. „Welche konkreten Ideen haben Sie, um mit den Geflüchteten ‚einen gemeinsamen Boden' für die Zusammenarbeit zu schaffen?".

Gegenstand der Reflexion sind entsprechende Fallbeispiele der Ehrenamtlichen, sodass ein konstanter Praxisbezug gewährleistet wird. Zugleich werden Ehrenamtliche als Expert/inn/en ihrer Arbeit wertgeschätzt, da sie selbst mit ihren Erfahrungen und Überlegungen im Mittelpunkt der Seminareinheiten stehen. Zur Bearbeitung der Fallbeispiele bietet sich eine multiperspektivische Fallarbeit an, die sich an dem „Brillenmodell" von Andreas Foitzik (2013) orientiert. Mit dem Modell weist Foitzik anschaulich auf die unterschiedlichen Perspektiven bzw. „Brillen" hin, unter denen eine Situation betrachtet werden kann. Er kritisiert den einseitigen Blick durch nur eine Brille, insbesondere die „Kulturbrille", und fordert zu einem multiperspektivischen Blick auf, der weitere mögliche Handlungsgründe einbezieht (vgl. Foitzik 2013, S. 2 f.). Im Rahmen dieser Übung nehmen die Ehrenamtlichen unterschiedliche Perspektiven auf die Fälle ein und erarbeiten so zunächst vielfältige Handlungsgründe und -ursachen. Ausgehend von einer umfassenden Analyse eröffnen sich so ebenso vielfältige Interventionen und Lösungsmöglichkeiten für Konflikte.

Als hilfreich hat sich dazu die Gruppengröße von höchstens 20 Teilnehmenden erwiesen, da diese die Arbeit in Kleingruppen, aber auch Diskussionen im Plenum ermöglicht. Ehrenamtliche haben im Rahmen der Evaluation der Qualifizierungsreihen angemerkt, dass sie den Austausch mit den anderen Teilnehmenden als große Bereicherung empfunden haben. Um produktive Zusammenarbeit in der Gruppe fördern zu können, organisiert das KI keine einzelnen Workshops, sondern modularisierte Qualifizierungsreihen. Dies trägt auch zur Unterstützung des Lernprozesses bei, da selbstreflexives Lernen immer prozesshaft ist und eine Begleitung dessen förderlich ist.

Was kann die rassismuskritische Arbeit bei Ehrenamtlichen bewirken?

Um die ständige Verbesserung und Anpassung der Qualifizierungsreihen an die Bedürfnisse der Ehrenamtlichen zu gewährleisten, werden die einzelnen Sitzungen mittels eines anonymen Fragebogens evaluiert. Die Evaluation dient keiner quantitativen Auswertung mit wissenschaftlichen Anspruch, sondern vielmehr einer qualitativen Analyse der Wahrnehmung und Auswirkungen der rassismuskritischen Seminarelemente seitens der Teilnehmenden. Der Fragebogen bestand aus zwei Oberfragen. Zum einen wurde erfragt, ob sich die Ehrenamtlichen mit ihrer Rolle als Ehrenamtliche sowie der Haltung gegenüber den Geflüchteten auseinandergesetzt haben. Zwei Unterfragen differenzierten, ob die Reflexion im Rahmen der Qualifizierung und/oder darüber hinaus stattgefunden hat. Zum Zweiten wurden die Ehrenamtlichen gefragt, ob diese Reflexion Auswirkungen auf a) ihr Selbstverständnis, b) den Umgang mit den Geflüchteten und c) auf die Gestaltung des Angebots hat. Darüber hinaus konnten in einer offenen Frage die wichtigsten Impulse benannt werden. Eine weitere offene Frage lautete „Was meinen Sie? Ist ein ‚Kontakt auf Augenhöhe' mit den Geflüchteten möglich?".

Als wichtigste Impulse wurden die Erfahrungen der anderen ehrenamtlichen Sprachlehrkräfte, die Bearbeitung der Fallbeispiele und die Einnahme eines multiperspektivischen Blicks genannt. Auf diese Weise entwickeln sie eine Sensibilität für die Vielfalt möglicher Gründe des Verhaltens der Geflüchteten in ihren Sprachkursen sowie für unterschiedliche Möglichkeiten der Wirklichkeitswahrnehmung. Dies entspricht dem Ziel rassismuskritischer Bildungsarbeit,

> „neben der reinen Informationsvermittlung vor allem zu einer Bewusstseinsbildung beizutragen, um somit Prozesse der Solidarisierung und der Politisierung zu initiieren und auf soziale Wissensbestände, Haltungen und Einstellungen einzuwirken" (Scharathow 2009, S. 17).

Durch mehr Wissen über den Zusammenhang von Handeln und Struktur und die kritische Hinterfragung dessen können Ehrenamtliche zu mehr Flexibilität bei der Interpretation der Wirklichkeit und den daraus resultierenden Interventionen erlangen. Dies bestätigen die Ergebnisse hinsichtlich der Konsequenzen für die Unterstützungsarbeit mit Geflüchteten.

Spannend sind die Ergebnisse der Frage nach der Einschätzung des „Kontakts auf Augenhöhe". Die Frage beabsichtigte die Auseinandersetzung mit der eigenen Position in der Gesellschaft im Vergleich zur Stellung der Geflüchteten. Obwohl Ehrenamtliche ihre Zustimmung u. a. mit der Bedingung des respektvollen Umgangs verbanden, zeigt dies auf, wie schwierig die Auseinandersetzung mit eigenen Privilegien und der Eingebundenheit in Machtverhältnisse ist. Die rassismuskritische Perspektive würde die Möglichkeit eines Kontakts auf Augenhöhe verneinen, da die Ehrenamtlichen bereits durch ihre Angehörigkeit zur Mehrheitsgesellschaft privilegierter sind. Sie können durch ihr Wissen, die deutschen Sprachkenntnisse und den Umstand, in ein berufliches und soziales Umfeld eingebunden zu sein, „helfen", wohingegen die Geflüchteten nur die Möglichkeit haben, diese Hilfe anzunehmen. Die Ergebnisse zeigen aber auch, dass sich die Ehrenamtlichen bemühen, das Machtgefälle nicht durch bewusst degradierendes Verhalten zu verstärken. Ein achtsamer Umgang, der von gegenseitigem Respekt, Geduld und Einsicht geprägt ist, ist Basis für die wertschätzende Zusammenarbeit. Irritationen und Konflikte können so aufgefangen werden und sind keine Hindernisse für die Zusammenarbeit.

Literatur

Auernheimer, Georg (2007): Einführung in die Interkulturelle Pädagogik. Darmstadt.
Balibar, Étienne (1992): Gibt es einen ‚Neo-Rassismus'? In: Balibar, Étienne/Wallerstein, Immanuel: Rasse. Klasse. Nation. Ambivalente Identitäten. 2. Auflage. Hamburg. S. 23–38.
Dietrich, Katharina/Herdel, Shantala/Schmidt Bettina (2009): Anti-Bias Arbeit in Theorie und Praxis – kritische Betrachtung eines Antidiskriminierungsansatzes. In: Scharathow, Wiebke/Leiprecht, Rudolf: Rassismuskritik. Band 2. Rassismuskritische Bildungsarbeit. Schwalbach. S. 154–170.
Foitzik, Andreas (2013): Interkulturelle Kompetenz. ajs-Kompaktwissen 4. Stuttgart.
Hall, Stuart (2012): Ideologie, Kultur, Rassismus. 5. Auflage. Hamburg.
Hinz-Rommel, Wolfgang (1994): Interkulturelle Kompetenz: Ein neues Anforderungsprofil für die soziale Arbeit. Münster.
Leiprecht, Rudolf/Scharathow, Wiebke (Hrsg.) (2009): Rassismuskritik. Band 2: Rassismuskritische Bildungsarbeit. Bad Schwalbach.
Mecheril, Paul/Kalpaka Annita (2010): „Interkulturell". Von spezifisch kulturalistischen Ansätzen zur allgemein reflexiven Perspektive. In: Mecheril, Paul u. a. (Hrsg.): Migrationspädagogik. Weinheim und Basel. S. 77–78.
Mecheril, Paul/Melter, Claus (2010): Gewöhnliche Unterscheidungen. Wege aus dem Rassismus. In: Mecheril, Paul u. a. (Hrsg.): Migrationspädagogik. Weinheim und Basel. S. 150–178.
Mecheril, Paul/Melter, Claus (Hrsg.) (2009): Rassismuskritik. Band 1: Rassismustheorie und -forschung. Bad Schwalbach.
Netzwerk Rassismuskritische Migrationspädagogik BW (Hrsg.) (2016): Ergänzendes Material zum Reflexionsvideo „Unterstützungsarbeit – Auf Augenhöhe mit Geflüchteten?!" http://www.rassismuskritik-bw.de/erklaervideo/ (Abfrage: 15.02.2017).
Scharathow, Wiebke (2009): Zwischen Verstrickung und Handlungsfähigkeit – Zur Komplexität rassismuskritischer Bildungsarbeit. In: Scharathow, Wiebke/Leiprecht, Rudolf. Rassismuskritik. Band 2. Rassismuskritische Bildungsarbeit. Bad Schwalbach. S. 12–22.
Stadt Münster, Koordinierungsstelle für Migration und interkulturelle Angelegenheiten (2014): Leitbild „Migration und Integration Münster". Überarbeitete Auflage des Leitbildes Migration und Integration Münster 2008. Münster.

Stefan Gesmann

Anforderungen an eine systematische Fort- und Weiterbildung in der Flüchtlingssozialarbeit

Die Erfahrungen aus den Jahren 2015/2016 haben gezeigt, dass für die Arbeit in der Flüchtlingshilfe handlungsfeldspezifische Kompetenzen[1] vonnöten sind, über die allerdings nicht alle Mitarbeiter in der Flüchtlingshilfe von Beginn an verfügen.

Sucht man nach den Gründen für diese *Kompetenzlücken*, so könnte man einerseits den (Fach-)Hochschulen den *schwarzen Peter* zuschieben, da sie ihre Lehrangebote möglicherweise zu spät an die veränderten Rahmenbedingungen angepasst haben. Andererseits müssen aber auch die Praxiseinrichtungen der Flüchtlingssozialarbeit selbstkritisch eingestehen, dass sie bei der Besetzung mancher Stelle innerhalb der Flüchtlingssozialarbeit ebene jene Differenzen zwischen geforderten und vorhandenen Kompetenzen bisweilen wissentlich in Kauf genommen und anschließend relativ wenig dagegen unternommen haben.

Die Gründe hierfür sind durchaus nachvollziehbar: Rückblickend kann das Jahr 2015 – und im weiten Teilen auch noch das Jahr 2016 – als Phase des *Troubleshootings* bewertet werden. Innerhalb kürzester Zeit galt es Flüchtlingsunterkünfte samt entsprechender Infrastruktur aufzubauen und Personal einzustellen, was de facto kaum vorhanden war.[2] Dies führte dazu, dass bei der Besetzung von Stellen nicht selten ein *kreatives* Verständnis dessen nötig war, was eigentlich eine Fachkraft ist oder zumindest sein könnte. Im besten Fall wurden Sozialarbeiter, im Zweifel aber auch Geografen, Germanisten, Philosophen, Juristen oder andere Quereinsteiger *angeheuert*. Dass die Kompetenzen solcher Quereinsteiger beispielsweise im Umgang mit traumatisierten Kindern und Jugendlichen – gelinde gesagt – *ausbaufähig* sind verwundert wenig. Aber auch erfahrene Sozialarbeiter mussten bisweilen eingestehen, dass ihnen das (Erfahrungs-)Wissen für dieses (relativ) neue Handlungsfeld fehlt.

---

[1] Wie beispielsweise spezielle Rechtskenntnisse, Wissen um unterschiedliche Kulturkreise, Wissen und Methoden im Umgang mit kriegs- und fluchtbedingten Traumatisierungen und Wissen ob der jeweiligen Kooperationspartner im Helfersystem.

[2] Der massive Fachkräftemangel innerhalb der Sozialen Arbeit wurde durch die „Flüchtlingskrise" derart angeheizt, dass 2015 Sozialarbeiter im Ranking der gefragtesten Akademiker erstmalig den Ingenieuren den Rang abliefen (vgl. DIE ZEIT 7/2016).

Was es braucht, damit Angebote der Fort- und Weiterbildung zur Kompetenzerweiterung von Mitarbeitern in der Flüchtlingshilfe beitragen, gilt es nachfolgend aufzuzeigen.

Was es grundsätzlich braucht

Wenn hier von Fort- und Weiterbildung die Rede ist, dann sind hiermit Formen der *betrieblichen Weiterbildung* gemeint. Die betriebliche Weiterbildung hat die Aufgabe, bereits erworbene berufliche Qualifikationen der Mitarbeiter zu sichern und diese kontinuierlich an veränderte Arbeitsanforderungen anzupassen, um so zur Erreichung des Betriebsziels beizutragen (vgl. Wittwer 2001, S. 45). Hiermit kann die betriebliche Weiterbildung als ein zentrales Element der Personalentwicklung betrachtet werden.

Damit Angebote der Fort- und Weiterbildung die in sie gesetzten Erwartungen erfüllen, müssen sie organisational verankert sein. Dies bedeutet grundsätzlich, dass Leitungskräfte zeitliche und finanzielle Ressourcen für die Inanspruchnahme von Weiterbildungsangeboten bereitzustellen haben. Blickt man in die Praxis der Flüchtlingssozialarbeit, so zeigen sich bereits hier die ersten Brüche, fehlt doch nicht selten das Geld, fast immer aber die Zeit, um Angebote der Fort- und Weiterbildung in Anspruch zu nehmen. Bei einem Betreuungsschlüsseln von 1:100 bzw. bisweilen auch 1:200 pro Vollzeitstelle verwundert dies nur bedingt.

Die Bereitstellung von zeitlichen und finanziellen Ressourcen stellt eine notwendige, aber keine hinreichende Bedingung dafür dar, dass Angebote der Fort- und Weiterbildung zur Kompetenzerweiterung beitragen. Darüber hinaus sind Leistungskräfte im Feld der Flüchtlingssozialarbeit gefordert, im Dialog mit den Kollegen systematisch a) deren Bedarfe zu eruieren, b) hieraus konkrete Erwartungen zu formulieren, c) passende Formate zu lokalisieren, d) Formen der Transferförderung zu organisieren und e) Ansätze der Evaluation zu etablieren.

Was es konkret braucht

a) Zur Notwendigkeit einer systematischen Bedarfsanalyse

Wenn Angebote der Fort- und Weiterbildung in Organisationen der Sozialen Arbeit durch Leitungskräfte initiiert (oder zumindest toleriert) werden, dann erfolgt dies oft wenig bedarfsorientiert. Entweder werden Weiterbildungsangebote – im Sinne eines *Breitbandantibiotikums* – allen verordnet („Da muss jeder von uns einmal hin"), oder aber es ist von Beginn an klar, dass die vorhandenen Budgets nicht ausreichen, um die Bedarfe aller Kollegen zu decken. In diesem Fall greift dann wahlweise das *Windhundprinzip* (wer sich als erster anmeldet, darf teilnehmen), das *Abkömmlichkeitsprinzip* (welcher der Kollegen ist überhaupt abkömmlich?) oder das *Belohnungsprinzip* (wer von den Kollegen hat es denn mal verdient, eine Weiterbildung in Anspruch zu nehmen?), um zu entscheiden, wer an einer Weiterbildung teilnehmen darf oder soll (vgl. Gesmann 2016, S. 68). Dies führt in der Praxis dazu, dass nicht selten Mitarbeiter Weiterbildungen besuchen, die eigentlich gar nicht zu ihnen *passen*. Eben jene *Passgenauigkeit* zwischen (Weiterbildungs-)Bedarf (was braucht und wünscht sich der Kollege?) und (Weiterbildungs-)Angebot (welche Lernergebnisse werden innerhalb des Weiterbildungsangebotes angestrebt?) ist per se vonnöten, um mithilfe von Angeboten der Fort- und Weiterbildung zur Kompetenzsteigerung beizutragen. Sie ist aber insbesondere innerhalb der Flüchtlingssozialarbeit geboten, da hier viele Kollegen mit sehr unterschiedlichen Professionen, Zugängen und Praxiserfahrungen tätig sind. Während der eine lediglich seine Rechtskenntnisse *auffrischen* muss, braucht der andere grundlegende Hilfestellung beim Umgang mit traumatisierten Kindern. Ein Dritter wiederum braucht sowohl das eine als auch das andere und möglicherweise noch viel mehr.

Leitungskräfte müssen innerhalb einer Bedarfsanalyse zweierlei leisten: Sie müssen sich zum einen mit der Frage auseinandersetzen, welche Kompetenzen für die Arbeit der Kollegen benötigt werden und sie müssen zum anderen Antworten auf die Frage finden, wie die bereits vorhandenen Kompetenzen sichtbar gemacht werden können, da nur so ein Abgleich zwischen *Soll* und *Ist* stattfinden kann (vgl. Neuberger 1994, S. 161). Was sich simpel anhört, bedeutet in der Praxis Schwerstarbeit. Dies ist einerseits darin begründet, dass innerhalb der Flüchtlingssozialarbeit Kompetenzprofile oder ähnliches noch weitestgehend Mangelware sind[3], andererseits die Feststellung von bereits vorhandenen Kompetenzen äußerst anspruchsvoll ist, zumindest wenn man sich nicht damit begnügt die Abschluss- und Arbeitszeugnisse als alleinigen Maßstab zu betrachten (vgl. Gesmann 2014, S. 315 ff.)

b) Zur Benennung von konkreten Erwartungen

Finden systematische Bedarfsanalysen in Organisationen der Flüchtlingssozialarbeit statt, dann ist zu befürchten, dass diese – ähnlich wie in anderen Handlungsfeldern auch (vgl. Käpplinger 2009, S. 6) – selten in konkret formulierte Erwartungen gebündelt werden. Dies ist vergleichbar mit einer

---

3 Erste Orientierung bieten hier die Anforderungen an fachliche Qualifikationen innerhalb der „Standards für Gemeinschaftsunterkünften", die von zahlreichen Vertretern aus (Fach-)Schulen aufgestellt und online unter: www.fluechtlingssozialarbeit.de verfügbar sind.

Autofahrt, bei der zu Beginn kein Ziel festgelegt wird. Einerseits hat man den Vorteil, dass man sich so nicht verfahren kann – man kommt quasi immer an –, andererseits verbraucht man hierbei nicht selten unglaublich viel Zeit und Geld, um rückblickend festzustellen, dass man am eigentlich kaum vom Fleck gekommen ist.

Da sowohl Geld, insbesondere aber Zeit innerhalb der Flüchtlingssozialarbeit knapp sind, kann sich keine Organisation der Flüchtlingssozialarbeit einen solchen *Blindflug* in Bezug auf Angebote der Fort- und Weiterbildung erlauben.

Das Formulieren von konkreten Erwartungen vor Beginn einer Weiterbildung setzt aber nicht nur *Leitplanken* für das Weiterbildungsgeschehen, es hilft auch dabei den durchaus konfliktträchtigen Abgleich zwischen individuellen Weiterbildungsbedürfnissen und organisationalem Bedarf zu thematisieren (vgl. Pawlowsky/Bäumer 1996, S. 103). Darüber hinaus ist die Formulierung von konkreten Erwartungen an das Absolvieren an einer Weiterbildung vonnöten, um ex-post feststellen zu können, ob und inwiefern das Fort- und Weiterbildungsangebot eigentlich sinnvoll oder sinnlos war.

c) Lokalisierung passender Angebote

Wurden Bedarfe analysiert und Erwartungen konkretisiert, gilt es nach *passenden* Fort- und Weiterbildungsangeboten Ausschau zu halten. Gewiss: Hierbei verhält es sich bisweilen wie mit den Süßigkeiten an der Supermarktkasse. Bis zu dem Zeitpunkt das man die Kasse erreicht hat, war einem gar nicht klar, dass man nunmehr unbedingt einen Schokoriegel essen muss. Will sagen: Bisweilen können auch bereits vorhandene Fort- und Weiterbildungsangebote dazu beitragen, den konkreten Bedarf auf Seiten der Fachkräfte zu wecken.

Passende Fort- und Weiterbildungsangebote für Fachkräfte innerhalb der Flüchtlingssozialarbeit zu finden, kann durchaus als anspruchsvoll bezeichnet werden. Zum einen haben auch viele Weiterbildungsanbieter (zu) lange benötigt, um explizite Fort- und Weiterbildungsangebote für Fachkräfte in der Flüchtlingssozialarbeit zu konzipieren[4], zum anderen müssen die wenigen vorhandenen Angebote auch in den Arbeitsalltag der Fachkollegen aus der Flüchtlingshilfe integrierbar sein. Ort, Dauer und letztlich Kosten sind hier zentrale Parameter, die oftmals zu einer ersten Klärung beitragen. Darüber hinaus sei empfohlen auch einen *zweiten Blick* auf die Ausschreibungen der Fort- und Weiterbildungsinstitute zu werfen. Die Er-

---

4 Die FH Münster war – gemeinsam mit der Hochschule Bremen – einer der ersten Anbieter einer Weiterbildung, die sich explizit an Berufs- und Quereinsteiger in der Flüchtlingshilfe richtet. Mehr unter: www.neu-in-der-fluechtlingshilfe.de

fahrungen der Referenten im Feld, die didaktische Ausrichtung der Veranstaltung sowie die konkrete Benennung der Zielgruppe sollten bei der Auswahl einer Weiterbildung sorgsam geprüft werden.[5]

d) Nicht ohne Transferförderung!

Experten gehen davon aus, dass „(...) 70–90 Prozent der Investitionen in den Weiterbildungsbereich verschwendet sind" (Kauffeld 2016, S. 11), da die Weiterbildungsinhalte nicht im organisationalen Alltag *ankommen*. Selbst wenn man zurecht anzweifeln kann, ob sich Investitionen in Fort- und Weiterbildung tatsächlich so eindeutig quantifizieren lassen, kennt man aus eigenen Weiterbildungserfahrungen den Effekt, dass man vor Ort (beim Weiterbildungsanbieter) zwar viel gelernt, im organisationalen Alltag aber herzlich wenig davon angewendet hat. Die Gründe für ein solches *Transferproblem* sind vielschichtig. Maßnahmen, die hierbei ausschließlich den sich weiterbildenden Mitarbeiter fokussieren und davon auszugehen, dass sich der Transfer *sichern* lässt – ähnlich wie der Transport eines Fernsehergerätes vom Elektromarkt des Vertrauens bis ins heimische Wohnzimmer – greifen daher zu kurz. Transferförderung muss bereits während der Absolvierung eines Weiterbildungsangebotes beginnen, indem einerseits Referenten *aus dem Feld* zum Einsatz kommen und andererseits an den Praxisfällen der Teilnehmer gearbeitet wird. Je stärker sich Lern- und Anwendungsfeld angleichen, desto kleiner die Transferbrücken, die anschließend gebaut werden müssen. Darüber hinaus gilt es insbesondere das Arbeitsumfeld des sich weiterbildenden Mitarbeiters in Maßnahmen der Transferförderung einzubeziehen. Zahlreiche Untersuchungen zeigen, dass hier weitere zentrale Transferbarrieren zu verordnen sind: Fehlende Einbindung und damit verbundene Abwehrhaltungen der Kollegen, die selber nicht an der Weiterbildung teilnehmen können/wollen, fehlende Zeit zur Anwendung des Erlernten und fehlende Unterstützung durch Leitungskräfte sollen hier nur exemplarisch als mögliche Transferbarrieren genannt werden (vgl. Gesmann 2014, S. 100 ff.).

Da sich der Erfolg einer Weiterbildung nicht im Lernfeld, sondern immer im Funktionsfeld – also im organisationalen Alltag – zeigt, sind Maßnahmen der Transferförderung unumgänglich, wenn Angebote der Fort- und Weiterbildung zur Kompetenzsteigerung von Fachkräften in der Flüchtlingssozialarbeit beitragen sollen. Leitungskräfte sind hier gefordert,

---

5 Es macht z. B. einen deutlichen Unterschied, ob sich ein Weiterbildungsangebot explizit an Fachkräfte richtet, die ausschließlich mit jungen unbegleiteten Flüchtlingen arbeiten, oder ob Fachkräfte angesprochen werden, die mit dem gesamten Familiensystem arbeiten. Bisweilen können die jeweiligen Bedarfe der Kollegen aus der Praxis hier weit auseinanderliegen.

die „Last der Übertragung" (Hinte 2006, S. 132) nicht allein dem sich weiterbildenden Mitarbeiter zu überlassen.

e) Abschließend: Und, was hat's gebracht?

Blickt man in die Praxis der Sozialen Arbeit – und möglicherweise wird dies in der Flüchtlingssozialarbeit ähnlich sein – so beschränken sich Ansätze der Evaluation von Weiterbildungsangeboten nicht selten auf die zwischen Tür und Angel gestellte Frage: „Und, wie war's?". Man berichtet dann vom unterhaltsamen Dozenten, der netten Seminargruppe und dem schönen Tagungshaus („Die hatten sogar eine Sauna!"). Ob man tatsächlich etwas gelernt hat, geschweige denn das Erlernte auch in den organisationalen Alltag übertragen konnte, bleibt in der Regel unbesprochen (und damit auch unbewertet). Die Gründe hierfür sind vielfältig:

Zum einen *verunmöglicht* die fehlende Formulierung von Erwartungen vor Beginn einer Weiterbildung den Einsatz von Ansätzen der Evaluation. Im Kern zielt Evaluation darauf ab zu prüfen, wie gut zuvor formulierte Ziele erreicht wurden (vgl. Merchel 2015, S. 66). Sind keine Ziele bzw. Erwartungen benannt worden, dann fehlt Ansätzen der Evaluation jeglicher *Treibstoff*, um in *Bewegung* zu kommen.

Zum anderen sträuben sich viele Leitungskräfte davor systematisch zu eruieren, was die Kollegen eigentlich während einer Weiterbildung gelernt und was vom Erlernten dann auch in den Arbeitsalltag transferiert wurde. Folglich bleibt es nicht selten völlig diffus, was das Absolvieren einer Weiterbildung – abgesehen von einem gewissen Maß an (Un-)Zufriedenheit – eigentlich gebracht hat.

Wenn Leitungskräfte innerhalb der Flüchtlingssozialarbeit einerseits zu Recht fordern, dass für die Fachkollegen ausreichende Weiterbildungsbudgets erforderlich sind, dann müssen sie andererseits aber auch nachweisen können, inwiefern die eingesetzten Weiterbildungsbudgets zur Erreichung der Organisationsziele beigetragen haben. Ansätze der Evaluation bieten hierfür das entsprechende Repertoire.

(K)eine abschließende Betrachtung

Für eine abschließende Betrachtung des Fort- und Weiterbildungsgeschehens in Organisationen der Flüchtlingssozialarbeit ist es zu früh. Wenngleich die Phase des *Troubleshootings* abgeschlossen und von einer Phase des *zielgerichteten Try-and-errors* abgelöst wurde, fehlen nach wie vor valide Daten, um das Feld beschreiben zu können.

Fest steht aber, dass die Qualität der sozialen Dienstleistungen innerhalb der Flüchtlingssozialarbeit maßgeblich von den Kompetenzen der an *vor-*

derster Front tätigen Mitarbeiter abhängt. Diese immer wieder aufs Neue an die veränderten Rahmenbedingungen anzupassen, ist daher eine zentrale Leitungsaufgabe. Hierfür braucht es eine systematische Steuerung der Fort- und Weiterbildung, wohlwissend, dass nicht alles – insbesondere das Lernen des Einzelnen und der anschließende Transfer in den organisationalen Alltag – in einem linearkausalen Sinne gesteuert werden kann. Dies entbindet Leitungskräfte aber nicht aus ihrer Verantwortung Rahmenbedingungen zu gestalten, die Lern- und Transferprozesse begünstigen.

Literatur

DIE ZEIT Nr. 7/2016, 11. Februar 2016.

Gesmann, Stefan (2016): Mehr als „Joga auf Juist" – Die Aufgaben von Fort- und Weiterbildung in der Sozialen Arbeit. In: Blätter der Wohlfahrtspflege, Heft 2, S. 68–70.

Gesmann, Stefan (2014): Systemisches Weiterbildungsmanagement: Konzeptionelle Orientierungen und Handlungsperspektiven zur Steuerung der betrieblichen Weiterbildung in Organisationen der Sozialen Arbeit. Münster.

Hinte, Wolfgang (2006): Was können Sozialarbeiterinnen und Sozialarbeiter? – Fortbildung als Steuerungsinstrument in sozialen Institutionen. In: Nachrichtendienst des Deutschen Vereins für öffentliche und private Fürsorge 86, Heft 3, S. 129–133.

Käpplinger, Bernd (2009): Bildungscontrolling: Vor allem in Großbetrieben ein Thema. In: BIBB Report Heft 13, Heft 13.
www.bibb.de/dokumente/pdf/a12_bibbreport_2009_13.pdf

Kauffeld, Simone (2016): Nachhaltige Personalentwicklung und Weiterbildung. Betriebliche Seminare und Trainings entwickeln, Erfolge messen und Transfer sicher. 2. Auflage. Berlin.

Merchel, Joachim (2015): Evaluation in der Sozialen Arbeit. 2. Auflage. Stuttgart.

Neuberger, Oswald (1994): Personalentwicklung. Stuttgart.

Pawlowsky, Peter/Bäumer, Jens (1996): Betriebliche Weiterbildung. Management von Qualifikation und Wissen. München.

Wittwer, Wolfgang (2001): Betriebliche Bildung. In: Arnold, Rolf/Nolda, Sigrid (Hrsg.): Wörterbuch Erwachsenenpädagogik. Bad Heilbrunn. S. 45–46.

Joachim Merchel

Personalplanung/Personalentwicklung

Zur Bedeutung von Personalmanagement für Organisationen der Kinder- und Jugendhilfe

In Organisationen der Kinder- und Jugendhilfe, in deren Mittelpunkt das Erbringen sozialer Dienstleistungen steht, haben die Mitarbeiter/innen eine hervorgehobene Bedeutung (ausführlicher: Merchel 2015, S. 210 ff.). Organisationen der Kinder- und Jugendhilfe entsprechen dem Typus der „front-line-organizations", bei denen sich die Qualität der Leistung letztlich im unmittelbaren Kontakt mit den Leistungsadressaten herausbildet (Smith, zit. nach Klatetzki 2010, S. 17). Die Qualität solcher Organisationen hängt entscheidend ab von der Qualifikation, der Kompetenz und der Leistungsbereitschaft der in „vorderster Reihe tätigen" Mitarbeiter/innen.

Interaktionen bilden die „Kernoperationen bei sozialen Dienstleistungsorganisationen" (Klatetzki 2010, S. 16 f.). Je stärker die Aufgaben und die damit einhergehenden Handlungen auf Veränderungen im Verhalten und in den Einstellungen von Personen zielen und je stärker dementsprechend die Interaktionen die Persönlichkeit der Adressaten in den Fokus nehmen, desto anspruchsvoller werden die Anforderungen an die von den Mitarbeiter/inne/n zu gestaltende Kommunikation. Die kontinuierliche Bereitschaft und Fähigkeit der Mitarbeiter/innen zur Kommunikation wird in besonderer Weise herausgefordert bei sozialen Dienstleistungsorganisationen, bei denen die Qualität der Leistung in hohem Maß von der Bereitschaft der Leistungsadressaten abhängt, koproduktiv an der Leistungserstellung mitzuwirken, und bei denen daher die Fähigkeit der Mitarbeiter/innen, die Adressaten zur Koproduktion zu motivieren, maßgeblich die Leistungsqualität bestimmt. Entscheidend sind also die Kompetenz und die Leistungsbereitschaft der in der unmittelbaren Interaktion mit den Leistungsadressaten tätigen Mitarbeiter/innen.

Für Organisationen der Kinder- und Jugendhilfe ist charakteristisch, dass die Ausgangssituationen, die zum Anlass für Handeln werden, die konkreten Ziele des Handelns sowie die darauf ausgerichteten Handlungsprogramme mit einer relativ großen Unsicherheit belastet sind. Was jeweils das Problem ist, mit welchen genauen Zielen die Hilfe oder Förderung gestaltet werden soll und mit welchen Handlungen auf ein Problem erfolgversprechend reagiert werden kann und individuelle Ziele erreicht werden können, ist unbestimmt und muss in vielfältigen Kommunikationsschleifen erkundet werden. Die Organisation kann in solchen Konstellationen zwar einen förderlichen Rahmen für Handeln der Mitarbeiter/innen setzen, diese in ihrem Verhalten aber nicht zielgerichtet und verlässlich über Programme steuern. Denn Programme können

> „überall dort sinnvoll eingesetzt werden, wo die Organisation weiß, was sie zu erwarten hat (...) In Bereichen, in denen die Organisation überwiegend mit Nichtwissen konfrontiert ist, ist der effektivste Weg, Personen ein hohes Maß an Verantwortung zu geben" (Simon 2007, S. 74).

Personen werden also zur entscheidenden Nahtstelle, an der die Organisation sich als mehr oder weniger fähig erweist, mit Unsicherheit und Nichtwissen produktiv umzugehen und damit Qualität ihrer Leistungen zu erzeugen. Die Steuerung der Leistungsqualität muss also insbesondere über Impulse zur Motivierung und Qualifizierung derjenigen Personen erfolgen, die die Leistung „an vorderster Front" erstellen. Programme wie z. B. „fachliche Weisungen", Checklisten, festgelegte Handlungsabfolgen bei bestimmten Problemsituationen, Ablaufschemata in Qualitätshandbüchern etc. können zwar einen Teil der Unsicherheit absorbieren, aber es bleibt immer ein markanter „Rest" an Unsicherheit, der so groß ist, dass die Organisation auf die Verantwortungsbereitschaft und die Kompetenz zur Verantwortungsübernahme bei Mitarbeiter/inne/n setzen muss, um eine angemessene Entscheidungspraxis erzeugen zu können. „Ein hohes Maß an Verantwortung geben" heißt nicht, naiv auf eine unterstellte Motivation und eine vermutete Kompetenz der Personen zu vertrauen, sondern vielmehr diese sorgfältig zu beobachten, sie im Hinblick auf die Anforderungen zu bewerten und mit entsprechenden Impulsen (Maßnahmen, Angeboten) zur Weiterentwicklung anzuregen.

Die Organisation muss also neben der Kalkulation des erforderlichen Personalumfangs (Abgleich von Aufgabenumfang und Aufgabenintensität mit einem quantitativen Personalbedarf) die für die Bewältigung der Aufgaben erforderlichen Qualifikationen und Kompetenzen definieren. Sie muss Kompetenzprofile erstellen als Grundlage für Personalbeschaffung und Personalentwicklung (differenzierend und konkretisiert für das Beispiel ASD: Pamme/Merchel 2014), und hier insbesondere für die

- *Personalauswahl*: zur Konzipierung von Kriterien und Verfahrensweisen bei der Eignung von Bewerber/inne/n für eine zu besetzende Personalstelle;
- *Einarbeitung*: als inhaltlicher Rahmen für eine sorgfältige und strukturierte Einarbeitungsphase zum Hineinwachsen in die jeweilige Organisation und zur Herausbildung weiterer arbeitsfeldspezifischer und organisationsspezifischer Handlungskompetenzen;
- *Fort- und Weiterbildung*: zur genaueren Betrachtung des Fortbildungsbedarfs sowohl aus einer individuellen Perspektive (an welchen Stellen sollten persönliche Kompetenzen erweitert werden?) als auch aus einer

organisationsbezogenen Perspektive (welche Kompetenzen der Mitarbeiter/innen benötigt die Organisation, um sich in einer bestimmten Weise weiterentwickeln zu können?) (s. dazu Gesmann in diesem Band);
- *Mitarbeiterentwicklungsgespräche*: als Folie zur diskursiven Bewertung der Kompetenzen von Mitarbeiter/inne/n und zur Erörterung der individuellen Entwicklungsperspektiven;
- *Beobachtungen zur Entwicklung von Arbeitsbelastung*: als Rahmen zur Einschätzung der Belastungsanfälligkeit, die bei einem Arbeits-platz erkennbar wird, und zur kontinuierlichen Beobachtung der (handlungsfeldbezogenen und individuellen) Belastungsentwicklung.

Grundlage für die Erarbeitung eines Kompetenzprofils, bei dem die für einen Arbeitsplatz erforderlichen Kompetenzen zu verschiedenen Zeiten des Hineinwachsens in eine Organisation differenzierend charakterisiert werden (z. B. zu Beginn der Tätigkeit, nach einer Einarbeitungszeit von sechs Monaten, nach einem Jahr, nach zwei Jahren), ist eine genauere Vorstellung zu den handlungsfeldspezifischen Qualifikationen und Kompetenzen, die ein/e Mitarbeiter/in mitbringen oder in einem bestimmten Zeitraum erwerben soll. Es bedarf einer genaueren Systematisierung, was eine Person an Kenntnissen, instrumentellen Fähigkeiten, Haltungen mitbringen oder entwickeln soll, um kompetent die Anforderungen in einem Handlungsfeld erfüllen zu können. Für eine solche Systematisierung stehen mehrere, in der Fachliteratur erarbeitete Kompetenzmodelle zur Verfügung, an denen man sich ausrichten und die man als Orientierung für eine handlungsfeldbezogene Konkretisierung verwenden kann, z. B.:

- Im Kompetenzprofil-Vorschlag von Pamme und Merchel (2014, S. 47 f.) wird pragmatisch unterschieden zwischen wissensorientierten Fachkompetenzen (Kenntnisse zu handlungsfeldrelevanten Wissensfeldern), Methodenkompetenzen (Fähigkeiten zur Realisierung systematischer Verfahrensweisen im Handlungsfeld), Sozialkompetenzen (Fähigkeiten zur positions- und kontextbezogenen Zusammenarbeit und Kommunikation), persönliche Eignungsvoraussetzungen (berufliche und persönliche Haltungen; normative Bezüge; über enge berufliche Kompetenzen hinausweisende, aber für das Handlungsfeld bedeutsame Persönlichkeitsfaktoren).
- Von Spiegel (2013, S. 82 ff.) unterscheidet drei Dimensionen professioneller Handlungskompetenz: die theoretische Dimension des Wissens (zur Beschreibung, Erklärung und Veränderung von Zuständen und Vorgängen), die normative und persönliche Dimension der beruflichen Haltung (berufliche Wertorientierungen und reflexive Haltung im Hinblick auf die eigene Person und deren werteorientiertes Handeln im beruflichen Alltag), die instrumentelle und reflexive Dimension des Kön-

nens (zum kommunikativen, dialogischen Handeln, zur Selbstreflexion und zum begründbaren methodisch ausgerichteten Handeln in der Interaktion mit Leistungsadressaten, mit anderen Organisationen und innerhalb der eigenen Organisation und in anderen institutionellen Feldern wie z. B. der Kommunalpolitik).
- Maja Heiner (2010, S. 12 ff.) differenziert zwischen bereichsbezogenen und prozessbezogenen Kompetenzmustern. Eine handlungskompetente Fachkraft in der Sozialen Arbeit zeichnet sich demnach dadurch aus, dass sie zum einen in der Dimension der bereichsbezogenen Kompetenzmuster über Selbstkompetenz (bezogen auf die eigene Person: Selbstregulation, angemessene Identitätsentwicklung, Offenheit für Qualifizierungsimpulse), über Fallkompetenz (bezogen auf die Leistungsadressaten: Fallanalyse und Fallbearbeitung) und über Systemkompetenz (bezogen auf die Organisation und das institutionelle Leistungssystem: Wissen und Umgang mit relevanten politischen, administrativen und organisationalen Konstellationen) verfügt. In jedem dieser drei bereichsbezogenen Kompetenzmuster soll eine Fachkraft (a) Planungs- und Analysekompetenz, (b) Interaktions- und Kommunikationskompetenz und (c) Reflexions- und Evaluationskompetenz entwickeln. Wenn man diese beiden Kompetenzstränge (bereichsbezogene und prozessbezogene Kompetenzmuster mit ihren jeweils drei Ausprägungen) tabellarisch einander zuordnet, ergeben sich insgesamt neun Felder, in denen sich die jeweiligen handlungsfeldbezogenen Kompetenzen konkretisieren lassen.

In der Fachliteratur lassen sich weitere Systematisierungsvorschläge finden. Die genannten drei Vorschläge zeigen Möglichkeiten für eine Konstruktion von Kompetenzprofilen auf, die genutzt und für ein entwicklungsorientiertes Personalmanagement in Handlungsfeldern der Kinder- und Jugendhilfe verarbeitet werden können. Wichtig ist, dass die Kompetenzprofile nicht verkürzt werden auf kognitive und methodisch-instrumentelle Kompetenzen, sondern dass dabei gleichermaßen reflexive Kompetenzen und persönlichkeitsbezogene Aspekte einfließen. Neben fachlichen Kompetenzen sind gerade in der Kinder- und Jugendhilfe auch Aspekte der „persönlichen Eignung" (§ 72 Abs. 1 SGB VIII) von Bedeutung, so u. a.:

> „Glaubwürdigkeit, Empathie, Verantwortlichkeit, Engagement, Belastbarkeit und Offenheit im Umgang mit den Hilfe suchenden Personen sind Eigenschaften, die für den Aufbau einer helfenden Beziehung besonders wichtig sind" (Wiesner 2015, § 71 Rn 5).

Personalentwicklung hat also nicht allein kognitive und methodische Kompetenzen in den Blick zu nehmen, sondern auch persönlichkeitsbezogene Faktoren, die in die Handlungskompetenz der Fachkräfte hineinwirken.

Die Arbeit an Kompetenzprofilen fördert innerhalb einer Organisation eine Verständigung über Aufgaben und über die zu ihrer Bearbeitung erforderlichen beruflichen Fähigkeiten und Haltungen. Sie schafft Transparenz für alle Beteiligte und setzt Orientierungen für die unterschiedlichen Aktivitäten der Personalplanung und Personalentwicklung.

Kompetenzanforderungen und Personalentwicklung in der Arbeit mit geflüchteten jungen Menschen und ihren Familien

Die Kompetenzanforderungen in der Arbeit mit geflüchteten jungen Menschen und deren Familien lassen sich kaum generalisierend charakterisieren; sie unterscheiden sich je nach Art der Einrichtung/des Trägers und je nach Handlungsschwerpunkt bzw. Leistungsangeboten der Einrichtung. Insofern lassen sich hier nur einige Eckpunkte benennen, die für einen Großteil der Handlungsfelder und der Organisationen in der Kinder- und Jugendhilfe relevant sein werden.

Zunächst ist darauf hinzuweisen, dass das Fachkräftegebot gem. § 72 Abs. 1 SGB VIII für Träger der öffentlichen Jugendhilfe sowie – daraus abgeleitet und in anderen Bestimmungen des SGB VIII konkretisiert (§§ 74 Abs. 1, 75 Abs. 1, 77, 78b SGB VIII und Erlaubnisvorbehalt gem. §§ 43 und 45 SGB VIII; Wiesner 2015, § 72 Rn 15) – für Träger der freien Jugendhilfe selbstverständlich auch für diejenigen Handlungsbereiche zu gelten hat, in denen Angebote für geflüchtete junge Menschen gemacht werden. Da nicht alle Personen, die mit geflüchteten jungen Menschen und ihren Familien arbeiten, von ihrer Ausbildung, ihrer Berufserfahrung und ihren persönlichen Voraussetzungen her ohne Weiteres als „sozialpädagogische Fachkräfte" zu bezeichnen sind, müssen bei solchen Personen besondere Bemühungen zur Personalentwicklung unter Einbezug einer intensivierten Fortbildung hinaus stattfinden.

Bei der Arbeit mit geflüchteten jungen Menschen und ihren Familien ist davon auszugehen, dass sich die oben skizzierte strukturbedingte Unsicherheit in den Handlungskonstellationen der Kinder- und Jugendhilfe zuspitzt: Viele der von den Fachkräften entwickelten Orientierungen in der bisherigen Arbeit und viele Routinen werden angesichts der unterschiedlichen individuellen Konstellation und Lebensgeschichten bei den geflüchteten Menschen nicht ohne Weiteres praktiziert werden können. Sprachliche und kulturbedingte Verständigungsprobleme, unklare soziale Lebensumstände und biografische Erfahrungen, verschiedenartige kulturelle Wertorientierungen und Verhaltensmuster, das Erleben von Kulturbrüchen als Folge der Flucht, mögliche Traumatisierungen und Gewalterfahrungen und deren Bedeutung für den akuten psychischen Zustand und für die weitere psychosoziale Entwicklung u. a. m. – dies alles schafft zusätzliche Unsicherheiten bei der Interpretation der Lebenssituation („Fallverstehen") und bei der Erörterung von daraus zu entwickelnden individuellen Handlungsperspektiven. Der Umgang mit Fremdheit, mit fremden Lebenswelten der Herkunftskultur der Kinder und Jugendlichen, mit den kaum adäquat nachvollziehbaren sozialen Bedingungen ihrer bisherigen Biografie geben den Anforderungen, ein fachlich und persönlich verantwortbares „Handeln in Ungewissheit" auszubilden und das Handeln auf der Basis von „Fallverstehen" zu konstruieren, eine besondere Zuspitzung. Zur zumindest partiellen Bewältigung solcher Unsicherheiten bedarf es in besonderer Weise der Beratungsmöglichkeiten durch Personen mit entsprechendem Spezialwissen („Fachberatung"), der Supervision/des Coaching und der moderierten kollegialen Beratung, damit die Fachkräfte zum einen begründbare Handlungsorientierungen für sich erarbeiten können und zum anderen eine Bearbeitungsmöglichkeit zur Bewältigung der eigenen Belastung durch Unsicherheit erhalten.

Neben den generellen Kompetenzanforderungen, die in einem handlungsfeld- und aufgabenbezogenen Kompetenzprofil jeweils organisationsbezogen zu definieren sind, sind dort, wo mit geflüchteten jungen Menschen und ihren Familien gearbeitet wird, insbesondere folgende Kompetenzelemente einzubeziehen (vgl. Gravelmann 2016, S. 55 ff.):

- interkulturelle Kompetenzen, die sich in einer besonders intensiven „Kultursensibilität" zeigen: Ohne in die Fallen einer generalisierenden kulturalistischen Sichtweise zu geraten (unreflektierte Bezugnahme auf kulturell-ethnische Bezugsmuster ohne Beachtung der Individualität der jeweiligen Person), sollten bedeutsame Aspekte der kulturellen Sozialisation und der sozialen Lebensumstände beachtet werden. Dazu bedarf es der Kenntnisse und des Erklärungswissens zu den verschiedenen „Lebenswelten" und der Ein-schätzung der „Lebensweltbrüche", die durch die Flucht verursacht sein können.
- angemessene sprachliche Kompetenzen, die eine unmittelbare oder mittelbar durch Sprachmittler hergestellte Verständigung ermöglichen (gute Sprachkompetenzen zumindest in englischer Sprache), einschließlich der Kompetenz, trotz hochgradiger Störanfälligkeit der Kommunikation über Dritte (Sprachmittler, Dolmetscher, Kollegen, andere geflüchtete Menschen) kommunizieren zu können.
- (Grund-)Kenntnisse zu den asyl- und ausländerrechtlichen Regelungen und zu den Handlungs- und Entscheidungslogiken innerhalb des darauf ausgerichteten Institutionensystems; Kenntnisse zu Personen und Organisationen, bei denen verlässliche Spezialkenntnisse abgerufen werden können.
- Sensibilität zum Erkennen von möglichen Traumata, von Traumabelastungen und von Anforderungen zur Traumabearbeitung sowie Kenntnisse zur Erschließung entsprechender Hilfemöglichkeiten, ohne jedoch generalisierend vom Vorliegen eines Traumas beim Großteil der ge-

flüchteten Personen und von der Behandlungsbedürftigkeit eines jeden Traumas auszugehen.
- Fähigkeit, zielbezogene Kooperationen zwischen den in der Arbeit mit geflüchteten Personen tätigen Organisationen und Personen herstellen zu können; diese generell in der Sozialen Arbeit erforderliche Kompetenz zeigt sich in der Arbeit mit geflüchteten Menschen in besonderer Weise, da in diesem Handlungsbereich besonders viele Organisationen und Personen mit unterschiedlichen Aufträgen und Handlungsweisen im Sinne einer effektiven Unterstützung im Einzelfall in Kooperation gebracht werden müssen (Gravelmann 2016, S. 73 ff.).

Folgt man der im Kapitel „Jugendhilfeplanung" skizzierten Integrationsperspektive, nach der nicht so sehr Spezialeinrichtungen, sondern die weitere Öffnung der Regelangebote für die Zielgruppen der geflüchteten Menschen handlungsorientierend sein sollen, so werden solche Kompetenzen bei einem Großteil der Fachkräfte der Kinder- und Jugendhilfe gefragt sein, bzw. man wird in den Einrichtungen zumindest darauf hinwirken müssen, dass solche Kompetenzen bei einem Teil der Fachkräfte stärker herausgebildet sind, damit im Rahmen einer innerorganisationalen kollegialen „Fachberatung" darauf zurückgegriffen werden kann.

Die im ersten Abschnitt skizzierten Modalitäten der Personalentwicklung auf der Grundlage von expliziten und transparenten Kompetenzprofilen können dazu dienen, die für die Arbeit mit geflüchteten jungen Menschen und ihren Familien förderlichen und erforderlichen Kompetenzen gezielt in der Organisation herauszubilden und deren Entstehen nicht allein dem Zufall oder den individuellen Bemühungen der einzelnen Fachkräfte zu überlassen.

Literatur

Gravelmann, Reinhold (2016): Unbegleitete minderjährige Flüchtlinge in der Kinder- und Jugendhilfe. Orientierung für die praktische Arbeit. München/Basel.
Heiner, Maja (2010): Kompetent handeln in der Sozialen Arbeit. München/Basel.
Klatetzki, Thomas (Hrsg.) (2010): Soziale personenbezogene Dienstleistungsorganisationen. Soziologische Perspektiven. Wiesbaden.
Merchel, Joachim (2015): Management in Organisationen der Sozialen Arbeit. Weinheim und Basel.
Pamme, Hildegard/Merchel, Joachim (2014): Personalentwicklung im Allgemeinen Sozialen Dienst (ASD). Berlin.
Simon, Fritz B. (2007): Einführung in die systemische Organisationstheorie. Heidelberg.
Spiegel, Hiltrud von (2013): Methodisches Handeln in der Sozialen Arbeit. 5. Auflage München/Basel.
Wiesner, Reinhard u. a. (2015): SGB VIII. Kinder und Jugendhilfe. Kommentar. 5. Auflage München.

Teil 5:
Sozialpädagogische Zugänge und Themen

Norbert Wieland

Minderjährige Flüchtlinge und ihre Familien: Identität und Identitätsentwicklung

Eine Flucht ist ein Ereignis, das einen Menschen zutiefst erschüttern und verändern kann, das ihn für das gesamte weitere Leben kennzeichnet. Eine Flucht bedeutet den weitestgehenden Verlust der gewohnten Umgebung und zwingt Menschen u. U. dazu, sich ganz umzukrempeln, ein anderer Mensch zu werden, das heißt, eine neue Identität zu entwickeln, um diesem Verlust standzuhalten. Ein derartiger Zwang wirkt sich unterschiedlich aus, je nachdem, welche Identität ein Mensch vor der Flucht bereits entwickelt hat bzw. wie weit seine Identität bereits entwickelt ist. Denn die Identität Heranwachsender ist noch nicht voll ausgeprägt und deshalb weniger stabil (vgl. *Bindung als Basis der Identitätsentwicklung* in diesem Beitrag). Die Arbeit mit minderjährigen Flüchtlingen und ihren Familien sollte also zwei Dimensionen berücksichtigen:

- die Dimension der Identität, das zielt auf die Folgen, die eine Flucht für die Identität der Flüchtenden hat.
- die Dimension des Lebensalters, das zielt auf den Stand der Identitätsentwicklung und deren Bedeutung für die Bewältigung der Anforderungen vor, auf und nach der Flucht.

Was ist Identität?

Menschliches Handeln ist doppelt determiniert:

- durch die Anforderungen, die sich von außen stellen und die es zu bewältigen gilt (Lazarus/Folkman 1984). Das sind meist Anforderungen, die andere Menschen formulieren, das heißt soziale Anforderungen.
- durch innere, psychische Prozesse, die diese Bewältigung steuern. Das sind v. a. die Motive; sie bringen die Handlung in Schwung und sorgen dafür, dass sie bedürfnisgerecht ist (Friedlmeier/Holodynski 1999).

Menschliches Handeln zeitigt dementsprechend Resultate in zweierlei Hinsicht:

- Es bringt Veränderungen in der sachlichen und sozialen Umwelt hervor. Der Handelnde drückt dieser Umwelt seinen persönlichen Stempel auf, passt sie seinen Motiven an.
- Es bringt Veränderungen im Handelnden selbst hervor. So modifizieren die Erfahrungen, die ein Mensch macht, seine Motive; diese Motive passen sich den Bedingungen an, die die Umwelt für ihre Umsetzung bereitstellt. Er nimmt diese Umwelt in sein Inneres auf, er eignet sie an (Wieland 2010).

Mit jeder Erfahrung, die ein Mensch macht, entwickelt er Stück für Stück eine innere, psychische Struktur, die ihm hilft, zukünftige Anforderungen besser zu bewältigen. Sie verändert sich in der Regel nur langsam. *Diese zeitstabile innere Struktur ist die Identität eines Menschen.* Sie hat einen doppelten Nutzen:

- Sie sichert die Stabilität der sozialen Umwelt. Weil ein Mensch einer begrenzten Menge von Motiven immer wieder folgt und dafür bestimmte Fähigkeiten erwirbt und Handlungsmuster ausprägt, können seine Mitmenschen stabile Erwartungen an ihn aufbauen, und er selbst weiß, was sie normalerweise von ihm erwarten. Das sichert das Gelingen der Interaktionen, aus denen ein Alltag besteht (Wieland 2010).
- Sie sichert die innere, psychische Stabilität des Handelnden. Die vorhersagbaren Erwartungen der Mitmenschen und die Erfahrungen, ihnen auf bewährte Weise entsprechen zu können, bringt die Überzeugung hervor, die eigene Umwelt hinreichend im eigenen Sinne kontrollieren zu können (Flammer 1990) und verschafft dem Akteur das Gefühl von Sicherheit und innerer Kohärenz (Greve 2000). Er weiß, was er von sich selbst erwarten kann und erlebt sich als konsistent handelndes Subjekt. Er weiß, wer er ist.

Wie entsteht Identität?

George Herbert Mead (1980) spitzt die oben skizzierte Entstehung von Identität auf spezifische Weise zu und kennzeichnet sie mit den beiden Begriffen *role taking* (Rollenübernahme) und *role making* (individuelles Ausfüllen einer Rolle). Er betont auf diese Weise den sozialen Charakter der Identität und ihrer Entstehung: *Identitäten entstehen in einem Aushandlungsprozess, in den alle Menschen ihr Leben lang involviert sind.*

Dieser Prozess wird einerseits durch die soziale Umgebung bestimmt. Das sind die Anforderungen anderer Menschen im sozialen Umfeld, also die objektiven bzw. sozialen Voraussetzungen der Identität. Andererseits wird er durch die jeweils wirksamen *Motive* (Leont'ew 1979; Holodynski/Oerter 2002) der einzelnen Beteiligten bestimmt. Das sind die subjektiven Voraussetzungen der Identität. Der Aushandlungsprozess, der von diesen beiden Sachverhalten geprägt ist, kann nur gelingen, wenn beide, die sozialen Anforderungen und die Motive, zueinander passen. Damit ist *ihre Passung die Voraussetzung für die Funktionalität von Identität*, also dafür, dass die beiden o. g. Nutzen der Identität gesichert sind.

Die soziale Umgebung lässt sich inhaltlich als *System soziokultureller Bedeutungen* beschreiben (Jung/Müller-Dohm 1994), über die sich Akteure austauschen und auf die sie sich handelnd beziehen. Mead bezeichnet dieses System als „Rolle" und meint damit ein System von Handlungsvorgaben bzw. -mustern, auf die bezogen Menschen einer bestimmten kulturellen Gemeinschaft interagieren. Somit beschreibt „role taking – role making" nicht nur die Entstehung der Identität Einzelner aus der Interaktion mit anderen Akteuren heraus, sondern es beschreibt auch die Sozialisation dieser Einzelnen, ihre Aufnahme in eine soziokulturell definierte Struktur aus Handlungsvorgaben bzw. -mustern. Identität ist folglich zwar die Kennzeichnung eines einzelnen Menschen als unverwechselbares Individuum, sie ist aber auch Resultat soziokultureller Bedeutungen, unter deren Einfluss sie von den Subjekten aktiv aufgebaut wird: Sie ist ein *psychosoziales* Phänomen.

Der Aushandlungsprozess, in dessen Verlauf Identitäten entstehen, wird an seinem Beginn, also in den ersten Wochen und Monaten nach der Geburt, vornehmlich von zwei Sachverhalten angestoßen: vom Körper und von der Bindung.

Körper als Basis der Identitätsentwicklung

Der o. g. Aushandlungsprozess setzt einen Organismus mit bestimmten, physiologischen Bedürfnissen voraus: Nahrung, Berührung, Pflege und soziale Ansprache. Die reflexhafte Äußerung dieser Bedürfnisse ist der Beitrag des Säuglings zur Entwicklung seiner Identität, lange bevor man von einer solchen wirklich sprechen kann (Rauh 2002; Asendorpf 2002). Der Säugling stellt durch seine Äußerungen sicher, dass die Erwartungen der Erwachsenen im Großen und Ganzen seinen Bedürfnissen entsprechen. Anders wäre das Überleben des Säuglings in Gefahr.

Im weiteren Verlauf der Aushandlung zwischen Erwachsenen und Heranwachsenden werden aus den körperlich-physiologischen Bedürfnissen des Säuglings die überdauernden Motive des Kindes und schließlich des Erwachsenen. Die zunächst nur körperlichen Bedürfnisse werden durch soziokulturelle Inhalte interpretiert und v. a. auf weitere soziokulturelle Inhalte hin erweitert. Sie bleiben aber als in höchstem Maß zeitstabile und in der Regel nicht bewusste Grundlage der Identität erhalten. Indem sie mit soziokulturellen Bedeutungen verbunden werden, werden sie schließlich teilweise bewusst. Kinder lernen z. B. ihr Bedürfnis nach Nahrung als Hunger zu interpretieren und diesen über typische Äußerungsformen gezielt zu kommunizieren. Auch entwickeln sie allmählich einen speziellen Hunger nach bestimmten Gerichten, die nur die Mutter so kocht, und schließen sich damit an das soziokulturelle Bedeutungssystem „Nahrung" an, das ihre Familie, vielleicht ihre Ethnie kennzeichnet. Dabei bleibt diese soziokulturelle Bedeutung deutlich körperbasiert und ändert sich nur sehr langsam. Die Intensität, mit der Flüchtlinge an ihren heimischen Gerichten hängen, illustriert das überzeugend.

Überdies ist der Körper das ganze Leben lang selbst ein wichtiger, eigenständiger Motor der Identitätsentwicklung. Denn die körperlichen Bedürfnisse wandeln sich im Lebenslauf aufgrund der *Veränderungen, die der Körper durchläuft:* Man denke an die humoralen Veränderungen in der Pubertät und die komplexen Veränderungen des Körpers im Alter. Diese körperlichen Bedürfnisse erzwingen manchmal massive Schübe der Identitätsentwicklung und werden von entsprechenden soziokulturellen Bedeutungen gebahnt oder blockiert. Ein Beispiel dafür ist die Geschlechtsreife, die einerseits durch körperliche Veränderungen ausgelöst wird, andererseits aber durch die soziokulturelle Vorstellung von richtigen bzw. falschen Zeitpunkt sozial geprägt wird (Fend 2000).

Bindung als Basis der Identitätsentwicklung

Säuglinge sind völlig von den erwachsenen Personen abhängig, die sie versorgen. Deshalb sind sie von Geburt an auf diese Personen orientiert (Rauh 2002; Spangler/Zimmermann 2002), das heißt sie zeigen bestimmte Verhaltensabläufe, wie Schreien, die Arme austrecken u. ä., auf die hin diese Erwachsenen kommen und zu klären versuchen, was dem Säugling fehlt. Es entwickelt sich rasch eine Interaktion zwischen Säugling und Pflegeperson, die dafür sorgt, dass aus den frühen reflexhaften Bindungsaktionen soziale Handlungen werden, dass Rollenerwartungen geäußert und beantwortet werden, dass sich beim Säugling erste innere Repräsentationen der inneren und äußeren Welt entwickeln. Aus diesen ersten Repräsentationen werden die für die menschlichen Lebensphasen typischen Identitäten, nämlich

- *zuerst die Kinderidentität:*
  Von Kindern wird erwartet, dass sie sich an ihre Eltern binden, das heißt zunächst v. a., dass sie ihre körperliche Nähe suchen (frühe Kindheit) und zugleich sehr daran interessiert sind, die ihnen mögliche Autonomie zu erreichen und auszubauen (Fremmer-Bombik 2002). Dabei wird die Bindung an die Eltern erweitert um die Bindung an weitere Menschen im sozialen Nahraum und schließlich die Bindung an Institutionen und an die weiteren soziokulturellen Bezugsgruppen (Religion, Ethnie).

- *dann die Jugendlichenidentität:*
  Von Jugendlichen wird erwartet, dass sie sich aus der Bindung an die Eltern verabschieden, neue – v. a. gleichaltrige – Bindungspartner suchen und finden und eine erwachsene Identität aufbauen wollen. Dies verweist auf widersprüchliche Anforderungen, denen besonders Jugendliche gegenüber stehen, und es erklärt, warum Identitätsprobleme besonders im Jugendalter häufig sind (Fend 2000).
- *und schließlich die Erwachsenenidentität:*
  Von Erwachsenen wird erwartet, dass sie in dem soziokulturell vorgesehenen Rahmen für ihr Leben selbst aufkommen und prinzipiell in der Lage sind, Kinder zu bekommen, zu versorgen und zu erziehen. Die Erwachsenenidentität kann darüber hinaus viele Formen annehmen, und sie spiegelt, deutlicher vielleicht als die vorangegangenen Identitäten, die soziale Position eines Subjektes innerhalb einer sozialen Gruppierung wider.

Diese Skizze der Identitätsentwicklung macht bezogen auf die Identität Heranwachsender dreierlei deutlich:

1. Die Bindungserfahrungen der ersten Lebenszeit prägen die Identität auf sehr lange Sicht, weil sie erste Muster sozialen Handelns etablieren, von denen aus weitere Rollen übernommen und ausgefüllt werden können. Probleme, die beim role taking – role making in dieser frühen Lebensphase entstehen, wirken sich folglich besonders fatal aus. Man spricht dann von frühen Störungen (Briesch 2011; Suess/Pfeifer 1999) und geht davon aus, dass sie besonders tiefgreifende Identitätsprobleme mit sich bringen und in schwere psychische Störungen münden (Briesch 2011).
2. Die Identität Heranwachsender ist sensibler gegenüber äußeren Einflüssen als die Erwachsener. Kinder und selbst noch Jugendliche passen sich leichter und rascher an neue soziale Verhältnisse an. Das kennzeichnet die Identitäten Minderjähriger. Es bedeutet aber weder, dass diese Anpassungsfähigkeit immer gleich stark ausgeprägt ist, noch, dass Heranwachsende sich nicht fremden und neuen Rollenanforderungen gegenüber nachdrücklich widersetzen können.
3. Die Beeinflussung kindlicher und jugendlicher Identitäten beruht in besonderem Ausmaß auf Bindungsangeboten, wie sie zwischen Heranwachsenden und Erwachsenen üblich sind. Das heißt, es geht um Sicherung und Versorgung.

Welche Folgen hat eine Flucht für Identität und Identitätsentwicklung?

Bevor die Frage nach den Folgen der Flucht für die Identität beantwortet werden kann, muss geklärt werden, was Identitätsprobleme bzw. Lebenskrisen sind. Denn was eingangs als Fluchtfolgen skizziert wurde, hat die Bezeichnung Identitätsproblem bzw. Lebenskrise verdient.

Identitätsprobleme und Lebenskrisen

Da Identitäten Resultat von Aushandlungsprozessen sind, gerät ihr Nutzen in Gefahr, wenn die *Passung zwischen den sozialen Anforderungen und den Motiven der einzelnen Akteure in einem Lebensbereich über längere Zeit unzureichend ist,* wenn die Anpassung der Akteure an ihre soziale Umwelt dauerhaft nicht mehr gelingt, wenn die sozialen Anforderungen die Motive eines Akteurs grundlegend ignorieren. Es entstehen *Identitätsprobleme.* Andere Autoren, z. B. Erikson (1988), sprechen von *Lebenskrisen*: Einzelne Akteure erfüllen die an sie gestellten sozialen Anforderungen in wichtigen Lebensbereichen nicht mehr. Sie lösen damit soziale Konflikte aus, werden für ihre Mitmenschen zum unverständlichen Ärgernis. Damit kommt ihnen zugleich die Bestätigung über eine gemeinsame soziale Welt und ihre Rolle darin abhanden, und sie wissen nicht mehr, wer sie selbst eigentlich sind, was sie wollen und was sie erreichen können. Ihre Rollengestaltung wird widersprüchlich und läuft ins Leere.

Identitätsprobleme bzw. Lebenskrisen können auf zweierlei Weise entstehen, die oft miteinander verwoben sind:

1. Die Betroffenen selbst verändern ihre Motivstruktur aus deren Dynamik heraus. Sie stellen fest: „Damit komme ich nicht an!" Sie können aber auch nicht einfach zur alten Struktur zurückkehren, weil „ihnen das nicht gerecht würde". Ein solcher Wandel der Motivstruktur kann körperlich determiniert sein. Für diesen Fall ist die Pubertät ein gutes Beispiel. Er kann aber auch aus der jeweiligen Motivdynamik selbst resultieren. Das hat manchmal seine Wurzeln in den Widersprüchen und Brüchen, die soziale Anforderungen sehr oft enthalten. Manchmal sind die Wurzeln eines solchen Wandels aber auch nicht identifizierbar. Ein Mädchen, das sich sozial stark am Vater orientiert und sich zu einem burschikosen Typ entwickelt hat, kann sich von dieser Orientierung lösen und ihrem bereits vorher vorhandenen Interesse an Tanz und Bewegung mehr Raum geben. Das kann für Vater und Tochter gleichermaßen überraschend sein.
2. Die sozialen Erwartungen an die Betroffenen ändern sich, entweder weil neue Interaktionspartner die soziale Umwelt mit ihren Anforderungen prägen oder weil die gewohnten Partner ihre Anforderungen wandeln. Für die erste Variante ist Flucht ein Beispiel. Hier gehen viele Interaktionspartner auf einmal verloren. Die zweite Variante kennzeichnet die normale Entwicklung von Menschen: Von einem Dreijährigen erwartet man anderes als von einem Dreizehnjährigen.

Identitätsprobleme bzw. Lebenskrisen gehen einher mit massiven sozialen und inneren Konflikten. Die damit verbundene Beeinträchtigung der Funktionalität von Identität hat weitreichende Folgen für die Handlungsfähigkeit der Betroffenen und die Funktionstüchtigkeit ihrer sozialen Umwelt.

Als Folge innerer Konflikte werden die Kontrollüberzeugung (Flammer 1990) und die Selbstwirksamkeitsmotivation (Flammer 1990) der Einzelnen schwächer. Diese beiden Aspekte von Identität stellen in besonderem Maße die Handlungsfähigkeit von Menschen sicher. Mit ihrem Schwinden wächst das Risiko, psychisch zu erkranken (Briesch 2011). Für Heranwachsende entsteht zudem die Gefahr einer Entwicklungsstörung (Briesch 2011).

Aber auch die sozialen Konflikte haben umfassende Folgen für die einzelnen Akteure. Sie können neue, noch schwerer erfüllbare Anforderungen produzieren; man denke an Ausgrenzungsprozesse (Baumann 2005). Sie beeinträchtigen aber besonders die soziale Umwelt als solche: Familien können zerbrechen, Schulklassen sich so verändern, dass jeder Lernerfolg ausbleibt. Vor allem aber können soziale Konflikte weitere Lebenskrisen bei all den Menschen anstoßen, die mit ihnen konfrontiert sind, also auch bei denen, die in die Konflikte nicht unmittelbar involviert sind. So leiden Kinder unter den Konflikten, die ihre Eltern austragen.

Passungsprobleme bei Flucht und die Entwicklung einer Flüchtlingsidentität

Eine Flucht bringt spezifische Mängel bei der Passung von Motiven aufseiten der Subjekte und Anforderungen aufseiten der sozialen Umwelt hervor:

- *Sehr viele Motive, die in der Heimat wirksam waren, müssen aufgegeben werden, bevor neue entwickelt werden können.* Sie passen nicht mehr zu den Anforderungen der Flucht bzw. den Anforderungen am Fluchtziel. Es entstehen motivationale Leerstellen. Das wird als Orientierungslosigkeit erlebt.

  In erster Linie geht es dabei um den *Verlust vertrauter Bindungen:* Die Motive, die an diese Bindungen gekoppelt sind, lassen sich ohne die vertrauten Mitmenschen nicht mehr einlösen, zum einen weil die zurückgeblieben sind, zum anderen weil sie sich, soweit sie mit auf die Flucht gegangen sind, durch die Ereignisse dort umfassend verändern, sogar zu Fremden werden können, und schließlich weil die Flucht selbst völlig neue Bindungswünsche und -vor-behalte hervorbringt. Das alles wird als starke soziale Verunsicherung erlebt und führt bei manchen zu einem großen Misstrauen gegenüber Menschen, die als neue Bindungspartner infrage kommen.

In zweiter Linie geht es um den *Verlust vertrauter Orte oder vertrauter sozialer Praktiken.* Das bringt Orientierungslosigkeit in der Form von Heimweh hervor.

- *Eine Flucht ist in aller Regel mit einem Verlust an Prestige bzw. generell an Macht verbunden.*

Selbst Menschen, die aus großer Armut flüchten und immer schon wenig Macht und Prestige besessen haben, verlieren auf der Flucht ihre Möglichkeiten, für sich zu sorgen, die eigenen Geschicke zu lenken, und damit das Vertrauen in sich selbst (Flammer 1990).

Sehr viel krasser ist dieses Verlusterleben für gut situierte Flüchtlinge, die sich auf der Flucht und am Fluchtziel in extremer Abhängigkeit wiederfinden von Menschen, die sie nicht nur nicht kennen, sondern die ihnen oft offen feindlich gegenüber treten. Solche Situationen waren ihnen bislang fremd. Ihnen wird immer wieder gezeigt, dass das Prestige, auf das sie sich in der Heimat stützen konnten, abhandengekommen ist. Auch sie verlieren das Vertrauen in sich selbst.

Die beiden o. g. Verluste münden – und das ist eine spezifische Bedeutung von Flucht – in dem Bewusstsein, fremd zu sein, das heißt ohne ein sicheres Netz von Bindungen, das heißt ohne vertraute Umgebung, ohne viel Macht und Prestige. Dieses Bewusstsein ist der bewusste und ein entscheidender Teil einer neuen Identität. Die haben die Flüchtlinge – wohl ohne es zu wissen – zu entwickeln begonnen, als sie die Flucht antraten. Es ist die Rede von einer *Identität als Flüchtling.*

Diese spezielle Identität ist eine Übergangsidentität, das heißt sie sichert den Übergang von der alten Identität am Herkunftsort zu einer neuen, noch unklaren Identität am Fluchtziel. Sie enthält Anteile der alten Identität, z. B. das Motiv, die eigene Familie zu ernähren, ein Interesse an Musik, die Liebe zu den Eltern. Sie sichert die Anpassung an die Verhältnisse während der Flucht und an die Verhältnisse am Fluchtziel, indem sie Kompromisse herstellt zwischen den alten Motiven und Einstellungen und den neuen Anforderungen. Damit ermöglicht sie schließlich, am Fluchtziel die Flüchtlingsidentität wieder aufzugeben und eine neue Identität zu entwickeln, die weniger verlustgeprägt und provisorisch ist.

Als Übergangsidentität bewältigt die Flüchtlingsidentität nicht nur die Identitätsprobleme, die aus der Flucht entstanden sind. Sie bewältigt auch die Anforderungen, derentwegen man auf die Flucht gegangen ist, und verkörpert das Gefühl, einer existenziellen Bedrohung, einem unerträglichen Leben entkommen zu sein, sowie die Hoffnung, am Fluchtziel neue Lebensmöglichkeiten vorzufinden. Das Lebensgefühl, ein Fremder zu sein, das die Flüchtlingsidentität maßgeblich prägt, besteht also nicht nur aus belastenden Emotionen. Es ist ambivalent. Die genaue Qualität dieser Ambivalenz entscheidet mit darüber, wann – und ob – die Flüchtlingsidentität aufgegeben und wie eine neue Identität aussehen wird.

Flucht und Identitätsentwicklung bei Heranwachsenden

Das Spezifikum der Identitäten Heranwachsender ist deren besondere Formbarkeit (vgl. Kap. *Bindung als Basis der Identitätsentwicklung* in diesem Beitrag). Das hat den Vorteil, dass Heranwachsende sich unterschiedlichen Anforderungen rascher und wirkungsvoller anpassen können als Erwachsene. Dieser Vorteil ist aber ein Nachteil, wenn das eine Anpassung an zerstörerische Verhältnisse bedeutet und insofern das Risiko birgt, vitale Motive zu blockieren, sozial konfliktreiche Handlungsmuster auszubilden und hoch problematische Selbst- und Weltbilder (Herpertz-Dahlmann 2008) zu entwickeln. Es kann daraus eine Identität aus Selbsthass, mit umfassender Gefühllosigkeit, extremer Aggressivität und mit einem gebrochenen Verhältnis zum eigenen und zum anderen Geschlecht entstehen. Derart problematische Identitäten bringen in frühen Lebensaltern hervor, was andere Autoren „frühe Störungen" nennen (s. o. sowie Suess/Pfeifer 1999) und was die gesamte weitere Entwicklung betroffener Heranwachsenden blockiert bzw. verformt (Herpertz-Dahlmann 2008).

Eine Flucht kann v. a. für zwei Ereignisse verantwortlich sein, die zu massiven Identitätsproblemen, bzw. zu extrem schwierigen Lebenskrisen führen:

- für problematische Bindungen
- für Traumatisierungen

Bindungsprobleme bei minderjährigen Flüchtlingen

Bindungen einzugehen und zu lösen ist für Kinder und Jugendliche normales Leben. Besondere Risiken entstehen aber, wenn Bindungsabbrüche erzwungen werden und wenn sie überdies Teil eines umfassenden Wandels im sozialen Nahraum sind, das Bindungsgefüge also insgesamt betreffen. Für minderjährige Flüchtlinge entstehen derartige Risiken v. a.

1. *...wenn sie ohne Begleitung Erwachsener flüchten müssen.*
   Diese Kinder und Jugendlichen müssen letztlich ihre Identität als Heranwachsende aufgeben und entwickeln deshalb *sehr problematische, nicht selten widersprüchliche und gebrochene Identitäten*. Diese verbinden ein hohes Maß an Selbständigkeit mit einer spezifischen Unangepasstheit, umfassender Bindungsverweigerung oder extremer Abhängigkeit von bestimmten Personen. Als Folie für ein Verständnis dieser Identitätsformen ist das Konzept von der *antisozialen Tendenz* hilfreich, das Winnicott angesichts der Lage Heranwachsender in den Jahren unmittelbar nach dem zweiten Krieg entwickelte (Winnicott 2011).

2. *...wenn sie Funktionen ihre Eltern übernehmen müssen.*
Eine Flucht kann die Fähigkeit der Eltern empfindlich einschränken, ihre Elternrolle auszufüllen, und das in einer Situation, wo diese Fähigkeit besonders gefragt ist. Kinder und Jugendliche können in extremen Situationen manchmal mehr und geeignetere Bewältigungsstrategien entwickeln als ihre Eltern (s. o.) Denn sie erkennen das Ausmaß ihrer Bedrohung gar nicht und/oder sie sind in der Auswahl ihrer Strategien weniger festgelegt. Es fällt z. B. Kindern leichter als manchen Erwachsenen, die notwendige Nahrung zu stehlen oder sich auf dem Schwarzmarkt zu versorgen. Auch eignen sie sich z. B. die Sprache des Aufnahmelandes rascher an und können deshalb den Kontakt der Eltern zu Behörden sicherstellen. Solche Kinder/Jugendliche sind parentifiziert. Auch wenn parentifizierte Heranwachsende ihre Identität als Kinder und Jugendliche nicht leben können und darunter leiden, quittieren viele die Rückkehr zur üblichen Rollenverteilung mit Protest und halten an der Parentifizierung fest: Sie garantiert ihnen ein hohes Maß an Autonomie und Handlungsspielräume (Boszormenyi-Nagy/Spark 1981) und hat schließlich das Überleben der Familie über einen langen Zeitraum gesichert.

3. *...wenn ihnen von verschiedenen Bindungspartnern mit gegensätzlichen Anforderungen Loyalität abverlangt wird.*
Manchen Eltern gelingt es nicht, sich hinreichend an die Anforderungen der Flucht oder die Verhältnisse im Aufnahmeland anzupassen. Andere isolieren sich von ihren Mitflüchtlingen, um die eigene Integration nicht zu gefährden. In beiden Fällen fehlen ihnen Möglichkeiten, die Anliegen ihrer Kinder zu beantworten, und das führt zu einem Verlust an sozialer Attraktivität und Autorität. Sie können ihre Elternrolle nur eingeschränkt oder auf dysfunktionale Weise wahrnehmen. In solchen Situationen werden Menschen als Bindungspartner attraktiv, wenn sie die Defizite der Eltern ausgleichen. Wenn sich die möglichen Bindungspartner feindselig gegenüberstehen, geraten die Heranwachsenden in einen Loyalitätskonflikt zu diesen Menschen (Wedekind 1986). Dieser Konflikt bedroht die Bindung zu den Eltern und damit die Konsistenz der sozialen Orientierung der Heranwachsenden. Eine Lösung finden die manchmal darin, ihre Beziehungen zu den beiden Welten möglichst getrennt halten. Sie nehmen eine Art Doppelleben auf. Damit reduzieren sie aber ihre Chance auf eine widerspruchsarme Identität und erschweren die Lösung der Enkulturationsprobleme, die für alle Flüchtlinge ansteht: Eine ethnische oder kulturelle Zuordnung fällt schwer und, sich zwischen den Kulturen einzurichten, gelingt oft nicht (Jagusch/Sievers/Teupe 2012).

Traumatisierende Fluchterfahrungen bei minderjährigen Flüchtlingen

Traumatisierungen sind ein Angriff auf das Kohärenzgefühl eines Menschen und damit auf einen Kernbereich von Identität (Greve 2000),

- weil sie ihn an der Zuverlässigkeit eigener Erfahrungen zweifeln lassen,
- weil sie ihn an der Zuverlässigkeit seines Körpers zweifeln lassen
- und weil sie ihn an der Zuverlässigkeit und Harmlosigkeit seiner Mitmenschen zweifeln lassen.

Folglich münden Traumatisierungen immer in Identitätsproblemen, die, je schwerer die Traumatisierungen sind, desto mehr, ein Leben über lange Zeit prägen. Dies geschieht v. a. wenn der Traumatisierung ein Posttraumatisches Belastungssyndrom (PTBS) folgt (Herpertz-Dahlmann 2008; Bausum u. a. 2013). Für Heranwachsende bedeutet das eine *Entwicklungsblockade* und die Entstehung schwerer psychischer Erkrankungen (Bausum u. a. 2013; Herpertz-Dahlmann 2008) und drückt sich in oft skurrilen und sozial problematischen Handlungsmustern aus.

Minderjährige Flüchtlinge haben ein deutlich erhöhtes Risiko, traumatisiert zu werden, v. a. wenn sie allein auf der Flucht sind. Auch verschärfen die Trauma bedingten Handlungsmuster das, worunter Flüchtlinge generell leiden: Sie können sich den Einheimischen nicht verständlich machen, werden als Fremde erlebt und abgelehnt. Zusätzlich trifft traumatisierte Kinder und Jugendliche die Ablehnung der eigenen Familie und der Mitflüchtlinge. Für die sind psychische Probleme oft ein Zeichen für Charakterfehler und Bosheit. Ihnen fehlt ein Konzept für psychische Störungen und speziell für Traumatisierungen und deshalb jede Vorstellung, wie man damit hilfreich umgehen könnte.

Flucht und Identitätsentwicklung bei Flüchtlingseltern

Eine Flucht zerreißt die Familien. Einzelne Kinder bleiben bei Verwandten, werden allein auf die Flucht geschickt. Väter fliehen allein, Mütter kommen während der Flucht ums Leben. Familienmitglieder verlieren sich während chaotischer Zustände aus den Augen. Die Zusammenführung von Familien wird im Ankunftsland blockiert. Dies alles behindert Flüchtlingseltern darin, ihre Elternrolle wahrzunehmen bzw. an die neuen Verhältnisse anzupassen. Auf die Folgen für die Identitätsentwicklung Heranwachsender wurde bereits im Kapitel *Identitätsprobleme und Lebenskrisen* hingewiesen. Die Folgen für die Eltern und ihre Elternrolle sind analog:

- Die Flucht und die Verhältnisse am Fluchtort überstrapazieren ihre Bewältigungskompetenzen. Im Extremfalle können sie sich deshalb um ihre Kinder nicht oder nicht ausreichend kümmern. Der Verlust einzelner Kinder oder des Partners verschärft diese Belastungen.

- Die ihnen vertraute Rolle als Vater oder Mutter passt nicht zu den Anforderungen, welche im Aufnahmeland an Eltern gestellt werden. Dort werden sie zu Eltern mit fragwürdigen Erziehungspraktiken und -normen. Auch erweisen sich die im Aufnahmeland üblichen Geschlechtsrollen, die eng mit den Elternrollen verbunden sind, als befremdlich. Sie sind eine Quelle sozialer Konflikte mit Fachleuten oder den einheimischen Nachbarn. Das alles erschüttert das Bewusstsein, eine gute Mutter oder ein guter Vater zu sein. Die Orientierung, was das überhaupt sein soll, geht verloren.

Das alles wirkt sich besonders ungünstig aus, wenn die Identität als Vater oder Mutter ein entscheidender Bereich der Gesamtidentität ist. Weil das am häufigsten bei Müttern der Fall ist, leiden die am meisten unter Identitätsproblemen dieser Art.

Was lässt sich zur Lösung fluchtbedingter Identitätsprobleme beitragen?

Die Skizze zu Identitätsproblemen, die heranwachsende Flüchtlinge und ihre Familien zu bewältigen haben, erlaubt einen ersten Blick auf die *grundsätzlichen Anknüpfungspunkte,* die das Identitätskonzept für sozialpädagogische Angebote an diese Gruppe bereit hält.

Eine zentrale Maßgabe für die Arbeit an und mit Flüchtlingsidentitäten

Die öffentliche Debatte über Flüchtlinge und davon beeinflusst die sozialpädagogische Arbeit mit ihnen gehen von einer weitherum geteilten Ansicht aus: Die Probleme von und mit Flüchtlingen sind *Anpassungsprobleme!* Die meisten Menschen meinen damit wahrscheinlich ausschließlich die Anpassung der Flüchtlinge an das Aufnahmeland. Sie muss – z. B. durch sozialpädagogische Angebote – gefördert bzw. hergestellt werden. Eine Minderheit sieht die Anpassungsprobleme interaktiv, das heißt es geht um eine wechselseitige Anpassung der Flüchtlinge an das Aufnahmeland und der ansässigen Bevölkerung an die Flüchtlinge.

So gegensätzlich beide Positionen politisch auch sein mögen, eins haben sie gemeinsam. Es geht ihnen um die *Aneignung neuer sozialer Praktiken* (Reckwitz 2003). Das trifft ein entscheidendes Element des Flüchtlingsthemas. Denn der Alltag, auf den beide Debatten Bezug nehmen und an dem Sozialpädagogik ansetzt, wird nur sicht- und bearbeitbar als *System von Handlungsmustern.* Diese sollten modifiziert werden, um allfällige Alltagsprobleme zu lösen, anders gesagt: um die erforderliche *Integration der*

Flüchtlinge ins Aufnahmeland und die Aufnahmebereitschaft der Einheimischen zu gewährleisten.

Dennoch greift dieser Ansatzpunkt zu kurz. Denn die hinter diesen Handlungsmustern wirksamen inneren Strukturen, das heißt die Identitäten der Handelnden, werden ignoriert oder jedenfalls in ihrer Bedeutung nicht richtig eingeschätzt. So bleiben entscheidende Anknüpfungspunkte für eine Aneignung neuer sozialer Praktiken unbeachtet und es werden Anforderungen formuliert, ohne deren Passung zu den Motivstrukturen, das heißt zu den Identitäten der Flüchtlinge und der Einheimischen, zu berücksichtigen. Die Aneignung neuer Handlungsmuster kann genau daran scheitern.

Mit dieser Kritik wird nicht nur einer Orientierung am einzelnen Flüchtling und seinen Motiven das Wort geredet. Diese Orientierung gehört zu den Grundsätzen sozialpädagogischer Arbeit und bleibt auch für die Arbeit mit minderjährigen Flüchtlingen und ihren Familien gültig. Die Kritik reicht weiter. Denn Identitäten erfassen schließlich nicht nur die typischen Motivstrukturen und Handlungskompetenzen einzelner Menschen, sondern sie verweisen auch auf die soziokulturellen Bedeutungen, die in diesen individuellen psychischen Strukturen eingeschrieben sind. Es gibt eben die Flüchtlingsidentität, die als Übergangsidentität soziokulturelle Bedeutungen aus der Zeit vor, während und nach der Flucht zu einem sicher oft widersprüchlichen System vereinigt. Deren Entwicklung beeinflussen auch Fachleute Sozialer Arbeit, indem sie Erwartungen an die Flüchtlinge richten und deren Erwartungen beantworten. Dabei müssen sie – und das ist die zentrale Maßgabe – auf die Passung von sozialen Anforderungen und individuellen Motiven achten.

Die Sicherung der Passung von Anforderungen und Motiven

Die Entstehung und der Wandel von Identitäten beruhen auf der Passung von sozialen Anforderungen (Rollenvorgaben) und den individuellen Motiven (Ausgestaltung der Rollenvorgaben). Diese Passung ist das Resultat wiederholter, lange andauernder Interaktionen. Wer sich an diesem Prozess im Kontext der Flüchtlingsarbeit mit eigenen Anliegen oder aufgrund organisationeller Aufträge beteiligt, muss diese Passung im Auge haben. Er muss die bestehenden Motiv- und Kompetenzstrukturen der Flüchtlinge genauso analysieren wie die dominanten Rollenanforderungen aus dem sozialen Nahraum. Das wiederum bedeutet:

- Er braucht eine *Orientierung auf beide Seiten der Passung.*
  Flüchtlingsidentitäten repräsentieren als Übergangsidentitäten alte und neue Motive, Rollenanforderungen aus der alten und der neuen Heimat; es geht sowohl darum, die neuen Anforderungen zu bedienen als auch darum, sie alten Motiven anzupassen. Deshalb sollten Fachleute nicht

nur Hilfe geben, sich den neuen Anforderungen anzupassen, sondern auch Hilfe, alte Motive in die neue Identität hinüber zu retten oder sie aufzugeben. Das setzt dreierlei voraus:
- eine hinreichende Kenntnis der Biografie, v. a. im Umfeld der Flucht, und der soziokulturellen Bedeutungen, von denen die alte Identität geprägt war.
- großes Interesse an den aktuellen Motivkomplexen, die sowohl Motive aus der Zeit vor der Flucht als auch ganz neue Motive umfassen. Dieses Interesse wird wirksam als Neugier auf die Person und ihre Interessen und sollte mit der Bereitschaft verbunden sein, auch eigene Motive und die eigene Biografie offen zu legen (Wiedemann 1986).
- Bereitschaft und Fähigkeit, mit Motiven zu arbeiten, sie zu stärken und zu helfen, sich von ihnen zu verabschieden.
• Er braucht eine *systemische Grundorientierung* (Staub-Bernasconi 1995). Da eine Identität ein System von Motivkomplexen und Kompetenzen ist, zieht ein Wandel bei einem Element eine Veränderung an anderen Stellen nach sich. Das System reagiert auf Veränderungen immer als Ganzes. Spielt z. B. in einer Flüchtlingsfamilie die Parentifizierung der Kinder eine entscheidende Rolle, so muss man davon ausgehen, dass eine Veränderung Folgen zeitigt auch für die Beziehungen, die diese Kinder untereinander und zu Gleichaltrigen außerhalb der Familie unterhalten. Dieser Prozess ist wegen seiner Komplexität nur sehr begrenzt vorhersagbar, weder von denen, die ihn von außen anstoßen, noch von denen, die sich für sich selbst auf den Weg machen. Fachleute sollten daher nicht allzu präzise Vorstellungen davon entwickeln, wie eine Identität am Ende des Wandlungsprozesses aussehen sollte. Sie sollten versuchen, sich der Eigendynamik dieser Wandlung anzupassen und darauf vertrauen, dass die Betroffenen ihre eigene Identitätsentwicklung optimal werden gestalten können. Das bedeutet: S*ie müssen sich leiten lassen von Respekt gegenüber der bestehenden Identität* und gegenüber den Ansätzen, die Identität als Flüchtling zu gestalten und zu überwinden.
• Er braucht eine *Orientierung auf den sozialen Nahraum* der Flüchtlinge. Identitäten entstehen nicht durch individuelle Reflexion und die Bedeutung von Gesprächen in dem Kontext wird v. a. von Fachleuten leicht überschätzt. Identitäten entstehen vielmehr – ohne dass das den Akteuren bewusst und von ihnen beabsichtigt wird – vornehmlich im Kontext der alltäglichen Interaktionen im sozialen Nahraum.
Einige Menschen in diesem Nahraum sind dabei wichtiger als andere. Fachleute sollten diese und ihre Rollenanforderungen kennen und berücksichtigen. Sie brauchen deshalb viele gute, das heißt stabile und vertrauensvolle Kontakte zu den Gruppen, in denen sich Flüchtlinge vornehmlich bewegen.

Die politischen Implikationen der Arbeit mit Flüchtlingsidentitäten

Sozialpädagogische Arbeit ist, insofern sie Arbeit am Sozialen ist, deutlich geprägt von politischen Debatten. Das gilt nicht nur, weil ihre Finanzierung von diesen Debatten abhängt, sondern v. a. weil die soziokulturellen Bedeutungen, denen diese Arbeit folgt, im politischen Raum ausgehandelt werden. Für die Arbeit mit minderjährigen Flüchtlingen und ihren Familien gilt das in besonderer Weise. Denn die Entwicklung von Flüchtlingsidentitäten hängt entscheidend von den dominanten Rollenerwartungen im Aufnahmeland ab. Und die werden in der Politik verhandelt und gebahnt.

Wenn Arbeit mit Flüchtlingen als Arbeit mit Flüchtlingsidentitäten konzipiert ist, umfasst sie auch eine praktisch-politische Auseinandersetzung mit den wichtigsten Rollenerwartungen, wie sie im politischen Diskurs thematisiert werden. Denn ein wichtiges Ziel in diesem Konzept ist die Gewährleistung von Anforderungen, die tendenziell zu den üblichen Motivstrukturen minderjähriger Flüchtlinge und ihrer Familien passen. Dieses Ziel lässt sich nur durch die Beteiligung am politischen Prozess der Meinungsbildung und der Vereinbarung über herrschende Rollenvorgaben realisieren. Auf diese Weise kann vermieden werden, dass Rollenerwartungen übermäßig an Boden gewinnen, die von Flüchtlingen nicht zu übernehmen sind, weil sie ihren vitalen Interessen widersprechen. Welche soziokulturellen Bedeutungen zu achten sind und welche modifiziert werden sollten, ist aktuell und auf lange Sicht genauso hochstrittig wie die Frage, welche Motive vitalen Interessen entsprechen, und von welchen erwartet werden kann, dass sie modifiziert werden sollten. Der Streit findet in den Medien und in den politischen Institutionen statt. Er findet sich aber auch im sozialpädagogischen Fachdiskurs. Der prägt in vielerlei Weise die sozialpädagogische Praxis. Da mit allseits akzeptierten Ergebnissen in diesem Streit nicht bald gerechnet werden kann, sind die sozialpädagogischen Fachkräfte und Institutionen aufgerufen, konkret und vor Ort eine Auseinandersetzung darüber zu moderieren, welche soziokulturellen Bedeutungen und Motive vor Ort allgemeinen Zuspruch finden, welche Differenzen toleriert werden und welche Anpassungsleistungen von wem erwartet werden. Die sozialpädagogische Arbeit richtet sich somit nicht nur an die minderjährigen Flüchtlinge und ihre Familien, sondern auch an den erweiterten sozialen Nahraum dieser Menschen. Das Ziel dabei ist so konkret wie schwer umzusetzen: Es geht um eine gemeinsam lebbare Vereinbarung, wie – das heißt nach welchen soziokulturellen Bedeutungen und aufgrund welcher Motive – ein Zusammenleben möglich ist. Ein solches Zusammenleben ist die Grundlage für die Entwicklung funktionaler Flüchtlingsidentitäten genauso wie für die Entscheidung darüber, welche Identitäten diese Übergangslösungen auf Dauer ersetzen können und sollen.

Literatur

Asendorpf, Jens B. (2002): Biologische Grundlagen der Entwicklung. In: Oerter, Rolf/ Montada, Leo (Hrsg.): Entwicklungspsychologie. Weinheim und Basel. S. 54–71.
Baumann, Zygmunt (2005): Verworfenes Leben. Die Ausgegrenzten der Moderne. Hamburg.
Bausum, Jacob/Besser, Lutz-Ulrich/Kühn, Martin/Weiß, Wilma (Hrsg.) (2013): Traumapädagogik. Weinheim und Basel.
Boszormenyi-Nagy, Ivan/Spark, Geraldine (1981): Unsichtbare Bindungen. Die Dynamik familiärer Systeme. Stuttgart.
Briesch, Karl-Heinz (2011): Bindungsstörungen. Stuttgart.
Erikson, Erik H. (1988): Jugend und Krise. Stuttgart.
Fend, Helmut (2000): Entwicklungspsychologie des Jugendalters. Opladen.
Flammer, August (1990): Erfahrung der eigenen Wirksamkeit. Bern, Stuttgart, Toronto.
Fremmer-Bombik, Elisabeth (2002): Innere Arbeitsmodelle von Bindung. In: Spangler, Gottfried/Zimmermann, Peter (Hrsg.): Die Bindungstheorie. Grundlagen, Forschung und Anwendung. 4. Auflage Stuttgart. S. 109–119.
Friedlmeier, Wolfgang/Holodynski, Manfred (Hrsg.) (1999): Emotionale Entwicklung. Heidelberg und Berlin.
Greve, Werner (Hrsg.) (2000): Psychologie des Selbst. Weinheim und Basel.
Herpertz-Dahlmann, Beate (2008): Posttraumatische Belastungsstörung. In: Herpertz-Dahlmann, Beate/Resch, Franz/Schulte-Markwort, Michael/Warnke Andreas (Hrsg.): Entwicklungspsychiatrie. Stuttgart und New York. S. 969–983.
Holodynski, Manfred/Oerter, Rolf (2002): Motivation, Emotion und Handlungsregulation. In: Oerter, Rolf/Montada, Leo (Hrsg.): Entwicklungspsychologie. Weinheim und Basel. S. 551–589.
Jagusch, Birgit/Sievers, Britta/Teupe, Ursula (2012): Migrationssensibler Kinderschutz. Frankfurt am Main.
Jung, Thomas/Müller-Doohm, Stefan (1994): Kultursoziologie. In: Kerber, Harald/ Schmieder, Arnold Hrsg.): Spezielle Soziologien. Hamburg. S. 473–497.
Lazarus, Richard S./Folkman, Susan (1984): Stress, Appraisal, Coping. Berlin.
Leont'ew, Alexej N. (1979): Tätigkeit, Bewusstsein. Persönlichkeit. Berlin.
Mead, George Herbert (1980): Gesammelte Aufsätze. Bd. 1. Frankfurt am Main.
Rauh, Hellgard (2002): Vorgeburtliche Entwicklung und frühe Kindheit. In: Oerter, Rolf/Montada, Leo (Hrsg.): Entwicklungspsychologie. Weinheim und Basel. S. 131–161.
Reckwitz, Andreas (2003): Grundelemente einer Theorie sozialer Praktiken. Eine sozialtheoretische Perspektive. In: Zeitschrift für Soziologie 32, Heft 4, S. 282–301.
Spangler, Gottfried/Zimmermann, Peter (Hrsg.) (2002): Bindungstheorie. Stuttgart.
Staub-Bernasconi, Silvia (1995): Systemtheorie, Soziale Probleme und Soziale Arbeit. Berlin, Stuttgart, Wien.
Suess, Gerhard J./Pfeifer, Walter-Karl P. (Hrsg.): Frühe Hilfen. Gießen.
Wedekind, Erhard (1986): Beziehungsarbeit. Frankfurt am Main.
Wiedemann, Peter M. (1986): Erzählte Wirklichkeit o. O.
Wieland, Norbert (2010): Die soziale Seite des Lernens. Wiesbaden.
Winnicott, Donald W. (2011): Aggression. Stuttgart.

Josef Freise

Religionssensibilität in der Arbeit mit geflüchteten Menschen

Deutschland ist ein säkulares Land und mehr als ein Drittel der Bevölkerung ist religionslos (vgl. Eicken/Schmitz-Veltin 2010, S. 578). Auch wenn die christlich geprägte Mehrheit noch religiös und kirchlich gebunden ist, spielt doch auch bei einem Großteil der katholischen und evangelischen Christ/inn/en Religion eher eine untergeordnete Rolle. Diese säkulare Situation ist allerdings überhaupt nicht typisch für die Weltsituation. Ca. 80 Prozent der Weltbevölkerung definiert sich als zugehörig zu einer Religionsgemeinschaft. Gerade in den Regionen, aus denen die Menschen in den letzten Jahren nach Deutschland flohen, ist ein Leben ohne Glauben an eine göttliche Wirklichkeit, ohne Religion nicht vorstellbar. Die Asylbewerber/-innen im Jahr 2015 waren zu 73,1 Prozent muslimisch, zu 13,8 Prozent christlich und zu 4,2 Prozent ezidisch/jesidisch (BAMF 2016). Wer als Fachkraft mit geflüchteten Menschen arbeitet, braucht daher eine Sensibilität für religiöse Fragestellungen, um den geflüchteten Menschen wirklich gerecht zu werden und sie in ihrem Denken und Empfinden zu verstehen.

Im Folgenden werden zuerst einige religionswissenschaftliche Grundlagen erläutert. Es werden Funktionen von Religion im Migrationsprozess dargestellt und abschließend werden Herausforderungen für die Bildungsarbeit und die Soziale Arbeit im Kontext religiöser Orientierungen von Geflüchteten diskutiert.

Religionswissenschaftliche Grundlagen

Religion kann als Teil der Lebenswelt verstanden werden. Jürgen Habermas definiert die Lebenswelt im Anschluss an die philosophische Schule der Phänomenologie als das Dickicht von „Hintergrundannahmen, Verlässlichkeiten und Vertrautheiten" (Habermas 2009, S. 230), die dem Individuum als Ressource zur Bewältigung von Handlungssituationen dienen. Die Lebenswelt baut auf nicht ständig hinterfragten kulturellen Verhaltensmustern auf, die sich in der Alltagspraxis bewährt haben. Religiöse Grundvorstellungen bekommen Kinder oft von klein auf vermittelt – in Liedern, Ritualen und Erzählungen.

Der Begriff der Religion ist ein „Container-Begriff" und kann mit unterschiedlichen Inhalten gefüllt werden. Religion existiert in unterschiedlichen Formen und ist in unterschiedlicher Weise bedeutsam für Menschen. Als

Kulturreligion ist sie Teil gesellschaftlicher Tradition und prägt das gemeinschaftliche Leben, ist aber relativ unverbindlich ist. Als *Gesetzesreligion* schreibt sie strikt vor, wie alltägliches Leben (Ernährung, Sexualität, geschlechterbezogenes Verhalten) gelebt wird. Als *reflektierte Religion* verändert sie sich im Rahmen des lebenslangen Persönlichkeitsentwicklungsprozesses und entwickelt sich immer weiter (vgl. Freise 2016, S. 66–69).

Den Islam prägen fünf Säulen: das öffentlich bezeugte Glaubensbekenntnis an den einen Gott, das tägliche fünfmalige rituelle Gebet, die soziale Spende, das Fasten während des Ramadan und die Wallfahrt nach Mekka. Der Verzehr von Schweinefleisch und das Trinken von Alkohol sind verboten. Je nach Ausprägung des eigenen Religionsverständnisses werden die Regeln strikt eingehalten oder flexibel in den Alltag und die Umgebung integriert. Innerhalb der muslimischen Community gibt es sehr unterschiedliche Auffassungen über die Bedeutung bestimmter Regeln. Das Tragen des Kopftuches wird von einzelnen als religiöse Pflicht für gläubige muslimische Frauen verstanden, von anderen als deren freie Wahl. Die Beschneidung hat im Islam einen weniger zwingenden Charakter als im Judentum. Einzelne muslimische Theolog/inn/en sehen die Beschneidung von Jungen eher kulturellen als religiösen Traditionen geschuldet.

Das Ezidentum ist eine monotheistische Religion mit mündlicher Tradition und stammt aus dem Norden des Iraks, aus Syrien, der Türkei, Armenien und Georgien. Eziden glauben an den einen Gott, der aus dem Licht sieben Engel geschaffen hat, die mit der Verwaltung der Schöpfung betraut sind. Der wichtigste Engel ist Tausi Melek, der Engel Pfau. Die Geschichte der Eziden ist eine Geschichte der Völkermorde; der vom sogenannten Islamischen Staat verübte Völkermord in der Region Shingal, der am 03.08.2014 begann, ist von den Vereinten Nationen als Genozid anerkannt (Tagay/Ortaç 2016). Mit ca. 100.000 Mitgliedern lebt in Deutschland die größte Diasporagemeinde der Eziden, die sich vor der Aufgabe sieht, ihre Religion in der neuen Umgebung zu transformieren. Die mündliche Tradition soll verschriftlicht werden, einzelne Glaubenslehren wie das Endogamiegebot, nur innerhalb der eigenen religiösen Kaste zu heiraten, und das Kastenwesen selbst werden kritisch reflektiert (Tagay/Ortaç 2016, S. 84).

Religion hat eine persönlich-spirituelle und eine öffentlich-institutionelle Seite. Wenn sich Menschen innerhalb einer Religion gemeinsam zu einem Gebet treffen, dann verdeutlicht das Beten diese spirituelle Dimension. Für dieses Beten benötigen die Gläubigen aber einen Raum, und diese Räumlichkeit repräsentiert dann die öffentliche Seite. Die Debatten über Moscheebauten machen die öffentliche Seite von Religion deutlich. Repräsentative Moscheen wie die neue DITIB-Zentralmoschee in Köln sind für viele Muslime ein selbstbewusstes Zeichen dafür, dass sie in Deutschland angekommen sind und einen Platz inmitten der Gesellschaft gefunden haben. Einzelne islamkritische Stimmen sehen in der Moschee ein Machtsymbol des Islams. Zur öffentlichen Seite von Religion gehört auch, dass Menschen sich nicht nur selber als religiös bezeichnen, sondern von der Gesellschaft auch religiös etikettiert werden. Diese Etikettierung kann mit Wertung verbunden sein. Während buddhistische Gläubige in Deutschland eher als friedliebende Menschen wahrgenommen werden, werden muslimische Menschen schnell mit dem Phänomen von Gewalt, Terror und Unterdrückung der Frau assoziativ in Verbindung gebracht. Die für Deutschland und andere westeuropäische Länder empirisch belegte Islamfeindlichkeit hat Merkmale eines antimuslimischen Rassismus. Menschen werden aufgrund eines Merkmals (der Zugehörigkeit zum Islam) pauschal abgewertet und diskriminiert. Muslim sein und deutsch sein wird von einem beträchtlichen Teil der Bevölkerung als sich ausschließend gesehen, und dies führt Wissenschaftler/innen wie Fatima El-Tayeb (2016) dazu, den Islam als eine rassifizierte Religion zu betrachten. Antisemitismusforscher sehen Analogien zwischen dem Antisemitismus der 1920er und 1930er Jahre und der derzeitigen Islamfeindlichkeit (vgl. Benz 2012; Brumlik 2015).

Von Religionsfeindlichkeit zu unterscheiden ist notwendige Religionskritik. Religion hat eine „helle" und eine „dunkle" Seite. Religionen können Menschen in Krisen stärken, Ressourcen in ihnen wachrufen und Menschen zusammenführen im Engagement gegen Ungerechtigkeit. Religionen können aber auch zu Fanatismus und Hass aufrufen (vgl. Freise 2017).

Funktionen von Religion für geflüchtete Menschen

Der Bezug von fliehenden Menschen zu Religion ist äußerst komplex und bedarf weiterer empirischer Untersuchungen. Die folgenden Unterteilungen beruhen auf empirischen Einzeluntersuchungen, ohne dass damit angeben werden könnte, wie die quantitative Verteilung einzelner Aspekte aussieht (vgl. zum Folgenden Freise i. E.).

Freiheit von Religion

Die Organisation des sogenannten Islamischen Staates beging im August 2014 in den Shingal Bergen des Nordirak einen Völkermord an Eziden. Auch Christ/inn/en und Muslim/inn/e/n wurden durch den Terror des IS vertrieben. Die extremistische Religionsausübung des IS war für viele Menschen lebensbedrohlich. Um zu überleben, mussten Menschen fliehen und diese Flucht hatte dann auch das Ziel, sich von Religion zu befreien. Im Ankunftsland kann dies dann bedeuten, dass das Interesse an jeglicher Religion erloschen ist oder dass einzelne zu einer anderen Religion konvertieren.

Religion als Rückhalt

Für Flüchtlinge kann Religion bereits auf der Flucht eine Ressource darstellen. Der Glaube an eine göttliche Wirklichkeit kann Hoffnung geben, nicht allein zu sein. Religiöse Rituale wie das Gebet vermitteln trotz vielleicht vieler Verluste das Gefühl von Stabilität und geben Halt. Ein aus der Zentralafrikanischen Republik Geflüchteter beschrieb Erfahrungen in einem lybischen Gefängnis und auf dem Mittelmeer:

> „Wir haben Leid miteinander geteilt, Angst und Folter während der Zeit im lybischen Gefängnis. Aber unter uns gab es Liebe und Menschlichkeit. Ich erinnere mich an die Gebete im Gefängnis und auf dem Mittelmeer."

Religion als Heimatbezug

Religiöse Erfahrungen, die schon in der frühen Kindheit vermittelt wurden, sind mit sinnlichen Eindrücken verbunden, „mit bestimmten Räumen, Gerüchen, Klängen, Symbolen, Gesängen, Gebeten und auch mit Stille" (Jansen o. J., S. 7). Susanna Keval zitiert den jungen amerikanischen Literaturwissenschaftler Jonathan Rosen, der das Wort von der Religion als portable Heimat geprägt habe (Keval o. J., S. 53). Die Heimat wird wieder spürbar in der gemeinsamen Sprache, in Ritualen und Liedern. Die christlichen Kirchen kennen die Zusammenkünfte serbisch-orthodoxer Christ/inn/en in Deutschland ebenso wie die polnischer Katholik/inn/en. Polnische Katholik/inn/en könnten problemlos in den „normalen" katholischen Gottesdiensten dabei sein, aber sie wünschen sich doch immer wieder auch Gottesdienste in ihrer Muttersprache, durch die sie mit polnischen Liedern und Gebeten tiefer angesprochen werden. Auch muslimische Gemeinden organisieren sich nach Sprachgruppen: Es gibt bosnische, arabische und türkische Moscheen. Die Eziden feiern ihre Feste entsprechend ihrer nationalen Herkunft als türkischstämmige und syrischstämmige Eziden.

Religion als Hindernis für Integration

Wenn die kulturell-religiösen Vorstellungen aus dem Herkunftsland mit den Sitten und Gebräuchen in der Ankunftsgesellschaft überhaupt nicht vereinbar zu sein scheinen, kann religiöse Orientierung auch eine schwer zu überwindende Barriere im Integrationsprozess darstellen. Dies ist meistens dann der Fall, wenn die religiöse Orientierung buchstabengetreu und traditionalistisch eng ausgelegt wird. Wer als Muslim/a im Heimatland das fünfmalige Gebet in den beruflichen Alltag integriert hat und meint, nur so den Anforderungen des muslimischen Glaubens gerecht werden zu können, kommt in Bedrängnis, wenn das Gebet im Ankunftsland nicht mehr am Arbeitsplatz möglich ist.

Flexible Religionsvorstellungen im Integrationsprozess

Der aus Syrien geflohene junge Erwachsene Amir Baitar beschrieb in einem Buch über seine Ankunftserfahrungen in Deutschland, wie er als traditionalistisch aufgewachsener Muslim Probleme damit hatte, in Deutschland seine mitbrachten religiösen Vorstellungen zu leben. Er hatte Mühe, seine rituellen Reinigungen vor dem Gebet zu vollziehen und kam bei Festen mit Deutschen in Gewissensnöte, weil er einmal eine Weinflasche angefasst hatte, was ihm als verboten erschien. Am Ende des Buches fragt er sich, welche seiner Gewohnheiten, die er von zu Hause mitgebracht hat, für ihn unabdingbar bleiben und welche Gewohnheiten in der neuen Umgebung auch aufgegeben werden können und müssen (vgl. Baitar/Sußebach 2016).

Religion als Nische und Gegenwelt

Als Spiegelbild zur Islamfeindlichkeit entwickelt sich in der über die Sozialen Medien weltweit vernetzten radikalisierten und extremistischen islamischen Szene eine Gegenwelt, die insbesondere von jungen Muslim/inn/en als Identitätsangebot wahrgenommen wird, die sich selber in Westeuropa diskriminiert und ausgegrenzt fühlen. Dieser Extremismus wird durch das salafitische Wahabitentum, die religiöse Staatsdoktrin Saudi-Arabiens, angefeuert, die sich auf eine enge, wortwörtliche Auslegung des Korans beruft und einseitig kriegerische Suren aus damaligen Konflikten für die heutige Zeit instrumentalisiert, wohingegen Aufrufe zum friedlichen Zusammenleben der verschiedenen Religionen ignoriert werden. Durch die neuen Sozialen Medien werden diese extremistischen Auffassungen auf gefährliche Art und Weise verbreitet.

Die unterschiedlichen Bedeutungen, die Religion für geflüchtete Menschen haben kann, machen deutlich, dass der Religion keine eindeutige Funktion im Rahmen von Flucht zugewiesen werden kann. Für Fachkräfte ist es wichtig, immer genau hinzuschauen, wie sich im Einzelfall der religiöse Bezug darstellt.

Interreligiöse Kompetenzen für Bildung und Soziale Arbeit

Fachkräfte der Sozialen Arbeit benötigen für die Arbeit mit geflüchteten Menschen Wissens-, Handlungs- und Haltungskompetenzen (zum Folgenden vgl. Freise 2016). Als Erstes ist ein Grundwissen über die religiöse

Orientierung der Menschen wichtig, mit denen jemand arbeitet (bezogen auf den Islam vgl. Lemmen 2014). Dabei ist eine vorsichtige Annäherung an die Glaubensweisen der Menschen entscheidend, ohne einer schnellen Stereotypisierung und Kategorisierung Vorschub zu leisten. Wichtig ist, immer im Blick zu behalten, dass innerhalb der einzelnen Religionsrichtungen nicht nur konfessionelle Unterschiede bestehen (wie zwischen Schiiten und Sunniten bei den Muslimen), sondern, dass innerhalb einer religiösen Richtung noch einmal Unterschiede bestehen, was die religiöse Strenge oder auch Offenheit angeht. Es gibt exklusivistisch Glaubende, für die nur der eigene Glaube zählt und die der Auffassung sind, Menschen anderer Glaubensrichtungen „kommen in die Hölle". Es gibt inklusivistisch Glaubende, die den eigenen Glauben für den richtigen halten, die aber auch anderen Religionen nicht grundsätzlich Wahrheitsgehalt absprechen. Und es gibt die pluralistisch oder perspektivistisch glaubenden Menschen, die davon ausgehen, dass sie selber nur zu einem Ausschnitt der transzendenten göttlichen Wahrheit Zugang haben und dass unterschiedliche Religionen unterschiedliche Perspektiven beinhalten. Da es nicht möglich ist, dass jede Einzelperson Experte/in in religiösen Fragen wird, ist es sinnvoll, sich in Teams Zugang zu Expert/inn/enwissen zu verschaffen. Fortbildungen und Masterstudiengänge ermöglichen die Aneignung solchen Expert/inn/enwissens (www.interreligiöser-master.de).

Neben den Wissenskompetenzen sind Handlungskompetenzen gefragt. Fachkräfte sollten Orte der Gastfreundschaft für religiöse Gruppen Geflüchteter zur Verfügung stellen und den interreligiösen Dialog fördern (vgl. Freise/Khorchide 2014). Dieser interreligiöse Dialog hat verschiedene Dimensionen (vgl. Höbsch 2013). Es geht um Begegnungen im Alltag, um gemeinsame Aktionen, um den fachlichen Austausch über unterschiedliche religiöse Auffassungen sowie Formen des spirituellen Austausches beispielsweise in gemeinsamen Gebeten von Menschen unterschiedlicher Religion.

Von zentraler Bedeutung sind die Haltungen im Umgang mit Menschen unterschiedlicher Religion. Respekt und Empathie sind gefragt. Daneben ist auch eine Streitkompetenz insbesondere dann wichtig, wenn religiöse Überzeugungen in einer fundamentalistischen Weise vorgetragen werden und als Rechtfertigung für Entscheidungen dienen, die Menschen Freiheit nehmen und ihnen Möglichkeiten der Persönlichkeitsentwicklung verwehren. Auch wenn in professionellen Rollen nicht alles Persönliche und Private nach außen gekehrt werden muss, ist schlussendlich doch auch eine Auskunftsfähigkeit über die je eigene religiöse, spirituelle oder weltanschauliche Orientierung von Bedeutung, wenn Geflüchtete die Fachkraft fragen: „Woran glauben Sie selbst eigentlich?".

Literatur

Baitar, Amir/Sußebach, Henning (2016): Unter einem Dach. Ein Syrer und ein Deutscher erzählen. Reinbek bei Hamburg.
Benz, Wolfgang (2012): Vorurteile gegen Muslime – Feindbild Islam. In: Pelinka, Anton (Hrsg.): Vorurteile. Ursprünge, Formen, Bedeutung. Berlin und Boston. S. 205–220.
Brumlik, Micha (2015): Wann, wenn nicht jetzt? Versuch über die Gegenwart des Judentums. Berlin.
Bundesamt für Migration und Flüchtlinge (BAMF) (2016): Das Bundesamt in Zahlen 2015. Asyl, Migration und Integration. Nürnberg.
Eicken, Joachim/Schmitz-Veltin, Wolfgang (2010): Die Entwicklung der Kirchenmitglieder in Deutschland. Statistische Anmerkungen zu Umfang und Ursachen des Mitgliederrückgangs in den beiden christlichen Volkskirchen.
https://www.destatis.de/DE/Publikationen/WirtschaftStatistik/Gastbeitraege/EntwicklungKirchenmitglieder.pdf?__blob=publicationFile. (Abfrage: 11.4.2017).
El-Tayeb, Fatima (2015): Anders Europäisch. Rassismus, Identität und Widerstand im vereinten Europa. Münster.
Freise, Josef (2017): Kulturelle und religiöse Vielfalt nach Zuwanderung. Theoretische Grundlagen – Handlungsansätze – Übungen zur Kultur- und Religionssensibilität. Schwalbach/Ts.
Freise, Josef (2016): Soziale Arbeit und Religion in der Migrationsgesellschaft. In: Ronald Lutz/Doron Kiesel (Hrsg.): Sozialarbeit und Religion. Herausforderungen und Antworten. Weinheim und Basel. S. 65–77.
Freise, Josef (i.E.): Religion als portable Heimat? Religiöse Werteentwicklung in Migrationsprozessen: In: Mirjam Schambeck/Sabine Pemsel-Maier (Hrsg.): Welche Werte braucht die Welt? Wertebildung in religionspluraler Gesellschaft – ein Beitrag zur Integrationsdebatte.
Freise, Josef/Khorchide, Mouhanad (2014): Wertedialog der Religionen, Überlegungen und Erfahrungen zu Bildung, Seelsorge, Sozialer Arbeit und Wissenschaft. Freiburg.
Habermas, Jürgen (2009): Sprachtheoretische Grundlegung der Soziologie. Frankfurt am Main
Höbsch, Werner (2013): Hereingekommen auf den Markt. Katholische Kirche und Buddhismus in Deutschland. Paderborn.
Jansen, Mechtild M. (o. J.): Einleitung. In: Jansen, Mechtild M./Keval, Susanna (Hrsg.): Religion und Migration. Die Bedeutung vom Glauben in der Migration. S. 7–10.
http://www.hlz.hessen.de/fileadmin/pdf/polis/polis38web.pdf (Abfrage: 11.4.2017).
Keval, Susanna (o. J.): Theoretische und empirische Reflexionen am Beispiel von Biographien. In: Jansen, Mechtild M./Keval, Susanna (Hrsg.): Religion und Migration. Die Bedeutung vom Glauben in der Migration. S. 49–55.
http://www.hlz.hessen.de/fileadmin/pdf/polis/polis38web.pdf. (Abfrage: 11.4.2017).
Lemmen, Thomas (2014): Die Präsenz des Islam in Deutschland – gesellschaftliche Rahmenbedingungen und kirchliche Handlungsmöglichkeiten. In: Freise, Josef/Khorchide, Mouhanad (Hrsg.): Interreligiosität und Interkulturalität. Herausforderungen für Bildung, Seelsorge und Soziale Arbeit im christlich-muslimischen Kontext. Münster. S. 119–146.
Tagay, Şefik/Ortaç, Serhat (2016): Die Eziden und das Ezidentum. Geschichte und Gegenwart einer vom Untergang bedrohten Religion. Hamburg.

Reinhold Gravelmann

Geflüchtete Kinder in der Bundesrepublik Deutschland

Viele Kinder und Jugendliche, die mit ihren Eltern nach Deutschland geflohen sind, haben eine problematische Zeit im Herkunftsland und eine traumatisierende Flucht hinter sich. In Deutschland gibt es zwar grundlegende Sicherheit, allerdings sind die Lebensbedingungen oft höchst problematisch – für die Kinder und ihre Familien. Viele Hoffnungen zerplatzen an den Hindernissen, die sich den Flüchtlingen auftun: An sprachlichen Hürden, den bürokratischen Komplikationen, dem Ausländerrecht, dem neuen gesellschaftlichen Umfeld, den kulturellen Unterschieden, der schwierigen gesellschaftlichen Integration und Ähnlichem mehr. Verunsicherung für die Kinder bringen vor allem auch der ungesicherte Aufenthaltsstatus der Familie oder Probleme bei einer Familienzusammenführung mit sich. Zudem fehlen ausreichend Hilfs- und Integrationsangebote. Alles bleibt nicht ohne Wirkungen auf die Kinder.

Wir wissen viel und doch wenig

Die deutsche Gesellschaft und ihre Institutionen können einerseits an vielfältige Erfahrungen anknüpfen, da Migration historisch eine Konstante ist. Andererseits gilt es immer wieder fachlich reflektiert auch Spezifika einer neuen Zuwanderung in den Blick zu nehmen. In Bezug auf begleitete Flüchtlingskinder sind Kenntnisse über die Fluchtproblematik wichtig, Fragen von Traumatisierungen erfahren zu Recht Aufmerksamkeit, bedeutsam sind Kenntnisse über kulturelle Einflüsse, die Sozialisationsbedingungen, familiäre Kontexte sowie Werteorientierungen in den Familien. Vor allem sind die Lebensbedingungen der Flüchtlingskinder im Aufnahmeland in den Fokus zu rücken.

Wie ist die Kenntnislage über Kinder von Flüchtlingen? Statistisch untermauert und belegt ist wenig, sehr wenig. Die Arbeitsstelle Kinder- und Jugendhilfestatistik konstatiert, dass sich die Datenlage ausgesprochen schwierig gestaltet.

„Weder die Asylantragsstatistik noch das Ausländerzentralregister, die Asylbewerberleistungsstatistik oder die Kinder- und Jugendhilfestatistik liefern umfassende Informationen, auf deren Basis sich die Situation Minderjähriger und ihrer Familien in Deutschland adäquat beschreiben ließe" (Pothmann/Kopp 2016, S. 10).

So ist beispielsweise auch nur in Ansätzen bekannt, wie viele Kinder, die seit 2015 nach Deutschland gekommen sind, eine Schule besuchen (vgl. Janke 2016), wie viele in einer Kita aufgenommen wurden und in wie vielen Einrichtungen das der Fall ist. Eine erste Studie hat 2016 das Deutsche Jugendinstitut durchgeführt (vgl. Meiner-Teuber 2016). Es ist z. B. auch nicht bekannt, wie viele schulische Organisationsmodelle zur Sprachförderung existieren und wie erfolgreich sie sind (vgl. Maaz/Jäger-Biela 2016). Zu psychisch oder körperlich behinderten Kindern als spezifische Gruppe mit besonderen Bedarfen finden sich ebenfalls keine Zahlen. Die Auflistung ließe sich fortsetzen. Wenngleich sich die Zahl der Studien seit dem Zuzug 2015 deutlich erhöht hat, bleiben drängende Fragen vonseiten der Forschung zunächst unbeantwortet. Die Praxis muss dennoch handeln. Dabei ist immer zu beachten, dass sich die Hintergründe, Erfahrungen und Biografien der Kinder individuell stark unterscheiden und daher immer auch in ihrer Heterogenität wahrgenommen werden müssen – eben auch als Kinder, nicht nur als „Flüchtlingskinder".

Flüchtlingskinder nicht im Blick

Die Kinder- und Jugendhilfe widmete sich im Zusammenhang mit dem Flüchtlingszuzug insbesondere der großen Zahl der unbegleiteten minderjährigen Flüchtlinge, da diese besonders vulnerablen jungen Menschen in Deutschland seit 2005 die Zuständigkeit der Jugendhilfe besteht. Es galt eine Vielzahl von spezifischen Problemen zu diskutieren und zu bewältigen. Der Blick auf begleitete Flüchtlingskinder, -jugendliche und ihre Eltern war hingegen weitgehend verstellt. Sie stehen im „Schatten der Hilfe" (Schneider/Landua 2016, S. 1). Kurz-Adam sieht u. a. das komplizierte Gefüge der Zuständigkeiten als Problem, wodurch man sich sorgfältig voneinander abgrenze. Sie fragt, wo das Eigene der Kindheit hinter dieser zergliederten Zuständigkeit der Hilfewelt bleibt. Sie konstatiert, dass die Konzepte der Sozialen Arbeit vor den Zäumen der Unterkünfte enden (vgl. Kurz-Adam 2016). Ein neues Problem wird sich paradoxerweise dadurch ergeben, dass zukünftig die Erreichbarkeit dieser Kinder und Eltern für Soziale Arbeit schwieriger sein wird, weil die Zeit in der Erstaufnahme deutlich kürzer sein wird und die Mehrzahl von ihnen nicht mehr so lange in einer Sammelunterkunft leben muss – vorausgesetzt es kommt nicht noch einmal zu einem so massiven Zuzug wie im Jahr 2015.

Aufgabe der Jugendhilfe ist es, bedarfsgerecht ausgerichtete Angebote zur Unterstützung anzubieten, um Kindeswohlgefährdungen zu vermeiden, die kindliche Entwicklung zu fördern und die Familie bei der Integration in eine neue Kultur und Gesellschaft zu begleiten. Das gesamte System Sozialer Arbeit ist gefordert, ob Familienbildung, Frühe Hilfen, Tageseinrichtungen für Kinder, aufsuchende Sozialarbeit, die Kinder- und Jugendarbeit, die Jugendsozialarbeit, Soziale Dienste, Jugendverbände, Jugendmigrationsdienste etc. Szlapka betont, dass es quasi keinen Leistungsbereich gibt, der nicht Berührungspunkte zu Flüchtlingen hat, weshalb er der Jugendhilfeplanung eine zentrale Rolle bei der Bündelung und Steuerung zuschreibt (vgl. Szlapka 2016). Die Arbeit mit den Flüchtlingskindern und ihren Eltern ist – trotz der vorhandenen Vorerfahrungen mit Migration – ein im Wandel befindlicher Prozess, für den noch wenig Erfahrungen vorliegen und der deshalb stetige Anpassungen, neue Konzepte und neue Strategien erfordert. Ein grundlegendes Ziel muss dabei sein, auf Dauer weniger spezialisierte Angebote vorzuhalten als vielmehr vorhandene Regelangebote für die Kinder zugänglich(er) zu machen. Vergleichsweise schnell und gut gelungen ist dies in vielen Einrichtungen der Kinder- und Jugendarbeit (vgl. Forum für Kinder- und Jugendarbeit 2016).

Lebenssituation in den Unterkünften

Zum Kindeswohl gehören die Erfüllung körperlicher Grundbedürfnisse (wie Kleidung, Wohnraum, Schlaf, Nahrung, Gesundheit) als auch die Befriedigung psychischer Bedürfnisse nach Zuwendung, Liebe, Privatheit, Spiel, Sicherheit, Bildung. Für Flüchtlingskinder sind diese zum Kindeswohl zählenden Bedürfnisse nicht oder nur sehr unzureichend gegeben. Auch die finanzielle Lage ist bei den meisten Flüchtlingen problematisch, für sie und die Kinder wird nur ein geringes Taschengeld ausgezahlt.

Die Bedingungen in den Erstaufnahmeeinrichtungen und Unterkünften waren in der Hochphase der Zuwanderung sehr extrem, und die Familien mit ihren Kindern mussten bis zu sechs Monaten in einer Erstaufnahmeeinrichtung zu wohnen (seit Inkrafttreten des Asylverfahrensbeschleunigungsgesetzes am 24.10.2015). Die Unterstützung durch Helfer/innen war auf das Notwendigste beschränkt. Immerhin erreichten gespendete Spielgeräte, Spiele, Puppen, Bücher etc. die Kinder in den Flüchtlingsunterkünften. Aber das Leben in überfüllten ehemaligen Kasernen, Hotels, Lagerhallen, in Zeltstädten oder Containersiedlungen ermöglichte weder den Kindern noch ihren Eltern ein halbwegs „normales" Leben, von einer intimen familiären Atmosphäre ganz zu schweigen. Alles ist öffentlich, ungeschützt. Der Alltag muss mit unterschiedlichsten Menschen, aus unterschiedlichsten Ländern, unterschiedlichen Alters, mit unterschiedlichsten Sozialisationserfahrungen und Herkunftsmilieus ausgehalten werden. Die schwierigen hygienischen Zustände, die permanente Lautstärke, die gemeinsame Nutzung von (nicht abschließbaren) Toiletten, Dusch- und Kochräumen prägten den

Alltag. Streitereien und Gewalt spielten sich vor den Augen der Kinder ab. Eine katastrophale Situation. Der Tag in den Unterkünften war für die Kinder unerträglich, unerträglich lang und gefährlich. Das Familienministerium erarbeitete zwar in Kooperation mit einer Vielzahl von Verbänden grundlegende Mindeststandards zur Sicherstellung von Schutz und Hilfe für Kinder, Jugendlichen und Frauen vor Gewalt (vgl. BMFSFJ 2016), doch wurden diese erst im Juli 2016 veröffentlicht – zu einem Zeitpunkt als der Höhepunkt der Unterbringung in Flüchtlingsunterkünften weit überschritten war, zudem haben die Mindeststandards nur empfehlenden Charakter.

Die Lage hat sich seit dem Abebben des Zuzugs deutlich entspannt. Es werden nicht mehr hunderte oder sogar tausende Flüchtlingen an einem Ort untergebracht, sondern es wurden kleinere Unterkünften geschaffen, die mehr Privatheit zulassen, es gibt zunehmend spezielle Unterbringungen für Familien, es wird mehr auf eine sozialverträgliche Zusammensetzung bei den Bewohner/inne/n geachtet, die kindlichen Bedürfnisse nach Schutz sowie Sport, Spiel und Bildung finden vermehrt Berücksichtigung. Zum Teil gibt es – auch finanziell geförderte – aufsuchende Spielangebote, mobile Kitas oder Sprachunterricht. Engagierte Ehrenamtliche leisten konkrete Unterstützung – gerade auch für Kinder.

Es gibt außerdem zunehmend Unterbringungen in Wohnungen, Häusern und kleineren Flüchtlingsheimen. Und oft können die Kinder nach einigen Monaten Wartezeit endlich eine Schule besuchen, was für die Alltagsstrukturierung sehr hilfreich ist und ein Stück Normalität und „Angekommen sein" bedeutet. Schwierig bleibt die Situation der meisten Eltern, da ihr Alltag in der Regel weiterhin aus Nichtstun oder Behördengängen besteht und unklare Zukunftsperspektiven belastend wirken – was auch auf die Kinder ausstrahlt.

Eine Besonderheit stellt die Situation der Flüchtlingskinder und Familien dar, die aus Ländern kommen, die als gesicherte Herkunftsländer eingestuft wurden. Sie können gesondert untergebracht werden, haben Residenzpflicht und erhalten quasi keinerlei Unterstützung über das Lebensnotwendige hinaus. Für die Kinder ist kein Kita- oder Schulbesuch vorgesehen, allenfalls innerhalb der Einrichtung. Eine belastende Zeit ohne Perspektive.

Sicht der Kinder

> Man darf nicht verlernen die Welt mit den Augen eines Kindes zu sehen.
> (Henri Matisse)

Verschiedene Studien haben die Flüchtlingskinder selber befragt, um „Kinder nicht unter die Entscheidungen, Interessen und Zugänge der gesamten

Familie zu subsumieren, sondern sich für ihre spezifischen Lesarten zu interessieren" (World Vision 2016, S. 44). Welche Sorgen haben sie, welche Wünsche, welche Hoffnungen? Nach der Flucht sind die vorrangigen Bedürfnisse Schutz, Ruhe und Beständigkeit. Doch fehlende Bezugspersonen und Ortswechsel sowie die Lebensbedingungen in den Unterkünften erschweren ein „Ankommen". Sehr problematisch ist auch die Unsicherheit bezüglich einer dauerhaften Lebensperspektive in Deutschland. Abschiebeängste haben auch die Kinder.

Viele Kinder wünschen sich, dauerhaft mit ihrer gesamten Familie zusammenzuleben. Sie vermissen ihre engsten Familienangehörigen und sorgen sich, wie es Eltern, Geschwistern und weiteren Verwandten geht. Sie trauern um die Verluste von Familienangehörigen und benötigen daher umso mehr neue Bezugspersonen im Aufnahmeland. Neben den Beziehungen zur Familie sind den Kindern besonders Kontakte zu anderen Kindern sehr wichtig sowie zu einzelnen Bezugspersonen wie Erzieher/inne/n, Lehrer/inne/n, Nachbarn oder Ehrenamtlichen.

Positiv wird von den Kindern ein geregelter Alltag wahrgenommen. Hier besteht im Kontext der Unterbringung in Massenunterkünften sicherlich erheblicher Handlungsbedarf, um diesen auch nur annährend zu gewährleisten. Wenn sich Routinen einstellen, wird dies von den Kindern als entlastend und stabilisierend wahrgenommen. Insbesondere der Schulbesuch wird in diesem Zusammenhang ausgesprochen wertgeschätzt, zumal die Lehrkräfte als unterstützende Bezugspersonen wahrgenommen werden, anders als es viele Kinder in den Herkunftsländern kannten. Mit dem Schulbesuch verbunden sind Routinen, die Halt geben und Hoffnungen auf eine gute Zukunft in Deutschland (World Vision 2016).

Schulbesuch wird von den Kindern sehr gewünscht und grundsätzlich ist das Recht auf Bildung ein Grundrecht, welches im Artikel 28 der UN-Kinderrechtskonvention, in der Charta der Grundrechte der Europäischen Union und auch in Art. 14 der EU-Aufnahmerichtlinie (2013/33) festgeschrieben ist. Aber die Bundesländer haben den Beginn der Schulpflicht für Flüchtlingskinder unterschiedlich geregelt. In Thüringen beginnt die Schulpflicht z. B. drei Monate nach dem Zuzug, in Baden-Württemberg nach sechs Monaten, in anderen Bundesländern dann, wenn die Asylbewerber einer Gemeinde zugewiesen sind (vgl. Die Bundesregierung 2016). Tausende Flüchtlingskinder werden aufgrund mangelnder Platz- und Lehrerkapazitäten teilweise verspätet aufgenommen. Und für Kinder aus „sichereren Herkunftsstaaten" ist der Besuch einer regulären Schule nicht vorgesehen.

Rechtliche Faktoren in ihren Wirkungen auf die Kinder

Für Flüchtlinge gilt ein besonderes Recht, welches vielfältige Einschränkungen beinhaltet, die auch auf die Kinder wirken und von ihnen wahrgenommen werden (vgl. Gravelmann 2016b). Sehr viele Flüchtlinge erhalten nur eine Duldung und sind oft jahrelang von Abschiebung bedroht. Eine weitere Belastung ist die schwierige Familienzusammenführung. Familienangehörige dürfen erst nach einer Anerkennung als Asylberechtigter nachgeholt werden. Erschwerend für einen Familiennachzug kommt hinzu, dass ausreichend Wohnraum vorhanden und der Lebensunterhalt gesichert sein muss. Zudem muss ein Ausreisevisum beantragt werden und die Reisekosten sind aufzubringen. Eine zunehmende Zahl an Flüchtlingen (u. a. auch aus Syrien) erhält kein Asyl und keinen Flüchtlingsschutz, wird aber aus humanitären Gründen nicht abgeschoben. Im Asylpaket II, welches seit März 2016 in Kraft ist, wird geregelt, dass Flüchtlinge mit einem subsidiären Schutz die Möglichkeit des Familiennachzugs frühestens nach zwei Jahren erhalten (§ 104 Abs. 13 AufenthlG). Vielen unbegleiteten minderjährigen Flüchtlingen ist es durch diese Regelung kaum noch möglich, ihre Familien nachzuholen (vgl. Henze 2016). Für alle Flüchtlingskinder sowie ihre Eltern erschwert das Ausländerrecht ein „normales" Leben und die lange Trennung stellt eine sehr große Belastung dar. Problematisch kann sich auch die Regelung auswirken, dass gut integrierte Jugendliche und Heranwachsende mit schulischem oder beruflichen Bildungserfolg bessere Bleibechancen erhalten (§ 25a AufenthlG). Sie stehen somit unter erheblichem Druck.

Familiäre Faktoren in ihren Wirkungen auf die Kinder

Die Familie ist für alle Kinder von fundamentaler Bedeutung. Für Flüchtlingskinder jedoch verstärkt. Sie beschäftigen sich mit den Beziehungsabbrüchen und Verlusten, wenn Teile der (Groß-)Familie im Herkunftsland verbleiben mussten oder nicht mehr am Leben sind (vgl. World Vision 2016). Und in der neuen, fremden Umgebung sind sie in besonderem Maße angewiesen auf Vertrautheit, Halt und gute Beziehungen. Somit sind die Eltern (oder der verbliebene Elternteil) *die* zentrale Dimension für die Kinder. Die Eltern können jedoch diesen Bedürfnissen nur bedingt entsprechen. Die (traumatisierenden) Erlebnisse im Herkunftsland, die Fluchterfahrungen, die biografischen Hintergründe sowie die persönliche Situation je nach aufenthaltsrechtlichem Status, die vorherrschenden örtlichen Gegebenheiten und die jeweiligen individuellen Ressourcen prägen die Lebenssituation der erwachsenen Flüchtlinge. Sie haben in Deutschland nur begrenzt Möglichkeiten, ihre Situation positiv zu beeinflussen, „im Alltag anzukommen",

„auf eigenen Füßen zu stehen" und sich eine Perspektive aufzubauen. In der Folge kann dies zu Stress, Unausgeglichenheit, Aggressionen, Wut, Verzweiflung, Resignation, (psychischen) Erkrankungen, Traumatisierungen oder problematischem Verhalten beitragen, von dem die Kinder entsprechend (mit)betroffen sind. Grundsätzlich schränkt die kritische familiäre Situation die Möglichkeiten der Eltern ein, ihre Kinder umfassend zu unterstützen. Zudem haben sie größere Integrationsschwierigkeiten als ihre Kinder. Kinder lernen eine neue Sprache sehr viel schneller. So wird bei ihnen – entsprechende Förderung vorausgesetzt – bereits innerhalb weniger Wochen ein grundlegender Wortschatz aufgebaut. Dadurch dass die Kinder zudem in Kitas und Schulen sowie im gesellschaftlichen Lebensumfeld schneller neuen Lebensentwürfen begegnen und ihre Sozialisation noch nicht so verfestigt ist, fällt es ihnen leichter, sich auf die neuen Gegebenheiten einzulassen und neue Wertorientierungen zu übernehmen. In der Folge sind Konflikte mit den Eltern nicht auszuschließen. Kindler spricht von „unterschiedlichen Geschwindigkeiten der Akkulturation" (Kindler 2016). Gleichzeitig müssen die Kinder – wie auch im Kontext von psychisch kranken Eltern oder in anderen Migrationszusammenhängen bekannt – ihre Eltern unterstützen. Diese Parentifizierung ist für die Kinder/Jugendlichen oft eine Überforderung, wenn sie zu viel Verantwortung übernehmen müssen, sei es beim Dolmetschen, bei Behördengängen, Arztbesuchen oder der Kommunikation in Schule, Kita und gesellschaftlichem Umfeld.

Erziehungsvorstellungen in ihren Wirkungen auf die Kinder

Zu einem Problem für Flüchtlingskinder können auch unterschiedliche Erziehungsstile und Erziehungsziele der Eltern einerseits und der deutschen Gesellschaft andererseits werden (vgl. Gravelmann 2016c). So sind häufig vorhandene genderspezifische Rollenzuschreibungen oder religiöse Einflüsse sowie ein kollektives Familienverständnis nicht immer kompatibel mit den weitgehend gleichberechtigt ausgerichteten Vorstellungen, wenig religiös geprägten und stark individualisierten Lebensentwürfen der bundesrepublikanischen Gesellschaft. Die Kinder werden mit diesen unterschiedlichen Vorstellungen konfrontiert. Zudem erleben die Kinder eine (weitgehend) gewaltfreie Erziehung in Deutschland. Körperliche Bestrafungen, seelische Verletzungen und andere entwürdigende Maßnahmen sind unzulässig (§ 1631 BGB). Das Gesetz wurde (erst) im Jahr 2000 gegen erhebliche Widerstände beschlossen, hat sich aber mittlerweile weitgehend im gesellschaftlichen Verständnis von familiärer Erziehung durchgesetzt und zählt zu den unverrückbaren Maximen erzieherischen Handelns in Einrichtungen und Institutionen. Kinderschutz ist im Kontext von Kinderflüchtlingen ein Thema von erheblicher Relevanz, denn in den Herkunftsländern wird in großem Maße Gewalt gegen Kinder ausgeübt und als Erziehungsmittel verstanden. Entsprechend sind hier Elternarbeit und Kinderschutz gefordert.

Wichtig ist es, an dieser Stelle zu betonen, dass neben den kulturellen Vorstellungen – ähnlich wie in deutschen Familien – die Lebensumstände und die Herkunftsmilieus von großer Bedeutung sind, ob Kinder gewaltfrei aufwachsen oder nicht. Zudem muss immer wieder darauf hingewiesen werden, dass kulturelle Einflüsse oder sozialisationsbedingte Vorerfahrungen nicht determinierend sind, sondern sich im Kontext des sozialen Umfeldes wandeln.

Kindliche Entwicklung durch Elternarbeit stützen

Grundsätzlich müssen Eltern in Prozesse eingebunden sein, die ihre Kinder betreffen. Evident ist jedoch besonders die Sprachhürde, die sich auftut und Kontaktaufnahmen und Kommunikation erschwert. In der Folge sind Flüchtlingseltern beispielsweise bei der Aufnahme in Kitas nur zu 17 Prozent Ansprechpartner der Einrichtungen. Auffallend hoch ist hierbei der Anteil von Ehrenamtlichen, die bis dato im Feld der Kindertageseinrichtungen keinerlei Relevanz hatten. Bei einheimischen Familien ist die Anwesenheit der Eltern die Regel (vgl. Meiner-Teuber 2016). Dennoch muss Kommunikation stets versucht werden – ggfs. mithilfe von Dolmetschern.

Im Interesse der Kinder ist zumindest für eine vom Umfang und Niveau angemessene Information der Flüchtlingseltern zu sorgen. Die Gegebenheiten öffentlicher Erziehung, der Aufbau des Schul- und Ausbildungssystems, die vorherrschenden Erziehungsvorstellungen und -praktiken müssen behutsam, aber offensiv an die Eltern herangetragen werden, damit die Angebote den Kindern zugänglich werden. Gleichzeitig gilt es, die Erziehungskompetenzen der Eltern zu berücksichtigen und ihre (Wert)Vorstellungen nach Möglichkeit einzubeziehen. Ohne die Eltern „mitzunehmen", sich ihre Vorstellungen anzuhören und diese aufzugreifen, wird es zu einer Abwehrhaltung der Flüchtlingseltern kommen, die wiederum den Kindern schadet (vgl. Gravelmann 2016a). Es gilt, den mit der Erziehung und Bildung der Kinder/Jugendlichen betrauten Fachkräften und Ehrenamtlichen deutlich zu machen, wie bedeutsam der Familienverbund für viele Flüchtlinge ist und wie sehr Kinder darin eingebunden sind. Ein positiver Beitrag sozialer Arbeit zu einem guten Klima in der Familie bzw. Großfamilie trägt gleichzeitig zu einer gelingenden kindlichen Entwicklung bei.

Frühkindliche Angebote als Integrationsmotor

Den Flüchtlingseltern sind die Bildungsangebote zum Teil nicht bekannt, einige möchten sich nicht von ihren Kindern trennen, einige Eltern haben Vorbehalte, teilweise mangelt es an Krippen- und Kita-Plätzen. Jüngere Kinder sollten jedoch frühzeitig unter Einbeziehung der Eltern an frühkindliche Bildungs- und Betreuungsangebote herangeführt werden, um eine gelingende Persönlichkeitsentwicklung und Integration zu unterstützen. Grundsätzlich besteht nach einer vom Deutschen Jugendinstitut in Auftrag gegebenen Rechtsexpertise der Anspruch auf einen Kita-Platz ab dem Tag des Grenzübertritts – jedoch sieht die Bundesregierung dieses Recht erst nach dem Verlassen der Erstunterkunft gegeben (vgl. Meiner-Teuber 2016).

Der Großteil der Kitas hatte mit Stand Anfang 2016 noch keine Berührungspunkte zu Flüchtlingskindern (vgl. Meiner-Teuber 2016). Um den Übergang zu erleichtern ist es sinnvoll, Eltern und Kinder zuerst in geschützten Kontexten mit frühkindlicher Bildung vertraut zu machen. Gefordert sind niedrigschwellige Angebote in Einrichtungen, auch mobil und aufsuchend, Elterncafés, Teilnahme der Eltern an Spielgruppen, Organisation von Ausflügen etc. Der direkte Besuch einer Kindertagesstätte ist nicht immer sinnvoll. Zumindest ist ein behutsames Vorgehen verbunden mit guten Überleitungen notwendig, um den Kindern und den Eltern Ängste zu nehmen. Die Flüchtlingskinder gewöhnen sich gut ein, wenn sie Geborgenheit, Sicherheit und das Gefühl des Willkommenseins spüren, Wertschätzung und Zuwendung erfahren und wenn ihnen klare Regeln und Rituale Sicherheit geben. Der Spracherwerb sollte anfänglich nicht zu sehr im Vordergrund stehen. Die sprachliche Verständigung wird sich durch den gelebten Alltag mit deutschen Kindern und mit einsetzender Förderung schnell einstellen.

In erster Linie Kinder

Flüchtlingskinder sind Kinder/Jugendliche mit allen kindlichen Bedürfnissen. Das Kind ist ganzheitlich zu unterstützen, die motorische, sozial-emotionale kognitive und sprachliche Entwicklung ist zu fördern, spielerische Angebote sind zu unterbreiten, Gesprächsbereitschaft ist ebenso zu signalisieren wie die Bereitschaft zuzuhören. Es gilt die Selbstwahrnehmung, die Selbstwirksamkeitsüberzeugung und die Problemlösungskompetenz zu fördern, das Kind wertzuschätzen und in seiner Persönlichkeit anzunehmen. Wie bei jedem Kind ist es besonders wichtig, vorhandene Kompetenzen zu sehen und an diesen anzusetzen. Stärken stärken, ohne vorhandene Probleme zu ignorieren. In einem positiven, bestärkenden Umfeld entwickeln Kinder beachtliche Widerstandskräfte. Negative Erlebnisse werden dann oft erstaunlich gut verarbeitet. Die Kinder lernen zumeist schnell und entwickeln für sich Zukunftsperspektiven. Gleichzeitig müssen die spezifischen Anforderungen aufgrund der Fluchterfahrungen und der schwierigen Lebenssituation in Deutschland Beachtung finden. Zentral dabei sind der Aufbau von Sicherheit, von Vertrauen, von Beziehungen und der verständnisvolle Umgang mit Ängsten. Der Umgang mit Gefühlen ist zu thematisieren. Wichtig ist es, Übergänge/Trennungen besonders gut zu gestalten, um eine (erneute) Verunsicherung der Kinder abzumildern. Alle Akteure, ob es sich um Fachkräfte oder ehrenamtliche Helfer/innen handelt, müssen interkulturelle Sensibilität mitbringen, in der Lage sein, differenziert wahrzunehmen, traumasensibel zu agieren, individuelle Zugänge zu schaffen, Offenheit an den Tag zu legen, sich Ambivalenzen und Widersprüchen zu stellen und sich mit ihnen auseinanderzusetzen. Nur dann – und wenn man die Kinder individuell wahrnimmt und nicht ausschließlich als „Flüchtlingskind" – kann ihnen adäquat begegnet werden. Schlussendlich muss bei allen Akteuren das Kindeswohl die normative Konstante für das Handeln sein.

Literatur

Bundesministerium für Familie, Senioren, Frauen und Jugend (BMFSFJ) (u. a.) (2016): Mindeststandards zum Schutz von Kindern, Jugendlichen und Frauen in Flüchtlingsunterkünften. Berlin.
Die Bundesregierung (2017): Flucht und Asyl. Fakten und Hintergründe.
  https://www.bundesregierung.de/Content/DE/Lexikon/FAQ-Fluechtlings-Asyl
  politik/2-was-bekommen-fluechtlinge/35-Familiennachzug.html#GlossarEntry
  1671938 (Abfrage: 05.01.2017).
FORUM für Kinder und Jugendarbeit (2016): Offene Grenzen. Heft 2.
Gravelmann, Reinhold (2016a): Flüchtlingskinder in der Kita. In: KiTa aktuell spezial: Ein Willkommen für Flüchtlingskinder, Heft 1, S. 4–7.
Gravelmann, Reinhold (2016b): Die Relevanz ausländerrechtlicher Rahmenbedingungen für junge Flüchtlinge. In: Sozialmagazin 3–4. Weinheim und Basel, S. 32–37.
Gravelmann, Reinhold (2016c): Unbegleitete minderjährige Flüchtlinge in der Kinder- und Jugendhilfe. München und Basel.
Henze, Arnd (2016). In: ARD-Tagesthemen, Familiennachzug bleibt Diskussion im Bundestag; 27.12.2016. http://www.tagesschau.de/inland/familiennachzug-131.html (Abfrage: 05.01.2017).
Janke, Carsten (2016): Wann können Flüchtlingskinder zur Schule gehen?
  https://mediendienst-integration.de/artikel/bildungspolitik-zur-umsetzung-der-schulpflicht-fuer-fluechtlinge.html (Abfrage: 05.01.2017).
Kindler, Heinz (2016): Gefahr im geschützten Raum. In: DJI Impulse Heft 3, Ankommen nach der Flucht, S. 11–13.
Kunz, Thomas (2016): Flüchtlingshilfe und Zuwanderung. In: Blätter der Wohlfahrtspflege Heft 5, S. 163–165.
Kurz-Adam, Maria (2016): Kinder auf der Flucht. Opladen, Berlin und Toronto.
Maaz, Kai/Jäger-Biela/Daniela Julia (2016): Integration durch Schule. In: DJI-Impulse Heft 3. Ankommen nach der Flucht, S. 22–24.

Meiner-Teuber, Christiane (2016): Flüchtlingskinder in der Warteschleife. In: DJI-Impulse Heft 3. Ankommen nach der Flucht. S. 19–21.

Pothmann, Jens/Kopp Katharina (2016): Junge Flüchtlinge im Spiegel der Statistik. In: DJI-Impulse 114, Heft 3. Ankommen nach der Flucht. S. 7–10.

Schneider, Jessica/Landua Kerstin (2016): Im Schatten der Hilfe. In: Blätter der Wohlfahrtspflege Heft 5, S. 175–178.

Szlapka, Marco (2016): Zielgruppenorientierte Jugendhilfeplanung für geflüchtete junge Menschen und ihre Familien. In: Jugendhilfe aktuell. Schwerpunkt: jung geflüchtet. Heft 2, S. 22–27.

World Vision Deutschland/Hoffnungsträger Stiftung (Hrsg.) (2016): Angekommen in Deutschland. Wenn geflüchtete Kinder erzählen. Friedrichsdorf.

Luise Hartwig

Geflüchtete Frauen und Mädchen

Das Recht auf Sicherheit und Schutz gilt für alle geflüchteten Menschen unabhängig von ihrer Herkunft, ihrem Geschlecht und ihrer sexuellen Orientierung. Es geht in der Sozialen Arbeit darum, geschlechtsbezogene Ausbeutung zu erkennen, um angemessen darauf reagieren zu können. Der folgende Beitrag hat das Ziel, die Dimension der Berücksichtigung geschlechtsbezogener Diskriminierungen und Gewalterfahrungen von Frauen in den Herkunftsländern, auf der Flucht und schließlich in Aufnahmeeinrichtungen in Deutschland zu thematisieren, um die Handlungsmöglichkeiten der Sozialen Arbeit für die Zielgruppe der Mädchen und Frauen zu qualifizieren. Diese dreifache Blickrichtung ist erforderlich, um die Lebenserfahrungen der Frauen fachlich zu kontextualisieren. Die besonderen Schutzbedürfnisse geflüchteter Frauen erfordern die Aufmerksamkeit und professionelles Handeln sozialer Fachkräfte, weil geflüchtete Frauen neben der prekären Lebenslage „Flüchtling" vielfach weiteren geschlechtsspezifischen Beeinträchtigungen ausgesetzt sind. Dabei gilt es zu berücksichtigen, dass die Lebensgeschichten und Unterstützungsbedarfe der einzelnen Frau und des einzelnen Mädchens immer individuell verschieden sind und pauschale Zuschreibungen an die Gruppe der „geflüchteten Frauen" einer Anerkennung der Vielfalt der Lebensorientierungen der Frauen im Wege stehen (vgl. z. B. Boos-Nünning/Karakasoglu 2011).

Bestandsaufnahme zentraler Aspekte der Lebenslage

Krieg, Verfolgung und die Vergewaltigung von Frauen und Mädchen sind untrennbar miteinander verbunden. Die Flucht vor dem Krieg ist auch eine Flucht vor Männergewalt gegen Frauen und Mädchen. Das Ziel der Flucht ist ein sicheres Land mit einem sicheren individuellen Lebensort und einer Perspektive für die Zukunft.

Gerade allein fliehende Frauen sind zusätzlichen Gefahren ausgesetzt. Prostitution und sexuelle Dienstleistungen können ein Mittel zur Finanzierung der Flucht sein; sie können Ausdruck für die Suche nach männlichen Beschützern auf der Flucht sein. Sie können ebenso Ausdruck tiefster Verachtung und Ausbeutung von Frauen durch Männer sein.

Zwangsverheiratung und traditionelle Rollenverteilung der Geschlechter in vielen Herkunftsländern erschweren eine eigenständige Entwicklung und individuelle Existenzsicherung vieler Frauen. Eine traditionelle Familienorientierung kann sowohl eine relative Sicherheit in der Geschlechtsrollenorientierung bieten als auch die individuelle Lebensplanung von Frauen erschweren. Die Flucht ohne Familie erhöht die Ungewissheit für die Zukunft. Sie fördert die Entwurzelung der Frauen und kann gleichzeitig auch ein Akt der Befreiung sein, wenn Frauen sich aus gewaltvollen familialen Bezügen lösen möchten.

Der unsichere Aufenthaltsstatus vieler geflüchteter Frauen und der Verlust familiärer Bindungen und die Sorge um die Angehörigen können die Identitätsentwicklung geflüchteter Mädchen und Frauen zusätzlich beeinträchtigen. Der Aufbau sozialer Bezüge ist durch die Ungewissheit der zeitlichen Perspektiven in Deutschland erschwert. Gleichwohl sind der Aufbau sozialer Bezüge und die Gewinnung von Menschen, die als Begleiterinnen und Ansprechpartnerinnen für geflüchtete Frauen tätig sind, ein Baustein für das Zurechtfinden in einer fremden Gesellschaft.

Information und Aufklärung über geltendes Recht in der Bundesrepublik (Gleichberechtigung, Kindertagesbetreuung, Bildung, Gewaltschutzgesetz, gewaltfreie Erziehung, Kindeswohlgefährdung) sind notwendig, um erfahrenes Leid in einen rechtlichen Kontext zu stellen und damit in die Normen und Werte in der Gesellschaft einzubinden. Damit dies gelingen kann, sollte ein besonderes Augenmerk auf die kulturelle Anschlussfähigkeit gelegt werden. Informationen über geltendes Recht können die Grundlage für mehr Selbstbestimmung der Frauen sein.

Die Zusammenarbeit von Erstversorgungseinrichtungen mit Frauenschutzhäusern und Zufluchtswohnungen kann in Einzelfällen hilfreich für geflüchtete Frauen sein, wenn sie sich in den Gemeinschaftsunterkünften nicht sicher fühlen bzw. bestehender Gewalt und Bedrohung ausgesetzt sind. Grundsätzlich ist die Zusammenarbeit mit dem frauenspezifischen Beratungs- und Hilfesystem (Frauenhilfe) wünschenswert, wenn es um die Bearbeitung von personaler Gewalt geht.

Geschlechtergerechte, geschlechtshomogene Gemeinschaftsräume in den Flüchtlingsunterkünften können vorrübergehend Schutz und Erholung bieten. Zudem sind hier Gespräche, Begegnungen und psychosoziale Versorgung in geschützter Umgebung mit sozialen Fachkräften möglich. Dies gilt insbesondere für Gemeinschaftsunterkünfte, in denen die Frauen keine Rückzugsmöglichkeiten und keine oder nur eine geringe Privatsphäre haben.

Geflüchtete Frauen benötigen medizinische Versorgung durch medizinische Fachkräfte, die in der Behandlung von Gewaltopfern erfahren sind. Der Zusammenhang von Gewalterfahrung, Vergewaltigung, Schwangerschaft und Geburt bedürfen einer umfassenden Behandlung und Versorgung. Das Thema Geburt nach einer Vergewaltigung erfordert besondere psychosoziale und medizinische Unterstützung und Begleitung, um die

Mütter zu stärken und den Kindern einen gelingenden Start ins Leben zu ermöglichen. Zudem ist das Thema Verhütung und Aufklärung von besonderer Bedeutung, weil viele geflüchtete Frauen auch in jungem Alter bereits mehrere Kinder haben. Das „Lebensziel", Mutter zu sein und Familie zu haben, ist in einigen Kulturen weit verbreitet. Die Verbindung von „Frühen Hilfen" und Zugang zu Gesundheitsversorgungen kann mit Unterstützung von zugehenden Mitarbeiterinnen eingeleitet werden (vgl. Kolenda 2016, S. 45 f.).

Handlungsansätze und Perspektiven

Angesichts der dargestellten Ausganglage, die sich vorwiegend auf die Lebenslage von geflüchteten Frauen und Mädchen generell und auch in Erstversorgungseinrichtungen und Gemeinschaftsunterkünften bezieht, gilt es einzelne Handlungsansätze aus der Frauen- und Mädchenarbeit neu zu durchdenken und auf ihre Relevanz in Bezug auf Frauen mit Flucht- und Migrationsgeschichte zu beziehen.

Frauen, die die Flucht überlebt haben und den Weg in die Bundesrepublik durch vielfältige Herausforderungen gemeistert haben, bedürfen der spürbaren Anerkennung für ihr geleistetes Vorgehen. Geflüchtete Frauen haben vielfältige Ressourcen aktiviert, mit dem Ziel, in Sicherheit zu kommen, ohne zu wissen, ob, wo und wie sie sie tatsächlich finden. Ressourcenorientierte und ressourcenstärkende Ansätze der Sozialen Arbeit können ein Angebot sein, Frauen z. B. nicht in ihrer Rolle als Opfer zu sehen, sondern ihre Handlungskompetenz zu stärken (vgl. Hölzle/Jansen 2009). Dabei kann es eine weitere Aufgabe sein, Frauen und Mädchen zu unterstützen, ihre Kompetenzen zu erkennen und sich ihrer zu bemächtigen, um Selbstwirksamkeit zu erfahren (Brückner 2005, S. 369 f.).

Schutz und Sicherheit in den Unterkünften herzustellen ist eine zentrale Voraussetzung, um die Arbeit mit geflüchteten Frauen aufzubauen. Hierzu bedarf es zuständiger sensibilisierter Ansprechpartnerinnen, die von dem Träger der Einrichtung benannt werden und die sich bei den Bewohnerinnen vorstellen und mit ihnen Kontakt aufbauen. Auch ein Beschwerdemanagement, in das die Bewohnerinnen einbezogen sind als Fürsprecherinnen und Mittlerinnen, sollte aufgebaut werden.

Möglichkeiten zur Begegnung in geschlechtshomogenen „Runden" können im Sozialraum des Aufenthaltsorts der Frauen geschaffen werden. Hier sind Frauencafés oder Sprechstundenzeiten für soziale Organisationen, die in der Frauenarbeit tätig sind, von Vorteil. Geschlechtshomogene Angebote wie Frauen- und Müttertreffs und Frauenberatung erleichtern den Zugang für geflüchtete Frauen und ermöglichen die Kontaktaufnahme für weitergehende Hilfen.

Integrationspatinnen für Flüchtlingsfrauen, die mit ihnen den Sozialraum erkunden, aber auch Zugang zu Einrichtungen ermöglichen, können einen ersten verlässlichen Beziehungsaufbau gewährleisten (vgl. Hartwig 2017, S. 290). Sie stellen z. B. den Kontakt zu Familienzentren, Frauenberatungsstelle, Pro Familia, Mädchentreffs in Jugendzentren, Mütterzentren etc. her, um den Frauen einen Weg aus ihrer Isolation in der Fremde zu ermöglichen. Durch gemeinsame Wege in den Sozialraum können die Zugangsbarrieren zu Beratungs- und Versorgungseinrichtungen gesenkt werden.

Es gilt zukünftig, auch traumasensible Konzepte in Einrichtungen der Frauen- und Jugendhilfe umzusetzen (vgl. z. B. Lang u. a. 2013; Zito/Martin 2016). Hierzu ist die Schaffung von Frauen-Unterkünften und geschlechtsspezifischen Inobhutnahme- oder Clearingstellen eine wesentliche Voraussetzung, damit der notwendige Schutz für die Frauen sichergestellt werden kann. Die fehlende oder unzureichende Aufarbeitung erfahrener Gewalt kann die Gefahr der (Re-)Viktimisierung der Frauen erhöhen. Frauen, die tiefe Ohnmacht durch (sexuelle) Ausbeutung erfahren haben, benötigen oft Unterstützung zur Sicherung des eigenen Schutzes und zum Aufbau einer eigenen Privatsphäre. Hierzu bedarf es sozialer Fachleute, die in Krisensituationen an der Seite der Frauen agieren und für die Arbeit mit Gewaltopfern ausgebildet sind (Kelly/Meysen 2016).

Auch der unzureichende Schutz in den Unterkünften kann die Gefahr der (Re-)Traumatisierung von Frauen und Mädchen erhöhen. Geschützte Räume für Frauen, gesonderte Sanitäreinrichtungen und Frauen als Ansprechpartnerinnen in den Einrichtungen sind bislang keine Selbstverständlichkeit, auch wenn es Mindeststandards für Flüchtlingsunterkünfte gibt, die bislang nur punktuell umgesetzt werden (BMFSFJ/UNICEF 2016; MIK.NRW 2017). Diese Mindeststandards beziehen sich vorrangig auf situatives Vorgehen bei einzelnen Gewalthandlungen und auf Schutzkonzepte für Erstaufnahmeeinrichtungen. Über notwendige Ressourcen zur Umsetzung der Standards wie einen erforderlichen Personalschlüssel, die Finanzierung des Schutzplanes und Bereitstellung der notwendigen Räume gibt es in den vorgelegten Standards keine Angaben.

Gegenseitige Verunsicherungen von sozialen Fachkräften und geflüchteten Frauen aufgrund kultureller Unterschiede können den Umgang zwischen sozialen Fachkräften und geflüchteten Frauen erschweren. Hier sind interkulturelle Trainings und visualisierende Materialien für Gruppentreffen von Vorteil. Kulturelle Trainings können respektvollen Umgang befördern; sie ersetzen aber nicht die Auseinandersetzung mit der eigenen ethischen Haltung. Hierzu benötigen soziale Fachkräfte Raum und Zeit zur Selbstvergewisserung und Reflexion durch Teambegleitung und Supervision.

Bestehenden Ängsten geflüchteter Frauen vor staatlicher Intervention (z. B. Jugendamt) können durch Mittlerinnen zwischen den „Welten" durch Aufklärung und gemeinsames „Ausprobieren" begegnet werden. Die Zusammenarbeit sollte durch einen respektvollen Umgang unter Wahrung kultureller Normen geschehen. Die geflüchtete Frau oder das geflüchtete Mädchen steht mit ihren Bedürfnissen im Mittelpunkt der Organisation von fachlicher Unterstützung.

Eine zielgerichtete Verbindung der Arbeit von Migrantinnen-/Flüchtlingsberatung, Frauenhilfe und Jugendhilfe kann ein erster Schritt zur Verbesserung der Unterstützung für geflüchtete Frauen und Mädchen zur Folge haben. Die Sicherung der Beteiligung der Frauen und ihre Aufklärung über die Lebenssituation in der Bundesrepublik ist eine notwendige Voraussetzung, um gesellschaftliche Integration nach erfahrenem Leid zu ermöglichen.

Der Ausbau der Kooperationsstrukturen von Frauenhilfe und Jugendhilfe – und hier speziell auch der Flüchtlingssozialarbeit – sind hilfreich, um die Vorgehensweise bei Gewalt in nahen Beziehungen wirksam zu begegnen und die Sicherheit für die Frauen mit Hilfen für die Kinder zu kombinieren (Feldhoff/Hartwig 2015, S. 173 f.). Ein Zugang über die Jugendhilfe kann dazu beitragen, den gesellschaftlichen Integrationsprozess geflüchteter Frauen und Mädchen zu befördern; und dies umso mehr als die Repräsentanz von Frauen in der Öffentlichkeit aufgrund des kulturellen Hintergrunds eingeschränkt sein kann. Insoweit können soziale Fachkräfte gute Wegbegleiterinnen der geflüchteten Frauen sein und gleichzeitig den Zugang zu Sprache und Bildung ermöglichen.

Literatur

Arbeitsgruppe Fachtagungen Jugendhilfe im Deutschen Institut für Urbanistik (AG Fachtagungen im DIfU) (Hrsg.) (2016): Flüchtlingsfamilien im Schatten der Hilfe?. Geflüchtete minderjährige Kinder und Jugendliche und ihre Familien in Deutschland. Berlin.

Bundesministerium für Familie, Senioren, Frauen und Jugend (BMFSFJ)/UNICEF (2016): Mindeststandards zum Schutz von Kindern, Jugendlichen und Frauen in Flüchtlingsunterkünften. www.mindeststandards zum Schutz von Kindern, Jugendlichen und Frauen in Flüchtlingsunterkünften.de (Abfrage: 14.12.2016).

Boos-Nünning, Ursula/Karakasoglu, Yasmin (2011): Mädchen und junge Frauen in der Familie. In: Fischer, Veronika/Springer, Monika (Hrsg.) (2011): Handbuch Migration und Familie. Grundlage für die Soziale Arbeit mit Familien. Schwalbach/Ts. S. 261–272.

Brinks, Sabrina/Dittmann, Eva/Müller, Heinz (Hrsg.) (2017): Handbuch unbegleitete minderjährige Flüchtlinge. Frankfurt am Main.

Brückner, Margrit (2005): Soziale Arbeit mit Frauen und Mädchen. Auf der Suche nach neuen Wegen. In: Thole, Werner (Hrsg.): Grundriss Soziale Arbeit. Ein einführendes Handbuch. Wiesbaden. 2. Auflage. S. 367–377.

Feldhoff, Kerstin/Hartwig, Luise (2015): ASD und Gender. In: Merchel (Hrsg.): Handbuch Allgemeiner Sozialer Dienst (ASD). München. 2. Auflage. S. 168–186.

Fischer, Veronika/Springer, Monika (Hrsg.) (2011): Handbuch Migration und Familie. Grundlage für die Soziale Arbeit mit Familien. Schwalbach/Ts.

Hartwig, Luise (2017): Zwischenruf: Mädchenarbeit mit unbegleiteten weiblichen Flüchtlingen umsetzen. In: Brinks, Sabrina/Dittmann, Eva/Müller, Heinz (Hrsg.): Handbuch unbegleitete minderjährige Flüchtlinge. Frankfurt. S. 287–292.

Hölzle, Christina/Jansen, Irmgard (Hrsg.) (2009): Ressourcenorientierte Biografiearbeit. Grundlagen – Zielgruppen – Kreative Methoden. Wiesbaden.

Kelly, Liz/Meysen, Thomas (2016): Transnationale Grundlagen für eine ethische Praxis bei Interventionen wegen Gewalt gegen Frauen und Kinder. https://www.frauen-gegengewalt.de/projekt-ceinav.html?file=tl_files/download s/studien/Kelly_Meysen-CEINAV _Transnationale-Grundlagen_2016_Web_D E.pdf. (Abfrage: 12.12.2016).

Kindler, Heinz (2016): Gefahr im geschützten Raum. Sie suchen Sicherheit, doch immer wieder werden junge Menschen in Flüchtlingsunterkünften angegriffen, bedrängt oder belästigt – eine Herausforderung für den Kinderschutz. In: DJI Impulse, Heft 3, S. 11–14.

Kolenda, Ilda (2016): Aufgaben eines Betreibers von Gemeinschaftsunterkünften bei der Aufnahme und Betreuung von Flüchtlingskindern und ihren Familien/Sozialverbünden. In: AG Fachtagungen im DIfU 2016, S. 39–49.

Lang, Birgit/Schirmer, Claudia/Lang, Thomas/Andreae de Hair, Ingeborg/Wahle, Thomas/ Bausum, Jacob/Weiß, Wilma/Schmid, Marc (Hrsg.) (2013): Traumapädagogische Standards in der stationären Kinder- und Jugendhilfe. Eine Praxis- und Orientierungshilfe der BAG Traumapädagogik. Weinheim und Basel.

Ministerium für Inneres und Kommunales des Landes Nordrhein-Westfalen (MIK.NRW) (2017): Landesgewaltschutzkonzept für Flüchtlingseinrichtungen des Landes Nordrhein-Westfalen. LGSK NRW. http://www.mik.nrw.de/fileadmin/user_upload/Redakteure/ Dokumente/Themenund_Aufgaben/Auslaenderfragen/170323lgsk_nrw.pdf (Abfrage: 01.05.2017).

Positionspapier (2016): Soziale Arbeit mit Geflüchteten in Gemeinschaftsunterkünften. Professionelle Standards und sozialpolitische Basis, Berlin 2016. http://www.fluechtlingssozialarbeit.de/ (Abfrage: 12.12.2016).

Zito, Dima/Martin Ernest (2016): Umgang mit traumatisierten Flüchtlingen. Ein Leitfaden für Fachkräfte und Ehrenamtliche. Weinheim und Basel.

Sabrina Brinks und Eva Dittmann

Ich bin männlich – Geschlecht als (letzte) Konstante der Identität?

Bewältigungsanforderungen von männlichen Jugendlichen und jungen Erwachsenen im Kontext von Fluchterfahrungen

Abstract

Der folgende Beitrag fokussiert die Gruppe der männlichen Jugendlichen und jungen männlichen erwachsenen Geflüchteten und diskutiert, mit welchen Bewältigungsanforderungen sie im Kontext von Flucht- und Migrationserfahrungen konfrontiert sind. Einen Schwerpunkt bildet dabei die Auseinandersetzung mit der Ausbildung einer (Geschlechts-)Identität. Der Beitrag geht zudem auf die Frage ein, welche Konsequenzen sich für die Weiterentwicklung der Sozialen Arbeit in einer modernen Migrationsgesellschaft daraus ergeben[1].

Vorbemerkung

In den Jahren 2015 und 2016 stieg durch die weltweite Zunahme von Fluchtbewegungen die Anzahl der Schutzsuchenden in Deutschland deutlich an. Die Betrachtung der Asylstatistik zeigt, dass vor allem männliche Jugendliche und männliche junge Erwachsene eine bedeutsame Gruppe innerhalb der neu zugewanderten Menschen darstellen (vgl. BAMF 2017). Dies ist nicht nur wichtig für Fachkräfte und fachlich-konzeptionelle Fragestellungen der Sozialen Arbeit, sondern auch für die Debatte über gelingende Integrationsprozesse und die Ausgestaltung gesellschaftlicher Teilhabe und Formen des Zusammenlebens von großer Bedeutung.

Die Gruppe der männlichen Geflüchteten, und hier vor allem die jungen männlichen Erwachsenen, gerieten vor dem Hintergrund der Ereignisse in Köln zum Jahreswechsel 2015/2016 noch einmal verstärkt in den Fokus der Diskussion. Die Debatte über kulturell geprägte Vorstellungen von Männlichkeit, Werten, Rollen und Geschlechteridentitäten wurde jedoch häufig nicht konstruktiv geführt, sondern bewegte sich in einem Spannungsfeld

---

1 Der folgende Beitrag ist im Rahmen des Projektes „Servicestelle unbegleitete minderjährige Flüchtlinge" entstanden, welches aus Mitteln des Asyl-, Migrations- und Integrationsfonds kofinanziert wird.

von einer generellen direkten Ausweisung von Flüchtlingen und Asylsuchenden beim reinen Verdacht einer kriminellen Handlung bis zu einem grundsätzlichen Verschweigen eines möglichen Zusammenhangs zwischen kulturell geprägten Werten und Geschlechterrollen und Gewaltanwendungen (vgl. Küpper 2016). Diesbezüglich bleibt als Konsequenz aus Köln eine angestoßene, aber bislang nicht abschließend geklärte Debatte über vermeintlich national und kulturell geprägte unterschiedliche Geschlechteridentitäten und damit verbundene divergierende Rollen und Werte. Anlass genug, sich im folgenden Beitrag der Auseinandersetzung mit der Ausbildung einer (Geschlechts-)Identität vor dem Hintergrund von Fluchterfahrungen zu stellen und Konsequenzen für Angebote, Konzepte und Fachkräfte der Sozialen Arbeit zu diskutieren.

Entwicklungsanforderungen für Jugendliche im Übergang ins Erwachsenenalter

Ein großer Teil der nach Deutschland geflüchteten Menschen sind derzeit männliche Jugendliche und junge Erwachsene. Insofern sind nicht nur Aspekte der Ausbildung und Aneignung einer männlichen Geschlechterrolle relevant. Die Entwicklungsanforderungen, die sich für (geflüchtete) Jugendliche im Übergang ins Erwachsenenalter ergeben, sind grundsätzlich in den Blick zu nehmen.

Eine einheitliche Definition von Jugend ist nicht existent. Jedoch kann Jugend als zeitlich begrenzte Lebens- und Entwicklungsphase zwischen Kindheit und Erwachsenenalter eingegrenzt werden. Jugend endet dabei zeitlich nicht einfach mit der Erreichung der Volljährigkeit, sondern geht darüber hinaus. Eine klare Altersgrenze im Hinblick auf die Beendung der Lebensphase Jugend wird dabei nicht gezogen. Im Sozialrecht ist das Jugendalter nicht eindeutig definiert. Das SGB VIII kennt dabei jedoch die Phase der jungen Volljährigen, die eine Altersspanne von 18 bis 21 Jahre und in begründeten Fällen bis zum 27. Lebensjahr beinhaltet (vgl. BMFSFJ 2017, S. 48). Der vorliegende Beitrag folgt diesem Verständnis.

Trotz des Versuches einer Eingrenzung über Lebensalter ist die Jugendphase nicht einfach ein natürlich gegebener Zustand, sondern ein Ergebnis einer sozialen gesellschaftlichen Konstruktion und immer abhängig von Zeit und Ort sowie den sozialen und kulturellen Kontextbedingungen (vgl. MIFKJIF 2015, S. 48 f.). Die Jugendphase ist darüber hinaus „Projektionsfläche für die Hoffnungen und Ängste der Erwachsenen" (MIFKJF 2015, S. 52). Dies ergibt sich vor allem daraus, dass die Jugenden zwar die gesellschaftliche Zukunft sichern sollen, dies jedoch stets auch mit einer gewissen Ungewissheit verbunden ist. Vorherrschende Bilder von Jugenden sind somit auch immer Ausdruck aktueller gesellschaftlicher Diskussionen (vgl. BMFSFJ 2017, S. 47).

In der Lebensphase Jugend, die sowohl auf individueller als auch gesellschaftlicher Ebene Raum für Entwicklung, Ausbildung und Erprobung vorhalten sollte, ergeben sich für Jugendliche vier zentrale alterstypische Entwicklungsaufgaben, die mit der Aneignung von Kompetenzen und Fähigkeiten für eine eigenverantwortliche Lebensführung und den Übergang ins Erwachsenenalter einhergehen (vgl. im Folgenden MIFKJF 2015, S. 50):

1. Aneignung und Entwicklung *intellektueller und sozialer Kompetenzen*, die sich vor allem auf die Fähigkeiten zur schulischen und beruflichen Bildung für eine finanziell unabhängige Lebensführung beziehen.
2. Aneignung und Entwicklung einer *eigenen Geschlechtsidentität*, die vor allem für den Aufbau sozialer Beziehungen und eine zukünftige mögliche Familiengründung wichtig ist.
3. Aneignung und Entwicklung *selbstständiger Nutzung des Konsumentenmarktes*, was zum Beispiel den bewussten Umgang mit Geld und Medien einschließt.
4. Aneignung und Entwicklung eines autonomen und gleichzeitig gesellschaftlich akzeptierten *Normen- und Wertesystems*, dass sich auch auf soziale Verantwortungsübernahme und gesellschaftliche Teilhabe auswirkt.

Die Lebensphase Jugend beinhaltet für Jugendliche und junge Erwachsene folglich die komplexe Aufgabe „sich selbst in den sozialen, ökonomischen, kulturellen und politischen Zusammenhängen unserer Gesellschaft [zu] platzieren" (BMFSFJ 2017, S. 47). Diese Herausforderung besteht entsprechend auch für die in den letzten zwei Jahren zugewanderten jungen Menschen, die sich der Bewältigung dessen unter sehr unterschiedlichen Aufenthaltsbedingungen und mitunter prekären Bleibeperspektiven vor dem Hintergrund von Flucht- und Migrationserfahrungen stellen müssen. Ausgehend von der im vorliegenden Beitrag fokussierten Zielgruppe junger männlicher Geflüchteter soll im Folgenden vor allem die Frage der (Geschlechts-)Identitätsbildung als alterstypische Bewältigungsanforderungen genauer beleuchtet werden.

Identitätsbildung und Fluchterfahrungen

Die Identitätsbildung ist eine der Kernaufgaben des Jugendalters. Es geht letztlich um die Abnabelung vom elterlichen Bezugssystem und die Auseinandersetzung mit gesellschaftlichen Normen und Erwartungen, die letztlich in der Frage münden, wer man sein möchte. Der Identitätsbildungsprozess ist dabei grundlegend für eine selbstständige Lebensführung als Erwachsener.

Im Sinne des Symbolischen Interaktionismus entwickelt der Mensch seine Identität erst in sozialen Interaktionen, also innerhalb und mithilfe sozialer Beziehungen. Neben dem eigenen Selbstbild ist zur Ausbildung der Identität somit auch die Anerkennung durch andere entscheidend. Zum einen die Anerkennung der eigenen Bezugsgruppe, wie dem Freundeskreis oder der Familie. Zum anderen aber auch durch Personen, die im eigenen Leben eine Rolle spielen, jedoch nicht zu den „engsten Vertrauten" gehören. Identität bedeutet entsprechend auch sich selbst in Abgrenzung zu anderen wahrzunehmen. Um diese Selbsterfahrungen zu ermöglichen, braucht es sowohl Freiräume als auch die Vermittlung von Grenzen, um die Möglichkeiten des eignen Ichs zu testen (vgl. Freise 2016). Eine Identität kann sich entsprechend nicht richtig ausbilden, wenn die damit verbundene Lebensweise vom gesellschaftlichen Bezugssystem nicht anerkannt wird.

Freise nennt als mögliche negative Einflussfaktoren auf die Ausbildung einer Identität unter anderem Gewalterfahrungen, Versagenserfahrungen, soziale Ablehnung/Diskriminierung sowie ökonomisches Ausgegrenztsein (Freise 2016, S. 15). Sicherheit, Kontinuität und die Erfahrung von Selbstwirksamkeit sowie soziale Teilhabe sind hingegen Anforderung an ein Umfeld, in dem sich die Identität erfolgreich entwickeln und stabilisieren kann. Junge Menschen, die vor dem Hintergrund von Fluchterfahrungen eine Identität ausbilden müssen, sind an dieser Stelle vor große Herausforderungen gestellt. Sowohl prekäre Lebensumstände in den Herkunftsländern, vor und während der Flucht als auch die Lebenslagen, in denen junge Geflüchtet in Deutschland aufwachsen und leben, können die Identitätsbildung beeinflussen. Dabei besteht für junge Geflüchtete verstärkt die Gefahr, dass Identitätsbildungsprozesse erschwert werden können. Dies liegt vor allem darin begründet, dass junge Geflüchtete überproportional von sich erschwerend auf die Identitätsbildung auswirkenden Risikofaktoren sozialer Exklusionsprozesse, wie z. B. Diskriminierungserfahrungen und prekäre ökonomische Verhältnisse betroffen sind. Zudem wissen viele Geflüchtete nicht, wie erfolgreich ihr Asylverfahren verlaufen wird und ob sie entsprechend in Deutschland bleiben dürfen. Die Flucht birgt für junge Menschen daher häufig eine ungewisse Zukunftsperspektive, die sich negativ auf die Identitätsbildung auswirken kann. Ein Beispiel dafür bieten unbegleitete minderjährige Flüchtlinge. Gerade bei jungen Geflüchteten, die sich ohne ihre Eltern oder andere Bezugspersonen auf die Flucht begeben, wird die Jugendphase mit ihren spezifischen Bewältigungsaufgaben unterbrochen. Diese müssen an anderen Stellen aufgearbeitet werden können. Die häufig in Diskussionen um die Betreuung von unbegleiteten Geflüchteten angeführte vermeintlich durch die Flucht erworbene Autonomie darf nicht dazu führen, jungen (überwiegend männlichen) Menschen die Aushandlung ihrer Identität und das Ausleben jugendspezifischer Bewältigungsaufgaben zu verwehren. Vielmehr muss der individuelle Entwicklungsstand der jungen Menschen in den Blick genommen werden.

Männlichkeit: Herausforderungen der Ausbildung einer Geschlechtsidentität

Einen wichtigen Teil der Identitätsbildung macht die Ausbildung der eigenen Geschlechtsidentität aus. Gerade im Hinblick auf die im vorliegenden Beitrag fokussierte Zielgruppe ist dieser Aspekt separat und näher zu beleuchten. Die Diskussionen um die vermeintlich notwendige Anpassung junger zugewanderter Männer an die in unserer Gesellschaft gelebten Rollenverständnisse und die Auslebung der männlichen Geschlechterrolle suggerieren zuweilen, dass ein homogenes Verständnis über das Mannsein vorherrscht, dem man sich schlicht anzupassen habe. Aber was bedeutet es aktuell, in unserer Gesellschaft Mann zu sein und als junger Mann aufzuwachsen?

Betrachtet man die aktuellen Vorstellungen über Männlichkeit, so findet man ein Spannungsfeld zwischen dem Bild des starken Eroberers bis hin zum einfühlsamen, gefühlsbetonten Familienmenschen vor. Das Bild von Männlichkeit ist in unserer Gesellschaft keineswegs ein eindeutiges. Vielmehr existieren unterschiedliche Bilder, Vorstellungen oder Facetten von Männlichkeit, die z. T. ineinandergreifen, sich überlagern, aber sich auch widersprechen können. Die Anforderungen an moderne Männlichkeit sind indes vielfältiger geworden. Böhnisch (2015) spricht inzwischen von einem „modularisierten Mann", der sämtliche Facetten zu bedienen habe.

Dabei hat sich das Bild von Männlichkeit auch historisch betrachtet stark verändert. Jahrelang hingegen schien das Bild, das die Gesellschaft von einem Mann erzeugte, unbestritten eine Auswirkung seines historischen Erbes zu sein. Die Ursachen für geschlechtertypisches Verhalten wurden zunächst in der Religion und dann in der Biologie gesucht. Auch wenn die Frauenbewegung und Genderforschung die Bedeutung der sozialen Konstruktion von Geschlechterstereotypen aufdeckte und hervorhob, so wurde dem Mann doch ein unveränderlich männliches Wesen, eine „natürliche Männlichkeit" (Connell 2006) zugesprochen.

Mit der fortschreitenden Frauenbewegung der 1980er und 1990er Jahre geriet die dominante Stellung der Männer in Familie, Wirtschaft und Politik immer stärker in die Kritik. Frauen wurden mehr Wege in die Berufswelt und mehr Alternativen zum Familienleben eröffnet, was einen Ankerpunkt männlicher Identität – die Berufstätigkeit – ins Wanken brachte. Das z. T. bis heute vorherrschende gesellschaftliche Verständnis von Männlichkeit im Hinblick auf familiäres Zusammenleben sah den Mann in der Rolle des Familienernährers, die Frau hingegen primär in der Rolle der Familienmutter. Die Aufweichung dieses Verständnisses brachte Verunsicherung für beide Geschlechterrollen mit sich und die Anforderung einer neuen Definition und Verortung. Die Organisation des Familienlebens wird heutzutage stärker zu einem Aushandeln von Aufgabenverteilungen. Die männliche Identitätsannahme ist dadurch komplexer geworden, da auch hegemoniale Männlichkeitsvorstellungen noch immer aktiv wirken. Meuser sieht auf den Männern inzwischen einen „höheren Identitätszwang" (vgl. Meuser 2000) lasten als auf Frauen.

> „Männer werden in unserer Kultur immer noch am Ideal der hegemonialen Männlichkeit gemessen, und dieser Maßstab wird nicht nur von den eigenen Geschlechtsgenossen angelegt" (Meuser 2000, S. 71).

In dem neuen gesellschaftlichen Bild von Männlichkeit scheint also eine innere Paradoxie verankert zu sein. Ein Mann muss in einem gewissen Grad die hegemoniale Verhaltensweise beibehalten, um als männlich und nicht als „Softie" oder „Weichei" deklariert zu werden. Er darf jedoch in keiner Weise hierunter ein hegemoniales Selbstverständnis entwickeln (vgl. ebd.). Männer sind folglich stärker als je zuvor gezwungen, ein Selbstbild aus ihrem Inneren heraus zu entwickeln.

Es wurde deutlich, dass Männlichkeitsbilder eine Widersprüchlichkeit in sich tragen, die sowohl gesellschaftlich als auch individuell ausgehandelt werden muss. Geschlechterrollen und -bilder sind kontextabhängig und werden von kulturellen, gesellschaftlichen und sozialen Faktoren geprägt. Entsprechend unterliegen sie (Wandlungs-)Prozessen. Die Entwicklung einer Geschlechtsidentität und die Auslebung der Männlichkeit ist vor dem Hintergrund divergierenden und kongruenten Ansprüchen an die Männlichkeit und Geschlechterrollen eine komplexe individuelle Bewältigungsaufgabe, der sich Jugendliche und junge Erwachsene stellen müssen. Junge heranwachsende geflüchtete Männer stehen hierbei noch einmal vor besonderen Herausforderungen. Denn möglicherweise bestehen in den Herkunftsländern noch einmal andere Männlichkeitsbilder, die ebenso widersprüchlich und vielfältig sind. Betrachten wir das Alter eines Großteils junger Geflüchteter, sprechen wir von einer Gruppe junger Männer, die sich in einer Lebensphase auf die Flucht begeben haben, in der sie eine Rollenidentität bezüglich des Mannseins hätten entwickeln müssen. Durch die Flucht wurde diese Entwicklung möglicherweise unterbrochen. Im Aufnahmeland werden die Geflüchteten mit einer Vielzahl weiterer gesellschaftlicher Rollenerwartungen konfrontiert, wie z. B. der Geschlechterrolle. Alleine die Auseinandersetzung mit unterschiedlich kulturell geprägten Geschlechterrollen und der eigenen Verortung in diesem Zusammenhang ist vor dem Hintergrund häufig unklarer Bleibeperspektiven äußerst herausfordernd. Wenn wir jedoch Böhnisch folgen und Männlichkeit heute ihren Ausdruck vor allem in beruflichem Erfolg und entsprechender gesellschaftlicher Platzierung findet, so stehen junge männliche Geflüchtete hier vor besonderen Herausforderungen. Sie sind überproportional häufig von sozialen Exklusionsmechanismen im Hinblick auf Zugänge zu Bildung, Ausbildung und dem Arbeitsmarkt betroffen. Angebote und Leistungen der Sozialen Arbeit sollten diese Perspektive im Hinblick auf die „Qualifizierungs-, Selbstpositionierungs- und Verselbstständigungserwartungen" (BMFSFJ 2017, S. 69) mit denen junge Menschen ohnehin in der Jugendphase im Übergang ins Erwachsenenalter konfrontiert werden, stets mit berücksichtigen.

Bewältigungsaufgaben junger männlicher Geflüchteter

Die Herausforderungen, vor denen junge männliche Geflüchtete in ihrer Jugendphase und im Übergang zum Erwachsensein stehen, unterscheiden sich zunächst nicht grundsätzlich von den allgemein benannten Bewältigungsaufgaben dieser Lebensphase. Dennoch können spezifische Erlebnisse vor und während einer Flucht sowie die Bedingungen, unter denen die jungen Menschen hier Ankommen und aufwachsen bzw. leben, die erfolgreiche Bewältigung dieser Aufgaben erschweren.

Junge männliche Geflüchtete befinden sich nach ihrem Ankommen in Deutschland in einer Situation, die häufig zunächst vom Gefühl der Fremdheit und Unsicherheit bestimmt wird. Neben den zumeist fehlenden Kenntnissen über die Sprache und Systemlogiken im Aufnahmeland kommt auch die Auseinandersetzung mit einer mehr oder weniger fremden Kultur hinzu. Dies beinhaltet mitunter nicht nur den kommunikativen Umgang miteinander, die Esskultur etc., sondern eben auch die Auslebung von z. T. stark divergierenden Geschlechterrollen. Hinzu kommt die Verarbeitung der Flucht, möglicher (sexualisierter) Gewalterfahrung vor und während der Flucht, aber auch das Aushalten einer unsicherer Lebensperspektive durch ungeklärte Aufenthaltsverhältnisse. Junge männliche Geflüchtete stehen somit vor enormen Bewältigungsaufgaben, insbesondere wenn die Phase der Identitätsbildung noch nicht abgeschlossen ist und man sich noch „im Suchen" nach dem eigenen Selbst befindet. In dieser Situation können sich die eigenen Männlichkeitsbilder aber auch als eine der letzten sicheren Stützen erweisen. „Das ist verständlich, denn was bleibt ihnen, an das sie sich halten können, außer dass sie noch am Leben und männlich sind?" (Winter 2017). Das Austesten von Männlichkeit und der Auswirkungen und Reaktionen des direkten Umfelds kann jedoch auch zu konflikthaften Situationen führen. Umso wichtiger ist, so Winter, die Auseinandersetzung pädagogischer Fachkräfte mit der eigenen Haltung zur Männlichkeit, um jungen männlichen Geflüchteten eine offensive und produktive Auseinandersetzung mit Männlichkeitsbildern zu ermöglichen und nicht nur auf den

„als Provokation erlebten Verhaltensweisen" zu reagieren. Zugleich dürfen jedoch auch die Jungen nicht aus dem Blick geraten, denen es gar nicht zu gelingen scheint, eine männliche Geschlechterrolle einzunehmen (vgl. Winter 2017). Die Soziale Arbeit ist in diesem Zusammenhang herausgefordert, ihre Angebote und Leistungen noch einmal in beide Richtungen kritisch zu prüfen.

Besonders deutlich zeigen sich die mitunter sehr komplexen Bewältigungsanforderungen an geflüchtete Jugendliche im Übergang ins Erwachsenenalter am Beispiel unbegleiteter minderjähriger Flüchtlinge. Gespräche mit unbegleiteten männlichen Geflüchteten zeigen, dass sich die Bedürfnisse an ein Leben in Deutschland auf den ersten Blick nicht wesentlich von anderen Jugendlichen unterscheiden. Im Zentrum stehen in erster Linie jugendspezifische Themen. Gerade mit Blick auf die Freizeitgestaltung sind die Ausübung eines Sportes, das Zusammensein mit Gleichaltrigen und das Eingehen von (ersten) Liebesbeziehungen von Bedeutung. Zugleich jedoch befinden sie sich in einer Situation, in der die Eltern nicht vor Ort sind, um Grenzen und den Rahmen des eigenen Austestens und Probierens setzen zu können. An dieser Stelle muss die Jugendhilfe im Hinblick auf Identitätsbildungsprozesse, Selbstwirksamkeitserfahrungen und Verselbstständigungsprozesse einen entsprechenden Entwicklungsraum bereitstellen und ermöglichen. Dennoch kann die Jugendhilfe nicht vollumfänglich kompensieren, dass diese jungen Menschen in ihrer Alltagsgestaltung Entscheidungen auch ohne ihr familiäres Bezugssystem treffen müssen. Zugleich stehen einige der jungen Menschen unter dem Druck, mit expliziten oder impliziten Aufträgen von den Familien im Herkunftsland auf die Flucht „geschickt" worden zu sein. Diese können auch ihr Leben in Deutschland prägen, wie z. B. der Versuch, die Eltern nachzuholen oder ihnen eine finanzielle Unterstützung zukommen zu lassen – nicht zuletzt um mögliche Schlepperkosten für die Flucht zu begleichen. Daraus kann mitunter ein erhöhtes Maß an Verantwortungsübernahme für die eigene Familie resultieren, was nicht nur mit einer Überforderung der jungen Menschen und Erwachsenen unter den gegebene Umständen einhergeht, sondern auch Auswirkungen auf Entwicklung, Ausbildung und Erprobung des eigenen Selbst in der Jugendphase haben kann. Aber nicht nur unbegleitete minderjährige Flüchtlinge können in ein erhöhtes Verantwortungsverhältnis für die eigene Familie geraten. Auch in Flüchtlingsfamilien kann es zu Rollenverschiebungen kommen, wenn junge Geflüchtete zum Beispiel Dolmetscherfunktionen bei Behörden oder in der Übersetzung von Briefen geraten (vgl. Meissner 2016). Während junge Geflüchtete über die Schulpflicht einen relativ gesicherten Zugang zum Erwerb der deutschen Sprache haben, ist der Spracherwerb für erwachsene Geflüchtete nach wie vor nicht ausreichend und flächendeckend gesichert.

Für junge männliche Geflüchtete ergeben sich insgesamt betrachtet komplexe Bewältigungsanforderungen, die in der Jugendphase und im Übergang ins Erwachsenenalter gemeistert werden müssen. Die gemachten Erfahrungen im Kontext von Flucht und Migration können die Bewältigung der Aufgaben erschweren. Die Soziale Arbeit ist in diesem Zusammenhang aufgefordert mit dafür Sorge zu tragen, dass jungen männlichen Geflüchteten in der Gesellschaft Ermöglichungsräume und Orte zur Verfügung stehen, in denen sie Jungen und junge Männer sein können und ihren jungen- und jugendspezifischen Bewältigungsaufgaben nachkommen können. Die Auseinandersetzung mit den eigenen Männlichkeitsvorstellungen, Beziehungsvorstellungen, Väterrollen, Berufsbildern, aber auch der Auseinandersetzung mit konträren Erwartungen an die Geschlechterrolle wird zum Bestandteil einer Jungenarbeit mit jungen Geflüchteten.

Fazit: Anforderungen an die Soziale Arbeit

Auch wenn die Zahlen der Schutzsuchenden in der Folge von internationalen und nationalen politischen Entscheidungen derzeit deutlich rückläufig sind, die Konsequenzen aus der verstärkten Zuwanderung von Menschen nach Deutschland und die damit einhergehenden veränderten Anforderungen an die Ausgestaltung einer modernen Migrationsgesellschaft sind weiterhin so aktuell wie nie und ein zentrales Zukunftsthema. Im Hinblick auf die fokussierte Gruppe der männlichen Jugendlichen und jungen erwachsenen Geflüchteten zeigt sich, dass bislang nicht abschließend geklärt ist, welche Auswirkungen genau Fluchterfahrungen auf die (Geschlechts-) Identitätsbildung haben und welche Anforderungen sich daraus für Angebote, Konzepte und Fachkräfte der Sozialen Arbeit ergeben. Dennoch lassen sich einige wichtige zukünftige Aufgaben für die Weiterentwicklung der Sozialen Arbeit in einer modernen Migrationsgesellschaft identifizieren.

Das Mannsein ist in unserer Gesellschaft ein komplexes Unterfangen geworden. Ein klares Bild davon, wie ein Mann zu sein hat, existiert nicht. Vielmehr stehen männliche Jugendliche und junge Erwachsene vor der individuellen Herausforderung, sich zwischen z. T. stark divergierenden Vorstellungen und (gesellschaftlichen) Erwartungshaltungen zu verorten und unterschiedliche Facetten von Männlichkeit in der eigenen Geschlechtsidentität zu vereinen. Diese individuelle Bewältigungsaufgabe beinhaltet einerseits die Freiheit, sich nicht starren Verhaltensformen beugen zu müssen, erfordert jedoch andererseits auch die offene Auseinandersetzung mit den eignen Wünschen an die Geschlechterrolle, das Ausgestalten derselben und das mitunter konflikthafte Aushalten, nicht allen wahrgenommenen eigenen und gesellschaftlichen Erwartungen an die eigene Geschlechtsidentität entsprechen zu können oder müssen.

Dies ist für junge Männer, die hier aufwachsen und sozialisiert sind, eine große Bewältigungsaufgabe. Für junge Männer, die durch Flucht unvermittelt und ohne Wissen über das Aufnahmeland einreisen, werden die Anforderungen noch einmal deutlich komplexer. Dieser Befund scheint noch einmal besonders relevant für Fachkräfte und fachlich-konzeptionelle Fragestellungen der Sozialen Arbeit, da mit Blick auf das Alter der geflüchteten Menschen deutlich wird, dass es sich hierbei vielfach um männliche Jugendliche und junge Männer handelt, die sich in der Phase der Identitätsentwicklung auf die Flucht begeben mussten oder diese Phase auf der Flucht erleben.

Neben konzeptionellen Fragen fordern die skizzierten Entwicklungen und Debatten jedoch auch die Fachkräfte der Sozialen Arbeit heraus, sich aktiv und kritisch-reflexiv mit der eigenen Vorstellung von Männlichkeit und mit den Männlichkeitsvorstellungen junger Geflüchteter konstruktiv auseinanderzusetzen. Dies bedeutet nicht, jedes Verhalten zu tolerieren, sondern zu überdenken, wie fachlich-konzeptionell und im Alltag Orientierung gegeben, Grenzen vermittelt und der Rahmen zur Auslebung von Männlichkeit gemeinsam gestaltet werden kann. Eine besondere Herausforderung ist in diesem Zusammenhang die Notwendigkeit, die Jugendlichen und jungen Erwachsenen als eigenverantwortliche Akteure zu begreifen und gleichzeitig Rahmung und Unterstützung zu bieten. Eine kokonstruktive und ko-produktive Ausgestaltung der Arbeit ist im Sinne der Selbstwirksamkeitserfahrung zentrale Voraussetzung für einen gelingenden Prozess. Für die fokussierte Zielgruppe wird somit neben der Vermittlung der deutschen Sprache, der Eingliederung in die Schul- und Berufswelt, die Einbindung in soziale Netzwerke auch die „Gender-Bildung" (Winter 2017), das heißt, die Unterstützung und Orientierung, sich in differenzierten Geschlechterwelten zurechtzufinden und souverän zu verhalten, zu einem zentralen Baustein im Sinne der Integration (junger) Geflüchteter.

Für die Angebote und Unterstützungsleistungen der Sozialen Arbeit ergeben sich zudem zentrale Weiterentwicklungsnotwendigkeiten. Elementar sind in diesem Zusammenhang die Stärkung und Weiterentwicklung der Jugendarbeit und der Hilfen für junge Volljährige. Dies betrifft vor allem fachlich-konzeptionelle Fragen der Migrations- und Gendersensibilität von Angeboten und eingesetztem Personal, aber auch die Anforderung der interkulturellen Öffnung. Zudem wird die Notwendigkeit der Schnittstellengestaltung zwischen einzelnen Sozialleistungssystemen durch den Fokus auf die genannte Zielgruppe noch einmal sehr deutlich. Gerade für junge Erwachsene sind eine begleitete Übergangsgestaltung und eine gute Gestaltung eines vermeintlichen „Zuständigkeitswechsel" zwischen Sozialleistungssystemen zentral für die Ausgestaltung der Bleibeperspektive und können sich entsprechend positiv auf die gesellschaftliche Integration auswirken. Darüber hinaus sind die Zugänge zu Ausbildung, Weiterbildung und dem allgemeinen Arbeitsmarkt für alle Geflüchteten für eine langfristige gelingende Integration unerlässlich. Daneben sind künftig – gerade vor dem Hintergrund der beschriebenen Altersstruktur – Angebote, die im Rahmen von Familiengründung oder im Zusammenhang mit möglichen Familiennachzügen relevant werden, noch einmal zu stärken. Dies betrifft z. B. die Zugänge zu Angeboten der Frühen Hilfen, Beratungen (z. B. Schwangerschafts- und Erziehungsberatung) oder Angeboten der Familienaktivierung.

Literatur

Bundesamt für Migration und Flüchtlinge (BAMF) (2017): Aktuelle Zahlen zu Asyl. Ausgabe Dezember 2016.
http://www.bamf.de/SharedDocs/Anlagen/DE/Downloads/Infothek/Statistik/Asyl/aktuelle-zahlen-zu-asyl-dezember-2016.pdf;jsessionid=E7D985F31D3C70F7F0318F2A09DB7FED.1_cid368?__blob=publicationFile

Bundesministerium für Familie, Senioren, Frauen und Jugend (BMFSFJ) (2017): Bericht über die Lebenssituation junger Menschen und die Leistungen der Kinder- und Jugendhilfe in Deutschland. 15. Kinder- und Jugendbericht.
https://www.bmfsfj.de/blob/113816/a99ff7d041784d0a41ca295ce4bceb56/15--kinder-und-jugendbericht-data.pdf

Böhnisch, Lothar (2015): Pädagogik und Männlichkeit. Weinheim und Basel.

Böhnisch, Lothar (2003): Die Entgrenzung der Männlichkeit. Verstörungen und Formierungen des Mannseins im gesellschaftlichen Übergang. Opladen.

Conell, Robert (2006): Der gemachte Mann. Konstruktion und Krise von Männlichkeiten. Opladen.

Freise, Josef (2016): „Der schafft mich – anders, fremd und männlich …!" Herausforderungen für die Soziale Arbeit mit geflüchteten jungen Männern. Vortrag im Rahmen des Fachtags „geflüchtet, gefeiert, gefürchtet gefährdet" vom 30.11.2016. http://www.jungenarbeit-online.de/bilder/Vortrag_Prof.Dr._J._Freise__Koblenz.pdf.

Küpper, Moritz (2016): Köln. Die Folgen einer Silvesternacht. http://www.deutschlandradiokultur.de/koeln-die-folgen-einer-silvesternacht.1001.de.html?dram:article_id=375086.

Meissner, Andreas (2016): Elternrolle von geflüchteten Vätern. https://bundesforum-maennneller.de/2016/07/workshop-1-unbegleitete-minderjaehrige-gefluechtete/.

Meuser, Michael (2000): Perspektiven einer Soziologie der Männlichkeit. In: Janshen, Doris (Hrsg.): Blickwechsel. Der neue Dialog zwischen Frauen- und Männerforschung. Frankfurt am Main. S. 47–80.

Ministerium für Integration, Familie,. Kinder, Jugend und Frauen (MIFKJF) (2015): Respekt! Räume! Ressourcen! 2. Kinder- und Jugendbericht Rheinland-Pfalz. https://mffjiv.rlp.de/fileadmin/mifkjf/Publikationen/Kinder_und_Jugend/2._Kinder-_und_Jugendbericht_Rheinland-Pfalz.pdf

Winter, Reinhard (2017): Jungenarbeit mit unbegleiteten minderjährigen männlichen Flüchtlingen. In: Brinks, Sabrina/Dittmann, Eva/Müller, Heinz (Hrsg.): Handbuch unbegleitete minderjährige Flüchtlinge. IGfH-Grundsatzfragen 53, S. 93–302.

Christina S. Plafky

Lebenswelten von Familien mit Fluchthintergrund

Nach Deutschland geflohene Eltern und Kinder erleben eine gewaltige Umstellung ihres Lebens in einem fremden Land mit fremder Sprache; dazu kommen mögliche Traumatisierungen durch Krieg und Flucht, die verarbeitet werden müssen. Die meist schwierigen Lebensbedingungen in Erstaufnahmeeinrichtungen und Gemeinschaftsunterkünften sowie weitere Umzüge lassen die Familien nicht zur Ruhe kommen, und diese Lebensumstände sind dann zusätzlich durch unsichere Zukunftsperspektiven belastet. Über die Lebenssituationen und Lebenswelten von Familien mit Fluchthintergrund gibt es noch keine umfassende und ausreichend belastbare Daten- und Forschungslage (Johansson 2014; Lüders 2016; Pothmann/Kopp 2016).

Der folgende Beitrag beschreibt beispielhaft die verschiedenen Schwierigkeiten und Herausforderungen, die Familien mit Fluchthintergrund in Deutschland erleben. Es wird herausgearbeitet, was dies für die praktische Arbeit für Fachkräfte in der Kinder- und Jugendhilfe bedeutet.

In diesem Kontext ist es wichtig zu beachten, dass die Gruppe der geflohenen Familien heterogen ist, mit sehr unterschiedlichen Unterstützungsbedarfen und -bedürfnissen. Die Gemeinsamkeiten lassen sich nur an den Rahmenbedingungen (wie z. B. der Aufnahmesituation und der nötigen Neuorientierung in der Fremde) und an den erlebten Verlusten (z. B. von Beziehungen, der Heimat und gewohnten Umgebung, des Berufs, der gewohnten Ordnungssysteme) festmachen. Das bedeutet, sie sind nicht automatisch eine Solidargemeinschaft, sondern Menschen mit Stärken und Schwächen, unterschiedlichen Erfahrungen, Hintergründen, Kulturen, Religionen, Erwartungen und Zielen.

Lebenssituation der Familien

Erstaufnahme- und Gemeinschaftseinrichtungen liegen oft nicht zentral, und somit gibt es meist nur schlechte Anbindungen an Stadt- oder Ortszentren. Auch Vorbehalte und Ablehnung oder sogar Rassismus in der Nachbarschaft erschweren das Leben der Familien in den Unterkünften. Die Lebenssituation in Gemeinschaftseinrichtungen lässt Familien und Kindern eine Verlängerung ihrer Fluchterfahrung erleben, da Ghettoisierung, Segregation und Isolation kein Gefühl von „Ankommen" vermitteln können. Die unterschiedlichen rechtlichen und tatsächlichen Versorgungssituationen in

Bezug auf Leistungszugang, Bildung, Teilhabe und Gesundheit sind zudem oft durch die Rahmenbedingungen der Unterbringungsform festgelegt (Seckinger 2017). Die Dauer des Aufenthalts in einer Gemeinschaftsunterkunft ist sehr unterschiedlich und von vielen Bedingungen abhängig. Die Unsicherheit über ihre Zukunft in Bezug auf Aufenthaltsstatus, Wohnort, Arbeit und soziales Umfeld bedeuten eine große Belastung für die Familien.

> „Die Unterbringung ist Dreh- und Angelpunkt für die gesunde Entwicklung dieser Kinder und Jugendlichen – unabhängig davon, wie lange sie in Deutschland leben" (Lewek/Naber 2017, S. 9).

In den Familiendynamiken können sich Veränderungen z. B. durch Parentifizierungseffekte, Loyalitätskonflikte oder auch erhöhte innerfamiliäre Gewaltbereitschaft auswirken (Robert Bosch Stiftung 2016; Berthold 2014): Denn für die Lebenssituation im Familienkontext lässt sich feststellen, dass sich durch die Flucht bzw. die neuen Lebensumstände oft die Beziehungen innerhalb der Familienstrukturen verändern. Einerseits erleben Familien durch die Flucht/Fluchtgründe meist einen Verlust von ein oder mehreren Angehörigen, andererseits lässt sich auch oft eine Veränderung in den Eltern-Kind-Interaktionen feststellen: Zum Beispiel werden Kinder oft durch Behörden, Ärzte, Ärztinnen und Fachkräfte als Übersetzer und Mittler zu den Eltern gebraucht. Dies mag auf den ersten Blick hilfreich sein, bedeutet für die Kinder aber oft eine Belastung und eine Veränderungen der Rollen zwischen den Eltern und dem Kind. Kinder, die einen Fluchthintergrund haben, sind oft auf sich alleine gestellt und müssen, zumindest in Teilbereichen ihres Lebens, viel erwachsener sein und reagieren, als dies für ihr Alter angemessen ist. Sie können sich oft auch viel weniger auf die Unterstützung ihrer Eltern verlassen, da diese selbst durch die Lebensumstände sehr belastet sind (Berthold 2014). Zusätzlich gilt es zu bedenken:

> „Bei der Gruppe der begleiteten Geflüchteten zeigen sich große Differenzen dabei, von welchen Personen sie begleitet werden. Nicht immer kommen sie in der klassischen Eltern-Kind-Konstellation nach Deutschland. Beispielsweise können auch soeben volljährig gewordene Brüder oder Onkel ihre Begleiter darstellen, die vermutlich nicht in allen Bereichen eine adäquate Unterstüt-zung für die Minderjährigen sicherstellen können" (Lechner/Huber/Holthusen 2016, S. 14).

Erschwerend kommt hinzu, dass viele Eltern unter Schuldgefühlen leiden, weil sie ihre Kinder nicht ausreichend beschützen konnten und ihnen die Flucht zugemutet haben. Die Armutsbelastung der Familien bedeutet eine zusätzliche Schwierigkeit (Johansson 2014). Gleichzeitig stehen sie vor der Herausforderung, einen kulturellen Spagat bewältigen zu müssen, nämlich sich hier einzufinden und gleichzeitig die eigenen Werte und Traditionen nicht zu verlieren. Seckinger konstatiert:

> „(…) Zugleich erfahren sie eine Reduktion der Unterstützungsleistungen des sozialen Umfeldes bei Erziehungsaufgaben und sind mit Veränderungserwartungen der

Aufnahmegesellschaft hinsichtlich des Verhältnisses von Eltern und Kind konfrontiert" (2017, S. 169).

Dies bedeutet für die Familien eine Verunsicherung der eigenen Identität durch die Veränderungen der Lebenswelt und -situation in Kombination mit dem Verlust des bisher tragendenden sozialen Umfelds.

Freundschaften, die sich innerhalb der Gemeinschaftsunterkünfte bilden oder auch auf der Flucht entstanden sind, spielen gerade für die Erwachsenen eine wichtige Rolle bei der Stabilisierung. Allerdings scheint sich hier abzuzeichnen, dass besonders Freundschaften mit Landsleuten geschlossen und Menschen anderer Herkunft gemieden werden (Täubig 2009). Für Familien, die in Gemeinschaftseinrichtungen leben, stellt es sich als schwer heraus, Freundschaften und Beziehungen zu Einheimischen oder zu Menschen zu schließen, die nicht in der Einrichtung leben. Bereits geschlossene Freundschaften werden durch weitere Umzüge unter Umständen wieder abgebrochen, das heißt, dass auch diese Stabilisierungsfaktoren für Familien sehr fragil sein können und Gefühle von Segregation und Einsamkeit dadurch verstärkt werden. Für Kinder und Jugendliche hingegen scheint die Situation nicht ganz so problematisch, durch die Schule oder Aktivitäten in Vereinen etc. schließen diese schneller Freundschaften und haben somit auch eher Kontakt zur einheimischen Bevölkerung, als das bei ihren Eltern der Fall ist (Weiss/Enderlein/Rieker 2001). Allerdings ist das Freizeitangebot für Kinder und Jugendliche mit Fluchthintergrund besonders in Gemeinschaftseinrichtungen noch ausbaufähig, außerdem gibt es weniger Angebote und auch mehr (familiäre) Einschränkungen für Mädchen, wodurch diese in diesem Bereich benachteiligt sind (Lechner/Huber/Holthusen 2016). Für Familien gilt generell, dass die Unterstützung durch andere Personen (seien es Ehrenamtliche, Sozialarbeiter und Sozialarbeiterinnen, Freunde etc.) sowie Resilienz wichtige Faktoren sind, um mit den genannten Schwierigkeiten gut umzugehen (Robert Bosch Stiftung 2016). Positiv lässt sich hier herausstellen, dass Kinder und Jugendliche viel schneller einen Zugang zur Sprache und zum Leben in Deutschland erreichen können. Sie haben es somit oft leichter hier anzukommen, Deutsch zu lernen und sich zu integrieren als ihre Eltern.

Gesundheit

Zur Lebenslage Gesundheit lässt sich quantitativ belastbar (noch) kein Gesamtüberblick darstellen (Robert Bosch Stiftung 2016). Die weiter oben beschriebenen psychosozialen Faktoren, aber auch die Flucht selbst können die Ursache für Symptome und Risikofaktoren sein, die sich bei Kindern z. B. in Anpassungsstörungen, Verhaltensauffälligkeiten sowie Aufmerksamkeitsstörungen, Schlafstörungen und Einnässen manifestieren. Bei Eltern und Erwachsenen können sie sich im Bereich der psychosomatischen Beschwerden (z. B. Ängste, Nervosität, Depression und Suizidalität) ausdrücken.

Hier gilt zusätzlich ein wichtiger kultureller Faktor, der nicht nur die Diagnose, sondern oft auch die Behandlung erschweren kann: Nicht in allen Kulturen ist das Konzept der „Psyche" existent. Die Erklärung der Befindlichkeit oder auch von Erkrankung ist sehr unterschiedlich und teils kulturell geprägt; zusätzlich wird die gesundheitliche Versorgung durch das mangelnde Wissen bzw. erhöhte Erwartungen an das deutsche Gesundheitssystem, gefühlte Ungleichbehandlung sowie Ängste erschwert. Auch stellen sprachliche Schwierigkeiten eine Hürde da.

Bildung und Förderung

Bildung und Förderung von Kindern fängt in der Familie an, denn Eltern und Erziehungsberechtigte initiieren alltägliche Bildungsprozesse und legen den Grundstein für formelle Bildung und tragen somit jeden Tag zur körperlichen und Persönlichkeitsentwicklung ihres Kindes bei. Die unterschiedlichen Erziehungssozialisationen, Erwartungen, Haltungen und Zukunftsperspektiven der geflüchteten Familien in Bezug auf die hier erlebte Realität gilt es zu vereinbaren: Abdallah-Steinkopff (2015) beschreibt, dass Sozialisationsziele im Hinblick auf Familienverbundenheit im Kontrast zu den Autonomiebestrebungen des Individuums in westlichen Ländern aufeinandertreffen und unter Umständen kollidieren, denn diese unterschiedlichen Ziele wiederum bedeuten auch unterschiedliche zugrunde liegende Erziehungsstrategien.

Geflüchtete Eltern und Erziehungsberechtigte haben, wie alle anderen Eltern auch, einen wichtigen Anteil an den Bildungs- und Entwicklungsverläufe ihrer Kinder. Sie sollten dementsprechend ermutigt und gestärkt werden, diese Verantwortung auch unter diesen erschwerten Bedingungen wahrzunehmen. Allerdings gibt es hier viele Hürden in den institutionellen Rahmenbedingungen und auch in den Schwierigkeiten der Zugänge zu entsprechenden Hilfe- und Unterstützungsmöglichkeiten.

Der Anspruch auf einen Kita-Platz wird meist erst nach Verlassen der Erstaufnahmeeinrichtung und Zuweisung zu einer Kommune gewährt, allerdings stellen Meysen/Beckmann/Gonzalez Mendez de Vigo klar, dass rechtlich gesehen der Zugang zu den Betreuungsplätzen in der Regel von Beginn an des Aufenthalts in Deutschland besteht (2016). Vereinzelt bieten Flüchtlingsunterkünfte Betreuungsangebote, besonders für kleinere Kinder, allerdings ist dies nicht die Regel. In einigen Kommunen gibt es zu wenige Kita-Betreuungsplätze, um Kinder von geflüchteten Familien aufzunehmen (Meiner-Teubner 2016).

Es gibt in diesem Kontext auch kulturelle Barrieren, da eine institutionelle Betreuung nicht in allen Kulturen üblich ist und es oft nötig ist, erst einmal Berührungsängste auf beiden Seiten abzubauen. Eltern müssen über diese Möglichkeit oft erst informiert und manchmal auch überzeugt werden. Für die Kindertageseinrichtungen kann der Zuzug von geflohenen Kindern und Familien zu einer Herausforderung werden:

„Und schließlich kann die Förderung in Tageseinrichtungen und Kindertagespflege besonders durch Sprachbarrieren und Bedürfnisse nach Sprachförderung, zusätzliche Integrationsaufgaben, wegen häufig wechselnder Gruppenzusammensetzung, aufgrund der ausländerrechtlichen Verteilung der Flüchtlingsfamilien, gesteigerte kulturelle Diversität sowie besondere Bedürfnisse aufgrund von Traumatisierungen vor und auf der Flucht herausgefordert sein" (Meysen/Beckmann/Gonzalez Mendez de Vigo 2016, S. 34).

Die Zuständigkeit für Bildung, also die Kulturhoheit, liegt in Deutschland bei den einzelnen Bundesländern. Der Zeitpunkt des Beginns der Schulpflicht für geflohene Kinder wird in den Ländern unterschiedlich geregelt und kann besonders für statuslose Kinder zu einem Hindernis werden. Zusätzlich kommt hinzu, dass die Kinder oft durch die Flucht oder die Situation in ihren Heimatländern sehr lange keine Schule besucht haben oder dort nach anderen Lehrplänen unterrichtet wurden. Außerdem müssen die Kinder erst Deutsch lernen, wobei nicht für alle Kinder zeitnah Vorklassen, Sprach- und Integrationskurse zur Verfügung stehen. Durch diese teilweise langen Verzögerungen des fachlichen Lernens wird der Altersabstand zu den Mitschülern und Mitschülerinnen immer größer (Massumi/von Dewitz 2015).

Bei Jugendlichen gestalten sich die Schwierigkeiten ähnlich, allerdings kommt hier erschwerend hinzu, dass ihnen aufgrund ihres Alters nicht viel Zeit bleibt, die Sprache zu lernen und gleichzeitig Schulabschlüsse nachzuholen oder sich in einer Ausbildung zu bewähren (Deutsches Komitee 2016). Hier hängt es sehr stark von den persönlichen Fähigkeiten, dem Aufenthaltsstatus, dem Bundesland des Wohnorts und auch dem Engagement ab, wie erfolgreich das sein kann.

Mit der grundsätzlich wechselhaften Wohnsituation (von einer Erstaufnahmeeinrichtung in eine kommunale Einrichtungen und dann womöglich in eine Wohnung) dieser Familien gehen oft einige Wechsel von Kindertageseinrichtungen und/oder Schulen einher. Dies bedeutet wiederum weitere Beziehungsabbrüche für die Familie; von den Flüchtlingskindern, aber auch von den Kindern der aufnehmenden Klassen kann das als sehr belastend empfunden werden.

Die aufgezeigten Schwierigkeiten sind besonders deswegen bedenklich, da man davon ausgehen kann, dass Kinder und Jugendliche am ehesten zu einer gefühlten Normalität zurückkehren, wenn sie Kontakt zu anderen Kindern und Jugendlichen haben, und durch Aktivität und Spiel Erlebtes verarbeiten können. Der Zugang zu Sprache und Kultur wird durch den Kontakt mit Gleichaltrigen am ehesten ermöglicht. Zusätzlich erleben Kinder und Jugendliche beim Betreten von Kindertageseinrichtungen und Schulen eine „heile Kinderwelt" ohne die schwierigen Erlebnisse und Realitäten der Herkunftslands, der Fluchtsituation und der momentanen Unterbringung (Abdel Fattah 2016).

Schlussfolgerungen für die Arbeit der Fachkräfte

Vor dem Hintergrund dieser beschriebenen Herausforderungen und Schwierigkeiten bedeutet dies für Fachkräfte, dass die Angebote gut auf die heterogene Zielgruppe angepasst werden und die Rückbesinnung auf Grundlagen der Sozialen Arbeit wieder in den Fokus gerückt werden müssen: Als wichtigste Grundlage der Arbeit in diesem komplexen Kontext ist die Bedarfsermittlung im Einzelfall und die individuelle Beziehungsgestaltung. Hierbei bekommt die Kommunikation eine äußerst essenzielle Rolle. Seckinger beschreibt, dass:

> „Neben der Vermittlung solcher genereller Normen scheint also vor allem die Unterstützung bei der Herausbildung normgerechter Handlungskompetenzen, in einer zudem noch häufig stark verunsichernden Umgebung besonderer Aufmerksamkeit zu bedürfen. Als weitere Herausforderung wird beschrieben, dass Familien mit Migrationshintergrund oftmals keine Vorstellung über die soziale Infrastruktur in Deutschland haben und über keine Konzepte verfügen, wie sie die Unterstützungs- und Hilfeleistungen dieser Institutionen in ihren Alltag integrieren können bzw. sollen" (2017, S. 168).

Die Kulturbedingtheit des eigenen Wahrnehmens und Handelns sowie die Erklärungsbedürftigkeit der deutschen Hilfesysteme muss also immer mitgedacht werden. Kommunikation mit einer Zuhilfenahme von Piktogrammen und Zeichnungen kann beim Erklären von Sachverhalten helfen.

Die Hinzuziehung von Dolmetschern und Dolmetscherinnen ist oft essenziell, um überhaupt einen Dialog beginnen zu können. Allerdings gibt es auch hier viele Schwierigkeiten, die es zu überwinden gilt. Dazu gehört, dass die Anzahl von ausgebildeten Dolmetschern und Dolmetscherinnen in den vielen nötigen Sprachen meist nicht ausreicht, um den Bedarf in vielen Kommunen zu decken. Teilweise sind erhebliche Kosten mit dem Einsetzen von speziell geschulten Dolmetschern und Dolmetscherinnen verbunden, und dafür stehen nicht immer die nötigen Finanzen zur Verfügung (Lewek/Naber 2017). Gerade in Beratungs- und Unterstützungsprozessen ist es aber wichtig, dass eine qualitative Übersetzung nicht zusätzliche Schwierigkeiten verursacht und Sachverhalte womöglich falsch interpretiert oder übersetzt werden.

Es kann nicht oft genug betont werden, wie wichtig die Beteiligung der

Familien in allen Angebotsformen ist. Es bedarf oft viel Investition in eine Vertrauensbasis, damit auch Selbstverständlichkeiten, wie z. B. das Unterschreiben einer Schweigepflichts- bzw. Datenschutzerklärung, nicht zu unüberwindbaren Hürden werden, um Hilfe anzunehmen.

„Immer wieder war aus unterschiedlichen Beiträgen die Erfahrung zu hören, dass den Flüchtlingsfamilien unsere Angebote, Strukturen, Lebens-, Denk- und Verhaltensweisen wirklich verständlich gemacht werden müssen, damit sie ihren Platz in unserer Gesellschaft finden und heimisch werden können" (Deutscher Städtetag 2016).

Die Fortbildungsbedarfe der Fachkräfte in Bezug auf interkulturelle Kommunikation und Kompetenz sollten durch entsprechende Angebote der Bildungsträger erfüllt und umfassend angeboten werden. Toprak schreibt hierzu:

„Der Besuch eines Wochenendseminars im Bereich der ‚Interkulturellen Kompetenz' geht zwar in die richtige Richtung, reicht aber bei Weitem nicht aus um die Hintergründe und die kognitiven Hypothesen der Kinder, Jugendlichen und deren Eltern vollständig zu verstehen" (2015, S. 119).

Gleichzeitig soll aber betont werden, dass Fachkräfte durch ihre Ausbildung, ihr Studium und ihre bisherigen Erfahrungen meist ausreichend für die Arbeit mit Familien mit Fluchthintergrund vorbereitet sind, denn für die einzelne Familie zählt die Unterstützung durch Beziehungsfähigkeit, Empathie, das Engagement, professionelle Neugier und Kommunikation sowie durch die bekannten Methoden der Sozialen Arbeit bzw. der Kinder- und Jugendhilfe und Pädagogik.

Die Verstetigung von vorhandenen sowie neuen Projekten ist ein Spagat, bei dem vor allem aufsuchende und niedrigschwellige Strukturen und Angebote Erfolg versprechend scheinen. Besonders die Einzelfallhilfe, die konkrete und direkt umsetzbare Unterstützung und Beratung anbietet, bekommt hier eine wichtige Bedeutung. Auf der anderen Seite sind Gruppenangebote wichtig, damit sich die Zielgruppe kennenlernt, vernetzt, austauscht und unterstützt. Die Gestaltung der Zugänge zu den Angeboten sollte durch Informationen (möglichst in verschiedenen Sprachen) und unverbindliches Kennenlernen und Gespräche gut vorbereitet werden. Es stellt sich heraus, dass es schwieriger ist, Familien in ihren eigenen Wohnungen zu erreichen als dies in den Gemeinschaftsunterkünften der Fall ist.

Die ressourcenorientierte Arbeit sollte als Grundfokussierung der Angebote leitend sein, das heißt, dass die Stärken der Zielgruppe, z. B. Loyalität und Solidarität, einen Ansatzpunkt für die Arbeit bilden können (Toprak 2015).

Eine Verzahnung der Strukturen, Angebote und Systeme ist in diesem Kontext von noch größerer Bedeutung als dies in allen anderen Bereichen notwendig ist. Dazu gehört auch, Angebote der Kinder- und Jugendhilfe auf

Gemeinschaftseinrichtungen auszudehnen und auszuweiten (Lewek/Naber 2017). Ebenso sollten (bestehende) Vernetzungsstrukturen weiter ausgebaut werden; hier ist es mit einer integrierten Sozial-, Jugendhilfe- und Bildungsplanung nötig, Angebotsstrukturen zu gestalten, die Vernetzung und Durchlässigkeit zwischen den Systemen zu ermöglichen und dadurch die besonderen Bedarfe und Bedürfnisse dieser Familien und der Kinder und Jugendlichen zu decken (Deutscher Städtetag 2016). Vor diesem Hintergrund ist abschließend festzustellen, dass es, um die Lebenslagen von geflohenen Familien zu verbessern, noch viel Entwicklungsbedarf im Kinder- und Jugendhilfebereich gibt.

Literatur

Abdallah-Steinkopff, Barbara (2015): Kultursensible Elternbefragung bei Flüchtlingsfamilien. In: Zeitschrift für systemische Therapie und Beratung 33, Heft 3, S. 109–117.

Abdel Fattah, Volker (2016): Flüchtlingskinder in der Kita. Praxishandbuch zur Aufnahme und Betreuung von Kindern mit Flucht- und Migrationshintergrund. Kronach.

Berthold, Thomas (2014): In erster Linie Kinder. Flüchtlingskinder in Deutschland. Deutsches Komitee für UNICEF e.V. https://www.unicef.de/blob/56282/fa13c2eefcd41dfca 5d89d44c72e72e3/fluechtlingskinder-in-deutschland-unicef-studie-2014-data.pdf. (Abfrage: 15.03.2017).

Deutscher Städtetag (14./15. April 2016): Flüchtlingsfamilien im Schatten der Hilfe? Geflüchtete minderjährige Kinder. https://difu.de/node/10759.(Abfrage: 15.03.2017).

Deutsches Komitee für UNICEF (2016): UNICEF-Lagebericht. Zur Situation der Flüchtlingskinder in Deutschland. https://www.unicef.de/blob/115186/de54a5d3a8b6ea03337b 489816eeaa08/zur-situation-der-fluechtlingskinder-in-deutschland-data.pdf. (Abfrage: 15.03.2017).

Johansson, Susanne (2014): DJI TOP THEMA Januar 2014. Traumziel Deutschland: Kinder auf der Flucht. http://www.dji.de/themen/dji-top-themen/dji-top-thema-januar-2014/ susanne-johansson.html. (Abfrage: 15.03.2017).

Lechner, Claudia/Huber, Anna/Holthusen, Bernd (2016): Geflüchtete Jugendliche in Deutschland. In: DJI-Impulse 114, Heft 3, S. 14–19. http://www.dji.de/fileadmin/user_ upload/bulletin/d_bull_d/bull114_d/DJI_3_16_Web.pdf. (Abfrage: 15.03.2017).

Lewek, Mirjam/Naber, Adam (2017): Kindheit im Wartezustand. Studie zur Situation von Kindern und Jugendlichen in Flüchtlingsunterkünften in Deutschland. Deutsches Komittee für UNICEF e.V. https://www.unicef.de/blob/137024/ecc6a2cfed1abe041d261b489d 2ae6cf/kindheit-im-wartezustand-unicef-fluechtlingskinderstudie-2017-data.pdf. (Abfrage: 15.03.2017).

Lüders, Christian (2016): Kinder und Jugendliche nach der Flucht. In: DJI-Impulse, Heft 3, S. 4–7. http://www.dji.de/fileadmin/user_upload/bulletin/d_bull_d/bull114_d/DJI_3_16_ Web.pdf. (Abfrage: 15.03.2017).

Massumi, Mona/von Dewitz, Nora (2015): Neu zugewanderte Kinder und Jugendliche im deutschen Schulsystem. Eine Bestandsaufnahme und Empfehlungen. Mercator-Institut für Sprachförderung und Deutsch als Fremdsprache und vom Zentrum für Lehrerbildung der Universität zu Köln. http://www.mercator-institut-sprachfoerderung.de/fileadmin/ Redaktion/PDF/Publikationen/MI_ZfL_Studie_Zugewanderte_im_deutschen_Schul system_final_screen.pdf. (Abfrage: 15.03.2017).

Meiner-Teubner, Christiane (2016): Flüchtlingskinder in der Warteschleife. In: DJI-Impulse Heft 3, S. 19–22. http://www.dji.de/fileadmin/user_upload/bulletin/d_bull_d/bull114_d/DJI_3_16_Web.pdf. (Abfrage: 15.03.2017).

Meysen, Thomas/Beckmann, Janna/Gonzalez Mendez de Vigo, Nerea (2016): Die Förderung von Flüchtlingskindern in Tageseinrichtungen und Kindertagespflege aus rechtlicher Sicht. In: Forum Jugendhilfe, Heft 1, S. 30–35.

Pothmann, Jens/Kopp, Katharina (2016): Junge Flüchtlinge im Spiegel der Statistik. In: DJI-Impulse, Heft 3, S. 7–11. http://www.dji.de/fileadmin/user_upload/bulletin/d_bull_d/bull 114_d/DJI_3_16_Web.pdf. (Abfrage: 15.03.2017).

Robert Bosch Stiftung (2016): Was wir über Flüchtlinge (nicht) wissen. Der wissenschaftliche Erkenntnisstand zur Lebenssituation von Flüchtlingen in Deutschland. Eine Expertise im Auftrag der Robert Bosch Stiftung und des SVR-Forschungsbereichs. http://www.bosch-stiftung.de/content/language1/downloads/RBS_SVR_Expertise_Lebenssituation_Fluechtlinge.pdf. (Abfrage: 15.03.2017).

Seckinger, Mike (2017): Die Bedeutung ambulanter erzieherischer Hilfen für minderjährige Flüchtlinge. In: Brinks, Sabrina/Dittmann, Eva/Müller, Heinz (Hrsg.): Handbuch unbegleitete minderjährige Flüchtlinge. Regensburg/Berlin.

Täubig, Vicki (2009): Totale Institution Asyl. Empirische Befunde zu alltäglichen Lebensführungen in der organisierten Desintegration. München.

Toprak, Ahmet (2015): Kultur- und Migrationssensibilität – Kinder, Jugendliche und Familien im Kontext des Jugendschutzes. In: Kinder- und Jugendschutz in Wissenschaft und Praxis 60, Heft 4, S. 115–120.

Weiss, Karin/Enderlein, Oggi/Rieker, Peter (2001): Junge Flüchtlinge in multikultureller Gesellschaft. Opladen.

Kadir Özdemir

„Bist du schwul oder bist du Flüchtling?"
Soziale Arbeit mit Geflüchteten im Kontext der geschlechtlichen Identität und der sexuellen Orientierung

Die Arbeit mit Geflüchteten wird für soziale Einrichtungen, von Kindergärten über Arbeitsämter bis hin zu Universitäten, eines der zentralen Themen der nächsten Jahre sein. Sowohl städtische als auch freie Einrichtungen werden zunehmend in Kontakt mit Geflüchteten stehen und müssen sich mit dem Thema auseinandersetzen. Dabei ist es wichtig zu beachten, dass nicht nur die deutsche Gesellschaft eine enorme Pluralität aufweist und unterschiedliche soziale Gruppen mit unterschiedlichen Interessenlagen die Gesamtgesellschaft bilden, sondern dass auch unter dem Rechtsbegriff *Flüchtling* eine Vielzahl von Gruppen zusammengefasst werden, die jeweils einer besonderen Ansprache bedürfen. Darunter sind u. a. die Menschen, die aufgrund ihrer sexuellen Orientierung oder geschlechtlichen Identität enorme Belastungen bewältigen müssen. Queere Geflüchtete kommen – wie die Mehrheit der heterosexuellen Geflüchteten – meist aus Staaten, in denen Krieg herrscht. Queere Geflüchtete fliehen jedoch zusätzlich vor Gefängnisstrafen, Folter, Zwangsverheiratung oder gar Todesstrafen, die sie aufgrund ihrer sexuellen Orientierung oder geschlechtlichen Identität befürchten müssen. In mehr als 75 Ländern werden Homosexuelle weiterhin strafrechtlich verfolgt; in vielen weiteren Staaten leiden sie unter staatlichen Restriktionen, öffentlicher Schikane oder Erpressung. In den Regionen, in denen der IS/Daesh oder andere Milizen und Extremisten herrschen, sind queere Menschen zusätzlich gefährdet. Sie machen oft die Erfahrung, dass nach einem Outing Familie und Freunde sich von ihnen distanzieren oder sie gar verstoßen. Auch die Nachbarschaft und die sogenannten besorgten Bürger/innen stellen eine Bedrohung dar, wie z. B. in Russland, wo schwule Männer durch selbsternannte Sittenwächter durch die Straßen gejagt und dabei gefilmt und ins Internet gestellt werden.

In vielen Gesellschaften müssen homo- und transsexuelle Menschen mit einer Unsichtbarkeit im öffentlichen Raum leben, selbst unsichtbar bleiben. Sie lernen den Sicherheitsbehörden zu misstrauen und sind gesellschaftlich isoliert, leben zurückgezogen im Privaten. Daher ist es nicht verwunderlich, dass die Betroffenen ihre sexuelle Orientierung sowohl im Herkunftsland als auch nach ihrer Ankunft in Deutschland verheimlichen. Sie schweigen, um sich in einer ohnehin verletzbaren Situation vor weiterer Ablehnung und Gewalttaten zu schützen. Nach dem Bekanntwerden ihrer sexuellen Orientierung können in den Erst- und Gemeinschaftsunterkünften sowohl die übrigen Bewohner als auch das Personal Teil von homo- und transphoben Übergriffen sein. Die Bewohner haben kaum Privatsphäre, HIV-Positive müssen ihre Medikamente in neutraler Verpackung verstecken, ebenso Infomaterial der queeren Strukturen, z. B. zu den Beratungsangeboten über sexuell übertragbare Krankheiten. Auch Handys werden besonders ängstlich beaufsichtigt, damit kein anderer Mitbewohner Spuren findet, die Hinweise auf die sexuelle Orientierung geben. Eine besondere Gruppe innerhalb der queeren Geflüchteten bilden die Transsexuellen. Die Unterbringung der Geflüchteten erfolgt nach heteronormativen Kriterien. Somit werden auch Trans-Frauen in reine Männerunterkünfte einquartiert. Die Schwierigkeiten, die Trans-Frauen im Alltag, insbesondere in den gemeinsamen Toiletten und Duschen, haben, liegen auf der Hand. Die Thematisierung von Homo- und Transphobie unter den Geflüchteten hat die Gewaltschutzkonzepte der Länder beeinflusst. In Berlin und in Niedersachsen wurden besondere Unterkünfte für queere Geflüchtete geschaffen[1].

Bei queeren Geflüchteten ist die Haltung der Personen, die im Asylprozess um Hilfe gebeten werden, sehr wichtig. Insbesondere Rechtsanwälte und Dolmetschende können durch ihre offene oder latent homophobe Haltung den Geflüchteten einen unbefangenen Umgang mit ihrer Sexualität erschweren. Ein Verschweigen der sexuellen Orientierung kann sich jedoch nachteilig auf das Asylverfahren auswirken. Falls die Betroffenen aus Scham oder aus Angst nicht über die ganze Bandbreite ihrer Verfolgung sprechen, kann die Brisanz ihrer Lage nicht richtig eingeschätzt werden. Daher zählt das Land Niedersachsen queere Geflüchtete zum Personenkreis der besonders schutzbedürftigen Menschen und hat im Juli 2016 die Niedersächsische Vernetzungsstelle für die Belange der LSBTI-Flüchtlinge (NVBF) geschaffen[2].

Wie dringend die Arbeit mit queeren Geflüchteten ist, zeigte sich bereits nach den ersten Tagen der Vernetzungsstelle. Die Anrufe und E-Mails, die die Stelle erreichten, zeigten die ganze Bandbreite des Hilfsbedarfs. Obwohl die meisten Anfragen von jungen queeren Geflüchteten kamen, fielen die Unterstützungsgesuche ganz unterschiedlich aus. Die folgenden drei Fallbespiele aus der Praxis sollen die Diversität verdeutlichen:

Salim[3] und Amin stammen aus dem Irak. Sie leben in derselben Flüchtlingsunterkunft und halten ihre Beziehung sowie ihre sexuelle Orientierung geheim. Sie haben Angst, dass sie wegen ihrer Homo- bzw. Bisexualität beleidigt oder sogar angegriffen werden. Fast alle Bewohner ihrer Unterkunft

---

1 In Niedersachsen wurde in der Landeshauptstadt eine queere WG gegründet. Das ist ein guter Anfang und muss weiter ausgebaut werden. Als ein Flächenland braucht Niedersachsen an mehreren Stellen Anlaufpunkte für queere Geflüchtete.
2 Weitergehende Information zu der Arbeit der Vernetzungsstelle sind auf der Webseite zu finden: www.nvbf.de
3 Die Namen in allen Fallbeispielen wurden geändert.

haben lange entbehrungsreiche Fluchtrouten hinter sich, haben mitunter Hab und Gut und vor allem etliche Freunde und Verwandte in Kriegs- und Krisenregionen verloren. In Deutschland angekommen erleben sie häufig bürokratische Spießrutenläufe und wohnen nun auf engstem Raum zusammen. Rassistische Ausgrenzung und Abschieberisiken verstärken noch den Druck. Menschen aus verschiedenen Herkunftsländern, Religionen, sozialen Schichten, politischen Lagern und mit unterschiedlicher sexueller Orientierung (homo-, bi-, transsexuell) sind auf engem Raum untergebracht. Viele brauchen therapeutische Betreuung, doch die Wartelisten für Therapieplätze sind lang. Ein Outing in dieser Atmosphäre ist hoch riskant. Das Paar braucht dringend eine angemessene Unterbringungsform. Sie möchten dabei aber nicht als Paar getrennt werden. Derzeit warten sie noch auf eine eigene Wohnung.

In einem anderen Fall hat der queere Geflüchtete Ahmed bereits eine eigene kleine Wohnung. Der junge Mann, der in Syrien Architektur studierte und Teil einer queeren Gruppe aus dem universitären Umfeld gewesen ist, hat bereits sein inneres Coming-Out hinter sich. Er identifiziert sich als schwuler Mann und akzeptiert sich. Er hat während des Asylverfahrens seine sexuelle Orientierung nicht angegeben, weil er als syrischer Geflüchteter den Antragsweg als Kriegsflüchtling einfacher eingeschätzt hat. In Deutschland leidet er unter sozialer Isolation. Er möchte gerne andere queere Geflüchtete treffen, die Sprachbarrieren überwinden und vor allem seine Situation verstehen können. Auch möchte er sobald wie möglich sein Studium wieder aufnehmen und braucht dafür Unterstützung beim Erlernen der deutschen Sprache. Er hatte bereits Kontakt zu Menschen, die ihre Hilfe angeboten haben. Die Erfahrungen fielen gemischt aus. Während einige dieser Helfer/innen ehrenamtlich unterstützen wollten, hatten andere anzügliche Annäherungsversuche unternommen. Er ist nach diesen Erlebnissen zurückhaltender geworden, ist aber weiterhin offen für neue soziale Kontakte.

Omar ist ein junger Yezide und lebt seit einem Jahr in Deutschland. Er ist mit seiner Familie zusammen geflüchtet und lebt jetzt mit ihnen in einer privaten Unterkunft. Seine sexuelle Orientierung muss er jedoch vor seiner Familie geheim halten. Er befürchtet, verstoßen oder gar umgebracht zu werden. Obwohl er gerade erst volljährig geworden ist, ist er bereits gegen seinen Willen verlobt worden und im nächsten Jahr wird seine Zwangsheirat vorbereitet. Diese Situation stellt eingeweihte sozialpädagogische Kräfte vor besondere Herausforderungen, denn sie verweist auf eine Lücke im deutschen Interventionssystem. Es gibt hier zwar Frauenhäuser, aber auf Jungen und Männer als Opfer familiärer Gewalt ist man nicht eingestellt. Omar möchte auf keinen Fall heiraten und auch nicht in der Nähe seiner Familie bleiben. Er braucht Unterstützung im Umverteilungsprozess.

Diese Fälle machen bereits deutlich, dass die queeren Geflüchteten außerhalb ihres Rechtsstatus eine heterogene Gruppe bilden und eine individuelle Ansprache und bedürfnisorientierte Angebote benötigen. Um dies zu gewährleisten ist es wichtig, ein breites Netzwerk von Unterstützenden aufzubauen. Die Ausgangslage ist günstig, denn es gibt in den Strukturen der Sozialen Arbeit wie in der queeren Szene eine große Bereitschaft, Geflüchteten zu helfen. Die Haupt- und Ehrenamtlichen bringen allerdings unterschiedliche Haltungen zu den Themen Flucht, sexuelle Orientierung und geschlechtliche Identität mit. Mitunter kann es sein, dass eine Position konträr zu einer anderen steht. Ehrenamtliche in der Geflüchtetenarbeit können homo- und transphobe Einstellungen haben[4]. Queere Aktivist/inn/en wiederum können rassistisch agieren. Die Arbeit mit dieser Zielgruppe erfordert ein hohes Maß an Selbstreflexion, denn es ist unerlässlich, dass die Unterstützenden sowohl Homophobie als auch Rassismus konsequent ablehnen.

Innerhalb der queeren Szene herrscht Sensibilität für LSBTI-Feindlichkeit, das Thema Flucht dagegen ist sehr neu. Daher kommt es häufig zu einem Überraschungsmoment und zu Irritationen seitens queerer Aktivist/inn/en, wenn Vorannahmen und Erwartungen nicht erfüllt werden. Insbesondere die queeren Identitätskonzepte, die hierzulande verbreitet sind, können von den Selbstbildern der queeren Geflüchteten abweichen. Diese können durchaus gleichgeschlechtliche sexuelle Handlungen erleben, ohne sich jedoch zwingend als LSBTI einzustufen. Die gleichgeschlechtlichen körperlichen Beziehungen unter Frauen und Männern haben in einigen Kulturen viel fluidere Formen als es in Deutschland der Fall ist.

Die Vorstellungen über queere Geflüchtete speisen sich aus den gesamtgesellschaftlichen Diskursen über Geflüchtete und ihrer „fremden" Kulturen. Insbesondere bei queeren Geflüchteten wird eine Form von Kulturalisierung von Geschlecht betrieben, wobei den ethnisch und oft als muslimisch markierten Menschen entweder eine unterdrückte oder unterdrückende Sexualität beigemessen wird. Es handelt sich hier häufig um Formen von sexualpolitisch argumentierender Migrationsfeindlichkeit. Ein Komplex von Geschlecht, Ethnie, Sexualität, Religion, Klasse, Milieu und geopolitischer Positionierung erzeugt kollektivistische Erwartungen an den queeren Geflüchteten[5]. In diesem Zusammenhang ist zu unterstreichen,

---

4   Man darf nicht aus den Augen verlieren, dass in Deutschland – wenn auch modifiziert – ein Heterosexismus herrscht, der davon ausgeht, dass prinzipiell alle Menschen heterosexuell sind und die Existenz der anderen sexuellen Orientierungen oder geschlechtlichen Identitäten als Ausnahmen gelten. Heterosexismus liegt ein falscher Universalismus zugrunde, das heißt, man kann die Generalisierung der Heterosexualität als die „eigentliche" Norm als eine indirekte Form von Homophobie betrachten.
5   Prof. Gabriele Dietze spricht hier von Ethnosexismus. Keynote von Prof. Dietze „Ethnosexismus – Verflechtung von Sexismus und Rassismus in der Migrationsabwehr" auf dem Fachtag

dass Sexismus die Diskriminierung aufgrund von Geschlecht bedeutet, also nicht nur Frauen betrifft, sondern auch Männer, insbesondere marginalisierte Männer (vgl. Connell 2005). Queere Geflüchtete, aber auch heterosexuelle Geflüchtete sowie muslimische Migrant/inn/en in Deutschland können zu Objekten eines spezifisch sexistischen Diskurses werden (vgl. Dietze 2016). Dabei werden sie kollektivistisch in eine Opfer- und Tätersexualität einsortiert und verlieren weitgehend ihren Subjektstatus im Hintergrund einer überbordenden kulturellen Auslegung ihrer Handlungen.

Eine weitere Spielart der sexistischen Sonderstellung von queeren Geflüchteten wird sichtbar, wenn den Geflüchteten gegenüber eine Sprachpolitik von *unseren Werten* und *wir* als ein Gegensatz zu den Herkunftsländern und/oder ihrer nichtchristlichen Religionen betrieben wird. Dabei sind die Einheimischen als Kollektiv tolerant gegenüber Homo- und Transsexualität und die Geflüchteten sind es als Kollektiv nicht. Die Haltung zu nicht heteronormativen Sexualitäten ist eine populäre Figur der Migrationsabwehr. Jin Haritaworn untersuchte, wie bestimmte Ereignisse dazu genutzt werden, um größere Gruppen von Menschen zu markieren, ihre Eigenschaften zu generalisieren und eine kulturelle Panik gegenüber dieser Gruppe zu schüren (vgl. Haritaworn 2009). In diesem Konstrukt können Geflüchtete und Einwanderer nur die Rolle der Homophoben besetzen, da die Rolle der Homofreundlichen bereits von einem *wir* belegt wurde. Rechtspopulistische Parteien und Bewegungen vereinnahmen den LSBTI-Aktivismus, um ein kulturrassistisches Bild des inhärent homophoben Einwanderers zu zeichnen. So zeigte die Berliner AfD eine Bannerwerbung mit einem besorgten schwulen Paar. Wie wenig echtes Interesse diese Bewegungen an queeren Menschen haben, zeigt sich in der jahrelangen Agitation gegen Homo- und Transsexuelle, darunter die Ablehnung der Ehe für alle, die Gleichsetzung mit Pädophilie und Sodomie sowie Angriffe auf Regenbogen-Familien. Trotzdem übernehmen Vetreter/innen der homonationalistischen Strömungen innerhalb der queeren Strukturen das Vokabular der Rechtspopulisten. Prominente queere Politiker und Aktivisten, zumeist weiße Männer, hetzen in verschiedenen Formaten gegen Geflüchtete und Migranten[6].

Der türkische Regisseur Nurkat Erpulat thematisierte in seinem Theaterstück *Jenseits – Bist du schwul oder bist du Türke?,* das auf Interviews mit schwulen muslimischen Migranten basiert, das Konstrukt von homofeindli-

---

der Bundesstiftung Magnus Hirschfeld „Zur Verschränkung von Geflüchteten- & LSBTIQ-Emanzipationspolitik", Deutsches Hygiene-Museum in Dresden, 26.11.2016.
6 Beispielhaft kann der bekannte schwule Aktivist und Journalist David Berger genannt werden, der offen Sympathien mit der Pegida-Bewegung hegt und in seinen Texten gegen Muslime hetzt. Der offen schwul lebende Politiker Jens Spahn, CDU-Präsidiumsmitglied, empört sich bei öffentlichen Auftritten über arabische Männer, die in den Duschen von Fitnesscentern ihre Badehosen anbehalten. Darin sieht er einen enormen Kulturschock.
Vgl. http://www.queer.de/detail.php?article_id=26721. (Abfrage: 11.12.2016).

chen Geflüchteten und Migranten und dem homofreundlichen *wir*. Einer der Charaktere des Stücks bringt die Situation vieler queerer Geflüchteter auf den Punkt: „Viele Menschen stehen vor mir voller Bewunderung nach dem Motto: ‚Oh, der ist hierhergekommen, um sich zu emanzipieren! Lasst uns ihn mit vereinten Kräften befreien.'" Weitere Figuren des Stücks benennen die Erwartung der Helfer/innen an die Geflüchteten, sich kritisch zu ihren „rückständigen" Herkunftsländern äußern zu müssen. Ohne den intersektionellen Blick löst Mehrfachzugehörigkeit Unsicherheit aus. Um Zuständigkeiten zu klären, steht die suggestive Frage im Raum: „Bist du Flüchtling oder schwul?". Die queeren Geflüchteten sollen sich positionieren, in einen Rahmen passen. Sie sind entweder schwul, lesbisch, trans *oder* arabisch, kurdisch, muslimisch, yezidisch[7].

Aktuell ist die Lage zum Thema LSBTI-Geflüchtete sehr gespalten. Einerseits bauen die Länder ihre Gewaltschutzkonzepte aus und unterstützen die Geflüchteten, andererseits ist die Anerkennung der sexuellen Orientierung und der geschlechtlichen Identität als Asylgrund bei den Behörden weiterhin problematisch. Die Betroffenen müssen Fragen beantworten, die weit unter die Gürtellinie gehen und brauchen zudem psychiatrische Gutachten, um ihre sexuelle Orientierung oder geschlechtliche Identität als Asylgrund anerkennen zu lassen (Ralser 2016). In einigen BAMF-Außenstellen wurde den Geflüchteten zeitweise keine Privatsphäre ermöglicht, sodass sie über sensible Bereiche wie ihre sexuelle Orientierung kaum sprechen konnten[8].

Die Akteure der Sozialen Arbeit als auch Aktivist/inn/en der queeren Szenen brauchen in der Arbeit mit queeren Geflüchteten eine Grundsensibilisierung für Rassismus und Sexismus. Darüber hinaus gibt es spezielle Aspekte, die mit queeren Geflüchteten zusammenhängen, wie z. B. Zugang zu Hormonen bei Trans-Personen, die in Fortbildungen für Haupt- und Ehrenamtliche vermittelt werden. Sowohl die Niedersächsische Vernetzungsstelle als auch weitere Einrichtungen der queeren Szene bieten regelmäßig Schulungen dazu an. In erster Linie jedoch ist ein respektvoller Umgang mit nicht heteronormativen geschlechtlichen Identitäten und sexuellen Orientierungen nötig. Nur wer Achtung und Respekt ausstrahlt, kann eine gute Ansprechperson sein, an die sich Geflüchtete auch mit privaten und intimen Problemen vertrauensvoll wenden können.

---

7 Die queere Philosophin und Feministin Judith Butler lehnte 2010 beim Christopher Street Day (CSD) in Berlin ein Preis für Zivilcourage mit der Begründung ab, dass diese queere Organisation nicht gegen Probleme wie Rassismus und doppelte Diskriminierung von beispielsweise queeren Migranten vorgeht. Sie benannte in der Folge einzelne Gruppen und CSD-Organisatoren, die den Kampf gegen Homophobie als ein Kampf gegen andere Minderheiten führen. Vgl. http://www.taz.de/!5140677/. (Abfrage: 07.12.2016).
8 http://www.zeit.de/politik/deutschland/2016-11/bamf-hamburg-asylverfahren-raum-volker-beck-bmi-vertraulichkeit. (Abfrage: 08.12.2016).

Literatur

Connell, Raewyn (2005): Masculinities. Berkeley (CA).
Dietze, Gabriele (2016): Das „Ereignis" Köln. In: Femina Politica 25, Heft 1, S. 93–102.
Haritaworn, Jin (2009): Kiss-Ins, Demos, Drag. Sexuelle Spektakel von Kiez und Nation. In: AG. Queerstudies (Hrsg.): Verqueerte Verhältnisse – intersektionale, ökonomiekritische und strategische Interventionen. Hamburg. S. 41–65.
Ralser, Michaela (2016): Die Illegitimen. Grenz- und Migrationsregime in biopolitischer Perspektive. In: Österreichische Zeitschrift für Soziologie 41, Heft 3, S. 63–77.

Internet

www.nvbf.de
http://www.queer.de/detail.php?article_id=26721
http://www.taz.de/!5140677/
http://www.zeit.de/politik/deutschland/2016-11/bamf-hamburg-asylverfahren-raum-volker-beck-bmi-vertraulichkeit

Hugo Mennemann und Hanns Rüdiger Röttgers

Der Beitrag Sozialer Arbeit zur Gesundheitsversorgung Geflüchteter

Der Beitrag der Sozialen Arbeit zur Gesundheitsversorgung Geflüchteter leitet sich ab aus dem Verständnis von Gesundheit auf der einen und dem Auftrag Sozialer Arbeit auf der anderen Seite. Für das Gesundheitsverständnis ist die Verfassung der Weltgesundheitsorganisation (WHO) maßgeblich. Sie definiert Gesundheit als einen

> „Zustand des vollständigen körperlichen, geistigen und sozialen Wohlergehens und nicht nur [als, d. Verf.] das Fehlen von Krankheit oder Gebrechen. Der Besitz des bestmöglichen Gesundheitszustandes bildet eines der Grundrechte jedes menschlichen Wesens, ohne Unterschied der Rasse, der Religion, der politischen Anschauung und der wirtschaftlichen oder sozialen Stellung" (WHO 2014, S. 1).

Und das gilt also auch für geflüchtete Menschen. Der Auftrag Sozialer Arbeit umfasst sowohl die Versorgung erkrankter Menschen und eine grundsätzliche gesundheitsbezogene Sorge für alle Geflüchteten als auch den Aufbau damit verbundener Sorgestrukturen und politische Öffentlichkeitsarbeit.

Die gesundheitliche Situation von Migranten und Geflüchteten

Der wesentliche Einflussfaktor für den gesundheitlichen Zustand ist weltweit das Alter: Abgesehen von einem Krankheitsgipfel in den ersten Lebensjahren sind Menschen bis zum mittleren Lebensalter in der Regel gesund. Des Weiteren gibt es eine geschlechtsspezifische Morbidität und Mortalität: Bei Frauen spielen insbesondere Schwangerschaft und Geburt eine Rolle.

Unter Migranten und Geflüchteten finden sich Menschen beider Geschlechter und aller Altersgruppen. Die Zuwanderung seit 2015 ist jedoch vorrangig durch junge Männer gekennzeichnet. 2016 waren 73,7 Prozent der Asylerstantragsteller jünger als 30 Jahre. Fast zwei Drittel aller Erstanträge wurden von Männern gestellt, die überwiegende Mehrheit stammte aus den arabischen Ländern Syrien, Afghanistan und Irak (BAMF 2016). Deren Gesundheitszustand ist abgesehen von Akuterkrankungen in der Regel besser als der der (älteren) einheimischen Bevölkerung; man spricht auch vom „healthy migrant effect".

Für die Herkunftsregionen charakteristische Tropen- und Infektionserkrankungen werden in der Regel erkannt und kompetent behandelt; eine Ausnahme gilt u. a. für bestimmte multiresistente Tuberkuloseformen, deren Management in verschiedenen Zielländern afrikanischer Migranten Probleme bereitet (ECDC 2016). Die Entwicklungen werden vom European Centre for Disease Prevention and Control beobachtet, um die Behandlungsstrategien abzustimmen und die verfügbaren „Reservemedikamente" optimal einsetzen zu können.

Grundsätzlich gilt, dass Migranten in Deutschland auf ein niedrigschwellig zugängliches und materiell wie fachpersonell hervorragend ausgestattetes Gesundheitssystem treffen. Damit verbessert sich die Situation für Kranke gegenüber der Situation in ihren Herkunftsländern, die oftmals durch bewaffnete Auseinandersetzungen, unterentwickelte und/oder zerstörte Infrastruktur und schlechte Versorgungsstandards geprägt ist. Menschen, die etwa Opfer von Kriegshandlungen oder von Übergriffen staatlicher Stellen geworden sind, aber auch diejenigen, die während riskanter Migrationsrouten (Sahara/Mittelmeer) erkrankt sind, werden im deutschen Gesundheitssystem kompetent behandelt. Gerade in der Behandlung von kriegsverletzten Personen besteht in Deutschland eine hohe Expertise; die Bundesrepublik versorgt u. a. in den Krankenhäusern der Bundeswehr auch militärische und zivile Opfer des Ukrainekonflikts nach der russischen Aggression im Osten des Landes.

Akute Erkrankungen aller Altersgruppen werden gut versorgt, für die große (junge, männliche) Mehrheit der Migranten seit 2015 ist körperliche Gesundheit ohnehin die Regel. Es ergeben sich auch keine Finanzierungsprobleme; die Versorgung von Akuterkrankungen ist unabhängig von der jeweils geltenden Abrechnungsvariante im Asylbewerberleistungsgesetz sichergestellt.

Dagegen bedürfen vulnerable Gruppen des besonderen Augenmerks. Dies gilt einerseits für die (kleine) Gruppe älterer, damit mit einem höheren Krankheitsrisiko behafteter Migranten, die in ihren Herkunftsländern oft nicht optimal betreut wurden. Darunter befinden sich auch Menschen, bei denen Krankheitsverläufe durch eine vorherige Fehl- und Mangelversorgung chronifiziert oder weiter fortgeschritten und nicht mehr ausreichend zu beeinflussen sind. Dies gilt etwa für Amputationen und Erblindung als Folge von Diabeteserkrankungen oder auch für fortgeschrittene Tumorleiden.

Eine weitere Risikogruppe stellen Kinder dar: Einerseits sind sie nicht immer gut vorversorgt, beispielsweise müssen bei etlichen Kindern Impflücken geschlossen und Folgen von Fehl- und Mangelernährung behandelt werden, andererseits sind Kinder gegenüber Belastungen und Gefährdungen bei Flucht und Migration vulnerabler als Erwachsene.

Ein besonderes Augenmerk muss zudem weiblichen Migranten und Flüchtlingen gelten: Bei Frauen aus Herkunftsländern mit traditionell paternalistischen Kulturen (die die Zuwanderung seit 2015 wesentlich prägen) ist eine geschlechtsbezogen schlechtere Versorgung schon im Herkunftsland ein gesundheitlicher Risikofaktor. Frauen sind zudem oftmals während der Flucht körperlichen, auch sexuellen Übergriffen ausgesetzt. Bei Frauen aus vielen nordafrikanischen und arabischen Ländern sind zudem verschiedene Formen der Genitalverstümmelung („female genital mutilation") verbreitet, die je nach Form des Eingriffs lebenslange Komplikationen und Gesundheitsgefahren nach sich ziehen können. Wenn diese Frauen im traditionellen Familienverband nach Deutschland kommen, ist eine selbstbestimmte gynäkologische Betreuung und Versorgung oft erschwert. Hier ergibt sich ein weiter Tätigkeitsbereich für eine sensible geschlechtsspezifische Beratung.

Was die psychische Gesundheit angeht, gilt, dass die schweren psychiatrischen Erkrankungen (psychoorganische Erkrankungen, Schizophrenien und affektive Psychosen) im Wesentlichen herkunfts-, kultur-, bildungs- und sozialstatusunabhängig sind. Sie haben unterschiedliche Altersgipfel; Schizophrenien manifestieren sich im jungen Erwachsenenalter, affektive Störungen etwas später, psychoorganische Erkrankungen sind vor allem bei älteren Menschen zu erwarten. Bei den jungen seit 2015 Zugewanderten sind diese Erkrankungen damit seltener als in der deutschen Durchschnittsbevölkerung.

Etwas anderes gilt für psychische Belastungsreaktionen und Traumafolgeerkrankungen: Neben politischer und religiöser Verfolgung in den Herkunftsländern kommen auch Belastungen durch Kriegsereignisse und Fluchtumstände als mögliche, sich ggfs. sogar je nach Einzelschicksal addierende Auslöser hinzu. Damit sind sie bei geflüchteten Personen häufiger als in der Bevölkerung des Aufnahmelandes.

Entgegen laienhafter Auffassung muss nicht jede reale Belastung zwingend zu einer Traumafolgestörung führen. Deren Wahrscheinlichkeit hängt unter anderem von der Art des Traumas ab: Einzelne Belastungen bedeuten ein geringeres Risiko als andauernde oder sich wiederholende Belastungen, Naturereignisse in der Regel ein geringeres Risiko als von Menschen verantwortete Belastungen. Das Erleben von Verkehrsunfällen führt entsprechend bei weniger als acht Prozent, das Erleiden körperlicher Gewalt bei ca. zwölf Prozent, das Durchleiden von Misshandlungen in der Kindheit oder eine Kriegsopfersituation bei ca. 35 Prozent und eine Vergewaltigung bei gut 55 Prozent der Betroffenen zur Entwicklung einer Traumafolgestörung (Maercker 2013). Damit stellen vor Verfolgung und Krieg geflüchtete Personen eine Risikogruppe für psychische Traumafolgestörungen dar.

Psychische Traumafolgen äußern sich nicht zwingend als Posttraumatische Belastungsstörung (PTBS), diese soll aber hier exemplarisch betrachtet werden. Eine PTBS hat im Kontext von Migration verschiedene Facetten. Existiert sie real, ist sie eine individuell stark belastende Erkrankung. Im Kontext von Asylanerkennungsverfahren kann sie aber auch als Indiz für die Erlebnisfundierung von geschilderter Verfolgung und damit als „Glaubwürdigkeitskriterium" angeführt werden. Schließlich ist eine PTBS häufiger Gegenstand von Attesten und Bescheinigungen zu gesundheitlich bedingten Ausreise- und Abschiebungshindernissen. Die Qualität derartiger Stellungnahmen ist oft fachlich unzureichend (Glocker/Gierlichs/Pfäfflin 2012), wobei sowohl die Unterschätzung „stiller" Erscheinungsbilder durch nicht erfahrene Gutachter wie auch nicht ausreichend begründete Pauschalbescheinigungen im Rahmen sogenannter Gefälligkeitsatteste beobachtet werden. Im Interesse fachlicher Seriosität, vor allem aber im Interesse real traumatisierter und therapiebedürftiger Personen, ist eine unfundierte Inflationierung des Trauma- wie des PTBS-Begriffes abzulehnen.

Schließlich führen eine reale und behandlungsbedürftige PTBS oder andere Traumafolgeerkrankungen Ärzte und Therapeuten an die Grenzen ihrer Kompetenz. Erfreulicherweise sorgen die Leitlinien der Arbeitsgemeinschaft der Wissenschaftlichen Medizinischen Fachgesellschaften (AWMF) wie auch die Etablierung deutschsprachiger Fachgesellschaften (vgl. DeGPT, www.degpt.de) zunehmend für Transparenz und Qualität in einem traditionell von eklektizistischem Wildwuchs gekennzeichneten Feld. Für die Patienten bringt dieser Wildwuchs die Gefahr verlorener Lebenszeit und -qualität mit sich.

Wenn und solange eine existierende PTBS rechtlich die Voraussetzung für eine Duldung oder ein Bleiberecht ist, hat eine Behandlung trotz besten Bemühens wenig Erfolgsaussichten, denn bei einer erfolgreichen Behandlung entfiele der Hinderungsgrund bei einer eventuellen Abschiebung. Diese Erkenntnis der Grenzen eigenen Handelns hat die wissenschaftlich fundierte Psychotherapie schon im Kontext von z. B. renten- und entschädigungsrechtlichen Auseinandersetzungen und in der Forensik gewinnen müssen und sie erlebt sie im Kontext von Migration erneut. Die Handelnden bedürfen hier noch mehr als in anderen Zusammenhängen der guten kollegialen Vernetzung und der fachlichen Supervision.

Die Versorgungssituation Geflüchteter

Der Begriff „Flüchtling" ist in § 3 AsylG legaldefiniert; anerkannte Flüchtlinge erhalten zunächst für drei Jahre eine Aufenthaltserlaubnis. Wenn ein Asylantrag gestellt wurde oder dies beabsichtigt wird, gilt für die medizinische Versorgung das Asylbewerberleistungsgesetz (AsylbLG). Die Leistungsberechtigung besteht für den anerkannten Flüchtling ebenso wie für die ihn begleitende Ehegatten, Partner und Kinder.

Während der ersten 15 Monate des Aufenthaltes in Deutschland besteht gemäß § 4 AsylbLG ein Anspruch auf „Grundleistungen" für akute Krankheits- und Schmerzzustände. Danach richtet er sich nach dem SGB V, entspricht also dem der gesetzlichen Krankenversicherung. Der Gedanke ist, dass bei längerem Aufenthalt in Deutschland die Angleichung an die hiesigen Lebensverhältnisse im Vordergrund steht, bei einem nur kurzen Aufenthalt dagegen die Unterstützung in Notlagen (Ossege/Köhler 2016).

- Gesundheitsleistungen in den ersten 15 Monaten des Aufenthalts: Grundleistungen nach § 4 AsylbLG;
- Kostenträger: Sozialamt; in einigen Regionen Abwicklung über Krankenversicherungskarten;
- ab dem 16. Aufenthaltsmonat Leistungen analog der gesetzlichen Krankenversicherung nach § 264 SGB V.

Die Abgrenzung der Grundleistungen kann im Einzelfall problematisch sein. Generell schließen sich die Sozialgerichte in der Regel ärztlichen Einschätzungen an, die präventivmedizinische Überlegungen in der Vordergrund stellen (Beispiel: Kostenübernahme für eine akut nicht erforderliche Mandeloperation bei einem Kleinkind zur Vorbeugung von Mittelohrentzündungen, die ihrerseits bei Wiederholung Hörminderungen und Sprachentwicklungsverzögerungen nach sich ziehen könnten)[1]. Als typische „nicht akute" Gesundheitsprobleme (deren Kosten damit innerhalb der ersten 15 Monate nicht zu übernehmen wären) gelten kieferorthopädisch zu behandelnde Zahnfehlstellungen, kosmetisch (nicht medizinisch) erforderlicher Zahnersatz, Nierentransplantationen bei dialysepflichtigen Patienten und die Implantation künstlicher Hüftgelenke.

Wenn ein Leistungsanspruch nach § 4 AsylbLG verneint wird, kann in Härtefällen dennoch über den § 6 AsylbLG eine Übernahme im Rahmen der „sonstigen Leistungen" zur Sicherung des Lebensunterhalts, der Gesundheit oder zur Deckung der besonderen Bedürfnisse von Kindern erfolgen.

Kostenträger für Leistungen im Rahmen des § 4 AsylbLG ist die Kommune, die somit wie vor den Hartz-Reformen wieder für einen größeren Personenkreis in gesundheitlichen Angelegenheiten tätig ist. Ansprechpartner ist in der Regel das Sozialamt.

Für planbare Leistungen, etwa eine Psychotherapie, eine längerfristige Medikation oder die Beschaffung technischer Hilfsmittel, muss die Leistung vor Aufnahme der Behandlung beantragt und genehmigt werden; ansonsten gehen die Leistungserbringer leer aus.

---

1 LSG NRW, Urteil vom 06.05.2013 – L 20 AY 145/11

Die damit verbundenen Verzögerungen und administrativen Belastungen, aber auch die Sorge vor einer Stigmatisierung als „Patienten zweiter Klasse" (die im Versorgungsalltag nicht empirisch belegt ist) haben in einigen Regionen dazu geführt, auch neu Zugereiste direkt über die Krankenkassen im Rahmen einer „Gesundheitskarte für Flüchtlinge" zu versorgen. Hamburg und Bremen waren hier Vorreiter, eine zunehmende Zahl von Kommunen in anderen Bundesländern folgt dem Modell. Regional werden ergänzende Vor-Ort-Sprechstunden in großen Flüchtlingseinrichtungen angeboten (Borgschulte u. a. 2016).

Ab dem 16. Aufenthaltsmonat werden gemäß § 264 SGB V SGB-V-analoge Leistungen gewährt. Die Krankenkassen übernehmen die Kosten, haben ihrerseits dann aber einen Erstattungsanspruch zuzüglich angemessener Verwaltungskosten an den zuständigen Sozialhilfeträger.

Die oben genannten Ansprüche nach dem AsylbLG setzen allerdings eine formale Meldung voraus und gelten deshalb nicht für illegal in Deutschland lebende Ausländer. Selbstverständlich werden Unfälle und schwerwiegende Akuterkrankungen in Krankenhäusern unabhängig von einer Kostenübernahme versorgt. Für Illegale gibt es daneben in 16 größeren Städten das Angebot der „Malteser-Migranten-Medizin", die auch eine kostenlose anonyme Behandlung einschließlich der Betreuung Schwangerer ermöglicht und seit ihrer Gründung 2001 beispielsweise 1.400 Geburten betreut hat (www.malteser-migranten-medizin.de, Abfrage: 30.12.2016).

Sozialpädagogische Handlungsformen und gesundheitsbezogene Aufgaben

Soziale Arbeit als Profession folgt in der gesundheitsbezogenen Unterstützung geflüchteter Menschen einem dreifachen Mandat (vgl. dem Grundsatz nach Staub-Bernasconi 2007): Mit Blick auf die jeweils unterschiedliche aktuelle Situation geflüchteter Menschen und ihren Bedarf (1. Mandat) greift sie den gesellschaftlichen Auftrag, gesundheitsbezogene sozialrelevante Strukturen zu schaffen, auf (2. Mandat) und gestaltet das Wechselverhältnis von Individuum und Gesellschaft (3. Mandat). Der gesellschaftliche Beitrag zur Gesundheit Geflüchteter, den Soziale Arbeit primär im Blick hat, ist die Sorge um weitestgehende Selbstverantwortungs- und Gestaltungsmöglichkeiten in physischer, psychischer und sozialer Hinsicht (Inklusionsstrukturen). Die individuumsbezogenen Voraussetzungen, die Soziale Arbeit hervorhebt, sind die Bereitschaft und die Fähigkeiten Geflüchteter zu Aktivitäten, mit denen sie sich in ihre Umwelt integrieren. Teilhabemöglichkeiten, individuelle Integrationsforderungen und -förderungen sowie strukturelle Inklusionsbemühungen stehen im Zentrum der Bemühungen. Diese beziehen sich auf die biopsychosoziale Situation geflüchteter Menschen, wobei zusätzlich die spirituelle Dimension – die Frage nach dem individuellen (bewussten oder unbewussten) Lebenssinn – zu berücksichtigen ist. Die menschlichen Dimensionen (Körper, Gedanken, Gefühle, Soziales, Spirituelles) stehen dabei in einer nichtkausalen, individuell unterschiedlichen, nicht theoretisch vorweg bestimmbaren Wechselwirkung zueinander.

Bei geflüchteten Menschen als Adressatengruppe bietet sich ein subjektorientierter, sozialpädagogischer Blick an. Denn dieser bietet die Möglichkeit, das Person-Umwelt-Verhältnis zentral in den Blick zu nehmen und die Wirkung neuer, anderer, fremder Orte für den Menschen zu fokussieren. Für geflüchtete Menschen ist ja der Umstand prägend und sozialpädagogisch zu gestalten, dass sie nicht mehr an ihrem vertrauten, sondern an einem neuen Ort sind, der zunächst angeeignet und begriffen sein muss, um sich in ihm bewältigend, tätig, handelnd zu erleben. Die Entscheidung, sich auf das Person-Umwelt-Verhältnis zu konzentrieren, ist nicht alternativlos. Sie schließt andere Zugänge, etwa systemische oder lernpsychologisch-verhaltensorientierte, nicht aus, soll aber hier auf der Grundlage der Theorien von Thiersch, Böhnisch und Winkler exemplarisch die sozialpädagogische, ethische und fachliche Haltungs-, Erkenntnis- und Handlungsgrundlage sein.

Mit dem Konzept der Lebensweltorientierung (Thiersch 2014) gerät die Lebenswelt der Adressatinnen und Adressaten mehrdimensional in den Blick. Dazu gehören im engeren, klinischen Sinn eine rechtliche, finanzielle Beratung und auch eine Vermittlung in das Versorgungssystem hinein. Individuums- und gruppenbezogen geht es um das Begreifen und Bearbeiten der „Pseudokonkretheit" des Bewusstseins und der Handlungsformen Geflüchteter: Welche unbewussten, erlernten Alltagsroutinen bringen geflüchtete Menschen mit? Welche spirituellen, sozialen, habituellen Bewusstseins- und Handlungsformen sind auch in der neuen Umgebung hilfreich und welche müssen für eine gelingende Integration neu erlernt werden? Dies beinhaltet ein Bewusstmachen der „cultural games" der Heimatkultur und der neuen Kultur, die Initiierung des Kontaktes mit der fremden Kultur: Sprachkurse, Sportvereine, Begegnungszentren, Alltagsstrukturierung in der neuen Kultur etc.

Mit dem Theorem der Lebensbewältigung (Böhnisch 2012) geraten insbesondere Fragen nach dem Umgang mit Krisensituationen, der Förderung von psychischen Widerstandspotenzialen (Resilienz) und Bewältigungsstrategien (Coping) in den Blick. Einzel- und gruppenbezogene Formen, um an sicheren Orten Vertrauen und einen heilenden Umgang mit Krisen finden zu können, sind hier Handlungsaufträge Sozialer Arbeit.

Den neuen Lebensort bewusst zu gestalten – den „Ort" als Handlungskategorie Sozialer Arbeit zu verstehen – mit Blick auf die jeweilige Art und Weise, wie geflüchtete Menschen da sind, ihren „Subjektivitätsstil" – ist zentraler erkenntnis- und handlungstheoretischer Auftrag Sozialer Arbeit im Sinne „einer Theorie der Sozialpädagogik" nach Winkler (1988). Formen der Ortsgestaltung von gesellschaftlichen, institutionellen Strukturen bis hin zu Bewusstseinsorten stehen hier im Zentrum der Überlegungen und Handlungsformen. Den Übergang aus einer vertrauten in die neue Kultur herauszufordern und zu begleiten als auch einen neuen, sicheren Lebensort zur Verfügung zu stellen sind in Anlehnung an Winklers subjekttheoretische Überlegungen Aufgaben Sozialer Arbeit. Unterschiedliche Formen der Ortsauflösung, von oszillierenden Modellen bis hin zur Aneignung stets neuer Orte kommen als Handlungsmodelle in Betracht (Winkler 1988). Die Ortsgestaltung beinhaltet dabei sozialraumorientierte Modelle mit dem Ziel sozialer Teilhabe und eine professionelle Beziehungsgestaltung.

Subjekttheoretisch übernimmt Soziale Arbeit je nach konkretem Handlungsfeld und Auftrag Aufgaben

- *der Lebensweltgestaltung*: Erlernte, in der neuen Kultur nicht hilfreiche Alltagsroutinen („Pseudokonkretheit") aufdecken, das Begreifen gesellschaftlicher Strukturen und Normen unterstützen, rechtlich und finanziell beraten, Strukturen sozialer Teilhabe schaffen, Weiterbildungen organisieren (Grunwald/Thiersch 2016)
- *der Bewältigung von Übergängen und Krisen*: Copingstrategien, Resilienz stärken (Bönisch/Schröer 2013)
- *der Ortsgestaltung*: Sozialraumorientierung, Vernetzung der Ange-bote, Beobachtung neuer Aneignungsvorgänge geflüchteter Menschen mit Blick auf Bewusstseins- und Handlungsformen, insbesondere die Aneignung von Kulturtechniken (Winkler 1988).

Einzelfallbezogene Handlungsformen

Geflüchtete Menschen stehen mit Blick auf ihr physisches, psychisches und soziales Wohlergehen vor allem vor der Herausforderung, sich neue Kulturtechniken an einem fremden Ort nach einem Heimat- und Normalitätsverlust aneignen zu müssen. Gegebenenfalls machen auch erlebte Krisen und Verlusterfahrungen oder die Verarbeitung körperlicher Erkrankungen eine gezielte professionelle Begleitung notwendig. Soziale Arbeit bereitet vertraute, sichere, aufnehmende Orte, gestaltet Strukturen, eröffnet Wege multiprofessioneller Versorgung in das Gesundheitssystem hinein und begleitet Menschen psychosozial beratend in akuten Krisen- oder Krankheitssituationen. Zugleich sollen dauerhafte Ghettoisierung verhindert und die Teilhabe an der neuen Gesellschaft ermöglicht werden. Je nach individueller Situation und Notwendigkeit werden vor Ort im Sozialraum soziale Formen der Gleichheit – grenzerhaltend der Assimilation, grenztranszendierend der

Neo-Assimilation – gestaltet oder soziale Formen der Ungleichheit – grenzerhaltend der Multikulturalität oder grenztranszendierend der Transkulturalität – politisch und sozial angeregt und unterstützt. Das Aneignen fremder Kulturtechniken, angefangen mit der Sprache sowie sozialen Verhaltensregeln, braucht Zeit und intensive Begleitung.

Sozialraum- und versorgungssystembezogene Handlungsformen

Soziale Arbeit gestaltet im klinischen Sinne Versorgungsnetze mit Blick auf akute Krankheitssituationen. Dazu gehört eine Zusammenarbeit mit dem Gesundheitsamt, den Krankenkassen, Krankenhäusern sowie niedergelassenen Ärzten und Therapeuten. Das Modell der Zusammenarbeit reicht von vereinbarter standardisierter Zusammenarbeit bis hin zum im Einzelfall fernmündlich aufgenommenen Kontakt. Um im Sinne des Empowerments (Herriger 2014) den Flüchtlingen zu ermöglichen, sich selbst zu orientieren und sich im Gesundheitssystem verhalten zu können, sollten Informationen – nach Möglichkeit in unterschiedlichen Landessprachen – über die gesundheitliche Versorgung und das Versorgungssystem in Deutschland zur Verfügung gestellt werden. Freiwillige Helfer können einbezogen werden, u. a. um vor allem zu Beginn in der Heimatsprache der Geflüchteten kommunizieren zu können. Auf diese Weise initiiert und organisiert Soziale Arbeit vor Ort im Sinne eines Welfare Mixes ein Hilfesystem. Die Anwendung des Handlungskonzepts Case Management (Wendt 2015) bietet sich für Soziale Arbeit an: Mit Blick auf den Bedarf im Einzelfall wird das regionale Versorgungsgefüge koordiniert. Dazu bedarf es der Beschreibung einer Regelversorgung und der Beschreibung von Regelversorgungspfaden quer zu den beteiligten Organisationen und Professionen. Sollten diese in individuellen, komplexen Hilfesituationen nicht ausreichen, kann das regionale Versorgungssystem auf den Einzelfall hin koordiniert werden. Soziale Arbeit erhält hier zudem eine politisch gestaltende Aufgabe nahe der Sozialplanung der Kommunen: Bei der Versorgungsgestaltung der Situation einzelner Menschen fällt auf, welche Hilfeangebote notwendig, aber nicht vorhanden sind und in der Folge eingerichtet werden müssen.

Im Sinne der Bedürfnispyramide von Maslow (1981) stehen zu Beginn die Klärung des Aufenthaltsstatus und basale Bedarfsdeckungen an. Darüber hinaus können die Erkundung und Gestaltung des neuen Sozialraumes mithilfe bekannter Techniken und Verfahren der Sozialraumorientierung erfolgen. Begehungen des neuen (Kultur-)Raumes, Zusammenkünfte der unterschiedlichen Kulturen in Institutionen (z. B. der Schule) und in der Freizeit (z. B. (Sport-)Vereinen) schaffen Formen erster Begegnungen und neuer Aneignungsprozesse.

Das Aufgabenspektrum Sozialer Arbeit ist breit gefächert. An dieser Stelle konnte nur ein erster Überblick gegeben werden. Konkrete Relevanz-Entscheidungen und Prioritäten müssen vor Ort gefunden werden. Ein subjekttheoretischer Zugang stellt eine Möglichkeit dar, Sozialer Arbeit ein begründetes, eigenes Aufgabenprofil zu geben, um interprofessionelle, gesundheitsbezogene Zusammenarbeit mit der Medizin, ggf. der Pflege und therapeutischen Professionen angesichts der Lebenssituation geflüchteter Menschen zu ermöglichen.

Literatur

Böhnisch, Lothar (2012): Sozialpädagogik der Lebensalter. Eine Einführung. 6. Auflage. Weinheim und Basel.
Böhnisch, Lothar/Schröer, Wolfgang (2013): Soziale Arbeit – eine problemorientierte Einführung. Bad Heilbronn.
Borgschulte, Hannah Sophia u. a. (2016): Gesundheitliche Versorgung für Geflüchtete in 2015: Evaluation einer Ambulanz für Geflüchtete in einer Kölner Notunterkunft (Kölner Modell). In: Das Gesundheitswesen 78, S. 808–813.
Bundesamt für Migration und Flüchtlinge (BAMF) (November 2016): Aktuelle Zahlen zu Asyl.
European Centre for Disease Prevention and Control (2016): Multidrug-resistant tuberculosis in migrants, multi-country cluster – 19.12.2016. Stockholm.
Glocker Melanie/Gierlichs, Hans Wolfgang/Pfäfflin. Friedemann (2012): Zur Qualität von Gerichtsgutachten in aufenthaltsrechtlichen Verfahren. In: Recht und Psychiatrie 30, S. 64–71.
Grunwald, Klaus/Thiersch, Hans (2016): Praxis Lebensweltorientierter Soziale Arbeit: Handlungszugänge und Methoden in unterschiedlichen Arbeitsfeldern. 3. Auflage. Weinheim und Basel.
Herriger, Norbert (2014): Empowerment in der Sozialen Arbeit. Eine Einführung. 3. Auflage. Stuttgart.
Maercker Andreas (2013): Posttraumatische Belastungsstörungen. 4. Auflage. Berlin und Heidelberg.
Ossege, Michael/Köhler, Andrea (2016): Medizinische Versorgung von Flüchtlingen nach dem Asylbewerberleistungsgesetz. In: GesR 5, S. 276–280.
Staub-Bernasconi, Sylvia (2007): Soziale Arbeit als Handlungswissenschaft. Systemtheoretische Grundlagen und professionelle Praxis – ein Lehrbuch. Bern/Stuttgart/Wien.
Thiersch, Hans (2014): Lebensweltorientierte Soziale Arbeit. Aufgaben und Praxis im sozialen Wandel. 9. Auflage. Weinheim und Basel.
Wendt, Wolf Rainer (2015): Case Management im Sozial- und Gesundheitswesen. Eine Einführung. 6. Auflage. Freiburg.
WHO (Stand am 8. Mai 2014): Verfassung der Weltgesundheitsorganisation. In: https://www.admin.ch/opc/de/classified-compilation/19460131/201405080000/0.810.1.pdf (Abfrage: 28.12.2016).
Winkler, Michael (1988): Eine Theorie der Sozialpädagogik: über Erziehung als Rekonstruktion der Subjektivität. Stuttgart.

Weiterführende Literatur

Antonowsky, Aaron (1997): Salutogenese. Zur Entmystifizierung der Gesundheit. Erweiterte deutsche Ausgabe von A. Franke. Tübingen.
Deutsches Ärzteblatt (28.12.2016): Thüringen führt Gesundheitskarte für Flüchtlinge ein.
Greuèl, Marius/Mennemann, Hugo (2006): Soziale Arbeit in der Integrierten Versorgung. München und Basel.
Heiner, Maja (2010): Kompetent handeln in der Sozialen Arbeit. München und Basel.
Homfeldt, Hans Günther/Sting, Stephan (2006): Soziale Arbeit und Gesundheit. Eine Einführung. München und Basel.
Maslow, Abraham (1981): Motivation und Persönlichkeit. Reinbek bei Hamburg
Mennemann, Hugo/Dummann, Jörn (2016): Einführung in die Soziale Arbeit. Baden-Baden.
Robert-Koch-Institut (November 2016): Dem Robert Koch-Institut übermittelte meldepflichtige Infektionskrankheiten bei Asylsuchenden in Deutschland.
Robert-Koch-Institut (Hrsg.): Akut behandlungsbedürftige, für Deutschland ungewöhnliche Infektionskrankheiten, die bei Asylsuchenden auftreten können (Stand: 14. September 2015). Epidemiologisches Bulletin 38/2015, S. 413 f.
Stellungnahme der Zentralen Kommission zur Wahrung ethischer Grundsätze in der Medizin und ihren Grenzgebieten (Zentrale Ethikkommission) bei der Bundesärztekammer „Versorgung von nicht regulär krankenversicherten Patienten mit Migrationshintergrund" zitiert nach DÄ 03.05.2013, S. 899–903.
Storck, Timo/Schouler-Ocak, Meryam/Brakemeier, Eva-Lotta (2016): „Words don't come easy". Einige Herausforderungen in der dolmetschergestützten Psychotherapie mit Geflüchteten. Psychotherapeut, Heft 6.
Wendt, Wolf Rainer (2010): Das ökosoziale Prinzip. Soziale Arbeit, ökologisch verstanden. Freiburg.

Antje Krueger

Gesundheit und Krankheit

Gesundheit und Krankheit kann von unterschiedlichen Standpunkten aus erfolgen und aus verschiedenen Blickrichtungen anders dargestellt und unterschiedlich bewertet werden. Was als gesund, als krank sowie als Heilmittel und Heilung verstanden wird, ist jeweils von sozialen und kulturellen Kontexten geprägt und in Werte- und Symbolsysteme eingebunden, die sich historisch entwickelt und für Gruppen und Systeme als relevant erwiesen haben (vgl. Schuler 1997). In diesem Sinne stellt auch die westlich-geprägte Schulmedizin nur ein mögliches Modell dar, das sich weltweit gesehen neben anderen und ganzheitlicheren Medizinkonzepten behauptet (vgl. Körtner 2007). In Zeiten der Globalisierung lassen sich Gemeinsamkeiten und Unterschiede im Krankheits- und Gesundheitserleben allerdings seit langem nicht mehr so trennscharf formulieren. Gerade das oft als kulturelles Unterscheidungsmerkmal angeführte Konzept der Ganzheitlichkeit im Körperverständnis, das lange Zeit in abwertender Weise nichtwestlichen Kulturräumen zugeschrieben wurde, war und ist als eindeutiges Zeichen der Differenz nicht mehr adäquat. Mittlerweile erfahren Ansätze, die von einem Zusammenspiel von Körper, Seele, Geist und Umwelt ausgehen, breiten Konsens in der westlichen Welt (u. a. Salutogenese-Konzept) und werden auch im Sinne ganzheitlicher Behandlungen berücksichtigt. Alternative Heilmethoden sind mittlerweile institutionell etabliert (vgl. Heise 2005). Auf der anderen Seite habe die Schulmedizin einen „globalen Siegeszug" (Körnter 2007, S. 184) angetreten und sei überall auf der Welt vertreten und werde vertrauensvoll genutzt. Diese Tatsachen bedeuten grundsätzlich, aber insbesondere für die Auseinandersetzung mit Gesundheit und Krankheit im Fluchtkontext, die Notwendigkeit einer kritischen transkulturellen Perspektive, um kulturellen Festschreibungen und ethnozentrischen Analysen nicht anheim zu fallen. Nach Körnter (2007) bedarf es in Medizin und Pflege in einer Migrationsgesellschaft grundsätzlich einer Sensibilität für individuelle kulturelle Prägungen, Sitten und Gewohnheiten, aber auch für religiöse Überzeugungen und kulturelle Grenzen überschreitende moralische Grundüberzeugungen. Subjektive Sichtweisen auf Körper, Geist und Seele, auf das Verhältnis von Mensch und Natur, auf Krankheit, Gesundheit, Behinderung und ihren Ursachen seien dabei ebenso zu berücksichtigen wie mögliche Unterschiede in Fragen der Ernährung, in der Betrachtung von Sexualität, Schwangerschaft, Schwangerschaftsabbruch und Geburt. In manchen Fällen gehe es auch darum, abzuklären, in welchem Verhältnis Geschlechterrollen definiert würden, welche Familienangehörigen eine Rolle bei medizinischen Entscheidungen spielen und inwieweit Religionsgemeinschaften einen Beitrag zur Compliance leisten könnten. Mit Blick auf die Situation von geflüchteten Kindern und Erwachsenen müsse darüber hinaus ein besonderes Bewusstsein für soziokulturelle, sozioökonomische und aufenthaltsrechtliche Faktoren entwickelt werden, die für spezifische Krankheitsrisiken und Versorgungsproblematiken verantwortlich seien (vgl. Körnter 2007; vgl. Huster/Boeckh/Mogge-Grotjahn 2008; Butterwegge 2010). Eine Heilbehandlung kann nach Schuler (1997) allerdings nur erfolgreich sein, wenn im Kontakt zwischen Behandelnden und Patientinnen bzw. Patienten eine individuelle und subjektiv stimmige Einigung über Ursache und Bekämpfung der Krankheit erzielt werden kann.

Gesundheitliche Behandlungsbedarfe nach der Flucht

Laut Heer (2016) ist die große Mehrzahl der geflüchteten Menschen, die nach Europa kommen, im medizinischen Sinne körperlich gesund. Dies resultiere zum einen aus der Tatsache, dass vorwiegend männliche Einzelpersonen unter 30 Jahren flüchten würden, zum anderen aus dem Umstand, dass eine strapaziöse Flucht vor allem von Einzelpersonen und Familien bewältigt werden könne, die physisch dazu in der Lage seien (vgl. Heer 2016). Je nach Herkunftsland und Fluchtumständen sei bei geflüchteten Menschen mit Magen-Darm-Infekten aufgrund von Trinkwasser und Lebensmitteln aus unsicheren Quellen mit Atemwegserkrankungen, aufgrund von Unterkühlung, dicht gedrängter Reise- oder Lebensbedingungen sowie mit Fällen von parasitären Erkrankungen wie Krätze (Skabies) und Läusen aufgrund schlechter hygienischer Verhältnisse (während der Flucht und in Aufnahmeeinrichtungen) zu rechnen (vgl. Robert-Koch-Institut 2015). Entsprechend der Bedingungen des Fluchtwegs könne man darüber hinaus oberflächliche Wunden, Verstauchungen und in seltenen Fällen unbehandelte Schuss-, Granatsplitter- oder Folterverletzungen verzeichnen. Die letztgenannten Verletzungen lägen meistens eine längere Zeit zurück und müssten aufgrund schlechter Wundheilung oder erneuter Entzündung behandelt werden. In der Regel würden geflüchtete Kinder und Erwachsene allerdings vor allem unter den gleichen Infektionen wie die ansässige Bevölkerung leiden (grippaler Infekt, Kinderkrankheiten). Der oftmals aus den Strapazen der Flucht resultierende reduzierte Allgemeinzustand und die Unterbringung in Gemeinschaftseinrichtungen berge ein potenziell erhöhtes Risiko, sich mit den entsprechenden Erregern zu infizieren. Erkrankungen wie Malaria, Fleckfieber, Typhus oder Lassafieber seien je nach Herkunftsland von Relevanz, in der Regel aber nur in Einzelfällen vertreten. Anders verhalte es sich mit Tuberkulose, die in mehreren Herkunftsländern stark verbreitet sei und von der regionalspezifisch ein größerer Teil der geflüchteten Kinder und Erwachsene infiziert sein können (vgl. Robert-Koch-Institut 2015). Die zahnärztlichen Versorgungsbedarfe zeigen sich je nach Herkunftsland, vor allem aber entlang der lokalen wie individuellen sozioökonomischen und psychosozialen Situation unterschiedlich. (Unbegleitete) Kinder und Jugendliche seien prozentual am stärksten von Karies betroffen, die sich in einigen Fällen auch auf den gesamten Milchzahnbestand ausgebreitet habe bzw. einen wesentlichen Teil der bleibenden Zähne im Jugendalter beträfe (vgl. Isbaner 2016). Laut der Deutschen Diabetes Gesellschaft steige die Anzahl geflüchteter Menschen mit Diabetes (Typ 1 und 2) immer weiter an und sei insbesondere aufgrund der Vollverköstigung in Gemeinschaftsunterkünften nicht immer ausreichend zu kontrollieren und könnte beispielsweise zu behandlungsbedürftiger Unterzuckerung führen (vgl. DDB 2015).

Erstuntersuchung

Bei Ankunft im Aufnahmeland erfahren alle geflüchteten Menschen eine sogenannte Erstuntersuchung, bei der zum einen akute Versorgungsbedarfe geklärt und ggf. Überweisungen zur Weiterbehandlung an spezifische medizinische Praxen oder Krankenhäuser eingeleitet werden. Zum anderen wird der Impfschutz überprüft und in Abwägung der Individualgesundheit und des Gemeinwohls die Durchführung oder Vorbereitung von risikoadaptierten Impfprogrammen durchgeführt. Die Maßnahmen gelten dem Schutz besonders gefährdeter Personen in den Unterkünften (ältere und alte Menschen, Säuglinge und Kleinkinder, schwangere Frauen, Personen, die bereits durch andere Erkrankungen geschwächt sind), der Fachkräfte sowie der Allgemeinbevölkerung (vgl. Robert-Bosch-Stiftung 2016). Personen ab 16 Jahren müssen sich zudem einem obligatorischen Röntgenverfahren unterziehen, um eine mögliche Tuberkulose auszuschließen bzw. schnellstmöglich zu behandeln. Kindern unter 16 Jahren werden nicht geröntgt – hier wird jedoch abhängig von den Kommunen zu einem Blut- bzw. Haut-Test geraten. Die besondere Aufmerksamkeit für Tuberkulose resultiert aus dem schwerwiegenden Verlauf der Krankheit sowie der hohen Ansteckungsgefahr. Eine Früherkennung kann die Schwere des Krankheitsverlaufs deutlich positiv beeinflussen und damit in vielen Fällen auch die oftmals belastete Psyche der Betroffenen schützen (vgl. Ritz u. a. 2015; Brinkmann/Thee/Magdorf 2012). Sollten Kinder oder Erwachsene eine stationäre Aufnahme benötigen, wird in den Kliniken je nach Herkunftsland, insbesondere aber wenn Hinweise auf einen früheren Krankenhausaufenthalt bestehen, auch ein Screening auf multiresistente Keime durchgeführt (vgl. Heer 2016).

Gesundheitsversorgung und Aufenthaltsstatus

Laut Rauscher/Salzberger (2016) spiele gerade die initiale Versorgung von geflüchteten Menschen eine entscheidende Rolle in der langfristigen Sicherung der Gesundheit. Dies gelte bei Infektionskrankheiten genauso wie bei chronischen somatischen oder psychischen Erkrankungen. Grundsätzlich erfolgen Behandlungen auf Grundlage des aufenthalts- und asylrechtlichen Status der betroffenen Personen, die sich in der Regel auf §§ 4 und 6 AsylbLG beziehen und auf akute Versorgungsbedarfe beschränkt sind.[1] Praktizierende (zahn-)ärztliche, psychiatrische und psychotherapeutische Fachpersonen zeigen sich in der Auslegung der Gesetzeslage und den jeweils kommunalen Regelungen verunsichert. Ihre Sorge gilt dabei neben dem Wohl der Patientinnen und Patienten vor allem der Kostenübernahme der Leistungen. Eine solche Ausgangslage führt unter Umständen dazu, dass gesetzliche Vorgaben zu Ungunsten der Zielgruppe interpretiert werden. Abhilfe schaffen Empfehlungen und Stellungnahmen der jeweils zuständigen Berufsverbände sowie Informationen von Unterstützungssystemen und Rechtsberatungen (vgl. u. a. BZaeK 2015; BVKJ o. J.; Flüchtlingsrat Niedersachsen e.V. 2016).[2] In den meisten Bundesländern sind geflüchtete Menschen darauf angewiesen, im Krankheitsfall Behandlungsscheine beim Sozialamt zu beantragen. Manche Sozialämter weisen Anliegen mit der Begründung eines fehlenden akuten Bedarfes ab, obwohl ihnen die fachliche (medizinische) Expertise dazu fehlt. Auch für solche Fälle empfiehlt es sich, Betroffene über ihre (Widerspruchs-)Rechte aufzuklären. Einige wenige Bundesländer haben mittlerweile die elektronische Gesund-

---

[1] In den ersten 15 Monaten des Asylverfahrens besteht Anspruch auf (zahn)ärztliche Versorgung entlang akut notwendiger medizinischer Bedarfe. Dies gilt auch für die dringliche Versorgung psychischer Leiden in der Psychiatrie. Chronische Erkrankungen dürfen nur bei Verschlechterungstendenzen behandelt werden und erfordern ein zwischengeschaltetes Antragsverfahren. Heil- und Hilfsmittel wie Brillen, Hörgeräte, Prothesen, Rollstühle, aber auch kostspielige Medikamente, Operationen, Zahnersatz oder Zahnspangen werden in der Mehrheit der Fälle nicht ermöglicht. Nach den 15 Monaten können Leistungen nach § 2 AsylLG beantragt werden. Das sind Leistungen, auf die auch deutsche Versicherte Anspruch haben. Personen, die eine Aufenthaltserlaubnis gemäß § 24 Abs. 1 des Aufenthaltsgesetzes besitzen und besondere Bedürfnisse haben, werden erforderliche medizinische oder sonstige Hilfen gewährt. Darunter fallen auch ambulante psychotherapeutische Angebote. Alternative Heilmethoden werden in der Regel gar nicht finanziert (vgl. u. a. Flüchtlingsrat Niedersachsen e.V. 2016).

[2] So empfiehlt beispielsweise die Kassenzahnärztlichen Vereinigung Bayern, dass neben einer reinen Schmerztherapie auch das Fortschreiten von Krankheiten verhindert werden muss. In diesem Sinne sei auch eine Kariesbehandlung legitim, die keine akuten Beschwerden verursache (vgl. Isbaner 2016; vgl. auch BZaeK 2015). Der Berufsverband Kinder- und Jugendärzte e.V. (BVKJ) leitet seine Grundhaltung in der Versorgung von begleiteten und unbegleiteten geflüchteten Minderjährigen aus dem Artikel 24 der UN-Kinderrechtskonvention von 1989 ab, nach dem es „keinerlei Einschränkung in der medizinischen Versorgung von minderjährigen Flüchtlingen geben darf. Dies gilt für akute oder chronische Erkrankungen ebenso wie für alle Maßnahmen der medizinischen Prävention" (BVKJ o. J.).

heitskarte der Krankenkassen für geflüchtete Kinder und Erwachsene eingeführt. Dies erleichtert das selbstständige Aufsuchen von Versorgungssystemen und schafft einen diskriminierungsfreieren Zugang – eine Erweiterung des Leistungsspektrums ergibt sich daraus allerdings nicht (vgl. Flüchtlingsrat Niedersachsen e.V. 2016). Bezogen auf die eingangs zitierte Bedeutung einer frühen, langfristigen und bedarfsorientierten Versorgung muss festgehalten werden, dass geflüchteten Menschen nach ihrer Ankunft zurzeit nur eine „Medizin 2. Klasse" (Montgomery 2016) zur Verfügung steht, die diese Empfehlung zum Teil bei Kindern und Jugendlichen (vgl. BVKJ o. J.), aber nicht bei ihren erwachsenen Angehörigen berücksichtigt.

Intersektionale Aspekte in der Versorgung

Religiöse Aspekte und daraus resultierende genderspezifische Anforderungen werden in der Behandlung von geflüchteten Menschen oft überbetont. Ausgehend von einer grundsätzlichen Diversität der Bevölkerung in Migrationsgesellschaften, sind individuelle Wünsche nach weiblichen Behandlerinnen bei muslimischen Mädchen und Frauen keine neue Fragestellung und werden in der Regel seit langem in der Praxis berücksichtigt. Umgekehrt habe es sich hier auch gezeigt, dass in akuten Notfällen männliche Behandelnde akzeptiert werden (können). Insbesondere in solchen Situationen seien das bereits erwähnte Einfühlungsvermögen und die Überwindung von Sprachbarrieren zentral (vgl. Heer 2016). Geschlechtsspezifische Besonderheiten zeigen sich explizit im Hinblick auf gynäkologische Untersuchungen und Geburtshilfen. Mögliche Genitalbeschneidungen (Genitalverstümmelungen/Exzisionen) erfordern ein spezifisches fachliches Wissen und ein hohes Maß menschlicher Sensibilität von medizinischen Fachkräften und Hebammen (vgl. Grapentin 2008; Mende 2011). Auch wenn diese Problematik nicht vorliegt, sind Schwangerschafts- und geburtsbegleitende Maßnahmen sinnvoll. Losgelöst von lokalen Systemen, die die Frauen sonst während dieser Zeit beraten und begleitet hätten, gäbe es Fragen und Bedarfe, die eine rein schulmedizinische Vor- und Nachsorge nicht berücksichtigen könne. Entsprechend ist es eine Aufgabe der Sozialen Arbeit, die Frauen über ihr Recht auf Hebammenhilfe vor, während und nach der Geburt aufzuklären und an entsprechende freie Hebammen oder Beleghebammen zu vermitteln (vgl. u. a. Website „Hebammenhilfe für Flüchtlinge"). In vereinzelten Fällen wurde die Vergabe von Opiumkügelchen an Säuglinge beobachtet. In ländlichen Regionen Afghanistans (aber auch im Iran und Irak) sei dies, vergleichbar mit dem früheren hiesigen Brauch, Schnuller in Alkohol zu tränken, als Schlafhilfe gedacht, werde aber auch als Mittel gegen Durchfall und Husten verabreicht. Hier gilt es, frühkindlichen Abhängigkeiten vorzubeugen und alternative Maßnahmen mit den Familien zu besprechen (vgl. u. a. Ameskamp u. a. 2016). Während die Ethnomedizin und kulturvergleichende Wissenschaften lange Zeit sehr starr davon ausgegangen sind, dass bei Migrantinnen und Migranten ein erhöhte Tendenz zur Mystifizierung von Krankheitsauslösern, Krankheiten und Heilungsvorstellungen bestehe, kann dies pauschal nicht mehr bestätigt werden. Magische und mystische Erklärungsmuster müssen immer abhängig von Bildungsstand, sozialem Status, ländlicher oder städtischer Sozialisation sowie religiösen Bezügen betrachtet werden und bezögen sich wenn, oft auf psychische Erkrankungen, deren Auslöser und Umstände externalisiert würden (vgl. Yildirim-Fahlbusch 2003). In vielen Ländern sei allerdings der metaphorische Ausdruck psychischen Schmerzes, Verwirrung oder körperlichen Unwohlseins in sogenannten Organchiffren üblich.[3] Auch die Vorstellung, dass „Organe fallen", das heißt nicht mehr am richtigen Platz sitzen und die Ordnung/Balance im Körper nicht mehr stimme, ist zu beobachten. Eine lokalisierte Erkrankung würde entsprechend immer im Zusammenspiel der gesamten leiblich-seelischen und sozialen Befindlichkeit des Betroffenen verortet (vgl. Yildirim-Fahlbusch 2003). Diese Darstellungsweise kann zu Missverständnissen im schulmedizinischen Dialog führen, aber durch den Einsatz von Dolmetscherdiensten und Sprachvermittlung minimiert werden. Insgesamt geben alle medizinischen Berufssparten an, dass die Behandlung aufgrund von sprachlichen Barrieren beeinträchtigt sei. Während urbane Kliniken im Tagesgeschäft mittlerweile über ein gutfunktionierendes Netzwerk an Dolmetscherinnen und Dolmetschern verfügen und die Kostenübernahmen für Übersetzung und Sprachmittlung über das Bundesamt für Migration und Flüchtlinge (BAMF) in der Regel reibungslos organisiert werden können, zeigen sich nachts und am Wochenende Engpässe. Diese treten in den ambulanten Versorgungsinstitutionen (vor allem im ländlichen Raum) oft auch regulär auf. Fehlende Verständigung kann Anamnese und Diagnostik erschweren und die Behandlungsdauer unter Umständen unnötig verlängern (vgl. Heer 2016). Um den grundsätzlichen Problematiken in der Anamnese und Aufklärung entgegenzutreten, wurden mittlerweile mehrsprachige Fragebögen und Informationsmaterialien erstellt. Diese ersetzen, je nach Symptomatik, allerdings nicht die Notwendigkeit eines sensiblen, geduldigen Umgangs seitens der medizinischen Fachkräfte und können, so möchte ich ergänzen, bei Menschen, die von Analphabetismus betroffen sind, ein sprachvermitteltes Gespräch nicht ersetzen (vgl. Heer 2016).

---

3 Im türkischen und arabischsprachigen Raum würden insbesondere Leber, Lunge und Nabel in Redewendungen eingebettet, um Trauer, Krankheit und Schmerzen zu benennen (vgl. Yildirim-Fahlbusch 2003).

Die Situation von älteren und alten geflüchteten Menschen sowie von geflüchteten Kindern und Erwachsenen mit körperlichen Beeinträchtigungen ist bislang nur wenig erforscht. Erst nach und nach zeigt sich, dass dieses Thema auch im transkontinentalen Fluchtkontext an Bedeutung gewinnt und eine Flucht in die Bundesrepublik aufgrund von innerfamiliären Schutz- und die Unterstützungsstrukturen möglich ist. Die Berücksichtigung dieser Bedarfe wird sukzessive auf die Profession der Sozialen Arbeit, aber auch auf die gesundheitlichen Versorgungssysteme zukommen und Fragen nach einer transkulturellen Perspektive auf Alterserkrankungen (wie z. B. Demenz), nach der Ausgestaltung der Behindertenhilfe oder der Integration beeinträchtigter Menschen in den Arbeitsmarkt aufwerfen (vgl. u. a. Hahn 2011; BIM e.V. 2017; Kauczor/Lorenzkowski/Al Munaziel 2008). In Bezug auf Gesundheit und Krankheit gilt es, geflüchtete Kinder und Familien in ihrer Individualität und Diversität, aber auch entlang der strukturellen intersektionalen Verwobenheiten wahrzunehmen, die ihnen eine gleichberechtigte Teilhabe an der Gesundheitsversorgung erschweren, verwehren oder die maßgeblich dazu beitragen, dass sie überhaupt krank werden. Als einer der größten Risikofaktoren muss hier abschließend der Einfluss der prekären sozioökonomischen Lebensbedingungen genannt werden (vgl. Huster/Boeckh/Mogge-Grotjahn 2008; Butterwegge 2010).

Ganzheitlichkeit in Medizin und Sozialer Arbeit

Laut Leyer (1991) sei das Vertrauen in die Apparate- und Medikamentenmedizin bei geflüchteten Menschen meist groß. Bei ausbleibender Besserung schlage das Vertrauen allerdings oft in Skepsis, Behandlungsabbrüche und, falls entlang der o. g. Zugänge möglich, in Mehrfachkonsultationen („doctor-shopping" Leyer 1991) oder eine parallele Inanspruchnahme religiöser/spiritueller Hilfesysteme um. In einer Situation, die vom ökonomischen Mangel geprägt ist sowie kaum bis keine Wertschätzung für die geflüchtete Menschen bereit hält, bedeutet das Präsentieren von körperlichen Schmerzen und die Inanspruchnahme medizinischer Leistungen im Regelfall allerdings auch garantierte materielle und emotionale Zuwendung. Die beständige Einforderung und Inanspruchnahme medizinischer Versorgung kann entsprechend (zusätzlich) dafür stehen, Aufmerksamkeit zu bekommen, Sorge für das verletzte Selbst zu spüren und umsorgt zu werden. Dieser möglichen Verknüpfung sollte sich auch die Soziale Arbeit widmen und entlang einer ganzheitlich ausgerichteten Beziehungsarbeit zur emotionalen Stabilisierung und damit zur Gesundheit geflüchteter Kinder und ihrer Familien beitragen (vgl. Krueger 2010).

Literatur

Ameskamp, Dieter/Kuhlmann, Thomas/Leicht, Astrid/Meyer-Thompson, Hans-Günter/ Quellhorst, Sibylle/Tretter, Felix/Wessel, Theo (2016): Flüchtlinge und (Opioid-)Abhängigkeit: Die Hürden zur Behandlung. www.sucht.org/fileadmin/user_upload/Service/ Publikationen/Thema/Position/Fluechtlinge_und__Opioid-_Abhaengigkeit_-_DIE_ HUERDEN_ZUR_BEHANDLUNG.pdf (Abfrage: 13.02.2017).

Bonner Institut für Migrationsforschung und Interkulturelles Lernen (BIM) e.V. (Hrsg.) (2017): Flucht und Behinderung: Situation und Handlungsmöglichkeiten. Bonn.

Brinkmann, Folke/Thee, Stefanie/Magdorf, Klaus (2012): Update zur Tuberkulose im Kindesalter. Alte Krankheit − neue Herausforderungen. In: Kinder- und Jugendmagazin, Heft 2, S. 87–94.

Bundesverband Kinder- Jugendärzte e.V. (BVKJ) (o. J.): Versorgung von Kindern und Jugendlichen aus Flüchtlingsfamilien. www.bvkj.de/fileadmin/pdf/150920_Medizinische_ Versorgung_von_Fluechtlingskindern.pdf (Abruf: 12.02.2017).

Bundeszahnärztekammer (BZaeK) (2015): Zahnärztliche Behandlung von Asylbewerbern. www.bzaek.de/fileadmin/PDFs/b/Zahnaerztliche_Behandlung_Asylbe werber.pdf (Abruf: 12.02.2017).

Butterwegge, Carolin (2010): Armut von Kindern mit Migrationshintergrund. Ausmaß, Erscheinungsformen und Ursachen. Wiesbaden.

Deutsche Diabetes Gesellschaft (DDG) (2015): Flüchtlinge mit Diabetes: Gesetzgebung, Sprache und Kultur fordern Behandler und Berater heraus. www.deutsche-diabetesgesellschaft.de/presse/ddg-pressemeldungen/meldungen-detailansicht/article/diabetesherbsttagung-2015-fluechtlinge-mit-diabetes-gesetzgebung-sprache-und-kultur-fordernbeha.html (Abruf: 12.02.2017).

Flüchtlingsrat Niedersachsen e.V. (2016): Medizinische Versorgung. www.nds-fluerat.org/ leitfaden/14-fluechtlinge-mit-duldung/125-medizinische-versorgung/ (Abruf 13.02.2017).

Grapentin, Jeannine (2008): Genitale Beschneidung bei Frauen und deren Auswirkungen auf Schwangerschaft und Geburt. In: Hebamme 21, Heft 1, S. 28–31.

Hahn, Kathrin (2011): Alter, Migration und soziale Arbeit. Zur Bedeutung von Ethnizität in Beratungsgesprächen der Altenhilfe. Bielefeld.

Heer, Ivo M. (2016): Integrierende Versorgung von Flüchtlingen. In: Notfall- und Rettungsmedizin, Heft 5, S. 332–338.

Heise, Thomas (2005): Entwicklungsgeschichte der transkulturellen Psychiatrie. In: Assion, Hans-Jörg (2005): Migration und seelische Gesundheit. Heidelberg. S. 47–58.

Huster, Ernst-Ulrich/Boeckh, Jürgen/Mogge-Grotjahn, Hildegard (Hrsg.) (2008): Handbuch Armut und Soziale Ausgrenzung. Wiesbaden.

Isbaner, Antje (2016): Zahnbehandlungen für Flüchtlinge: „Spagat zwischen Ethik und Monetik". In: Zahnarzt Wirtschaft Praxis, Heft 1+2, S. 10–12.

Kauczor, Cornelia/Lorenzkowski, Stefan/Al Munaziel, Musa (Hrsg.) (o. J.): Migration, Flucht und Behinderung. Essen.

Körnter, Ulrich H. J. (2007): Krankheit, Kultur und Religion. Fragestellungen interkultureller Medizin- und Pflegeethik. In: Wiener Medizinische Wochenschrift, 9–10, S. 183–189.

Krueger, Antje (2010): Von Pflastern und Pflanzen. Die ethnopsychoanalytische Betreuung von Asylsuchenden im Ethnologisch-Psychologischen Zentrum (EPZ) Zürich. In: Journal für Psychoanalyse 51, S. 115–132.

Landesverband der Hebammen NRW e.V. (o. J.) Hebammenhilfe für Flüchtlinge. www. hebammenhilfe-fuer-fluechtlinge.de/ (Abfrage: 13.02.2017).

Leyer, Emanuela M. (1991): Migration, Kulturkonflikt und Krankheit. Opladen.

Mende, Janne (2011): Begründungsmuster weiblicher Genitalverstümmelung. Zur Vermittlung von Kulturrelativismus und Universalismus. Bielefeld.

Montgomery, Frank Ulrich (2016): Flüchtlinge dürfen keine Patienten zweiter Klasse sein. In: Orthopädie und Unfallchirurgie, 5 (3). S. 222–223.

Rauscher, Carl/Salzberger, Bernd (2016): Erstuntersuchung und Screening von Migranten. Was ist sinnvoll, was ist evidenzbasiert? In: Internist, Heft 5, S. 452–456.

Ritz, Nicole/Brinkmann, Folke/Feiterna-Sperling, Cornelia/Hauer, Barbara/Haas, Walter (2015): Tuberkulosescreening bei asylsuchenden Kindern und Jugendlichen < 15 Jahren in Deutschland. In: Monatsschrift Kinderheilkunde, Heft 12, S. 1287–1292.

Robert-Bosch-Stiftung (2016): Themendossier Zugang zu Gesundheitsleistungen und Gesundheitsversorgung für Flüchtlinge und Asylbewerber: Von der Erstversorgung bis zur psychosozialen Behandlung. www.bosch-stiftung.de/content/language1/downloads/ RBS _Kommissionsbericht_Fluechtlingspolitik_Gesundheit_ES.pdf (Abfrage: 12.02.2017).

Robert-Koch-Institut (2015): Epidemiologisches Bulletin, 38/2015. www.rki.de/DE/Content/ Infekt/EpidBull/Archiv/2015/Ausgaben/38_15.pdf?__blob=publicationFile. (Abruf: 12.02.2017).

Schuler, Judith (1997): Krankheit, Heilung und Kultur. Skizzen aus der Ethnomedizin. Berlin.

Yildirim-Fahlbusch, Yagdiran (2003): Türkische Migranten. Kulturelle Missverständnisse. In: Deutsches Ärzteblatt, Heft 5, S. 213–215.

Antje Krueger

Psychische Erkrankungen

Medizinische Forschungen gehen mittlerweile davon aus, dass psychische Krankheiten biologisch bedingt sind, was rein kulturspezifische Störungen ausschließe. Vertreterinnen und Vertretern der transkulturellen Psychiatrie und Psychotherapie betonen allerdings, dass eine Klassifikation kulturunabhängiger Syndrome bislang noch nicht gelungen sei und warnen vor einer unreflektierten universalen Anwendung der Klassifikationsmodelle der psychiatrischen Diagnostik ICD 10 und DSM V. Die Klassifikationsmodelle seien im euroamerikanischen Kulturkreis entwickelt worden und besäßen vorrangig für diesen ihre Gültigkeit. Behandlerinnen und Behandler könnten Gefahr laufen, kulturtypische Ausgestaltungsunterschiede zu übersehen oder ethnozentrische Fehldiagnosen vorzunehmen (vgl. Machleidt/Callies 2008). Während also mehr oder weniger unbestritten ist, dass psychische Erkrankungen überall auf der Welt auftreten, scheint die Form der Symptome kulturgebunden und ihre Bewertung spezifisches Wissen zu verlangen. Laut Machleidt/Callies (2008) sei eine gute Kenntnis der soziokulturellen Gegebenheiten, der Glaubensüberzeugungen und Rituale, der Verhaltensnormen und Erfahrungsbereiche erforderlich, um den Unterschied zwischen normalpsychologischen oder psychopathologischen Phänomenen einschätzen zu können:

> „Das Sehen und Hören der Ahnengeister ist im Rahmen ritueller Handlungen in vielen Kulturen üblich und darf nicht als Manifestation einer psychotischen Störung fehldiagnostiziert werden. Die Diagnostik von Persönlichkeitsstörungen kann aufgrund großer transkultureller Unterschiede im Hinblick auf Kommunikationsgewohnheiten, Selbstkonzepte und Bewältigungsstile enorme Schwierigkeiten bereiten" (Machleidt/Callies 2008, S. 321).

Heise u. a. (2001) geben an, dass sich der Zusammenhang von Kultur und Krankheitsbild erst erschließen lässt, wenn die individuelle Identität als vermittelnde Variable berücksichtigt würde und Aspekte des spezifischen Krankheitsdiskurses, des Krankheitsbewusstseins und der Krankheitsbewältigung in die Beurteilung einbezogen werden. Assion (2005) hebt die Bedeutung unterschiedlicher Körperkonzepte hervor. Menschen aus südlichen oder arabischen Ländern würden psychische Beschwerden eher ganzheitlich, auf den ganzen Körper bezogen, beschreiben, was allerdings nicht zwangsweise zu einer Somatisierung der Leiden führen müsse. Die Form der Symptompräsentation unterliege, genau wie im Aufnahmeland, dem Geschlecht, dem sozioökonomischen Status, dem Bildungsstand, der religiösen Sozialisation sowie dem individuellen Krankheitskonzept. Eine statische und schematische Unterscheidung von in sich homogenen Kulturen wird in Zeiten der Globalisierung (durch den Einfluss von Medien und aufgrund der Einflüsse weltweiter Migrationsbewegungen) als vereinfacht und polarisierend abgelehnt (vgl. Haasen/Kleinemeier/Yagdiran 2005). Lilge-Hartmann (2012) verweist auf die Bedeutung von Differenzlinien und intersektionalen Überschneidungen, die auch in kulturpsychologischen Betrachtungsweisen einbezogen werden müssen. Ein rein kognitives Wissen über kulturelle Besonderheiten und kulturspezifische Heilungsrituale sei für den therapeutischen Prozess überdies kontraproduktiv, „weil die vermeintliche Verstehenssicherheit leicht stereotypisierende Interpretationen mit sich bringt, die die als fremd Betrachteten vereinnahmt und festlegt" (Lilge-Hartmann 2012, S. 30). Bei einer Auseinandersetzung mit Krankheitsbildern geht es entsprechend darum, lokale und regionale Informationen als Anregungen und Tendenzen wahrzunehmen, diese aber nicht generalisierend und kulturalisierend einzusetzen. Haasen/Kleinemeier/Yagdiran (2005) betonen mit Blick auf geflüchtete Menschen den Unterschied zwischen kulturspezifischen und migrationsspezifischen Aspekten. Sie weisen darauf hin, dass sich aus der direkten Erfahrung der Migration oder der indirekten Erfahrung im Rahmen der Akkulturation eigenständige psychische Störungen entwickeln könnten.

Betrachtung unterschiedlicher Krankheitsbilder

Schwere Formen psychischer Erkrankungen scheinen sich global gesehen nicht großartig voneinander zu unterscheiden. Das Auftreten *schizophrener Psychosen* sei maßgeblich an (erb-)biologische Faktoren gebunden und entsprechend weltweit in ähnlicher Häufigkeit gegeben (vgl. Assion 2005). In unterschiedlichen Studien wurde darüber hinaus deutlich, dass im Kulturvergleich ubiquitäre Kernsymptome festzustellen seien (verminderte Einsichtsfähigkeit, Affektabflachung, wahnhaftes Erleben, das Gefühl kontrolliert zu werden, Veränderungen der Psychomotorik etc.), die sich allerdings lokalspezifisch unterschiedlich darstellen können (vgl. Machleidt/Callies 2008). Nach Finzen (2003) äußern sich psychotische Ängste grundsätzlich bei allen Betroffenen in kulturell- und zeitgeistorientierten Formen. Unter transkulturellen Voraussetzungen könnten dabei unter Umständen „Vorstellungen von Besessenheit, Hexen- und Teufelsglauben eine Rolle spielen" (Finzen 2003, S. 156). Basu (2010) erklärt, dass beispielsweise in Indien Besessenheit und Schadenszauber als Erklärung psychischer Erkrankung weit verbreitet wären. Die Körper der betroffenen Menschen seien dieser Vorstellung nach von unzufriedenen, rastlosen (Toten-)Geistern (bhut) und

Dämonen (jinn) bemächtigt.[1] Auch aus islamisch geprägten Ländern sind böse Geister (Djinnen) bekannt und dienen neben dem Einfluss von schwarzer Magie und der Vorstellung von Besessenheitskulten (Zari-Bori-Kult; Sahelzone, Nord-, Nordost- und Ostafrika, Sudan, Pakistan) der Erklärung psychischer Erkrankungen (vgl. Heine/Assion 2005).

Insgesamt hat man festgestellt, dass der klinische Verlauf und die Prognosen von schizophrenen Psychosen in Ländern und Regionen mit einer geringeren sozioökonomischen Situation besser ausfallen als in Industriestaaten. Neben individuellen und biologischen Gründen seien der Schutz und die soziale Absicherung durch familiäre Strukturen, die größere gesellschaftliche Akzeptanz von psychischen Kranken und das Integrationsvermögen in Subsistenzwirtschaften für die besseren Aussichten und die Stabilität der Betroffenen verantwortlich (vgl. Machleidt/Callies 2008).

Während man lange dachte, dass *Depressionen* und *Suizidalität* auf den afrikanischen und asiatischen Kontinenten kaum auftreten, weiß man inzwischen, dass auch affektive Störungen weltweit vertreten sind. In Ländern außerhalb des euroamerikanischen Raumes würden sich die Symptome allerdings verstärkter somatisch und paranoid zeigen und öfter bildlich-metaphorisch präsentiert (zerbrochenes Herz, zerbrochene Hoffnung etc.) (vgl. Aichberger u. a. 2008; vgl. zur Metaphernutzung exemplarisch: Yildirim-Fahlbusch 2003). Suizidalität sei ein wachsendes Phänomen und würde im weltweiten Vergleich vor allem Frauen betreffen. Dass Religiosität hier einen grundsätzlichen Schutzfaktor darstellt, hat sich im Einzelfall nicht bestätigt. Die Gründe seien individuell unterschiedlich und könnten von appellativen Handlungen bis hin zur Lösung lebensweltlicher Problemlagen reichen (vgl. Machleidt/Callies 2008; Calliess u. a. 2007).

Neurotische Störungen, wie Angstsyndrome, dissoziative Störungen und Persönlichkeitsstörungen, sind ebenfalls für die meisten Kulturen nachgewiesen. Ihre Erscheinungsbilder seien aber stark von den soziokulturellen Kontexten geprägt, in denen sie auftreten. Während in westlichen Ländern bei *sozialen Phobien* vor allem die sogenannte egozentrische Form zu verzeichnen sei, bei der es hauptsächlich um das Gefühl gehe, sozialen Erwartungen nicht genügen zu können, zeige sich beispielsweise im ostasiatischen Raum eine altruistische Variante, die eher in der Sorge bestünde, anderen zur Last zu fallen oder ihnen zu schaden (vgl. Machleidt/Callies 2008). Bei *Zwangsstörungen* scheint es global gesehen Schwierigkeiten zu geben, religiöse und psychologische Hintergründe trennscharf zuzuordnen. Verhaltensauffälligkeiten, die von der Abfolge „Regel, Ritual und Zwang" geprägt

---

1 Die Betroffenen würden in der Regel parallel religiöse Zentren aufsuchen, um über Rituale die Wirkung der magischen Kräfte (bala) zu neutralisieren, und in psychiatrischen Ambulanzen um Gespräche und Medikamente bitten (vgl. hierzu auch den Film „Drugs and Prayers" von Basu 2009; vgl. zu dieser „doppelten Strategie" auch Krueger 2013).

seien, wären in islamischen, orthodoxen christlichen oder hinduistischen Kreisen beispielsweise durch sich wiederholende Waschungen, Rosenkranzgebete oder Mantras normaler Bestandteil der religiösen Praxis.

„Zwangssymptome im Zusammenhang mit religiösen Riten erfreuen sich in allen Kulturen einer guten sozialen und kulturellen Einbettung und erhöhen in strenggläubigen Kreisen das Ansehen des Betroffenen. Die Übergänge zu individuellem Leiden und Beeinträchtigungen der sozialen Funktionsfähigkeit sind für kulturfremde Betrachter schwer zu ziehen. (…) Norm, Angemessenheit bzw. Unangemessenheit kann am ehesten von Vertretern derselben Kultur beurteilt werden" (Machleidt/ Callies 2008, S. 333).

Die Veränderung von Bewusstseinszuständen in Form von *Trance und Besessenheit* sei ebenfalls in fast allen Kulturen der Welt anzutreffen und zeige sich in einer Vielzahl von Varianten. Auch hier sei es schwierig, ein pathologisches Auftreten zielsicher zu bestimmen. Besessenheitszustände, die nicht Teil allgemein anerkannter kultureller und religiöser Riten sind und unwillkürlich auftreten, werden eher psychotischen oder depressiven Störungen zugeordnet. Ein wesentliches Kennzeichnen ist hier der Leidensdruck der Betroffenen, der ggf. auch zu einer Beeinträchtigung sozialer und beruflicher Funktionen führt. Aufgrund des Umstands, dass bei Besessenheitstrancesymptomen typischerweise Geister oder Wesen in den Körper einfahren oder sich diesem ermächtigen, muss hier deutlich von einer dissoziativen Identitätsstörung (multiple Persönlichkeitsstörung) unterschieden werden, bei der es um die Aufspaltung in mehrere Teilidentitäten geht (vgl. Machleidt/Callies 2008).

Mit sogenannten *kulturabhängigen Syndromen* werden Abweichungen im Erleben und Verhalten beschrieben, die nur in bestimmten sozialen Gruppen und/oder Regionen auftreten. Die Definition und Eingruppierung der Störungen entsteht in einem spezifischen Krankheitskonzept auf Grundlage eines gemeinsam geteilten Bedeutungssystems. Weltweit sind etwa dreißig kulturabhängige Störungen dokumentiert. Dazu gehören Krankheitsbilder wie „Koro" (Angst vor dem Schrumpfen des Penis, Indonesien und Malaysia), das „Brain-Fag-Syndrom" (mentale Erschöpfung, hoher Erwartungsdruck und Schuldgefühle, Nigeria), aber auch Anorexia nervosa (Pubertätsmagersucht in Industrienationen) (vgl. Machleidt/Callies 2008). Die Zuordnung der Syndrome in eine Sonderkategorie gilt mittlerweile als stark umstritten, da Symptome deutliche Schnittstellen mit bereits klassifizierten Störungsbildern aufweisen und nur verschiedene soziokulturell determinierte Auftretensformen aufweisen.

Es wurde deutlich, dass psychische Erkrankungen weltweit in einer ähnlichen Häufigkeit auftreten wie im Aufnahmeland. Die Präsentation der Symptome kann allerdings kulturspezifisch geprägt sein bzw. sich im Kindes- und Jugendalter anders ausgestalten (vgl. Schepker/Toker 2009). Der mittlerweile inflationäre Umgang mit Trauma und die pauschale Unterstellung, dass geflüchtete Kinder und Erwachsene Traumafolgestörungen aufweisen, läuft Gefahr, psychische Erkrankungen, die bereits im Herkunftsland bestanden oder sich nach der Flucht entwickelt haben zu übersehen und Betroffene nicht angemessen zu behandeln.

Fluchtmigration und seelische Gesundheit

Migration ist ein Einschnitt, oft ein Bruch in der Lebensgeschichte und bedeutet die Trennung von vertrauten Menschen, vertrauter Umgebung, Sprache, Werten, Traditionen und bekannten Gewohnheiten. Der Verlust des Vertrauten und die Herausforderungen der Neuorientierung erschüttern das Vertrauen in die eigene Identität und lösen in der Regel Krisen aus, die mit einem individuell andauernden Trauerprozess vergleichbar sind. Kronsteiner (2003) beschreibt dies als einen normalen Prozess, den alle Migrantinnen und Migranten erleben. Im günstigsten Fall lasse die Bewältigung dieser Krise das Individuum wachsen und eröffne neue Identifikationsmöglichkeiten mit der neuen Umwelt. Bei geflüchteten Menschen, die in vielen Fällen extremen Belastungen im Herkunftsland und auf der Flucht ausgesetzt waren und auch im Aufnahmeland mit einer Lebenssituation konfrontiert sind, die durch starke Benachteiligungen, Abhängigkeiten vom Hilfesystem, Unsicherheiten, Diskriminierung und Rassismus[2], wenig Anerkennung und sozialen Integrationsmöglichkeiten geprägt ist, kann sich das krisenhafte Erleben allerdings manifestieren (vgl. Kronsteiner 2003):

> „Asylsuchende durchlaufen die Trennungsphasen ihrer herkömmlichen Gesellschaft, tauchen dann in eine Zwischenphase, respektive Übergangsphase ein, die dann aber nur selten von einer Angliederungs- oder Integrationsphase abgelöst wird. Die meisten Asylsuchenden leben über Jahre hinweg in einem Provisorium. So werden die Übergangsphase und die daraus resultierenden Probleme zeitlich festgeschrieben" (Schär Sall 1999, S. 79).

Assion (2005) gibt an, dass depressive Störungen gehäuft bei Migrantinnen und Migranten auftreten, die vielfältigen Belastungen ausgesetzt waren und anhaltend sind. Symptome wie eine gedrückt-depressive Stimmung, Freud- und Interessenslosigkeit, erhöhte Ermüdbarkeit, vermindertes Selbstwertgefühl, Körperbeschwerden und suizidale Gedanken würden sich in vielen Fällen nicht nur nach der Flucht, sondern auch im weiteren Akkulturationsprozess zeigen. Hier seien vor allem Schuldgefühle gegenüber (zurückgebliebenen) Familienmitgliedern, die Trauer um Verluste und verschiedene Ängste von Bedeutung. Wenig soziale Teilhabe würde negative Denkmuster zudem verstärken (vgl. Assion 2005).

---

2 Vgl. zu den besonderen Auswirkungen von Rassismus auf die psychische Gesundheit Mecheril/Velho 2012.

Intelligenzminderung, geistige Behinderung und Hochbegabung

Geflüchtete Kinder und Elternteile, die bereits im Herkunftsland eine Intelligenzminderung oder geistige Behinderung aufweisen, haben es aufgrund ihrer möglicherweise begrenzten Aufmerksamkeit und Auffassungsgabe besonders schwer, eine neue Sprache zu lernen, sich zu orientieren und zu akklimatisieren, was zusätzliche psychische Auffälligkeiten befördern kann (vgl. Assin 2005). Tatsächlich zeigt sich in diesem Zusammenhang ein blinder Fleck in Forschung und Praxis. Die Bedarfe von geflüchteten Menschen mit geistiger Behinderung sind kaum erfasst und in der gesundheitsversorgenden wie sozialarbeiterischen Praxis oft noch nicht ausreichend im Blick (vgl. Schwalgin 2014).[3] In diesem Zusammenhang ist es allerdings auch von Bedeutung, eine mögliche Intelligenzminderung oder geistige Behinderung ausreichend zu diagnostizieren. Aufgrund von Sprachschwierigkeiten kann es hier leicht zu Fehldiagnosen kommen und beispielsweise eine Hochbegabung übersehen werden (vgl. zu Hochbegabungen von unbegleiteten geflüchteten Jugendlichen: Becker 2015).

Spezifische Situation von Kindern und Jugendlichen im Aufnahmeland

Auch bei geflüchteten Kindern und Jugendlichen können die beschriebenen Belastungen zu einem erhöhten Risiko führen, psychopathogene Symptome auszubilden. Eine psychische Erkrankung oder depressiv-verstimmte Grundhaltung eines Elternteils, Delinquenz und Suchtabhängigkeiten in der Familie, ständige innerfamiliäre Konflikte, aber auch beengte Wohnverhältnisse können das Risiko zusätzlich begünstigen (vgl. Schepker/Toker 2009). Nach Rohr/Jansen/Adamou (2014) würde auch die transnationale Zerrissenheit vieler geflüchteter Familien den Kindern stark zusetzen. Nicht zu wissen, ob nahe Angehörige noch leben, wo sie zurzeit sind oder wann sie nachziehen können, sei eine stark belastende Geduldsprobe, die in der Regel auch von großen Ängsten begleitet sei. Kinder und Jugendliche entwickeln laut Bräutigam/Schnitker (2002) im Fluchtkontext unterschiedliche Symptome auf die belastenden Umstände. Bei Kindern politisch-verfolgter Eltern wurden unter anderem regressive und paternalisierende Verhaltensweisen, Schlaf-, Appetit- und Essstörungen, Aggressivität, die Entwicklung unterschiedlicher Phobien, Apathie, sozialer Rückzug, psychosomatische

---

3 Eine der wenigen Ausnahmen stellt die Studie „Hidden Victims" dar, die diesbezügliche Situation von geflüchteten Menschen aus Syrien dokumentiert (vgl. HelpAge International/ Handicap International 2014).

Beschwerden sowie Sprach- und hyperkinetische Störungen festgestellt (vgl. Bräutigam/Schnitker 2002; Bräutigam 2000).

„Die oftmals auftretende Situation, dass die Eltern zwar physisch anwesend, aber gleichzeitig psychisch abwesend seien, wird als vorrangig problematisch für die Kinder angesehen" (Bräutigam/Schnitker 2002, S. 560).

Mit Blick auf die Situation in Gemeinschaftsunterkünften wurden in den letzten Jahren Fälle sexuellen Missbrauchs an geflüchteten Kindern bekannt, die für sich stehend dazu führen können, dass sich die Betroffenen psychisch von der Erfahrung nicht erholen (vgl. Kindler 2016).

Selbstverletzendes Verhalten als Reaktion auf psychisch belastende Umstände sind vor allem bei geflüchteten Mädchen und unbegleiteten (männlichen) Jugendlichen zu beobachten. Mit Blick auf kulturgebundene Erscheinungsbilder muss man hier allerdings vorsichtig sein, Einzelsymptome nicht überzuinterpretieren. Skarifizierungen/Hauteinkerbungen werden in vielen Regionen der Herkunftsländer oder aber in spezifischen sozialen Gruppen vorgenommen, um außerordentliche Lebensereignisse auf dem Körper zu dokumentieren. Die hier entstehenden Narben dienen, ähnlich einer Tätowierung, der Erinnerung und müssen vom „Ritzen", wie es aus Borderline-Problematiken bekannt ist, unterschieden werden (vgl. Friebel 2012). Vereinzelt lässt sich auch das Ausbrennen von Wunden oder Mückenstichen zur Desinfektion beobachten, was ebenfalls nicht als explizites selbstverletzendes Verhalten im Sinne einer psychischen Symptomatik einzuordnen wäre.

Krisenintervention bei psychischer Dekompensation

„Suizidale Krisen, ausgeprägte dissoziative Zustände, eine massive depressive Entgleisung oder Angstzustände bedürfen der Akutbehandlung. Nach Ausschluss einer Selbst- oder Fremdgefährdung kann ein psychoedukativ klärendes Gespräch bereits viel Linderung bringen. Gerade in Gemeinschaftsunterkünften sollte auch ein eventuelles aktuelles Gewalterleben beachtet werden, so etwa häusliche, sexuelle oder rechtsradikale Gewalt" (Schellong/Epple/Weidner 2016, S. 440).

Sozialarbeiterinnen und Sozialarbeiter sind aufgefordert, die Leiden und Bedarfe geflüchteter Kinder und ihrer Angehörigen mit Blick auf bereits im Herkunftsland vorhandene sowie aus den Migrationsbedingungen im Aufnahmeland resultierende psychische Erkrankungen stärker wahrzunehmen. Damit dies auch im Alltag möglich wird, benötigt man im Mindesten einen höheren (fachlichen) Personalschlüssel in Gemeinschaftsunterkünften, einen Ausbau ambulanter Hilfen bei Familien in eigenen Wohnungen und ausreichende Kooperationsmöglichkeiten mit psychosozialen Krisendiensten sowie stationären und ambulanten psychotherapeutischen/psychiatrischen Versorgungsstrukturen. Ein guter Austausch mit Bildungsinstitutionen sowie eine zuverlässigere Dokumentation und Gestaltung von Übergaben zwischen Erstaufnahme- und Folgeinstitutionen würde zudem dazu beitragen, dass Anzeichen für psychische Erkrankungen nicht „verloren" gehen und im weiteren Verlauf beobachtet und bearbeitet werden können (vgl. hierzu auch Adam 2009).

Literatur

Adam, Hubertus (2009): Seelische Probleme von Migrantenkindern und ihren Familien. In: Praxis der Kinderpsychologie und Kinderpsychiatrie 58, Heft 4, S. 244–262.
Aichberger, Marion Christina/Schouler-Ocak, Meryem/Rapp, Michael A./Heinz, Andreas (2008): Transkulturelle Aspekte der Depression. In: Bundesgesundheitsblatt 51, S. 436–442.
Assion, Hans-Jörg (2005): Migration und psychische Krankheiten. In: Assion, Hans-Jörg (Hrsg.): Migration und seelische Gesundheit. Heidelberg. S. 133–144.
Basu, Helene (2010): In: Schulz, Besessenheitskrankheit und Psychiatriereform in der indischen Moderne. Dorothea/Seebode, Jochen (Hrsg.): Spiegel und Prisma. Ethnologie zwischen postkolonialer Kritik und Deutung der eigenen Gesellschaft. Hamburg. S. 195–209.
Becker, Lars (2015): Hochbegabte Heimkinder. Förderung besonderer Begabungen in Einrichtungen der stationären Erziehungshilfe.
www.tib.eu/de/suchen/download/?tx_tibsearch_search[docid]=TIBKAT%3A835545334&cHash=acf4f aeb6fe89d1812f3f7bc2d136d4f (Abfrage: 11.02.2017).
Bräutigam, Barbara (2000): Der ungelöste Schmerz. Perspektiven und Schwierigkeiten der therapeutischen Arbeit mit Kindern politisch verfolgter Menschen. Gießen.
Bräutigam, Barbara/Schnitker, Annette (2002): „Es passt nichts mehr rein" – Kasuistik einer essgestörten kurdischen Jugendlichen vor dem familiären Hintergrund politischer Verfolgung. In: Praxis der Kinderpsychologie und Kinderpsychiatrie 51, Heft 7, S. 559–570.
Calliess, Iris/Machleidt, Wielant/Ziegenbein, Marc/Haltenhof, Horst (2007): Suizidalität im Kulturvergleich. In: Fortschritte Neurologie Psychiatrie 75, S. 653–664.
Finzen, Asmus (2003): Schizophrenie. Die Krankheit behandeln. Bonn.
Friebel, Harry (2012): Wenn Jungs sich „ritzen". In: Sozialmagazin, Heft 5, S. 42–49.
Haasen, Christian/Kleinemeier, Eva/Yagdiran, Oktay (2005): Kulturelle Aspekte bei der Diagnostik psychischer Störungen. In: Assion, Hans-Jörg (Hrsg.): Migration und seelische Gesundheit. Heidelberg. S. 145–155.
Heine, Peter/Assion, Hans-Jörg (2005): Traditionelle Medizin in islamischen Kulturen. In: Assion, Hans-Jörg (Hrsg.): Migration und seelische Gesundheit. Heidelberg. S. 29–45.
Heise, Thomas/Pfefferer-Wolf, Hans/Leferink, Klaus/Wulff, Erich/Heinz, Andreas (2001): Geschichte und Perspektiven der transkulturellen Psychiatrie und Psychotherapie. In: Nervenarzt 72, S. 231–233.
Kindler, Heinz (2016): Gefahr im geschützten Raum. In: DJI Impulse 114, Heft 3, S. 11–13.
Kronsteiner, Ruth (2003): Kultur und Migration in der Psychotherapie. Ethnologische Aspekte in psychoanalytischer und systemischer Therapie. Zürich.
Krueger, Antje (2013): Fluchträume. Neue Ansätze in der Betreuung von psychisch belasteten Asylsuchenden. Frankfurt und New York.
Lilge-Hartmann, Andrea (2012): Transkulturalität und interkulturelle Psychotherapie in der Klinik. Ethnopsychoanalytische Behandlungskonzepte für Migranten. Gießen.
Machleidt, Wielant/Callies, Iris T. (2008): Transkulturelle Aspekte psychischer Erkrankungen. In: Möller, Hans-Jürgen/Laux, Gerd/Kapfhammer, Hans-Peter (Hrsg.): Psychiatrie und Psychotherapie. Heidelberg. S. 319–343.

Mecheril, Paul/Velho, Astrid (2012): Trauma, Verstrickung, Stärke. Rassistisch markierte Selbsterfahrung. In: Heise, Thomas/Özkan, Ibrahim/Golsabahi, Solmaz (Hrsg.): Integration, Identität, Gesundheit. Berlin.

Rohr, Elisabeth/Jansen, Mechthild M./Adamou, Jamila (Hrsg.) (2014): Die vergessenen Kinder der Globalisierung. Psychosoziale Folgen von Migration. Gießen.

Schär Sall, Heidi (1999): Überlebenskunst in Übergangswelten. In: Ninck-Gbeassor, Dorothée/Schär Sall, Heide/Signer, David/Stutz, Daniel/Wetli, Elena (Hrsg.): Überlebenskunst in Übergangswelten. Ethnopsychologische Betreuung von Asylsuchenden. Berlin. S. 77–108.

Schellong, Julia/Epple, Franziska/Weidner, Kerstin (2016): Psychosomatik und Psychotraumatologie bei Geflüchteten und Migranten. Herausforderungen für den Internisten. In: Internist 57, S. 434–443.

Schepker, Renate/Toker, Mehmet (2009): Transkulturelle Kinder- und Jugendpsychiatrie. Grundlagen und Praxis. Berlin.

Schwalgin, Susanne (2014): Geflüchtete mit Behinderung und ihr Zugang zum deutschen Hilfesystem. www.willkommen-bei-freunden.de/themenportal/artikel/gefluechteten- mit-behinderung-und-ihr-zugang-zum-deutschen-hilfesystemvon-dr-susanne-schwalgin/ (Abfrage: 11.02.2017).

Yildirim-Fahlbusch, Yagdiran (2003): Türkische Migranten. Kulturelle Missverständnisse in: Deutsches Ärzteblatt, Heft 5, S. 213–215.

Antje Krueger

Traumatisierung

Das griechische Wort Trauma bedeutet „Wunde" und wird in der Psychologie genutzt, um eine Verletzung der menschlichen Psyche zu benennen. Für den klinischen Kontext werden in der Regel die Klassifikationssysteme ICD 10 sowie DSM V genutzt, nach denen ein Trauma ein belastendes Ereignis oder eine Situation außergewöhnlicher Bedrohung oder katastrophenartigen Ausmaßes bedeutet, die einen Zustand tiefer Verzweiflung, intensiver Angst und Hilflosigkeit hervorrufen. Dazu gehören potenzielle oder reale Todesdrohungen, ernsthafte körperliche Verletzungen oder die Bedrohung der körperlichen Unversehrtheit bei sich selbst und/oder anderen Menschen (vgl. Scherwath/Friedrich 2012). Unter einem psychischen Trauma wird entsprechend ein intensives Bedrohungserlebnis verstanden, dessen Qualität deutlich außerhalb des typischen menschlichen Erlebens liegt und dessen Intensität die durchschnittlich verfügbaren psychischen Verarbeitungsgrenzen überschreitet (vgl. zur neurobiologischen Erklärung u. a. Krüger 2016). Grob lassen sich zwei Formen dieser Ereignisse unterscheiden. Auf der einen Seite eher einmalige, zeitlich begrenzte, zufällige Schreckensmomente wie z. B. Verkehrsunfälle, Flugzeugabstürze, Brand- und Naturkatastrophen. Auf der anderen Seite länger andauernde, sich ggf. wiederholende und von Menschen absichtlich verursachte Erlebnisse wie z. B. Folter, Bombardierung, Versklavung und (sexualisierte) Gewalt. Dennoch führen diese schwierigen Erfahrungen nicht bei jedem Menschen dazu, dass er psychisch krank wird. Menschen sind unterschiedlich und individuell, sie nehmen die Bedeutung von Ereignissen unterschiedlich auf. Dabei sind die menschlich verursachten Traumata (sogenannte „man made desaster") schwieriger zu verarbeiten als zufällige wie z. B. Naturkatastrophen, weil sie in einer besonderen Weise Überzeugungen von Sicherheit und Vertrauen erschüttern. Ein Verständnis des Traumas muss sich daher primär an den Betroffenen und ihren subjektiven Bedeutungen und Bedürfnissen orientieren: „Nicht das Ereignis ist der Angelpunkt, sondern die Art und Weise, wie es erlebt und verarbeitet wird" (Zepf 2001, S. 346). Das Kennzeichen eines psychischen Traumas ist es, dass es Symbolisierungsprozesse zerstört und das Netz von „haltgebenden" Bedeutungen unterbricht. Während der Kontext und die Folgen eines Traumas in ihren verschiedenen subjektiven Bedeutungen und Wahrnehmungen benannt werden können, kann das Trauma selbst nicht in ein Narrativ eingearbeitet werden (vgl. Assmann 1998). Häufig kann ein Individuum nur mithilfe von Metaphern wie der des „schwarzen Loches" das traumatische Erleben umschreiben (vgl. Bohleber 2000). Das Trauma bleibt wie ein Fremdkörper in der Seele zurück, kann nicht verbalisiert werden und belastet und behindert die Menschen auch dann noch, wenn die eigentliche Situation und ihre Gefahren längst vorbei sind. Beschwerden können nach wenigen Wochen auftreten oder manchmal auch bis zu Jahrzehnte später. Man spricht dann von posttraumatischen Symptomen und Reaktionen. Es gibt viele Bezeichnungen und Verständnismodelle dieser psychischen Leiden. Die geläufigen sind das medizinische Konzept der Posttraumatische Belastungsstörung (PTBS) sowie die psychosozial/psychoanalytisch orientierten Konzepte der Kumulativen und Sequentiellen Traumatisierung.

Posttraumatische Belastungsstörung (PTBS)/ Posttraumatic stress disorder (PTSD)

Während die Symptome einer akuten Belastungsstörung (Verstört sein, Albträume etc.) innerhalb eines Selbstheilungsprozesses überwunden werden können, wird von einer Posttraumatischen Belastungsstörung gesprochen, wenn die unter traumatischem Stress entstandenen Symptome sich auch nach einem Zeitraum von vier Wochen nicht bessern, sich ggf. intensivieren oder nur kurzzeitig zurückbilden, um dann plötzlich wieder aufzutauchen (vgl. Scherwath/Friedrich 2012). Die klassifizierende und symptomorientierte Definition des Traumas unterscheidet im Wesentlichen drei Hauptkennzeichen einer Posttraumatischen Belastungsstörung (vgl. Dilling/Mombour/Schmidt 2000):

- *Intrusion*: Vollständiges oder teilweises Wiedererleben des traumatischen Ereignisses;
- *Hyperarousel*: körperlicher Zustand einer ständigen Übererregung;
- *Konstriktion*: Vermeidung von Reizen, die an das traumatische Ereignis erinnern.

Unter *Intrusionen* ist das vollständige oder teilweise Wiedererleben der traumatischen Situation in Form von Bildern, Empfindungen, Gedanken und Albträumen zu verstehen, die man auch als Flashbacks bezeichnet. Das Gehirn kann in diesem Zustand nicht zwischen vergangenen und aktuellen Erlebnissen unterscheiden und die betroffenen Personen haben das Gefühl, wieder der bedrohlichen Situation ausgesetzt zu sein. Flashbacks werden durch Schlüsselreize (Trigger) ausgelöst, die an das traumatische Erlebnis erinnern. Dies können Gerüche, Bilder, Orte, Bewegungen, Worte, Berührungen, Verhaltensweisen, Jahreszeiten etc. sein. Betroffene können beispielsweise durch die Geräusche eines Feuerwerks in den psychischen Zustand während einer Bombardierung zurückversetzt werden, aber es können auch viel individuellere und subtilere Trigger sein, wie das Klicken einer

Gürtelschnalle oder der Geruch von Pflanzen, die zum Zeitpunkt der traumatischen Erfahrung blühten, uniformierte Personen oder der Jahrestag der Verhaftung. Im Gegensatz zu einfachen Erinnerungen können die Betroffenen das Auftauchen der Reize nicht kontrollieren. Sie werden vielmehr davon in Beschlag genommen. Begleitsymptome sind oftmals Panikzustände, Schwitzen, erhöhter Herzschlag, Zittern, Schwindel, Übelkeit oder plötzliche (emotionale) Taubheit oder Starre (vgl. Scherwath/Friedrich 2012). Intrusionen sind als Heilungsversuch des Organismus zu werten, die unsagbar bedrohlichen und angsterfüllten Ereignisse zu verarbeiten. Ohne therapeutische Unterstützung verbleiben diese Versuche in einer Art Wiederholungsschleife und können keine heilsame Wirkung entfalten (vgl. Scherwath/ Friedrich 2012).

Hyperarousels bezeichnen einen körperlichen Zustand der ständigen Übererregung. Der Organismus ist permanent auf Flucht oder Verteidigung ausgerichtet und sorgt durch eine erhöhte Ausschüttung von Stresshormonen dafür, Notfallprogramme schnellstmöglich abzurufen.

„Diese Stressüberflutung führt dazu, dass tatsächlich bedrohliche Situationen nicht mehr gut von harmlosen Alltagsbelastungen unterschieden werden können, was in der Folge oft zu einer Überängstlichkeit oder extremer Stresssensibilität führt" (Scherwath/Friedrich 2012, S. 24).

Kennzeichen sind allgemeine Unruhe, Konzentrations- und Leistungsschwächen, Gereiztheit, plötzliche aggressive Impulsdurchbrüche, Überschusshandlungen und Orientierungslosigkeit. Neben einer dauerhaften emotionalen und körperlichen Anspannung und entsprechenden Belastungen wirken sich Hyperarousels in der Regel massiv auf das soziale Umfeld aus. Die Reaktionen führen zu Missverständnissen oder dazu, dass die Mitmenschen Angst vor der betroffenen Person entwickeln. Die daraus resultierenden Abwertungen oder Reglementierungen bestärken wiederum die Stresssymptome (vgl. Scherwath/Friedrich 2012).

Über *Konstriktion* (Vermeidung) versucht der Organismus einen Zustand der Beruhigung bzw. Erholung herzustellen. Einerseits werden Situationen vermieden, die an das traumatische Erlebnis erinnern oder versucht, durch Suchtmittelkonsum den unverarbeiteten Gefühlen zu entfliehen. Andererseits kann darunter auch die unwillkürliche, reflexartige Änderung des Bewusstseins verstanden werden. Diese sogenannten dissoziativen Zustände lassen sich als „Überlastungsschutz" werten. In der Folge sind Betroffene nicht bei vollem Bewusstsein, spalten sich von Situationen ab oder entwickeln Amnesien. Verzögerte oder ausbleibende Reaktionen, scheinbare Vergesslichkeit, Abstreiten von Gesprächsinhalten oder Verleugnen von Handlungen können dazu führen, dass das Verhalten als Verweigerungshaltung, Lügen oder Ausreden gedeutet werden (vgl. Scherwath/Friedrich 2012; Krueger 2013).

"Häufig schwanken traumatisierte Menschen zwischen intrusivem Erleben und konstriktiven Bewältigungsversuchen hin und her, ohne diese jedoch selbst regulieren zu können" (Scherwath/Friedrich 2012, S. 28).

Der Begriff „*Komplexe Posttraumatischen Belastungsstörung*" wird verwendet, wenn neben den bereits beschriebenen Hauptmerkmalen der Bereich der Gefühlsregulation empfindlich gestört ist. Betroffene zeigen selbstverletzendes Verhalten oder neigen zu einem chronischen Empfinden von Sinn- und Hoffnungslosigkeit, was zu Suizidgedanken oder Suizidalität führen kann. Solche komplexen Belastungsstörungen entwickeln sich, wenn Menschen langfristig Misshandlungen (z. B. Folter), sexueller Gewalt oder Vernachlässigungen ausgesetzt waren (vgl. ausführlicher zu Entwicklungstraumata Scherwath/Friedrich 2012).

Kinder versuchen das Erlebte zu verarbeiten, indem sie das traumatische Erleben zum Beispiel wiederholt durchspielen. Es kann aber auch sein, dass das betroffene Kind erst wie erstarrt wirkt, dann wieder aggressiv reagiert, ohne dass das Verhalten in der Situation nachvollziehbar ist. Manche entwickeln ein unangemessen nahes oder distanziertes Bindungsverhalten Bei Jugendlichen können traumatische Erfahrungen insbesondere Verhaltensauffälligkeiten begünstigen, zum sozialen Rückzug führen sowie körperliche Beschwerden und ängstlich-depressive Stimmungen befördern (vgl. Krüger 2016; Ruf/Schauer/Elbert 2010; Gavranidou u. a. 2008).

Laut Scherwath/Friedrich (2012) leiden viele traumatisierte Menschen an außerordentlichen Schuld- und Schamgefühlen. Sie schreiben die Verantwortung für die belastenden Erlebnisse sich selbst zu und fördern dadurch einen negativen Selbstbildprozess, über den sie sich selbst als dumm oder nutzlos abwerten. Vor allem bei Kindern und Jugendlichen können diese Anteile sehr leicht getriggert werden (vgl. Scherwath/Friedrich 2012).

Vor dem Hintergrund, dass Traumatisierungen sich ganzheitlich auf die Bereiche Fühlen, Denken, Handeln, Interaktion und Bindungsfähigkeit auswirken, können neben den geschilderten Symptomen eine Vielzahl weiterer Faktoren Anzeichen für eine Traumatisierung darstellen (Aufmerksamkeitsregulationsstörungen, Depressionen etc.). Um die begrenzte Orientierung auf die im ICD 10/DSM V genannten Symptombilder zu durchbrechen, wird daher verstärkt von sogenannten *Traumafolgestörungen* gesprochen (vgl. Scherwath/Friedrich 2012). Nach Ruf/Schauer/Elbert (2010) besitzen geflüchtete Kinder ein hohes Risiko für chronische Traumafolgeerkrankungen, wodurch eine normale und gesunde Entwicklung in sozialen, schulischen und beruflichen Bereichen behindert wird. In der sozialarbeiterischen Praxis ist es einerseits von großer Bedeutung, die verschiedenen auffälligen Symptome in Bezug auf die traumatischen Erfahrungen in den Herkunftsländern und auf der Flucht zu betrachten. Anderseits ist es ebenso wichtig, nicht jedes Symptom traumafixiert zu bewerten. Da nicht alle

Menschen nach außergewöhnlich belastenden Ereignissen traumatische Reaktionen entwickeln, braucht es hier eine (neue) Sensibilität, um Bedarfe individuell richtig zu verorten und entsprechende Unterstützungsmaßnahmen einzuleiten.

Kumulative und Sequentielle Traumatisierung

Das Konzept der PTSD ist wegen seiner Symptomorientiertheit und Nichtberücksichtigung der traumatischen Ereignisse häufig kritisiert worden. Abgesehen von Naturkatastrophen oder Unfällen handelt es sich bei Traumata weitgehend um sogenannte „man-made-disaster", die in einer spezifischen sozialen Realität stattfinden und entstehen. Die Wahrheit der Traumata durch Vergewaltigung, Kriegserlebnisse, politische Verfolgung oder Folter ist, dass sie Ergebnisse einer sozialen Interaktion innerhalb gesellschaftlicher Machtverhältnisse sind, durch die Individuen, Familien oder Gruppen absichtlich geschädigt werden. Traumatisierungen sind daher auch Herrschaftsmittel (vgl. Becker 2006). Eine traumatische Situation lässt sich selten auf ein singuläres Ereignis und die darauf folgende Reaktion reduzieren. Ereignisse und deren subjektive Bewertung und Wirkung sind von einem „Vorher" und von einem „Nachher" abhängig. Traumatische Ereignisse können sich wiederholen oder aneinander bedingen und finden häufig in einem Prozess statt. Deswegen empfiehlt es sich, Konzepte der Kumulativen oder der Sequentiellen Traumatisierung zu berücksichtigen. Laut Khan (1977) kann ein Trauma durch mehrere aufeinanderfolgende Einzelereignisse ausgelöst werden, die erst durch ihre Häufung eine traumatisierende Wirkung entfalten. Keilson (1977) unterscheidet drei traumatische Sequenzen, die von Becker (2006) für den Fluchtkontext adaptiert und um weitere Sequenzen ergänzt wurden. Im Gegensatz zur Posttraumatischen Belastungsstörung definiert dieses Konzept keine begrenzte Anzahl von Symptomen oder Situationen, sondern fordert dazu auf, den speziellen historischen Prozess genauer zu betrachten. Insbesondere den Erlebnissen im Exil kommt nach diesem Schema die höchste (traumatisierende) Bedeutung zu (vgl. Becker 2006). Insgesamt dienen die Sequenzen als Orientierung, um Traumata in einem spezifischen Kontext zu beschreiben. Der konkrete psychosoziale Inhalt eines solchen sequentiellen traumatischen Prozesses muss dann allerdings noch erarbeitet werden und gibt dem Trauma seine jeweilige individuelle und kontextspezifische Gestalt.

Sekundäre Traumatisierung

Sekundäre Traumatisierung ist definiert als eine Traumatisierung, die ohne direkte sensorische Eindrücke des Ausgangstraumas sowie mit zeitlicher Distanz zu diesem entsteht. Damit sind Übertragungen posttraumatischer Stresssymptome auf Familienangehörige und pädagogische/psychotherapeutische Fachleute gemeint. Obwohl diese Personen selbst keine sensorischen Reize des traumatisierenden Ereignisses (wie Gerüche, Geräusche, Bilder) wahrnehmen, kommt es in der Folge einer Verarbeitung von traumatischen Informationen zu Intrusionen. Trauma ist so gesehen „ansteckend" und hat Langzeitfolgen für das soziale Umfeld. Dieses Phänomen beeinflusst die nähere Umgebung eines traumatisierten Menschen, in erster Linie die familiären Beziehungen, aber auch die Arbeitsfähigkeit von professionellen Unterstützungssystemen (vgl. dazu und zu Selbstfürsorgestrategien Krueger 2013; Pross 2009).

Transgenerationale Weitergabe von Trauma

In Studien zur Situation von Überlebenden des Holocausts wurde die Weitergabe von Traumata an die nächste Generation festgestellt. Auch in der Erforschung von (Kindes-)Kindern geflüchteter Erwachsener konnten traumatische Symptome festgestellt werden, wenn die ältere Generation ihre traumatischen Erlebnisse nicht verarbeiten konnten (vgl. Rauwald 2013; vgl. Ruf-Leuschner/Roth/Schauer 2015). Die psychischen Prozesse, die bei der Weitergabe ablaufen, werden als eine Art unbewusste Funktionalisierung der Kinder für die Entlastung vom unerträglichen Übermaß an Trauer und Aggression der Eltern gesehen. Die Kinder können beispielsweise einen „Ersatz" für verlorene Familienmitglieder bilden oder sollen mit der Erfüllung eines „Auftrags" vergangene Verletzungen heilen. Aufseiten der Kinder sind verschiedenen Identifizierungsprozesse nachgewiesen: die unbewusste Teilhabe an der vergangenen traumatischen Lebenszeit der Elterngeneration, die die Generationen „ineinanderrückt", die totale Identifizierung mit einem Elternteil oder sogar die direkte Einfühlung in einen unbewussten oder verschwiegenen Inhalt eines elterlichen Objekts. Konsequenzen daraus können Entfremdungen oder Identitätsverwirrungen sein (vgl. Bohleber 2000).

Kollektives Trauma/gewählte Traumata

Traumatische Ereignisse wirken über die Generationen auch jenseits direkter familiärer Bindungslinien fort und können zum Bestandteil einer kollektiven Identität werden. Allgemein wird für diese und ähnliche Phänomene der Begriff „kollektives Trauma" verwendet, der mehr bezeichnet als die bloße Anhäufung individueller Traumatisierungen. Volkan (1999), der nationale, ethnische und religiöse Konflikte im Bosnienkrieg[1] untersucht hat, weist auf die psychische Repräsentanz eines historischen traumatischen Ereignisses als Baustein der Identität eines Individuums und einer Gruppe hin. Volkans zentraler Begriff ist der des „gewählten Traumas":

> „Gewählte Traumata beziehen sich auf die geistige Repräsentanz von einem Ereignis, dass dazu führte, dass eine Gruppe durch eine andere Gruppe schwere Verluste hinnehmen musste, dahin gebracht wurde, dass sie sich hilflos und als Opfer fühlte und eine demütigende Verletzung zu teilen hatte" (Volkan 1999, S. 73).

Volkan betont, dass „gewählte Traumata" eine stark mythologisierende Wirkung auf das Gefühl der Zusammengehörigkeit haben. In Zeiten der Spannung würde es reaktiviert und genutzt, um Gefühle gegen den Feind zu schüren. Es gibt Zweifel, ob die Übertragung des Traumakonzepts auf gesamtgesellschaftliche Phänomene so funktionieren kann, wie Volkan konstatiert. Es scheint plausibler anzunehmen, dass Gewaltereignisse, die auf eine Gruppe von Menschen wirken, Trauerreaktionen hervorrufen und eine stärkere Bindung durch die gemeinsam geteilten Erfahrung fördern (gemeinsame Identität und Identifizierung als Opfer; vgl. Brunner 2010). Diese traumatischen Bedeutungen sind also von Traumatisierungen wie in den oben genannten Definitionen zu unterscheiden, auch wenn die Übergänge manchmal fließend sein können. Auch in der Analyse aktueller Konflikte wird die These des kollektiven Traumas immer wieder bemüht und beispielsweise auf die Situation geflüchteter Menschen aus Syrien oder Kurdistan angewendet (vgl. Helberg 2012; Graessner 2011). Insbesondere für die Soziale Arbeit in Gemeinschaftsunterkünften kann die Auseinandersetzung mit kollektiven Traumata fruchtbar sein, um interaktive Dynamiken zwischen Gruppen geflüchteter Menschen einzuschätzen. Bedeutend ist hierbei allerdings immer im Blick zu haben, dass tatsächliche traumatische Belastungsstörungen immer nur individuell entstehen und ebenso bearbeitet werden müssen.

Traumaratgeber für geflüchtete Kinder und Eltern

Da für viele geflüchtete Kinder, aber auch für ihre Elternteile Traumafolgestörungen schwer zu erkennen und zu deuten sind, gibt es mittlerweile mehrsprachige Broschüren, die Fachkräfte unterstützend einsetzen können.

---

[1] Vgl. zur grundsätzlichen Analyse kollektiver Traumata Kühner (2007).

Hier sei vor allem auf den „Ratgeber für Flüchtlingseltern" (BPtK 2016) sowie auf das „Traumabilderbuch" (Stein 2016) verwiesen.

Literatur

Assmann, Aleida (1998): Stabilisatoren der Erinnerung. In: Rüsen, Jörn/Straub, Jürgen (Hrsg.): Die dunkle Spur der Vergangenheit. Psychoanalytische Zugänge zum Geschichtsbewusstsein. Erinnerung, Geschichte, Identität 2. Frankfurt am Main. S. 131–152.

Becker, David (2006): Die Erfindung des Traumas. Verflochtene Geschichten. 2. Auflage Berlin.

Bohleber, Werner (2000): Die Entwicklung der Traumatheorie in der Psychoanalyse. In: Psyche 9/10, S. 797–839.

Brunner, Markus (2010): Zum Begriff des „kollektiven Traumas". Oder: Wie angemessen über das Leid von Menschen sprechen in Zeiten inflationierender Opferdiskurse? www.agpolpsy.de/wp-content/uploads/2010/06/vortrag-kollektive-traumata-sfu.pdf (Abfrage: 10.02.2017).

Bundestherapeutenkammer (BPtK) (2016): Ratgeber für Flüchtlingseltern. Wie helfe ich meinem traumatisierten Kind? www.bptk.de/fileadmin/user_upload/Publikationen/ BPtK_Infomaterial/Ratgeber_Fl%C3%BCchtlingseltern/20160408_BPtK_Ratgeber Fluechtlingseltern_deutsch.pdf (Abfrage: 10.02.2017).

Dilling, Horst/Mombour, Werner/Schmidt, Martin H. (2000): Internationale Klassifikation psychischer Störungen. ICD 10 Kapitel V (F). Bern.

Gavranidou, Maria/Niemiec, Barbara/Magg, Birgit/Rosner, Rita (2008): Traumatische Erfahrungen, aktuelle Lebensbedingungen im Exil und psychische Belastung junger Flüchtlinge. In: Kindheit und Entwicklung 17 (4), S. 224–231.

Graessner, Sepp (2011): Überlegungen zum Begriff „Kollektives Trauma" in Südkurdistan. traumapolitik.de/ index.php/essays/75-ueberlegungen-zum-begriff-kollektives-trauma-in-suedkurdistan (Abfrage: 02.2017).

Helberg, Kristin (2012): Brennpunkt Syrien. Einblick in ein verschlossenes Land. Freiburg.

Keilson, Hans (1977): Sequentielle Traumatisierung bei Kindern. Stuttgart.

Khan, Massud (1977): Selbsterfahrung in der Therapie. München.

Krueger, Antje (2013): Fluchträume. Neue Ansätze in der Betreuung von psychisch belasteten Asylsuchenden. Frankfurt und New York.

Krüger, Andreas (2016): Akute Traumatisierung bei Kindern und Jugendlichen. Ein Manual zur ambulanten Versorgung. Stuttgart.

Kühner, Angela (2007): Kollektive Traumata. Konzepte, Argumente, Perspektiven. Gießen.

Pross, Christian (2009): Verletzte Helfer. Umgang mit dem Trauma: Risiken und Möglichkeiten sich zu schützen. Stuttgart.

Rauwald, Marianne (Hrsg.) (2013): Vererbte Wunden. Transgenerationale Weitergabe von Traumatisierungen. Weinheim und Basel.

Ruf, Martina/Schauer, Maggie/Elbert, Thomas (2010): Prävalenz von traumatischen Stresserfahrungen und seelischen Erkrankungen bei in Deutschland lebenden Kindern von Asylbewerbern. In: Zeitschrift für Klinische Psychologie und Psychotherapie, 39/2010, S. 151–160.

Ruf-Leuschner, Martina/Roth, Maria/Schauer, Maggie (2015): Traumatisierte Mütter – traumatisierte Kinder? Eine Untersuchung des transgenerationalen Zusammenhangs von Gewalterfahrungen und Traumafolgestörungen in Flüchtlingsfamilien. Zeitschrift für Klinische Psychologie und Psychotherapie 43, Heft 1, S. 1–16.

Scherwath, Corinna/Friedrich, Sibylle (2012): Soziale Arbeit und pädagogische Arbeit bei Traumatisierung. München und Basel.
Stein, Susanne (2016): Das Kind und seine Befreiung vom Schatten der großen, großen Angst. Ein Bilderbuch über Hilfe nach traumatischen Erlebnissen für Eltern und Kinder mit Kriegs- und Fluchterfahrung. www.susannestein.de/VIA-online/trauma-bilderbuch.pdf (Abfrage: 10.02.2017).
Volkan, Vamik D. (1999): Das Versagen der Diplomatie. Zur Psychoanalyse nationaler, ethnischer und religiöser Konflikte. Gießen
Zepf, Siegfried (2001): Trauma, Reizschutz und traumatische Neurose. Versuch einer Klärung der Konzepte Freuds. In: Forum der Psychoanalyse 17, Heft 1, S. 332–349.

Antje Krueger

Sucht

Aufgrund der hohen Wahrscheinlichkeit, im Herkunftsland, auf der Flucht oder im Aufnahmeland psychisch stark belastenden Erlebnissen ausgesetzt zu sein, besteht bei geflüchteten Kindern, Jugendlichen und Erwachsenen ein deutlich erhöhtes Risiko, eine psychische Störung oder eine körperliche Erkrankung zu entwickeln. Das Risiko steigt mit der Anzahl der erlebten negativen Ereignisse. Laut Ertl (2016) gilt dieser sogenannte „Dosis-Zusammenhang" auch für Suchterkrankungen:

> „Je mehr traumatischen und aversiven Lebensereignissen Flüchtende ausgesetzt waren und sind, desto eher entwickeln sie eine Suchtproblematik. Neben Kriegs- und Fluchterlebnissen sind hier v. a. auch frühkindliche Traumatisierungen bzw. emotionale Misshandlungen in den Herkunftsfamilien ausschlaggebend" (Ertl 2016, S. 25).

Suchterkrankungen in den Herkunftsländern

Grundsätzlich weisen geflüchtete Kinder und Familien dieselben suchtbegünstigenden Problemlagen auf wie vergleichbare Konstellationen im Aufnahmeland auch. Die familiäre Situation im Herkunftsland kann durch Beziehungsprobleme, durch Armut, Arbeitslosigkeit, Straffälligkeit, chronische Erkrankungen, Einsamkeit, Trauer aufgrund von Trennungen oder Todesfällen, Missbrauch, Unzufriedenheit u. v. m. geprägt gewesen sein und entsprechend ein erhöhtes Risiko für Depression und Angststörungen bergen. Genauso wie genetische Dispositionen können diese Bedingungen als suchtfördernde Risikofaktoren für Eltern(teile), aber auch für die Kinder selbst gewertet werden (vgl. Thomasius/Küstner/Schmidt 2005; vgl. Klein 2008). Neben Alkohol, Tabak und Cannabis würden je nach Herkunftsland und Zugangsmöglichkeiten Opiate, Amphetamine, Tranquilizer sowie lokalspezifische Substanzen wie z. B. Kath (in Somalia oder im Jemen) konsumiert[1] (vgl. UNDOC 2016). Bei universalen Erkrankungen wie bipolaren

---

[1] Laut dem Weltdrogenbericht ist der Konsum von Opiaten vor allem in Afghanistan und in Ländern des nahen und mittleren Ostens weit verbreitet. In Syrien könne man seit 2013 einen steigenden Konsum des Amphetamin-Derivats Captagon verzeichnen. Die Datenlage zum Suchtmittelkonsum in den verschiedenen Herkunftsländern muss allerdings als grundsätzlich lückenhaft beschrieben werden. Geschlechts-, alters- und milieuspezifische Faktoren können selten erhoben werden, da viele der betroffenen Personen keine Beratungs- und Behandlungszentren aufsuchen oder diese gar nicht zur Verfügung stehen. Insgesamt können allenfalls tendenzielle Verteilungen aufgezeigt werden (vgl. UNODC 2016).

Störungen und Schizophrenie scheint kulturübergreifend eine besondere Disposition zu Alkoholabhängigkeit zu bestehen (vgl. Koch/Müller/Assion 2014).

Über muslimisch geprägte Länder herrscht weitestgehend die Auffassung, dass der Konsum von Suchtstoffen als verboten (haram), zumindest aber als verwerflich (makruh) gilt. Laut Koch/Müller/Assion (2014) verfolgen vor allem traditionell orientierte Familien das Drogenverbot. In entsprechenden sozialen Gruppen würde der Konsum jeglicher Substanzen als sozial deviant missbilligt. Dies führt allerdings nicht zwangsläufig zu einer Abstinenz. Zum einen lässt die Auslegung des Korans einen gewissen Spielraum in der Interpretation der Gebote, zum anderen zeigen sich hier, wie überall, Möglichkeiten, Verbote zu umgehen oder Substanzen in informellen Sektoren zu beziehen und im Verborgenen zu konsumieren. Auch wenn Religion in der Regel als protektiver Faktor ausgewiesen werden kann, hängt der Umgang mit Suchtmitteln letztlich vom Einzelfall und den jeweiligen Umständen ab (vgl. Kimil/Salman 2010; vgl. auch Yüksel 1999).

Studien zum Substanzmissbrauch in Post-Konflikt-Gesellschaften haben ergeben, dass ein Zusammenhang zwischen Traumatisierungen und dem Risiko einer Suchterkrankung besteht. Der nachhaltige Konsum von Drogen und Alkohol ist unter anderem bei ehemaligen Kindersoldaten zu beobachten (vgl. Haversieck-Vogelsang/Laue 2009) aber auch bei anderen Heranwachsenden und ihren Eltern(teilen), deren Leben durch langanhaltende gewaltvolle Erlebnisse in Kriegs- und Terrorzeiten geprägt war (vgl. exemplarisch zur Situation in Norduganda: Ertl u. a. 2016). Süchtiges Verhalten wird nach Koch/Müller/Assion (2014) vor allem in familienorientierten Systemen lange ausgehalten und nach außen protegiert, um das Ansehen des Einzelnen und der gesamten Familie zu wahren. Laut Ertl (2016) sind allerdings auch die Gesundheitssysteme in den Herkunftsländern selten auf die Bedarfe von psychisch belasteten Einzelpersonen und Familien eingestellt. Spezielle Drogenhilfeeinrichtungen gäbe es nur in wenigen Fällen. Oft würde sich dadurch aus einem gelegentlichen Konsum eine Suchtmittelproblematik entwickeln. Bei Menschen aus den sogenannten Balkanländern, insbesondere bei Roma, konnte eine erhöhte Abhängigkeit von Benzodiazepinen festgestellt werden, da diese Medikamente seit dem Krieg im ehemaligen Jugoslawien bei starken psychischen Belastungen verschrieben wurden (vgl. Leidgens 2016). Entsprechend können Abhängigkeiten auch aus einer medizinischen Behandlung im Herkunftsland entstehen.

An den skizzierten Beispielen wird deutlich, dass eine potenzielle Abhängigkeit immer sowohl entlang individueller wie regionaler Bedingungen aber auch mit Blick auf die Zugangsmöglichkeiten wie die Mittel der psychosozialen Versorgungsinstitutionen in den Herkunftsländern betrachtet werden muss. Koch/Müller/Assion (2014) warnen davor, Abhängigkeitsstörungen ethno-kulturell zu differenzieren. Vorschnelle Generalisierungen seien grundsätzlich zu vermeiden. Vielmehr sei es notwendig, jeweils individuell zu überprüfen, welche Suchterkrankungen bereits vor der Flucht vorlagen und welche Konsequenzen diese bereits im Herkunftsland für das familiäre Gefüge hatten.

Selbstmedikamentierung bei Traumafolgestörungen

Traumatische Erfahrungen treten häufig gemeinsam mit substanzbezogenen Störungen auf, wenn die Belastungsreaktionen nicht (rechtzeitig) behandelt werden. Dabei wird nicht nur auf Trauma im Sinne einer Posttraumatischen Belastungsstörung (PTBS) Bezug genommen, im weiteren Sinne werden auch (früh-)kindliche Missbrauchserfahrungen sowie emotionale Vernachlässigung miteinbezogen (vgl. Potthast/Catani 2012). Die Gründe für die fehlende Behandlung können dabei in den erwähnten Bedingungen im Herkunftsland, genauso aber auch nach der Flucht im Aufnahmeland liegen. Schätzungen zufolge leiden 30–50 Prozent der geflüchteten Menschen in Deutschland an Traumafolgestörungen. Der Zugang zu psychotherapeutischer Versorgung ist für geflüchtete Kinder und Familien bis zur Abklärung des aufenthaltsrechtlichen Status allerdings rechtlich eingeschränkt und auch danach aufgrund von Ressourcenmangel in den Versorgungsstrukturen stark begrenzt. In manchen Fällen besteht auch auf Seiten der geflüchteten Menschen ein grundsätzliches Misstrauen gegenüber psychologischen Angeboten (vgl. DGPPN 2016). Aufgrund fehlender Unterstützung werden Suchtmittel von den Betroffenen unter anderem dafür eingesetzt, besser schlafen zu können, weniger Albträume zu haben, Einfluss auf beständige Übererregung zu nehmen, Probleme zu vergessen oder auch um die Stimmung aufzuhellen. Der Versuch, durch den Einsatz von Suchtmitteln, Symptome zu lindern, wird in der Fachliteratur als Selbstmedikation beschrieben (vgl. Potthast/Catani 2012). Neben der Selbstmedikamentierungshypothese (der die Mehrzahl der Befunde entspricht) kann mit Blick auf die vorausgegangene Situation im Herkunftsland auch die sogenannte Vulnerabilitätshypothese relevant sein. Bei dieser wird davon ausgegangen, dass eine bereits bestehende Suchtmittelabhängigkeit die Wahrscheinlichkeit erhöht, nach psychisch stark belastenden Erlebnissen eine Traumafolgestörung auszubilden. Den negativen psychischen Reaktionen wird in den meisten Fällen wiederum mit Substanzgebrauch begegnet (vgl. Potthast/Catani 2012). Beide Hypothesen verweisen auf Teufelskreise zwischen Belastungsreaktionen und Konsum. Die selbstbetäubende oder stimmungsaufhellende Wirkung der eingenommenen Substanzen dient in beider Hinsicht einer Reduktion von Leid (vgl. Schay/Liefke 2009). Die Wahl der Substanzen unterliegt den jeweiligen Zugangsmöglichkeiten im Herkunftsland, während der Flucht und im Aufnahmeland sowie dem Leidensdruck. In vielen Fällen wird auf unterschiedliche Substanzen zurückgegriffen oder Suchtmittel bewusst hintereinander oder kombiniert eingenommen, um Wirkungen zu verstärken (vgl. Potthast/Catani 2012). Polytoxische Abhängigkeiten im Aufnahmeland sind insbesondere im Umgang mit psychischen Erkrankungen, die bereits im Herkunftsland bestanden, zu verzeichnen (vgl. Krueger 2013).

Suchtfördernde Faktoren im Aufnahmeland

Einer der größten Einflussfaktoren zur Entwicklung einer Abhängigkeitserkrankung sind laut Hügel (2016) die Bedingungen, denen geflüchtete Kinder und Familien in Deutschland ausgesetzt sind. Die Verteilung nach dem Königssteiner Schlüssel, der mitunter verhindert, gemeinsam mit Verwandten oder freundschaftlichen Bezügen untergebracht zu werden, die Schwierigkeit, Angehörige und Bekannte innerhalb Deutschlands oder Europas zu besuchen (Residenzpflicht, finanzielle Mittel), verhindere die Entstehung eines stützenden sozialen Netzes, das präventiv wirken könnte. Gleichsam würde der Aufbau neuer Netzwerke aufgrund von Arbeitsverboten, langen Wartezeiten auf Schulplätze, Segregation, den teilweise katastrophalen Bedingungen in Not- und Gemeinschaftsunterkünften aber auch aufgrund fehlender Akzeptanz und Anschlussmöglichkeiten in der Bevölkerung und Nachbarschaft beeinträchtigt. Fehlende Beschäftigung, fehlende Tagesstruktur und geringe Möglichkeiten, sich mit seinen Fähigkeiten aktiv einzubringen und wahrgenommen zu werden, würden eine Selbstmedikation befördern. Die lange Unklarheit über den Aufenthaltsstatus und den damit einhergehenden Einschränkungen und Zukunftsängsten weist Hügel (2016) als größten Risikofaktoren für die Entwicklung eines Suchtverhaltens aus. In dieser Hinsicht muss vor allem auch auf die asylpolitischen Verschärfungen durch die Verabschiedung des Asylpakets II hingewiesen werden. Mit der Deklaration sogenannter sicherer Herkunftsländer erfahren betroffene Familien nicht nur eine Sonderbehandlung durch eine Unterbringung in „besonderen Aufnahmezentren" (Rückführungszentren), sondern unterliegen auch einer verschärften Residenzpflicht, Arbeits- und Ausbildungsverboten, dem Sachleistungsprinzip und einem Asylschnellverfahren, das wenig Aussicht auf Erfolg aufweist. Für Familien, denen subsidiärer Schutz zuerkannt wurde, wird die Möglichkeit eines Familiennachzugs für zwei Jahre ausgesetzt (vgl. Bundesregierung 2016). Die genannten Stressoren verhindern eine emotionale Stabilisierung nach der Flucht und begünstigen die Entwicklung von Abhängigkeiten.

Bei geflüchteten Menschen mit gesichertem Aufenthalt, die unter Umständen auch schon eine eigene Wohnung beziehen konnten und in Schule und Arbeit integriert sind, können wirtschaftliche Sorgen, sprachliche Probleme, berufliche Niederlagen, Ambivalenzkonflikte, Einsamkeit, Sinnentleerung, Schwierigkeiten mit der sozialen Akkulturation sowie Integrations- und Assimilierungsdruck den Wunsch befördern, aus den unerträglich erscheinenden Realitäten in einen Zustand der Betäubung oder Euphorie zu flüchten. Stressauslösende Anforderungen können das Gleichgewicht des Betroffenen massiv stören und dazu führen, Hilflosigkeits- und Ohnmachtsgefühle mit Drogen zu kompensieren bzw. sich selbst zu medikamentieren (vgl. Kimil/Salman 2010).

Schutz- und Risikofaktoren bei Kindern, Jugendlichen und Elternteilen

Grundsätzlich werden Religiosität und familiäre Strukturen (Zusammenhalt, Verantwortung) als stabilisierende Faktoren ausgewiesen (vgl. Leidgens 2016). Inwieweit geflüchtete Kinder, Jugendliche und ihre Eltern (-teile) sich trotz starker Belastungen allerdings davor schützen können, Suchtmittel zu konsumieren und Abhängigkeiten zu entwickeln, unterliegt auch ihren spezifischen biografischen Voraussetzungen und Ressourcen. Zum einen spielt das Lebensalter während der Fluchtmigration eine bedeutende Rolle. Kleinere Kinder, die sehr stark in den familiären Kontext eingebunden sind und mit der gesamten Familie fliehen, haben laut Czycholl (2016) ihre „psychische Welt" permanent bei sich. Bindungen könnten bei guten Voraussetzungen intakt bleiben, das Vertrauen in eine sichernde Umwelt weiter ermöglicht werden und für eine emotionale Stabilität sorgen. Bei pubertierenden und adoleszenten Kindern ist der individuelle Grad der eigenen Identitätsbildung und der elterlichen Ablösung von großer Bedeutung. Sie seien nicht nur mit eigenen entwicklungsbezogenen herausfordernden Übergängen beschäftigt, sondern würden auch die Ankunftszeit im Aufnahmeland als Übergangskrise wahrnehmen. Czycholl (2016) spricht hier von einer Doppelbelastung, die sich mitunter suchtfördernd auswirken kann. Darüber hinaus können kinderspezifische Fluchtgründe sowie erlebte häusliche Vernachlässigung und Gewalt dazu führen, die erlebten Belastungen mithilfe von regelmäßigem Substanzkonsum zu bewältigen.[2]

Für die erwachsene Generation stellen die Phasen vor, während und nach der Flucht ebenfalls Krisensituationen dar, die individuell unterschiedlich gut bewältigt werden können. Grundsätzlich kann gesagt werden, dass

---

2   Hier sind insbesondere unbegleitete Jugendliche stark gefährdet (vgl. Sarrazin/Hauck 2016).

die fehlende partnerschaftliche Unterstützung bei Müttern und Vätern, die alleine mit den Kindern fliehen mussten, einen suchtfördernden Risikofaktor darstellen kann. Eltern(teile) mit einem schlechten sozioökonomischen Status weisen ebenso eine Prävalenz für Suchterkrankungen auf. Alter und Geschlecht stellen keine isolierten Risikofaktoren dar und sind immer im Zusammenspiel mit anderen Voraussetzungen und Bedingungen zu betrachten (vgl. Leidgens 2016). Wenn Familien aus Situationen fliehen, die auch schon für die vorherigen Generationen durch Kriege, Terror und politischer Verfolgung geprägt waren, kann es zu einer transgenerativen Weitergabe von Traumata kommen (vgl. exemplarisch Ruf-Leuschner/Roth/Schauer 2014). Nach Czycholl (2016) kann auch eine intergenerative Migrationsdynamik die kulturelle Identitätsfindung einer Familie nachhaltig negativ beeinflussen. Die psychischen Belastungsreaktionen, die aus beiden Umständen resultieren, sind für die Betroffenen oft nicht nachvollziehbar, weil ihnen der direkte Erfahrungszusammenhang fehlt. Auch in diesen Fällen kann es vorkommen, dass das beeinträchtigte Wohlbefinden mit Suchtmittelkonsum reguliert wird.

Suchtbehandlung, Suchttherapie, Suchtprävention

Eine Symptomlinderung durch Selbstmedikamentierung ist nur zeitlich begrenzt wirksam (vgl. Ertl 2016). Darüber hinaus muss das Wechselspiel zwischen der Symptomatik einer Traumafolgestörung und der Suchtproblematik nach Potthast/Catani (2012) als gegenseitige Verstärkung wahrgenommen werden. Betroffene fühlen sich psychisch und physisch bedeutend schlechter als Personen mit einer jeweils isolierten Symptomatik, was auch auf die Nebenwirkung des Substanzgebrauchs zurückzuführen ist. Eltern(teile), die Belastungsreaktionen durch den Konsum von Suchtmitteln kompensieren, verfügen oft über weniger Feingefühl, Konzentrations- und Aufmerksamkeitsfähigkeit und haben Schwierigkeiten in der Emotionsregulierung. Grundsätzlich kann sich die Symptomatik negativ auf die soziale Umgebung der Betroffenen auswirken und zu negativem Erziehungsverhalten, Gewalttätigkeit gegenüber Familienangehörigen sowie emotionaler Vernachlässigung führen. Die Auswirkungen sind aus der Literatur zu Kindern psychisch- und suchtkranker Eltern hinlänglich bekannt (vgl. Thomasius/Küstner/Schmidt 2005; Lenz 2014). Bei Suchterkrankungen, die sich aus dem Versuch entwickeln, Traumafolgestörungen zu lindern, zeigen sich nach Potthast/Catani (2012) die Behandlungsverläufe deutlich komplexer und mitunter weniger erfolgreich als bei singulären Krankheitsbildern. Bedeutend für die Traumaarbeit scheint die Erkenntnis, dass der Teufelskreis der Wechselwirkungen nur durchbrochen und Rückfälle vermieden werden können, wenn die Behandlung der Traumareaktionen im Fokus stehe und nicht die Abstinenz von Suchtmitteln.[3] In diesem Sinne verspricht vor allem die Anwendung von traumafokussierten integrativen Verfahren Erfolg (vgl. Schay/Liefke 2009).

Eine Suchtmittelabhängigkeit der Kinder wird innerfamiliär in vielen Fällen aufgrund der herausfordernden Umstände sehr spät oder gar nicht wahrgenommen oder aufgrund des eingangs beschriebenen familiären Zusammenhalts geschützt und die negativen Effekte der Abhängigkeit kaschiert (vgl. Koch/Müller/Assion 2014). Laut Sarrazin/Hauck (2016) ist es gerade in dieser Hinsicht wichtig, Elternkompetenzen zu stärken und/oder einen Austausch mit Bildungseinrichtungen zu suchen, um Abhängigkeitstendenzen bei Kindern zu erkennen.

Eltern(teile), die eine Substanzerkrankung ihrer Partnerinnen und Partner bzw. ihrer Kinder bewusst wahrnehmen, fehle oft das Wissen um und das Vertrauen in Unterstützungsmaßnahmen (vgl. Thiele 2016). Bergschmidt (2013) führt darüber hinaus an, dass die Regelinstitutionen der Drogenhilfe kaum auf die Bedarfe von geflüchteten Kindern, Jugendlichen und ihre Familien ausgerichtet sind. Auch wenn hier sukzessive eine transkulturelle Öffnung erfolgen würde, fehle das Bewusstsein für die Auswirkungen eines ungesicherten Aufenthaltsstatus auf die Suchtproblematik sowie entsprechende Handlungskompetenzen. Die Betroffenen würden entsprechend auch bei grundsätzlichen Zugangsmöglichkeiten nicht erreicht bzw. ausreichend versorgt. Hügel (2016) plädiert dafür, dass die Auswirkungen von Suchterkrankungen bei geflüchteten Kindern und Familien nur im Rahmen einer interdisziplinären und multiprofessionellen Zusammenarbeit erfolgreich bearbeitet werden können. Dafür brauche es bei Sozialarbeiterinnen und Sozialarbeitern ein Bewusstsein für die Komplexität der genannten Einflussfaktoren und ihre Wechselwirkungen und eine Zusammenarbeit mit psychiatrischen, psychotherapeutischen Institutionen, Einrichtungen der Kinder- und Jugendhilfe, der Drogenhilfe, Kindergärten, Schulen und juristischen Fachleuten.[4] Auf gesundheitspolitischer Ebene ist darüber hinaus ein Umdenken bei den Kostenträgern von großer Bedeutung. Krankenkassen und Sozialämter würden je nach Aufenthaltsstatus zwar Behandlungen zustimmen, Dolmetscherkosten allerdings nicht übernehmen. Anamnese und diagnostische Verfahren können so nicht stattfin-

---

3 Im Jahr 2011 wurde die zwingende Abstinenzregelung zu Beginn einer ambulanten Psychotherapie seitens der Bundestherapeutenkammer aufgehoben. Abstinenz soll nun innerhalb der ersten zehn Therapiesitzungen erreicht werden (vgl. Potthas/Catani 2012).
4 Laut Hügel (2016) riskieren Betroffene eine Ausweisung, wenn sie Heroin, Kokain oder vergleichbare Betäubungsmittel konsumieren und sich einer Behandlung entziehen. Dies sei insbesondere bei Rückfällen relevant. Die Berücksichtigung ausländerrechtlicher Aspekte eines Substanzkonsums, wie die Gefahr der Ausweisung sei oft weder Professionellen noch den geflüchteten Familien selbst bewusst.

den und im schlechtesten Fall (zusätzliche) Medikamentenabhängigkeiten befördern (vgl. Hügel 2016; vgl. Czycholl 2016).

Sarrazin/Hauck (2016) geben unter Bezug auf die Forschungsprojekte Search I und II (Laufzeit 2000–2004) an, dass die Problemlagen der Zielgruppe seit Jahren bekannt und Möglichkeiten von Suchtbehandlung und Suchtprävention methodisch erfasst seien. Grundsätzlich könne man auf eine Vielzahl bereits entwickelter Ansätze zurückgreifen bzw. diese den aktuellen Anforderungen anpassen (vgl. zur transkulturellen Suchthilfe auch Schu/Martin/Czycholl 2013). Ertl (2016) nennt ebenfalls bestehende Programme, weist allerdings zurecht darauf hin, dass eine Anpassung erst möglich sei, wenn aktuelle Studien zur Suchterkrankungen bei geflüchteten Kindern und Familien vorlägen.

Einig sind sich alle Quellen darin, dass eine grundlegende Veränderung der Lebensbedingungen geflüchteter Kinder und Familien die beste Präventionsstrategie wäre.

Literatur

Bergschmidt, Victoria (2013): Nichteingebürgerte Migrantinnen und Migranten mit aufenthaltsrechtlichen Problemen: (K)ein Thema für die Drogenhilfe? In: Migration und Soziale Arbeit, Heft 4, S. 339–345.

Bundesregierung (2016): Asylpaket II in Kraft. Kürzere Verfahren, weniger Familiennachzug. www.bundesregierung.de/Content/DE/Artikel/2016/02/2016-02-03-asylpaket2.html (Abfrage: 06.02.2017).

Czycholl, Dietmar (2016): Migration und Sucht: „Nicht mit der Tür ins Haus fallen". In: Suchttherapie 17, Heft 3, S. 102–104.

Deutsche Gesellschaft für Psychiatrie, Psychotherapie, Psychosomatik und Nervenheilkunde (DGPPN) (2016): Positionspapier: Psychosoziale Versorgung von Flüchtlingen verbessern. www.dgppn.de/fileadmin/user_upload/_medien/download/pdf/stellungnahmen/2016/ 2016_03_22_DGPPN-Positionspapier_psychosoziale_Versorgung_Fluechtlinge.pdf (Abfrage: 06.02.2017).

Ertl, Verena (2016): Flucht-Trauma-Sucht. Ein internationaler Blick auf die Situation – Erfahrungen und Good Practices. In: Landschaftsverband Westfalen-Lippe/LWL-Koordinationsstelle Sucht (Hrsg.): Flucht – Trauma – Sucht. Was erwartet die Suchthilfe? Forum Sucht Band 48. Münster. S. 23–32.

Ertl, Verena/Saile, Regina/Neuner, Frank/Catani, Claudia (2016): Drinking to ease the burden: a cross-sectional study on trauma, alcohol abuse and psychopathology in a postconflict context. In: BMC Psychiatry 16 (1), S. 202.

Haversieck-Vogelsang, Sabine/Laue, Yvonne (2010): Ehemalige Kindersoldaten in Deutschland – Spezifische Problematik und Implikationen für die Betreuung. In: Dieckhoff, Petra (Hrsg.): Kinderflüchtlinge. Theoretische Grundlagen und berufliches Handeln. Wiesbaden. S. 141–148.

Hügel, Volker Maria (2016): Flüchtlinge mit Suchtproblemen – Rechtsansprüche, Finanzierung, Hilfen, In: Landschaftsverband Westfalen-Lippe/LWL-Koordinationsstelle Sucht (Hrsg.): Flucht – Trauma – Sucht. Was erwartet die Suchthilfe? Forum Sucht Band 48. Münster. S. 34–47.

Kimil, Ahmed/Salman, Ramazan (2010): Migration und Sucht. In: Hegemann, Thomas/Salman, Ramazan (Hrsg.): Handbuch Transkulturelle Psychiatrie. Gießen. S. 368–382.

Klein, Michael (Hrsg.) (2008): Kinder und Suchtgefahren. Risiken, Prävention, Hilfen. Stuttgart.

Koch, Eckhardt/Müller, Matthias J./Assion, Hans-Jörg (2014): Interkulturelle Aspekte bei der Diagnostik und Psychotherapie von Suchtstörungen. Prävalenz, Konzepte und Evidenz. Suchttherapie 15 (02). S. 67–74.

Krueger, Antje (2013): Fluchträume. Neue Ansätze in der Betreuung von psychisch belasteten Asylsuchenden. Frankfurt und New York.

Leidgens, Eike (2016): Neue Flüchtlingsaufkommen in NRW – neue Aufgaben und Kooperationen für die Suchthilfe? In: Landschaftsverband Westfalen-Lippe/LWL-Koordinationsstelle Sucht (Hrsg.): Flucht – Trauma – Sucht. Was erwartet die Suchthilfe? Forum Sucht Band 48. Münster. S. 7–21.

Lenz, Albert (2014): Kinder psychisch kranker Eltern. 2., vollst. überarbeitete und erweiterte Ausgabe. Göttingen.

Potthast, Nadine/Catani, Claudia (2012): Trauma und Sucht. Implikationen für die Psychotherapie. In: Sucht, 58 (4) 2012, S. 227–235.

Ruf-Leuschner, Martina/Roth, Maria/Schauer, Maggie (2015): Traumatisierte Mütter – traumatisierte Kinder? Eine Untersuchung des transgenerationalen Zusammenhangs von Gewalterfahrungen und Traumafolgestörungen in Flüchtlingsfamilien. Zeitschrift für Klinische Psychologie und Psychotherapie, 43 (1), S. 1–16.

Sarrazin, Doris/Hauck, Dieter E. (2016): „Wir fangen nicht von vorne an …". Erfahrungen zur Suchtprävention mit Flüchtlingen, Asylbewerbern und illegalen Migranten. In: Landschaftsverband Westfalen-Lippe/LWL-Koordinationsstelle Sucht (Hrsg.): Flucht – Trauma – Sucht. Was erwartet die Suchthilfe? Forum Sucht Band 48. Münster. S. 55–66.

Schay, Peter/Liefke, Ingrid (2009): Sucht und Trauma. Integrative Traumatherapie in der Drogenhilfe. Wiesbaden.

Schu, Martina/Martin, Miriam/Czycholl, Dietmar (2013): Zugänge finden, Türen öffnen: transkulturelle Suchthilfe. Praktische Erfahrungen aus dem Modellprogramm transVer. Lengerich.

Thiele, Heiner (2016): Ambulante Hilfen zur Erziehung im Kontext Flucht. In: Migration und Soziale Arbeit, 4/2016, S. 363–369.

Thomasius, Rainer/Küstner, Udo J./Schmidt, Renate (Hrsg.) (2005): Familie und Sucht. Grundlagen. Therapiepraxis und Prävention. Stuttgart.

United Nations Office on Drugs and Crime (UNODC) (2016): World Drug Report 2016. www.unodc.org/doc/wdr2016/WORLD_DRUG_REPORT_2016_web.pdf. (Abfrage: 06.02.2017).

Yüksel, Taner (1999): Der kulturelle Aspekt in der Suchthilfe – Türkisch-islamische Grundhaltungen und ihre Auswirkungen auf das Drogenhilfesystem. In: Salman, Ramazan/Soner, Tuna/Lessing, Alfred (Hrsg.): Handbuch interkulturelle Suchthilfe. Modelle, Konzepte und Ansätze der Prävention, Beratung und Therapie. Gießen. S. 30–45.

Antje Krueger

Ressourcen/Resilienz

Der Begriff Resilienz leitet sich aus dem Englischen „resilience" (Widerstands- und Anpassungsfähigkeit, Elastizität) ab und wird genutzt, um die Fähigkeit eines Individuums zu beschreiben, belastende Lebensumstände und negative Stressfolgen unter Rückgriff auf persönliche und sozial vermittelte Ressourcen erfolgreich bewältigen und entwicklungsfördernd nutzen zu können (vgl. Fröhlich-Gildhoff/Rönnau-Böse 2015). Masten (2001) weist auf das Gewöhnliche von Resilienz hin. Es handele sich dabei um ganz normale Fähigkeiten (denken, lachen, hoffen, rechtzeitig um Hilfe bitten, Beziehungen eingehen etc.), die einem Menschen helfen, auch unter belastenden Umständen zu funktionieren, ohne daran psychisch zu erkranken. Im günstigsten Fall gehe man aus den bewältigten Situationen mit einem Kompetenzgewinn hervor (vgl. Masten 2001). Resilienz ist dabei nicht als angeborene Persönlichkeitseigenschaft zu werten, sondern entwickelt sich in einem dynamischen Interaktionsprozess zwischen Individuum und Umwelt.[1] Ob und in welchen Situationen sich ein Mensch resilient verhalten kann ist abhängig von der Wechselwirkung möglicher Risiko- (krankheitsbegünstigende, entwicklungshemmende Merkmale) und Schutzfaktoren (protektive, risikomildernde Merkmale), durch die eine Gefährdung abgepuffert werden kann (vgl. Fröhlich-Gildhoff/Rönnau-Böse 2015). Grundsätzlich wird davon ausgegangen, dass jeder Mensch sowohl widerstandsfähige (resiliente) und verletzliche (vulnerable) Anteile besitzt, die entlang individueller, situativer und zeitlicher Anforderungen unterschiedlich im Vordergrund stehen. Entsprechend ist Resilienz keine linear entwickelte Fähigkeit, die während des gesamten Lebensverlaufs stabil bleibt und auf alle Lebensbereiche übertragbar ist, sondern variiert mit den jeweiligen Voraussetzungen und Bedingungen (vgl. Fröhlich-Gildhoff/Rönnau-Böse 2015).

Laut Schreiber/Iskenius (2013) muss der Verweis auf die individuelle Ausprägung von Resilienzfaktoren mit Blick auf geflüchtete Kinder und Familien explizit betont werden, da diese oft als homogene Gruppe stilisiert und wahrgenommen werden:

---

1 Während die klassische Resilienzforschung Einzelpersonen fokussiert, gibt es vereinzelt auch Ansätze, in denen das Konzept auf Familien übertragen wird. Resilienz für Familien bezieht sich dann auf die gemeinsame Stressbewältigung und das gemeinsame Wachstum, welches aus der erfolgreich gemeisterten Krise für das gesamte familiäre System hervorgeht. Laut Irmler (2011) bietet sich der kollektiven Blick auf Resilienz insbesondere bei geflüchteten Familien an, bei denen alle Familienmitglieder denselben belastenden Geschehnissen ausgesetzt waren, diese gemeinsam ausgehalten und bewältigt haben.

„Flüchtlinge lassen sich keiner einheitlichen (diagnostischen) Kategorie oder homogenen Gruppe zuordnen. Der Flüchtlingsstatus ist die Folge soziopolitischer Umstände und betrifft Menschen, die sich in ihrer bisherigen Lebenserfahrung, ihrem kulturellen Hintergrund, ihren Normen- und Glaubenssystemen, ihrer Persönlichkeit und auch ihrer Bewältigung von Belastungen sehr unterscheiden. Auch die Verfolgungs- und Fluchtbiographie ist individuell – gemein ist nur, dass die Menschen im Zusammenhang mit der Verfolgung und Flucht oft mit vielfältigen außergewöhnlichen Belastungen konfrontiert sind" (Schreiber/Iskenius 2013, S. 2).

Risikofaktoren vor und während der Flucht

In der Resilienzforschung werden außergewöhnliche Belastungen, die die Wahrscheinlichkeit des Auftretens von psychischen Störungen erhöhen bzw. potenziell entwicklungsgefährdend wirken können, allgemein als Vulnerabilitäts- und Risikofaktoren identifiziert. Dazu gehören unter anderem Ernährungsdefizite, Erkrankungen, ein niedriger sozioökonomischer Status, Armut, Obdachlosigkeit, ungünstige Erziehungspraktiken sowie Diskriminierungs- und Gewalterfahrungen (vgl. Fröhlich-Gildhoff/Rönnau-Böse 2015). Neben der Tatsache, dass diese Faktoren individuell die Lebenssituation von Kindern und Familien in den Herkunftsländern prägen können, treten einige der genannten Aspekte als Nebeneffekte von Kriegs- und Krisenzeiten auf. In manchen Fällen können sie als (zusätzlicher) Auslöser für eine Fluchtentscheidung stehen. Im Hinblick auf die besonderen Umstände vor und während einer Flucht müssen Kriegs- und Terrorerlebnisse, politische Verfolgung, Folter, sexuelle Gewalt, der Verlust von Angehörigen, Verschleppung, Versklavung, aber auch die oft lebensbedrohlichen Umstände auf den Fluchtrouten (etc.) als weitere relevante Risikofaktoren für geflüchtete Kinder und Familien angenommen werden (vgl. u. a. Schmid 2016; Zito 2015).

Kinder und Jugendliche sind grundsätzlich einer erhöhten Vulnerabilität ausgesetzt. Die Fähigkeit, kompetent mit risikobehafteten Situationen umzugehen, unterliegt dem jeweiligen Alters- und Entwicklungsstand, dem Geschlecht und den individuell unterschiedlichen (fördernden oder belastenden) Sozialisationsbedingungen. Darüber hinaus sind sie mit altersbedingten Herausforderungen konfrontiert (z. B. Pubertät), die sich risikoerhöhend auswirken können. Ob ein Risikofaktor beeinträchtigende Folgewirkungen zeigt, hängt allerdings auch von der Häufung, der Dauer, Kontinuität und der subjektiven Bewertung der Stress- und Gefährdungssituation ab (vgl. Fröhlich-Gildhoff/Rönnau-Böse 2015). Werner hat für Kinder, bei denen mehr als vier Risikofaktoren zutreffen, den Begriff „high-risk-children" etabliert. Aufgrund der außergewöhnlich belastenden Bedingungen einer Fluchtmigration müssen geflüchtete Kinder potenziell als hoch gefährdet und besonders verwundbar eingestuft werden (vgl. Werner 2011; Irmer 2011).[2] Trotzdem muss nicht jede Risikobelastung zwingend zu einer psychischen Störung oder Entwicklungsgefährdung führen. Das Erleben und die potenzielle Bewältigung einer Belastung hängen maßgeblich von den Schutzfaktoren ab, die eine betroffene Person im Laufe ihres Lebens entwickelt hat (vgl. Fröhlich-Gildhoff/Rönnau-Böse 2015).

Schutzfaktoren vor und während der Flucht

Zu den empirisch belegten Schutzfaktoren werden personale und soziale Ressourcen gezählt, die dazu beitragen, Aufgaben und Anforderungen erfolgreich zu bewältigen und ein Bewusstsein dafür schaffen, Einfluss auf schwierige Situationen nehmen zu können. Schutzfaktoren erhöhen und verbessern die Reaktionsmöglichkeiten einer Person unter problematischen Umweltbedingungen (vgl. Fröhlich-Gildhoff/Rönnau-Böse 2015).

> „Aussagen, über das ‚was schützt', lassen sich nicht pauschal treffen. Was protektiv wirkt, hängt von den jeweiligen individuellen bzw. spezifischen Bedingungskonstellationen ab" (Richter-Kornweitz 2011, S. 245).

Als allgemeine personale Resilienzfaktoren werden Selbstwahrnehmung, Selbstwirksamkeit, Selbststeuerung, Soziale Kompetenz, Problemlösungsfähigkeiten, aber auch individuelle Gesundheitsressourcen gezählt. Soziale Ressourcen beziehen sich vor allem auf emotional stabile und autonomiefördernde Bindungen, auf die Förderung von Basiskompetenzen sowie auf Erfahrungen mit transparenten und konsistenten Regeln und Strukturen (vgl. Fröhlich-Gildhoff/Rönnau-Böse 2015). Der Zugang zu Bildung sowie Chancengleichheit werden oft als zusätzliche Faktoren angeführt (vgl. Richter-Kornweitz 2011).

Schutzfaktoren werden als grundsätzlich kulturunabhängig beschrieben. Kategorien wie Alter, Geschlecht, Entwicklungs- und Bildungsstand können sich allerdings abhängig von den jeweiligen Sozialisationsbedingungen auf die Ausbildung schützender Ressourcen auswirken (vgl. Fröhlich-Gildhoff/Rönnau-Böse 2015). Werner (2011) kommt entlang ihrer Forschungsarbeiten zu dem Schluss, dass das Vorhandensein protektiver Faktoren in den ersten Lebensjahren, die Entwicklung von weiteren Schutzfaktoren im Verlauf des Lebens unterstützt. Die Kategorie Geschlecht wird von Richter-Kornweitz (2011) als moderierender Faktor ausgewiesen, der

---

2 Es können keine allgemeingültigen Aussagen über das Gefährdungspotenzial von Fluchtmigration getroffen werden. Im Einzelfall sollten immer die jeweils aktuellen Bedingungen im Herkunftsland und auf den Fluchtrouten betrachtet werden, um die individuell relevanten Risikofaktoren festzuhalten.

immer im Wechselspiel mit anderen Einflussgrößen (gesellschaftlicher Kontext, Erziehungsorientierung der Familie; Alter der Kinder etc.), betrachtet werden muss.[3] Während die Resilienzforschung das weibliche Geschlecht tendenziell als Schutzfaktor ansieht, muss dies je nach Herkunftsregion und Fluchtbedingungen u. U. als hoher Risikofaktor gewertet werden (vgl. hierzu Baecker 2008).

Risiko- und Schutzfaktoren beeinflussen sich gegenseitig in einem komplexen Zusammenspiel und können weder gegeneinander aufgerechnet noch ausbalanciert werden. Aufgrund des Einflusses von zeitlichen und situativen Bedingungen führen die Förderung und Ausbildung von Schutzfaktoren auch nicht zwangsläufig zu Resilienz. Die Wirkung von Schutzfaktoren kann erst in konkreten Belastungssituationen festgestellt werden. Die individuell entwickelten Schutzfaktoren beeinflussen belastende Ereignisse also in unterschiedlicher Weise, können aber, ähnlich wie die beschriebenen Risikofaktoren, kumulativ wirken (vgl. Fröhlich-Gildhoff/ Rönnau-Böse 2015). Werner (2011) geht davon aus, dass ein Kind Gefährdungen erfolgreicher bewältigen kann, wenn es auf eine Vielzahl von schützenden Faktoren zurückgreifen kann. Es zeigt sich aber auch, dass die Qualität der Ressourcen von großer Bedeutung ist. Während beispielsweise eine hohe Anstrengungsbereitschaft allein genommen nur situativ wirken kann, scheinen eine sichere Bindung und eine kontinuierliche wertschätzende Beziehung zu emotional stabilen Bezugspersonen eine grundsätzlich tragfähige Schutzfunktion zu entfalten (vgl. Fröhlich-Gildhoff/Rönnau-Böse 2015). Bezogen auf die außergewöhnlich gefährdenden Erlebnisse, die eine Fluchtmigration begleiten können, tritt die Bedeutung von verlässlichen Bindungen besonders in den Vordergrund. Inwieweit geflüchtete Kinder resilient auf psychisch belastende Erfahrungen reagieren können, hängt maßgeblich von der Bindung zu an- und abwesenden Eltern(teilen) oder anderen vertrauensvollen Bezugspersonen ab. Gefahrensituation können während der Flucht bewältigt werden, wenn Eltern Schutz und Zuversicht vermitteln. Auch eine telefonische Präsenz kann in manchen Fällen ausreichend stabilisierend sein. Die Art und Weise, wie erwachsene Familienmitglieder selbst mit Stresssituationen im Herkunftsland und auf der Flucht umgehen, wirkt sich primär und sekundär auf die beteiligten Kinder aus und kann entsprechend protektive Faktoren stärken oder schwächen (vgl. Ruf-Leuschner/Roth/Schauer 2014).

---

3 Es wird davon ausgegangen, dass ein nicht geschlechtsstereotypes Verhalten sowohl Mädchen als auch Jungen ein breiteres und flexibleres Repertoire an Bewältigungsstrategien bietet (vgl. Richter-Kornweitz 2011).

Wechselwirkungen von Risiko- und Schutzfaktoren im Familienkontext

Schutzfaktoren im Erwachsenenalter und Resilienz über Lebensspannen werden erst seit einigen Jahren erforscht (vgl. Fröhlich-Gildhoff/Rönnau-Böse 2015). Die familiäre Dimension von Flucht hat bislang noch keine umfassende Berücksichtigung gefunden und bezog sich wenn, auf Resilienz von Familien im Aufnahmeland (vgl. u. a. Irmler 2011). Schreiber/Iskenius (2013) haben den Versuch unternommen, allgemeine personale und soziale Ressourcen auf die Phasen vor und während der Flucht zu übertragen. Sie fokussieren dabei risikomildernde Faktoren geflüchteter Erwachsener. Unter individuelle Eigenschaften fassen sie sowohl kognitive wie emotionale Faktoren, die dazu beitragen, den komplexen Anforderungen der Flucht kompetent, kreativ und reflektiert begegnen zu können (vgl. Schreiber/Iskenius 2013). Als Beispiel könnte das Bestreiten alternativer Fluchtrouten aufgrund von Grenzschließungen, drohendenden Überfällen oder landschaftlich herausfordernden Passagen stehen. In diesen Kontext lassen sich auch Toleranz für Ungewissheit, Entschlossenheit und Mut sowie Vertrauen in die eigene Handlungsfähigkeit und Unabhängigkeit einordnen. Religiöse oder politische Überzeugungen können erheblich dazu beitragen, dem eigenen Handeln in ausweglosen Situationen Sinn und Bedeutung zu geben, die eigenen Probleme zu relativieren und den Strapazen der Flucht mit Zuversicht zu trotzen (vgl. Schreiber/Iskenius 2013). Unter Umwelt- und Prozessfaktoren werden jegliche Formen der sozialen Unterstützung durch Familie, Freunde oder einer Gruppe gefasst, die Ressourcen und Energien für die Flucht(etappen) bündeln. Dies kann sich auf vertrauensvoll-verlässliche Bindungen beziehen, die emotional stützend wirken und Ansporn zum Durchhalten geben oder auf Zweckbündnisse, die Informationen und Materialien teilen oder Ablenkung bieten. Grundsätzlich würde die soziale Komponente der Gemeinschaft Optimismus, Hoffnung, Lösungsorientierung und Verantwortungsübernahme fördern. Die Erfahrung, dass belastende Situationen als Teil einer Gruppe durchlebt und überstanden werden, könne dabei eine besondere psychische Schutzfunktion entfalten (vgl. Schreiber/Iskenius 2013).

Kinder, deren Eltern sich den Widrigkeiten der Flucht kompetent stellen können, haben grundsätzlich die Chance, weniger oder gar nicht beschädigt aus belastenden Situationen hervorzugehen. Die vorhandene Resilienz kann im Verlauf der Flucht allerdings durch kumulierte Stress- und Angstsituationen geschwächt werden. Die Verletzung, Trennung oder der Verlust von Elternteilen oder Geschwistern müssen für die verbleibenden Familienmitglieder als hochgradig risikofördernd begriffen werden und führen in der Regel dazu, dass keine ausreichenden Schutzfaktoren mehr mobilisiert werden können. Abhängig vom Alter, der Selbstwirksamkeit und den Problemlösungsfähigkeiten des betroffenen Kindes können die beschriebenen Umstände ggf. auch ein fürsorgliches Verhalten befördern. Parentifizierung, die oft als pathogener Teil des Familienmilieus angesehen wird, müsse laut Rössel-Čunović (2006) im Kontext von Flucht eher als notwendiger und zeitweise funktionaler Bewältigungsmechanismus begriffen werden. Das Kind kann in diesem Sinne seine eigenen Stärken und Fähigkeiten einbringen, die Erfahrung machen, zumindest Anteile der Fluchtsituationen zu kontrollieren und dazu beitragen, das Ziel trotz Hindernissen zu erreichen. Grossmann und Grossmann (2009) sprechen von einer Ambiguität von Schutzfaktoren, wenn eine situativ gelingende Anpassung in anderen (späteren) Kontexten zu negativen Konsequenzen führt. Entsprechend ist es notwendig, dass das Kind nach der Flucht wieder in eine altersgerechte Rolle zurück finden kann und darf (vgl. Krueger 2013).

Resilienz nach der Flucht

In der Erforschung sequentieller Traumatisierung hat sich gezeigt, dass ein eindeutiger Zusammenhang zwischen einer ungünstig verlaufenden Postmigrationsphase und erhöhten Werten von Posttraumatischer Belastungsstörung und Depressionen besteht (vgl. Becker 2006; vgl. Lennertz 2011). Ob geflüchtete Kinder und Familien psychisch unbeschadet aus der Fluchtsituation hervorgehen, hängt entsprechend maßgeblich von strukturellen, sozialen sowie individuellen Risiken im Aufnahmeland ab. Die oft unsichere aufenthaltsrechtliche Situation und der damit einhergehende niedrige sozioökonomische Status der Eltern, die Unterbringung in Gemeinschaftsunterkünften und die daraus resultierenden kindeswohlgefährdenden Bedingungen, Diskriminierungs- und Rassismus-Erfahrungen, aber auch die lange Wartezeit auf einen Schulplatz sind hier als starke Risikofaktoren zu bewerten (vgl. u. a. Cremer 2016; Zartbitter e.V. 2016). Innerfamiliär muss vor allem die psychische Verfassung der Eltern angeführt werden. Traumatisierungen, Ohnmachtsgefühle und fehlende Zuversicht aufgrund der Schwierigkeiten, bürokratische, sprachliche und integrative Anforderungen zu erfüllen, Residenzpflicht, Arbeitsverbote, Angst vor Abschiebungen (etc.) können dazu führen, dass sie nicht (mehr) als stabile emotionale Bezugsperson angesprochen werden können (vgl. Irmler 2011). In manchen Fällen bleiben die Kinder in der bereits auf der Flucht begonnenen Parentifizierung oder entwickeln aufgrund der Umstände ein fürsorgliches Verhalten, um die Eltern in der Alltagsbewältigung zu entlasten, indem sie beispielsweise Dolmetscherdienste oder administrative Aufgaben übernehmen (vgl. Buachidze 2015). Traumatische Belastungen können zudem Suchtproblematiken und emotionale Regulationsstörungen der Eltern befördern, die unter Umständen in Vernachlässigungen münden. Manche Eltern kompensieren die fehlende Sicherheit während der Flucht oder in der neuen Umgebung auch mit einer „Überschützung" (Irmler 2011, S. 577) ihrer Kinder und behindern sie dadurch in einer eigenständigen und positiven Adaption der neuen Situation (vgl. hierzu auch Krueger 2013). Wenn die strukturellen und elterlichen Probleme im Vordergrund stehen, werden Kinder mit ihren Bedarfen und Wünschen oft „unsichtbar". Die Erlebnisse der Flucht, die ihren Verstehens- und Handlungshorizont weit übersteigen, die eigenen Ängste, ihre Verzweiflung und Trauer bleiben dann unbesprochen und unverarbeitet (vgl. Irmler 2011).

Bei geflüchteten Kindern und ihren Familien ist zu beobachten, dass sie selten auf Unterstützungsmöglichkeiten durch das Kinder- und Jugendhilfesystem zurückgreifen (können) und wenig Anbindung an Beratungs- und Therapieeinrichtungen haben. Hier müssen sich vor allem der politische Wille und das fachliche Bewusstsein ändern, um strukturelle Ausschlüsse zu beheben bzw. zukünftig zu vermeiden (vgl. Thiele 2016).

Trotz des potenziell gegebenen Hilfebedarfs ist es allerdings in erster Linie wichtig, geflüchtete Kinder als resiliente Persönlichkeiten zu betrachten, die bereits große Schwierigkeiten bewältigt haben und für den neuen Lebensabschnitt viele Erfahrungen, Ressourcen und Stärken mitbringen (vgl. Schreiber/Iskenius 2013). Diese könnten sie vor allem dann nutzen und weiter ausbauen, wenn ihnen und ihren Familien im Aufnahmeland soziale Anerkennung, ausreichend gute Bedingungen und gleiche Rechte zugestanden würden.

Literatur

Baecker, Alexandra (2008): Sexuelle Gewalt als Kriegswaffe. Geschlechtsspezifische Fluchtgründe für Frauen aus Kriegs- und Krisengebieten. Saarbrücken.
Becker, David (2006): Die Erfindung des Traumas. Verflochtene Geschichten. Neuauflage der 2. Auflage. Berlin.
Buachidze, Lana (2015): Begleitete minderjährige Flüchtlinge in Deutschland. www.social net.de/materialien/attach/290.pdf (Abfrage: 30.01.2017).
Cremer, Henrik (2016): Die Unterbringung von Flüchtlingen aus menschenrechtlicher Perspektive. In: Sozialmagazin, Heft 4, S. 50–54.
Fröhlich-Gildhoff, Klaus/Rönnau-Böse, Maike (2015): Resilienz. 4., aktualisierte Auflage. München und Basel.
Grossmann, Klaus. E./Grossmann, Karin (2009): Resilienz – Skeptische Anmerkungen zu einem Begriff. In: Fooken, Insa/Zinnecker, Jürgen (Hrsg.): Trauma und Resilienz. Chancen und Risiken lebensgeschichtlicher Bewältigung von belasteten Kindheiten. 2. Auflage. Weinheim und München. S. 29–38.
Irmler, Dorothea (2011): Leben mit Trauma – Resilienzförderung von Flüchtlingskindern und ihren Familien (TZFO Köln). In: Zander, Margherita (Hrsg.): Handbuch Resilienzförderung. Wiesbaden. S. 575–589.

Krueger, Antje (2013): Allein gelassen und überumsorgt. Lebensrealitäten von Töchtern traumatisierter Asylsuchender. In: Betrifft Mädchen, Heft 2, S. 78–83.

Lennertz, Ilka (2011): Trauma und Bindung bei Flüchtlingskindern. Erfahrungsverarbeitung bosnischer Flüchtlingskinder in Deutschland. Göttingen.

Masten, Ann S. (2001): Resilienz in der Entwicklung: Wunder des Alltags. In: Röper, Gisela/Hagen, Cornelia von/Noam, Gil (Hrsg.): Entwicklung und Risiko. Perspektiven einer klinischen Entwicklungspsychologie. Stuttgart.

Richter-Kornweitz, Antje (2011): Die Relation zwischen Resilienz, Geschlecht und Gesundheit. In: Zander, Margherita (Hrsg.): Handbuch Resilienzförderung. Wiesbaden. S. 240–274.

Rössel-Čunović, Marie (2006): Adoleszenz und Identitätsentwicklung von Jugendlichen in Flüchtlingsfamilien. Eine Annäherung. In: Zeitschrift für Politische Psychologie, Jg. 14, Heft 1+2, S. 205–224.

Ruf-Leuschner, Martina/Roth, Maria/Schauer, Maggie (2014): Traumatisierte Mütter – traumatisierte Kinder? Eine Untersuchung des transgenerationalen Zusammenhangs von Gewalterfahrungen und Traumafolgestörungen in Flüchtlingsfamilien. In: Klinische Psychologie und Psychotherapie, 43 (1), S. 1–16.

Schmid, Thomas (2016): Aus den Augen, aus dem Sinn. Flüchtlinge und Migranten an den Rändern Europas. Die zentrale Mittelmeerroute. www.boell.de/sites/default/files/2016-08-schmid_zentrale_mittelmeerroute.pdf (Abfrage: 30.01.2017).

Schreiber, Viola/Iskenius, Ernst-Ludwig (2013): Flüchtlinge: Zwischen Traumatisierung, Resilienz und Weiterentwicklung. http://amnesty-heilberufe.de/wp-content/uploads/mug.schreiber_iskenius.resilienz.2013.pdf (Abfrage: 30.01.2017).

Thiele, Heiner (2016): Ambulante Hilfen zur Erziehung im Kontext Flucht. In: Migration und Soziale Arbeit, Heft 4, S. 363–369.

Werner, Emmy E. (2011): Risiko und Resilienz im Leben von Kindern aus multiethnischen Familien. In: Zander, Margherita (Hrsg.): Handbuch Resilienzförderung. Wiesbaden. S. 32–46.

Zartbitter e.V. (2016): Flüchtlingskinder vor Gewalt schützen. Eine Arbeitshilfe zur Entwicklung von institutionellen Kinder-/Gewaltschutzkonzepten in Gemeinschaftsunterkünften. Köln.

Zito, Dima (2015): Überlebensgeschichten. Kindersoldatinnen und -soldaten als Flüchtlinge in Deutschland. Eine Studie zur sequentiellen Traumatisierung. Weinheim und Basel.

Teil 6:
Bildung und Arbeit

Ibrahim Ismail

Bildung: Keine Integration ohne (informelle) Bildung

Was ist Bildung und wie wirkt sie sich aus?

Mit dem Begriff Bildung ist hier nicht Ausbildung (verstanden als formale Bildung) gemeint, also nicht die schulische, betriebliche oder universitäre Ausbildung. Bildung wird hier verstanden als die „Selbstgestaltung des Menschen im Prozess der Auseinandersetzung mit den Inhalten und Werten der Kultur" (Prohl 2006, S. 9) und „mit sich selbst" (Grupe/Krüger 1997, S. 66). Er findet im Zwischenraum von Eigenem und Fremdem statt und kann schmerzhaft sein. Im Falle der Erkenntnis erfährt der Mensch eine Weiterentwicklung seiner „Selbst", er erweitert bzw. erneuert sich in seinem Selbst(verständnis) (*Persönlichkeitsentwicklung*) (vgl. Schmidt-Millard 1998, S. 70 f.). Bildung in diesem Sinne ist ein lebenslanger Prozess, der überall stattfinden kann. Der „Volkspädagoge" Pestalozzi bezeichnet diesen Prozess als „Menschenbildung". Es ist der Weg zur Humanität, in dessen Mittelpunkt der Mensch mit seinen Kräften „Kopf, Herz und Hand" steht, mittels derer er sich bemüht, die Welt zu verstehen und konstruktiv zu bearbeiten (vgl. Flitner/Gibl 1980, S. 235 f.).

Bildung lässt sich nicht von außen nach innen vermitteln, sondern kann sich nur durch Erkenntnis im Subjekt selbst entfalten. Unter Erziehung wird dagegen „die Einwirkung auf Menschen mit dem Ziel, ihnen diese Selbstgestaltung zu ermöglichen und sie darin zu unterstützen" verstanden (Prohl 2006, S. 9). Der Sinn der Erziehung ist somit die Bildung des Menschen (vgl. ebd., S. 9).

Wer Bildung erfährt, hat ein Interesse die Welt zu erfahren und entwickelt dadurch eine intrinsische Motivation, sich auch auszubilden. In der Regel zieht Bildung somit auch Ausbildung nach sich (vgl. Dörpinghausen 2009, S. 5). Der umgekehrte Fall aber gilt nicht, das heißt, Ausbildung führt nicht notwendigerweise zur Bildung (vgl. ebd., S. 12). Menschen mit einem hohen *Ausbildungslevel*, also diejenigen, die über viel Wissen und viele Fähigkeiten verfügen, können dennoch über eine geringe *Menschenbildung* verfügen. Während Ausbildung meist der Produktivität dient – im Sinne von Steigerung individueller Fähigkeiten –, dient Bildung der Stärkung der Urteilskraft und versetzt den Menschen in die Lage, verschiedene Perspektiven einzunehmen. Ein in diesem Sinne gebildeter Mensch vertraut auf seine Kompetenzen, begegnet der Umwelt offen und sich selbst herausfordernd, ist also an seinem eigenen Wachstum interessiert. Er hat gute Voraussetzungen, um sich im Gleichgewicht mit den Anforderungen der Welt zu befinden. Für ein harmonisches Zusammenleben in einer Gesellschaft ist es somit wichtig, dass die Gesellschaft ein zentrales Augenmerk auf die Persönlichkeitsentwicklung insbesondere ihrer Kinder und Jugendlichen legt.

Ein Mensch, dem Bildung im Sinne von Selbst- und Welterkenntnis fehlt und der im Ungleichgewicht mit sich selbst und der Umwelt steht, neigt dazu, seine Kompetenzen und Möglichkeiten unrealistisch einzuschätzen. Herausforderungen, die an seine Person gestellt werden, können als Überforderung, als sein Leben beschränkende Barrieren oder als Übergriffigkeit empfunden werden. Daraus können Frustration, Ohnmacht, Verschlossenheit und eine Abwehrhaltung resultieren. Dies ist bei Menschen mit wenig *Bildung* (unabhängig von ihrem formalen Ausbildungsgrad) häufig zu beobachten.[1]

Freiheit als förderliche Rahmenbedingung für Bildung

Es ist festzustellen, dass ein Großteil der nach Deutschland geflüchteten Menschen aus autoritären Staaten stammt. In diesen Ländern wird zwar Ausbildung im Sinne von fachlicher Qualifizierung begrüßt, Bildung im Sinne von „Selbstgestaltung des Menschen im Prozess der Auseinandersetzung mit den Inhalten und Werten der Kultur" (Prohl 2006, S. 9) und „mit sich selbst" (Grupe/Krüger 1997, S. 66) wird aber bewusst nicht gefördert. Das Bildungssystem konzentriert sich auf die fachliche Ausbildung. Informations-, Meinungs-, Presse- und Versammlungsfreiheit sind eingeschränkt. Man bekennt sich in der Öffentlichkeit sichtbar zum Regime, z. B., wie vielfach festzustellen, indem man ein Konterfei des Staatsoberhauptes in seinem Haus oder Auto aufhängt. Im Vertrauen teilen einem einige dieser Menschen jedoch mit, dass es sich dabei lediglich um ein Lippenbekenntnis handele. Menschen, die sich systemkritisch äußern sind gefährdet, Schikane, Misshandlung, Folter oder Inhaftierung zu erleiden. In autoritären Staaten wird der Mensch von Ängsten geleitet und denkt und handelt häufig nicht mehr frei. Die soziale Kontrolle ist stark, und das nicht nur in Bezug auf die Politik. Sie erzeugt auch Druck zur Konformität in allen anderen Bereichen der Gesellschaft wie Geschlechterrollen, Berufswahl

---

1 Hierbei sei angemerkt, dass der Autor der Auffassung ist, dass auch die Persönlichkeitsentwicklung von Menschen aus Gesellschaftsschichten mit hohem Ausbildungsgrad gesteigerter Aufmerksamkeit bedarf. Denn auch wenn diese Menschen in der Gesellschaft „funktionieren", also sich in scheinbarer Harmonie mit ihr befinden, sind viele von ihnen von seelischer Verarmung und einem fragilen Selbstwertgefühl betroffen, leben also nicht in Harmonie mit sich selbst.

etc. Diese Form der Sozialisierung wird an die eigenen Kinder weitergegeben: Würden die Eltern ihre Kinder zu kritischem Denken erziehen, bestünde eine erhebliche Gefahr, dass ihre wahre Meinung nach außen dringt. Freies Denken ist aber eine Voraussetzung für Bildung.

Wie groß die Kluft zwischen den Erfahrungen in ihrem Herkunftsstaat und den neuen Erfahrungen in Deutschland sein kann, zeigt auch das folgende Beispiel: Bei einem Besuch einer Gruppe von Geflüchteten aus Syrien bei einem Tag der offenen Tür der Polizei in Siegburg waren die Syrer sehr überrascht darüber, dass die Polizei die Tore öffnet und dass sich die Bürgerinnen und Bürger ohne Angst, teils erheitert mit der Polizei unterhielten. Einer der Syrer, der in seinem Heimatland selbst Polizist war, berichtete, dass der Polizist in seiner Heimat stets das erste Wort habe und dass der Polizist die Fragen stelle, und darauf und nur darauf habe der Befragte zu antworten gehabt. An diesem Tag vollzog sich durch diesen Besuch bei der Polizei und die dadurch entstehende „Reibung" ein wichtiger Anstoß für Bildung bei der Gruppe der Geflüchteten.

Die Ängste allerdings sitzen tief und wirken auch noch in Deutschland fort. Viele Geflüchtete fürchten, dass, wenn sie sich öffentlich negativ zum Regime äußern, diese Äußerungen dem Regime in ihrem Heimatland zugetragen werden könnten (z. B. durch Regimefreunde oder die Presse). Dadurch könnten in ihrem Heimatland verbliebene Angehörige Repressalien ausgesetzt werden. Außerdem hoffen viele darauf, eines Tages in ihre Heimat zurückkehren zu können, weshalb die scheinbare Loyalität zum Regime gewahrt werden muss. Selbst in den richterlichen Anhörungen in Deutschland zur Entscheidung über die Gewährung von Asyl sind viele Geflüchtete aus diesem Grund vorsichtig in ihren Äußerungen. Die Angst, etwas Falsches zu sagen oder zu tun, besteht aber nicht nur bei Regime-gegnern, sondern auch bei Regimefreunden. Auch sie standen unter Beobachtung und mussten stets überprüfen, ob sie ausreichend angepasst sind. Den einzigen Schutzraum stellte zumeist die eigene engere Familie dar, zu dem die Kinder aus oben beschriebenen Gründen nur eingeschränkt zählten.

Das attraktive Menschenbild in der Demokratie

Bürgerinnen und Bürger in einer Demokratie haben die Möglichkeit mannigfaltig mit der Welt in Wechselwirkung zu treten. Staatliche Willkür, Gewalt und Unterdrückung sind verboten. Das Grundgesetz schützt die Rechte jedes einzelnen. Es gibt das Recht auf freie Entfaltung der Persönlichkeit, das Recht auf Leben und körperliche Unversehrtheit, das Recht auf Freiheit der Person und Freizügigkeit, das Recht auf Glaubensfreiheit, das Recht auf Gleichberechtigung von Frau und Mann, das Recht auf Kommunikationsfreiheit, das Recht auf Wissenschaftsfreiheit, das Recht auf Versammlungsfreiheit, das Recht auf Kunstfreiheit, etc. (vgl. Grundgesetz für die Bundesrepublik Deutschland).

Das Grundgesetz begründet somit indirekt ein Recht auf Bildung. Der Mensch wird in seiner Individualität geschützt und kann sich persönlich entfalten. Er darf sich gesellschaftlich, politisch und privat engagieren und die Gesellschaft mitverändern. Die Bürgerinnen und Bürger sind vor dem Gesetz gleich. Hierdurch entwickelt sich idealerweise ein freier Geist. Dem politischen System „Demokratie" liegt ein positives Menschenbild und eine humanistische Wertehaltung zugrunde, die es zu schützen gilt. Auch eine Demokratie ist stetig bedroht und bedarf der ständigen Verteidigung durch das Volk und ihrer Vertreter. Das Grundgesetz schützt und befördert das Wachstum des Menschen und steht im Gegensatz zu autoritären Systemen, die nur durch die Unterdrückung des Menschen existieren können.

Wen ständig die Angst begrenzt hat, wer nicht seine Stimme erheben durfte, politisch partizipieren und aktiv werden durfte, verhaltensmäßig abweichen durfte und widersprechen durfte, benötigt Zeit und positive Erfahrungen, um eine Bereitschaft zur Veränderung zu entwickeln.

Ein geflüchteter syrischer Vater aus Bonn hatte sich das Grundgesetz, das in den Wohnheimen auch in arabischer Übersetzung verteilt worden war, durchgelesen. Er ging mit dem Buch zu der im Rahmen des Asylverfahrens erforderlichen gerichtlichen Anhörung ins Gericht und sagte dort, dass er von dem, was im Grundgesetz stehe, in seinem Land nicht ansatzweise habe träumen können. Es sei ein wunderbares Buch. Er sagte zu den Anwesenden: „Ich möchte bitte das, was darin steht".

Viele geflüchtete Menschen staunen über die Freiheiten, die sie innerhalb einer Demokratie erfahren. Dies ist eine gute Voraussetzung, um bei ihnen eine demokratische Grundhaltung zu fördern.

Bildung als Ausweg aus sozialer Benachteiligung und Motor für Integration

Die Freiheiten, die viele geflüchtete Menschen in Deutschland neu erleben, kann sie erstaunen und begeistern, aber die Diskrepanz zu ihren Erfahrungen und ihrer Kultur kann sie auch verunsichern. Zudem schmerzt der Verlust der positiven Aspekte ihrer Heimat, z. B. ihrer vertrauten Umgebung, von Netzwerken und Kultur. Insbesondere bei der Erziehung ihrer Kinder besinnen sich daher manche Eltern irgendwann aus Angst und Verunsicherung auf die Traditionen ihrer Heimat und laufen Gefahr, diese sogar noch enger und dogmatischer auszulegen als sie dies in ihrem Herkunftsland selbst zuvor getan haben. Hinzu kommt, dass in einigen der Herkunftsländer vonseiten der Regierungen ein Negativbild der „westlichen" Länder gezeichnet wurde, da die Bevölkerung der autoritären Staaten trotz eingeschränkter Pressefreiheit vom Leben im „Westen", von Wohlstand und Freiheiten „Wind bekommen hat". Die Verunglimpfung der „westlichen" Länder sollte derartige Interessen im Keim ersticken. Manche Geflüchtete berichteten daher, dass sie überrascht gewesen seien von der großen Hilfsbereitschaft der Deutschen. In ihrer Heimat wären die westlichen Menschen als egoistisch beschrieben worden. Auch hier hat sich bei ihnen ein Bildungsprozess vollzogen.

Angesichts der Verunsicherung, der Gefahr des gesellschaftlichen Rückzugs und der bislang eingeschränkten Bildungsmöglichkeiten in den Herkunftsländern stellt sich die zentrale Frage: Wie kann es gelingen, dass Menschen, die kaum Zugang zu und Raum für Bildung hatten, überhaupt für Bildung empfänglich werden?

Geflüchtete Menschen gelangen unabhängig von dem sozialen Status, den sie in ihrer Herkunftsgesellschaft hatten, in Deutschland automatisch in eine soziale Problemsituation, da sie als „Fremde" mit Sprache, Kultur und den gesellschaftlichen Systemen nicht vertraut sind und ihnen zahlreiche Hürden im Asyl- bzw. Bleibeverfahren begegnen. Der Bildung kommt allgemein eine Schlüsselfunktion dabei zu, dass sozial benachteiligte Menschen sich selbst aus ihrer Benachteiligungssituation befreien und „ihrem sozialen Schicksal (...) entrinnen" können (Grupe/Krüger 1997, S. 67). Darüber hinaus ist Bildung eine ganz wesentliche Voraussetzung für die gesellschaftliche Integration – und zwar sowohl für die Fähigkeit und Bereitschaft von Neubürgern sich zu integrieren wie die Fähigkeit und Bereitschaft der aufnehmenden Gesellschaft, die Neuankömmlinge in ihre Reihen zu integrieren. In diesem Beitrag soll der Fokus auf Bildung als Schlüssel zur Integrationsfähigkeit und -bereitschaft der Geflüchteten liegen.

Um Menschen auf den Weg der Bildung zu führen, ist es notwendig, dass sie Trägheit und Ohnmachtsgefühle überwinden und den Mut entwickeln, Ängste fallen zu lassen, um neue positive Erfahrungen machen zu können. Dies wird durch Erfahrungen begünstigt, die zu neuen Erkenntnissen sowie Horizont- und Perspektiverweiterungen führen und ihnen so zeigen, dass sie das Potenzial haben, ihr Leben selbst zu gestalten. Zur Erzielung dieser Erkenntnisse bedarf es *positiver Erfahrungsräume* durch *Anteilnahme am Kulturkapital, produktives Tätigsein* und *dialogischen Austausch* mit Menschen aus Deutschland.

Um Bildungsprozesse zu fördern, darf die Arbeit mit Geflüchteten sich somit nicht auf Spracherwerb, Begleit- und Beratungstätigkeiten sowie auf eine schulische und berufliche Ausbildung beschränken. Es ist von wesentlicher Bedeutung, eine Reibungssituation der Innenwelt der geflüchteten Menschen (ihrer Identität) mit der Außenwelt (ihrer Umwelt) zu schaffen, in der sie etwaige Widersprüche (z. B. eigenes Verhalten und eigene Ziele) und etwaige Inkompatibilitäten (z. B. ihre Werte mit denen der Gesellschaft; die Angebote der Gesellschaft mit ihren Bedürfnissen) erkennen. An der Nahtstelle zwischen Ich und Welt ist der Bildungsprozess angesiedelt. Umso stärker das Ich in Reibung mit der Welt bzw. in Wechselwirkung tritt, umso größer kann der Bildungsprozess sein.

Dies kann man in der Bildungsförderung gezielt nutzen, indem man mit der Zielgruppe z. B. ein Projekt plant, das Berührungspunkte mit ihnen aufweist und in dem die Teilnehmer sich mit den Inhalten in der Welt vertiefend auseinandersetzen müssen. Das sich Auseinandersetzen und daran Wachsen steht bei der Bildungsförderung im Fokus. Bildung ist stets Selbstzweck. Dabei ist es wichtig, die Zielgruppe der geflüchteten Menschen nicht als spezielle Gruppe in den Blick zu nehmen, denn Bildung realisiert sich bei Menschen mit und ohne Fluchterfahrung gleichermaßen. Bildung orientiert sich immer am Individuum und nicht an einer Masse. Dies gilt es bei der Zusammenarbeit mit Menschen zu berücksichtigen. Insofern eignet sich das folgende Beispiel, das mit Jugendlichen ohne Fluchterfahrung durchgeführt wurde, gleichermaßen für Erkenntnisse über die Bildungsförderung im hier behandelten Kontext.

Ein Beispiel zur Förderung eines Bildungsprozesses

Im Jahr 2014 war ein junger Mann (F.) Schüler eines Berufskollegs. Er war ein Jugendlicher, den man immer wieder als Problemschüler eingestuft hatte; in seiner Stadt galt er als Intensivtäter. Zahlreiche Hilfsmaßnahmen hatte er bereits absolviert, die jedoch sein destruktives Verhalten nicht eindämmen konnten. Diese orientierten sich an seinem negativen Verhalten oder versuchten, positives Verhalten bei ihm zu verstärken. Zum Zeitpunkt des Schulbesuchs war F. „auf Bewährung", da eine Jugendstrafe ausgesetzt worden war.

F. spielte vom ersten Schultag an den Clown, brachte seine Mitschüler/innen zum Lachen und ließ sich bei solchen Aktionen filmen. Zwei Wochen später begann die Klasse im Rahmen eines Projekts, einen Filmclip über „Vorurteile" zu entwickeln.[2] Als jemand, der sich vor einer Kamera wohlfühlte und authentisch war, wurde F. von der Klasse zum „Hauptdarsteller" des Filmprojekts auserkoren – zunächst ohne sein Wissen und seine Zustimmung. Plötzlich wurde F. nicht mehr als Mängelwesen betrachtet, sondern es wurden seine Potenziale benötigt. Die Klasse gewann ihn für diese Rolle. Die Jugendlichen bedienten sich mit dem Film eines Mediums, mittels dessen sie kreativ und künstlerisch sein konnten und hierdurch an Kulturkapital dazu gewannen. Das Produzieren eines Films bietet eine

---

2 Ein Kooperationsprojekt zwischen dem Berufskolleg Opladen und dem Paidaia e.V.

Handlungsplattform, auf der die Jugendlichen einen Bildungsprozess durchlaufen können, indem sie sich mit sich selbst und ihrer Umwelt auseinandersetzen. Zunächst war es notwendig in Begegnung mit dem Thema (Welt) zu treten und sich damit auseinanderzusetzen. Die Jugendlichen sammelten zunächst zahlreiche Vorurteile, die ihnen bekannt waren, und stellten fest, dass Vorurteile in der Regel etwas mit dem „Fremden" zu tun haben. Es entwickelte sich die Idee, dass F. in die Welt hinausgehen solle, auch ins Ausland, um bei den Menschen nach Vorurteilen zu suchen. Dass die Jugendlichen ins Ausland wollten, ist insbesondere deswegen so bemerkenswert, weil es deutlich macht, dass sie sich zunächst am Gegenstand orientierten und nicht an Hindernissen.

Anschließend setzten sich die Jugendlichen mit der Frage auseinander, wie man das ganze finanzieren könne. Die Klasse hatte im Internet bemerkt, dass der Projektleiter oftmals als Referent im Ausland Vorträge hielt. Sie fragten ihn, ob er denn nicht F. und eine Begleitung zu solchen Veranstaltungen mitnehmen könne. Des Weiteren schrieb die Klasse zur Mittelakquise einen Förderantrag, der bewilligt wurde. So kam es, dass F. auf Veranstaltungen hochdekorierte Wissenschaftler, Künstler, Politiker usw. in der Schweiz, Österreich, Belgien und Luxemburg traf.

Die Klasse hatte als eine Art Redaktion zu jeder Veranstaltung die Referenten und ihre Themen beleuchtet und spezielle Fragen formuliert, die F. ihnen stellen sollte. Förderlich war hier, dass man sich nicht rein theoretisch im geschlossenen Raum mit dem Thema auseinandersetzte, sondern dass F. sich geistig und physisch auf den Weg machte und das Geschehene wieder in die Klasse transportierte. F. stellte eine Art Bildungsmedium für die Jugendlichen in der Klasse dar. Und er nahm seine Aufgabe ernst. Er bereitete sich gut vor, interviewte die Referenten und verbrachte Zeit mit ihnen. Für F. eröffnete sich, unabhängig vom Thema, allein durch die Begegnung mit den Menschen, die für ihn aus einer anderen Welt zu kommen schienen, ein Bildungskanal. F.s Welt wurde buchstäblich auf den Kopf gestellt. In Reflexionseinheiten ließ sich erahnen, was sich in F. während der Aufenthalte bei Symposien, Fachtagungen, Workshops und darüber hinaus abspielte. Seine Lebenswelt passte so gar nicht zu dem, was ihm neu begegnete. Die Anpassungsleistungen zwischen der Innenwelt und dem da draußen war für ihn ein ersichtlich schmerzhafter Prozess. Es brodelte in ihm. Er stellte in den Reflexionseinheiten mit dem Projektleiter sehr viele Fragen, die mit den Worten Wieso und Warum begannen. Warum beschäftigen sich Menschen mit gesellschaftlichen Phänomenen, warum interessieren sich die Referenten und Teilnehmer für Kinder in Entwicklungsländern etc.

F. erkannte, wie klein seine Welt doch bislang war. Er hatte u. a. immer gedacht, dass solche Menschen arrogant wären, doch nun musste er feststellen, dass sein altes Bild von ihnen mit den neu gemachten Erfahrungen nicht übereinstimmte und er diese Diskrepanz überwinden musste. Diesen Prozess kann man auch als Gewahrwerdungsprozess oder Wirklichkeitssehen bezeichnen. Die Welt forderte ihn durch diese Erlebnisse und warf ihn auf sich selbst zurück und gleichzeitig formte F. mit seinen Kräften die Welt. Denn er war innerhalb dieses Bildungsprozesses gestalterisch tätig, er war ein „Handelnder", er musste einen Film produzieren, der Auswirkungen auf ihn und auf seine Umwelt hatte. Dabei war das, was gefilmt wurde, nur nebensächlich. Vielmehr lag der Mehrwert darin, dass F. und die Klasse sich erst durch den Film als Handlungsplattform auf eine Bildungsreise begaben und somit neue Erfahrungen machen konnten. Dabei nahmen sie sich selbst nicht als Mängelwesen wahr, sondern nutzten ihr Potenzial. Notwendig für einen solchen Gewahrwerdungsprozess ist, dass der Mensch den Willen fasst, „sehen" zu wollen, z. B. wie F. mit offener Haltung, fragend und suchend nach Lösungen durch die Welt zu gehen.

Die Erkenntnisse, die F. in zwei Monaten gemacht hat, hätten ohne den Auftrag einen Film zu produzieren und ohne die Bindung zum Projektleiter wohlmöglich nie stattgefunden oder einzelne Erkenntnisse hätten Jahre benötigt.

Partizipation und die Möglichkeit des Scheiterns als Notwendigkeiten in der Bildungsförderung

Menschen, die Bildung erfahren und sich als Gestalter produktiv erleben, entwickeln in der Regel einen inneren Antrieb selbst machen zu wollen. Bei partizipativen Projekten, die Bildung fördern möchten, ist *der Prozess (Reibung zwischen Ich und Welt) das Ziel* und nicht das Produkt (Endprodukt). Zentral hierbei ist, dass die Teilnehmenden sich selbst den Auftrag geben und tatsächliche Entscheidungsräume/Macht bekommen (Freiheit) und sich ausprobieren dürfen. Ein Projekt sollte vonseiten der Projektleitung *nicht* das zu erreichende Endprodukt ex ante bestimmen und den Teilnehmern überstülpen. Zur Verstärkung geistiger Durchdringung eignen sich *Reflexionseinheiten* mit den Teilnehmenden. Das Erlernen von Wissen, das Einüben z. B. von Tanzchoreografien und das Endprodukt (wie z. B. eine Aufführung) sind zwar Notwendigkeiten, im Grunde jedoch für den geistigen Bildungsprozess als Mittel nur nebensächlich. Die eigene Entfaltung im Sinne einer Perspektivenerweiterung, innerhalb dessen der Mensch seinen Menschwerdungsprozess (von innen) vollzieht, steht im Vordergrund. Neue Erkenntnisse und das Bewältigen von Diskrepanzen (Selbstentfremdung) sind dabei wesentliche Faktoren, die es zu fördern gilt. Das aktive Überwinden von geistigen (z. B. Vorurteile) und weltlichen (z. B. Projektfinanzierung) Hindernissen sollte ein Bildungslernziel sein.

Um Ergebnisoffenheit zu erlangen, ist eine Kultur des Scheiterns positiv in den Blick zu nehmen. Der Mensch lernt vom Beginn der Zeit an durch das Scheitern. Es gilt

> „festzustellen, daß Erfahrung und Lernen in ganz entscheidender Weise durch Negativität bestimmt sind. (…) Wer umlernt, wird mit sich selbst konfrontiert; er kommt zur Besinnung" (Buck 1989, S. 47).[3]

Das Kind scheitert ständig und lernt hierdurch Lösungswege zu finden. Es wäre absurd, das Kind vor dem Scheitern an sich zu bewahren, vielmehr liegt insbesondere die Rolle der Eltern darin, dem Kind bei Bedarf bei der Suche nach Lösungen zu helfen. Scheitern ist nicht der Endpunkt, sondern eine Zwischenstation. Gerade wenn es unbequem wird und die Frustration sich breit macht, ist es wichtig zu trainieren, nicht gleich aufzugeben, sondern neue Antriebskräfte für neue Lösungen zu entwickeln. Dabei ist es auch wichtig, vom Scheitern zu sinnvollen reflexiven Fragestellungen zu gelangen. Fragestellungen können z. B. sein:

- Warum sind wir bis jetzt gescheitert?
- Sind wir tatsächlich in allem gescheitert?
- Können wir weitermachen? Warum sollen wir weitermachen?
- Wie können wir weitermachen?
- Müssen wir umdenken?
- Müssen wir zu einem bestimmten Punkt zurück und von dort eine andere Abbiegung nehmen?
- Müssen wir das Projekt beenden?
- Müssen wir das Ziel verändern?

Immer wieder ist in der Jugend-, Bildungs-, Kulturlandschaft das Phänomen zu beobachten, dass Fachkräfte mit Menschen ein tolles Projekt wie z. B. ein Theaterprojekt realisieren möchten. Sobald die Vorbereitungen bzw. die Proben nicht mehr reibungslos funktionieren, entsteht bei den Fachkräften oftmals ein innerer Antrieb, das Theaterprojekt um „jeden Preis" zum „Erfolg" zu führen. Die Gefahr, dass die Fachkräfte und ihre Verbündeten zu „Treibern" einer „Verfügungsmasse" (also den Teilnehmern) werden, ist groß. Der Anspruch der Fachkräfte reduziert sich damit darauf, dass die Teilnehmer „funktionieren" sollen. Die Aufführung, also das „erfolgreiche" Beenden des Theaterprojektes, wird aber umgekehrt zum Bulldozer, der den inneren Antrieb bei den Teilnehmenden bremst bzw. die Lust hieran zerstört. Diejenigen, denen das Projekt galt, treten in den Hintergrund und die erfolgreiche Beendigung des Nebensächlichen tritt in den Vordergrund. Das Projekt wird dadurch nicht selten für alle Beteiligten zur

---

3 Buck verweist hier auch auf die Nähe zu Hegel und stellt fest, dass in dieser Negativität „das Wesen der Bildung" bestehe.

Qual. Wenn es zur Aufführung kommt, wird geäußert, dass sie alle gemeinsam stolz auf sich sein können. Das können sie auch, doch es heißt nicht, dass der Bildungsprozess durch partizipative Begegnung mit der *Welt* in irgendeiner Weise realisiert worden ist.

Wenn Fachkräfte nicht wirklich partizipativ arbeiten, kaum Macht abgeben und die Möglichkeit des Scheiterns nicht zulassen, verhindert dies auch, dass sie zu den Teilnehmern überhaupt eine Bindung herstellen können. Die Fachkräfte bleiben dann zumeist mit ihren Sorgen allein, da ja auch an sie von außen Anforderungen gestellt werden. Ein Ausweg kann sein, dass sie einfach vor den Teilnehmern äußern: „Ich brauche Hilfe", „Die Auflagen erdrücken mich", „Ich komme nicht weiter". Und dass man dann gemeinsam nach ganz neuen Lösungen sucht. Hierin liegt oftmals eine Kraft, die zusammenschweißt und alle an einem Strang ziehen lässt.

Bei der Partizipation nicht zu vergessen sind zudem die Regeln für ein gelingendes soziales Miteinander. Die Regeln sollten die Teilnehmer selbst formulieren und ihre Einhaltung durch Entwicklung eines geeigneten Sanktionssystems selbst schützen. Sinnvoll ist es, wenn sich die Fachkräfte ebenfalls diesem Regelwerk unterwerfen. Wenn Gründe zur Sorge bestehen, kann man z. B. einer unabhängigen und reifen Person ein Vetorecht zuerteilen. Diese Person sollte jedoch nicht parteiisch sein.

Partizipation in der Bildungsförderung sollte dazu dienen, Teilhabe zu üben, den Sinn und die Notwendigkeiten eines Vorhabens zu durchdringen und im Sinne eine Demokratieerziehung gemeinsame Entscheidungen zu treffen und zu handeln. Im Falle des Scheiterns ist es notwendig, dieses zunächst zu akzeptieren und sich von dort aus neu aufzustellen oder den Mut zu haben, das Projekt zu beenden. Im Falle eines Projektes, innerhalb dessen ein Bildungsprozess befördert worden ist und in dem es ebenfalls dabei zu einem Produkt wie einer Theateraufführung kommt, können die Teilnehmer stolz auf sich sein, denn sie können nicht nur etwas äußerlich zeigen, sondern sie sind auch innerlich, in der Wechselwirkung zwischen Ich und Welt, an der Sache menschlich gewachsen. Das Verlangen eines Produktes ist bei der Bildungsprozessförderung sinnvoll, da es die Auseinandersetzung mit der Welt garantiert und die inneren Kräfte in diese Richtung bündelt. Das verlangte Produkt verstärkt die Notwendigkeit einer Wechselwirkung zwischen Ich und Welt, aber es darf nicht zum goldenen Kalb werden.

Fazit

Zuvor wurde angeführt, was unter Bildung zu verstehen ist, welche Faktoren Bildungsprozesse behindern und in welcher Weise Bildungsprozesse gefördert werden können. Dabei ist stets das Individuum in den Blick zu nehmen, da auch eine gemeinsame Herkunft noch keine einheitliche Gruppe („Geflüchtete", „Syrer", „Männer" etc.) schafft. Vorbildung und die Bildungsbereitschaft und -fähigkeit können breit variieren. Bildung lässt sich nicht von außen nach innen transportieren, sondern erwächst stets im Subjekt. Daher ist eine partizipative Handlungsplattform oder Lernsituation mit realem Weltbezug und individueller Bindung zu schaffen, die günstige Rahmenbedingungen bietet, Bildung zu erfahren. Am Beispiel des Besuchs des Tags der offenen Tür der Polizei durch eine syrische Gruppe zeigt sich zudem, dass Projekte möglichst nicht isoliert nur mit der Zielgruppe stattfinden sollten. Wäre der Besuch der Polizei nicht im Rahmen einer öffentlichen Veranstaltung erfolgt, sondern in einer „speziell für Geflüchtete", so wäre der Bildungsprozess weniger deutlich ausgefallen. Es war vor allem der unbeschwerte Umgang der deutschen Bürgerinnen und Bürger mit der Polizei, der Erkenntnis auslöste.

Partizipative Projekte können die Voraussetzungen zur Förderung der Erkenntnisfähigkeit schaffen. Durch die Teilnahme an Kulturkapital können zivilisatorische Prozesse in Gang gesetzt werden, die Bildung befördern. Der Mensch hat sich vom primitiven Leben, vom existenziellen Kampf durch Kultur zivilisiert. Die Teilnahme am Kulturkapital ist für die Integration und für die emanzipatorische Individualisierung im Sinne eines zivilisatorischen Prozesses elementar. Kultur benötigt Begegnung, Durchdringung, Bindung und Gestaltung. Die Stärkung der Urteilskraft und das Bewusstsein der möglichen Selbstwirksamkeit vollziehen sich immer in der Gegenwart und können sich in der Zukunft nur erweitern.[4]

Reduziert sich die Integrationsleistung auf Spracherwerb und berufliche Qualifizierung, also Ausbildung, so kann der Mensch in der Gesellschaft „funktionieren", doch wir können noch lange nicht davon ausgehen, dass sich ein demokratisches Bewusstsein mit entsprechender Wertehaltung gebildet hat, was auch innerhalb der deutschen Gesellschaft erkennbar ist. Erwachsene Menschen, die unter autoritären Regimen gelebt haben, waren ebenfalls in der Schule, haben sich Wissen angeeignet und einen Beruf erlernt. Das Lernen von Wissen und das sich Ausbilden werden sie auch hier vollziehen können. Die Diskrepanzen entstehen in den kulturellen Unterschieden und Lebenseinstellungen, die es für jeden einzelnen zu überwinden gilt bzw. die es mit der neuen Welt zu verknüpfen gilt. Wir können noch endlos in Integrationskursen darauf bestehen, dass es zu respektieren gilt, dass Mann und Frau gleichberechtigt sind, doch ein Umdenken in diese Richtung wird es dort, wo es noch nicht gegeben ist, erst geben, wenn Begegnungen und Auseinandersetzungen die verinnerlichte Diskriminierung von Frauen herausfordern und die Notwendigkeit der allgemeinen Gleich-

---

4 Ausgenommen ist hier die Altersdemenz und entsprechende Erkrankungen.

berechtigung als Ausdruck der Humanität für jeden einzelnen erkenntlich wird.

Eine primäre Ausrichtung der Integrationsförderung auf die Integration in den Arbeitsmarkt (wie sie in der Zuständigkeit der Arbeitsagentur für Menschen insbesondere nach dem Asylverfahren zum Ausdruck kommt) wird solche Zielsetzungen kaum erreichen. Umgekehrt führt Bildung stets zum Wunsch nach Qualifizierung (Ausbildung) und befördert einen emanzipatorischen Prozess beim Menschen. Die Herausforderung scheint jedoch die gesellschaftliche Erkenntnis dieses Zusammenhangs zu sein sowie die aus ihr resultierenden Aufgaben, die zur breiteren Anwendung dieses Prinzips erforderlich wären.

Ein erster Schritt in die richtige Richtung wäre, die Fachkräfte für diesen Zusammenhang zu sensibilisieren. Diese müssen erkennen, welche Faktoren die Lernbereitschaft der Zielgruppe befördern. Förderlich ist zum Beispiel, wenn Fachkräfte die persönliche Beziehung, die sie zu den Teilnehmenden haben, erkennen und Nähe zulassen, anstatt wie so oft diese Dimension auszublenden und zu versuchen, rein rational und ohne Lebenszusammenhang z. B. Wissen zu vermitteln. Es ist eine Kunst, als Fachkraft die Teilnehmer zu Erkenntnissen und damit einhergehend zu Wissen zu führen und nicht, wie vielfach üblich, das Wissen ohne persönlichen Zusammenhang den Teilnehmern zu unterbreiten. Erst die Ausrichtung der eigenen Person auf die Zielgruppe kann den Teilnehmern das Gefühl geben, ernst genommen zu werden. In der Allgemeinen Pädagogik wurde dieser Sachverhalt mit dem Begriff „pädagogischer Bezug" (vgl. Schmidt-Millard 1992) belegt. Bindung, Fürsorge und Anerkennung durch die Fachkraft sind eine wichtige Grundlage dafür, dass die Teilnehmer sich der Fachkraft und deren Inhalten öffnen. Um Menschen zur Humanität zu führen und unser hohes Gut der Demokratie zu bewahren, muss Bildung gefördert werden. Kurz gesagt: Unsere Gesellschaft braucht Bildung – für Neubürger wie Alteingesessene!

Literatur

Buck, Günther (1989): Lernen und Erfahrung – Epagogik: zum Begriff der didaktischen Induktion. 3. Auflage. Darmstadt.
Bundeszentrale für Politische Bildung – Bonn (2012): Grundgesetz für die Bundesrepublik Deutschland. Bonn.
Dörpinghaus, Andreas (2009): Bildung. Plädoyer wider die Verdummung. In: Forschung & Lehre, Heft 9, S. 3–14.
Flitner, Andreas/Gibl, Klaus (1980): Schriften zur Anthropologie und Geschichte. Wilhelm von Humboldt. Stuttgart.
Grupe, Ommo/Krüger, Michael (1997): Einführung in die Sportpädagogik. Schorndorf.
Makarenko, Anton Semjonowitsch (1950): Der Weg ins Leben. Ein pädagogisches Poem. Berlin.

Prohl, Robert (2006): Grundriss der Sportpädagogik (2., stark überarbeitete Auflage). Wiebelsheim.

Schmidt-Millard, Torsten (1998): Bildung/Erziehung. In: Grupe, Ommo/Mieth, Dietmar (Hrsg.): Lexikon der Ethik im Sport. (Hrsg. im Auftrag des Bundesinstituts für Sportwissenschaft. Schorndorf. S. 70–76.

Schmidt-Millard, Torsten (1992): Der Pädagogische Bezug – ein vergessenes Thema der Sportpädagogik und Sportdidaktik. In: Sportwissenschaft 22, S. 304–322.

Christiane Meiner-Teubner

Kindertagesbetreuung für Geflüchtete – Chancen und Hindernisse

Die Angebote der Kindertagesbetreuung bieten vielfältige Bildungs- und Integrationschancen für geflüchtete Kinder und ihre Familien. Die Kinder kommen mit Gleichaltrigen in Kontakt, haben eine anregungsreiche Umwelt in den Einrichtungen, lernen – in der Regel alltagsintegriert – die deutsche Sprache und kommen mit den hiesigen Werten, Normen und Traditionen in Kontakt. Auch ihre Eltern können in den Kitas mit den Fachkräften und Eltern anderer Kinder in Kontakt kommen. Sie haben – wie alle anderen Eltern auch – Ansprechpartner/innen, mit denen sie sich über ihre Kinder austauschen können, und finden möglicherweise einfacher und schneller Anschluss zu Familien, die in ihrer Umgebung wohnen.

Grundvoraussetzung, um diese Potenziale nutzen zu können, ist der Zugang der geflüchteten Kinder und ihrer Familien zu diesen Angeboten. Dabei spielt sowohl die Frage nach dem allgemeinen Rechtsanspruch auf einen Platz in der Kindertagesbetreuung eine Rolle als auch Fragen der Finanzierung der bereitgestellten Angebote, also welche Kosten im Kontext der Kindertagesbetreuung entstehen und welche Möglichkeiten geflüchtete Familien haben, Unterstützung zu erhalten. Die Beantwortung dieser Fragen steht im Mittelpunkt des vorliegenden Beitrages, der zugleich Stolpersteine und mögliche Unterstützungsbedarfe geflüchteter Familien bei der Inanspruchnahme und Finanzierung von Kindertagesbetreuung aufzeigt.

Rechtsanspruch auf Nutzung eines Kindertagesbetreuungsangebots

Sowohl für geflüchtete Familien als auch für Fachkräfte in der Kindertagesbetreuung, Asylsozialarbeiter/innen oder Ehrenamtliche stellt sich vielfach die Frage, ob geflüchteten Kindern das Recht und die Möglichkeit zur Nutzung von Kindertagesbetreuungsangeboten eingeräumt wird und ab welchem Zeitpunkt dieses Recht und die Möglichkeit besteht. Damit in Verbindung stehen meist Überlegungen, ob Familien in spezifischen Unterbringungsformen und/oder Aufenthaltsstatus abweichende Rechte haben. Das heißt, ob ihnen der Rechtsanspruch auf einen Kita-Platz erst zugesprochen wird, wenn beispielsweise ihr Asylantrag positiv beschieden wurde und sie (vorerst) in Deutschland bleiben dürfen.

Darüber hinaus stellen sich auch Fragen danach, wann sich geflüchtete Familien für einen Platz in der Kindertagesbetreuung anmelden müssen und ob sie an die vielerorts bestehenden Anmeldefristen gebunden sind, welche zeitlichen Betreuungsumfänge der Rechtanspruch beinhaltet und ob es einen Zeitpunkt gibt, zu dem die Kinder keinen Rechtsanspruch mehr haben, beispielsweise weil ihr Asylantrag negativ beschieden also abgelehnt wurde.

Rechtsanspruch – ab wann?

Die Rechtslage zur Frage, ab wann der Rechtsanspruch für geflüchtete Kinder gilt, ist nicht eindeutig. Hierzu gibt es unterschiedliche Auffassungen zwischen Rechtsexpert/inn/en und der politischen Ebene. Darüber hinaus haben auch die Länder zum Teil unterschiedliche Vorgaben veröffentlicht.

Von Meysen/González/Beckmann (2016) liegt eine Rechtsexpertise vor, die zu dem Ergebnis kommt, dass der Rechtsanspruch auf einen Platz in der Kindertagesbetreuung für geflüchtete Kinder mit der Vollendung des ersten Lebensjahres unabhängig von ihrem Aufenthaltsstatus und ihrer Unterbringungsform ab dem Tag des Grenzübertritts gilt. Demgegenüber haben geflüchtete Kinder nach Ansicht des zuständigen Bundesministeriums erst einen Rechtsanspruch, wenn

> „sie eine Aufenthaltsgestattung nach § 55 Asylverfahrensgesetz (AsylVfG) haben, die Familie die Erstaufnahmeeinrichtung verlassen hat und in der zugewiesenen Kommune in einer Anschlussunterkunft untergebracht ist" (BMFSFJ 2016).

Darüber hinaus zeigt eine Recherche auf den Internetseiten der Landesministerien sowie die Ergebnisse einer Länderabfrage, die auf der Internetseite www.landkarte-kinderrechte.de veröffentlicht ist, dass auch die Mehrzahl der Länder im Wesentlichen der Auffassung des Bundesministeriums für Familie, Senioren, Frauen und Jugend (BMFSFJ) folgt. Das bedeutet, dass den Kindern in der Regel spätestens nach einem halben Jahr der Rechtsanspruch auf einen Kita-Platz zugesprochen wird, da der Aufenthalt in einer Erstaufnahmeeinrichtung nach spätestens sechs Monaten beendet sein soll (§ 47 Abs. 1 AsylG). Mit den jüngsten gesetzlichen Änderungen können die Länder den Aufenthalt in der zuständigen Erstaufnahmeeinrichtung ausweiten, sodass die Geflüchteten bis zur Entscheidung des Bundesamtes für Migration und Flüchtlinge (BAMF) über den Asylantrag in den Einrichtungen wohnen (vgl. Deutscher Bundestag 2017, S. 11). Der Rechtsanspruch auf einen Platz in der Kindertagesbetreuung wird für diese Kinder dementsprechend deutlich später wirksam.

Anmeldung für einen Kita-Platz

Der Rechtsanspruch legt zwar fest, ab wann Kinder in ein Kindertagesbetreuungsangebot aufzunehmen sind. Allerdings können Kitas oder Kindertagespflegepersonen Kinder auch früher aufnehmen – z. B. vor der Vollendung des ersten Lebensjahres oder wenn der landesspezifisch bestimmte Rechtsanspruch geflüchteter Kinder noch nicht erfüllt ist. In der Praxis ist dafür grundlegend, dass freie Plätze verfügbar sind und dass das zuständige Jugendamt über den Wunsch der Eltern, dass ihr Kind ein solches Angebot nutzen möchte, informiert wurde. Damit die Jugendämter eine Planung über die vorzuhaltenden Plätze vornehmen können, haben einige Länder Fristen festgesetzt, innerhalb derer Familien angeben müssen, dass sie einen Kita-Platz oder einen Platz bei einer Kindertagespflegeperson in Anspruch nehmen wollen. Das trifft auf Baden-Württemberg, Bayern, Berlin, Bremen, Nordrhein-Westfalen und Sachsen zu. In Niedersachsen können die Kommunen eine solche Voranmeldefrist festsetzen (vgl. Meysen/Beckmann/González 2016, S. 33). Diese Voranmeldefristen betragen mehrere Monate (vgl. dazu ausführlicher Meysen/Beckmann/González 2016, S. 33 ff.) und sind häufig mit einem konkreten Stichtag verbunden.

Für geflüchtete Familien stellt dies ein besonderes Hindernis dar, da sie vor ihrer Verteilung auf die Kommunen weder Kenntnis über den Ort haben, dem sie zugeteilt werden, noch den Zeitpunkt der Zuweisung auf die Kommune kennen. Da die Familien in diesen Fällen nicht für die Nichteinhaltung der Frist verantwortlich sind, muss ihr Rechtsanspruch erfüllt werden und zeitnah ein Platz zur Verfügung gestellt werden. Dementsprechend sind sie rechtlich von der Voranmeldefrist ausgeschlossen (vgl. GEW/DJI/DIJuF 2016, S. 37 f.).

Umfang des Rechtsanspruchs

Der zeitliche Umfang, auf den sich der Rechtsanspruch bezieht, hängt von unterschiedlichen Faktoren wie dem Alter der Kinder oder der Erwerbstätigkeit der Eltern ab und unterscheidet sich nicht zwischen geflüchteten und anderen Kindern. Alle Kinder ab dem vollendeten ersten Lebensjahr haben einen Anspruch auf einen sogenannten Halbtagsplatz von mindestens vier Stunden am Tag (vgl. GEW/DJI/DIJuF 2016, S. 91), der sowohl durch eine Kita als auch durch eine Kindertagespflege erfüllt werden kann. Der Rechtsanspruch kann aber entsprechend individueller Bedarfskriterien auch darüber hinausgehen. Ein solcher abweichender Umfang des Rechtsanspruchs liegt zumeist dann vor, wenn Eltern berufstätig sind oder sich in der Ausbildung befinden. Bei geflüchteten Kindern sind häufig die Ermöglichung der Teilnahme der Eltern an verpflichtenden aber auch freiwilligen Integrations- und Sprachkursen bedeutsam, aber auch kindbezogene Bedarfe nach Integration und Sicherheit können als relevante Kriterien gelten (vgl. GEW/DJI/DIJuF 2016, S. 97 f.; Meysen/Beckmann/González 2016, S. 10).

Bei Kindern, die über drei Jahre alt sind und noch nicht in die Schule gehen, bezieht sich der Rechtsanspruch auch auf einen Halbtagsplatz – allerdings im Umfang von sechs Stunden am Tag. Zudem muss für diese Altersgruppe ein bedarfsgerechtes Angebot an Ganztagsplätzen zur Verfügung stehen (vgl. Meysen/Beckmann/González 2016, S. 10).

Rechtsanspruch – bis wann?

Das Bestehen des Rechtsanspruchs wird eng an das Merkmal des sogenannten „gewöhnlichen Aufenthalts" gekoppelt, also an den Ort, an dem sich die Familien nicht nur vorübergehend aufhalten. Das heißt, dass sie dort ihren Lebensmittelpunkt haben und – zumindest vorerst – an diesem Ort bleiben wollen. Von einem „gewöhnlichen Aufenthalt" wird aber im rechtlichen Sinne nicht mehr gesprochen, wenn „feststeht, dass ihr Aufenthalt demnächst beendet sein wird" (GEW/DJI/DIJuF 2016, S. 62). Anzunehmen ist, dass dies der Fall ist, wenn das Asylgesuch der Familien durch das BAMF abgelehnt wurde. Damit stellt sich für diese Familien die Frage, ob sie noch einen Rechtsanspruch haben oder ob dieser mit dem ablehnenden Asylbescheid erloschen ist. Bislang liegen für diese Unsicherheiten noch keine Einschätzungen vor. Meysen/Beckmann/González (2016, S. 9) weisen lediglich darauf hin, dass der Rechtsanspruch für Kinder gilt, die sich aufgrund einer Duldung[1] in Deutschland aufhalten.

Übernahme von Kosten für Angebote im Rahmen der Kindertagesbetreuungsangebote

Geflüchtete Familien haben vielfach kein Einkommen oder Vermögen. In diesen Fällen wird ihnen durch das Grundgesetz der zum (Über-)Leben notwendige Unterhalt zugesichert, sodass sie sogenannte „Existenzsicherungsleistungen" erhalten. Entsprechend ihres Aufenthaltstitels, der Dauer ihres Aufenthalts in Deutschland und ihrer Arbeitserlaubnis erhalten sie entweder Asylbewerberleistungen nach dem AsylbLG, SGB-II-Leistungen (im allgemeinen Sprachgebrauch auch Hartz IV genannt) oder Sozialhilfe nach dem SGB XII. Erst kürzlich zugewanderte Familien haben zumeist Anspruch auf Asylbewerberleistungen.

---

1 Bei Personen, die sich aufgrund einer Duldung in Deutschland aufhalten, handelt es sich um solche, die ausreisepflichtig sind (z. B. weil deren Asylantrag abgelehnt wurde), aber nicht abgeschoben werden können oder dürfen (vgl. GEW/DJI/DIJuF 2016, S. 45).

Besuchen ihre Kinder eine Kita oder Kindertagespflege, werden sie häufig nicht die gesamten dort bereitgestellten Angebote kostenfrei nutzen können, denn vielerorts werden Beiträge für die Verpflegung, für Ausflüge, Feste, Bastelutensilien, musikalische Früherziehung etc. erhoben (vgl. Meiner 2014). Derartige Kosten sind in den sogenannten Regelleistungen, die die Familien über das AsylbLG, das SGB II oder das SGB XII erhalten, nicht berücksichtigt. Allerdings haben diese Familien die Möglichkeit, zumindest einige dieser Kosten über zusätzliche Leistungen erstattet zu bekommen. Dabei handelt es sich insbesondere um die Leistungen für Bildung und Teilhabe, die im allgemeinen Sprachgebrauch als Bildungs- und Teilhabepaket oder BuT-Leistungen bekannt sind.

Allerdings macht der Evaluationsbericht zu diesen Leistungen eindrücklich darauf aufmerksam, dass den Familien häufig die notwendigen Informationen über dieses Angebot fehlen. Sie wissen häufig nicht, dass es derartige Leistungen gibt, dass sie einen Anspruch darauf haben und dass dabei gewisse Fristen einzuhalten sind (vgl. SOFI/IAB 2016, S. 233), sodass ein Aufklärungsbedarf gerade auch für Familien besteht, die das deutsche Leistungssystem bislang wenig kennen. Eine weitere Schwierigkeit wird für die geflüchteten Familien sein, dass sie die Anträge – insbesondere wegen ihrer zum Teil geringen deutschen Sprachkenntnisse – wenig oder gar nicht verstehen. Um die Anträge komplett und korrekt auszufüllen, werden sie folglich auf Unterstützung durch Dritte angewiesen sein. Dementsprechend kann eine Nichtbeantragung der Leistungen vielfach auch mit unzureichenden Fähigkeiten und einer anschließenden Resignation zusammenhängen, wenn die Geflüchteten feststellen, dass sie die Beantragung nicht ohne Hilfe Dritter schaffen. Vor dem Hintergrund der verschiedenen Kostenbeiträge, die zum Teil auf die Geflüchteten zukommen, wie den Elternbeiträgen, den Verpflegungskosten, den Kosten für Ausflüge und Feste und die damit verbundenen unterschiedlichen Antragsverfahren, kann es zu erheblichen Herausforderungen und Schwierigkeiten für die Familien kommen.

Elternbeiträge

Für die Inanspruchnahme von Kindertagesbetreuungsangeboten haben Familien zumeist Elternbeiträge oder sogenannte „Kita-Gebühren" zu zahlen, die teilweise mit nicht unerheblichen Aufwendungen für die Familien verbunden sind (vgl. Meiner 2015; 2014). Es gibt zwar Regelungen auf kommunaler und Länderebene, dass Familien aus ganz unterschiedlichen Gründen keine Elternbeiträge zahlen müssen (z. B. wegen allgemeiner Elternbeitragsbefreiungen oder aufgrund von Regelungen bei geringen Einkommen) (vgl. Meiner-Teubner 2016; 2017), allerdings sind geflüchtete Familien aufgrund dessen nicht automatisch von den Elternbeiträgen befreit. Das ist insofern problematisch, da im Rahmen der existenzsichernden Leistungen keine Mittel für derartige Kosten gewährt werden, sodass ihnen dafür keine finanziellen Ressourcen zur Verfügung stehen. Aus diesem Grund besteht die Möglichkeit, dass Familien mit AsylbLG-, SGB-II- oder SGB-XII-Bezug die Übernahme der Elternbeiträge über § 90 Abs. 3 und 4 SGB VIII beim zuständigen Jugendamt beantragen können.

Dabei besteht jedoch die Notwendigkeit, dass sie über diese Möglichkeit aufgeklärt werden und dass sie Zugang zu den entsprechenden Antragsunterlagen haben. Das impliziert sowohl, dass sie wissen müssen, dass es derartige Antragsformulare gibt und dass sie darüber informiert sind, wo sie einen solchen Antrag erhalten. Zudem werden sie – aus den bereits angeführten Gründen – beim Ausfüllen des Antrags Hilfe benötigen.

Um geflüchteten Kindern die Integrationspotenziale einer Kindertagesbetreuung grundsätzlich zu ermöglichen, ist eine Unterstützung der Familien bei dem beschriebenen Prozess der Antragstellung unabdingbar.

Mittagsverpflegung

In der Mehrzahl der Kindertageseinrichtungen wird eine Mittagsverpflegung zur Verfügung gestellt. Mit Ausnahme von Hamburg müssen die Familien in den weiteren Ländern die Kosten für dieses Angebot kostendeckend oder anteilig übernehmen. Durchschnittlich haben sie dafür monatlich 50 bis 60 Euro zu zahlen, wobei geringere aber auch deutlich höhere Kosten anfallen können (vgl. Meiner 2014, S. 32 ff.; Arens-Azevedo/ Pfannes/Tecklenburg 2014, S. 20). Derart hohe Beträge sind in den monatlich bereitgestellten existenzsichernden Leistungen für die Mittagsverpflegung nicht berücksichtigt, sodass die geflüchteten Familien prinzipiell nicht über die notwendigen finanziellen Mittel verfügen, um diese Kosten zu tragen. Die Leistungen für Bildung und Teilhabe setzen genau an dieser Stelle an und sichern die Übernahme der Mittagsverpflegungskosten mit Ausnahme von einem Euro Eigenbeteiligung pro Mahlzeit. Nach § 3 Abs. 3 AsylbLG sowie § 34 Abs. 6 SGB XII und § 28 Abs. 6 SGB II können geflüchtete Familien entsprechend ihrer jeweiligen Existenzsicherungsleistung die Unterstützung für die Mittagsverpflegungskosten erhalten. Auch hierfür muss ein eigenständiger Antrag gestellt werden, wobei die gleichen Hürden auftreten können, die bereits bei der Antragstellung der Kostenübernahme der Elternbeiträge beschrieben wurden.

Darüber hinaus bestehen zwei weitere Schwierigkeiten, die sich erstens auf die Konkurrenz unterschiedlicher Leistungen sowie zweitens den Wechsel in andere Leistungssysteme beziehen. Erstens ist zu berücksichtigen, dass Kindern, die in Erstaufnahmeeinrichtungen oder Gemeinschaftsunterkünften untergebracht sind, auch an diesen Orten ein Mittagessen zur Verfügung gestellt werden kann, das als sogenannte „Sachleistung" erbracht wird und ein Bestandteil der Existenzsicherungsleistungen ist. Das heißt, auf der Grundlage der monatlich erbrachten Asylbewerberleistungen erhalten Kinder, die in einer Erstaufnahmeeinrichtung oder Gemeinschaftsunterkunft wohnen, ein Mittagessen. Wollen sie nun an der Mittagsverpflegung in der Kita teilnehmen und die dadurch anfallenden Kosten erstattet bekommen, tritt eine Konkurrenz zwischen dem Angebot in der Unterkunft und der Kita auf. Hier obliegt es den entsprechenden Behörden, zu entscheiden, ob die Kostenübernahme für die Mittagsverpflegung in der Kita bewilligt wird. Aus der Praxis gibt es bislang keine Hinweise darauf, dass die Behörden stärker zu einer der beiden Varianten tendieren.

Die zweite Schwierigkeit hängt mit dem Wechsel der Geflüchteten zwischen verschiedenen Existenzsicherungsleistungen zusammen. Spätestens mit dem Vorliegen des Asylbescheids kann es zum Wechsel zwischen den Leistungssystemen kommen. Das heißt, Familien im Asylverfahren, die in der Regel Asylbewerberleistungen erhalten, gelangen beispielsweise durch die Anerkennung als Flüchtling in das Leistungssystem des SGB II oder SGB XII. Damit haben die Kinder zwar weiterhin Anspruch auf Leistungen für Bildung und Teilhabe, allerdings verschiebt sich die Anspruchsberechtigung vom AsylbLG zu dem entsprechend anderen System – also dem SGB II oder dem SGB XII. Damit wird auch die Neubeantragung entsprechender Leistungen, insbesondere der Übernahme der Kosten für die Mittagsverpflegung, bedeutsam. Für die Praxis heißt das, dass die Familien zunächst über die Verschiebung zwischen den Leistungssystemen aufgeklärt werden müssen. Sie brauchen die Informationen, dass sie einen neuen Antrag stellen müssen, der ausgefüllt und an die verantwortliche Stelle weitergeleitet werden muss, die wiederum nicht mit der vorherigen Stelle identisch sein muss. Unklar ist dabei, wie lange das Antragsverfahren dauert und ob immer eine nahtlose Anschlussfinanzierung erfolgt.

Ausflüge

Kitas und Kindertagespflegepersonen unternehmen mit ihren Kindern Ausflüge, die in der unmittelbaren Umgebung stattfinden können und keine Kosten verursachen. Es werden aber auch Ausflüge angeboten, bei denen sich die Eltern an den entstehenden Kosten beteiligen müssen. Auch dafür sind in den existenzsichernden Leistungen keine Mittel vorgesehen. Die Eltern können wiederum über das Bildungs- und Teilhabepaket die Übernahme dieser Kosten beantragen (§ 3 Abs. 3 AsylbLG; § 34 Abs. 2 SGB XII; § 28 Abs. 2 SGB II). Da abermals ein separater Antrag auf Kostenübernahme zu stellen ist, werden auch bei dieser Leistung die damit verbundenen, bereits beschriebenen Schwierigkeiten bedeutsam. Darüber hinaus weist der Evaluationsbericht zu den Leistungen für Bildung und Teilhabe auf eine weitere Hürde für die Beantragung der Leistungen hin. Da die Kosten für einen Ausflug in der Kindertagesbetreuung häufig gering sind, der Beantragung der Leistung ein hoher Aufwand und teilweise auch zusätzliche Kosten (wie Porto oder das Nahverkehrsticket zur Behörde) entgegenstehen, entscheiden sich Familien vielfach gegen die Beantragung dieser Leistung (vgl. SOFI/IAB 2016, S. 198). Das kann dazu führen, dass die Familien Einsparungen in anderen Bereichen vornehmen, um die Kosten aus den verfügbaren Mitteln zu finanzieren, oder dass die Kinder nicht an dem Ausflug teilnehmen.

Fazit

Obwohl den Kindertagesbetreuungsangeboten vielfältige Integrations- und Bildungspotenziale zugesprochen werden, zeigt sich, dass der Zugang der geflüchteten Kinder nicht ohne Hindernisse ist. Der Rechtsanspruch wird den geflüchteten Kindern vielerorts erst zugesprochen, wenn sie bereits eine gewisse Zeit in Deutschland gelebt haben. Wird ihnen ein Platz in einer Kita oder bei einer Kindertagespflegeperson zur Verfügung gestellt, sind diese Angebote häufig auch mit Kosten verbunden. Da geflüchtete Familien zumeist über kein existenzsicherndes Einkommen oder Vermögen verfügen, stellt sie das vor erhebliche Herausforderungen. Sie haben zwar Anspruch auf unterschiedliche Unterstützungsleistungen, die die Kosten für die häufigsten Angebote, bei denen eine (Mit-)Finanzierung der Eltern verlangt wird, übernehmen. Allerdings brauchen die Familien das Wissen darüber, dass es diese Leistungen gibt und sie müssen die vielfältigen Hürden der Antragstellung meistern. Dabei sind sie zumeist auf Unterstützung durch Dritte angewiesen.

Die Kitas und Kindertagespflegepersonen werden diese zusätzlichen Aufgaben aufgrund zu geringer zeitlicher Ressourcen nicht leisten können, sodass die geflüchteten Familien hierbei auf die Unterstützung durch andere Dienste (wie Asylsozialarbeit) und/oder die Mithilfe von Ehrenamtlichen angewiesen sind. Um einen besseren Zugang der geflüchteten Familien zu diesen Bildungs- und Integrationsangeboten zu gewährleisten, bedarf es aber auch einer dringenden Vereinfachung der bestehenden Regelungen.

Literatur

Arens-Azevedo, Ulrike/Pfannes, Ulrike/Tecklenburg, Ernestine (2014): Is(s)t KiTa gut? KiTa-Verpflegung in Deutschland: Status quo und Handlungsbedarfe. Gütersloh. https://www.bertelsmann-stiftung.de/fileadmin/files/BSt/Publikationen/GrauePublikationen/GP_Isst_Kita_gut.pdf. (Abfrage: 17.6.2017).

Bundesministerium für Familien, Senioren, Frauen und Jugend (BMFSFJ) (2016): Rechtliche Bedingungen.

www.fruehe-chancen.de/themen/integration/rechtliche-rahmenbedingungen/. (Abfrage: 08.08.2016).

Deutscher Bundestag (2017): Entwurf eines Gesetzes zur besseren Durchsetzung der Ausreisepflicht. BT-Drs. 18/11546. http://dip21.bundestag.de/dip21/btd/18/115/ 1811546.pdf. (Abfrage: 17.06.2017).

Gewerkschaft Erziehung und Wissenschaft/Deutsches Jugendinstitut/Deutsches Institut für Jugendhilfe und Familienrecht (GEW/DJI/DIJuF) (Hrsg.) (2016): ABC Asyl- und Aufenthaltsrecht für Kindertagesstätten und Kindertagespflege. Frankfurt am Main. https://www.gew.de/fileadmin/media/publikationen/hv/Bildung_und_Politik/Migration/G EW_ABC_Asylrecht_2016_Web.pdf. (Abfrage: 17.06.2017).

Meiner-Teubner, Christiane (2017): Gebührenfreie Kitas – was kostet das? Eine Abschätzung zur Höhe der gezahlten Elternbeiträge. Dortmund. www.forschungsverbund.tu-dortmund. de/fileadmin/user_upload/Meiner-Teubner_Gebuehrenfreie_Kita__2_.pdf. (Abfrage: 17.06.2017).

Meiner-Teubner, Christiane (2016): Elternbeiträge und weitere Kosten in der Kindertagesbetreuung als Zugangschancen oder -hürden. In: Kita aktuell Recht, 14. Jg., Heft 4, S. 125–127.

Meiner, Christiane (2015): Die soziale Schieflage der Kita-Gebühren. Eine Fallstudie zur Chancengerechtigkeit am Beispiel der familiären Aufwendungen für die Kindertagesbetreuung. In: Neue Praxis 45, Heft 1, S. 19–36.

Meiner, Christiane (2014): Jeder nach seinen Möglichkeiten. Zur finanziell ungleichen Belastung von Familien durch Kindertagesbetreuung in Nordrhein-Westfalen. Dortmund. http://www.forschungsverbund.tu-dortmund.de/fileadmin/Files/Kindertagesbetreuung/ Meiner_Jeder_nach_seinen_Moeglichkeiten-Druckversion.pdf. (Abfrage: 15.06.2017).

Meysen, Thomas/Beckmann, Janna/González Méndez de Vigo, Nerea (2016): Flüchtlingskinder und ihre Förderung in Tageseinrichtungen und Kindertagespflege. Rechtsexpertise im Auftrag des Deutschen Jugendinstituts. München. http://www.dji.de/fileadmin/user_ upload/dasdji/news/2016/20160126_meysen_et_al_expertise_kitazugang_fluechtlings kinder.pdf. (Abfrage: 17.06.2017).

Soziologisches Forschungsinstitut Göttingen/Institut für Arbeitsmarkt- und Berufsforschung (SOFI/IAB) (2016): Evaluation der bundesweiten Inanspruchnahme und Umsetzung der Leistungen für Bildung und Teilhabe. Schlussbericht. Göttingen und Nürnberg. www.bmas.de/SharedDocs/Downloads/DE/PDF-Meldungen/2016/evaluation-des-bildungspaketes-langbericht.pdf;jsessionid=67A79A8556CB98DA6F42 D4844A065296?__blob=publicationFile&v=1. (Abfrage: 17.06.2017).

Frank Braun und Tilly Lex

Berufliche Qualifizierung von Flüchtlingen[1]

Einleitung

Es sind vor allem junge Menschen, die in den letzten Jahren in Deutschland als Flüchtlinge Schutz suchten. Żum Stichtag 31.06.2016 waren 645.731 in Deutschland registrierte Flüchtlinge unter 27 Jahre alt. Von Ihnen war gut die Hälfte bereits volljährig, die übrigen waren unter 18 Jahre alt (vgl. Deutscher Bundestag 2016, S. 1 ff.). Für diese Kinder, Jugendlichen und jungen Erwachsenen sind Bildung und berufliche Qualifizierung eine wichtige Voraussetzung für das Gelingen ihrer Integration in Deutschland.

Gegenstand dieses Beitrags ist die berufliche Qualifizierung von jungen Flüchtlingen. Dabei beschränken wir uns nicht auf die betriebliche Berufsausbildung im *Dualen System,* die in der öffentlichen Wahrnehmung und in fachlichen Diskursen den Kernbereich des Systems der beruflichen Qualifizierung in Deutschland darstellt. Weil beim Zugang zur betrieblichen Berufsausbildung (wie auch zur schulischen Berufsausbildung) vielfältige Voraussetzungen zu erfüllen und Hürden zu überwinden sind, behandeln wir auch das breite Spektrum von auf eine Ausbildung vorbereitenden Angeboten und Lernarrangements, eingerichtet teils speziell für die Zielgruppe junge Flüchtlinge oder generell für junge Migranten der ersten Generation, teils aber auch insgesamt angeboten für junge Menschen, die zur bzw. vor Aufnahme einer Berufsausbildung oder auch im Verlauf der Ausbildung einer zusätzlichen Unterstützung bedürfen. Wir werden in unserem Beitrag die folgenden Themen behandeln:

- Die Schulpflichtregelungen für Flüchtlingskinder und -jugendliche;
- die Verfahren zur Anerkennung ausländischer Schul- und Ausbildungsabschlüsse;
- Beratungs- und Vermittlungsangebote, die Zugänge zu einer beruflichen Qualifizierung eröffnen;

---

1 Mit dem Begriff Flüchtlinge werden hier schutzsuchende Menschen bezeichnet, die von außerhalb der EU nach Deutschland zuwandern, ohne über Rechtstitel als Arbeitsimmigranten oder als Besucher zu verfügen. Es wird dabei erst einmal nicht unterschieden, ob sie bereits einen Asylantrag gestellt haben, ob sie im Asylverfahren als *asylberechtigt* anerkannt wurden, ob ihnen ein *Flüchtlingsstatus* zuerkannt wurde, ob sie geduldet werden, ob sie unter ein *Abschieberverbot* fallen oder ob entschieden wurde, dass sie abgeschoben werden sollen.

- die außerschulische berufsbezogene Sprachförderung, die sprachliche Voraussetzungen für die eigentliche berufliche Qualifizierung schaffen soll;
- die Instrumente der Ausbildungsförderung des Bundesagentur für Arbeit;
- die berufsvorbereitenden Bildungsgänge an beruflichen Schulen;
- die schulische Berufsausbildung;
- die betriebliche Berufsausbildung im *Dualen System*.

Bei den rechtlichen Rahmenbedingungen und den Angeboten der beruflichen Qualifizierung von jungen Flüchtlingen ist aktuell viel im Fluss. Wir versuchen darum, nicht nur die derzeitige Regelungslage und Praxis zu beschreiben, sondern auch geplante und u. U. zu erwartende Veränderungen zu benennen. Dieser Beitrag soll einen Einstieg in das Thema erleichtern. Die Literaturhinweise im Anhang ermöglichen zusätzliche Zugänge.

Schulpflicht

In allen Bundesländern sind Flüchtlingskinder und -jugendliche schulpflichtig. Unterschiede zwischen den Ländern gibt es im Hinblick auf den Zeitpunkt, zu dem die Schulpflicht beginnt: In Berlin, Bremen, Hamburg, dem Saarland, Sachsen und Schleswig-Holstein setzt die Schulpflicht mit Beginn des Aufenthalts im betreffenden Bundesland ein. In Bayern und Thüringen gibt es Wartefristen von drei und in Baden-Württemberg eine Wartefrist von sechs Monaten nach der Ankunft in Deutschland. In Brandenburg und Niedersachsen beginnt die Schulpflicht mit Verlassen der *Erstaufnahmeeinrichtung*. In Hessen, Mecklenburg-Vorpommern, Nordrhein-Westfalen, Rheinland-Pfalz und Sachsen-Anhalt beginnt die Schulpflicht mit der Zuweisung der Asylbewerber/innen zu einer Kommune (vgl. Massumi u. a. 2015, S. 38 ff., Tabelle 6).

Unübersichtlich ist die Lage bei der Dauer der Berufsschulpflicht. Zwar gibt es in allen Ländern für Jugendliche, die eine Ausbildung nach dem *Berufsbildungsgesetz (BBiG)* absolvieren, für die Dauer der Ausbildung die Pflicht zum Besuch einer Teilzeitberufsschule. Dagegen variieren die Regelungen zur Berufsschulpflicht von Jugendlichen, die sich nicht in einer Ausbildung befinden: Meist endet die Berufsschulpflicht mit dem Erreichen der Volljährigkeit (Vollendung des 18. Lebensjahres). Weil diese Altersgrenze den jungen Erwachsenen, die als 18- bis 25-Jährige nach Deutschland kommen, den Zugang zur Berufsschule versperrt, haben mehrere Länder Regelungen getroffen, die eine Teilnahme an den berufsschulischen Bildungsgängen über die Volljährigkeitsgrenze hinaus ermöglichen. Zum Teil werden junge Flüchtlinge aber auch von der Berufsschulpflicht befreit, weil Plätze in auf ihre Bedürfnisse zugeschnittenen Bildungsgängen fehlen. In Bayern beispielsweise, so eine Schätzung für den Oktober 2015, wurde aufgrund der steigenden Flüchtlingszahlen lediglich ca. ein Drittel der eigentlich berufsschulpflichtigen Jugendlichen in Berufsschulen unterrichtet (vgl. Anderson 2016, S. 34).

Insbesondere in Flächenländern ist es schwierig, ein vollständiges Unterrichtsangebot in der Nähe der zentralen *Aufnahmeeinrichtungen* zu organisieren, in denen Flüchtlinge zumindest in den ersten Monaten ihres Aufenthalts untergebracht werden. Damit dürfte die von der EU vorgegebene Drei-Monatsfrist, nach der jungen Flüchtlingen ein Zugang zum Bildungssystem gewährt sein muss, in vielen Fällen überschritten werden (vgl. Europäische Union 2013). Besonders problematisch ist die Situation von Kindern und Jugendlichen aus „sicheren Herkunftsstaaten", die für die gesamte Dauer des Asylverfahrens in – zum Teil spezifisch für diese Population eingerichtetem – zentralen *Erstaufnahmeeinrichtungen* untergebracht werden.

Anerkennung von schulischen und beruflichen Abschlüssen

Über die Anerkennung ausländischer allgemeinbildender Schulabschlüsse (z. B. die Gleichstellung mit einem deutschen Hauptschul-, einem mittleren Schulabschluss oder der Hochschulreife) entscheiden die *Zeugnisanerkennungsstellen* der Bundesländer. Dient die Anerkennung von Schulabschlüssen dem Zweck der Hochschulzulassung, so können die Hochschulen darüber auch selbst entscheiden. Die Berücksichtigung von im Ausland begonnenen, aber nicht abgeschlossenen Bildungsgängen bei der Einstufung in eine bestimmte Schulform oder Jahrgangsstufe ist Aufgabe der Schulen in Absprache mit den Schulaufsichtsbehörden.

Im Hinblick auf die Anerkennung der Gleichwertigkeit von ausländischen Berufsabschlüssen sind einmal „reglementierte" und „nicht reglementierte" Berufe und zum anderen nach Bundesrecht bzw. Landesrecht „geregelte" Berufe zu unterscheiden. „Reglementierte" Berufe können nur ausgeübt werden, wenn der entsprechende ausländische Berufsabschluss auch in Deutschland anerkannt wurde. Nach Bundesrecht „reglementiert" sind beispielsweise medizinische Berufe, nach Landesrecht „reglementiert" ist das Lehramt an allgemeinbildenden und berufsbildenden Schulen. Die größte Gruppe der „nicht reglementierten" nach Bundesrecht „geregelten" Berufe sind die anerkannten Ausbildungsberufe des *Dualen Systems*. Beispiele für „nicht reglementierte" Berufe nach Landesrecht sind die Assistenzberufe, für die die Ausbildung in beruflichen Schulen erfolgt.

Für bundesrechtlich „geregelte" Berufe folgt das Anerkennungsverfahren den Bestimmungen des Bundesanerkennungsgesetzes, für landesrechtlich geregelte Berufe gelten die entsprechenden Anerkennungsgesetze der Länder. Im Prinzip stehen die Anerkennungsverfahren allen Personen mit ausländischen Abschlüssen offen, unabhängig von der Staatsangehörigkeit und vom Aufenthaltsstatus. Die Landesanerkennungsgesetze sehen allerdings in der Regel vor, dass „durch geeignete Unterlagen" darzulegen ist, dass der/die Antragsteller/in im betreffenden Bundesland einer Erwerbstätigkeit nachgehen will. Unklar ist, was diese Bestimmung für Personen bedeutet, die einem *Beschäftigungsverbot* unterliegen (z. B. Menschen aus „sicheren Herkunftsstaaten", die nach August 2015 ihren Asylantrag gestellt haben).

Für die Erfahrungen mit der Anwendung des Anerkennungsgesetzes auf Bundesebene liegen mit den vom Bundesministerium für Bildung und Forschung (BMBF) dazu veröffentlichten Berichten wichtige Informationsquellen vor: Laut Bericht 2016 ist die Zahl der Anträge auf Anerkennung von Abschlüssen (in nach Bundesrecht geregelten Berufen) von rd. 11.000 im Jahr 2012 auf rd. 17.600 im Jahr 2014 gestiegen (vgl. BMBF 2016, S. 26). Bereits der Jahresbericht 2015 lieferte Hinweise auf die Diskrepanz zwischen der großen Zahl potenzieller Antragssteller/innen und den relativ geringen Antragszahlen. Schließlich gehören zu den nach Bundesrecht „geregelten" Berufen die Ausbildungsberufe des *Dualen Systems*, also des quantitativ wichtigsten Teilsystems der beruflichen Erstausbildung in Deutschland. Angenommen wird, dass die Verfahrensvoraussetzungen (Qualität der beizubringenden Unterlagen, bürokratischer Aufwand, Kosten) so hoch sind, dass nur eine Minderheit derjenigen, die von der Anerkennung der Gleichwertigkeit ihrer Berufsabschlüsse profitieren würden, diesen Weg gegangen ist bzw. hat gehen können (vgl. BMBF 2015)[2].

Beratung, Vermittlung, Netzwerke

Arbeitsagenturen und Jobcenter haben den gesetzlichen Auftrag, Beratungs- und Vermittlungsleistungen mit dem Ziel der Integration in Ausbildung und Arbeit anzubieten. Der gesetzliche Beratungsauftrag der Berufsberatung schließt explizit junge Flüchtlinge ein. Die Leistungen der Berufsberatung umfassen „(…) Informationen zur Berufswahl, zu Entwicklungsmöglichkeiten, dem Berufswechsel, der beruflichen Bildung, der Stellensuche, der Arbeitsförderung sowie zu Fragen der Ausbildungsförderung (…). Im Rahmen der Beratung besteht auch die Möglichkeit zur Eignungs-

---

[2] Einen Überblick zur Anerkennungspraxis in anderen Staaten gibt: Bertelsmann Stiftung 2016.

feststellung mittels ärztlicher und psychologischer Untersuchung" (vgl. BAMF. Nationale Kontaktstelle des EMN 2016, S. 20).

Konzepte, die als Muster für Beratungs- und Vermittlungsleistungen genutzt werden könnten, haben die aus dem „Bleiberechtsprogramm" hervorgegangenen *Bleiberechtsnetzwerke* geliefert. Das „Bleiberechtsprogramm" („Arbeitsmarktliche Unterstützung für Bleibeberechtigte und Flüchtlinge") wurde im Jahr 2008 vom Bundesministerium für Arbeit und Sozialordnung (BMAS) gestartet und bis 2015 mit 28 Beratungsnetzwerken und 230 Einzelprojekten in allen Bundesländern fortgeführt (vgl. Schreyer/Bauer/Kohn 2015, S. 2). Der im „Bleiberechtsprogramm" praktizierte Netzwerkansatz, so ein Fazit der Evaluation der ersten Förderphase, habe „(…) sich in dem speziellen Sinn bewährt, dass er die Möglichkeit aufzeigt, gerade auch bei einer Zielgruppe mit besonderem Förderbedarf ein institutionell bedingtes Förderdefizit – wenn auch zeitlich limitiert – zu überwinden" (Mirbach/Schober 2011, S. 66).

Beratungsfunktionen (z. B. im Rahmen der Anerkennung von Berufsabschlüssen) hat das ebenfalls in einem Bundesprogramm gestartete *IQ-Netzwerk* (IQ = Integration durch Qualifizierung). Über eine Netzwerkstruktur wurde ein flächendeckendes Informationsangebot geschaffen. Darüber hinaus wird Nachqualifizierung angeboten, soweit diese für die Anerkennung der Gleichwertigkeit ausländischer Abschlüsse erforderlich ist (vgl. BAMF. Nationale Kontaktstelle des EMN 2016, S. 15 f.). Seit dem 1. Juli 2015 gibt es schließlich noch den ESF-Handlungsschwerpunkt „Integration von Asylbewerberinnen, Asylbewerbern und Flüchtlingen (IvAF)". Ziel ist, die Integration in Ausbildung und Arbeit zu unterstützen durch Beratung, Qualifizierung, Vermittlung und Betriebsakquise. Zusätzlich werden für Arbeitsagenturen und Jobcenter Schulungen zu asylrechtlichen Fragen durchgeführt (vgl. BAMF. Nationale Kontaktstelle des EMN 2016, S. 16).

Einen systematischen Vergleich der Beratung und Vermittlung von jungen Flüchtlingen durch Arbeitsagenturen, Jobcenter, Netzwerke und kommunale Bildungsberatungsstellen gibt es bisher nicht: nicht auf der Ebene eines Vergleichs von Konzepten und schon gar nicht auf der Ebene eines Vergleichs der Wirksamkeit unterschiedlicher Ansätze.

Außerschulische berufsbezogene Sprachförderung

Außerschulische Angebote zum Erwerb von Deutsch als Zweitsprache gibt es auf der Bundes- und der kommunalen Ebene. Meist ebenfalls auf der Ebene der Kommunen ist eine große Vielfalt von ehrenamtlichen Initiativen zur Sprachförderung angesiedelt. Für die Vermittlung von Deutsch als Zweitsprache in den Schulen sind die Länder zuständig.

Lernangebote auf Bundesebene sind die in Verantwortung des Bundesamts für Migration und Flüchtlinge (BAMF) durchgeführten Integrationskurse und Jugendintegrationskurse und die Berufsbezogene Deutsch-Förderung („ESF-BAMF-Programm").

Integrationskurse, in denen Kenntnisse der deutschen Sprache und Wissen über Deutschland vermittelt werden, gibt es seit Beginn des Jahres 2005. Mit der Durchführung beauftragt das BAMF „Bildungsdienstleister" (Volkshochschulen, private Bildungseinrichtungen, kirchliche Träger). Die eingesetzten Lehrkräfte müssen entweder ein Studium von „Deutsch als Zweitsprache" abgeschlossen haben oder eine entsprechende Zusatzqualifikation vorweisen (vgl. BAMF. Nationale Kontaktstelle des EMN 2016, S. 18). Der im Rahmen der Integrationskurse angebotene Sprachunterricht umfasst 600 Unterrichtsstunden. „Wird die Abschlussprüfung nicht bestanden, besteht die Möglichkeit, an weiteren 300 geförderten Unterrichtsstunden teilzunehmen" (BAMF, Nationale Kontaktstelle des EMN 2016, S. 17).

In Reaktion auf die Forderung nach einem stärkeren Eingehen auf die Bedürfnisse junger Teilnehmer/innen wurde mit den *Jugendintegrationskursen* eine jugendspezifische Sonderform der *Integrationskurse* eingerichtet. Die 2015 veröffentlichte Neukonzeption für dieses Kursangebot nennt für dieses explizit auch „ausbildungs- und berufsvorbereitende Lernziele": Kenntnisse des deutschen Ausbildungssystems, von Eckdaten und wichtigen Begrifflichkeiten des bundesdeutschen Arbeits- und Stellenmarktes sollen erworben, mindestens ein großer und ein kleiner Betrieb vor Ort soll besucht werden (vgl. BAMF 2015a, S. 49).

Teilnehmen an *Jugendintegrationskursen* können Jugendliche und junge Erwachsene, die nicht mehr schulpflichtig sind, bei Kursbeginn das 27. Lebensjahr noch nicht vollendet haben und keine Schule oder Ausbildungseinrichtung besuchen. Einen Rechtsanspruch auf Teilnahme haben *Asylberechtigte*, Personen mit zuerkannter *Flüchtlingseigenschaft* und *subsidiär Schutzberechtigte*. Keinen Teilnahmeanspruch haben Personen mit *Abschiebungsverbot*. Personen ohne Anspruch können auf Antrag durch das BAMF im Rahmen verfügbarer Plätze zugelassen werden (vgl. BAMF. Nationale Kontaktstelle des EMN 2016, S. 18).

Die häufig geforderte stärkere Verknüpfung von Sprachförderung und Berufsbezug soll in den *berufsbezogenen Deutschkursen* geleistet werden. Teilnehmende müssen zuvor einen *Integrationskurs* absolviert und ausreichende Deutschkenntnisse erworben haben (auf dem A1 Sprachniveau) (vgl. BAMF. Nationale Kontaktstelle des EMN 2016, S. 16). „Teilnehmen können zuvorderst Leistungsbezieher nach SGB II und SGB III mit Deutsch als Zweitsprache, die einer sprachlichen und fachlichen Förderung für den Arbeitsmarkt bedürfen" (BAMF 2015b, S. 6). Die Expertenkommission der Robert Bosch Stiftung zur Neuausrichtung der Flüchtlingspolitik kritisiert, dass die *berufsbezogenen Deutschkurse* wegen der hohen Eingangsvoraussetzungen an der Situation der überwiegenden Mehrzahl der Flüchtlinge vorbeigingen, die ohne deutsche Sprachkenntnisse in Deutschland ankommen. „Ohne die Wiedereinführung von Einführungskursen (…) geht hier Potenzial verloren" (Robert Bosch Expertenkommission zur Neuausrichtung der Flüchtlingspolitik 2015, S. 17).

Die Vorgabe der „EU-Aufnahmerichtlinie" vom Juni 2013, dass asylsuchende Minderjährige in ähnlicher Weise wie eigene Staatsangehörige Zugang zum Bildungssystem haben müssen, läuft bei den wichtigen auf Bundesebene angebotenen Sprachkursen ins Leere. Nach Verständnis des Gesetzgebers sind diese Sprachkurse nicht Teil des Bildungssystems und müssen deshalb auch nicht minderjährigen Flüchtlingen unabhängig vom Aufenthaltsstatus oder ihrer *Bleibeperspektive* uneingeschränkt offen stehen.

Eine Reihe von Kommunen hat sich zur Aufgabe gemacht, Flüchtlingsjugendlichen und jungen Erwachsenen frühzeitig und unabhängig vom Aufenthaltstitel ein Angebot der Sprachförderung zu machen. Sie bieten in eigener Verantwortung Sprachkurse an, in denen die Teilnehmenden die in Bundesprogrammen geforderten Zugangsvoraussetzungen erwerben können. Da es sich bei diesen Angeboten nicht um kommunale Pflichtaufgaben handelt, beschränken sich diese Angebote eher auf finanzkräftige Kommunen (vgl. Riegel 2015; Schießl 2015). Schließlich gibt es auf der kommunalen Ebene noch die große Vielfalt von zivilgesellschaftlichen Initiativen, die mit großem Engagement, an unterschiedlichen Orten und in unterschiedlichen Kontexten Sprachförderung organisieren und anbieten.[3]

Angebote der Ausbildungsförderung der Bundesagentur für Arbeit

Mit ihren Angeboten der Ausbildungsförderung verfügt die Bundesagentur für Arbeit (BA) über eine breite Palette von Fördermöglichkeiten für Jugendliche, die für den Zugang zu bzw. den Abschluss einer anerkannten Berufsausbildung einer zusätzlichen Unterstützung bedürfen. Es sind:

- Förderangebote, die auf eine Berufsausbildung vorbereiten: Berufsvorbereitende Bildungsmaßnahmen (BvB) und Einstiegsqualifizierung (EQ);
- Förderangebote, in denen die Berufsausbildung teilweise oder vollständig außerbetrieblich organisiert ist: Berufsausbildung in außerbetrieblichen Einrichtungen (BaE);

---

3 Im 1. Quartal 2016 hat die Vodafone Stiftung einen bundesweiten Überblick über entsprechende Konzepte veröffentlicht (vgl. Vodafone Stiftung 2016).

- Förderangebote, die eine betriebliche Berufsausbildung begleiten und unterstützen: Assistierte Ausbildung (AsA) und ausbildungsbegleitende Hilfen (abH).

Jugendliche mit Migrationshintergrund werden explizit als Zielgruppen dieser Angebote genannt. Der Zugang junger Flüchtlinge zu diesen Förderangeboten ist allerdings abhängig von Aufenthaltstiteln und Annahmen zur *Bleibeperspektive*. Mit dem Integrationsgesetz vom 6. August 2016 wurde jungen Flüchtlingen befristet bis Ende 2018 der Zugang zu Leistungen der Ausbildungsförderung generell erleichtert: Flüchtlinge mit einer *Aufenthaltsgestattung* und einer guten *Bleibeperspektive* können nach drei Monaten Aufenthalt eine *abH*, eine *AsA* und *BvB* in Anspruch nehmen. *Geduldete* haben nach einer Aufenthaltsdauer von zwölf Monaten Zugang zu *abH*, AsA und *EQ*, „(…) wenn ein Ausbildungsplatz oder eine EQ oder die Zusage eines Betriebs vorliegt und kein Beschäftigungsverbot gilt". Für die Teilnahme an einer *BvB* gilt bei *Geduldeten* eine Wartefrist von sechs Jahren (Vereinigung der Bayerischen Wirtschaft 2016, o. S.).

Die Vorgabe der „EU-Aufnahmerichtlinie" vom Juni 2013, nach der minderjährigen Kindern von Antragsstellern und minderjährigen Antragsstellern in ähnlicher Weise wie den eigenen Staatsangehörigen Zugang zum Bildungssystem zu verschaffen ist, greift bei den Angeboten der Ausbildungsförderung der Bundesagentur für Arbeit nicht. Diese Fördermaßnahmen werden nicht dem Bildungssystem, sondern der Arbeitsmarktpolitik zugeordnet und aus Beiträgen der Arbeitslosenversicherung finanziert. Wären diese Angebote Teil des Bildungssystems, müssten sie minderjährigen Flüchtlingen unabhängig vom Aufenthaltsstatus oder ihrer *Bleibeperspektive* uneingeschränkt zugänglich sein.

Berufsvorbereitende Bildungsgänge an beruflichen Schulen

Ein Überblick (vgl. Braun/Lex 2016, S. 73 ff.) über die Ausgestaltung von berufsvorbereitenden Bildungsgängen für junge Flüchtlinge an beruflichen Schulen in den sechzehn Bundesländern zeigt, dass es eine große Vielfalt gibt: Diese Vielfalt beginnt bei den Bezeichnungen der Bildungsgänge, setzt sich fort bei den für sie postulierten bildungspolitischen Prinzipien (z. B. getrennte Förderung vs. Inklusion), der Unterscheidung von Zielgruppen nach Aufenthaltsstatus oder *Bleibeperspektive*, der Art der Sprachförderung, der Teilnahme an Betriebspraktika, der Dauer der Bildungsgänge, der Möglichkeit, allgemeinbildende (oder gleichwertige Berechtigungen beinhaltende) Abschlüsse zu erwerben und nicht zuletzt der Altersbegrenzungen für die Teilnahme.

- Länder, die in der Vergangenheit eher das Prinzip einer getrennten Förderung vertreten haben (z. B. Baden-Württemberg und Bayern), entwickelten relativ frühzeitig berufsvorbereitende Bildungsgänge für die Zielgruppe und differenzierte Förderkonzepte für deren Ausgestaltung. Andere Länder postulieren zwar das Prinzip der Inklusion, verfügen aber zum Teil noch nicht über Konzepte, wie Inklusion mit den spezifischen Förderbedarfen der Zielgruppe in Einklang gebracht werden kann.
- Eine Unterscheidung von Bildungsgängen nach dem Aufenthaltsstatus der Schüler/innen hat bisher explizit nur ein Bundesland (Hamburg) vorgenommen. Nach den aktuellen Planungen des Stadtstaates ist dies ein Auslaufmodell. Abzuwarten bleibt, ob die in der flüchtlingspolitischen Debatte an Gewicht gewinnende Unterscheidung von Flüchtlingen nach *Bleibeperspektive* in der Bildungspolitik aufgegriffen wird.
- Sprachförderung, das wird in allen Bundesländern betont, ist ein zentraler Baustein der Berufsvorbereitung von Flüchtlingen. Zum Teil wird die Sprachförderung ergänzt durch Alphabethisierungskurse. Die vorliegenden Quellen erlauben keinen systematischen Vergleich von Stundenkontingenten, Lehrplänen und Förderkonzepten. Mehrere Länder sind den Weg des Ausbaus einer Infrastruktur der Sprachförderung gegangen (z. B. *DaZ-Zentren* in Schleswig-Holstein) mit dem Ziel, durch Austausch, Kooperation, gemeinsamer Entwicklungsarbeit und Fortbildungsangebote die Sprachförderung in den Schulen zu verbessern.
- Die Möglichkeit oder auch Pflicht zur Teilnahme an Betriebspraktika als Weg, jungen Flüchtlingen Einblicke in Ausbildungsbetriebe zu geben und Kontakte zu Betrieben herzustellen, gibt es in allen Ländern. Die vorliegenden Informationen erlauben nicht zu entscheiden, in welchem Maße hinter solchen Ansätzen systematische Konzepte stehen.
- Die Dauer der berufsvorbereitenden Bildungsgänge für junge Flüchtlinge beträgt entweder ein Jahr oder zwei Jahre. Bei den einjährigen Bildungsgängen wird gegenüber den Regelangeboten der Anteil der Sprachförderung erhöht und dafür der Anteil berufsvorbereitender Inhalte verringert. Die zweijährigen Varianten stellen im ersten Jahr die Sprachförderung ins Zentrum des Unterrichts. Im zweiten Jahr gewinnen berufsvorbereitende Inhalte an Gewicht (z. B. Betriebspraktika). Die Sprachförderung wird „berufsbezogen" fortgeführt. Zum Teil wird auf Prüfungen zum Erwerb allgemeinbildender Abschlüsse vorbereitet.
- Wie zu erwarten, gibt es einen Zusammenhang zwischen der Dauer der Bildungsgänge und der Möglichkeit, in ihnen allgemeinbildende Abschlüsse zu erwerben. Bei den einjährigen Bildungsgängen ist der Erwerb allgemeinbildender Abschlüsse in der Regel ausgeschlossen. Die zweijährigen Bildungsgänge schließen z. T. den Erwerb des Hauptschul-

oder eines gleichwertigen Abschlusses ein, sie öffnen zumindest den Zugang zu entsprechenden Prüfungen.

Generell ist die Möglichkeit der Teilnahme an den berufsvorbereitenden Bildungsgängen an die Berufsschulpflicht gebunden, die nahezu überall mit dem Schuljahr oder Schulhalbjahr endet, in dem die Jugendlichen volljährig werden. Bisher ist nur unter eng definierten Voraussetzungen ein Besuch von berufsvorbereitenden Bildungsgängen über die Dauer der Berufsschulpflicht hinaus möglich: In Schleswig-Holstein können bereits volljährige, also nicht mehr berufsschulpflichtige junge Erwachsene, „im Rahmen der verfügbaren Plätze" in die Bildungsgänge aufgenommen werden. In Bayern ist das zweijährige Beschulungsmodell offen für Flüchtlinge und Asylbewerber zwischen dem 16. und dem 21. Lebensjahr. In von der Schule zu begründenden Ausnahmefällen können junge Erwachsene bis zum 25. Lebensjahr beschult werden. Nordrhein-Westfalen bietet (mit einer geringen Platzzahl) für die Altersgruppe der 18- bis 25-Jährigen einen berufsvorbereitenden Bildungsgang in Teilzeitform an. Die Teilnehmenden verbringen wöchentlich zwei Tage im Berufskolleg und drei Tage in einer Maßnahme der Arbeitsagentur (vgl. Braun/Lex 2016, S. 73 ff.). Sieht man ab von solchen Ausnahmeregelungen, so sind die berufsvorbereitenden Bildungsgänge an den beruflichen Schulen explizit nicht gedacht für die große Gruppe der 18- bis 27-Jährigen unter den Flüchtlingen.

Qualifizierung in anerkannten Ausbildungsgängen an beruflichen Schulen

Voll qualifizierende Bildungsgänge an beruflichen Schulen führen zu Ausbildungsabschlüssen nach landesrechtlichen Regelungen. Voraussetzung für die Teilnahme ist in der Regel ein mittlerer Bildungsabschluss. Nur für wenige berufsschulische Ausbildungsgänge ist lediglich ein Hauptschulabschluss erforderlich (vgl. BMFSFJ 2013, S. 195 f.). Insofern ist für junge Flüchtlinge entweder die Anerkennung der Gleichwertigkeit ihres ausländischen Schulabschlusses mit dem mittleren Bildungsabschluss oder der Erwerb eines mittleren Abschlusses in Deutschland Voraussetzung für den Zugang zu diesen Bildungsgängen. Wenn die Diagnose zutrifft, dass ein Teil der jugendlichen Flüchtlinge mit guten allgemeinbildenden Abschlüssen nach Deutschland kommt (vgl. Brückner u. a. 2016), dann müssten schulische Ausbildungsgänge zumindest einem Teil von ihnen gute Qualifizierungsmöglichkeiten bieten können. Überprüfbar ist diese Annahme bisher nicht: Weder über die Anerkennungsverfahren für ausländische Schulabschlüsse noch über die Ausbildung von Flüchtlingen in schulischen Ausbildungsgängen sind Forschungsinformationen bekannt.

Duale Berufsausbildung

Das *Duale System*, das heißt die Ausbildung für einen anerkannten Ausbildungsberuf nach dem *Berufsbildungsgesetz* (in der Regel: betriebliche Ausbildung mit begleitendem Berufsschulunterricht), ist das quantitativ bedeutsamste Teilsystem der beruflichen Bildung in Deutschland. In welchem Umfang junge Flüchtlinge im *Dualen System* ausgebildet wurden bzw. werden, kann nicht geklärt werden, da die Berufsbildungsstatistik weder einen Flüchtlingsstatus ausweist noch den Zeitpunkt, zu dem Auszubildende nach Deutschland gekommen sind. Allerdings dokumentiert die Bundesagentur für Arbeit (BA) ab dem Berichtsjahr 2015/2016 in ihrer Bewerberstatistik den Status von jungen Flüchtlingen: Im Zeitraum vom Oktober 2015 bis September 2016 waren 10.300 „geflüchtete junge Menschen" bei der BA als Bewerber/innen für eine Berufsausbildung gemeldet. Von ihnen wurden 35 Prozent in eine Berufsausbildung vermittelt, 7 Prozent in Arbeit, 20 Prozent in Schulen, Fördermaßnahmen oder Praktika, 9 Prozent blieben unversorgt und bei 28 Prozent war der Verbleib nicht bekannt. Die meisten der als Bewerber/innen Gemeldeten

> „(...) leben vermutlich seit längerem in Deutschland, denn Voraussetzung für die Meldung als Ausbildungsstellenbewerber ist die sogenannte Berufsreife. Diese umfasst ausreichende Kenntnisse der deutschen Sprache sowie die für eine Ausbildung notwendigen schulischen Grundlagen" (Bundesagentur für Arbeit/Statistik, Arbeitsmarktberichterstattung 2016, S. 18).

Um für Bewerber/innen und Ausbildungsbetriebe mehr Rechtssicherheit zu schaffen, wurde im Integrationsgesetz vom 6. August 2016 geregelt, dass Asylbewerber/innen, die eine Ausbildung aufnehmen oder aufgenommen haben, unabhängig vom Alter für die Dauer der Ausbildung eine Duldung erhalten. Nach Abschluss der Ausbildung und für eine anschließende Beschäftigung wird das Aufenthaltsrecht für weitere zwei Jahre erteilt (3+2-Regelung). „Der Anspruch auf die Duldung gilt unter den Voraussetzungen des § 60a AufenthG. Das heißt zum Beispiel, dass keine konkreten Maßnahmen zur Aufenthaltsbeendigung vorliegen dürfen" (Vereinigung der Bayerischen Wirtschaft 2016, o. S.)[4].

Allerdings: Bei der *Duldung* handelt es sich rechtlich nur um eine Aussetzung der Abschiebung. „Da die Behörde bei der Verlängerung der Dul-

---

4 Nach einem Bericht der Süddeutschen Zeitung nutzt das Bayerische Innenministerium die letztgenannte Bestimmung, um die „3+2-Regelung" auszuhebeln. Nach Einschätzung eines Sprechers des Bayerischen Flüchtlingsrats „(...) haben die Ausländerbehörden hier alle Möglichkeiten, eine Beschäftigungserlaubnis abzulehnen – und sie sollen davon breit Gebrauch machen". Dazu wird ein Sprecher des Bayerischen Innenministeriums mit der Aussage zitiert: „Für diejenigen, die nach ihrer Ablehnung als Asylbewerber noch schnell durch eine Berufsausbildung ihre Abschiebung verhindern wollen, für die machen wir das Türchen zu" (Mittler/Schnell 2016, S. 13).

dung einen Ermessensspielraum hat, ist weiterhin nicht sicher, dass der Betrieb den Azubi für den kompletten Ausbildungszeitraum behalten kann ..." (Sachverständigenrat Deutscher Stiftungen 2015, S. 5). Für Personen aus „sicheren Herkunftsstaaten", die nach dem 30. August 2015 ihren Asylantrag gestellt haben, gilt ein generelles *Beschäftigungsverbot*. Das heißt: Die Ausländerbehörde kann die Aufnahme einer betrieblichen Berufsausbildung nicht genehmigen.

Für Jugendliche mit unsicherem Aufenthaltsstatus sind die Fragen des Aufenthalts und des Gelingens von Ausbildung in doppelter Weise verwoben. Einerseits erschwert der unsichere Status das Absolvieren einer Ausbildung. Andererseits verschlechtern sich die Bleibechancen, wenn keine Ausbildung absolviert wird oder die Ausbildung nicht erfolgreich abgeschlossen ist.

> „In den individuellen Bildungsbiographien entstehen (...) lange Lücken und Umwege, persönliche Bildungsziele können nicht verfolgt oder gar nicht erst entwickelt werden und viele sind schließlich auf Transferleistungen oder als Ungelernte auf den Niedriglohnsektor verwiesen" (Müller/Nägele/Petermann 2014, S. 101 f.).

Berufliche Qualifizierung von jungen Flüchtlingen: Ein Fazit

Internationale Normen, so z. B. die „EU-Aufnahmerichtlinie" vom Juni 2013, bestimmen, dass minderjährige Flüchtlinge in vergleichbarer Weise Zugang zum Bildungssystem haben müssen wie Minderjährige deutscher Staatsangehörigkeit. Diese Bestimmungen werden in Deutschland für viele Bildungsgänge und Förderangebote deshalb nicht wirksam, weil diese nicht dem Bildungssystem zugerechnet werden. Das trifft für die außerschulisch organisierte Sprachförderung ebenso zu wie für die Ausbildungsförderung der Bundesagentur für Arbeit. Und es betrifft schließlich auch den Kernbereich der beruflichen Qualifizierung in Deutschland, die *duale Berufsausbildung*, von der junge Leute mit *Beschäftigungsverbot* ausgeschlossen sind. Zwar sind in den letzten Jahren viele Hürden beim Zugang von Flüchtlingen zur beruflichen Qualifizierung abgeschwächt oder ganz beseitigt worden. Gleichzeitig wurde eine neue, unüberwindbare Hürde für Flüchtlinge aus „sicheren Herkunftsstaaten" errichtet: Sie haben weder Zugang zu Angeboten der Sprachförderung noch zur Ausbildungsförderung oder zur *dualen Berufsausbildung*.

Altersbezogene Zugangsbeschränkungen bei berufsschulischen Bildungsgängen leiten sich in fast allen Bundesländern (in einigen Ländern gibt es Ausnahmeregelungen) aus der Dauer der Berufsschulpflicht ab, die meist mit Vollendung des 18. Lebensjahres und dem Beginn der Volljährigkeit endet. Draußen vor bleibt die große Gruppe der jungen Erwachsenen unter den Flüchtlingen. Sie kommen in einer Altersphase nach Deutschland, die für viele biografisch zu spät liegt, um im allgemeinbildenden Schulsystem Sprachkenntnisse und die Abschlüsse zu erwerben, die wiederum eine Voraussetzung für den Zugang zu einer regulären Berufsausbildung darstellen. Die Aufnahmegesellschaft richtet an sie die Erwartung, dass sie sich qualifizieren und durch Erwerbsarbeit ihren Lebensunterhalt sichern und zum Wohlstand des Landes beizutragen. Sie benötigen Bildungsgänge, die eine Brücke hin zu einer regulären Berufsausbildung darstellen können. Die generelle Öffnung von Bildungsgängen mit dieser Zielrichtung zumindest für die bis zu 25-Jährigen wäre dafür einen praktikabler Weg.

Zugangsvoraussetzung zu beruflicher Qualifizierung sind allgemeinbildende Schulabschlüsse. Die Erhebungen des BAMF liefern regelmäßig Hinweise dafür, dass viele Flüchtlinge mit guten allgemeinbildenden Schulabschlüssen nach Deutschland kommen, mit denen sie im Prinzip die Zugangsvoraussetzungen für viele Ausbildungsgänge erfüllen. Andererseits gibt es Zweifel hinsichtlich der Praktikabilität der Anerkennungsverfahren. Wir finden deutliche Hinweise, dass die Verfahrenshürden so hoch sind, dass Anträge auf Anerkennung von Abschlüssen auch dann nicht gestellt werden, wenn eigentlich die Antragstellenden von einem solchen Verfahren profitieren müssten. Im Ergebnis können zu oft weder die Flüchtlinge das Potenzial ihrer mitgebrachten Bildung nutzen noch können die Aufnahmegesellschaft und ihre Bildungssysteme von diesen Potenzialen profitieren.

Schließlich gibt es einen beachtlichen Fundus von pädagogischen Konzepten und Erfahrungen, der sich nutzen lässt, und auf den man aufbauen kann. Diese Konzepte stammen aus der Beratungs- und Unterstützungsarbeit der Jugendsozialarbeit, aus der Qualifizierung und Begleitung von jugendlichen „Seiteneinsteigern" in Angeboten der Ausbildungsförderung, aus der außerschulischen Sprachförderung, aus berufsvorbereitenden Bildungsgängen an beruflichen Schulen und aus der dualen Ausbildung. Das Rad muss also nicht neu erfunden werden.

Literatur

Anderson, Philip (2016): Zugang zu Berufsschulklassen für junge Flüchtlinge. Der bayerische Ansatz. In: Berufsbildung in Wissenschaft und Praxis, Heft 1, S. 34–35.
Bertelsmann Stiftung (Hrsg.) (2016): Kompetenzen anerkennen – Was Deutschland von anderen Staaten lernen kann. Gütersloh.
Braun, Frank/Lex, Tilly (2016): Berufliche Qualifizierung von jungen Flüchtlingen in Deutschland. Eine Expertise. München.
http://www.dji.de/fileadmin/user_upload/bibs2016/Braun_Lex_Expertise_Fluechtlinge.pdf. (Abfrage: 19.11.2016).
Brückner, Herbert u. a. (2016): Flucht, Ankunft in Deutschland und erste Schritte der Integration. BAMF-Kurzanalyse, Heft 5. http://www.bamf.de/SharedDocs/Anlagen/DE/

Publikationen/Kurzanalysen/kurzanalyse5_iab-bamf-soep-befragung-gefluechtete.pdf?__blob=publicationFile (Abfrage: 19.11.2016).

Bundesagentur für Arbeit/Statistik Arbeitsmarktberichterstattung (Hrsg.) (2016): Arbeitsmarkt kompakt. Fluchtmigration. Oktober 2016. Nürnberg. https://statistik.arbeitsagentur.de/Statischer-Content/Statistische-Analysen/Statistische-Sonderberichte/Generische-Publikationen/Fluchtmigration.pdf. (Abfrage: 19.11.2016).

Bundesamt für Migration und Flüchtlinge (BAMF) (Hrsg.) (2015a): Konzept für einen bundesweiten Jugendintegrationskurs. Überarbeitete Neuauflage April 2015. Nürnberg: Bundesamt für Migration und Flüchtlinge. http://www.bamf.de/SharedDocs/Anlagen/DE/Downloads/Infothek/Integrationskurse/Kurstraeger/KonzepteLeitfaeden/konz-f-bundeswjugendik.pdf?__blob=publicationFile. (Abfrage: 18.11.2015).

Bundesamt für Migration und Flüchtlinge (BAMF) (Hrsg.) (2015b): Pädagogisches Konzept zum ESF-BAMF-Programm. Berufsbezogene Förderung Deutsch als Zweitsprache. Nürnberg: Bundesamt für Migration und Flüchtlinge. http://www.bamf.de/SharedDocs/Anlagen/DE/Downloads/Infothek/ESF/01_Grundlagen/paedagogisches-konzept_foerderperiode%2020150915.pdf?__blob=publicationFile. (Abfrage: 29.10.2016).

Bundesamt für Migration und Flüchtlinge (BAMF). Nationale Kontaktstelle des EMN (Hrsg.) (2016): Unterstützungsmaßnahmen für Schutzberechtigte. Die Förderung der Integration in den Arbeitsmarkt. Nürnberg: Bundesamt für Migration und Flüchtlinge, Working Paper 66.

Bundesministerium für Bildung und Forschung (BMBF) (Hrsg.) (2016): Bericht zum Anerkennungsgesetz 2016. Berlin.

Bundesministerium für Bildung und Forschung (BMBF) (Hrsg.) (2015): Bericht zum Anerkennungsgesetz 2015. Berlin. https://www.bmbf.de/pub/bericht_zum_anerkennungsgesetz_2015.pdf. (Abfrage: 26.11.2015).

Bundesministerium für Familie, Senioren, Frauen und Jugend (BMFSFJ) (Hrsg.) (2013): 14. Kinder- und Jugendbericht. Bericht über die Lebenssituation junger Menschen und die Leistungen der Kinder- und Jugendhilfe in Deutschland. Berlin.

Deutscher Bundestag (Hrsg.) (2016): Die Situation von begleiteten geflüchteten Kindern, Jugendlichen und Volljährigen in Deutschland. Antwort der Bundesregierung auf die Kleine Anfrage der Fraktion Bündnis 90/DG. Drucksache 18/9778, 27.09.2016. http://www.awo-informationsservice.org/uploads/media/2016_09_27_Situation_begl_gefluecht_Ki_Ju.pdf. (Abfrage: 16.11.2016).

Europäische Union (2013): Richtlinie 2013/33/EU vom 26. Juni 2013 zur Festlegung von Normen für die Aufnahme von Personen, die internationalen Schutz beantragen (Neufassung). In: Amtsblatt L 180/96 vom 29.06.2013.

Massumi, Mona u. a. (2015): Neu zugewanderte Kinder und Jugendliche im deutschen Schulsystem. Bestandsaufnahme und Empfehlungen. Köln: Mercator Institut für Deutsch als Zweitsprache und Zentrum für LehrerInnenbildung der Universität Köln. http://www.mercator-institut-sprachfoerderung.de/fileadmin/Redaktion/PDF/Publikationen/MI_ZfL_Studie_Zugewanderte_im_deutschen_Schulsystem_final_screen.pdf. (Abfrage: 28.10.2015).

Mirbach, Thomas/Schober, Berthold (2011): Evaluation des ESF-Bundesprogramms zur arbeitsmarktlichen Unterstützung für Bleibeberechtigte und Flüchtlinge mit Zugang zum Arbeitsmarkt. Abschlussbericht. Hamburg, Köln und Kerpen.

Mittler, Dietrich/Schnell, Lisa (2016): Ausbildung nicht garantiert. In: Süddeutsche Zeitung, Nr. 264 vom 15.11.2016, S. R13.

Müller, Doreen/Nägele, Barbara/Petermann, Fanny (2014): Jugendliche mit unsicheren Aufenthaltsverhältnissen im Übergang Schule-Beruf. Göttingen: Zoom – Gesellschaft für prospektive Entwicklungen. http://www.frsh.de/fileadmin/beiboot/BB13/BB-13-12-Anlage.pdf. (Abfrage: 18.04.2016).

Riegel, Aud (2015): Neu zugewanderte Kinder und Jugendliche beim Einstieg in Bildung unterstützen: Einblicke in das Modell Münster. Präsentation auf der Werkstatt „Bildung,

Monitoring, Beschäftigung" der Transferagentur Kommunales Bildungsmanagement/ Agentur Bayern am 22.10.2015 in Ingolstadt. http://www.transferagentur-bayern.de/ fileadmin/user_upload/Materialien/Riegel_Stadt_M%C3%BCnster_Vortrag.pdf. (Abfrage: 28.11.2015).

Robert Bosch Expertenkommission zur Neuausrichtung der Flüchtlingspolitik (Hrsg.) (2015): Themendossier Sprachvermittlung und Spracherwerb für Flüchtlinge: Praxis und Potenziale außerschulischer Angebote. Stuttgart. http://www.bosch-stiftung.de/content/language1/downloads/Kommissionsbericht_Fluechtlingspolitik_Sprache.pdf. (Abfrage: 28.11.2015).

Sachverständigenrat Deutscher Stiftungen (2015): Junge Flüchtlinge – Aufgaben und Potenziale für das Aufnahmeland. Kurzinformation des SVR-Forschungsbereichs 2015 – 2. http://www.svr-migration.de/wp-content/uploads/2015/07/Kurzinformation_Junge-Fl%C3%BCchtlinge_SVR-FB_WEB.pdf. (Abfrage: 15.12.2015).

Schießl, Eva (2015): Das Münchner Modell: Beschulung berufsschulpflichtiger Flüchtlinge. Präsentation auf der Werkstatt „Bildung, Monitoring, Beschäftigung" der Transferagentur Kommunales Bildungsmanagement/Agentur Bayern am 22.10.2015 in Ingolstadt. http://www.transferagentur-bayern.de/fileadmin/user_upload/Materialien/Schiessl_LH_M%C3%BCnchen_Vortrag.pdf. (Abfrage: 28.11.2015).

Schreyer, Franziska/Bauer, Angela/Kohn, Karl-Heinz P. (2015): Betriebliche Ausbildung von Geduldeten. Für den Arbeitsmarkt ein Gewinn, für die jungen Fluchtmigranten eine Chance. Nürnberg, IAB-Kurzbericht, Heft 1.

Vereinigung der Bayerischen Wirtschaft (Hrsg.) (2016): Bundesweites Integrationsgesetz in Kraft. https://www.vbw-bayern.de/vbw/Aktionsfelder/Standort/Arbeitsmarkt/Integrationsgesetz-Bund-August-2016.jsp. (Abfrage: 16.11.2016).

Vodafone Stiftung Deutschland (Hrsg.) (2016): Nachhilfe für die Integration. Düsseldorf. https://www.vodafone-stiftung.de/vodafone_stiftung_news.html?&tx_newsjson_pi1[showUid]=191&cHash=58754ab42e36727dc2fb9c8e916cd501. (Abfrage: 06.04.2016).

Adolf Bartz

Schule und Flüchtlinge – Handlungs- und Spannungsfelder

Die Ziele der Beschulung geflüchteter Kinder und Jugendlicher in Deutschland

Wie die schulische Förderung der geflüchteten Kinder und Jugendlichen zu gestalten ist, hängt von den Zielen ab, die am Ende der Schul- und Ausbildungslaufbahn erreicht sein sollen. Die normative Grundlage für diese Ziele ist die UN-Kinderrechtskonvention (KRK), die als Menschenrechtskonvention für alle Kinder bis zur Volljährigkeit – unabhängig von ihrer kulturellen Herkunft und ihrer Nationalität – gilt. Während die Konvention bei der Ratifizierung in der Bundesrepublik Deutschland zunächst durch einen Vorbehalt dem Ausländerrecht untergeordnet war und deshalb für Flüchtlinge nicht galt, hat sie seit dem 15.07.2010 durch die Hinterlegung einer Rücknahmeerklärung bei den Vereinten Nationen eine uneingeschränkte Geltungskraft. Für den Anspruch auf Schulunterricht und Bildung gilt deshalb für die geflüchteten Kinder und Jugendlichen der Artikel 28 der Konvention, in dessen Absatz 1 folgende Rechte garantiert werden:

> „Die Vertragsstaaten erkennen das Recht des Kindes auf Bildung an; um die Verwirklichung dieses Rechts auf der Grundlage der Chancengleichheit fortschreitend zu erreichen, werden sie insbesondere
> a) den Besuch der Grundschule für alle zur Pflicht und unentgeltlich machen;
> b) die Entwicklung verschiedener Formen der weiterführenden Schulen allgemeinbildender und berufsbildender Art fördern, sie allen Kindern verfügbar und zugänglich machen und geeignete Maßnahmen wie die Einführung der Unentgeltlichkeit und die Bereitstellung finanzieller Unterstüt-zung bei Bedürftigkeit treffen;
> c) allen entsprechend ihren Fähigkeiten den Zugang zu den Hochschulen mit allen geeigneten Mitteln ermöglichen;
> d) Bildungs- und Berufsberatung allen Kindern verfügbar und zugänglich machen;
> e) Maßnahmen treffen, die den regelmäßigen Schulbesuch fördern und den Anteil derjenigen, welche die Schule vorzeitig verlassen, verringern."

Dieses Recht auf Bildung ist unabhängig vom ausländerrechtlichen Status und dem Stand des Asylverfahrens und begründet den Anspruch auf den Schulbesuch, für den dann die Schulgesetze der Bundesländer sowie die Verordnungen und Erlasse des zuständigen Landtagsausschusses und Ministeriums gelten. Dazu gehören auch die Ziele von Schule im jeweiligen Bundesland (vgl. z. B. § 2 SchulG, Abs. 10 NRW (www.schulministerium. nrw.de/docs/Recht/Schulrecht/Schulgesetz/Schulgesetz.pdf):

„Die Schule fördert die Integration von Schülerinnen und Schülern, deren Muttersprache nicht Deutsch ist, durch Angebote zum Erwerb der deutschen Sprache. Dabei achtet und fördert sie die ethnische, kulturelle und sprachliche Identität (Muttersprache) dieser Schülerinnen und Schüler. Sie sollen gemeinsam mit allen anderen Schülerinnen und Schülern unterrichtet und zu den gleichen Abschlüssen geführt werden."

Dass die geflüchteten Kinder und Jugendlichen erst dann beschult werden, wenn sie nach der Registrierung einer Stadt oder Gemeinde dauerhaft zugewiesen worden sind, verletzt das Recht auf Bildung gemäß § 28 KRK. Je länger die Dauer für die Registrierung und Zuweisung zu einer Kommune dauert, umso stärker ist die Spannung zwischen dem Menschenrecht auf Bildung und der tatsächlichen Teilnahme am Schulunterricht (vgl. als Beispiel www.zeit.de/gesellschaft/zeitgeschehen/2016-11/nordrhein-westfalen-fluechtlingskinder-schulpflicht).

Die gesetzlichen Verpflichtungen bei der Beschulung geflüchteter Kinder und Jugendlicher umzusetzen, erfordert, sich an zwei Zieldimensionen zu orientieren:

1. Die soziale und kulturelle Integration in ihrer deutschen Umgebung, die neben der sprachlichen Verständigung auch das Verständnis für die Verhaltenserwartungen, Werte und Normen im Aufnahmeland voraussetzt, sowie eine Identitätsbildung als Ergebnis der Aneignung der Aufnahmekultur auf der einen und der Bewahrung und Achtung der Herkunftskultur auf der anderen Seite.
2. Ein Schulabschluss, der zum Übergang in eine Berufsausbildung oder in ein Studium berechtigt und schließlich ermöglicht, dass die geflüchteten Schüler/innen einen Beruf ausüben und ihr Leben wirtschaftlich und kulturell selbstständig gestalten können – unabhängig davon, ob sie ihr Leben in Deutschland verbringen oder ob sie in ihr Herkunftsland zurückkehren.

Die Aufnahme der geflüchteten Schülerinnen und Schüler

In Nordrhein-Westfalen führen zunächst die Kommunalen Integrationszentren ein Beratungsgespräch mit den neu zugewanderten Kindern und Jugendlichen und deren Familien/Vormündern. Sie erkunden die Bildungs- und Leistungsvoraussetzungen, wozu sie – soweit vorhanden – Dokumente über den Schulbesuch im Herkunftsland heranziehen. Auf dieser Grundlage nehmen sie eine Einschätzung vor, welche Schule geeignet sein könnte, und fragen bei den Schulen an, ob eine Aufnahme möglich ist. Die Schulleitung entscheidet dann über die Aufnahme. Die Schulaufsicht koordiniert den Prozess, mit dem die geflüchteten Kinder und Jugendlichen auf die Schulen der Kommune verteilt werden. Schwierigkeiten ergeben sich dabei aus der

Mehrgliedrigkeit des bundesdeutschen Schulsystems. Denn bei der Zuweisung und Aufnahme ist eine verlässliche Prognose über die Eignung für die Schulform nicht möglich und das kann dazu führen, dass geflüchtete Schüler/innen z. B. an einem Gymnasium soziale Bindungen eingegangen sind und Freunde gefunden haben, dann aber die Schule mangels Eignung wieder verlassen müssen.

Da die Flüchtlingskinder in der Regel unterjährig an den Schulen aufzunehmen sind, ergeben sich Probleme, wenn die Klassen, die für sie infrage kommen, voll besetzt sind. Das gilt insbesondere für Schulen mit Anmeldeüberhang. Bei ihnen kommt als Erschwernis hinzu, dass sie bis hin zu Entscheidungen in Verwaltungsgerichtsverfahren die Aufnahme von einheimischen Schülerinnen und Schülern wegen der Überschreitung der Klassenobergrenze abgelehnt haben. Wenn dann Flüchtlingskinder mit der Folge aufgenommen werden, dass die Klassenobergrenze überschritten wird, schafft das schulrechtlich Schwierigkeiten, die Ablehnung einheimischer Schüler/innen zu rechtfertigen. Und gerade die Schulen, die am besten für den Umgang mit heterogenen Schülervoraussetzungen geeignet sind, nämlich die Gesamt- bzw. Gemeinschaftsschulen, weisen überdurchschnittlich Anmeldeüberhänge auf. Das Problem dadurch zu lösen, dass Plätze für die Aufnahme geflüchteter Kinder und Jugendlicher in den Regelklassen freigehalten werden, wird durch die Schulministerien schulrechtlich nicht zugelassen.

Die Bildung der Lerngruppen

Die Bildungsvoraussetzungen, die die geflüchteten Kinder und Jugendlichen mitbringen, weisen eine große Spannweite und Heterogenität auf. Da gibt es auf der einen Seite Analphabeten, die im Herkunftsland nicht oder kaum zur Schule gegangen sind, und auf der anderen Seite Kinder aus bildungsbürgerlichen Familien, die neben ihrer Herkunftssprache auch eine oder mehrere Fremdsprachen beherrschen und über fachliches Bildungswissen verfügen, das den einheimischer Schüler/inne/n ihrer Altersstufe entspricht oder es sogar übertrifft. Zudem spielt eine Rolle, ob die Schrift der Herkunftssprache die lateinische Schrift ist oder ob diese neu gelernt werden muss.

Für die Bildung der Lerngruppen mit geflüchteten Schülerinnen und Schülern gibt es in den Bundesländern zwei unterschiedliche Ansätze:
1. *Das Konzept der Internationalen Förderklassen bzw. Vorbereitungsklassen*: Die Kinder und Jugendlichen werden zunächst in gesonderten Lerngruppen – in der Regel jahrgangsübergreifend – mit dem Ziel unterrichtet, sich auf Deutsch sprachlich verständigen zu können. Dabei geht

es sowohl um den Erwerb der Alltags- wie der fächerbezogenen Bildungssprache. Denn erst dann, wenn eine sprachliche Verständigung möglich ist, sei – so die Begründung für dieses Konzept – die Lern- und Leistungsentwicklung im Fachunterricht und auch die soziale Integration in den Regelklassen möglich. Wenn sich die geflüchteten Kinder und Jugendlichen auf Deutsch verständigen können, nehmen sie – ggf. zunächst nur in einzelnen Fächern wie Kunst, Musik oder Sport – am Unterricht in der Regelklasse teil. Der Übergang von der Vorbereitungs- in die Regelklasse wird im Unterricht der Förderklasse dadurch vorbereitet, dass neben dem Erwerb einer basalen Allgemeinsprache als Grundlage der sprachlichen Verständigung zunehmend die fachliche Bildungssprache vermittelt wird. Dafür sollten die Fachgruppen in allen Unterrichtsfächern eine Übersicht der grundlegenden Fachbegriffe zusammenstellen, deren Kenntnis Voraussetzung dafür ist, dem Unterricht im jeweiligen Fach folgen zu können.
2. *Das Konzept der (Teil-)Integration*: Die Kinder und Jugendlichen werden von Anfang an einer Regelklasse zugewiesen und erhalten zusätzlich in einer (jahrgangsübergreifenden) Vorbereitungsklasse Unterricht in Deutsch als Zweitsprache. Dies erleichtere – so die Begründung für dieses Konzept – die soziale Integration und fördere den Erwerb von Deutsch als Zweitsprache, weil die geflüchteten Schülerinnen und Schüler dann alltäglich Deutsch hören und sich zunehmend an deutschsprachiger Kommunikation beteiligen könnten.

Die soziale Integration

Die soziale Integration der geflüchteten Kinder und Jugendlichen vollzieht sich in der Schule auf zwei Ebenen: Zum einen geht es um die Integration in der multinationalen und multikulturellen Willkommens- bzw. Vorbereitungs- oder Förderklasse. Hier wirkt sich in der Regel die Jahrgangsmischung positiv aus, weil die älteren Schülerinnen und Schüler für die jüngeren Verantwortung übernehmen und sich wie ältere Geschwister um sie kümmern. Positiv wirkt sich zudem aus, wenn Kinder, die neu und ohne Fremdsprachenkenntnis an einer Schule aufgenommen werden, mit Schülerinnen und Schülern ihrer Herkunftssprache in einer Gruppe sind. Denn auf diese Weise sind sie sprachlich nicht völlig isoliert und es fällt leichter, sich in der neuen Umgebung mit ihren Abläufen und Normen zurechtzufinden. Andererseits erfordert der Umgang mit den deutschsprachigen Schülerinnen und Schülern und der Übergang in die Regelklasse, sich frühzeitig auf die Sprache des Aufnahmelandes einzulassen und Deutsch nicht nur im Unterricht, sondern vor allem durch den Alltagsgebrauch in den sozialen Bezugsgruppen zu lernen.

Die Erfahrung zeigt, dass die deutschsprachigen Schülerinnen und Schüler in der Regel vorurteilsfrei mit den geflüchteten Kindern und Jugendlichen umgehen. Für sie ist weniger deren Flüchtlingsstatus, sondern vielmehr deren Persönlichkeit und deren Verhalten von Bedeutung. Wie gut die soziale Integration gelingt, hängt auch von den geflüchteten Kindern und Jugendlichen und von der Frage ab, wie stark die Belastungserfahrungen durch Verfolgung und Flucht ihre Bereitschaft und Kompetenz beeinträchtigen, sich auf Beziehungen einzulassen. Während ein Teil von ihnen den Wunsch hat, so schnell wie möglich in die Regelklasse zu wechseln, haben andere Angst vor dem Übergang, weil sie nicht wissen, wie sie mit den anderen Schülerinnen und Schülern und mit den Lern- und Leistungserwartungen und -anforderungen klarkommen werden. Während ein Teil von ihnen bereit ist, Probleme und Schwierigkeiten bei der sozialen Integration und der Lernentwicklung selbst zu lösen und Hilfe nur in dem Maß anfordert, wie sie gebraucht wird, haben andere eine hohe Anspruchshaltung und -erwartung und sie reagieren aggressiv, wenn sich nicht gleich andere Schüler/innen und vor allem Lehrer/innen um ihre Probleme kümmern. Schließlich ist für die soziale Integration von entscheidender Bedeutung, ob sich die geflüchteten Kinder und Jugendlichen für den Umgang und die Beziehungen mit ihren Mitschülerinnen und -schülern öffnen – das ist der Regelfall – oder ob sie sie sich eher isolieren und abschotten, so z. B. die Erfahrung an der Hugo-Junkers-Realschule mit Flüchtlingen aus Eritrea.

Das Ziel der sozialen Integration erfordert abzuwägen, wie der Übergang in die Regelklasse gestaltet wird. Denn die Integration setzt Beziehung und Kommunikation voraus, und das spricht für einen möglichst frühen Übergang. Kommunikation gelingt aber nur, wenn eine hinreichende sprachliche Verständigung möglich ist – und das spricht dafür, dass Schüler/innen so lange in den Vorbereitungsklassen bleiben und schwerpunktmäßig in Deutsch als Zweitsprache unterrichtet werden, bis eine systematische sprachliche Förderung erfolgt ist und die Grundlagen für die Verständigung mit den Mitschülerinnen und -schülern wie im Fachunterricht gewährleistet sind.

Die Lern- und Leistungsförderung

Für die Lehrkräfte gilt in der Regel, dass sie den geflüchteten Kindern und Jugendlichen offen begegnen und sie so gut wie möglich fördern wollen. Zugleich gibt es aber die Angst vor Überforderung und die Unsicherheit, wie die Lernförderung der geflüchteten Schüler/innen gestaltet und was von ihnen erwartet und gefordert werden kann. Je stärker die Schultradition und die Unterrichtskultur sich am Bild homogener Lerngruppen orientieren, umso schwieriger ist der Umgang mit dem hohen Maß an Heterogenität der

Bildungs- und Leistungsvoraussetzungen in der Gruppe der Flüchtlinge. Sich auf diese Herausforderungen einzustellen, erfordert, sich am Leitbild individueller Förderung zu orientieren und den Unterricht sowie die Lernkontrollen in hohem Maß binnendifferenziert zu gestalten. Den Förderbedarf der Flüchtlinge zu berücksichtigen, ist deshalb in der Regel mit einer Veränderung der Unterrichtskultur und der Modelle von Unterricht verbunden.

Was die Lehrkräfte insbesondere an den weiterführenden Schulen unter Druck setzt, sind Erlassvorgaben, die sich an der Vergleichbarkeit der Leistungsanforderungen und -bewertung orientieren. Das macht es schwer, den geflüchteten Kindern und Jugendlichen durch individualisierte Aufgabenstellungen zu ermöglichen, dass sie zeigen, was sie können. Wer z. B. Aufgaben sprachlich nicht versteht, kann nicht nachweisen, dass er die Aufgaben fachlich hätte bewältigen können. Dass diese Schüler/innen an schriftlichen Leistungsüberprüfungen teilnehmen, die für die deutschsprachigen Schülerinnen und Schüler vorgesehen sind, kann aber diagnostisch sinnvoll sein, um zu klären, in welchem Maß sie den Leistungsstand der Klasse erreicht haben und wo es noch Schwierigkeiten gibt. Statt einer Beurteilung durch Leistungsnoten ist dann eine schriftliche Rückmeldung sinnvoll, die Hinweise und Hilfen gibt, wie Leistungsdefizite aufgearbeitet werden können und welchen Anforderungen sich die Schülerin oder der Schüler in der weiteren Lernentwicklung stellen sollte.

Wie erfolgreich sich dann die Lern- und Leistungsentwicklung der geflüchteten Kinder und Jugendlichen gestaltet, hängt auch vom Alter ab: Je jünger sie sind, umso mehr Zeit steht für die Kompensation der fluchtbedingten Nachteile, ungünstiger Bildungsvoraussetzungen und sprachlicher Kompetenz- und Verständigungsprobleme zur Verfügung, sodass diese Schülerinnen und Schüler gute Aussichten haben, einen Schulabschluss zu erreichen. Je älter die geflüchteten Kinder und Jugendlichen sind, umso größer ist die Gefahr, dass die flucht- und migrationsbedingten Nachteile nicht kompensiert werden können und ein Schulabschluss nicht erreicht wird oder unter dem Niveau bleibt, für das die Jugendlichen befähigt wären.

Zudem hängt die Lern- und Leistungsentwicklung davon ab, ob und wie die sprachlichen Voraussetzungen für die Teilnahme am Fachunterricht gesichert sind und gesichert werden. Zeigt sich in der Regelklasse, dass die Flüchtlingskinder dem Unterricht nicht angemessen folgen können, sollte eine Rückkehr in die Vorbereitungsklasse möglich sein und zusätzliche Förderung in Deutsch als Zweitsprache erfolgen, ohne dass das von den betroffenen Schülerinnen und Schülern als Scheitern erlebt wird. Hilfreich ist dafür, systematisch Rückmeldungen der Klassen- und Fachlehrer/innen der Regelklassen an die Klassenlehrer/innen der Förder- bzw. Vorbereitungsklassen vorzusehen und die Schüler/innen durch ein befristetes Angebot von Lerncoaching zu unterstützen, wenn es zu Schwierigkeiten beim Übergang in die Regelklassen kommt.

Förderliche und hemmende Rahmenbedingungen

Was für die soziale Integration und die Lern- und Leistungsentwicklung der geflüchteten Kinder und Jugendlichen förderlich oder hinderlich ist, hängt einerseits von ihren Herkunfts- und Fluchtbedingungen und andererseits von den institutionellen Vorgaben im Aufnahmeland ab.

Bei den Herkunftsbedingungen zeigt sich, dass weniger die kulturelle und ethnische Herkunft als die dörfliche oder städtische Herkunft sowie der soziale Status und der Bildungsstand der Eltern im Herkunftsland für die Erfolgsaussichten bei der Schullaufbahn in Deutschland entscheidend sind.

Positiv wirkt sich aus, dass viele Flüchtlinge eine hohe Leistungsmotivation aufweisen. Das kann aber dann zu Schwierigkeiten führen, wenn die Lern- und Leistungsentwicklung nicht den eigenen Erwartungen entspricht. Um auf Dauer förderlich zu sein, muss sich die Motivation mit einem hohen Maß an Geduld und Frustrationstoleranz verbinden, weil es sonst zu Motivationsbrüchen und damit auch zu persönlichen Krisen kommt. Als schwierig erweist sich hier eine problematische Selbsteinschätzung: Schätzen sich Kinder und vor allem Jugendliche als grandioser ein, als sie sind, werden sie dazu neigen, die (kleinen) Erfolge, die sie erreicht haben, abzuwerten und sich so selbst zu demotivieren.

Die Ungeduld wird verstärkt, wenn unbegleitete jugendliche Flüchtlinge durch die Erwartung ihrer Familie unter Druck stehen, nach der Ankunft in Deutschland möglichst bald der Familie im Herkunftsland finanzielle Unterstützung zukommen zu lassen. Denn da die Familien häufig hohe Kosten auf sich genommen haben, um einem Kind die Flucht aus prekären Lebensverhältnissen zu ermöglichen, erwarten sie auch eine Art Dividende oder das Kind fühlt sich zu einer solchen Dividende verpflichtet. Ein solches Verpflichtungsgefühl fördert die Motivation, setzt aber zugleich unter den Druck, möglichst schnell Erfolge zu erreichen, und kann auch dazu führen, statt einer Ausbildung unqualifizierte Arbeit zu übernehmen, um schneller Geld verdienen zu können.

Die Motivation aufrechtzuerhalten, wird zudem durch den unsicheren Aufenthaltsstatus erschwert. Eine berufliche Ausbildung oder ein Hochschulstudium in Deutschland anzustreben, setzt eine Zeitperspektive voraus, die für die Flüchtlinge nicht berechenbar gesichert ist. Im Hinblick auf die Schulabschlussziele eine hohe Anstrengungsbereitschaft zu entwickeln, ist deshalb immer wieder gefährdet, wenn nicht auszuschließen ist, dass es in Deutschland keine Zukunftsperspektive gibt.

Hemmend wirkt sich zudem aus, wenn die Kinder und Jugendlichen kein verlässliches Umfeld erleben, weil die Personen, die sie begleiten und betreuen wechseln oder weil sie anderen Städten oder Gemeinden zugewiesen werden, nachdem sie an ihrem aktuellen Wohnort gerade Freunde und Anschluss gefunden haben.

Deshalb ist auch ein hohes Maß an Gleichsinnigkeit bei der Orientierung und Unterstützung durch unterschiedliche Akteure – neben der Schule z. B. die Jugendhilfe und ehrenamtliche Paten – wichtig. Das erfordert eine geklärte und abgesprochene Koordination und Kooperation – auch mit dem Ziel, eine Überversorgung zu verhindern. Je erfreulicher und großartiger sich in einer Kommune die Willkommenskultur gegenüber den Flüchtlingen entwickelt hat, umso größer kann diese Gefahr von Überengagement sein. Das kann Flüchtlinge unter Druck setzen, weil sie in der Regel aus Kulturen kommen, in denen man zu Dankbarkeit verpflichtet ist, auch wenn man Hilfen gar nicht braucht und will. Für die Helferinnen und Helfer ist deshalb eine Sensibilität dafür wichtig, dass ihre Hilfe nicht zur Abhängigkeit der Hilfeempfänger führt, sondern ihre Fähigkeit zur Selbstwirksamkeit stärkt.

Für das Gelingen der sozialen Integration und vor allem der Lern- und Leistungsentwicklung ist in den Schulen grundlegend, die geflüchteten Kinder und Jugendlichen entsprechend ihrem individuell sehr unterschiedlichen Bedarf fördern zu können. Dafür brauchen die Schulen ein hohes Maß an Flexibilität im Umgang mit Vorschriften, insbesondere zur Gruppen- und Klassenbildung und zur Leistungsbeurteilung. Sie müssen zudem die Dauer der Förderung in Deutsch als Zweitsprache so festlegen können, dass sie den Lernvoraussetzungen der Schüler/innen entspricht. So kann z. B. bei Analphabeten eine Obergrenze von zwei Jahren unsinnig sein, wenn die Grundlagen noch nicht gesichert sind, um am Fachunterricht in den Regelklassen sinnvoll und ertragreich teilzunehmen. Ähnlich sollte auf den Einzelfall bezogen eine temporäre Ausdehnung der Schulpflicht bis zum Abschluss einer Ausbildung überprüft werden, um die Chancen der geflüchteten Jugendlichen und jungen Erwachsenen auf eine dauerhafte Integration in den Arbeitsmarkt zu wahren.

Das hohe Maß an erforderlicher Flexibilität steht in einem Spannungsverhältnis zur Sicherung gleichartiger Lern- und Lebensbedingungen für alle Flüchtlinge und muss durch die Ausweisung von Mindeststandards abgesichert werden. Auf diese Weise können sich die zentrale Standard-Sicherung und die Flexibilität vor Ort ergänzen. Zudem muss der Spielraum für das flexible Eingehen auf den individuellen Förderbedarf in den Schulen durch eine auskömmliche Ressourcenzuweisung abgesichert sein.

Geflüchtete Schüler/innen sind Flüchtlinge – aber sie sind auch einfach Kinder

Für die Schulen hat der Flüchtlingsstatus eine grundlegende Bedeutung, denn mit ihm sind besondere Fördermaßnahmen und Ressourcenzuweisungen verbunden. Auf ihn beziehen sich die Ziele der sozialen Integration und der Lernförderung. Das kann aber zu der Gefahr führen, dass die geflüchteten Kinder und Jugendlichen nur noch als Flüchtlinge und nicht mehr als Menschen und Individuen wahrgenommen werden. Neben all dem, was für sie als Flüchtlinge spezifisch ist wie die Fluchterfahrungen und die Unsicherheit ihres Aufenthaltsstatus, erleben sie die Herausforderungen des Aufwachsens genauso wie andere Kinder und Jugendliche. Sie möchten gleichberechtigt und ohne Etikettierung am sozialen und kulturellen Leben teilnehmen und nicht immer wieder auf ihren Flüchtlingsstatus festgelegt werden. Ist dieser Status mit traumatischen Belastungserlebnissen verbunden, wird noch verständlicher, dass die geflüchteten Kinder und Jugendlichen nicht andauernd mit ihm konfrontiert sein wollen.

Für die Schulen wie für die soziale Arbeit ist im Umgang mit Flüchtlingen deshalb wichtig: Gebt ihnen die Chance, normal sein zu dürfen.

Zu dieser Chance gehört auch, dass für sie der gleiche normative Ordnungsrahmen gilt wie für die Schülerinnen und Schüler, die im Aufnahmeland geboren und aufgewachsen sind, und dass Verstöße gegen Verhaltensregeln genau so klar konfrontiert werden wie bei den deutschsprachigen Mitschülerinnen und -schülern. Allerdings: Das setzt in den Schulen und den Einrichtungen der Jugendhilfe interkulturelle Sensibilität voraus, damit nicht die deutsche Kultur als Leitkultur Verhaltenserwartungen verbindlich macht, die Menschen aus anderen Kulturen nur als Aufforderung zu Anpassung und Unterwerfung verstehen können. Verbindliche Vorgabe für eine solche interkulturelle Verständigung sind die im Artikel 29 der UN-Kinderrechtskonvention formulierten Bildungsziele,

- dem Kind Achtung vor den Menschenrechten und Grundfreiheiten und den in der Charta der Vereinten Nationen verankerten Grundsätzen zu vermitteln;
- dem Kind Achtung vor seinen Eltern, seiner kulturellen Identität, seiner Sprache und seinen kulturellen Werten, den nationalen Werten des Landes, in dem es lebt, und gegebenenfalls des Landes, aus dem es stammt, sowie vor anderen Kulturen als der eigenen zu vermitteln;
- das Kind auf ein verantwortungsbewusstes Leben in einer freien Gesellschaft im Geist der Verständigung, des Friedens, der Toleranz, der Gleichberechtigung der Geschlechter und der Freundschaft zwischen allen Völkern und ethnischen, nationalen und religiösen Gruppen vorzubereiten.

Wenn alle, die in Deutschland leben, sich auf diese und die weiteren Werte der Menschenrechtskonventionen und des Grundgesetzes als gemeinsame Basis ihres Handelns beziehen – und das ist für die Einheimischen wie für die Zugewanderten verpflichtend –, gelingt interkulturelle Verständigung, und die multikulturelle Vielfalt, die durch den Zustrom von Flüchtlingen angewachsen ist, wird für alle Beteiligten eine Bereicherung.

Dem Beitrag liegt ein Gespräch mit den Klassenlehrerinnen der Internationalen Förderklassen an der Hugo-Junkers-Realschule in Aachen – Regina Tillmann, Stephanie de Ram und Monika Pelzer – zugrunde. Sie betreuen und begleiten an ihrer Schule geflüchtete Kinder und Jugendliche. Dabei handelt es sich um Kinder und Jugendliche, die mit ihren Familien nach Deutschland geflohen sind, um unbegleitete minderjährige Flüchtlinge, aber auch um Kinder und Jugendliche, die aus anderen Gründen aus europäischen oder afrikanischen Ländern nach Deutschland gekommen sind. Für alle Kinder und Jugendliche gilt, dass sie bei ihrer Ankunft über keine Deutschkenntnisse verfügen. Der Schwerpunkt des Unterrichts in den Förderklassen liegt deshalb beim Spracherwerb von Deutsch als Zweitsprache. Ich danke zudem Andrea Genten, Couven Gymnasium Aachen, und Norbert Greuel, Bürgerstiftung Aachen, für ihre fachliche Beratung.

Links zum Thema „Beschulung von geflüchteten Kindern und Jugendlichen"

Einen umfassenden Überblick bieten:

www.mercator-institut-sprachfoerderung.de/fileadmin/Redaktion/PDF/Publikationen/MI_ZfL_Studie_Zugewanderte_im_deutschen_Schulsystem_final_screen.pdf.

http://doku.iab.de/forschungsbericht/2016/fb1416.pdf (Kapitel 5, S. 46–63).

Zu den Regelungen für den Schulbesuch in den Bundesländern:

www.bildungsserver.de/Schulbesuch-von-Fluechtlingen-in-den-Bundeslaendern-11428.html.

Aktuelle Erlasse und weitere Materialien aus den einzelnen Bundesländern (Stand: 15.01.2017)

Baden-Württemberg
http://km-bw.de/Fluechtlingsintegration

Bayern
www.km.bayern.de/suche.html?u=1&t=9999&m=1&s=Flüchtlinge&x=4&y=3&t=9999

www.km.bayern.de/allgemein/meldung/3010/hier-erhalten-schulen-und-lehrkraefte-unterstuetzung.html

Berlin
www.berlin.de/sen/bjw/fluechtlinge/
www.berlin.de/sen/jugend/jugend/unbegleitete-minderjaehrige-fluechtlinge/
www.berlin.de/sen/bjw/fluechtlinge/leitfaden-zur-integration.pdf

Brandenburg
www.mbjs.brandenburg.de/sixcms/detail.php/bb1.c.404925.de

Bremen
www.bildung.bremen.de/gefluechtete-117135
www.b-umf.de/images/erlass-bremen-ausbildung-2013.pdf

Hamburg
www.hamburg.de/schule-fuer-fluechtlinge/4608870/vorbereitung-auf-regelschule
www.hamburg.de/schule-fuer-fluechtlinge/4611372/weiterfuehrende-informationen

Hessen
https://kultusministerium.hessen.de/schule/individuelle-foerderung/sprachfoerderung/intensivklassen-und-intensivkurse
https://kultusministerium.hessen.de/schule/individuelle-foerderung/hessisches-gesamtsprachfoerderkonzept

Mecklenburg-Vorpommern
www.bildung-mv.de/export/sites/bildungsserver/downloads/Beschulung_Migrationshintergrund.pdf
www.bildung-mv.de/schueler/schule-und-unterricht/beschulung-von-kindern-aus-zuwandererfamilien/

Niedersachsen
www.mk.niedersachsen.de/startseite/aktuelles/foerderung_von_fluechtlingskindern_niedersaechsischen_schulen/foerderung-von-fluechtlingskindern-136434.html.

Nordrhein-Westfalen
www.schulministerium.nrw.de/docs/bp/Lehrer/Schulleben/Fluechtlinge
www.schulministerium.nrw.de/docs/Schulsystem/Integration/Gefluechtete/Massnahmen/index.html
www.schulentwicklung.nrw.de/q/orientierungshilfe-schule-und-zuwanderung/
www.mfkjks.nrw/sites/default/files/asset/document/handreichung_2013.pdf
www.kommunale-integrationszentren-nrw.de/neu-zugewanderte-und-gefluechtete-kinder-und-jugendliche

Rheinland Pfalz
http://migration.bildung-rp.de/
http://migration.bildung-rp.de/fileadmin/user_upload/migration.bildung-rp.de/geaenderte_VV_Unterricht_von_Schuelerinnen_und_Schuelern_mit_Migrationshintergrund_September_2015.pdf
http://migration.bildung-rp.de/fileadmin/user_upload/migration.bildung-rp.de/EPOS-Info-Massnahmenplan.pdf

Saarland
www.saarland.de/6767_128588.htm

Sachsen
www.schule.sachsen.de/1752.htm

Sachsen-Anhalt
www.landesschulamt.sachsen-anhalt.de/themen/migration/rechtsgrundlagen/
www.landesschulamt.sachsen-anhalt.de/themen/migration/materialien-fuer-schule-und-unterricht

Schleswig-Holstein
www.schleswig-holstein.de/DE/Themen/S/schule_fluechtlinge.html
www.schleswig-holstein.de/DE/Fachinhalte/S/sprachbildung/sprache_fluechtlinge_infotext.html

Thüringen
www.thueringen.de/th2/tmbjs/aktuell/aktuelles/daten/85287/index.aspx
http://apps.thueringen.de/de/publikationen/pic/pubdownload1394.pdf

Martina Kriener

Studium

Einleitung

Viele Flüchtlinge, die nach Deutschland kommen, haben in ihren Heimatländern bereits studiert oder die Studienvoraussetzung erworben. Gostomsko u. a. (2016, S. 5 f.) belegen, dass bei den Geflüchteten ab 18 Jahren 32 Prozent über einen weiterführenden Schulabschluss verfügen, 19 Prozent Universitäten oder andere Hochschulen besuchten, 13 Prozent bereits ein Studium abgeschlossen haben und 16 Prozent einen Hochschulabschluss anstreben. Diesen Menschen zu ermöglichen, ein Studium aufzunehmen, ihr Studium fortzusetzen oder mit einem erreichten Studienabschluss Zugang in den Arbeitsmarkt zu finden, ist eine wichtige integrationspolitische Maßnahme. Zudem bietet ein Studium Gelegenheit, sich mit anderen Studierenden auszutauschen, Sprachkompetenz zu verbessern und Kompetenzen für den Arbeitsmarkt zu erwerben. Insbesondere jungen Frauen kann die Hochschule Chancen für gleichberichtigte Teilhabe eröffnen (vgl. Blumentahl u. a. 2017).

Aufgrund des stark gestiegenen Anteils von Geflüchteten an den Integrationskursen (BAMF 2017) ist davon auszugehen, dass sich die Anfragen an Vorbereitungsprogramme und Studienbewerbungen noch deutlich erhöhen werden. Gleichzeitig stoßen Studieninteressierte auf große regionale und hochschulbezogene Unterschiede in Fragen zu Studienzugang, Hochschulzugangsberechtigung sowie Studiumsvorbereitung und -finanzierung. Dies ist vor allem den bundesländerspezifischen Regelungen, der großen Anzahl an Hochschulen sowie im Rahmen der Selbstverwaltung liegender Entscheidungskompetenzen, wie z. B. die Zuständigkeit für die Bewertung von im Ausland erbrachten Studienleistungen, geschuldet. Die daraus schon für Einheimische resultierende Unübersichtlichkeit stellt Geflüchtete vor große Herausforderungen. Im vorliegenden Beitrag werden zentrale, möglichst bundesweit relevante Informationen zum Thema Studium fokussiert und dabei auf die für Flüchtlinge wichtigen Aspekte der Relevanz des Aufenthaltsstatus und mögliche Folgen für eine Studienaufnahme, die Voraussetzungen für einen Hochschulzugang, Beratungs- und Informationsangebote, Studienvorbereitungs- und -begleitungsprogramme, finanzielle Fördermöglichkeiten sowie die Anerkennung von im Ausland erworbenen Studienleistungen eingegangen.

Aufenthaltsstatus und Rechtsfolgen für Studienaufnahme oder Studium

Grundsätzlich können Flüchtlinge unabhängig vom Stand ihres Asylverfahrens und von ihrem Aufenthaltsstatus – sofern sie die entsprechenden hochschulrechtlichen Voraussetzungen erfüllen – ein Studium aufnehmen. Sie werden hochschulrechtlich der Gruppe der Bildungsausländer zugeordnet, das heißt, es gelten für Flüchtlinge im Studium grundsätzlich dieselben Regelungen wie für ausländische Studienbewerber/innen und Studierende. Als relevant können sich allerdings etwaige mit dem jeweiligen Aufenthaltsstatus verbundene aufenthaltsrechtliche Nebenbestimmungen erweisen. Diese resultieren zum einen aus Beschränkungen der Freizügigkeit, was vor allem Asylsuchende und -bewerber/innen sowie Personen mit Duldung betrifft. Diese wirken sich dann nicht nur einschränkend auf studienvorbereitende Maßnahmen und ein Studium aus, sondern auch auf Vor- oder studienbegleitende Praktika. Zum anderen können sich aus dem Aufenthaltsstatus Finanzierungsprobleme ergeben. Anerkannte Flüchtlinge sind nach dem Bundesausbildungsförderungsgesetz (BAföG) förderberichtigt. Während Flüchtlinge mit nationalem Abschiebungsschutz oder mit einer Duldung nach 15-monatiger Wartezeit ab Asylantrag anspruchsberechtigt sind, haben Asylsuchende und -bewerber/innen grundsätzlich keinen Anspruch.

Des Weiteren können mit Blick auf studentische Nebenjobs zur Finanzierung des Studiums die Regelungen zum Arbeitsmarktzugang entgegenstehen. Für Asylsuchende und -bewerber/innen sowie für Personen mit Duldung ist dieser nach einer dreimonatigen Wartezeit für die dann folgenden 15 Monate als nachrangiger Arbeitsmarktzugang möglich, was jedoch nicht für Asylbewerber/innen aus sicheren Herkunftsstaaten mit Asylantragstellung nach dem 31.08.2015 gilt. Zudem können die Regelungen zum Arbeitsmarktzugang in den genannten Fällen auch schwierig bzgl. der Aufnahme eines dualen Studiums sein, da hier bei Zulassung zumeist eine gültige Arbeitserlaubnis vorliegen muss (vgl. BAMF 2016a).

Voraussetzungen für den Hochschulzugang

Beim Hochschulzugang müssen Flüchtlinge wie andere internationale Studierende über die formalen Voraussetzungen für den Zugang zu einem Studium an einer deutschen Hochschule verfügen. Diese sind die für den Studiengang erforderlichen in der Regel deutschen Sprachkenntnisse und eine Hochschulzugangsberechtigung (HZB), womit ein Schulabschluss gemeint ist, der für ein Studium qualifiziert.

Sprachkenntnisse, die in Integrationskursen des BAMF erworben werden, enden auf dem Niveau B1 GER (Gemeinsamer Europäischer Referenzrahmen). Für die Zulassung zu einem Hochschulstudium müssen in der Regel Deutschkenntnisse auf dem Niveau C1 GER durch die erfolgreiche Teilnahme an einer DSH (Deutsche Sprachprüfung für den Hochschulzugang ausländischer Studienbewerber) oder einem TestDaF (Test Deutsch als Fremdsprache) nachgewiesen werden. Kenntnisse auf dem Niveau C1 sind auch für eine Zulassung zum Studienkolleg notwendig (s. u.). Entsprechende Sprachprüfungen werden von Hochschulen, Volkshochschulen, dem Goetheinstitut und privaten Trägern angeboten. Unter anderem für Geflüchtete werden solche Sprachkurse von der Bildungsberatung Garantiefond Hochschule gefördert. Über das zunächst von 2016 bis 2019 ins Leben gerufene DAAD-Programm „Integra" bieten Hochschulen kostenlose studienvorbereitende Deutschkurse für Flüchtlinge an. Seit Sommer 2016 können die Jobcenter berufsbezogene Deutschsprachkurse bis zu den Niveaus B2, C1 und C2 fördern.

Liegt eine ausländische HZB vor, gilt es zu prüfen, ob diese in Deutschland anerkannt ist. Die letztendliche Entscheidung über die Anerkennung einer ausländischen Hochschul-Zugangsqualifikationen treffen die Hochschulen, daher ist Studieninteressent/innen anzuraten, sich beim akademischen Auslandsamt (International Office) der Wunschhochschule zu erkundigen. In der Regel orientieren sich die Hochschulen an den Empfehlungen der Zentralstelle für ausländisches Bildungswesen (ZaB), einer Einrichtung der Kultusministerien der Bundesländer. Diese hat in ihrer Datenbank *www.anabin.de* Bewertungsvorschläge von Bildungsnachweisen aus mehr als 180 Ländern veröffentlicht (BAMF 2016). Ein Teil der Hochschulen nimmt bei der Zulassung zum regulären Fachstudium abweichende Regelungen im Vergleich zu Studieninteressent/innen aus Nicht-EU-Ländern vor. Insgesamt lassen sich bei der Prüfung von Hochschulzugangsqualifikationen und -bewerbungen Geflüchteter keine eindeutigen Muster seitens der Hochschulen erkennen, wie z. B. bzgl. eines Trends, internationale Studienbewerbungen von uni.assist, einer Arbeits- und Servicestelle für Internationale Studienbewerbungen, prüfen zu lassen (vgl. Blumenthal u. a. 2017, S. 7). So lassen einige Hochschulen mehr Bewerbungen von Flüchtlingen von uni-assist e.V. prüfen als von anderen ausländischen Bewerber/inne/n, andere hingegen prüfen mehr Bewerbungen von Flüchtlingen selbst.

Berechtigt ein ausländischer Bildungsabschluss nicht zum direkten Hochschulzugang, können Zuwanderinnen/Zuwanderer in der Regel über den Besuch eines einjährigen Studienkollegs mit anschließender Feststellungsprüfung eine fachgebundene Hochschulreife erwerben. Mit der Feststellungsprüfung sollen die Studienbewerber/innen nachweisen, dass sie die sprachlichen, fachlichen und methodischen Voraussetzungen für ein Studium an einer deutschen Hochschule in den jeweiligen Studienrichtungen erfüllen. Sie wird an einem staatlichen Studienkolleg oder als Externen-Prüfung an einer Hochschule abgelegt. Einige Hochschulen erkennen alternativ zum Studienkolleg und der Feststellungsprüfung den Test für ausländische Studierende (TestAS), ein standardisierter, fächergruppenorientierter Studierfähigkeitstest, als Zugangsprüfung an.

Der Zugang zu Studienkollegs ist in den vergangenen Jahren ob der gestiegenen Nachfrage bei weitgehend gleichbleibenden Kapazitäten deutlich schwieriger geworden. Da zudem ein flächendeckendes Angebot an Studienkollegs nicht gegeben ist, können sie deshalb häufig nicht vom bisherigen Wohnort aus besucht werden. Wenn auch der Besuch der staatlichen Kollegs in der Regel kostenfrei ist, fallen ggf. zusätzliche Kosten für Lebensunterhalt und Miete an. Für den Besuch eines Studienkollegs können Schüler-BAföG, Mittel des Garantiefonds Hochschule oder andere Förderungen durch Länder oder gemeinnützige Stiftungen beantragt werden (vgl. Terborg 2016).

Für den Fall, dass ein Flüchtling über eine HZB seines Heimatlandes verfügt, diese aber fluchtbedingt nicht durch Originalzeugnisse oder beglaubigte Kopien nachweisen kann, empfiehlt die KMK (2015) ein dreistufiges Nachweisverfahren, in dem auf die Feststellung der persönlichen, aufenthaltsrechtlichen Voraussetzungen die Plausibilisierung der Bildungsbiografie und schließlich der Nachweis der behaupteten Hochschulzugangsberechtigung durch ein qualitätsgeleitetes Prüfungs- bzw. Feststellungsverfahren gemacht wird. Der KMK-Beschluss hat zwar die Bereitschaft der Hochschulen für Zulassungsverfahren bei fluchtbedingt fehlenden Unterlagen deutlich gesteigert, welche konkreten Nachweise aber die Hochschulen akzeptieren, unterscheidet sich zwischen den Hochschulen. Besonders häufig anerkennen Hochschulen Feststellungsprüfungen am Studienkolleg (ca. 45 Prozent), gefolgt von indirekten Nachweisen (ca. 30 Prozent), allgemeinen Studierfähigkeitstests wie z. B. TestAS (ca. 25 Prozent) oder hochschuleigene fachspezifische Zugangs-/Feststellungsprüfungen (ca. 16 Prozent). Vielfach finden hochschulinterne Einzelfallprüfungen statt (ca. 35 Prozent) (vgl. Blumenthal u. a. 2017, S. 8).

Dem Thema der fluchtbedingt fehlenden Unterlagen wurde und wird besondere politische und mediale Aufmerksamkeit gewidmet. Demgegenüber belegen Blumenthal u. a. (2017, S. 9 f.), dass zum WS 2016/17 bei 80 Prozent der Hochschulen eine Zulassung bei fluchtbedingt fehlenden Unterlagen möglich war, doch davon nur knapp 30 Prozent entsprechende Anträge erhalten haben, davon der größte Teil in einer sehr überschaubaren Zahl. Dass das Thema der fehlenden Unterlagen noch kaum in den Hochschulen angekommen ist, kann daran liegen, dass Flüchtlinge Unterlagen mitbringen bzw. organisieren oder als nicht beglaubigte bzw. digitalisierte

Kopien beibringen konnten. Dies könnte sich allerdings angesichts andauernder kriegerischer Auseinandersetzungen bei später ankommenden Kohorten ändern (vgl. ebd.).

Beratung und Information zum Studienzugang

Die Hochschulen bieten viele Möglichkeiten für Beratung an. Die Schwerpunkte liegen unter anderem auf Studienberatung, Rechtsberatung, Hilfe bei der Suche nach einer Wohnung, psychologische Hilfe für traumatisierte Flüchtlinge und Unterstützung im Alltag. Viele Hochschulen kooperieren dazu auch mit kommunalen und privaten Initiativen. Die Beratungs- und Unterstützungsangebote beziehen sich sowohl auf den Studienzugang als auch auf die Studienvorbereitung und -begleitung. Ob der Vielfalt und Unterschiedlichkeit der Angebote müssen die konkret vorhandenen an der angestrebten Hochschule erfragt werden. Folgend werden einige zentrale und bundesweit vertretene Beratungsangebote im Fokus Studienzugang aufgeführt (Studienvorbereitung und -begleitung s. u.).

Die International Offices der Hochschulen sind die zentralen Anlauf- und Beratungsstellen bzgl. Studienzugang und -bewerbung, Informationen zur Studiengangswahl, Zeugnisbewertung, Sprachkursen sowie Förder- und anderen Unterstützungsangeboten. Sehr häufig sind die International Offices auch mit der Koordinierung der Aktivitäten der Hochschule für Geflüchtete befasst und haben so nicht nur einen guten Überblick, sondern können auch weitervermitteln (vgl. Blumenthal u. a. 2017, S. 22).

Die Beratungsstellen der Bildungsberatung Garantiefond Hochschule, einem Bundesprogramm des BMFSFJ, unterstützen ebenfalls Zugewanderte in allen Fragen rund um Aufnahme oder Fortsetzung ihres Studiums. Mit Flüchtlingen, deren HZB nicht direkt anerkannt wurde, erstellen sie einen Bildungsplan mit konkreten notwendigen Schritten und entsprechenden Fördermöglichkeiten. Sie sind bundesweit an 20 Standorten fest und zusammen mit mobilen Angeboten an über 100 Orten erreichbar (*www.bildungsberatung-gfh.de*).

Ebenfalls stehen zahlreiche Online-Informationsangebote zur Verfügung. So richtet sich z. B. die Website „Informationen für Flüchtlinge – Studieren und Leben in Deutschland" des Bundesministeriums für Bildung und Forschung (BMBF) und des Deutschen Akademischen Austauschdienstes (DAAD) an Flüchtlinge, die ein Studium beginnen oder fortsetzen möchten. FAQs stehen auf Arabisch, Dari, Paschtu und Urdu sowie Deutsch und Englisch zur Verfügung: *www.study-in.de/information-for-refugees*.

Die bundesweit derzeit 30 Refugee Law Clinics sind eine Initiative von Jura-Studierenden. Sie bieten kostenlose Rechtsberatung für Geflüchtete an und unterstützen Flüchtlinge auch durch Begleitungen zu Behörden, nehmen die Fluchtgeschichte auf, stellen Länderrecherchen an oder vermitteln zu einer passenden professionellen Beratung: *http://rlc-deutschland.de*.

Studienvorbereitende und -begleitende Unterstützungsangebote

Die Hochschulen bieten viele Möglichkeiten für Flüchtlinge, sich auf ein Studium vorzubereiten, und sie beim Studieneinstieg zu unterstützen. Zur Studienvorbereitung unterscheiden Blumenthal u. a. (2017, S. 11 f.) neben Deutschkursen zwei Programmformen, die Hochschulen für Geflüchtete anbieten.

1. „Fachspezifische Studienvorbereitungsprogramme dienen vorrangig der Vorbereitung auf ein konkretes Studienfach, also der Unterstützung bei der Aufnahme eines Fachstudiums sowie einem erleichterten späteren Studieneingang. Sowohl Studienanfänger/innen als auch Geflüchtete mit Studienerfahrung können Zielgruppe solcher fachvorbereitenden Studienvorbereitungsprogramme sein. Beispiele sind: ein Propädeutikum, Vor-, Einführungs- und Vorbereitungskurse, ein Brückenkurs und Brückenstudium etc."
2. „Fachübergreifende Studienvorbereitungsprogramme dienen vorrangig der ersten Orientierung im deutschen Hochschulsystem, der Studien- und Studienfachorientierung sowie einer allgemeinen Studienvorbereitung zur Verbesserung der Studierfähigkeit. Studienanfänger/innen sind primäre Zielgruppe fachübergreifender Studienvorbereitungsprogramme für Geflüchtete. Beispiele sind: spezielle Gasthörendenprogramme, ein Probe-, Schnupper- und Frühstudium, ein Orientierungsjahr und Orientierungsstudium."

Ein Großteil der Hochschulen bietet mindestens ein Studienvorbereitungsprogramm an, wobei das fachübergreifende Programm am weitesten verbreitet ist. Zumeist sind die Programme für die Teilnehmer/innen kostenlos. In knapp 60 Prozent der Studienvorbereitungsprogramme werden Sprachkenntnisse auf dem B1-Niveau erwartet, wodurch sie erst nach dem Besuch eines Integrationskurses ansetzen. Zudem wird für die Teilnahme in den meisten Fällen bereits eines HZB erwartet, wodurch die Programme nicht mehr zwischen Überbrückung der Beschaffung der HZB und dem Beginn des Studiums dienen können (etwa bei Beschaffung fehlender Unterlagen, während des Anerkennungsverfahrens oder dem Erwerb fachgebundenen HZB bei Nichtanerkennung einer ausländischen HZB) (vgl. ebd. S. 13 f.).

Um Flüchtlinge beim Studieneinstieg und der Orientierung in einer neuen Umgebung zu unterstützen greifen zahlreiche Hochschulen auf das erprobte Instrument der sogenannten Buddy- oder Tandem-Programme zurück. Hierbei werden Partnerschaften zwischen bereits Studierenden und Flüchtlingen vermittelt, die neben studienrelevanten Themen auch Freizeitaktivitäten und Orientierung am Studienort umfassen. Über die Hälfte der Hochschulen (Unis/FHs) bieten solche Programme für Ausländer/innen an. Zudem halten noch über ein Drittel diese Programme speziell für Geflüchtete vor (ebd. S. 19). Als auffallend beschreiben Blumenthal u. a. (ebd. S. 20) hier die Geschlechterverteilung. Liegt der Frauenanteil bei den Geflüchteten bei 21 Prozent, beträgt dieser bei den Tandempartner/inne/n 73 Prozent, was das bislang noch überproportionale ehrenamtliche Engagement von Frauen in der Flüchtlingshilfe bestätigt.

Die schon in Aufnahme- und Übergangseinrichtungen deutliche gewordene notwendige Traumasensibilität unterstützt die internationale DAAD-Akademie (iDA) mit einer Handreichung „Trauma-Awareness und Psychoedukation" (iDA 2016) und entsprechenden Weiterbildungskursen für Beraterinnen und Berater der Hochschulen und Studentenwerke. Diese sollen dann bei Bedarf Geflüchtete bei der Inanspruchnahme ärztlicher bzw. therapeutische Hilfe unterstützen (vgl. BAMF 2016, S. 33).

Finanzielle Fördermöglichkeiten für ein Studium

Die Finanzierung eines Studiums stellt für Geflüchtete eine große Herausforderung dar. Für Flüchtlinge, die sich dauerhaft in Deutschland aufhalten, ist die Förderung nach dem BAföG von herausragender Bedeutung. Allerdings können neben dem Aufenthaltsstatus (s. o.) auch Alter und Vorbildung zum Ausschluss führen. Wer bei Beginn des Studiums das 30. Lebensjahr, bei Masterstudiengängen das 35. Lebensjahr vollendet hat, kann nur noch in bestimmten Einzelfällen gefördert werden. Da das BAföG im Grundsatz nur eine einzelne und nicht mehrere Ausbildungen fördert, können nach einem Fachrichtungswechsel oder einem Ausbildungsabbruch erhebliche Einschränkungen bestehen. Da Migrant/inn/en bedingt durch Ausreise und Flucht oft keine gradlinige (Bildungs-)Biografie haben, muss geprüft werden, ob die vorliegenden Lebensläufe eine Förderung erlauben (vgl. Schwarzbach 2016).

Eine weitere Förderquelle stellen Stipendien dar, die ergänzend oder ersatzweise zum BAföG beantragt werden können. Anders als beim BAföG besteht bei Stipendien kein Rechtsanspruch. Je nach Programm setzen die Vergabekriterien sehr gute Leistungen oder gesellschaftliches bzw. soziales Engagement voraus. Selten ist über Stipendien die Finanzierung eines ganzen Studiums möglich. Ein prominentes Beispiel für ergänzende Stipendien ist das Deutschlandstipendium, das als leistungsabhängiges Stipendium eine finanzielle Förderung von 300 Euro monatlich umfasst und an vielen

Hochschulen für zwei Semester beantragt werden kann. Daneben gibt es auch regionale Programme, wie z. B. das NRW-Stipendienprogramm oder das Niedersachsenstipendium.

Ersatzweise können z. B. die Begabtenförderwerke infrage kommen (vgl. Koordinierungsstelle Bildungsberatung Garantiefonds Hochschule 2016, S. 15). Das Bundesministerium für Bildung und Forschung (BMBF) unterstützt dreizehn Begabtenförderwerke, die als parteinahe Stiftungen, konfessionelle Einrichtungen oder wirtschaftsnahe Organisationen im Hochschulbereich Stipendien vergeben. Sie haben sich zur Arbeitsgemeinschaft der Begabtenförderungswerke der Bundesrepublik Deutschland zusammengeschlossen und bieten unter *www.stipendiumplus.de* ausführliche Informationen an. Der Deutsche Akademische Austauschdienst (DAAD) als bekannter Anbieter von Stipendien für deutsche und ausländische Studierende konzentriert seine Programme auf die Förderung von Graduierten; die meisten ausländischen DAAD-Stipendiaten sind daher Master-Studenten und Doktoranden (vgl. ebd.). Im Einzelfall kann ein Bildungskredit eine Finanzierungsmöglichkeit bieten, den die Bundesregierung aus dem Bildungskreditprogramm in fortgeschrittenen Ausbildungsphasen gewährt.

Neben den genannten Förderangeboten gibt es immer wieder auch befristete Programme sowie zahlreiche private Stiftungen oder kleinere, regional begrenzt wirkende Stiftungen, z. B. Förderwerke, die direkt an eine Hochschule gebunden sind. Hilfreich können hier Online-Suchhilfen wie *www.studienlotse.de* des Bundesministeriums für Bildung und Forschung sowie *www.mystipendium.de*, ein mehrfach ausgezeichnetes Social Start Up, sein. Bei dem insgesamt zum Teil schwer durchschaubaren Angebot kann eine Beratung (s. o.) Wege aufzeigen und ggf. passende Institutionen benennen, bei denen eine Bewerbung aussichtsreich scheint.

Anerkennung von im Ausland erworbenen Studienleistungen und Studienabschlüssen

Für die Anerkennung von Studien- und Prüfungsleistungen ist in der Regel die jeweilige Hochschule zuständig. Bei Studiengängen, die mit Staatsexamen abgeschlossen werden, sind die jeweiligen Landesprüfungsämter zuständig und bewerten die Vorbildung der Bewerber im Hinblick auf die Einstufung in einen hiesigen Studiengang. Für Auskünfte sind das Akademische Auslandsamt bzw. International Office oder das sogenannte Studierendensekretariat der jeweiligen Hochschule zuständig. Für die Zulassung zu Master- und Promotionsstudiengängen ist ebenfalls das Akademische Auslandsamt zuständig.

Zum Schluss

„Studium für Geflüchtete" ist ein komplexer Sachverhalt, der vielen hochschul- und bundesländerspezifischen Besonderheiten unterliegt. Es gibt vielfältige Beratungs- und Fördermöglichkeiten, um den Zugang und die Fortsetzung eines Studiums zu erleichtern. Zukünftig sind aufseiten der Hochschulen hierzu vor allem Angebote fachübergreifender und fachspezifischer Studienvorbereitungsprogramme für Geflüchtete, die noch nicht direkt in ein Fachstudium einsteigen können, wichtig. Mit einer solchen Vorbereitung auf das spätere Fachstudium kann nicht nur eine Wartezeit sinnvoll überbrückt werden, sondern es erhöht sich zugleich die Chance auf einen Studienerfolg. Zudem sollten Informationen zum Thema Studium bereits dort verbreitet werden, wo die Geflüchteten tatsächlich anzutreffen sind, etwa in Integrationskursen oder den Unterkünften. Darüber hinaus ist es sinnvoll, mit Geflüchteten(hilfs)netzwerken zu kooperieren. Der Aufwand lohnt sich, denn geflüchtete Menschen können mit einem Studium Bildung, Integration und die Voraussetzung für ein attraktives Erwerbsleben erlangen. Für soziale Fachkräfte gilt es, sich neben der Beratung und Begleitung von geflohenen Menschen auch sozial- und bildungspolitisch für eine Erleichterung des Zugangs zum Studium einzusetzen.

Literatur

Blumenthal von, Julia/Beigang, Steffen/Wegmann, Katja/Feneberg, Valentin/Berliner Institut für empirische Integrations- und Migrationsforschung (BIM) (2017): Institutionelle Anpassungsfähigkeit von Hochschulen. Berlin.
Bundesamt für Migration und Flüchtlinge (BAMF) (2017): Bericht zur Integrationskursgeschäftsstatistik für das Jahr 2016. http://www.bamf.de/SharedDocs/Anlagen/DE/Downloads/Infothek/Statistik/Integration/2016/2016-integrationskursgeschaeftsstatistik-gesamt_bund.pdf?__blob=publicationFile. (Abfrage: 15.04.2017).
Bundesamt für Migration und Flüchtlinge (BAMF) (2016): Hochschulzugang und Studium von Flüchtlingen. http://www.bamf.de/SharedDocs/Anlagen/DE/Publikationen/ Broschueren/handreichung-hochschulzugang-gefluechtete-einleger.html?nn=1366068. (Abfrage: 05.04.2017).
Bundesamt für Migration und Flüchtlinge (BAMF) (2016a): Hochschulzugang und Studium von Flüchtlingen – Einleger: Tabellarische Übersicht: Aufenthaltsstatus und Rechtsfolgen. http://www.bamf.de/SharedDocs/Anlagen/DE/Publikationen/Broschueren/ handreichung-hochschulzugang-gefluechtete-einleger.pdf?__blob=publicationFile.
GfH-Koordinierungsstelle Bildungsberatung Garantiefonds Hochschule bei der Bundesarbeitsgemeinschaft Katholische Jugendsozialarbeit e.V. (BAG KJS) (2016): Förderung und Beratung für Zugewanderte in Studium, Abitur und Spracherwerb. Düsseldorf. http://www.bildungsberatung-gfh.de/images/publikationen/broschuere_foerderung_2016.pdf.
Gostomski, Christian u. a. (2016): IAB-BAMF-SOEP-Befragung von Geflüchteten. Überblick und erste Ergebnisse. IAB Forschungsbericht Nr. 14. Institut für Arbeits- und Be-

rufsforschung. Nürnberg. http://doku.iab.de/forschungsbericht/2016/fb1416.pdf. (Abfrage: 15.04.2017).

iDA-internationale DAAD-Akademie (Hrsg.) (2016): Trauma-Awareness und Psychoedukation. Erstellt von Dr. Marion Koll-Krüsmann.
www.daad-akademie.de/medien/ida/traumalast.pdf

Kultusministerkonferenz (KMK) (2015): Hochschulzugang und Hochschulzulassung für Studienbewerberinnen bzw. Studienbewerber, die fluchtbedingt den Nachweis der im Heimatland erworbenen Hochschulzugangsberechtigung nicht erbringen können.
http://www.kmk.org/fileadmin/Dateien/veroeffentlichungen_beschluesse/2015/2015_12_03-Hochschulzugang-ohne-Nachweis-der-Hochschulzugangsberechtigung.pdf (Abfrage: 15.04.2017).

Schwarzbach, Andrea (2016): Bildungsberatung Hochschule und die Förderung von Studierenden. In: GfH, S. 27–34.

Terborg, Heiner (2016): Die Förderung junger Zugewanderter und Flüchtlinge beim Erwerb der Hochschulreife. In: GfH, S. 61–63.

Markus Reissen

Interkulturelles Wissen und interkulturelle Sensibilität im Umgang mit geflüchteten Kindern und Jugendlichen und mit deren Familien

Ein stärkeres Bewusstsein für interkulturelles Wissen und interkulturelle Sensibilität ist in letzter Zeit hierzulande zunehmend spürbar. Gerade im Umgang mit Konflikten kann sowohl Aufmerksamkeit und Sensibilität als auch interkulturelles Know-how hilfreich sein. Meist handelt es sich um einen Mix aus interkulturellen, sozialen und individuellen Problemen, die die Beteiligten in Wallung versetzen. Alle Beteiligten, Professionelle in der Pädagogik, Ehrenamtliche sowie Migrantinnen und Migranten sind gleichermaßen gefordert, Grundlagen für interkulturelle Missverständnisse und Konflikte zu kennen, ihre aktuelle Spielart zu erkennen und kultursensibel damit umzugehen.

Woran erkenne ich interkulturelle Konflikte?

Interkulturelle Konflikte erkenne ich an der Betonung der anderen Herkunft, Hautfarbe, Sprache oder ethnospezifischen Prägung des Gegenübers. Es wird ein Gegensatz des Wir und Ihr kreiert und dadurch der Eindruck geweckt, eine Kultur sei der anderen überlegen.

Typische Beispiele dafür sind Aussagen wie: „Ihr Türken seid doch alle Machos und unterdrückt eure Frauen!" oder „Ihr Russen seid alle knallhart!".

Während es hier um die Klärung und Aufarbeitung wechselseitiger Vorurteile geht, erfordern Konflikte, die sich aus der Unkenntnis oder dem Missverständnis kulturbedingter verbaler und nonverbaler Signale ergeben, diese Signale zu verstehen und in der interkulturellen Kommunikationsgestaltung zu berücksichtigen. So ist es beispielsweise in den orientalischen Ländern ein Tabu, zur Begrüßung die linke Hand zu geben, denn die linke gilt als die unreine Hand. In islamisch geprägten Familien kann zu den Tabus gehören, dass ein Mann einer Frau die Hand gibt. Wird also im Gespräch zwischen einem Mann und einer muslimischen Frau eine Begrüßung mit Handschlag verweigert, so ist dies nicht unbedingt Ausdruck von Unhöflichkeit, sondern entspricht aus ihrer Sicht der Achtung religiöser Verpflichtungen. Die aus unserer Sicht unangemessenen Reaktionen von Schülern aus arabischen Ländern auf eine Beleidigung wie „Hurensohn" werden verständlich, wenn klar ist, dass mit einer solchen Bezeichnung weniger der Betroffene selbst, sondern die Ehre seiner Mutter und damit die Familienehre infrage gestellt werden.

Während diese Tabus relativ bekannt sind, gibt es andere, die nur wenige Menschen hierzulande kennen. Zum Beispiel gehört es sich in Ägypten und in der gesamten arabischen Welt nicht, anderen Leuten die Schuhsohle entgegenzuhalten, was ja beim entspannten Sitzen relativ schnell passieren kann. Die Ägypter entschlüsseln es als Botschaft: „Du bist für mich der letzte Dreck!"

Für den Umgang mit muslimischen Familien ist die Kenntnis der innerfamiliären Rollenverteilung wichtig: Während die Frau als „Innenministerin" innerhalb der Familie den Ton angibt, führt der Mann als „Außenminister" die Gespräche in der Öffentlichkeit, also auch mit Beratungsstellen, Sozialarbeiterinnen und -arbeitern oder Lehrkräften in der Schule.

Jede Kultur hat ihre eigenen nonverbalen und verbalen Signale, die positiv oder negativ entschlüsselt werden. Da es unmöglich ist, alle Signale zu kennen und fortwährend zu beachten, gilt es, die Wahrnehmung für Blockadereaktionen zu trainieren und ein Grundverständnis für Kulturen zu schulen, die indirekt kommunizieren und viele verschlüsselte Botschaften haben, weil sie z. B. persönliche Kritik für extrem unhöflich halten und das „Nein"-Sagen tabuisieren.

Welche Strategien können helfen, interkulturelle Konflikte zu vermeiden?

Die beste Methode, interkulturelle Konflikte zu vermeiden, ist das systematische Trainieren von aktivem Zuhören und Perspektivwechsel. Eine unabdingbare Grundlage hierfür ist ein Minimum an gegenseitigem Respekt und Interesse füreinander. Diese können durch Ängste und vorhergehende Verletzungen überdeckt sein.

Um einen solchen interkulturellen Austausch und den Umgang mit kulturbedingten Konflikten zu fördern, sind Trainings in „Interkulturellem Konfliktmanagement" hilfreich. Das Ziel ist, die Jugendlichen für interkulturelle Konfliktsituationen zu sensibilisieren und ihnen durch Perspektivwechsel Einblicke in die Werte, Gefühle, Wünsche und Bedürfnisse von Menschen anderer kultureller Prägungen zu ermöglichen. Ebenso sollen die Trainings den Jugendlichen Wege aufzeigen, wie sie sich gewaltfrei in interkulturellen Konfliktsituationen verhalten können. Im Fokus steht hierbei das Recht aller Beteiligten auf Respekt und Wertschätzung.

Interkulturelle Kompetenz bedeutet in diesem Zusammenhang nicht, alles rosa in rosa zu färben und Gegensätze schönzureden, sondern das Augenmerk auf das bereichernde Potenzial für alle Beteiligten zu legen, das sich aus dem Austausch zwischen verschiedenen Kulturen ergibt. Zu diesem Austausch gehört, dass die Einheimischen in dem Bewusstsein in die Kommunikation gehen, ebenso wie die Menschen mit anderer kultureller Herkunft ein Recht auf Respekt und Wertschätzung der eigenen Kultur und ihrer jeweiligen Persönlichkeit zu haben.

Aus der Sicht pädagogisch geschulter Begleiterinnen und Begleiter von Jugendlichen bieten die Trainings Raum, versteckte Reibungsflächen und vielfältige Potenziale sichtbar und bearbeitbar zu machen.

Interkulturelle Konflikte mithilfe des Deutungsmodells der Kulturzwiebel verstehen und lösen

Interkulturelle Konflikte als solche festzumachen ist nicht immer einfach und selten eindeutig. Mithilfe der Kulturzwiebel (Hofstede/Hofstede 2005, S. 11) oder anderer Modelle aus der Interkulturellen Pädagogik lassen sich jedoch die Wurzeln der Konflikte leichter ergründen und entsprechend bearbeiten.

Für das Verstehen und den Umgang mit kultureller Vielfalt ist das von mir vereinfachte Drei-Schalen-Modell der Kulturzwiebel (siehe untenstehende Grafik) nach meiner Erfahrung am besten geeignet. Die äußere Schale steht für die Erscheinung und damit für alles, was unmittelbar durch die fünf Sinne wahrnehmbar ist. Die mittlere Ebene beinhaltet alles, was erst durch Nachfragen deutlich wird, was die Motivation für bestimmte Handlungen ausmacht, was Haltungen zum Ausdruck bringt, die sich dann nach außen beispielsweise durch Kleidung, Mimik, Gestik usw. manifestieren. Die innerste Ebene, das heißt der Kern, ist die Ebene der Werte, die einen Menschen ausmachen und seine Einstellungen, sein Verhalten und sein Handeln im Innersten bestimmen.

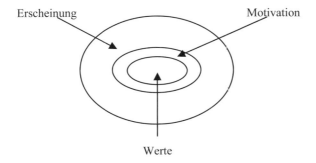

In der sozialen Gruppenarbeit oder in der Schulklasse ist dann der erste Schritt, die Lernenden ihre persönliche Kulturzwiebel füllen zu lassen, das heißt hineinschreiben zu lassen, was auf der Erscheinungsebene typisch für sie ist – die Frisur, die Mütze, die Schuhe, das Parfüm ..., was in ihre mittlere Ebene gehört – warum diese Kleidung, diese Musik, diese Freunde, diese Berufswünsche ... und was in ihrem Kern steht – welche Werte sie haben, die ihr Denken und Handeln im Tiefsten bestimmen. Den Kern zu füllen und dies der Gruppe mitzuteilen erfordert die Bereitschaft zur Selbstoffenbarung. Eine erfolgreiche interkulturelle Schulung kommt nicht ohne diese Offenheit aus. Deshalb ist es notwendig, ein entsprechendes Klima zu fördern, um miteinander die weiteren Schritte auf dem Weg zur interkulturellen Kompetenz gehen zu können.

Für die Klärung interkulturelle Konfliktsituationen ist ein Modell mit zwei Kulturzwiebeln sinnvoll. Die beiden Zwiebeln überschneiden sich, denn die Betroffenen stehen in Kontakt miteinander. Wie tief dieser Kontakt geht, ist von Fall zu Fall verschieden.

Bei der Bearbeitung von Konflikten mithilfe der beiden Zwiebeln ist es notwendig, jede Zwiebel mit dem Namen eines der beteiligten Streitenden zu versehen und so weit wie möglich alles in die entsprechende Zwiebel zu schreiben, was auf den verschiedenen Ebenen in Bezug auf den Konflikt und seine Hintergründe bekannt ist. Je mehr über die beiden tieferen Schichten herausgefunden werden kann, desto besser wird sich der zentrale Punkt der Auseinandersetzung benennen lassen. Wenn z. B. für den einen Stolz und Ehre (besonders in arabischen Kulturen ausgeprägt) und für den anderen Offenheit und Klarheit (häufig in faktenorientierten Gesellschaften wie Deutschland) besonders hohe Werte sind, kann Sachkritik sehr schnell persönlich genommen werden und zu starken Beziehungsstörungen führen. Dies zu erkennen und zu benennen ist zur Konfliktklärung oft wichtiger als sich mit dem oberflächlichen Erscheinungsbild des Konfliktes zu beschäftigen. Denn die oberflächliche Klärung hat häufig nur eine sehr begrenzte Tragfähigkeit für die künftige Beziehungsgestaltung zwischen den Beteiligten, während bei Erkennen tief begründeter unterschiedlicher Prägungen Vereinbarungen zur Vermeidung künftiger Grenzüberschreitungen getroffen werden können.

Dabei sollte die schlichtende Person unbedingt darauf achten, dass Vielfalt an sich nicht als Problem, sondern als selbstverständlich gesehen wird, solange die Beteiligten sich innerhalb der Regeln bewegen, die von den Beteiligten oder der jeweiligen Einrichtung gesetzt sind.

Mit den Wirkungen des Kulturschocks bei Flüchtlingen umgehen

Im Umgang mit minderjährigen Flüchtlingen ist den Einheimischen häufig nicht genügend klar, dass viele unter den Nachwirkungen eines erlittenen Kulturschocks leiden. Dieser Kulturschock kann bei Jugendlichen und deren Eltern nach der Migration in unterschiedlicher Stärke eintreten und unverarbeitet über Generationen den Betroffenen zu schaffen machen. Umso wichtiger ist, dass die Professionellen in der Arbeit mit Flüchtlingen dieses Phänomen und seine Auswirkungen kennen. Im ethnologischen Lexikon findet sich folgende Definition:

> „Kulturschock, häufig gebrauchte Bezeichnung für (…) individuelle psychische Reaktion auf engen Kontakt mit einer fremden Kultur. Die Situation des Nichtverstehens, des Nichtgeltens internalisierter Verhaltensmuster, der Desorientierung kann zu Verhaltensunsicherheit, Angst, schließlich Ablehnung und Aggressionen und eventuell Rückzug und Isolation führen" (Hirschberg 1987, S. 269).

Der Umgang mit dem Kulturschock durchläuft fünf Phasen (Zeuner 2005, Kap. 1.3):

1. Phase	Euphorie	Die eigene Kultur wird nicht infrage gestellt.
2. Phase	Entfremdung	Erste Kontaktschwierigkeiten; man gibt sich selbst die Schuld.
3. Phase	Eskalation	Schuldzuweisungen an die fremde Kultur und Verherrlichung der eigenen Kultur.
4. Phase	Missverständnisse	Konflikte werden als Missverständnisse, als Ergebnis der kulturellen Unterschiede wahrgenommen.
5. Phase	Verständigung	Die unterschiedlichen kulturellen Spielregeln werden verstanden, geduldet, erlernt und geschätzt.

Zur Erläuterung des Phasenmodells

Phase 1: Hochgefühl

Der Migrierende hat es zunächst einmal geschafft, am Ziel anzukommen. Das löst fast immer ein Hochgefühl aus. Ob unter Druck geflüchtet oder freiwillig gesteuert ausgereist, die Hürden des Verabschiedens, des Reisens und der Ankunft sind bewältigt. Nun gilt es, sich zu orientieren, die bürokratischen Aufgaben zu bewältigen, die Sprache zu lernen, geeigneten Wohnraum zu suchen, Menschen kennenzulernen. Meistens sind in dieser Phase genügend Glückshormone abrufbar, um erste Schritte zu wagen.

Phase 2: Entfremdung

Die Entfremdung – ein überraschender Begriff an dieser Stelle, denn die Person, von der wir sprechen, ist ja vor relativ kurzer Zeit erst eingereist. Besagen soll dies, dass viele langfristig Einreisende eigentlich gleich dazugehören möchten. Sie sind normalerweise auch prinzipiell bereit, sich an den Einheimischen zu orientieren, ihre Sitten und Gebräuche kennenzulernen und zumindest teilweise zu übernehmen.

Nun stellen sie allerdings plötzlich und für sie völlig unerwartet fest, dass die Einheimischen nicht so ticken, wie sie vor ihrer Einreise angenommen hatten. Die Auslöser für dieses Erleben können sehr unterschiedlich sein: Im Rahmen der Schule kann es zum Beispiel die Umkleide zum Sportunterricht, das Schweinefleisch auf dem Menüplan der Mensa oder schlicht das unerwartet direkte Kritisieren eines Mitschülers sein, was beim Betroffenen Gefühle von Hilflosigkeit und Überforderung auslöst. Typisch in dieser Situation ist es, sich zunächst selbst die Verantwortung für die enttäuschte Erwartung zuzuschreiben und sich zu sagen: „Ich hätte es eigentlich besser wissen müssen. Meine eigene Schuld, dass ich da unvorbereitet hineingeraten bin. Beim nächsten Mal muss ich mir vorher überlegen, was ich tue bzw. wie ich reagiere."

Phase 3: Eskalation

Die Eskalation, die sehr oft in der Folge des ersten Kulturschocks auftritt, kann sehr heftig ausfallen. Der Betroffene schafft es nicht, aus dem Erleben des Entfremdens heraus gleich wieder auf die eigenen Füße zu kommen und sich beim nächsten Mal erfolgreicher in kritischen Situationen zu verhalten, sondern er fühlt sich komplett ausgegrenzt. Die Landung in der neuen Heimat scheint zu einer kompletten Bruchlandung zu mutieren und die Verantwortung dafür liegt in der Selbstwahrnehmung nicht mehr beim Zugewanderten, sondern in den merkwürdigen Sitten, Gebräuchen und Eigenheiten der Einheimischen. Besonders heftig kann es werden, wenn andere Zugewanderte im Umfeld des Betroffenen in dieser dritten Phase stecken geblieben sind und dadurch die Negativsicht auf die Einheimischen noch verstärken. Sätze wie „Ja, die Deutschen sind einfach kalt und abweisend, haben keine Ahnung von Gastgeberkultur und sehen nur sich und ihre eigenen Interessen!" können dazu verleiten, in Phase 3 steckenzubleiben.

Der Kulturschock ist ein Phänomen, das im Hintergrund wirkt und die Betroffenen sehr belastet. Grund hierfür ist letztendlich die Überforderung und das Sich-alleingelassen-Fühlen mit dem Fremdheitsempfinden. „Ich gehöre hier nicht hin!" ist ein typisches Fazit des Erlebten. Die eigenen Erwartungen wurden nicht erfüllt. Die Einheimischen in der Ziellandkultur ticken anders als vorher angenommen. Der Zugereiste hat das zunehmende Empfinden, nicht willkommen zu sein und sich abgestoßen zu fühlen. Das kann dazu führen, dass er nur noch weg möchte, wenn möglich am liebsten zurück ins Herkunftsland.

Von den meisten Menschen wird das Phänomen des Kulturschocks unterschätzt. Wenn in der Umgebung niemand hilft, den Zugang zu den Einheimischen zu finden, verfestigt sich innerhalb einiger Wochen der Eindruck, nicht dazuzugehören, unerwünscht zu sein, kritisch beäugt zu werden, es überall schwerer zu haben, ein Mensch zweiter oder dritter Klasse zu sein. Das kann pathologisch werden, zu schweren Ängsten, Aggressionen und Depressionen führen, die in späteren Zeiten ohne Psychotherapie kaum mehr zu überwinden sind.

Noch ein Faktor kommt bei manchen hinzu: Im Kreise anderer Migrantinnen und Migranten mit unbewältigten Kulturschocks wächst unter Umständen das heran, was gemeinhin als Parallelgesellschaft beschrieben wird. Die Betroffenen kreieren sich ihren eigenen geschützten Raum, in dem sie sich bewegen, Heimat und Nähe schenken. Je nachdem sprechen sie miteinander die Muttersprache des Herkunftslandes, pflegen möglichst viele Traditionen von dort. Wer einmal in solch einer Parallelwelt zu Hause ist, wird von dieser häufig nur unter Schmerzen entlassen. Das Springen in die Welt der Einheimischen benötigt deshalb viel Mut. Es droht die totale Isolation. Wer springt, verliert zumindest teilweise den Schutzraum der Parallelwelt, die den Versuch des Ausstiegs oftmals klar durch Ausschluss aus der Gemeinschaft bzw. der Enklave sanktioniert. Wenn die Einheimischen den Springenden nicht mit offenen Armen aufnehmen, ist das Risiko groß, den Mut zu verlieren und in Depressionen zu verfallen oder den Weg zurück in die Parallelwelt zu suchen und langfristig dort zu verharren. Deshalb ist das Patensystem für die Betreuung von Flüchtlingen, das es seit einiger Zeit an vielen Orten gibt, so wichtig, damit einzelne Einheimische gezielt für neu Zugewanderte da sind und sie darin unterstützen, sich zu orientieren, die Sprache zu erlernen und Befremdliches, Angsteinflößendes zu verstehen und zu bewältigen.

Phase 4: Relativierung des Erlebten

Gelingt es, Phase 3 zu verarbeiten und nicht alles Einheimische dauerhaft als kalt und abweisend zu kategorisieren, öffnet sich die Tür, das Erlebte zu relativieren. Der Zugewanderte nimmt die Unterschiede, das Fremde noch wahr, empfindet manches als schmerzhaft und verletzend, anderes jedoch auch als interessant und vielleicht sogar als bereichernd. Nicht mehr alles erscheint grau und schwer, sondern die Farben beginnen ins Leben zurückzukehren. Offene Fragen brechen sich Bahn. Auf manche Fragen finden sie überraschende Antworten. Das lässt bei den Migrierten die Erkenntnis reifen, dass sie vielleicht manches zunächst anders wahrgenommen hatten als es gemeint war, dass sie auch Menschen mit Vorurteilen gegenüber den

Einheimischen sind, die diesen nicht immer gerecht werden. Wenn sie so weit gekommen sind, ist die Bahn frei für Phase 5.

Phase 5: Verständigung und Integration

Die Phase der Verständigung, von manchen Wissenschaftlern auch als Phase der Integration bezeichnet, bildet den Abschluss eines erfolgreich durchlebten Kulturschocks, der – einmal überwunden – in dieser Härte auch fast nie ein zweites Mal vorkommt. In dieser Phase integrieren die Menschen einige der Kulturspezifika der neuen Heimat in ihr eigenes Lebens- und Handlungskonzept, andere lehnen sie eventuell auch dauerhaft ab, lassen sich dadurch aber nicht mehr aus dem Gleichgewicht bringen. Einige Facetten eigener kultureller Mitbringsel, wie z. B. der marokkanische Tee mit Pfefferminze oder die indische Art, sich zu begrüßen, behalten diese Immigranten unter Umständen zeitlebens bei, weil sie für sie besonders wichtig sind, ein Ausdruck ihrer Lebenseinstellung oder ein Bestandteil ihrer Familientradition. Das hindert sie aber nicht mehr, trotzdem im Strom ihres Umfelds mitzuschwimmen, sich zugehörig zu fühlen und – wo es ihnen sinnvoll oder wünschenswert erscheint – eigene Impulse zu setzen.

Interkulturelle Kommunikation – Elterngespräche führen

Eine wichtige Voraussetzung für die Integration ist das Gelingen der interkulturellen Kommunikation. Besondere Bedeutung hat dabei die Begrüßung und Gesprächseröffnung. Soziologische Untersuchungen haben gezeigt, dass 80 Prozent der Gespräche, bei denen die Begrüßung missglückt, insgesamt negativ verlaufen. Über 75 Prozent der Herkunftskulturen von Migrantinnen und Migranten in Deutschland gelten als beziehungsorientiert. Angehörige dieser Kulturen empfinden es als unhöflich, je nachdem auch als unzivilisiert, sofort zum Thema zu kommen. Sie erwarten, dass der einheimische Ansprechpartner zunächst das „Beziehungsschlauchboot" aufbläst, nach dem eigenen Befinden und dem der Familie fragt, etwas zu trinken anbietet, also eine vertrauensvolle Atmosphäre schafft.

Im zweiten Schritt gilt es, in Elterngesprächen die Einstellung z. B. zu Jugendamt, Jugendhilfe oder Schule zu ergründen. So sind viele Eltern mit Migrationsgeschichte nicht gewohnt, in interne Angelegenheiten des Umgangs der Jugendhilfe oder Schule mit ihren Kindern einbezogen zu werden. Eventuell werten sie einen Versuch in diese Richtung als verschlüsselte Botschaft: „Wir als Jugendhilfe oder als Schule sind unfähig, unsere Probleme in den Griff zu bekommen". In diesen Fällen kann eine Aufklärung über das deutsche Gesellschaftsleben, die für Flüchtlinge zuständigen Ämter und ihre Aufgaben oder das Schulsystem sowie vor allem eine wertschätzende Aufnahme durch die Ansprechpartner in den Einrichtungen sowie das Anfragen von Elternkompetenzen unglaubliche eisbrecherische Wirkung zeitigen.

Im dritten Schritt kommt es darauf an, dass die einheimische Ansprechperson einen Machtkampf vermeidet, kompetent und klar die pädagogischen Ziele und Regeln der jeweiligen Einrichtung deutlich macht und gleichzeitig sorgfältig jeglichen Angriff auf Stolz und Ehre der Eltern und ihrer Kinder vermeidet. Da viele Menschen mit Migrationsgeschichte sich in Deutschland nicht unbedingt willkommen und nicht gleichberechtigt fühlen, da sie außerdem oft mit einem feinen Sensor für Wertschätzung ausgestattet sind und Stolz und Ehre der Familie teilweise für wichtiger halten als das Leben, ist dieser Punkt von besonders großer Bedeutung. Befehlsformen wie „Sie müssen Ihrem Kind sagen, dass ..." oder „Ihr Sohn kennt kein Benehmen!" schaffen Fronten, die sich schwer überwinden lassen.

Grundsätzlich lässt sich in Kurzform sagen: Seien Sie zugewandt! Verurteilen Sie Verhaltensweisen, aber nie die Menschen! Vermeiden Sie, kritisiertes Verhalten am Herkunftsland der Familie festzumachen! Versuchen Sie, religiös motivierte Blockaden wie die Verweigerung der Teilnahme der Tochter am Schwimm- oder Sportunterricht oder an der Klassenfahrt zunächst zu verstehen. Eventuell sind es konkrete Sorgen um den guten Ruf der Familie, die die Eltern zum „Nein!" veranlasst haben. Manchmal hat die Familie auch Angst vor der Integration, weil in der Verwandtschaft oder im sozialen Umfeld das Festhalten an den Sitten und Gebräuchen des Herkunftslandes gefordert wird. Im optimalen Fall bewegen die Eltern sich von sich aus und stimmen zu. Ansonsten lassen sich gute Gründe anführen, warum Sie trotz Ihres Verständnisses für die Werte der Familie auf der Teilnahme an Pflichtveranstaltungen bestehen möchten. Für kollektivistisch geprägte Menschen ist gerade das Argument der Bedeutung der Förderung der Klassengemeinschaft bzw. der Gruppe für die meisten Eltern gut nachvollziehbar. Wenn die Betroffenen das Gefühl haben, erwünscht und geschätzt zu werden, können sie sich oft ganz anders öffnen und bewegen. Hier machen entscheidend der Ton und eventuell auch ein Kompromiss im Sinne einer Win-win-Situation die Musik.

Fazit

Der stetig wachsende Anteil von Kindern und Jugendlichen mit Flucht- und Migrationsgeschichte in Einrichtungen der Sozialen Arbeit, in Kindertagesstätten und Schulen erfordert interkulturelle Kenntnisse und Kompetenzen bei den Erzieherinnen und Erziehern, den Lehrkräften sowie den Mitarbeiterinnen und Mitarbeitern in der Sozialen Arbeit.

Von Blockaden im Umgang miteinander über Vorurteile unter verschiedenen Migrantengruppen oder zwischen Deutschen und Migranten bis hin zu kaum erreichbaren oder schwierig erscheinenden Eltern gibt es allein im Bereich des Konfliktmanagements etliche Punkte, die den Betreuerinnen und Betreuern bzw. dem Lehrpersonal geläufig sein sollten. Allein die hohe Bedeutung der Beziehungsebene und das sensible Feld von Stolz und Ehre zu beachten kann schon viele Konflikte vermeiden helfen.

Interkulturelle Kenntnisse ermöglichen einen facettenreicheren Blick auf die Ursachen von und den Umgang mit interkulturellen Konflikten. Ein besseres und differenzierteres Verständnis für Blockaden im Umgang mit den Eltern mit Migrationshintergrund kann sowohl zwischen der Einrichtung und den betroffenen Eltern als auch im Dreieck Einrichtung – Eltern – Kinder viele Problemlösungen erleichtern.

Literatur

Bohannan, Paul/van der Elst, Dirk (2003): Fast nichts Menschliches ist mir fremd. Wie wir von Kulturen lernen können. Wuppertal.
Collett, Peter (2006): Ich sehe, was Du nicht sagst – So deuten Sie die Gesten der anderen – und wissen, was diese wirklich meinen. Köln.
Hirschberg Walter (Hrsg.) (1987): Neues Wörterbuch der Völkerkunde. Berlin und Wien.
Hofstede, Geert and Hofstede, Gert Jan (2005): Cultures and Organisations. Software of the Mind. Intercultural Cooperation and its Importance for Sur-vival. New York.
Kumbier, Dagmar/Schulz von Thun, Friedemann (2006): Interkulturelle Kommunikation: Methoden, Modelle, Beispiele. Reinbek bei Hamburg.
Marx, Elisabeth (1999): Breaking Through Culture Shock. London.
Reissen, Markus (2016): Interkulturelle Kompetenzen fördern – So öffnen Sie Ihre Schule für kulturelle Vielfalt. Köln.
Ustinov, Peter (2003): Achtung! Vorurteile. Hamburg.
Zeuner, Ulrich (2005): Kursbuch E-Mail-Projekt 1. Kultur: http://rcswww.urz.tu-dresden.de/~uzeuner/mailproj/kursbu11.htm#Ku (Abfrage: 18.01.2017).

Antonia Veramendi

Schule ist mehr – Multiprofessionalität an Schulen mit geflüchteten Schülerinnen und Schülern

Geflüchtete Schülerinnen und Schüler unterliegen besonderer Vulnerabilität, spezifischen Belastungslagen und rechtlicher sowie gesellschaftlicher Marginalisierung. Daher muss die Schule einen geschützten Lernraum schaffen und die prekären Lebenslagen in der pädagogischen Gestaltung berücksichtigen (vgl. Veramendi 2016). Schulpädagogische und leistungsorientierte Lehrtätigkeit allein kann das nicht leisten, sondern muss in einer multiprofessionellen Herangehensweise durch Fachkräfte der Schulsozialarbeit und der Psychologie ergänzt werden. Dieser Artikel fasst die an der Schlau-Schule in München gewonnenen Erkenntnisse über eine nachhaltige Schulsozialarbeit mit geflüchteten Schülerinnen und Schülern zusammen und beschreibt die sich daraus ergebende Notwendigkeit für eine Implementierung interdisziplinärer Zusammenarbeit.

Geflüchtete Schülerinnen und Schüler brauchen Schulsozialarbeit

Die prekären Lebenslagen und die große Vulnerabilität unbegleiteter geflüchteter Schülerinnen und Schüler stellen Schulen in ihrem Bildungs- und Integrationsauftrag vor große Herausforderungen.

Auch wenn junge unbegleitete Geflüchtete im Alter zwischen 15 und 24 Jahren sowohl im schulischen als auch im sozialen Kontext oft als *eine* Zielgruppe beschrieben werden, sind sie durch sehr heterogene Ausgangslagen gekennzeichnet: Diese sind charakterisiert durch Unterschiede in der sozialen und geografischen Herkunft, der Muttersprache, den Fremdsprachenkenntnissen, der religiösen Zugehörigkeit, der Bildungsvorerfahrung und der Gesundheit. Weitere Unterschiede betreffen intrinsische Aspekte wie Resilienz und persönliche Interessen. Eine sehr große Rolle spielen auch Unterschiede in der Betreuungs- und Unterbringungsform (Jugendhilfe versus staatliche Gemeinschaftsunterkunft) und der aufenthaltsrechtliche Status in Deutschland.

Gemeinsame Charakteristika der prekären Lebenslagen hingegen sind die Belastungsfaktoren und die gesetzlichen Rahmenbedingungen. Hierzu zählen die belastenden Erlebnisse vor und auf der Flucht, häufige Gewalt-

und Ausgrenzungserfahrungen, die fehlende Bleibe- und Zukunftsperspektive, der Verlust von engen Bezugspersonen und die Zerrissenheit zwischen den Erwartungen der Familie, den finanziellen Verpflichtungen und den eigenen Zielen wie Beruf, Familie und Selbstständigkeit.

Aufgrund der interindividuell stark differierenden Gründe für die prekären Lebenslagen vieler junger Geflüchteter und die daraus resultierende Beeinträchtigung ihrer Entwicklung und Teilhabe darf auch im pädagogischen Setting keine generelle Stereotypisierung stattfinden. Im Gegenteil: Gerade die Anerkennung der individuellen Lebenswelten und die Wahrung oder Wiederherstellung der Autonomie der eigenen Lebenswelt begründen die Qualität (sozial)pädagogischen Handelns (vgl. Stauf 2011, S. 28).

Es ist offensichtlich, dass junge Geflüchtete beim Zugang zu Bildung und Gesellschaft und in den Voraussetzungen für die Entwicklung einer gesunden und selbstbestimmten Persönlichkeit strukturell stark benachteiligt und einem alarmierenden Exklusionsrisiko ausgesetzt sind (vgl. von Dewitz/Massumi/Grießbach 2016 und OECD 2016), dessen Folgen derzeit noch gar nicht absehbar sind.

An Schulen, an denen geflüchtete Schülerinnen und Schüler beschult werden, besteht folglich eine erhöhte Notwendigkeit für eine umfassende Schulsozialarbeit mit dem Auftrag, für eine chancengleiche Teilhabe am Bildungssystem und an den Bildungsmaßnahmen der Schule zu sorgen, die Prozesse der Selbstbemächtigung zu fördern und die Brücke zur Lebenswelt und gesellschaftlichen Partizipation herzustellen. Dieser Auftrag ist allgemein gültig (s. Spies/Pötter 2011, S. 43). Darüber hinaus aber müssen zielgruppenspezifische Schwerpunkte gesetzt werden, die sich aus den benannten prekären Lebenslagen und spezifischen Belastungssituationen ergeben (vgl. Möller/Adam 2009).

Arbeitsfelder der Schulsozialarbeit für junge Geflüchtete

In der zielgruppenspezifisch ausgerichteten Schulsozialarbeit mit jungen unbegleiteten Geflüchteten lassen sich fünf Arbeitsfelder herausstellen.

Unterstützung und Stabilisierung in prekären Lebenslagen

Dieses Arbeitsfeld ist an der Erfüllung der Grundbedürfnisse Wärme, Essen, Trinken, Schlaf, Gesundheit, Sicherheit und soziale Beziehung ausgerichtet. Der hohe Handlungsbedarf in diesem Bereich ist maßgeblich durch die benannten prekären rechtlichen, sozialen und gesundheitlichen Lebensbedingungen unbegleiteter junger Geflüchteter bestimmt. Je nach individueller Notlage unterstützt die Schulsozialarbeit Schülerinnen und Schüler darin, Sozialleistungen zum Lebensunterhalt, Jugendhilfe oder gefördertes

Wohnen bzw. einen Wohnplatz überhaupt zu beziehen. Ebenso berät sie die Jugendlichen dabei, ihre Situation selbst positiv zu beeinflussen und „ihre Rolle als Opfer von Verhältnissen zu überwinden und ihre Lebensbedingungen als Subjekte selbst auszufüllen" (Winkler 1988, S. 265). Das wird beispielsweise erreicht, indem sie

- die Jugendlichen darin bestärkt, durch Absprachen mit den Mitbewohnenden oder dem Sozialdienst selbst für eine Verbesserung ihrer Rückzugsmöglichkeiten in ihrer jeweiligen Unterkunft einzutreten,
- zu regelmäßiger und gesünderer Ernährung berät oder
- ihnen Strategien zur Selbstreflexion oder zur Bewältigung von Stress und Frustration an die Hand gibt.

Unbegleitete Jugendliche sind ohne die Präsenz und damit ohne die emotionale und tatkräftige Unterstützung ihrer Eltern oder anderer Erziehungspersonen völlig auf die Anwaltschaft, das heißt das Eintreten für ihre individuellen Belange und Rechte, durch die Schulsozialarbeitenden angewiesen. Diese umfasst einerseits die Beratung und Unterstützung der Schülerinnen und Schüler gegenüber allen Behörden und Institutionen. Oft sind dabei Stellungnahmen der Schule erforderlich, und bei Bedarf vermitteln sie an Rechtsanwälte oder Beratungsstellen. Eine Anwaltschaft erfüllt andererseits auch innerhalb des Systems Schule seine Funktion, beispielsweise die Vermittlung der Position von Schülerinnen und Schülern gegenüber anderen Schulakteuren (Lehrkräften, Mitschülerinnen und Mitschüler) oder die Vertretung ihrer Belange bei disziplinarischen Entscheidungen.

Bei gesundheitlichen Problemen, die oft im Zusammenhang mit Trauer, Angst vor Abschiebung, schlechter medizinischer Versorgung und Traumafolgeerscheinungen auftreten, vermitteln die Schulsozialarbeitenden die Jugendlichen an entsprechende Fachärzte und Psychotherapeuten oder sie ziehen die schulinterne Psychologin hinzu. Auch hier ist die Antragstellung zur Kostenübernahme medizinischer Leistungen ein arbeitsintensiver Teilbereich.

Oft ist die Not der Schülerinnen und Schüler durch – kurzfristig unveränderliche – gesetzliche Rahmenbedingungen verursacht wie beispielsweise das Asyl- und Aufenthaltsrecht, die Residenzpflicht in staatlichen Unterkünften sowie die Einschränkungen bei der Vergabe von Beschäftigungserlaubnissen. Auf diese Bedingungen kann eine Schule kaum Einfluss nehmen. So bleibt nur, die Bewältigung der dadurch entstehenden Hilflosigkeit und der Belastung bei den Jugendlichen selbst zu unterstützen und in ihrem Umfeld eine Anerkennung ihrer Notlage zu bewirken. Dies geschieht vor allem durch eine bewusste Beziehungsstärkung zwischen den Schulsozialarbeitenden und den Schülerinnen und Schülern und durch Methoden des Containing und Holding.

„Die Funktion des Holding meint, Sicherheit und Geborgenheit zu geben. Containing ist eine weitergehende Funktion; sie meint, sich zur Verfügung zu stellen und alle Empfindungen, insbesondere Wut und Angst in sich aufzunehmen und stellvertretend zu verarbeiten" (Stemmer-Lück 2011, S. 24).

Die Anwaltschaft für die geflüchteten Jugendlichen allerdings kann, wenngleich oft nicht kurzfristig, so doch mittel- und langfristig im Sinne einer Lobbyarbeit für Geflüchtete eine Veränderung der Rahmenbedingungen bewirken (vgl. Schütz 2016, S. 21).

Eine Verbesserung der Belastungslagen, ein verlässliches Bindungsangebot und positive Beziehungserfahrungen schaffen erst ein Mindestmaß an psychischer und physischer Lebensqualität, die eine Voraussetzung für formelle schulische Lernprozesse ist. Daher leistet Schulsozialarbeit einen unverzichtbaren Beitrag zu erfolgreicher Bildung und Teilhabe innerhalb und außerhalb der Schule.

Berufsorientierung und Perspektivenbildung

Ein zweites großes Arbeitsfeld liegt in der Berufsorientierung und Perspektivenbildung und damit in der Sicherung des Zugangs zur Arbeitswelt und eigenständigen Lebensführung. Das Ziel ist, dass jede Schülerin und jeder Schüler unmittelbar nach der Schule eine Ausbildung oder sonstige Qualifizierungsmaßnahme beginnt oder eine weiterführende Schule besucht. Gleichzeitig wirkt die Entwicklung einer vorhersehbaren und realistischen Zukunftsperspektive stabilisierend auf die Psyche der Jugendlichen.

Den Prozess der Berufsfindung begleiten die Schulsozialarbeitenden und Lehrkräfte je nach Bedarf mehr oder weniger individuell. Dabei werden die Interessen der Schülerinnen und Schüler, die Einschätzung der Schule, die rechtlichen Rahmenbedingungen und die Anforderungen der Ausbildungsunternehmen in die Überlegungen mit einbezogen. In diesem Zusammenhang wird auch die Reflexionskompetenz der Jugendlichen gefördert. In diesem Bereich ist eine enge Zusammenarbeit und Abstimmung mit den Lehrkräften gefragt, da sowohl die zeitliche als auch die inhaltliche Planung von Praktika und Ausbildung, von Schulabschluss und Berufswahl stark mit den schulischen Leistungen und Möglichkeiten der einzelnen Jugendlichen sowie mit ihrer rechtlichen Situation zusammenhängen. Um die schulischen Ziele, die berufliche Perspektive und die rechtlichen Möglichkeiten zu klären und die nächsten konkreten Schritte dorthin zu planen, sollten zweimal jährlich Entwicklungsgespräche stattfinden, an denen die Schülerin oder der Schüler, die Klassenleitung und die oder der zuständige Sozialarbeitende teilnehmen.

Gemeinsam mit den Lehrkräften und Ehrenamtlichen der Schule organisieren die Schulsozialarbeitenden außerdem Betriebsbesichtigungen, Bewerbungstrainings, Unterrichtsbesuche ehemaliger Schülerinnen und Schüler in Ausbildung, Hospitationen an Berufsschulen und Vorbereitungsgespräche zu Praktika und Ausbildung. Eine enge Verzahnung mit dem Tätigkeitsbereich der Lehrkräfte sowie mit ehrenamtlich Unterstützenden und Betreuenden der Jugendhilfeeinrichtungen besteht außerdem bei der Aktualisierung von Bewerbungsunterlagen und bei der Vermittlung in Praktika und Ausbildung.

Konflikte und Krisenintervention

Konflikte kommen in der Schule sowohl zwischen Jugendlichen untereinander als auch zwischen pädagogischen Kräften und Jugendlichen vor. Berücksichtigt werden muss dabei, dass in deren Folge meist andere Personen als Opfer, Zeugen oder (Mit-)Täter involviert sind. Auf die Jugendlichen können sich Konflikte extrem destabilisierend oder gar retraumatisierend auswirken.

Aufgabe der Schulsozialarbeit ist es, bei solchen Konflikten zu intervenieren, die nicht selbstständig oder im Klassenverbund mit den Lehrkräften ad hoc aufgelöst werden können und das Risiko einer länger anhaltenden Auswirkung oder Ausweitung bergen. Die Konfliktbearbeitung geschieht entweder nur mit den direkt Betroffenen oder auch mit der ganzen Klasse. Ziel ist es, beim Formulieren des individuellen Erlebens behilflich zu sein, gegenseitiges Verständnis zu fördern, Lösungen zu erarbeiten und dabei Reflexionsprozesse anzuregen.

Die komplexen, schweren und lange andauernden Belastungslagen der Schülerinnen und Schüler führen zu Krisen, die sich in der Schule immer wieder und auf verschiedene Weise äußern. Häufige Erscheinungsformen sind psychogene Anfälle, somatische Beschwerden, Flashbacks und dissoziative Anfälle, Apathie, unkontrollierte impulsive Handlungen, Selbst- und Fremdaggression, Konflikte und Suizidalität. Hier sind das fachliche Wissen und die Handlungskompetenzen der pädagogischen Kräfte ebenso gefragt wie ein kollegiales Unterstützungssystem innerhalb der Schule, das spontane Hilfestellung und ein flexibles Eingehen auf Ausnahmesituationen im Unterricht ermöglicht.

Pädagogische Angebote und präventive Gruppenmaßnahmen

Neben der Einzelfallarbeit, die gleichzeitig interventiven wie auch in ihrer Wirkung des Beziehungsaufbaus präventiven Charakter hat (vgl. Schütz 2016, S. 21), liegt ein weiterer wichtiger Auftrag der Schulsozialarbeit in expliziten präventiven Maßnahmen. In Zusammenarbeit mit der Psychologin, den Lehrkräften der Schule und bei Bedarf mit externen Fachstellen sollten die Schulsozialarbeitenden mehrmals im Jahr Workshops in den

Klassen zu Themen wie Aufklärung über das Asylverfahren, Gewaltprävention oder gesunde Ernährung durchführen.

Der Klassenverband stellt für die Schülerinnen und Schüler einen besonderen Schutzbereich dar. Deshalb werden Sozialkompetenzen, das gegenseitige Vertrauen, das Zusammengehörigkeitsgefühl und das Sicherheitsgefühl innerhalb der Klassen gezielt gefördert. Die Schulsozialarbeit gestaltet und begleitet dazu pädagogische Gruppenmaßnahmen wie Klassenausflüge, Schullandheimaufenthalte, Schulfeste und erlebnispädagogische Projekte.

Netzwerk und schulexterne Kooperationspartner

Ein gutes Netzwerk zwischen der Schule und Behörden, anderen Schulen, Vereinen, Beratungsstellen, Betrieben, politischen Gremien und Anbietern von Freizeit und Jugendkultur erleichtert die Arbeit der Schulsozialarbeit in allen Handlungsfeldern. Und es ermöglicht den Lebensweltbezug der pädagogischen Arbeit, die Anbindung von Schülerinnen und Schülern im sozialen Raum außerhalb der Schule und ihre Vermittlung in Ausbildung und weiterführende Schulen. Schulexterne Entwicklungen können bei guter Vernetzung besser erkannt und in der Arbeit der Schule berücksichtigt werden. Zugleich sollte die Schule darum bemüht sein, selbst Impulse nach außen zu geben und wo immer möglich auf die äußeren Rahmenbedingungen im Sinne gelingender Bildungs- und Integrationsprozesse einzuwirken.

Beim Etablieren integrationsförderlicher Strukturen befinden sich die Behörden und Betriebe vielerorts in einem Lernprozess. Schulen können hier wertvolle Anregungen für die erfolgreiche Gestaltung solcher Strukturen geben. Die Öffnung der Schule für ihr Umfeld mit einem bidirektionalen Austausch ist unter anderem eine bedeutsame Funktion der Schulsozialarbeit (vgl. Spies/Pötter 2011, S. 161 f.).

Multiprofessionalität – Arbeiten auf Augenhöhe

Um erfolgreiche Bildungs- und Integrationsarbeit zu leisten, müssen Schulen ihren pädagogischen Raum multiprofessionell gestalten. Das bedeutet eine umfassende Zusammenarbeit von Lehrkräften, Sozialarbeitenden und psychologischen Fachkräften. Sozialarbeitende und psychologische Kräfte dürfen dabei nicht als Dienstleistende der Lehrkräfte verstanden werden. Vielmehr geht es um eine gleichberechtigte Zusammenarbeit, in der die verschiedenen Professionen an einer Schule ihre jeweiligen Aufgaben erfüllen. Damit tragen sie gemeinsam zur bestmöglichen Entwicklung der jungen Menschen und ihrer Teilhabe an Bildung, Unterricht und Gesellschaft bei und wirken Benachteiligungen entgegen (vgl. Staatsinstitut für Schulqualität und Bildungsforschung in Bayern 2007).

Das bedeutet nicht, dass die Zuständigkeiten und Aufgaben verwischt werden. Zwischen den Fachkräften muss eine explizite Verständigung über ihre unterschiedlichen Aufgaben hergestellt und diese müssen voneinander abgegrenzt werden (vgl. Spies/Pötter 2011, S. 169). Schulsozialarbeit grenzt sich von der direkten Stützfunktion für Unterrichtsprozesse ab; während die Lehrenden zuvorderst den Schulkontext im Blick haben, orientiert sich die Schulsozialarbeit primär an der Lebenswelt der Jugendlichen. Dennoch muss sich auch die Schulsozialarbeit

> „auf den Kontext Schule beziehen, sofern ihr Auftrag an gelingenden Erziehungs- und Bildungsprozessen für Kinder und Jugendliche festgemacht ist und sich dabei an den individuellen und kollektiven Bedürfnissen und Entwicklungsaufgaben von Schülerinnen und Schülern orientiert" (Spies/Pötter 2011, S. 44).

Basis einer erfolgreichen Zusammenarbeit ist die gegenseitige Anerkennung der jeweiligen Professionalität. Die Mitarbeitenden müssen davon überzeugt sein, dass die Ergänzung durch die anderen Professionen das pädagogische Spektrum insgesamt positiv erweitert und einen Mehrwert für alle mit sich bringt. Schulsozialarbeit „ist keine Konkurrenz zum schulpädagogischen Selbstverständnis, sondern die Erweiterung von Perspektiven und Handlungsoptionen" (Spies 2013, S. 12). Ein gemeinsam erreichter Qualitätszuwachs sollte immer wieder gemeinsam bewusst gemacht werden. Trotz unterschiedlicher Rollenverteilung – beispielsweise die anwaltschaftliche Vertretung durch die Sozialarbeitenden *versus* das disziplinarische Handeln der Lehrkräfte – liegt der Kooperation das gemeinsame Ziel zugrunde, den Bildungsprozess zu unterstützen.

Im Alltag braucht es dafür gemeinsame Zielabsprachen und dichte Kommunikation. Die unterschiedlichen Professionen sollten nicht unabhängig voneinander agieren, sondern „integrative Arbeitsbündnisse" (Spies 2013, S. 38) schließen. Die Suche nach Problemlösungen sollte daher ebenso geteilt werden wie gemeinsame Erfolge.

Auch strukturell muss die Schulsozialarbeit als gleichwertige und unverzichtbare dritte Säule neben der Schulpädagogik und der Psychologie in der Schule integriert sein. Der gemeinsame Rahmen stellt sicher, dass die Schulsozialarbeit gleichberechtigt das Konzept, den Lehrplan und die Schulentwicklung mitgestaltet und dort ihren systemkritischen Blick einbringt (vgl. Holtappels 2004, S. 465–482; Spies/Pötter 2011, S. 165).

> „Bildungsbedingungen können sich durch die Kooperation von sozialpädagogischer und schulpädagogischer Expertise nachhaltig verbessern, wenn institutionelle und (inter)disziplinäre Veränderungsprozesse in Gang kommen" (Spies 2013).

Schulsozialarbeit wird – derart etabliert – idealerweise zu einem wirkungsmächtigen und identitätsstiftenden Teilbereich von Schule. Diese Ergänzung des Systems Schule ist zur Bewältigung ihres Bildungs- und Integrationsauftrags (nicht nur) gegenüber geflüchteten Schülerinnen und Schülern dringend geboten und definiert das herkömmliche leistungsorientierte Verständnis von Schule neu.

Interdisziplinäre Zusammenarbeit – das Beispiel SchlaU-Schule

An der SchlaU-Schule (www.schlau-schule.de) arbeiten acht Schulsozialarbeitende, eine Psychologin und ca. vierzig Lehrkräfte. Die Mitarbeitenden verstehen sich als ein Team. Die Zusammenarbeit der unterschiedlichen Professionen findet zum einen in spontanen Konstellationen statt, ist aber zum anderen auch explizit in dafür eingerichteten interdisziplinären Gremien organisiert. Einige dieser Gremien sollen hier genannt werden. Zusätzlich zu diesen existieren natürlich auch fachinterne Gremien.

Wöchentlich treffen sich das Gesamtteam, das Schulsozialarbeitsteam und der Arbeitskreis Förderbedarf.

Im Gesamtteam (alle Mitarbeitenden der Schule) werden Entwicklungsmaßnahmen evaluiert und neue inhaltliche und strukturelle Zielsetzungen festgelegt. Es dient dem fachlichen, organisatorischen und sozialen Austausch sowie der Koordination von Projekten. Darüber hinaus finden Fortbildungen und Supervisionen statt.

Am Team der Schulsozialarbeit nimmt regelmäßig auch die Psychologin teil und häufig die Schulleitung. Neben organisatorischen Themen beraten sich die Teilnehmenden hier vor allem zu Einzelfällen. Bei entsprechendem Handlungsbedarf werden Fälle an die Psychologin oder die Schulleitung übergeben.

Der Arbeitskreis Förderbedarf setzt sich aus einer Sonderpädagogin, einer weiteren Lehrkraft, einer Sozialpädagogin und der Schulpsychologin zusammen. Ziel des Arbeitskreises ist die Beseitigung von Barrieren, die Schülerinnen und Schüler daran hindern, optimal am Schulleben und am Unterricht teilzuhaben und sich gesund zu entwickeln. Dies gilt sowohl für diejenigen, die beispielsweise aufgrund von psychischer Erkrankung besondere Unterstützung benötigen als auch für diejenigen, die wegen ihrer hohen Begabung von besonderen Herausforderungen profitieren. Im Arbeitskreis werden daher Schülerinnen und Schüler mit langfristigem oder zeitweisem Förderbedarf erfasst und individuelle Förderpläne erstellt. Zudem entwickelt der Arbeitskreis notwendige Strukturen und Prozesse zur individuellen Förderung und baut Kooperationen zu außerschulischen Partnern aus.

In mehrwöchigen zeitlichen Abständen treffen sich die Erweiterte Schulleitung, die Klassenkonferenzen und die Steuerungsgruppe Schulentwicklung.

Mitglieder der Erweiterten Schulleitung sind neben der Schulleitung und der stellvertretenden Schulleitung die Teamkoordinatorin der Schulsozialarbeit, die Leitung des Nachbetreuungsprogramms für Alumni sowie eine Vertreterin der Verwaltung. Dieses Gremium stellt sicher, dass alle fachlichen Bereiche der Schule an der Leitung partizipieren und die jeweiligen Perspektiven berücksichtigt werden. Hier finden auf Leitungsebene die Jahres- und Projektplanung, die Personalplanung, die Koordination der Schnittstellen der Netzwerkarbeit sowie Austausch und Feedback statt.

Die Schulsozialarbeitenden halten gemeinsam mit den Lehrkräften mehrmals im Schuljahr Klassenkonferenzen zu klasseninternen Themen ab. Diese dienen der Fallbesprechung zu einzelnen Schülerinnen und Schülern, der Planung von Projekten und pädagogischen Maßnahmen in der Klasse.

In der Steuerungsgruppe Schulentwicklung sind die Teamkoordinatorin der Schulsozialarbeit, die Fachschaftsleitungen und die Schulleitung vertreten. Es werden Prioritäten für die Schul- und Unterrichtsentwicklung gesetzt und Projekte der einzelnen Fachgruppen besprochen und miteinander koordiniert.

Insbesondere in der Einzelfallarbeit lässt sich die Zusammenarbeit weniger in Gremien planen. Hier bedarf es immer wieder spontaner Absprachen zwischen den einzelnen Pädagoginnen und Pädagogen und der Psychologin. Unverzichtbar für ein gutes Gelingen der Einzelfallarbeit ist ein gut strukturiertes und klar zugeordnetes Fallmanagement – insbesondere, wenn mehr als zwei Mitarbeitende und womöglich externe Kooperationspartner beteiligt sind. Eine ebenfalls große Bedeutung haben die sorgfältige und zeitnahe Dokumentation und möglichst direkte Kommunikationswege bei gleichzeitiger Kenntnis und Beachtung des Datenschutzes.

Zusammenfassung

Damit Bildung und Integration trotz der prekären Lebenslagen von geflüchteten Schülerinnen und Schülern gelingt, bedarf es verschiedener Professionen in der Schule. Notwendig ist die gleichberechtigte Gestaltung des pädagogischen Raums durch Lehrkräfte, Schulsozialarbeitende und psychologische Fachkräfte. Für eine erfolgreiche Kooperation sind die Abgrenzung und Anerkennung der unterschiedlichen Fachlichkeiten ebenso wichtig wie eine integrative Schulentwicklung und ein gemeinsames Konzept. Alle Akteure von Schule sind in diesem Sinn herausgefordert, interdisziplinäre Kooperationsformen in der Praxis zu etablieren und in der Aus- und Weiterbildung zu thematisieren.

Literatur

Hollenstein, Erich/Nieslony, Frank/Speck, Karsten/Olk, Thomas (2017): Handbuch der Schulsozialarbeit, Band 1. Weinheim und Basel.

Holtappels, Heinz Günter (2004): Schule und Sozialpädagogik. In: Helsper, Werner/Böhme Jeanette (Hrsg.): Handbuch der Schulforschung. Wiesbaden. S. 465–482.

Möller, Birgit/Adam, Hubertus (2009): Jenseits des Traumas. Die Bedeutung von (schulischer) Bildung aus psychologischer und psychotherapeutischer Perspektive. In: Krappmann, Lothar (Hrsg.): Bildung für junge Flüchtlinge – ein Menschenrecht. Erfahrungen, Grundlagen und Perspektiven. Bielefeld.

OECD (2016): Bildung auf einen Blick. OECD-Indikatoren. Paris.

Schütz, Michael (2016, unveröffentlicht): Soziale Arbeit bei SchlaU – eine Bestandsaufnahme. Trägerkreis Junge Flüchtlinge e.V. München.

Spies, Anke (2013): Schulsozialarbeit – zwischen Verinselung und Integration. Vortrag an der Universität Dortmund.

Spies, Anke/Pötter, Nicole (2011): Soziale Arbeit an Schulen. Wiesbaden.

Staatsinstitut für Schulqualität und Bildungsforschung in Bayern (2007): Schulpsychologie in Bayern – Haltungen und Konzepte. München.

Stauf, Eva (2011): Zwischen Subjektorientierung und Stereotypisierung. Der Sozialpädagogische Blick auf Kinder und Jugendliche mit Fluchterfahrung. In: Sozial Extra 9/10, S. 27–30.

Stemmer-Lück, Magdalena (2011): Beziehungsräume in der sozialen Arbeit. Stuttgart.

Veramendi, Antonia (2016): Junge (unbegleitete) Flüchtlinge in der Schule. Ein Plädoyer für geschützte Lernräume für Schüler und Pädagogen. In: Schulverwaltung Spezial 2/2016.

von Dewitz, Nora/Massumi, Mona/Grießbach, Johanna (2016): Neu zugewanderte Kinder, Jugendliche und junge Erwachsene. Köln.

Winkler, Michael (1988): Theorie der Sozialpädagogik. Stuttgart.

Aleksandra Koluvija

Integration durch Spracherwerb

Integration ist ein langfristiger Prozess. Dabei geht es vor allem um den Zusammenhalt aller Menschen, die dauerhaft und rechtmäßig in Deutschland leben. Ziel ist es insbesondere, Zuwanderern eine umfassende und gleichberechtigte Teilhabe in allen gesellschaftlichen Bereichen zu ermöglichen. Von Zugewanderten wird dabei verlangt, dass sie sich u. a. bemühen, die Gesetze zu respektieren und zu befolgen sowie Deutsch zu lernen. Gerade dem Spracherwerb kommt hier eine Schlüsselrolle zu: Er ermöglicht den Menschen die Vielfalt an Möglichkeiten zur Selbstentfaltung in Deutschland zu nutzen. Zahlreiche Menschen sind zugewandert, nicht nur weil sie vor Gewalt, Krieg und Terror fliehen, sondern weil sie die Möglichkeiten nutzen wollen, die in der freiheitlich demokratischen Grundordnung Deutschlands geboten werden. Dies sind u. a. Möglichkeiten der Bildung, gesellschaftlichen Teilhabe und beruflichen Entwicklung. Grundvoraussetzung, um Bildungschancen und Angebote auf dem Arbeitsmarkt nutzen zu können, ist das Erlernen der deutschen Sprache. Integration ist nicht nur ein langfristiger Prozess, sondern auch stark individuell geprägt. Ziel ist es dabei, vielfältige Wege zur beruflichen Orientierung zu ermöglichen.

Das Bundesamt legt hierfür eine bedeutende Basis mit seinem zentralen, bundesweiten Angebot des Integrationskurses. Durch die Öffnung der Integrationskurse für die Gruppe der Asylbewerber mit guter Bleibeperspektive im Oktober 2015 wurde der frühzeitige Zugang zum systematischen Spracherwerb ermöglicht. Darauf aufbauend können weitere berufsbezogene Angebote genutzt werden. Die Kursangebote sind aufeinander abgestimmt und bieten verschiedene Wege, die individuellen Möglichkeiten der Zugewanderten mit den beruflichen Anforderungen zu verbinden. Kernaufgaben des Bundesamtes sind die Erstellung der pädagogischen Konzepte und Testverfahren für die Integrationskurse. Des Weiteren wird die Zulassung der Integrationskursträger, Lehrkräfte und Teilnehmer vom Bundesamt für Migration und Flüchtlinge (BAMF) durchgeführt. Auch die Aufgabe der Steuerung der rechtlichen und finanziellen Rahmenbedingungen wird übernommen. Die Qualitätssicherung wird bundesweit von den Regionalkoordinatoren des BAMF durchgeführt.

Migrationsberatung

In Deutschland gibt es zahlreiche Angebote zum Spracherwerb. Die Zahl der Kursträger und Kursarten wächst stetig. Die Migrationsberatung (MBE) bietet Zugewanderten die Möglichkeit, sich zum Thema Spracherwerb zu informieren. Ziel der Migrationsberatung ist die Initiierung, Steuerung und Begleitung des Integrationsprozesses erwachsener Zugewanderter sowie die Befähigung zum selbstständigen Handeln, um sie für eine kontinuierliche, aktive Mitarbeit im Integrationsprozess zu gewinnen. Dabei soll eine zeitnahe Heranführung bzw. Weiterleitung an die sogenannten Regeldienste erfolgen. Das Beratungsangebot kann vor, während und auch nach dem Integrationskurs genutzt werden.

Im Auftrag des Bundesamtes beraten die Spitzenverbände der Freien Wohlfahrtspflege und der Bund der Vertriebenen Zugewanderte innerhalb eines bundesweiten Netzes von Beratungseinrichtungen. Die Migrationsberatung ist ein den Integrationskurs ergänzendes und begleitendes Angebot.

Zielgruppe bilden erwachsene Neuzugewanderte in den ersten drei Jahren nach Einreise bzw. Erlangung des auf Dauer angelegten Aufenthaltsstatus. Auch Asylantragsteller mit guter Bleibeperspektive werden in dieser Zielgruppe erfasst.

Der Integrationskurs

Das Kernstück des Spracherwerbs ist der allgemeine Integrationskurs. Ziel ist die Vermittlung von Deutschkenntnissen bis zum Deutschniveau B1 sowie Kenntnisse der Rechtsordnung, der Kultur und der Geschichte in Deutschland. Die berufsbezogene Sprachförderung wurde auf das Angebot der Integrationskurse abgestimmt und baut auf dieses auf.

Der allgemeine Integrationskurs besteht aus 600 Unterrichtseinheiten (UE) Sprachkurs sowie 100 UE Orientierungskurs. Kurse für spezielle Zielgruppen wie Jugend-, Frauen- Eltern-, Alphabetisierungs- und Förderkurse bestehen aus 900 UE Sprachkurs und 100 UE Orientierungskurs. Intensivkurse umfassen 400 UE Sprachkurs und 30 UE Orientierungskurs.

Themen zur Bewältigung von alltäglichen Situationen aus den Bereichen Wohnen, Gesundheit, Bildung, Beruf etc. werden im Sprachkurs behandelt. Im Orientierungskurs erhalten die Teilnehmer Informationen zur Geschichte, Politik und Gesellschaft Deutschlands. Der Orientierungskurs basiert seit 2007 auf einem bundesweit einheitlichen Curriculum mit detaillierten Lernzielen, Inhalten und Methoden. Als Abschluss erhalten die Teilnehmer ein „Zertifikat Integrationskurs" bestehend aus einem „Deutsch-Test für Zuwanderer" (DTZ) und einem Test „Leben in Deutschland" (LiD).

Das Kombimodell „KompAS" kombiniert den Integrationskurs des BAMF frühzeitig mit arbeitsmarktlichen Förderinstrumenten der Bundesagentur für Arbeit (BA). Dadurch sollen die Kompetenzen der Teilnehmenden noch während des Integrationskurses festgestellt werden. Ziel ist es, dass die im Kurs erworbenen Deutschkenntnisse in der Praxis weiter trainiert und zielgerichtet erweitert werden, um im Anschluss eine schnelle Vermittlung in den Arbeitsmarkt zu ermöglichen.

Im Jahre 2016 konnte, verglichen mit 2015, die Teilnehmerzahl in mehr als 20.000 Integrationskursen bereits auf 330.000 nahezu verdoppelt werden. Für 2017 sind rund 430.000 Integrationskursplätze vorgesehen. Zur besseren Steuerung und Kapazitätsplanung des Angebots von Integrationskursen hat das BAMF das Steuerungsinstrument „Transparenz-Cockpit" geschaffen. Es bietet die Möglichkeit, die vorhandenen Kursplätze und den Bedarf besser abzugleichen.

Insgesamt konnten die Kapazitäten im Integrationskurssystem im Jahr 2016 bundesweit deutlich ausgeweitet werden. Das Ziel, allen Teilnehmenden innerhalb von maximal sechs Wochen nach der Anmeldung einen Kursstart zu ermöglichen, wurde im Dezember 2016 bundesweit in rund 50 Prozent der Fälle erreicht. Um dieser Herausforderung weiter zu begegnen, hat das Bundesamt bereits Maßnahmen ergriffen, wie beispielsweise eine Erhöhung der Garantievergütung, um für die Träger den wirtschaftlichen Anreiz zur Durchführung solcher Kurse zu erhöhen. Zudem wurde ein „Zweitschriftlernerkurs" (ZLK), für Zugewanderte, die bereits eine nicht lateinische Schriftsprache beherrschen, entwickelt.

Jugendintegrationskurse

Gerade bei jugendlichen Zuwanderern ist Zugang zu Bildung ein entscheidender Schlüssel zur sozialen, kulturellen und wirtschaftlichen Integration, um eine frühzeitige Bildungsbeteiligung zu ermöglichen sowie Potenziale zu wecken und zu fördern. Im Jugendintegrationskurs können junge Erwachsene sprachliche Mittel und Kenntnisse erwerben, die sie für einen möglichst raschen Eintritt ins deutsche Bildungssystem oder in den Arbeitsmarkt benötigen.

Ziel ist die frühzeitige Vorbereitung Jugendlicher auf eine Ausbildung und den Arbeitsmarkt sowie zur Förderung der gesellschaftlichen Integration. Die Jugendintegrationskurse sind für junge Zugewanderte ohne ausreichende deutsche Sprachkenntnisse, die das 27. Lebensjahr noch nicht vollendet haben, nicht mehr schulpflichtig sind und die Aufnahme einer schulischen oder beruflichen Ausbildung anstreben, ausgerichtet.

Schwerpunkte des Kurses bilden der Erwerb erster fachlicher Begriffe aus Schulfächern sowie allgemeinbildender Lernziele. Darüber hinaus werden u. a. Themen der Gesundheitsversorgung, des gesellschaftliches Zusammenlebens in Deutschland und migrationsspezifische Problemstellungen angesprochen. Der Kurs umfasst 900 UE Sprachkurs und 60 UE Orientierungskurs. Unterrichtsmethoden umfassen u. a. Teamteaching, Exkursionen und Projektarbeiten. Zudem wird eine Praxisphase angeboten, um erworbene sprachliche Kompetenzen im Alltag einer Ausbildungsstätte oder im Betrieb zu erproben und gleichzeitig zur Berufsorientierung beizutragen.

Berufssprachkurse

Zugewanderte tragen in vielen Unternehmen als Arbeitskräfte zum Erfolg bei. Für Personen, die ein bestimmtes Sprachniveau zur Berufsanerkennung oder für den Zugang zum Beruf/zur Ausbildung benötigen, wurde der Berufssprachkurs konzipiert. Dieser richtet sich an Zugewanderte (einschließlich Asylantragssteller aus Ländern mit guter Bleibeperspektive), EU-Bürgerinnen und -Bürger sowie Deutsche mit Migrationshintergrund. Voraussetzung ist, dass der Integrationskurs abgeschlossen oder mindestens das Sprachniveau B1 erreicht wurde.

Die Kurse bestehen aus Basismodulen (je 300 UE) und Spezialmodulen (300 bis 600 UE). Die Basismodule vermitteln Deutschkenntnisse für den Beruf und die Spezialmodule vertiefen fachspezifisches Wissen. Spezialmodule sind auf Personen ausgerichtet, die sich im Berufsanerkennungsverfahren befinden oder in einem bestimmten Berufsfeld tätig sein wollen und fachspezifische Deutschkenntnisse benötigen. Die Module schließen mit einer Prüfung ab, welche die Erreichung eines neuen Sprachniveaus (B2, C1, C2) bestätigt. Zugang zu den Berufssprachkursen wird durch Vermittlung der Arbeitsagentur, des Jobcenters oder der Optionskommune ermöglicht.

Die Berufssprachkurse sollen sukzessive das Programm der berufsbezogenen Sprachförderung für Menschen mit Migrationshintergrund (ESF-BAMF-Programm) ablösen. Das ESF-BAMF-Programm Programm unterstützt bis Ende 2017 Menschen mit Sprachförderbedarf beim Erwerb berufsbezogener Deutschkenntnisse und betrieblicher Erfahrungen beispielsweise durch Praktika.

Förderprogramm „Integration durch Qualifizierung" (IQ-Programm)

Das IQ-Programm ist ein seit 2005 existierendes bundesweites Förderprogramm. Wesentlicher Schwerpunkt ist die Beratung zur Anerkennung von im Ausland erworbenen Abschlüssen und die Beratung zu Qualifizierungen im Kontext der Anerkennungsgesetze des Bundes und der Länder. Ratsuchende erhalten eine kompetente Beratung zu Anpassungsqualifizierungen bzw. Ausgleichsmaßnahmen, um die volle Anerkennung und danach eine qualifikationsadäquate Beschäftigung zu erreichen. Zielgruppe sind Personen mit einem ausländischen Berufsabschluss, die ein Anerkennungsverfahren durchlaufen haben und einen Bescheid über die teilweise Gleichwertigkeit ihres Abschlusses oder eine Ablehnung erhalten haben.

Projektförderung

Die Förderung von Maßnahmen zur gesellschaftlichen und sozialen Integration von Zugewanderten, die sogenannten gemeinwesenorientierten Projekte (GWO), ist eine Ergänzung zu den bundesweiten Integrationskursen. Ziel ist, die mitgebrachten Kompetenzen von Zugewanderten sowie die aktive Partizipation am gesellschaftlichen und politischen Leben zu stärken. Darüber hinaus soll die gegenseitige Akzeptanz von Menschen mit und ohne Migrationshintergrund, die sogenannte Willkommens- und Anerkennungskultur, verbessert werden. Auch die Bedeutung des Ehrenamtes soll hierdurch gefestigt werden. Zielgruppe sind erwachsene und jugendliche (Neu-)Zugewanderte mit guter Bleibeperspektive sowie die Aufnahmegesellschaft, jeweils ab zwölf Jahre.

Sprache und Arbeitsmarkt sind grundlegende Bausteine der Integration. Dabei wird in vielen Integrationsschritten die bedeutende Rolle der Ehrenamtlichen immer wieder deutlich. Ehrenamtliche nehmen im Integrationsprozess eine wichtige Aufgabe wahr (z. B. helfen sie Flüchtlingen bei der Erstorientierung). Zu ihrer Unterstützung fördert das Bundesamt Qualifizierungsmaßnahmen wie z. B. Schulungen für ehrenamtliche Sprachbegleiter oder Multiplikatoren-Schulungen, aber auch Unterstützungsmaßnahmen vor Ort wie z. B. „Houses of Resources". Mit bundesweit 14 „Houses of Resources" unterstützt das Bundesamt Migrantenorganisationen und andere integrativ tätige Organisationen vor Ort. An diese „Häuser" können sich Organisationen wenden, wenn sie z. B. Gelder für Mikroprojekte, Räume, Schulungen oder Beratung benötigen. Auch Migrantenorganisationen sind unverzichtbare Akteure der Integrationsarbeit und werden vom BAMF unterstützt (u. a. Strukturförderung für sieben Migrantendachorganisationen, um diese als zuverlässige Ansprechpartner für Politik und Verwaltung zu festigen).

Erwähnenswert ist auch das seit 1989 bestehende Programm „Integration durch Sport". Ziel ist es, Menschen mit Migrationshintergrund an den organisierten Sport heranzuführen sowie Sportvereine bei ihrer interkulturellen Öffnung zu unterstützen. 2015 wurde „Integration durch Sport" auch für alle Asylbewerber und Geduldete geöffnet.

Quellen

http://www.bamf.de/SharedDocs/Anlagen/DE/Publikationen/Flyer/flyer-bundesamt-und-seine-aufgaben.html?nn=1366224

http://www.bamf.de/DE/DasBAMF/Aufgaben/Integrationskurs/integrationskurs-node.html;jsessionid=9D5B51BAE0CDE4821F5467834A5AF588.1_cid294

http://www.bamf.de/DE/DasBAMF/Aufgaben/Integrationskurs/integrationskurs-node.html;jsessionid=9D5B51BAE0CDE4821F5467834A5AF588.1_cid294

http://www.bamf.de/SharedDocs/Anlagen/DE/Publikationen/Flyer/flyer-bamf-berufssprachkurse.html?nn=1366152

http://www.bamf.de/SharedDocs/Anlagen/DE/Downloads/Infothek/Integration/Sonstiges/uebersicht-sprachfoerderung-bamf.pdf?__blob=publicationFile

Julia Rösmann

Integration von geflüchteten Menschen in den Arbeits- und Ausbildungsmarkt

Die Anzahl der Menschen, die vor politischer Verfolgung nach Deutschland fliehen und hier politisches Asyl bzw. die Gewährung internationalen Schutzes beantragen, ist in den vergangenen Jahren kontinuierlich gestiegen.

Viele Flüchtlinge, die in Deutschland Schutz suchen, verfügen über berufliche Qualifikationen und möchten gerne arbeiten. Arbeit und die dadurch erfahrene Wertschätzung und Anerkennung sind wesentliche Aspekte, damit sich die Menschen hier integrieren und eine neue Heimat finden können.

Für die Bundesagentur für Arbeit ist es wichtig, Menschen mit Fluchthintergrund und hoher Bleibewahrscheinlichkeit unmittelbar nach Ankunft und bereits bei Einleitung des Asylverfahrens konkrete Perspektiven für die Integration in Ausbildung und Arbeit zu eröffnen. Dazu brauchen die geflüchteten Menschen einen festen Anlaufpunkt für die Themen Arbeit, Ausbildung und Qualifizierung.

Integration Points

Die Regionaldirektion der Bundesagentur für Arbeit in Nordrhein-Westfalen hat daher im Herbst 2015 festgelegt, dass bis zum 31.12.2015 sogenannte „Integration Points" als feste Organisationseinheit in allen Agenturen für Arbeit in Nordrhein-Westfalen implementiert werden. In den Integration Points arbeiten Mitarbeiterinnen und Mitarbeiter unterschiedlicher Behördenstrukturen eng zusammen. Zu nennen sind hier die Agenturen für Arbeit, die für die Kunden bis zur Entscheidung des Asylantrags zuständig sind, die Träger der Grundsicherung (Sozialgesetzbuch-II-Grundsicherung), die bei positivem Ausgang des Asylverfahrens für die Leistungen zum Lebensunterhalt und die Qualifizierung und Vermittlung in den Arbeitsmarkt zuständig sind, sowie weitere kommunale Beteiligte aus Verwaltung und Wirtschaft, die für den regionalen Arbeitsmarkt von Bedeutung sind. Durch abgestimmte Prozesse der Behörden und Organisationen untereinander und durch einen Datenaustausch sollten mögliche Reibungs- und Informationsverluste vermieden werden. Zudem ist durch die Kooperation der unterschiedlichen Partner besser möglich, die geflüchteten Menschen dort abzuholen, wo sie sich im Integrationsprozess befinden und ihre unterschiedlichen Bedarfe zu berücksichtigen. Dabei werden die folgenden elementaren Fragestellungen im Integration Point aufgegriffen:

- Benötigt er/sie einen Schulplatz?
- Soll ein Studium wieder aufgenommen werden?
- Wo gibt es Sprachkurse oder Arbeitsplätze?
- Was ist zu beachten?

Kooperationspartner im Integration Point Münster:

- Stadt Münster
- Sozialamt der Stadt Münster
- Jobcenter der Stadt Münster
- Ausländeramt/Ausländerbehörde
- Amt für Schule und Weiterbildung
- Amt für Kinder, Jugendliche und Familien
- Agentur für Arbeit Ahlen-Münster
- Handwerkskammer Münster
- Industrie- und Handelskammer Nord Westfalen
- weitere in Münster vertretene Kammern
- IQ-Netzwerk
- GGUA Flüchtlingshilfe
- Westfälische Wilhelms-Universität
- Fachhochschule Münster
- Ehrenamt

Sprachqualifizierung

Voraussetzung für eine gelungene Integration ist der Erwerb der deutschen Sprache. Die Bundesagentur für Arbeit hatte daher einmalig im Jahr 2015 die Möglichkeit sogenannter „Einstiegskurse" zu finanzieren, um für Personen, die eine positive Bleibewahrscheinlichkeit besitzen und größtenteils noch nicht ins Asylverfahren eingemündet waren, frühzeitig Sprachkurse vorzuhalten. Seit Februar 2016 besteht auch die Möglichkeit, für diese Gruppe der geflüchteten Menschen bereits vor Einmündung in das Asylverfahren eine Zulassung zu einem Integrationskurs zu erhalten. In vielen Teilen der Bundesrepublik Deutschland haben die Bildungsträger auf diese Gesetzesänderung reagiert und das Angebot an Kursen deutlich erhöht. Das Angebot wurde zudem durch die Maßnahme KomPAS (Verzahnung eines Integrationskurses mit einer beruflichen Orientierung und Qualifizierung) ergänzt, die durch die Agenturen für Arbeit und die Träger der Grundsicherung gemeinsam angeboten werden.

Für Menschen außerhalb der Länder mit hoher Bleibewahrscheinlichkeit hat das Ministerium für Arbeit, Integration und Soziales Sprachkurse zur Erlangung des A1-Niveaus eingerichtet und diese in ihre Europäische Sozialfonds-Förderrichtlinien als regelmäßiges Instrument aufgenommen.

Das Bundesamt für Migration und Flüchtlinge bietet weitere Sprachqualifizierungen wie die ESF BAMF Sprachkurse und die Nationale Deutschförderung an. Diese Kurse sind Aufbaukurse, die auf bereits Erlerntem aufbauen.

Individuell können Maßnahmen nach § 45 SGB III durch Bildungsträger eingerichtet und zertifiziert werden, um Angebotslücken zu schließen. Berufsbezogene Sprachvermittlung sollte in einer Qualifizierungsmaßnahme maximal 49 Prozent betragen, der weitere Inhalt sollte aus beruflicher Qualifizierung oder Orientierung bestehen. Die Agenturen für Arbeit können so auch regionale Bedarfe an Arbeitskräften individuell decken.

Arbeitsmarktprogramm

Die Integration in den ersten Arbeits- und Ausbildungsmarkt setzt sich aus unterschiedlichen Schritten zusammen. Die schnelle Integration in Arbeit trägt wesentlich zur gesellschaftlichen Integration bei. Da aber die beruflichen Qualifikationen der geflüchteten Menschen häufig nicht den hiesigen Standards entsprechen, sind für eine nachhaltige berufliche Integration neben den Integrations- und Sprachkursen auch berufsqualifizierende arbeitsmarktpolitische Maßnahmen erforderlich.

Deshalb haben z.B. die Agenturen für Arbeit in Ahlen und Münster gemeinsam mit den Jobcentern Münster und Kreis Warendorf ein Arbeitsmarktprogramm entwickelt, das mit individuellen Maßnahme-Angeboten auf schnelle Kompetenzfeststellungen sowie schrittweise Integration setzt.

Die Maßnahmen sind modulartig konzeptioniert, um eine Einmündung zu unterschiedlichen Maßnahmen, Inhalten und Zeitpunkten zu ermöglichen. Zudem enthält das Arbeitsmarktprogramm auch Maßnahmen, die zielgruppenorientiert angeboten werden, z.B. speziell für Analphabeten, Frauen oder verschiedene Berufsgruppen. Dieses Konzept gibt nicht nur den geflüchteten Menschen eine Rechtssicherheit bei einem Übergang in den Rechtskreis SGB II (Leistungen durch den Träger der Grundsicherung), sondern auch der örtlichen Trägerlandschaft wie auch den ehrenamtlichen Unterstützern in der Flüchtlingshilfe eine klare Orientierung.

Angebote des Arbeitgeber-Services

Bei der Beratung von Arbeitgebern, die geflüchtete Menschen einstellen möchten, sind die örtlichen Arbeitgeber-Services in den Agenturen für Arbeit die ersten Ansprechpartner. Sie beraten die Arbeitgeber zu Bereichen wie Vorrangprüfung, Bedingungsprüfung und den rechtlichen Rahmenbedingungen im Hinblick auf eine Arbeitserlaubnis oder Ausbildungsberechtigung. Der Arbeitgeber-Service arbeitet hier sehr eng mit den Kollegen des Integration Points zusammen, um einen Überblick über die Kenntnisse, Fähigkeiten und Arbeitsstellenbedarfe der geflüchteten Menschen zu erhalten. Gemeinsame Gesprächsformate wie die gegenseitige Teilnahme an Dienstbesprechungen und gemeinsame Fallbesprechungen ermöglichen einen intensiven Austausch und ein gelungenes Matching zwischen Arbeitskraft und Arbeitsstelle. Wichtig ist es, den Arbeitgebern zu verdeutlichen, dass bei einer Einstellung eines geflüchteten Menschen auch eine interkulturelle Öffnung des eigenen Unternehmens erfolgen muss, um eine gelungene Integration zu ermöglichen. Vor der Einstellung eines geflüchteten Menschen sollten die Arbeitsabläufe gemeinsam mit den Stamm-Mitarbeitern genau definiert und mögliche Vorbehalte ausreichend geklärt werden. In diesem Prozess hilft es, dem neuen Mitarbeiter im Rahmen eines Praktikums, einer sogenannten „Maßnahme bei einem Arbeitgeber" gem. § 45 SGB III, kennenlernen zu können. Der zukünftige neue Mitarbeiter hat so die Möglichkeit, den neuen Betrieb und Arbeitsbereich kennenzulernen, und der Betrieb hat die Möglichkeit, den neuen Mitarbeiter kennenzulernen. Eine „Maßnahme beim Arbeitgeber" kann für maximal zwölf Wochen ausgeübt werden und bedarf der Mitteilung bei der Arbeitsagentur. Eine Erlaubnis der Ausländerbehörde ist bei dieser Art eines Kennenlernens zwischen Arbeitgeber und Arbeitnehmer nicht erforderlich. Bei allen weiteren Arten eines Praktikums ist eine Erlaubnis der Ausländerbehörde zwingend erforderlich.

Im Ausland erworbene Abschlüsse

Die Regionaldirektion NRW hat mit verschiedenen Trägern in NRW eine Kooperation geschlossen, sodass in jedem Integration Point vor Ort eine Beratung zur Anerkennung der Abschlüsse, die im Ausland erworben worden sind, zu festen Terminen stattfindet.

Die Bewertung von Zeugnissen, Diplomen und anderen Nachweisen wird durch diese Kooperationspartner eingeleitet. Die Kosten hierfür tragen die Arbeitsagenturen über ihr Vermittlungsbudget. Die Höhe der Erstattung ist in sogenannten „Ermessenslenkenden Weisungen" dezentral festgelegt und daher von Agentur zu Agentur unterschiedlich. Ehrenamtliche und geflüchtete Menschen sollten sich daher mit einem solchen Anliegen immer an den örtlichen Integration Point wenden, der die Übernahme der Kosten für eine Anerkennungsberatung klärt und den Kontakt zur Anerkennungsberatung herstellt.

Aktuelle Herausforderungen

Die aktuellen Herausforderungen sind geprägt von einem Masseproblem, welches in diesem Ausmaße im Vorfeld nicht zu überblicken war. So geht es erst einmal darum, alle Daten von potenziellen Kunden zu erfassen, um eine Grundlage für eine berufliche Beratung zu schaffen und vorhandene Fähigkeiten zu clustern. Wichtig ist vor allem das Erlernen der deutschen Sprache, was viele Neubürger vor eine große Herausforderung stellt. Kamen im Jahr 2015 noch viele Akademiker zu uns nach Deutschland, so sind es nun ca. anderthalb Jahre später eher Analphabeten und gering Qualifizierte mit anderen Werten, als wir sie in Deutschland kennen. Diese Menschen brauchen mehr Zeit, um die deutsche Sprache zu erlernen und in den Arbeitsmarkt einzumünden. Deshalb müssen sowohl die Mitarbeiterinnen und Mitarbeiter in den deutschen Behörden wie auch die geflüchteten Menschen die Bereitschaft zu Geduld mitbringen. Nur dann ist eine nachhaltige Wirkung der Maßnahmen für die Integration in den Arbeitsmarkt zu erreichen.

Teil 7:
Jugendhilfe

Eva Dittmann und Heinz Müller

Die Kinder- und Jugendhilfe im Kontext von Flucht und Migration – aktuelle Herausforderungen und Perspektiven

Die Kinder und Jugendhilfe im Kontext von Flucht und Migration

Die Kinder und Jugendhilfe steht heute für eine vielfältige und ausdifferenzierte Angebots-, Hilfe-, Beratungs- und Betreuungsinfrastruktur, die in allen Kommunen mit je unterschiedlicher Qualität und Quantität vorhanden ist. Von der Kindertagesbetreuung, der Schulsozialarbeit, über Beratungs- und Hilfeangebote für Familien mit Erziehungsfragen bzw. in Not- und Konfliktlagen bis hin zu Jugendarbeit und Ausbildungshilfen für benachteiligte junge Menschen im Rahmen der Jugendsozialarbeit richtet sich die Kinder- und Jugendhilfe heute an alle Kinder, Jugendliche und Familien.

Dabei hat sich die Kinder- und Jugendhilfe seit der Einführung des SGB VIII (1990/1991) normalisiert. Historisch aus der Armenfürsorge entstanden, verbunden über lange Phasen ihrer Geschichte mit einem ordnungspolitischen Interventionsauftrag bei „Verwahrlosung" oder „Sozialen Auffälligkeiten", gekoppelt an karitative und helfende Implikationen im Selbstverständnis von Professionellen und Laien (vgl. Müller 2006), stellt sie heute eine moderne professionelle und an Fachstandards ausgerichtete soziale Infrastruktur dar und ist somit längst in der Mitte der Gesellschaft angekommen (vgl. BMFSFJ 2013). Längst handelt es sich bei der Kinder- und Jugendhilfe nicht mehr nur theoretisch, sondern mit Blick auf die reale Inanspruchnahme ihrer Leistungen von allen jungen Menschen und Familien in bestimmten Phasen des Lebenslaufs und Lebenslagen um die dritte Sozialisationsinstanz neben Familie und Schule.

In diesem Zusammenhang ist für eine Verortung der Kinder- und Jugendhilfe im Kontext von Flucht und Migration ihre Zielsetzung und handlungsleitende Norm entscheidend, die sich in § 1 des SGB VIII (Kinder- und Jugendhilfegesetz) finden lassen:

§ 1 SGB VIII Recht auf Erziehung, Elternverantwortung, Jugendhilfe
(1) Jeder junge Mensch hat ein Recht auf Förderung seiner Entwicklung und auf Erziehung zu einer eigenverantwortlichen und eigenverantwortlichen und gemeinschaftsfähigen Persönlichkeit.
Pflege und Erziehung der Kinder sind das natürliche Recht der Eltern und die zuvörderst ihnen obliegende Pflicht. Über ihre Betätigung wacht die staatliche Gemeinschaft.

(2) Jugendhilfe soll zur Verwirklichung des Rechts nach Absatz 1 insbesondere
1. junge Menschen in ihrer individuellen und sozialen Entwicklung zu fördern und dazu beitragen, Benachteiligungen zu vermeiden oder abzubauen,
2. Eltern und andere Erziehungsberechtigte bei der Erziehung beraten und unterstützen,
3. Kinder und Jugendliche vor Gefahren für ihr Wohl schützen,
4. dazu beitragen, positive Lebensbedingungen für junge Menschen und ihre Familien sowie eine kinder- und familienfreundliche Umwelt zu erhalten oder zu schaffen.

Aus dieser Leitnorm geht indirekt auch hervor, dass auch alle geflüchteten jungen Menschen und Familien Anspruch auf Leistungen der Kinder- und Jugendhilfe haben, sowohl in den Gemeinschaftsunterkünften und ganz regulär, wenn sie einer Kommune zugewiesen werden und dort ihren gewöhnlichen Wohnsitz haben. In ihrer Umsetzung im Kontext einer Migrationsgesellschaft bedeutet diese Leitnorm, dass junge Geflüchtete in ihrer individuellen und sozialen Entwicklung gefördert werden, Benachteiligungen vermieden oder abgebaut, sie vor Gefahren geschützt und insgesamt positive Lebensbedingungen für alle jungen Menschen und ihre Familien in einer pluralen Gesellschaft erhalten oder geschaffen werden. Diese allgemeine Feststellung ist sehr weitreichend und kann als fachliche Prüfnorm für die infrastrukturelle, konzeptionelle und professionelle Ausgestaltung der Kinder- und Jugendhilfe im Kontext von Flucht und Migration fungieren.

Neben dieser sehr allgemeinen Festlegung des SGB VIII ist zudem darauf zu verweisen, dass das SGB VIII nicht zwischen Geflüchteten und nicht Geflüchteten, aus anderen Gründen Zugewanderten oder Menschen mit oder ohne Migrationshintergrund unterscheidet und auch Herkunft und Nationalität keine handlungsleitenden Normen sind:

§ 6 SGB VIII Geltungsbereich
(1) Leitungen nach diesem Buch werden von jungen Menschen, Müttern, Vätern und Personensorgeberechtigten von Kindern und Jugendlichen gewährt, die ihren tatsächlichen Aufenthalt im Inland haben. Für die Erfüllung anderer Aufgaben gilt Satz 1 entsprechend. Umgangsberechtigte haben unabhängig von ihrem tatsächlichen Aufenthalt Anspruch auf Beratung und Unterstützung bei der Ausübung des Umgangsrechts, wenn das Kind oder der Jugendliche seinen gewöhnlichen Aufenthalt im Inland hat.
(2) Ausländer können Leistungen nach diesem Buch nur beanspruchen, wenn sie rechtmäßig oder aufgrund einer ausländerrechtlichen Duldung ihren gewöhnlichen Aufenthaltsort im Inland haben. Absatz 1 Satz 2 bleibt unberührt.
(3) Deutsche können Leistungen nach diesem Buch auch beanspruchen, wenn sie ihren Aufenthalt im Ausland haben und soweit sie nicht Hilfe vom Aufenthaltsland erhalten.
(4) Regelungen des über- und zwischenstaatlichen Rechts bleiben unberührt.

Für die Ausgestaltung der Kinder- und Jugendhilfe gelten die individuellen Rechtsansprüche, Bedarfs- und Lebenslagen sowie die rechtlich normierten Ansprüche zur Beteiligung sowie Beachtung pluraler Grundrichtungen der Erziehung (§§ 6, 9 SGB VIII). Der Gesetzgeber regelt keine abschließenden Leistungen für bestimmte Gruppen von Anspruchsberechtigten, sondern formuliert zielbezogene Normen, die den Rahmen für die Kinder- und Jugendhilfe in einer sozial gerechten, demokratischen und an den Menschenrechten orientierten Gesellschaft abstecken. Daraufhin hat die Kinder- und Jugendhilfe ihre Angebote und Dienste auszurichten. Sie muss fachlich im Einzelfall, im Gemeinwesen und den jeweiligen Handlungsfeldern unter Beteiligung von jungen Menschen und Familien, im Zusammenwirken von öffentlichen und freien Trägern sowie unter aktiver Einbindung der Kommunalpolitik agieren. Das bedeutet zugleich, dass es keine über den Einzelfall hinausgehende spezifische „Flüchtlings-" oder „Migrations-Jugendhilfe" gibt oder bräuchte, sondern eine fachlich ausdifferenzierte, die sowohl den Bedarfslagen im Einzelfall als auch den gesellschaftlichen Herausforderungen durch Zu- und Einwanderung Rechnung trägt.

Die gesellschaftliche Funktion der Kinder- und Jugendhilfe in der Zu- und Einwanderungsgesellschaft

Kaum eine andere gesellschaftliche Institution hat in den vergangenen zwei Jahrzehnten einen ähnlich grundlegenden Bedeutungswandel und -zuwachs erfahren wie die Kinder- und Jugendhilfe. Seit der Einführung des Kinder- und Jugendhilfegesetzes (SGB VIII) vor gut 25 Jahren lassen sich sowohl qualitativ als auch quantitativ Veränderungen in allen Handlungsfeldern nachzeichnen. Längst sorgt die Kinder- und Jugendhilfe selbst für positive Bedingungen des Aufwachsens und schafft somit einen Benachteiligungsausgleich. Bei Zugang zu einer bedarfsgerechten Kinder- und Jugendhilfe haben junge Menschen und ihre Familien heute bessere Teilhabechancen als jene ohne eine qualitativ und quantitativ entsprechend ausgebaute Infrastruktur. Dort wo diese fehlt, verschärfen sich hingegen strukturelle gesellschaftliche Ausgrenzungen im Zugang zu Bildung, Arbeit, Gesundheit, Freizeit und reduzieren die Möglichkeiten für ein sozial gerechtes Zusammenleben in den Kommunen für bestimmte Gruppen. Im Gegensatz zu einer – historisch betrachtet – an einem ordnungspolitischen Interventionsauftrag ausgerichteten Jugendhilfe, ergibt sich daraus eine spezifisch andere Funktionsbestimmung der Kinder- und Jugendhilfe in der Zu- und Einwanderungsgesellschaft. Diese lässt sich nicht mehr vorwiegend von einer Problemdefinition ableiten, sondern von dem Anspruch, Teilhabechancen und Sozialisationsbedingungen real zu verbessern.

Dennoch, die Zu- und Einwanderung von Menschen fördert sozialpolitische Grundprobleme und Herausforderungen zu Tage, die auch von der Kinder- und Jugendhilfe professionell reflektiert und bearbeitet werden müssten und gleichzeitig auf ihre Kernaufgaben in diesem Zusammenhang verweisen:

1. Durch Migration werden *gesellschaftliche Verteilungsfragen* beschleunigt und verschärft. Die Zu- und Einwanderung von Menschen führt in der Regel zur Diversifizierung von Schichten und Milieus. Ein typisches und für die Bundesrepublik nachvollziehbares Muster verweist auf die Unterschichtung der Gesellschaft durch Neuzugewanderte (z. B. Gastarbeiter, Aussiedler, Flüchtlinge). Über die Jahrzehnte hinweg lässt sich für die Bundesrepublik nachweisen, dass Menschen mit Migrationshintergrund deutlich schlechtere Teilhabechancen aufweisen als Menschen ohne Migrationshintergrund (z. B. über Armutsquoten oder Bildungsbeteiligung). Dies verweist auf strukturelle Prozesse der Ausgrenzung und Benachteiligung (vgl. BAMF 2016). Sozial- und Bildungspolitisch resultieren daraus Verteilungsfragen, respektive Verteilungskämpfe um knappe gesellschaftliche Güter, die auch die Kinder- und Jugendhilfe betreffen. Werden diese Gestaltungsaufgaben mit Verteilungsfragen gekoppelt und werden diese mit ethnischen Zuschreibungen verbunden, werden aus grundsätzlichen Gestaltungsaufgaben schnell ethnisierte Verteilungskonflikte.
2. Neben gesellschaftlichen Verteilungsfragen ist eine zentrale Herausforderung pluraler Gesellschaften die Aushandlung kultureller Werte und Normen. Durch Migration beschleunigt sich der kulturelle Wandel in modernen Gesellschaften, was mit *Wert- und Normkonflikten* verbunden sein kann. Dabei werden mitunter Rollen- und Geschlechterbilder, Religionszugehörigkeiten, Lebensentwürfe und Alltagsroutinen kritisch hinterfragt und mit Gegenentwürfen konfrontiert. Um gesellschaftlich handlungsfähig zu sein, brauchen Menschen jedoch auch hinsichtlich gesellschaftlicher Werte und Normen Orientierung und Anerkennung. Dies gilt wechselseitig ebenso für die ansässige Bevölkerung als auch für diejenigen, die zu- und einwandern, und kann nur im gemeinsamen Dialog erfolgreich gestaltet werden.

Die Aufgaben und Funktionen der Kinder- und Jugendhilfe sind vielfältiger geworden und tangieren wesentliche Gestaltungsaufgaben moderner Gesellschaften, die immer auch durch Pluralität und Migration gekennzeichnet sind. Die Zu- und Einwanderung von Menschen ist der Normalfall in modernen Gesellschaften, die durch wirtschaftliche Globalisierung, Digitalisierung und eine stetig wachsende Mobilität einem beschleunigten sozialen Wandel ausgesetzt sind. Die Aus- und Mitgestaltung dieses sozialen Wandels, aber auch die Bearbeitung der Folgen und Bewältigungsaufgaben, die durch ihn auch in der Gestaltung des sozialen Lebens im Gemeinwesen entstehen, gehören zu den Kernfunktionen einer moderne Kinder- und Jugendhilfe. Wenn in diesem Sinne Migration den Normalfall darstellt, so ist auch klar: Nicht die Zu- und Einwanderung von Menschen ist das von der Kinder- und Jugendhilfe zu bearbeitende Problem, sondern die damit verbundenen Gestaltungsaufgaben zur Herstellung und Verbesserung der Sozialisations- und Lebensbedingungen von jungen Menschen und Familien in sozialen Wandlungsprozessen insgesamt. Migration ist in diesem Zusammenhang ein besonderes Situationsmerkmal, da sich hierüber zentrale Möglichkeiten im Zugang zu gesellschaftlichen Gütern entscheiden und in Verbindung mit kultureller Selbst- und Fremdwahrnehmung Zugehörigkeiten oder Ausgrenzungen legitimieren lassen. Die Herstellung von Teilhabechancen, Zugängen und Anerkennungsverhältnissen gehört zu den Kernfunktionen der Kinder- und Jugendhilfe in der Migrationsgesellschaft (vgl. Otto/Schrödter 2006, S. 2).

Das Allgemeine und das Besondere einer Kinder- und Jugendhilfe in der Migrationsgesellschaft

Seit dem Zweiten Weltkrieg sind ca. 45 Millionen Menschen nach Deutschland zugewandert, als Vertriebene, Gastarbeiter, Aussiedler und Flüchtlinge. Der Umgang mit Migration ist somit für die Kinder- und Jugendhilfe keineswegs neu, auch wenn dies in den jeweiligen Krisenzeiten so erscheinen mag. Die moderne Sozialarbeit als Profession ist Ende des 19. Jahrhunderts in den Einwandervierteln der amerikanischen Städte entstanden (vgl. Müller 2006). Der Auf- und Ausbau der Kinder- und Jugendhilfe wurde in den vergangenen Jahrzehnten immer auch mit der Bearbeitung von sozialen Problemen begründet, die vermeintlich durch Migration entstehen – wie das Gastarbeiter-, Aussiedler- und Flüchtlingsproblem und den Verweisen auf die sozialen Auffälligkeiten, Delinquenz und Benachteiligung. Hierbei handelt es sich um ein typisches Legitimationsmuster der Kinder- und Jugendhilfe, für die Bearbeitung sozialer Probleme zuständig zu sein. In der Kinder- und Jugendhilfe war und ist bis heute leider häufig noch der Ansatz, Migrantenkinder als „Problem" zu definieren, präsent, um dadurch spezifische Jugendhilfeleistungen zu legitimieren (vgl. Hamburger 2009). Das öffentliche Problematisierungsmuster (das sogenannte „Ausländer- und Flüchtlingsproblem") geht mit Legitimationsstrategien und professionellen Wahrnehmungsmustern (Kulturalisierung von sozialen Problemen) einher. Gleichsam bedingt dieser Gleichklang von öffentlicher und professioneller Problemdefinition, dass die allgemeinen Strukturfragen und Funktionen sowie professionelle Handlungskonzepte aus dem Blick geraten. Dieser „Problemzugang" zu einer spezifischen Bevölkerungsgruppe löst sich von dem Grundsatz und der eingangs skizzierten Leitnorm, dass Migranten- bzw. Flüchtlingskinder und -jugendliche in erster Linie Kinder und Jugendliche sind, deren Biografien eben auch durch Flucht- bzw. Migrationserfahrung geprägt sind. Da es „die" Migrantenfamilie oder „den" Flüchtlingsjugendlichen nicht gibt, gelten zunächst das Gleichbehandlungsprinzip, die Achtung der Individualität sowie die Anerkennung spezifischer Lebensentwürfe und Bewältigungsstrategien. Begrifflichen Kategorisierungen wie „Migrant", „Flüchtling" oder „Mensch mit Migrationshintergrund" sind dagegen so weitreichend, dass sie äußerst heterogene Personengruppen umfassen (vgl. Müller/Stauf/Teupe 2010). Der Fokus auf die sozialen Probleme von Migranten verkennt zudem, dass es oftmals besonders die handlungsfähigen Personen sind, die durch Flucht und Migration ihr Lebensschicksal positiv beeinflussen und dabei besondere Kompetenzen freisetzen.

Die Kinder- und Jugendhilfe hat es folglich im Kontext von Flucht und Migration in erster Linie mit Kindern, Jugendlichen und ihren Familien zu tun. Die Migrationstatsache erlangt jedoch dann eine besondere Relevanz, wenn

- durch ausländer- oder asylrechtliche Regelungen systematisch Ausgrenzungen wirksam werden (z. B. politische Beteiligung, Wohnsitzwahl, Befristung des Aufenthalts, eingeschränkter Zugang zur sozialen Sicherung).
- strukturelle Zugangsbarrieren zur sozialen Infrastruktur bestehen und die Inanspruchnahme von Hilfe, Beratung und Förderung nicht oder erst spät realisiert werden kann (z. B. Sprachbarrieren, fehlende Information, kulturelle Besonderheiten wie Traditionen und Religionen).
- durch gesellschaftliche Ausgrenzungsprozesse, über Vorurteile, Ethnisierungen und Rassismus das soziale Zusammenleben im Stadtteil oder den Institutionen erschwert wird oder konflikthaft verläuft.
- durch die Ursachen und den Verlauf der Migration, durch mangelnde Integrationsbereitschaft der aufnehmenden Gesellschaft und nicht ausreichende individuelle Bewältigungsressourcen das Bewältigungshandeln scheitert.
- durch die erzeugten Gestaltungsanforderungen allgemeine und ungelöste Strukturfragen deutlicher, schneller und konfliktträchtiger aufscheinen (z. B. Selektionsprozesse in Schulen, Probleme im Übergang und der Vernetzung von Sozialleistungsbereichen, mangelnder bezahlbarer Wohnraum, das Verhältnis von privater zu öffentlicher Erziehung, der Stellenwert von Religion und Sprache).

Für die Kinder- und Jugendhilfe ergibt sich daraus die besondere Herausforderung, dass einerseits über spezifische Kategorien und Analyseraster der Migrationstatsachen und über deren Folgen Rechnung getragen werden muss und andererseits über diese Kategorien soziale Konstruktionen von Wirklichkeit vorgenommen werden, die Auswirkungen auf die Selbst- und Fremdwahrnehmung sowie die Definition von Verteilungskonflikten haben.

Oftmals stehen begriffliche Zuschreibungen wie Flüchtling, Ausländer oder Migrationshintergrund weniger für sachliche Kennzeichnungen eines bekannten Merkmals einer Person, sondern werden als Synonyme für die

Erfahrung von Fremdheit verwendet. Der Flüchtling ist auch historisch betrachtet der Inbegriff des Fremden, verbunden mit ausdrucksstarken Bildern von Gewalt und Widerstand. Eine ähnliche Funktion kann auch die besondere Hervorhebung einer bestimmten Religionszugehörigkeit einnehmen. Die Konstruktion von Fremdheit schafft Distanz und ruft starke Emotionen hervor (z. B. Angst, Neugier, Faszination, Hilfsbereitschaft). Im Zusammenleben von Menschen stellt die Erfahrung von Fremdheit eine ganz besondere Herausforderung dar, die bewältigt werden muss. Für das professionelle Handeln in der Kinder- und Jugendhilfe ist Fremdheit allerdings konstruktiv. Die professionelle Auseinandersetzung mit einem Gegenüber beruht immer auf der Erfahrung von Fremdheit, die mit Respekt und Anerkennung, fachlich reflektiert und beteiligungsorientiert überwunden werden muss. Ohne distanzierte Fremdheit wird das Gegenüber zum Gegenstand, der bereits hinreichend kategorisiert und mit entsprechenden Angeboten versehen werden kann. Fremdheit macht das reflexive Fallverstehen erst notwendig und verhindert eine sozialtechnologische Methodologie. Die Auseinandersetzung mit Fremdheit ist also nicht die Ausnahme sondern der Normalfall für die Kinder- und Jugendhilfe.

Zur Lebenssituation von geflüchteten jungen Menschen – die Gestaltungsaufgaben im sozialen Nahraum und die Handlungsfelder der Kinder- und Jugendhilfe

Noch gibt es relativ wenig wissenschaftlich gesichertes Wissen über die aktuelle Flüchtlingszuwanderung und die Lebenssituation von geflüchteten Menschen in Deutschland sowie die sich daraus ergebenden Konsequenzen für die Handlungsfelder der Kinder- und Jugendhilfe. Erste wichtige Anhaltspunkte liefert die Flüchtlingsstudie des BAMF, die auch für eine Reflexion der Weiterentwicklungsbedarfe hinsichtlich der einzelnen Handlungsfelder der Kinder- und Jugendhilfe genutzt werden kann. Die Studie konstatiert, dass ca. 70 Prozent der Flüchtlinge mit anderen Personen in einem Haushalt leben, zumeist mit Ehegatten und Kindern. Bei knapp 40 Prozent der Asylsuchenden (2016) handelt es sich um Minderjährige, jeder zehnte Asylbewerber ist ein Kind unter drei Jahren und bei jedem vierten handelt es sich um junge Volljährige zwischen 18 und 25 Jahren (vgl. BAMF 2016).

Schon diese wenigen Daten verdeutlichen die besondere Aufgabe sowie den Handlungs- und Gestaltungsauftrag für die Kinder- und Jugendhilfe, da es sich bei den 1,6 Millionen Zugewanderten im Zeitraum von 2014 bis 2016 zum allergrößten Teil um junge Menschen und Familien handelt. Diese offenkundige Feststellung, so selbstverständlich sie auch klingen mag, findet längst keine Entsprechung im politischen Raum oder der öffentlichen

Wahrnehmung. Das öffentliche Bild des „Flüchtlings" ist nach wie vor stark geprägt von „dem alleine reisenden jungen Mann", der aus politischen Gründen vor Krieg oder Verfolgung flieht. Die Empirie zeigt, dass es sich auch bei geflüchteten Menschen ebenso um Familienmitglieder handelt und mehrheitlich Kinder von diesem Phänomen betroffen sind (vgl. UNHCR 2015). Zugespitzt könnte man also zu dem Schluss kommen, dass Flucht und Asyl gerade jetzt Kernthema der Kinder- und Jugendhilfe sein müsste. In der Fachdebatte entsteht allerdings eher der Eindruck, man habe es vor allem mit unbegleiteten Minderjährigen zu tun, für die spezielle Programme aufgelegt werden (z. B. Willkommen bei Freunden) und ansonsten die Spezialdienste (z. B. Jugend-Migrationsdienst) und die Sonderprogramme des BAMF und der Arbeitsagentur greifen. Diese Ausrichtung folgt jedoch der Systemlogik, dass spezielle Gruppen und Problemlagen auch mit spezifischen Angeboten und Diensten bearbeitet werden müssen. Diese Systemlogik spiegelt sich in den unterschiedlichen Zuständigkeiten von Behörden und Sozialgesetzbüchern wider und führt zu einem unübersichtlichen Flickenteppich von Angeboten und Maßnahmen, die mehr oder weniger in den Kommunen koordiniert werden und den Bedarfslagen von geflüchteten Familien entsprechen. Die Aneinanderreihung sowie das Nebeneinander von Unterstützungsangeboten sind jedoch für alle Beteiligten sehr anspruchsvoll bis überfordernd. Da sich aus der Fluchtsituation heraus in der Regel Unterstützungsbedarf in allen Lebensbereichen ergibt, ist hier in besonderer Weise ein abgestimmtes Gesamtkonzept erforderlich, das von der Wohnraumversorgung, über die Gesundheitshilfe, Bildung und Ausbildung bis hin zur Bewältigung traumatischer Erfahrungen reichen kann. Die aktuellen Programme beziehen sich in der Regel jedoch auf spezifische Bedarfslagen von bestimmten Flüchtlingsgruppen. Weitgehend ausgeblendet wird dabei, dass auch die aufnehmende Gesellschaft und die beteiligten Institutionen im Umgang mit Migration, kulturellem Wandel, Verteilungskonflikten und der Ausgestaltung von Anerkennungsverhältnissen befähigt werden müssen. Integration ist kein Selbstläufer, sondern ein hoch anspruchsvoller sozialer Wandlungsprozess, der Reflexion von Machtverhältnissen, Verteilungsfragen und die Auseinandersetzung mit Werten und Normen erfordert. Hierzu bedarf es einer entsprechenden Rahmung in allen gesellschaftlichen Institutionen, damit eine produktive Ausgestaltung der Einwanderungsgesellschaft möglich wird. Das hohe und nach wie vor vorhandene zivilgesellschaftliche Engagement zur Unterstützung von Flüchtlingen zeigt, dass eine produktive gesellschaftliche Auseinandersetzung über Zuwanderung möglich ist. Die öffentliche und politische Debatte konzentriert sich dagegen fast ausschließlich auf Abschottungsfragen und skandalisierende Einzelfälle und Ereignisse (z. B. Silvesternacht in Köln).

"Integration findet vor allem im sozialen Nahraum statt – oder nicht" (Bade 2007). Der Sachverständigenrat deutscher Stiftungen für Integration und Migration (2012) kommt in diesem Zusammenhang zu dem Schluss, dass die intensive integrationspolitische Arbeit jenseits der oft symbolisch aufgeladenen und eher appellativen Debatten auf der Ebene von Bund und Ländern in den Kommunen und den real erfahrenen Lebensräumen von Menschen erfolgt. Da Menschen im kommunalen Raum alltäglich ihr Zusammenleben organisieren müssen, waren die Kommunen schon immer gezwungen, ganz konkret Integrationsprobleme vor Ort anzugehen. Gelingende Integration bleibt dabei häufig unauffällig. Der deutsche Weg in die Einwanderungsgesellschaft war trotz fehlender politischer Konzepte und nach wie vor wirkender Marginalisierungsprozesse bei Zugewanderten ein pragmatischer Erfolgsfall (vgl. Bade 2007, S. 41). An dieser ambivalenten und keineswegs einheitlichen Erfolgsgeschichte hat die Kinder- und Jugendhilfe mit all ihren Versäumnissen auf diesem Weg, einen erheblichen Anteil. Die Kinder- und Jugendhilfe ist kommunal verfasst und in den sozialen Nahräumen von Familien präsent. Mit Blick auf geflüchtete und nicht geflüchtete junge Menschen und Familien ist sie der zentrale Integrationsmotor in den sozialen Lebenswelten. Dies geschieht in den einzelnen Handlungsfeldern mehr oder weniger impliziert, geplant und konzeptuell gefasst oder eben auch dadurch, dass hier Begegnungsraum oder spezifische Angebote vorgehalten werden.

Im Bereich der Frühen Hilfen befindet sich die Debatte über Zugänge und Unterstützungsmöglichkeiten von Flüchtlingsfamilien noch in den Anfängen. Im Zuge der Kinderschutzdebatte sowie der damit einhergehenden gesetzlichen Veränderungen (Bundes- und Landeskinderschutzgesetze) werden die *Frühen Hilfen* bundesweit auf- und ausgebaut. Die Angebote zielen darauf ab, junge Familien vor, während und nach der Geburt durch niedrigschwellige Informations- und Unterstützungsangebote zu beraten und zu begleiten und gleichzeitig „der Realisierung eines frühen Schutzauftrages im Sinne des staatlichen Wächteramtes für ‚Risikogruppen' [nachzukommen]" (BMFSFJ 2013, S. 300). Dabei stehen die Frühen Hilfen vor der Herausforderung, sich zwischen regelhafter Primärprävention und dem Bereich des Kinderschutzes zu verorten (vgl. ebd., S. 300 ff.). Die besonderen Potenziale der Frühen Hilfen gelten auch für Flüchtlingsfamilien: niedrigschwellige Zugangsmöglichkeiten in einer spezifischen Lebenssituation (Schwangerschaft, Geburt, die ersten Lebensjahre von Kindern), Bildungs-, Beratungs- und unterstützende Bindungsangebote zu einem Zeitpunkt, an dem sich problematische Handlungsmuster noch nicht verfestigt haben, interdisziplinär und an der Stärkung von alltäglicher Handlungskompetenz orientiert. Hier zeigen sich kaum Unterschiede zwischen Familien mit und ohne Fluchterfahrungen. Die spezifische Herausforderung besteht vielmehr darin, dass vielerorts das System der Frühen Hilfen längst noch nicht flächendeckend ausgebaut und strukturell abgesichert ist. Auch gibt es nicht „die" Frühen Hilfen, sondern sehr vielfältige Modelle und Projekte. Es stellt sich insbesondere die Aufgabe, Frühe Hilfen schon in den Erstaufnahmeeinrichtungen in Verbindung mit entsprechenden Schutzkonzepten anzubieten, den Übergang in die Kommunen beim Wechsel in eine Wohnung strukturell abzusichern und in Netzwerkstrukturen zu integrieren[1].

Die Frühen Hilfen können einen entscheidenden Beitrag dazu leisten, dass Kinder von Flüchtlingsfamilien frühzeitig den Weg in die Kindertagesstätte finden. Je nach Herkunftsland ist für viele Flüchtlingsfamilien die Betreuung von Kindern in Kindertagesstäten weitgehend unbekannt. Häufig beginnt die institutionelle Betreuung von Kindern erst mit der Vorschule ab dem 3. oder 5. Lebensjahr. Die *Kindertagesbetreuung* stellt den größten Leistungsbereich der Kinder- und Jugendhilfe dar. Im Jahr 2015 wurden rund 26 Millionen Euro also etwa 65 Prozent der Ausgaben der Kinder- und Jugendhilfe für die Kindertagesbetreuung aufgewendet (vgl. AKJ Stat 2017, S. 3). Wurde noch bis Ende der 1990er Jahre über die Chancen und Risiken der Kindertagesbetreuung in Abgrenzung zur familiären Erziehung diskutiert, so ist der Besuch einer Kindertageseinrichtung heute nahezu zur biografischen Selbstverständlichkeit geworden (vgl. BMFSFJ 2013). Eine bedarfsorientierte und qualitativ hochwertige Kindertagesbetreuung gehört mittlerweile zur Basis einer familienfreundlichen und bildungsfördernden sozialen Infrastruktur. Der Kindertagesbetreuung kommt hinsichtlich der sozialen Integration von Kindern und ihren Eltern – insbesondere aus sozial benachteiligten, bildungsfernen Milieus – eine besondere Bedeutung zu. Die Kindertagesstätten sind neben den Grundschulen die einzigen Orte, an denen Kinder unterschiedlicher sozialer Herkunft zusammen einen großen Teil des Tages und ihrer Kindheit verbringen. Hier findet auf spielerische Weise Spracherwerb statt, können Eltern erreicht und eingebunden werden und Netzwerke im Gemeinwesen, zu Vereinen, Kirchen und andere Organisationen aufgebaut werden. Kindertagesstätten sind daher mehr als eine Betreuungseinrichtung zur besseren Vereinbarkeit von Familie und Beruf. Sie gelten als Bildungseinrichtungen, die allerdings weit mehr können als eine Vorschule, und müssen in Zukunft deutlich mehr sozialpädagogische Elemente enthalten, damit alle Kinder gute Sozialisations- und Erziehungsbedingungen in dieser entscheidenden Lebensphase erhalten. Allerdings müssen Kindertagesstätten, um diesem Anspruch gerecht zu werden, entsprechend ausgestattet sein und mit den anderen Diensten der Kinder-

---

1 Im Rahmen des niedersächsischen Modellprogramms „Elternarbeit, Frühe Hilfen und Migrationsfamilien" konnten eine Reihe von praktischen Erfahrungen gesammelt werden, wie Zugänge aufgebaut, Informationen transportiert, sprachliche Barrieren überwunden sowie integrative Ansätze umgesetzt werden können (vgl. MSGG 2014).

und Jugendhilfe sozialräumlich und konzeptionell vernetzt werden. Für Flüchtlingsfamilien stellt sich vor allem die Frage, wie ein frühzeitiger Zugang ermöglicht und wie angesichts einer wachsenden Nachfrage an Plätzen, der Ausbau quantitativ und qualitativ gut abgesichert werden kann.

Im Gesamtspektrum der Kinder- und Jugendhilfe stellen die *Hilfen zur Erziehung* einen weiteren wichtigen Leistungsbereich dar. Im Jahr 2014 erreichte die Inanspruchnahme der Hilfen zur Erziehung mit über einer Million Kindern und Jugendlichen im Hilfebezug insgesamt einen neuen Höchststand (AKJ Stat 2015). Seither setzt sich die Entwicklungstendenz in den erzieherischen Hilfen auf hohem Niveau fort. Im Jahr 2015 werden bundesweit rund 8 Millionen Euro für die erzieherischen Hilfen, also rund 18 Prozent der Gesamtausgaben, aufgewendet (vgl. AKJ Stat 2017, S. 3). Galten die Hilfen zur Erziehung lange als Ausfallbürgen aufgrund von Benachteiligungen, individuellen Notlagen und kritischen Lebensereignissen, sind sie infolge des quantitativen Bedeutungszuwachses heute zu einem „normalen" Unterstützungsangebot für junge Menschen und Familien in überforderten Lebens- und Krisensituationen geworden. Bei Vorliegen der Leistungsvoraussetzungen können auch Flüchtlingsfamilien eine erzieherische Hilfe erhalten. Bislang allerdings erhielten diese vorwiegend unbegleitete minderjährige Flüchtlinge. Diesen steht rein rechtlich das gesamte Leistungsspektrum der Kinder- und Jugendhilfe zur Verfügung. Auch ihnen soll eine den individuellen Bedarfslagen entsprechende Unterstützungsleistung gewährt werden. Jedoch zeigt sich derzeit die Tendenz, dass junge Geflüchtete in erster Linie in der Heimerziehung gemäß § 34 SGB VIII, und hier vorrangig in spezialisierten Wohngruppen untergebracht werden. In den vergangenen Jahren mussten zeitweise mehr als 70.000 unbegleitete Minderjährige über die Kinder- und Jugendhilfe rasch versorgt werden. Platzkapazitäten wurden vor allem im Bereich der Heimerziehung und betreuter Wohnformen geschaffen. Auch fanden sich einige Pflegefamilien. In diesem Bereich haben öffentliche und freie Träger in den vergangenen Jahren Beachtliches geleistet, um diese jungen Menschen gut zu versorgen. Nach der Phase der schnellen Versorgung und dem Aufbau von Platzkapazitäten steht nun eine konzeptionelle Reflexion der Versorgungsstruktur von unbegleiteten minderjährigen Flüchtlingen an (vgl. Brinks/Dittmann/Müller 2017). Da junge Flüchtlinge aufgrund ihres Eintrittsalters (ca. 16) nur eine kurze Zeit in der Jugendhilfe verbringen, gewinnen die Hilfen für junge Volljährige erheblich an Bedeutung. Junge Flüchtlinge brauchen weit über das 18. Lebensjahr hinaus unterstützende Strukturen und eine sozialpädagogische Begleitung in einem abgestimmten Gesamtsystem von Kinder- und Jugendhilfe, Schule und Ausbildung, Ausländerbehörde, Wohnraum und Zugang zu Gleichaltrigen im Gemeinwesen. Im Aufbau dieses abgestimmten Gesamtsystems liegt die zentrale Zukunftsaufgabe, damit nicht eine ganze Generation junger Menschen mit unsicherer Bleibeperspektive, verweigerter Möglichkeit des Familiennachzugs und verwehrten Bildungschancen zum gesellschaftlichen Problem und zum Nährboden von Rechtspopulisten wird.

Die Bedarfslagen junger Flüchtlinge verweisen auch auf eine grundlegende Debatte zur Neujustierung der *Jugendsozialarbeit*, die sich vorwiegend aus den Programmen der Bundesagentur für Arbeit speist und kaum noch ein eigenständiges Projekt in der Kinder- und Jugendhilfe hat. Bei jungen Flüchtlingen trifft die Feststellung von sozialer Benachteiligung aufgrund ihrer Lebenssituation sowie des Unterstützungsbedarfs im Übergang in Schule und Ausbildung zu. Allerdings handelt es sich hierbei nicht um individuelle Beeinträchtigungen der jungen Menschen, sondern um strukturelle Probleme, die dadurch entstehen, dass weder das Schulsystem noch die Wirtschaft auf die Fluchtzuwanderung eingestellt waren. Für eine gelungene Integration in Schule und Ausbildung sind verschiedene Kompetenzen erforderlich, die bei jungen Flüchtlingen anerkannt, gefördert bzw. noch erkundet werden müssen. Dazu allerdings braucht es nicht nur entsprechende Strukturen im Bildungssystem, sondern auch Zeit, die Befähigung von Betrieben sowie eine verlässliche ausländerrechtliche Perspektivklärung, die weder die jungen Menschen, noch die Betriebe in Ungewissheit bei der Bleibeperspektive lässt.

In diesem Zusammenhang sind auch Angebote der *Schulsozialarbeit* und *schulbezogenen Jugendsozialarbeit* zu berücksichtigen. Das Verhältnis zwischen Jugendhilfe und Schule hat sich in den vergangenen Jahrzehnten grundlegend verändert, zunehmend ausgeweitet und normalisiert. Dies wird vor allem an den vielfältigen schulnahen und schulbezogenen Angeboten deutlich, die die Kinder- und Jugendhilfe mit steigender Tendenz anbietet: Von der Schulsozialarbeit und den Integrationshilfen über Angebote der Jugendarbeit in Nachmittagsangeboten der Schule und im Rahmen von Ganztagsschulkonzepten bis hin zur Zusammenarbeit im Bereich des Kinderschutzes oder Angeboten der Hilfen zur Erziehung an Schulen (vgl. BMFSFJ 2013, S. 327 ff.). Die Kinder- und Jugendhilfe schafft hier einen Rahmen für mehr Bildungsgerechtigkeit. Dies ist gerade für junge Geflüchtete sowie Kinder und Jugendliche mit Migrationshintergrund bedeutsam. In Deutschland ist der Zusammenhang zwischen dem sozioökonomischen Status der Eltern und dem Bildungserfolg ihrer Kinder ungebrochen hoch. Aufgrund von nicht anerkannten Abschlüssen, reduzierter Sozialleistungen, Residenzpflichten sowie mitunter Arbeits- und Studienverboten sind vor allem Flüchtlingsfamilien strukturell benachteiligt. Die Kinder- und Jugendhilfe steht folglich auch vor der Herausforderung, ihre schulbezogenen Leistungen und Angebote für geflüchtete Kinder und Jugendliche zu öffnen und gelingend auf den Abbau und den Ausgleich von Benachteiligungen insgesamt, aber auch im Bildungssystem hinzuwirken. Sie ist darüber hinaus maßgeblich an der Ausgestaltung sowie der Bereitstellung von Möglichkeits- und Gestaltungsräumen non-formaler und informeller Bildungsprozesse (und das nicht nur in der Schule) beteiligt. Gerade vor dem Hintergrund demografischer Entwicklungen kommt ihr eine besondere Rolle bei der Ausgestaltung der Schule, nicht nur als Lern-, sondern auch als Lebensort für Kinder und Jugendliche, zu (vgl. MIFKJF 2015). Dies bietet im Kontext von Flucht und Migration die Möglichkeit, diese Gestaltungsräume non-formaler Bildungsprozesse bewusst als Begegnungsräume für alle Kinder und Jugendlichen zu gestalten, was für einen Aushandlungsprozess von Werten des gesellschaftlichen Zusammenlebens unter Beteiligung der geflüchteten Kinder und ihrer Familien eine Chance darstellt. Der Abbau struktureller Benachteiligung und die Zugänge zu Bildungs- und Ausbildungsangeboten sind langfristig für eine gelingende Integrationsperspektive junger Geflüchteter und ihrer Familien zentral. Wie in Teilen der zweiten und dritten Generation der Gastarbeiter besteht derzeit erneut die Gefahr, Menschen bei verwehrten Zugängen „in einen Zustand hochgradiger (…) Prekarität" (Jakob 2016, S. 14) zu zwingen. Die Erfahrungen der letzten Jahrzehnte haben gezeigt, „Menschen gehen nicht zurück [in ihr Heimatland], nur weil man sie an der Integration hindert" (Jakob 2016, S. 14). Für ein gutes gesellschaftliches Zusammenleben ist jedoch eine gemeinsame Gestaltung dessen erforderlich, was nur bei Teilhabe aller am Aushandlungsprozess funktioniert.

Neben der schulischen Bildung sind für die soziale, politische und kulturelle Bildung vorrangig die Angebote der *Jugendarbeit* relevant. Die Bedeutung der Jugendarbeit wird durch den aktuellen 15. Kinder- und Jugendbericht hervorgehoben. Die Jugendarbeit hat in den vergangenen zwei Jahrzehnten massiv an Bedeutung verloren. Etwa 4 Prozent der Gesamtausgaben der Kinder- und Jugendhilfe entfallen auf den Bereich der Jugendarbeit. Im Gegensatz zu den erzieherischen Hilfen und der Kindertagesbetreuung besteht kein individueller Rechtsanspruch auf Jugendarbeit, und diese steht damit stetig unter Legitimationsdruck in den Verhandlungen kommunaler Haushalte. Zudem steht die Jugendarbeit in Folge der Ganztagsschulentwicklung vor der Frage, wie eine neue Verhältnisbestimmung zur Schule aussehen könnte. Dieser Wandel ergibt sich zeitlich, aber auch vor dem Hintergrund demografischer Entwicklungsprozesse allein räumlich, da Schulen als Ganztagsschulen zum zentralen Ort im Sozialraum werden, an dem die Möglichkeit besteht Gleichaltrige zu treffen und zunehmend auch Freizeitaktivitäten stattfinden. Gerade im Kontext vermehrter Zuwanderung, aber auch vor dem Hintergrund demografischer Entwicklungen ist die Funktion der Jugendarbeit für non-formale Bildungsprozesse kaum zu unterschätzen. Die Jugendarbeit ist, auch in Form von selbstorganisierten Gruppen und Verbänden, zu einem besonderen Akteur der Integration geworden. Sie bietet mit ihren Angeboten Erfahrungs- und Möglichkeitsräume für eine „sanfte" Integration, die die jungen Menschen anders als in der Schule nicht mit harten Leistungsanforderungen konfrontiert.

Kaum ein anderes Thema hat die Kinder- und Jugendhilfe in den vergangenen Jahren so deutlich verändert wie die *Kinderschutz*debatte. Durch die Einführung des § 8a SGB VIII und die damit einhergehenden Bundes- und Landeskinderschutzgesetze wurde der Kinderschutz erheblich gestärkt. Der Auftrag, Kinder verlässlich vor Gefahren zu schützen, gilt auch bei Flüchtlingsfamilien. Aus verschiedenen Untersuchungen speziell zu Fragen des migrationssensiblen Kinderschutzes (vgl. Jagusch/Sievers/Teupe 2012) ist bekannt, dass sich wenige Unterschiede bei den Auslösern, Erscheinungsformen und Interventionsstrategien zeigen. Allerdings ist die fachliche Unsicherheit bei Migrationsfamilien in der Einschätzung von Kinderschutzverdachtsfällen und den geeigneten Maßnahmen besonders groß. Hinzu kommt, dass bei Flüchtlingsfamilien vor allem im Zusammenhang mit der Unterbringung in Gemeinschaftsunterkünften besondere Probleme entstehen. Hier bedarf es der Entwicklung von Schutzkonzepten und einer engeren Kooperation mit den verantwortlichen Jugendämtern und Trägern. Die Unterbringungssituation gestaltet sich für geflüchtete Familien oft sehr prekär. Wenn mehrere Familien auf engem Raum leben, dann mangelt es häufig nicht nur an entsprechender Privatsphäre und Rückzugsräumen auch für Kinder. Zudem sind die vorhandenen Räume für Kinder generell in großen Einrichtungen häufig nicht dem Kindeswohl entsprechend. Zum Teil setzen sich diese engen Wohnverhältnisse fort, denn auch auf dem Wohnungsmarkt sind Geflüchtete strukturell benachteiligt. An dieser Stelle werden folglich nicht nur konzeptionelle Anforderungen sichtbar, die auch eine migrationssensible Haltung der professionellen Akteure mit einschließt. Grundsätzlich stellt sich auch die Frage, wie das Wächteramt und der Kinderschutzauftrag verantwortlich wahrgenommen werden können, in Strukturen staatlicher Versorgung, die zum Teil selbst prekäre Verhältnisse produzieren.

Perspektiven der Kinder- und Jugendhilfe in der Zu- und Einwanderungsgesellschaft – zwischen der Bearbeitung struktureller Herausforderungen und fachpolitischer Positionierung

Migration als gesellschaftlicher Normalfall für die Kinder- und Jugendhilfe: Bei der Kinder- und Jugendhilfe handelt es sich um einen zentralen Akteur, um auf kommunaler Ebene die Anforderungen, die sich aus Flucht und Integration ergeben, zu gestalten. Die Geschichte der Kinder- und Jugendhilfe sowie der sozialen Arbeit insgesamt ist eng verbunden mit der Frage, was neu zugewanderte Menschen in einem Gemeinwesen brauchen und wie die soziale Integrationskraft dort erhalten bzw. gestärkt werden kann. Historisch betrachtet stellt die Zu- und Einwanderung von Menschen den gesellschaftlichen Normalfall dar. Die Flüchtlingszuwanderung in den Jahren 2014 bis 2016 ist zwar ein historisch einmaliges Ereignis in dieser spezifischen Form, aber eingebunden in die weltweit wachsende Zahl von Flüchtlingen, die vor Krieg und Bürgerkrieg, Gewalt und Naturkatastrophen fliehen.

Da das SGB VIII Leistung grundsätzlich unabhängig davon gewährt, ob es sich um Geflüchtete, Menschen mit oder ohne Migrationshintergrund handelt, haben folglich alle jungen Menschen und Familien Anspruch auf entsprechende Angebote und Dienste. Junge Geflüchtete sind entsprechend in ihrer individuellen und sozialen Entwicklung zu fördern, strukturelle Benachteiligungen sollten vermieden oder abgebaut werden, sie sind vor Gefahren zu schützen, sodass die Kinder- und Jugendhilfe insgesamt auf die Erhaltung und Schaffung positiver Lebensbedingungen in einer pluralen Gesellschaft hinzuwirken hat.

Für die Kinder- und Jugendhilfe ergibt sich im Kontext von Migration und Flucht die besondere Herausforderung, dass sie für die Weiterentwicklung ihrer Angebote einerseits spezifische Kategorien und Analyseraster braucht, um den Migrationstatsachen und ihren Folgen Rechnung tragen zu können, und sich andererseits gleichzeitig kritisch darüber bewusst sein muss, dass über diese Kategorien soziale Konstruktionen von Wirklichkeit vorgenommen werden, die wachsende Auswirkungen auf die professionelle Selbst- und Fremdwahrnehmung haben. Ein bewusster Umgang damit ist deshalb so relevant, weil die Neuzuwanderung von Menschen immer auch zu Verteilungsfragen bei der Auseinandersetzung um knappe Güter (z. B. Sozialleistungen, Wohnraum, Kita-Plätze) führt. Werden diese Verteilungsfragen mit kulturellen oder ethnischen Zuschreibungsmustern vermischt oder daran gekoppelt, entstehen schnell kulturell ethnisch aufgeladene Verteilungskonflikte. Im Kern geht es hier um die Reflexion eines sozialpädagogischen Grundproblems, nämlich der Frage, wer an den kollektiven Lebensbedingungen partizipieren kann und wer legitimerweise dazu gehört oder nicht (vgl. Otto/Schrödter 2006, S. 2).

Die Kinder- und Jugendhilfe muss Verantwortung nicht nur für gute sondern auch gerechte Bedingungen des Aufwachsens in der Migrationsgesellschaft übernehmen: Zwar konstatiert der 14. Kinder- und Jugendbericht, die Kinder- und Jugendhilfe sei in der Mitte der Gesellschaft angekommen (vgl. BMFSFJ 2013), allerdings bleibt die Frage, in welcher und für welche Mitte, unbearbeitet. Denn trotz der Ausweitung und Ausdifferenzierung von Angeboten und eingesetzter finanzieller Mittel, muss sich die Kinder-

und Jugendhilfe mit der Tatsache auseinandersetzen, dass sie generell längst nicht das erreicht, was sie im Hinblick auf ihre Zielsetzung – dem Abbau und Ausgleich von Benachteiligungen und der Förderung jedes Einzelnen zur Entwicklung zu einer eigenverantwortlichen und gemeinschaftsfähigen Persönlichkeit (vgl. § 1 SGB VIII) – erreichen sollte. Dies wird im Kontext von Zuwanderung noch einmal besonders deutlich, da Geflüchtete und Menschen mit Migrationshintergrund struktureller Benachteiligung (z. B. im Hinblick auf Bildungsabschlüsse, Teilhabe am Arbeitsmarkt etc.) ausgesetzt sind.

Die Expansion der Kinder- und Jugendhilfe hat bislang nicht in vergleichbarem Umfang zur Verringerung herkunftsbezogener Benachteiligungen geführt. Der Zusammenhang zwischen dem sozioökonomischen Status der Familie und den sich daraus ergebenden realen Teilhabechancen wurde trotz umfänglicher Bemühungen nicht in ausreichendem Maße durchbrochen. Armutslagen sind ein gesamtgesellschaftliches Problem und bedürfen entsprechend auch einer politikübergreifenden Bearbeitung. Durch Migration werden gesellschaftliche Verteilungsfragen noch einmal verschärft, was auch die Kinder- und Jugendhilfe betrifft. Sie muss sich vor dem Hintergrund ihrer immanenten Leitnorm und ihrer gesellschaftlichen Funktion nicht nur der Frage „Wen erreichen wir mit welchen Angeboten und welcher Wirkung?" stellen, sondern sich darüber hinaus auch mit ihren eigenen immanenten Exklusions- und Normierungsprozessen und -mechanismen beschäftigen. Dies beinhaltet die kritische Reflexion einer auch im Zuge der Versorgung von unbegleiteten minderjährigen Flüchtlingen zunehmenden Spezialisierung von Angeboten wie auch den professionellen Umgang mit Fremdheitserfahrungen. Die bundesweit höchste unterschiedliche Finanzausstattung der Kommunen führt zu ungleichen Zugangschancen zu Angeboten der Kinder- und Jugendhilfe. Über die politische Debatte darüber, was junge (volljährige) Flüchtlinge an Kinder- und Jugendhilfe brauchen, um für alle beteiligten Akteure einen funktionierenden Übergang in Ausbildung und Beruf zu gestalten, werden insgesamt die Standards für junge Volljährige infrage gestellt. Die Ergebnisse der Careleaver-Debatte begründen sehr anschaulich, dass genau das Gegenteil erforderlich sei, nämlich die Ausweitung von Leistungen über das 18. Lebensjahr hinaus, verbunden mit einem abgestimmten Übergangsmanagement, an dem Schule und Arbeitsagentur verbindlich zu beteiligen sind (vgl. BMFSFJ 2017). Auch deshalb braucht es wieder eine Debatte zum Thema Soziale Gerechtigkeit, damit die Kinder- und Jugendhilfe nicht nur für gute, sondern auch gerechte Bedingungen der Entfaltung und des Aufwachsens von Kindern und Jugendlichen in Deutschland einzutreten kann (vgl. Otto 2017).

Den normativen Bezugspunkt der Kinder- und Jugendhilfe neu definieren und fachlich-konzeptionell umsetzen: Mit der Expansion, der Ausdifferenzierung und Professionalisierung sowie dem Bedeutungszuwachs der Kinder- und Jugendhilfe geht die Notwendigkeit einer, auch ihr fach- und sozialpolitisches Profil neu zu bestimmen. Wie eine Gesellschaft mit Flüchtlingen umgehen will, ist eine grundlegende politische Frage, die derzeit Europa zu spalten droht. Deshalb muss auch eine Kinder- und Jugendhilfe im gesellschaftlichen Funktionszusammenhang von guten Bedingungen des Aufwachsens und Chancengerechtigkeit dazu Position beziehen. Damit die Kinder- und Jugendhilfe qua ihres Auftrages (§ 1 SGB VIII) auf positive Lebensbedingungen und damit auf eine sozial gerechte Gesellschaft hinwirken kann, muss sie erneut ihren eigenen normativen Bezugspunkt definieren und diesen auch fachlich-konzeptionell umsetzen. Zentral scheinen in diesem Zusammenhang die Fragen, ob die Leitnorm der Lebensweltorientierung weiter Bestands- und Integrationskraft besitzt, welches sozialpädagogisch begründete Verständnis von Bildung und Erziehung die Kinder- und Jugendhilfe vertritt, und die Auseinandersetzung darüber, in welcher Gesellschaft welche öffentliche Erziehung in welche Richtung wirken soll.

In der Zu- und Einwanderungsgesellschaft wird dies besonders deutlich. Die Kinder- und Jugendhilfe wird hinsichtlich der Gestaltungsanforderungen im Kontext von Migration auf ihren professionellen Umgang mit Fremdheit aufmerksam gemacht. Die Erfahrung von Fremdheit stellt gesellschaftlich wie professionell eine Herausforderung dar. Normen und Werte, Lebensentwürfe, Geschlechterrollen und Kommunikationsformen werden infrage gestellt und mit inversen Entwürfen konfrontiert. Aus diesen Fremdheitserfahrungen ergeben sich Verunsicherungen, Orientierungsfragen und Konflikte im Gemeinwesen, aber auch im professionellen Handeln. Der Umgang mit Fremdheit ist allerdings konstitutiv für die Soziale Arbeit. Das Verstehen fremder Lebenswelten und der Rekonstruktion von Biografie und Bewältigungsmustern gehört zu den professionellen Kernbestandteilen, unabhängig davon, ob es sich um Migrationsprozesse und -biografien, Lebenslagenprobleme oder normabweichende Bewältigungsmuster handelt.

Weiterentwicklung einer migrationssensible Kinder- und Jugendhilfe: Eine migrationssensible Kinder- und Jugendhilfe unterscheidet sich zunächst nicht von einer nach fachlichen Standards arbeitenden „allgemeinen" Kinder- und Jugendhilfe. Vielmehr wird bei der Analyse professioneller Konzepte und der einzelnen Handlungsfelder deutlich, dass sie die allgemeinen Standards besonders gut einhalten und umsetzen muss, damit sie den spezifischen Herausforderungen von Flucht und Integration Rechnung tragen kann. Im Kern zielt eine migrationssensible Kinder- und Jugendhilfe auf mehr Zugangs-, Befähigungs- und Realisierungsgerechtigkeit für junge Menschen und Familien mit und ohne Migrations- und Fluchthintergrund. Dazu ist es allerdings erforderlich, die strukturellen Mechanismen von Benachteiligung und Verteilungskonflikten in den Blick zu nehmen, um sie im Rahmen einer abgestimmten Gesamtstrategie und eingebettet in kommunale Integrationskonzepte zu bearbeiten.

Bei der Weiterentwicklung der Kinder- und Jugendhilfe entlang der Bedarfs- und Lebenslagen von geflüchteten jungen Menschen und Familien gilt es daher vor allem, das Gesamtgefüge der Kinder- und Jugendhilfe, nämlich die Kombination einer breit und niedrigschwellig angelegten und präventiv wirkenden Regelstruktur sowie individuell einzelfallorientierter Leistungen in ihrem Zusammenwirken systematisch zu achten. In diesem Zusammenhang ist eine kritische Reflexion der bestehenden Angebote und Strukturen erforderlich. Dies beinhaltet eben nicht nur die Schaffung zusätzlicher und spezieller Angebote nur für Geflüchtete, sondern mehr die interkulturelle Öffnung des Gesamtspektrums der Leistungen für zugewanderte Kinder und Familien. Zudem braucht es eine Kinder- und Jugendhilfe, die Partizipation und Beteiligung als Bezugspunkt ihres professionellen Handelns etabliert. Dazu gehört eine individuelle Bedarfsfeststellung auch für geflüchtete Kinder und ihre Familien genauso wie die Sicherung von Beteiligungsrechten und realer Beteiligungsmöglichkeiten. Beteiligung ist in diesem Zusammenhang jedoch nicht nur bzgl. der geflüchteten jungen Menschen zu denken, sondern auch in Bezug auf Fachkräfte, Institutionen, Bürger und Bürgerinnen im Sinne einer kommunalen Gesamtkonzeption für die Realisierung ihrer Arbeit und ein gelingendes Zusammenleben.

Für die Kommunen stellt das Angebot der Kinder- und Jugendhilfe mittlerweile eine unverzichtbare Infrastrukturleistung dar, die allen jungen Menschen und ihren Familien – also auch Zugewanderten – im Hinblick auf das soziale Zusammenleben positiv zugutekommt. Die Kinder- und Jugendhilfe ist somit von zentraler gesellschaftlicher Systemrelevanz. Die anstehenden grundsätzlichen Gestaltungsaufgaben und fachlich-konzeptionellen Anforderungen werden durch Migration und Zuwanderung lediglich komplexer, beschleunigt und verdichtet. Kinder- und Jugendhilfe in einer modernen pluralen Ein- und Zuwanderungsgesellschaft muss sich deshalb fachpolitisch und strukturell zu der Frage verhalten, in welcher Gesellschaft wir wie leben wollen und welche Kinder- und Jugendhilfe es dafür braucht.

Literatur

AKJ Stat (2017): Kommentierte Daten der Kinder- und Jugendhilfe. Heft 1. http://www.akjstat.tu-dortmund.de/fileadmin/Startseite/56_KomDat_Heft_1_2017.pdf

AKJ Stat (2016): Kommentierte Daten der Kinder- und Jugendhilfe. Heft 1. http://www.akjstat.tu-dortmund.de/fileadmin/Komdat/2016_Heft1_KomDat.pdf

AKJ Stat (2015): Kommentierte Daten der Kinder- und Jugendhilfe. Heft 3. http://www.akjstat.tu-dortmund.de/fileadmin/Komdat/2015_Heft3_KomDat.pdf

Bade, Klaus-Jürgen (2007): Leviten lesen: Migration und Integration in Deutschland. In: IMIS-Beiträge. Heft 31, S. 43–64. https://www.imis.uni-osnabrueck. de/fileadmin/4_ Publikationen/PDFs/imis31.pdf

Brinks, Sabrina/Dittmann, Eva/Müller, Heinz (Hrsg.) (2017): Handbuch unbegleitete minderjährige Flüchtlinge. Regensburg.

Bundesamt für Migration und Flüchtlinge (BAMF) (2016): Migrationsbericht 2015. https://www.bamf.de/SharedDocs/Anlagen/DE/Publikationen/Migrationsberichte/migrati onsbericht-2015.pdf?__blob=publicationFile

Bundesministerium für Familie, Senioren, Frauen und Jugend (BMFSFJ) (Hrsg.) (2017): 15. Kinder- und Jugendbericht. Bericht über die Lebenssituation junger Menschen und die Leistungen der Kinder- und Jugendhilfe in Deutschland. Berlin.

Bundesministerium für Familie, Senioren, Frauen und Jugend (BMFSFJ) (Hrsg.) (2013): 14. Kinder- und Jugendbericht. Bericht über die Lebenssituation junger Menschen und die Leistungen der Kinder- und Jugendhilfe in Deutschland. Berlin.

Hamburger, Franz (2009): Abschied von der interkulturellen Pädagogik. Plädoyer für einen Wandel sozialpädagogischer Konzepte. Weinheim und München.

Jagusch, Birgit/Sievers, Britta/Teupe, Ursula (2012): Migrationssensibler Kinderschutz. Ein Werkbuch. Regensburg.

Jakob, Christian (2016): Flüchtlinge verändern Deutschland. In: Aus Politik und Zeitgeschichte, Heft 14–15, S. 9–14.
http://www.bpb.de/apuz/223910/zufluchtsgesellschaft-deutschland.

Ministerium für Integration, Familie, Kinder, Jugend und Frauen RLP (MIFKJF) (2015): 2. Kinder- und Jugendbericht RLP. Respekt! Räume! Ressourcen!
https://mffjiv.rlp.de/fileadmin/mifkjf/Publikationen/Kinder_und_Jugend/2._Kinder-_und_Jugendbericht_Rheinland-Pfalz.pdf.

Müller, C. Wolfgang (2006): Wie helfen zum Beruf wurde. Weinheim und München.

Müller, Heinz/Stauf, Eva/Teupe, Ursula (2010): Migrationssensible Jugendhilfeplanung. In: Maykus, Stephan/Schone, Reinhold (Hrsg.): Handbuch Jugendhilfeplanung. Wiesbaden.

Niedersächsisches Ministerium für Soziales, Gesundheit und Gleichstellung (MSGG) (Hrsg.) (2014): Elternarbeit, Frühe Hilfen und Migrationsfamilien. Praxishandbuch. Hannover.

Otto, Hans-Uwe (2017): Gerechtigkeit als Perspektive in den HzE. In: Forum Erziehungshilfen. 23. Jg., Heft 2, S. 68–71.

Otto, Hans-Uwe/Schrödter, Mark (2006): Soziale Arbeit in der Migrationsgesellschaft. In: Neue Praxis Sonderheft 8.

Sachverständigenrat deutscher Stiftungen für Integration und Migration (2012): *Integration im föderalen System: Bund, Länder und die Rolle der Kommunen*. Jahresgutachten 2012. Essen.

UNHCR (2015): http://www.unhcr.de/no_cache/service/zahlen-und-statistiken.html?cid= 11687&did=10824&sechash=c1e47294.

Jens Pothmann

Veränderungen in der Kinder- und Jugendhilfe durch geflüchtete junge Menschen – Einblicke in statistische Daten

Junge Menschen mit und ohne Familie haben aufgrund von Krieg, Terror, Hunger, Verfolgung oder anderen menschenunwürdigen Lebensumständen ihr Land verlassen und haben in Deutschland Schutz gesucht. Zwar lässt sich deren Anzahl für die letzten Jahre nicht exakt beziffern, allerdings kann davon ausgegangen werden, dass alleine 2015 und 2016 zusammen rund 1,2 Millionen Menschen nach Deutschland gekommen sind. Anhand der Asylerstanträge wird deutlich, dass mehr als die Hälfte der Geflüchteten jünger als 25 Jahre alt ist und diese somit zumindest potenziell Adressatinnen und Adressaten der Kinder- und Jugendhilfe sind (vgl. Pothmann/Kopp 2016). Das ist nicht spurlos an der Kinder- und Jugendhilfe vorübergegangen, wie die nachfolgenden Ausführungen zeigen werden.

Angebote der Kindertagesbetreuung für Kinder geflüchteter Familien

Die Nutzung von Bildungsangeboten ist ein wichtiger Beitrag für die gesellschaftliche Integration. Vor allem für Kinder liegt hier eine große Chance, frühestmöglich die deutsche Sprache sowie das Land, die Region und deren Kultur kennenzulernen. Die Kinder- und Jugendhilfe ist gesamtverantwortlich für die institutionelle Bildung, Betreuung und Erziehung von Kindern in den ersten Lebensjahren in der Kindertagesbetreuung.

Bei nach Deutschland geflüchteten Familien besteht allerdings keine Einigkeit darüber, ab wann die im SGB VIII formulierten einschlägigen Rechtsansprüche auf einen Betreuungsplatz für nach Deutschland geflüchtete Familie gelten. Einerseits wird die Ansicht vertreten, dass der Rechtsanspruch am Tag der Einreise beginnt, andererseits wird von den Behörden argumentiert, dass dieser erst mit einer sogenannten Aufenthaltsgestattung, nach Verlassen der Erstaufnahmeeinrichtung und somit in etwa nach einem halben Jahr besteht (vgl. Meiner-Teubner 2016).

Ungeachtet dieser unterschiedlichen Rechtsauslegung zeigen sich empirische Hinweise für eine Öffnung von Kindertageseinrichtungen für Kinder aus nach Deutschland geflüchteten Familien nicht nur in den laut amtlicher

Kinder- und Jugendhilfestatistik weiter steigenden Inanspruchnahme-Zahlen der Kindertagesbetreuung (vgl. Meiner-Teubner/Müller 2017). So haben ein Drittel von knapp 1.800 befragten Einrichtungen im Rahmen einer Untersuchung des Deutschen Jugendinstituts aus dem Jahre 2016 bejaht, Kinder aus Flüchtlingsfamilien zu betreuen (vgl. Meiner-Teubner 2016). Es ist aber davon auszugehen, dass Betreuungswünsche und Inanspruchnahme noch zunehmen werden.

Inobhutnahmen und Hilfen zur Erziehung für unbegleitete ausländische Minderjährige

Für unbegleitete ausländische Minderjährige ist die Kinder- und Jugendhilfe direkt nach Ankunft in Deutschland zuständig. Sie müssen untergebracht, versorgt und anschließend mit Blick auf die Förderung ihrer Entwicklung betreut und unterstützt werden. Hierzu werden die Kinder und Jugendlichen – insbesondere handelt es sich laut 2015er-Ergebnisse der amtlichen Kinder- und Jugendhilfestatistik zu über 90 Prozent um männliche Minderjährige sowie zu etwa 70 Prozent um 16- oder 17-Jährige (vgl. Fendrich/Pothmann/Tabel 2016, S. 47 ff.) – anfänglich vorläufig und im Anschluss daran nach einem Verteilschlüssel bundesweit durch die Jugendämter in Obhut genommen (vgl. Deutscher Bundestag 2017, S. 14 ff.). Danach folgen für diese Jugendlichen – und zum Teil die jungen Volljährigen – Anschlusshilfen im Rahmen des Jugendwohnens und den einschlägigen Formen der Heimerziehung. Ende 2016 waren das nach Angaben des Bundesverwaltungsamtes zusammengenommen knapp 50.000 Minderjährige sowie 14.000 junge Volljährige (vgl. Pothmann 2017).

Das „Bild" der Inobhutnahmen hat sich angesichts der deutlich gestiegenen Geflüchtetenzahlen deutlich verändert. Während die unbegleiteten Minderjährigen in den 2000er und auch noch zu Beginn der 2010er Jahre eine Adressatengruppe mit einer Art „Nischenstatus" waren, handelt es sich in der Mitte dieser Dekade um die Gruppe von Jugendlichen, die die Rahmenbedingungen und den Praxisalltag für die Inobhutnahmen maßgeblich prägen. Mehr als die Hälfte der laut Kinder- und Jugendhilfestatistik 2015 in Obhut genommenen Minderjährigen waren unbegleitete ausländische Minderjährige – genau genommen 54,5 Prozent; 2010 lag dieser Anteil noch bei 7,8 Prozent und 2005 bei 2,3 Prozent (vgl. Fendrich/Pothmann/Tabel 2016, S. 48 f.).

Die quantitative Bedeutung von Fremdunterbringungen im Kontext erzieherischer Hilfen ist bis Mitte der 2010er Jahre erheblich angestiegen. Vor allem die Unterbringung in stationären Einrichtungen und betreuten Wohnformen hat zugenommen. Die unbegleiteten ausländischen Minderjährigen stellen dabei laut Kinder- und Jugendhilfestatistik bei den Neufällen in der Heimerziehung 2015 die größte Gruppe dar (vgl. Fendrich/Tabel 2017). Das verweist auf eine der drängendsten Herausforderungen – insbesondere auch für die Kinder- und Jugendhilfe: die mittel- und langfristige Integration und Ermöglichung einer Teilhabe für diese jungen Menschen.

Amtsvormundschaften für unbegleitete Minderjährige

Für Integration und Teilhabe bei unbegleiteten Minderjährigen haben auch die Vormundschaften ihren Beitrag zu leisten. Die Übernahme und Führung von Amtsvormundschaften gehört zu den Pflichtaufgaben des Jugendamtes. Das Jugendamt überträgt die Ausübung der Aufgaben des Vormundes einzelnen, geeigneten Mitarbeiterinnen oder Mitarbeitern, die die gesetzliche Vertretung übernehmen. Die Bestellung eines Vormunds für einen unbegleiteten ausländischen Minderjährigen ist eine zentrale Aufgabe der Kinder- und Jugendhilfe und stellt einen wichtigen Meilenstein für den Minderjährigen nach seinem Ankommen in Deutschland dar (vgl. Deutscher Bundestag 2017, S. 67). Hiervon hängen Asylantragstellung, Fragen der Aufenthaltssicherung oder auch die Realisierung einer möglichen Familienzusammenführung ab.

Angesichts der gestiegenen Anzahl unbegleiteter ausländischer Minderjähriger hat sich auch der Bedarf für diese Aufgabe der Kinder- und Jugendhilfe erhöht. So beläuft sich die über die amtliche Kinder- und Jugendhilfestatistik erhobene Zahl zu den bestellten Amtsvormundschaften für das Jahr 2015 auf 59.501 Fälle, was allein gegenüber dem Vorjahr einen Anstieg um 66 Prozent bedeutet. Auch wenn über die amtlichen Daten keine weiteren Informationen über die minderjährigen Mündel vorliegen, ist davon auszugehen, dass die Zunahme auf die unbegleiteten ausländischen Minderjährigen (UMA) zurückzuführen ist. Angesichts dieser Zunahme im Jahr 2015 scheint die Frage zumindest nicht abschließend beantwortet werden zu können, inwiefern die Jugendämter die gesetzlich festgelegte Fallzahlenbegrenzung von 50 Mündeln pro Amtsvormund durchweg umsetzen können.

Fazit

Die wenigen empirischen Einblicke in die Felder der Kindertagesbetreuung, der Inobhutnahmen und den Hilfen zur Erziehung sowie in den Bereich der Vormundschaften zeigen die Auswirkungen der insbesondere in der ersten Hälfte der 2010er Jahre gestiegenen Geflüchtetenzahlen im Allgemeinen sowie der unbegleiteten ausländischen Minderjährigen im Besonderen für die Kinder- und Jugendhilfe. Der kursorische Blick auf die Zahlen macht dabei deutlich, dass Herausforderungen allein schon durch die in kurzer Zeit rasant gestiegenen Fallzahlen entstanden sind und nicht immer etwas mit ganz neuen Aufgaben oder Zuständigkeiten zu tun haben.

Literatur

Deutscher Bundestag (2017): Bericht über die Situation unbegleiteter ausländischer Minderjähriger in Deutschland. Unterrichtung durch die Bundesregierung. Drucksache 18/11540. Berlin.

Fendrich, Sandra/Tabel, Agathe (2017): Erwartbarer Ausbau der Heimerziehung – junge Geflüchtete als wichtige Adressat(inn)en. In: Kom[Dat] Jugendhilfe, Heft 1, S. 15–18.

Fendrich, Sandra/Pothmann, Jens/Tabel, Agathe (2016): Monitor Hilfen zur Erziehung 2016. Dortmund.

Meiner-Teubner, Christiane (2016): Flüchtlingskinder in der Warteschleife. In: DJI-Impulse, Heft 3, S. 19–21.

Meiner-Teubner, Christiane/Müller, Sylvia (2017): Ungebremster Ausbaubedarf in der Kindertagesbetreuung. In: Kom[Dat] Jugendhilfe, Heft 1, S. 1–15.

Pothmann, Jens (2017): Rückgänge bei unbegleiteten minderjährigen Flüchtlingen. In: Kom[Dat] Jugendhilfe, Heft 1, S. 19–23.

Pothmann, Jens/Kopp, Katharina (2016): Junge Flüchtlinge im Spiegel der Statistik. In: DJI-Impulse, Heft 3, S. 7–10.

Daniel Kemp und Berit Mühl

Arbeit mit Kindern mit Fluchterfahrungen in der Kita

Aufgrund weltweiter, gewaltsamer Konflikte sind viele Menschen, darunter auch viele Familien mit Kindern, auf der Flucht, um anderswo Sicherheit und Unterstützung zu erhalten. Kitas können einen bedeutenden Beitrag dazu leisten, den Kindern und Familien diese zu bieten. Dass pädagogische Fachkräfte meist bereits über das nötige fachliche Handwerkszeug verfügen und welche Ansätze in der Arbeit mit Kindern mit Fluchterfahrungen hilfreich sind, soll der vorliegende Beitrag aufzeigen.

Interkulturelle Pädagogik im Kontext von Fluchterfahrungen

Ein weithin bekannter Schwerpunkt in der Arbeit mit Kindern ist die Interkulturelle Pädagogik. Sie versteht Menschen verschiedener Kulturen nicht als *Andere* und *Ausländer*, sondern nimmt Differenzen wahr und erkennt diese sowie daraus resultierende Identitäten an (vgl. Mecheril 2004, S. 90 ff.). Der Sächsische Bildungsplan benennt diese Differenzerfahrung als einen Teil der Sozialen Bildung, in den

> „Erfahrungen mit dem Anders-Sein (...) vor allem vom unmittelbaren Nah-raum aus und mit Bezug zum Leben und Alltag der Kinder als positives Element in die Lebensbewältigung und Lebensgestaltung eines Individuums einfließen" (SMK 2011, S. 68).

Unter diesem Aspekt liegt der Fokus Interkultureller Pädagogik allerdings eher auf den Kindern, die nichtfremd, das heißt bereits in Deutschland verwurzelt, mindestens aber integriert sind und sich bereits dem Kulturkreis zugehörig fühlen. Verschiebt sich die Perspektive nun hin zu den Kindern mit Fluchterfahrungen, so sind diese zwar ebenso herausgefordert, eine fremde Kultur zu erfahren, jedoch greift allein der Ansatz der Interkulturellen Pädagogik zu kurz. Die spezifische Lebenssituation dieser Kinder offenbart weitere Themen, die in der pädagogischen Arbeit Berücksichtigung finden müssen.

Das vermeintlich Besondere an Kindern mit Fluchterfahrungen

Kurz und im Stile des Volksmundes zusammengefasst haben Kinder mit Fluchterfahrungen viel erlebt. Vermutlich mussten sie Gewalt mit ansehen oder haben diese selbst erfahren. Möglicherweise haben sie Angehörige, auf jeden Fall aber ihre Heimat verloren. Unter Umständen liegt eine gefahrenreiche Flucht hinter ihnen, die in einem sicheren, und dennoch für die Geflüchteten fremden Land endet. Völlig zu Recht lassen sich daraus resultierend Traumata und Ängste bei den Kindern und ihren Familien annehmen.

Doch auch wenn es auf den ersten Blick fast zynisch erscheinen mag: Sind sie nicht nur bemitleidenswerte Opfer, sondern sehr kompetente Persönlichkeiten, die nicht nur viel erlebt, sondern auch viel bewältigt haben. Sie haben den Mut gefunden, ins Ungewisse aufzubrechen, sie haben unvorstellbare Strapazen ausgehalten, und das Wichtigste: Sie haben überlebt und den Glauben an ein wieder sicheres Leben nicht verloren. Diese beiden Pole sind in der Arbeit mit Kindern mit Fluchterfahrung von immenser Bedeutung, um ein angemessenes Maß an Schutz und Den-Kindern-etwas-Zutrauen, an Entspannung und Aktivierung, an Betroffenheit, aber vor allem auch Unterstützung bei der Verarbeitung des Erlebten sowie beim Ankommen im neuen Lebensabschnitt zu gewährleisten. In dieser Sichtweise manifestieren sich die zentralen Perspektiven der Sozialen Arbeit: Ressourcen, Partizipation, Empowerment (vgl. Ritscher 2007, S. 27 ff.).

Hilfreiche Ansätze und Handlungsgrundlagen

Die Anforderungen an pädagogische Fachkräfte im Umgang mit Kindern, die Unvorstellbares erlebt haben, scheinen zunächst überwältigend. Bräuchte es nicht viel eher therapeutische als pädagogische Fachkräfte?

Sicher auch, aber in erster Linie sind Kinder mit Fluchterfahrungen Kinder. Sie sind durch Erlebtes geprägt, definieren sich jedoch nicht allein durch diese Erfahrungen. Sie sind *Kinder* und somit dem Personenkreis zugehörig, für den pädagogische Fachkräfte in Kitas sich zu Recht als Expert/inn/en verstehen. Sie können – allein anhand ihrer Kenntnisse zu den Themen Verlust, Trauer, Trennung, Angst und auch Interkulturalität – auf die Bedürfnisse von Kindern mit Fluchterfahrungen reagieren.

> „Ihre Aufgabe ist in vielerlei Hinsicht mit der Funktion eines Pflasters oder einer Schiene vergleichbar. Beide heilen die Wunde nicht, aber sie schützen und unterstützen den Körper, während er sich selbst heilt" (Levine/Maggie 2015, S. 117).

Grundlage für jedes pädagogische Handeln ist ein ehrliches Interesse an den Kindern und ihren Geschichten, welche vor allem auch in der systemischen Arbeit eine bedeutende Rolle spielt. „Die professionelle systemische Haltung lässt sich als ‚interessierte Hinwendung' kennzeichnen" (Ritscher 2007, S. 107). Beziehungsaufbau und Vertrauen sind dabei die Schlüsselbegriffe. Gelingt es den pädagogischen Fachkräften, von den Kindern als zuverlässige Bezugspersonen erkannt und angenommen zu werden, so ist dies eine Sicherheit bietende Basis, die den Kindern das Entdecken und Erfahren der neuen Umgebung eröffnet.

> „Wenn wir am verletzlichsten sind, ist das, was uns am meisten hilft, die Gegenwart eines ruhigen, zentrierten Menschen, der die Führung über die Situation übernimmt" (Levine/Maggie 2015, S. 137).

Klarheit und Struktur sind dann Hilfen zur Orientierung. Sie reduzieren des Gefühl des Ausgeliefert-Seins und ermöglichen Selbstwirksamkeitserfahrungen im geschützten, weil versteh- bzw. kontrollierbaren Rahmen.

Ein weiterer dienlicher Ansatz ist der lebensweltorientierte, wobei hier sowohl die frühere Lebenswelt als Bezugsnorm als auch die aktuelle mit neuen Herausforderungen bedeutsam sind.

> „Lebensweltorientierung meint den Bezug auf die gegebenen Lebensverhältnisse der Adressaten, in denen Hilfe zur Lebensbewältigung praktiziert wird (...)" (Thiersch 2012, S. 5).

Anknüpfend daran liegen viele Potenziale zur Bewältigung des Erlebten, aber vor allem auch zur Integration in der Einbeziehung der Akteure des Sozialraums. Intervention zielt dabei „auf die Veränderung bzw. Gestaltung sozialer Räume und nicht auf die (...) gezielte Beeinflussung psychischer Strukturen von Menschen" (Hinte/Treeß 2011, S. 30). Sie ist somit passgenau zum Selbstverständnis „Pflaster" zu sein und nicht Medizin.

Abschließend sei noch eindringlich darauf hingewiesen, in der Arbeit mit Kindern mit Fluchterfahrungen unbedingt auch die Familien zu berücksichtigen, das heißt primär die Eltern zu stärken. Auch hier gilt es vor allem, sie als kompetent und nicht als Opfer zu verstehen. Bestenfalls erzählen sie dann irgendwann ungefragt aus ihrem Leben und geben das Feedback: *Hier haben wir ein zweites Zuhause gefunden, weil sie uns als Familie sehen und nicht als Flüchtlinge.*

Literatur

Hinte, Wolfgang/Treeß, Helga (2011): Sozialraumorientierung in der Jugendhilfe, 2. Auflage. Weinheim und Basel.
Levine, Peter A./Kline, Maggie (2015): Verwundete Kinderseelen heilen – Wie Kinder und Jugendliche traumatische Ereignisse überwinden können. 9. Auflage. München.
Mecheril, Paul (2004): Einführung in die Migrationspädagogik. Weinheim und Basel.

Ritscher, Wolf (2007): Soziale Arbeit: systemisch – Ein Konzept und seine Anwendung. Göttingen.

Sächsisches Staatsministerium für Kultus (SMK) (Hrsg.) (2011): Der sächsische Bildungsplan – ein Leitfaden für pädagogische Fachkräfte in Krippen, Kindergärten, Hort und für die Kindertagespflege. Weimar und Berlin.

Thiersch, Hans (2012): Lebensweltorientierte Soziale Arbeit – Aufgaben der Praxis im sozialen Wandel. 8. Auflage. Weinheim und Basel.

Angela Kühner und Mareike Paulus

Frühe Hilfen für geflüchtete Familien: Unterstützung zwischen Hoffnungen und Ohnmacht in einer doppelten Übergangsphase[1]

Frühe Hilfen für geflüchtete Familien – „ganz verschieden, alle gleich?"

Die frühe Kindheit und die zentralen Erfahrungen in dieser oft als besonders „sensibel" bezeichneten Phase sind prägend für unser späteres Leben in all seinen Facetten: für unser Wohlbefinden, Gesundheit, Vertrauen – und vieles mehr (vgl. Egle u. a. 2016). Diese Einschätzung teilen sehr viele Menschen weltweit. Da die meisten Eltern für ihre Kinder ein gutes – oft dezidiert: besseres – Leben wünschen, versuchen sie, ihnen einen „guten Start" zu ermöglichen.

Die „Frühen Hilfen", ein in Deutschland, Österreich und der Schweiz so bezeichnetes System mit regional koordinierten Hilfsangeboten für werdende Mütter und Väter und Familien mit Kindern unter drei Jahren, bauen ebenfalls auf dieser Denkfigur auf.[2] Frühe Hilfen setzen dabei vor allem auf eine Stärkung der Erziehungs- und Beziehungskompetenz im Sinne guter Entwicklungschancen für alle Kinder (vgl. NZFH 2016). Um möglichst am Bedarf der Familien orientierte Angebote bereitzustellen, kooperieren in Netzwerken Früher Hilfen Akteure der Kinder- und Jugendhilfe, der Schwangerschaftsberatung, des Gesundheitswesens, der interdisziplinären Frühförderung und anderer sozialer Dienste (vgl. NZFH 2016, S. 13). Dabei geht es auch um die Idee, dass durch eine möglichst frühe und koordinierte Hilfe insgesamt das Risiko für Kindeswohlgefährdung gemindert werden kann.

Frühe Hilfen richten sich primärpräventiv an alle Eltern, die im Idealfall mithilfe von Professionellen die für sie „passgenaue" Unterstützung finden sollen. Da die Chancen für einen guten Start ungleich verteilt sind, identifi-

---

1 Unser Beitrag basiert auf der gemeinsamen Arbeit an einer Standortbestimmung zum Thema, für die wir mit vielen Kolleginnen außerhalb und innerhalb des NZFH zusammenarbeiten. Insbesondere danken wir den Teilnehmerinnen des NZFH-Workshops „Was können Frühe Hilfen für geflüchtete Familien leisten?" Die Fertigstellung der Standortbestimmung ist für Ende 2017 geplant, sie soll dann auch als Download zur Verfügung gestellt werden.

2 Die notwendigerweise sehr kurze Darstellung des Feldes Frühe Hilfen im Kontext dieses Beitrags erhebt keinen Anspruch darauf, der Komplexität dieses noch jungen und dynamischen Feldes gerecht zu werden.

ziert der sekundärpräventive Blick darüber hinaus typische Risikofaktoren wie soziale und ökonomische Benachteiligung (Armut), psychische Belastungen der Eltern (z. B. durch eigene Gewalterfahrung) und Erkrankungen oder Behinderungen der Kinder. Entsprechend werden in den Frühen Hilfen Zielgruppen mit spezifischem Hilfebedarf identifiziert.

Geflüchtete Familien sind in dieser Logik zunächst Familien, die die typischen, alltäglichen, Herausforderungen des Lebens mit einem Säugling oder Kleinkind zu meistern haben. Ihnen hilft, was allen hilft: Handlungsspielraum, Entlastung, Orientierung und Information – das heißt, die „Frühen Hilfen" mit ihren typischen primärpräventiven Angeboten, ihrer Lotsenfunktion und ihrem Anspruch, auf Augenhöhe mit den Eltern je passende Lösungen zu suchen.

Geflüchtete Familien sind aber auch eine besondere Zielgruppe: Flucht ist mit vielfältigen Belastungen verbunden, die es schwer machen können, seinen Kindern (v. a. Säuglingen) „gut genug" zur Verfügung zu stehen: traumatische Gewalterfahrung im Herkunftsland, Verluste, Willkür und Ausgeliefertsein auf der Flucht und im Aufnahmeland. Zugleich hat Flucht sehr viel mit Hoffnung und Selbstvertrauen („agency") zu tun: Wer nicht hofft, dass es sich – gerade auch für die Zukunft der Kinder – lohnt, wird nicht die enormen Gefahren, Verluste, Risiken und Belastungen einer Flucht in Kauf nehmen. Die Geburt eines Kindes kann von dem Gefühl der Hoffnung auf ein besseres Leben besonders stark begleitet sein.

Hier helfen Einsichten aus der Forschung zu Trauma und „agency": Im Umgang mit massiver Leiderfahrung geht es immer um einen Balanceakt zwischen dem Impuls, das Leid nicht wahrnehmen zu wollen und der Gefahr, Menschen auf diese Facette ihres Lebens, das heißt auf ihre Rolle als Opfer zu reduzieren (vgl. Niedrig/Seukwa 2010, S. 182; Kühner 2007, 2016). Für Frühe Hilfen in diesem Kontext in besonderem Maße relevant sind daher sowohl die Sensibilität für besondere Belastungen (Traumasensibilität) als auch Empowerment im Sinne eines Anknüpfens an die Hoffnung auf ein besseres Leben.

Es geht dabei stets um eine balancierte Perspektive: Es gilt, Unterschiede anerkennend wahrzunehmen, aber auch die Gemeinsamkeiten in den Unterschieden.[3] Vor diesem Hintergrund sind die folgenden fünf Thesen zu „Frühen Hilfen für geflüchtete Familien" hier als Thesen über die Arbeit mit Geflüchteten formuliert – sie können und dürfen jedoch auch einfach als „Fünf Herausforderungen für die Frühen Hilfen" gelesen werden.

---

3 Der Blick auf die Gemeinsamkeiten ist im Kontext der Frühen Hilfen in Bezug auf die Universalität kindlicher Entwicklung sehr naheliegend. Das verdeutlicht sehr schön der Film „Babies" von Thomas Balmès. Die Dokumentation begleitet vier Babies die in sehr unterschiedlichen Kontexten aufwachsen während des ersten Lebensjahres.

Fünf Thesen zur Arbeit mit geflüchteten Familien

These 1: Es geht um Migration und Übergänge

Für die Frühen Hilfen ist es besonders nahe liegend, Flucht (erzwungene Migration) als eine Form von Migration zu verstehen, die für Individuen und Familien enorme Transformationsanforderungen bedeutet. Analog zur Elternschaft ist Migration eine Übergangsphase, die den Verlust alter und den Zugewinn neuer Möglichkeiten mit sich bringt und vom Individuum kreative Neuanpassung verlangt – es geht also in vielfacher Hinsicht um die Gestaltung von Übergängen.

Wie die Schwangerschaft kann auch eine Migration – insbesondere eine Fluchtmigration – als Zeit tiefgreifender Veränderungen verstanden werden.

> „Jede Migration [hat] (…) Züge einer neuen Geburt: Man findet sich in einer neuen Welt, der man mit Haut und Haaren ausgeliefert ist, die man Stück für Stück erkunden, kennenlernen, sich zu eigen machen muss" (Ahlheim 2016, S. 265).

Elternschaft bzw. Mutterschaft in der Migration ist somit eine „doppelte Geburt", die mit enormen Transformationsanforderungen einhergeht. Die Frauen

> „müssen sich mit einem Gesundheitssystem auseinander setzen, dessen Strukturen ihnen fremd sind, sie interagieren mit Fachkräften (…), deren Berufsbilder und Aufgabenbereiche sie nicht kennen (…). Sie sprechen nicht die gleiche Sprache und knüpfen an anderen Selbstverständlichkeiten, Rollen und Traditionen im Kontext des Mutterwerdens an" (Stülb 2010, S. 135 f.).

Dazu kommt, dass die Entscheidung für eine Migration in aller Regel auch bedeutet, wichtige Bezugspersonen zurückzulassen, was oft mit Schuldgefühlen verbunden ist. Eine Schwangerschaft macht das Fehlen schmerzlich bewusst und kann zugleich Schuldgefühle verstärken. Gut gemeinte Unterstützungsangebote können deshalb ambivalente Gefühle auslösen. Es ist nie einfach, Hilfe von fremden Personen anzunehmen. Im Kontext von Migration kann es sich zusätzlich als Loyalitätsbruch anfühlen, weil klar ist, dass die gleiche Hilfe im Heimatland ganz selbstverständlich durch Familienmitglieder geleistet würde.

Vor diesem Hintergrund bedeutet Migrationssensibilität zunächst, dass komplizierte Gefühle dazu gehören (dürfen). In der fachlichen Begleitung kann es dann darum gehen, dass Eltern einen eigenen Weg im transkulturellen Raum zwischen den Sichtweisen suchen können. Dies gelingt jedoch nur unter bestimmten Voraussetzungen, um die es in der folgenden These geht:

These 2: Es geht um die Gestaltung interkultureller Situationen und um Sprachmittlung

In Übergangsphasen wie der Schwangerschaft geht es um Unsicherheit und Neuorientierung: Kulturspezifische Vorstellungen davon, was nun zu tun ist, sind dann von besonderer Bedeutung. Frühe Hilfen sind ein Angebot, das geflüchteten Eltern ermöglicht, zu erfahren, wie mit Schwangerschaft, Elternschaft und früher Kindheit im Aufnahmeland umgegangen wird. Im Idealfall sollten sich Eltern dadurch unterstützt fühlen, einen eigenen Weg zu finden. Grundlegend dafür sind: eine Atmosphäre von Offenheit und Wertschätzung und die beidseitige Bereitschaft zu einem Perspektivenwechsel, wo immer möglich mit der Unterstützung von Sprachmittlung.

Durch die Flucht werden Familien aus ihren gewohnten Alltagsbezügen herausgerissen. Sie sind mit anderen Wertvorstellungen, anderen Rollenbildern, anderen Selbstverständlichkeiten konfrontiert und müssen ihre neue Rolle in einer (noch) unbekannten Gesellschaft finden. In der Kultur- und Sozialanthropologie spricht man von „Rites de Passage", der rituellen Gestaltung von Übergängen, die Schwangerschaft und Geburt als Zeiten tiefgreifender körperlicher und psychologischer Veränderungen in allen Kulturen begleiten (vgl. Albrecht-Engel 1995, S. 32).

Durch bestimmte Rituale und Vorschriften sollen Ängste und Unsicherheiten reduziert und die Gesundheit von Mutter und Kind sichergestellt werden. In den meisten europäischen Aufnahmeländern wird darunter vor allem eine medizinische Kontrolle des Körpers im Sinne von Vorsorgeuntersuchungen verstanden. In vielen anderen kulturellen Kontexten können ganz andere Vorstellungen vorherrschen, wie mit diesen Ängsten und Unsicherheiten umgegangen wird und was dementsprechend für eine Schwangere gut ist und was nicht.[4]

Professionelles Handeln bedeutet nicht, all diese unterschiedlichen Vorstellungen zu kennen, sondern mit dem eigenen Nicht-Wissen umgehen zu lernen. Ein wichtiger Schritt dazu ist, anzuerkennen, dass der Andere auch anders bleiben darf und Nicht-Verstehen ein Bestandteil der Beziehung bleiben wird. Paul Mecheril nennt dies „Kompetenzlosigkeitskompetenz" und betont, dass dabei Humor (Selbstironie) hilfreich ist und es um eine Grundhaltung der Fehler-Freundlichkeit geht (vgl. Mecheril 2004, S. 127 ff.). Es gilt, mit den Familien (die wohl mindestens eine ebenso große Unsicherheit spüren) einen „dritten" Weg zu finden. Eine konkrete Anleitung dafür bietet die Methode des „Interkulturellen Pendelns" (vgl. Abdallah-Steinkopff/Akhtar 2015): Fachkräfte erfragen Erfahrungen und Vorstellungen der Eltern und erklären dann „wie es hier in Deutschland ge-

---

[4] Auch Erziehungsvorstellungen sind kulturell geprägt und an spezifische gesellschaftliche Kontexte angepasst. Einen guten und praxisnahen Überblick dazu bietet das Buch *Kinderalltag* von Heidi Keller (2011).

sehen wird". Dieses Pendeln zwischen den Sichtweisen findet in einer Atmosphäre der Wertschätzung statt, die anerkennt, dass es für alle Sichtweisen „gute Gründe" gibt. Es geht um je geeignete Handlungsstrategien für die aktuelle Lebenssituation.

Insgesamt geht es bei der Gestaltung interkultureller Situationen weniger darum, dass Fachkräfte mehr „über andere Kulturen" wissen, sondern darum, dass sie gut zuhören, einen gegenseitigen Austausch ermöglichen und den Familien mehr Zugang zu Wissen verschaffen. Dafür sind neben der skizzierten Grundhaltung zwei konkrete Formen von Unterstützung essenziell: zum einen die Nutzung von Informationsmaterial in einer für die Familien verständlichen Sprache, zum anderen die Hilfe durch Sprachmittlung. Für beide Formen kann man feststellen, dass in den letzten Jahren und zusätzlich seit Herbst 2015 sehr viel Neues entstanden ist.[5] In vielen Großstädten gibt es Dolmetscher Services, die im Sinne des Community Interpreting geschulte Dolmetscher vermitteln und Institutionen des Sozial- und Gesundheitswesens in der Arbeit mit Dolmetschern unterstützen. Im Sinne von Empowerment und Qualitätsentwicklung ist dies der Idealfall für alle Beteiligten. Nicht immer ist der Idealfall möglich. Es lohnt sich aber für alle, in dieses Thema zu investieren und zum Beispiel aktiv den Austausch mit Kolleg/inn/en zu suchen.[6] An vielen Orten wurden und werden derzeit neue Formate aufgebaut und ausprobiert. So können sich zum Beispiel verschiedene Akteure zusammenschließen und ein gemeinsames Angebot oder eine gemeinsam finanzierte Sprechstunde in einer bestimmten Sprache entwickeln. Auch digitale Möglichkeiten wie das Videodolmetschen werden zunehmend eingesetzt, der Einsatz von Übersetzungs-Apps kann ein erster Schritt sein.

These 3: Es geht um Trauma

Kennzeichnend für Traumata sind Erfahrungen extremer Angst und Hilflosigkeit, oft gefolgt von einem Gefühl der Entfremdung und Einsamkeit. Diese Erfahrungen prägen das weitere Leben, auch das Erleben von Beziehung. Trauma wirkt auf die frühe Eltern-Kind-Beziehung und auf helfende Beziehungen. Die Angebote Früher Hilfen sollten deshalb Erfahrungen von Sicherheit, Verlässlichkeit, Gemeinschaft und Handlungsfähigkeit ermöglichen – und dabei anerkennen, dass die Erholung von traumatischen Erfahrungen ein Prozess ist, der viel Zeit, Geduld und Anerkennung braucht.

Trauma ist nicht heilbar. Es gibt jedoch sehr große Unterschiede in dem, wie gut es gelingt, mit einem Trauma weiterleben zu können und die El-

---

5 Siehe dazu auch die Materialien und Links am Ende des Kapitels.
6 An dieser Stelle möchten wir auf die kommunale Austauschplattform Frühe Hilfen auf Inforo verweisen. Sie bietet eine Möglichkeit sich zu vernetzen und überregional auszutauschen.

ternrolle auszufüllen. Dafür spielen sehr viele Faktoren eine Rolle, die in der Gestaltung von Hilfe berücksichtigt werden können: die Anerkennung des Erlittenen, die Erfahrung von Gemeinschaft und Solidarität, verlässliche und transparente Strukturen (vgl. z. B. Auerbach 2016).

Im Umgang mit Trauma gibt es oft die Dynamik, von einer schnell zu beginnenden spezifischen Traumatherapie sehr viel und schnelle Besserung zu erwarten. Dabei unterschätzen die Beteiligten, dass es viele kleine Schritte sind, die zur Besserung beitragen. Alles, was stärkt und stabilisiert, ist schon Teil der „Traumatherapie". In diesem Sinne ist „Halt geben" in Hilfsangeboten beispielsweise durch verlässliche Strukturen und Transparenz besonders wichtig. Für die Frühen Hilfen ist außerdem relevant, dass die Beziehungsgestaltung zum Säugling durch traumatische Erfahrung extrem erschwert sein kann. Der Säugling ist seinem Umfeld ausgeliefert, sein Weinen und seine extreme Verletzlichkeit bringen Eltern in Kontakt mit eigenen Gefühlen von Ohnmacht und Verzweiflung. Wem das Trauma den inneren Halt zerstört hat, der braucht ihn außen umso mehr.[7] Dazu kommt erschwerend, dass Trauma das Vertrauen in die Welt und die Mitmenschen zerstört – und Helfer nicht voraussetzen können, dass sie per se vertrauenswürdig sind und den ersehnten Halt geben können. Vielleicht werden sie eher als bedrohlich erlebt und verstärken die Beunruhigung. Für einen konstruktiven und gelassenen Umgang mit solch komplexen, oft destruktiven und verwirrenden Dynamiken rundum das Thema Trauma brauchen auch Helfer einen guten Halt – durch verlässliche Strukturen für Reflexion, Fortbildung, Supervision sowie durch Vernetzung und Erfahrungen von Solidarität und Rückenwind.[8]

These 4: Es geht um die Arbeit an und mit Grenzen und deren Überschreitung, um Transiträume, den Ein- und Ausschluss von Rechten und Leistungen (bzw. Leistungssystemen)

Wichtig dafür sind: eine Auseinandersetzung mit den rechtlichen Grundlagen und den darin enthaltenen Spielräumen und eine aktive Gestaltung von Übergängen. Die Frühen Hilfen, die als Netzwerk zwischen Gesundheits- und Jugendhilfesystem per se mit Zwischenräumen und Übergängen befasst sind, eignen sich dazu in besonderer Weise.

---

7 Traumasensibilität in den Frühen Hilfen ist ein hoch relevantes Thema: Hier kann nur eine Grundorientierung angedeutet werden, weitere Publikationen sind in Planung. Verwiesen sei für das Thema frühe Elternschaft und Trauma auf den Sammelband von Leuzinger-Bohleber/Lebiger-Vogel (2016) sowie auf Kühner (2007; 2016) für das hier zugrunde liegende sozialpsychologische Verständnis von Trauma.
8 In einem Projekt zu „staff care" in der internationalen Flüchtlingsarbeit sehen wir, wie wichtig in diesem von Intransparenz, Willkür, Ressentiment und Gegenwind geprägten Feld alle Erfahrungen von Empowerment, Solidarität, Vernetzung, Gegendiskursen sind – für Helfer und Geflüchtete (Ahmad u. a. 2017).

Die wichtigste Grenzlinie ist wohl die Frage, ob die Familie bleiben kann oder nicht, und wenn ja, mit welchem Aufenthaltsstatus. Solange diese für die Familien existenzielle Entscheidung nicht gefallen ist, werden sich die Familienmitglieder unweigerlich bei jedem Kontakt und jedem Angebot fragen, ob diese sich förderlich oder hinderlich auf das Asylverfahren und auf den Aufenthaltsstatus auswirken können.

Für die Frühen Hilfen ist der Zugang zum Gesundheitssystem zentral, der durch das Asylbewerberleistungsgesetz geregelt ist. So heißt es in § 4, Absatz 2 AsylbLG: „Werdenden Müttern und Wöchnerinnen sind ärztliche und pflegerische Hilfe und Betreuung, Hebammenhilfe, Arznei-, Verband- und Heilmittel zu gewähren." Damit besteht ein Rechtsanspruch auf die Grundversorgung während Schwangerschaft und Geburt und Schwangere sind besser geschützt als andere Asylbewerberinnen. Der Zugang zur Regelversorgung ist jedoch vor allem zu Beginn des Aufenthalts in Deutschland durch die fehlende Planbarkeit von Verlegungen, aber auch durch anfängliche Orientierungsschwierigkeiten der geflüchteten Frauen, mit extrem hohen Hürden verbunden. Den Übergang in die Regelversorgung zu begleiten und zu gestalten ist deshalb eine wichtige Aufgabe der Frühen Hilfen. Durch eine Veränderung des Aufenthaltsstatus verändern sich auch die Ansprüche auf Leistungen, es gelten neue Ein- und Ausgrenzungen. Auch hier geht es darum, Übergänge zu gestalten.

Diese ständige Konfrontation mit Grenzlinien ist zermürbend für alle Beteiligten. Doch gilt es sich immer wieder vor Augen zu führen, dass diese Grenzziehungen keine unveränderlichen Gegebenheiten sind, sondern Aushandlungsräume, die sich politisch verändern lassen.

These 5: Es geht um Selbstbestimmung und Solidarität

In der Lebenswelt Erstaufnahme und Gemeinschaftsunterkunft finden Frühe Hilfen in einem Setting statt, das stark von Kontrolle und Vorschriften geprägt ist. Dieses Setting wirkt massiv auf die Gestaltung von Familienleben; besonders deutlich wird das am Thema „Essen", das in Schwangerschaft und Säuglingsalter so zentral ist. In diesem Setting sollten sich Frühe Hilfen sowohl als Sprachrohr verstehen, das andere Akteure sensibilisiert, als auch mit den eigenen Angeboten mehr Selbstbestimmung ermöglichen.

Gerade im Kontext einer Erstaufnahme- oder Gemeinschaftsunterkunft sind die Handlungsspielräume der Familien zunächst sehr stark eingeschränkt. Der Zugang zum Gelände wird durch einen Sicherheitsdienst kontrolliert, der Wohnraum wird ohne Einflussnahme zugewiesen. Von besonderer Bedeutung für Schwangere und Familien mit kleinen Kindern sind die Regelungen zum Thema Essen. In den meisten Erstaufnahmeeinrichtungen gibt es keine Möglichkeiten selbst zu kochen, aus Brandschutzgründen sind sogar Wasserkocher in den Zimmern verboten. Damit ist schon die Zubereitung von Babyfläschchen mit einem enormen Aufwand verbunden, die Zubereitung von Mahlzeiten, die man aus der Heimat kennt, ist eine Unmöglichkeit.

Am Thema Nahrung verdichtet sich das für die Frühen Hilfen so wichtige Thema „gut für sich und sein Kind zu sorgen" – und zugleich verdichtet sich das Thema Interkulturalität. Was gute Nahrung ist und als gut empfunden wird, ist zutiefst individuell und kulturspezifisch geprägt. Nicht mitbestimmen zu dürfen, was ich (und mein Kind) zu essen bekomme, ist eine Form von Gewalterfahrung – und kann gravierende Folgen haben (Untergewicht bei Schwangeren und Säuglingen).[9] Die Frühen Hilfen können sich hier als Partner verstehen, die die anderen Akteure für dieses Thema sensibilisieren und den Geflüchteten helfen, in diesem wichtigen Bereich mehr Handlungsspielraum zu gewinnen. An diesem Thema wird auch deutlich, wie wichtig eine Zusammenarbeit und gute Vernetzung der unterschiedlichen Akteure ist.

Was heißt das nun abschließend für Fachkräfte der Frühen Hilfen?

Die vorgestellten Thesen können als „Brillen" verstanden werden, durch die auf konkrete Situationen geblickt wird. Fachkräfte können ganz bewusst diese fünf Brillen auf- und auch wieder absetzen. Dieser Perspektivenwechsel hilft, ein umfassenderes Bild einer Situation zu gewinnen und den wechselseitigen Einfluss von Migration, Kultur, Trauma, Grenzziehungen und Selbstbestimmung zu verstehen. Dabei gilt es sich immer wieder bewusst zu machen, dass geflüchtete Familien nicht nur geflüchtet sind, sondern in erster Linie Familien, Mütter, Väter und Kinder, Menschen mit spezifischen Bedürfnissen, Wünschen und Vorstellungen, Menschen mit vielfältigem Alltags- und Spezialwissen. Gleichzeitig heißt es für alle Netzwerkpartner, die Herausforderungen für die Gestaltung von Familienleben im Kontext Flucht wahrzunehmen und anzuerkennen und dabei auch die kreativen Wege der Familien zu sehen, mit diesen Herausforderungen umzugehen. Auf dem langen Weg der Flucht haben Familien schon viele andere Herausforderungen gemeistert – an diese Stärken können Fachkräfte anknüpfen.

---

9   Vor diesem Hintergrund ist die politische Forderung auch über die Erstaufnahme hinaus bevorzugt Sachmittel zu verteilen statt Geld auszuzahlen besonders kritisch zu bewerten.

Materialien und Links

Videodolmetschen: http://www.videodolmetschen.com/
 Vermittlung von ausgebildeten Dolmetscher/innen, die über Video oder per Telefon im Gesundheitswesen oder anderen öffentlichen Einrichtungen übersetzen.

Handbook Germany: https://handbookgermany.de/de.html
 Die Seite richtet sich an Geflüchtete und vermittelt Informationen auf deutsch, arabisch, englisch und persisch zum Leben in Deutschland. Viele Videos und weiterführende Links.

Infos zur Arbeit mit geflüchteten Familien: https://www.kindergesundheit-info.de/fuerfachkraefte/arbeiten-mit-fluechtlingsfamilien/
 Zusammenstellung verschiedener Materialien für Fachkräfte. Infomaterialien auf verschiedenen Sprachen zu den Themen Krankheit, Stillen, Impfen, Kita, (Familien-)Hebammen und vieles mehr.

Deutscher Hebammenverband (2015): Betreuung von Frauen die als Flüchtlinge nach Deutschland kommen. Leitfaden für Hebammen. Karlsruhe.

Filmclips: Mein Baby – wie läuft das in Deutschland?
 Filme der Deutschen Liga für das Kind auf arabisch (deutsche Untertitel) zu Schwangerschaft, Geburt, Kindererziehung, Kinderrechten, Jugendamt etc. in Deutschland. Verfügbar auf YouTube.

Literatur

Abdallah-Steinkopff, Barbara/Akhtar, Farida (2015): Kultursensible Elternberatung bei Flüchtlingsfamilien. In: Honal, Werner H./Graf, Doris/Knoll, Franz (Hrsg.): Handbuch der Schulberatung. München.

Ahlheim, Rose (2016): Ankommen in einer fremden Welt – Ein psychoanalytischer Blick auf Mutter-Kind-Beziehungen nach der Migration. In: Leuzinger-Bohleber, Marianne/Lebiger-Vogel, Judith (Hrsg.): Migration, Frühe Elternschaft und die Weitergabe von Traumatisierungen: Das Integrationsprojekt „Erste Schritte". Stuttgart. S. 259–278.

Ahmad, Aisha/Becker, David/Kühner, Angela/Langer Phil C./Sheese, Kate (2017): What helps the helpers? „Mental Health and Psychosocial Support" for Syrian Refugees in the Neighbourhood of Civil War – First Insights from the Field. Unveröffentlichtes Working Paper.

Albrecht-Engel, Ines (1995): Geburt in der Bundesrepublik Deutschland. In: Schiefenhövel, Wulf/Sich, Dorothea/Gottschalk-Battschkus, Christine (Hrsg.): Gebären. Ethnomedizinische Perspektiven und neue Wege. 3. Auflage. Berlin. S. 31–42.

Auerbach, Martin (2016): Vortrag auf der Tagung „Traumatische Zeiten – Geflüchtete zwischen Solidarität und Abwehr" der Bundesweiten Arbeitsgemeinschaft der psychosozialen Zentren für Flüchtlinge und Folteropfer (BAFF) am 24.06.2016.

Egle, Ulrich T./Franz, Matthias/Joraschky, Peter/Lampe, Astrid/Seiffge-Krenke, In-ge/Cierpka, Manfred (2016): Gesundheitliche Langzeitfolgen psychosozialer Belastungen in der Kindheit – ein Update. In: Bundesgesundheitsblatt, Gesundheitsforschung, Gesundheitsschutz 59, Heft 10, S. 1247–1254.

Keller, Heidi (2011): Kinderalltag. Kulturen der Kindheit und ihre Bedeutung für Bindung, Bildung und Erziehung. Berlin und Heidelberg.

Kühner, Angela (2016): Furcht, Macht und Hoffnung im Wissen über Trauma. Geflüchtete im psychologischen Blickregime. In: 360 Grad. Das studentische Journal für Politik und Gesellschaft 11, Ausgabe 2, S. 114–121.

Kühner, Angela (2010): Beratung in der Migrationsgesellschaft. Zwischen Dramatisierung und Anerkennung von Differenz. Positionen. Beiträge zur Beratung in der Arbeitswelt, Heft 2. http://www.upress.uni-kassel.de/katalog/abstract.php?978-3-89958-542-1.

Kühner, Angela (2007): Kollektive Traumata. Konzepte, Argumente, Perspektiven. Gießen.

Leuzinger-Bohleber, Marianne/Lebiger-Vogel, Judith (Hrsg.) (2016): Migration, Frühe Elternschaft und die Weitergabe von Traumatisierungen: Das Integrationsprojekt „Erste Schritte". Stuttgart.

Mecheril, Paul (2004): Einführung in die Migrationspädagogik. Weinheim und Basel.

Nationales Zentrum Frühe Hilfen (NZFH) (Hrsg.) (2016): Leitbild Frühe Hilfen. Beitrag des NZFH-Beirats. 2. Auflage. Köln.

Niedrig, Heike/Seukwa, Louis Henri (2010): Die Ordnung des Diskurses in der Flüchtlingskonstruktion: Eine postkoloniale Re-Lektüre. In: Diskurs Kindheits- und Jugendforschung 2, S. 181–193.

Stülb, Magdalena (2010): Transkulturelle Akteurinnen. Eine medizinethnologische Studie zu Schwangerschaft, Geburt und Mutterschaft von Migrantinnen in Deutschland. Berlin.

Frank Sibom und Susanne Wolff

Kinderschutz in Einrichtungen der Kinder- und Jugendhilfe

Kinderschutz gehört aufgrund der nationalen Gesetzgebung im SGB VIII zur Funktion der Kinder- und Jugendhilfe. Sie soll Benachteiligungen ausgleichen, positive Lebensbedingungen schaffen und Rechte von Kindern und Jugendlichen auch hinsichtlich des Schutzes vor Gefahren für ihr Wohl gewährleisten (§ 1 SGB VIII). Hierbei sollen die pädagogischen Angebote generell auch als präventiver Kinderschutz fungieren und bei Kindeswohlgefährdungen geeignete Interventionsmaßnahmen vorhalten (vgl. §§ 8a, 42 SGB VIII). Aus den Weiterentwicklungen im Bundeskinderschutzgesetz (BuKiSchG) und den internationalen Regelungen, u. a. der UN-Kinderrechtskonvention, ergeben sich für die Kinder- und Jugendhilfe weitere Konkretisierungen zum Kinderschutz im Kontext von Partizipation, Beschwerdeverfahren und Schutz vor institutioneller Kindeswohlgefährdung.

Die für die Kinder- und Jugendhilfe beschriebenen Implikationen zum Kinderschutz gelten bis zum 18. Lebensjahr, unabhängig von der Staatsangehörigkeit oder dem jeweiligen Aufenthaltsstatus der Kinder und Jugendlichen. Kinderschutz für junge Flüchtlingen in der Kinder- und Jugendhilfe ist nicht nur wegen der dramatischen Fluchterfahrungen, psychischen und körperlichen Belastungen sowie Traumatisierungen eine besondere Herausforderung, sondern auch aufgrund der Ungleichbehandlung junger Flüchtlinge beim Thema Kinderschutz und Kinderrechte, in Abhängigkeit von deren Alter und Aufenthaltsstatus (vgl. Bundesfachverband Unbegleitete Minderjährige Flüchtlinge e.V. 2012).

Unbegleitete minderjährige Flüchtlinge werden laut Gesetzgebung vom öffentlichen Jugendhilfeträger in Obhut genommen, um den individuellen Hilfebedarf festzustellen und nachfolgend geeignete, in der Regel stationäre Unterbringung in der Jugendhilfe zu ermöglichen. Dieses Verfahren der vorläufigen Inobhutnahme (§ 42a SGB VIII) greift, sobald unbegleitete minderjährige Flüchtlinge nachweislich in die Bundesrepublik Deutschland eingereist sind.

Im Gegensatz dazu gestaltet sich der Zugang zu Standards der Kinder- und Jugendhilfe im Kontext von Kinderschutz für begleitete junge Flüchtlinge oder unbegleitete Flüchtlinge nach Vollendung des 18. Lebensjahres durchaus prekär. Da begleitete junge Flüchtlinge nicht automatisch in die Zuständigkeit der Jugendämter fallen, greifen entsprechende Schutzmaßnahmen für diese Gruppe nicht automatisch. Zudem gelten für Erstaufnahmeeinrichtungen nicht die in § 45 SGB VIII beschriebenen Vorgaben für betriebserlaubnispflichtige Einrichtungen der Kinder- und Jugendhilfe, die geeignete Maßnahmen zum Kinderschutz nachweisen müssen. Fehlt an dieser Stelle eine konstruktive Zusammenarbeit von beteiligten Akteuren und Behörden, werden die Inanspruchnahme von Jugendhilfeleistungen und der damit verbundene Aspekt des Kinderschutzes ebenso vernachlässigt wie die Transparenz über Leistungs- und Beteiligungsrechte von begleiteten jungen Flüchtlingen.

Für unbegleitete Flüchtlinge geht mit der Vollendung des 18. Lebensjahres nicht nur der besondere Schutzauftrag der Jugendhilfe bei Kindeswohlgefährdung verloren. Durch den Wegfall oder die Veränderung von Jugendhilfeleistungen verlieren diese Jugendlichen Bezugspersonen und gewohnte Strukturen erneut und sind darüber hinaus oftmals finanziell deutlich schlechter und persönlich stärker auf sich allein gestellt. Ihre Lebensqualität wird zusätzlich durch den Umstand belastet, dass die Teilhabe erwachsener Asylsuchender an Bildungsmöglichkeiten und der Zugang zum deutschen Arbeitsmarkt stark eingeschränkt sind. An dieser Stelle wird deutlich, dass Kinderschutz und Rechte von Kindern und Jugendlichen im Spanungsfeld zwischen Jugendhilferecht und Ausländerrecht zu sehr unterschiedlichen Interpretationen und Ausgestaltungen führen und für junge Flüchtlinge mit systematischen Benachteiligungen einhergehen.

Daran hat auch die Rücknahme der deutschen Vorbehalte zur UN-Kinderrechtskonvention im Jahr 2010 substanziell nichts geändert, die den ursprünglichen Vorrang von u. a. deutschem Ausländerrecht gegenüber der UN-Kinderrechtskonvention auflöst (vgl. AGJ 2015).

Besondere Anforderungen an Fachkräfte der Kinder- und Jugendhilfe

Fachkräfte der Kinder- und Jugendhilfe sind im Zusammenhang mit der Betreuung von Flüchtlingen auch mit speziellen und teilweise für sie neuen Themen konfrontiert, die entsprechende Kenntnisse und interkulturelle Kompetenzen notwendig machen. Hierzu gehören beispielsweise der Verlust der Herkunftsfamilie, Unkenntnis der neuen Umgebung und Lebensweise sowie der kulturellen und gesellschaftlichen Besonderheiten und der Sprache – aber auch Gewalterfahrungen und Traumatisierungen und in der Folge Angstzustände und depressive Stimmungsschwankungen sowie Perspektivlosigkeit aufgrund unklarer oder fehlender Aufenthaltserlaubnis.

Hierbei bewegt sich das sozialpädagogische Handeln immer im Spannungsfeld zwischen Sozialgesetzgebung und geltendem Ausländer- und Asylrecht, da die gesellschaftliche Teilhabe und die Gewährleistung von Rechten für Flüchtlinge von der Anwendung unterschiedlicher Rechtsgebiete und Zuständigkeiten beeinflusst ist. In diesem Spannungsfeld agiert die Kinder- und Jugendhilfe mit dem Auftrag, vertrauensvolle Beziehungen aufzubauen, Benachteiligungen abzubauen, Rechte von Kindern und Jugendlichen zu gewährleisten und gesellschaftliche Integration zu fördern (vgl. Berthold/Espenhorst 2012).

Junge Flüchtlinge, die unter traumatischen Fluchterfahrungen leiden und sich in einer für sie fremden Umgebung neu orientieren müssen, sind besonders auf Unterstützung zur Sicherstellung ihrer Grundbedürfnisse angewiesen. Die Angebote der Kinder- und Jugendhilfe müssen hier einerseits Zuverlässigkeit und Schutz bieten und andererseits die jungen Flüchtlinge an der Umsetzung der gewählten Betreuungs- und Hilfeform aktiv beteiligen und ihre vorhandene Ressourcen einbeziehen (vgl. Bundesarbeitsgemeinschaft Landesjugendämter 2014).

Fachkräfte der Kinder- und Jugendhilfe sind hier in der Verantwortung, ihren Schutzauftrag konsequent auch bei jungen Flüchtlingen wahrzunehmen und dabei Kultur- und Sprachbarrieren überwinden, um eine professionelle und vertrauensvolle Arbeitsbeziehung zu entwickeln (vgl. Jagusch/ Sievers/Teupe 2012). Auf dieser Grundlage können junge Flüchtlinge darüber informiert werden, welche Rechte sie haben und welche Zugänge zu Gesundheits-, Bildungs- und Hilfesystemen für sie möglich sind. Für bedarfsgerechte Betreuungs- und Hilfeangebote werden für Fachkräfte Kooperationen mit Dolmetscherdiensten, Ausländerbehörden und Interessensvertretungen für Migrant/inn/en unerlässlich, aber ebenso ein interkulturelles Verständnis für religiöse oder geschlechtsspezifische Besonderheiten, die im Zusammenhang mit Kinderschutz eine Rolle spielen können. Kinderschutz in Angeboten der Kinder- und Jugendhilfe kann hierbei dann wirksam werden, wenn Standards zum Kinderschutz trotz unterschiedlicher Rechtsgebiete immer Vorrang haben, interkulturelle Kompetenzen bei Fachkräften bezogen auf kultursensiblen Kinderschutz gefördert werden und auch Rechte von geflüchteten Kindern und Jugendlichen vollumfänglich gewährleistet werden können – unabhängig davon, ob sie begleitet oder unbegleitet in Deutschland ankommen.

Literatur

Arbeitsgemeinschaft für Kinder- und Jugendhilfe (AGJ) (2015): Kind ist Kind! – Umsetzung der Kinderrechte für Kinder und Jugendliche nach ihrer Flucht. Berlin.
Berthold, Thomas/Espenhorst, Niels (2012): Still missing something! Bestehende Defizite bei der Aufnahme von unbegleiteten minderjährigen Flüchtlingen. In: Forum Erziehungshilfen, Heft 3, S. 131.
Bundesarbeitsgemeinschaft Landesjugendämter (2014): Handlungsempfehlungen zum Umgang mit unbegleiteten minderjährigen Flüchtlingen. Mainz.
Bundesfachverband Unbegleitete Minderjährige Flüchtlinge e.V. (2012): Kindeswohl und Kinderrechte für minderjährige Flüchtlinge und Migranten. Berlin.
Jagusch, Birgit/Sievers, Britta/Teupe, Ursula (2012): Migrationssensibler Kinderschutz. IGFH Band 49. Frankfurt am Main.

Margareta Müller

Ombudschaftliche Beratung und Unterstützung junger (geflüchteter) Menschen in der Kinder- und Jugendhilfe

In diesem Beitrag wird zunächst die Arbeit der Ombudschaften in der Kinder- und Jugendhilfe in Deutschland vorgestellt. Anschließend folgt die Darstellung der ombudschaftlichen Beratung und Unterstützung junger (geflüchteter) Menschen am Beispiel der Ombudschaft Jugendhilfe NRW.

Ombudschaften in der Kinder- und Jugendhilfe

2002 wurde die erste unabhängige Ombudsstelle, der Berliner Rechtshilfefonds Jugendhilfe e.V., in der Kinder- und Jugendhilfe in Deutschland gegründet. In den folgenden Jahren entstanden weitere Ombudsstellen und Initiativen mit dem Ziel, Betroffene in der Sicherstellung ihrer Rechte zu unterstützen. Dabei entwickelte sich eine facettenreiche Landschaft von Ombudsstellen mit unterschiedlichen Organisationsformen sowie Finanzierungsmodellen mit auch zum Teil unterschiedlicher inhaltlicher Fokussierung. 2008 gründeten die unabhängigen Ombudsstellen und Initiativen das Bundesnetzwerk Ombudschaft in der Kinder- und Jugendhilfe, sie riefen damit einen Ort des Erfahrungsaustauschs und gemeinsamen Arbeitens ins Leben. Ein gemeinsam entwickeltes *Selbstverständnis Bundesnetzwerk Ombudschaft in der Kinder- und Jugendhilfe* wurde 2016 verabschiedet. Was Ombudschaft in der Kinder- und Jugendhilfe bedeutet, ist im Selbstverständnis folgend beschrieben:

> „Ombudschaft in der Kinder- und Jugendhilfe bedeutet die unabhängige Information, Beratung und Vermittlung in Konflikten mit dem öffentlichen oder freien Träger der Jugendhilfe im Kontext der individuellen Hilfen zur Erziehung (…). Die fachlich fundierte Parteilichkeit für die Inanspruchnahme individueller Rechte und Rechtsansprüche von jungen Menschen und ihren Personensorgeberechtigten im Bereich der erzieherischen Hilfen ist Grundlage des ombudschaftlichen Handelns. Ombudschaftliche Aktivitäten sind eine Form des Machtausgleichs in der stark asymmetrischen Struktur der Jugendhilfe, insbesondere in Konfliktkonstellationen. Dazu gehört, die strukturell unterlegene Partei im jugendhilferechtlichen Dreiecksverhältnis unabhängig zu beraten und ggf. in der Konfliktbewältigung mit einem öffentlichen und/oder freien Jugendhilfeträger zu unterstützen. Damit unterscheidet sich Ombudschaft von anderen Verfahren der Konfliktbeilegung wie Mediation, Schlichtung oder anwaltliche Vertretung" (Bundesnetzwerk Ombudschaft in der Kinder- und Jugendhilfe 2016, S. 1).

Die Tätigkeitsbereiche der einzelnen Ombudsstellen können aufgrund ihrer Konzeption variieren[1]. Neben den im Bundesnetzwerk organisierten Ombudsstellen haben weitere ihre Arbeit aufgenommen. Hier ein Überblick (Stand 01/2017):

- Unabhängiges Bremer Beratungs- und Beschwerdebüro Bremen (BeBeE)
- Beratungs- und Ombudsstelle für Kinder in Niedersachsen (BerNie e.V.)
- Ombudschaft Jugendhilfe NRW e.V. Nordrhein-Westfalen
- Ombudsstelle für Kinder- und Jugendrechte in Hessen
- Ombudsstelle Rhein-Main
- Initiative Habakuk Baden-Württemberg
- Kinder haben Rechte e.V. Baden-Württemberg
- Bürgerbeauftragte im Landtag Schleswig-Holstein
- Deutscher Kinderschutzbund Landesverband Schleswig-Holstein
- Berliner Rechtshilfefonds Jugendhilfe e.V.
- Berliner Beratungs- und Ombudsstelle Jugendhilfe (BBO)
- Beratungs- und Ombudsstelle Jugendhilfe Brandenburg (BOJE e.V.)
- Kinder- und Jugendhilferechtsverein e.V. Dresden Sachsen
- Unabhängige Ombudsstelle für die Kinder- und Jugendhilfe in Bayern e.V.

Das kontinuierliche Engagement der unabhängigen Ombudsstellen, die Thematisierung ombudschaftlicher Arbeit auf fachpolitischer Ebene, die Empfehlungen der Runden Tische sexueller Kindesmissbrauch und Heimerziehung für die Errichtung unabhängiger Ombudsstellen in der Kinder- und Jugendhilfe, die Befürwortung unabhängiger Beschwerdestellen/Ombudsstellen im 14. Kinder- und Jugendbericht (2013) sowie die Ergebnisse im Bericht zur Evaluation des Bundeskinderschutzgesetzes (2015) sind Meilensteine auf dem Weg zu einer gesetzlichen Verankerung von Ombudsstellen in der Kinder- und Jugendhilfe. So steht im Evaluationsbericht des Bundeskinderschutzgesetzes, dass die Bundesregierung die Verankerung einer programmatischen Regelung von Ombudschaften im SGB VIII erachtet (BMFSFJ 2015, S. 124).

Seit Jahren engagieren sich die unabhängigen Ombudsstellen für eine gesetzliche Verankerung im SGB VIII und damit verbunden für eine sichere Finanzierung ombudschaftlicher Arbeit in der Kinder- und Jugendhilfe. Die bisher vorliegenden Arbeitspapiere im Kontext der Reform des SGB VIII knüpfen am Evaluationsbericht des Bundeskinderschutzgesetzes an

---

1 Nähere Informationen zu den jeweiligen Ombudsstellen befinden sich auf der Homepage http://ombudschaft-jugendhilfe.de/initiativen/.

und sehen unabhängige Ombudsstellen als Programmnormen in den §§ 1 und 9a vor.

Ombudschaftliche Unterstützung junger (geflüchteter) Menschen am Beispiel der Ombudschaft Jugendhilfe NRW

Die Ombudschaft Jugendhilfe NRW bietet als externe, unabhängige Beratungs- und Beschwerdestelle jungen Menschen und Personensorgeberechtigten, die Anspruch auf Leistungen nach dem SGB VIII (Kinder- und Jugendhilfe) haben, kostenfreie Beratung und Unterstützung bei Konflikten mit dem öffentlichen und/oder freien Jugendhilfeträger an. Wird eine Begleitung der Beschwerdeführenden z. B. zu einem Jugendamt und/oder zu einer Einrichtung im Konfliktfalle erforderlich, übernehmen ehrenamtliche Ombudspersonen diese Aufgabe. Zu den Grundsätzen der Ombudschaft Jugendhilfe NRW gehört, dass diese unter Berücksichtigung fachlicher Maßstäbe für die Beschwerdeführenden gegenüber einem Jugendhilfeträger grundsätzlich parteilich tätig ist und sie sich dem Ziel einer einvernehmlichen Abhilfe einer Beschwerde verpflichtet (vgl. Ombudschaft Jugendhilfe NRW 2011, S. 1 ff.).

Seit Arbeitsbeginn der Ombudschaft NRW im Februar 2013 wurden 663 (Stand 31.12.2016) Anfragen und Beschwerden bearbeitet. Davon bezogen sich rund 22 Prozent der Anfragen auf Probleme mit dem Jugendamt im Kontext eines Antrags auf Erziehungs- oder Eingliederungshilfe Minderjähriger. Bei gut 24 Prozent der Anfragen hatten Minderjährige bereits eine Erziehungs- oder Eingliederungshilfe, gleichzeitig existierten Probleme mit der Einrichtung und/oder dem Jugendamt. Fragen und Konflikte im Zusammenhang mit einer Beantragung, Weiterbewilligung oder Beendigung einer Hilfe für junge Volljährige traten bei 14 Prozent der eingegangenen Anfragen auf. Die weiteren Anliegen bezogen sich auf unterschiedliche Themen, u. a. Kostenbeteiligung, Jugendwohnen, Tagesbetreuung, Beratungsanspruch von Pflegeeltern, Beratung und Unterstützung bei der Ausübung der Personensorge und des Umgangsrechts. Junge Menschen nehmen selbst Kontakt zur Ombudschaft auf; dies waren bisher 90 Jugendliche und junge Volljährige. In anderen Fällen stellten Erwachsene den Kontakt zwischen den jungen Menschen und der Ombudschaft her. Die Anfragen und Beschwerden konnten größtenteils telefonisch und/oder per E-Mail bearbeitet werden, eine örtliche Unterstützung und Begleitung junger Menschen und Personensorgeberechtigter wurde in rund 15 Prozent der Beschwerden durchgeführt. Weitere Informationen zur Beschwerdearbeit enthalten die Jahresberichte der Ombudschaft sowie der Evaluationsbericht (http://.ombudschaft-nrw.de/fachinformationen-beratung/).

Die starke Zunahme der Flüchtlingszahlen, und hier insbesondere der

Anstieg der Anzahl eingereister unbegleiteter minderjähriger Flüchtlinge (2015 bis Anfang 2016), die zu diesem Zeitpunkt noch lückenhaften Strukturen zur angemessenen Versorgung, Betreuung und Begleitung der jungen Flüchtlinge führte auch dazu, dass sich zunehmend junge geflüchtete Menschen und ihre (ehrenamtlichen) Betreuer/innen mit Fragen, Problemen und Beschwerden an Ombudsstellen wandten. Ferner machte der Bundesfachverband unbegleitete minderjährige Flüchtlinge in seiner Arbeitshilfe „18 – und dann? Arbeitshilfe zur Beantragung von Hilfen für junge Volljährige" auf die Unterstützungsmöglichkeiten von Ombudschaften aufmerksam (vgl. http://www.b-umf.de/images/Hilfen_fuer_junge_Volljaehrige_Arbeitshilfe_2016.pdf, S. 2).

Wird der Fokus auf die Anfragen und Beschwerden an die Ombudschaft NRW junge unbegleitete Flüchtlinge betreffend gelegt, fällt auf, dass der starke Anstieg eingereister unbegleiteter minderjähriger Flüchtlinge von 2015 bis Anfang 2016 in Deutschland ebenfalls zu einem Anstieg der Anfragen und Beschwerden an die Ombudschaft NRW führte.

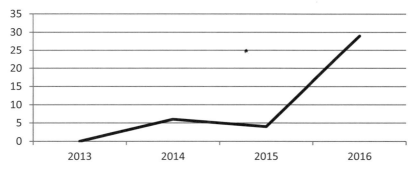

Anzahl der Anfragen und Beschwerden junge unbegleitete Flüchtlinge betreffend

An dieser Stelle ist zu ergänzen, dass nicht nur die Ombudschaft in NRW junge unbegleitete Flüchtlinge berät und unterstützt. Der Berliner Rechtshilfefonds Jugendhilfe e.V. berichtete in seinem Newsletter 13/2016 von der Unterstützung unbegleiteter geflüchteter Menschen bei der Geltendmachung ihrer Rechtsansprüche (vgl. Berliner Rechtshilfefonds Jugendhilfe e.V. 2016, S. 2).

Bei der genaueren Betrachtung der Anliegen junger unbegleiteter Flüchtlinge an die Ombudschaft NRW zeigt sich, dass es sich um vielfältige Probleme handelt. Neben den Anfragen im Kontext der Hilfe für junge Volljährige gab es Beschwerden gegen Einrichtungen der vorläufigen Inobhutnahme wegen Nichtauszahlung von Taschen- und Bekleidungsgeld, gegen Regeln wie keinen Zugang zur Küche, Abgabe von Zimmerschlüsseln u. a. Auch das in den §§ 42a ff. SGB VIII geregelte Verteilungsverfahren führte zu Beschwerden; beispielsweise äußerte eine Gruppe von Jugendlichen Beschwerden über die Verlegung in unterschiedliche Orte. Ferner löste die Zuweisung in eine ländliche Region Unzufriedenheit aus.

Ein großer Anteil der Beschwerden junger unbegleiteter Flüchtlinge bezieht sich auf Probleme im Kontext der Durchsetzung, Weiterbewilligung oder Ausgestaltung einer Hilfe für junge Volljährige (§ 41 SGB VIII). Dies waren in den Jahren 2014 und 2015 fast ausschließlich die Gründe einer Kontaktaufnahme mit der Ombudschaft NRW, und im Jahr 2016 machten diese über ein Drittel der Beschwerden junger Flüchtlinge aus. So meldete sich ein volljähriger Flüchtling gemeinsam mit seiner Betreuerin bei der Ombudschaft NRW. Als unbegleiteter minderjähriger Flüchtling wurde er stationär betreut und stellte vor seinem 18. Geburtstag einen Antrag auf Hilfe für junge Volljährige gemäß § 41 SGB VIII. Dieser wurde mit der Begründung abgelehnt, die Voraussetzungen gemäß § 6 (2) SGB VIII seien nicht gegeben. In § 6 (2) SGB VIII sind die Anspruchsvoraussetzungen von Ausländern generell für Leistungen des SGB VIII wie Hilfen zur Erziehung und Hilfe für junge Volljährige verankert. Ausländer müssen aufgrund einer ausländerrechtlichen Duldung ihren gewöhnlichen Aufenthalt im Inland haben. Diese gesetzliche Grundlage ist insbesondere für junge ausländische Volljährige von Bedeutung. Der junge Flüchtling und seine Betreuerin konnten hinsichtlich eines Widerspruchs beraten werden. Die Anspruchsvoraussetzungen gemäß § 6 (2) SGB VIII waren gegeben, die Problematik lag in der fehlenden Zusammenarbeit zweier Behörden.

Den Kontakt zur Ombudschaft NRW gestalteten die jungen unbegleiteten Flüchtlinge in den meisten Fällen gemeinsam mit ihren (ehrenamtlichen) Betreuer/inne/n sowie Vormünder/inne/n oder mit einer/m Dolmetscher/in. In einigen Fällen waren sie aufgrund ihrer Sprachkenntnisse in der Lage, die Kommunikation mit der Ombudschaft NRW selbstständig zu führen. Damit junge unbegleitete Flüchtlinge Informationen über das Beratungs- und Unterstützungsangebot der Ombudschaft NRW erhalten können, wurde mit der Übersetzung des Informationsflyers in verschiedene Sprachen begonnen. Die ersten Flyer sind auf der Homepage abrufbar unter http://ombudschaft-nrw.de/kinder-und-jugendliche/.

Die Praxis der ombudschaftlichen Beratung und Unterstützung von jungen unbegleiteten Flüchtlingen zeigt, dass jugendhilferechtliches Wissen und Erfahrungen nicht immer ausreichend sind. Die Beratung dieser Zielgruppe erfordert, je nach Problemlage, zusätzlich Hintergrundwissen und Erfahrungen aus dem Ausländerrecht, um die Gesamtsituation richtig einschätzen zu können. Oftmals treten jugendhilferechtliche und asylrechtliche Problemlagen gleichzeitig auf. Für diese Problemkonstellation kann Netzwerkarbeit hilfreich sein. Junge unbegleitete Flüchtlinge, die sich an die Ombudschaft NRW wenden, werden im jugendhilferechtlichen Bereich von dieser beraten und bei Bedarf zum Jugendamt und/oder in eine Einrichtung begleitet. Hinsichtlich ausländerrechtlicher Angelegenheiten werden sie auf entsprechende Beratungsstellen aufmerksam gemacht; so konnte die Ombudschaft NRW mehrfach an die Gemeinnützige Gesellschaft zur Unterstützung Asylsuchender e.V., an den Bundesfachverband unbegleitete minderjährige Flüchtlinge verweisen sowie auf das Netzheft des Flüchtlingsrats NRW aufmerksam machen.

Fazit

Ombudschaften in der Kinder- und Jugendhilfe unterstützen auch junge unbegleitete Flüchtlinge bei Konflikten mit dem Jugendamt und/oder einer Einrichtung. Die Anforderungen an diese Beratungs- und Unterstützungsarbeit sind aufgrund der besonderen Situation jedes einzelnen Flüchtlings, der mehrfach geänderten Regelungen im Ausländerrecht, der Sprachbarrieren sowie der noch teilweise fehlenden Anschlussmaßnahmen nach der Inobhutnahme und für junge Volljährige in der Jugendhilfe hoch. Diese Komplexität sowie das häufige Zusammentreffen von jugendhilferechtlichen und ausländerrechtlichen Problemen machen in der aktuellen Situation eine Vernetzung und Zusammenarbeit der jeweiligen Beratungs- und Fachstellen in der Unterstützung junger Flüchtlinge erforderlich.

Literatur

Berliner Rechtshilfefonds Jugendhilfe e.V. (2016): Zur Situation junger Flüchtlinge in Berlin/Offener Brief AG 78 HzE Mitte. Newsletter 13/2016.
Bundesfachverband unbegleitete minderjähre Flüchtlinge (2016): 18 – und dann? Arbeitshilfe zur Beantragung von Hilfen für junge Volljährige.
  http://b-umf.de/images/Hilfen_fuer_junge_Volljaehrige_Arbeitshilfe_2016.pdf (Abfrage: 15.01.2017).
Bundesministerium für Familie, Senioren, Frauen und Jugend (BMFSFJ) (2015): Bericht der Bundesregierung Evaluation des Bundeskinderschutzgesetzes. Berlin.
Bundesnetzwerk Ombudschaft in der Kinder- und Jugendhilfe (2016): Selbstverständnis Bundesnetzwerk Ombudschaft in der Kinder- und Jugendhilfe.
  http://ombudschaft-jugendhilfe.de/wp-content/uploads/BNW-Ombudschaft-Selbstverständnis-2016.pdf (Abfrage: 15.01.2017).
Ombudschaft Jugendhilfe NRW (2011): Konzeptgrundlagen für eine unabhängige Ombudschaft Jugendhilfe NRW.
  http://ombudschaft-nrw.de/ombudschaft-jugendhilfe/ (Abfrage: 15.01.2017).

Ursula Enders

Kinderrechte und Beschwerdemanagement in Flüchtlingsunterkünften

Kinderschutz in Gemeinschaftseinrichtungen

Nicht nur in Herkunftsländern und auf der Flucht war das Kindeswohl vieler geflüchteter Mädchen und Jungen gefährdet, auch in Deutschland ist dies der Fall – oftmals durch eine (strukturelle) Kindeswohlgefährdung aufgrund kinderfeindlicher Lebensbedingungen und der Missachtung von Kinderrechten in Flüchtlingsunterkünften.

Kindeswohlgefährdung in Flüchtlingsunterkünften

Während in vielen Städten und Gemeinden geflüchtete Familien weitgehend in Wohnungen untergebracht werden, entwickeln sich in anderen zunächst als „Notlösung" gedachte Unterkünfte zu „Dauerlösungen". In ihnen leben Mädchen und Jungen häufig über eine lange Zeitdauer unter dem Kindeswohl abträglichen Bedingungen – ohne Privatsphäre, ohne ausreichende Spiel-, Freizeit-, Bildungs- und Hilfeangebote (vgl. Zartbitter 2016d). Praxisbeobachtungen lassen beispielsweise in zahlreichen Unterkünften eine eklatante Vernachlässigung der Angebote für männliche als auch weibliche Jugendliche sowie die Förderung von Mädchen und Jungen mit Behinderungen erkennen.

In Unterkünften erleben Kinder und Jugendliche nicht nur in Einzelfällen sexuelle, körperliche und psychische Gewalt durch geflüchtete Erwachsene sowie ehren- und hauptamtliche Mitarbeiterinnen und Mitarbeiter. Auch sind sie allzu oft emotional übergriffigen Beziehungsangeboten von pädagogisch unqualifiziert handelnden Helfer/inne/n ausgesetzt, die einen grenzachtenden Umgang mit Nähe und Distanz missachten. Mit einer zunehmenden Verweildauer von Mädchen und Jungen in Unterkünften eskalieren vielfach Konflikte unter Peers. Diese entladen sich nicht selten in gewalttätig ausgetragenen Gruppenkonflikten. Mehr oder weniger regelmäßig werden Mädchen und Jungen Zeug/inn/en von gewalttätigen Auseinandersetzungen zwischen Erwachsenen und häuslicher Gewalt.

Das Risiko der Kindeswohlgefährdung erhöht sich in vielen Flüchtlingsunterkünften aufgrund unklarer Verfahrenswege und einem unfachlichen Umgang mit Kindeswohlgefährdungen. Die Defizite liegen nicht zuletzt in einer Vernachlässigung traumaspezifischer Aspekte (vgl. Weiß/Kettler/Gahleitner 2016) in den Interventions- und Präventionskonzepten vieler Unterkünfte begründet. Nach wie vor blenden nicht wenige Jugendämter ihre Verantwortung für die Sicherung des Kindeswohls mit Hinweis auf die Zuständigkeit der Wohnungsämter für Flüchtlingsunterkünfte aus. Andere verweisen auf die Verantwortung der Sorgeberechtigten. Dabei ignorieren sie, dass diese oftmals ob begrenzter Handlungsmöglichkeiten und/oder psychischer Belastungen nicht in der Lage sind, das Kindeswohl zu sichern.

In der Praxis ist sowohl bei ehren- als auch hauptamtlichen Helfer/inne/n ein großes Engagement für die Sicherung des Kindeswohls in Flüchtlingsunterkünften zu beobachten. Nicht selten stößt dieses jedoch an ihre Grenzen, da Angebote von vielen Jugendlichen und Eltern nur verhalten angenommen werden. Im Rahmen einer von Zartbitter (2016d) unter Partizipation von Jugendlichen und Eltern durchgeführten Risikoanalyse des Arbeitsfeldes „Gemeinschaftsunterkünfte" zeichnete sich als eine zentrale Ursache der Grenzen dieser Bemühungen ab, dass viele Jugendliche und Eltern sich in Flüchtlingsunterkünften als entrechtet erleben („wie im Gefängnis"): Oftmals werden Familien bei Aufnahme in die Unterkunft weder über ihre Rechte informiert, noch wird ihnen der für Mitarbeiter/innen verbindliche Verhaltenskodex transparent gemacht. Auch werden Kindern und Jugendlichen in der Regel keine (externen) Ansprechpersonen vorgestellt, an die sie sich im Falle sexueller, körperlicher oder psychischer Gewalterfahrungen wenden können. Stattdessen erhalten Familien bei Aufnahme in Flüchtlingsunterkünften meist lediglich Informationen über die jeweilige Hausordnung, die verbindlichen Regeln für die Geflüchteten. Konzepte des Empowerments und der Partizipation, die beispielsweise in autonomen Frauenhäusern und ebenso in vielen internationalen Flüchtlingslagern umgesetzt werden, gibt es in deutschen Flüchtlingsunterkünften kaum: Vielen der in Unterkünften lebenden Kinder, Jugendlichen und Eltern mit Fluchterfahrung erschließen sich keine/kaum Möglichkeiten der Mitsprache, Mitgestaltung oder Beschwerde.

Information über Kinderrechte und Verhaltenskodex bei Aufnahme in die Unterkunft

Wissen über Kinderrechte (zum Beispiel ein Minimum an Spielmaterialien auch in den Abendstunden und am Wochenende, auf Freizeit- und Bildungsangebote, Schutz vor Gewalt, Hilfe in Notlagen) sowie deren Festschreibung in einem für die Mitarbeiter/innen von Unterkünften verbindlichen Verhaltenskodex (z. B. Verpflichtung, in Fällen der Gewalt im Sinne des Kinderschutzes aktiv zu werden) ist eine Grundvoraussetzung für einen wirksamen Kinderschutz in Flüchtlingsunterkünften. Die Information über Kinderrechte und Verhaltenskodex enttabuisiert interpersonelle als auch strukturelle Gewalt. Sie fördert die Selbstwirksamkeit sowie die Teilhabe an sozialen und gesellschaftlichen Prozessen (vgl. Urban-Stahl 2013). Informierte Kinder und Jugendliche haben eine deutlich größere Chance als uninformierte, die Achtung ihrer Rechte einzufordern und sich im Falle von Missachtung Hilfe zu holen.

Mädchen, Jungen, Mütter und Väter müssen dementsprechend bei Aufnahme in Flüchtlingsunterkünften mithilfe bildgestützter Kommunikationsmittel *und* im persönlichen Gespräch über die Kinderrechte sowie den in der Einrichtung verbindlichen Verhaltenskodex für ehren- und hauptamtliche Mitarbeiter/innen informiert werden. Allerdings darf sich die Aufklärung nicht auf die Wissensvermittlung beschränken. Das Engagement für die Umsetzung der Kinderrechte muss vielmehr durch kinderfreundliche strukturelle Rahmenbedingungen (z. B. ausreichender Personal- und Raumausstattung, Vermittlung ambulanter Hilfen der Jugendhilfe, Sicherstellung des regelmäßigen Schulbesuches und der medizinischen Versorgung) sowie durch die Achtung der Rechte von Mädchen und Jungen im alltäglichen Verhalten der ehren- und hauptamtlichen Mitarbeiter/innen glaubhaft vermittelt werden.

Die Information über Kinderrechte und Verhaltenskodex sollte in jedem Fall durch pädagogische Fachkräfte freier Träger erfolgen, die regelmäßig an mehreren Wochentagen während der Spiel- und Freizeitangebote präsent und somit zuverlässige Ansprechpersonen für Kinder und Jugendliche sind (vgl. Zartbitter 2016d, S. 91). Das bildgestützte Informationsmaterial muss leicht verständlich illustriert und somit auch für noch nicht alphabetisierte Kinder, Jugendliche und ihre Eltern verständlich sein.

Zartbitter e.V. entwickelte bildgestützte Informationsmaterialien, die über die Rechte von Kindern und Jugendlichen sowie verbindliche Verhaltensvorgaben für Mitarbeiter/innen der Flüchtlingsarbeit informieren. Die Materialien wurden in zwölf Sprachen übersetzt (Zartbitter 2016a, b, c; 2017). Sie können über den Zartbitter-Onlineshop bezogen werden. Ein Teil der Illustrationen und Texte stehen in mehreren Sprachen zum kostenlosen Download im Netz (www.zartbitter.de und www.sichere-orte-schaffen.de).

Alle Kinder haben das Recht zu spielen.

Alle Mädchen und Jungen haben ein Recht auf Bildung.

Alle haben ein Recht auf Schutz vor Gewalt.

Alle haben ein Recht auf Hilfe!

© Copyright Zartbitter 2017

Kindgerechtes Beschwerdemanagement

Nach der Aufdeckung von Fällen gewalttätiger Übergriffe gegen Bewohner/innen durch das Wachpersonal einer Flüchtlingsunterkunft zog NRW als erstes Bundesland Konsequenzen und baute in Landesunterkünften ein externes unabhängiges Beschwerdemanagement auf (vgl. mik 2016). An die Beschwerdestellen können sich sowohl Geflüchtete als auch Mitarbeiter/innen wenden. Die externen Berater/innen bieten regelmäßige Sprechzeiten in Flüchtlingsunterkünften an und sind ebenso über Büros erreichbar. Meldungen über die Vermutung/den Verdacht körperlicher, psychischer oder sexueller Gewalt werden unter Einhaltung der Schweigepflicht und Anonymitätswünschen dokumentiert. Die Betroffenen werden bei Aufdeckung von Missständen in Einrichtungen bzw. ihnen zugefügter/von ihnen beobachteten Formen interpersoneller Gewalt fachlich begleitet.

Das skizzierte Beschwerdemanagement gibt allerdings lediglich Beschwerdewege für Erwachsene vor und vernachlässigt kindgerechte Beschwerdewege. Mädchen und Jungen, die in ihren Heimatländern keine professionellen Hilfeangebote in psychosozialen Notlagen kennengelernt haben, werden kaum ihre Beschwerden bezüglich Ausstattung oder der Mitarbeiterschaft der Unterkunft oder Beschwerden über Gewalthandlungen der Eltern, anderer (geflüchteter) Erwachsener oder Peers unbekannten professionellen Fachkräften zu festgelegten Sprechzeiten vortragen. Auch Kinder und Jugendliche aus Deutschland wenden sich in Schulen, Einrichtungen der Jugendhilfe und Vereinen mit ihren Sorgen und Beschwerden eher an Bezugspersonen, die sich durch eine respektvolle und zuverlässige Umgangsweise als vertrauenswürdig erwiesen haben. Dementsprechend sind regelmäßige pädagogische Angebote oder z. B. Kinderrechte-Sprechstunden mit spielerischen Elementen (vgl. Urban-Stahl 2013, S. 14) durch externe, vom Betreiber unabhängige Fachkräfte der Jugendhilfe eine Voraussetzung für ein kindgerechtes Beschwerdemanagement.

Im Sinne einer Orientierungshilfe für Kinder, Jugendliche und Eltern empfiehlt es sich, die Ansprechpersonen mit farbigen Namensschildern auszustatten. Zudem sollten ihre Fotos mit Namen auf einer an einem zentralen Ort angebrachten Infotafel ausgehängt werden.

Voraussetzung für einen wirksamen Kinderschutz ist zudem die Übersetzung aller Beschwerden durch externe Sprachmittler/innen. Es ist wenig sinnvoll, wenn muttersprachliche Mitarbeiter/innen des Betreibers Beschwerden über Gewalthandlungen und andere Missstände innerhalb der eigenen Einrichtung übersetzen (vgl. Zartbitter 2016d. S. 53).

Im Rahmen eines (kindgerechten) unabhängigen Beschwerdemanagements sollte eine regelmäßige schriftliche Befragung der kindlichen, jugendlichen und erwachsenen Bewohner/innen von Flüchtlingsunterkünften zu Fragen des Kinderschutzes durchgeführt werden. Der Fragebogen ist in die Muttersprachen der Geflüchteten zu übersetzen und als bildgestütztes Kommunikationsmittel zu gestalten. So haben auch nicht alphabetisierte Kinder, Jugendliche und Eltern die Möglichkeit, den Fragebogen ohne Hilfe Dritter auszufüllen.

Literatur

Enders, Ursula (2015): Schutzkonzepte gegen Gewalt in Gemeinschaftsunterkünften. Präsentation. http://www.zartbitter.de/gegen_sexuellen_missbrauch/Fachinformationen/Work shop_Diakonie_Hannover.php. (Abfrage: 17.04.2017).
Ministerium für Inneres und Kommunales NRW (mik nrw) (2016): Eckpunkte zur Aufnahme und Unterbringung von Flüchtlingen in Regeleinrichtungen des Landes NRW vom 22. Dezember 2015. http://www.mik.nrw.de/fileadmin/user_upload/Redakteure/Dokumente/

Themen_und_Aufgaben/Auslaenderfragen/Eckpunktepapier/0_Eckpunkte_und_Handlungsempfehlungen.pdf. (Abfrage: 17.04.2017).

Unabhängiger Beauftragter für Fragen des sexuellen Kindesmissbrauchs (UBSKM) (2015): Checkliste Mindeststandards zum Schutz von Kindern in Flüchtlingsunterkünften. https://beauftragter-missbrauch.de/presse-service/meldungen/detail/news/checkliste-mindeststandards-zum-schutz-von-kindern-in-fluechtlingsunterkuenften/. (Abfrage: 17.04.2017).

UNICEF/Bundesfamilienministerium (Hrsg.) (2016): Mindeststandards zum Schutz von Kindern, Jugendlichen und Frauen in Flüchtlingsunterkünften. https://www.bmfsfj.de/blob/107848/5040664f4f627cac1f2be32f5e2ba3ab/schutzkonzept-mindeststandards-unterkuenfte-data.pdf. (Abfrage: 17.04.2017).

Urban-Stahl, Ulrike (2013): Beschweren erlaubt! 10 Empfehlungen zur Implementierung von Beschwerdeverfahren in Einrichtungen der Kinder- und Jugendhilfe. http://ombudschaft-nrw.de/pdf/BIKBEK-smale.pdf. (Abfrage: 17.04.2017).

Völlmecke, Klaus-Peter/Enders, Ursula (2016): Anforderungen an Schutzkonzepte für Minderjährige und deren Familien in Gemeinschaftsunterkünften für Geflüchtete. http://www.zartbitter.de/gegen_sexuellen_missbrauch/Fachinformationen/minderjaehrige_in_unterkuenften.php. (Abfrage: 17.04.2017).

Weiß, Wilma/Kessler, Tanja/Gahleitner, Silke Birgitta (Hrsg.) (2016): Handbuch Traumatherapie. Weinheim und Basel.

Zartbitter e.V. (2017): Verhaltenskodex für Mitarbeiterinnen und Mitarbeiter der Flüchtlingshilfe. Bildgestütztes Informationsmaterial für Kinder, Jugendliche und Eltern mit Fluchterfahrung. www.sichere-orte-schaffen.de.

Zartbitter e.V. (2016a): Flüchtlingskinder haben Rechte. Köln.

Zartbitter e.V. (2016b): Alle Mädchen haben Rechte. Köln.

Zartbitter e.V. (2016c): Alle Jungen haben Rechte. Köln.

Zartbitter e.V. (Hrsg.) (2016d): Flüchtlingskinder haben ein Recht auf Hilfe. Arbeitshilfe zur Entwicklung institutioneller Kinder-/Gewaltschutzkonzepte für Gemeinschaftsunterkünfte. Köln.

Christina S. Plafky

Kinderschutz in Flüchtlingsunterkünften

In Deutschland werden geflohene Familien nach ihrer Ankunft zuerst in Erstaufnahmeeinrichtungen untergebracht. Theoretisch sollten Familien mit Kinder nach drei Monaten von einer Not- und Erstaufnahmeeinrichtung in kindgerechte Wohnverhältnisse umziehen, wobei sich diese Zeitspanne meist auf sechs oder noch mehr Monate verlängert (Deutsches Komitee für UNICEF 2016). Selbst danach bedeutet ein Umzug nicht unbedingt eine eigene Wohnung oder eine kindgerechte Umgebung, denn in einigen Städten ist davon auszugehen, dass Familien noch Jahre in Gemeinschaftsunterkünften leben werden (Berthold 2014). Diese Wartezeiten sind durch die unterschiedlichen Zuständigkeiten zwischen Bund, Ländern, Kommunen und verschiedenen Behörden sowie dem Rückstau bei der Bearbeitung von Asylanträgen geschuldet. Fehlender angemessener Wohnraum, besonders in Großstädten, erschwert zusätzlich die Möglichkeiten der Familien in eigene Wohnung zu ziehen. Im Hinblick auf die Kindesentwicklung kann konstatiert werden:

> „Die Unterbringung ist Dreh- und Angelpunkt für die gesunde Entwicklung dieser Kinder und Jugendlichen – unabhängig davon, wie lange sie in Deutschland leben" (Lewek/Naber 2017, S. 9).

Es gibt bisher noch keine bundesweiten und ausreichend belastbaren Daten und Statistiken, um zu erfassen, wo, unter welchen Umständen, wie lange und mit welcher Unterstützung der Kinder- und Jugendhilfe geflohene und begleitete Kinder und Jugendliche leben (Pothmann/Kopp 2016; Robert Bosch Stiftung 2016).

Der folgende Beitrag beschäftigt sich, unter dem Aspekt des Kindeswohls- bzw. der Kindeswohlgefährdung, mit einer Bestandsaufnahme der aktuellen Situation von geflüchteten Kindern und Jugendlichen in Flüchtlingseinrichtungen.

Rechtliche Rahmenbedingungen

Nach den aktuellen Richtlinien 2013/33/EU des europäischen Parlaments und des Rates vom 26. Juni 2013 zur Aufnahme von Asylbewerbern und Asylbewerberinnen gilt als allgemeiner Grundsatz, dass alle Mitgliedsstaaten

> „in dem einzelstaatlichen Recht zur Umsetzung dieser Richtlinie die spezielle Situation von schutzbedürftigen Personen wie Minderjährigen, unbegleiteten Minderjäh-

rigen, Behinderten, älteren Menschen, Schwangeren, Alleinerziehenden mit minderjährigen Kindern (...)" (2013/33/EU Art. 21).
berücksichtigen müssen. Weiterhin gilt die Verpflichtung, Flüchtlingsunterkünfte so auszustatten, dass sie vor (sexueller) Gewalt schützen und die Bedürfnisse von besonders schutzbedürftigen Menschen und Kindern wahren sowie auf geschlechts- und altersspezifische Aspekte (z. B. sanitäre Anlagen) achten (RL2013/33/EU). Zusätzlich gelten die UN-Kinderrechtskonventionen als rechtlicher Rahmen für alle hier lebenden Kinder und Jugendliche. In Deutschland gilt außerdem das SGB VIII, das Normen der Kinder- und Jugendhilfe festlegt; die Zuständigkeit der Kinder- und Jugendhilfe gilt auch für Flüchtlingskinder und ihre Familien in allen Einrichtungsformen. Das bedeutet, dass alles Handeln der Politik, der staatlichen Verwaltungen und anderer öffentlicher Einrichtungen das Wohl der Kinder und Jugendlichen mitberücksichtigen muss (Berthold 2014).

Die oft lange Zeit, die Familien in Flüchtlingseinrichtungen verbringen verzögert den Prozess, in Deutschland anzukommen, und bedeutet für Familien und Kinder eine hohe Belastung. „Allgemein werden die Lebensbedingungen in den Aufnahme- bzw. Gemeinschaftsunterkünften häufig als ‚Lager', ‚Gefängnis' oder ‚Käfig' wahrgenommen" (Robert Bosch Stiftung 2016, S. 81). Behrensen und Groß (2004) beschreiben die Situation der Familien in Flüchtlingseinrichtungen als erlebten Kontrollverlust, der mit Fremdbestimmungs- und Entmündigungsprozessen gekoppelt ist.

Gewalt in den Unterkünften und Kindeswohl

Es gibt bis heute keine umfassende Erfassung des Ausmaßes von Gewalt und Übergriffen in Flüchtlingsunterkünften (UNICEF 2016). Allerdings lässt sich festhalten, dass die mangelnden Möglichkeiten zu Arbeiten oder sich zu beschäftigen zu monotonen Tagesabläufen bzw. Nichtstun bei den Erwachsenen führt, zusätzlich gibt es öfter Gewalt- und Konfliktsituation in den Einrichtungen (Behrensen/Groß 2004; Johansson 2014a; 2014b). Die Lebenslage der geflohenen Eltern bzw. Familien ist durch diverse Schwierigkeiten belastet (siehe auch die anderen Beiträge dieses Handbuchs). Dies kann bedeuten, dass sie dadurch nicht immer in der Lage sind, ihre Kinder so zu unterstützen oder zu schützen, wie dies unter normalen Umständen möglich wäre, oder sich die Belastung in erhöhter innerfamilärer Gewalt ausdrückt (Kindler 2016). Es ist nicht davon auszugehen, dass bei geflohenen Familien eine signifikant höhere Quantität an innerfamiliären Kindeswohlgefährdungen vorliegen wird oder vorliegt (Jagusch/Sievers/Teupe 2012), als dies bei anderen Familien der Fall ist. Gleichzeitig gibt es aber in anderen Ländern (z. B. Somalia, Afghanistan, Syrien) unterschiedlich geprägte Erziehungsverhalten und -sozialisationen, wobei hier das Bestrafen durch körperliche Gewalt nicht unüblich ist (Kindler 2014). Auch geraten

> „schädigende kulturelle Praktiken in manchen Familien wie etwa (drohender) weiblicher Genitalverstümmelung, Zwangsverheiratung von Jugendlichen oder schweren Restriktionen von Selbstbestimmung und Bewegungsfreiheit bei jugendlichen Mädchen" (Kindler 2014)

immer wieder in den Fokus der Aufmerksamkeit von Behörden und der Öffentlichkeit.

Es gilt in einigen Einrichtungen zu bemängeln, dass Ausrüstungen für Kinder sowie Schutz-, Spiel- und Rückzugsräume nicht vorhanden sind. Dies wird von Familien als sehr belastend erlebt (Deutsches Komitee für UNICEF 2016). Personen, die in den Einrichtungen arbeiten, müssen oft kein polizeiliches Führungszeugnis vorlegen. Helming schreibt: „Flüchtlingsunterkünfte sind aus diesem Grund ein attraktiver Bereich für pädosexuelle Täter" (2012). Es gibt einige bekannte Einzelfälle von (sexueller) Gewalt, besonders gegenüber Kindern, Jugendlichen und Frauen von Mitarbeitenden der Einrichtungen. Dies lässt laut UNICEF (2016) erkennen, dass es eine reale Gefahr für Kinder in Einrichtungen geben kann, Opfer von sexuellem Missbrauch oder Gewalt und Zeuge von Gewalttaten zu werden.

Die Versorgungssituation (Stichwort Essen) ist ebenfalls teils nicht adäquat. Die hygienischen Zustände in den Gemeinschaftsunterkünften werden häufig als Ursache für einige Erkrankungen genannt (Behrensen/Groß 2004). Kinder, und besonders Mädchen, haben zum Teil nachts Angst, zur Toilette zu gehen oder sich von ihrem Bett zu entfernen (Lechner/Huber/Holthusen 2016), weil die mangelnde Privatsphäre, die vielen fremden Menschen usw. ein Gefühl der Unsicherheit verursachen.

Zum Thema Kindeswohl gehört auch die Wahrung der Kinderrechte. Aus Kinderrechtsperspektive ist der Zugang zu Bildung und Förderung von großer Bedeutung. Wie in anderen Beiträgen in diesem Handbuch ausgeführt, ist der Zugang zu Bildung in Flüchtlingseinrichtungen oft nicht oder nur eingeschränkt möglich. Die zeitliche Verzögerung in der Schulbildung hat zusätzliche langfristige, unter Umständen negative Konsequenzen auf die Entwicklung und Integration der Kinder und Jugendlichen. Für die psychosoziale Betreuung von Kindern und Jugendlichen, die gerade in diesem belasteten Kontext Stabilität, Unterstützung und Verlässlichkeit benötigen, sind kindgerechte Orte und eine (professionelle) liebevolle Unterstützung nötig. Diese steht allerdings nicht flächendeckend in Einrichtungen zur Verfügung. Hier besteht die Gefahr, dass Kinder und Jugendliche schwerwiegende Probleme und Belastungen entwickeln, die sich dauerhaft manifestieren, auch in andere Lebensbereiche, wie beispielsweise die Schule, getragen werden und dort zu zusätzlichen Schwierigkeiten führen (Deutsches Komitee für UNICEF 2016).

Die Frage nach dem Kinderschutz bzw. der Kindeswohlgefährdung in diesem Kontext hat Kindler folgendermaßen gestellt:

> „Der Rechtsbegriff der Kindeswohlgefährdung zielt auf das Verhältnis zwischen Staat und Eltern. Bei einer konkreten Gefahr, dass Eltern durch ihr Handeln oder Unterlassen ein Kind erheblich schädigen, besteht eine Berechtigung und Verpflichtung zum staatlichen Eingreifen, allerdings gebunden an das Prinzip der Verhältnismäßigkeit. Eine solche wäre zu verneinen, wenn das Wohl eines Kindes vor allem durch die vom Staat selbst zu verantwortenden Lebensbedingungen seiner Familie gefährdet würde" (2014).

Es muss also auch beim Thema Kindeswohlgefährdungen in Einrichtungen zwischen Lebensumwelt bedingenden Faktoren durch die institutionellen Rahmenbedingungen bzw. die dort lebenden Menschen und innerfamiliärer Kindeswohlgefährdungen differenziert werden, da hier unter Umständen andere Strategien zum Schutz der Kinder nötig sind.

Rahmenbedingungen und Zusammenarbeit zwischen der Kinder- und Jugendhilfe, beteiligten Behörden und Unterbringungseinrichtungen

Im Gegensatz zu Einrichtungen der Kinder- und Jugendhilfe müssen Erstaufnahme- und Gemeinschaftsunterkünfte bisher keinen Nachweis darüber erbringen wie und ob sie für Kinder und Jugendliche einen geeigneten Lebensraum darstellen, das heißt, es bedarf keiner gesonderten Betriebserlaubnis, wie das im Kinder- und Jugendhilferecht gültig ist (§ 45 SGB VIII). In der Praxis bedeutet dies, dass viele Einrichtungen ohne entsprechende Kooperationsvereinbarung mit den örtlich zuständigen Jugendämtern (anlehnend an § 8a SGB VIII) tätig sind. Das heißt in der Folge, dass es in einigen Kommunen keinen regelmäßigen oder teils auch gar keinen Kontakt zwischen den Einrichtungen und dem ASD/Jugendamt gibt (dazu gehören auch Frühe Hilfen, Hilfen zur Förderung der Erziehung, Netzwerkveranstaltung oder ähnliches).

> „Dies ist auch dadurch zu erklären, dass die Unterbringung und Versorgung von geflüchteten Familien im Sachbereich der Sozialämter liegt und deshalb keine direkte Zuständigkeit seitens der Jugendämter gesehen wird. Als Folge dessen gelangen wichtige Information bezüglich der Bedarfe geflüchteter Familien und notwendiger Unterstützungsleistungen nicht an die Jugendämter, wodurch auch seitens der Jugendämter der Handlungsbedarf nur bedingt erkannt wird" (Lewek/Naber 2017, S. 55).

Eine weitere Problematik, die sich in diesem Kontext erkennen lässt, ist die kommunal sehr unterschiedlich ausgeprägte Zusammenarbeit zwischen den verschiedenen Behörden, der Polizei und anderen wichtigen Akteuren sowie den Gemeinschaftseinrichtungen.

Es gibt außerdem keine einheitliche Erfassung, wo geflohene Kinder untergebracht sind, wie viele geflohene Kinder in der jeweiligen Kommune wohnen usw. (UNICEF 2016). Das ist zum einen der Situation geschuldet, dass Familien nur vorübergehend in den Erstaufnahme- und Gemeinschaftsunterkünften bleiben sollten und es außerdem generell eine hohe Fluktuation der Bewohner und Bewohnerinnen gibt. Hinzu kommen mangelnde zeitliche und personelle Ressourcen in den jeweiligen Behörden. Auch scheint es in einigen Einrichtungen an Informationen für die Möglichkeiten einer Unterstützung durch die Jugendhilfe zu mangeln. Schwierigkeiten ergeben sich auch durch Unsicherheiten aufseiten der Fachkräfte, wie mit kulturellen Unterschiedlichkeiten im Hinblick auf das Kindeswohl umzugehen ist (Kindler 2014).

UNICEF bemängelt, „(…) dass die Jugendämter und die Jugendhilfe die Flüchtlingskinder dann ins Blickfeld nehmen, wenn sie in regulären Lebensumständen – in Wohnungen leben" (Berthold 2014, S. 45). Aus Kinder- und Jugendhilfeperspektive ist dies zu spät, da bereits in den Gemeinschaftseinrichtungen Unterstützungsbedarfe erkannt werden müssten. Hier sollten Strukturen, Netzwerke und entsprechend geschultes Personal zur Verfügung stehen, um die nötigen und bereits entwickelten Standards der Kinder- und Jugendhilfe einzuhalten. Peucker und Seckinger konstatieren:

> „Das bisherige Fehlen von als selbstverständlich etablierten Kooperationsstrukturen führt mancherorts zu aus Kinderschutzperspektive kritischen Situationen, insbesondere dann, wenn von überörtlichen Behörden Familien untergebracht werden, ohne das die kommunalzuständigen Stellen darüber infor-miert sind" (2015, S. 39).

In diesem Zusammenhang stellt sich die Frage, wie eine mögliche Kindeswohlgefährdung innerhalb und außerhalb der Familie erkannt und behoben werden kann. Viele Einrichtungen haben keine Gewaltschutzkonzepte oder verfügen über keine Maßnahmen zur Vorbeugung von Gewalt (UNICEF 2016). In einigen Einrichtungen fehlt es an qualifiziertem Personal und Fachkräften, um Familien mit Kindern zu betreuen und zu unterstützen; dies gilt insbesondere für die sozialpädagogische Betreuung (Lewek/Naber 2017).

Diese Schwierigkeiten wurden umfassend schon 2015 von einigen Politikern erkannt und der Bundestag hat die Bundesregierung aufgefordert, die Missstände durch verpflichtende Regelungen zu beheben (Deutscher Bundestag 11.11.2015). Das Bundesministerium für Familie, Senioren, Frauen und Jugend hat in Zusammenarbeit mit UNICEF mit „Mindeststandards zum Schutz von Kindern, Jugendlichen und Frauen in Flüchtlingseinrichtungen" (BMFSFJ 2016) ein einheitliches Konzept vorgelegt, um Kinder, Jugendliche und Frauen in Gemeinschaftseinrichtungenbesser vor Gewalt zu schützen. Diese Leitlinien sollen für jegliche Form von Flüchtlingseinrichtungen gelten und beinhalten Standards zu baulichen Gegebenheiten (z. B. geschlechtergetrennte Toiletten und Duschräume und „kinderfreundliche Orte"), strukturierten Spiel- und Lernangeboten sowie eine Sensibilisierung und Schulung des Personals. Das Schutzkonzept gilt für alle Formen der Gewalt gegen Kinder, Jugendliche und Frauen und damit für alle Formen der Kindeswohlgefährdung. Allerdings sind die Leitlinien nicht verpflichtend. Durch die mangelhafte derzeitige Daten- und Forschungslage ist es nicht möglich, flächendeckend zu überprüfen, ob diese Richtlinien Umsetzung gefunden haben und sich dadurch die Situation der Kinder und Jugendlichen verbessert hat. Allerdings hat mittlerweile z. B. das Land Nordrhein-Westfalen ein eigenes Gewaltschutzkonzept für Flüchtlingseinrichtungen entwickelt (Ministerium für Inneres und Kommunales des Landes Nordrhein-Westfalen 2017), welches durch die Betreuungs- und Sicherheitsdienstleister der Landeseinrichtungen umzusetzen ist.

Dennoch bedarf es zusätzlich einer Anstrengung der Akteure der Kinder- und Jugendhilfe, die erkennen, dass „ihre Zuständigkeit nicht bei einzelnen staatlichen und kommunalen Organisationseinheiten endet" (Peucker/Seckinger 2015, S. 128). Es gilt hier, die bereits bestehenden Netzwerke und Strukturen auszubauen und die Erstaufnahme- und Gemeinschaftsunterkünfte mit einzubeziehen. Zusätzlich benötigt es Konzepte der Kinderschutzpraxis, um eventuelle kulturelle Unterschiedlichkeiten und Unsicherheiten auf beiden Seiten rechtzeitig zu überwinden und mit Familien konstruktiv zusammenzuarbeiten (Kindler 2014), um den Kindern und Jugendlichen adäquaten Schutz und Unterstützung zu bieten.

Literatur

Behrensen, Birgit/Groß, Verena (2004): Auf dem Weg in ein „normales Leben"? Eine Analyse der gesundheitlichen Situation von Asylsuchenden in der Region Osnabrück. Forschungsergebnisse des Teilprojekts „Regionalanalyse" im Rahmen der EQUAL-Entwicklungspartnerschaft „SPUK" – Sprache und Kultur: Grundlagen für eine effektive Gesundheitsversorgung. Osnabrück.

Berthold, Thomas (2014): In erster Linie Kinder. Flüchtlingskinder in Deutschland. Deutsches Komitee für UNICEF e.V. https://www.unicef.de/blob/56282/fa13c2eefcd41dfca5d 89d 44 c72e72e3/fluechtlingskinder-in-deutschland-unicef-studie-2014-data.pdf. (Abfrage: 15.03.2017).

Bundesministerium für Familie, Senioren, Frauen und Jugend (BMFSFJ) (2016): Mindeststandards zum Schutz von Kindern, Jugendlichen und Frauen in Flüchtlingsunterkünften. www.unicef.de/blob/117340/5040664f4f627cac1f2be32f5e2ba/mindeststandards-fluechtlsunterkunft-data.pdf. (Abfrage: 01.04.2017).

Deutscher Bundestag (11.11.2015) Antrag: Besonders gefährdete Flüchtlinge in Erstaufnahmeeinrichtungen und Gemeinschaftsunterkünften besser schützen. 18. Wahlperiode. Drucksache 18/6646. www.dip21.bundestag.de/dip21/btd/18/066/1806646.pdf (Abfrage: 05.04.2017).

Deutsches Komitee für UNICEF (2016): UNICEF-Lagebericht. Zur Situation der Flüchtlingskinder in Deutschland. https://www.unicef.de/blob/115186/de54a5d3a8b6ea03337b489816eeaa08/zur-situation-der-fluechtlingskinder-in-deutschland-data.pdf. (Abfrage: 15.03.2017).

Helming, Elisabeth (2012): Gefährdung durch sexuelle Gewalt in Flüchtlingsunter-künften. In: IzKK-Nachrichten, Heft 1, S. 18–20. http://www.dji.de/fileadmin/user_upload/bibs/IzKK_Nachrichten_2012.pdf. (Abfrage: 15.03.2017).

Jagusch, Birgit/Sievers, Britta/Teupe, Ursula (2012): Migrationssensibler Kinderschutz. Regensburg.

Johansson, Susanne (2014a): Forschungsstand: Begleitete Flüchtlingskinder in Deutschland. Die Datenlage zur Lebenssituation von Flüchtlingskindern in Deutschland ist unbefriedigend. Forschungsbedarf besteht vor allem bei den Themen Gesundheitsversorgung, frühe Betreuung und Bildung. In: DJI-Impulse Die Probleme junger Flüchtlinge in Deutschland. Heft 1, S. 25–31. http://www.dji.de/fileadmin/user_upload/bulletin/d_bull_d/bull 105_d/DJI_1_14_WEB.pdf. (Abfrage: 15.03.2017).

Johansson, Susanne (2014b): DJI TOP THEMA Januar 2014. Traumziel Deutschland: Kinder auf der Flucht. http://www.dji.de/themen/dji-top-themen/dji-top-thema-januar-2014/susanne-johansson.html. (Abfrage: 15.03.2017).

Kindler, Heinz (2014): DJI TOP THEMA Januar 2014. Traumziel Deutschland: Kinder auf der Flucht. http://www.dji.de/themen/dji-top-themen/dji-top-thema-januar-2014/heinz-kindler.html. (Abfrage: 15.03.2017).

Lechner, Claudia/Huber, Anna/Holthusen, Bernd (2016): Geflüchtete Jugendliche in Deutschland. In: DJI-Impulse, Heft 3, S. 14–19. http://www.dji.de/fileadmin/user_upload/bulletin/d_bull_d/bull114_d/DJI_3_16_Web.pdf. (Abfrage: 15.03.2017).

Lewek, Mirjam/Naber, Adam (2017): Kindheit im Wartezustand. Studie zur Situation von Kindern und Jugendlichen in Flüchtlingsunterkünften in Deutschland. Deutsches Komitee für UNICEF e.V. https://www.unicef.de/blob/137024/ecc6a2cfed1abe041d261b489 d2ae6cf/kindheit-im-wartezustand-unicef-fluechtlingskinderstudie-2017-data.pdf. (Abfrage: 15.03.2017).

Ministerium für Inneres und Kommunales des Landes Nordrhein-Westfalen (2017): Landesgewaltschutzkonzept für Flüchtlingseinrichtungen des Landes Nordrhein-Westfalen. LGSK NRW. http://www.mik.nrw.de/fileadmin/user_upload/Redakteure/Dokumente/Themen_und_Aufgaben/Auslaenderfragen/170323lgsk_nrw.pdf. (Abfrage: 18.04.2017).

Peucker, Christian/Seckinger, Mike (2015): Flüchtlingskinder in Deutschland – Herausforderungen für die Kinder- und Jugendhilfe. In: Das Jugendamt, Heft 3, S. 117–176.

Pothmann, Jens/Kopp, Katharina (2016): Junge Flüchtlinge im Spiegel der Statistik. In: DJI-Impulse, Heft 3, S. 7–11. http://www.dji.de/fileadmin/user_upload/bulletin/d_bull_d/bull 114_d/DJI_3_16_Web.pdf. (Abfrage: 15.03.2017).

Robert Bosch Stiftung (2016): Was wir über Flüchtlinge (nicht) wissen. Der wissenschaftliche Erkenntnisstand zur Lebenssituation von Flüchtlingen in Deutschland. Eine Expertise im Auftrag der Robert Bosch Stiftung und des SVR-Forschungsbereichs. http://www.bosch-stiftung.de/content/language1/downloads/RBS_SVR_Expertise_Lebenssituation_Fluechtlinge.pdf. (Abfrage: 15.03.2017).

Felix Braun

Erziehungsberatung

Erziehungsberatung (§ 28 SGB VIII) soll Kindern, Jugendlichen, Eltern und anderen Erziehungsberechtigten bei der Klärung und Bewältigung individueller und familienbezogener Probleme und der zugrunde liegenden Faktoren, bei der Lösung von Erziehungsfragen sowie bei Trennung und Scheidung unterstützen.

Die Zielgruppe der Erziehungsberatungsstellen sind Kinder, Jugendliche und Familien mit Themen zu innerfamiliärer Entwicklung, Erziehung und Beziehungen. Dabei rekurriert Erziehungsberatung auf therapeutische Methoden und Verfahren und bezieht das soziale Umfeld in die Interventionen mit ein. Klassische Anlässe zur Inanspruchnahme von Erziehungsberatung sind Familienprobleme (Trennung, Scheidung, Störungen des Zusammenlebens), Schulprobleme (von der Schulunlust bis zur Verweigerung), psychosomatische und soziale Auffälligkeiten. Familienberatung wird auch über die Familiengerichte bei Fragen zur Entwicklung von Kindern und Sorge- bzw. Umgangsstreitigkeiten angeordnet.

Moderne Erziehungsberatung arbeitet im Rahmen ihrer Ressourcen aufsuchend, hält offene Sprechstunden in dezentral organisierten Zweigstellen oder bei Kooperationspartnern im Sozialraum vor und bedienen Anfragen nach Beratung von Familienzentren und anderen Einrichtungen. Fachkräften und Einrichtungen bietet die Erziehungsberatung je nach Gegebenheiten und Leistungsverträgen vor Ort Supervision, Fall- und Teamberatung an. Eine Onlineberatung inklusive der Möglichkeit des Verweises zu regionalen Beratungsstellen für Eltern und Jugendliche wird deutschlandweit durch den Fachverband Bundesverband für Erziehungsberatungsstellen (BKE e.V.) vorgehalten.

Erziehungsberatung wird in den aktuellen kommunalen Diskursen zu Frühen Hilfen oft als handlungsleitender Akteur einbezogen. Durch das multiprofessionelle Team und die historische (pädiatrische) Verortung werden Angebote für Familien mit Fütter-, Schrei- und Gedeihstörungen vorgehalten oder im Netzwerk Frühe Hilfen eng kooperiert.

Als Hilfe zur Erziehung bietet Erziehungsberatung niedrigschwellige und direkte Beratungsleistungen für die Ratsuchenden an. Die Hilfeplanung wird in einem eigenständigen, vereinfachten Verfahren durchgeführt. Erziehungsberatung kann auf Wunsch und durch Beteiligung auch im regulären Hilfeplanverfahren (§ 36 SGB VIII) verankert werden. Erziehungsberatung kann fachdienstliche Aufgaben für das Jugendamt übernehmen wie die

Beurteilung der Leistungsansprüche nach § 35a SGB VIII oder Beratung als insofern erfahrene Fachkräfte (§ 8a) in Fragen des Kinderschutzes.
In Deutschland bestehen derzeit ca. 1.050 Erziehungsberatungsstellen. Sie befinden sich zu einem Drittel in öffentlicher und zu zwei Dritteln in freier Trägerschaft (Menne 2013, S. 267). Im Jahr 2014 wurden in Deutschland 311.907 Hilfen begonnen, wovon das Maximum der Inanspruchnahme in der Altersgruppe der 6- bis 15-jährigen Kinder liegt (hierunter am höchsten die Altersgruppe der 6- bis 9-Jährigen). 23 Prozent der Ratsuchenden haben einen Elternteil mit ausländischer Herkunft, womit schon deutlich wird, dass die Beratung von Menschen mit Migrationsgeschichte eine Standardleistung der Erziehungsberatung ist. Mit Blick auf die Statistik zeigt sich die Zielgruppe auch jenseits der aktuellen Flüchtlingszahlen als dauerhaft wichtiges Arbeitsfeld der Erziehungsberatung.

Die sozialräumliche Beratungsstelle Südviertel

Als Beispiel einer Stelle, die Leistungen für geflüchtete Familien anbietet, soll hier die sozialräumlich arbeitende Beratungsstelle Südviertel in Münster vorgestellt werden (www.beratungsstelle-suedviertel.de). Sie ist mit folgenden handlungsleitenden Grundsätzen tätig: Die Unterstützung für Familien soll möglichst *frühzeitig* im Lebensalter und frühzeitig nach dem Auftreten erster Probleme erfolgen. Es wird *auftragsgebunden* an den Zielen der Klienten, so sie am Kindeswohl orientiert sind, gearbeitet. Angebote sind möglichst *niedrigschwellig* konzipiert und unterstützen so wenig wie möglich und so viel wie nötig, damit die Ratsuchenden ihren Weg möglichst eigenständig finden. Die Angebote wenden sich besonders den Menschen zu, die von Ausgrenzung bedroht sind. Eingebunden in ein Netz von Hilfen im Sozialraum Südviertel wird als *Lotse im System* kooperiert und verwiesen. Die Fachkräfte der Erziehungsberatungsstelle bieten im Regelfall innerhalb von 14 Tagen Ratsuchenden Termine zu einem ersten Klärungsgespräch an.

Seit 40 Jahren wird mit Schwerpunktsetzung in einem Stadtteil gearbeitet, um zu Experten für die Menschen und Bedarfe in diesem Stadtteil zu werden und deren Interessen auch gegenüber Politik und Verwaltung vertreten zu können. Die Beratungsstelle versteht sich als intermediäre Instanz (Wüst 2008) und als kommunikativer Katalysator im Sozialraum. Sie folgt den Grundsätzen sozialräumlichen Arbeitens als Fachkonzept, nicht als Budget- oder Finanzierungskonzept (Fehren/Hinte 2013) sowie den Maximen lebensweltorientierter Sozialer Arbeit (Thiersch 2008). Wo es möglich und sinnvoll ist, wird versucht, über gruppenbezogenes Arbeiten die Kinder und deren Familien zu erreichen. Die Fachkolleg/inn/en verstehen sich als Seismograf für Veränderung in den Bedarfen der ratsuchenden Familien und nutzen diese Funktion im Stadtteilarbeitskreis (AK Südviertel) für die Entwicklung passender Angebote im Sozialraum. Die Hinwendung besonders zu von sozialer Ausgrenzung betroffenen Zielgruppen bedeutete schon frühzeitig ein verstärktes Ausrichten hin zu zugewanderten Familien, Ein-Eltern-Familien und Familien mit besonderen Belastungsfaktoren.

Arbeit mit geflüchteten Familien

Geflüchtete Familien gehören zur Primärzielgruppe der Erziehungsberatungsstellen. Die Arbeit mit Kindern geflüchteter Familien, die psychosoziale Bewältigung der Flucht und die Unterstützung bei der Integration in die Regelinstitutionen in Deutschland gehören zu den Aufgaben der Erziehungsberatung. Es gelten die fachlichen Grundlagen der Beratung, wie sie allgemeingültig auch für andere Bereiche der Erziehungsberatung ausführlich geschildert worden sind (Menne 2014).

Angebote der Erziehungsberatung für geflüchtete Familien kommen im Regelfall erst dann zum Tragen, wenn die Erstversorgung (Unterkunft, Ernährung und medizinische Versorgung) und die Klärung der existenziellen Lebensbedingungen im aufnehmenden Land geklärt sind. Die Klärung des rechtlichen Status und der Bleibeperspektive ist ein wichtiges Thema bei geflüchteten Familien. Bevor rechtliche Klarheit eingetreten ist, können die Familien und auch die Erziehungsberatung oft nicht ausreichend abgesichert und abgestimmt handeln. Gerade bei Familienmitgliedern, die durch die Flucht sehr beeindruckt (oder traumatisiert) wurden, führt die Unsicherheit und Perspektivunklarheit zur Stagnation des Prozesses des Ankommens. Angebote der Erziehungsberatung sind durch politische und rechtliche Rahmenbedingungen in der Entfaltung ihrer Wirksamkeit begrenzt. Erziehungsberatung ist gefordert, auch politisch nach den Grundsätzen des gesetzlichen Schutzverständnisses und Leistungsrechtes des SGB XIII für Kinder und deren Familien zu handeln und die Zuständigkeit des Kinder- und Jugendhilfegesetzes auf die geflüchteten Familien anzuwenden. Je länger Familien bleiben, umso mehr gewinnt Erziehungsberatung an Bedeutung für diese Familien, da bestimmte Themen wie Trauma und Flucht oft erst nach einer längeren Verweildauer der Familien in sicherem Umfeld thematisiert werden können.

In der migrationssensiblen Arbeit mit geflüchteten Familien gibt es ein paar Besonderheiten, die zu beachten sind. Dazu gehören insbesondere die Sprache, die Familiengeschichte als Fluchtgeschichte und die Kultur. Besondere Beratungsansätze für die Arbeit mit geflüchteten Familien rekurrierend auf unterschiedliche Sichtweisen im Beratungsprozess (Alberstötter u. a. 2000, S. 86 ff.) sind für ein vertieftes Fallverstehen hilfreich, jedoch nicht Bedingung.

Wenn man mal von den Angeboten für die Familien mit Säuglingen und Kleinkindern absieht, ist *Sprache* konstitutives Element in der Arbeit der Erziehungsberatungsstellen. Sprache – und damit einhergehende Verständigungs- und Verstehensgrenzen – schränkt die Arbeit der Fachkräfte ein. Es sind finanzielle und zeitliche Ressourcen gefordert, um Übersetzer hinzuzuziehen. Ohne Übersetzung ist oft nur eine rudimentäre Kontaktgestaltung möglich, nicht jedoch die tiefergehende Arbeit mit den therapeutischen Methoden der Erziehungsberatung. Die Übersetzer sind nach gründlicher Prüfung der Eignung in dem jeweiligen Fall (Ethnie, gleiche Community, persönliche Beziehungen etc.) in das Setting der Beratungssitzungen strukturell einzubinden. Als mitgestaltende Dritte tragen sie zum Gelingen der Beratung gewichtig bei.

Die *Familiengeschichte* geflüchteter Familien ist häufig nur über das Thema der Flucht und Vertreibung zu verstehen. Fachkräfte müssen in der Beratung hierfür Zeit einplanen. Erziehungsberatung mit geflüchteten Familien setzt sich zwangsläufig mit der Kultur der Familien und ihrer Herkunftsländer auseinander. *Kultur,* definiert als Gesamtheit der sozialen Situation einer Familie, erfordert, dass Verstehen auf einem anderen Niveau als bei Menschen mit gleicher Kulturgeschichte erfolgt. Da das als optimal bewertete Elternverhalten kulturell geprägt ist, muss Erziehungsberatung kultursensibel und kulturfair erfolgen. Die Auseinandersetzung mit der Fremdheit anderer erfordert von den Fachkräften die vertiefte Auseinandersetzung mit unterschiedlichen Werten und Moralvorstellungen der eigenen und fremden Kultur.

Die Erziehungsberatung kann im Regelfall erst nach der Verstehensleistung erfolgen. Kultursensible Erziehungsberatung heißt nicht, die kulturellen Hintergründe zu fixieren und Menschen auf ihre Herkunftskultur festzuschreiben, sondern selbige als wirkmächtigen Erziehungshintergrund in der Beratung zu beachten. Die Grenzen der Beratung werden durch das Grundgesetz und die im § 1 ff. SGB VIII formulierten Rechte und Pflichten der Eltern benannt. Im Fall von Gefährdungs- und Entwicklungsrisiken oder bei Umgangskonflikten gilt hier die Einhaltung des Kinderschutzes wie für alle anderen Familien in Beratung.

Die Kontaktaufnahme zur Beratung erfolgt bei Familien mit Fluchtgeschichte häufig über „vertraute Dritte" (BKE Stellungnahme 2016) wie Freunde, Verwandte, Sozialarbeiter der Schule. Die Fachkräfte der Erziehungsberatung müssen über Kontaktgestaltung das Vertrauen der Familie gewinnen und ein Arbeitsbündnis herstellen. Dann werden die Fachkräfte häufig zu Kulturmittlern und Dialogpartnern über unterschiedliche Normen, Werte und Erziehungsvorstellungen.

Geflüchtete Familien erleben oft eine doppelte Beschämung. Nach der Flucht aus dem Heimatland und dem Ankommen mit eingeschränkten sozialen und ökonomischen Ressourcen im aufnehmenden Land haben die Familien einen prekären Status schutzsuchender Bittsteller. Ihre Kinder erfahren Werte- und Sozialisationsanforderungen in den Bildungs- und Betreuungsinstitutionen, die denen im Herkunftsland und auf der Flucht nicht entsprechen. Daraus können auch generelle Vorbehalte gegenüber Beratungsstellen erwachsen, weil „private" Themen nicht Gegenstand der Beratung sein sollen (vgl. Gaitanides 2011, S. 325 f.). So sind auch Anforderungen an selbstverwirklichendes Verhalten bei schulischer Integration häufig höher als bisher bekannt. Dieser Werte- und Kulturkonflikt kondensiert in den Familien und muss als Integrationsleistung verstanden und gewürdigt werden. Der Flucht- und Kulturgeschichte der Familie muss Raum gegeben werden, bevor die eigentliche Erziehungsberatung beginnt.

Konkrete und präventive Angebote für geflüchtete Familien können gut bei den kulturellen Unterschieden ansetzen. Zur Kontaktanbahnung und Schwellensenkung bieten sich hier Sprechstunden oder Angebote der Familienbildung in Flüchtlingsunterkünften an. Alles, was den Familien erlaubt, beschämungsarm in Kontakt mit Fachberatern der Erziehungsberatungsstellen zu gehen, ist hilfreich. Neben Koch- und Freizeitangeboten kann das auch eine offene Spielzeit für Kinder vor Ort oder schulische Nachhilfe sein. Wie in der Arbeit mit anderen von Ausgrenzung und Beschämung bedrohten Gruppen beginnt die vertiefte Auseinandersetzung mit den Erziehungs- und Beziehungsproblemen in der Familie im Nachgang des ersten Kontaktes und gewachsenen Vertrauens. Dieses geschieht nicht über institutionalisierte, sondern eher über persönliche Kontaktangebote, weswegen eine personale Kontinuität bei präventiven Angeboten für geflüchtete Familien wichtig ist.

Fazit

Als Besonderheiten in der Erziehungsberatung mit geflüchteten Familien ist zuerst der erhöhte Zeitaufwand für Sprachmittler und das kulturelle Verstehen der Fragestellung der Ratsuchenden zu nennen. Darüber hinaus gelten für geflüchtete Familien die Grundsätze und fachlichen Standards der Erziehungsberatung wie für alle anderen Ratsuchenden auch.

Literatur

Alberstötter, Uli/Demmer-Gaite, Eleonore/Fryszer, Andreas/Gisberts, S. (2000): Unterschiedliche Sichtweisen im interkulturellen Beratungsprozess. In Friese, Paul, Kluge, Irene: Fremdheit in Beratung und Therapie, Erziehungsberatung und Migration. Fürth.

Bundeskonferenz für Erziehungsberatung (BKE) (2016): Stellungnahme 2/2016: Informationen für Erziehungsberatungsstellen: Kindern, Jugendlichen und Familien eine Perspektive geben. Aspekte der Beratung von Familien im Kontext von Flucht und Asyl. o. O.

Fehren, Oliver/Hinte, Wolfgang (2013): Sozialraumorientierung – Fachkonzept oder Sparprogramm? Reihe „Soziale Arbeit kontrovers", Band 4. Freiburg.

Gaitanides, Stefan (2011): Zugänge der Familienarbeit zu Migrationsfamilien. In: Fischer Veronika/Springer, Monika (Hrsg.): Handbuch Migration und Familien. Grundlagen für die Soziale Arbeit mit Familien. Schwalbach/Ts. S. 323–334.

Hinte, Wolfgang (2002): In: Budde Wolfgang/Früchtel, Frank/Hinte, Wolfgang (Hrsg.): Sozialraumorientierung. Wege zu einer veränderten Praxis. Wiesbaden.

Menne, Klaus (2013): Erziehungsberatung. In: Kreft, Dieter/Mielenz, Ingrid (Hrsg.): Fachlexikon der sozialen Arbeit. Aufgaben, Praxisfelder, Begriffe und Methoden der Sozialarbeit und Sozialpädagogik. Weinheim und Basel. S. 264–268.

Menne, Klaus (Hrsg.) (2014): Fachliche Grundlagen der Beratung, Materialien zur Beratung. Fürth.

Thiersch, Hans (2008): Lebensweltorientierte Soziale Arbeit: Aufgaben der Praxis im sozialen Wandel. Weinheim und Basel.

Wüst, Thomas (2008): Wollen und Sollen – Governance und Steuerung im Sozialraum. In: Alisch, Monike/May, Michael (Hrsg.): Kompetenzen im Sozialraum. Sozialraumentwicklung und -organisation als transdisziplinäres Projekt. Opladen. S. 186.

Lale Kaisen und Hanna Böhm

Integration von Kindern aus Flüchtlingsfamilien in die Offene Kinder- und Jugendarbeit – Erfahrungen aus der Praxis

Die Integration von Geflüchteten bildet aufgrund der stark angestiegenen Zahlen in den vergangenen zwei Jahren (vgl. Bundeszentrale für politische Bildung 2017) aktuell eine der zentralen gesellschaftlichen und sozialpolitischen Herausforderungen in Deutschland. Vor dem Hintergrund, dass etwa ein Drittel der Asylanträge in Deutschland von Kindern und Jugendlichen gestellt worden sind (vgl. ebd.), rückt die Offene Kinder- und Jugendarbeit (OKJA) als Baustein einer gesamtgesellschaftlichen Integrationsaufgabe in den Blick.

Die OKJA ist ein Angebot der Sozialen Arbeit, welches Kinder und Jugendliche in ihrer Freizeit wahrnehmen können, und im § 11 SGB VIII gesetzlich verankert. Ziel der OKJA ist es, Kinder und Jugendliche in ihrer Persönlichkeitsentwicklung zu fördern und auf dem Weg in ein selbstbestimmtes Leben zu begleiten. Hinter der OKJA verbirgt sich ein sehr heterogenes Arbeitsfeld mit Blick auf Einrichtungstypen, Zielgruppen und deren Lebenslagen, konzeptionelle Ansätze und Methoden (vgl. Deinet/Sturzenhecker 2013, S. 73 ff.). Die OJKA verfügt im Gegensatz zu anderen Arbeitsfeldern der Sozialen Arbeit über wenig Festlegungen und vorgegebene Strukturen. Die freiwillige Inanspruchnahme durch die Zielgruppe und das Prinzip der Aushandlung zwischen Mitarbeiter/inne/n und Zielgruppe über das was in der Arbeit geschieht, bilden zentrale Strukturelemente des Arbeitsfeldes.

OKJA ist offen für alle. Ein Blick in die Empirie zeigt, dass ein Großteil der OKJA-Einrichtung von einer Vielzahl von Kindern und Jugendlichen mit Migrationshintergrund[1] aufgesucht werden, wobei sich eine große Heterogenität hinsichtlich der Herkunftsländer zeigt (vgl. Seckinger u. a. 2016, S. 198 ff.). Es kann davon ausgegangen werden, dass die Arbeit mit Kindern und Jugendlichen aus unterschiedlichsten Herkunftsländern, Kulturen und Religionen und die Orientierung an deren Interessen, Bedarfen und Le-

---

[1] Zu den Menschen mit Migrationshintergrund (im weiteren Sinn) zählen nach der Definition im Mikrozensus „alle nach 1949 auf das heutige Gebiet der Bundesrepublik Deutschland Zugewanderten sowie alle in Deutschland geborenen Ausländer und alle in Deutschland als Deutsche Geborenen mit zumindest einem zugewanderten oder als Ausländer in Deutschland geborenen Elternteil" (Statistisches Bundesamt 2013).

benslagen zum Alltagsgeschäft der OKJA zählt. Damit drängt sich die Frage auf: Ist die Arbeit mit geflüchteten Kindern und Jugendlichen überhaupt eine neue und zusätzliche Aufgabe und Herausforderung für die OKJA? Ja! Kinder und Jugendliche aus Flüchtlingsfamilien bringen besondere Bedarfe mit, denen die OKJA begegnen muss, um gelingende Integrationsarbeit in der Einrichtung und im Sozialraum zu leisten. Dafür muss die OKJA sich damit auseinandersetzen, inwieweit bestehende Strukturen und Konzepte diesem Anspruch gerecht werden können, und wo Anpassungen erfolgen müssen.

Der wissenschaftliche Diskurs zu dem Thema „OKJA und Geflüchtete" steckt noch in seinen Anfängen. Im Folgenden werden somit auf Grundlage eines Praxisberichtes über ein Projekt des BauSpielTreffs Holtrode[2], eine Einrichtung der OKJA in Trägerschaft der Outlaw gGmbH, fachliche Perspektiven für das Arbeitsfeld aufgezeigt. Im Fokus der Praxisbetrachtungen stehen Kinder, da der BauSpielTreff und das Projekt kinderpädagogisch ausgerichtet sind.

Samira[3] (12 Jahre) und Enes[4] (9 Jahre) stehen mit 25 anderen Kindern ums Lagerfeuer im BauSpielTreff Holtrode und backen Stockbrot. „Beide kommen fast täglich zum BauSpielTreff und nehmen die Angebote wahr", weiß Lale Kaisen, die die Kinder nun seit einem Jahr kennt. Damals begann Lale Kaisen als Honorarkraft in dem Projekt „freizeitpädagogische Angebote für Kinder aus Flüchtlingsfamilien"[5] beim BauSpielTreff zu arbeiten. Seitdem verbringt die Studentin der Sozialen Arbeit wöchentlich sieben Stunden – zum einen Teil im BauSpielTreff, zum anderen Teil in der Flüchtlingsunterkunft – mit Kindern unterschiedlicher Herkunft, welche aus ihren Heimatländern geflohen sind, um in Deutschland in Frieden leben zu können.

Samira und Enes stammen aus Aleppo in Syrien und sind vor einigen Monaten, nach einem längeren Aufenthalt in der Türkei in Münster angekommen. Hier leben beide mit ihren Eltern in einer Flüchtlingsunterkunft in unmittelbarer Nähe zum BauSpielTreff. Insgesamt wohnen dort zwölf Familien, die aus Syrien und dem Irak stammen.

Das „freizeitpädagogische Angebot für Kinder aus Flüchtlingsfamilien" richtet sich an Kinder zwischen sechs und 13 Jahren. Insgesamt nehmen ca. 15 Kinder daran teil. Aufgrund der guten Zusammenarbeit mit dem Träger

---

2 Der BauSpielTreff Holtrode ist eine Einrichtung der OKJA im Stadtteil Münster-Wolbeck. Das Angebot der Einrichtung richtet sich an Kinder im Alter von 6 bis 13 Jahren.
3 Name geändert
4 Name geändert
5 Die „freizeitpädagogischen Angebote für Kinder aus Flüchtlingsfamilien" werden vom Jugendamt der Stadt Münster finanziert. Die Finanzierung umfasst zwei Honorarkräfte pro Flüchtlingsunterkunft, die in den OKJA-Einrichtungen des jeweiligen Stadtteils angestellt sind. Ziel der Angebote ist die Integration von Kindern aus Flüchtlingsfamilien in die OKJA und den Stadtteil.

der Flüchtlingsunterkunft gelang der Einstieg in das Projekt sehr gut. Am Anfang bekamen Lale Kaisen und ihr Kollege Majurathan Balasubramaniam, ebenfalls Student der Sozialen Arbeit, Anwohnerlisten in die Hand und erhielten so einen Überblick, wer zur Zielgruppe des Projektes gehört. Kinder, die zu Beginn des Projektes nicht dabei waren, konnten so gezielt von ihnen angesprochen werden. Samira und Enes sprachen anfänglich kaum Deutsch; vor allem Samira fiel durch ihre zurückhaltende und schüchterne Art auf.

Obwohl Lale Kaisen und Majurathan Balasubramaniam keinerlei arabische Sprachkenntnisse hatten, verlief die Kommunikation zwischen den Projektmitarbeiter/inne/n und den Geflüchteten recht problemlos. Oftmals verständigten sie sich mit Händen und Füßen. Spiele, wie Fußball und Verstecken waren bekannt, sodass hier das Eis schnell gebrochen werden konnte. Einen wichtigen Beitrag zur Integration leistet auch die Willkommenskultur im Stadtteil Münster-Wolbeck. Viele Ehrenamtliche engagieren sich in der Flüchtlingshilfe, um die Familien im Alltag zu unterstützen. Durch den regen Austausch in der Flüchtlingshilfe erkennen die beiden Projektmitarbeiter deutlich, wo sie ansetzen sollen, um die Kinder zu integrieren und erfahren, was andere schon umgesetzt haben: Drei Ehrenamtliche organisierten Sprachunterricht für die Kinder in den Räumen des BauSpielTreffs und Lale Kaisen und Majurathan Balasubramaniam kümmern sich um die Vernetzung mit den Sportvereinen. Heute geht Samira einmal die Woche zum Schwimmunterricht und Enes ist Mitglied in einer Fußballmannschaft.

Auch die Auseinandersetzung mit den Eltern der Kinder war von Beginn an besonders wichtig, da manche Familien anfänglich misstrauisch waren, ihre Kinder an einem unbekannten Angebot außerhalb der Flüchtlingsunterkunft teilnehmen zu lassen. Durch einen gemeinsamen Besuch des BauSpielTreffs und der persönlichen Präsenz von Lale Kaisen und Majurathan Balasubramaniam in der Unterkunft konnten die Zweifel auf Seiten der Eltern schnell beseitigt werden. Beiden pflegen mittlerweile einen guten Kontakt zu den Eltern. Oftmals werden sie zum arabischen Mokka und Gebäck in die Zimmer eingeladen und es werden ihnen Fotos aus der Heimat gezeigt.

Zu Beginn war es allerdings eine Herausforderung, sich von anderen Aufgaben abzugrenzen. Oftmals benötigen die Familien Hilfe bei der Bearbeitung von Anträgen und haben Schwierigkeiten, diese zu verstehen und auszufüllen. Hierbei ist es wichtig, dass Zuständigkeiten transparent sind. So bestand ein Teil der Aufgabe auch darin, den Familien zu vermitteln, dass für diese Anliegen die Sozialarbeiterin der Flüchtlingsunterkunft zuständig ist.

Lale Kaisen ist es sehr wichtig, dass sie viel mit den Kindern unternimmt und diese im Stadtteil ankommen, sich auskennen und vor allem auch in den Kontakt mit anderen Kindern kommen. „Die Integration in den BauSpielTreff gelingt sehr gut, die Kinder kommen meist täglich, um dort Zeit zu verbringen", beschreibt Lale Kaisens ihre Erfahrung und ergänzt: „Die Kinder und deren Eltern sind für viele Angebote sehr dankbar und nehme diese gerne wahr". So freuen sie sich über Angebote im BauSpiel-Treff und Ausflüge ebenso wie über einen Nachmittag in ihrer eigenen Unterkunft, an dem gemeinsam gebastelt, der Garten verschönert oder Fußball gespielt wird.

Samira und Enes stehen am Lagerfeuer und sprechen auf Deutsch mit vielen anderen Kindern.

> Es ist schön zu sehen, wie sie sich entwickelt haben, wie viel mehr sie sich zutrauen und wie sie im Stadtteil angekommen sind. Diese Woche ziehen sie mit ihren Eltern in eine eigene Wohnung im Stadtteil, gehen zur Schule und haben Freunde gefunden. Die OKJA hat hierzu einen wichtigen Beitrag geleistet", betont Lale Kaisen.

Der Blick in die Praxis zeigt, dass die OKJA bestens auf die bewährten institutionellen Strukturen „Freiwilligkeit" und „Offenheit" zurückgreifen kann. Die damit verbundenen niedrigschwelligen Zugänge und die Orientierung an den Interessen der Zielgruppe sowie fehlenden Leistungsanforderungen, wie sie z. B. die Schule stellen muss, sind hervorragend geeignet für die Integration von Kindern und Jugendlichen aus Flüchtlingsfamilien (vgl. hierzu auch Deinet 2016, S. 151). Darüber hinaus bildet die aktive Partizipationskultur der OKJA, die geprägt ist von verschiedenen Ansichten, Aushandlungen und gemeinsamen Umsetzungen, für die jungen Menschen ein wichtiges Erfahrungsfeld für die demokratischen Prozesse unserer Gesellschaft.

Damit geflüchtete Kinder und Jugendliche den Weg in die OKJA finden, scheint es zu Beginn sinnvoll, zusätzliche Angebote in der Flüchtlingsunterkunft – im engen Austausch mit dem Träger der Unterkunft – zu schaffen, um Beziehungen aufzubauen, Übergänge zu gestalten und regelmäßig Präsenz zu zeigen. Da das Arbeitsfeld OKJA in der Regel unbekannt ist, bedarf es einer Verständigung mit geflüchteten Kindern, Jugendlichen und deren Familien über das, was die OKJA ist. Erste „Wege" sollten begleitet werden, Vertrauen muss aufgebaut werden und Strukturen und Rahmenbedingungen müssen vermittelt und erklärt werden. Eine klare Verständigung mit den geflüchteten Familien über die Aufgaben als Mitarbeiter/in der OKJA und die Zuständigkeit anderer Akteure kann falsche Erwartungen aufseiten der Familien vermeiden und vor eigener Überforderung schützen.

Darüber hinaus muss die OKJA ihre Kompetenz als Sozialraumakteur nutzen. Einerseits bedarf es einer Unterstützung der Kinder und Jugendlichen aus Flüchtlingsfamilien bei der Erschließung des Sozialraums, andererseits sollten Netzwerke in Bezug auf das Flüchtlingsthema erweitert und anpasst werden (vgl. hierzu auch Deinet 2016, S. 151 f.). Durch eine enge Vernetzung und Abstimmung mit den unterschiedlichen Akteuren im Sozialraum kann die OKJA dazu beitragen weitere Integrationsprozesse außerhalb der eigenen Einrichtung anzustoßen.

Es zeigt sich, dass die OKJA für die Integration von Kindern und Jugendlichen aus Flüchtlingsfamilien auf Bewährtes zurückgreifen kann, sich aber auch neuen Aufgaben stellen muss. Hierfür bedarf es vor allem zusätzlicher personeller Ressourcen. Es braucht Personen der OKJA als Brückenbauer/innen, die in der Flüchtlingsunterkunft präsent sind, die eine Willkommenskultur leben, die zusätzliche Angebote schaffen und Übergänge gestalten, die Verständigungsarbeit für das Arbeitsfeld in den Familien leisten und die Netzwerke aufbauen und pflegen. In der Regel kann dies nicht allein aus den vorhandenen knappen personellen Ressourcen der OKJA erfolgen, sondern bedarf einer projekt- oder strukturfinanzierten Aufstockung eben dieser.

Dabei dürfen Integrationsbemühungen in der OKJA-Einrichtung und im Sozialraum nicht zur Hauptaufgabe werden, sondern müssen als zusätzliche Herausforderung – neben dem Kerngeschäft – verstanden werden. Ziel der OKJA muss es sein, Kinder und Jugendliche aus Flüchtlingsfamilien in die bestehenden Strukturen zu integrieren, anstatt langfristig parallele Angebote, z. B. in Flüchtlingsunterkünften, vorzuhalten. Nur so kann die OKJA einen wichtigen Beitrag zur gesellschaftlichen Integration leisten und ihrem Anspruch gerecht werden: OKJA ist offen für alle – und nicht bestimmten Zielgruppen vorbehalten!

Literatur

Bundeszentrale für politische Bildung (2017): "Entwicklung der Asylanträge seit 1953" und "Asylbewerber nach Alter".
https://www.bpb.de/politik/innenpolitik/flucht/218788/zahlen-zu-asyl-in-deutschland#Antraege. (Abfrage: 26.2.2017).
Deinet, Ulrich (2016): Offene Kinder- und Jugendarbeit mit Flüchtlingen: Herausforderung und Chance. In: deutsche Jugend, H. 4/2016, S. 149–160.
Deinet, Ulrich/Sturzenhecker, Benedikt (Hrsg.) (2013): Handbuch Offene Kinder- und Jugendarbeit. 4., überarbeitete und aktualisierte Auflage. Wiesbaden.
Seckinger, Mike/Pluto, Liane/Peucker, Christian/van Santen, Eric (2016): Einrichtungen der offenen Kinder- und Jugendarbeit – Eine empirische Bestandsaufnahme. 1. Auflage. Weinheim und Basel.
Statistisches Bundesamt (2013): Fachserie 1, Reihe 2.2 Bevölkerung und Erwerbstätigkeit, Bevölkerung mit Migrationshintergrund, Wiesbaden 2013, Textteil: Methodische Bemerkungen mit Übersicht über die Ergebnisse.

Carsten Bluhm

Jugendsozialarbeit – Arbeit mit geflüchteten jungen Menschen

In den nachfolgenden Ausführungen soll ein Blick durch der Brille der kommunalen Jugendhilfeplanung auf das Feld der Jugendsozialarbeit in der Arbeit mit geflüchteten Menschen geworfen werden. Der Schwerpunkt im zweiten Teil liegt auf der Arbeit mit geflüchteten Frauen.

Jugendsozialarbeit fällt, in all seinen Facetten und Möglichkeiten, auch in der Arbeit mit jungen Geflüchteten eine besondere Bedeutung zu. Im ersten Absatz des § 13 SGB VIII heißt es:

> „Jungen Menschen, die zum Ausgleich sozialer Benachteiligungen oder zur Überwindung individueller Beeinträchtigungen in erhöhtem Maße auf Unterstützung angewiesen sind, sollen im Rahmen der Jugendhilfe sozialpädagogische Hilfen angeboten werden, die ihre schulische und berufliche Ausbildung, Eingliederung in die Arbeitswelt und ihre soziale Integration fördern."

Es dürfte unstrittig sein, dass geflüchtete junge Menschen zur Zielgruppe der Jugendsozialarbeit gehören. Gleichzeitig konstatiert der 14. Kinder- und Jugendbericht der Bundesregierung der Jugendsozialarbeit,

> „dass sie bis heute sehr unübersichtlich und regional äußerst unterschiedlich organisiert sei. Der Anteil der klassischen Jugendhilfeleistungen in der Jugendsozialarbeit im System der Jugendhilfe, also die mobilen Formen der Jugendsozialarbeit, das Jugendwohnen bzw. die hier vorgesehenen sozialpädagogischen Hilfen, sind insgesamt eher klein, gemessen an der Vielzahl der Maßnahmen über die Arbeitsverwaltung. Dies gelte auch im Verhältnis der Maßnahmen zu anderen Leistungsbereichen der Kinder- und Jugendhilfe."

Es kann also nicht der Anspruch des Beitrages sein, eine quantitative und qualitative Übersichtlichkeit herzustellen. Gleichwohl sollen Chancen der Jugendsozialarbeit im Kontext der Herausforderungen in der Flüchtlingsarbeit am Beispiel der aufsuchenden Jugendsozialarbeit für geflüchtete Frauen aufgezeigt werden und um grundsätzliche Entwicklungslinien und Herausforderungen aus Sicht der Jugendhilfeplanung ergänzt werden.

Einbindung der Jugendsozialarbeit in die kommunale Struktur

Das Kinder- und Jugendfördergesetz des Landes NRW verpflichtet die kommunalen Jugendämter dazu, für die jeweilige Wahlperiode der Vertretungskörperschaft gültige Kinder- und Jugendförderpläne zu erstellen.

Der Kinder- und Jugendförderplan der Stadt Essen hat aktuell eine Laufzeit von 2016–2020 und markiert deutlich stärker als vorausgegangene Förderpläne die Jugendsozialarbeit. So heißt es u. a.,

„(…) dass sich die Jugendsozialarbeit als eigenständiger Bereich zwischen den erzieherischen Hilfen und der Kinder und Jugendarbeit definiert. Sie enthält Elemente aus beiden Handlungsfeldern der Kinder- und Jugendhilfe, zielt aber vorrangig darauf ab, benachteiligte junge Menschen beim Übergang von der Schule in den Arbeitsmarkt zu unterstützen. Jugendsozialarbeit ist im Kern an der Schnittstelle von Schule und dem Ausbildungs- und Arbeitsmarkt tätig."

Zugleich bestimmt § 13 SGB VIII das besondere Fachprofil der Angebote gegenüber den klassischen Hilfen zur Integration in die Berufswelt und den Arbeitsmarkt, wie zum Beispiel nach dem SGB II und dem SGB III. Entscheidend ist die sozialpädagogische Ausrichtung und die präventive Funktion der Angebote.

Ohne die Jugendsozialarbeit lassen sich wesentliche Zukunftsaufgaben der kommunalen Jugendhilfe und Jugendpolitik nicht lösen. Aufgrund der zahlreichen Schnittstellen, vor allem zur Schule und zur Arbeitswelt, ist der Kooperationshinweis zur Abstimmung der Angebote, § 13 Abs. 4 SGB VIII, eine große Chance für die kommunale Jugendhilfe. Damit richten sich die Einrichtungen und Angebote sozialer Integration an junge Menschen, deren Entwicklung ohne die Gewährung von Hilfe gefährdet wäre. Im Gegensatz zur Hilfe zur Erziehung nach §§ 27 ff. liegt für die nach § 13 SBG VIII Abs. 1 zu leistende ergänzende Sozialisationshilfe jedoch nicht ausschließlich ein ursächliches Erziehungsdefizit zugrunde.

Individuelle Beeinträchtigungen sind psychische, physische oder sonstige Beeinträchtigungen wie psychische und physische Abhängigkeit, Behinderung, Lernbeeinträchtigung, Lernschwächen sowie Entwicklungsstörungen.

Die Gefährdung der altersgemäßen gesellschaftlichen Integration in den Bereichen Familie, Schule, Ausbildung, Berufsleben und Umwelt aufgrund sozialer Benachteiligung liegt dann vor, wenn junge Menschen mit und ohne Migrationshintergrund

- wirtschaftlich benachteiligt sind,
- nur eine mangelnde schulische Qualifikation mitbringen und/oder
- ohne Ausbildungsabschluss beziehungsweise (langzeit-)arbeitslos sind.
- Zu den sozial Benachteiligten zählen ebenso alleinerziehende junge Menschen sowie die Jugendlichen, die in der Konsequenz ihrer Zuwanderergeschichte besondere Problemstellungen (zum Beispiel Aufenthalts- und/oder Sprachprobleme) aufweisen.

Die Planungs- und Gesamtverantwortung für die Jugendsozialarbeit trägt der örtliche Träger der öffentlichen Jugendhilfe gemäß § 79 SGB VIII. Die Aufgabenfelder der Jugendsozialarbeit sind somit Gegenstand der kommunalen Jugendhilfeplanung.

Jugendsozialarbeit benötigt Strukturen der Zusammenarbeit zwischen dem öffentlichem Träger und den freien Trägern. Die notwendige Abstimmung zwischen der kommunalen Jugendhilfeplanung und den Trägern erfolgt in der Stadt Essen im Facharbeitskreis Jugendsozialarbeit, einem Arbeitskreis der AG nach § 78 SGB VIII. Hier werden die Zielgruppen definiert, die Problembeschreibungen der Zielgruppen hinsichtlich der sozialen, schulischen und beruflichen Integration vorgenommen und geeignete Maßnahmen und Angebote benannt, skizziert und aufeinander abgestimmt.

Im Zuge der Flüchtlingsherausforderung sind, wie in vielen anderen Kommunen auch, Angebote des Jugendwohnens nach § 13.3 SGB VIII für unbegleitete junge Menschen entstanden. Größter Anbieter ist mittlerweile ein kommunaler Jugendberufshilfeträger.

Die Arbeit mit der Zielgruppe der Geflüchteten weist Besonderheiten auf. Der Kooperationsverbund Jugendsozialarbeit hat diese in der Zeitschrift „13" treffend herausgearbeitet. Hier heißt es:

> „Für junge Geflüchtete bestehen aufgrund unterschiedlicher aufenthaltsrechtlicher Status und schwieriger Rahmenbedingungen nur wenige Zugänge zu Angeboten der Jugendhilfe oder der beruflichen Integration. Die bestehenden Förderlücken führen zu besonderen Benachteiligungen; in der Folge sind junge Menschen ohne gesicherten Aufenthaltsstatus in hohem Maße von Ausgrenzung bedroht."

Gerade aber junge Flüchtlinge sind eine Herausforderung für die bestehenden Angebote der Jugendsozialarbeit – neue Zugänge, Methoden und Wissen sind für diese Zielgruppe zu erwerben. Junge Flüchtlinge benötigen dringend Sprachkurse und Maßnahmen der beruflichen Integration. Diese Maßnahmen sind jedoch erst im Aufbau begriffen. Hinzu kommt, dass die rechtliche Situation äußerst komplex und in allen Beratungsfragen relevant ist.

In der Arbeit mit der Zielgruppe sind erfahrene Träger rar gesät, und die notwendige Quantität kann durch diese nicht vorgehalten werden. Das bedeutet, dass ebenso wie in anderen Feldern der Jugendhilfe unerfahrene Träger mit unerfahrenen Fachkräften arbeiten und sich einer hochkomplexen Aufgabe widmen müssen. In dem Artikel ist weiter die Rede davon, dass Jugendsozialarbeit in der „Pionierarbeit" Sozialer Arbeit angelangt sei.

Eine solche „Pionierarbeit" findet aktuell in Essen mit der Zielgruppe geflüchteter junger Frauen statt. Hier erhielt die Kommune durch das Land Nordrhein-Westfalen die Möglichkeit, auf dem Gebiet der aufsuchenden Jugendsozialarbeit für geflüchtete junge Menschen tätig zu werden. Aufgrund der vorgehaltenen Strukturen und bereits existierender Angebote konnte die Kommune in den Fokus rücken.

Ausgangslage

In der Altersgruppe der unter 16-jährigen Asylbewerberinnen und Asylbewerber in Deutschland ist das Geschlechterverhältnis ausgeglichen. In der

Altersspanne von 16 bis 29 Jahren besteht jedoch ein Verhältnis von ca. einem Fünftel weiblichen zu vier Fünfteln männlichen Asylbewerber/inne/n. Noch geringer ist der Anteil weiblicher unbegleiteter Flüchtlinge an der Gesamtzahl der unbegleiteten minderjährigen Flüchtlinge.

Mädchen und junge Frauen fliehen aufgrund von Krieg, politischer Verfolgung, wirtschaftlicher Not, sexueller Gewalt, Verfolgung wegen des Geschlechts oder der sexuellen Identität. Diese Fluchtgründe decken sich auch mit denen der Jungen und jungen Männer. Einige Fluchtgründe betreffen aber ausschließlich oder überwiegend Mädchen und junge Frauen. Dies sind: Vergewaltigung, Genitalverstümmelung, Zwangssterilisation, -verschleierung und -entschleierung, sexuelle Gewalt und Fremdbestimmung in Bezug auf Lebenskonzepte, freie Partner/innenwahl und Schwangerschaft.

Viele Frauen haben auf ihrer Flucht Gewalt erfahren. Sie treffen bei uns auf Wohnsituationen, die ihnen auch nicht immer einen sicheren Ort zum Leben bieten. Ein sehr kleiner Teil, die minderjährigen unbegleiteten Geflüchteten, werden vom Jugendamt in Obhut genommen und in der Jugendhilfe untergebracht.

Viele der Mädchen und jungen Frauen leben zurückgezogen. Sie treten oft nicht in Erscheinung und ihre Bedarfe werden kaum wahrgenommen. Es fehlt ihnen an Sprach- und Strukturkompetenz für ein Leben in Deutschland. Infolgedessen dauert es sehr lange, bis Hilfebedarfe artikuliert und adäquate Hilfe organisiert werden kann.

Hier ergeben sich wichtige Ansatzpunkte für eine aufsuchende Jugendsozialarbeit.

Das Projekt NeZa (neue Zukunft aufbauen)

Die neuzugewanderten Geflüchteten sind orientierungslos in nahezu allen Lebensbereichen, traumatisiert durch Kriegs- und Fluchterlebnisse. Fehlende Sprachkenntnisse sowie keine in Deutschland anerkannten Schul- und Berufsabschlüsse erschweren den Zugang zum Ausbildungs- und Arbeitsmarkt. Besonders schwierig ist diese Lebenssituation für unbegleitete Minderjährige, die sich ohne Familienangehörige ein neues Leben aufbauen müssen.

Eine möglichst schnelle und erfolgreiche Integration erfolgt erfahrungsgemäß am besten durch eine zügige Integration in den Ausbildungs- und Arbeitsmarkt, durch schulische Qualifizierung, Anerkennung von vorhandenen Abschlüssen aus den Herkunftsländern und einen schnellen Spracherwerb.

Ziel des Projekts NeZa (neue Zukunft aufbauen) ist eine umfassende Begleitung und Beratung der jungen geflüchteten Mädchen und jungen Frauen in Bezug auf ihre Eingliederung in das Bildungs- und Ausbildungssystem, Unterstützung ihrer gesellschaftlichen Integration und Information sowie Anbindung an die entsprechenden Beratungs- und Bildungseinrichtungen in der Stadt Essen.

NeZa steht geflüchteten Mädchen und jungen Frauen im Alter von 16 bis 27 Jahren bei dem Aufbau ihrer neuen Zukunft in Deutschland hilfreich zur Seite. Damit dieser Prozess gelingen kann, bezieht NeZa insbesondere bei minderjährigen Mädchen auch die Eltern in die Beratung mit ein und gibt jungen Müttern die Möglichkeit, Gespräche in Begleitung ihrer Kinder wahrnehmen zu können.

Unabhängig vom Bildungsstand und Aufenthaltsstatus bieten die Mitarbeiterinnen und Mitarbeiter von NeZa Unterstützung bei:

- der Orientierung im deutschen Schul- und Ausbildungssystem,
- dem Trainieren der deutschen Sprache,
- der Ermittlung individueller Stärken,
- der Anerkennung von im Ausland erworbenen Schul-, Hochschul- und Berufsabschlüssen,
- der Vermittlung in weiterführende schulische oder berufliche Angebote,
- der Vermittlung in Praktika,
- der Lösung sozialer Probleme.

Das Projekt startete mit der Gewinnung von Kooperationspartnern, welche für die Akquise der Teilnehmerinnen unverzichtbar sind. Hierzu zählten u. a. Pro Asyl, der Jugendmigrationsdienst und diverse Einrichtungen der Wohlfahrtsverbände. Die tatsächliche Akquise der Teilnehmerinnen erfolgte aufsuchend in den Flüchtlingsdörfern.

Unbegleitete minderjährige geflüchtete Mädchen, wurden in der kommunalen Clearingstelle aufgesucht. Innerhalb von *zwei* Monaten war das Projekt in diversen Communities bekannt. Über Mund zu Mund Propaganda wiesen die Frauen andere Frauen auf NeZa hin.

Um auf die diversen und vielschichtigen Problemlagen der Teilnehmerinnen eingehen zu können, arbeitet NeZa mit anderen Einrichtungen regelmäßig zusammen. Hinsichtlich einer medizinischen und geschlechtergerechten Beratung und Begleitung besteht eine intensive Kooperation mit einer Beratungsstelle der AWO, welche medizinische Beratung für geflüchtete Frauen anbietet und sich intensiv auch um die Teilnehmerinnen von NeZa kümmert.

Der größte Bedarf zur Unterstützung bei den Frauen wurde in der Kinderbetreuung festgestellt sowie in der Vermittlung in Deutschkurse. Zum einen besteht zum Teil vom Jobcenter aus die Auflage für die Teilnehmerinnen, einen Kurs zu besuchen, zum anderen ist das Erlernen der deutschen Sprache für die Teilnehmerinnen der erste Schritt für den Aufbau einer neuen Zukunft in Deutschland.

Die Plätze für solche Kurse sind jedoch häufig auf lange Sicht belegt. NeZa hilft diesen Frauen bei der Suche nach nicht zertifizierten Deutschkursen, um die Zeit zum Beginn des zertifizierten Kurses zu überbrücken. NeZa startete im Juni 2016. Die enorme Nachfrage bei den geflüchteten Frauen hat dazu geführt, dass Stadt und Land gemeinsam die Finanzierung von NeZa auch für das Jahr 2017 sicherstellen konnten. Aktuell befinden sich über 60 Frauen in der Beratung. Alle eingangs beschriebenen Unterstützungsleistungen werden angefragt und sukzessive umgesetzt. Einzig die Ermittlung individueller Stärken anhand einer Potenzialanalyse scheitert noch an fehlenden sprachunabhängigen Werkzeugen. Prognostisch wird aber auch dies zum Einsatz kommen.

Zurzeit gibt es zwei Frauengruppen, die sich regelmäßig treffen und von sehr vielen Frauen besucht werden. Das Team wird mittlerweile von einer Psychologin unterstützt.

Aus der Perspektive der Kommune sowie der Jugendhilfeplanung ist NeZa ein gutes Beispiel für die Möglichkeiten und den Bedeutungszuwachs von Jugendsozialarbeit. Nicht einmal im Ansatz reichen aktuell die gesellschaftlichen Rahmenbedingungen aus, die Bedarfe zu decken. Jugendsozialarbeit hilft, macht Mut, bereitet vor und wirkt so in einem hohen Maße integrativ. Sie führt in einem Projekt wie NeZa die geflüchteten Frauen an die Arbeitswelt heran, erklärt den jungen Menschen einfachste Zusammenhänge und wirkt ganzheitlich. Jugendsozialarbeit ist nicht die Lösung, aber ein notwendiger Zwischenschritt, damit die uns anvertrauten Menschen den Weg in unsere Gesellschaft finden und Ausgrenzung und Isolation entgegengewirkt werden kann.

Mittel- und langfristig sollten solche aufsuchenden Ansätze auch auf die Zielgruppe der männlichen Geflüchteten übertragen werden. Die hiesige Kommune muss entscheiden, in welche Maßnahmen die knappen finanziellen Ressourcen künftig fließen. Der eingangs beschriebene Planungs- und Abstimmungsprozess im Bereich der Jugendsozialarbeit sichert zumindest ab, dass die Bedarfe erkannt und Planungen aufeinander abgestimmt werden können. Wichtig ist aber eine auskömmliche Förderung der Regelstruktur. Dies werden die Kommunen ohne Unterstützung von Bund oder Land nicht schaffen können.

Literatur

DREIZEHN – Zeitschrift für Jugendsozialarbeit Ausgabe Nr. 12 November 2014. http://www.jugendsozialarbeit.de/media/raw/Dreizehn_Heft12_WEB.pdf.

Kinder- und Jugendförderplan der Stadt Essen 2016–2020:
https://ris.essen.de/sdnetrim/Lh0LgvGcu9To9Sm0Nl.HayEYv8Tq8Sj1Kg1HauCWqBZo5Ok6KfyIiuLWsGSv4Ri2Pe.Pb.CXuCWn4Oi0Lg-IbvDauHTp8To1Ok0HbwHau8Vt6Pi7Kj2GJ/Anlage_KJFP_2016_bis_2020.pdf.

14. Kinder- und Jugendbericht der Bundesregierung vom 30.01.2013, Paderborn. https://www.bmfsfj.de/blob/93146/6358c96a697b0c3527195677c61976cd/14-kinder-und-jugendbericht-data.pdf.

Franz-Josef Lensker

Jugendhilfe und Berufsbildung

Berufsorientierung, Berufsvorbereitung und berufliche Bildung von unbegleiteten minderjährigen Flüchtlingen in der Jugendhilfeeinrichtung Johannesburg GmbH in Surwold

Kinder und Jugendliche, die ohne Eltern oder andere Erziehungsberechtigte in Deutschland Schutz suchen, gelten als besonders schutzwürdige Gruppe. Hier hat die Jugendhilfe den Auftrag, die unbegleiteten minderjährigen Flüchtlinge in ihrer Persönlichkeitsentwicklung zu unterstützen und zu fördern. In der Jugendhilfeeinrichtung, mit den Förderschwerpunkten schulische und berufliche Hilfen, kam mit Aufnahme der ersten minderjährigen Flüchtlinge die Frage auf, wie sich diese beruflich integrieren lassen und/oder eine Ausbildung aufnehmen können. Aufgrund des Durchschnittsalters von 16–18 Jahren stand dabei unmittelbar auch die Überlegung im Raum, wie nach Erreichen der Volljährigkeit weiter begleitet werden kann.

Mit Beginn der Quotenregelung nach dem Königsteiner Schlüssel sagte die Johannesburg GmbH dem Landkreis Emsland die Aufnahme von 30 bis 40 unbegleiteten minderjährigen Flüchtlingen zu.

Die Johannesburg GmbH verfügt über gut qualifizierte Fachkräfte (Sozialpädagog/inn/en, Erzieher/innen, Ausbildungsmeister/innen und Lehrer/-innen), die notwendigen Gebäulichkeiten und jahrzehntelange Erfahrungen mit jungen Migranten. In 17 Ausbildungswerkstätten werden 48 anerkannte Ausbildungsberufe angeboten. Neben der Ausbildung werden in einem integrativen Konzept permanent Berufsorientierung, Berufsvorbereitung und Umschulungsmaßnahmen für insgesamt 300 junge Menschen vorgehalten. Komplettiert wird das Angebot durch eine eigene staatlich anerkannte Berufsbildende Schule, die in enger Kooperation mit den Werkstätten und den sozialpädagogischen Diensten die Bildungsziele mit verantwortet.

Kostenträger der Maßnahmen sind nach SGB VIII die Jugendämter und nach SGB II und III die Agenturen für Arbeit und Jobcentren.

Zum Jahreswechsel 2015/16 wurden 34 unbegleitete minderjährige Flüchtlinge in drei stationären Wohngruppen untergebracht. Herkunftsländer waren Syrien, Afghanistan, Irak, Eritrea, Somalia, Gambia, Guinea und Senegal. Eine junge Frau aus Gambia wurde in einer Wohngruppe für junge Frauen integriert.

Die breite Infrastruktur der Einrichtung wird ergänzt durch ein regionales Netzwerk (u. a. Schulen, Volkshochschulen, Verbände, Ämter, Beratungsstellen, jugendpsychiatrische Klinik, Vereine). Dieses stand für die konzeptionelle Ausgestaltung der Maßnahme zur Verfügung.

Aufgrund der Erfahrungen mit früheren Fluchtbewegungen war das berufspädagogische Modell schon frühzeitig formuliert:

1. Das Erlernen der deutschen Sprache
2. Die Einbindung in berufliche Qualifizierungsprozesse, das heißt sofortige Integration in den Werkstattbetrieb

Verlauf der Maßnahme

Im Herbst 2015 wurde die Johannesburg GmbH von mehreren Jugendämtern gebeten, ein adäquates Förderangebot für die große Zahl der zu erwartenden unbegleiteten minderjährigen Flüchtlinge zu entwickeln. Problem in der Einrichtung war zu diesem Zeitpunkt die Frage, welche Fördermöglichkeiten es vonseiten der öffentlichen Kostenträger geben würde. Um hier eine schnelle Klärung zu erreichen, lud die Johannesburg GmbH die Geschäftsstellenleiter der umliegenden Agenturen für Arbeit, die Amtsleiter der umliegenden Jobcenter und die Leiter der Berufsbildenden Schulen der Region ein. In einer Sitzung mit den o. g. Teilnehmern wurden die vielen, teils sehr komplexen Problemstellungen erörtert. Einigkeit herrschte über folgende Inhalte:

- Die Situation ist insgesamt sehr unübersichtlich, das heißt die Anzahl der zu erwartenden Flüchtlinge (nicht nur der unbegleiteten minderjährigen Flüchtlinge) ist nicht prognostizierbar.
- Eine Integration in den Arbeitsmarkt wird wesentlich länger dauern, als noch vor Monaten zuvor vorhergesagt.
- Die Unterstützungsbedarfe bzgl. der Sprachförderung sind nicht bestimmbar. Die Beteiligung der Betriebe bzgl. Qualifizierung und Integration muss eine größere Bedeutung erfahren.

Konsens herrsch darüber, dass neben dem Spracherwerb eine vorzeitige Kompetenzfeststellung dazu beitragen kann, Unterstützungsangebote zielgerichtet anzubieten und Förderketten sinnvoll aufzubauen. Zudem wurde angeregt, die Betriebe verstärkt in mögliche Strategien einzubinden.

Direkt im Nachgang dieser Veranstaltung wurde die Johannesburg von der Berufsbildenden Schule der Stadt Papenburg eingeladen, ein gemeinsames Projekt für die Förderung von in Einrichtungen lebenden unbegleiteten minderjährigen Flüchtlingen, aber auch anderen jugendlichen Flüchtlingen zu entwickeln.

Die Schulleitung hatte sich im Vorfeld entschieden, sich am SPRINT-Projekt (Sprach- und Integrationsprojekt) für jugendliche Flüchtlinge zur

Erprobung eines neuen pädagogischen und organisatorischen Konzeptes für zugewanderte Jugendliche zu beteiligen. Das Projekt wurde vom Kultusministerium des Landes Niedersachsen initiiert und durch das Land Niedersachsen finanziert.

Intention des Modellprojektes ist die Integration der jugendlichen Flüchtlinge in öffentliche Berufsbildende Schulen. In modularer Form soll den Teilnehmern Unterstützung gewährt werden, um Sprachbarrieren abzubauen und mit der Arbeitswelt vertraut zu werden. Das Projekt dient als Brücke zwischen auslaufender Schulpflicht und Übergang in die Berufs- und Arbeitswelt. Der Wechsel in ein Regelangebot der Berufsbildenden Schulen ist jederzeit möglich. Die Beschränkung auf Schulpflichtige wird aufgehoben und die Altersbeschränkung für Jugendliche bis zum 21. Lebensjahr erweitert. Das Projekt gliedert sich in drei Schwerpunkte:

- Modul 1: Spracherwerb
- Modul 2: Einführung in die regionale Kultur und Lebenswelt
- Modul 3: Einführung in das Berufs- und Arbeitsleben

Die Vermittlung der deutschen Sprache steht im Zentrum, somit bildet Modul 1 den Schwerpunkt des Projektes.

Die Durchführung der Module kann in schuleigenen, aber auch in außerschulischen Einrichtungen erfolgen.

Die Möglichkeit der Ausgliederung einzelner Module in Richtung außerschulische Einrichtungen war für die Schulleitung der Berufsbildenden Schule Papenburg der Grund, sich an die Leitung der Johannesburg mit dem Wunsch um Mitwirkung zu wenden. Schnell war allen Beteiligten klar, dass hier eine exzellente Möglichkeit bereit stand, den jungen Flüchtlingen sehr schnell ein adäquates Angebot zu offerieren.

Innerhalb von vier Wochen wurden drei SPRINT-Klassen eingerichtet. Die Teilnehmer kamen von der Johannesburg GmbH und anderen Jugendhilfeeinrichtungen der Region. Als Lehrkräfte konnten pensionierte Fachkräfte gewonnen werden.

Die Jugendlichen besuchten an drei Tagen den Lernort Berufsbildende Schulen Papenburg und wurden an zwei Tagen in den Werkstätten der Johannesburg GmbH integrativ betreut und angeleitet. Die sehr individuelle Förderung an den beiden Lernorten führte zu einer sich stetig verbessernden Motivation der jungen Menschen. So forderten die Teilnehmer noch mehr sprachliche Unterstützung. Zusätzlicher Unterricht in den Wohngruppen führte schließlich dazu, die Sprachbarrieren zu durchbrechen, was den Integrationsprozess positiv prägte.

Mit dem Ende des einjährigen Projektdurchganges wechselten die Teilnehmer in verschiedene weiterqualifizierende Maßnahmen:

SPRINT-Dual

Da der Schulversuch SPRINT sich niedersachsenweit einer großen Nachfrage erfreute, wurde von Seiten des Kultusministeriums in Kooperation mit der Bundesagentur für Arbeit die SPRINT-Maßnahme um SPRINT-Dual erweitert. Hintergrund war die Annahme, dass viele Jugendliche die deutsche Sprache noch nicht soweit beherrschen, um direkt in eine Ausbildung einsteigen zu können. SPRINT-Dual wird gemeinsam von Schule und Wirtschaft durchgeführt und hat als Ziel die Erlangung der Ausbildungsfähigkeit sowie die mögliche Einsteuerung in die Ausbildung. Erreicht werden soll dies durch die Ergänzung von drei weiteren Fördermodulen:

- Modul 4: Vertiefung Spracherwerb
- Modul 5: Förderung Grundlagenwissen, insbesondere Mathematik
- Modul 6: Praktische Einführung in das Berufs- und Arbeitsleben

Die ersten Erfahrungen und Ergebnisse sind positiv. Bemerkenswert ist das Interesse kleinerer Betriebe an einer möglichen Ausbildung dieser Jugendlichen.

Zusätzlich konnten mehrere Teilnehmer in berufsvorbereitende Maßnahmen der Berufsbildenden Schule eingesteuert werden. Ein Schüler besucht heute das Gymnasium.

Schlussbemerkung

Die Erfahrungen der Jugendhilfeeinrichtung Johannesburg sind sehr ermutigend. Durch das Zusammenwirken verschiedener Leistungsträger im Bereich der Jugendhilfe und beruflichen Ausbildung konnte ein effizientes und nachhaltiges Modell für die Integration unbegleiteter minderjähriger Flüchtlinge geschaffen werden. Besonders die enge Verzahnung von sozialpädagogischen Angeboten, sprachlicher Förderung und beruflicher Vorbereitung führten zu überzeugenden Ergebnissen.

Problematisch ist die Beendigung der Hilfen bei Volljährigkeit. Sinnvoll zeigt sich eine Unterstützung der jungen Menschen über die Volljährigkeit hinaus, um die erworbenen Kenntnisse weiter auszubauen und eine nachhaltige Perspektive zu schaffen.

Friedhelm Höfener

Flüchtlinge als besondere Zielgruppe der Hilfen zur Erziehung!?

„Wir schaffen das!" So umstritten diese Aussage auch war und ist – für die Hilfen zur Erziehung lässt sich feststellen, dass „wir" das geschafft haben und immer noch schaffen. Die besondere Aufgabe, individuelle und flexible Hilfen für junge Flüchtlinge zu organisieren, ist in einer Vielzahl von Kommunen mit hohem Engagement und dem notwendigen Pragmatismus bewältigt worden und wird immer noch Tag für Tag bewältigt. Seit einiger Zeit ist in der Praxis die Tendenz festzustellen, dass sich einerseits die Anzahl der unbegleiteten minderjährigen Ausländer (UMA) verringert – während andererseits vermehrt begleitet geflüchtete Kinder und Jugendliche sowie deren Familien Unterstützungsbedarf haben und weitere Angebote der stationären, teilstationären und ambulanten Hilfen nutzen. Des Weiteren stehen die öffentlichen und freien Träger vor der Aufgabe, aus dem

> „Modus der Krisenbewältigung, in dem es in der jüngeren Vergangenheit vielerorts nur noch um Vermeidung von Obdachlosigkeit und Erstversorgung gehen konnte, hin zur Ausgestaltung einer am Bedarf der unbegleiteten ausländischen Minderjährigen ausgerichteten und von ihnen selbst mitgestalteten Kinder- und Jugendhilfe zu gelangen, in der sich auch die notwendigen Beratungs-, Bildungs-, Betreuungs- und Erziehungsangeboten"

wiederfinden (AKJ 2016, S. 53). Darüber hinaus gilt es, wesentliche Standards in den Hilfen zur Erziehung wie z. B. Partizipation und Elternarbeit den Geflüchteten zu vermitteln. Hier gibt es eine wechselseitige Herausforderung, einerseits die Lebenssituation der Aufnahmegesellschaft zu vermitteln und andererseits sich mit den Prozessen des sozialen Wandels auseinanderzusetzen, deren sichtbares Zeichen u. a. eben Migration ist. Unsere Gesellschaft entwickelt sich zu einer multiethnischen, kulturell und religiös vielfältigen Realität. Dieses muss und wird sich auch in den Betreuungsformen der Kinder- und Jugendhilfe widerspiegeln, sowohl in den Angeboten als auch im Personal. Damit verbinden sich Chancen des Voneinander-Lernens für alle Beteiligten.

Die große Zahl der unbegleiteten minderjährigen Flüchtlinge 2015/2016 war und ist sicher eine besondere Herausforderung. Neben Fragen der räumlichen Unterbringung und der für die Betreuung erforderlichen Fachkräfte tauchte wieder einmal die „altbekannte" Frage nach der Spezialisierung in einem neuen Gewand auf. Diese Debatte hat in den Erziehungshilfen eine lange Tradition (vgl. Behnisch 2013, S. 132). Daher ist es nicht verwunderlich, dass bei einem massiven gesellschaftlichen Veränderungsprozess, wie wir ihn aktuell erleben, auch diese Diskussion neu auflebt. Behnisch beschreibt mit Blick auf den historischen Verlauf dieser Debatten, dass es bei den Spezialisierungstendenzen häufig zu Enttäuschungen der damit verbundenen hohen Erwartungen gekommen ist und immer eine „Vernachlässigung der pädagogischen Identität der Erziehungshilfen" (ebd., S. 136.) festzustellen sei. Beides zeigt sich aktuell auch für die Entwicklung in den Erziehungshilfen. Die hohen Erwartungen einiger Träger, mit neuen Einrichtungen neue Marktanteile zu erobern, ist an vielen Stellen realisiert worden und hat nicht selten einen „Scherbenhaufen" hinterlassen. Überkapazitäten und nicht ausgelastete stationäre Flüchtlingseinrichtungen sind Folgen dieser Entwicklung. Zudem sind Tendenzen festzustellen, dass die pädagogische Identität bei diesem „Boom" vernachlässigt wurde. Der zur Krisenbewältigung notwendige Pragmatismus führte u. a. dazu, dass teilweise fachliche Standards abgesenkt wurden. Bislang akzeptierte Standards müssen nun mit großen Anstrengungen verteidigt werden. Auch „neue" Unterbringungsformen, wie z. B. Gastfamilien, sind mancherorts mit einer De-Professionalisierung verbunden gewesen und führen oftmals aufgrund mangelnder Begleit- und Beratungskonzepte zu einem erneuten Beziehungsabbruch.

Was aber ist die pädagogische Identität in den Erziehungshilfen? Auch wenn diese sehr grundsätzliche Frage hier nicht vertiefend beantwortet werden kann, sind m. E. die Begriffe Wissen, Können und Reflexion zentral. Pädagogische Fachkräfte benötigen Wissen über Problemlagen, Konzepte und Methoden Sozialer Arbeit, Sie müssen dieses Wissen anwenden können, das heißt über die notwendige Handlungskompetenz verfügen und sich und ihre Arbeit reflektieren. Die reflektierende Auseinandersetzung mit beruflichen Erfahrungen ist ein zentrales Moment der Identität Sozialer Arbeit. Neues Wissen und neue Problemlagen irritieren zunächst und müssen deshalb mit den Sichtweisen, Einstellungen, Verhaltensweisen und der Fremdwahrnehmung anderer in Beziehung gesetzt werden. Dies stellt eine Daueraufgabe für die Soziale Arbeit dar und fordert sie immer wieder zu der Auseinandersetzung mit gesellschaftlichen Entwicklungen heraus. Dies verdeutlicht, warum zwar ein differenzierter Blick auf soziale Problemlagen erforderlich ist – es aber keiner Ausdifferenzierung der Angebote im Sinne einer weiteren Spezialisierung bedarf. Aus dem § 6 des SGB VIII folgt, dass begleitete und unbegleitete geflüchtete Kinder und Jugendliche grundsätzlich Zugang zur Kinder- und Jugendhilfe haben. Daraus ergibt sich auch, dass der grundsätzliche Auftrag der Kinder- und Jugendhilfe auch für diese Zielgruppe gilt. Pädagogische Identität ist nicht ohne die gesetzliche Grundlage zu entwickeln. Vor diesem Hintergrund basieren Flexible Erzieherische Hilfen auf der Überzeugung, dass notwendige und geeignete Hilfen jeweils individuell entwickelt werden müssen. Was auch bedeutet, dass nicht für jeden denkbaren Hilfebedarf ein spezialisiertes Angebot vorgehalten werden muss. Vielmehr sollten bestehende Einrichtungen und Angebote weiterentwickelt und im Hilfeplan mit den Kindern und Jugendlichen herausgefunden werden, welche Hilfe passend sein kann. Dies gilt für alle Kinder und Jugendlichen – und damit selbstverständlich auch für unbegleitete minderjährige Flüchtlinge, die wie alle anderen Mädchen und Jungen eine Unterstützung benötigen, die ihrem individuellen Bedarf entspricht.

Sicherlich stellen sich andere Fragen und Schwierigkeiten in der Zusammenarbeit mit unbegleiteten minderjährigen Flüchtlingen, wie z. B. ein ungeklärter Aufenthaltsstatus und die damit verbundene Angst vor Abschiebung. Die rechtliche Situation dieser Mädchen und Jungen ist gekennzeichnet durch das Zusammenwirken unterschiedlicher Rechtsgebiete, deren Zielsetzungen sich im Spannungsfeld zwischen Kinderschutz, Förderung zu einer selbstständigen und gemeinschaftsfähigen Persönlichkeit sowie Abwehr von Einwanderung bewegen. Die pädagogischen Fachkräfte können das nicht auflösen, woraus u. a. folgt, dass mittel- und langfristige Lebensperspektiven, die im Rahmen der Hilfen zu entwickeln sind, immer auch in Abhängigkeit vom aufenthaltsrechtlichen Status einzuschätzen sind. „In diesem Spannungsfeld muss die sozialpädagogische Arbeit agieren und trotz Verunsicherungen Beziehungen aufbauen und Integration fördern" (AGJ 2016, S. 3).

Eine wesentliche Aufgabe ist es daher, den Mädchen und Jungen ein schützendes und unterstützendes Umfeld sowie tragfähige Beziehungen anzubieten und sich gleichzeitig aktiv für ihre Belange einsetzen. Es ist unbestritten, dass es spezifische Anforderungen in der Arbeit mit geflüchteten Kindern und Jugendlichen gibt. Natürlich werden sich die Fachkräfte und Träger weiterentwickeln müssen, wenn es um kultursensible und diversitätsbewusste Pädagogik geht. In erster Linie braucht es jedoch Mitarbeiterinnen und Mitarbeiter, die motiviert sind, sich für die Arbeit mit den Mädchen und Jungen zu öffnen, sich über entsprechende interne und externe Fortbildungen interkulturelle Kompetenzen anzueignen und diese in ihre Pädagogik bzw. in die einrichtungsspezifischen Konzepte mit einfließen zu lassen. Wir können nicht davon ausgehen, bereits im Vorfeld auf alle Herausforderungen vorbereitet zu sein. Es geht vielmehr darum, sich die entsprechenden Fachkompetenzen durch systematische Reflexion interner und externer Erfahrungen sowie Weiterbildungen zu erschließen. Gleichzeitig gilt es, wie bei anderen Hilfesettings auch, spezifische Fachkompetenzen über Kooperationen und Netzwerkarbeit in das Hilfekonstrukt zu integrieren. Dazu gehören Kooperationen mit Beratungsstellen zum Asylverfahren, mit Schulen in Bezug auf Sprachlernklassen, mit Ärzt/inn/en und Therapeut/inn/en in Hinblick auf mögliche Traumatisierungen etc. An erster Stelle der pädagogischen Arbeit mit geflüchteten Mädchen und Jungen sollte –

wie generell in der Arbeit mit Kindern und Jugendlichen – die Annahme, Akzeptanz und das „Willkommen heißen" stehen. Schutz, Geborgenheit, Sicherheit, Kontinuität und Verlässlichkeit sowie ein starkes Beziehungsangebot ist das, was unbegleitete minderjährige Flüchtlinge am dringendsten brauchen, um ihre Flucht zu beenden und Integration zu ermöglichen.

> „Fragen nach Integration und Vernetzung (...) sind keine neuen Themen in der Heimerziehung. Vielmehr gehören sie seit der Einführung des KJHG zu den grundlegenden Prinzipien moderner Jugendhilfe" (Hansbauer/Alt 2017, S. 190).

Vielleicht braucht es bei all den gegenwärtigen Verunsicherungen Vertrauen in die professionellen Kompetenzen der gut ausgebildeten Fachkräfte, Vertrauen in die Organisationen, die ihre Fachkräfte für die spezifischen Herausforderungen qualifizieren, und die Gewissheit, dass mit dem SGB VIII alle wesentlichen Grundlagen vorhanden sind.

Literatur

Arbeitsgemeinschaft für Kinder- und Jugendhilfe (AGJ) (2016): Qualifizierung und Qualifikation von Fachkräften mit Blick auf Begleitung, Unterstützung und Integration von geflüchteten Familien und unbegleiteten minderjährigen Geflüchteten. Positionspapier der Arbeitsgemeinschaft für Kinder- und Jugendhilfe – AGJ. https://www.agj.de/fileadmin/files/positionen/2016/Qualifizierung_und_Qualifikation_von_Fachkr%C3%A4ften.pdf.

Arbeitsstelle Kinder- und Jugendhilfestatistik (AKJ) (Hrsg.) (2016): Monitor Hilfen zur Erziehung 2016. Dortmund.

Behnisch, Michael (2013): Spezialisierung in den Erziehungshilfen. Historische Seitenblicke auf eine aktuelle Debatte. In Forum Erziehungshilfen 19, H. 3, S. 132–137.

Hansbauer, Peter/Alt, Franziska (2017): Heimerziehung und betreutes Wohnen. In: Brinks, Sabrina/Dittman, Eva/Müller, Heinz (Hrsg.): Handbuch unbegleitete minderjährige Flüchtlinge. Frankfurt am Main. S. 186–193.

Klaus Wolf

Pflegefamilien für Kinder und Jugendliche im Exil

Hier geht es um Kinder und Jugendliche, deren Flucht ohne ihre Eltern und oft ohne andere Verwandte, die sich um sie kümmern können, in Deutschland (vorläufig) endet und die in einer anderen Familie untergebracht werden. Systematisch abgesicherte empirische Ergebnisse über ihre Lage in Pflegefamilien in Deutschland 2015/2016 gibt es nicht. Es gibt erste Erfahrungen von Trägern (Below 2016), die sich überwiegend zum ersten Mal mit diesem Thema auseinandergesetzt haben, während Migrantenorganisationen bisher kaum beteiligt sind und eine migrationssensible Pflegekinderhilfe in Deutschland sowieso noch ganz am Anfang steht (Wolf 2014a).

Eine wichtige Informationsquelle sind Narrative unterschiedlicher Akteure. Das sind oft eindrucksvolle Geschichten, Beispiele, Erlebnisse, die jeweils nicht für das Ganze stehen und sicher nicht generalisiert werden können. Denn alle sozialen Konstruktionen, die von den Kindern und Jugendlichen auf der Flucht ein in sich geschlossenes Bild entwerfen – „so sind sie", „das haben sie alle erlebt" –, sind so unterkomplex und Unterschiede nivellierend, dass sie als Orientierungsmittel für eine Praxis, die dem einzelnen Menschen gerecht werden will, unbrauchbar sind. Vielleicht können aber doch aus vielfältigen Narrativen Strukturmerkmale des Lebensfeldes in und um solche speziellen Pflegefamilien und der Bewältigungsversuche der Menschen vorsichtig gewonnen werden. Ich will das versuchen, u. a. mit einigen Zitaten aus einem speziellen Onlineforum[1], in dem sich „Gastpflegeeltern" austauschen und über ihre Erfahrungen berichten. Kein Zitat und keine geschilderte Beobachtung kann zeigen, wie es im Allgemeinen ist. Aber sie können sehr anschaulich zeigen, wie es in diesem individuellen Fall erlebt wird. Das werde ich dann vorsichtig mit den allgemeinen Wissensbeständen über Pflegekinder und Pflegefamilien verknüpfen. So könnte eine Annäherung an die Themen gelingen.

Wovon wir reden: Begriffsbestimmungen

Im politischen Raum, der rechtlich vielfach kodierten Verwaltungspraxis und in der Praxis der Sozialen Arbeit werden unterschiedliche Begriffe verwendet, um die Kinder und Jugendlichen und die Familien, die sie aufneh-

---

1 www.pflegeeltern.de/thread.php?threadid=66948&sid=def1270ad343c17b9187fad9cde1190b

men, zu bezeichnen. Diese unterschiedlichen Bezeichnungen steuern die Wahrnehmung in einer je spezifischen Weise.

Für die Familien, um die es in diesem Beitrag geht, hat das Bundesministerium für Familien, Senioren, Frauen und Jugend den Begriff Gastfamilien gesetzt. Diese Begriffsbildung ist vielfach kritisiert worden, auch weil damit leicht in die Irre führende Assoziationen an einen Schüleraustausch ausgelöst werden. Gibt man in eine Suchmaschine den Begriff „Gastfamilien" ein, erhält man seitenweise Links zum weltweiten Schüleraustausch. Geht es hier auch um die Aufnahme eines Gastes für eine Zeit, der am Familienleben teilnimmt, Kost und Logis bekommt, aber nicht zu einem Familienmitglied wird? Das kann im Einzelfall so ähnlich aussehen, trifft aber das Selbstverständnis vieler Gasteltern nicht. Wenn durch den Begriff doch eine solche Vorstellung ausgelöst wird, gibt es Irritationen. So schreibt ein erwachsenes Gastfamilienmitglied: „Wir hatten sieben goldene Jahre mit Austauschschülern, wir konnten uns nicht vorstellen, dass UMAs so sind" (3047 am 01.12.2016 im onlineforum www.pflegeeltern.de).

Rechtlich erfolgt die Unterbringung in den Familien ganz überwiegend als Hilfe zur Erziehung in Form der Vollzeitpflege (nach § 33 SGB VIII) oder als Inobhutnahme. Daher erscheint es naheliegend, die Familien als eine spezielle Form von Pflegefamilien zu betrachten. Aber sind Pflegefamilien nicht Familien, die möglichst junge Kinder für lange Zeit aufnehmen, beheimaten und lebenslange Zugehörigkeit hervorbringen wollen? Dann passt es für ältere Jugendliche mit unklarer Betreuungsperspektive nicht. Ich verwende den Begriff der Pflegefamilie, da das Spektrum von Pflegefamilien in vielen Regionen Deutschlands sehr viel größer ist, als es die vorherige Frage unterstellt. Es gibt eine große Formenvielfalt von Familien für die Aufnahme sehr junger Kinder, aber auch für ältere und für Jugendliche, Formen langfristiger, adoptionsähnlicher Beheimatung und Krisenintervention, Familien für Kinder und Jugendliche mit unterschiedlichen speziellen Betreuungsbedarfen, Ein-Eltern-Familien, gleichgeschlechtliche Paare und eher an Wohngemeinschaftsformen orientierte neben den klassischen Kernfamilienmodellen. In diesem Ensemble kann die Familie für minderjährige Flüchtlinge als eine weitere besondere Form betrachtet werden. Damit werden auch Erfahrungen aus der Praxis der Pflegekinderhilfe und Wissensbestände aus der Pflegekinder- und Pflegefamilienforschung anschlussfähig und die neuen Erfahrungen in diesen Pflegefamilien können für die allgemeinen Fachdiskussionen in der Pflegekinderhilfe Anregungen hervorbringen.

Auch die Bezeichnungen für die Jugendlichen steuern die Wahrnehmung in spezifischer Weise. Ich verwende hier den Begriff Kinder und Jugendliche im Exil. Überwiegend geht es um ältere männliche Jugendliche, aber eben auch nicht ausschließlich: Es sind auch Mädchen darunter, manchmal Geschwisterverbände mit jüngeren Kindern, manchmal auch einzelne junge Kinder. Die Strukturen und Konzepte müssen also so angelegt werden, dass sie grundsätzlich dem spezifischen Betreuungsprofil des einzelnen Kindes und Jugendlichen gerecht werden können. Die Bezeichnung „im Exil" – die ich von Pflegekindern in Bremen (PiB) übernommen habe – erfasst die Situation der Kinder und Jugendlichen und das Selbstverständnis der Pflegefamilien eher als die „auf der Flucht". Die Flucht hat hier ein (vorläufiges) Ende gefunden. Es geht jetzt um Perspektivklärung einschließlich der ganzen rechtlichen Statusklärungen und um die Entwicklung einer Lebensperspektive in einem fremden Land. Unbegleitet sind die Kinder und Jugendlichen in dem Sinne, dass sie von ihren Eltern getrennt sind und die Personensorge durch diese in der Regel nicht wahrgenommen werden kann und sie damit auch in rechtliche Strukturen eingeordnet werden, die weitere Akteure u. a. als Träger der Personensorge ins Spiel bringen: private, ehrenamtliche oder professionelle Vormünder. Das Thema Vormünder bleibt in diesem Text aber ausgespart.

Merkmale von Pflegefamilien

Pflegefamilien für Kinder und Jugendliche im Exil haben die allgemeinen Merkmale von Pflegefamilien und unterscheiden sich in diesen Merkmalen von Organisationen. Sie sind kleine Figurationen mit einem hohen Anspruch an Autonomie und an eine Selbststeuerung der einzelnen Familienmitglieder und des Familiensystems insgesamt. Zwischen diesem Selbstverständnis als private Lebensform und dem Verständnis Sozialer Dienste von Pflegefamilien als Leistungserbringer bestehen vielfältige Spannungen (Wolf 2012 und 2014). So wird es von den Pflegefamilien als besonders belastend empfunden, wenn sie für ihr Familienleben elementare Entscheidungen – z. B. bei der Beendigung der Erziehungshilfe – kaum mitgestalten können.

Sie entwickeln eine eigene Familienkultur (Reimer 2008) und sie können grundsätzlich lebenslange biografische Linien mit einer Zugehörigkeit weit über den offiziellen Betreuungsauftrag hinaus entwickeln. Die Aufnahme eines zunächst fremden Kindes, die eingeschränkte rechtliche Stellung der Pflegeeltern und die Folgen der belastenden Lebenserfahrungen der Kinder stellen besondere Anforderungen an die Erwachsenen. Viele Pflegeeltern können in bewundernswürdigem Umfang Belastungen ausbalancieren und auch schwierige Situationen bewältigen, solange ihre Sinnkonstruktionen einigermaßen stabil bleiben, das heißt solange sie die Belastungen für notwendig und sinnvoll halten. Es sind also nicht einfach die Belastungen z. B. im Zusammenleben mit den Kindern und ihren Verhaltenweisen alleine, sondern die Relation zwischen den Belastungen und den Sinnkonstruktionen, die die Stabilität der Familien beeinflussen.

Einige britische Studien zeigen außerdem die große Bedeutung unterschiedlicher Rollenidentitäten von Pflegepersonen. Gilian Schofield und ihre Mitarbeiterinnen haben die von Carern und Parents unterschieden (Schofield u. a. 2013). Die sich primär als Carer verstehen und für die vielleicht der Begriff Betreuungsperson am besten passt, genießen ihre Rolle als quasi professionelle Betreuer mit entsprechenden Fähigkeiten und eine gute Zusammenarbeit mit den Sozialarbeitern, schätzen Ausbildungsmöglichkeiten, arbeiten in positiver Weise mit dem Kind zusammen und berücksichtigen ihre Rolle als Betreuer auch im Verhältnis zur Herkunftsfamilie. Die eine Rollenidentität als Parents – also Eltern – haben, sind sehr motiviert, eine Familie zu bilden, betonen die Normalität der Kinder in ihrer Familie, handeln wie andere Eltern auch und nutzen ihre eigenen Familien- und Freundschaftsnetzwerke zur Unterstützung. Diese beiden Rollenidentitätskonzepte können nicht einfach von außen verändert werden, liefern aber für die Herstellung der Passung von Kind und Pflegefamilie („Matching") wichtige Hinweise.

Schließlich bestehen Pflegefamilien nicht nur aus der Pflegemutter-Kind-Beziehung, sondern die weiteren Familienmitglieder, die im gleichen Haushalt leben, spielen ebenfalls eine wichtige Rolle – auch als Sozialisationspartner. Während zumindest die Pflegeväter oft noch mitgedacht sind, wird der Einfluss der leiblichen Kinder der Pflegeeltern oft unterschätzt oder völlig negiert (Marmann 2005; Lehmann 2017). Auch die weiteren Verwandtschaft- und Freundschaftsnetzwerke spielen für die Bewältigungsprozesse und die Stabilität der Pflegefamilien eine wichtige Rolle.

All diese Merkmale treffen auch auf die Pflegefamilien für Kinder im Exil zu, sie haben dort aber oft ein besonderes Profil. Diese beiden Dimensionen sollten daher zusammen betrachtet werden: Die allgemeinen Merkmale als Pflegefamilien und zugleich das Besondere des Lebens mit Kindern und Jugendlichen im Exil und ihrer Pflegefamilie.

Besondere Pflegefamilien für besondere Kinder und Jugendliche

Das Selbstverständnis der Familien als Familien, die ihre Angelegenheiten nach ihren eigenen Vorstellungen, ihrem Lebensstil und ihren z. B. gesellschaftspolitischen Vorstellungen gestalten wollen, führt oft dazu, dass sie sich stark für ihre Jugendlichen engagieren. So nutzen sie oft ihre privaten Ressourcen und Beziehungen, um Praktikums- oder Arbeitsplätze für ihre Jugendlichen zu finden oder besondere Freizeitaktivitäten oder Bildungsmöglichkeiten zu eröffnen. Dieses sehr persönliche, im positiven Sinne nichtprofessionelle Engagement lässt sich aber nicht einfach durch Verwaltungsakte abschalten. Wenn rechtliche Entscheidungen zuungunsten der Jugendlichen getroffen werden, wehren sich die Pflegeeltern oft sehr engagiert dagegen. Hier müssen Politik, Verwaltung und Soziale Arbeit den *Eigensinn* respektieren und lernen, mit ihm konstruktiv umzugehen. Wer zivilgesellschaftliches Engagement will und nutzt, kriegt eben auch eigensinniges Engagement. Da können sich Familien eingebettet in ihre gesellschaftspolitischen Milieus als widerständig und nicht gerade pflegeleicht erweisen.

Besonders belastend und ein häufiges Thema im Onlineforum ist die Abschiebedrohung, die nicht nur über dem Jugendlichen schwebt, sondern über der ganzen, Sorge um ihn tragenden Familie. Eine Pflegemutter beschreibt das so:

> (…) es wird wohl eine Ablehnung werden, einfach, weil er sich nichts erzählen traut. Er hat z. B. als einziger einen Anschlag auf ein Hazara-Restaurant überlebt, aber das sind bei ihm zwei Sätze und er weiß nicht einmal mehr den Namen des Restaurants, obwohl er dort gearbeitet hat. Es wird nichts werden und dann wird mit 18 der Abschiebebescheid kommen. Es ist zum Verzweifeln. Er hat bisher zwei Praktika gemacht, beide super. In den Faschingsferien macht er Praktikum im Altenheim, er ist total willig. Aber der Staat wird ihm keine Chance geben" (tikka 02.12.2016).

Schon Kinder, die in dem gleichen Land geboren wurden, nehmen ihren Wechsel von der Herkunftsfamilie in die Pflegefamilie oft als einen radikalen Kulturwechsel wahr und haben das Gefühl, in einer zunächst völlig fremden Welt gelandet zu sein (Reimer 2008). Dies ist bei Kindern und Jugendlichen, die aus einem ganz anderen Kulturkreis kommen und fast immer extreme Erfahrungen im Krieg und auf der Flucht gemacht haben, noch einmal deutlich gesteigert. Da rätseln die bisherigen Familienmitglieder – und die aufgenommenen Kinder und Jugendlichen sicher auch – oft über den Sinn des Verhaltens, über die Erfahrungshintergründe ihres Entstehens und gute Antworten darauf. So erzählt eine Pflegemutter im Onlineforum:

> „Eine Geschichte aus der Zeit hat etwas mit dem Schwimmbad zu tun. M. wollte ein ‚bisschen spazieren gehen'. Erfahrungsgemäß blieb er dann ca. 30–45 Minuten weg. An dem Tag kam er erst nach mehr als drei Stunden wieder (wir hatten uns schon wirklich Sorgen gemacht). Auf die Frage wo er denn gewesen sei, antwortete er ‚im Schwimmbad'. Wir schauten wohl entsetzt, denn wie sollte er bitteschön in Shorts und T-Shirt im Schwimmbad gewesen sein? Nun, nur ein Deutscher braucht Badehose, Handtuch, Tasche, Sonnencreme, was zu trinken etc. für einen Schwimmbadbesuch. M. ist rein, hat sein Shorts fallen lassen und schwamm glücklich und zufrieden ein paar Runden, ließ sich im Gras trocknen und kam dann wieder heim. WO ist das Problem? Wir erklärten ihm, dass man nur mit Badehose baden darf … Ok, er hat's vermeintlich verstanden – dachten wir. Zwei Tage später die exakt gleiche Situation. Es hat noch eine Weile gedauert, bis er dann wirklich verstanden hat, welche seiner Hosen die Badehose ist und dass er diese bitte mitnimmt ins Schwimmbad. Und diese Geschichte ist nur eine von vielen, die wenn sie mehrfach vorkom-

men, dann sehr anstrengend sind. Das schwierigste war zu der Zeit, dass er niemals zugegeben hat, dass er etwas NICHT versteht" (Anja M. 03.12.2016).

Für beiden Seiten hat das Leben Züge einer ethnografischen Erkundung. Was die Requisiten, Handlungen und kommunikativen Zeichen bedeuten, muss aus dem Kontext allmählich erschlossen werden. Einige Pflegeeltern berichten von ihrem Interesse am Leben in anderen Ländern und ihrem gesellschaftspolitischen Engagement, das sie dazu gebracht hat, Flüchtlingsjugendliche aufzunehmen. Sie haben damit ein deutlich anderes Motivationsprofil als Pflegeeltern, die einen Säugling mit möglichst langer Betreuungsperspektive aufnehmen möchten. Ihre Sinnkonstruktionen – Warum mache ich das überhaupt? Was habe ich mir damit eingehandelt? – haben *spezifische* Verankerungspunkte.

So berichtete auf einem Fachtag (www.familien-fuer-junge-fluechtlinge.de) eine Pflegemutter ausführlich von ihren Erfahrungen mit ihrem Jugendlichen. Dabei betonte und repräsentierte sie geradezu, was sie alles im Zusammenleben mit dem Jungen und vom ihm über das Leben in seinem Land und seinen Erlebnissen auf der Flucht gelernt habe und wie interessant es sei, wie er das Leben in Deutschland wahrnimmt. Es ging ihr ganz zentral darum, ihren eigenen Horizont zu erweitern und dieser Plan ging in der Betreuung sehr gut auf und ihre neuen Erfahrungen waren ihr viel wichtiger als die zusätzlichen Belastungen.

Auch in dem folgenden Zitat ist die Belastung angedeutet, aber sie steht nicht im Mittelpunkt. Ein lernendes Familiensystem wird sichtbar.

> „Wir haben vor zehn Monaten drei Kinder/Jugendliche aus Afghanistan aufgenommen. Es sind Geschwister. Der kleine ist mittlerweile 11 Jahre alt, die mittlere 16 und die große 17 Jahre alt. Sie besuchen die Grundschule/Hauptschule. Zusammen sind wir jetzt eine Familie von acht Personen.
>
> Die drei sprechen hervorragend deutsch. Wir brauchen gar kein Englisch mehr. Langsam kennen wir auch alle Eigenarten von ihnen, sei es persönliche oder kulturelle. Es ist nicht immer leicht, klappt aber erstaunlich gut" (Moderator 03.12.2016).

Wenn das Fremde hingegen als verstörende, nachhaltige Irritation erlebt wird und der Jugendliche als Ursache für eine nun unberechenbar gewordene private Welt gesehen wird, werden die Belastungen schnell sehr intensiv wahrgenommen. Die Sinnkonstruktionen brechen zusammen.

Hier wird eine Bilanz gezogen, die nicht den Zusammenbruch einer Sinnkonstruktion zeigt, sondern eine erhebliche Belastung und das Ringen um den Sinn – auch des eigenen Leidens:

> „Ich habe graue Haare bekommen und bin alt geworden und auch etwas einsam. Es kam nicht wie gewünscht. Wenn ich aber denke in welchem Zustand wir sie erhielten und in welchem wir sie abgaben, so ist doch klar zu sehen, dass wir sie auffangen, ihnen Halt geben konnten. Könnte ich die Zeit zurückdrehen, ich würde es wieder machen. Nochmals schwer traumatisierte Kinder aufnehmen, dass würde ich nicht mehr machen. Einmal war genug" (3042 am 30.11.2016).

Die Rolle der Pflegefamilie und die Rolle der Pflegeeltern umfasst ein viel breiteres Spektrum als sonst in der Pflegekinderhilfe. Die Pflegefamilie kann hier ein Ort der Unterbringung und Versorgung sein, einer, der im Vergleich mit anderen Optionen besonders günstig oder ungünstig erscheint („"du kriegst weniger Geld in der Familie als im Heim" twitterten Jugendliche), oder auch ein Ort elementarer Sicherheit, persönlicher Sorge und emotionaler Wärme.

Auch die Rolle der Pflegeeltern ist viel offener als sonst. Ein Jugendlicher kommt in eine ihm (zunächst) völlig fremde Familie. Welche Rolle gestattet er den Erwachsenen dort: Sind sie wie seine Eltern? Dürfen sie ihm Regeln setzen und über sein Leben bestimmen? Oder sind es eher kompetente Berater, die man nutzt, wenn man sich davon etwas verspricht? Die Rollenkonzepte der Pflegeeltern – die wohl auch aus ihrer Sicht ein breiteres Spektrum umfasst als die Carer-Parents-Differenz – muss zwischen Kindern und Jugendlichen einerseits und den Pflegeeltern andererseits geklärt werden. Das geschieht nicht (nur) durch Aushandlung – wie es in der Sozialen Arbeit am ökonomischen Managementvokabular orientiert gerne heißt – sondern wird in den Interaktionen des Alltags auch in Handlungen ausgedrückt, abgeglichen, ausbalanciert. Die Suchbewegungen der Pflegeeltern werden hier sichtbar:

> „Unser umA hat Familie in Eritrea, eine Mutter und Geschwister, die in der ganzen Welt verteilt sind. Er braucht keine Familie. Er braucht einen sicheren Ort, was zu essen, Kleidung etc. Die geschwisterlichen Beziehungen zu meinen Kindern sind entstanden und sind gut. Wir als ‚Eltern' wissen manchmal nicht, welche Rolle wir ihn seinem Leben haben. Als eine gewisse ‚Autorität' werden wir glaub ich (noch) nicht gesehen" (Anja M. 03.12.2016).

Die Mitglieder der Pflegefamilie müssen sich neue Rollenkonzepte einschließlich der darin eingelagerten Sinnkonstruktionen für die Art ihrer Beziehungen basteln – als Sinnbastler, wie Ronald Hitzler und Anne Honer (1994) den Menschen in der Postmoderne generell beschrieben haben. Sie finden dafür keine fertigen Lösungen in den gesellschaftlichen Deutungsmustern („Soll ich jetzt irgendwie die Mutter für die 17-Jährige sein, die wir vor einigen Monaten bei uns aufgenommen haben?"). Bei der Entwicklung *ihrer* Lösung können sie Elemente aus anderen familialen Beziehungstypologien einbauen, aber ihr neues Patchwork-Muster ist eher ein „Crazy Quilt" – wie Heiner Keupp (1999) die Patchwork-Identität in unserer Zeit beschrieben hat: aus unterschiedlichen, unregelmäßig angeordneten Teilmustern zu einer in sich stimmigen, größeren Form komponiert und nicht lediglich als Sammelsurium addiert.

Außerdem sind die Rollen in Bewegung. Das Doing Family endet nicht unbedingt mit dem Auszug in eine eigene Wohnung oder dem Umzug in eine Einrichtung, sondern die Weiterentwicklung der Beziehung, vielleicht ihre Transformation zu einem ganz anderen Typus von Beziehung – im

Einzelfall eher als Patenschaft oder, auch jenseits der rechtlichen Rahmung, zu einer privaten Vormundschaft – ist möglich. Das Fehlen fester, in gesellschaftlichen Deutungsmustern verankerter Modelle für die Beziehung führt zu offeneren, volatileren Prozessen der immer wieder neu zu entwickelnden Selbst- und Beziehungsdefinitionen. Auch über die Art, wie die Jugendlichen oder jungen Erwachsenen die Beziehung nutzen – im Sinne von: welchen Nutzen sie darin finden – werden Beziehungsmerkmale in Wechselwirkungen entwickelt. So beschreibt eine Frau ihre Rolle als Begleiterin eines Jugendlichen, der nicht bei ihr wohnt:

> „Mich braucht er vor allem zum Reden. Über lebensphilosophische und Selbstfindungsthemen, über Politik und Gesellschaft, über den Alltag. Wir verbringen aber auch viel Zeit mit Nachhilfe für die Schule, vor allem in Deutsch. Und natürlich helfe ich ihm bei sämtlichen Behördenangelegenheiten und das sind ziemlich viele: Jobcenter, BAföG-Amt, Familienkasse, Ausländerbehörde, BAMF ..."
> (Usha 01.12.2016).

Hier ergeben sich besondere Chancen für die sozialpädagogische Forschung. Die weiteren Lebenswege der (ehemaligen) Pflegekinder bis weit in das Erwachsenenleben hinein zur erforschen, kann hochinteressante Erkenntnisse zu Entwicklungsprozessen in einem Hochbelastungsbereich und zu Resilienz fördernden und blockierenden Strukturen im Lebensfeld eröffnen.

Pflegefamilien bestehen nicht nur aus dem Kind und der Mutter – wie manchmal in verkürzten Darstellungen mit bindungstheoretischen Elementen suggeriert wird. In mehreren Zitaten wurden bereits die weiteren Bezugspersonen und Sozialisationspartner genannt: zum Beispiel und ganz besonders die anderen Kinder und Jugendlichen. Es leuchtet unmittelbar ein, dass sie für die Orientierungsaufgaben der Jugendlichen im Exil eine sehr wichtige Rolle spielen können.

> „(...) bei uns lebt seit Mai 2016 unser 14-jähriger afghanischer Pflegesohn. Seine Familie lebt noch in Afghanistan und er hat regelmäßig Kontakt per Skype. Im Großen und Ganzen läuft es prima, er lernt unglaublich schnell Deutsch, besucht die Realschule und ist einfach ein pfiffiger Kerl. Zu unserer Familie gehören außerdem noch drei Adoptiv-/Dauerpflegekinder (15, männl.; 19, weibl.; 21, männl.). Die beiden Großen studieren bereits außerhalb" (fuchska 08.12.2016).

Die Kontexte innerhalb des erweiterten Familiensystems, aber auch in der Nachbarschaft und Gruppen mit Gleichgesinnten sind hier für die Stabilität der Pflegefamilien besonders wichtig. Mehrere Pflegeeltern beschreiben eine Art Familienrat (manchmal auch unter Verwendung des Begriffes), der über die Aufnahme eines Jugendlichen entschieden hat und Erwartungen auch an die nicht mehr im Haushalt lebenden erwachsenen Kinder festgelegt hat.

"Unser umA M. ist nun seit knapp sechs Monaten bei uns. Meine Kinder (20 und 23) sind im Studium und kommen allerdings relativ regelmäßig in den Semesterferien nach Hause. Die Entscheidung einen umA aufzunehmen wurde in der Familie gemeinschaftlich getroffen (damit verbunden eine Verantwortung, sich im Rahmen der Möglichkeiten (Anwesenheit) zu ‚kümmern')" (Anja M. 05.12.2016).

Auch die Unterstützung der aufgenommenen Kinder untereinander kann eine wichtige Ressource sein.

"Wir haben zwei aus demselben Herkunftsland und derselben Muttersprache. Sie haben, im Alltag, immer die Möglichkeit sich in ihrer Muttersprache zu unterhalten, sich zu helfen. Ich finde das sehr positiv. Auch wenn sie über Details der Flucht oder ähnliches sprechen, ist es so der Stil von weisst du noch und da und so ... So helfen sie einander auf den Sprung und es werden Sachen erzählt, die einer alleine uns sicher nicht sagen würde" (3047 am 31.01.2017).

Auch die weiteren privaten Netzwerkbeziehungen, insbesondere die Verwandtschaftsnetzwerke haben einen wichtigen Einfluss auf die Stabilität der Pflegefamilie. Das gilt allgemein (Jespersen 2011) und für Pflegefamilien, die aufgrund auch feindseliger Bewertungen für ihr Engagement besonders verletzbar sind, noch mehr. Sie brauchen Verankerungspunkte in Netzwerken mit ähnlichen Wertevorstellungen. Wenn hingegen nachhaltig feindselige Kommentare auch aus der eigenen Verwandtschaft kommen, kann das besonders verletzend sein.

Dass es dabei auch positive Überraschungen geben kann, zeigt die Erzählung einer politisch engagierten Pflegemutter auf einer Tagung in Graz. Ihre Mutter sei völlig gegen diese ganze Unterstützung für Flüchtlinge gewesen. Geradezu entsetzt war sie, als sie nun auch noch einen Flüchtlingsjugendlichen aufgenommen habe: Sie käme nun nicht mehr zu Besuch und sie sollten sich unterstehen mit dem Burschen bei ihr aufzutauchen. Im Laufe der Monate kam es dann aber doch zu Kontakten zwischen ihrem Pflegesohn und ihrer Mutter – erst sehr kurz, dann aber auch intensiver. Schließlich habe sie erlebt, wie ihre Mutter sich mit dem Jugendlichen über ihre eigene Flucht am Ende des Zweiten Weltkrieges unterhalten hat. Seine Flucht und was er darüber erzählte eröffnete ihr einen Zugang zu ihrem eigenen Erleben. Die Pflegemutter war völlig verblüfft, dass ihre Mutter anfing, mit ihm über Ereignisse zu reden, die bisher kein Thema sein durften.

Fazit

Zusammenfassend können wir festhalten: Gastfamilien sind eine besondere Form von Pflegefamilien. Sie haben alle Merkmale von Pflegefamilien – allerdings mit besonderen Profilen: Die Differenzen in den Lebenserfahrungen und kulturellen Orientierungen sind häufig noch größer, die Rollen der Pflegefamilie und ihrer einzelnen Mitglieder sind häufig noch offener und nicht unbedingt durch die Eltern-Kind-Beziehungsmuster festgelegt, die Übergänge aus der Pflegefamilie sind noch stärker durch manchmal unberechenbare Verwaltungsentscheidungen überschattet und bestimmt, die Rollentransformationen nach dem Auszug können häufig ebenfalls wenig an etablierten Mustern, z. B. der Verselbständigung, anknüpfen. Am Beispiel der Betreuung von Kindern und Jugendlichen im Exil in Pflegefamilien kann die gesamte Pflegekinderhilfe lernen, ihre Modelle vom Pflegekind und von der Pflegefamilie kritisch zu prüfen, sich auf neue Konstellationen einzustellen und ihre expliziten oder impliziten Engführungen zu überwinden. Diese Chance sollte sie nutzen.

An anderer Stelle habe ich beschrieben und begründet, dass unsere Gesellschaft Pflegekindern und Pflegefamilien – und in einer anderen Perspektive: auch der Herkunftsfamilie – sehr komplizierte Situationen zumutet und zumuten muss und dass dies nur zu verantworten ist, wenn leistungsfähige professionelle Dienste sie begleiten und bei der Bewältigung der Probleme und oft unvermeidbaren Krisen unterstützen (Wolf 2013). Diese Anforderung gilt in besonders verschärfter Weise auch und besonders für Pflegefamilien, die Kinder und Jugendliche im Exil aufnehmen. Hier ist die Wahrscheinlichkeit noch größer, dass die Kinder und Jugendliche extrem belastende, hier tatsächlich sehr oft traumatisierende Erfahrungen gemacht haben. Außerdem können hier stigmatisierende Erfahrungen der Pflegefamilien in einem manchmal auch feindseligen Lebensfeld hinzukommen.

Im Onlineforum gibt es wenige Hinweise auf Belastungen durch Stigmatisierungen. Sie sind dann oft undramatisch eingebettet wie in diesem Zitat:

> „Manche sind froh, nicht in unserer Haut zu stecken, andere verfolgen das was bei uns abgeht mit Interesse, wieder andere sagen gar nichts. Unsere Familien lassen uns machen. Meiner Meinung nach, verhalten sie sich optimal. Die neuen Kinder sind willkommen und werden sehr natürlich aufgenommen. Wenn Freundinnen unserer Mädchen nicht mehr zum Spielen kommen, dann ist das eben so" (3042 am 30.11.2016).

Wer Pflegeeltern und ihren Kindern solche („nicht mehr zum Spielen kommen") und weitere Situationen zumuten muss, hat eine moralische und fachliche Verpflichtung, sie bei der Bewältigung nicht alleine zu lassen, sondern ihnen Ressourcen anzubieten, die sie nutzen können, wenn sie es wollen. Das wird nur möglich, wenn die Sozialen Dienste durch die Haltungen ihrer Fachkräfte (niemand glaube, die Soziale Arbeit sei gegen Rassismus und rechtsextreme Einstellungen a priori gefeit), durch ihr spezifisches Wissen und ihre Fähigkeiten und durch ihre finanzielle und personelle Ausstattung dazu in der Lage sind, den Kindern und Jugendlichen und den Mitgliedern der Pflegefamilie diese Ressourcen überhaupt anbieten zu können.

Literatur

Below, Christina (2016): „Für junge Geflüchtete: Gastfamilien, Vormundschaften, Patenschaften". Ein Projekt der Diakonie Deutschland in Kooperation mit dem Kompetenzzentrum Pflegekinder e.V.: Dialog Erziehungshilfe Heft 2, S. 37–40.

Hitzler, Ronald/Honer, Anne (1994): Bastelexistenz. Über subjektive Konsequenzen der Individualisierung. In: Beck, Ulrich/Beck-Gernsheim, Elisabeth (Hrsg.): Riskante Freiheiten. Individualisierung in modernen Gesellschaften. Frankfurt am Main. S. 307–315.

Jespersen, Andy (2011): Belastungen und Ressourcen von Pflegeeltern. Analyse eines Pflegeeltern-Onlineforums. ZPE-Schriftenreihe. Siegen.

Keupp, Heiner (1999): Die Hoffnung auf den Körper. Jugendliche Lebensbewältigung als riskante Chance. In: Becker, Peter/Koch, Josef (Hrsg.): Was ist normal? Normalitätskonstruktion in Jugendhilfe und Jugendpsychiatrie. Weinheim und München. S. 47–62.

Lehmann, Almut (i. E.): Mütterliches Rollenverhalten und das Erleben leiblicher Kinder in der Übergangspflege. Dissertation Universität Siegen.

Marmann, Alfred (2005): Kleine Pädagogen eine Untersuchung über „Leibliche Kinder" in familiären Settings öffentlicher Ersatzerziehung. Frankfurt am Main.

Reimer, Daniela (2008): Pflegekinder in verschiedenen Familienkulturen: Belastungen und Entwicklungschancen im Übergang. ZPE-Schriftenreihe Bd. 19. Siegen.

Schofield, Gillian/Beek, Mary/Ward, Emma/Biggart, Laura (2013): Professional foster carer and committed parent: role conflict and role enrichment at the interface between work and family in long-term foster care. In: child and Family Social Work (18), S. 46–56.

Wolf, Klaus (2014): Sind Pflegefamilien Familien oder Organisationen? In: Kuhls, Anke/Glaum, Joachim/Schröer, Wolfgang (Hrsg.): Pflegekinderhilfe im Aufbruch. Weinheim und Basel. S. 74–91.

Wolf, Klaus (2014a): Migrationssensible Pflegekinderhilfe: Balancierungsleistungen zwischen Zuschreibungen und Zugehörigkeit. In: Siegen:Sozial Heft 1, S. 14–19.

Wolf, Klaus (2013): Der Dreisatz der Pflegekinderhilfe. In: Kompetenz-Zentrum (Hrsg.): Familienbande Heft 1, S. 5–11.

Wolf, Klaus (2012): Professionelles privates Leben? Zur Kolonialisierung des Familienlebens in den stationären Hilfen zur Erziehung. In: Zeitschrift für Sozialpädagogik 4, S. 395–420.

Irmela Wiesinger

Inobhutnahme

Wenn junge Geflüchtete in Deutschland ankommen,
sind sie zwar in einem sicheren Land ... aber noch nicht
an einem sicheren Ort

Seit 2005 ist im Achten Sozialgesetzbuch verankert, dass alle unbegleiteten minderjährigen Flüchtlinge unter 18 Jahren einen Anspruch auf Inobhutnahme haben. Dieser spezifische Schutzauftrag in § 42 Abs. 1 Satz 3 stellt klar, dass die Einreise ohne Erziehungs- oder Personensorgeberechtigten bereits eine Kindeswohlgefährdung darstellt, die das örtlich zuständige Jugendamt zu Schutzmaßnahmen verpflichtet.

Für diese Kinder und Jugendlichen ist die Inobhutnahme der einzige Zugang, um nach der Flucht und Ankunft in Deutschland an einen sicheren Ort zu gelangen und weitergehende Unterstützungsmöglichkeiten zu erhalten.

Dafür müssen sie zunächst das „Nadelöhr" der Alterseinschätzung passieren. Auch wenn diese Hürde überwunden ist und sich die jungen Geflüchteten in der Inobhutnahme befinden, ist diese Phase von einer erhöhten Vulnerabilität geprägt. Sie ist maßgeblich für den gesamten weiteren Aufenthalt und hängt in hohem Maße von Faktoren ab, die sie selbst nicht beeinflussen können.

Durch das Gesetz zur Verbesserung der Unterbringung, Versorgung und Betreuung ausländischer Kinder und Jugendlicher, das am 01.11.2015 in Kraft getreten ist, wurde der regulären Inobhutnahme eine vorläufige Inobhutnahme vorgeschaltet, die ggf. mit einer Verteilung in die Zuständigkeit eines anderen Jugendamtes endet. Diese gilt nur für Kinder und Jugendliche, die unbegleitet nach Deutschland einreisen.

Mit diesem zweistufigen Verfahren, das an völlig unterschiedlichen Orten stattfinden kann, soll eine bundesländerübergreifende und länderinterne Verteilung ermöglicht werden, um Länder und Jugendämter mit hohen Einreisezahlen zu entlasten. Zugleich werden an dem Vorrang des Kindeswohls, dem Primat der Kinder- und Jugendhilfe und dem Anspruch auf das gesamte Leistungsspektrum der Jugendhilfe im Anschluss an die Inobhutnahme festgehalten.

Im Folgenden werden die wesentlichen Weichenstellungen, die sich aus den gesetzlichen Grundlagen ergeben sowie die fachlichen Problemstellungen in der Praxis dargestellt.

Die vorläufige Inobhutnahme und Prüfung der Verteilfähigkeit

Das Jugendamt hat weiterhin die uneingeschränkte Verpflichtung, unbegleitete minderjährige Flüchtlinge (im Weiteren auch umF) in seine Obhut zu nehmen. Zuständig für die vorläufige Inobhutnahme ist das Jugendamt an dem Ort, wo der umF sich meldet (sogenannte Selbstmelder) oder seine Einreise bemerkt wird, z. B. durch Polizei, Bundespolizei, Erstaufnahmeeinrichtung für erwachsene Asylsuchende, Jugendhilfeeinrichtung oder Verwandte.

Ob die Einreise nach Deutschland oder der Aufenthalt im Inland rechtmäßig ist, ist für die Verpflichtung zur Inobhutnahme nicht von Bedeutung. Voraussetzung ist die unbegleitete Einreise nach Deutschland, die dann vorliegt, wenn das Kind oder der Jugendliche ohne Personensorgeberechtigt oder Erziehungsberechtigte in das Bundesgebiet einreist oder nach der Einreise dauerhaft von ihnen getrennt wird.

Unbegleitet ist ein Minderjähriger auch dann, wenn er zusammen mit verwandten Personen einreist. Das Jugendamt ist auch in diesen Fallkonstellationen zur vorläufigen Inobhutnahme verpflichtet und hat zu prüfen, ob der Verbleib bei Familienangehörigen in einer Flüchtlingsunterkunft dem Kindeswohl entspricht. Ist dies der Fall, muss das Jugendamt weiterhin im Rahmen seines Schutzauftrages eine pädagogische Begleitung sicherstellen sowie die Bedarfe und Perspektive des umF klären.

Wie die reguläre ist auch die vorläufige eine hoheitliche Aufgabe und darf daher nur vom Jugendamt ausgesprochen werden. Sie beginnt mit einer Inobhutnahmeverfügung, die dem Kind oder Jugendlichen nach dem Erstgespräch bzw. der Alterseinschätzung schriftlich mitgeteilt wird.

Die Regelungen über die Ausgestaltung der vorläufigen Inobhutnahme gelten entsprechend der regulären Inobhutnahme. Der Minderjährige ist bei einer geeigneten Person, in einer geeigneten Einrichtung oder in einer sonstigen Wohnform unterzubringen, Lebensunterhalt und Krankenhilfe sind sicherzustellen und Gelegenheit zur Benachrichtigung einer Vertrauensperson zu geben. Von Anfang an sollten eine Alltagsstruktur und Bildungsangebote, die besonders in der sensiblen Phase des Ankommens eine erste Sicherheit und ein Gefühl von Normalität bieten, vorhanden sein.

Anders als in der regulären Inobhutnahme ist der sozialpädagogische Klärungsauftrag während der vorläufigen Inobhutnahme aufgrund der vom Gesetzgeber eng gesetzten Zeitspanne auf wenige Kernfragen reduziert. Die vorläufige Inobhutnahme darf höchstens vier Wochen dauern. Die Entscheidung über die Verteilfähigkeit oder den Ausschluss von der Verteilung, das sogenannte Erstscreening, muss innerhalb von sieben Werktagen nach Beginn der vorläufigen Inobhutnahme erfolgen.

Folgende Punkte sind innerhalb dieser kurzen Frist zusammen mit dem Kind oder Jugendlichen unter der Verantwortung des öffentlichen Jugendhilfeträgers einzuschätzen:

Alterseinschätzung (geregelt in § 42f SGB VIII)

- *Würde das Wohl des Minderjährigen durch die Durchführung des Verteilverfahrens gefährdet?*

  Das Jugendamt hat einzuschätzen, ob die Durchführung des Verteilungsverfahrens im Hinblick auf die physische und psychische Belastung zu einer Kindeswohlgefährdung führen würde. Hierbei ist je nach Alter und Entwicklungsstand der Wille des Kindes oder Jugendlichen einzubeziehen.

  „Verweigert sich das Kind/Jugendlicher bei der Durchführung des Verteilungsverfahrens und ist zu befürchten, dass eine entgegen dieser Ablehnungshaltung durchgeführte Verteilung mit hoher Wahrscheinlichkeit zu einer (Re-)Traumatisierung führen kann, ist von der Verteilung abzusehen."

  Die Einschätzung der Verteilfähigkeit muss somit an kindeswohlorientierten Maßstäben geprüft werden. Wird eine Gefährdung des körperlichen, geistigen und seelischen Wohls erkannt, begründet diese einen absoluten Ausschluss vom Verteilungsverfahren.

- *Halten sich verwandte Personen im Inland oder einem anderen EU-Staat auf?*

  Eine Verteilung ist ausgeschlossen, wenn eine Zusammenführung mit einer verwandten Person kurzfristig erfolgen kann, zum Beispiel aufgrund der sogenannten Dublin- III-VO, und dies dem Wohl des Kindes entspricht.

  Das Jugendamt hat hier einzuschätzen, ob eine Familienzusammenführung kurzfristig möglich ist, wobei in diesem Verfahrensstadium „keine vertieften Recherchen" erforderlich sind. Die weiteren Arbeitsschritte für eine Familienzusammenführung sind dann von dem erstaufnehmenden Jugendamt im Rahmen der regulären Inobhutnahme durchzuführen.

- *Erfordert das Wohl des Minderjährigen eine gemeinsame Inobhutnahme mit Geschwistern oder anderen unbegleiteten geflüchteten Kindern und Jugendlichen?*

  Das Jugendamt muss in Erfahrung bringen, ob enge soziale Bindungen zu anderen unbegleiteten geflüchteten Minderjährigen bestehen oder während der Flucht aufgebaut wurden. In diesen Fällen sollen die Kinder und Jugendlichen gemeinsam verteilt und untergebracht werden. Dies gilt insbesondere für Geschwister, die nicht getrennt werden dürfen, es sei denn, dass eine gemeinsame Verteilung das Kindeswohl gefährdet.

- *Schließt der Gesundheitszustand des/der Minderjährigen die Durchführung des Verteilungsverfahrens innerhalb von 14 Werktagen nach Beginn der vorläufigen Inobhutnahme aus?*

Der Gesundheitszustand des Kindes oder Jugendlichen schließt eine Verteilung aus, wenn keine Reisefähigkeit gegeben ist oder eine ansteckende Erkrankung vorliegt und dadurch Dritte gefährdet werden könnten. Hierfür muss eine ärztliche Stellungnahme eingeholt werden, die auch eine Aussage zur Dauer der Ansteckungsgefahr treffen sollte.

Der „technische Ablauf" des Verteilverfahrens

Berechnungsgrundlage der Aufnahmequoten für die Bundesländer, Städte und Landkreise ist – wie bei erwachsenen Asylbewerbern schon lange praktiziert – der sogenannte Königsteiner Schlüssel. Das zuständige Jugendamt meldet der Landesstelle die vorläufige Inobhutnahme im Rahmen der sogenannten werktäglichen Meldung und informiert die Landesstelle innerhalb von sieben Werktagen, ob Verteilhindernisse vorliegen oder ob der Minderjährige verteilt werden kann. Die Landestelle teilt die Entscheidung dem Bundesverwaltungsamt innerhalb von drei Werktagen mit. Dieses bestimmt im Fall der Verteilfähigkeit innerhalb von zwei Werktagen auf der Grundlage der Aufnahmequote das zur Aufnahme verpflichtete Bundesland. Die Landesstelle des aufnahmepflichtigen Landes bestimmt per Zuweisungsbescheid ein in seinem Bereich gelegenes Jugendamt, das für die reguläre Inobhutnahme und Anschlussmaßnahmen zuständig ist.

Wenn das gesamte Verteilungsverfahren nicht innerhalb eines Monats nach Beginn der vorläufigen Inobhutnahme beendet ist, ist die Durchführung des Verteilverfahrens ausgeschlossen. Das Jugendamt, das bereits vorläufig in Obhut genommen hat, bleibt dann weiterhin zuständig.

Nach § 88a Abs. 2 Satz 2 SGB VIII kann auch ein anderer Träger aus Gründen des Kindeswohls oder aus sonstigen humanitären Gründen die örtliche Zuständigkeit von dem zuständigen Träger übernehmen. Dieser freiwillige Selbsteintritt ist insbesondere bei Familienzusammenführungen und bei einer spezifischen pädagogischen oder medizinischen Bedarfslage relevant.

Die rechtliche Vertretung während der vorläufigen Inobhutnahme

Die Bestellung eines Vormundes ist während der vorläufigen Inobhutnahme nicht vorgesehen. In dieser Zeitspanne ist das Jugendamt verpflichtet und befugt, alle Rechtshandlungen vorzunehmen, die zum Wohl des umF notwendig sind.

Bei der Wahrnehmung dieser „öffentlich-rechtlichen Notkompetenz" ist der junge Mensch zu informieren und hinsichtlich aller seine Person betreffenden Fragen zu beteiligen.

Im Rahmen dieses Schutzauftrages sollte das Jugendamt auch prüfen, ob eine Asylantragstellung im Kindeswohlinteresse liegt. Das frühzeitige Stellen des Asylantrages erhöht den Schutz des Jugendlichen vor einer Abschiebung im Dublin-Verfahren und ist im Hinblick auf eine Aufenthaltssicherung und ggf. einen Familiennachzug von zentraler Bedeutung.

Problematisch bei der Notkompetenz ist, dass das Jugendamtes während der vorläufigen Inobhutnahme die spezifischen Schutzbedürfnisse und Bedarfe des umF zu berücksichtigen und gleichzeitig maßgebliche Entscheidungen im Hinblick auf die Altersfeststellung, Verteilung und Gewährung von Leistungen zu treffen hat. Mit diesem Doppelauftrag gerät das Jugendamt in eine Interessenkollision zwischen der erforderlichen parteilichen Vertretung des Minderjährigen und eigenen Verteilungsinteressen.

In der Begründung zum Gesetzesentwurf wird vorgeschlagen, durch „entsprechende organisatorische und personelle Vorkehrungen eine Kollision zu verhindern", indem die Aufgaben im Rahmen der Notkompetenz auf die Personen übertragen werden sollten, die für die Amtsvormundschaft bzw. Pflegschaft zuständig sind.

Es ist fraglich, ob dieser Vorschlag in der Praxis umsetzbar ist und von den Jugendämtern angesichts hoher Fallzahlen der Amtsvormünder genutzt wird, um eine unabhängige Vertretung und Beteiligung der jungen Geflüchteten während dieser für ihre Zukunft weichenstellenden Phase zu gewährleisten.

Kritisch zu sehen ist der eingeschränkte Rechtschutzes im Verteilungsverfahren, da ein Widerspruchsverfahren sowie die aufschiebende Wirkung bei Klagen gegen eine Verteilentscheidung ausgeschlossen sind. Ungeklärt ist hierbei, wer im Rahmen der oben problematisierten Konstellation für den Minderjährigen Rechtmittel einlegen kann.

Das Ende der vorläufigen Inobhutnahme

Die vorläufige Inobhutnahme endet mit der Übergabe an die Personensorge- und Erziehungsberechtigten oder im Falle der Verteilung mit der „physischen Übergabe" an das durch die Verteilentscheidung zuständig gewordene Jugendamt.

Die vorläufige Inobhutnahme ist auch beendet, wenn der junge Mensch länger als 48 Stunden aus der Einrichtung entwichen und sein Aufenthaltsort unbekannt ist. Wird er nach Ablauf dieser Frist aufgegriffen oder meldet sich selbst, muss er am Ort des Auftauchens von dem örtlich zuständigen Jugendamt erneut vorläufig in Obhut genommen werden.

Die reguläre Inobhutnahme am Ort der Zuweisung

Nach dem Durchlauf des Verteilungsverfahrens im „Turbo-Modus" beginnt nun für die jungen Geflüchteten ein Abschnitt, sei es nun in einer anderen Einrichtung am bisherigen Ort oder in einem anderen Bundesland, der voraussichtlich länger dauern wird. Diese zweite Phase ist ebenfalls geprägt von der Hoffnung der Jugendlichen auf einen sicheren und guten Lebensort, aber auch von Ängsten und Unsicherheiten. Es hängt nun entscheidend von den Aufnahmestrukturen und dem Hilfesetting vor Ort ab, ob nach dem bisher erlebten Ausnahmezustand ein Ankommen gelingt und auf die individuellen Ressourcen und Bedarfe der Minderjährigen entsprechend eingegangen wird.

Die rechtliche Grundlage für die reguläre Inobhutnahme sind die bekannten Regelungen des § 42 Absatz 1 Satz 3 SGB VIII. In Bezug auf die räumliche Ausstattung, den Betreuungsschlüssel und auf Fachkräfte gelten die üblichen Jugendhilfestandards.

Das jetzt zuständige Jugendamt muss unverzüglich (innerhalb von drei Werktagen nach der Inobhutnahme) die Bestellung eines Vormundes beim Familiengericht veranlassen. Bis zur Bestellung eines Vormundes oder Pflegers, die wenige Tage bis zu mehreren Monaten dauern kann, gilt weiterhin die öffentlich-rechtliche Notkompetenz des Jugendamtes.

Die Hauptaufgabe des Jugendamtes ist die Durchführung eines Clearingverfahrens gemeinsam mit dem jungen Menschen und den beteiligten Fachkräften.

Im Rahmen einer sozialpädagogischen Diagnostik werden der erzieherische Bedarf, traumatische Belastungen, der Bildungsstand, Perspektiven und Ziele des jungen Geflüchteten abgeklärt und entsprechende Hilfen eingeleitet. Weitere Aufgaben des Clearings sind die Gesundheitsüberprüfung, ggf. die Vorbereitung einer Familienzusammenführung und Maßnahmen zur Aufenthaltssicherung.

Problemstellungen in der Praxis und sozialpädagogische Anforderungen

Die Fachkräfte stehen in der Praxis vor großen Herausforderungen und Dilemmata:

- Wie kann während der kurzen Fristen innerhalb der vorläufigen Inobhutnahme eine Verteilfähigkeit fachlich fundiert eingeschätzt werden, wo doch z. B. psychische Belastungsfaktoren in dieser kurzen Zeit sehr schwer erkennbar sind?
- Wie kann eine ernstgemeinte „Information und Beteiligung des jungen Menschen bei allen Schritten und Einschätzungen" gewährleistet werden, die sich nicht auf eine „Pro-Forma-Abfrage" beschränkt?

- Wie wird mit Jugendlichen umgegangen, die sich einer Verteilung widersetzen oder an den Ort der vorläufigen Inobhutnahme zurückkehren, weil sie sich „falsch verteilt" fühlen?

Die Erfahrungen der ersten Monate mit der neuen Gesetzeslage zeigen, dass der postulierte Primat des Kindeswohles nicht immer beachtet wird. Vielfach fehlt es noch an Unterstützungs- und Integrationsmöglichkeiten (Sprachkurse, Schulen, Dolmetscher, Ärzte etc.) und an Fachkräften, die über Berufserfahrung mit Flüchtlingen verfügen. Die regulären Jugendhilfestandards bei der Unterbringung werden nicht flächendeckend eingehalten. Nach einer ersten Evaluation des Verteilungsgesetzes durch den Bundesfachverband UMF geben fast 60 Prozent der Befragten an, dass bei ihnen vor Ort während der vorläufigen Inobhutnahme auch Einrichtungen genutzt werden, die nicht den Jugendhilfestandards entsprechen, z. B. Notunterkünfte, Hotels, Jugendherbergen sowie Gemeinschaftsunterkünfte für erwachsene Asylbewerber.

Das Bedürfnis der umF nach Sicherheit, Verlässlichkeit und Vertraulichkeit besonders in der Aufnahmephase wird in der vorläufigen Inobhutnahme mit ihrem hohen Tempo nicht ausreichend beachtet. Die Jugendlichen brauchen von Beginn an Transparenz über das Verfahren, damit sie verstehen, „wo sie sind und was mit ihnen geschieht". In dieser Übergangssituation spielen sicherheitsvermittelnde Fachkräfte, muttersprachliche Betreuer und erfahrene Dolmetscher eine große Rolle, um Ängste zu nehmen, Fragen zu beantworten, Abläufe verständlich zu erklären, überhöhte Erwartungen zu korrigieren und die umF auf einen bevorstehenden Wechsel vorzubereiten. Diese „Realitätsarbeit" erfordert Zeit, Geduld und Gesprächsangebote durch die betreuenden Fachkräfte.

Die Verantwortung für die Prüfung der Verteilungsfähigkeit liegt bei den Fachkräften der Jugendämter. Eine „qualifizierte Einschätzung der Verteilungsfähigkeit" sollte sich an den fachlichen Standards und Abläufen orientieren, die die Jugendämter allgemein für die Prüfung einer Kindeswohlgefährdung etabliert haben.

Das Erstgespräch, das aufgrund der kurzen Frist vielfach die einzige und damit maßgebliche Grundlage für eine Verteilungsentscheidung ist, sollte immer von zwei sozialpädagogischen Fachkräften im Vieraugenprinzip durchgeführt werden. Die Jugendlichen sollten nach ihren Wünschen und Zielen gefragt werden. Der Entscheidungsprozess orientiert sich an den Bedarfen und spezifischen Schutzbedürfnissen der umF, die nicht durch eine Verteilung gefährdet werden dürfen. Daher sollte immer auch die fachliche Einschätzung der beteiligten Fachkräfte, z. B. der Inobhutnahme-Einrichtung, zu Belastungsfaktoren hinzugezogen werden.

Für einen gelingenden Übergang sind neben der guten Vorbereitung der Jugendlichen die Kooperation und ein guter Informationsaustausch zwischen den abgebenden und aufnehmenden Systemen (Jugendamt, Einrichtung) wichtig. Je mehr über die Aufnahmesituation am Zuweisungsort bekannt ist, umso besser können die Jugendlichen darauf vorbereitet werden. Je mehr die abgebende Einrichtung über den jungen Menschen weiß, umso besser können seine individuellen Bedarfe berücksichtigt werde. Auch unmittelbar nach der Übergabe, z. B. in einer Krisensituation des Kindes oder Jugendlichen, kann es im Einzelfall sinnvoll und notwendig sei, dass die beiden Systeme kurzfristig weiter kooperieren.

Eine Verteilung in die Nähe von Familienangehörigen ist mit hohen Anforderungen verbunden, z. B. an die Aufnahme im eigenen Haushalt und die Übernahme der Vormundschaft. Auch wenn diese formalen Voraussetzungen nicht immer erfüllt werden können, müssen Bindungen und Beziehungen zu Familienangehörigen als ein kindeswohlorientiertes Verteilungskriterium berücksichtigt werden.

Wenn die Jugendlichen keine Mitspracherechte bekommen, und auf ihre Widerstände gegen eine Verteilung ausschließlich restriktiv reagiert wird, entstehen Ohnmachtsgefühle und zusätzliche Belastungen. „Einige gehen auf diesem Weg verloren, sind abgängig, manche kehren zurück, andere finden Familienmitglieder, bei denen sie leben können." Sie reagieren auf diese Defizite mit ihren eigenen Überlebens- und Bewältigungsstrategien, die sie in ihrer bisherigen Biografie als hochfunktional erlebt haben. Die Hoffnung auf einen objektiv und – auch in einem traumapädagogischen Verständnis – subjektiv sicheren Lebensort, der Stabilität und Kontinuität bietet, erscheint aus ihrer Sicht nicht erreichbar. Dadurch werden Angst und Flucht als bisherige Lebensmuster reaktiviert und manifestiert.

Vorrangiges Ziel des Erstscreenings ist daher, dieses Risiko soweit wie möglich zu reduzieren und zu vermeiden, dass hochbelastete junge Menschen am Ende ihrer Flucht erneut in eine Krisensituation und infolgedessen in selbstgefährdende oder illegale Milieus geraten. Dazu gehört auch, dass „Fehlverteilungen" nachträglich auf schnellem und unbürokratischem Wege korrigiert werden können.

Weiterführende Literatur

Breithecker, Renate/Freesemann, Oliver (2016): Junge Flüchtlinge in der High-Speed-Jugendhilfe. In: JAmt, Heft 11, S. 526 f.
Brinks, Sabrina/Dittmann, Eva/Müller, Heinz (Hrsg.) (2017): Handbuch unbegleitete minderjährige Flüchtlinge. Frankfurt am Main.
Bundesarbeitsgemeinschaft Landesjugendämter (2014): Handlungsempfehlungen zum Umgang mit unbegleiteten minderjährigen Flüchtlingen. Inobhutnahme, Clearingverfahren und Einleitung von Anschlussmaßnahmen. Mainz.

Bundesfachverband UMF (2016): Die Aufnahmesituation unbegleitete minderjähriger Flüchtlinge in Deutschland. Erste Evaluation zur Umsetzung des Verteilungsgesetzes. Berlin. http://www.b-umf.de/images/aufnahmesituation_umf_ 2016.pdf. (Abfrage: 12.03.2017).

Bundestag Drucksache18/5921. http://dip21.bundestag.de/dip21/btd/18/059/1805921/pdf. (Abfrage:16.07.2016).

DJuF-Rechtsgutachten 19.10.2016 – J 4.300 Ho. In: JAmt Heft 1/2017, S. 24 f.

Gonzalez Mendez de Vigo, Nerea/Meysen, Thomas (2015): Kindeswohlsicherung bei einem Verteilungsverfahren für unbegleitete minderjährige Flüchtlinge. In: JHilfe 100.

Herzog, Lucas-Johannes (2017): Inobhutnahme. In: Brinks, Sabrina/Dittmann, Eva/ Müller, Heinz (Hrsg.): Handbuch unbegleitete minderjährige Flüchtlinge. Frankfurt am Main. S. 98 f.

Knuth, Nicole/Kluttig, Michael/Uhlendorff, Uwe (2017): Clearingverfahren für unbegleitete minderjährige Flüchtlinge. In: Brinks, Sabrina/Dittmann, Eva/Müller, Heinz (Hrsg.): Handbuch unbegleitete minderjährige Flüchtlinge. Frankfurt am Main. S. 104 f.

Wiesner, Reinhard/Loos, Claus (Dezember 2015): Nachtragskommentierung Gesetz zur Verbesserung der Unterbringung, Versorgung und Betreuung ausländischer Kinder und Jugendlicher. o. O.

Hubert Wimber

Migration und Kriminalität

Einleitung

In der Diskussion um die Zuwanderung sowohl in klassischen wie auch in neueren Einwanderungsgesellschaften gelten Migranten, und dabei insbesondere jüngere männliche Migranten, als eine besondere Problemgruppe, wenn es um die Kriminalität geht. Die Debatte über eine mögliche erhöhte Kriminalitätsbelastung von Migranten lässt sich in Deutschland seit über vier Jahrzehnten zurückverfolgen (vgl. Walburg 2014, S. 3 ff.). Mit der verstärkten Zuwanderung insbesondere im Jahr 2015 und mit Ereignissen, wie den überwiegend von Zuwanderern begangenen Straftaten in der Kölner Silvesternacht 2015/2016 oder dem terroristischen Anschlag durch den Tunesier Anis Amri am 19.12.2016 auf dem Berliner Breitscheidplatz wurde Kriminalität im Kontext von Zuwanderung zu einem beherrschenden Thema in der politischen Diskussion in Deutschland und darüber hinaus.

Mit dem Stereotyp „krimineller Ausländer" lassen sich besonders effektiv Emotionen schüren und Forderungen nach einer restriktiven Zuwanderungspolitik begründen. Deshalb gehört die These, dass Menschen ausländischer Herkunft häufiger Straftaten begehen als Menschen ohne Migrationshintergrund zum Standardrepertoire rechtspopulistischer Parteien und dient als Begründung für die Forderung nach einer sozialen Ausgrenzung von Asylbewerbern und Menschen, die aus anderen Gründen (z. B. Bürgerkriege oder ökonomische Perspektivlosigkeit in den Herkunftsländern) zuwandern. Dieses Argumentationsmuster, zumal verstärkt durch die Berichterstattung in den Massenmedien über „importierte Kriminalität", „klauende Nordafrikaner" oder „sexuell übergriffige gewalttätige arabische Männer" bleibt nicht ohne Wirkung und führt auch in der „herrschenden Politik" nach sicherheitsrelevanten Vorkommnissen reflexartig zur Forderung nach einer Verschärfung des Strafrechts und/oder einem restriktiveren Ausländer- und Aufenthaltsrecht (vgl. dazu etwa Heitmeyer, Wie Eskalation funktioniert, in Süddeutsche Zeitung, 13. Januar 2016).

Die Ergebnisse der kriminologischen Forschung über den Zusammenhang zwischen Migration und Delinquenz, die einige dieser Stereotype widerlegen oder doch jedenfalls relativieren, werden in einer aufgeregten Diskussion nicht oder nur unzureichend zur Kenntnis genommen. Das Beharren auf ethnischen oder kulturellen Deutungsmustern für delinquentes Verhalten ist bei einer Vielzahl der beschlossenen restriktiven Maßnahmen für das Ziel einer Vermeidung von Kriminalität geradezu kontraproduktiv.

Kriminalität im Kontext von Zuwanderung

Es kann in diesem Beitrag nicht darum gehen, den kriminologischen Forschungsstand zum Thema Migration und Kriminalität umfänglich darzustellen (vgl. dazu etwa Pfeiffer u. a. 2005). Ich beschränke mich vielmehr darauf, das polizeiliche „Hellfeld", das sind die der Polizei bekannt gewordenen Fälle und Tatverdächtige nach der Polizeilichen Kriminalstatistik (PKS), auf der Grundlage des Bundeslagebildes 2015 des Bundeskriminalamtes (BKA 2015) und der Kernaussagen zu Kriminalität im Kontext mit Zuwanderung im Betrachtungszeitraum 01.01. bis 30.09.2016 (BKA 2016) darzustellen und einige Schlussfolgerungen daraus abzuleiten.

Um Kriminalitätsentwicklung einordnen und einen Zusammenhang zwischen Migration und Kriminalität herstellen zu können, bedarf es zunächst einer grundlegenden Betrachtung des Zuwanderungsgeschehens. Nach einer Pressemitteilung des Bundesministeriums des Inneren vom 30.06.2016 verzeichnete Deutschland 2015 eine Zuwanderung von rund 890.00 Personen und damit eine Vervielfachung gegenüber den Vorjahren. Der Zustrom von Flüchtlingen und Asylbegehrenden dauert weiterhin an, ist aber nach den vorliegenden Fallzahlen in den ersten drei Quartalen des Jahres 2016 mit ca. 213.000 Personen gegenüber 2015 deutlich rückläufig. Unter dem Begriff Zuwanderer werden Personen mit dem Aufenthaltsstatus „Asylbewerber", „Duldung", Kontingentflüchtling/Bürgerkriegsflüchtling" und „unerlaubter Aufenthalt" zusammengefasst. Bei dieser Betrachtung nicht erfasst werden Tatverdächtige mit positiv abgeschlossenen Asylverfahren (völkerrechtlich Schutzberechtigte und Asylberechtigte), da Personen mit diesem Aufenthaltsstatus in der PKS nicht gesondert erfasst werden (vgl. BKA 2015, S. 3). Fast zwei Drittel der 2015 erfassten Zuwanderer haben als Herkunftsländer die Bürgerkriegsstaaten Syrien, Afghanistan und Irak. Dies sind auch unverändert die Hauptherkunftsländer der bisher registrierten Zuwanderung von Januar bis September 2016.

Da hier der Zusammenhang zwischen der aktuellen Zuwanderung und der Entwicklung von Kriminalität dargestellt werden soll, bleibt die Entwicklung der Gesamtzahl der nach Staatsangehörigkeitsrecht nichtdeutschen Tatverdächtigen (z. B. Zugezogene aufgrund der Freizügigkeit innerhalb der EU sowie Ausländer ohne Wohnsitz in Deutschland, die sich nur vorübergehend hier aufhalten) weitgehend außer Betracht. Festzuhalten ist hier lediglich, dass parallel zum starken Anstieg der Zuwanderung seit 2008 der Anteil der nichtdeutschen Tatverdächtigen an allen polizeilich registrierten Tatverdächtigen von 18,9 Prozent im Jahr 2008 auf 27,6 Prozent im Jahr 2015 angestiegen ist. Eine ähnliche Entwicklung war in den Zeiten hoher Zuwanderung Anfang der 90er Jahre zu verzeichnen. Dass die Zahl und der Anteil von Ausländern in der Kriminalstatistik gerade in Zeiten hoher Zuwanderung ansteigt spricht dafür, dass jeweils nicht die Kriminalitätsbelastung der bereits länger ansässigen ausländischen Bevölkerung zugenommen hat, sondern eine Erklärung für dieses Phänomen in den Lebensumständen neu Zugewanderter zu suchen ist (so auch Walburg 2016, S. 13).

Im Jahr 2015 wurden im Bereich der Allgemeinkriminalität (ohne ausländerrechtliche Verstöße wie z. B. illegale Einreise) 206.201 (2014: 115.011) Straftaten registriert, bei denen mindestens ein Zuwanderer als Tatverdächtiger beteiligt war (vgl. zu diesen und den folgenden Zahlen BKA 2015, S. 7 ff.). Bei der deliktischen Verteilung ist auffällig, dass 65,7 Prozent dieser Straftaten dem Bereich Diebstahl (überwiegend Ladendiebstahl) und den Vermögens- und Fälschungsdelikten (davon ca. 60 Prozent Beförderungserschleichung = „Schwarzfahren") zuzuordnen sind. Rohheitsdelikte (davon 80 Prozent Körperverletzung) machen einen Anteil von 17,3 Prozent, Rauschgiftdelikte einen Anteil von 6,3 Prozent und Straftaten gegen die sexuelle Selbststimmung sowie Straftaten gegen das Leben einen Anteil von insgesamt unter einem Prozent aus. Bei diesen Straftaten wurden 2015 insgesamt 114.238 tatverdächtige Zuwanderer registriert, dies entspricht gegenüber 2014 (59.912) einem Anstieg um 91 Prozent. Entsprechend hat sich der Anteil der tatverdächtigen Zuwanderer an der Gesamtzahl aller registrierten Tatverdächtigen mit einem Anstieg auf 5,7 Prozent 2015 gegenüber dem Vorjahr fast verdoppelt.

Knapp jeder Dritte der tatverdächtigen Zuwanderer war ein Mehrfachtäter und an ca. 70 Prozent aller registrierten Straftaten beteiligt. 7.457 tatverdächtige Zuwanderer waren nach der gängigen Definition als Intensivtäter (mehr als fünf begangene Straftaten im Kalenderjahr) einzuordnen. Auffällig ist weiterhin, dass die Kriminalitätsbelastung der Gruppe der Zuwanderer stark nach Herkunftsländern differiert. So stammen 27 Prozent der tatverdächtigen Zuwanderer aus den Balkanstaaten (Albanien und ehem. Jugoslawien). Aus diesen Herkunftsländern stammen ca. 13 Prozent der Zuwanderer. Aus den Hauptherkunftsländern der Zuwanderer des Jahres 2015 Syrien, Afghanistan und Irak (64 Prozent der Zuwanderer) stammen lediglich 17 Prozent der Tatverdächtigen, aus den Maghreb-Staaten Algerien, Marokko und Tunesien stammen 14 Prozent aller tatverdächtigen Zuwanderer, aber lediglich zwei Prozent aller registrierten Zuwanderer. Ein anderes Bild ergibt sich bei der Betrachtung der Rohheitsdelikte, also in erster Linie der Körperverletzung und mit Abstand folgend der Bedrohung einschließlich der Nötigung. Eine Betrachtung dieser deliktischen Schwerpunkte führt zu dem Ergebnis, dass Tatverdächtige aus Kriegs- und Krisenregionen, hier vor allem aus Somalia, Afghanistan, Irak, Eritrea und Syrien, im Zusammenhang mit einem derartigen Delikt registriert wurden. Ein erheblicher Anteil dieser Delikte wurde in Erstaufnahmeeinrichtungen bzw.

Sammelunterkünften begangen, was den Schluss nahelegt, dass hier Zuwanderer nicht nur Täter sondern auch Opfer waren.

Bei der Betrachtung der Zahlen des Bundeskriminalamtes für die ersten drei Quartale des Jahres 2016 werden die zuvor genannten Trends im Wesentlichen bestätigt. Da die Zahlen der PKS für 2016 noch nicht vorliegen, werden hier im Unterschied zu den Zahlen für 2015 für die Erfassung der Zuwanderung die Daten des Systems zur Erstverteilung von Asylbegehrenden auf die Länder (EASY) des Bundesamtes für Migration und Flüchtlinge zugrunde gelegt. Aufgrund von Fehl- und Doppelerfassungen sowie von Rück- und Weiterreise der im EASY-System registrierten Asylsuchenden liegt die Zahl der tatsächlich in Deutschland aufhältigen Asylsuchenden deutlich unter den Zahlen des Bundesamtes. „Die quartalweise Entwicklung der Fallzahlen begangen durch Zuwanderer war in fast allen Deliktsbereichen tendenziell rückläufig" (BKA 2016, S. 4). Signifikante Rückgänge gab es vor allen Dingen im Bereich der Diebstahldelikte und der Vermögens- und Fälschungsdelikte. Auch im Jahr 2016 war der Anteil von Zuwanderern aus den Hauptherkunftsländern Syrien, Afghanistan und Irak an der Gruppe der Tatverdächtigen deutlich geringer als ihr Anteil an den Tatverdächtigen. Deliktsschwerpunkte waren weiterhin Rohheitsdelikte und Straftaten gegen die persönliche Freiheit. Umgekehrt war der Anteil an den Tatverdächtigen aus den Maghreb-Staaten und im Jahr 2016 auch aus Georgien deutlich höher als ihr Anteil an der Gruppe der Zuwanderer mit den Deliktsschwerpunkten Diebstahl sowie Vermögens- und Fälschungsdelikte. Straftaten gegen das Leben sowie gegen die sexuelle Selbstbestimmung bewegten sich weiterhin auf konstant niedrigem Niveau. Der überwiegende Teil der Menschen im Asylverfahren fällt nicht als Tatverdächtige auf (vgl. BKA 2016, S. 3 f.).

Aus den bisher vorliegenden vom Bundeskriminalamt erhobenen Zahlen lassen sich im Abgleich mit dem kriminologischen Forschungsstand folgende Schlussfolgerungen ziehen:

- Die in Öffentlichkeit und Medien immer wieder diskutierte Frage, ob Flüchtlinge krimineller seien als andere Bevölkerungsgruppen, lässt sich nicht so ohne Weiteres beantworten. Dazu bedürfte es einer exakten Berechnung des „Tatverdächtigenanteils", was bisher aufgrund einer stark schwankenden Gesamtzahl der Personen im laufenden Asylverfahren problematisch ist. Berücksichtigt man die besondere Alters- und Geschlechtsstruktur der Zuwanderer (überwiegend männlich und unter 40 Jahre alt) und vergleicht diese mit der denselben Merkmalen entsprechenden und damit überdurchschnittlich kriminalitätsbelasteten deutschen Bevölkerungsgruppe kann davon ausgegangen werden, dass „Flüchtlinge genauso wenig oder oft straffällig werden wie Vergleichsgruppen der hiesigen Bevölkerung" (Pressemitteilung des Bundesministeriums des Inneren vom 13. November 2015).

- Tatverdächtige Zuwanderer weisen aktuell – wie auch bereits in den Zeiten hoher Zuwanderung in den 90er Jahren – eine für diese Gruppe typische Deliktsstruktur auf, nämlich die Dominanz von Diebstahlsdelikten und Vermögens- und Fälschungsdelikten. Mit Ladendiebstahl und „Schwarzfahren" stehen dabei zwei typische Deliktsformen der Armutskriminalität im Vordergrund und geben damit einem Hinweis auf die sozioökonomischen Lebensumstände insbesondere von Personen im laufenden Asylverfahren und von Geduldeten.
- Kriminologisch gesehen sind Zuwanderer keine homogene Gruppe. Die Zahlen der PKS deuten darauf hin, dass Zuwanderer mit einer relativ gesicherten Bleibeperspektive deutlich weniger kriminalitätsbelastet sind als Zuwanderer ohne oder mit einer nur geringen Aussicht, einen gesicherten Aufenthaltsstatus zu bekommen. Die Kriminalitätsbelastung illegalisierter Zuwanderer hat ihre Ursache in ihrer Abdrängung an den Rand der Gesellschaft, womit wegen fehlender Alternativen zum Bestreiten des Lebensunterhalts eine Integration in „Schattenwirtschaften" und wegen fehlender sozialer Anbindung ein Abgleiten in die Subsistenzkriminalität verbunden ist. Die Probleme der Marginalisierungskriminalität verschärfen sich dadurch, dass als Reaktion auf illegale aber im Ergebnis nicht verhinderbare Migration im Bemühen um eine Kontrolle der Zuwanderung auf ausschließlich repressive Maßnahmen gesetzt wird.
- Die Marginalisierungshypothese findet auch ihre Bestätigung in der höheren Kriminalitätsbelastung von Zuwanderern aus den Maghreb-Staaten und, was in der öffentlichen Diskussion sehr viel weniger wahrgenommen wird, aus den südosteuropäischen Staaten. Zuwanderer aus diesen Herkunftsländern sind dadurch gekennzeichnet, dass der Anteil Alleinreisender, im Regelfall jüngerer Männer, deutlich höher ist als bei anderen Zuwanderungsgruppen, und ihre Chancen, als Asylberechtigter oder als Bürgerkriegsflüchtling anerkannt zu werden, gegen Null tendieren. Dies führt im Ergebnis zu einer geringen Motivation zur Anpassung an Werte und Normen der Zuwanderungsgesellschaft und zu einer Nichteingliederung etwa in den Bildungs- und Ausbildungsmarkt. Berücksichtigt man zudem, dass diese Personengruppe mangels Alternativen häufig schon in den Herkunftsländern eine kriminalitätsaffine Biografie aufweist und sie nach Deutschland und Europa kommen, um irgendwie ihre Lebensperspektive zu verbessern, ist hier die Ausgangssituation angesichts fortwährender Marginalisierung besonders schwierig.

Migration und Jugendkriminalität

Unsere Erkenntnisse zum Thema Jugendkriminalität beruhen im Wesentlichen auf den Zahlen der PKS, das heißt, das, was wir über das Ausmaß an Jugendkriminalität wissen, ist die von der Polizei erfasste Jugendkriminalität. „Die Aussagekraft von offiziellen Kriminalitätsstatistiken (‚Hellfelddaten') zur Verbreitung von Delinquenz bei Migranten(-jugendlichen) ist sehr begrenzt" (Walburg 2014, S. 19). Zum einen wird der konkrete Migrationshintergrund in der Kriminalstatistik meist nicht erfasst, zum anderen ist bei der Betrachtung der von der Polizei erfassten Kriminalität zu beachten, dass Studien belegen, dass Jugendliche, die fremd erscheinen, häufiger als Jugendliche ohne Migrationsgeschichte in Auseinandersetzungen und Konfliktsituationen bei der Polizei angezeigt werden. Wenn man berücksichtigt, dass 80–90 Prozent aller Ermittlungsverfahren bei der Polizei auf Anzeigen beruhen, kann es hier zu erheblichen statistischen Verzerrungen kommen. Repräsentative Dunkelfeldstudien, also Befragungen von jugendlichen Migranten zur selbstberichteten Delinquenz, gibt es zwar vereinzelt zu jungen Menschen mit Migrationshintergrund, die hier als Kinder von Zuwandererfamilien leben und aufgewachsen sind (die sogenannte zweite oder teilweise dritte Generation), aber nicht zu denjenigen, die mit dem Anstieg der Zuwanderung seit Anfang 2015 nach Deutschland gekommen sind. Dieser Umstand ist sowohl der relativ kurzen Verweildauer dieser Personengruppe wie auch ihren mangelnden Sprachkenntnissen geschuldet.

Also versuchen wir erneut eine Annäherung an das Thema über die Daten der PKS. Von den 114.238 im Jahr 2015 im Bereich der Allgemeinkriminalität registrierten tatverdächtigen Zuwanderern waren 2.358 Kinder bis unter 14 Jahren (dies entspricht einem Anteil von 2,06 Prozent) und 10.533 Jugendliche von 14 bis unter 18 Jahren (9,22 Prozent). Deutlich höher liegen die Tatverdächtigenzahlen mit 17.561 bei den Heranwachsenden (18 bis unter 21 Jahren) und mit 21.341 bei den jungen Erwachsenen (21 bis unter 25 Jahren) (vgl. BKA 2016, S. 8). Berücksichtigt man außerdem, dass in diesen Altersgruppen ca. 85 Prozent der Tatverdächtigen männlich sind, dürfte sich diese Alters- und Geschlechtsstruktur von der Kriminalitätsverteilung der Bevölkerung mit deutscher Staatsangehörigkeit nicht wesentlich unterscheiden.

Die meisten Kinder und Jugendlichen flüchten mit ihren Eltern oder Familienangehörigen, die Fluchtgründe sind im Regelfall elternbezogen. Unter den Zuwanderern, die 2015 tatsächlich einen Asylantrag gestellt haben (insgesamt 441.899), waren ca. 105.000 Kinder und ca. 32.500 Jugendliche. Daneben ist allerdings beginnend mit dem Jahr 2015 auch eine vermehrte Zuwanderung von unbegleiteten minderjährigen Flüchtlingen zu verzeichnen. Dies liegt zum einen darin begründet, dass Eltern nicht über die finanziellen Mittel für die Flucht der gesamten Familie verfügen. Zum anderen gibt es jedoch auch kinder- und jugendspezifische Fluchtgründe, wie beispielsweise sexueller Missbrauch, Zwangsverheiratung, Umerziehungsmaßnahmen oder deren Zwangsrekrutierung als Kindersoldaten. Verlässliche Daten über die Zahl der unbegleitet einreisenden Minderjährigen liegen nicht vor. Es erfolgt bisher nur eine spezielle Erfassung beim Bundesamt für Migration und Flüchtlinge, die diejenigen erfasst, die tatsächlich einen Asylantrag gestellt haben. Danach waren 2015 14.439 unbegleitete minderjährige Flüchtlinge registriert, diese Zahl ist unter anderem wegen der erfolgten Nachregistrierung im Jahr 2016 auf 35.939 angestiegen. Diese Zahlen liegen deutlich unter den Zahlen der Inobhutnahmen (42.309 im Jahr 2015). Dies bedeutet, dass der größere Teil dieser Kinder und Jugendlichen auf einen Asylantrag verzichtet und einen anderen aufenthaltsrechtlichen Weg sucht.

Die Gruppe der unbegleiteten Kinder und Jugendlichen wird in der PKS nicht gesondert erfasst. Insofern sind hier auch keine validen quantitativen und qualitativen Aussagen zur Kriminalitätsbelastung dieser Gruppe möglich. Es lassen sich allenfalls anhand bestimmter Nationalitäten einige Trends feststellen. Allgemein sind die Tatverdächtigenzahlen bei den unter 18-Jährigen insgesamt seit vielen Jahren rückläufig. Dies betrifft auch die Delikte der Gewaltkriminalität. Diese Aussage trifft auch auf die ausländischen Tatverdächtigungen unter 18 Jahren in dieser Allgemeinheit zu. Die vom Bundeskriminalamt im Bundeslagebild 2015 ermittelte relativ geringe Kriminalitätsbelastung von aktuell zugewanderten minderjährigen Flüchtlingen bestätigt diese Feststellungen.

Einer gesonderten Betrachtung bedürfen die nordafrikanischen Tatverdächtigen aus den Maghreb-Staaten, deren Delinquenz seit den Vorkommnissen in der Kölner Silvesternacht 2015/2016 und der Wahrnehmung als „Nordafrikanische Intensivtäter" („NAFRI"), die insbesondere Raubstraftaten und Taschendiebstähle („Antänzertrick") in Innenstadtbereichen von Großstädten begehen, im Mittelpunkt der öffentlichen und medialen Diskussion stehen. Nachdem bis 2011/2012 nordafrikanische Tatverdächtige in der Kriminalstatistik kaum eine Rolle spielten, hat deren Beteiligung an Straftaten seit 2012 stark zugenommen. Diese Zunahme bezieht sich nicht allgemein auf Kriminalität, sondern auf bestimmte Kriminalitätsformen, und betrifft weniger die Altersgruppe der Jugendlichen, sondern vielmehr die Gruppe der Heranwachsenden im Übergang zum Erwachsenenalter. Auffällig ist der Anstieg vor allem bei Eigentumsdelikten, und hier insbesondere bei Taschendiebstählen, die häufig auch mit dem Einsatz von Gewalt in Raubdelikte übergehen. Teilweise hat es bei dieser Gruppe auch Zunahmen im Bereich des Drogenhandels gegeben. Bei den Straftaten gegen die sexuelle Selbstbestimmung ist der Anteil nordafrikanischer Tatverdächtiger dagegen unauffällig (vgl. BKA 2015, S. 14 ff.).

Geradezu paradigmatisch ist die zuvor beschriebene Gruppe der nordafrikanischen Tatverdächtigen durch die Merkmale der sozialen und ökonomischen Randständigkeit gekennzeichnet. Ohne Aussicht auf eine gesicherte Bleibeperspektive, ohne Zugang zu den Funktionssystemen der Zuwanderungsgesellschaft wie Bildung und Berufsausbildung, teilweise schon in den Herkunftsländern eingeübt in Formen der Straßenkriminalität gibt es keine bis wenig Gründe für deren Norminternalisierung. Ein generell zu findender Aspekt ist, dass vor allem junge Männer, die sich in einer sozialen Randlage befinden und wenig Bindungen zur Gesellschaft haben, ihr Selbstwertgefühl und ihre soziale Anerkennung vielfach über die Begehung von Straftaten und über dominantes Verhalten einschließlich der Ausübung von Gewalt, häufig aus Gruppen heraus begangen, holen. Auch wenn nicht festgestellt werden kann, dass dieses Verhaltensmuster auch auf unbegleitete minderjährige Flüchtlinge zutrifft ist, der beschriebene Zusammenhang im Umgang mit dieser Zuwanderergruppe schon aus Präventionsgründen dringend zu beachten.

Resümee und Schlussfolgerungen

Eines dürfte nach dem zuvor Gesagten klar sein: Die Polizei und die anderen Strafverfolgungsbehörden werden es nicht allein und auch nicht in erster Linie richten können. Folgt man der begründeten Hypothese, dass das Kriminalitätsrisiko mit dem Grad des Ausgeschlossenseins und der Marginalisierung steigt, muss dies zur Folge haben, dass der Blick auf die Risiken fokussiert wird, die zum einen mit – insbesondere der männlichen – Adoleszenzentwicklung verbunden sind und zum anderen auf die migrationsbedingten Aspekte in Form von Brüchen, Traumatisierungen und fehlenden positiven Integrationserfahrungen, die adoleszente Irritationen deutlich verstärken können.

Mit der Zuwanderergruppe der unbegleiteten minderjährigen Flüchtlinge ergeben sich besondere Herausforderungen für die Kinder- und Jugendhilfeeinrichtungen. Unbegleitete minderjährige Flüchtlinge brauchen nach ihrer Ankunft in Deutschland vor allen Dingen Schutz und kompetente Ansprechpartner, die parteiisch ihre Interessen vertreten. Dies gilt unter anderem für die Aufgabe, ihnen dabei zu helfen, mit einem Leben in einem fremden Land ohne Eltern und andere nahe Angehörige zurechtzukommen, den Zugang zu Bildung zu fördern und ihnen den Erwerb von deutschen Sprachkenntnissen zu vermitteln. Das in diesem Sinn verstandene Kindeswohl muss unabhängig vom ausländerrechtlichen Status Leitlinie im Umgang mit unbegleiteten minderjährigen Flüchtlingen sein.

Eine dem Kindeswohl entsprechende bedarfsgerechte Unterbringung, Versorgung und Betreuung wird jedoch durch die Verschärfung von ausländerrechtlichen Regelungen in den letzten zwei Jahren in vielen Fällen konterkariert. Grundsätzlich problematisch ist die Unterteilung in Personen mit guter und schlechter Bleibeperspektive, die Ausweitung des subsidiären Schutzes auf Flüchtlinge beispielsweise aus Syrien mit der Folge, dass der Aufenthaltstitel zunächst nur auf ein Jahr befristet ist und der Familiennachzug generell für zwei Jahre ausgesetzt ist sowie die Aufnahme von Ausweisungen nach Afghanistan mit der äußerst fragwürdigen Begründung, dass in Teilen des Landes Flüchtlingen kein schwerer Schaden droht. Die Zuteilung einer hohen oder niedrigen Bleibeperspektive wird zunehmend zu einem Instrument der Verteilung von Teilhabemöglichkeiten. Die mit der Zuweisung einer geringen Bleibeperspektive regelmäßig verbundene soziale Ausgrenzung erschwert die Möglichkeiten einer sinnvollen Integration und die Chancen auf eine gelingende Identitätsentwicklung.

Damit befördern diejenigen, die in der Diskussion um Zuwanderung in erster Linie auf Repression und Kontrolle setzen, delinquentes Verhalten, das sie auf der anderen Seite wiederum beklagen und damit die Forderung nach immer neuen Verschärfungen des Strafrechts und des Ausländerrechts begründen. Ein verhängnisvoller Kreislauf.

Literatur

Bundeskriminalamt (BKA) (2016): Kriminalität im Kontext von Zuwanderung. Kernaussagen 3/2016. Wiesbaden.
Bundeskriminalamt (BKA) (2015): Kriminalität im Kontext von Zuwanderung, Bundeslagebild 2015. Wiesbaden.
Pfeiffer, Christian/Kleimann, Matthias/Petersen, Sven/Schott, Tillmann (2005): Migration und Kriminalität. Ein Gutachten für den Zuwanderungsrat der Bundesregierung. Baden-Baden.
Walburg, Christian (2016): Migration und Kriminalität – aktuelle kriminalstatistische Befunde. Ein Gutachten im Auftrag des Mediendienstes Integration. Berlin.
Walburg, Christian (2014): Migration und Jugenddelinquenz – Mythen und Zusammenhänge. Ein Gutachten im Auftrag des Mediendienstes Integration. Berlin.

Peter Hansbauer

Vormundschaft

Die Vormundschaft ist ein sehr altes Rechtsinstitut, dessen Vorläufer sich bereits im attischen und römischen Recht finden (dazu ausführlich Oberloskamp 2017). Sie tritt immer dann ein, wenn die Eltern aus faktischen oder rechtlichen Gründen daran gehindert sind, ihre Rechte und Pflichten gegenüber ihrem Kind bzw. ihren Kindern auszuüben. In Deutschland finden sich die meisten einschlägigen Bestimmungen zur Vormundschaft im Bürgerlichen Gesetzbuch (BGB). Diese Regelungen haben sich seit Inkrafttreten des BGB im Jahr 1900, trotz einiger Änderungen im Detail, kaum verändert.

Für die nächste Legislaturperiode, nach der Wahl im September 2017, ist allerdings eine umfassende Modernisierung des Vormundschaftsrechts angekündigt. Die Details der Reform sind zum jetzigen Zeitpunkt zwar noch offen, nach dem vorliegenden „Eckpunktepapier" (Oktober 2014) sowie dem „Diskussionsteilentwurf" (August 2016) zur Reform des Vormundschaftsrechts (vgl. BMJV 2014/2016) scheinen aber folgende Änderungsbedarfe unbestritten:

1. Die Stärkung der Personensorge des Vormunds,
2. die Stärkung der personellen Ressourcen in der Vormundschaft,
3. eine Qualitätsverbesserung in der Amtsvormundschaft,
4. eine Modernisierung und Entbürokratisierung der Vermögenssorge
5. eine Vereinfachung des Gesetzesaufbaus im Vormundschafts-, Betreuungs- und Pflegschaftsrecht (Katzenstein 2016, S. 316).

Die nationale Herkunft spielt im Vormundschaftsrecht keine wesentliche Rolle, das heißt ein Minderjähriger mit nichtdeutscher Staatsangehörigkeit erhält, solange er nicht volljährig ist, genauso einen Vormund wie einer mit deutscher Staatsangehörigkeit. Generell erhalten Minderjährige nach § 1773 BGB einen Vormund, wenn sie nicht (mehr) unter elterlicher Sorge stehen (z. B. nach dem Tod beider Eltern); die Eltern nicht zur Vertretung des Minderjährigen berechtigt sind (z. B. aufgrund des Entzugs der elterlichen Sorge) oder wenn deren Familienstand nicht zu ermitteln ist (z. B. bei „anonymen" Geburten oder wenn der Aufenthalt der Eltern nicht bekannt ist). Auch wenn Eltern faktisch daran gehindert sind, ihre elterliche Sorge auszuüben, etwa weil sie selbst noch im Ausland leben, ihr Kind aber unbegleitet nach Deutschland eingereist ist, erhält der Minderjährige einen Vormund. In diesem Fall ordnet das Familiengericht nach § 1674 BGB zunächst das Ruhen der elterlichen Sorge an, weil die Eltern diese Funktion tatsächlich auf längere Zeit nicht ausüben können, bevor es einen Vormund bestellt. Schwierigkeiten bereitet dabei mitunter, wenn ausländische Minderjährige unter Einbezug moderner Kommunikationsmittel mit ihren Eltern in Kontakt stehen, sodass einige Familiengerichte die Voraussetzungen zur Feststellung des Ruhens der elterlichen Sorge als nicht erfüllt ansehen (vgl. BumF 2016). Das Alter der Volljährigkeit richtet sich nach dem Recht des Herkunftslandes des Minderjährigen (Art. 24 EGBGB).

Die Übertragung elterlicher Rechte auf einen Dritten – das heißt den Vormund – nennt man Bestellung. Dabei wird der Vormund in der Regel per Handschlag zu „treuer und gewissenhafter Führung der Vormundschaft" verpflichtet (§ 1789 BGB) und erhält eine sogenannte. „Bestallungsurkunde" (§ 1791 BGB) zum Nachweis seiner Tätigkeit als Vormund. Kommt nun ein minderjähriger Ausländer ohne seine Eltern nach Deutschland und erhält das Jugendamt davon Kenntnis, so ist es verpflichtet, den Minderjährigen zunächst in Obhut zu nehmen und unverzüglich, das heißt innerhalb von drei Werktagen, eine Meldung an das Gericht machen und die Bestellung eines Vormunds zu veranlassen (§ 42 Abs. 3 SGB VIII). Die Anordnung der Vormundschaft bleibt dem Richter vorbehalten (§ 14 Abs. 1 Nr. 10 RPflG).

Mitunter übertragen Gerichte nicht die gesamte elterliche Sorge auf eine dritte Person, da die Rechte der Eltern grundgesetzlich geschützt sind (Art. 6 GG). Es muss also zunächst immer geprüft werden, ob auch weniger intensive Eingriffe in elterliche Rechte ausreichend sind, um z. B. einer Gefährdung des Kindeswohls abzuhelfen. In diesem Fall spricht man von einer Pflegschaft. Häufig werden die Begriffe Vormundschaft und Pflegschaft in der Praxis synonym gebraucht. Letztere unterschiedet sich aber von der Vormundschaft dadurch, dass sie sich nicht auf alle Angelegenheiten des Minderjährigen erstreckt. Die Tätigkeit des Pflegers ist also immer auf einen speziellen, gerichtlich zugewiesenen Bereich beschränkt (z. B. Vermögen, Aufenthalt, medizinische Versorgung), hingegen ist die Sorge des Vormunds umfassend. Soweit sich aus dem Gesetz nichts anderes ergibt, finden die für die Vormundschaft geltenden Vorschriften auch für die Pflegschaft Anwendung (§ 1915 BGB).

Die Organisation der Vormundschaft

Sieht man vom Vorliegen der Geschäftsfähigkeit sowie der Volljährigkeit ab, ist die Bestellung zum Vormund nicht an formale Voraussetzungen gebunden. Das heißt, grundsätzlich kann jeder Vormund werden, sofern er für das Amt geeignet ist. Über die Eignung entscheidet faktisch zumeist das Jugendamt, das nach § 53 Abs. 1 SGB VIII „dem Familiengericht Personen und Vereine vorzuschlagen [hat], die sich im Einzelfall zum Pfleger oder

Vormund eignen." Anschließend entscheidet das Gericht im Rahmen einer kurzen Anhörung (§ 1779 BGB), bei der laut § 159 FamFG auch der Minderjährige anzuhören ist. Die Eignung muss dabei immer für einen spezifischen Einzelfall geprüft werden, sie ist also nicht generell gegeben. Das heißt, eine Person kann zwar in einen Fall als Vormund geeignet sein, weil sie bestimmte Eigenschaften mitbringt, nicht aber in einen anderen. Grundsätzlich kann aber jeder deutsche Staatsbürger zur Übernahme einer Vormundschaft verpflichtet werden (§ 1785 BGB), sofern er nicht Gründe vorbringen kann, die dagegen sprechen (§ 1786 BGB). Üblicherweise werden Verwandte bei der Übertragung einer Vormundschaft bevorzugt. Von Vorteil sind dabei in jedem Fall gute deutsche Sprachkenntnisse, eine grundsätzliche Vertrautheit mit der deutschen „Behördenlandschaft" sowie die Bereitschaft, sich mit der Hilfe- und Bildungsweg- bzw. Ausbildungsplanung für einen jungen Menschen zu befassen und die notwendige Unterstützung bei Ämter- und Behördengängen zu leisten.

In den einschlägigen Gesetzen wird zwischen der Einzelvormundschaft, also dem ehrenamtlich – u. U. auch beruflich – tätigen Vormund, der Vereinsvormundschaft, die häufig von Wohlfahrtsverbänden durchgeführt wird, und der Amtsvormundschaft des Jugendamts unterschieden. Rechtlich gesehen kann ein Verein oder das Jugendamt nur dann zum Vormund/Pfleger bestellt werden, wenn kein geeigneter Einzelvormund zur Verfügung steht (§§ 1791a, 1791b BGB i.V. § 53 Abs. 1 SGB VIII). Faktisch sieht die Situation jedoch anders aus: Zwar liegen keine aktuellen statistischen Daten zur Verteilung auf die einzelnen Vormundschaftsformen vor, begründete Schätzungen (vgl. Hansbauer/Oelerich 2005) gehen jedoch davon aus, dass mindestens 70–80 Prozent aller Vormundschaften als Amtsvormundschaften geführt werden. Gerade bei unbegleitet einreisenden Minderjährigen wird anfangs fast immer auf die Amtsvormundschaft zurückgegriffen, da in der Regel kein in Frage kommender Einzelvormund bekannt ist. Nach § 1887 Abs. 1 BGB hat das Familiengericht allerdings das Jugendamt als Vormund zu entlassen, wenn eine andere als Vormund geeignete Person gefunden ist. Überdies hat das Jugendamt jährlich zu prüfen,

> „ob im Interesse des Kindes oder des Jugendlichen seine Entlassung als Amtspfleger oder Amtsvormund und die Bestellung einer Einzelperson oder eines Vereins angezeigt ist, und dies dem Familiengericht mitzuteilen" (§ 56 Abs. 4 SGB VIII).

Seit Ende der 1990er Jahre ist die Praxis der Amtsvormundschaft zunehmend in die Kritik geraten, vor allem deshalb, weil Ausbildung und Aufgabendurchführung in der Amtsvormundschaft überwiegend verwaltungsgeprägt waren (und teilweise noch immer sind). Ferner ließ die schiere Zahl der durch einen einzelnen Amtsvormund zu betreuenden Mündel häufig keine Betreuung zu, die den Anforderungen des SGB VIII an den Personensorgeberechtigten gerecht geworden wäre. Mit der sogenannten „kleinen" Vormundschaftsreform im Jahr 2011 hat der Gesetzgeber versucht, auf diese Kritik zu reagieren und hat deshalb die persönliche Verantwortung des Amtsvormunds gestärkt, indem er ihm aufgibt, „die Pflege und Erziehung des Mündels persönlich zu fördern und zu gewährleisten" (§ 1800 BGB). Dazu sind regelmäßige, in der Regel monatliche Kontakte zwischen Vormund und dem betreuten Minderjährigen vorgesehen (§ 1793 Abs. 1a BGB). Damit dies möglich ist, soll nach § 55 Abs. 2 SGB VIII ein Vormund nicht mehr als 50 Vormundschaften führen.

Im Normalfall ist davon ausgehen, dass speziell zu diesem Zweck beschäftigte Vormünder in Jugendämtern mit den Aufgaben und der Durchführung der Vormundschaft vertraut sind. Analog gilt dies für Vereinsvormünder. Doch wie sieht es bei Einzelvormündern aus, die laut Gesetzgeber der Regelfall der Vormundschaft sein sollen? In diesem Zusammenhang gilt es auf die Aufgabe der Vormundschaftsvereine hinzuweisen, sich planmäßig um die Gewinnung von Einzelvormündern und Einzelpflegern zu bemühen sowie diese in ihre Aufgaben einzuführen, fortzubilden und zu beraten (§ 54 Abs. 2 SGB VIII). Doch nicht überall in Deutschland existieren Vormundschafts- und Pflegschaftsvereine, deshalb hat jeder (Einzel-) Vormund einen Anspruch gegenüber dem Jugendamt „auf regelmäßige und dem jeweiligen erzieherischen Bedarf des Mündels entsprechende Beratung und Unterstützung" (§ 53 Abs. 2 SGB VIII). Das heißt die Tatsache, dass jemand bei seiner Bestellung zum Vormund mit den Details des Vormundschaftsrechts nicht vertraut ist, wäre kein Kriterium für eine fehlende Eignung – in diesem Fall wäre es die Aufgabe des Vereins bzw. des Jugendamts, ihn entsprechend zu qualifizieren.

Die Aufgaben des Vormunds

In § 1793 Abs. 1 BGB heißt es, „der Vormund hat das Recht und die Pflicht, für die Person und das Vermögen des Mündels zu sorgen, insbesondere den Mündel zu vertreten." Der Aufgabenbereich des Vormunds ist damit der elterlichen Sorge nach § 1626 BGB nachgebildet und umfasst neben der Personen- und Vermögenssorge auch die Aufgabe, an Mündel statt zu handeln, wo dieses aus praktischen oder rechtlichen Gründen gehindert ist, dies zu tun. Gerade im Kontext von unbegleiteten minderjährigen Ausländern, die anfangs selten der deutschen Sprache kundig sind, ist diese Vertretungsfunktion von zentraler Bedeutung. Dabei sollte die Grundhaltung des Vormunds die einer positiven Parteilichkeit im Sinne seines Mündels sein.

Aus historischen Gründen wohnt dem Vormundschaftsrecht noch immer eine gewisse Überbetonung der Vermögenssorge inne – alleine schon, wenn man auf die Zahl der einschlägigen Paragrafen schaut –, denn ursprünglich war im Vormundschaftsrecht eher an Fälle gedacht, in denen beim Tod des Vaters der Onkel dem Neffen den väterlichen Besitz erhalten sollte (um zu verhindern, dass der Neffe der öffentlichen Hand zur Last fällt). Deshalb sind die Vorschriften, das Vermögen des Mündels und die Kontrollen durch das Gericht betreffend, in den §§ 1802 ff. BGB relativ umfänglich geregelt. In den wenigsten Fällen, in denen den Eltern die elterliche Sorge entzogen wird oder eine Vormundschaft für einen jungen Ausländer eingerichtet wird, sind jedoch nennenswerte Vermögen vorhanden, sodass sich der bürokratische Aufwand für die Einhaltung vermögensrechtlichen Vorschriften zumeist in Grenzen hält.

Der Vormund muss allerdings immer dann zustimmen, wenn das Mündel Verträge abschließen, also z. B. ein Bankkonto eröffnen, ein Internet-Abo oder einen Smartphone-Vertrag eingehen will. Dies bedeutet auch einen gewissen Schutz für das Mündel, denn hat dieses z. B. eigenständig einen Mobilfunk- oder Ratenvertrag abgeschlossen, können etwaige Zahlungsverpflichtungen zurückgewiesen werden, sofern nicht die Zustimmung des Vormunds vorliegt. Das Familiengericht hat dabei nicht nur die Pflicht, den Vormund zu beaufsichtigen, sondern ihn nach § 1837 Abs. 1 BGB auch zu beraten und in seine Aufgaben einzuführen. Analog gilt dies für das Jugendamt, wenn es um erzieherische Fragen geht (§ 53 Abs. 2 SGB VIII).

Wie schon angedeutet, nimmt die Personensorge in der gesetzlichen Aufgabenbeschreibung einen relativ geringen Umfang ein, selbst wenn das Vormundschaftsrecht hier auf die Regelung der persönlichen Sorge nach §§ 1631 bis 1633 BGB verweist. Wichtig ist nochmals zu betonen, dass der Vormund nach § 1800 BGB „die Pflege und Erziehung des Mündels *persönlich* zu fördern und zu gewährleisten" hat. Der Gesetzgeber schließt damit eine „Schreibtischvormundschaft" explizit aus und verpflichtet den Vormund zum einen darauf, Entscheidungen in konkreter Kenntnis der Lebenssituation des Mündels zu treffen, zum anderen darauf, es durch regelmäßigen persönlichen Kontakt „zu ermöglichen, dass das Kind/der Jugendliche sich beteiligt und seine Lebenssituation aktiv mit gestaltet" (DIJuF 2011, S. 12). Dadurch soll die formal bestehende Gewährleistungsverpflichtung des Vormunds in ein tatsächliches Vertrauensverhältnis übergeführt werden, denn „nur durch dieses Vertrauen wird sich das Mündel mit seinen Sorgen und Nöten an seinen Vormund wenden" (AGJÄ 2012, S. 8).

Nach § 1631 Abs. 1 BGB umfasst die Personensorge „insbesondere die Pflicht und das Recht, das Kind zu pflegen, zu erziehen, zu beaufsichtigen und seinen Aufenthalt zu bestimmen." Nun ist es nicht so, dass der Vormund dies alles persönlich leisten muss, doch muss er im Rahmen der Personensorge veranlassen, dass dieser Auftrag umgesetzt wird und er muss die Umsetzung überprüfen. So sind etwa unter Vormundschaft stehende (ausländische) Minderjährige häufig im Rahmen von Jugendhilfe in Einrichtungen untergebracht. In diesen Fällen ist die Einrichtung nach § 1688 Abs. 2 i.V. mit Abs. 1 BGB berechtigt, „in Angelegenheiten des täglichen Lebens zu entscheiden sowie den Inhaber der elterlichen Sorge in solchen Angelegenheiten zu vertreten." Abs. 3 schränkt dieses Recht allerdings wieder ein, denn dort heißt es: „Die Absätze 1 und 2 gelten nicht, wenn der Inhaber der elterlichen Sorge etwas anderes erklärt." Rein rechtlich kann der Vormund also genau bestimmen, welche Entscheidungsangelegenheiten er an die Einrichtung delegieren will und welche nicht, zumindest so lange das Kindeswohl dadurch nicht gefährdet ist (§ 38 SGB VIII). Oftmals wird zu diesem Zweck eine Vereinbarung zwischen Vormund und Einrichtung geschlossen.

Schon aus rein praktischen Erwägungen wird jedoch die Einrichtung viele Dinge des täglichen Lebens – Schule, Arztbesuche, Elternabende, Vereinstätigkeiten etc. – in eigener Verantwortung mit dem Minderjährigen zusammen entscheiden und regeln. Dies ist nicht weiter zu beanstanden, solange diese Entscheidungen dem Grunde nach reversibel sind und nicht allzu gravierend in das Leben des Minderjährigen eingreifen. Anders sieht es aus bei Entscheidungen, die den weiteren Lebensweg prägen, beispielsweise Entscheidungen über Schulwahl und Ausbildungswege, die Verschreibung von Psychopharmaka oder die Zustimmung zu medizinischen Eingriffen oder einer Abtreibung. Hier ist immer die Zustimmung des Vormunds nötig. Die Aufgabe, Pflege und Erziehung „zu beaufsichtigen", bedeutet auch, dass der Vormund den Minderjährigen in seiner unmittelbaren Umgebung aufsuchen und das Gespräch mit den Fachkräften der Einrichtung suchen muss. Das Mündel einmal pro Monat ins Jugendamt einzubestellen, reicht in der Regel nicht aus, um dieser Aufsichtspflicht zu genügen.

Wie eben erwähnt, bestimmt der Vormund im Rahmen der Personensorge auch den Aufenthalt des Mündels. Sofern das Mündel im Rahmen der Jugendhilfe untergebracht ist, erfolgen Entscheidungen darüber im Rahmen der Hilfeplanung nach § 36 SGB VIII. Es ist deshalb zwingend notwendig, dass der Vormund als Inhaber der Personensorge am Hilfeplanverfahren teilnimmt und im Anschluss die vereinbarte Hilfe beantragt. Sollte das Jugendamt dabei gegen die Überzeugung des Vormunds handeln, kann dieser Widerspruch einlegen und, falls nötig, vor dem Verwaltungsgericht gegen die Entscheidung klagen. Das Aufenthaltsbestimmungsrecht umfasst auch das Recht auf Herausgabe des Kindes und auf Bestimmung des Umgangs (§ 1632 BGB), wenn sich der Minderjährige zum Beispiel bei Verwandten oder anderen Personen aufhält und hierbei eine Gefährdungssituation besteht. Will allerdings der Vormund eine Unterbringung seines Mündels in einer psychiatrischen oder freiheitsentziehenden Einrichtung veranlassen, ist, wenn nicht eine unmittelbare Gefahr droht, immer die Erlaubnis des Familiengerichts erforderlich (§ 1631b BGB).

Ergänzend zu den bisher genannten Aufgaben kommt der Vormundschaft bei jungen unbegleiteten Ausländern weitere Aufgaben zu: Bis Herbst 2015 war die Handlungsfähigkeit von jungen Ausländern im Asyl- und Aufenthaltsrecht schon ab 16 Jahren gegeben. Da die von den Jugendämtern in Obhut genommenen Flüchtlinge im Durchschnitt ungefähr 16 Jahre alt sind (vgl. BumF 2015, S. 8), hatte dies zur Folge, dass der Antrag auf Asyl oftmals schon gestellt war, bevor ein Vormund eingesetzt war. Diese vorgezogene Handlungsfähigkeit ist nunmehr entfallen, sodass der Vormund nun auch für die Einleitung des asyl- oder ausländerrechtlichen Verfahrens zuständig ist und dafür, den Minderjährigen durch das Verfahren hindurch zu begleiten (dazu ausführlich: Flüchtlingsrat Thüringen 2016). In der Regel ist dazu eine rechtskundige Beratung im Vorfeld nötig. Ziel ist in der Regel die Schaffung einer Bleibeperspektive, auch dann, wenn der Antrag auf Asylanerkennung später abgelehnt oder der Minderjährige nicht als Flüchtling anerkannt wird. Das Mündel ist auch bei Familienzusammenführung und -nachzug zu unterstützen, ggf. ist es notwendig, dabei – mit rechtsanwaltlicher Unterstützung – ein Verfahren beim Verwaltungsgericht einzuleiten.

Die Beendigung der Vormundschaft

Es gibt eine Reihe von Gründen für die Beendigung einer Vormundschaft: Vermutlich ist der häufigste Grund eine Beendigung der Vormundschaft aufgrund der Volljährigkeit des Mündels. Letztere richtet sich nach dem Recht des Staates, dem das Mündel angehört (Art. 24 EGBGB). Da in vielen afrikanischen und asiatischen Staaten die Volljährigkeit später einsetzt als in Deutschland, kommt es nicht selten vor, dass die Vormundschaft erst mit Vollendung des 21. Lebensjahres beendet wird. Die Vormundschaft endet ebenfalls, wenn andere, die Vormundschaft begründenden Voraussetzungen, entfallen (§ 1882 i.V. mit § 1773 BGB), etwa die elterliche Sorge an die Eltern rückübertragen wird oder die Eltern des zunächst unbegleitet eingereisten Minderjährigen später ebenfalls nach Deutschland einreisen. In diesem Fall wird das Ruhen der elterlichen Sorge durch Beschluss des Gerichts wieder aufgehoben.

Das Familiengericht kann den Vormund entlassen, wenn dieser pflichtwidrig gehandelt hat (§ 1886 BGB) und bei einer Fortführung der Vormundschaft die Interessen des Mündels gefährdet wären. Aber auch der Vormund selbst kann den Antrag stellen, aus wichtigem Grund von seinem Amt entbunden zu werden (§ 1889 BGB). Dazu zählt insbesondere das Eintreten einer der in § 1786 BGB aufgeführten Ablehnungsgründe, wie z. B. die Vollendung des 60. Lebensjahres, Krankheit oder der Umzug an einen Ort, der vom Sitz des Familiengerichts weit entfernt ist. In allen Fällen wird die Entlassung des Vormunds durch einen Beschluss des Familiengerichts festgestellt. Anschließend hat der Vormund das verwaltete Vermögen – sofern vorhanden – herauszugeben, über dessen Verwaltung Rechenschaft abzulegen (§ 1890 BGB) und seine Bestallung zurückzugeben (§ 1893 Abs. 2 BGB).

Literatur

Arbeitsgemeinschaft der Jugendämter der Länder Niedersachsen und Bremen (AGJÄ) (2012): Arbeitshilfe zur Umsetzung des Gesetzes zur Änderung des Vormundschafts- und Betreuungsrechts vom 29.06.2011. http://agjae.de/pics/medien/1_1331042901/ Arbeitshilfe_Vormundschafts-_und_ Betreuungsrecht.pdf. (Abfrage: 04.02.2017).
Bundesfachverband unbegleitete minderjährige Flüchtlinge e.V. (BumF) (2016): Vormundschaft. http://www.b-umf.de/de/themen/vormundschaft. (Abfrage: 03.02.2017).
Bundesfachverband Unbegleitete minderjährige Flüchtlinge e.v. (BumF) (2015): Inobhutnahmen von unbegleiteten Minderjährigen im Jahr 2014. Auswertung der Erhebung des Bundesfachverband UMF. http://www.b-umf.de/images/in obhutnahmen-2015-web.pdf. (Abfrage: 05.02.2017).
Bundesministerium der Justiz und für Verbraucherschutz (BMJV) (2016): Diskussionsteilentwurf zur Reform des Vormundschaftsrechts. http://www.bmjv.de/SharedDocs/Down loads/DE/PDF/Themenseiten/FamilieUndPartnerschaft/Vormundschaftsrecht_Eckpunke_ 2016.pdf?__blob=publicationFile&v=3. (Abfrage: 03.02.2017).
Bundesministerium der Justiz und für Verbraucherschutz (BMJV) (2014): Eckpunkte für die weitere Reform des Vormundschaftsrechts. http://www.bmjv.de/SharedDocs/Downloads/ DE/PDF/Themenseiten/FamilieUndPartnerschaft/Vormundschaftsrecht_Eckpunke_2014. pdf?__blob=publicationFile&v=3. (Abfrage: 03.02.2017).
Deutsches Institut für Jugendhilfe und Familienrecht (DIJuF) (2011): Zur Umsetzung des Gesetzes zur Änderung des Vormundschafts- und Betreuungsrechts vom 14. Oktober 2011. https://www.dijuf.de/tl_files/downloads/2011/DIJuF-Hinweise_zur_Umsetzung_des_ VormG_vom_14.10.2011.pdf. (Abfrage: 04.02.2017).
Flüchtlingsrat Thüringen und Landeskoordination BumF (2016): Die Vorbereitung auf die Anhörung von unbegleiteten minderjährigen Flüchtlingen im Asylverfahren. http://www. b-umf.de/images/2016_07_05_Arbeitshilfe_Asylverfahren_UMF.pdf. (Abfrage: 04.02.2017).
Hansbauer, Peter/Oelerich, Gertrud (2005): Die Vormundschaft/Pflegschaft als Handlungsfeld der Sozialen Arbeit. In: Zeitschrift für Sozialpädagogik 3. Jg., Heft 3, S. 226–245.
Katzenstein, Henriette (2016): Von der „kleinen" zur „großen" Vormundschaftsreform: Ein Zwischenstand. In: Forum Erziehungshilfen 22, Heft 5, S. 316–317.
Oberloskamp, Helga (Hrsg.) (2017): Vormundschaft, Pflegschaft und Beistandschaft für Minderjährige: Ein Praxishandbuch unter besonderer Berücksichtigung der Vermögenssorge. 4. Auflage. München.

Felix Heinemann

Familiengericht und Migration – unbegleitete minderjährige Flüchtlinge

Einleitung

Durch die steigende Anzahl von Flüchtlingen nehmen auch die Gerichtsverfahren mit Beteiligungen von Flüchtlingen und Flüchtlingsfamilien zu. Hiervon betrifft ein großer Teil die unbegleiteten minderjährigen Flüchtlinge. Allerdings entstehen auch in Flüchtlingsfamilien Situationen, die ein gerichtliches Eingreifen nach anderen Vorschriften erfordern, zum Beispiel wegen Kindeswohlgefährdung, elterlicher Sorge und Gewaltschutz. Der Ablauf dieser Verfahren unterscheidet sich nicht von den anderen Verfahren ohne Flüchtlingsbeteiligung. Dennoch soll auf die auftretenden Besonderheiten hingewiesen werden.

Verfahren betreffend die Feststellung des Ruhens der elterlichen Sorge nach § 1674 BGB und die Anordnung von Vormundschaft

Die in der gerichtlichen Praxis häufigsten Fälle mit Beteiligungen von Flüchtlingen sind die Fälle, die die Feststellung des Ruhens der elterlichen Sorge betreffen.

1. Verfahrensrecht

Verfahrensrechtlich handelt es sich bei diesen Verfahren um Verfahren der elterlichen Sorge. Aufgrund der Eilbedürftigkeit, dem Minderjährigen beizuordnen, werden diese häufig (auch) als einstweilige Anordnung geführt.

Beteiligte:
Der Minderjährige als Betroffener ist gemäß § 7 Abs. 2 Nr. 1 FamFG zu beteiligen. Weiterhin kann das Jugendamt gemäß § 162 FamFG beteiligt werden, was in der Regel geschieht.

Verfahrenseinleitung:
Die Verfahren werden von Amts wegen eingeleitet. Das bedeutet, dass das Gericht von sich aus tätig wird, wenn es von dem Sachverhalt Kenntnis erhält. In der Praxis erfolgt dies in der Regel durch Mitteilung des zuständi-

gen Jugendamts, das den Minderjährigen in Obhut genommen hat. Diese Mitteilung kann aber auch von anderen Stellen erfolgen.

Die Mitteilung sollte enthalten:
- Name, Anschrift und Geburtsdatum des Betroffenen
- Sprache, die der Betroffene spricht
- Name und Aufenthaltsort der Eltern
- Namen, Alter und Anschriften der in Deutschland lebenden Angehörigen des Betroffenen
- Wen wünscht sich der Betroffene als Vormund?
- Vorschlag eines Vormunds

Als Anlage:
- Niederschrift der Alterseinschätzung, Kopie der Ausweisdokumente, wenn vorhanden
- Angaben, falls ein besonderes Eilbedürfnis besteht (z. B. im Fall eilig notwendiger ärztlicher Behandlung)

Diese Informationen helfen dem Gericht, das Verfahren zu beschleunigen. Das Gericht kann zum Termin einen geeigneten Dolmetscher laden wie auch gegebenenfalls als Vormund in Frage kommende Angehörige. Außerdem lassen sich so vorab schon einige rechtliche Aspekte des Ruhens der elterlichen Sorge überprüfen.

Es empfiehlt sich auch, Veränderungen der vorstehenden Daten dem Gericht so schnell wie möglich mitzuteilen, damit hierauf reagiert werden kann. Öfters ist der Betroffene vor dem Gerichtstermin abgängig. Durch die rechtzeitige Information können Dolmetscherkosten eingespart werden.

Internationale Zuständigkeit:
Die Internationale Zuständigkeit deutscher Gerichte folgt aus Art. 8 Abs. 1 der EG-VO Nummer 2201/2003 vom 27.11.2003 (EuEheVO), wenn sich der gewöhnliche Aufenthalt des Betroffenen in Deutschland befindet oder nach Art, 13 Abs. 1, Abs. 2 der EG-VO Nummer 2201/2003 vom 27.11.2003 (EuEheVO), wenn sich das Kind in Deutschland aufhält[1]. Anderes gilt nur dann, wenn bereits in einem anderen Land ein Gerichtsverfahren anhängig ist, s. Art. 19 Abs. 2 EuEheVO.

---

1 Vgl. OLG Bamberg, FamRZ 2016, 1270; AG Dresden, Beschluss vom 17. August 2016 – 308 F 2843/16 – juris.

Örtliche Zuständigkeit:
Die örtliche Zuständigkeit des Gerichts richtet sich nach § 152 FamFG. Da eine Ehesache in der Regel nicht anhängig sein dürfte, richtet sich die Zuständigkeit meistens gemäß § 152 Abs. 2 FamFG nach dem gewöhnlichen Aufenthalt des Minderjährigen oder, falls ein solcher nicht besteht, nach dem Ort des Fürsorgebedürfnisses nach § 152 Abs. 3 FamFG.

Gewöhnlicher Aufenthalt des Minderjährigen ist der Ort, an dem er sich für eine gewisse Dauer aufhält und an dem sich sein Lebensumfeld (Schule, soziale Kontakte etc.) befindet. Dieser wird im Regelfall nach 6 Monaten begründet. Abweichungen hiervon sind allerdings möglich. Sollte ein solcher nicht gegeben sein, ist das Bedürfnis der Fürsorge in der Regel am tatsächlichen Aufenthalt des Minderjährigen gegeben. Auf die Zuständigkeit des Jugendamts kommt es nicht an.

In der Regel ist das Gericht zuständig, in dessen Bezirk sich der Betroffene aufhält.

Beispiel 1:

Der Minderjährige wird vom Jugendamt Trier in Trier in Obhut genommen, wo er sich seit 2 Wochen aufhält. Für den weiteren Aufenthalt ist seitens des Jugendamtes Trier, dem der Betroffene zugewiesen wurde, beabsichtigt, dass er in einer Jugendhilfeeinrichtung in Trier verbleibt. Welches Gericht ist zuständig?

Lösung:

Das Amtsgericht Trier ist örtlich zuständig, da der Minderjährige sich in Trier aufhält und dort auch auf Dauer verbleiben soll. Damit könnte man in diesem Fall einen gewöhnlichen Aufenthalt annehmen, da der Verbleib auf Dauer geplant ist und es findet § 152 Abs. 2 FamFG Anwendung. Wenn man davon ausgeht, dass ein gewöhnlicher Aufenthalt nicht besteht, ist die örtliche Zuständigkeit des Amtsgerichts Trier nach § 152 Abs. 3 FamFG gegeben, da das Fürsorgebedürfnis, d. h. das Bedürfnis, dem Betroffenen einen Vormund zu bestellen, um seine gesetzliche Vertretung zu sichern, in Trier gegeben ist.

Beispiel 2:

Der Jugendliche ist dem Jugendamt der Kreisverwaltung Wittlich (Amtsgerichtsbezirk Wittlich) zugewiesen. Seit 2 Wochen hält er sich in Trier auf. Nach Abschluss der Clearingphase ist beabsichtigt, ihn in einer Jugendhilfeeinrichtung in Daun (Amtsgerichtsbezirk Daun) unterzubringen.

Lösung:

Fraglich ist hier, ob der Betroffene in Trier einen gewöhnlichen Aufenthalt begründet hat. Dem dürfte hier entgegenstehen, dass er sich lediglich 2 Wochen in Trier aufhält und ein weiterer Aufenthalt dort nicht beabsichtigt ist. Allerdings besteht das Fürsorgebedürfnis in Trier, da er sich derzeit dort tatsächlich aufhält. Damit ist das Amtsgericht Trier gemäß § 152 Abs. 3 FamFG zuständig.

Anhörung:
In der Regel entscheidet das Gericht nach mündlicher Anhörung. Zum Anhörungstermin werden der Betroffene und das Jugendamt geladen. Ein Minderjähriger, der das 14. Lebensjahr vollendet hat, ist gemäß § 159 Abs. 1 FamFG anzuhören, jüngere sollen angehört werden. Das Jugendamt ist gemäß § 162 FamFG anzuhören.

Das Gericht kann im Verfahren der einstweiligen Anordnung bei besonderem Eilbedürfnis auch ohne mündliche Anhörung entscheiden. Sollte ein solches Eilbedürfnis bestehen, sollte der Grund hierfür ebenfalls in der Mitteilung vermerkt werden.

Entscheidung:
Die Entscheidung ergeht durch Beschluss, der den Beteiligten in der Regel durch Zustellung bekannt gegeben wird. Dieser enthält die Feststellung des Ruhens der elterlichen Sorge und die Anordnung der Vormundschaft.

Kosten:
Die Gerichtskosten bestimmen sich aus dem Verfahrenswert. Hinzu kommen Dolmetscherkosten und Kosten des Verfahrensbeistands, wen ein solcher bestellt wird. Die Kostenverteilung richtet sich nach § 81 FamFG. Es erscheint angemessen im vorliegenden Fall von der Erhebung der Gerichtskosten abzusehen, da sie von dem Minderjährigen in der Regel nicht zu erlangen sind und dieser auch nicht grob schuldhaft Anlass für das Verfahren gegeben hat.

Außergerichtliche Kosten werden in der Regel nicht erstattet. Dazu zählen insbesondere Rechtsanwaltsgebühren. Es empfiehlt sich daher, dass der Minderjährige, wenn ein Rechtsanwalt eingeschaltet wird, einen Antrag auf Gewährung von Verfahrenskostenhilfe bei Gericht stellt. Dieser muss bis zum Verfahrensende gestellt werden.

Rechtsmittel:
Im Streitfall sind folgende Rechtsmittel gegeben:
1. Bei einer Entscheidung im Verfahren der einstweiligen Anordnung ohne Anhörung: Antrag auf mündliche Verhandlung gemäß § 54 Abs. 2 FamFG
2. Bei einer Entscheidung im Verfahren der einstweiligen Anordnung nach Anhörung: Beschwerde gemäß §§ 57, 58 ff. FamFG – diese ist binnen zwei Wochen ab Bekanntgabe der Entscheidung bei dem Gericht, das die Entscheidung erlassen hat, einzulegen
3. Bei einer Entscheidung in der Hauptsache: Beschwerde gemäß §§ 58 ff. FamFG – diese ist binnen 4 Wochen ab Bekanntgabe der Entscheidung bei dem Gericht, das die Entscheidung erlassen hat, einzulegen

Beschwerdeberechtigt sind der Betroffene, wenn er das 14. Lebensjahr vollendet hat (§ 60 FamFG), seine Eltern und das Jugendamt nach § 162 FamFG.

2. Rechtliche Voraussetzungen

Die Feststellung des Ruhens der elterlichen Sorge erfolgt, wenn die Voraussetzungen des § 1674 BGB vorliegen.

Minderjährigkeit:
a) Der Betroffene muss minderjährig sein. Dies wird nach Art. 7 EGBGB nach dem Recht des Heimatstaates des Betroffenen beantwortet[2]. Das entsprechende Alter lässt sich aus Tabellen, z. B. bei Wikipedia unter dem Begriff „Volljährigkeit"[3] oder im Beck'schen Online-Kommentar im Anhang zu Art. 7 EGBGB entnehmen[4].
b) Für den Fall, dass die Minderjährigkeit des Betroffenen fraglich ist, sind die Gerichte gehalten, eine umfangreiche Sachaufklärung durchzuführen[5]. Voraussetzung dafür ist, dass die Minderjährigkeit tatsächlich zweifelhaft ist, d. h. die Behauptung, minderjährig zu sein, nicht völlig aus der Luft gegriffen ist[6].

Bei bestehenden Zweifeln an dessen Alter ist der Betroffene zu seinem Lebenslauf anzuhören, bei Mitwirkungsbereitschaft einer ärztlichen Altersdiagnostik zu unterziehen und alle sonstigen Erkenntnismöglichkeiten auszuschöpfen[7]. Verbleiben danach noch Zweifel, ist zu Gunsten des Betroffenen von dessen Minderjährigkeit auszugehen[8].

Anwendbares Recht:
Das anwendbare Recht bestimmt sich nach Art. 15 KSÜ nach deutschem Recht[9].

Bestehen der elterlichen Sorge:
Das Bestehen der elterlichen Sorge ist mit den Ausnahmefällen Verheiratung des Betroffenen oder Tod eines der Eltern unproblematisch.

Tatsächliches Hindernis, das die Ausübung der elterlichen Sorge verhindert:
Ein tatsächliches Hindernis im Sinne des § 1674 BGB stellt vor allem die fehlende gesicherte Erreichbarkeit der Kindeseltern dar, sei es, dass sich die

---

2   Brandenburgisches Oberlandesgericht, Beschluss vom 26. April 2016 – 13 UF 40/16 –, juris
3   https://de.wikipedia.org/wiki/Vollj%C3%A4hrigkeit#Andere_L.C3.A4nder
4   BeckOK BGB/Mäsch, 42. Ed. 1.2.2017, EGBGB Art. 7 Rn. 57-57.1
5   OLG Karlsruhe, Beschluss vom 26. August 2015 – 18 UF 112/15 –, juris
6   OLG Karlsruhe, Beschluss vom 26. August 2015 – 18 UF 112/15 –, juris
7   Erb-Klünemann/Kößler, FamRB 2016, 160–165; OLG Frankfurt/Main, FamRZ 2017, 244 f.
8   BGH, JAmt 2015, 395
9   OLG Bamberg, FamRZ 2016, 1270

Eltern an einem unbekannten Ort aufhalten, die telefonische oder andere Verbindung an den Aufenthaltsort nicht gewährleitet oder nicht hinreichend sicher ist oder dass die Eltern insbesondere im Hinblick auf Schriftformerfordernisse nicht in der Lage sind, zeitnah Erklärungen im Rahmen der elterlichen Sorge abzugeben. Selbst bei bestehendem regelmäßigem Kontakt zwischen dem Minderjährigen und seinen Eltern kann eine Verhinderung gegeben sein. Hierbei sind die oft unsichere politische Lage, die fehlenden Kenntnisse der Eltern über die Situation des Kindes in Deutschland und die hier vorzunehmenden Handlungen[10]. Hierzu werden die Beteiligten angehört.

3. Entscheidung

Im Falle der Anordnung des Ruhens der elterlichen Sorge ist gemäß § 1773 BGB ein Vormund zu bestellen. Gleiches gilt auch, wenn beide Elternteile verstorben sind.

Bei der Auswahl ist zu berücksichtigen, falls die Eltern eine Wahl nach § 1776 BGB getroffen haben. Sollte eine solche getroffen sein, ist es sinnvoll, die entsprechende Erklärung ebenfalls mit der verfahrenseinleitenden Mitteilung an das Gericht zu übermitteln, damit diese Erklärung und die Eignung des bezeichneten Vormunds überprüft werden kann. Entgegen dieser Bestimmung kann nur im Falle der Voraussetzungen des § 1778 BGB entschieden werden.

Ist eine solche Wahl nicht getroffen, bestimmt das Gericht nach § 1779 den Vormund.

§ 1779 Auswahl durch das Familiengericht
(1) Ist die Vormundschaft nicht einem nach § 1776 Berufenen zu übertragen, so hat das Familiengericht nach Anhörung des Jugendamts den Vormund auszuwählen.
(2) Das Familiengericht soll eine Person auswählen, die nach ihren persönlichen Verhältnissen und ihrer Vermögenslage sowie nach den sonstigen Umständen zur Führung der Vormundschaft geeignet ist. Bei der Auswahl unter mehreren geeigneten Personen sind der mutmaßliche Wille der Eltern, die persönlichen Bindungen des Mündels, die Verwandtschaft oder Schwägerschaft mit dem Mündel sowie das religiöse Bekenntnis des Mündels zu berücksichtigen.
(3) Das Familiengericht soll bei der Auswahl des Vormunds Verwandte oder Verschwägerte des Mündels hören, wenn dies ohne erhebliche Verzögerung und ohne unverhältnismäßige Kosten geschehen kann. Die Verwandten und Verschwägerten können von dem Mündel Ersatz ihrer Auslagen verlangen; der Betrag der Auslagen wird von dem Familiengericht festgesetzt.

Dabei ist auch der Wille des Mündels, bzw. das Ergebnis der Anhörung zu berücksichtigen.

---

10 Erb-Klünemann, FamRB 2016, 160

In der Praxis kommen insbesondere Familienangehörige, Vereinsvormünder oder das Jugendamt als Amtsvormund in Betracht.

Bei der Auswahl ist zu beachten: Grundsätzlich ist die Bestellung eines Einzelvormunds vorrangig vor der Bestellung eines Amtsvormunds[11]. Ist ein Familienangehöriger vorhanden, kann nur dann ein Amtsvormund bestellt werden, wenn Gründe des Wohls des Mündels dem entgegenstehen. Hier dürfte sich oft die Frage stellen, ob ein Angehöriger des minderjährigen Flüchtlings, der sich auch erst seit kurzem im Inland aufhält ein geeigneter Vormund ist. Dies ist im Einzelfall durch das Gericht zu ermitteln. Kriterien hierfür können Bildung, Sprachkenntnisse, Fähigkeiten, sich in der neuen Lebenssituation zurechtzufinden, Verhältnis zum Mündel, Verantwortungsbewusstsein etc. sein. Kritisch zu sehen ist dies insbesondere, wenn der potenzielle Vormund sich erst seit kurzem in Deutschland aufhält, über keine Sprachkenntnisse verfügt und das deutsche Rechtssystem nicht kennt[12].

Ein besonderer Fall kann gegeben sein, wenn das minderjährige Mündel mit einem volljährigen Ehegatten nach Deutschland einreist. Grundsätzlich ist der volljährige Ehegatte als Vormund zu berücksichtigen[13]. Allerdings ist vor allem im Falle sogenannter „Kinderehen" zu beachten, dass die Vormundschaft des volljährigen Ehegatten dem Wohl des Mündels nicht widerspricht.

Im Fall, dass ein Vereins- oder Berufsvormund bestellt werden soll, ist zu beachten, dass die Vereinsvormundschaft oder Berufsvormundschaft grundsätzlich nicht vorrangig vor der Amtsvormundschaft ist[14]. Es ist daher dazulegen, warum das Jugendamt nicht in der Lage ist, die Vormundschaft auszuüben und welche Vorteile die Bestellung eines Vereinsvormunds dem Mündel bringen würde (z. B. besondere Sachkunde, Sprachkenntnisse etc.). Außerdem ist die Anerkennung des Vormundschaftsvereins dem Gericht darzulegen.

Fraglich ist darüber hinaus, ob ein Rechtsanwalt als Mitvormund für den Bereich Asyl- und ausländerrechtliche Angelegenheiten bestellt werden soll.

Dies ist in der Rechtsprechung umstritten. Letztlich liegt es im pflichtgemäßen Ermessen des Gerichts, ob ein solcher Mitvormund zu bestellen ist, vor allem dann, wenn der zu bestellende (Amts-)Vormund sich selbst nicht zur ordnungsgemäßen Vertretung in der Lage sieht[15]. Grundsätzlich

---

11 Münchener Kommentar zum BGB, 7. Auflage § 1791b RN 3; OLG Celle, FamRZ 2016, 647.
12 Schmid, FamRB 2016, 352–353.
13 Münchener Kommentar zum BGB, 7. Auflage § 1791b RN 15; OLG Bamberg, FamRZ 2016, 1270.
14 OLG Schleswig, FamRZ 2016, 1474; OLG Celle, FamRZ 2016, 647 ff.
15 Dafür: OLG Frankfurt/Main, JAmt 2014, 166 ff., eher dagegen; BGH, FamRZ 2014, 472

kann aber auch der bestellte (Amts-)Vormund einen Rechtsanwalt mit der Vertretung seines Mündels in diesen Verfahren mandatieren.

Ist ein Vormund bestellt, obliegt die Überwachung der Vormundschaft dem Rechtspfleger bei dem zuständigen Gericht.

Fallbeispiel:

Der betroffene Flüchtling A aus Syrien gibt an 16 Jahre alt zu sein. Ausweispapiere kann er nicht vorlegen. Das angegebene Alter wird durch eine Alterseinschätzung bestätigt. Er wird vom Jugendamt Trier in Obhut genommen. Er hält sich mit seinem 20-jährigen Bruder B, der mit ihm eingereist ist, in einer Aufnahmeeinrichtung in Trier auf und ist dem Jugendamt der Kreisverwaltung Wittlich/Bernkastel-Kues zugewiesen. Dieses beabsichtigt, ihn in einer Einrichtung im Kreis Wittlich betreuen zu lassen. Der Betroffene erklärt, seine Eltern befänden sich in einem Kriegsgebiet in Syrien, Kontakt habe er mit ihnen nicht.

Der Betroffene wünscht sich gegenüber dem Jugendamt, dass die Vormundschaft von seinem Bruder übernommen wird, da er fürchtet, sonst von diesem getrennt zu werden. Der Bruder erklärt sich für die Übernahme der Vormundschaft bereit. Er spricht allerdings die deutsche Sprache nicht. Er hat keine eigene Familie. Er hat die Schule besucht und drei Jahre lang als Verkäufer gearbeitet. Er hat allerdings in Syrien häufig seinen Bruder betreut. Dies hat er auch während der Flucht übernommen.

1. Was ist zu veranlassen?
2. Wie könnte eine gerichtliche Entscheidung aussehen?
3. Was kann der Minderjährige unternehmen, wenn er nicht mit der Entscheidung einverstanden ist?

Lösung:

1. Zu veranlassen ist eine Mitteilung an das örtlich zuständige Amtsgericht Trier, ein Verfahren betreffend das Ruhen der elterlichen Sorge einzuleiten. Dabei sind die oben genannten Daten mitzuteilen. Insbesondere sollte hier darauf geachtet werden, auch das Alter und die Anschrift des Bruders des Betroffenen mitzuteilen sowie den Wunsch des Betroffenen, dass dieser zum Vormund bestellt werden soll. Weiterhin sollte eine Einschätzung der Eignung des Bruders zur Führung der Vormundschaft erfolgen.
2. Die Voraussetzungen des § 1674 liegen vor. Der Betroffene A ist auch nach seinem syrischen Heimatrecht minderjährig. Die Volljährigkeitsgrenze liegt dort ebenfalls bei 18 Jahren. Die Eltern sind nicht erreichbar, sodass sie tatsächlich gehindert sind, die elterliche Sorge auszuüben. Bei der Auswahl des Vormunds ist die Eignung des Bruders des Betroffenen zu prüfen. Für eine Übernahme der Vormundschaft spricht

die frühere Betreuung durch den Bruder und die dadurch bestehende Nähe zu dem Betroffenen (§ 1779 Abs. 2 BGB). Dagegen sprechen die fehlenden Sprach- und Rechtskenntnisse sowie die Tatsache, dass der Betroffene sich auch erst seit kurzem in Deutschland aufhält und noch keine eigenen Erfahrungen in der Ausübung der elterlichen Sorge z. B. für eigene Kinder gemacht hat. Im Ergebnis spricht mehr dagegen als dafür, den Bruder zum Vormund zu bestellen.
3. Dem Minderjährigen ist das Rechtsmittel der Beschwerde gegeben. Er ist selbst nach § 60 FamFG beschwerdeberechtigt. Er muss die Beschwerde beim zuständigen Amtsgericht einlegen.

Ende des Ruhens der elterlichen Sorge/ Beendigung der Vormundschaft

Beendigung wegen Volljährigkeit des Betroffenen:
Die Vormundschaft endet mit der Volljährigkeit des Betroffenen. Solange dieser nicht nach § 3 AsylG durch behördliche oder gerichtliche Entscheidung als Flüchtling in Deutschland anerkannt ist, beantwortet sich diese Frage weiterhin nach dem Heimatrecht des Betroffenen (Art. 7 EGBGB).

Im Falle einer Anerkennung ist umstritten, ob über Art. 12 Abs. 1 der Genfer Flüchtlingskommission deutsches Recht anzuwenden ist[16.] Ein gerichtlicher Beschluss über die Aufhebung der Vormundschaft ist nicht erforderlich, sondern rein deklaratorisch[17].

Erreichbarkeit der Eltern:
Sind die Eltern wieder in der Lage, die elterliche Sorge auszuüben, z. B., indem sie sich ebenfalls in der Bundesrepublik Deutschland aufhalten, sind die Feststellung des Ruhens der elterlichen Sorge wie auch die Anordnung der Vormundschaft aufzuheben. In diesem Fall ist es wichtig, dem Gericht unverzüglich das Eintreffen der Eltern, deren Anschrift sowie möglicherweise Vorhandene Nachweise über die Elternschaft (Ausweise, Registerauszüge etc.) zur Verfügung zu stellen, damit das Gericht ein entsprechendes Verfahren einleiten kann.

Abgängigkeit des Betroffenen:
Immer wieder sind Betroffene auch abgängig, sei es, weil sie untertauchen oder ins Ausland weiterreisen. In diesem Fall kann der Vormund seine Aufgabe nicht mehr erfüllen, weswegen die Vormundschaft auch dann aufgehoben werden kann. Auch in diesem Fall sollte das Gericht unterrichtet werden.

---

16 Dagegen: OLG Karlsruhe, FamRZ 2015, 1820; dafür: OLG Brandenburg, StAZ 2017, 111
17 Vgl. OLG Karlsruhe, FamRZ 2015, 1820

Ausreise des Betroffenen:
Gleiches gilt auch im Fall der Ausreise des Minderjährigen, insbesondere zu seiner Familie. Sollte eine Anschrift im Ausland bekannt sein, sollte sie dem Gericht mitgeteilt werden, damit das Gericht die Entscheidung auch dem Betroffenen zustellen kann.

Weitere Verfahren: Kindeswohlgefährdung (§ 1666 BGB), elterliche Sorge (i. B. § 1671 BGB), Umgang, Gewaltschutzverfahren (§ 1 ff. GewSchG)

In letzter Zeit sind auch Verfahren mit Flüchtlingsfamilien betreffend eine Kindeswohlgefährdung, die elterliche Sorge oder den Schutz vor Gewalt anhängig geworden. Dabei stellt sich oft die Problematik häusliche Gewalt oder nach hiesigen Maßstäben inadäquate Erziehungsmethoden.

Hierbei gelten grundsätzlich die gleichen Kriterien wie für Verfahren, an denen keine Flüchtlingsfamilie beteiligt ist. Deswegen wird hier nur auf einige Besonderheiten eingegangen.

Mitteilung nach § 8a SGB VIII im Rahmen der Verfahren wegen Kindeswohlgefährdung:
In einer Mitteilung nach § 8a SGB VIII wegen Kindeswohlgefährdung sollte zusätzlich zu den üblichen Daten auch angegeben werden, welche Sprache die Beteiligten sprechen und ob zum Anhörungstermin ein Dolmetscher benötigt wird.

Materielles Recht:
Anwendbar ist deutsches Recht (Art. 15 KSÜ). Die mögliche Kindeswohlgefährdung orientiert sich am Maßstab des § 1666 BGB.

Fraglich ist, inwieweit Familienhilfen als mildere Mittel gegenüber einer Fremdunterbringung in Betracht kommen. Problematisch sind hier fehlende Sprachkenntnisse der betroffenen Familienmitglieder, die eine Kommunikation mit den Hilfspersonen erschweren.

Allerdings ist dem durch die Einschaltung von Dolmetschern oder in der Fremdsprache kundigen Hilfspersonen zu begegnen. Daher gilt auch in Bezug auf sprachunkundige Familien der Vorrang öffentlicher Hilfen nach § 1666a BGB uneingeschränkt.

Diese Möglichkeit besteht auch bei der Einrichtung begleiteter Umgangskontakte, sodass auch diese im Rahmen einer Umgangsregelung berücksichtigt werden können.

Dolmetscherkosten:
Benötigt der Verfahrensbeistand einen Dolmetscher, sind diese Kosten in der Pauschale von 350,00 Euro bzw. 550,00 Euro enthalten. Sie können

nicht gesondert dem Gericht in Rechnung gestellt werden[18]. Dies gilt auch dann, wenn sie im Verhältnis zu der Pauschale sehr hoch sind. Dolmetscherkosten, die im Rahmen eines Sachverständigengutachtens anfallen, sind Kosten der Begutachtung und können vom Sachverständigen in seiner Rechnung gegenüber dem Gericht abgerechnet werden. Dieser muss allerdings in der Regel in Vorleistung treten.

---

18 OLG München, FamRZ 2016, 571

Joachim Merchel

Jugendhilfeplanung

Zur Verständigung: Was ist „Jugendhilfeplanung"?

Mit „Jugendhilfeplanung" bezeichnet man die *infrastrukturbezogenen Planungs- und Gestaltungsprozesse in der Kinder- und Jugendhilfe* (zum Folgenden ausführlich: Merchel 2016). Neben der Handlungsebene „Infrastruktur" wird der Planungsbegriff auch für zwei weitere Handlungsebenen verwendet: für die einzelfallbezogene Ebene, bei der es um das Herausfinden und Erörtern des für den Einzelfall richtigen Hilfeangebots für einen Leistungsadressaten geht (Hilfeplanung), und für die einrichtungsbezogene Konzept- und Programmplanung, bei der Akteure in einer Einrichtung überlegen, mit welchem fachlichen (und organisatorischen) Konzept sie welche konkreten Angebotsformen in einer Einrichtung entwickeln und präsentieren wollen. Der Begriff „Jugendhilfeplanung" richtet sich – im Unterschied zu den Ebenen „Einzelfall" und „Einrichtung/Organisation" – auf die Ebene der (in der Regel lokalen bzw. regionalen/kommunalen) Infrastruktur, die von vielen Trägern (öffentliche, freie gemeinnützige, privatgewerbliche) getragen und mit verschiedenartigen Angeboten ausgestaltet wird. Die Infrastrukturplanung wirkt sich zwar auf die beiden anderen Handlungsebenen aus, jedoch ist im Sprachgebrauch sorgfältig zu unterscheiden zwischen *Hilfe*planung, welche die Einzelfallebene anspricht, und *Jugendhilfe*planung, womit die Planung der trägerübergreifend angelegten Leistungs- und Angebotsstruktur bezeichnet wird.

Die Definition der Zuständigkeit von Jugendhilfeplanung ist nicht auf die im SGB VIII benannten Angebote der Kinder- und Jugendhilfe beschränkt, sondern in der Ausrichtung auf die Regelungen in § 1 Abs. 3 Nr. 4 und § 80 Abs. 4 SGB VIII soll sich die Jugendhilfeplanung in Kooperation mit anderen örtlichen und überörtlichen Planungsfeldern (z. B. kommunale Bildungsplanung, kommunale Gesundheitsplanungen, Verkehrsplanungen, Grünflächenplanungen, Planungen zum Kulturbereich etc.) begeben, damit die kommunalen Planungen „insgesamt den Bedürfnissen und Interessen der jungen Menschen und ihrer Familien Rechnung tragen" (§ 80 Abs. 4 SGB VIII). Es geht also sowohl um die planerische Gestaltung der Leistungs- und Angebotsstruktur in der Kinder- und Jugendhilfe als auch darum, Verkoppelungen zwischen den Planungen in unterschiedlichen kommunalen Handlungs- und Politikfeldern anzuregen und aktiv mitzugestalten.

Nach den Anforderungen des § 79 Abs. 2 SGB VIII soll Jugendhilfeplanung in *drei Planungsdimensionen* ihren Gestaltungsauftrag realisieren:

- in einer qualitativen Dimension, bei der zu bestimmen ist, welche Angebote der Jugendhilfe „erforderlich" und im fachliche Sinne „geeignet" sind;
- in einer quantitativen Dimension, bei der zu definieren ist, bei welchem Umfang die Angebote als „ausreichend" angesehen werden können;
- in einer zeitlichen Dimension, bei der sich die Planungsdebatte auf die Frage richtet, bis zu welchen Zeitpunkten einzelne Angebote geschaffen oder verändert werden müssen, damit sie „rechtzeitig" vorhanden sind; hier ist auch wiederum ein qualitatives Kriterium angesprochen, denn das Kriterium „rechtzeitig" korrespondiert in der Fachdiskussion mit einer präventiven Ausrichtung der Jugendhilfe, dergemäß ein Angebot dann „rechtzeitig" zur Verfügung steht, wenn damit aufkommende oder sich verschärfende Problemsituationen aufgefangen oder in ihrer Zuspitzung aufgehalten werden können.

Da der Begriff „Planung" offen ist für viele Definitionsmöglichkeiten, hat der Gesetzgeber festgelegt, dass der Planungsauftrag nur dann als realisiert gelten kann, wenn *drei unverzichtbare Planungsschritte* realisiert werden (§ 80 Abs. 1 SGB VIII):

- Bestandserhebung – mit den Leitfragen: Welche Angebote zur Förderung und Hilfe für junge Menschen existieren? Entsprechen diese Angebote und Leistungen dem fachlichen Stand und dem Bedarf?
- Bedarfsermittlung (unter Berücksichtigung der Bedürfnisse und Interessen junger Menschen und Personensorgeberechtigter) – mit den Leitfragen: Welcher quantitative und qualitative Bedarf an Förderung und Hilfe ist aktuell und für die nähere Zukunft sichtbar und sollte im Hinblick auf Erweiterung/Neuschaffung von Angeboten oder Veränderung bestehender Angebote für die Infrastrukturgestaltung berücksichtigt werden? In welchem Umfang und in welcher Weise sollen Leistungsangebote neu geschaffen oder durch gezielte Weiterentwicklungsimpulse gegenüber Trägern und Einrichtungen verändert werden?
- Maßnahmeplanung – mit den Leitfragen: Welche Maßnahmen sollen entsprechend der Bedarfsdefinitionen in welchen Zeiträumen, in welchen Regionen und mit welchen Trägern realisiert werden? Nach welchen Kriterien sollen Prioritäten in der Bearbeitung der verschiedenen Maßnahmen gesetzt werden?

In den Fachdiskursen zur Jugendhilfeplanung haben sich einige *konzeptionelle Eckpfeiler und damit einhergehende methodische Verfahrensgrundsätze* herausgebildet, bei denen man mittlerweile – zumindest auf der

Diskursebene – von einer relativ breit getragenen fachlichen und fachpolitischen Positionierung ausgehen kann:

- Federführend bei den Planungsprozessen ist das Jugendamt (Gesamtverantwortung des Trägers der öffentlichen Jugendhilfe), jedoch sind die Träger und Einrichtungen der freien Jugendhilfe frühzeitig und umfassend zu beteiligen. Denn die Träger und Einrichtungen verfügen aus ihrer täglichen Praxis über wichtige planungsrelevante Kenntnisse zu den Lebenssituationen der Adressaten, zu den vorhandenen Angeboten und zu den Anforderungen an eine adäquate Angebotsgestaltung. Ferner ist man in einer pluralen Trägerlandschaft für eine angemessene Umsetzung der Planungsergebnisse auf die Mitwirkung der verschiedenen Träger angewiesen. Jugendhilfeplanung muss sich profilieren als eine „diskursive, beteiligungsorientierte Form der Steuerung".
- Eine gute Jugendhilfeplanung fußt auf einer sorgfältig und kompetent erhobenen Datenbasis, wobei die erhobenen Daten nicht „für sich sprechen", sondern stets der Bewertung in kommunikativen Prozessen bedürfen. Jugendhilfeplanung bedarf also einer empirisch ermittelten Grundlage.
- Bewertung durchzieht als wesentliches Element die gesamte Jugendhilfeplanung. Lebenssituationen von Adressatengruppen müssen im Hinblick auf Bedarf bewertet werden, die fachliche Angemessenheit des Bestandes an Angeboten und Leistungen muss eingeschätzt werden, in die Maßnahmeplanung gehen unterschiedliche Interessen und fachliche Schwerpunktsetzungen von Trägern ein, und ob sich die bei der Maßnahme Planung gewünschten Effekte tatsächlich und in angemessenem Umfang einstellen, muss ebenfalls als ein Bewertungsvorgang verstanden werden. Jugendhilfeplanung ist als nicht nur eine diskursive Form der Steuerung, sondern angesichts der Bewertungsintensität auch als „ein reflexiv zu gestaltender Steuerungsvorgang" zu konzipieren.
- Jugendhilfeplanung ist zu gestalten als ein kontinuierliches Prozessgeschehen. Ein Planungsbericht mit Vorschlägen zu Entscheidungen ist kein „Endergebnis" von Planung, sondern als ein Zwischenergebnis zu betrachten, dessen Umsetzung evaluativ begleitet werden muss und das durch neue Entwicklungen immer wieder der weiteren Diskurse („Fortschreibung") bedarf.
- Die Jugendhilfeplanung vollzieht sich in zwei methodischen Grundmustern, die sich einander nicht ausschließen, sondern in Ankoppelung zueinander praktiziert werden: ein bereichsorientierter Zugang zum Planungsfeld, bei dem die verschiedenen Handlungsfelder der Kinder- und Jugendhilfe arbeitsteilig und sukzessive (als verschiedene „Bausteine" der Gesamtplanung) unter Pla-nungsgesichtspunkten bearbeitet werden, sowie eine sozialraumorientierte Zugangsweise, bei der über eine sozial-

räumliche Analyse der Lebensverhältnisse und der Infrastruktur der sozialräumlich sichtbar gemachte Bedarf an Hilfe und Förderung erkundet und in eine sozialräumliche Form der Bearbeitung (mit kooperierenden unterschiedlichen Institutionen im Sozialraum) eingebettet werden soll. Ergänzend zu diesen beiden wird bisweilen ein zielgruppenorientiertes Vorgehen als dritter methodischer Zugang praktiziert, bei dem die Lebenssituation und der Hilfebedarf umgrenzter Zielgruppen analysiert und im Hinblick auf einen Handlungsbedarf der Kinder- und Jugendhilfe bewertet werden soll.

Zu erwähnen ist noch, dass selbstverständlich die Jugendhilfeplanung eine angemessene personelle, konzeptionelle und organisationale Struktur benötigt, damit der elementare Planungsauftrag (§§ 79/80 SGB VIII) qualifiziert und kontinuierlich realisiert werden kann: qualifiziertes Personal in dem der Komplexität des Planungsauftrags entsprechenden Umfang, transparente Aufgabenbeschreibung („Profil"), geregelte Kooperationsmodalitäten und Orte für Planungsdiskurse (zwischen Planungssachgebiet und freien Trägern, innerhalb des Jugendamtes, zwischen den Planungssachgebieten unterschiedlicher Ämter/Fachbereiche/Dezernate), angemessene organisationale Anbindung im Jugendamt etc. und nicht zuletzt eine planungsförderliche Reflexion ermöglichende und herausfordernde Organisationskultur im Jugendamt.

Herausforderungen und Handlungsorientierungen beim Einbezug der Lebenssituation von geflüchteten jungen Menschen und Familien in Planungsprozesse

Generell erfordert der Auftrag des § 9 SGB VIII, „die jeweiligen besonderen sozialen und kulturellen Bedürfnisse und Eigenarten junger Menschen und ihrer Familien zu berücksichtigen", eine differenziert auf Lebenswelten ausgerichtete, auch als „migrationssensibel" bezeichnete Jugendhilfeplanung (Müller/Stauf/Teupe 2010). Der Blick auf die Lebenssituationen von geflüchteten Menschen macht deutlich, dass der Begriff „Migration" eine Sammelkategorie darstellt, die deswegen noch wenig aussagt, weil in diesem Begriff verschiedenartige Lebenssituationen von Menschen mit heterogener Migrationsgeschichte zusammengefasst werden und diese Kategorie ohne eine Differenzierung und ohne ein differenziertes Hinsehen wenig aussagekräftig ist.

Die kommunale Jugendhilfeplanung steht unter dem Aspekt „Migration" vor den Anforderungen,

- die Lebenssituationen von Kindern und Jugendlichen aus Familien mit Migrationsgeschichte differenziert zu analysieren;

- unter den Aspekten des Hilfe- und Förderungsbedarfs der Kinder und Jugendlichen aus verschiedenen Bevölkerungsgruppen (auch derer mit Migrationsgeschichte) und der interkulturellen Zugänglichkeit den Bestand an Einrichtungen/Diensten und Angeboten zu bewerten;
- auf der Grundlage einer differenzierenden Bedarfserörterung und unter der Anforderung der „interkulturellen Öffnung" Perspektiven der Maßnahmeplanung zu entwerfen.

Eine differenzierende Bewertung der Lebenssituation von geflüchteten jungen Menschen, die mit oder ohne ihre Familien geflüchtet und in Deutschland angekommen sind, muss drei Personengruppen unterscheiden (Lüders 2016, S. 6):

- unbegleitete minderjährige Geflüchtete, die zunächst von der Jugendhilfe in Obhut genommen wurden und die entsprechend dem jeweiligen individuellen Bedarf unterstützt und gefördert werden sollen;
- Kinder und Jugendliche, die in Begleitung ihrer Familienangehörigen in Deutschland Schutz gesucht haben;
- die begleiteten anerkannten, die geduldeten jungen Geflüchteten und die volljährig gewordenen unbegleiteten Geflüchteten, die entsprechend ihrer Lebenssituationen und ihrer Lebensperspektiven zum einen Unterstützungsbedarf haben in Schule, Ausbildung und Integration auf dem Arbeitsmarkt, zum anderen aber auch jenseits dieser Felder möglicherweise Hilfen benötigen, um die sich Jugendhilfe im Sinne einer Förderung junger Volljähriger zu kümmern hat.

Eine notwendige Betrachtung der Besonderheiten der Zielgruppen ist in eine Balance zu bringen mit einer generalisierenden, integrativen Sicht auf die Bedürfnisse von geflüchteten Kindern und Jugendlichen. Denn deren Grundbedürfnisse unterscheiden sich zu einem erheblichen Teil nicht von denen anderer Kinder und Jugendlicher – dem Bedürfnis nach Sicherheit und Geborgenheit, das Bedürfnis nach Kontakt zu Gleichaltrigen, dem Bedürfnis nach verlässlichen Ansprechpersonen für Unterstützung bei den vielfältigen Aufgaben der Alltagsbewältigung, dem Wunsch nach Gestaltungsmöglichkeiten für das eigene Leben etc. Sicherlich unterscheiden sich minderjährige Flüchtlinge von anderen Adressaten der Jugendhilfe „im Hinblick auf ihren rechtlichen Status, (…) anfängliche Schwierigkeiten bezüglich der sprachlichen Verständigung sowie mitunter den Bedarf an therapeutischer Versorgung" (Brinks/Dittmann/Müller 2015, S. 284), aber sie sind zunächst einmal Kinder und Jugendliche, die ihrer zu erkundenden Lebenssituation entsprechend Hilfeangebote erhalten sollen, in denen die für sie erforderlichen Unterstützungen mit ihnen gemeinsam entwickelt werden sollen.

Rechtlich ist festzuhalten, dass

"sowohl begleitete als auch unbegleitete geflüchtete Kinder und Jugendliche (...) grundsätzlich Zugang zur Kinder- und Jugendhilfe (haben). Dies folgt aus § 6 SGB VIII, der im Lichte der Vorgaben des europäischen und internationalen Kindschaftsrechts auszulegen ist. Zuständig, Maßnahmen zum Schutz des Kindes zu treffen, sind gemäß Art. 5 Abs. 1 Haager Kinderschutzübereinkommen (KSÜ) die Behörden des Vertragsstaats, in dem das Kind seinen gewöhnlichen Aufenthalt hat. (...) Geflüchtete Kinder und Jugendliche haben (...) mit Begründung des tatsächlichen Aufenthalts in Deutschland Zugang zur Kinder- und Jugendhilfe" (Deutscher Verein 2016, S. 16; vgl. auch Wapler 2016).

Da das Haager Kinderschutzübereinkommen nur für Minderjährige gilt, haben junge Volljährige nur dann "Zugang zu Leistungen nach dem SGB VIII, wenn sie ihren gewöhnlichen und rechtmäßigen Aufenthalt in Deutschland haben bzw. eine Duldung besitzen, § 6 Abs. 2 SGB VIII" (Deutscher Verein 2016, S. 16). In die Prozesse der Jugendhilfeplanung sind somit alle Leistungsbereiche der Kinder- und Jugendhilfe einzubeziehen bei der Bearbeitung der Frage, ob die jeweiligen Angebote geeignet sind, dem Unterstützungsbedarf den Zielgruppen "geflüchtete Junge Menschen und ihre Familien" gerecht zu werden, und ob diesbezüglich Änderungen oder Ausweitungen bei der Angebotsgestaltung realisiert werden sollen.

Jugendhilfeplanung hat hier zum einen unter quantitativem Gesichtspunkt zu fragen, ob für die jungen Menschen mit Fluchtgeschichte ausreichend Förderungsangebote vorhanden sind und ob ggf. Förderungsangebote zu schaffen sind. Zum anderen muss über Jugendhilfeplanung der Dialog darüber organisiert werden, ob die Akteure der vorhandenen Angebote ausreichend in der Lage sind, ihre Einrichtungen und Angebote für die Zielgruppen der geflüchteten jungen Menschen und deren Familien zu öffnen und darüber einen Beitrag zu leisten für eine allmähliche Integration dieser Zielgruppen in die sozialräumlichen Konstellationen.

Die Perspektive der Jugendhilfeplanung sollte sich weniger auf das Schaffen spezialisierter Angebote für die Zielgruppen der geflüchteten Menschen und ihrer Familien ausrichten, sondern sie sollte sich leiten lassen vom Prinzip der Förderung von Integration in sozialräumliche Konstellationen durch Teilhabe an Regelangeboten der Kinder- und Jugendhilfe. Dies schließt nicht aus, dass in besonderen Situationen für eine begrenzte Zeit auch spezialisierte "Brückenangebote" geschaffen werden, weil Plätze in Regelangeboten aktuell nicht ausreichen oder weil solche zeitlich begrenzten "Brückenangebote" den Zugang zu Regelangeboten erleichtern (Beispiel: sozialpädagogisch begleitete Kindertagespflege in sogenannten "Kinderstuben" oder "Spielgruppen" in Flüchtlingseinrichtungen; "Willkommensgruppen" mit sprachorientierten Modalitäten der Eingewöhnung; Schneckenburger 2016; Wapler 2016, S. 351). Doch sollte Jugendhilfeplanung darauf achten, dass solche spezialisierten Angebote entweder Behelfslösungen in einer akuten Drucksituation bleiben oder konzeptionell und zeitlich begrenzt so ausgerichtet bleiben, dass sie den Übergang in das Regelsystem ermöglichen; es wäre im Sinne einer Integrationsperspektive problematisch, wenn sich aus solchen Angeboten dauerhaft spezialisierte Einrichtungen ergeben würden.

Um solche sozialräumlichen Integrationsperspektiven zu verfolgen, sollten die Akteure der Jugendhilfeplanung das realisieren, was auch ansonsten zentrale Aufgaben sind:

- eine möglichst zielgruppenbezogene und sozialräumlich differenzierte Analyse der Lebenssituation der o. g. Zielgruppen der geflüchteten jungen Menschen und Familien vornehmen sowie
- Dialoge mit Trägern organisieren, um Prozesse der Angebotsüberprüfung, der zielgruppenbezogenen Angebotsveränderung und der möglichen Angebotserweiterung in den vorhandenen Organisationen anzustoßen und kontinuierlich anzuregen, zu bündeln, zu koordinieren und diese Prozesse samt ihren praktischen Ergebnissen zu evaluieren.

In solche Dialoge sollten zum einen die Migrationsdienste und Migrantenorganisationen sowie zum anderen relevante Akteure aus anderen kommunalen Bereichen eingebunden werden. Auf diese Weise kann Jugendhilfeplanung zum Bestandteil eines „lokalen Integrationsmanagements" werden (Deutscher Verein 2016, S. 9). Auch hier gilt, dass die verstärkte Berücksichtigung der Zielgruppen der Geflüchteten in den Planungsdiskursen zwar die Komplexität dieser Diskurse erweitert, jedoch im Grundsatz lediglich die allgemeinen konzeptionellen Handlungsgrundsätze der Jugendhilfeplanung konsequent weiterführt, also konzeptionell nichts Neues beinhaltet:

- differenzierte Betrachtung der Lebenssituation verschiedener Zielgruppen;
- Einbindung der Angebote und des Leistungsspektrums der Einrichtungen und Träger der Kinder- und Jugendhilfe in eine sozialräumliche, auf Integration bedachte Handlungsperspektive;
- (selbst)kritische bewertende Betrachtung der fachlichen Ansätze und organisationalen Strukturierung der Angebote unter der Leitfrage, ob auch die unterschiedlichen Zielgruppen adäquat erreicht werden, und ggf. Erarbeiten daraus folgender Perspektiven zur Weiterentwicklung;
- Organisieren, Gestalten und Aufrechterhalten ergebnisbezogener planerischer Diskurse zur Bewertung und Koordination von Angeboten;
- Einbringen der Kinder- und Jugendhilfe in miteinander verkoppelte, tendenziell integrierte kommunale Planungsprozesse.

Die neue Herausforderung, mit der die Jugendhilfe und die Jugendhilfeplanung durch die Zielgruppen geflüchteter junger Menschen und Familien konfrontiert wurden, liegt in der Ausweitung der thematischen Komplexität: Beachtung hinzugekommener Zielgruppen mit der Notwendigkeit einer differenzierenden Analyse von Lebenssituation, Hilfebedarf und notwendigen Angeboten. Dies erfordert einen ausgeweiteten Blick, die Aneignung von Kenntnissen zur angemessenen Interpretation von Hilfebedarf und ein Sich-Einlassen auf bisher weniger beachtete Kategorien und Bewertungsmaßstäbe bei der Erörterung zu vorhandenen Angeboten.

Für die Jugendhilfeplanung bedeutet die Konfrontation mit den Zielgruppen „geflüchtete Kinder/Jugendliche mit und ohne ihre Familien" also beides: einerseits im Hinblick auf die Verfahrensorientierungen im Grundsatz nichts Neues, denn das, was von der Jugendhilfeplanung zu beachten und umzusetzen ist, gilt auch für den Einbezug der „neuen" Zielgruppen – andererseits erweitert sich durch die neuen Zielgruppen jedoch das inhaltliche Spektrum, das bei den Verfahren der Jugendhilfeplanung einzubeziehen ist, es vollzieht sich also eine thematische Komplexitätserweiterung.

Literatur

Brinks, Sabrina/Dittmann, Eva/Müller, Heinz (2015): Unbegleitete minderjährige Flüchtlinge in der Kinder- und Jugendhilfe – aktuelle Entwicklungen. In: Zeitschrift für Jugendkriminalrecht und Jugendhilfe (ZKJ) 3/2015, S. 281–285.

Deutscher Verein für öffentliche und private Fürsorge (2016): Empfehlungen des Deutschen Vereins zur Förderung der Integration geflüchteter Menschen. https://www.deutscher-verein.de/de/empfehlungenstellungnahmen-2016-empfehlungen-des-deutschen-vereins-zur-foerderung-der-integration-gefluechteter-menschen-2285,1036,1000.html (Abfrage: 31.01.2017).

Lüders, Christian (2016): Kinder und Jugendliche nach der Flucht. In: DJI-Impulse 3/2016, S. 4–6.

Merchel, Joachim (2016): Jugendhilfeplanung. Anforderungen, Profil, Umsetzung. München und Basel.

Müller, Heinz/Stauf, Eva/Teupe, Ursula (2010): Migrationssensible Jugendhilfeplanung. In: Maykus, Stephan/Schone, Reinhold (Hrsg.): Handbuch Jugendhilfeplanung. 3. Auflage Wiesbaden. S. 359–374.

Schneckenburger, Daniela (2016): Bildungswege für junge Flüchtlinge in Deutschland. Aus der Perspektive einer Kommune. In: Recht der Jugend und des Bildungswesens 3/2016, S. 364–368.

Wapler, Friederike (2016): Sozialrechtliche Leistungen der Bildungsförderung für junge Flüchtlinge. In: Recht der Jugend und des Bildungswesens 3/2016, S. 345–363.

Teil 8:
Ressourcen in Kultur und Sport

Irma Jansen

Ressourcenorientierte Projektarbeit mit geflüchteten Kindern und Jugendlichen

Projektarbeit nimmt in Feldern der sozialen Arbeit mit Kindern, Jugendlichen und jungen Heranwachsenden eine zunehmend hohe Bedeutung neben den Regelangeboten der Träger ein. Dies kann im Hinblick auf die Ausdünnung der personellen Grundausstattung von Trägern durchaus kritisiert werden. Gleichzeitig aber bieten Projekte durch ihre Offenheit in Bezug auf Ziel, Struktur und Prozessgestaltung ein hohes Maß an Innovation, die aus der Differenz zu den Standardabläufen entstehen kann. Zudem weisen qualifizierte Projekte sich dadurch aus, dass sie über Konzepte verfügen, die ihre fundierende wissenschaftliche Grundorientierung, ihre Expertise zur Adressatengruppe, die Zielbestimmung sowie ihre Methoden und Qualitätskriterien darlegen. Konstitutiv für diese Form von Projektarbeit ist darüber hinaus die Evaluation und Dokumentation ihrer Ergebnisse. Der im Folgenden vorgestellte Ansatz einer ressourcenorientierten Projektarbeit mit geflüchteten Kindern und Jugendlichen bezieht Erfahrungen aus zehn Theorie- und Praxisprojekten (Laufzeit zwölf Monate) mit geflüchteten Kindern und Jugendlichen ein, die zwischen 2015 und 2017 von Studierenden der Fachhochschule Münster durchgeführt wurden. Die herangezogenen Projektergebnisse entstanden in Kooperation mit Sozialarbeitern, ehrenamtlichen Helfern und Schulen im kommunalen Einzugsraum der Projekte. Sie richten sich insbesondere an Kinder, Jugendliche und Heranwachsende, die (bei Minderjährigen) mit Angehörigen (bei Volljährigen) allein oder zu mehreren in angemieteten Wohnungen oder in Sammelunterkünften untergebracht waren.

Ressourcenorientierte Projektarbeit wird hier so verstanden, dass für deren Konzeptualisierung Wissensbestände herangezogen werden, die ihren Fokus auf die Wahrnehmung und Förderung von Ressourcen und Bewältigungspotenzialen der Adressat/inn/en ausrichten. Als wissenschaftliche Rahmungen dienen dabei neben der Fachdiskussion zur Bedeutung von Ressourcenaktivierung (z. B. Herriger 2006) der Bezug auf das Kohärenzgefühl als Parameter biopsychosozialen Wohlbefindens (z. B. Antonovsky 1979), die Ergebnisse der Resilienzforschung (z. B. Zander 2011) als Parameter für die Bewältigung kritischer Lebensereignisse im kindlichen Entwicklungsraum sowie Erkenntnisse zum Zusammenspiel von Schutz- und Risikofaktoren (z. B. Opp/Fingerle 2007).

In Bezug auf ihre Gestaltung wird ressourcenorientierte Projektarbeit so verstanden, dass sie sich an der Herstellung einer haltgebenden Atmosphäre und einem partizipativ-dialogischen Zugang zu den Adressat/inn/en orientiert. Dies setzt Kenntnisse zu Lebensbedingungen und Lebenswirklichkeit von geflüchteten Kindern und Jugendlichen sowie Kompetenzprofile, die einen kreativen, lebendigen und altersgerechten (nicht nur sprachlichen) Zugang zur Zielgruppe ermöglichen, voraus.

In der Verknüpfung von Empowerment und Ressourcenmanagement verdeutlicht Herringer die zentrale Stellung der Verfügbarkeit von personalen und sozialen Ressourcen u. a. zur Befriedigung von Grundbedürfnissen, zur Realisierung langfristiger Identitätsziele, zur Bewältigung altersspezifischer Entwicklungsaufgaben und zur gelingenden Bearbeitung von belastenden Alltagsanforderungen (Herriger 2006, S. 3).

Gleichzeitig verweist er darauf, dass Ressourcen keine generalisierte Wirksamkeit entfalten, sondern erst im Hinblick auf zur Lösung anstehende konkrete Aufgaben und Problemsituationen wirksam werden (Herriger 2006). Schiepek und Cremers verweisen ebenfalls auf Ressourcen als „relationale Konstrukte", die ihre Wirksamkeit und ihren Wert erst dann entfalten, wenn sie zur Bewältigung von Anforderungen aktiv genutzt werden (Schiepek/Cremers 2003). Anknüpfend an diese Ergebnisse richtet ressourcenorientierte Projektarbeit sich nicht nur darauf aus, personale und soziale Ressourcen der Beteiligten sichtbar zu machen und zu würdigen, sondern sie (je nach Projektausrichtung und Altersgruppe) auch zielbezogen und pragmatisch zu nutzen im Hinblick auf die Bewältigung und Gestaltung von biografischen Herausforderungen (z. B. für die Planung schulischer oder beruflicher Bildungsprozesse).

Im Blick auf geflüchtete Kinder und Jugendliche als Adressaten sozialpädagogischer Projektarbeit stellt sich die Frage, ob die hier herangezogenen Forschungsergebnisse transkulturell übertragbar sind. In diesem Zusammenhang verweist Uslucan auf eine notwendige Skepsis gegenüber der These transkultureller Gültigkeit individualistischer Selbstkonzepte Diese würden sich an der Fähigkeit internaler Kontrolle und aktiven, problembezogen Handelns ausrichten, verkennen aber

> „(...) dass unter bestimmten Umständen eine eher ‚orientalische', vermeidende, fatalistische Haltung durchaus funktional und förderlich sein kann (...) wenn tatsächlich die Bedingungen subjektiver Kontrolle nicht gegeben sind (...)" (Uslucan 2011, S. 560).

Das von Uslucan vertretene Prinzip der Wertschätzung gegenüber kulturell erworbenen Formen der Bewältigung (kaum aktiv beeinflussbarer und bedrohlicher Situationen) die nicht dem „aktiven Coping" entsprechen, gilt allerdings ebenso für kulturell eingefärbte, kollektive Muster westlicher Gesellschaften bzw. auch für nonkonforme und nicht sozialverträgliche, subkulturell eingefärbte Bewältigungsmuster, die sich z. B. aus ausgegrenzten und deklassierten Lebenslagen ergeben können (Wieland 2017). In der

Konsequenz kommt es darauf an, einen mehrperspektivischen Blick auf die Kontexte zu werfen, aus denen heraus Bewältigungsmuster (auch kollektive) entstehen und (insbesondere in Lebensverhältnissen, die von Repression und Ausweglosigkeit gekennzeichnet sind) wirksam werden.

Allerdings weisen Homfeldt/Schmitt zurecht darauf hin, dass zu transnationalen Biografien von geflüchteten Kindern und Jugendlichen bisher kaum ausreichendes Wissen (z. B. über Selbstreporte der Geflüchteten) existiert, das Auskünfte über die biografische Wirklichkeit (Lebenslage, Lebensbewältigung, subjektive Konstruktion von Selbstbehauptung) gibt (vgl. Homfeldt/Schmitt 2012, S. 174).

Eine die Ressourcen von geflüchteten Kindern und Jugendlichen betonende Perspektive bedeutet nicht zu ignorieren, dass die Biografien von geflüchteten Kindern und Jugendlichen durchgehend hohe Risiken und Belastungen aufweisen, denen sie im Herkunftsland, auf der Flucht und auch im Aufnahmeland ausgesetzt sind. Viele dieser Risiken und konkreten Erfahrungen erfüllen die Kriterien einer traumatischen Belastung (Homfeld/Schmitt 2016).

Die hier vorgestellte ressourcenorientierte Projektarbeit ist nicht darauf ausgerichtet, mit geflüchteten Kindern und Jugendlichen krisenhaft auftretende Folgen von Traumatisierungen zu bearbeiten. Gleichwohl ist es wichtig, dass Projektmitarbeiter/innen über Kenntnisse verfügen, die sich auf Modelle sequenzieller Verarbeitungsprozesse im Rahmen von Zwangsmigration (z. B. Keilson 2005) beziehen. Dies ist auch notwendig, um die Bedürfnislage einzelner Kinder wahrzunehmen und sie nicht durch überstarke Aktionszentrierung zu überfordern, denn:

> „Die Bereitstellung eines Sicheren Ortes bedingt gerade in dieser Sequenz [Anfangszeit am Ankunftsort] die Anerkennung von Disempowerment und somit die Möglichkeit passiv sein zu dürfen" (Zimmermann 2016, S. 207).

In diesem Sinne gehört es zum Konzept, dass die Projektmitarbeiter/innen in der Lage sind, ein stützendes, wohlwollendes und gastliches Gruppenklima zu entfalten, sodass auch deutlich stärker belastete Kinder und Jugendliche sich aufgehoben-akzeptiert fühlen und ihnen wohlmeinende Erwachsene als Ressource interaktiv zur Verfügung stehen. Lennertz (2016) weist im Rückgriff auf eine Studie von Montgomery darauf hin, dass für geflüchtete Kinder und Jugendliche die soziale Atmosphäre, die sie im Aufnahmeland erfahren, von zentraler Bedeutung für die Bewältigung des vorher Erlebten ist (vgl. Lennertz, S. 48). Umso wichtiger erscheint es, soziale Arrangements anzubieten, die darauf ausgerichtet sind, Bedürfnisse, Ressourcen und Bewältigungspotenziale der Kinder und Jugendlichen zu bestärken. Dabei greift eine auf Ressourcen geradezu „fixierte" Haltung ebenso kurz wie die Betonung von Hilflosigkeit und Hilfsbedürftigkeit der Kinder und Jugendlichen. Geflüchtete Kinder und Jugendliche bringen in jedem Fall biografische Ressourcen mit, die ihrer Kultur, ihren Familien, ihren Traditionen bzw. den Herausforderungen ihrer Lebensführung und Lebensbewältigung entstammen.

Einen Zusammenhang zwischen der Verfügbarkeit von personalen und sozialen Ressourcen und zentralem Lebensgefühl im Aufnahmeland stellt der vom Frankfurter Institut für Sozialarbeit und Sozialpädagogik 2016 veröffentlichte Zwischenbericht zum Projekt „Young Refugees NRW" her. Im Rahmen dieses Projektes wurden aus den Aussagen von geflüchteten Kindern und Jugendlichen drei zentrale Gruppencluster gebildet:

- *Gruppe 1: Diejenigen, die sich subjektiv wohlfühlen.* Darin finden sich überwiegend junge Geflüchtete, die mit ihren Familien in Wohnungen leben. Sie fühlen sich gut betreut, gehen zur Schule, haben erwachsene Ansprechpartner von denen sie Unterstützung erhalten, haben gute Kontakte zu Kindern aus anderen Herkunftsländern sowie zu deutschen Kindern.
- *Gruppe 2: Die versorgten, aber emotional belasteten und eingeschränkten Kinder und Jugendlichen.* Hier finden sich überwiegend unbegleitete männliche Minderjährige, die eigenständig wohnen, sich aber wenig aufgefangen fühlen. Sie haben keinen Kontakt zu ihren Familien, leben in ständiger Sorge, stecken ihre ganze Energie in Bildung, nehmen Freizeitangebote aber kaum wahr. In dieser Gruppe finden sich aber auch geflüchtete Kinder und Jugendliche, die in Gemeinschaftsunterkünften ohne kindgerechte Ausstattung und Angebote leben. Sie bewegen sich ausschließlich im Milieu Geflüchteter, haben kaum Kontakte zu deutschen Kindern, auch wenn sie die Schule besuchen.
- *Gruppe 3: Diejenigen, die in ertragener Isolation und Ablehnung leben.* Darin befinden sich häufig nahezu erwachsene, unbegleitete minderjährige Geflüchtete, die in Wohngruppen leben. Sie erleben ihre Betreuer/innen nicht als nahe Bezugspersonen, fühlen sich im Stich gelassen, gehen z. T. nicht in die Schule und besuchen keine Sprachkurse (vgl. Institut für Sozialarbeit und Sozialpädagogik Frankfurt 2016).

Vor dem Hintergrund dieser Ergebnisse wird deutlich, dass ressourcenorientierte Projektangebote eine hohe Sensibilität für die individuelle Lebenssituation und die damit verbundenen Gefühlszustände der Kinder und Jugendlichen haben müssen. Es könnte sein, dass einige Kinder und Jugendliche mit der Aufgabe Ressourcen zu aktivieren überfordert sind, weil sie mit ihren Gefühlen von Hilflosigkeit, Trauer, Wut oder Verzweiflung bisher nicht verstanden oder aufgefangen werden konnten und weitergehende Versorgung benötigen.

Die Ergebnisse der Studie können auch so interpretiert werden, dass ressourcenorientierte Projektangebote insbesondere für Kinder und Jugendliche wichtig sind, die in Gemeinschaftsunterkünften leben bzw. für allein lebende junge Geflüchtete, die sich bisher wenig aufgefangen fühlen. Die Erfahrungen aus den durchgeführten Projekten zeigen, dass kreativ-lebendige und verlässlich-kontinuierliche Lernarrangements die Kinder und Jugendlichen (als Ergänzung zu anderen Versorgungsleistungen) stabilisieren können. In den niedrigschwellig angelegten Projekten (vor Ort) war es die Aufgabe der Studierenden, den Kindern und Jugendlichen als neugierige und kontaktfähige Begleiter/innen zu begegnen (Jansen 2011). Dafür mussten sie eine kritische Distanz zur eigenen Rolle einnehmen, die über bürgerschaftliches Engagement hinaus eine professionelle Haltung erfordert. Der Akzent dieser Rolle lag weniger auf empathischem „Mitschwingen", sondern eher auf einer kritischen Reflexion von eigenen Zuschreibungen und eigenen (nicht bewussten) Idealismen im Blick auf die geflüchteten Kinder und Jugendlichen. Es galt, eine gute Balance herzustellen zwischen fundiertem Wissen zur Lebenssituation und Lebenslage der geflüchteter Kinder und einer bewussten Haltung als interessierte Nichtwissende, als Kulturfremde und neugierig Fragende (Jansen 2011). Die Studierenden hatten für ihre Projektplanung und Konzeptentwicklung vier Monate Zeit. Fünf ressourcenorientierte Projekte wurden im Sozialraum (dort wo die Kinder und Jugendlichen leben) beworben und durchgeführt. Fünf Projekte dezidierter Ressourcenförderung fanden an Schulen statt.

Im Gegensatz zu den offenen Projektangeboten (z. B. junge Männer kochen, Frauen lernen Fahrrad fahren, orientalischer Tanz für Kinder), die auf ihre Weise sehr niedrigschwellig ansetzen konnten und die von den Geflüchteten selbst gewählt wurden, fanden die dezidiert Ressourcen fördernden Projekte im Kontext schulischer Willkommensklassen über mehrere Wochen ein- bis zweimal wöchentlich (jeweils drei Stunden) statt. Der Ablauf der Einheiten war didaktisiert und in der Folge von „Begrüßung, Warm-up, Hauptübung, Zusammenführung und Feedback" klar strukturiert. Die Rollenverteilung für Moderation, Anleitung, Prozessbegleitung und Prozessbeobachtung war für jede Gruppensitzung festgelegt. Nach Absprache mit den Teilnehmerinnen wurden die Projektergebnisse fotografisch festgehalten. Jedes Kind/jeder Jugendliche bekam zum Abschluss eine Projektdokumentation der Ergebnisse. Die eingesetzten kreativen Methoden wurden auf das Alter der Kinder und Jugendlichen abgestimmt und enthielten einen Wechsel u. a. von Bewegung, Theater, Musik, Malen, Gestalten, Teamspiele, Fotografie. Die zielführende, inhaltliche Orientierung auf die Förderung von Ressourcen stützte sich auf das im Vorfeld vermittelte Wissen über Bewältigungsressourcen, Resilienzfaktoren, Kohärenzgefühl, aber auch auf ein Wissen über Gruppenprozesse und die Wirkung von stützenden, Sicherheit gebenden Atmosphären (Weiß/Kessler/Gahleitner 2016). Trotz einer deutlichen Strukturierung der Handlungsabläufe sind die dezidiert Ressourcen fördernden Projekte keine Trainingsprogramme, sondern in Konzept und Haltung so angelegt, dass die teilnehmenden Kinder und Jugendlichen sich als (Mit-)Gestalter/innen erleben. Sie werden dazu angeregt, ihre Bedürfnisse, Ressourcen und Potenziale zu zeigen, neue zu entdecken, bzw. bisher nicht genutzte (im Sinne ihrer Zukunftswünsche) einzubringen. Im Rahmen der Konzeptstruktur wird gewährleistet, dass die herausgestellten Ressourcen gewürdigt (Präsentationsrunden) und Projektergebnisse adressatengerecht (z. B. Stärkenmappe, Schatzkiste, Fotodokumentation) dokumentiert und ausgehändigt werden. Für die Prozessgestaltung bedeutet dies, dass die gewählten Methoden zwar darauf ausgerichtet sind, Ressourcen zielbezogen zu aktivieren, dass die Kinder und Jugendlichen diesen Prozess aber durch ihr ko-kreatives Zusammenspiel (Petzold/ Orth 1990/2007a) modifizieren und mitgestalten. Die Förderung von Ressourcen geschieht damit auf mehreren Ebenen:

1. Sichert das Konzept in seiner Struktur von Aktion-Auswertung-Bewusstmachung-Würdigung-Transfer einen Zugang zu und die Anerkennung von individuellen und sozialen Ressourcen.
2. Ermöglicht der Einsatz kreativer Medien, mit ihren projektiven, visualisierenden, lebendig-aktivierenden Verfahren (Puppenspiel, Theater, Masken, Ton, Tanz-Bewegung, Gruppenspiele, Malen, Texte produzieren, Musik u. a. m.) die Wahrnehmung von Bedürfnissen und Ressourcen als ganzheitliche, auch leibliche Resonanzen, Emotion und Kognition umfassende Erfahrung. Gleichzeitig bieten die Medien einen Ausdrucksraum, der weitgehend auf Sprache verzichten kann.
3. Gewährt ein positives Gruppenklima/eine freundliche Atmosphäre (gestützt durch wohlmeinende und ermutigende Erwachsene) einen „gastlichen" Lernraum. Hier können die Kinder und Jugendlichen einen gemeinsamen Ideen- und Erfahrungspool (zum Umgang mit Bedürfnissen und zum Einsatz von Ressourcen) entwickeln und aus ihm – kollektiv und individuell – schöpfen.

Durch die Präsentation der jeweiligen Arbeitsergebnisse entstanden auch unter den Kindern und Jugendlichen in den Projekten Solidaritätserfahrungen im Hinblick auf teilbare emotional besetzte Zustände und Erinnerungen (z. B. fremd fühlen, Vermissen von Haustieren, der Sonne und dem eigenen Haus) aber auch Freude im gemeinsamen Blick auf biografische Ressourcen und antizipierte Möglichkeiten (z. B. Sicherheit, Schulbesuch, Studium, Beruf) in Deutschland.

Bei den Projektarbeiten mit älteren Jugendlichen wurde besonders wertgeschätzt, dass die Durchführenden gezielt etwas für sie vorbereitet hatten, dass sie einen Plan hatten, dass sie kompetent und damit ernst zu nehmend auf sie gewirkt haben. In vielen Projekten haben auch Studierende mitgewirkt, die selbst einen Migrationshintergrund hatten. Dies spielte insbesondere für die älteren jungen Männer eine positiv zu bewertete Rolle, während es bei den 10–14-Jährigen nicht besonders vermerkt wurde.

Abschließend soll hier auf die besondere Bedeutung schulischer Projekte mit geflüchteten Kindern und Jugendlichen verwiesen werden.

Wissenschaftler/innen aus dem sonderpädagogischen Kontext weisen auf die hohe Bedeutung der Schulen im Entwicklungsprozess geflüchteter Kinder hin und empfehlen, in Bezug auf deren Beschulung

> „(…) einen kreativen, handlungsorientierten und unter Umständen auch ganz nonverbalen Unterrichtsstil zu entwickeln, der Räume schafft, sich hinsichtlich der psychischen Entwicklung mit wichtigen Themen, wie z. B. ‚Herkunft', ‚Identität', ‚Kultur', ‚Umgang mit Neuem' (…)" (Adam/Bistritzky/Inal 2016, S. 20)

auseinanderzusetzen. Im Hinblick auf diese besondere Herausforderung an Schulen, mit geflüchteten Kindern und Jugendlichen zu arbeiten, zeigen die Erfahrungen zur dezidiert Ressourcenfördernden Projektarbeit, dass diese (aufgrund der klaren Konzept- und Zeitstruktur) sehr gut in den schulischen Rahmen eingepasst werden konnten. Auch waren den Lehrer/innen (überwiegend) Konzepte einer Kompetenz fördernden schulischen Projektarbeit bekannt, sodass die Arbeitslogiken von Schule und Sozialer Arbeit hier angeglichen werden konnten. In einem der durchgeführten Projekte übernahmen sechs Studierende die Anleitung und Prozesssteuerung von Projekteinheiten, mit jeweils zwei Stunden zweimal wöchentlich über einen Zeitraum von sechs Wochen. Die Studierenden wurden unterstützt von vier Lehrer/innen (mit denen das Konzept vorher besprochen wurde), sodass eine erwachsene Unterstützungsperson für je zwei Kinder zur Verfügung stand. Besonders wichtig war hier, dass die Projektverantwortung bei den Studierenden lag und es die Aufgabe der Lehrer/innen war, die Kinder zusätzlich (bei Bedarf) ermutigend zu unterstützen. Nach anfänglicher Rollenverunsicherung der Lehrer/innen, die sich darauf bezog von der Vorstellung abzuweichen, es wäre ihre Aufgabe, die Kinder (ggf. durch Ermahnung und Korrektur) zu konkreten Lernschritten mit definierten Ergebnissen anzuhalten, waren auch sie begeistert von den Möglichkeiten ausschließlich ermutigender Lernarrangements.

Zusammenfassend wird deutlich, dass eine ressourcenorientierte Projektarbeit mit geflüchteten Kindern und Jugendlichen auf der Handlungsebene sehr unterschiedlich nuanciert angeboten werden kann. Vor dem Hintergrund der hier beschriebenen Projekterfahrungen ist sie als gruppenbezogener Ansatz sehr gut geeignet, geflüchtete Kinder und Jugendliche niedrigschwellig (an ihren jeweiligen Lebensorten) bzw. gebunden als dezidierte Ressourcenförderung, z. B. an Schulen, frühzeitig zu erreichen und altersspezifisch zu unterstützen. In der Regel ist die in den durchgeführten Projekten überwiegend vorhandene Eins-zu-eins-Begleitung weder für die Fachkräfte Sozialer Arbeit noch für Lehrer/innen an Schulen so realisierbar.

Umso wichtiger ist es, dass Ausbildungseinrichtungen der Sozialen Arbeit durch Module, die längere Theorie-Praxis-Projekte vorsehen, Studierende für eine ressourcenorientierte und beteiligungsfördernde Projektarbeit mit geflüchteten Kindern und Jugendlichen qualifizieren und diese Projekte supervidierend begleiten.

Literatur

Adam, Hubertus/Bristritzky, Heidi/Inal, Sarah (2016): Seelische Belastung von Flüchtlingskindern und die Auswirkungen auf die Schule. In: Sonderpädagogische Förderung heute, 1/2016, S. 12–22.

Antonovsky, Aron (1979): Salutogenese. Zur Entmystifizierung der Gesundheit. Tübingen.

Herriger, Norbert (2006): Ressourcen- und Ressourcendiagnostik in der Sozialen Arbeit. Unveröffentl. Manuskript. http://www.empowerment.de/empowerment.de/files/Materialie-5-Ressourcen-und-Ressourcendiagnostik-in-der-Sozialen-Arbeit.pdf.
(Abfrage: Januar 2017).

Homfeld, Hans-Günther/Schmitt, Caroline (2016): Unbegleitete minderjährige Flüchtlinge – transnationale Vernetzung als Potenzial. In: Gahleitner, Silke Birgitta/Homfeldt, Hans Günther: Kinder und Jugendliche mit speziellem Versorgungsbedarf. Weinheim und Basel. S. 159–183.

Institut für Sozialarbeit und Sozialpädagogik Frankfurt (2016): www.youngrefugees.nrw. Frankfurt am Main.

Jansen, Irma (2011): Biografiearbeit im Hilfeprozess der Sozialen Arbeit. In: Hölzle, Christina/Jansen, Irma (Hrsg.): Ressourcenorientierte Biografiearbeit. Wiesbaden. S. 55–70.

Keilson, Hans (2005): Sequenzielle Traumatisierung bei Kindern. Gießen.

Lennertz, Ilka (2016): „Bring your families": Auswirkungen von Krieg und Flucht auf Bindungsmuster bei Flüchtlingskindern. In: Sonderpädagogische Förderung heute, Heft 1, S. 39–49, Weinheim und Basel.

Opp, Günther/Fingerle Michael (Hrsg.) (2007): Was Kinder Stärkt. Erziehung zwischen Risiko und Resilienz. 2. Auflage. München und Basel.

Petzold, Hilarion/Orth, Ilse (Hrsg.) (1990/2007a): Die neuen Kreativitätstherapien. Handbuch der Kunsttherapie. Theorie und Praxis. Band I, 4. Auflage. Bielefeld.

Schiepek, Günther/Cremers, Sandra (2003): Ressourcenorientierung und Ressourcendiagnostik in der Psychotherapie. In: Schemmel, Heike/Schaller, Johannes (Hrsg.): Ressourcen. Ein Hand- und Lesebuch zur therapeutischen Arbeit. Tübingen. S. 147–192. Tübingen.

Uslucan, Haci-Halil (2011): Resilienzpotenziale bei Jugendlichen mit Migrationshintergrund. In: Zander, Margherita (Hrsg.) Handbuch Resilienzförderung. Wiesbaden. S. 555–575.

Weiß, Wilma/Kessler, Tanja/Gahleitner, Silke Birgitta (2016): Handbuch Traumapädagogik. Weinheim und Basel.

Wieland, Norbert (2017): „... da wurd' ich dann'n brutalen Kerl!" Sind resiliente Strategien stets normkonform und sozialverträglich? In: Göppel, Rolf/Zander, Margherita (Hrsg.): Resilienz aus der Sicht der betroffenen Subjekte. Weinheim und Basel.

Zander, Margherita (Hrsg.) (2011): Handbuch Resilienzförderung. Wiesbaden.

Zimmermann, David (2016): „Geprügelte Hunde reagieren so". Zwangsmigration und Traumatisierung. In: Weiß, Wilma/Kessler, Tanja/Gahleitner, Silke Birgitta: Handbuch Traumapädagogik. Weinheim und Basel.

Bernward Hoffmann

Medien- und Kulturarbeit

„Alles bleibt anders" – Medien- und Kulturarbeit mit Geflüchteten ist Arbeit von und mit Menschen; die Intentionen von Kulturarbeit und künstlerisch-ästhetische Methoden im Kontext Sozialer Arbeit (vgl. Braune-Krickau 2013; Bockhorst/Reinwand-Weiss/Zacharias 2012; Meis/Mies 2011; Hoffmann u. a. 2004) sind gleich, aber zugleich divers, weil die beteiligten Menschen anders sind. Geflüchtete Menschen sollten nicht als Problem oder neue Zielgruppe wahrgenommen werden. Sie sind eine Herausforderung und Beunruhigung kultureller Ordnungen; Migration provoziert die Normalität von Bildung und Kulturarbeit (vgl. Mecheril u. a. 2010). Das löst Ängste und Strategien des Festhaltens und der Abgrenzung aus, ist aber pädagogisch als positiver Zukunftsprozess zu begreifen.

Wie kann eine konsequente und nachhaltige „Willkommens"-*Kultur* aussehen? Wie kann Medien- und Kulturarbeit daran mitwirken, die Zukunft willkommen zu heißen? Die Stimmungslage in der Bevölkerung spaltet sich zwischen Hilfsbereitschaft und Fremdenfeindlichkeit. „Stimmung" wird von öffentlicher Meinung (mit)bestimmt und die wiederum von Medien und kulturellen Inszenierungen. Was Medien zeigen und schreiben, ist Teil von „Kulturarbeit". Die professionellen Medien sind wie die künstlerisch kulturellen Institutionen unseres Landes (Theater, Museen, Galerien, Kinos …) eine „offizielle" Seite unserer Kultur. Aber Kulturarbeit hat noch eine andere Seite: das was gesellschaftliche Gruppen und kulturelle Initiativen vor Ort schaffen und das was die (geflüchteten) Menschen selbst zeigen und in den „sozialen" Medien veröffentlichen. Deutschland ist bunt und dazu gehören alle Farben.

Im vorliegenden Beitrag geht es um folgende Fragen: Was umfasst und begrenzt eigentlich Kultur und welche Dimensionen hat „Kulturarbeit" mit geflüchteten Menschen von der Ankunft bis zum Ziel einer kulturellen Integration? Welche Rolle spielen dabei Medien? Wie können interkulturelle Kompetenzen auf beiden Seiten wachsen?

Verständnis von Kultur und Soziokultur

Kultur in einem umfassenden Sinn ist das umgebende und aktiv geteilte Symbolsystem, in dem Menschen aufwachsen und in das sie hineinwachsen. Kultur prägt uns und wir prägen sie (mehr oder weniger) mit. Das umfasst inhaltliche Gemeinsamkeiten: Sitten, Normen, Gebräuche, materialisierte Gebrauchsgüter und ästhetische Gestaltungen u. a. Zugleich wird Kultur aber häufig geografisch und national als Ausdehnung bzw. Abgrenzung einer Gruppe bestimmt, die ähnliche kulturelle Traditionen und Praktiken hat. Ethnische Unterscheidungsmerkmale werden dabei als offensichtlich gesehen, aber darin erschöpft sich Diversität bzw. Heterogenität von Menschen nicht; die hat z. B. auch alters-, milieu-, geschlechts- und religionsspezifische und viele weitere Ausprägungen. Im größeren Maßstab werden *Kulturräume* unterschieden (westlicher, ostasiatischer, islamischer ...). Ein so skizziertes traditionelles Verständnis sieht Kulturen als voneinander differente Kugeln oder Inseln mit innerer Homogenität und klaren Abgrenzungen nach außen. Dagegen wenden sich Begriff und Konzept der „Transkulturalität" (Welsch 2009). Eine klare Homogenität haben Kulturen danach heute längst nicht mehr, sie durchdringen einander, überschreiten ihre Grenzen. Kulturelle Identität ist heute in unserer Lebenswelt Patchwork-Identität; Menschen sind in sich heute bereits durch Übernahme kleiner Teile mehr oder weniger transkulturell; Welsch nennt das innere Transkulturalität. Dies bewusst zu machen, befähigt Individuen, besser mit äußerer Transkulturalität zurechtzukommen.

Das Konzept der Transkulturalität zwingt grundlegend, (kulturelle) Werte als soziale Konstrukte und damit als veränderbar zu verstehen. In die Zukunft gerichtet verlangt das Ungewissheitstoleranz als Fähigkeit des Einzelnen und sozialer Gruppen; Begegnungsräume müssen eröffnet werden, um Ängste zu mindern und die kulturelle Zuversicht zu stärken, dass Andere(s) eine Bereicherung für das Eigene sein können, dass sich vielfältig Neues daraus entwickeln wird (vgl. dazu Beiträge in Ziese/Gritschke 2016). Mit Unbestimmtheiten kreativ produktiv umgehen zu können ist ein wesentlicher Aspekt kultureller Bildung. Gerade künstlerisch-kulturelle Ausdrucksformen sind längst transkulturell, adaptieren und integrieren ästhetische Ausdrucksformen weltweit und nutzen die Anregungen kreativ utopisch. Ein Beispiel dafür ist die sogenannte „Weltmusik"; auch z. B. der christlich-ökumenische Weltgebetstag der Frauen ist eine mögliche transkulturelle Aktion (www.weltgebetstag.de), allerdings bislang nur in der christlichen „Kultur-Glocke". Verbunden ist mit solchen Aufbrüchen eine Kritik an exklusiven Kulturmodellen und elitären Vorstellungen kultureller Bildung, deren Aufgabe es sei, einen tradierten Kultur-Kanon („Kunst") zu vermitteln, der nur sehr exklusiv erweitert werden kann.

Soziokultur ist demgegenüber ein seit den 1970er Jahren in Deutschland ein gängiger Begriff, der für die Thematisierung von Kulturarbeit mit geflüchteten Menschen hilfreich ist. Aus verschiedenen sozialen Bewegungen und den Forderungen nach „Kultur von unten" und „Kultur für alle" (vgl. Glaser/Stahl 1974; Hoffmann 1979) hat sich ein Kulturverständnis entwickelt, das den Bezug zur Alltags-Lebenswelt der Menschen und die politische Dimension von Kunst und Kultur in den Vordergrund rückt. Damit wurde ein überkommenes Verständnis des Primats elitärer Hochkultur infrage gestellt. Soziokultur ist „bunt", Vielfalt aus Prinzip, also schon immer im oben beschriebenen Sinne transkulturell.

Das bedeutet keine Loslösung von Traditionen und kulturellen Werten; die „klassischen" Künste – Musik, bildende Kunst, Theater, Tanz, Literatur etc. – bilden nach wie vor einen orientierenden Bezugsrahmen von Kulturpädagogik, kultureller Bildung, soziokultureller Arbeit. Diese drei Begriffe und Bereiche werden im Folgenden in mehr oder weniger gleicher Bedeutung verwendet, auch wenn es auf theoretischer und akademischer Ebene Differenzierungsdebatten gibt.

Bei der Öffnung des Kulturverständnisses „von unten" und „für alle" geht es um mehrere Aspekte:

- „Kultur" kann nicht „elitär" von oben nach unten definiert und bewertet werden, sondern ist symbolische Ausdrucksform aller Menschen.
- Diese Kultur ist nur beschreibbar als Soziokultur eines bestimmten kulturellen Segments zu einer bestimmten Zeit („Cultural Studies").
- Kulturförderung (ideell und materiell) muss allen Menschen und Gruppierungen einer Gesellschaft offen stehen und darf nicht nur bestimmten elitären Kultursegmenten vorbehalten sein und damit nur wenigen Menschen zugutekommen, die z. B. Theater, Museen und Konzerthäuser besuchen (können).
- Die aktive Partizipation aller, insbesondere auch benachteiligter Gruppen muss durch Kulturarbeit gefördert werden.
- Die Individualität und Originalität ausdrückende, kulturelle Identität stiftende und über das faktisch Gegebene hinausgehende visionäre Kraft künstlerisch ästhetischer Ausdrucksformen steht allen Menschen zu und nicht nur privilegierten vermeintlichen „Genies". Daraus ergibt sich die Forderung nach Kulturpädagogik bzw. kultureller Bildung im obigen Sinn für alle.

Wertungen kultureller Ausdrucksformen und im engeren Sinn ästhetisch „künstlerischer" Gestaltungen müssen permanent ausgehandelt werden, da in einer Gesellschaft nicht alles gleich gültig sein kann und den Menschen nicht gleichgültig ist. Kriterien der Bewertung müssen dabei mit diskutiert und ausgehandelt werden. Aus (sozial-)pädagogischer Sicht sollten z. B. kreative oder soziale Werte nicht vom Marktwert oder Warencharakter dominiert werden; hilfreich sind dazu die Analysen zum symbolischen Kapital von Pierre Bourdieu (1979). Damit nicht ökonomische Aspekte und Machtverhältnisse die Kultur vollständig dominieren, muss es offensichtlich in kapitalistischen Gesellschaften kulturelle Korrektive gegen den „Marktwert" geben: Förderungen von für wichtig und wertvoll erachteten ästhetischen und künstlerischen Produktionen sowie soziokulturellen Prozessen aus öffentlichen Mitteln. Und kulturelle Bildung zielt grundlegend auf die Förderung des Vermögens von (heranwachsenden) Menschen, kulturelle Phänomene zu gestalten (Handlungsfähigkeit), zu rezipieren (Wahrnehmungsfähigkeit) und ästhetisch, ethisch und sozial zu bewerten (Wertungsfähigkeit). Dieses Recht auf Bildung gilt auch für Menschen, die aus anderen Kulturen in unser Land kommen und hier Aufnahme finden (wollen). Gute Angebote kultureller Bildung sind keine Spielwiesen, sondern „Labore mit Ernstfallcharakter", die den Blick auf das Eigene und das Andere sensibilisieren und über sinnliche Erkenntnis zur Persönlichkeits-Bildung beitragen.

Kultur ist in diesem Verständnis keine Einheit, sondern per se Vielfalt. Geflüchtete sind ohnehin keine homogene „kulturelle" Gruppe, sondern sind Menschen mit ganz unterschiedlichen soziokulturellen Hintergründen. Begriffe wie „Mehrheitsgesellschaft", Leitkultur, deutsche Kultur auf der anderen Seite sind irreführende Konstrukte, die Homogenität suggerieren und Diversitäten verschleiern. Natürlich gibt es Elemente, die in Deutschland lebende Menschen (davon ein Fünftel mit Migrationshintergrund) weitgehend kulturell teilen, die sozial einen Zusammenhalt ermöglichen und fördern. Wesentliche Grundbestände versuchen Gesellschaften rechtlich und institutionell abzusichern. Aber viele „Sitten und Gebräuche" sind darüber hinaus fragile symbolische Gebilde, die sich längerfristig bewähren oder neu bilden müssen (z. B. das Verständnis eines „christlichen" Abendlandes). Kulturelle Identität ist folglich zu ganz wesentlichen Teilen nicht ein quasi naturgegebener, zu sichernder Bestand, sondern ein individuelles und teils kollektives „Gefühl", das durch Prozesse der Meinungsbildung (öffentliche Meinung) mitbestimmt und verändert wird. Man kann das am Begriff „Heimat" als Chiffre für kulturelle Identität deutlich machen; Heimat ist keine naturwüchsige, sondern nur dann eine humane Kategorie, wenn man sich unter Wahrnehmung von Alternativen dafür bewusst entschieden hat (vgl. Welsch 2009).

Kulturarbeit ist der permanente Prozess einer intentionalen (und teils funktionalen) Veränderung von Kultur(en). „Alles bleibt anders" meint, es kann in diesem Prozess weder nur permanenten Wandel geben, noch kann man das immer Gleiche fixieren. *Kulturtechniken* sind Wege und Methoden, um Inhalte eines kulturellen Segments weitergeben, mitteilen und verständlich machen zu können. Lesen und Schreiben sind zentrale Kulturtechniken, Sprache und Schrift die dazu gehörenden „Medien". Aber wir haben in menschlich kultureller Vielfalt auch andere sinnlich wahrnehmbare und sinnlichen Ausdruck ermöglichende „Medien" kultureller Bildung: Bewegungen wie Mimik, Gestik, Tanz, Theater; vokale und instrumentale Musik; visuelle Mittel (Icons, Grafik, Gemälde, Skulpturen, Raumgestaltung, Architektur) und technische Hilfsmittel; dabei spielen die digitalen Netz-Medien eine grundlegend kulturverändernde Rolle.

Funktion(en) von Medien

Medien sind Hilfsmittel bzw. Werkzeuge, mittels derer wir Kultur (kulturelle Symbole und Kommunikationsformen) schaffen und vermitteln, uns über Kultur und kulturelle Gemeinsamkeiten und Unterschiede verständigen – und dies nicht nur verbal diskursiv, sondern präsentativ symbolisch. Primäre Medien sind unsere Gestik, Mimik und unsere Bewegungsweisen, unsere Sprache; sekundär haben auch unsere Kleidung, Accessoires und Gegenstände unserer Wohnumwelt bis hin zu Gerüchen und Ernährungsweisen Zeichencharakter, also mediale Funktionen. Als eine besondere Form medialer Gestaltungen (Produkte, Performance) haben sich ästhetische Gestaltungen durch Musik, Tanz, Theater, bildende Kunst und Literatur herausgebildet, aber auch die sinnlich elementaren Formen des Riechens und Schmeckens spielen eine Rolle, sprachbildlich als „Geschmack". Medien im engeren Sinn, also technische und Massen-Medien, bezeichnen Produkte technischer, heute zumeist digitaler Gestaltung, Inszenierungen und Vermittlung/Übertragung sowie deren Institutionen; auch diese Medien sind Kultur geprägt, Kultur vermittelnd und Kultur prägend, allerdings in einem zunehmend globalen Maßstab. Sie vermitteln und prägen ihrerseits unausweichlich auch die besonderen „künstlerisch" kulturellen Ausdrucksweisen. Digitale Medien reduzieren unsere unvermittelte sinnliche Erfahrung und Kommunikation, weil sie beispielsweise Geruchs- und Geschmackssinn weitgehend ausklammern, Bewegung reduzieren und Aktions- und Reaktionsformen verändern.

Digitale mobile Netzmedien gelten zunehmen als eine neue Stufe, deren globale Relevanz mit dem alten Begriff der technischen bzw. Massen-Medien und ihrem Verständnis als Hilfsmittel/Werkzeug kaum angemessen erfasst werden kann. Sie sind eher wie Sprache und Schrift Kulturtechniken, die uns als „Kulturwesen" in unserem Sozial- und Kommunikationsverhalten verändern. Das wird u. a. in der Nutzung dieser Medien in Kontexten von Flucht und Migration und bei Integrationsprozessen deutlich.

Medien ermöglichen Kommunikation losgelöst von menschlicher Bewegung über die Grenzen von Räumen und Zeiten hinweg. Andere Kulturen konnte man in Zeiten ohne Medientechnik nur durch Reisen kennenlernen. Medien machen heute auch ohne Migrationsbewegungen (migrare = wandern) Elemente anderer Kulturen zu Bestandteilen der eigenen Kultur. Sie befördern Globalisierung, Hybridisierung (als Mischform vorher getrennter Systeme …), Austausch und wechselseitige Durchdringung der Kulturen. Exemplarisch deutlich wird das an Sprachformen (z. B. „Denglish"), an Speisekarten, an Kleidung und Mode, an Musikwelten (z. B. HipHop, Jazz, Weltmusik), an Jugend- und Popkultur in ihren jeweiligen glokalen Ausprägungen, an Wissenschaft und Kunst. Nicht zuletzt weil (junge) Menschen weltweit zunehmend mobil online und vernetzt sind, werden kulturelle Grenzen immer flüssiger.

Es hat auch zu früheren Zeiten mediale Produktionen (Bilder, Reisebeschreibungen bis hin zu Filmen, Blogs etc.) über andere Menschen und andere Kulturen gegeben. Auch war es immer schon ein „Markenzeichen" authentischer Produktionen, wenn Menschen ihre eigene Situation in symbolisch medialen Erzählungen ausdrückten. Daraus ergibt sich konsequent die Folgerung, dass auch geflüchtete Menschen nur selbst authentisch erzählen können. Medien berichten, analysieren, kommentieren oft aus der Distanz; das ist ihre Aufgabe, aber sie müssen es verantwortlich im Blick auf Wirkungen für eine Kultur des sozialen Miteinanders tun.

(Massen-)Medien sind Kulturgüter, die informieren und unterhalten, die belehren, ironische Distanz schaffen, Fiktion und Realität zeigen, lügen können, zur Bildung des Menschen beitragen. Sie wirken nicht, ohne dass der Mensch als Rezipient mitwirkt. Aber sie bestimmen in pluralistischen Gesellschaften in starkem Maße die Agenda mit, worüber wir Menschen wie sprechen, nachdenken und uns ein Bild machen („Agenda Setting"). Und in Bereichen, wo die unmittelbare direkte Erfahrung eher fehlt, ist ihre Wirkung bedeutsamer. „Für die meisten Bürgerinnen und Bürger in Deutschland gilt: Was sie zum Thema Flüchtlinge wissen, wissen sie durch die Medien. Sie verfügen nur über wenig eigene Erfahrungen in diesem Bereich" (Hermann 2016, S. 12). Medien nutzen und verstärken dabei auch präsentative Symbole als Bilder in unseren Köpfen; z. B. war das „volle Boot" in den 90er Jahren eher eine Metapher für Abgrenzung; 2015 wurde das „Boot" zum Symbol der Gefährdung von Menschen auf der Flucht.

Dem Agenda Setting der traditionellen Massenmedien treten seit gut zehn Jahren mobile „soziale" Interaktionsmedien zur Seite. In sogenannten sozialen Netzwerken werden Informationen direkt ohne den Filter von Redaktionen verbreitet, aber auch mit persönlichen Meinungen oder (vermeintlich eindeutigen) Bildern (YouTube etc.) vermischt. Digitale, global vernetzte Medien prägen Verständnis, Verbreitung und Bedeutung von Kultur heute; dafür steht der Begriff *Mediatisierung* als gesellschaftlicher Metaprozess einer globalen Durchdringung unserer Gesellschaften und der individuellen Lebenswelten mit digitalen mobilen Netzmedien. Diese Mediatisierung verändert unsere Kultur, unsere Soziokulturen und ihre Menschen, die jüngeren stärker als die älteren. Menschen anderer Kulturen, die nach Deutschland kommen, sind über soziale Medien sehr unterschiedlich informiert, was sie erwartet; sie bringen zudem eigene kulturelle Medienprägungen und Mediennutzungsweisen mit; andererseits sind viele Mediennutzungsformen inzwischen transkulturell für junge Menschen typisch. Dieses Bündel von Wirkungsaspekten ist nicht leicht aufzutrennen.

Aspekte und Perspektiven

Globale Prozesse der Mediatisierung und Chancen der Kulturarbeit mit geflüchteten Menschen, so ein Grundgedanke dieser Ausführungen, hängen eng zusammen und bedingen einander. Beobachten und Analysieren – „Cultural Studies" im wissenschaftlichen und alltagspraktischen Sinn – ist dabei ein erster Schritt. Aber Kulturarbeit als kultursensible Praxis will nicht in der Distanz des Beobachters bleiben; und auch Medienarbeit ist nicht nur ein neutraler Spiegel gesellschaftlichen Geschehens, sondern beide beeinflussen Kulturentwicklung mit und sollten das in sozialer Verantwortung tun. Wer über Medien an Kultur mit geflüchteten Menschen „arbeiten" will, dem sollte es darum gehen, „intentional" Kultur weiterzuentwickeln, ein soziokulturelles Miteinander diverser Menschen zu ermöglichen, interkulturelle Kompetenz zu stärken, ein Verständnis von „wir" (im Sinn transkultureller Diversität) zu entwickeln.

1. *Diversität wahrnehmen:*
   Wer sind „wir" und wer könnten „wir" sein? Selbstbild von uns und den „anderen", wo konstruieren wir kulturelle Differenzen im Sinn des „Othering"; ästhetische, das heißt sinnlich gestaltete Visionen eines gemeinsamen „Wir".
2. *Sich zeigen, die Agenda mitbestimmen:*
   Wo und wie sind wir präsent? Präsent sein, sich zeigen (können) heißt, die Agenda, die Narrationen und Bilder von Migration und geflüchteten Menschen in Kulturprodukten und Medien mitbestimmen.
3. *Den Nutzen von Medien- und Kulturarbeit fokussieren:*
   Wir wollen nicht Thema/Objekt sein. *Wie und was nutzen „wir" und nützt es uns?* (Soziale) Medien und soziokulturelle „Arbeit" als Interaktionsphänomene mit Menschen in jeweils spezifischen Lebenslagen begreifen.

Diversität wahrnehmen: Blick auf das Eigene und Kennenlernen des Anderen

Kultur ist wie eine „Brille", weniger Besitz als Betrachtungsweise, das heißt soziale Konstruktion; das muss man sich immer wieder bewusst machen. Man kann nicht Fremdes wahrnehmen, ohne auch das vermeintlich Eigene mit in den Blick zu nehmen. Geflüchtete Menschen als „Zielgruppe" von Kulturarbeit zu sehen, ist insofern Ausdruck eines defizitären Verständnisses und einer nichtinklusiven Haltung. Aktionismus ob der gesellschaftlich als brisant wahrgenommenen Lage der Geflüchteten geht oft an den konkreten Menschen vorbei. Mit Blick auf soziokulturelle Zentren formuliert Hillmanns folgende Position:

"Eine Grundeinstellung des sich Kümmerns, Programme ‚für' oder ‚über' Geflüchtete akzeptieren wir als Startpunkt. Perspektivisch zielen wir aber darauf, Geflüchtete letztendlich selbst planen zu lassen, sodass wir nur noch unser Know-How, unsere Infrastruktur und unsere Räumlichkeiten zur Verfügung stellen. Soziokulturelle Arbeit bedeutet für uns: Empowerment" (Hillmanns 2016).

Die medialen Berichte und Bilder der Migrationsprozesse und der geflüchteten Menschen wie der Aktionismus des Helfen Wollens enthalten zwei Gefahrenkomplexe:

1. Stigmatisierung, das heißt Menschen sollten nicht auf ihre Fluchterfahrung reduziert bzw. durch diese kategorisiert werden;
2. Instrumentalisierung zu anderen Zwecken, z. B. die Thematik bzw. geflüchtete Menschen als „spannendes Material" oder als erfolgversprechende Finanzierungsquelle zu benutzen.

Um solchen Gefahren zu entgehen, ist es wichtig, selbstkritisch sich der eigenen Macht, der Privilegien und Haltungen, der eigenen Vorurteile und Stereotype in ihrer Doppelfunktion bewusst zu werden. Nur auf diesem Fundament kann eine kultursensible Haltung entstehen, die nicht aus Mitleid anbietet, sondern auf Augenhöhe beteiligt mit dem Ziel der Integration. Ethnische, religiöse oder kulturelle Zugehörigkeiten sind keine Schubladen für eine Angebotsstruktur, sondern es müssen viele Aspekte kultureller Diversität berücksichtigt werden, z. B. Geschlecht, sexuelle Orientierung, Bildungsstand, Lebenserfahrungen, Alter etc. (vgl. Nieswand/Drotbohm 2014). Im Rahmen von Forschung sind die Sinus-Milieus von Migrantengruppen ein Versuch der Differenzierung (vgl. Calmbach u. a. 2016; http://www.sinus-institut.de/veroeffentlichungen).

Auch für Kulturarbeit bedeutet der oft langfristig unsichere Status der Menschen, die in unser Land kommen, eine Einschränkung der Möglichkeiten. Ein Gefühl der Zugehörigkeit kann sich in Warteposition kaum einstellen. Erst die Klärung des formalen Rechtsstatus (ob Aufenthaltsgestattung, Duldung, Aufenthaltsgenehmigung als Asylberechtigt oder als Flüchtling oder als Staatenloser ...) und letztendlich die Zusage, als Mitglied eines Gemeinwesens anerkannt zu sein, öffnen den Prozess, sich zugehörig zu fühlen; kulturelle Integration ist zuerst soziale Integration über kulturelle Mittel. Zwei grobe Stufen lassen sich demnach unterscheiden:

1. Willkommen sein heißt, als Mensch behandelt zu werden, elementare Hilfe und möglichst rasch klare Informationen zu bekommen, was der Einzelne erwarten kann. Schon auf der ersten Ebene des Wartens auf den Fortgang des Anerkennungsverfahrens hat Kulturarbeit Möglichkeiten, Willkommenskultur deutlich zu machen. Durch kulturelle Erlebnisse freie Zeit füllen und möglichst Spaß und Freude zu vermitteln, kann dazu beitragen, frustrierende Wartezeiten konstruktiver zu über-

brücken. Erste Schritte, das neue soziokulturelle Umfeld kennenzulernen, können auf vielfältige Weise gemacht werden: Ortserkundungen mit der Handykamera, gemeinsame Filmsichtung, Kinobesuche, Spielaktionen, Musik machen, gemeinsames Kochen, Einladung in offene Sportgruppen u. v. m. Begegnungen mit anderen Betroffenen, die schon länger hier leben (auch „peer to peer"), helfen, das Fremdheitsgefühl anzugehen. *Sprachbarrieren* sind in der Regel ein zentrales Problem. Die Motivation, eine fremde und zumeist als schwer empfundene Sprache zu lernen, ist bei noch unsicherem Status eher durch spielerisch beiläufige Methoden zu wecken. Kulturpädagogik bietet zudem Methoden anderer „Sprachformen", Kommunikation vor und neben einer gemeinsamen Verbalsprache, die der Verständigung dienen, und kreative Methoden, die Sprachförderung als Rahmung unterstützen können (Gesten, Musik, Tanz, Sport, Essen ...). Unverzichtbares Hilfsmittel sind für viele Geflüchtete auch Sprach-Apps auf dem Smartphone.
2. Auf der nächsten Stufe können nach erfolgter formaler Zusage Projekte der Kulturarbeit das Gefühl der Zugehörigkeit fördern, zur Integration in eine geteilte Kultur beitragen. Sprache ist jetzt wieder ein zentraler Schlüssel; weniger Wort fixierte Methoden und Medien (Film, Bilder, Video ...) sind didaktisch gute Hilfen, um Sprachbarrieren zu überbrücken und Sprachhierarchien vorübergehend aufzulösen. Und Kulturprojekte bieten im Miteinander-Tun vielfältige Ansatzpunkte für eine soziale Integration: Musik-, Chor-, Tanz-, Theatergruppen in bunter Zusammensetzung[1].

Das Gefühl mangelnder Zugehörigkeit teilen Geflüchtete mit anderen benachteiligten Gruppen; Konkurrenzgefühle und daraus resultierende Ablehnung der Fremden können die Folge sein. Es ist wesentlich politische, aber auch pädagogische Aufgabe, Förderungen und Entscheidungen transparent zu machen und ein Gefühl der Teilhabegerechtigkeit bzw. Verteilungsgerechtigkeit zu vermitteln. Alle, auch kulturpädagogische Fördermaßnahmen des Staates oder subsidiärer Institutionen sind eine Art Ungleichbehandlung, um ungleiche Startbedingungen auszugleichen; sie sollten nur so lange wie erforderlich andauern und wie beispielsweise die „Tafeln" nach gleichen Prinzipien offen für alle sein.

---

1 (vgl. das Beispiel eines privaten Blogs www.massivkreativ.de/kulturarbeit-mit-gefluechteten-kindern-und-jugendlichen/; das Festival interventionen-berlin.de; ein Projekt mit dem schönen Titel „Über den Tellerrand kochen"; Boat People Projekt Göttingen; Theaterprojekte wie „Cactus Junges Theater" Münster; zu Praxisanregungen vgl. Schemmel/Huf 2017; zu Singen und Chorprojekten vgl. Ermert 2016).

Sich zeigen und die Agenda mitbestimmen

Kulturarbeit will Anerkennungs- und Begegnungsräume schaffen und Selbstwirksamkeit erfahrbar machen. Dabei folgt kulturpädagogische Praxis dem Anspruch und der Hoffnung, dass kulturelle Arbeit grundsätzlich von Toleranz und Transkultur geprägt ist. Ihr Ziel ist Beteiligung und Selbstbestimmung, weder Geflüchtete noch sonstige Teilnehmer/innen dürfen zu Objekten kultureller Gestaltungen und von Medienprodukten gemacht werden. Inklusion verlangt Wechselseitigkeit, das heißt Ermöglichung und Unterstützung (z. B. Sprachkurse anbieten), aber auch Bereitwilligkeit zu lernen und sich aktiv zu engagieren (z. B. Sprache lernen). Gefördert werden so Anpassungs- bzw. Assimilationsprozesse. Darüber hinausgehend betont Hillmanns die *Dialogfunktion* soziokultureller Projekte: „In guten Projekten begegnen sich alle Teilnehmenden auf Augenhöhe, über Kultur kommt es zum Austausch und die abstrakte Realität des anderen wird greifbarer" (Hillmanns 2016).

Sowohl Geflüchtete selbst wie auch Helfer haben aus unterschiedlichsten Gründen oft Angst vor der (medialen) Öffentlichkeit. Damit werden sie leicht unsichtbar oder zu Objekten der Medien. Produktive Kulturarbeit kann helfen und begleiten, sich selbstbestimmt zu zeigen, sich einzumischen, Ängste abzubauen. Eine Aufgabe kann es auch sein, künstlerischen Potenzialen der Geflüchteten im Aufnahmeland ans Licht zu helfen, sie zu fördern, indem man ihnen ein Forum bietet (z. B. Interventionen Berlin; Aktionsraum „Ecofavela Lampedusa-Nord" Hamburg-Kampnagel; Zakk-Düsseldorf). Dabei bleiben Konflikte nicht aus:

> „Partizipative Kulturprojekte, an denen Menschen mit und ohne Fluchtgeschichte teilnehmen, bieten die Möglichkeit, sich aneinander zu reiben, indem gegensätzliche Sichtweisen vermittelt werden. Ein gemeinsames künstlerisches Produkt darf auch irritieren oder Fragen für eine gemeinsame Zukunft aufwerfen, ohne noch mehr Selbstbestätigungskultur zu produzieren" (Hillmanns 2016).

Kulturelle Integration betrifft alle, nicht nur „Künstler", gelingt aber oft über Kinder und Jugendliche leichter. Deshalb müssen Familien in einen generations- und kulturübergreifenden Dialog einbezogen werden. Eltern sollten den Angeboten der Kulturarbeit und den Fachkräften Vertrauen schenken können. Für manche muss Kulturarbeit Schutzräume bieten, um Erfahrungen der Ablehnung, Konflikte und daraus resultierende Frustrationen zu bearbeiten. Die Grenzen kultureller Bildung liegen sicher beim Umgang mit Traumata; ästhetische Medien können manches aufbrechen lassen, dessen Bearbeitung aber nicht in Kontexten von Kulturarbeit und mit deren Methoden erfolgen kann; hier ist therapeutische Hilfe notwendig und dafür müssen Mitarbeiter sensibel sein und entsprechende Maßnahmen einleiten können.

Den Nutzen von Medien- und Kulturarbeit fokussieren

Nutzen kann man am besten an digitalen Medien deutlich machen: Das Smartphone hat für Menschen während der Flucht, bei der Ankunft und bei der Erschließung des Aufnahmelandes und seiner Kultur eine elementar andere Funktion als für Menschen hierzulande. Studien zur Mediennutzung von Geflüchteten und zu Medienerfahrungen in ihrem Herkunftsland können Verstehen fördern (vgl. z. B. Emmer/Richter/Kunst 2016; Kutscher/Kreß 2015). Smartphone und WLAN-Zugang sind keine netten Accessoires oder potenzielle Gefahrenquellen, sondern elementare Werkzeuge einer Ankommenskultur und kultureller Integration. Aber neben Diversität gibt es auch viele Ähnlichkeiten in Medieninteressen und -Nutzungsformen junger Menschen. Mediengeräte und -inhalte sind Teil einer globalen Kultur und als solche nutzbar für einfache Aktionen und Begegnungsformen (Film-/Serien-Rezeption; Kinobesuch, Sport Aktionen wie Street-Basketball, Fußball, Skaten, auch verbunden mit Fotoaktionen, Computerspiele usw.). Kulturelle Integration beginnt, wenn Menschen etwas miteinander tun, sich begegnen; das gilt für Menschen, die in Deutschland geboren sind, die schon länger hier leben, aber auch für geflüchtete Menschen untereinander. Anknüpfung an kulturell Vertrautes (Musik, Filme, Tänze, Essen, Sprache) auch im fremden Land hilft zur Integration.

Aus der sensiblen Wahrnehmung von Gemeinsamkeiten wie von kulturellen Diversitäten – wer hat welche Vorstellung von „Kultur" und ihren Ausdrucksformen und Medien und welche Erwartungen an Integration? – können Aktionen und Gestaltungen mit ästhetischen Medien erwachsen[2]. In solchen Projekten wird Geflüchteten hier im fremden Land ein Stück kultureller Handlungsspielraum zurückgegeben. Solch konkrete Begegnung findet nicht in Medien und nicht auf der Ebene von Papieren und Gesetzen, nicht auf Länder- oder Bundesebene, nicht auf der Ebene einer „deutschen Kultur" statt, sondern in spezifischen lokalen Soziokulturen mit Menschen vor Ort. Die Bildung kultureller Ghettos ist für eine langfristige Integration eher hinderlich, wenn es nicht „Szenen" in einem bestimmten Segment von Kultur sind.

Kulturarbeit braucht (eigentlich) Kontinuität; in einer Aneinanderreihung von Projekten bleibt sie hinter ihren Möglichkeiten zurück. Bei den Institutionen (Anbietern) kultureller Aktivitäten fehlen Ressourcen und oft das Wissen um die Lage und die kulturellen Bedürfnisse der Menschen (= Mangel an interkultureller Kompetenz). Letzteres kann und muss durch Zusammenarbeit mit den Institutionen ausgeglichen werden, die den Alltag der Arbeit mit Geflüchteten kennen.

---

2 z. B. Projekte wie „Kino Asyl" oder „One world, one stage", weitere Projekte unter www.medienpraxis-mit-gefluechteten.de;
exemplarisch für Brandenburg www.mwfk.brandenburg.de/sixcms/detail.php/745753

Die australische Organisation Rise hat zehn Punkte für Künstler/innen formuliert, die in diesem Feld agieren wollen (vgl. Tania Canas 2015). Die wichtigsten Aspekte sind in die folgenden zusammenfassenden Anregungen für Konzepte und Projekte der Kulturarbeit mit geflüchteten Menschen eingeflossen:

- Aufmerksamkeit für das „Andere" kann nur ein Anfang sein. Wie bei aller Kulturarbeit müssen die Menschen, um die es geht, mit ihren Interessen, Möglichkeiten, Perspektiven ernst genommen werden.
- Deshalb sind Kulturprojekte nicht politisch neutral. Geflüchtete Menschen dürfen weder auf das Thema Flucht reduziert, noch zum Gegenstand eines Projektes gemacht werden. Partizipation ist das Ziel.
- Eine geschützter Raum bzw. Rahmen von Kulturarbeit darf nicht nur behauptet werden, sondern muss verlässlich sein. Kulturarbeit mit Geflüchteten sollte kulturelles Handeln im Sinne von „Community Building" und „Audience Empowerment" (vgl. Wolfram 2015) sein.
- Ein notwendiger Ausgangspunkt ist, die eigenen Absichten und die eigene privilegierte Position kritisch wahrzunehmen und zu hinterfragen. Ein Angebot kann sonst ohne bewusste Absicht auch einschränkend, alibimäßig, herablassend wirken.
- Es darf niemand an die Öffentlichkeit gezerrt werden. Repräsentation der Thematiken und der Menschen ist durchaus Aufgabe verantwortlicher Medien- und Kulturprojekte. Aber Präsentation ist freiwillig und verlangt Partizipation der Betroffenen an Projekten und Produktionen von Anfang an; letztlich sollten sie die Regie selbst in die Hand nehmen.
- Transkulturalität fördern heißt auch, Herkunftskultur und Kultur des Aufnahmelandes in eine kreativ konstruktive Verbindung zu bringen, z. B. Zusammenarbeit von Künstlern in Gang zu setzen.
- Die „Zwischenräume" zwischen Kulturakteuren und sozialen Einrichtungen, zwischen Kultur- und Migrationspolitik müssten stärker in den Blick kommen. Kulturarbeiter sind auf die Kooperation mit erfahrenen Partnern angewiesen. Im Gegenzug müssen sie Interesse und Verständnis wecken, dass „Kultur" nicht ein netter Zeitvertreib und „nice to have" ist, sondern elementar für die Chance auf ein menschenwürdiges Leben.
- Projekte müssen mit kulturellen Grundwerten des Aufnahmelandes kompatibel sein (Demokratieverständnis, Menschenrechte, Rollenverständnis der Geschlechter, Rechtsnormen …); sie können und dürfen deren Grenzen auch mit angemessenen Mitteln in Frage stellen, was ja generell eine Funktion von Kunst ist (Beispiel Satire).

Es fehlt nicht an ersten Stellungnahmen und Willensbekundungen der einschlägigen Institutionen (vgl. exemplarisch die Stellungnahmen des BKJ und des Deutschen Kulturrates) und bislang auch nicht an Bereitschaft, Ideen und vielfältigen Aktionen der im Bereich der Kulturarbeit Aktiven. Was erst langsam wachsen kann, sind *Vernetzung* und *fundierte Konzepte*; es muss Zeit, Raum, Toleranz da sein, auszuprobieren und Fehler zu machen, da derzeit wohl mehr Fragen offen als Modelle verfügbar sind.

Literatur

Bockhorst, Hildegard/Reinwand-Weiss, Vanessa-Isabelle/Zacharias, Wolfgang (Hrsg.) (2012): Handbuch Kulturelle Bildung. München. (Online mit Aktualisierungen unter: www.kubi-online.de)

Bourdieu, Pierre (1982): Die feinen Unterschiede. Kritik der gesellschaftlichen Urteilskraft. Frankfurt am Main.

Braun e-Krickau, Tobias (Hrsg.) (2013): Handbuch Kulturpädagogik für benachteiligte Jugendliche. Weinheim und Basel.

Bundeszentrale für politische Bildung (Hrsg.) (2009): Lebenswelten von Migrantinnen und Migranten. In: Aus Politik und Zeitgeschichte (APuZ), Heft 5. http://www.bpb.de/shop/zeitschriften/apuz/32218/lebenswelten-von-migrantinn en-und-migranten.

Bundesvereinigung Kulturelle Kinder- und Jugendbildung (BKJ) (2016): Recht auf Bildung und kulturelle Teilhabe geflüchteter Kinder und Jugendlicher umsetzen. Kulturelle Bildung in einer vielfältigen Einwanderungsgesellschaft. Stellungnahme. https://www.bkj.de/fileadmin/user_upload/documents/Downloads/2015_10_06_BKJ_Ste Lungnahme_Kulturelle_Teilhabe_Gefluechteter.pdf.

Calmbach, Marc/Borgstedt, Silke/Borchard, Inga/Thomas, Peter Martin/Flaig, Berthold Bodo (2016): Wie ticken Jugendliche 2016? Lebenswelten von Jugendlichen im Alter von 14 bis 17 Jahren in Deutschland. Wiesbaden.

Canas, Tania (2015): 10 things you need to consider if you are an artist – not of the refugee and asylum seeker community – looking to work with our community. http://risere fugee.org/.Deutsche Fassung (2016): Wir sind nicht dein nächstes Kulturprojekt. http://www.kultur-oeffnet-welten.de/positionen/position_1536. html.

Deutscher Kulturrat (2016): Integration braucht engagierte Menschen und stabile Strukturen. https://www.kulturrat.de/positionen/integration-braucht-engagierte-menschen-und-stabile-strukturen/.

Deutsches Kinder- und Jugendfilmzentrum (Hrsg.) (2016): Medien und Migration. Themenheft der Zeitschrift „medien concret", Heft 1, Köln.

Emmer, Martin/Richter, Carola/Kunst Marlene (2016): Flucht 2.0. Mediennutzung durch Flüchtlinge vor, während und nach der Flucht. http://www.polsoz.fu-berlin.de/kommwiss/arbeitsstellen/internationale_kommunikation/Media/Flucht-2_0.pdf

Ermert, Karl (Hrsg.) (2016): Chormusik und Migrationsgesellschaft. Erhebungen und Überlegungen zu Kinder- und Jugendchören als Orte transkultureller Teilhabe. Wolfenbüttel. Fluchtpunkte. Heft 1/2016 der Zeitschrift Soziokultur.

Glaser, Hermann/Stahl, Karl Heinz (1974): Die Wiedergewinnung des Ästhetischen: Perspektiven und Modelle einer neuen Soziokultur. München.

Hermann, Friederike (2016): Von der Willkommenskultur zum Problemdiskurs. Wie Medien zwischen April 2015 und Juli 2016 über Flüchtlinge berichteten. In: merz 60, Heft 5, S. 12–19.

Hillmanns, Robert (2016): Kulturarbeit mit Geflüchteten – kein flüchtiger Gegenstand. https://www.kubi-online.de/artikel/kulturarbeit-gefluechteten-kein-fluechtiger-gegen stand.

Hillmanns, Robert (2014): Interkulturelle Öffnung in Soziokulturellen Zentren. Bestandsaufnahme und Reflexion. (Masterthesis FH Düsseldorf).
http://www.soziokultur.de/bsz/node/1751.
Hoffmann, Bernward/Martini, Heidrun/Martini, Ulrich/Rebel, Günther/Wickel, Hans Hermann/Wilhelm, Edgar (2004): Gestaltungspädagogik in der Sozialen Arbeit. Paderborn.
Hoffmann, Hilmar (1979): Kultur für alle. Perspektiven und Modelle. o. O.
Kutscher, Nadia/Kreß, Lisa-Maria (2016): Medienhandeln von Geflüchteten als Praxis informeller Bildung. In: merz, Heft 5, S. 27–33.
Kutscher, Nadia/Kreß, Lisa-Maria (2015): Internet ist gleich mit Essen. Empirische Studie zur Nutzung digitaler Medien durch unbegleitete minderjährige Flüchtlinge. Projektbericht. http://bit.ly/1OAnwtI
Mecheril, Paul/do Mar Castro Varela, Mario/Dirim, Inci/Kalpaka, Annita/Melter, Claus (2010): Migrationspädagogik. Weinheim und Basel.
Meis, Mona Sabine/Mies, Georg-Achim (2011): Künstlerisch-ästhetische Methoden in der Sozialen Arbeit. Kunst, Musik, Theater, Tanz und digitale Medien. Stuttgart.
Ministerium für Wissenschaft, Forschung und Kunst Baden-Württemberg (Hrsg.) (2016): Interkultur für alle. Ein Praxisleitfaden für die Kulturarbeit. https://mwk.baden-wuerttemberg.de/de/service/publikation/did/interkultur-fuer-alle-ein-praxisleitfaden-fuer-die-kulturarbeit/.
Nieswand, Boris/Drotbohm, Heike (Hrsg.) (2014): Kultur, Gesellschaft, Migration. Die reflexive Wende in der Migrationsforschung. Wiesbaden.
Sarma, Olivia (2012): KulturKonzepte. Hrsg: Amt für multikulturelle Angelegenheiten der Stadt Frankfurt.
https://www.frankfurt.de/sixcms/media.php/738/KulturKonzepte_2012.pdf
Schemmel, Annette/Huf, Paul (2017): Praxishandbuch Kulturelle Bildung mit Unbegleiteten Minderjährigen Geflüchteten. Weinheim und Basel.
Welsch, Wolfgang (2009): Was ist eigentlich Transkulturalität? In: Darowska, Lucyna/Machold, Claudia (Hrsg.): Hochschule als transkultureller Raum? Beiträge zu Kultur, Bildung und Differenz. Bielefeld.
Wolfram, Gernot (2015): Audience Empowerment – ein Plädoyer für einen angemessenen Umgang mit der Flüchtlingsthematik im Kulturmanagement. In: KM – Kultur und Management im Dialog, Nr. 101.
http://www.kulturmanagement.net/frontend/media/Magazin/km1505.pdf
Ziese, Maren/Gritschke, Caroline (Hrsg.) (2016): Geflüchtete und Kulturelle Bildung. Formate und Konzepte für ein neues Praxisfeld. Bielefeld.

Frishta Ahmadi und Marco Matthes

Die interkulturelle Öffnung von Angeboten und Einrichtungen am Beispiel eines betrieblichen Projektes

Die organisationale Notwendigkeit zur interkulturellen Öffnung – oder: Wozu der ganze Aufwand?

Durch die in den letzten Jahren aufgrund der politisch instabilen Zustände im Nahen Osten und Zentralasien zunehmend verschärften Situation mit der Folge, dass viele Menschen in Europa, u. a. in Deutschland, eine neue Heimat und Asyl suchen mussten, ist das Thema „interkulturelle Öffnung" bei der Outlaw Kinder- und Jugendhilfe gGmbH seit dem Jahr 2015 in einen deutlich schärferen Fokus gerückt. Dass Angebote der Outlaw gGmbH von Menschen aus verschiedensten Kulturen und Ländern in Anspruch genommen werden, ist aber nicht neu. Laut Befragungen im Rahmen des Mikrozensus leben in Deutschland ca. 10 Prozent der Bevölkerung ausländischer Herkunft und ca. 20 Prozent verzeichnen einen Migrationshintergrund (vgl. Statistisches Bundesamt 2015). Diese Menschen sind seit jeher integraler Bestandteil der Zielgruppe, der auf Offenheit, Diversität, Integration und Inklusion ausgerichteten partizipativen Angebote und Leistungen des Trägers. Für den Betrieb jedoch bedeuten die aktuellen Entwicklungen eine weiterführende, gezielte Öffnung der Angebote für Menschen fremder Herkunft, die größtenteils über keine oder nur sehr begrenzte Kenntnisse und Fähigkeiten der deutschen Sprache verfügen sowie oftmals nur über rudimentäre Kenntnisse der hiesigen Kultur des Zusammenlebens.

Das Kernziel der interkulturellen Öffnung besteht hierbei in der gezielten Herstellung der Möglichkeit einer gleichberechtigten Nutzung aller Angebote und Leistungen des Trägers für alle tatsächlich und potenziell infrage kommenden Personen und Personengruppen sowie der Verminderung von Marginalisierungserfahrungen und die kritisch-reflexive Neubewertung und Dekonstruktion von deprivierten Zuschreibungen von sozialen Lagen (vgl. Vahsen/Tan 2005, S. 390) in Migrations- und Fluchtkontexten. Insbesondere der letzte Aspekt verweist auf die geforderte und notwendige Sensibilität im Umgang mit Interkulturalität: den Menschen und seine Individualität nicht auf das Merkmal der Kultur einzuschränken, sondern im jeweiligen Angebotssetting für jegliche „Ungleichheiten, Macht- und Herrschaftsprozesse" (vgl. ebd., S. 387) offen und aufmerksam sein, bleiben und werden – auch und insbesondere über den Faktor Kultur hinaus.

Interkulturelle Öffnung als Organisations-, Personal- und Qualitätsentwicklung

Die interkulturelle Öffnung pädagogischer Leistungen und Angebote setzt zunächst die interkulturelle Öffnung des leistungserbringenden Betriebes auf allen relevanten Ebenen voraus und ist daher zunächst einmal ein Teil der Organisationsentwicklung. Zu nennen sind hier zuvorderst die Ebenen der Konzepte und Leitbilder, der Abbau von Barrieren sprachlicher Art, die Schaffung vereinfachter Zugänge zu den Angeboten, die Vernetzung mit anderen relevanten Akteuren und Institutionen in den jeweiligen Sozialräumen und darüber hinaus sowie insbesondere die vielfältigen Aspekte der Personalentwicklung. Insbesondere im Rahmen sozialer Dienstleistungen ist dieser Aspekt von großer Bedeutung, da die professionell zu erbringenden Leistungen pädagogischer Orientierungen und Haltungen bedürfen (vgl. Winkler 2011, S. 14 ff.), die den konzeptionell formulierten Ansprüchen und Vorgaben auch tatsächlich gerecht werden. Insbesondere müssen die Fachkräfte in der Lage sein, „die Unterscheidung zwischen kulturspezifischen und migrationsspezifischen Merkmalen samt ihren Wirkungen zu beobachten und zu reflektieren" (Süzen 2011, S. 120) sowie die Haltung einer reflexiven diversitätsbewussten Pädagogik (weiter)entwickeln (vgl. Jagusch 2017, S. 276 ff.).

Nur wenn dieser Vielschritt auf der organisatorisch-betrieblichen Ebene gelingt und gelebt wird, kann der Anspruch der interkulturellen Öffnung auf Angebotsebene auch tatsächlich eingelöst werden und trägt dann im besten Falle maßgeblich zur Qualitätsentwicklung bestehender und neuer Angebote bei.

Interkulturelle Öffnung am Beispiel des gleichnamigen Projektes

Im Rahmen des Projektes „Interkulturelle Öffnung", realisiert durch Förderungen des Landes Sachsen, der Landeshauptstadt Dresden und durch Eigenmittel der Outlaw gGmbH, werden seit Juni 2016 hierzu gezielte Maßnahmen zur Organisations- und Angebotsentwicklung umgesetzt.

Zunächst aber eine kurze Begriffsklärung zur interkulturellen Öffnung: Der Begriff Kultur ist umfassend und beinhaltet im engeren Sinne – abgeleitet aus der lateinischen Sprache – die Pflege des menschlichen Lebens selbst (vgl. Nünnig/Nünnig 2008). Im weitesten Sinne wird Kultur als ein „Produkt kommunikativ vernetzter Akteure" (Moosmüller 2009, S. 14) bezeichnet, das auf ein bestimmtes soziales Umfeld begrenzt ist. Treffen nun „unterschiedliche Gruppen mit unterschiedlichen Interessen" (Handschuck/ Schröer 2002, S. 512) auf der Basis unterschiedlicher „Kommunikations-

und Repräsentationsmittel" (ebd.) in einem räumlichen Zusammenhang aufeinander, dann entsteht (in Idealfall im Rahmen einer positiven Konnotation) Interkulturalität. Der Begriff markiert damit seinerseits ein

> „Bewusstsein, das für die kulturelle, sprachliche oder religiöse Verschiedenheit der Mitglieder einer Gesellschaft sensibilisiert ist und auf den Respekt bzw. die Akzeptanz der Verschiedenheit ausgerichtet ist" (Duden 2005, S. 468).

Interkulturelle Öffnung beschreibt dabei den Prozess einer lernenden Organisation, der eine Anpassung an bzw. Reaktionen auf die Veränderungsprozesse zwischen Menschen und deren Lebensweisen (vgl. Griese/Marburger 2012) wahrnimmt und in Reaktionen umsetzt.

Das Projekt zielt u. a. auf eine interkulturelle Personalentwicklung ab. Interkulturelle Maßnahmen erfordern dabei einen zweiseitigen Einsatz: Einerseits bringen beispielsweise die interkulturellen Fortbildungen Fachkräfte zusammen, um an lösungsorientierten Ansätzen in Bezug auf die Arbeit mit geflüchteten Menschen zu arbeiten und ihre interkulturellen Kompetenzen zu erweitern. Andererseits ermöglicht das Projekt einen Zugang für Menschen (Migrant/inn/en und Flüchtlinge) zum Angebots- und Leistungsspektrum, der u. a. durch die Entwicklung von Mehrsprachigkeit der Informationsmaterialien und relevanter Arbeitsmaterialien (Haus- und Gruppenregeln, Hilfeplanformulare etc.) realisiert wird.

Die einrichtungsgerechte und passgenaue Durchführung des Projektes basiert auf einer detaillierten, standardisierten Bedarfsermittlung, die im Vorfeld der konkreten Maßnahmenentwicklung stattgefunden hat. Zwei der Einzelmaßnahmen des Projektes seien in den folgenden Kapiteln exemplarisch kurz beschrieben.

Beispielmaßnahme 1: Die interkulturellen Fortbildungsreihen

In Zusammenarbeit mit externen Anbietern werden interkulturelle Fortbildungsreihen zur Kompetenzvermittlung zum Thema Interkulturalität entwickelt und durchgeführt. Durch eine vielseitige strukturelle Gestaltung hat die interkulturelle Personalentwicklung die Vermittlung von Wissen, Veränderung von Einstellungen und Erweiterung von Kompetenzen zum Ziel. Die an den Fortbildungsreihen teilnehmenden Fachkräfte werden zu Multiplikator/inn/en ausgebildet und stellen eine Wissensweitergabe in die jeweils entsendende Einrichtung sicher. Dies setzt nicht nur die Kenntnisweitergabe in Gang, sondern ist auch wichtige Grundlage für die Entwicklung einer entsprechenden Haltung bzw. Einstellung. Die Zusammensetzung des Wissens, Könnens und der gewissen Handlung bei der Arbeit mit jungen Menschen (und deren Familien) aus anderen Kulturen erweitert die interkulturellen Kompetenzen der Pädagog/inn/en. Unter Berücksichtigung dieser genannten Ziele besteht die Fortbildungsreihe zunächst aus den Themenschwerpunkten interkulturelle Sensibilität, rechtliche Rahmenbedingungen und Verfahren, kultursensibles Konfliktmanagement und Traumapädagogik.

Beispielmaßnahme 2: Der interkulturelle Kompetenz-Pool – Übersetzen, Dolmetschen, Wissen

Sprachfähigkeiten stellen eine bedeutende Herausforderung im Kontext der Interkulturalität sowie der Integration in ein neues, anderssprachiges soziales Umfeld dar. Der Erwerb der deutschen Sprache steht als ein nötiger aber auch zeitaufwendiger Schritt zur Bewältigung an. Doch solange die betreuten jungen Menschen und deren Familien die deutsche Sprache noch nicht erlernt haben bzw. in benötigtem Umfang beherrschen, brauchen sie angemessene alternative Mittel zur Kommunikation. Diese Mittel sind sowohl übersetzte Informationsmaterialien als auch direktes Dolmetschen mithilfe von Muttersprachler/inne/n, die die deutsche Sprache als Zweitsprache beherrschen. Die Herstellung einer hohen Verfügbarkeit derartiger personeller Ressourcen ist ein wichtiger Aspekt der Maßnahmendurchführung und integraler Teil des Projektes. Der Pool ist nicht zuletzt ein wertvoller Fundus für interkulturelles Wissen, Erfahrungen und Kompetenzen. Er steht für Konsultationen zur Verfügung, insbesondere auch im Kontext kurzfristig abzudeckender Wissensbedarfe in interkultureller Hinsicht. Die Verantwortung für die didaktischen und interventionalen Aspekte bei der Nutzung des Pools als Wissensbasis liegt bei den zuständigen pädagogischen Fachkräften.

Interkulturelle Öffnung – ein langer und mühsamer Prozess

Die beschriebenen Beispiele umreißen nur sehr grob einen wichtigen Teil des Projektes. Interkulturelle Öffnung ist und bleibt aber keine reine und isolierte Projektangelegenheit, sondern ist umfassende und weitreichende Bewältigungsaufgabe des gesamten Betriebes. Im Rahmen des überregionalen Zielplanungsprozesses Outlaw 2020 wurde die interkulturelle Öffnung bereits als zentrales Unternehmensziel verankert und zahlreiche Maßnahmen und Angebote werden bereits umgesetzt und vorgehalten. Betrieblich wird die interkulturelle Öffnung als Querschnittaufgabe betrachtet, die nicht nur, aber auch angebots- und leistungsspezifisch erfolgen muss. Das Projekt „Interkulturelle Öffnung" stellt hier wichtige Erfahrungswerte und Kompetenzen im innerbetrieblichen Austausch zur Verfügung.

Literatur

BundesPsychotherapeutenKammer (2015): Mindestens die Hälfte der Flüchtlinge ist psychisch krank. BPtK-Standpunkt „Psychische Erkrankungen bei Flüchtlingen". www.bptk. de/aktuell/einzelseite/artikel/mindestens-d.html (Abfrage: 18.01.2017).

Duden (2005): „Interkulturell". In: ebd.: Das Fremdwörterbuch. 8. Auflage. Mannheim/ Leipzig/Wien/Zürich.

Griese Christiane/Marburger Helga (2012): Interkulturelle Öffnung: ein Lehrbuch. München.

Handschuck, Sabine/Schröer, Hubertus (2002): Interkulturelle Orientierung und Öffnung von Organisationen. Strategische Ansätze und Beispiele der Umsetzung. In: neue praxis, Heft 5. S. 511–521.

Jagusch, Birgit (2017): Reflexive diversitätsbewusste Pädagogik. In: Brinks, Sabrina/ Dittmann, Eva/Müller, Heinz (Hrsg.): Handbuch unbegleitete minderjährige Flüchtlinge. Frankfurt am Main. S. 276–286.

Moosmüller, Alois (2009): Kulturelle Differenz: Diskurse und Kontexte. In: ders. (Hrsg.): Konzepte kultureller Differenz. Münster. S. 13–46.

Nünning Ansgar/Nünning Vera (2008): Einführung in die Kulturwissenschaften. Stuttgart.

Statistisches Bundesamt (2015): Mikrozensus. www.destatis.de/DE/ZahlenFakten/GesellschaftStaat/Bevoelkerung/Mikrozensus.html (Abfrage: 18.01.2017).

Süzen, Talibe (2011): Interkulturelle Standards in den ambulanten Hilfen zur Erziehung. In: Düring, Diana/Krause Hans-Ullrich (Hrsg.): Pädagogische Kunst und professionelle Haltungen. Frankfurt am Main. S. 120–137.

Vahsen, Friedhelm G./Tan, Dursun (2005): Migration, Interkulturelle Pädagogik und Soziale Arbeit. In: Thole, Werner (Hrsg.): Grundriss Soziale Arbeit. Ein einführendes Handbuch. Wiesbaden. S. 387–395.

Winkler, Michael (2011): Haltung bewahren – sozialpädagogisches Handeln unter Unsicherheitsbedingungen. In: Düring, Diana/Krause Hans-Ullrich (Hrsg.): Pädagogische Kunst und professionelle Haltungen. Frankfurt am Main. S. 14–34.

Nadia Kutscher und Lisa-Marie Kreß

Digitale Medien bei Geflüchteten

Digitale Medien haben für minderjährige wie erwachsene Geflüchtete im Kontext der globalen Digitalisierung hohe Bedeutung im Alltag, insbesondere auf der Flucht und im Aufnahmeland. Darauf verweist eine Vielzahl von Medienberichten, die digitale Medien teils kontrovers thematisieren. Beispielsweise wird das Smartphone als „migrant essential", nach den Anschlägen in Paris im November 2015 als „terrorist essential" (Gillespie u. a. 2016, S. 9) bezeichnet. Hierbei wird die diskursive Einlagerung der Thematisierung von Medien und Flucht sichtbar: Bilder von Geflüchteten und von digitalen Medien unterliegen einem Wandel entsprechend den Thematisierungsweisen u. a. im öffentlichen Diskurs. Die Nutzung digitaler Medien beinhaltet im Alltag von Geflüchteten vielfache Potenzialitäten, birgt jedoch auch Spannungsfelder und Widersprüche.

Auf der Flucht spielt das Smartphone für Geflüchtete eine zentrale Rolle, da hierüber auf diverse Weise (lebens)notwendige Unterstützung zugänglich wird. Fluchtspezifische Informationen, wie beispielsweise Hinweise zu Routen oder Grenzschließungen (teils auch fehlerhafte Informationen), werden u. a. über den Bloggingdienst Twitter oder das soziale Netzwerk Facebook verbreitet und geteilt. Empirische Studien zeigen dabei, dass Geflüchtete dabei Informationen, die durch interpersonelle Kommunikation auf digitalem Weg erworben werden als am glaubhaftesten betrachten, im Gegensatz zu journalistischen Quellen in Onlinemassenmedien und TV (vgl. Emmer/Richter/Kunst 2016, S. 32). Kontakte zu Fluchthelfer/inne/n werden häufig über Messenger wie WhatsApp oder über Facebook hergestellt und aufrechterhalten. Zur Orientierung nutzen viele Geflüchtete Navigations-Apps, die es ermöglichen, sich auf unbekannten Wegen zurechtzufinden und sich nicht in Gefahr zu bringen (beispielsweise indem Bahngleisen gefolgt wird). Bei Seenot wird das Smartphone für Hilferufe genutzt. Besonders die kommunikative Verbindung mit Familie, Verwandten und Freunden im Herkunftsland und in anderen Transit- oder Ankunftsländern hat für erwachsene und insbesondere minderjährige Geflüchtete einen hohen Stellenwert. So dient das Smartphone mit gespeicherten Fotos und Kontaktdaten als Träger von Erinnerungen und wichtiger Informationen und ermöglicht, die Flucht in Bildern und Filmen zu dokumentieren.

Entgegen dem weit verbreiteten öffentlichen Bild verfügen nicht alle Geflüchteten über ein Smartphone. Der Medienbesitz und die -nutzung sind abhängig von den für die Geflüchteten verfügbaren ökonomischen Ressourcen und den bisher erworbenen medienbezogenen Fähigkeiten und ihrer Literacy. So stellt in verschiedenen Ländern verbreiteter Analphabetismus ein häufiges Hindernis bei der Erschließung und Nutzung digitaler Medien und damit verbundener Dienste dar. Darüber hinaus fungiert das Handy vielfach als wertvolle Handelsware, wird durch Schlepper entwendet oder auf der Flucht geraubt. Mit dem Verlust des Smartphones geht ebenso der Verlust von Erinnerungen und Daten einher. In Notsituationen werden auf der Flucht oftmals Smartphones – teils mit jeweils eigenen SIM-Karten – geteilt. Auf dem Weg wird die Smartphone-Nutzung darüber hinaus durch begrenzte Lademöglichkeiten, schlechten Netzempfang und insbesondere, wie bereits angedeutet, durch die jeweils finanziellen Möglichkeiten beschränkt. Insgesamt werden digitale Medien während der Flucht aufgrund knapper Ressourcen nur bedingt zu Unterhaltungszwecken genutzt (vgl. Emmer/Richter/Kunst 2016, S. 27).

Im Kontext der Nutzung von Diensten wie WhatsApp und Facebook werden Daten von Geflüchteten im digitalen Kontext auf vielfache Weise prekarisiert. So führt die öffentliche Dokumentation von Identitäten oder Fluchtwegen dazu, dass Geflüchtete verfolgbar werden und dies im politischen Kontext zu einer konkreten Bedrohung werden kann. Soziale Netzwerkdaten werden auch in Zusammenhang mit Asylverfahren zur Überprüfung von asylrelevanten Angaben genutzt (vgl. Byrne 2015, S. 640 f.). Im Zuge der Metadatenaggregation werden je nach Auswertungsinteresse durch Konzerne oder Staaten Einstellungen, Beziehungsnetzwerke und auf der Basis algorithmisierter Analysen Prognosen über künftiges Handeln möglich. Im Zuge dessen werden standardisierte personenbezogene Gefährdungseinschätzungen Geflüchteter als potenzielle Terroristen (vgl. FAZ vom 18.02.2016) entwickelt. Während der Flucht erweist sich die metadatenbasierte Zugangsprüfung bei Facebook häufig als Problem, da bei Länder- und Gerätewechseln als „verdächtig" eingestufte Accounts unzugänglich werden (vgl. Kutscher/Kreß 2015, S. 26–30; Gillespie u. a. 2016).

Im Aufnahmeland hat die interpersonelle Kommunikation mit Familie, Verwandten und Freunden weiterhin einen hohen Stellenwert. In diesem Zusammenhang erhalten digitale Medien, insbesondere das Smartphone, Internetzugang und Kommunikations-Apps hohe Bedeutung. Die Datennutzung erfolgt in der Regel auf der Basis von Prepaid-Guthaben, da aufgrund der unsicheren Bleibeperspektive viele Telefonanbieter keine Verträge mit Geflüchteten abschließen. Unbegleitete minderjährige Geflüchtete geben daher mehrheitlich ihr gesamtes Taschengeld für Prepaid-Guthaben aus. Sprachliche Hürden und mangelnde medienbezogene Kenntnisse führen bei Erstanschaffung von Smartphones dazu, dass viele Geflüchtete Unterstützung durch Peers, ehrenamtliche Helfer/innen oder Fachkräfte in Institutionen Hilfe bei der Einrichtung eines E-Mail-Kontos, dem Aufladen des Prepaid-Guthabens, der Installation von Apps oder dem Anlegen eines Netzwerk-Accounts benötigen (vgl. Kutscher/Kreß 2016b, S. 28).

Zugänge zum Internet erweisen sich vor dem Hintergrund der intensiven digitalen Mediennutzung grundlegend wichtig. Sowohl in Einrichtungen der Kinder- und Jugendhilfe, in denen unbegleitete minderjährige Geflüchtete untergebracht werden, als auch in Sammelunterkünften, in denen erwachsene Geflüchtete und teils auch Familien leben, ist der Zugang zu digitalen Medien bislang meist unzureichend. Häufig stehen keine oder nur eine geringe Anzahl an Computern zur Verfügung, ebenso ist die Ausstattung mit WLAN nicht flächendeckend gegeben. Darüber hinaus ist die Nutzung eingeschränkt dadurch, dass Computer zu mehreren Personen geteilt werden müssen oder beispielsweise in den Kinder- und Jugendhilfeeinrichtungen restriktive Medienpolitiken vorherrschen, welche die Nutzung auf bestimmte Zeiten beschränken (vgl. Kutscher/Kreß 2016a, S. 90 f.). Dies führt dazu, dass Geflüchtete vielfach an öffentlichen Orten digitale Medien nutzen. Kostenfreie Zugänge zu WLAN im öffentlichen Raum haben jedoch gleichzeitig zur Folge, dass in der Regel den dortigen jeweiligen Netzbetreibern durch Zustimmung zu den jeweiligen Nutzungsbedingungen Daten im Austausch für die kostenfreie Nutzung übermittelt werden.

Neben der bedeutsamen interpersonellen Kommunikation über digitale Medien, die über Dienste wie Facebook, Viber, Skype oder WhatsApp geführt wird, welche zumeist in datenschutzmäßig prekäre Räume führen, in denen in weitgehendem Maße personenbezogene Daten gesammelt werden, kommen weitere hochrelevante Nutzungspraktiken im Aufnahmeland hinzu. Das Smartphone übernimmt dabei die Funktion als

> „Schlüsselmedium, um sich in den täglichen Dingen, den Regeln, Normen und Gepflogenheiten des Aufnahmelandes und an den unbekannten Orten zurechtzufinden" (Kutscher/Kreß 2015, S. 34).

Im Zuge des Erlangens von Handlungsautonomie sind das Erlernen sowie das Aneignen der deutschen Sprache über Sprachlern- und Übersetzungs-Apps für Geflüchtete besonders wichtig, da diese es ermöglichen, zeitlich unbegrenzt neben Sprachkursen, die je nach Angebot ebenfalls in der Qualität variieren, genutzt zu werden. Kostenfreie Apps bringen jedoch häufig mit sich, dass differenzierte Sprachprobleme meist nicht gelöst werden können, Sprachlernangebote ab einen bestimmten Level kostenpflichtig werden und insgesamt frei zugängliche Apps meist Teil eines Globalkonzerns sind, der kostenlose Angebote gegen Metadaten „tauscht", ohne dass dies den Nutzer/inne/n hinreichend bewusst ist.

Neben Spracherwerb und Übersetzung erfüllen Apps darüber hinaus die Funktion, Nachrichten von unterschiedlichen Medienanstalten sowohl aus dem Herkunftsland als auch internationaler und deutscher Medien zugänglich zu machen. Neben Angeboten von etablierten Medien wie Zeitungen und Fernsehsendern wird insbesondere YouTube als Informationsquelle genutzt.

Auch zur Unterhaltungszwecken werden Medien-Apps genutzt, beispielsweise für das Anschauen von Filmen und Musikvideos auf YouTube oder auf Senderseiten, sowohl in der Erstsprache oder auch auf Deutsch, das Folgen von Stars auf Twitter oder um auf dem Smartphone zu spielen. Geflüchtete nutzen digitale Medien dabei sowohl in Zusammenhang mit ihrer spezifischen (Flucht-)Situation als auch vergleichbar zu Peers, zu Unterhaltungs-, Informations- und Kommunikationszwecken.

Die Relevanz digitaler Medien hat verschiedene Implikationen für die institutionellen Arrangements in der Sozialen Arbeit, die mit Geflüchteten arbeiten. So zeigen sich auf der Ebene der *pädagogischen Begleitung der Mediennutzung der Adressat/inn/en*, der *institutionellen konzeptionellen Ausrichtung und Ausstattung* sowie der *medienbezogenen Praktiken zwischen Fachkräften und Geflüchteten* Reflexions- und Gestaltungsbedarfe.

Die unterschiedlichen medialen Ausgangsbedingungen Geflüchteter bedürfen entsprechend ausdifferenzierter pädagogischer Unterstützung, die sich nicht nur auf den Mediengebrauch beschränkt, sondern auch die Förderung damit verbundener Fähigkeiten wie lesen und schreiben, den Umgang mit Risiken und die Unterstützung beim Zurechtfinden im Netz und die Auswahl sicherer und hilfreicher Dienste umfasst.

Während die Bedeutung von Facebook bei Kindern und Jugendlichen, die in Deutschland aufgewachsen sind, abnimmt (vgl. Medienpädagogischer Forschungsverbund Südwest 2016, S. 32 f.), kommt dem kommerziellen Netzwerk seitens der minderjährigen Geflüchteten eine zentrale Bedeutung zu. Facebook dient dazu, über nationale Grenzen hinweg Kontakte mit der personal community herzustellen und diese aufrechtzuerhalten. Die Suche nach Familienmitgliedern wird ebenso über Facebook gestaltet. Facebook wird daher auch zu einem wichtigen Nachrichtenkanal darüber, wie es Familie und Freunden geht oder wo diese sich gerade aufhalten. Damit ist das Netzwerk für viele Geflüchtete ein

> „relevanter Raum, innerhalb dessen vor allem durch Fotos von Familienangehörigen im Herkunftsland bzw. in anderen europäischen Ländern, eine quasi Online-Repräsentanz des Familienverbundes sichtbar wird" (Kutscher/Kreß 2015, S. 45).

Durch Likes und Kommentierungen erfahren die Jugendlichen emotionale Unterstützung. Nutzer/innen-Profile haben auch eine hohe Symbolkraft dahingehend, dass visuelle Darstellungen der eigenen Identität auch in Bezug auf das Herkunftsland praktiziert werden. Die Nutzung von Facebook kann aber auch dazu führen, dass Postings mit gewalttätigen Inhalten ungefiltert den Jugendlichen zukommen, was wiederum für die minderjährigen Geflüchteten belastend ist. Nicht unrelevant sind Angaben, die Jugendliche auf ihrem Facebook-Profil machen, beispielsweise hinsichtlich des Alters. Die

Herstellung des Kontakts zur personal community ist jedoch nicht uneingeschränkt möglich, beispielsweise wenn Familienangehörige nicht die finanziellen Mittel besitzen oder selbst auf der Flucht sind. Ebenso besteht teilweise der Bedarf an Technikmitteln, indem Eltern in Herkunftsländern dabei unterstützt werden WhatsApp oder Skype etc. zu nutzen. Da die Eltern ein zentraler Bezugspunkt für die minderjährigen Geflüchteten sind, ist darüber nachzudenken, inwieweit Eltern in die Hilfegestaltung miteinbezogen werden können, beispielsweise im Sinne einer Elternarbeit via digitale Medien, auch wenn sie rechtlich keinen Anspruch darauf haben.

In vielen sozialen Einrichtungen gehört ein für die Adressat/inn/en offener Internetzugang oder eine ausreichende Menge an Computern o. ä. bislang nicht zur Grundausstattung. Dies führt in Zusammenhang mit der Erfordernis einer hinreichenden Verbindung zu Familie und Peers, aber auch angesichts von zu erledigenden Hausaufgaben für die Schule oder Sprachkurse sowie Behördenangelegenheiten zur Frage, ob dies eine Ausstattungsbasis sein müsste. Darüber hinaus werden seitens der Einrichtungen vielfach restriktive Medienpolitiken realisiert, die dazu führen, dass nur zu eingeschränkten Zeiten oder stark reglementiert eine Nutzung digitaler Medien – wenn überhaupt – zugelassen wird (vgl. Kutscher/Kreß 2015).

Im Widerspruch hierzu kommunizieren jedoch viele Helfer/innen und Fachkräfte mit Geflüchteten über digitale Medien. So nutzen Vormünder den Weg über digitale Medien – oftmals aus Zeitgründen – um die Personensorge berührende Dinge, auch im Kontext von Asylverfahren, zu klären. Terminabsprachen, Informationsaustausch oder die Zusendung abrechnungsrelevanter Dokumentationen erfolgen häufig per WhatsApp zwischen Fachkräften und Adressat/inn/en (Kutscher/Kreß 2016a, S. 91). Die digitalen Medien sind somit auch integraler Bestandteil der Kommunikation zwischen Fachkräften und Geflüchteten. In diesem Zusammenhang bedarf es einer fachlichen Einbettung dieser Kommunikation in die Frage nach Standards im Sinne von Datenschutz, der Abgrenzung beruflicher und privater Sphären, eine Aufgeklärtheit der Fachkräfte über Chancen und Probleme bestimmter Dienste und Medien und einer Reflexion der sich abzeichnenden Spannungsfelder, die mit der Nutzung digitaler Medien in diesem Kontext verbunden sind.

Literatur

Byrne, Rosemary (2015): The Protection Paradox: Why Hasn't the Arrival of New Media Transformed Refugee Status Determination? In: International Journal of Refugee Law, 2015, Vol. 27, No. 4, S. 625–648.
Emmer, Martin/Richter, Carola/Kunst, Marlene (2016): Flucht 2.0. Mediennutzung durch Flüchtlinge vor, während und nach der Flucht. http://www.polsoz.fu-berlin.de/komm

wiss/arbeitstellen/internationale_kommunikation/Media/Flucht-2_0.pdf. (Abfrage: 08.04.2017).
Frankfurter Allgemeine (FAZ) (18.02.2016): Ist das ein Flüchtling oder ein Terrorist?
Gillespie, Marie/Ampofo, Lawrence/Cheesman, Margaret/Faith, Becky/Iliadou, Evgenia/Issa, Ali/Osseiran, Souad/Skleparis, Dimitris (2016): Mapping Refugee Media Journey. Smartphones and Social Media Networks. http://www.open.ac.uk/ccig/sites/www.open.ac.uk.ccig/files/Mapping%20Refugee%20Media%20Journeys%2016%20May%20FIN%20MG_0.pdf. (Abfrage: 08.04.2017).
Kutscher, Nadia/Kreß, Lisa-Marie (2016a): Flucht und digitale Medien. In: Kinder- und Jugendschutz in Wissenschaft und Praxis, H. 2, S. 88–92.
Kutscher, Nadia/Kreß, Lisa-Marie (2016b): Medienhandeln von Geflüchteten als Praxis informeller Bildung. In: merz, H. 5, S. 27–33.
Kutscher, Nadia/Kreß, Lisa-Marie (2015): Internet ist gleich mit Essen. Empirische Studie zur Nutzung digitaler Medien durch unbegleitete minderjährige Flüchtlinge. Projektbericht in Zusammenarbeit mit dem Deutschen Kinderhilfswerk. http://bit.ly/1OAnwtI; doi: 10.13140/RG.2.1.1028.8729. (Abfrage: 08.04.2017).
Medienpädagogischer Forschungsverbund Südwest (2016): JIM 2016. Jugend, Information, (Multi-)Media. https://www.mpfs.de/fileadmin/files/Studien/JIM/2016/JIM_Studie_2016.pdf (Abfrage: 08.04.2017).

Philipp Harpain, Susanne Lipp und Ellen Uhrhan

GRIPS Kampagnen-Theater mit geflüchteten Jugendlichen – auch zum Selbermachen!

Warum politische Theater-Kampagnen mit GRIPS?

Theater bietet die Möglichkeit, Menschen eine Bühne zu geben, um ihre Stimmen, Meinungen und Perspektiven sicht- und hörbar zu machen. Dies gilt natürlich vor allem für Menschen, die in unserer Gesellschaft nicht immer mitgedacht werden und deren Bedürfnisse oft unterrepräsentiert sind. Das GRIPS Theater versteht sich als heutiges politisches Volkstheater, was bedeutet, dass es *allen* Menschen die Möglichkeit geben will, gehört und gesehen zu werden. So engagierte sich das GRIPS Theater schon 2004 gemeinsam mit geflüchteten Menschen dafür, eine Lobby für ihre Belange zu schaffen.

Theater und Kultur üben zwar keine direkte politische Macht aus, aber sie können das Gewissen sein, das Alarm schlägt und zum Umdenken auffordert. Dort kann es vermeintlich Stimmlosen eine Stimme geben.

Warum sind Kampagnen mit GRIPS wichtig?

Seit der Befreiung aus der Naziherrschaft gibt es in Deutschland wieder Zuwanderung aus unterschiedlichen Motiven, wie beispielsweise wirtschaftliche Gründe oder die Suche von Menschen nach Schutz und Asyl. Trotz der kurzzeitigen Öffnung der Grenzen auf der Balkanroute 2015/16 hat sich in den letzten Jahren die politische Situation für Geflüchtete in der BRD und der EU verschärft. In Deutschland wurde und wird während der letzten Jahrzehnte ein vorbildliches Asylgesetz aus der Anfangszeit der Bundesrepublik ausgehöhlt und kontinuierlich verschärft. Länder werden zu sicheren Herkunftsstaaten erklärt – und Menschen mit Massenabschiebungen des Landes verwiesen. Während die staatliche Diskriminierung weiter steigt (Residenzpflicht, Arbeits- und Ausbildungsverbote, Diskussion um Familiennachzug) werden im Gegenzug kaum Perspektiven geschaffen.

Gemeinsam mit „Jugendliche ohne Grenzen" (JoG) haben wir seit 2005 zwei Theaterkampagnenstücke („Hier geblieben" und „SOS for Human Rights") und unzählige kleine Theateraktionen durchgeführt. Mit vielen

Partner/inne/n und großer politischer Aufmerksamkeit konnten wir Petitionen vorantreiben und sogar Gesetzesänderungen beeinflusst. Leider sind die meisten Erfolge in den letzten zwei Jahren durch die erneute Verschärfung der Asylpolitik zunichte gemacht worden. Deswegen gilt es, erneut gemeinsam Energien und Kräfte zu sammeln und an vielen Orten unterschiedliche Aktionen durchzuführen, um unser Unverständnis diesen aktuellen politischer Entwicklungen entgegenzusetzen und Menschen- und Bleiberechte einzufordern.

Aktionstheater – selber aktiv werden!

Wichtig ist es, gemeinsam mit Menschen mit Fluchterfahrung zusammenzuarbeiten, sie aktiv mit einzubeziehen, um nicht über sie zu sprechen, sondern ihnen eine Möglichkeit des Ausdrucks zu bieten. Es empfiehlt sich, Kooperationen mit Willkommensklassen, Einrichtungen für geflüchtete Menschen und/oder anderen lokalen Refugee-Initiativen zu schließen, um möglichst viele geflüchtete Personen zu erreichen und mit einzubeziehen.

Generell gilt natürlich, je mehr Partner/innen, desto größer die Reichweite der Aktion und desto größer die öffentliche Wirksamkeit. Hier empfiehlt es sich z. B., mit Gewerkschaften, Flüchtlingsräten, Trägern der Jugendhilfe, Bündnissen gegen Rechts oder Gruppen mit antirassistischer Einstellung zu kooperieren.

Es ist besonders hilfreich, die lokale Politik über die Aktion zu informieren, sie dazu einzuladen und aufzufordern, dazu Stellung zu nehmen.

1. Aktion: Schutzschirme

Zwei Grenzpolizisten blockieren die Eingänge zu besonderen Orten und fordern die ankommenden Gäste auf, ihre Pässe vorzuzeigen. Einlass erhalten diese nur in Begleitung von gleich gekleideten „Fluchthelfer/inne/n", die ihre Schutzschirme aufspannen.

Die Performance zielt darauf ab, Passant/innen mit der erniedrigenden Situation der Grenzkontrollen zu konfrontieren und aufzuzeigen, wie wichtig ein „Schutzschirm" für Flüchtlingsrechte ist.

Was braucht es?
- mindestens sechs Spielende
- ausreichend gleichfarbige Schirme, Beschriftung: „Schutzschirm für Flüchtlinge"
- gleichfarbige Kleidung für Schirmträger/innen (z. B. Arbeitsanzüge oder „private" Kleidung in einer ähnlichen Farbe)
- Kostüme für Grenzer (mindestens zwei, bei größerer Gruppe entspre-

chend mehrere: Uniformelemente, Kleidung in Tarnmuster, Baretts, Paddel oder Stöcke als Waffen)
- ein akustisches Signal (z. B. Trillerpfeife)
- eventuell Musik
- begleitendes Infomaterial
- ca. 45–60 Minuten zum Vorbereiten, Verabredungen treffen und Proben
- einen Ort im öffentlichen Raum, der bespielt wird und an dem mehrere konkrete Spielorte verabredet werden

Die Gruppe der Schirmträger/innen verabredet mehrere Spielelemente, die jeweils einem akustischen Signal und/oder einer Nummer zugeordnet sind. Diese Signale (und das Rufen der Nummer) zeigen während der Aktion den Übergang von einem Spielelement zum Nächsten an.

Spielelemente können zum Beispiel sein: In einer Reihe, die geöffneten Schirme nach vorne gerichtet, langsam vorwärts bewegen; neben Passant/inn/en gehen, diese „beschirmen" und das Gespräch suchen; verschiedene Standbilder im Raum; mit den Schirmen die Grenzer abdrängen; Passant/inn/en an den Grenzern vorbeischleusen.

Die Aufgabe der Grenzer ist es, Passant/inn/en nicht passieren zu lassen, nach ihren Papieren und Visa zu fragen, als Standbild bedrohlich zu wirken. Wenn es eine mobile Anlage gibt, können die einzelnen Spielelemente mit Musik untermalt werden, das erzielt noch mehr Aufmerksamkeit.

2. Aktion: Festung Europa

Was braucht es?

- mindestens neun Spielende
- Absperrband
- Befestigungsmöglichkeiten für Absperrband
- Zettel mit Angabe der Anzahl der Todesopfer an verschiedenen Abschnitten der EU-Außengrenzen
- drei bis vier Stühle, ein Tisch
- ein opulentes Essen samt Geschirr, Sektgläser
- eine kleine europäische Flagge mit Tischständer
- Straßenkreide
- Fesseln
- (entsprechend der Anzahl der Flüchtlinge) Big Bags als Boote, die innen mit Draht verstärkt werden zur Formwahrung und unten mit Löchern für die Beine
- mindestens drei Kostüme für Grenzposten (siehe oben)
- drei Kostüme für Europäer/innen (schicke Kleidung, z. B. Anzüge bzw. Abendkleider)
- begleitendes Infomaterial

- Vorbereitungszeit zum Aufbauen und Basteln der „Boote", ca. 30–45 Minuten zum Absprechen und Proben der Szene

Für diese Aktion braucht es einen ausreichend großen, von allen Seiten einsehbaren Platz, der mit Flatterband abgesperrt wird. Selbiges stellt die EU-Außengrenzen dar; an ihm werden die Zettel mit den Todes-Statistiken befestigt. Innerhalb dieses Raums wird der „Europa-Tisch" aufgebaut, erkennbar durch die Fahne. Hier sitzen die gut gekleideten Europäer/innen beim üppigen Essen mit Sekt (Apfelsaftschorle) und achten nicht auf das Geschehen um sie herum. Ebenfalls innerhalb des Kreises befindet sich ein Stuhl, der das Abschiebegefängnis symbolisiert. Die Grenzposten überwachen die Grenzen und versuchen zu verhindern, dass Flüchtlingsboote anlanden.

Schafft es jemand doch, in den abgesperrten Bereich zu gelangen, wird das Boot weggenommen, die Person gefesselt und in Abschiebehaft auf den Stuhl gebracht, später abgeschoben. Die Spieler/innen, die Flüchtlingsboote darstellen, versuchen an unterschiedlichen Stellen die Grenze zu überwinden.

Es ist wichtig, dass es dabei genug Grenzposten gibt und die Flüchtlinge letztlich nicht erfolgreich sind! Das Szenario kann beliebig lange gespielt werden, da abgeschobene Flüchtlinge immer wieder versuchen, nach Europa zu gelangen.

Weiterführende Links

Dokumentationen über die beiden Theaterkampagnen:

www.hier.geblieben.net
www.sos-for-humanrights.eu

Informationen über Jugendliche ohne Grenzen:

www.jogspace.net

Informationen über das GRIPS Theater:

www.grips-theater.de

Ibrahim Ismail

Sport und seine Möglichkeiten für Integration

Sport mit geflüchteten Menschen

Um geflüchtete Menschen in Deutschland für den Sport zu gewinnen und auf diesem Weg einen Beitrag zu ihrer Integration zu leisten, ist es vorab erforderlich, das Verhältnis dieser Menschen zum Sport zu beleuchten. Aufgrund der Tatsache, dass die meisten Menschen, die in den Jahren 2015 und 2016 nach Deutschland geflüchtet sind, aus der Region des Nahen und Mittleren Ostens stammen, soll diese Zielgruppe im Folgenden im Kontext sportlicher Sozialisation näher betrachtet werden. Die Beobachtungen sind für Sportvereine, -verbände und sonstige Einrichtungen (die sich des Sports bedienen) wichtig für eine integrative Arbeit mit geflüchteten Menschen, damit die Integrationsbemühungen adressatenorientiert gestaltet werden können. Darüber hinaus stellt sich die grundlegende Frage, inwieweit sich der Sport als Mittel zur Integration eignet.

Die Sportkultur im Nahen und Mittleren Osten

Die deutsche Sportkultur ist eine gänzlich andere als die der Länder des Nahen und Mittleren Ostens. Das Vereins- und Verbandswesen ist dort *insbesondere im Breitensport* nicht professionell aufgestellt.[1] Sportvereine und Sportplätze sind nur in geringer Zahl vorhanden und werden in der Regel von einer Minderheit von Privilegierten genutzt. Sportliche Betätigungen auf breiter Basis finden primär in der Schule und im Militär statt.

In den Schulen werden dabei wenige Anstrengungen unternommen, die Schüler im Sinne einer Sportkultur zu fördern. Der Schulsport wird überwiegend als eine Gelegenheit zum Toben genutzt. Pädagogische Perspektiven bzw. eine sportpädagogische Ausrichtung und Didaktik, die beispielsweise den *Doppelauftrag des Sports* (vgl. Richtlinien Sport NRW) verfolgt – also die Erziehung *zum* Sport und Erziehung *durch* Sport (Persönlichkeitsbildung) – ist kaum vorhanden. Den Sportunterricht in Syrien beschrieb eine syrische Gruppe von Geflüchteten aus Bonn[2] mit den Worten: „Da wird ein Ball reingeworfen und das war's".

---

[1] Auf den Leistungssport, der in der Region des Nahen und Mittleren Ostens ein wenig besser aufgestellt ist, als der Breitensport, soll in diesem Artikel nicht näher eingegangen werden.
[2] Arbeit mit geflüchteten Menschen im Rahmen des Auerberger Bündnisses für Integration, Bonn-Auerberg.

Im Militär besteht der Sport hauptsächlich aus Laufen, Hindernis-Überquerungen und Kraftsport. Dabei werden Drill und Bestrafung oftmals mit dem Sport verknüpft.

Auf informeller Basis treffen sich hauptsächlich männliche Jugendliche, und zwar vor allem, um Fußball zu spielen. Die, die es sich finanziell leisten können, machen darüber hinaus in einem „Gym", einem Fitness Studio, Krafttraining.

Die Erwachsenen leben den Kindern und Jugendlichen meist keine Sportkultur vor. Verhältnismäßig wenige Menschen mittleren Alters führen den Sport als Freizeitbeschäftigung oder aus gesundheitlichen Gründen aus. Besonders Frauen sind im Breitensport kaum vertreten. Der Sport wird allgemein als Beschäftigung in der Kindheit und Jugend verstanden. Dies geht so weit, dass es als moralischer Imperativ gilt, sich als Erwachsener ab dem mittleren Alter *nicht* sportlich zu betätigen, weil dies als „unanständig" gilt. Dies veranschaulicht das Beispiel eines 55-jährigen, seit über zwei Jahrzehnten in Deutschland lebenden Libanesen, der beim Besuch seiner Familie im Libanon Joggen gehen wollte. Darauf reagierte seine Familie mit den Worten: „Setz dich hin! Schämst du dich nicht, in deinem Alter noch laufen zu gehen?"

An diesem Beispiel zeigt sich, welche Auswirkungen der Mangel einer allgemeinen Sportkultur in der Bevölkerung hat. Außerhalb von Schule, Militär und Profisport haben insbesondere Menschen ab 25 Jahren kaum mehr Berührung mit dem Sport. Des Weiteren ist ein das Sporttreiben begrenzender Faktor, dass die Arbeitszeiten und die Arbeitskultur kaum Zeit für Sport lassen. Die Freizeit wird insbesondere für ein altersübergreifendes Beisammensein mit der Familie und den Freunden genutzt. Aber mit der Großmutter und dem Neugeborenen lässt sich schlecht Sport treiben. Da macht man lieber einen gemeinsamen Ausflug. Dieses Verhalten ist innerhalb von Gemeinschaftsgesellschaften verbreitet. In individualisierten Gesellschaften wie Deutschland nimmt man sich eher Zeit für sich. In Gemeinschaftsgesellschaften ist die „Zeit für sich" oftmals die „Zeit für uns".

Das Frauenbild und der Sport

In den 1970er Jahren setzte in der islamischen Welt (nach politisch bedeutsamen Ereignissen wie dem Sechstagekrieg gegen Israel, der Ölpreiskrise und der Islamischen Revolution im Iran) eine Phase der Re-Islamisierung ein. Die wachsende Religiosität führte dazu, dass sich konservative islamische Vorstellungen zu Bekleidungsvorschriften und Geschlechtertrennung ausbreiteten. Frauen büßten seit den 1950ern gewonnene Freiheiten wieder ein. Während vor dieser Entwicklung beispielsweise in Ägypten nur eine Minderheit der Frauen Kopftuch trug, ist inzwischen die große Mehrheit verschleiert. Hinzu kommt, dass in den autoritären Herkunftsländern vonseiten vieler Regierungen ein Negativbild der „westlichen" Länder gezeichnet wurde, in dem die westliche Frau als „sittenlos" dargestellt wurde. Die konservative Rückentwicklung in der gesamten Region hatte ebenfalls Einfluss auf die Entwicklung des Sports. Dieser wurde aufgrund seiner „Körperlichkeit" im Hinblick auf Frauen sexualisiert. Sich beim Sport zeigende Körperformen und Bewegungen, Berührungen, das Schwitzen und Erröten und dergleichen wurde in diesem Zuge als aufreizendes Verhalten verurteilt.

Aber auch abseits der Blicke der Männer gedeiht mangels einer Tradition des Sports keine Sportkultur. So wurde dem Autor berichtet, dass beim Besuch eines Frauenschwimmbades im Libanon festzustellen war, dass bei allgemein fröhlicher Stimmung kaum eine der dort badenden Frauen im eigentlichen Sinne „schwamm". Die jüngeren planschten eher und die älteren Frauen saßen, standen oder bewegten sich nur wenig im Wasser. Die einzigen, die durch ein gewisses sportliches Können auffielen, waren die Bademeisterinnen und einige wenige jugendliche Frauen, die Kopfsprünge vom Bock machten.

Die zu uns aus der islamischen Welt geflüchteten Menschen wurden in der geschilderten Phase der Re-Islamisierung sozialisiert. Daher entwickeln viele von ihnen im Angesicht der Freiheiten und gelebten Gleichberechtigung die Angst, dass ihre Töchter außerhalb ihrer Obhut einem Sittenverfall unterliegen könnten. Es ist festzustellen, dass die meisten der deutschen Sportgruppen, die die Zielgruppe der zugewanderten muslimischen Mädchen dennoch erreichen, erst dann erfolgreich Teilnehmerinnen für die Sportgruppe gewinnen konnten, als sie eine weibliche Trainerin gefunden hatten, die die Kultur kennt bzw. aus dem gleichen Kulturraum stammt, wodurch Vertrauen geschaffen wird. Bei Mädchen im Alter bis zwölf Jahren ist die Anbindung etwas einfacher, da sie noch als Kinder gelten. Im höheren Alter ist es in der Regel erforderlich, eine rein weibliche Gruppe zu gründen.

Von einem solchen Sportprojekt, für die Zielgruppe der geflüchteten muslimischen Mädchen und Frauen, berichtet der Deutsche Olympische Sportbund (DOSB) im Rahmen seiner Bundesinitiative „Integration durch Sport" (vgl. Richter 2016). Das Projekt bietet reine Frauengruppen mit einer weiblichen Leiterin aus dem islamischen Kulturkreis. Ein derartiger niedrigschwelliger und adressatenorientierter Zugang schafft die Möglichkeit der Anbindung der Zielgruppe an die Sportvereine, und ihre Gewinnung für den Sport ist ohne Zweifel eine positiv zu würdigende Leistung.

Doch schreibt der DOSB zu diesem Projekt: „Mancherorts ist Integration durch Sport auch Emanzipation durch Sport. Etwa bei Karl-Heinz Muhs in Köln." Des Weiteren heißt es: „Sie freuen sich, etwas Neues kennenzulernen, Kontakte zu anderen Frauen zu knüpfen und mal ohne ihre Männer zu sein." Ob wir in diesem Zusammenhang von Emanzipation sprechen können, ist jedoch fragwürdig. Die Frauen treiben ohne Männer Sport, nicht, weil sie eine „Auszeit" möchten. Vielmehr ist eine reine Frauengruppe Voraussetzung für ihre Bereitschaft, sich sportlich zu betätigen. Bei Anwesenheit bzw. Mitbeteiligung von Männern würde sich diese Gruppe auflösen. Zwar ist die sportliche Erfahrung und das Zeit-für-„sich"-Nehmen für die muslimischen Frauen sinnvoll und ist zunächst ein erster Schritt in die richtige Richtung. Doch um von Emanzipation und Integration sprechen zu können, bedarf es aus der Sicht des Autors um einiges mehr. Vereine, die bis zu dieser Stelle gelangt sind, müssten, um tatsächlich einen Beitrag zu gesellschaftlicher Integration zu leisten, einen kritischen Diskurs führen, der die Zielsetzungen des Vereins einschließlich seiner pädagogischen Intentionen näher beleuchtet und in Frage stellt (vgl. Schmidt-Millard 1991, S. 136). Dieser Punkt soll weiter unten nähere Betrachtung finden.

Überforderung bei jungen Männern durch Freizügigkeit

Ein ganzheitlicher Ansatz zur Integration macht es erforderlich, sich nicht nur den Frauen zu widmen, sondern auch patriarchalisch sozialisierte Jungen und Männer mit auf den Weg der Gleichberechtigung zu nehmen und hierzu zunächst ihre Sichtweise zu betrachten.

Die neu zugewanderten jungen Männer aus dem Nahen und Mittleren Osten sind die individuelle Freiheit und speziell die von Frauen, die sie in Deutschland im öffentlichen Raum erleben, mehrheitlich nicht gewöhnt und erscheinen mit der Situation teils zunächst überfordert. In Syrien beispielsweise sind die Frauen weitestgehend bedeckt angezogen und in der Öffentlichkeit sieht man kaum zärtliche Berührungen bzw. Küsse zwischen Mann und Frau. Für viele ist der erste Besuch in einem deutschen Schwimmbad mit einer Art Schockerlebnis zu vergleichen. Das Erlebte verunsichert und kann dazu führen, dass hier eine Bewertung nach dem eigenen im Herkunftsland ein Leben lang erlernten Bewertungsmustern vollzogen wird. Die Gefahr, dass die Frau sexualisiert betrachtet und als „leichtes Mädchen" kategorisiert wird bzw. in der Fremdbetrachtung an „Würde" verliert, besteht.

Die gelungene Integration eines Teils der bereits länger hier lebenden Mitbürger aus dem islamischen Kulturkreis und der mehrheitlich respektvolle Umgang der geflüchteten Männer mit den Frauen in der Flüchtlingsarbeit zeigt jedoch, dass die Herkunft kein Pauschalurteil rechtfertigt, sondern stets das Individuum zu betrachteten ist. Wie die geflüchteten Menschen bewerten, was sie hier erleben, ist abhängig von dem Bildungsprozess, den sie im Heimatland wie auch hier vollzogen haben und dem Bewusstseinszustand, den sie erreicht haben (vgl. hierzu den Artikel „Bildung: Keine Integration ohne (informelle) Bildung" des Autors in diesem Handbuch).

Den geflüchteten Jungen und Männern für ihr potenziell patriarchalisches Weltbild Vorwürfe zu machen und sie zu verurteilen – solange sie nicht straffällig geworden sind – hilft nicht. Was hingegen präventiv helfen kann, ist, einen Bildungsprozess bei ihnen auszulösen. Dies wird durch Erfahrungen begünstigt, die zu neuen Erkenntnissen sowie Horizont- und Perspektiverweiterungen führen. Zur Erzielung dieser Erkenntnisse bedarf es positiver Erfahrungsräume, durch die sie in Reibungssituationen ihres „Ichs" mit der „Welt" gelangen[3]. Welchen Beitrag der Sport hierbei leisten kann, soll im Folgenden dargelegt werden.

Sport als Integrationsmedium

Sport kann „aufgrund seiner besonderen Eigenschaften ‚bestimmte Integrationsfunktionen' ausüben", die Harms (1982) wie folgt präzisiert:

- Sport ist der Kulturträger, der „die meisten kulturübergreifenden Gemeinsamkeiten" und den regesten interkulturellen Austausch aufweist. Die weitestgehende Einheitlichkeit von Regeln und Normen der geläufigen Sportarten erleichtert zudem die Ausübung in interkulturellen Gruppen.
- Sport ist „eine primär nonverbale Kommunikationsform", was bedeutet, dass fehlende Sprachkenntnisse von Menschen ihre Involvierung kaum behindern.
- „Schichtenspezifische Unterschiede" können sich im Sport „verwischen", was die Möglichkeit bietet, sozial benachteiligte Menschen zu integrieren.

Mit den dem Sport innewohnenden Möglichkeiten der Überwindung kultureller, sprachlicher wie schichtspezifischer Unterschiede erscheint er als *geeignetes Medium der Integration*. Zur Frage, *wie* der Sport zur Integration beitragen kann, gibt es bei vielen Sportverbänden und -vereinen jedoch noch immer größere Unsicherheiten.

---

3 Dies können Projekte sein, in denen eine Begegnung mit einheimischen Menschen erfolgt und Übungen stattfinden, bei denen sich die Teilnehmer bewusst „entsexualisiert" berühren. Diese Berührungen sollten Gegenstand von Reflexionen sein. Die Erfahrung der sensiblen nichtsexuellen Berührung zwischen Mann und Frau in einem geschützten Raum ist für das eigene Selbstverständnis wichtig und bereits ein Beitrag zur Emanzipation. Derartige Übungen hat der Autor bereits mit mehreren auch gemischt-geschlechtlichen Gruppen, einschließlich unbegleiteten minderjährigen, Flüchtlingen durchgeführt. Bei der Übung wurden insbesondere viele Jungen und Männer stark gefordert. Die „starken Kerle" zeigten sich in diesem geschützten Rahmen plötzlich unsicher und verletzlich. Die Sensibilisierung hatte positive Effekte auf ihr Selbstverständnis als Mann und ihr Verständnis zu ihrer Beziehung zu Frauen.

Dies wird u. a. ersichtlich aus Programmen mit Zielsetzungen, die „Integration durch Sport" verkürzt definieren oder eine Diskrepanz zwischen Zielen und Maßnahmen aufweisen. Diese Diskrepanz resultiert oftmals aus dem Umstand, dass man sich auf das „Was" einigt, doch zu wenig über das „Wie und Warum" verständigt. Während als Ziel beispielsweise formuliert wird, den Dialog zwischen Zuwanderern und Einheimischen zu erleichtern und die gegenseitige Akzeptanz zu fördern, finden sich auf der Maßnahmenseite z. B. Sport- und Ferienevents sowie die Qualifizierung von Frauen mit Migrationshintergrund zu Übungsleiterinnen. Es erscheint, als würde dann in der Praxis vielerorts die *Einbindung* von Menschen mit Migrationshintergrund bereits als die Integrationsleistung selbst erachtet.

Die Einbindung von geflüchteten Menschen in Sportvereine ist ein erster Schritt zur Integration, da er ein Handlungsfeld eröffnet und somit eine Voraussetzung für die Integrationsförderung herstellt. Integration, will man sie nicht dem Zufall überlassen, vollzieht sich aber *primär durch pädagogische Inhalte und Zielsetzungen,* die den Sport im Zusammenhang von Erziehung und Bildung betrachten. Motor hierfür ist v. a. das pädagogische Handeln bzw. die pädagogischen Anteile im Programm. Bildung, Erziehung und das damit verbundene pädagogische Handeln *orientieren sich am Subjekt und dessen Wachstum.* Integrationsförderung auf die Einbindung in Sportvereine oder Sportprojekte zu reduzieren, stellt das Subjekt in den Hintergrund. Erziehung bedarf der *Bindungsarbeit* zum Subjekt, das bedeutet, das nicht nur eine Bindung zur Institution, sondern auch zwischen Menschen (also z. B. zwischen Trainer/in und Mitgliedern) hergestellt werden muss. Um dies zu erreichen ist *wiederholtes pädagogisches Handeln* erforderlich, also ein regelmäßiges Zusammentreffen, der Raum für Persönliches entstehen lässt. Daher erscheinen einmalige Sportveranstaltungen bzw. Programme, die aufgrund ihrer Struktur wechselnde Zielgruppen aufweisen, in ihrer Integrationswirkung wenig effektiv. Bei der Etablierung muslimischer Frauensportgruppen ist für ihre integrationsfördernde Wirkung entscheidend, ob mit den Mädchen und Frauen so gearbeitet wird, dass bei ihnen ein Bildungsprozess angestoßen wird.

Es soll nicht unerwähnt bleiben, dass es im Kinder- und Jugendbreitensport zahlreiche Vereine gibt, die sich mit einer pädagogischen und erzieherischen Ausrichtung des Sports hervorragend auseinandersetzen. Doch vielerorts besteht noch ein erheblicher Ausbaubedarf.

Der *Mangel an pädagogischer Ausrichtung* liegt im Selbstverständnis vieler Sportvereine begründet:

> „Hinter dem Ziel der Professionalisierung der Leistungssportförderung talentierter Kinder und Jugendlicher verbirgt sich die radikale Infragestellung der Zielsetzungen des Vereinssports einschließlich seiner pädagogischen Intentionen" (Schmidt-Millard 1991, S. 136).

Wenn die Leistungsorientierung zum Primat erhoben wird, dann fallen die pädagogischen Zielsetzungen hinten über. Der Breiten- und Freizeitsport bildet zwar noch den Schwerpunkt der Vereinsaktivitäten, doch auch hier bildet der etablierte Wettkampfsport mit seinen Normierungen das leitende Bezugssystem. Der moderne Sport steckt in einer *Krise des Selbstverständnisses*, die aus der Verabsolutierung des Leistungsprinzips erwächst. Hierdurch wird der Sport als Spiel negiert, und dies obwohl der Sport im Wesentlichen zunächst Spiel ist und damit dem Ernst entgegengesetzt ist. Hingegen erscheint die *Produktion* von Leistungssportlern, auch im Freizeit- und Breitensport, vielmehr als *Arbeit* und nicht dem Sport als Spiel folgend. Die Instrumentalisierung des Sports unter Leistungsmaßstäben lässt die pädagogische Betreuung lediglich als technische Maßnahme bei der „Produktion" des Leistungssportlers erscheinen. Eine darüber hinaus reichende kritische Dimension wird der Pädagogik abgesprochen. Somit bleiben die pädagogischen Möglichkeiten unangetastet, die traditionell die Institution Sportvereine auszeichnen. Auch in der legitimen Wettkampfvorbereitung bzw. im Training darf der Spielcharakter nicht verloren gehen. Erst wenn leistungsorientierte Sportvereine sich wandeln und verstärkt pädagogische Anteile berücksichtigen, schaffen sie ernsthafte Voraussetzungen für Integration durch Sport (vgl. ebd., S. 148 f.). Wenn Sportvereine und sonstigen Institutionen, die sich des Sports bedienen, mit geflüchteten Menschen mit dem Ziel der Integration zusammenarbeiten, müssen sie ihre Arbeit sozialpädagogisch ausrichten.

Die Sportpädagogik und ihr Potenzial für die Sozialarbeit

Gegenstandsbestimmung der Sportpädagogik

Eine Gegenstandsbestimmung legt fest, was der Forschungsgegenstand einer wissenschaftlichen Disziplin ist. Meinbergs (1996) Gegenstandsbestimmung der Sportpädagogik lautet:

> „Sportpädagogik ist diejenige Teildisziplin der Erziehungs- und Sportwissenschaft, die das sportliche und spielerische Bewegungshandeln in seinen institutionalisierten und nichtinstitutionalisierten Formen vorrangig unter den Motiven Bildung, Erziehung, Sozialisation und Lernen mit Hilfe verschiedenartiger Forschungsmethoden untersucht" (Meinberg 1996, S. 17).

Die Motive *Bildung, Erziehung, Lernen und Sozialisation* sollen im Folgenden näher betrachtet werden. Bei *Bildung* und *Erziehung* handelt es sich um normativ belegte Begriffe, die nicht nur pädagogische Prozesse beschreiben, sondern auch Zielperspektiven mit einbeziehen. *Bildung* meint die „Selbstgestaltung des Menschen im Prozess der Auseinandersetzung mit den Inhalten und Werten der Kultur" (Prohl 2006, S. 9) und „mit sich selbst" (Grupe/Krüger 1997, S. 66). Unter *Erziehung* versteht man dagegen „die Einwirkung auf Menschen mit dem Ziel, ihnen diese Selbstgestaltung zu ermöglichen und sie darin zu unterstützen" (Prohl 2006, S. 9). Der Sinn der Erziehung ist somit die Bildung des Menschen (vgl. hierzu den Artikel „Bildung: Keine Integration ohne (informelle) Bildung" des Autors in diesem Handbuch). Bezüglich der *Erziehung* ist zu präzisieren, dass diese laut *Beckers* (1985) *zwei Ebenen* besitzt.

Zum einen werden die der Gesellschaft und Kultur entsprechenden

> „*Regeln* des Denkens und der Problemlösung, die sozialen Regeln des Zusammenlebens, die Regeln zur Beherrschung des psychischen Haushalts, die Regeln zur Erhaltung der Gesundheit und der Funktionsfähigkeit des Körpers"

vermittelt (Beckers 1985, S. 17). Da der Sport als regelgeleitetes und leistungsorientiertes System diese Logik der gesellschaftlich-kulturellen Wirklichkeit verkörpert, kann er als hervorragender Träger solcher Erziehungsziele betrachtet werden, die auf die Eingliederung in die Gesellschaft, also die Sozialisation, abzielen (ebd., S. 20 f.). Hierauf liegt in der Regel die Aufmerksamkeit der *Politik und Wirtschaft*.

Die zweite Ebene, die Beckers als *Personalisation* bezeichnet, verweist auf den Menschen als Individuum und die Entwicklung seiner Persönlichkeit. Diese Ebene steht im Zentrum des Interesses des *Pädagogen. Kurz* (2000) sieht in diesem Zusammenhang die Selbsterziehung als wesentliches Element bei der Entwicklung von Wertvorstellungen an:

> „Nur was die Schüler gelernt haben, selbst zu wollen, wird in ihrem Leben über den Unterricht hinaus Bedeutung gewinnen. Auch und besonders unter diesem Gesichtspunkt der Werthaltungen gilt, dass Erziehung darauf zielen muss, sich selbst überflüssig zu machen. Oder positiv gewendet: Erziehung zielt letztlich auf *Selbstbestimmung*" (Kurz 2000, S. 46).

In diesem Sinne hat die Sportpädagogik zu untersuchen, „welche Möglichkeiten der Fachgegenstand Sport zur Entfaltung menschlicher Potentiale", also für die Personalisation, bietet (Beckers 1985, S. 11). Als körpergebundenes Phänomen unterstützt der Sport mit der Erfahrung der Körperlichkeit die Persönlichkeitsbildung. Durch solche Körpererfahrungen steht der Sport im klaren Gegensatz zu jenen Erfahrungen des Medienkonsums, die in unserer Medienkultur zunehmend mehr Platz einnehmen. Es handelt sich bei ihnen um gefilterte, ausgewählte Erfahrungen aus zweiter und dritter Hand. Erfahrungen der Eigenständigkeit, Aktivität und Authentizität sind aber existenziell notwendig und können im Sport erlebt werden. Gerade hier liegt aber bei den muslimischen Migranten und Flüchtlingen eine große Schwierigkeit, da sie aufgrund eines Mangels an einer Bewegungskultur Körperlichkeit vielfach nur eingeschränkt erfahren.

Das *Lernen* als drittes Motiv der Sportpädagogik ist eine zentrale Bedingung der Sozialisation.

„Lernen bezeichnet eine dauerhafte und relativ stabile Änderung der Verhaltensmöglichkeiten, des Wissens und Könnens, der Einstellungen und Gewohnheiten aufgrund von Erlebnissen und Erfahrungen oder auch durch Einsicht" (Grupe/Krüger 1997, S. 74).

Nur, wenn Menschen dazulernen, und zwar möglichst lebenslang, sind sie in der Lage, sich ihrem Alter entsprechend zu entwickeln, ihre Identität zu finden und sich in die Gesellschaft einzugliedern. Es handelt sich dabei um einen aktiven Prozess, aber sein positiver Verlauf ist nicht allein vom Handeln der Menschen abhängig, sondern wird auch von

„Faktoren beeinflusst, die sich ihrem [Einfluss] entziehen, z. B. genetische Anlagen, Krankheiten, Zufälle, Wirtschaftskrisen, soziale und kulturelle Einflüsse und gesellschaftliche Bedingungen" (ebd., S. 73).

Die Sportpädagogik versteht Lernen daher als Aufgabe, die sich dem Einzelnen stellt oder ihm gestellt wird. Der Lernende kann beim Lernen unterstützt werden, wenn erstens *Lernhaltungen* vermittelt werden. Der Lehrende kann beispielsweise darauf abzielen, dass der Lernende sich Ziele setzt, also selbst lernen will. Zweitens kann das Lernen erleichtert werden, indem die *Bedingungen* geschaffen werden, unter denen Dinge erlernt, geübt, gefestigt und weiterentwickelt werden können.

Es können vier verschiedene Formen des Lernens unterschieden werden: das *kognitive* Lernen, also die intellektuelle Leistung, das *emotionale* Lernen, das „den Umgang und die Verarbeitung von Affekten, Gefühlen und Empfindungen" bezeichnet (ebd., S. 74), das *soziale* Lernen, bei dem jene Fähigkeiten erworben werden, die für Interaktion und Kommunikation, also für zwischenmenschliche Beziehungen notwendig sind, sowie das *motorische* Lernen, bei dem es um die Erlangung motorischer Fertigkeiten geht.

Beim Sport lernen Menschen, ihren eigenen Körper und ihre eigenen Bewegungen und Fähigkeiten wahrzunehmen und machen soziale Erfahrungen mit anderen im Wettkampf oder in Gruppen. Regeln und Taktiken müssen erlernt werden, der Sportler muss sich konzentrieren, Sieg und Niederlage werden erlebt. Der Sport erfordert als regelgeleitetes System einerseits „Bindung", ermöglicht aber auch „Freiheit" (vgl. Meinberg 1996, S. 171). Durch diese Zwischenstellung ergeben sich moralische Ansprüche, die erlernt werden müssen, wie z. B. Fairness, Aufrichtigkeit und Pflichtbewusstsein. In der Regel werden somit neben dem motorischen Lernen auch das kognitive, emotionale und soziale Lernen im Sport erforderlich, der den Rahmen für diese Erfahrungen setzt.

Die *Sozialisation* als viertes und letztes Forschungsmotiv der Sportpädagogik bezeichnet im engeren Sinne das *soziale Lernen*. Darüber hinaus werden unter dem Begriff der Sozialisation aber häufig ganz allgemein "alle geplanten und ungeplanten sozialen Prozesse, Handlungen und Einflüsse verstanden (...), die auf die Entwicklung eines Menschen einwirken und ihn in seinem Verhalten leiten" (Grupe/Krüger 1997, S. 81).

Nach dieser Gegenstandsbestimmung der Sportpädagogik mit ihren Motiven Bildung, Erziehung, Lernen und Sozialisation soll im folgenden Kapitel dargelegt werden, wie Sport gestaltet werden muss, damit er die Integration von Menschen befördern kann.

Integration durch Sport

Durch seine Sozialisierungs- und Personalisierungswirkung bietet sich der Sport ganz besonders als Integrationsmedium bei neu zugewanderten Menschen an. Die Attraktivität des Sports können pädagogische Fachkräfte dazu nutzen, eine Bindung zu der Zielgruppe über den Sport herzustellen. Erst wenn pädagogische Fachkräfte eine solche Bindung an sich und ihre Angebote hergestellt haben, können sie mit dem Ziel der Integration auch sozialisierend und personalisierend auf die Zielgruppe wirken. An dieser Stelle ist es aber dringend erforderlich, zu erwähnen, dass die Sozialisationswirkung des Sports *keine zwingende* ist, sondern von vielen Faktoren abhängt, wie z. B. der Vermittlungsweise, den persönlichen und fachlichen Kompetenzen des Vermittlers, der Aufstellung der vermittelnden Institutionen und anderen Faktoren der sozialen Umwelt (vgl. Adolph/Böck 1985, S. 61).

Integrationsarbeit durch Sportvereine darf sich nicht darauf reduzieren, Flüchtlinge in den Leistungssport einzubinden (wenngleich das auch sehr schön sein kann). Das Hauptziel von Sportvereinen sollte die Überwindung des Getrenntseins (Herkunftskultur vs. deutsche Kultur) sein. Pädagogische Zielsetzungen zur Integrationsförderung könnten z. B. sein:

- Möglichkeiten zu schaffen, um die Sinnhaftigkeit von Engagement fürs Gemeinwohl erlebbar zu machen,
- Anerkennungsquellen durch Mitbeteiligung zu schaffen,
- die Anerkennung des Anderen im Sport-Spiel erfahrbar zu machen,
- die Überwindung der tradierten Rollenmuster zu fördern,
- das Aufbrechen von antidemokratischen Verhaltensmuster z. B. durch Partizipation bei der Entscheidungsfindung und darin gelebter Gleichberechtigung zwischen Mann und Frau,
- persönlichen Austausch zu pflegen,
- Teilhabe an der deutschen Lebenswelt mit ihren Gebräuchen, Riten etc. zu ermöglichen,
- Ansprechpartner (Wegweiser) für Fragen zu sein usw.

Praktisch gesehen ist es sinnvoll, dass sich die Fachkräfte und Engagierten zunächst in den Lebensraum der Zielgruppe begeben, der vielfältige Möglichkeiten für den Einsatz von sportpädagogischen Maßnahmen bietet. Es braucht Raum und Zeit für wiederholte Begegnungen, den Aufbau von Vertrauen und den Abbau von Vorurteilen. Wichtig ist dabei, dass keine defizitorientierte Sichtweise eingenommen wird, sondern echtes Interesse an einer Begegnung besteht. Ist eine Bindung hergestellt und gegenseitiges (!) Vertrauen aufgebaut worden, bedarf es an Handlungsfeldern und Mitbeteiligungsmöglichkeiten, die über den reinen Sport hinausgehen. Idealerweise sollten den geflüchteten Menschen die Möglichkeit gegeben werden, das Programm oder Projekt mit zu entwerfen oder sie bei der Ausgestaltung desselben zu beteiligen. Auch während der Durchführung des Programmes/Projektes sollten alle offen für Veränderungen sein, wenn Hürden auftauchen.

Um diese vorwiegend theoretischen Ausführungen zu veranschaulichen, soll abschließend noch exemplarisch ein Projekt mit Zugewanderten dargestellt werden, das erfolgreich Integrationswirkungen anstoßen konnte.

Integration durch Sport in einem Stadtteilprojekt

Im Jahr 2009 führte der Autor als Projektleiter ein *sozialraumorientiertes Sportprojekt mit Kindern und Jugendlichen in einem sozialen Brennpunkt* in Wuppertal-Vohwinkel durch. Nach drei Monaten bat er die Eltern der Jugendlichen, zu einem gemeinsamen Treffen zu erscheinen. Es erschienen 14 Frauen, wovon acht Musliminnen waren. Nachdem er ihnen veranschaulicht hatte, dass es im Stadtteil vermehrt negative Entwicklungen bei den Kindern und Jugendlichen gab, bat er sie um Hilfe. Sie sicherten ihm ihre Hilfe zu. Dabei war das Engagement zunächst auf die Kinder und Jugendlichen fokussiert. Jeden Sonntag traf man sich zum Austausch und um die nächsten Schritte zu planen. Die Gruppe wuchs auf 27 Frauen (zwischen 33 und 55 Jahren; Deutsche, Araberinnen, Afrikanerinnen, Russinnen) an. Die arabische Gruppe machte in etwa 70 Prozent der Gesamtgruppe aus. Als sich aufgrund des Einsatzes der Mütter die Situation um die Kinder und Jugendlichen im Stadtteil entschärfte und eine Bindung zum Projektleiter aufgebaut war, schlug er vor, ob man sich nicht zum gemeinsamen Kochen treffen wolle. Dabei bat er die Frauen, ihre Kinder und Männer mitzubringen. Es schien zunächst so, als habe so mancher Mann keine Wahl gehabt. Doch beim Kochen entwickelte sich eine heitere Stimmung. Die Kinder spielten im Garten und die Männer halfen beim Kochen.

In den Monaten danach fanden verschiedene gemeinsame erlebnispädagogische Aktionen statt. Eines Tages fragte der Projektleiter die Frauen und Männer, warum sie keinen Sport treiben würden. Aus dieser Frage entstand eine lebendige Diskussion. Schon bald fand der erste gemeinsame Waldrundgang mit Kraft-, Balance- und Dehnübungen statt. Die Kinder durften mitkommen. Insbesondere die Frauen blieben als Sportgruppe zusammen und fanden zunehmend einen Zugang zum Sport. Einige Monate später ergab sich die Möglichkeit, dass diese Frauengruppe in einem kleinen Schwimmbecken in einem Reha-Zentrum gegen eine geringe Gebühr, nur unter sich, mit einer Gymnastiktrainerin Wassergymnastik betreiben konnten.

Bei einer Reflexionseinheit des Stadtteilprojektes beschlossen die Frauen im Beisein einiger Ehemänner als nächstes, in ein Erlebnisbad zu fahren. Hierfür nähten sich die muslimischen Frauen aus Schwimmtextilien Ganzkörperbadeanzüge. Für den Kopf wurden Badekappen genutzt. Der Zutritt zu diesem privaten Schwimmbad wurde den Frauen aufgrund ihrer Burkinis jedoch verwehrt (mit Ausnahme einer Frau mit Schwerbehinderung und einer Person als ihre Begleitung). Beim Besuch der behinderten Frau und ihrer Begleitung in einem städtischen Schwimmbad kam es zu Beschwerden von anderen Schwimmgästen hinsichtlich ihrer Badebekleidung. Dies hatte zur Folge, dass den beiden muslimischen Frauen bereits nach diesem ersten Schwimmbadbesuch ein weiterer Zutritt verwehrt wurde. Als Konsequenz hieraus haben sich, wegen der Erfahrung der Ablehnung, einige Frauen entschlossen, nicht mehr schwimmen zu gehen. Andere wiederum haben trotzdem nachhaltigen Gefallen am Schwimmsport gefunden und machen sich dazu auf den Weg in das Schwimmbad einer benachbarten Stadt, wo sie (bislang) in ihrer Ganzkörperbadebekleidung schwimmen dürfen.

Der Europäische Gerichtshof für Menschenrechte hat kürzlich entschieden, dass muslimische Mädchen nicht vom Schwimmunterricht befreit werden dürfen, da das Gut der Bildung höher zu bewerten ist, als das der Religionsausübung. Das Verwaltungsgericht in Deutschland hat ihnen dafür ausdrücklich das Tragen eines Burkinis empfohlen, wenn sie der Meinung sind, dass ihre Religion von ihnen verlangt, sich zu bedecken (vgl. Sadigh 2017). Angesichts der beschriebenen Erfahrungen zum Schwimmen im öffentlichen Raum sollte die von Gerichten nur für den Raum Schule entschiedene Debatte weitergeführt werden. Wofür lernen sie schwimmen, wofür argumentieren wir, dass die Teilhabe an Bildung (welche Toleranz lehrt und befördert) höher als die Religion einzustufen ist, wenn den Muslimin:nen, die sich zu konservativen islamischen Bekleidungsvorschriften bekennen, anschließend der Zutritt zu deutschen Schwimmbädern verwehrt bleibt?

Literatur

Adolph, Helga/Böck, Frank (1985): Sport als Integrationsmöglichkeit ausländischer Mitbürger. Dokumentation einer Hochschulinitiative. Kassel.
Beckers, Edgar (2000): Pädagogische Grundlegung für den Schulsport 2000 – Impulse für die Veränderung der ersten Phase der Sportlehrerbildung in Nordrhein-Westfalen. In: Beckers, Edgar/Hercher, Jutta/Neuber, Nils (Hrsg.): Schulsport auf neuen Wegen. Herausforderungen für die Sportlehrerausbildung. Butzbach-Griedel. S. 22–35.

Beckers, Edgar (1985): Sport und Erziehung. Aufsätze gegen den Rückzug aus pädagogischer Verantwortung. Köln.
Brnada, Nina (2012): Muslimische Sportlerinnen. http://www.zeit.de/2012/17/A-Muslim sport. (Stand: 03.01.2017).
Grupe, Ommo/Krüger, Michael (1997): Einführung in die Sportpädagogik. Schorndorf.
Grupe, Ommo (1987): Sport als Kultur. Zürich.
Güngör, Seydi (2008): Sport und Sportunterricht in Zusammenhang mit der Integration von MigrantInnen. Masterarbeit eingereicht an der Ruhr-Universität Bochum.
Harms, Hans (1982). Die soziale Zeitbombe ist noch längst nicht entschärft. Zur möglichen Funktion des Sports bei der Integration der ausländischen Arbeitnehmer und ihrer Familien. In: Olympische Jugend Heft 12.
Kurz, Dietrich (2000): Erziehender Sportunterricht: Wie kann die Hochschule darauf vorbereiten. In: Beckers, Edgar/Hercher, Jutta/Neuber, Nils (Hrsg.): Schulsport auf neuen Wegen. Herausforderungen für die Sportlehrerausbildung. Butzbach-Griedel. S. 36–53.
Meinberg, Eckhard (1996): Hauptprobleme der Sportpädagogik. Eine Einführung. Darmstadt.
Ministerium für Schule und Weiterbildung des Landes NRW (2014): Rahmenvorgaben für den Schulsport in Nordrhein-Westfalen. Heft 5020, S. 6–8.
Prohl, Robert (2006): Grundriss der Sportpädagogik (2., stark überarbeitete Auflage). Wiebelsheim.
Richter, Nic (2016): Sie packen es an. http://www.integration-durch-sport.de/de/integration-durchsport/aktuelles/detail/news/integration_durch_sport_auf_der_buchmesse-1/ (Abfrage: 03.01.2017).
Sadigh, Parvin (2017): Das Recht, sich freizuschwimmen. http://www.zeit.de/gesellschaft/schule/2017-01/schwimmunterricht-muslime-europaeischer-gerichtshof. (Abfrage: 14.01.2017).
Schmidt-Millard, Torsten (1991): Der Sportverein – Versuch einer pädagogischen Ortsbestimmung. In: Brennpunkte der Sportwissenschaft 5, Heft 2, S. 134–151.
Stadtsportbund Bonn e.V.: Integration durch Sport (o. J.). http://www.ssb-bonn.de/unsere-angebote/programme/integration-durch-sport.html. (Stand: 03.02.2017)
Tofahrn, Klaus W. (1997): Soziale Schichtung im Sport. Eine theoretische und empirische Reflexion. Frankfurt am Main.

Ib Ivar Dahl und Knud Andersen

Das Kulturprojekt Flüchtlingsboot M/S Anton

Das Kulturprojekt M/S Anton soll den Zusammenhang von Klimawandel und Flucht bewusst machen – in Entsprechung zum Ziel des Vereins *Levende Hav* (Lebendiges Meer) als Eigner des Schiffes, beidem entgegenwirken: Durch Aktivitäten für den Meeresschutz einerseits und durch die Unterstützung von Fischern in armen Ländern andererseits, um ihnen das Überleben zu ermöglichen und damit den durch den Klimawandel hervorgerufenen Fluchtursachen entgegenzuwirken.

Das Boot

Der Kutter M/S Anton (s. Foto) ist ein typisch dänischer Fischkutter aus dem Jahr 1948. Rund um diesen Kutter begannen Ende der 1980er Jahre die Meeresumweltaktivitäten, aus denen 1995 der Verein *Levende Hav* hervorging. Mit dem kleinen Schiff werden wichtige Teile der Arbeit des Vereins ausgeführt. Jedes Jahr ist das Schiff mehrmals auf Fahrt zu verschiedenen Häfen. Zweck der Reisen ist z. B. die Vermittlung von Wissen über die Meeresumwelt, über nachhaltige Fischerei oder Klimafragen. Die Aktivitäten der M/S Anton in den Häfen sind zumeist Ausstellungen mit Plakaten, einhergehend mit Gesprächsrunden an Bord des Schiffes mit zuständigen Politikern, Fachleuten und interessierten Laien.

Im Jahre 2009 nahm *Levende Hav* mit der M/S Anton an einer Zeltausstellung auf einem Kai mitten im Hafen von Kopenhagen teil. Diese Ausstellung sollte dazu dienen, die Klimakonferenz COP15 in eine positive Richtung zu beeinflussen. Das Fiasko, in dem diese Klimakonferenz endete, war für den Vorsitzenden von *Levende Hav,* Knud Andersen, und seinen Freund, den fünischen Künstler Jens Galschiøt, der Anlass, sich nicht allein auf den Klimaschutz zu beschränken, sondern den Zusammenhang von Klimapolitik, weltpolitischem Geschehen und den Flüchtlingen dieser Welt zum Thema zu machen. Stiftungsmittel ermöglichten es Jens Galschiøt, 70 Kupferskulpturen von Flüchtlingen herzustellen, die auf dem Kutter M/S Anton montiert wurden.

Seit 2010 hat die M/S Anton als Flüchtlingsboot ca. 40 dänische Häfen angelaufen, aber auch u. a. Stavanger in Norwegen, Stockholm in Schweden, Hamburg und Warnemünde in Deutschland besucht. Mehrere hunderttausend Menschen haben das Boot gesehen. Das Kunstevent Flüchtlingsboot hat überall einen starken Eindruck hinterlassen und zu Gesprächen und Nachdenken angeregt.

Wir sind der Auffassung, dass die Situation der Flüchtlinge in Europa im Zusammenhang mit weltpolitischen Fragen und der Klimapolitik der internationalen Gemeinschaft gesehen werden muss. Der westeuropäisch-amerikanische Imperialismus hat viele Jahrzehnte lang die Ressourcen und die Arbeitskraft der Bevölkerung in den armen Teilen der Welt auf eine Weise ausgenutzt, die den Menschen, z. B. in den afrikanischen Ländern, keine Möglichkeit ließ, sich akzeptable Lebensbedingungen zu schaffen. Generell hat die Industriegesellschaft der westlichen Welt wesentlich zu den von Menschen verursachten Klimaveränderungen beigetragen, die auf lange Sicht große Teile der Erde für die Lebensmittelproduktion ungeeignet und mehr oder weniger unbewohnbar werden lassen.

Dazu kommt, dass die westlichen Industriegesellschaften kräftig zur Verunreinigung der Weltmeere mit Mikroplastik und Übersäuerung beigetragen und dadurch die Ökosysteme der Meere schwer geschädigt haben. Wir müssen erkennen, dass wir und unsere Kultur ursächlich dazu beitragen und deshalb mitverantwortlich sind für den Strom von Flüchtlingen, weil – verursacht durch Krieg und Klimawandel – die Lebensbedingungen in ihren Heimatländern unerträglich geworden sind. Wenn es nicht gelingt, die weltpolitischen Verhältnisse und die Klimasituation zu verbessern, wird sich die Flut der Flüchtlinge zu einem Tsunami entwickeln.

Levende Hav

Aus diesem Grund hat *Levende Hav* seine Zielsetzung erweitert. Als Organisation, die sich für den Schutz des Meeres und eine nachhaltige Berufsfischerei einsetzt, hat der Verein zunächst Küstenfischer in Dänemark unterstützt, die nachhaltige Fischerei betreiben, ebenso wie er für die Bewahrung der Fischerei in Dänemarks kleineren Häfen und Anlegestellen an der offenen Küste arbeitete und arbeitet. Weil aber das dänische Meeresmilieu in einem globalen Zusammenhang gesehen werden muss und die stattfindenden Klimaänderungen vor allem die Lebensbedingungen der Fischer in den ärmsten Ländern der Welt gefährden, hat sich *Levende Hav* in *Fischer für Fischer-Projekten* in einigen dieser Länder engagiert. Bei diesen Projekten geht es darum, den notleidenden Fischern zu helfen, sich bessere Fanggeräte und -methoden anzueignen und ihren Umsatz zu verbessern, zum Beispiel durch den Bau von Kühlanlagen und effektivere Vertriebsmethoden.

Das Engagement gegen die Auswirkungen des Klimawandels ist deshalb durch ein Engagement in Flüchtlingsprojekten ergänzt worden. Dabei liegt der Schwerpunkt darauf, den Fluchtursachen präventiv entgegenzuwirken und den Menschen, deren Lebensgrundlage bedroht ist und die Gefahr laufen, Klimaflüchtlinge zu werden, das Überleben in ihrer Heimat zu ermöglichen. Das erfordert den Einsatz in Projekten, die in den betroffenen Ländern selbst durchgeführt werden. Es erfordert zugleich den Einsatz in unseren europäischen Ländern. Denn nur ein grundlegender Wandel unserer Weise, zu leben und zu wirtschaften, und nur eine massive Unterstützung zur Sicherung der Lebensbedingungen in den ärmsten Ländern der Welt durch Europa können verhindern, dass die Menschen in den betroffenen Weltregionen zum Verhungern verurteilt sind oder es zu massenhafter Flucht kommt.

Norderney

Der Zusammenhang von Meeres- und Menschenschutz mit dem Ziel, ein Überleben in den Heimatländern zu gewährleisten und den Fluchtursachen entgegenzuwirken, war dann auch der Grund, dass sich *Levende Hav* im Februar 2016 auf Einladung von *OUTLAW.die Stiftung* an den Norderneyer Gesprächen beteiligte. Das Thema:

- Flüchtlinge
- Fremde
- Freunde

Bei dieser Gelegenheit präsentierte *Levende Hav* seine Aktivitäten und seinen grundsätzlichen Ansatz zu diesem Thema. Unter anderem wurde über das *Fischer für Fischer-Projekt* in Kasachstan und Tansania berichtet, wobei das Thema umformuliert wurde:

- Freunde
- Fremde
- Flüchtlinge

Der Grund dafür ist, dass man bedrohte Fischerkollegen in anderen Ländern entdeckt, wenn dänische Fischer und Fischereiinteressierte fragen, wer ihre Freunde sind, die ihre Solidarität brauchen. Wenn man dann dorthin reist und seinen Freunden hilft, sind sie nicht länger Fremde. Wenn die Hilfe dazu beiträgt, ihre Lebensbedingungen zu verbessern, werden sie nicht zu Flüchtlingen. Diese Themen waren der Beitrag von *Levende Hav*, die in die Norderneyer Protokolle aufgenommen wurden.

Im Kielwasser der Norderneyer Gespräche entstand der Wunsch, die M/S Anton als Flüchtlingsboot in andere deutsche Häfen zu holen. *Levende Hav* wollte gern die Möglichkeit nutzen, Häfen entlang der deutschen Nordseeküste zu besuchen, musste aber die Idee aufgeben, Flüsse und Kanäle zu befahren, weil Mast und Takelage die Passage niedriger Brücken unmöglich machen und das Boot eine gewisse Wassertiefe braucht. Als Alternative haben wir vorgeschlagen, dass die Flüchtlingsskulpturen nach ihrem Besuch der Nordseehäfen auf ein flacheres Schiff mit weniger Tiefgang umgeladen werden, das dann die Flüchtlingsskulpturen als Kunstevent zu den Städten an deutschen Binnengewässern bringen kann. Dieses Projekt wird derzeit von *OUTLAW.die Stiftung* in Zusammenarbeit mit Jens Galschiøt und *Levende Hav* für den Sommer 2017 vorbereitet.

Das Ziel dieser Aktion ist Konfrontation. Wir haben uns daran gewöhnt, im Fernsehen Flüchtlingsboote mit Kurs auf die italienische Insel Lampedusa oder die griechische Insel Lesbos zu sehen. Wenn die M/S Anton in den Hafen einer nordeuropäischen Heimatstadt einfährt, bis an den Rand beladen mit Skulpturen von Flüchtlingen, konfrontiert sie die Einwohner mit einer Wirklichkeit, zu der wir alle Stellung beziehen müssen. Das Flüchtlingsboot M/S Anton gemahnt zum Nachdenken und zur Umsicht. Wir brauchen globale Solidarität und Verständnis dafür, dass alle Menschen dieser Erde unsere Freunde sind.

Es ist unsere Pflicht dabei mitzuwirken, die katastrophale Klimaentwicklung zu bremsen, für den Frieden zu arbeiten und dafür, die Lebensbedingungen notleidender Menschen umweltbewusst und nachhaltig zu verbessern. Wir und unsere europäische Kultur haben in höchstem Maße dazu beigetragen, die Probleme zu verursachen. Wir haben die Pflicht, daran zu arbeiten, sie zu lösen, bevor es zu spät ist. Jens Galschiøt hat das so formuliert: Es sind nicht die Fremden, die Probleme in unseren Ländern verursachen, sondern unsere Reaktion auf sie.

Levende Hav meint, dass die Formulierung im Norderneyer Protokoll, die die notwendige Änderung unserer Haltung beschreibt, in beiden Richtungen gelesen werden muss:

Flüchtlinge – Fremde – Freunde: Aus Flüchtlingen, die für uns zunächst Fremde sind, werden Freunde.

Freunde – Fremde – Flüchtlinge: Wenn wir uns für das Überleben von Menschen in ihren Heimatländern einsetzen und dafür mit ihnen als Freunden gemeinsam Kooperationsprojekte durchführen, sind sie nicht mehr Fremde, und indem wir Fluchtursachen entgegenwirken, verhindern wir, dass sie zu Flüchtlingen werden.

Anhang

Stichwortverzeichnis

Abschiebung 144–57, 245–54, 255–60, 275–83
Abschiebungsverbot 237–44
Afghanistan 61–82
Agentur für Arbeit 269–73
Ägypten 90
Albanien 95
Allgemeiner Sozialer Dienst (ASD) 284–91
Alterseinschätzung 212–15, 666
Amnesty International 84–85
Amtsvormundschaften 591
Anerkennung von Schulabschlüssen 502
Ankunftsnachweis 265
Ankunftszentren 264
Arbeitsmarkt 20–33, 176–83, 269–73, 563–67
Arbeitsmarktintegration 271
Asyl 264, 277
Asylanträge 264
Asylantragsstellung 266
Asylentscheidung 264–67
Asylgesetz 176–83, 276
Asylpolitik 35–44
Asylrecht 35–44
Asylsuchende 86–131, 144–57, 264
Asylverfahren 264–67
Äthiopien 98
Aufenthaltsangelegenheiten 276
Aufenthaltserlaubnis 237–44
Aufenthaltsgesetz 237–44, 276
Aufenthaltsort 284
Aufenthaltsrecht 264
Aufenthaltstitel 278
Aufenthaltsverordnung 276
Ausbildungsförderung 506
Ausbildungsmarkt 563
Ausländerbehörde 275–83
Ausländergesetz 35–44
Ausländerzentralregister 266
Ausreise 280

BAföG 533
BAMF 576
Beratungsdolmetschen 306
Berufliche Qualifizierung 500

Berufsausbildung 269–73, 650
Beschäftigung 275–83
Beschäftigungsverordnung 277
Beschwerdemanagement 620
Betreuung (im Kirchenasyl) 245–54
Betreuungspersonal 193–99
Betriebserlaubnis 625
Beziehungen 162–72
Bildung 20–33, 176–83, 184–91, 478
Bindung 357
Binnenvertriebene 86–131
Bleibeperspektive 265, 295, 683
Bundesamt für Migration und Flüchtlinge (BAMF) 84–85, 264
Bundesfachverband UMF 672
Bundeskinderschutzgesetz (BuKiSchG) 607
Bürgerschaftliches Engagement 319

Child Friendly Space 132–34
Communities 310
Community Interpreting 305

Delinquenz 675
Depressionen 443
Digitale Medien 730, 739
Diskriminierung 86–131, 135–40
Diversifizierung 573
Diversität 721
Dolmetscher 298, 693
Duale Berufsausbildung 510
Dublin-Verordnung 266

Eherecht 216–19
Ehrenamtliche Übersetzer 300
Einbürgerung 275–83
Einwanderungsgesellschaft 572, 578, 586
Einwanderungsland 20–33
Einzelfallarbeit 555
Einzelvormund 687, 698
Elterliche Sorge 696, 701
Elternbeiträge 495
Entführung 86–131
Entwicklungsanforderungen 395
Entwicklungshilfe 20–33
Eritrea 102

Erstaufnahmeeinrichtungen 184, 677
Erstuntersuchung 434
Erziehung 61–82
Erziehungsvorstellungen 383
Eziden 371

Facebook 742
Familie 61–82
Familien 377, 405, 598, 630
Familien mit Flüchtlingshintergrund 284–91
Familiengericht 684
Familienhierarchie 61–82
Familienhilfe 201–7
Familiennachzug 233–36, 278
Familienschutz 233–36
Familienzusammenführung 266
Feststellungsprüfung 529
Fluchterfahrungen 52–59
Fluchterleben 162–72
Flüchtling (Definition) 144–57
Flüchtlingsidentität 360
Flüchtlingspolitik 35–44
Fluchtrouten 144–57
Fluchtursachen 20–33, 135–40, 209–11, 764
Folter 86–131
Fort- und Weiterbildung 338
Frauen 388
Frauenrechte 86–131
Frauenschutzhäuser 389
Freiwilligenarbeit 322
Freizügigkeitsgesetz 277
Frühe Hilfen 578, 597

Gastfamilien 656, 663
Geburtenregistrierung 228–31
Geflüchtete Kinder 377
Gemeinschaftsunterkunft 201–7, 603, 715
Genfer Flüchtlingskonvention 35–44
Genitalverstümmelung 423
Geschlecht 394
Geschlechtertrennung 750
Geschlechterverhältnis 642
geschlechtliche Identität 414
Geschlechtsspezifische Gewalt 86–131
Geschwisternachzug 233–36
Gesundheit 432

Gesundheitsversorgung 184–91, 245–54, 421
Gewaltschutz 184–91
Grenzschließung 144–57
Großfamilie 61–82
Grundgesetz 35–44
Grundrecht auf Asyl 264

Häusliche Gewalt 701
Heirat 61–82, 216–19
Hilfen zur Erziehung 201–7, 284–91, 580, 590
Hilfeplanung 287, 689, 703
Hohes Flüchtlingskommissariat der Vereinten Nationen (UNHCR) 267
homo- und transsexuelle Menschen 414

Identität 228–31, 354
Identitätsbildung 396
Identitätsprüfung 265
in Obhut 212–15, 693
Inhaftierung 86–131
Inobhutnahme 212–15, 590, 607, 666, 681
Integration 20–33, 237–44, 516, 544, 708
Integration in den Arbeitsmarkt 269
Integration Points 269–73, 563
Integrationskurse 505, 527, 557
Integrationspolitik 20–33
Integrationspotenzial 20–33
Integrationsprozess 20–33
Intensivtäter 677
Interkulturelle Kompetenz 331, 538
interkulturelle Öffnung 735
Interkulturelle Pädagogik 330, 593
International Office 531
Irak 106
Islam 61–82, 371
Islamfeindlichkeit 374

Jobcenter 269–73
Jugend 395
Jugendalter 396
Jugendamt 284–91, 668, 686, 693
Jugendarbeit 582
Jugendhilfe 209–11, 284–91
Jugendhilfeplanung 640, 703
Jugendkriminalität 680
Jugendliche ohne Grenzen 745
Jugendsozialarbeit 581, 640

Junge Frauen 643
Junge unbegleitete Flüchtlinge 615

Kinder 162–72, 193–99
Kinder- und Jugendhilfe 570, 607, 652
Kinderbetreuung 644
Kinderehen 216–19, 698
Kinderrechte 607, 617, 624
Kinderschutz 583
Kindertagesbetreuung 491, 579, 589
Kindeswohl 616, 624, 682
Kindeswohlgefährdung 616, 701
Kirchenasyl 245–54
Klimakonferenz 763
Klimawandel 764
Klimawandel (als Fluchtursache) 135–40
kommunale Ausländerbehörde 275
Kommunikation 737, 741
Kooperation und Vernetzung 315
Kosovo 119
Krankheit 432
Krieg (als Fluchtursache 135–40
Kriminalität 675
Kulturschock 541
Kulturtechniken 428

Laien-)Dolmetschen 304
Landraub 135–40
Lebenskrisen 359
Lesben 86–131

Mädchen 388, 643
Maghreb-Staaten 681
Männergewalt 388
männliche Jugendliche 394
Marokko 111, 159–61
Mediatisierung 725
Meinungsfreiheit 86–131
Menschenrechte 45–50
Menschenwürde 45–50
Migrant (Definition) 144–57
Migrantenorganisationen 561, 655
Migrantenselbstorganisationen 314
Migration 20–33
Migrationsgesellschaft 20–33, 574
Migrationsursachen 20–33
Misshandlung 86–131
Mobilität 20–33

Naher und Mittlerer Osten 749

Neurotische Störungen 443
Non-formale Bildungsprozesse 582

Obhut 690
Offene Kinder- und Jugendarbeit 635
öffentlicher Träger der Jugendhilfe 284
Ombudschaften 610

Pakistan 61–82
Partizipation 485, 548, 561, 607, 651, 758
Patschune 61–82
Personalentwicklung 348, 349
Personalmanagement 345
Personenstandsrecht 228–31
Pflegefamilien 655
Pflegekinderhilfe 661
Pflegschaft 685
Polizei 221–26
Professionalisierung 586
psychische Belastungsreaktionen 423
Psychische Erkrankungen 441
psychische Gesundheit 423
Psychotherapie 425
Pull-Faktor 20–33
Push-Faktor 20–33

Queere Geflüchtete 414
Querschnittsaufgabe 316

Rassismuskritische Arbeit 335
Rechtsanspruch auf einen Kita-Platz 491
Religion 370
Religionsfeindlichkeit 372
Religionsgemeinschaft 370
Religionszugehörigkeit 135–40
Religiosität 463
Residenzpflicht 549
Resilienz 468
Resilienzfaktoren 716
Resilienzforschung 712
Ressourcen 714
Ressourcenaktivierung 712
Risikofaktoren 469
Rückführung 255–60
Rückkehrberatung 255–60
Rückkehr-Förderprogramme 255–60

Sammelunterkünfte 193–99, 712
Save the Children 132–34

Schulbesuch 176–83
Schulbezogene Jugendsozialarbeit 581
Schulmedizin 432
Schulpflicht 245–54, 295, 501
Schulsozialarbeit 551, 581
Schutz- und Risikofaktoren 463
Schutz- und Spielräume 193–99
Schutzauftrag 288, 670
Schutzfaktoren 470
Schwule 86–131
Serbien 119
Sexuelle Orientierung 414
Skype 743
Sozialbetreuung 184–91
soziale Gruppenarbeit 540
Sozialleistung 290
Sozialleistungen 176–83, 275–83, 284–91
Sozialleistungen und Sicherung des Lebensunterhalts 283
Soziokultur 721
Sportpädagogik 756
Sportvereine 754
Sprach- und Kulturmittler 301
Sprachkurse 296
Strafrechtliche Angelegenheiten 282
Subsidiärer Schutz 237–44
Suchterkrankungen 459
Suizidalität 443
Syrien 123, 677
Syrien, Afghanistan und Irak 677

Teamarbeit 327
Theater 745
Todesstrafe 86–131
Transitland 159–61
Transkulturalität 721
Trauma 601

Traumafolgeerkrankungen 423
Traumatisierung 391, 450
Tunesien 128

Unbegleitet einreisende Minderjährige 686
Unbegleitete minderjährige Ausländer 651
Unbegleitete minderjährige Flüchtlinge 209–211, 221–26, 607, 647, 667, 682
UNHCR 52–59
UN-Kinderrechtskonvention 52–59, 233–36, 607, 623

Vermisstenanzeige 221–26
Vernetzungsarbeit 317
Versammlungsfreiheit 86–131
Verschwinden (Kinder auf der Flucht) 221–26
Verschwindenlassen 86–131
Verteilverfahren 669
Visumverfahren 278
Vorbereitungsklassen 520
Vormund 697
Vormundschaft 591, 684
Vulnerabilität 547

Westsahara 111
WhatsApp 743
Willkommensklassen 746
Willkommenskultur 522, 637, 720, 727
Wohlbefinden 162–72

Zuweisung 275–83, 277
Zwangsheirat 86–131
Zwangsstörungen 443
Zwangsverheiratung 388, 681

Staatliche Stellen – Organisationen – Verbände

Amnesty International – Sektion der Bundesrepublik Deutschland e.V.
Zinnowitzer Straße 8, 10115 Berlin
Telefon: 030 420248-0
https://www.amnesty.de/

Antidiskriminierungsstelle des Bundes
Glinkastraße 24, 10117 Berlin
Telefon: 030 18555-1865
beratung@ads.bund.de
http://www.antidiskriminierungsstelle.de

Ärzte ohne Grenzen
Am Köllnischen Park 1, 10179 Berlin
Telefon: 030 700130- 0
office@berlin.msf.org

Auswärtiges Amt
Werderscher Markt 1, 10117 Berlin
Telefon: 030 1817-0
poststelle@auswaertiges-amt.de
www.auswaertiges-amt.de

Bundesamt für Migration und Flüchtlinge
Frankenstraße 210, 90461 Nürnberg
Telefon: 0911 943-0
info@bamf.bund.de
http://www.bamf.de

Bundesarbeitsgemeinschaft der Freiwilligenagenturen e.V. (bagfa)
Potsdamer Straße 99, 10785 Berlin
Telefon: 030 20453366
bagfa@bagfa.de
http://www.bagfa.de/aktuelles.html

Bundesarbeitsgemeinschaft der Immigrantenverbände in Deutschland e.V. (BAGIV)
Trierer Straße 70–72, 53115 Bonn
Telefon: 0228 22461-0
info@bagiv.de
http://www.bagiv.de/

Bundesfachverband unbegleitete minderjährige Flüchtlinge e.V.
Paulsenstraße 55–56, 12163 Berlin
Telefon: 030 8209743-0
info@b-umf.de
www b-umf.de

ADRESSEN

Bundesministerium für wirtschaftliche Zusammenarbeit und Entwicklung (BMZ)
Stresemannstraße 94, 10963 Berlin
Telefon: 030 18535-0
poststelle@bmz.bund.de
https://www.bmz.de

Bundesnetzwerk Bürgerschaftliches Engagement gGmbH
Michaelkirchstraße 17–18, 10179 Berlin-Mitte
Telefon: 030 62980-110
info@b-b-e.de
http://www.b-b-e.de/

Deutscher Bildungsserver
Deutsches Institut für Internationale Pädagogische Forschung
Informationszentrum Bildung
Schloßstraße 29, 60486 Frankfurt am Main
Telefon: 069 24708-325
dbs@dipf.de
http://www.bildungsserver.de/

Deutsches Institut für Menschenrechte e.V.
Monitoring-Stelle UN Kinderrechtskonvention
Zimmerstraße 26/27, 10969 Berlin
Telefon: 030 259359-0
info@institut-fuer-menschenrechte.de
http://www.institut-fuer-menschenrechte.de

Deutsches Jugendinstitut e.V., München
Nockherstraße 2, 81541 München
Telefon: 089 23060
http://www.dji.de/

Deutsches Komitee für UNICEF e.V.
Höninger Weg 104, 50969 Köln
Telefon: 0221 93650-0
mail@unicef.de
https://www.unicef.de/

Institut für soziale Arbeit e.V. (ISA)
Friesenring 40, 48147 Münster
Telefon: 0251 200799-0
info@isa-muenster.de

Institut für Sozialpädagogische Forschung Mainz gemeinnützige GmbH
(ism gGmbH)
Augustinerstraße 64–66, 55116 Mainz
Telefon: 06131 328488
Ism-mainz@nullt-online.de

Jugendliche ohne Grenzen (JOG)
Bundesweiter Zusammenschluss von jungen Geflüchteten.
Kontakt über: Nelli Foumba Soumaoro
Telefon: 0172 2888938
http://jogspace.net/
jog@jogspace.net

Landesflüchtlingsräte
Kontaktdaten über:
http://www.fluechtlingsrat.de/

Modellprojekt Gastfamilien, Vormundschaften, Patenschaften
Kompetenz-Zentrum Pflegekinder e.V.
Bahnhofstraße 28–31, 28195 Bremen
Telefon: 0171 1965521
info@kompetenzzentrum-pflegekinder.de
www.kompetenzzentrum-pflegekinder.de

National Coalition Deutschland – Netzwerk zur Umsetzung der UN-
Kinderrechtskonvention e.V.
Mühlendamm 3, 10178 Berlin
Telefon: 030 65776933
info@netzwerk-kinderrechte.de
http://www.netzwerk-kinderrechte.de/

Pro Asyl
Postfach 16 06 24, 60069 Frankfurt/M.
Telefon: 069 242314-0
proasyl@proasyl.de
https://www.proasyl.de/

Servicebüro Jugendmigrationsdienste
Adenauerallee 12–14, 53113 Bonn
Telefon: 0228 95968-0
info@jugendmigrationsdienste.de
www.jugendmigrationsdienste.de

Anonyme Online-Beratung der JMD
https://www.jmd4you.de/

SOS Mediterranee
Stresemannstraße 72, 10963 Berlin
Telefon: 030 22056810
contact@sosmediterranee.org

TERRE DES FEMMES – Menschenrechte für die Frau e.V.
Brunnenstraße 128, 13355 Berlin
Telefon: 030 40504699-0
info@frauenrechte.de
www.frauenrechte.de

terre des hommes Deutschland e.V.
Ruppenkampstraße 11a, 49084 Osnabrück
Telefon: 0541 7101-0
post@tdh.de
www.tdh.de

UNO-Flüchtlingshilfe e.V.
Graurheindorfer Straße 149 a, 53117 Bonn
Telefon: 0228 909086-00
info@uno-fluechtlingshilfe.de
www.uno-fluechtlingshilfe.de

Die Autorinnen und Autoren

Achterfeld, LL.M., Susanne
Referentin Rechtsberatung/Rechtspolitik/Forschung,
Deutsches Institut für Jugendhilfe und Familienrecht Heidelberg e.V.

Ahmadi, Frishta
Sprachwissenschaftlerin (Bachelor, Universität Kabul/Afghanistan), Berufliche Bildung und Personalentwicklung (Master, Technische Universität Dresden), Projektkoordinatorin „Interkulturelle Öffnung von Outlaw in Sachsen", Outlaw Gesellschaft für Kinder- und Jugendhilfe gGmbH, Dresden

Amnesty International, London/Amnesty International Sektion der Bundesrepublik Deutschland e.V., Berlin

Andersen, Knud
Vorstandsmitglied bei Levende Hav, Dänemark, Das Kulturprojekt Flüchtlingsboot M/S Anton

Andresen, Prof. Dr. Sabine
Universitätsprofessorin für Sozialpädagogik und Familienforschung an der Goethe-Universität Frankfurt

Bär, Dominik
Wissenschaftlicher Mitarbeiter, Monitoring-Stelle UN-Kinderrechtskonvention des Deutschen Instituts für Menschenrechte

Bartz, Adolf
Ehem. Schulleiter und Referent für die Schulleitungsfortbildung in NRW, Mitglied des Stiftungsrats von OUTLAW.die Stiftung, Vaals, Niederlande

Birtsch, Dr. Vera
Freiberuflich tätig als Beraterin und Mediatorin. Ehem. Amtsleiterin für die Bereiche Arbeit, Integration von Zuwanderern, Bürgerschaftliches Engagement, Jugend- und Familienhilfe in der Sozialbehörde der Freien und Hansestadt Hamburg

Bluhm, Carsten
Stadt Essen, Jugendamt
Koordination öffentlicher Träger/Jugendhilfeplanung

Böhm, Hanna
Dipl. Sozialpädagogin, Leiterin BauSpielTreff Holtrode, Outlaw Gesellschaft für Kinder- und Jugendhilfe gGmbH, Münster. Koordinatorin der „pädagogischen Freizeitangebote für Kinder aus Flüchtlingsfamilien" in Münster-Wolbeck

Braun, Felix
Diplom Pädagoge, Leiter Beratungsstelle Südviertel e.V.

Braun, Dr. Frank
München

Brinks, Sabrina
Wissenschaftliche Mitarbeiterin am Institut für Sozialpädagogische Forschung Mainz gemeinnützige GmbH (ism gGmbH)

Bundesfachverband unbegleitete minderjährige Flüchtlinge e.V. (BumF)
Berlin

Cremer, Dr. Hendrik
Wissenschaftlicher Mitarbeiter am Deutschen Institut für Menschenrechte, Berlin

Dahl, Ib Ivar
Vorstandsmitglied bei Levende Hav, Dänemark. Das Kulturprojekt Flüchtlingsboot M/S Anton

de Vries, Sandra
Ethnologin M.A., Trainerin für Interkulturelle Kompetenz, Beratung und Konzepte, Münster. Schulungen u. a. im Bereich der (ehrenamtlichen/amtlichen) Flüchtlingshilfe, Beratungen von Familien/Pflegekindern und allein reisenden minderjährigen Flüchtlingen

Dittmann, Eva
Wissenschaftliche Mitarbeiterin am Institut für Sozialpädagogische Forschung Mainz gemeinnützige GmbH (ism gGmbH)

Ebel, Katharina
SOS Kinderdorf weltweit, Berlin – Emergenca response Programm advisor North Iraque

El Mafaalani, Prof. Dr. Aladin
Professor für Politikwissenschaft, Fachhochschule Münster,
Fachbereich Sozialwesen

Enders, Ursula
Dipl. Päd., Leiterin Zartbitter Köln, Trainerin für UNICEF zu Mindeststandards in Flüchtlingsunterkünften, Autorin „Flüchtlingskinder vor Gewalt schützen – Arbeitshilfe zur Entwicklung von institutionellen Kinder-/Gewaltschutzkonzepten für Gemeinschaftsunterkünfte"

Engelhardt, Dr. Iris
Dozentin an der Evangelischen Hochschule Darmstadt und Projektkoordinatorin „Gender und Flucht", Ev. Landeskirche Baden

Fischer, Nicola
Dipl.-Dolmetscherin und Fachübersetzerin (BDÜ), Dozentin, Schulungen für Laiendolmetscher/innen und Berater/innen; Universität Mainz-Germersheim

Freise, Prof. Dr. Josef
Professor i. R. mit Lehrbeauftragung zu Fragen kultur- und religionssensibler Sozialer Arbeit, Katholische Hochschule NRW, u. a. im Weiterbildungsmaster Interreligiöse Dialogkompetenz, Vorstandsmitglied bei der Stiftung des Internationalen Christlichen Friedensdienstes EIRENE

Funkenberg, Tanja
Referentin für Kinderrechte, terre des hommes Deutschland e.V.

Gaschina, Gabi
Bereichsleitung, Outlaw gGmbH. Hilfen zur Erziehung/Koordinierungsstelle Flüchtlingsarbeit in Osnabrück

Geraris, Prof. Dr. Katharina
Professorin für Kindheitspädagogik Evangelische Hochschule Darmstadt

Gesmann, Prof. Dr. Stefan
Geschäftsführer des Referats Weiterbildung Fachhochschule Münster

Gravelmann, Reinhold
Sozialpädagoge und Dipl.-Pädagoge. Referent beim AFET-Bundesverband für Erziehungshilfe e.V., u. a. befasst mit geflüchteten Kindern und Jugendlichen in der Bundesrepublik Deutschland

Gumbrecht, Torsten
Diplom-Sozialpädagoge, Abteilungsleitung Alternative zur Erziehung e.V.
Vorstandsmitglied BumF e.V.

Hansbauer, Prof. Dr. Peter
Professor für Soziologie, Fachhochschule Münster, Fachbereich Sozialwesen, ehrenamtlicher Vormund

Harpain, Philipp
Leiter des GRIPS Theater Berlin

Hartwig, Prof. Dr. Luise
Professorin für Erziehungswissenschaft, Fachhochschule Münster, Fachbereich Sozialwesen, Sprecherin des Stiftungsrats von OUTLAW.die Stiftung, 1. Vorsitzende der Beratungsstelle Südviertel e.V., Münster

Heinemann, Felix
Richter am Landgericht Trier

Höfener, Dr. Friedhelm
Geschäftsführer von Outlaw Gesellschaft für Kinder- und Jugendhilfe gGmbH, Münster

Hoffmann, Prof. Dr. Bernward
Professor für Medien- und Kulturpädagogik, Fachhochschule Münster. Verschiedene Projekte und Medienproduktion mit Studierenden über Projekte mit Geflüchteten und die Arbeit von Ehrenamtlern

Ibrahim, Ismail
Vorsitzender der Bildungseinrichtung Paidaia e.V. an der Ruhr-Universität Bochum; Fortbildung und Beratung von Städten, Gemeinden und Organisationen im Arbeits-, Sozial- und Bildungssektor; Konzeption und Realisation von Projekten u. a. mit Menschen mit Fluchterfahrung

Jansen, Prof. Dr. Irma
Professorin für Erziehungswissenschaft an der Fachhochschule Münster, Fachbereich Sozialwesen. Ressourcenorientierte Projektarbeit mit geflüchteten Kindern und Jugendlichen

Kaisen, Lale
Studentin der Sozialen Arbeit, Mitarbeiterin im BauSpielTreff Holtrode, Outlaw Gesellschaft für Kinder- und Jugendhilfe gGmbH, Münster. Mitarbeiterin im Projekt „pädagogische Freizeitangebote für Kinder aus Flüchtlingsfamilien" in Münster-Wolbeck

Kemp, Daniel
Leiter einer Kita mit über 180 Plätzen im sogenannten sozialen Brennpunkt und hohem Anteil (ca. 50 Prozent) an Familien mit Migrationshintergrund und/oder Fluchterfahrungen, Outlaw gGmbH Leipzig

Keßler, Stefan
Referent für Politik und Recht, Jesuiten-Flüchtlingsdienst Deutschland, Berlin; ehrenamtlich Fachkommission Asyl bei Amnesty International

Kochukandathil, Nidha
Erziehungswissenschaftlerin im Kommunalen Integrationszentrum Münster, Koordinierungsstelle für Migration und Interkulturelle Angelegenheiten der Stadt Münster, tätig im Bereich Integration durch Bildung (Erziehungs- und Bildungspartnerschaften, ehrenamtliche Übersetzer/innen und migrationsgesellschaftliche Öffnung im Elementarbereich)

Koluvija, Aleksandra
Referentin im Referat Politische Kommunikation/Grundsatz, Bundesamt für Migration und Flüchtlinge (BAMF), Nürnberg

Kreß, Lisa-Marie
Assistentin des Dekans DHBW Stuttgart, Arbeitsschwerpunkte: Mediennutzung von (minderjährigen) Geflüchteten, Transnationale soziale Netzwerke

Kriener, Martina
Dipl. Pädagogin an der Fachhochschule Münster, Leiterin des Referats Praxis und Projekte am Fachbereich Sozialwesen

Krueger, Dr. Antje
Lehrkraft für besondere Aufgaben im Studiengang Soziale Arbeit an der Hochschule Bremen mit dem Schwerpunkt in den migrationsspezifischen Modulen. Promotion zum Thema „Ethnopsychoanalytische Ansätze in der Betreuung von psychisch belasteten Asylsuchenden". Von 2014 bis 2016 Bildungsreferentin in der Bahia-Clearingstelle für unbegleitete geflüchtete Jugendliche

Kühner, Dr. Angela
Deutsches Jugendinstitut e.V., München; arbeitet zum Thema am „Nationalen Zentrum Frühe Hilfen" sowie im Kontext des Projekts „What helps the Helper?" (Staff Care und Peer Support in Hilfsangeboten für Geflüchtete in den syrischen Nachbarregionen)

Kutscher, Prof. Dr. Nadia
Professorin an der Universität Vechta, Arbeitsbereich Soziale Arbeit und Ethik, Koordinatorin der AG „Junge Geflüchtete" im Netzwerk Flüchtlingsforschung

Langer, Dr. Reinhard
Geschäftsführer Operativ, Agentur für Arbeit Meschede-Soest

Lensker, Franz-Josef
Direktor der Johannesburg GmbH, Jugendhilfe und Berufsbildung in Surwold

Lex, Dr. Tily
Deutsches Jugendinstitut e.V., Berlin

Lipp, Susanne
Autorin/Theaterpädagogin, GRIPS Werke e. V/GRIPS Theater Berlin

Marszalek, Timon
Geschäftsführer, SOS Mediterranee, Berlin

Matthes, Marco
Diplom-Pädagoge, Systemischer Berater und Supervisor, Bereichsleiter Hilfen zur Erziehung, Projektleiter „Interkulturelle Öffnung von Outlaw in Sachsen", Outlaw Gesellschaft für Kinder- und Jugendhilfe gGmbH, Dresden

Maywald, Prof. Dr. Jörg
Sprecher der National Coalition Deutschland – Netzwerk zur Umsetzung der UN-

Kinderrechtskonvention, Honorarprofessor an der Fachhochschule Potsdam, Geschäftsführer der Deutschen Liga für das Kind, Berlin

Meiner-Teubner, Dr. Christiane
Wissenschaftliche Mitarbeiterin, Technische Universität Dortmund

Mennemann, Prof. Dr. Hugo
Professor für gesundheitsbezogene Gemeinwesenarbeit in der Sozialen Arbeit, Fachhochschule Münster, Case Management-Ausbilder (DGCC), Mitinhaber des Münsteraner Instituts für Forschung, Fortbildung und Beratung

Mennen, Gerald
Geschäftsführender Vorstand und 2. Vorsitzender von OUTLAW.die Stiftung, Hamm

Merchel, Prof. Dr. Joachim
Professor für „Organisation und Management in der Sozialen Arbeit" an der Fachhochschule Münster, Fachbereich Sozialwesen

Mühl, Berit
Stellvertretende Leiterin einer Kita mit über 180 Plätzen im sogenannten sozialen Brennpunkt und hohem Anteil (ca. 50 Prozent) an Familien mit Migrationshintergrund und/oder Fluchterfahrungen, Outlaw gGmbH Leipzig

Müller, Heinz
Geschäftsführer am Institut für Sozialpädagogische Forschung Mainz gemeinnützige GmbH (ism gGmbH)

Müller, Dr. Margareta
Ombudschaft Jugendhilfe NRW. Ombudschaften für junge Flüchtlinge im Kontext der Kinder- und Jugendhilfe

Müller-Neumann, Christa
Landesweite Koordinierungsstelle Kommunale Integrationszentren NRW (LaKI), zuständig für: Integration als Querschnittsaufgabe – Sozialraumorientierung, Arbeitskreis Neuzuwanderung und Flucht

Naber, Sabrina
Wissenschaftliche Mitarbeiterin, Outlaw Gesellschaft für Kinder- und Jugendhilfe gGmbH, Münster

Nuguid, Gisela
Ev.-luth. Kirchenkreis Hamburg-Ost

Özdemir, Kadir
Projektkoordination, NVBF – Niedersächsische Vernetzungsstelle für die Belange von LSBTI-Flüchtlingen, Hannover

Paulus, Mareike
Nationales Zentrum Frühe Hilfen im Deutschen Jugendinstitut e.V., München
Arbeitsschwerpunkte: migrations- und kultursensible Frühe Hilfen, Interkulturelle Öffnung, Interkulturelle Trainerin mit Fokus auf Schwangerschaft und Frühe Kindheit

Pergande, Bianka
Mitglied im Vorstand der National Coalition Deutschland – Netzwerk zur Umsetzung der UN-Kinderrechtskonvention sowie Leiterin der Deutschen Programme, Save the Children, Berlin

Plafky, Dr. Christina
Wiss. Leitung Kinder- u. Jugendhilfe, Institut für soziale Arbeit e.V., Münster

Pothmann, Dr. Jens
Arbeitsstelle Kinder- und Jugendhilfestatistik, Forschungsverbund Deutsches Jugendinstitut e.V./Technische Universität Dortmund mit einem Forschungsschwerpunkt auf empirischen Analysen zur Situation unbegleiteter ausländischer junger Menschen in Deutschland

Quasinowski, Alina
Honorarkraft im Kommunalen Integrationszentrum Münster, Koordinierungsstelle für Migration und Interkulturelle Angelegenheiten der Stadt Münster, Qualifizierungen von ehrenamtlichen Sprachlehrkräften und Qualifizierungen von Ehrenamtlichen zur Rassismus kritischen Arbeit

Reckfort, Andrea
Leiterin des Kommunalen Integrationszentrums Münster, Koordinierungsstelle für Migration und Interkulturelle Angelegenheiten der Stadt Münster, Rassismus kritische Arbeit und migrationsgesellschaftliche Öffnung als Querschnittsaufgabe, Umsetzung des Migrationsleitbildes

Reez, Julia Larissa
wiss. Mitarbeiterin der Universität Koblenz-Landau

Rehklau, Dr. Christine
Vertretungsprofessorin, Fachhochschule Erfurt, Vorstandsmitglied Flüchtlingsrat Thüringen e.V.

Reissen, Markus
Islamwissenschaftler, Ethnologe, Dozent für kulturelle Vielfalt, Interkultureller Mediator

Rösmann, Julia
Teamleiterin, Eingangszone Münster, Ankunftszentrum Münster. Integration Point Münster und Kreis Warendorf

Röttgers, Prof. Dr. Hanns Rüdiger
Politikwissenschaftler, Facharzt für Psychiatrie und Psychotherapie, Professor für Gesundheitswissenschaft und Sozialmedizin, Fachhochschule Münster, Fachbereich Sozialwesen

Rüting, Wolfgang
Leiter des Jugendamts Kreis Warendorf, Warendorf

Scherr, Prof. Dr. Albert
Direktor des Instituts für Soziologie der Pädagogischen Hochschule Freiburg, Mitglied im Netzwerk Flüchtlingsforschung und im Rat für Migration, ehrenamtliches Engagement im Komitee für Grundrechte und Demokratie und im Freiburger Forum gegen Ausgrenzung

Schrapper, Prof. Dr. Christian
Professor an der Universität Koblenz-Landau, Institut für Pädagogik, Koblenz, 1. Vorsitzender von OUTLAW.die Stiftung, Hamm

Sibom, Frank
Outlaw Gesellschaft für Kinder- und Jugendhilfe gGmbH, Dresden. Leitung zentrales Qualitätsmanagement

Tewes, Anja
Kreisjugendamt Steinfurt, Controlling

Uhrhan, Ellen
Theaterpädagogin, GRIPS Theater Berlin, Vorstand GRIPS Werke e.V.

Veramendi, Antonia
Schulleiterin der SchlaU-Schule, München (Trägerkreis Junge Flüchtlinge e.V.)

Werdermann, David
Wissenschaftlicher Mitarbeiter am Institut für Staatswissenschaft und Rechtsphilosophie, Universität Freiburg. Forschungen zu Grund- und Menschenrechten von Migrant/inn/en, engagiert beim „Freiburger Forum aktiv gegen Ausgrenzung"

Wieland, Prof. Dr. Nobert
Fachhochschule Münster, Fachbereich Sozialwesen (em.)

Wiesinger, Irmela
UMF-Fachteamleitung eines Jugendamtes in Hessen und Bundesfachverband UMF in Hessen, Fachreferentin und Lehrbeauftragte an der EH Darmstadt, seit 25 Jahren in der Arbeit mit jungen Geflüchteten tätig

Wimber, Hubert
Polizeipräsident Münster a. D., Mitglied des Stiftungsrats von OUTLAW.die Stiftung, Vorstandsmitglied im Verein für sozial-integrative Projekte Münster

Wirsching, Sophia
Referentin Migration, Brot für die Welt, Berlin

Wolf, Prof. Dr. Klaus
Professor für Erziehungswissenschaft/Sozialpädagogik an der Universität Siegen

Wolff, Susanne
Outlaw Gesellschaft für Kinder- und Jugendhilfe gGmbH, Münster

Luise Hartwig | Gerald Mennen |
Christian Schrapper (Hrsg.)
Kinderrechte als Fixstern moderner Pädagogik?
Grundlagen, Praxis, Perspektiven
2016, 316 Seiten, broschiert
ISBN: 978-3-7799-2286-5
Auch als E-BOOK erhältlich

Kinderrechte in die Verfassung! Eine berechtigte Forderung, aber was wird dadurch besser im konkreten Alltag pädagogischer Handlungsfelder, von Kita über Kinderschutz, Jugendarbeit und Heimerziehung bis zur Schule? Pädagogische Arbeit ist immer geprägt von einer besonderen Beziehung zwischen Kindern und Erwachsenen, die Förderung und Entwicklung ermöglichen kann, aber auch anfällig ist für Macht und Missbrauch. Große Achtsamkeit für die Anfälligkeit und das Verletzungspotenzial „pädagogischer Beziehungen" ist daher unverzichtbar – auf allen Ebenen: im unmittelbaren Kontakt, in den Konzepten und Programmen, für die Organisation und Strukturen. Können Kinderrechte hier zu einem „Fixstern" werden, immer wieder die Orientierung zu gewinnen in extrem „unübersichtlichem Gelände"? Stand und Perspektiven der pädagogischen Debatte um die Kinderrechte werden präsentiert und diskutiert.

www.beltz.de
Beltz Juventa · Werderstraße 10 · 69469 Weinheim

Claudia Seibold | Gisela Würfel (Hrsg.)
Soziale Arbeit mit jungen Geflüchteten in der Schule
2017, 220 Seiten, broschiert
ISBN: 978-3-7799-3455-4
Auch als E-BOOK erhältlich

Warum sollte soziale Arbeit sich auch in Schulen um junge geflüchtete Menschen kümmern? Dieses Buch bietet SozialarbeiterInnen für ihre tägliche Arbeit mit geflüchteten jungen Menschen in der Schule Informationen und Anregungen. So wird die psychosoziale Situation junger geflüchteter Menschen ausführlich beschrieben und daraus folgend werden Handlungskonzepte abgeleitet. Normen und Werte sind genauso ein Thema wie Konzepte rassismuskritischer Arbeit, der Demokratiebildung und der sozialen Arbeit als Menschenrechtsprofession. Praxisbeispiele geben Einblick in die Arbeit vor Ort. Aufgaben, Herausforderungen und Grenzen in diesem Handlungsfeld werden benannt und Möglichkeiten der Vernetzung dargestellt.

www.beltz.de
Beltz Juventa · Werderstraße 10 · 69469 Weinheim

Jörg Fischer | Gunther Graßhoff (Hrsg.)
Unbegleitete minderjährige Flüchtling
„In erster Linie Kinder und Jugendliche!"
1. Sonderband Sozialmagazin
2016, 166 Seiten, broschiert
ISBN: 978-3-7799-3514-8
Auch als E-BOOK erhältlich

Die Soziale Arbeit ist derzeit in nahezu allen Handlungsfeldern bei der Versorgung, Betreuung und Unterstützung von Flüchtlingen beteiligt. Die zunehmende Anzahl von unbegleiteten minderjährigen Flüchtlingen (UMF) stellt die Kinder- und Jugendhilfe vor erhebliche strukturelle wie auch fachliche Herausforderungen. Die Geschwindigkeit, mit der aktuell Lösungen für diese Herausforderungen entstehen, ist rasant. Mit diesem Band werden zentrale fachliche Herausforderungen bei der Arbeit mit UMF skizziert und gleichzeitig politische, rechtliche wie auch professionelle Rahmenbedingungen diskutiert. Denn trotz aller Beschleunigung sollte nicht vergessen werden, dass unbegleitete minderjährige Flüchtlinge Kinder und Jugendliche sind.

www.beltz.de
Beltz Juventa · Werderstraße 10 · 69469 Weinheim